JN440882

교령의
시간

1. 호암 이정희 교령
2. 교령 당선 인사(포덕 157년 3월 17일, 중앙대교당)

1. 천도교 이정희 교령 취임식(포덕 157년 4월 22일, 중앙대교당)
2. 취임사를 낭독하는 이정희 교령
3. 교령 취임식 후 개최한 축하연

1. 문재인 대통령과 함께(포덕 158년 12월 6일, 청와대)
2. 종교지도자 청와대 방문(포덕 158년 12월 6일)
3. 국무총리 초청, 종교지도자 오찬 간담회(포덕 159년 3월 22일, 총리공관)

1. 2. 종교지도자, 바티칸 사도궁 프란치스코 교황 방문(포덕 158년 9월 2일)
3. 종교지도자, 핀란드 주재 한국대사관 방문 간담회(포덕 159년 6월 17일)

대도중흥 포덕결의

1. 현도기념식, 대도중흥비전 21 선포식, 학술세미나 동학학회 최민자 회장 기조 강연 (포덕 157년 12월 1일, 중앙대교당)
2. 실천 강령 선포(포덕 158년 4월 5일, 대학생단장, 청년회장, 여성회사무국장, 종의원 사무국장, 교화차장)
3. 전국의 지방 교구 및 수도원에서 개최된 1인 1포덕 결의(포덕 157년부터, 21회, 연 955명 참여)

1. 이낙연 국무총리, 최초로 우이동 의암성사 묘소와 봉황각 방문(포덕 160년 1월 12일)
2. 천도교 중앙총부, 3·1운동 100주년 기념식 봉행(포덕 160년 3월 1일, 11시 중앙대교당)
3. 3·1운동 100주년 기념사업추진위원회, 3·1운동 100주년 기념대회 개최(포덕 160년 3월 1일, 2시, 중앙대교당)

『의암 손병희 선생 기념관』 건립을 청원합니다!
– 공경하는 문재인 대통령님께!

새로운 대한민국, 새 시대 새 희망, 공경하는 문재인 대통령님께 반만년 역사에 길이 빛날 자주평화통일의 역사적 위업을 성취하시기를 국민과 함께 진심으로 축원하오며, 『의암 손병희 선생 기념관』 건립을 청원합니다.

동서고금을 막론하고 역사를 잊은 민족에게 미래는 없다고 했습니다.

바야흐로 삼일독립선언 100주년을 앞두고, 그 위대한 3.1운동의 영도자이신 의암 손병희 선생을 기리고 그 숭고한 독립정신을 계승하여 민족정기를 선양할 『의암 손병희 선생 기념관』 건립이 절실히 요구되고 있습니다. 이에 『의암 손병희 선생 기념관』 건립을 3.1운동 100주년을 기념하는 국가정책 사업으로 반드시 추진하여 주실 것을 문재인 대통령님께 간곡히 청원합니다.

99년 전 기미년 3월부터 시작된 한민족의 거족적인 독립운동은 임시정부의 수립으로 이어졌습니다. 이에 이르기까지는 선각자들과 온 민족이 하나가 되어 수십 년 동안 목숨을 건 선열들의 투쟁이 있었고 그 투쟁으로 인하여 이룩된 결과입니다. 이러한 역사적인 삼일독립운동은 이를 뒷받침하는 정신과 사상이, 또 이를 이끄는 위대한 지도자가 있었기에 가능한 일이었습니다.

의암 손병희 선생께서는 일제에 나라를 빼앗기자 "10년 안에 나라를 되찾고 말겠다."는 국권회복의 결연한 의지로 1912년 6월 19일, 서울 강북구 우이동에 봉황각을 짓고 이곳에서 7차례에 걸쳐 독립운동에 매진할 지도자 483명을 양성하고 독립운동에 필요한 막대한 자금을 마련하는 등 국권회복을 위해 10년을 준비하시었습니다. 선생께서는 마침내 민족대표들을 결집하시고, 민족대연합을 통해 세계만방에 대한민국의 자주독립을 선포한 3.1독립운동을 이끄신 영도자요 민족의 스승이자 선각자셨습니다.

삼일독립운동이 있었기에 우리는 봉건 왕조 시대를 마감하고 임시정부를 수립할 수 있었으며 8.15 광복을 맞이할 수 있었습니다. 손병희 선생은 민족대표 33인의 대표로서 독립선언 직후 서대문감옥에 투옥되어 모진 옥살이 끝에 얻은 병으로 1922년 순국하셨습니다.

당시 독립운동단체인 대한민간정부, 대한국민회의 등 3개 단체에서는 국민의 존경받는 3.1운동의 영도자로서 손병희 선생을 대통령으로 추대하였으나 옥살이로 인해 실현되지 못했습니다. 해방 직후 김구 선생은 귀국하자마자 우이동에 있는 의암 손병희 선생 묘소를 참배하신 자리에서 "3.1운동이 아니었으면 임시정부가 없었을 것이며, 손병희 선생이 아니었으면 3.1운동도 일어나지 못했을 것이다"라는 감사와 존경의 말씀을 남기셨습니다.

3.1운동 100주년이 바로 내년으로 다가오는 지금까지도 독립운동을 처음부터 끝까지 준비하고 기획하고 영도하신 손병희 선생의 업적을 기리고 그 숭고한 삼일정신을 계승하여 민족정기를 선양할 『의암 손병희 선생 기념관』이 없음은 실로 통탄할 일이라 하지 않을 수 없습니다.

이제 우리는 3.1독립운동 100주년을 한 해 앞둔 이 시점에서 선생의 위대한 정신과 사상을 후세에 길이 전하고자 『의암 손병희 선생 기념관』을 3.1운동 100주년의 국책사업으로 추진하여 주실 것을 온 국민의 이름으로 간절히 청원합니다.

포덕 159년(2018) 8월 21일

천도교 교령 이정희

1. 의암 손병희 선생 기념관 건립 발기인대회(포덕 158년 8월 13일, 중앙대교당)
2. 의암 손병희 선생 기념관 건립 대통령 청원(포덕 159년 8월 21일)
3. 동덕여학단 조원영 이사장 의암성사 묘소 방문, 기념관 건립 추진 논의(포덕 158년 10월 18일)

청원서

동학과 동학농민혁명군의 유적지 남원 교룡산성 일대 성역화 사업 및 국가 사적지 지정

포덕 157년 6월 9일 동학과 동학농민혁명군의 유적지 전북 남원시 교룡산성 일대 성역화와 국가 사적지의 조속한 지정을 청와대(대통령) 청원과 함께 문화체육관광부와 남원시에 요청한 내용입니다.

청원서

동학과 동학농민혁명군의 유적지 남원 교룡산성 일대 성역화 사업 및 국가 사적지 지정 청원서

새 시대 새 희망, 새로운 대한민국, 박근혜 대통령님께서 청사에 길이 빛날 새로운 국가 건설의 위업을 성취하시기를 국민과 함께 진심으로 축원합니다. 새 시대 새 희망의 새로운 역사를 이룩하기 위하여 박근혜 대통령님께 올리는 저희들의 간곡한 소망의 목소리를 꼭 들어주시리라 굳게 믿으며 이 청원을 올립니다.

청원 취지

그동안 방치되어 왔던 동학과 동학농민혁명군의 유적지 전북 남원시 교룡산성 일대 성역화와 국가 사적지의 조속한 지정

청원 사유

남원 교룡산성은 동학의 창도주 수운 최제우 대신사께서 교룡산성 은적암에 계시면서 시천주의 가르침을 집대성하시고 동학으로 명명한 역사적인 곳으로서 경주시 소재 용담 성지와 함께 천도교 2대 성지입니다.

이곳에서 수운 대신사께서 펴신 동학의 가르침과 동학의 정신을 이어 보국안민을 위한 동학혁명과 갑진개화운동, 3·1 운동, 멸왜기도운동, 3·1 재현운동 등 100만 명에 달하는 동학 선열의 거룩한 희생이 있었기에 이 나라를 지킬 수 있었으며 이로써 오늘의 우리 대한민국 건국의 토대가 된 것은 역사가 이를 증명하고 있습니다. 특히, 이 곳 남원은 김개남 장군이 전봉준 장군과 함께 수 만 명이 참여하는 남원대회를 개최한 전라좌도 동학농민혁명군의 총 본산지였으며 대접주인 유태홍을 중심으로 동학혁명의 주도적인 역할을 담당하였던 곳입니다.

이 민족의 근대화 위업을 성취하신 박정희 전 대통령께서는 "대한민국은 동학 천도교에 큰 빚을 졌다" 하시면서 동학의 발상지인 경주시의 용담성지를 성역화하시고 직접 친필로 포덕문, 성화문, 용담수도원의 편액을 써 주셨으며 동학혁명 전승지인 정읍 황토현에 세워진 동학혁명기념탑 건립 참여 및 동학혁명의 최대격전지인 공주 우금치에 동학혁명위령탑 휘호를 써 주셨습니다.

현재 지역주민의 자발적인 참여로 남원 교룡산성 국민관광지에는 "동학과 동학농민군의 유적지 교룡산"이라는 표지석이 세워져 있으며 교룡산성 입구에는 "동학농민군 주둔지"라는 나무푯말만이 초라하게 서 있는 현실입니다. 하루속히 이곳에 동학과 동학혁명의 성지인 은적암의 복원과 동학 기념관의 설립, 국민정신교육의 도장으로서 국민정신교육수련관을 건립하는 등 동학과 동학농민혁명정신을 기리어 오늘에 현창하여야 할 것입니다.

이렇듯 우리의 민족정신을 표상하는 전북 남원의 교룡산성 일대 성역화 사업은 대한민국의 민족정신을 확립하는 교육의 장이 될 것이며 대한민국 국민으로서의 진정한 역사의식과 민족의식 함양의 도량이 될 것이 분명하므로 조속히 국가 사적지 지정과 아울러 국가적 차원에서의 성역화 사업이 조속히 이루어질 수 있도록 국민의 염원으로 간곡히 청원하는 바입니다.

Hot Issue

2면 7월 조회사
3면 서울경기지역 교구장 간담회
4면 KCRP 창립 30주년 기념식
5면 157년도 하계수련 일정표
6~7면 지방교구 소식
8면 총부, 혁신을 꾀하다

전북 남원시에 있는 교룡산성 1

2

3

1. 중앙총부 남원 교룡산성 일대 성역화 사업 및 국가 사적지 지정 대통령 청원(포덕 157년 6월 9일)
2. 3. 울산 을묘천서 성지순례, 기념식수(백목련)(포덕 158년 3월 11일)

1. 인내천운동연합 선언문 낭독(포덕 158년 11월 24일, 세종문화회관)
2. 이정희 교령, 인내천운동연합 출범식 대회사
3. 인내천운동연합 출범식 참가자(세종문화회관, 교인 및 일반 시민 500여 명 참석)
4. 미주 인내천 강좌(포덕 158년 7월 13일~7월 19일, LA)
5. 독일 인내천 포럼(포덕 159년 11월 29일~12월 5일, 프랑크푸르트·베를린)

"민족 통일 대학 설립에 필요한 땅을 제공하겠습니다!"

第122주년 황토현 전승기념식에서 천도교 이정희 교령의 제안에 김생기 정읍시장 흔쾌히 수락

기념사를 하는 천도교 이정희 교령

축사를 하는 김생기 정읍

1

2

3

1. 중앙총부 주관으로 개최된 122주년 황토현 전승기념식에서 김생기 정읍시장, 천도교 민족통일대학 설립에 필요한 땅을 제공하겠다고 수락(포덕 157년 5월 11일)
2. 이정희 교령 북한 방문, 10·4 민족통일대회 참석(포덕 159년 10월 4일~6일)
3. 금강산 호텔 앞, 송범두 민화협공동의장, 이정희 교령, 리명철 청우당 부위원장, 이범창 종무원장, 정정숙 사회문화관장(포덕 160년 2월 13일)

1. 125년 만에 처음으로 동학혁명 국가기념식 봉행(교인 및 시민 1000여 명 참석) 이낙연 국무총리 기념사(포덕 160년 5월 11일, 서울 광화문광장)
2. 124주년 황토현 동학혁명 전승기념식 봉행(포덕 158년 5월 11일, 황토현 동학혁명기념탑 앞)
3. 경기남부 지역 합동시일 및 간담회(포덕 157년 7월 10일, 수원교구)

'대도중흥의 견인차' 대구·경북지역 교구와의 소통 간담회

대구시 [illegible] 교구의 주요 교역자, 대구시교구에서 시일식 후 기념 1

예리하고 섬세한 지적부터 자성의 목소리까지

2

천도교 중앙총부, 호남평야의 옛 길을 걷다"

전북지역 합동시일식 봉행/ 원 안은 집례자인 전주교구 박희숙 3

1. 대구·경북 지역 합동시일 및 간담회(포덕 157년 9월 25일, 대구시교구)
2. 부산 지역 합동시일(포덕 157년 10월 16일, 부산시교구)
3. 전북 지역 합동시일 및 간담회(포덕 157년 11월 26일, 전주교구)

"한려해상 아침 햇살에 궁을기가 선명하다"

대도중흥·중일변·민족통일을 위한 지방순회 여섯 번째

1. 남해 지역 합동시일 및 간담회(포덕 157년 12월 17일, 남해교구)
2. 경남 서남부 지역 합동시일 및 간담회(포덕 158년 2월 12일, 삼천포교구)
3. 경북 지역 합동시일 및 간담회(포덕 158년 3월 12일, 울산시교구)

1. 계룡산 삼불봉 정상
2. 대도중흥 첫걸음, 포덕 157년 4월 1일 첫 업무 시작

人 乃 天 · 事 人 如 天

개벽의 중심 동학 천도교 현재와 미래

교령의 시간

호암 이정희

한강

【머리말】

혁명의 불길로 새로운 역사를 만들어 나갑시다

나는 교령을 꿈꾸지 않았다. 그런데 포덕 157(2016)년 3월 17일, 제38차 정기전국대의원대회에서 천도교 교령으로 선출되었다. 이것은 분명 혁명적이었다. 어떤 미지의 힘으로 이루어진 것이라고 여겨졌다. 교령에 당선된 직후 나는 인사말을 통해 "오늘은 천도교 역사상 선거 혁명을 이룬 날입니다. 이 혁명의 불길을 가지고 새로운 역사를 다 함께 만들어 갑시다. 새로운 천도교의 역사를 어떻게 쓸 것인지는 차근차근 밝히도록 하겠습니다."라고 약속했다.

먼저 내 앞에 떠오른 혁명의 불길을 밝혀 지난날 제안해 왔던《신인간》등 혁신 기록들을 찾아보았다. 그 기록물들을 들추어 보며 지난날 혁신의 마음들이 모이고 또 모여 강물처럼 흐르고 있음을 확인하였다. 오랜 시간 한결같이 꿈꾸어 왔던 간절한 마음, 교단이 혁신되어야 한다는 절박한 그 마음들이 살아 꿈틀거리고 있었다. 30년 전 '바람직한 교회상', 20년 전 '21세기 천도교의 과제', 16년 전 '새로운 변혁 시대의 천도교', 8년 전의 '새판을 짜야 한다', 6년 전 '중앙총부 혁신' 등등 나의 간절한 혁신의 염원들이 모여 한줄기 강물처럼 굳세게 흐르고 있었다.

그 혁신의 염원을 가슴에 안았다. 그리고 전국의 교직자 여러분과 교인 여러분들에게 다가가 간절한 혁신의 꿈을 전하였다. 우리 천도교가 혁신하지 않으면 살아남을 수 없다는 간절한 마음을 확인하였다. 마음과 마음으로 만나는 시간, 이제는 모두가 한마음 한뜻으로 혁신의 꿈을 실천해야 할 때임을 공감하였다. 이제는 달라지고 있다는 마음에 두 주먹을 불끈 쥐었다. 계룡산을 2천 번 오르내리면서 한결같이 꿈꾸어 온 후천개벽의 위대한 꿈이 이루어질 것이라는 희망이 솟아났다. 오늘 밝혀진 혁명의 불길로 후천개벽의 꿈을 분명하게 확인할 수 있었다.

그동안 갈고 닦은 학문적 이론과 실천 철학, 오랜 시간 대덕연구단지에서 겹겹이 쌓아 온 연구 개발의 소중한 경험들과 새로운 혁명의 에너지로 취임사를 만들었다.

포덕 157(2016)년 4월 22일, 천도교 중앙대교당에서 열린 교령 취임식에서 100년을 향한 미래 비전과 혁신의 취임사를 발표하였다.

"저는 오늘 천도교 교령에 취임하면서 대도중흥과 광제창생의 새로운 천도교의 시대를 열겠다는 결연한 각오로 이 자리에 섰습니다. 저에게 주어진 이 엄중한 천명을 가슴에 안고, 이 자리에 저를 서게 하신 동덕 여러분과 귀빈 여러분께 마음속 깊이 감사드립니다.

제38차 전국대의원대회에서 대의원 여러분이 보여 준 위대한 선거혁명의 열기를 한데 모아, 천도교를 새롭게 만들어 갈 성운의 기운으로 승화하여, 새 하늘 새 땅에 사람과 만물이 새로워지는 후천개벽의 새 역사를 이룩하기 위해 저의 신명을 다 바쳐 나가겠습니다.

저는 천도교 교령으로서 이 역사적인 시운과 더불어 산하대운 진귀차도의 새로운 기운 속에서 대도중흥의 역사적 사명을 가슴 깊이 새기고 있습니다. 그리고 다음 몇 가지 우리가 함께할 대도중흥의 방향을 제시하면서 흔들림 없이 실천해 나갈 것을 약속하고자 합니다."라고 말했다. 교령으로서 한 약속을 흔들림 없이 실천하겠다는 것을 공언한 것이다.

임기 첫해인 포덕 157(2016)년에는 100년을 향한 '대도중흥비전 21'이라는 혁신의 큰 꿈을 만드느라 불철주야로 바쁜 시간을 보냈다. 그 꿈을 안고 수만 리 길, 전국의 100여 개에 달하는 교구와 수도원을 찾아 나섰다. 영남 지역에서는 묵암 신용구 종법사께서 닦은 포덕의 길을, 호남 지역에서는 학산 정갑수 종법사께서 닦은 포덕의 길을 따라, 그리고 경기·인천·충청·강원·일본 신호교구 등 적막하게 남아 있는 텅 빈 교구와 전교실 빈터까지도 분주히 찾아다녔다.

때로는 새벽 일찍 집을 나서서 저녁 늦은 시간까지 어두운 밤을 헤치며 굳게 닫힌 교회의 문을 두드리곤 하였다. 그동안 막혔던 물길을 트고 허심탄회하게 대화 소통하느라고 때로는 늦은 밤 자정이 넘은 시간에 귀가한 적이 한두 번이 아니었다. 그러면서 우리는 잃어버린 신앙심을 회복해야 한다며 매월 특별기도를 정례화하고

동·하계에는 용담수도원과 의창수도원, 전국 수도원에서 수많은 동덕이 모여 수련에 정진하였다.

포덕 158(2017)년에는 포덕 2500이라는 목표를 세우고 포덕운동에 정성을 기울였다. 중앙총부는 물론 전국의 각 교구와 수도원을 통하여 연 5,400여 명이 1인 1포덕의 '포덕 2500 운동'에 동참하는 포덕의 길을 다졌다. 기간 중 34개 교구에서 500여 명의 신입 교인을 포덕하는 작은 성과를 거두었다. 수십 명을 포덕한 4인의 포덕왕도 선발하여 시상하였다. 동·하계에는 전국 수도원에서 연 2,500여 명의 동덕들이 수련에 정성을 다했다. 매월 1일부터 7일까지 3년에 걸쳐 실시된 대교당 특별수련에 참석한 동덕은 연 5,725명에 달한다. 아울러 포덕의 방편으로 인내천 의식 개혁을 전개하기 위한 인내천운동연합을 출범시키며 국내·외에 인내천 포덕 운동의 외연을 확장하기 위해 힘써 왔다.

포덕 159(2018)년과 160(2019)년에는 대도중흥비전21을 더욱 심화 발전시키기 위하여 심혈을 기울였다. 동학혁명 국가기념일 제정, 민족통일, 세계 포덕, 3·1운동 100주년 기념사업, 의암기념관 건립 추진, 성지 및 유적지 성역화 등에 정성을 다했다.

교단 내·외에서 만나는 사람마다 임기 3년에 그렇게 많은 일을 어떻게 해낼 수 있겠느냐고 의아해했다. 그러나 나는 교령의 시간 1년을 3년처럼 생각하며 일했다. 3년 동안에 할 일을 1년에 해내어 9년을 일하기로 한 것이다. 일하지 않는 3년이란 3년이 아니고 그냥 0년이다. 시간을 만들지 못하는 사람에게는 시간은 의미 없이 그냥 흘러갈 뿐이다.

나에게 교령의 시간은 갑판 위의 불을 끄는 절박한 위기의 시간이었다. 왜냐면 갑판 위의 불을 끄지 않으면 모두가 공멸할 것이라는 우려 때문이었다. 그래서 나에게 출퇴근 시간이 따로 없었다. 나의 출근은 집에서의 교령의 시간을 총부로 이동하는 것이었으며, 나의 퇴근 시간은 총부에서의 교령의 시간을 집으로 이동하는 것에 불과했다.

왜냐면 퇴근 후에도 총부에서 하던 일이 그대로 이어졌고 출근 후에도 집에서 하던 일이 그대로 이어졌으니 교령의 시간은 공간을 뛰어넘는 시간이었다. 오로지 교령의 시간만이 있을 뿐이었다. 날이면 날마다 바로 오늘 취임한다는 마음으로 초심을 가슴 깊이 담고 갑판 위의 불을 끄기 위한 혁신의 마음을 놓치지 않았다. 그리하여 교령의 시간은 갑판 위의 불을 끄는 시간이었다.

지난 3년간의 모든 성과는 이제 겨우 100년을 향한 발자국을 디딘 것에 불과하다.

더욱이 미진한 것들도 없지 않다. 중앙아시아 속담에 "열 명이 가면 발자국을 남기고, 백 명이 지나가면 오솔길을 만들고 천 명이 지나가면 길을 만든다"라고 한다. 그동안 어떤 것은 발자국을 남겼으며, 어떤 것은 오솔길을 만들고 어떤 것은 겨우 길을 만들기 위해 첫 삽을 뜬 것도 있을 것이다. 아예 시작조차도 하지 못한 것들이 많이 있을 것이다. 이제 새로운 집행부가 계승 발전시켜 나갈 것으로 기대한다.

의암성사께서는 "천도교는 천도교 교인의 사유물이 아니요, 세계 인류의 공유물이니라."라고 말씀하셨다. 그러므로 천도교 교인은 모두 공인이며 교령 또한 공인이다. 공인으로서의 천도교 교령의 시간은 교령의 사적인 시간이 아니라 교령의 공적인 시간으로 모두에게 공유되어야 한다고 여겼다. 그래서 나는 내가 경험한 교령의 시간을 내 것으로 독점해서는 안 되며 그 시간을 모두가 함께 공유할 수 있도록 밝혀야 한다는 생각이었다. 교령의 시간을 공유할 수 있도록 이 세상에 밝히는 것이야말로 나의 책무라 생각했다. 그것이 『교령의 시간』을 집필하는 이유다.

중앙총부가 있기에 교령의 시간이 있으며 천도교 교인이 있기에 교령의 시간 또한 존재할 수 있다. 이 세상이 있기에 천도교가 있으며 교령의 시간 또한 존재할 수 있다. 교령의 시간은 좁게는 중앙총부의 시간이며 넓게는 천도교인 모두의 시간이다. 나아가 이 세상 모든 사람의 시간이다. 알 수 없는 미지의 힘으로 주어진 혁명의 불길을 꼭 붙잡고 천도교를 위하고 세상을 위하여 새로운 역사를 만들어 나가고자 있는 힘을 다해 왔다. 이 혁명의 불길이 꺼지지 않고 앞으로도 끊임없이 타오르기를, 그리하여 우리 모두의 앞길을 환하게 밝혀 주기를 심고 드린다.

포덕 166(2025)년 12월 24일

호암 **이정희** 심고

차례

제1장

나는 교령을 꿈꾸지 않았다

아마도 이 내 일은 잠자다가 얻었던가
꿈꾸다가 받았던가 측량치 못할러라
사람을 가렸으면 나만 못한 사람이며
재질을 가렸으면 나만 못한 재질이며
만단의아 두지마는 한울님이 정하시니
무가내라 할 길 없네

—〈교훈가〉, 『용담유사』

사람이 세상에 나서 무엇을 얻을 건가
도를 묻는 오늘날에 주고받는 것이로다.

人生世間有何得
問道今日授與受

—〈우음〉, 『동경대전』

1. 천도교는 나의 운명

• 포태 교인으로 태어나다

천도교는 나에게 운명이었다. 천도교 유전자를 품고 태어나 천도교 어머니의 젖을 먹고 자랐다. 나의 아버님(이영철 도정)은 포덕 63(1922, 임술)년 5월 16일, 전라북도 부안군 상서면 감교리에서 태어나셨다.

"화개어부안 결실어부안"의 예언을 안고 있는 동학의 땅, 부안의 한 작은 마을에서 태어나셨다. 바로 지금의 천도교 부안교구·호암수도원이 있는 마을이다. 아버님께서는 어려서 부모님이 돌아가시자, 이곳에서 누님 내외의 보살핌으로 성장하며 한학을 수학하셨고 21세 되던 포덕 83(1942)년, 당시 15세이던 어머님과 결혼하셨다. 어머님 역시 일찍 부모님이 돌아가시고 5남매와 함께 어렵게 살아오시던 중 아버님과 결혼을 하신 것이다. 흙으로 쌓아 지은 작은 초가집에서 밥그릇 두 개, 숟가락 두 개로 살림을 시작하셨다. 어린 시절을 어렵게 살아오시던 두 분의 결혼 앞엔 가난에서 벗어나야만 한다는 숙명적인 과제가 운명처럼 주어져 있었다.

아버님께서는 결혼하시기 1년 전 천도교에 입교하셨다. 천도교를 잘하기 위해서는 먼저 어머님과 함께 천도교를 믿는 것이 중요하다는 생각이셨다. 그러나 어머님은 당시 쪼들린 살림살이를 일으키는 것 이외에 다른 것은 생각할 여유가 없으셨다. 가난한 형편에 신앙생활을 한다는 것은 한갓 사치로 볼 수밖에 없었다.

그래서 아버님은 어머님에게 천도교를 믿으면 잘살 수 있다는 신념을 갖게 한다면, 어머님께서 스스로 천도교에 입교할 것이라는 생각을 하셨다. 어느 날, 아버님께서는 어머님에게 "천도교를 믿으면 베를 잘 짤 수 있고 잘살 수 있을 것"이라고 말씀하셨다. 어머님께서는 가난을 벗어나는 길이 천도교에 있다는 아버님의 말씀에 눈이 번쩍 뜨셨다. 천도교를 믿으면 잘살 수 있다는 아버님의 말씀에 어머님은 천도교에 입교하셨다.

어머님께서는 천도교에 입교하신 후 매일 새벽마다 하루도 빠짐없이 청수를 모셨으며, 기도도 열심이고, 또 수도에도 정성을 다하셨다. 돈독한 신앙심으로 베를 더 잘 짜게 되더니 우리 집 살림은 점점 더 늘어나게 되었다. 그래서 아버님께서도 더 편안한 마음으로 신앙생활을 돈독히 하실 수 있으셨다.

대신사님에 있어서 포덕 1호가 바로 박씨 사모님이었던 것처럼, 아버님의 포덕 1호 역시 어머님이셨다.

어머님께서 포덕 147(2006)년 4월 14일, 신인간사 박길수 편집위원과의 대담에서 들려주신 진솔한 이야기다. "결혼은 했는데 어린 나이에 뭘 알아야지요. 어려운 살림살이에 먹고 살기 힘든 시절이었지요. 내가 강단은 있었던지, 당시에는 제일로 중요한 일 중 하나가 베 짜는 것인데 그것도 하고 이럭저럭해서 하나둘씩 살림을 일구었어요.

처음에는 모든 게 서툴러서 이만저만 걱정이 아니었거든, 근데 이 양반이 하루는 천도교 믿으면 베도 잘 짜게 된다, 그래서 천도교에 입교했지요. 그리고는 그저 선생님들이 시키는 대로, 새벽마다 청수 모시고 기도하고, 또 정암장(아버님 도호)이 가르치는 대로 성심껏 수도하고 정성을 다했습니다. 정암장은 젊었을 때 밖으로 많이 나돌았어요. 수도도 이레, 삼칠일 등으로 숱하게 했고, 또 포덕한다고 호남 일대 안 다닌데 없이 다 다녔어요. 안에서 그 뒷바라지를 하느라고 했는데…, 이 양반이 나한테도 잘하시고 큰일을 하자고 하시니까 그게 그렇게 좋아 뵈두만요." (《신인간》 통권 670호, 포덕 147년 6월호)

어머님께서는 아버님 말씀을 듣고 "가난을 물리치고 살림을 일으키는 길은 베를 잘 짜는데 있고 베를 잘 짜기 위해서는 천도교를 잘해야 한다."라고 생각하신 것이다. 일의 세계와 신앙의 세계가 하나가 된 것이다. 그래서 어머님은 항상 즐거운 마음으로 일도 열심히 하시고 신앙도 열심히 할 수 있었다. 어머님을 포덕하여 가정 포덕을 이루어야겠다는 아버님의 생각이 딱 맞아떨어진 것이다. 천도교를 믿으면 베도 잘 짜게 된다는 그 한마디 생각이 어머님 포덕으로 이어졌던 것이다.

아버님께서는 일제 강점기 말, 포덕 83년도 천도교 하기가 정말 어려운 시기에 입도하셨다. 일제의 감시로 생명을 담보하지 않고서는 천도교를 믿는다는 말조차 꺼내기 어렵던 시기에 입도하신 것이다.

아버님께서 포덕 147년 4월 15일, 신인간사 박길수 편집위원과의 대담에서 들려주신 진솔한 이야기다.

"제가 천도교에 입교한 것은 일제 강점기 말인 포덕 83(1942)년으로 천도교 입교하기가 정말 어려운 시기였습니다. 그때만 해도 일제 말기라 생명을 담보로 하지 않고서는 천도교를 믿는다는 말을 쉽사리 꺼낼 수도 없던 시기였습니다. 서너 사람 이상이 몰려다니면 금방 일본 경찰의 눈에 띄기 때문에 어두운 밤, 으슥한 산길로 해서 수도장엘 다니곤 하였습니다. 수도를 통해 인내천 진리를 깨닫고 보국안민, 포덕천하, 광제창생, 지상천국 건설이란, 4대 목적을 달성하겠다는 흔들림 없는 포부를 세울 수가 있었습니다. 그리고는 곧 해방되었고, 해방 이후의 혼란기에는 흩어진 교세를 수습하고, 또 전쟁을 겪어 내느라 어려운 가운데 청년기를 보냈습니다."

그 무엇과도 바꿀 수 없는 위대한 나의 유산, 나는 해월신사의 "꽃이 피고 열매 맺힐", 부안의 한 작은 마을에서 1945년 1월 27일, 포태 교인으로 태어났다.

• 날마다 주문 소리에 눈을 뜨다

어린 시절, 날마다 새벽이면 아버님의 주문 소리에 잠을 깨곤 하였다. 우리 집뿐만이 아니다. 이웃집도 마찬가지였다. 새벽이면 집집마다 주문 외우는 소리가 온 마을을 가득 채웠다. 그래서 집 모퉁이와 마을 길에서, 채전밭에서, 마을에 서 있는 나무들에서, 심지어는 공중을 날아다니는 새들에게서조차 주문 소리가 들리는 듯하였다. 한마디로 우리 마을 전체가 주문으로 가득 차 있었다. 마을 하늘도, 마을 땅도, 마을 사람 모두가 주문과 함께 숨 쉬며 살아온 것이다. 나는 그러한 천도교 마을에서 태어나 자라났다.

천도교 마을에서 시천주 주문은 나의 뼛속 깊이 스며들었다. 주문을 통하여 시천주의 씨앗이 나에게 심어진 것이다. 이렇게 나는 운명적으로 천도교인으로 태어났다.

• 선친은 나의 스승

선친의 가르침은 내 삶의 나침판, 나의 스승이셨다. 언제 어디서나 선친의 가르침은 그대로 내 삶의 중심에 모셔져 있다. 그중에 몇 가지다.

첫째, 도의 세계와 일의 세계는 하나다. 도는 둥글고 일은 모가 난다. 도는 옳고 그른 것이 없으므로 무선 무악이지만, 일은 옳고 그른 것이 있다. 또한, 도는 둥글어 시비가 없으나 일은 모가 나서 시비가 있다. 나로부터 도가 나오고, 나로부터 일이

나온다. 도는 나의 안쪽이요 일은 나의 바깥쪽이니, 이 둘을 잘 조화시켜 나가야 한다. 둘째, 때는 곳곳에 있다. 때가 언제 올 것이라고 기다리지 말라. 지금도 때이고 내일도 때이다. 때는 항상 있는 법이다. 한울님은 맞보기이다. 이렇게 하면 이렇게, 저렇게 하면 저렇게 감응하신다. 생각하고 말하고 행동하는 그대로 나타나시고 보여 주시는 것이다. 한 오라기만큼이라도 거짓이 없다. 그러므로 어느 한순간이라도 때를 놓치지 말아야 한다. 오직 처한 그때, 그 상황에서 최선을 다해야 한다. 셋째, 항상 옳은 마음을 꽉 붙잡고 살아야 한다. 사람은 마음이 주인이다. 마음먹은 대로 되고 하는 대로 되는 것이기 때문이다. 그러므로 마음을 놓지 말고 살아야 한다. 마음을 놓으면 생명을 놓은 것과 같다. 항상 옳은 마음, 착한 마음, 한울님 마음을 꽉 붙잡고 살아가야 한다. 넷째, 내가 기도하면 한울님과 스승님, 조상님이 감응하시어 함께 기도하는 것이다. 내 삶도 이와 같다. 나는 항상 한울님, 스승님, 조상님과 함께 사는 것이다. 그러므로 나의 삶이라는 것이 얼마나 소중하고 경건한 것이냐? 나 혼자 기도함이 아니요, 나 혼자 사는 것이 아니기에 말이다. 한울님과 함께 살고 스승님과 함께 살고 조상님과 함께 사는 것이니 나의 삶이 얼마나 크고 거룩한가? 다섯째, 한울님은 생각하는 나에게 감응하시므로 내가 한울님을 모시는 것이다. 그러므로 모든 것이 생각하는 대로 된다. 이 우주 안에는 스승님이 다 계신다. 혼원일기로 존재하신다. 그러다가 생각하는 자에게 나타나신다. 한 사람이 생각하면 한 사람에게 오고 천 사람이 마음을 두면 천 사람에게 나타나신다. 한울님 생각을 하면 좋은 기운이 솟아 나온다. 좋은 기운을 얻으면, 훌륭한 일을 할 수 있다. 천도교는 한울님을 각자 모신다. 각자 각자가 모시는 주체이다. 생각하는 나에게 감응하시므로 내가 모시는 것이다. 여섯째, 작은 데서 큰일이 생기는 법이다. 대체로 큰일은 그에 상응하는 관심을 가지고 조심하지만, 작은 일은 별로 신경을 쓰지 않다가 큰 실수를 범할 수 있다. 그러므로 작은 일에 더 신경을 써야 한다. 작은 일이 큰일이 되지 않도록 조심해야 한다. 전혀 예상치 않았던 엉뚱한 데서 결국 큰일이 생기는 법이니 그것을 조심해야 한다. 일곱째, 참으로 잘사는 것이 무엇인지를 깨닫는 자가 잘살 수 있다. 해월신사께서는 그렇게 고생하시고 가난한 삶을 사셨지만 가장 잘사신 어른이시다. 어떻게 사는 것이 뜻있고 보람 있게 잘사는 것인지를 생각하며 살아가는 사람이 잘사는 사람이다.

이와 같은 선친의 교훈은 내 삶의 나침판으로 항상 나를 이끈다.

특히 포덕 147년 4월 15일, 호암수도원에서 신인간사 박길수 편집위원과 아버님과의 대담 과정에서 아버님의 귀한 가르침을 듣고 아버님을 나의 스승으로 모시게 되었다. 그동안 천도교의 교세가 점점 쇠약해져 가는 안타까운 현실을 개탄하며 많이 위축되었던 나를 손잡아 깨우치는 말씀이었다. 그것은 바로 '천도교의 세상이 온다' 는 위대한 가르침이었다. 박길수 편집위원은 "오늘날 젊은 사람들에게, 또 후학들이 천도교를 신앙하는 데서 갖추어야 할 태도" 에 관하여 여쭈었다.

아버님의 말씀이다. "천도교가 좋은 것은 더 이상 말할 수가 없지요. 그런 건 아마도 나보다 젊은 사람들이 더 잘 말할 테니까 따로 얘기할 것도 없어요. 그런데 요즈음 교세가 조금 덜 하다고 걱정하고 마음이 위축된 경우가 많은 줄 압니다. 그렇지만 분명히 알아야 할 건 백 년, 천 년이 가도 천도교는 잘되게 되어 있다는 겁니다.

지금도 천도교는 날마다 포덕이 되고 있습니다. 천금 보물도 알아보는 사람한테만 보이는 거고, 만세 복락도 지금 여기에 있는 겁니다. 한가지 예를 들면, 봉건 시대에는 양반 상놈이 차별을 받았는데 지금은 그것이 모두 없어졌어요. 우리만 그런가, 세계가 다 하고 있지요.

동학혁명 때 그걸 주장하다가 수십만이 죽고 다쳤는데, 이제는 그 혜택을 누구나 누리고 있고, 또 사람은 평등하고 공경해야 한다는 걸, 천도교를 믿지 않아도 모두 아는 세상이 되었어요. 이처럼 천도교가 안 된다, 교세가 쇠약하다 하지만 되는 일은 무위이화로 다 되고, 봄이 가고 여름이 옴에 잎이 피고 꽃이 피는 것처럼 사람 사는 사회에도 필 꽃은 다 피고 있는 거예요. 그렇게 보면 입교를 해서만 교인이 아니라 모두가 천도교 교인이고, 딴 세상이 와야 천국이 아니고 이곳이 바로 천국인 거예요.

천도교 세상이 왔어도 온 줄을 모르고, 천도교의 진리를 실천하면서도, 자기가 실천을 하는지 모르는 것이 탈이지만, 탈 중에서도 탈은 천도교 교인들이 그 사실을 모르고, 천도교인들이 제일 천도교 진리를 실천하지 않는 게 탈이지요. 그걸 알면 만사는 절로 풀어집니다. 그것이 스승님 이래 우리 교회 역사가 면면히 이어져 오는 내력 끝에 일궈진 겁니다. 내가 지금 살아가고 있는 이 세상에서 도를 찾고 도를 실행하는 것 이외에 아무것도 없어요." (《신인간》, 〈신인간이 만난 사람, 호남 동학 천도교 도맥 이영철 선도사〉, 통권 670호 포덕 147(2006)년 6월호)

이와 같은 아버님의 위대한 교훈은 어둡고 무지한 나의 마음을 태양처럼 환하게 밝혀 주신 살아 있는 경전 같았다. 그래서 나는 아버님을 스승님으로 존경하게 되었다.

2. 이판사판의 갈림길

• 공주사범대학 입학

나는 고향에서 부안농림고등학교를 졸업하고 국립공주사범대학에 들어갔다. 당시 가정 형편이 어려워 대학에 진학할 꿈조차 꿀 수 없었다. 그런데 마침 공주사범대학은 전원 국비 장학생으로 수업료가 면제되었다. 더구나 대학을 졸업하면 졸업생 전원이 의무적으로 중고등학교 교사로 근무하게 되어 취업 걱정을 할 필요가 없었다. 그 당시엔 사범대학을 졸업하면 거의 모두가 중고등학교 교사로 근무하였다. 가난한 나에게 공주사범대학은 나를 위해 준비된 대학이었던 셈이다.

대학에 들어가서 '나' 자신에 대한 생각을 많이 하게 되었다. 사범대학 뒤에 자리한 봉황산을 오르내리면서 봉황의 꿈을 품어 보기도 하고, 가끔은 홀로 금강의 하얀 백사장을 거닐면서 파란 하늘을 그려 보기도 했다.

그러다가 어려운 집안 형편으로 2학년을 마치고 군에 지원하게 되었다. 전방에서 근무하였는데 군 생활을 통하여 남북 분단의 현장을 직접 보게 되었다. 3년 동안의 군 복무를 마치고 다시 3학년으로 복귀하였다. 입학 동기들은 모두 졸업을 하였고 3년 후배들과 함께 공부하게 되었다. 나는 형 대접을 받으면서 남은 2년 동안의 대학생활을 보냈다. 제대 후 나의 생각은 크게 바뀌었다. 졸업만 하면 의무적으로 주어지는 교편생활보다는 새로운 미래를 위해 도전하고 싶었다. 그래서 서울대학교 행정대학원에 도전하기로 한 것이다. 시골에 있는 학교인지라 서울대학원에 대한 정보를 사전에 얻는다는 것은 거의 불가능하였다. 어떻게 해야 할 것인가 고민하던 중 대학원 학생을 직접 만나서 알아보기로 하였다. 공주에서 버스를 타고 서울 종로구 동숭동에 있는 서울대학교 행정대학원을 처음으로 찾아갔다. 먼저 서울법대 안에 있는 행정대학원을 찾아냈다. 마침 구내식당으로 향하는 대학원생한테 다가가서 잠시 물어볼 것이 있다면서 말을 걸었다. 막무가내로 구내식당을 따라가 궁금한 사항을 물었더니 나의 물음에 친절하게 대답해 주었다. 입학시험 과목은 무엇이며 어떤 책을 보아야 하고 어떠한 준비가 필요한지를 물었더니 자세하게 알려 주었다. 대학원 합격은 만만치 않다고 했다. 서울법대 졸업생들도 많이 떨어진다고 하였다. 그러나 열심히 하면 합격할 수 있을 것이라는 희망도 안겨 주었다. 그 후 나는 그 즐겨 피우던 담배도 끊고 입학시험 공부에 전념하기로 하였다.

나는 대학교 3학년 여름, 호암수도원에서 교리 특강차 오신 혁암 조기주 선생님을 뵈었다. 공주사범대학을 다닌다고 말씀드렸더니 공주에 계시는 이창덕, 최지오, 김상호 선생님을 찾아뵈라고 하셨다. 방학을 마치고 개학하자마자 이창덕 선생님을 찾아뵈었다. 반갑게 맞아 주셨다. 그리고 이창덕 선생께서 최지오, 김상호 두 분 원로님들을 소개해 주셨다. 이창덕 선생님은 당시 공주읍 봉황국민학교 앞에 '운남직물' 이라는 섬유공장을 경영하셨는데 대지도 넓고 직원 규모가 약 200여 명에 달할 정도로 컸다. 이창덕 선생님은 월남 교인으로 신앙심이 돈독하셨다. 그래서 운남직물 공장 부지에 사재를 들여 공주교구를 짓고 50여 명의 교인들이 시일식을 볼 수 있도록 하였다. 당시 이창덕 교구장님 댁에는 광제포의 김명수 도정님이 상주하시며 포덕교화를 지도하셨다. 공주교구를 나가면서 김명수 도정님과 이창덕 교구장님으로부터 많은 지도와 사랑을 받았다.

최지오 선생님은 공주 사곡교구장이셨다. 낮에는 공주시장에 나와 포목 가게를 경영하셨다. 가끔 사곡교구에서 시일식을 봉행한 후 최지오 선생님 집에 들러 경전 공부와 수련 지도를 받곤 하였다. 때론 시간 가는 줄 모르고 늦은 밤까지 지내다가 잠을 자고 아침에 돌아온 적도 있었다.

김상호 선생님은 과수원을 경영하셨다. 자상하고 인정도 많으시다. 금학동이 집이신데 가끔 방문하여 복숭아밭에 들어가서 과일을 따 먹기도 하였다. 큰아드님(성암 김학광 선생님)이 공주사범대학을 졸업하고 공군 소위로 입대하시어 사모님께서 부모님을 모신다고 하였다. 세 분 모두 신앙심이 돈독하시고 인정이 많아 3형제처럼 가깝게 지내셨다. 가끔은 세 분이 시장에서 서로 만나 약주를 하실 때가 있었는데 나도 거기에 참석할 때가 많았다. 앞으로 교회 지도자가 될 사람이라며 많은 사랑과 격려를 아끼지 않으셨다. 공주교구는 운남직물이 경영에 어려움을 겪으면서 교인 수도 줄어들고 더구나 이 지역이 재개발되면서 현재의 위치로 교구를 옮기게 된 것이다.

나는 세 분 선생님들의 따뜻한 사랑과 격려 덕분에 신앙생활도 열심히 할 수 있었으며 대학원 입학 공부도 열심히 할 수 있었다. 그리하여 나는 1972년 3월 서울대학교 행정대학원 입학 시험에 합격하는 영광을 안았다.

• KIST에서 직장 생활 시작

나는 대학원 재학 중 행정 고시 준비를 하고 있었다. 그러나 고시 합격이 여의치 않아 고시 공부와 직장 생활을 병행하기로 했다. 그래서 일할 자리를 알아보기 위해 대학원장님을 찾아뵈었다. 몇 군데를 말씀해 주셨는데 쉽게 판단하기 어려웠다. 그 중에는 KIST도 있었다. 귀가 후 같은 하숙집 동료에게 오늘 대학원장님으로부터 들은 이야기를 했다. 사실 나는 KIST가 어디에 있는 줄도, 또 무엇을 하는 곳인지도 몰랐다. 단순히 과학기술을 연구하는 곳이라는 추측만을 하고 있었을 뿐인데 하숙집 동료는 KIST에 대해 잘 알고 있었다. 급여도 많고 근무 환경도 아주 좋다고 했다. 직장 생활과 고시 공부를 병행할 수 있는 곳이라고 했다. 그래서 다음날 바로 홍능에 있는 KIST를 한번 가보기로 했다. 울창한 산림, 확 트인 대지, 맑은 공기, 깨끗한 건물, 잔디밭 공간에 자리한 연못엔 자유롭게 헤엄치는 잉어들이 우리를 반기듯 하였다. 이렇게 좋은 환경에서 단 하루라도 근무할 수 있으면 좋겠다는 생각이 들 정도였다. 나는 아름다운 KIST 주변의 환경에 매료된 것이다. 그래서 나는 KIST에서 직장 생활과 고시 공부를 병행하기로 하였다. 1974년 KIST에 들어와 몇 년 동안 고시 공부를 하였으나 거듭 실패하게 되자 고시 공부는 포기하고 직장 생활만 계속하기로 하였다. 그 후 나는 KIST 등 연구단지에서만 40여 년간 근무하고 정년으로 퇴직하게 되었다.

• 생애 처음으로 대강령 체험

포덕 118(1977)년 8월 16일, 천도교 청년회 수련에 참여하기 위해 우이동 성지 봉황각(鳳凰閣)으로 향했다. 남들은 피서다, 휴양이다, 요란을 떨 때 나는 꼭 아끼고 아낀 일주일간의 휴가, 그 휴가를 이곳 우이동 봉황각으로 왔다. '이신환성(以身煥性)'을 목표로 한 일주일간의 청년 수련에 참여하기 위해서이다. 이번 수련 신청은 지난 14일 지일기념일(地日記念日)에 주영채 동덕에게 부탁하였고 오늘은 집에서 이른 저녁을 먹고 봉황각으로 왔다. 도착 후 수련 과정에서 지켜야 할 점과 주의 사항을 듣고 밤 10시에 잠을 잤다.

8월 17일, 새벽 4시에 기상하였다. 여기에 들어와서 무엇보다 담배를 끊으니 정신이 맑고 몸이 가뿐하다. 우이동 골짜기 시원스레 흘러내리는 계곡물에 달려가 세수를 하고 수련장으로 간다. 엄숙한 하루의 일과가 시작되는 순간이다. 수심정기하고 있노라면 어느새 5시 기도 시간을 알린다. 수련 지도는 임운길 교화관장님께서 맡으셨다. 5시 새벽 기도를 마친 후 약 1시간 30분 동안 수련이다. 현송과 묵송으로 3·7자 주문을 열심히 외우노라면 어느새 약속된 시간이 지난다. 처음으로 경험하는 수련인지라 온몸이 아프다. 정신 집중도 잘 안된다. 아침 수련이 끝난 후 체조로 몸을 풀고 나서 청소하고 7시 30분에 아침 식사다.

8월 19일이다. 다른 동덕들은 강령(降靈)을 모시는데 나에게는 강령의 소식이 없다. 강령에 대하여 의문을 가져서일까? 나의 정성이 부족해서일까? 곰곰이 생각해본다. 모처럼의 기회를 만들어 수련에 임하고 있는데 이러다가는 별 소득 없이 일주일을 보낼까 우려된다. 그래서 나는 수련을 지도하시는 임운길 교화관장님을 찾아뵙고 나의 심정을 말씀드렸다. 교화관장님께서는 강령이란 대신사님의 가르침이니 일체의 의심을 버리고 마음을 정하여 열심히 수련에 임해야 한다고 말씀하신다. 그 말씀을 듣고 온 정성을 다 바쳐 주문(呪文)을 외운다. 드디어 강령을 모신다. 내 신앙생활의 새로운 경지가 열린다. 온몸이 황홀경이다. 감사하고 기뻐하는 마음으로 가득하다. 이것이 나의 최초의 강령 체험이었다. 나에게 제2의 신앙생활이 시작되는 순간이었다. 나의 선천(先天)과 후천(後天)이 교차하는 역사적 순간이었다.

8월 20일, 교화관 김옥희 차장께서 이번 수련 과정에서 누구보다도 열심히 하는 것을 보고 놀랐다면서 나에게 찬사를 아끼지 않으신다. 그리고 수료식 답사 준비를 해주면 좋겠다고 말씀하신다. 물론 내가 열심히 하고자 노력한 것만은 틀림없으나, 그런 이유로 답사 부탁을 받고 보니, 대도발전(大道發展)의 큰일을 맡은 느낌이었다. 그날 밤 잠자는 시간을 줄이면서 답사를 준비했다.

8월 27일에는 우이동 봉황각에서 연성 수련을 하고 계시는 아버님을 찾아뵈었다. 내의(內衣) 한 벌을 사 들고 딸아이를 데리고 우이동에 갔다. 전국에서 원로 동덕님들 105분이 모이셨다. 무엇인가 중대한 결심을 하신 듯, 엄숙한 모습으로 수련에 임하시는 모습은 3·1운동을 준비하실 때의 분위기를 떠올린다. 어른들께서 염원하시는 이신환성(以身煥性), 즉 육신관념을 성령으로 바꾸는 큰 성과가 있기를 깊이 기도하였다. 멀리 옥구에서 오신 최동배 도정(道正)께서는 "부안에서 인물이 나온다."는 이야기를 교령님으로부터 들으셨다고 하시면서 긍지를 가지고 더욱 열심히 해달라고 당부하신다. 해운장님, 그리고 주위의 많은 분들께서 "천도교 세상이 곧 온다. 신앙생활을 열심히 하라."는 당부의 말씀으로 나를 꼬옥 껴안아 주신다. 희망과 용기를 북돋아 주시는 원로님들의 격려에 고마움을 느낀다. 천도교를 열심히 하여 원로님들의 기대에 어긋나지 않기를 다짐하면서 나는 집으로 온다.

포덕 119(1978)년 8월 16일 두 번째 수련회에 참여하였다. 참으로 각고의 나날, 이마에 징이 박히듯 아픔을 참으면서 외부와는 거의 단절된 우이동 의창 수도원 수련에서 무엇을 생각하고 염원하고 기도하고 있는가? 무릎뼈가 쪼개지는 것 같고 온몸이 어스러지는 듯한 고통을 참으면서 우리는 무엇을 하자는 것인가 말이다. 한울에 사무치는 그 주문(呪文) 소리는 또 무엇인가? 이제 나는 그 일주일의 수련을 마치고 폐강식에서 발표한 소감 내용을 기록하면서 그것을 음미하고자 한다. 폐강식에는 내가 자치회장이기 때문에 수료증을 받고 안병식(공주교구) 선생이 작년에 내가 읽은 답사를 읽었으며 성금 전달은 주정덕(대구) 동덕이 맡았다. 폐강식 이전에 실시한 소감 발표에서 나는 다음의 요지로 말하였다.

이 사람은 일 년에 단 일주일밖에 주어지지 않는 휴가를 얻어 이곳에 왔다. 학창 시절에 별로 여행한 경험이 없기에 친구들끼리 대화하더라도 노는 이야기만 나오면 나는 말문이 막힌다. 그래서 나는 이번 여름에는 고향의 부모님을 뵐 겸 변산해수욕장을 찾아 더위를 식히고자 계획을 세웠다. 그런데 올여름의 차가움이 그것을 포기하도록 만들었다. 36°C의 수은주를 오르내리는 무더운 여름 수십 년 만에 찾아온 찜통더위였는데도 왜 차가움을 느끼고 있는가? 그것은 곧 아파트 부정 사건, 국회의원 추문 사건, 교사 자격증 부정 발급 사건 등 참으로 등골을 오싹하게 하는 사건들이 꼬리를 물고 일어났기 때문이었다. 더워야 할 여름이 차디찬 겨울로 바뀐 것이다. 여기서 더욱 중요한 것은 나도 그런 잘못을 범할 가능성이 있다는 점이다. 나도 돈이 있으면 그런 짓들을 할 수도 있을 것이라는 생각이 들었을 때 그 잘못을 내 잘못으로 여기고 싶었다.

어느 철학자는 죄인은 차라리 감옥밖에 더 많이 있다고 말했다는데, 재수 없는 자만이 적발되어 죄인의 누명을 쓰는 세상인지도 모른다. 실로 지금 세상은 수운대신사께서 동학을 창도할 당시의 사회적 환경과 크게 다르지 않다. 지금도 선천시대(先天時代)의 병든 세상이 판을 치고 있다. 상식과 과학만으로는 결코 벗어날 수 없는 세상, 오로지 시천주 인내천(侍天主 人乃天) 진리에 의해서만이 그 악순환의 고리로부터 완전한 자유를 얻어낼 수 있다는 것을 깨달아야 한다. 내 몸에 한울님을 모시고 있다. 그래서 내가 한울이라는 것을 분명히 체득하고 그 한울님으로 살아갈 때 비로소 그 자유를 누릴 수 있다. 그것은 상식과 과학이 아니고 그것을 뛰어넘는 신앙으로 만나는 새로운 체험을 통해 얻을 수 있다. 그것은 또한 정성과 공경과 믿음을 가지고 행동하는 한울님(행천주)으로 살아갈 때 가능한 것이다.

나는 이번 수련 중 부모님의 얼굴을 떠올리며 효도를 다하지 못하고 있다는 죄의식에서 눈물을 흘리기도 하였다. 그리고 나는 어떻게 사는 것이 한울님의 뜻에 따르는 것인가를 한울님께 여쭈어 보았다. 한울님께서는 내 마음의 거울에 비추어 보면 알 수 있다고 말씀하신다. 이제 나는 두 번째의 천도교 수련을 통하여 사명의 나, 무궁의 나, 한울의 나로 거듭 태어나는 새 삶을 시작한다. 이번 연성에는 둘째 처남(김삼철)이 함께 참여해서 대강령(大降靈)과 강화(講話)를 받는 큰 성과가 있었기에 더욱 기쁘고 보람을 느낀다.

—졸저 『미래는 행동하는 자의 것이다』, 개벽사, 1997.

• 나는 교령을 꿈꾸지 않았다

1974년 2월, 서울대학교 행정대학원을 졸업하면서 곧바로 KIST에 입소하여 40여 년 동안 한결같이 정보 과학기술정책 연구 및 개발 업무에 전념하여 왔다. 80년대 말까지 15년 동안 전산 교육 및 컴퓨터 마인드 확산, 교육연구 전산망, 올림픽경기 정보시스템 등 연구 개발 및 시스템 운영 등에 참여하였다.

1984년부터 1989년까지 6회에 걸쳐 국내 최초로 '전국 퍼스널 컴퓨터 경진대회'를 주관 개최함으로써 컴퓨터 마인드 보급 확산을 통한 정보화 기반 구축에 힘써 왔다. 6년간에 걸쳐 매년 실시한 경진대회에 창의적인 공모작 응시 부문에 799명, 프로그램 경시 부문에 5만여 명이 참가하는 큰 성과를 거두었다. 1986년부터 1989년까지 3년간, KIST시스템공학연구소 소프트웨어엔지니어링센터를 맡아 서울 강남구 과총회관 내 컴퓨터 사랑방을 설치하여 586명의 교수들에게 기초 과학 및 학술 연구 활동을 도왔다. 1982년부터 86년까지 4년 동안 전산교육실을 맡아 연 7,000여 명의 전산 교육생을 배출하였다. 1987년부터 3년간 소프트웨어엔지니어링 교육과정

개발 및 운영으로 전문 소프트웨어 엔지니어 3,500명을 배출하였다.

1990년대에는 연구기관 전문화, 소프트웨어 개발 등 50여 건의 정책 연구를 수행하였다. 1989년에 고려대학교에서 행정학 박사학위를 취득하였으며 1995년부터 1년간 뉴욕 시라큐스대학교 방문 교수로 재직하면서 첨단정보기술 정책 연구에 몰두하였다. 귀국 후 10여 년 동안 책임연구원으로서 슈퍼컴퓨팅 정책 연구 및 운영 등의 업무를 수행하다가 2006년 6월 30일, KIST에 입소한 지 33년 만에 정년으로 퇴직하게 되었다. 정년 후, 2006년 2학기부터 공주대학교 행정대학원에서 6년 동안 후진 양성을 위해 강단에 섰다. 그 후 역임한 3년간의 정부 출연 연구기관 감사를 끝으로 나의 40여 년간의 대덕연구단지에서의 연구원 생활을 마치게 되었다. 그러나 나는 연구원은 정년이 없다는 신념으로 대덕연구단지에서의 할 일이 무엇인지를 찾아냈다. 그동안의 경험을 자산으로 과학 기술자들을 밖에서 돕고자 했다.

그래서 나는 2014년 4월 26일, '동학문화진흥회' 를 창립하였다. 동학문화진흥회 사업을 통하여 동학과 과학 기술자들을 접목하는 프로그램을 구상하게 되었다. 그 일환으로 이곳 대덕연구단지 유성에 '연구원 명상센터' 를 설립하여 운영하였다. 이와 병행하여 '과학기술정책연구소' 를 창립하여 과학 기술 정책 연구, 기업 경영 분석, 연구 개발 기술교육 및 견학, 기술 중계 기획 분야 사업을 수행하였다. 이와 함께 주경야독의 학문 탐구의 길 또한 멈추지 않았다. 2008년에는 충남대학교에서 철학박사 학위를 취득하면서 동양철학에 조금 눈을 뜰 수 있었다. 그러면서 나는 과학 기술자를 위한 논어 등 동양철학 강좌를 개설 운영하기도 하였다. 40여 년간 몸담아 온 과학 기술 연구 집적 도시인 대덕연구단지 유성에서 『한국의 정보정책』, 『한국의 과학기술정책』 등에 관한 저서를 준비하고 있었다. 그리고 50년 동안 써오신 아버님 일기 중에서 천도교 관련 내용을 뽑아 『정암일기』를 책으로 엮어 내고자 준비하고 있었다. 이러저러한 일로 나는 눈코 뜰 새 없이 바쁜 시간을 보내고 있었다. 이처럼 분주한 시간 속에서 나는 결코 교령을 꿈꾸지 않았다. 나의 삶 속에서 교령을 꿈꿀 시간은 존재하지 않았다.

• 동양철학 공부 시작

나는 2000년부터 8년에 걸쳐 충남대학교 철학과에서 동양철학을 공부할 수 있었다. 유학 사상과 노장 사상, 불교 사상 등에 대하여 폭넓게 공부할 수 있었다. 충남

대학교 대학원 철학과에 입학하여 전문 분야의 훌륭한 교수님들로부터 가르침을 받을 수 있었던 것은 나에게 큰 행운이었다. 전공 분야별로 대한민국의 어느 대학보다도 더 훌륭한 교수님들이 계셨다. 교육의 분위기도 최고 수준이었다. 그래서 나는 대학의 문을 들어서면서부터 첫눈에 반했다. 여기 충남대학교에서 반드시 동양철학에 눈을 뜨리라 생각한 것이다. 유학의 대가이신 황의동 교수님의 지도를 받아 박사 논문까지 쓸 수 있었던 것은 정말 큰 행운이었다. 논문 쓰는데 필요한 학술 자료는 물론 논문 작성 방법과 문장 표현 등에 대해서도 자세히 지도해 주셨다. 토씨 하나까지도 섬세하게 살펴 주시는 교수님의 정성으로 부족한 논문은 완성될 수 있었다. 정말 행운이었다. 직장 생활을 하면서 학문을 병행하는 주경야독의 과정은 참으로 힘든 시간이었다. 이 어려움을 이겨 내며 공부할 수 있었던 것은 오로지 지도교수님이신 황의동 교수님의 덕분이었다. 남명진 교수님의 역학, 이종성 교수님의 도가 철학, 김세정 교수님의 양명학, 이평래 교수님의 불교 철학 등 동양철학에 대한 훌륭한 가르침은 동학을 전공하는 나의 학문적 시야를 넓히는 절호의 기회였다. 마치 나의 좁은 시야를 넓은 바다로 향해 넓혀 나갈 수 있도록 맞춤식 강좌처럼 느꼈다. 이러한 학문의 전당에서 훌륭한 동양철학에 대한 강좌와 더불어 대학의 울타리 밖의 저명한 대학자들의 강의를 들을 수 있어 큰 행운이었다.

나는 2013년부터 4년간에 걸쳐 동양철학의 석학이신 대산 김석진 선생님으로부터 맹자와 주역 강의를 들을 수 있었다. 대산 선생님의 강의는 누구도 흉내 낼 수 없는 명품 강좌라는 것을 엄숙한 학습 분위기가 말해 주고 있었다. 강의를 듣는 동안 대산 선생님과 수강생들의 집념과 뜨거운 열기가 불덩이처럼 달아올랐다. 한평생 동양철학의 한길만을 파면서 해박하신 식견과 열정으로 쌓아 올린 큰 산, 대산 선생님의 강의는 정말 감동적이었다. 모두가 대산 선생님의 강의를 존경하는 마음으로 경청하는 엄숙한 분위기는 신앙에 비유될 만하다. 대산 선생님은 교주이시며 수강자는 신도라는 착각이 들 정도이다. 이러한 명품 강좌를 듣기 위해서 서울, 대구, 천안, 예산 등 전국 각지에서 모여든다. 그런데 나는 지척지간의 유성에 살면서 강의를 편하게 들을 수 있었으니 정말 행운이 아닐 수 없었다. 그래서 대산 선생님의 강의 한 구절이라도 빠뜨리지 않으려 심혈을 기울여 경청하였다. 대산 선생님은 언제나 정장을 하시고 강의 시작 1시간 전에 강의실에 와 앉아 계신다. 선생님보다 늦게 도착한 학생들은 다른 학생들에게 방해가 되지 않도록 조용히 들어와 대산 선생님 앞에 앉아 예습을 한다. 그래서 대산 선생님의 강의 시간은 두 시간이지만 세 시간이나 다름없다. 대산 선생님의 강의는 전혀 흔들리지 않는 부동의 자세와 또렷또렷한 음성으로 일이관지하신다. 연로한 연세임에도 불구하고 흔들림 없는 자세로 행간에 숨겨진 뜻까지 깊은 의미를 일깨워 주시기 위해 정성을 다하신다. 대산 선생님의 가르침은 학불염교불권의 확고한 사명감이 아니고서는 불가능할 것이라는 생각이 들었다. 대산 선생님의 강의를 들으면서부터 나는 진리의 큰 산[大山]을 오르는 느낌이었다. 대산이라는 이름의 진리의 산을 한 걸음 한 걸음 오르는 듯하였다. 지난 25년간 2,000번, 연 7,000여 시간의 계룡산 등산은 김석진 선생님의 가르침을 받으면서부터 또 다른 깨달음의 산이 되었다. 대산 선생님께서는 임진년 신록, 나에게 만경(晩耕)이라는 아호를 내려주셨다. 천지의 이치 안에는 반드시 때가 있는 것이니(天地理中必有時), 만경(晩耕), 그대는 스스로 강건하게 갈고 가꾸어 빛남을 얻으리라(晩耕自疆得其熙), 깊이 연구하고 두루 공부하기를 지금 몇 해이런가(深研多讀今何歲), 바르고 올바른 인간으로서 만사를 깨우치게 되리라(正是人間萬事知). 아호를 통한 대산 선생님의 교훈을 귀감으로 삼아 학문과 생활 속에서 항상 바르게 닦아 나가야 하겠다는 다짐을 했다. 특히 마지막 구절인 바르고 바른 인간이 되어 만사를 깨우치라는 내용은 나에게 큰 의미로 다가왔다. 21자 주문의 마지막 결론이 만사지(萬事知)이기 때문이다.

학불염교불권의 사표로서 이 시대 큰 어른, 대산 선생님의 강의를 들을 수 있어서 정말 보람이었다. 또한 관정 김만산 교수님의 주·정역 강의와 문종명 교수님의 논어 강좌는 동양철학의 눈을 뜰 수 있는 빛과 같은 시간이었다. 한학의 대가이신 아당 이성우 선생님, 병주 이종락 선생님으로부터 『주역』과 『시경』 등 훌륭한 가르침을 받아 큰 보람이었다. 삶의 깊이와 넓이를 한 차원 더 깊이 더 넓히는 시간이었다. 이렇게 연구원 40년, 교육 10년, 행정학 10년, 동양철학 10년, 교육과 연구와 학문 등 바쁜 일정 속에서 나는 결코 천도교 교령을 꿈꾸지 않았다.

• 나는 누구인가

칠십 평생, 내 삶 속의 생명처럼 깊숙이 간직한 '3가지 교훈' 이 있다.

그 하나는 주자의 근학문에 나오는 한시이다. "소년은 늙기 쉬우나 학문을 이루기는 어렵다. 순간순간의 세월을 헛되이 보내지 마라. 연못가의 봄풀이 꿈에서 채 깨기도 전에 계단 앞 오동나무 잎이 가을을 알리네.(少年易老學難成 一寸光陰不可輕

未覺池塘春草夢 階前梧葉已秋聲)"라는 근학의 교훈이 내 마음 깊은 곳에 자리 잡고 있다.

공자의 논어에 나오는 인격 완성의 가르침이 두 번째로 떠오르는 가르침이다. "십오 세에 학문에 뜻을 두었고, 삼십 세에는 인격과 기반을 모두 세웠고 사십 세에는 미혹됨이 없었으며 오십 세에는 하늘이 내게 내린 명을 알았으며 육십 세에는 어떤 말을 들어도 귀에 순하여 거슬리지 않았으며 칠십에는 마음 내키는 대로 행해도 법도에 어긋나지 않았다.(十有五而志於學 三十而立 四十而不惑 五十而知天命 六十而耳順 七十而從心所欲不踰矩)"는 교훈이다. 내 나이를 비추어 스스로 반성하며 새로운 다짐을 하게 하는 가르침이다.

다음으로 박인로의 부모님을 그리워하는 〈반중 조홍감〉 시조이다. "반중 조홍감이 고와도 보이나다. 유자 아니라도 품은즉 하다마는 품어 가 반길 이 없으니 글로 서러워하노라" 부모님에 대한 그리움과 만나볼 수 없는 슬픔을 노래한 이 효도 시가 내 마음 깊이 각인되었다. 이들 3가지 교훈은 나이가 들수록 내 마음 깊은 곳에 생명처럼 자리하고 있다. 한순간이라도 헛되이 시간을 낭비하지 말고 배움에 힘쓰며, 인격의 완성을 위한 끊임없는 노력, 그리고 부모님께 효도를 극진히 해야 한다는 나의 천명, 나의 뼛속에 깊이 새겨져 있다.

어느덧 70년 지나간 세월들, 그 흐르는 세월의 마디마디를 바라보며 "나는 누구인가?" "내 인생의 목적은 무엇인가?"에 대한 근원적인 물음을 떠올리며 가정에서, 직장에서, 계룡산에서, 교회에서 스스로 답을 찾으며 살아왔다. 오로지 배움과 인격, 효행의 3가지 삶의 가치를 가슴에 안고 살아온 나의 삶 속에서, 나는 결코 교령을 꿈꾸지 않았다. 그 가치 안에 교령의 꿈은 존재하지 않았다.

• 이판사판의 갈림길

내가 천도교를 신앙하면서 처음으로 사판의 길에 발을 들여놓은 것은 38년 전, 포덕 118(1977)년, 32세에 종의원이 되면서부터이다. 부안포의 오동실 감사원장께서 나를 종의원으로 추천하여 종의원이 된 것이다. 그 후 동민회 운영위원, 천도교대전교구장, 천도교교수회장, 종무위원, 종학대학원장 등의 직책을 맡아 수행한 바 있다. 이들 직책은 내 자신이 원해서라기보다 주위의 추천으로 주어졌다. 그런데 김동환 당시의 교령님께서 나에게 종무원장을 맡아 달라는 말씀이 있었으나 이에 대해서는 고사한 바 있었다. 그 후 임운길 교령님 역시 교령에 입후보하시면서 나에게 종무원장을 맡아 주기를 간절히 부탁하셨으나 고사하였다. 종무원장직을 고사한 이유는 사판의 길이 아닌 이판의 신앙생활을 강하게 선호했기 때문이다. 부족한 능력에 대해서는 배워 가면서 채울 수 있을 것으로 생각되었으나 이판이 아닌 사판의 길을 간다는 것은 나의 가치관에 배치되는 것이어서 받아들이기 어려웠다. 나는 이것이 아버님께서 가르쳐 주신 신앙의 가치라고 늘 생각해 왔다. 이 신앙의 가치가 흔들려서는 안 된다는 것을 거듭거듭 생각해 온 것이다.

그런데 주위 사람들로부터 교령 출마를 권유 받은 이번에는 달랐다. 나의 가치관으로는 분명 아니다. 그러나 어려움에 처한 교회가 나를 진심으로 필요로 한다면, 깊이 생각해 보아야 한다는 생각을 하게 되었다. 이판사판의 문제를 넘어선 희생과 봉사의 문제로 생각하게 되었다. 어떻게 할 것인가? 이판의 길을 갈 것인가? 아니면 사판의 길을 갈 것인가? 과연 어떻게 할 것인가? 선택의 기로에 서서 나는 그 해답을 찾기 위하여 계룡산을 찾아 나섰다. 2000년 5월 21일, 나의 행산 746회, 계룡산의 삼불봉에서 보았던 무지개 신화(神花), 그리고 2004년 3월 14일, 나의 행산 1050회, 계룡산 삼불봉에서 나의 머리 위로 날아와 무엇인가를 전하고자 읊조렸던 세 마리의 신조(神鳥)를 떠올리며 계룡산을 찾아 나서기로 한 것이다. 나의 앞길을 알려주리라는 믿음에서였다.

3. 계룡산의 문답

• 계룡산과 함께 30년

내가 처음 산을 찾게 된 직접적인 계기는 허리 때문이었다. 1989년 어느 날 아침, 일어나려 하자 허리의 통증이 심하여 손가락 하나 움직이기 어려울 정도였다. 화장실까지 엉금엉금 기어가 가까스로 세수까지는 하였으나 너무도 허리가 아파서 옷을 입을 수도 걸을 수도 없었다. 직장에 전화를 걸어 사정을 이야기하고 결근하였다. 그리고 이웃 사람에게 알아보니 허리 통증은 한방이 좋다면서 당시 서울 강동구 길동에 있는 일월한의원이 영하다면서 가보라는 것이었다.

아내의 부축을 받으며 겨우 택시에 몸을 싣고 소개받은 일월한의원으로 급히 갔다. 한의사 선생님에게 허리가 아파 찾아왔다고 말을 하니 침을 놓고 약도 주었다. 3일 동안 통원 치료를 받고 나서 거짓말처럼 나았다. 그때 한의사 선생님은 나에게 등산을 권유하였다. 등산하게 되면 허리 운동이 많이 되어 재발하지 않을 것이라고 말했다. 나는 그 말을 듣고 곧바로 실천했다.

처음에는 허리와 산만을 생각하면서 열심히 산을 다녔다. 비가 오나 눈이 오나 일주일에 한두 번은 반드시 다녔다. 아무리 추운 겨울이라도 나는 새벽 일찍 산을 다녔다. 새벽에 마음이 변해서는 안 된다며 전날 저녁부터 등산에 필요한 준비물들을 미리 머리맡에 두고 잠을 자곤 했다. 그래서 나의 산행은 잠을 자기 전부터 이미 시작된 셈이다. 아무리 추운 겨울 날씨에도 열심히 다니다 보니 머리끝에서 발끝까지 땀으로 범벅이 되었다.

그 추운 겨울임에도 윗옷까지 벗은 채 뛰어다녔다. 나를 만나는 사람마다 미친 사람 아니냐는 듯이 이상한 눈빛으로 나를 빤히 쳐다볼 때가 한두 번이 아니었다. 200번, 300번, 500번, 열정적으로 오르다 보니 갈 때마다 계룡산은 새로운 모습으로 다가왔다. 보이지 않던 작은 야생화들이 여기저기서 나를 반기며 춤을 추었다. 이름

모를 벌레들과 산새들의 아름다운 노랫소리가 들리기 시작했다.

비가 오는 날이면 계곡의 물소리가 우렁차게 들리고 눈이 오는 날이면 하얀 눈망울들이 바람에 흩날리며 나뭇가지에 사뿐히 내려앉는다. 이름 모를 벌레, 산새들의 노랫소리로 어울리는 자연의 대합창, 봄에는 희망에 찬 싹틈의 합창이요, 여름에는 무성한 성장의 합창이요, 가을에는 수확의 즐거운 합창이 울려 퍼졌다. 그리고 겨울에는 조용한 침묵의 합창을 들려주었다. 그 합창은 서로 다른 수많은 생명이 스스로 조화로운 세계를 지향하는 대우주, 대생명, 대융합의 희망찬 메시지로 다가왔다.

산에서 나는 또한 솟아오르는 꿈을 보았다. 한울을 향하여 치솟는 산봉우리들, 땅 밑에서부터 지각을 뚫고 힘차게 솟아오르는 작은 생명들의 힘이 한데 모여 이룬 산봉우리들, 풀과 나무와 숲을 이루고 벌레와 짐승들의 터전을 이루고 그들 모두의 뜻을 모아 봉우리로 위를 향해 우뚝 솟구치는 꿈을 보았다. 저 멀리 속세의 참된 뜻까지 함께 모아 산봉우리 되어 하늘까지 솟아오르는 위대한 꿈의 이야기를 들었다. 뜨거운 열정과 한결같은 믿음으로 포덕 150(2009)년 4월 22일 1,500번을 오른 뒤에야 비로소 계룡산의 소리가 들려왔다. 그 소리에 담긴 교훈은 대융합의 세계를 대비해야 한다는 것이었다.

그래서 이제 나에게 계룡산은 대융합 사회의 모습과 미래의 희망으로 다시 태어나게 된 것이다. 나에게 계룡산은 우리 집안 정원처럼 느껴졌다. 계룡산을 간다는 것은 앞마당 정원에 가는 것처럼 자연스러운 일이 되었다. 이제 산은 나의 일상이며 나의 일상은 산이 되었다. 나에게 있어서 산과 일상의 경계가 사라지게 되었다. 나는 다시 내 삶 속에서 산이 일상이며 일상이 산이라는 기억을 떠올리며, 그 기억을 오늘에 견주어 보면서 이판과 사판의 경계가 사라지는 무차별의 경지에 이르게 된다. 이판즉사판이며 사판즉이판이라는 생각에 이르렀다. 나의 신앙에서의 이판과 사판의 경계가 무너지고 이판과 사판은 나눌 수 없는 하나라는 생각을 하게 되었다.

• 진리를 바라보아라

1994년 6월 5일 새벽, 동이 트자 집을 나선다. 계룡산 동학사 입구 학봉리에서 치개봉, 통천문을 거쳐 쌀개봉을 뛰어올랐다. 나는 그 쌀개봉에서 동녘 하늘의 밝은 햇살을 받으면서 8시 30분부터 1시간여 동안 잃어버린 안경을 찾느라 얼마나 헤매었는지 모른다. 나중에 생각해 보니 "진리가 있는 곳은 거기가 아니고 여기다."는 가르침, 바로 그 깨달음을 얻기 위함이었던 것 같았다. 쌀개봉의 밧줄에 의지하여 하산(下山) 중 나의 안경이 밧줄에 걸려 5m 아래로 떨어졌다.

그 시간부터 나는 반쪽 눈이다. 쌀개봉 바윗길을 줄잡아 내려온 후 바위 아래 떨어진 나의 안경을 찾는다. 그러나 눈 아래 5m 바위 밑에 분명 떨어져 있으려니 하였는데 아무리 찾아도 나타나지 않는다. 있을 만한 곳은 모조리 찾아 헤매던 중 3명의 산악인이 지나기에 부탁하여 함께 찾아보았으나 헛수고였다. 도대체 내 잃어버린 안경이 어디에 있단 말인가?

눈을 감고 주문을 읽으며 기도하고 생각해 본다. 그러나 정말로 귀신이 곡할 노릇이었다. 무한정 있을 수도 없다는 생각으로 포기하려는 순간, 그래도 한 번 더 보자면서 이번에는 나도 모르게 공중을 쳐다본다. 이 웬일인가. 잃어버린 나의 안경, 가냘픈 나뭇가지 끝에 매달려, 작은 나뭇잎에 가려져 다가오는 것이 아닌가? 그 순간, 나는 깨닫는다. 분명 한울님께서 주신 교훈이다. 아무리 찾아도 나타나지 않던 쌀개봉 아래의 그 땅, 그 땅에는 결코 나의 잃어버린 안경은 없었다. 그 땅이 아닌 땅 위에 선 나무의 가지를 보았을 때 비로소 잃어버린 나의 안경이 나타난 것이다.

"한울님이시어! 깨달았습니다. 진리가 머무르는 곳을 바라보아야 진리를 깨달을 수 있다는 한울님의 가르침을 깨달았습니다. 아무리 노력한다 해도 진리가 없는 곳에서는 진리를 깨달을 수 없다는 것을 깨달았습니다. 바로 그 나뭇가지 위에서만이 안경을 찾을 수 있듯이 진리가 있는 곳을 바라보아야 진리를 깨달을 수 있다는 이치를 깨달았습니다." 이 가르침을 받은 후부터 나는 선택의 어려움에 처할 때마다 계룡산을 찾곤 했다. 계룡산에서 보여 준 지혜의 눈으로 선택의 어려움을 해결하기 위해서였다. 오늘 나는 다시 계룡산 쌀개봉에서의 가르침을 들추어 본다, 그리고 계룡산 쌀개봉의 가르침, 더 큰 진리를 향하여 이젠 교령의 산을 넘어가 보기로 한 것이다. 드디어 나는 이판과 사판으로 나누던 과거의 땅에서 벗어나야 한다는 생각에 이르게 된다. 교령의 산은 이판만의 산이 아니며 사판만의 산도 아니다. 이판과 사판을 넘어선 큰 산이라는 것을 깨닫는다. 이판의 산과 사판의 산으로 나뉘기 전, 본래의 산을 바라봐야 한다는 생각을 하게 되었다.

• 계룡산 십훈, 십무산

1995년 5월 19일 새벽의 계룡산 산행이다. 연 419번째다. 1995년도에 접어들어서는 44번째이다. 이런 정도로 나가면 금년 들어서 능히 계룡산 등산 100번은 할 수 있을 것 같다. 그러나 무리해서는 절대로 안 된다. 산행(山行)은 행산(行山)이어야 하기 때문이다. 연 419번째의 산행! 이제부터는 행산이 된다.

5시 40분에 올라 8시 40분에 하산하고 9시에 출근하였다. 무당들의 모습이 여기저기 보인다. 적어도 20여 명은 만난 것 같다. 밤새워 산신령에게 빌고 내려가는 모습들이다. 왜 산행은 행산이어야 하는가? 산행은 그냥 산에 가는 것이다. 그러나 행산은 삶의 본래 덕목으로, 생명의 근본을 찾기 위한 수련이다. 산에는 생명의 마음과 생명의 기운이 함께 하고 있기 때문이다. 그 생명의 근본인 마음과 기운을 닦고 깨닫는 것이 곧 산이다. 산에 가고자 함은 근본의 그 땅에서 한울님의 마음과 한울님의 기운과 함께 하기 위함이다. 흙과 바위와 나무들, 그것들은 눈에 보이는 산의 모습일 뿐이다. 그 산과 함께 하는 '생명의 원천이 솟아나 있는 곳', 눈에 보이지 않는 산의 마음과 기운은 한울님의 마음과 기운을 온전히 받는다. 그러므로 산행은 바로 행산, 그 산을 깨닫고 그 깨달음을 실천해야 하는 이치를 체득하기 위함이다. 산은 바로 한울이다.

나는 해월신사님의 십무천(十毋天)을 십무산(十毋山)으로 좌우명을 삼아 교훈하고자 한다. "산을 속이지 말고, 산을 거만하게 대하지 말고, 산을 상하게 하지 말고, 산을 어지럽히지 말고, 산을 일찍 죽게 하지 말고, 산을 더럽히지 말고, 산을 주리게 하지 말고, 산을 허물어지게 하지 말고, 산을 싫어하게 하지 말고, 산을 굴하게 하지 말라."

십무산(十毋山)

1. 무기산(毋欺山) 산을 속이지 말라
2. 무만산(毋慢山) 산을 거만하게 대하지 말라
3. 무상산(毋傷山) 산을 상하게 하지 말라
4. 무난산(毋亂山) 산을 어지럽게 하지 말라
5. 무요산(毋夭山) 산을 일찍 죽게 하지 말라
6. 무오산(毋汚山) 산을 더럽히지 말라
7. 무뇌산(毋餒山) 산을 주리게 하지 말라
8. 무괴산(毋壞山) 산을 허물어지게 하지 말라

9. 무염산(毋厭山) 산을 싫어하게 하지 말라
10. 무굴산(毋屈山) 산을 굴하게 하지 말라

1995년 5월, 계룡산 419번째 행산에서 이판사판의 차원을 넘어선 한울의 산, '십무산(十毋山)' 의 가르침을 떠올리며 오늘의 십무산을 실천하는 교령의 의미를 생각하게 되었다.

• 계룡산 무지개

2000년 5월 21일, 일요일 나의 행산 746번째의 날이다. 계룡산 삼불봉에서 무지개의 기적을 보았다. 일생일대, 천재일우의 신비를, 용이 꿈틀거리며 무지개 형상, 그 무지개 속에 내가 서 있는 듯했다. 그 무엇으로도 형언할 수 없는 신비의 극치다. 8시 8분에서 8시 10분까지 3분간이다. 또다시 8시 15분에서 8시 21분까지 7분 동안 두 번째의 무지개가 이어진다. 아름다움의 극치를, 내 몸 크기만큼의 동그란 원을 그리며 아름다운 일곱 빛 동그란 무지개를 그리며 삼불봉 쪽 30미터 아래 계곡에서 솟아나는, 일생일대의 천재일우가 아니고 무엇이란 말인가? 무지개의 신비에 취하여 멍하니 서서 넋을 잃는다. 그저 몽롱한 순간 위에 떠 있는 듯, 태초의 고요가 흐른다. 내 안에 영원히 간직할 신비여, 대신사님, 무지개로 출세하시어 나의 후천의 문을 열어 주시는 듯한 생각에 잠긴다.

8시 55분, 삼불봉을 내려와 삼불봉 고개에 이르니 후덕한 산 아주머니, 등산객들을 위한 막걸리와 음료수, 과자 등을 깔판에 정리하고 있었다. 내가 삼불봉에서 보았던 무지개에 대해 이야기했다. 그 아주머니는 "몇십 년 계룡산을 다녀도 그런 것을 보지 못하였는데 아마도 심덕이 좋아 그것을 보여 주신 것 같다."라고 했다. 무엇인가 좋은 일이 일어날 것 같았다. 나는 계룡산 삼불봉을 내려오며 계속 눈시울을 적신다. 이토록 경이로운 계룡산의 신비를 보여 주신 한울님의 뜻이 무엇일까? 그런데 나는 첫 번째 보았던 삼불봉의 무지개, 그로부터 49일이 되는 2000년 7월 9일 일요일, 또다시 삼불봉의 무지개를 본다. 758회째 행산, 6시에 집을 나서서 동학사 입구에 주차하고 7시 25분 삼불봉을 향하여 큰배재를 넘는다. 8시 삼불봉에 도착한다. 8시 8분이다. 삼불봉 계곡에서 무지개 꽃송이들이 동그란 모습을 하며 계곡을 감돌아 봉우리로 솟아오른다. 지난 5월 21일 8시 8분, 이 자리에서 보았던 그 무지개가 다시 피어오를 것만 같다. 봉우리를 돌아 넘어가자 8시 14분, 황홀한 무지개가 또다시 피어오른다. 3분 동안 동녘 하늘에 떠오르는 태양의 빛을 받아 황홀한 무지개로 피어난다. 그 신비의 아름다움에 도취되어 나도 모르게 눈물이 쏟아진다. 천재일우의 신비로움, 그 의미는 무엇인가. 강렬한 개벽의 기운이 느껴진다. 내가 다시 태어나는 듯하다. 신화에서는 무지개를 신의 심부름꾼이라 한다. 신의 사랑, 신의 약속, 신의 희망이라 한다. 그렇다면 신은 나에게 그 무지개를 보내어 어떤 신의 뜻을 전하는 것일까? 순간, 대신사님의 성령이 삼불봉의 무지개로 출세하시어 지상천국의 희망을 전하는 의미로 다가왔다. 그렇다면 나의 신앙생활 속에서 무엇으로 어떻게 삼불봉의 무지개처럼 황홀한 지상천국의 소식을 전해줄 수 있을 것인가? 나는 일상의 삶 속에서 중요한 일을 맞이할 때마다 삼불봉 무지개의 의미를 떠올리곤 한다. 오늘도 나는 삼불봉의 무지개를 떠올리며 교령 출마의 의미를 생각해 본다.

• 삼불봉 기도, 세 마리 새

2004년 3월 14일, 나의 행산 1050회의 날이다. 나는 2000년 5월과 7월, 환상의 무지개를 보았던 바로 그 삼불봉 정상에 왔다. 17시, 머리엔 모자를 쓰고 천황봉을 향하여 다리를 모으고 앉아 경건한 마음으로 기도한다. 나의 산 16년 동안 1050회 행산을 돌아보며 기도한다. 화창한 날씨, 엷게 깔린 안개 사이로 천황봉을 마주하고 기도한다. 눈을 감고 기도 중에 새 소리가 들려온다. 내 주위를 맴돌며, 날개를 퍼덕이며, 작은 나뭇가지 사이를 오가는 소리가 들린다. 그 새들의 소리가 점점 가까이 다가온다. 17시 25분이다. 드디어 새 한 마리가 나의 머리 모자 위에 앉는다. 무아지경이다. 그 순간 새와 하나 되었다. 내가 새이고 새가 나 된 것이다. 계룡산의 온 기운이 나에게 뻗친다. 부리로 어떤 소식을 전하듯 몇 차례 쪼다가 날아간다. 1분 후에 또 한 마리의 새가 나의 머리로 날아와 사뿐히 앉는다. 역시 몇 번 쪼다가 날아간다. 약속이나 한 듯, 세 번째로 또 한 마리의 새가 머리 위로 날아와 앉았다가 날아간다.

기도 중에 눈을 뜨지 않은 채여서 새의 모양을 볼 수 없었다. 기도 후 눈을 뜨고 보니 그 새들은 두 팔 정도 떨어진 나뭇가지에 앉아 속삭이고 있었다. 몸길이는 15cm, 몸무게는 15g 정도이고 잿빛이 도는 흰색의 얼굴, 새의 등은 회색, 아랫면은 붉은 갈색이다. 참새보다는 조금 커 보인다. 사진 5컷을 찍어 놓았다. 그리고 내 머리 위에 앉은 까닭이 무엇인지를 묻고 싶었다. 어떤 뜻을 나에게 전하려 했을까? 옛사람들은 하늘과 땅을 오르내리며 날아다니는 새를 하늘의 뜻을 전하는 신비로운 존재라고 생각했다고 한다. 그렇다면 과연 하늘의 뜻을 나에게 전달한 것일까? 그 한울의 뜻은 무엇일까? 1050회 나의 행산, 계룡산 삼불봉, 나의 머리 위에 앉았던 새를 통하여 전하고자 한 한울의 뜻이 무엇일까를 생각하면서 주문 1050회를 읽는다. 산 아래에서 기다리는 아내와 막내딸을 만나 동학사 입구 청주식당에서 식사를 나누며 삼불봉의 새 이야기를 들려주었다. 나의 신비로운 경험을 내가 느낀 것처럼 대단하게 생각하지 않는다. 경험한 자와 경험을 듣는 자와의 차이를 실감한다. 나의 머리에 앉았던 세 마리의 새는 무슨 뜻을 나에게 전하려 한 것일까? 나는 일상의 삶 속에서 중요한 일을 맞이할 때마다 삼불봉 무지개와 함께 오늘 만난 세 마리의 새를 떠올린다. 나는 2000년 5월 21일의 삼불봉 무지개와 함께 세 마리의 새를 떠올리며 교령 출마의 의미를 생각해 본다.

• 깨닫고 수련하는 계룡산

2004년 7월, 《인터넷과학신문(Sciencetimes)》에 나의 등산에 관한 기획 기사가 게재되었다. 〈16년 동안 1042번 올랐습니다〉라는 제목의 기사다.

> 계룡산, 그 산에서 나를 몰아지경으로 빠뜨리게 했던 신비로운 사건들, 그것들이 나의 일기장 속에서 차곡차곡 쌓였다. 이제 나에게 산은 눈에 보이는 물리적 산에 머무르지 않고 내 삶의 지혜를 밝히는 마음의 산이다. 산은 답을 알고 있다. 그 아무리 어려운 문제도 산에 가면 풀리지 않는 것이 없다. 그래서 나는 항상 생각하고 있다. '계룡산은 알고 있다고…' "남한산성이 인생 전반기의 산이라면 계룡산은 후반기의 산입니다. 전반기에는 육체를 단련하는데 치중했기에 육체의 산[肉山]으로 기억되고 후반기에는 내면의 정신을 단련하는 마음의 산[心山]으로 기억합니다. 이제는 육체의 산과 마음의 산을 하나로 이루는 심신의 산[心身山]을 행해야죠."
>
> 16년 동안 행산(行山) 비공식 공인 기록 1042회. 전문 산악인의 기록이 아니다. 평범한 직장인의 기록이다. 16년 동안 주말은 물론 공휴일에도 산을 오르내린 셈이다. 대덕연구단지 한국과학기술정보연구원(KISTI) 슈퍼컴퓨터센터

이정희(59) 박사의 산(山) 이야기다. 이 박사는 비가 오나 눈이 오나 주말이면 산을 찾는다. 산을 찾게 된 계기는 보통의 다른 사람들과 비슷하다.

"1989년부터 시작했습니다. 40대 후반에 접어든 제 건강을 챙기기 위해서였죠. 어릴 적부터 튼튼해서 그동안 건강에 별다른 신경을 쓰지 않고도 병원이나 약국 신세를 거의 지지 않았었는데 20여 년 동안 연구소 생활을 하다 보니 건강 상태가 옛날 같지가 않더라고요."

어떤 운동을 해야 할지 한참을 고심하던 그는 혼자서 즐길 수 있고 간단한 차림으로도 쉽게 접근할 수 있는 등산을 택했다. 마침 그때 당시 집 근처에 남한산성이 위치해 있어 등산을 하기에 최적의 조건이었다. 무슨 일이든지 시작하기에 앞서 목표를 세우고 그 목표에 따라 실행하는 버릇이 있는 이 박사는 한해에 남한산성 100회의 목표를 세웠다. 당장 허리에 이상이 왔다. 힘겨운 목표 달성을 위해 무리한 탓이다. 연간 목표를 50회 정도로 수정했다. 횟수도 4년 동안 200회로 줄였다. 마침내 그는 목표대로 지난 1992년 남한산성 200회 등반에 성공했다. 남한산성을 오르내리는 동안 몸도 몰라보게 달라졌다. 감기나 몸살 등 잔병치레가 사라졌다.

"참 신기했습니다. 산을 찾는 사람들은 이런 이유 때문에 힘들어도 끊지 못하는구나 하는 생각이 절로 들었습니다."

이후 대전으로 근무지를 옮기면서 그는 계룡산으로 타깃을 정했다. 1,000번 정도는 남한산성과 계룡산이 차지한다. 지리산, 가야산, 서대산, 칠갑산 등 전국의 산이 그의 무대다. 하지만 그는 사실 하루 종일 걸리는 등산보다는 가까운 거리에 있는 산을 가볍게 오르는 것을 좋아한다. 그러다 보니 다양한 산을 경험하기보다는 주변의 산을 찾는다. 주로 새벽 6시부터 등산을 시작해 3시간 코스로 오른다. 8시간이 소요되는 계룡산 완주만도 5차례 경험했다. 가족이나 지인들과 갈 때도 있지만 주로 혼자 오른다. 산과 대화를 하고 수련하는 마음으로 가는 것이 그 이유다.

"산은 저에게 많은 것을 선물합니다. 건강에 자신감을 갖게 했고 나에게 한없는 사랑을 베풀어 주는 어머니 같은 포근한 마음이 있어요. 생명의 교훈도 느끼게 해주죠. 이름 모를 벌레, 산새들의 노랫소리로 어울리는 자연의 대합창을 들어본 적이 있나요. 솟아오르는 꿈이 있는 산이 좋을 수밖에 없는 이유죠."

등산을 하다가 알게 된 사람들과 지금까지 정을 나누기도 하고, 계곡에 무지개가 걸쳐 있는 것을 우연히 발견하고는 몰아지경에 빠진 기억도 있다. 마치 손바닥 보듯 훤한 계룡산 도사인 그에게 계룡산은 도를 닦고 깨달음을 얻는 수도처가 되었다. 길다면 길고 짧다면 짧은 산행 경험이지만 그에겐 남다른 철학을 갖고 있다. 그는 산행(山行)이란 말 대신 행산(行山)이라 말한다.

"산행은 단지 산을 오르는 것이지만 행산은 도(道)를 닦고 진리를 깨닫고 수련하는 마음으로 오르는 것입니다." 수년간 행산을 해온 그에게 왜 산이 좋으냐고 물어봤다. "산은 언제나 처음과 같습니다. 많이 올랐다고 오르기 수월해지는 것도 아닙니다. 땀이 나고 힘이 들지만 산을 찾을 때는 항상 새로움이 느껴집니다."

• 계룡산 1860, 나의 천명

1990년 경오년 1월 2일, 남한산성을 시작으로 본격적인 행산 22년, 지난 4월 3일에 나는 계룡산 삼불봉(775.1m) 행산 1859번째를 기록하였다. 그런데 2013년 4월 3일, 1859번째까지 올랐던 나의 산행은 선천시대, 두려움의 산이었다. 언젠가 갑자기 어두워진 밤 하산 길, 너무도 무서워서 뒤돌아보지도 못하고 부엉이 눈으로 엉금엉금 기어 내려온 일이 있었다. 그 이후로 어두운 밤길의 행산은 무서움과 두려운 일이었다. 밤의 산, 무섭다는 고정관념에 사로잡힌 채 1859회에 이르는 계룡산 삼불봉 행산은 선천에 머문 산이었다. 왜 밤의 산은 두렵고 무서울까? 나는 언제 그 어둡고 무서운 밤의 산을 넘어설 수 있을 것인가? 이것이 나의 행산 22년 스스로에게 던지는 질문이었다.

이 질문에 답하기 위해 드디어 지난 4월 4일 밤, 나는 굳은 결심으로 밤의 산을 오르기로 하였다. 마침 내일이 천일기념일이어서 더욱 마음이 설렜다. 밤 9시 기도식 후 곧 잠자리에 들었다. 4월 5일 02시에 일어났다. 산에 갈 생각을 하니 여전히 무서운 생각으로 온몸이 떨렸다. 그러나 한번 작정한 것이니 마음을 바꾸어서는 안 된다고 거듭거듭 생각하며 계룡산으로 향하였다. 드디어 깜깜한 밤, 새벽 3시에 나 홀로 계룡산을 오르기 시작한다. 고요한 적막 속에 소름 끼치듯 이름 모를 산새들의 울음소리 허공을 가르고, 바람에 흔들리는 나뭇잎 소리마저 나의 귓속을 무섭게 흔들어댔다. 주문 생각을 하며 한 걸음, 한 걸음 어둠을 헤쳐 올랐다. 드디어 4시 50분 해발 775.1m의 삼불봉 정상에 도착하였다. 칠흑같이 어두운 삼불봉의 정상에 홀로 선

나의 마음은 모든 두려움이 사라져 텅 비어 있는 듯했다. 동녘을 향하여 바르게 앉아 5시 청수를 모시고 주문을 외우니 텅 빈 마음속으로 후천개벽의 천명이 들려온다. 선천의 내가 후천의 새로운 나로 다시 태어나는 순간이다. 계사년 4월 5일 천일기념일 새벽 5시. 1860회 계룡산은 나의 천명, 후천개벽의 광명이 떠오르는 깨달음이었다. 어둡고 두려움으로 가득 찬 지난날의 선천세계가 물러나고 생사를 초월하여 영원한 생명의 본래아를 깨닫는 역사적인 순간이었다.

2013년 계사년 4월 5일 새벽 5시 계룡산 삼불봉, 어둠을 박차고 새롭게 솟아난 후천개벽의 천명, 1860년 경신 사월 초오일, 대신사님의 깨달음으로 생생하게 들리듯하였다. 대우주, 대정신, 대생명, 대융합의 교훈이다. 154년 전 오늘, 1860년 경신 사월 초오일, 구미산의 깨달음을 온 세상에 펴기 위하여 새벽 5시, 여기 계룡산에서 하늘 높이 나는 천룡의 정기를 느낀다. 1860회를 오르면서 내 마음속 깊이 각인된 계룡의 정신이 체화되는 순간이었다. 계룡산 70여 개의 봉우리마다 후천개벽을 꿈꾸며 일구어 온 용의 나라 어린 용들이 어미 용 천황봉의 대생명 정신으로 하나 되어 한울에 사무치는 듯하였다. 한울을 힘차게 나는 계룡재천(鷄龍在天), 천지를 진동하는 울음소리로 새 한울, 새 땅에 사람과 만물이 다시 포태되는 후천의 새아침이 열리는 듯하였다.

5시 30분, 삼불봉 고개로 후천개벽의 먼동이 튼다. 5시 40분, 남매탑에 이르니 한층 훤해진다. 20여 분 동안 정좌 명상으로 무아의 체험을 한다. 멀리 은은하게 들려오는 용의 울음소리, 후천개벽의 새벽을 알리는 아름다운 새들의 합창에 맞추어 개벽의 발걸음으로 남매탑을 홀로 돌았다. 남매탑 사이로 보이는 초승달과 새벽을 깨우는 새들의 노랫소리가 감미롭다. 6시, 남매탑을 뒤로하고 동학사로 향한다. 동학사로 향하는 계곡엔 새들의 아름다운 노랫소리와 계곡의 물소리 한데 어울려 후천개벽의 웅장한 교향곡이 연주되는 듯하였다. 6시 40분, 동학사의 아침, 고요하고 평화롭다. 오로지 붉게 떠오르는 태양만이 빛나고 있었다. 7시 40분, 후천개벽의 계룡산 산행을 마치고 집에 돌아왔다.

계룡산 산행, 후천개벽 1860, 나의 천명은 무엇인가? 기적 같은 나의 천명, 계룡산 정기 이어받은 후천개벽의 정신으로 동학 문명의 새 역사를 펼치기로 하였다. 동학 문명의 새 역사, 동학 문화의 꽃, 그 꽃이 온 세상에 활짝 피어날 후천개벽의 그날을 염원하며 지난 5월 16일, 동학 문화 사업을 시작하였다. 계룡산의 정기가 깃들어 있는 선비의 고을 유성에서 호암동학문화원을 열었다. 70억 인류의 가슴속에 동학 문화의 꽃이 피어나기를 기원하며 후천 5만 년을 일구어 나갈 동학 문화의 씨앗 한 알을 심었다. 하늘과 땅과 사람의 마음이 하나인 동학 정신의 씨앗을 담아 호암동학문화원의 천지인의 마음을 로고에 담았다. 여기서 나는 동학 문화를 펴기 위한 교육과 상담, 마음공부와 수행, 동양의 정신문화를 일구어 나갈 것이다. 여기 후천개벽의 산, 계룡산의 정신 이어받은 호암동학문화원, 뜻을 함께하는 모든 이들의 마음이 하나 되어 후천 5만 년을 향한 후천 문명의 산, 계룡산 산행의 역사는 계속될 것이다. 대우주, 대생명, 대융합의 정신으로 하나 되어, 오르고 또 오른다면 세계에서 가장 높은 산, 그 정상은 반드시 동학의 큰 산이 될 것이다.

그리하여 세계의 모든 산들이 오만년 무극대도 동학의 품으로 돌아와 하나 되게 될 것이다. 70억 세계 인류가 함께 걸어가야 할 동학의 큰 산이 될 것이다. 두렵고 무서웠던 선천의 산이 물러가고 대광명의 대우주, 대정신, 대생명의 산, 후천개벽의 산으로 다시 솟아날 것이다. 선천 소인의 산이 아닌 후천 대인의 큰 산, 성인군자의 대산으로 거듭 태어날 것이다. 그 드높은 동학의 산을 기원하면서 수운대신사의 교훈을 마음에 새긴다. "높은 봉우리가 우뚝 솟은 것은 모든 산을 통솔하는 기상이요, 흐르는 물이 쉬지 않는 것은 모든 시내를 모으려는 뜻이니라.(高峰屹立 群山統率之像 流水不息百川都會之意)" 그래서 나의 천명, 세상 사람과 더불어 동학의 큰 산을 끊임없이 쌓아 가는 것이라고 다짐한다. 나는 오늘 다시금 계룡산 행산 1860을 떠올리며, 이 시대의 교령에게 주어진 동학문화진흥원의 사명, 이판(형이상학)과 사판(형이하학)으로 나누어진 이 세상을 이판사판이 하나 되는 통합의 리더십을 생각하게 되었다.

• 동학문화진흥회 창립

나는 2014년 4월 26일(토) 오후 3시에 유성구 노은1동 주민센터에서 동학문화진흥회 창립총회를 개최하였다. 이날 총회에는 이 지역 국회의원 이상민 의원, 이창기 대전발전연구원장, 문종명 공주대 교수, 김현문 한서대 교수와 대덕연구단지 연구원, 기업인 등 100여 명이 참석하였다. 나의 40년 연구원 경험을 살려 연구원 동양철학, 연구원 명상, 연구원 심리 상담 센터 등을 체계적으로 설치 운영하기로 한 것이다. 오늘 창립총회에서 나는 추진위원장으로서 다음과 같은 인사말을 하였다.

저는 1970년대 초반에 KIST에 입소하여 정부 출연 연구기관에서 40여 년 근무하였습니다. 입소 당시에는 과학 기술에 대한 중요성이 특히 강조되던 시기여서 자긍심을 갖고 KIST에서 근무를 시작하였습니다. 잘 아시는 바와 같이 KIST는 우리나라 최초로 설립한 정부 출연 연구기관으로서 그 당시 허약한 과학 기술을 크게 발전시켜 우리나라 경제 건설의 초석을 다지는 역할을 하였습니다. 오늘 우리가 경제적으로 이만큼 잘사는 것도 KIST를 비롯한 과학 기술자들이 피땀 흘려 이룩한 공적이라 할 수 있을 것입니다.

그런데 저는 지난 40년의 세월, 정부 출연 연구기관에 근무하면서 한결같이 생각하여 온 것이 있었습니다. 과학 기술은 바로 창의력의 바탕에서 이루어지게 된다는 사실에 주목하고 어떻게 하면 연구원들의 창의력을 키워 우리나라 과학 기술을 지속적으로 발전시켜 나갈 수 있을 것인가를 고심해 왔습니다. 창의적인 연구는 예산이나 정책으로 해결될 사안이 아니며 오직 연구원들의 내면에 있는 마음이 창의적으로 바뀌어야 한다고 생각했습니다. 그래서 우리나라 고유의 전통 과학과 세계 여러 나라 과학 기술 정책도 보았고 미국에 건너가 직접 미국의 정책 등에 대해 살펴볼 기회도 가졌습니다. 그러나 발에 떨어진 일상 업무에 쫓겨 어떻게 해 볼 도리가 없었습니다.

그러다가 저는 지난해 연구원 생활을 마감하면서 이제는 하고 싶은 일을 좀 해보아야겠다는 생각으로 그동안 마음속에 고이 간직하여 왔던 작은 꿈을 시작할 수 있게 되었습니다. 현재 박근혜 정부도 지난 정부처럼 과학 기술 발전을 중시하면서 특히 대덕연구개발특구를 창조 경제의 전진 기지로 그 역할을 부여하는 등 여러 가지 정책을 내놓고 예산도 많이 투입하고 있습니다.

그러나 저는 창조 경제의 성공적인 실현을 위해서는 예산과 정책도 중요하지만 더 중요한 것은 과학 기술과 인간, 정신문화의 조화로운 접목이 필요하고 이를 위한 지속적인 수행과 정신문화 교육이 반드시 이루어져야 한다고 생각하였습니다.

이에 따라 저는 연구원명상센터와 연구원동양문화센터를 개설하였습니다. 여기서 연구원 덕목별 맞춤형 동양 문화 교육을 운영하여 왔습니다. 이러한 저의 작은 노력에 모든 사람들은 함께 공감하고 찬동하였습니다. 정말 이제는 과학 기술과 인문학이 수행과 정신문화와 함께 융합해야 한다고 한목소리를 내고 있었습니다. 그런데 자발적으로 모여드는 교육생은 별로 없었습니다. 이제 모두가 공감하고 있는 이 좋은 뜻은 살려 나가되 방법은 바꾸어야 하겠다는 생각을 하게 되었고 그 생각이 바로 오늘의 동학문화진흥회를 창립하게 된 직접적인 동기가 되었습니다.

이제 동학문화진흥회는 그동안 해오던 연구원명상센터와 연구원동양문화센터의 연장선에서 연구원 가족들의 청소년을 위한 맞춤형 명상과 소외된 이웃에 대해서도 귀를 기울여 나가고자 합니다. 아울러 가정과 학생, 연구원, 직장인에 대한 전문적 상담을 통해 위로하고 격려하며 앞으로 나아갈 힘을 보태 드리려 합니다. 이 시대에 다 같이 풀어나가야 될 생명 문화 운동과 사회 사업, 사회봉사 활동을 통해 필요한 이웃에 보탬이 되고자 합니다.

이러한 일들을 성공적으로 추진해 나가기 위해서는 많은 분들의 동참이 필요합니다. 오늘 이 자리에 와주신 여러분께서도 모두 함께 참여해 주시고 응원해 주시기를 간절히 바라며 많은 지도 편달을 바랍니다. 여러분과 가정에 항상 건강과 행복이 충만하시기를 기원하며 이만 인사에 갈음하고자 합니다.

2014년 4월 26일
동학문화진흥회
추진위원장 이정희

한편《대덕넷》(대덕연구단지 인터넷 신문) 길애경 기자는 2013년 12월 9일, 동학문화진흥회 출범 소식을 지역 인터넷 신문인《대덕넷》에 다음과 같이 알렸다.

"40년 연구원 경험… 연구원명상센터를 열다."

40년 연구원 경험… 출연연구소간 융합 밑거름으로, 이정희 전 KISTI 감사, '연구원명상센터' 문 열어. 맞춤형 호흡·논어 프로그램… 참여 연구원 호응 높아

"문명 패러다임에 대해 엘빈 토플러는 제3의 물결이라고 정의했는데 제4의 물결은 융합의 물결이 될 것입니다. 융합에 앞서 필요한 것은 사람의 마음가짐입니다." 40년의 연구원 생활을 농축해 유성에 '연구원명상센터'를 연 이정희 전 KISTI 감사, 그는 여전히 자신을 현역이라고 소개했다. 농사를 짓는 농부에

게 정년이 없듯이 연구원에게도 정년이 없다는 것이 그의 지론이다.

그는 "산에 자주 다니는데 남한산성은 200회, 계룡산은 현재까지 1700회 올랐다. 산에 가면서 산과 내가 하나 되는 물아일체를 여러 번 체험했다. 그래서 개인적으로는 행산(行山)이라고 표현한다." 면서 "연구 현장도 이런 융합이 필요하다. 대덕은 창조 경제 거점지구로서 역할을 요구받고 있는데 창조는 출연연구소간 융합이 가능할 때 이뤄진다. 이는 출연연구소간 마음의 벽을 허물 때 실현될 수 있다." 라고 조언했다.

이어 그는 "40년의 경험을 국가 발전에 기여하고자 하는 사명감에 이번 일을 시작하게 됐다. 비워진 마음으로 제2의 대덕을 일구는데 일조를 하고 싶다." 며 명상연구센터를 연 이유로 '사명감' 을 들었다.

우리나라의 연구비는 지난해 16조 원, 내년에는 18조 원에 이를 전망이다. 정부는 대덕을 창조 경제 거점지구로 지목하고 성과 창출을 요구하고 있는 상황이다. 그러나 대덕특구 출연연구소에서는 아직 이렇다 할 성과를 내놓지 못하고 있다. 창조 경제 거점지구로서 실행에 옮기기 위한 여러 가지 움직임이 일고 있으나 성과까지 이어질지는 미지수라는 부정적 입장이 더 많은 편이다.

이에 대해 이 전 감사는 "연구비는 오르고 패러다임은 창조 경제 방향으로 흘러가고 있지만 각 연구기관의 정책 집행자는 그대로이다" 면서 "연구소 담을 허무는 외형의 변화가 아니라 사람이 변하지 않고는 연구기관 간의 융합은 쉽지 않을 것이다. 마음공부가 필요한 시점" 이라고 강조했다. 그는 "서양에서 들어온 과학 기술에 동양의 정신문화를 접목해 화학적 결합으로 전혀 다른 물질인 H^2O가 탄생할 수 있을 때 융합이 가능하다." 고 덧붙였다.

큰 테마는 호흡 명상과 논어 명상으로 나뉜다. 호흡 명상은 호흡을 통해 스트레스를 해소하고 평정심을 잃지 않는 마음을 갖도록 한다. 논어 명상은 논어 중 연구자에게 필요한 덕목을 발췌해 전문가의 해석이 있는 수업으로 운영된다.

명상센터의 수업은 15주 단위로 진행되며 현재 1기 수업을 마치고 2기 수업이 진행 중이다. 이 전 감사가 이처럼 명상과 논어에 관심을 갖게 된 데는 어린 시절과 연관성이 깊다. 동학사상을 굳게 믿는 가정에서 태어난 그는 어릴 적부터 한문학이 자연스럽게 생활이 됐다.

한문학 공부를 10년 이상 해오며 동양철학 박사학위와 과기정책 행정학 박사학위를 취득하며 연구원들에게 명상 기회를 제공하기 위해 준비를 해 왔다. 그리고 대덕의 위기는 과학 기술의 위기라는 절박함 속에서 이번 연구원 명상센터를 열게 됐다.

명상센터 설립 취지와 의미는 과학 기술+인간+정신문화를 담은 '마음 심(心)' 센터의 로고에도 그대로 녹아 있다.

• 계룡산 2000, 계룡산을 넘어

2015년 4월 25일, 행산 2000회 삼불봉에서 두 손 모아 간절히 기도한다.

"민족의 영산, 계룡산이여, 그 위대한 생명의 기운으로 이 땅의 사람들을 굽어살피시어 모든 사람 한울 사람이요, 모든 나라 한울 나라요, 온 세계 하나 되어 지상천국 이루는 힘을 주옵소서." 나의 간절한 기도에 응답하듯, 수운대신사의 시문 한 구절이 들린다. "겨우 한 가닥 길을 얻어 걸음걸음 험한 길 걸어가노라. 산 밖에 다시 산이 보이고 물 밖에 또 물을 만나도다. 다행히 물 밖에 물을 건너고 간신히 산 밖에 산을 넘어왔노라. 바야흐로 들 넓은 곳에 이르니 비로소 대도가 있음을 깨달았노라.(纔得一條路 步步涉險難 山外更見山 水外又逢水 幸渡水外水 僅越山外 山且到野廣處 始覺有大道)" 과연 이 시문의 말씀은 나에게 무엇을 가르쳐 주는 것일까? 집에 돌아와 며칠을 곰곰이 생각해 보았다.

나의 행산 2000회, 아직도 산 밖에 산이 보이고 물 밖에 물이 보인다. 그래서 나의 행산 2000, 이제부터 계룡산을 넘어서는 천하의 넓은 곳, 대도를 향한 행산을 새롭게 시작해야 한다고 다짐한다. 나는 계룡산 2000회에서의 깨달음을 기억하면서 교령이란 천하의 넓은 곳, 대도를 향하여 나아가는 무극대도를 품어 본다.

• 계룡산에서 묻고 답하다

나의 계룡산 행산 2000, 무극대도를 향한 큰 산에는 좌도 우도 없다. 무극대도가 있을 뿐이다. 원래 하나인 것이었는데 둘로 나누어 하나는 옳고 하나는 그른 것이라 했다. 좌와 우가 갈리기 전 근본의 자리로 돌아가면 좌와 우가 없다. 이와 마찬가지로 나의 무극대도를 향한 큰 산에는 이판과 사판이 없다. 이판과 사판이 하나가 된다. 원래 하나인 것이었는데 둘로 나뉘어 하나는 이판이요 하나는 사판으로 갈린 것이다. 이판과 사판으로 나뉘기 전 자리로 돌아가면, 이판과 사판은 존재하지 않는다. 오로지 무극대도가 있을 뿐이다.

나의 무극대도를 향한 큰 산에는 산과 사람이 하나가 된다. 원래 한울로서 하나였는데 산과 사람으로 나뉘어 하나는 산이 되고 하나는 사람이 된 것이다. 나는 전국으로 다니면서 수많은 동덕들을 만날 때마다 한 사람 한 사람이 곧 계룡산처럼 생각되었다. 계룡산, 정감록이 고대하던 진인 즉 정도령은 아직 출현하지 않았다. 그러나 나는 계룡산 2천 번을 넘어서는 대도에 이르러 후천개벽의 중심, 계룡산이 바로 진인으로서의 정도령이라는 생각에 이르렀다. 전국의 동덕들이 바로 계룡산의 정도령이라는 희망으로 전국을 돌아다녔다. 나에게 전국 대도에서 만난 동덕들은 바로 계룡산이었으며 계룡산의 진인 정도령이었다. 계룡산의 계룡은 닭과 용이 합하여 지어진 이름이다. 닭은 영물이라는 신성한 의미와 함께 하루의 시작을 알리기 위해 시간이 되면 운다. 새벽의 때가 도래했음을 알려 준다. 나도 계룡산의 닭처럼 천도교단의 후천개벽이 일어나야 한다는 뜻을 알리고 싶었다. 천도교단의 후천개벽의 역사가 새롭게 시작되어야 한다는 것을 알리고자 했다. 이판사판이 하나 되어 가르치고 배우는 교령의 의미를 전하고 싶었다. 배움이 먼저다. 배우지 않고는 가르칠 수 없다고 생각했다. 사범학교 재학 시절, "가르치는 것은 곧 배우는 것이다(To teach is to learn)"라는 말을 떠올렸다. 교령이라는 자리는 '가르치는 자리이면서 배우는 자리이다'라는 생각을 하였다. 공부하지 않고는 가르칠 수 없고 가르쳐 보지 않고는 자신의 부족함을 모른다. 교령이란 지극한 성인에 이르는 공부의 길인 동시에 그 성인의 길을 가르치는 자리라고 생각하였다. 무극대도를 향한 큰 산을 오르는 길! 가르친다는 생각으로 배우면 배움의 자세가 달라진다.

나는 2015년 4월 계룡산 2000, 그로부터 1년 후 '교령으로 명명되는 교령산'을 상상하였다. 그리하여 나에게 계룡산은 교령의 산이었다. 지금 생각해 보니 계룡산은 교령을 위한 가르침과 배움의 학교였으며 수도원이었던 것이다. 계룡산 수도원에서 '교령학(教領學)'을 배우고 '교령도(教領道)'를 수행하는 곳이라는 생각을 했다. 산과 삶의 경계가 없어지듯이 이판(理判)·사판(事判)의 경계가 없어지게 되었다. 이는 2000번의 계룡산 행산에서 얻은 값진 교훈이었다. 사판과 함께 하지 않는 이판은 공허하며 이판과 함께 하지 않는 사판 또한 공허하다. 그래서 이판과 사판의 경계 또한 공허하다. 인위적인 경계는 허상일 뿐이다. 사판이 행해지는 곳엔 어김없이 이판이 함께하는 것이다. 이판의 표상은 사판으로 드러나는 것이다. 동양철학에서 이판은 이(理)이며 사판은 기(氣)이다. 기발이승이라, 기가 발하는 곳엔 어김없이 이(理)가 발한다는 이치다. 그동안 나는 교령의 자리란 사판의 자리라는 오해를 한 것이다. 그러나 이제 나는 사판의 자리에 이판이 함께한다는 것을 깨닫게 되었다. 계룡산 2000, 비로소 나는 교령이란 이판[理]인 동시에 사판[氣]이며, 사판[氣]인 동시에 이판[理]이라는 것을 거듭 깨닫는다. 그래서 나는 교령 출마를 결심하기에 이른 것이다.

●—천도교 중앙대교당
천도교 중앙대교당은 서울특별시 종로구에 위치한 천도교의 총본산이자, 일제 강점기 독립운동의 거점이었던 건물이다. 1918년 착공하여 1921년에 완공되었으며 시일식 등 종교의식과 각종 문화 행사가 이루어지는 공간이다.

제2장

중앙총부에 입성하다

대저 이도는 마음으로 믿는 것이 정성이 되느니라.
믿을 신자를 풀어 보면 사람의 말이라는 뜻이니
사람의 말 가운데는 옳고 그름이 있는 것을,
그중에서 옳은 말은 취하고 그른 말은 버리어
거듭 생각하여 마음을 정하라.
한번 작정한 뒤에는 다른 말을 믿지 않는 것이 믿음이니
이와 같이 닦아야 마침내 그 정성을 이루느니라.

大抵此道 心信爲誠 以信爲幻
人而言之 言之其中
曰可曰否 取可退否 再思心定
定之後言 不信曰信 如斯修之 乃成其誠

—〈수덕문〉, 『동경대전』

“

오늘은 우리 천도교 역사상 선거 혁명을
이룬 날입니다.
이제 이 혁명의 에너지를 가지고
대도중흥의 문을 힘차게 열어 나갑시다.

—〈교령 당선 인사〉, 포덕 157년 3월 17일

”

1. 호암수도원에서 봉고식

• 호암수도원에서 봉고식 봉행

나는 포덕 156년 12월 27일, 호암수도원에서 시일식을 봉행한 후 교령 출마 봉고식을 거행하였다. 오늘 봉고식에는 13명이 참석하였는데 어머님과 동생, 그리고 외숙께서도 오셔서 격려해 주셨다. 김춘진 의원은 지역구 국회의원으로서 호암수도원에 순회차 온 것인데 마침 봉고식에 참여하여 덕담을 나누며 기념 촬영도 했다. 호암수도원에서의 봉고식을 봉행하고 나니 새로운 힘이 솟아나는 듯하였다. 오늘 봉고식에서 나는 다음과 같은 봉고문을 봉독하였다.

한울님 스승님 감응하옵소서!

포덕 156년 을미년 한 해가 시작된 지가 바로 엊그제 같은데 어느덧 이 해도 서서히 저물어 가고, 희망찬 포덕 157년 병신년 새해가 밝아 오고 있습니다. 오늘 저는 유서 깊은 호암수도원에서 원로님과 동덕 여러분을 모시고 차기 천도교 교령에 출마하고자 한울님과 스승님께 고하오니 감응하시옵소서.

저는 그동안 선친의 가르침에 따라 교인으로서 본연의 수행과 교리 연구·교육 활동에만 힘써 왔습니다. 그런데 지난해부터 뜻있는 몇몇 원로님과 동덕님들로부터 교단 중흥을 위해서는 무엇보다도 교회의 새로운 변화와 혁신을 이끌어 갈 새로운 지도자가 필요한 시점이라며 저에게 차기 교령에 출마하도록 적극 권유 받아 왔습니다. 그동안 단 한 번도 교령을 꿈꾸어 본 적이 없던 저로서는 주위의 간곡한 권유에 대해 쉽사리 받아들일 수 없었습니다.

그러나 지난여름 7월부터는 교회 발전을 염원하는 원로님과 교인들로부터 더 이상 기다릴 수 없다며 저에게 교령 출마에 대한 의지를 밝혀 달라는 간곡한 요청을 받았습니다. 그래서 저는 좀 더 진지한 마음으로 깊이 성찰하는 시간을 갖게 되었습니다. 무엇보다도 한울님의 뜻이 어디에 있는지에 대해 깊은 숙고의 시간을 갖게 되었습니다. 100여 일 동안에 걸쳐 전국 각지를 돌며 원로님들의 고견을 경청하는 한편 수도원과 후천개벽의 산, 계룡산을 무시로 올라가 한울님께 간절히 기도하는 시간을 이어 왔습니다. 마침내 10월 초순, 초가을 계룡산 삼불봉에 올라 한울님의 뜻이라 여기며 감히 교령 출마를 결심하게 되었습니다.

한울님 스승님께서 천도교 교령의 중책을 저에게 허락해 주신다면, 한울님과 스승님의 뜻을 받들어 교단 발전과 대도중흥을 위하여 혼신의 노력을 다하겠다고 다짐하였습니다. 오늘 포덕 156년 12월 27일, 호암수도원에서 원로님과 교인 여러분을 모시고 한울님과 스승님께 받들어 고합니다. 한울님 스승님이시어, 한울님의 뜻으로 제가 교령이 된다면 한울님과 스승님의 거룩한 뜻을 받들고 종문의 법통을 올바르게 계승하여 대도중흥과 교단 발전을 이루기 위하여 정성을 다하는 교령이 되겠습니다.

한울님 스승님 감응하옵소서. 오늘 이 자리에 함께하시는 원로님, 호암수도원의 수도정신을 받들어 대도중흥의 길로 힘차게 나아갈 수 있도록 지혜와 용기를 주시옵소서! 오늘 함께하시는 모든 분들이시어, 을미년 새해를 맞아 건강하시고 만사여의하시기를 기원합니다. 감사합니다.

포덕 156년 12월 27일
호암 이정희 심고

• 참신함과 미래 비전 제시

이번 교령 선거는 3파전으로 예상된다. 지난번에 출마했던 송범두 도정과 박충남 도정 등과 3파전이 될 것으로 보인다. 나와 함께 경쟁할 두 분은 오랫동안 준비를 해왔을 뿐 아니라 나에 비추어 지명도가 높은 분들이다. 더군다나 교령 투표권을 가진 대의원들의 분포를 보면 경상도 지역이 절대다수다. 그것도 남해 지역 대의원 수가 대부분이다. 그래서 경상도 남해 지역을 연고로 한 대의원들이 똘똘 뭉치게 된다면 다른 지역 출신은 감히 교령을 하겠다는 생각조차 할 수 없는 것이 우리 교단의 현실이다. 앞의 두 분은 경상도 남해 지역 출신으로서 지명도가 나보다 높을 뿐 아니라 오랜 기간 교령 출마에 대한 준비를 해 온 분들이라 나보다는 훨씬 유리한 입장이라고 판단할 수밖에 없다. 그렇다면 과연 나는 어떠한 전략을 가지고 이번 교령 선거에 임해야 할 것인가? 무엇보다도 우선 나를 알리는 데에 최선을 다해야겠다는 생각을 했다.

일단 교령에 출마하기로 뜻을 세웠다면 다른 후보자와 내가 무엇이 다른가? 내가 교령이 되면 무엇을 어떻게 할 것인가에 대한 나의 포부를 밝혀야겠다는 생각을 했다. 대의원으로 도정, 직접도훈, 도훈, 종의원, 교구장, 비례대표, 선도사 등을 직접 찾아다니기로 하였다. 진지한 자세로 대의원 한 분 한 분을 찾아뵙고 나를 알리면서 그분들의 의견을 경청하기로 했다. 과연 대의원들의 생각은 어떠한지를 귀담아듣고 공약을 개발해야겠다고 생각했다. 사전에 분석한 판세는 그렇게 불리하지 않을 것이라는 생각이 들었다. 왜냐하면 교단에서의 지명도는 비록 낮을지라도 미래에 대한 비전을 제시하고, 참신한 이미지로 새로운 희망과 신뢰를 전할 수 있다면 그것이 장점이 될 수 있을 것이라는 생각이었다. 무엇보다도 25년간 2천 번을 올랐던 계룡산의 행산, 한울 높이 솟아오르는 위대한 개벽의 산, 계룡산을 대하는 것처럼 한 사람 한 사람을 만난다면 충분히 가능성이 있을 것이라는 생각이었다. 무엇보다도 나는 공주사범대학에서 갈고 닦은 교학의 정신과 철학으로 확실한 신뢰를 심을 수 있다고 생각했다. 그래서 나는 나를 바르게 알리기 위해 최선을 다해야 한다고 생각했다.

• 원로님들의 의견 경청

나는 먼저 전직 교령님들과 원로님들을 최대한 많이 만나 뵙기로 했다. 무엇보다도 종단의 지도자로서 일생을 살아온 원로님들의 말씀을 경청하는 것이 중요하다고 생각했다. 한 분 한 분 뵐 때마다 공경의 마음을 다하여 경청하였다. 계룡산을 오르는 마음으로 한 분 한 분을 만나 뵌 것이다. 나에게 체화된 계룡산의 정기를 가슴에 안고 찾아뵌 것이다. 만나는 분마다 반갑게 맞아 주시면서 좋은 말씀을 해 주셨다.

먼저 이영복 종법사께서는 이번에 안 되더라도 다음 기회가 있으니 열심히 하라는 격려의 말씀을 해 주셨다. 이영복 종법사님은 나의 선친(2010년 환원)과 가깝게 지내셨으며 선친과 같은 연배(1922년)로 뵐 때마다 아버님을 뵈는 듯하였다. 조동원 종법사님께서는 교령이 되면 한울님 마음으로 바르고 굳세게 해야 한다는 말씀을 주셨다. 박남수 당시의 교령님과 이철기 전 교령님, 김광욱 전 교령님, 임운길 전

교령님을 각각 찾아뵈었다. 김철 전 교령님은 건강이 좋지 않으시어 만나 뵙지 못하였다. 한광도 연원회 의장님, 박우균 원로님, 여성회 이순종 원로님, 인천의 한광석 원로님, 한평생 천도교를 믿어 오신 어르신들의 한 말씀 한 말씀을 놓치지 않고 가슴 깊이 경청하였다. 원로님들의 지혜와 마음을 받들면서 새로운 비전을 구체화할 지도자에 대한 열망이 크다는 것을 통감하였다. 도생에게 교령으로서 교회에 봉사할 수 있는 기회가 주어진다면, 대도중흥의 씨앗을 뿌리고 건강하게 싹을 틔울 수 있도록 혼신의 노력을 다하겠다는 나의 포부를 말씀드렸다. 천도의 진리를 기본으로 신앙심을 더욱 다지며 숙덕 어른신들의 지혜에 귀 기울이며 계승과 발전을 통해 포덕천하의 기틀을 다져 나가겠다는 말씀을 드렸다. 찾아뵌 원로님들 모두 진지한 나의 모습을 보시고, "이제는 우리도 변해야 한다. 앞으로 교단 발전에 대한 기대가 크다."는 격려의 말씀을 아끼지 않으셨다.

• 지방 교구와 수도원 방문

교단의 원로님을 찾아뵈면서 전국의 교구들을 순방하였다. 이들 교구와 수도원 방문으로 만난 한 분 한 분의 말씀을 경청하였다. 교구 건물 하나하나, 교구장님들과 교인들 한 분 한 분이 나에겐 바로 계룡산이었다. 계룡산이 그렇듯이 만나는 분마다 언제나 늘 새로웠다. 비록 구면일지라도 처음 만나는 것처럼 느껴졌다. 진심을 담아 가슴으로 이야기하였다. 천도교의 비전을 이야기하고 변화와 혁신으로 교단의 발전을 위해 열정을 다하겠다고 말했다. 만나는 분마다 나의 말을 경청하며 격려해 주셨다. 가슴을 열고 진심을 담아 낮은 자세로 전하는 한마디 한마디에 모두가 공감했다. 신뢰가 쌓이고 자신감이 생겼다. 진실이 최선이라는 것을 교인들을 만날 때마다 깨달을 수 있었다. 한 분 한 분을 만날 때마다 정에 넘치는 따뜻한 악수를 하면서 자신감을 심어 주었다.

원로님들과 지방 교구에서 경청했던 이야기를 정리하면 첫째, 교령은 천도교 얼굴이다. 될 만한 사람이 교령이 되어야 한다. 둘째, 3년 가지고 무엇을 할 수 있을 것인가, 3년은 너무 짧다. 셋째, 새로운 변화와 혁신 없이 이대로는 안 된다. 넷째, 사심을 버리고 바르고 굳세게 해야 한다. 다섯째, 교인들에게 미래 비전을 제시할 수 있어야 한다. 여섯째, 이번에 안 된다면 다음 기회가 또 있다고 생각하며 너무 집착하지 말아야 한다. 일곱째, 아버님의 올곧은 삶과 인품을 이을 수 있기를 바란다는 것 등이다. 이들 말씀 하나하나에 한울님 말씀처럼 새기며, 계룡산을 오르는 마음으로 교인들과의 만남을 계속해 나가기로 하였다.

• 전국대의원대회를 맞으면서

지난 4개월여 동안 나는 원로 동덕님들과 지방 교구를 방문하면서 많은 이야기를 들었고 이제는 나를 알리는 인사말을 할 차례가 되었다. 나는 1차 인사말을 다음과 같은 내용으로 보냈다. 포덕 157년 2월 3일 유성우체국을 통하여 전국의 원로님들과 연원 지도자, 전국의 교구장 및 교인들에게 발송했다. 2월 8일, 구정 전까지는 받아 볼 수 있도록 모두 450매를 발송했다.

> 전국의 교인 여러분, 대의원 여러분! 모시고 안녕하십니까?
>
> 포덕 157년 새해를 맞아 한울님의 감응으로 소원하시는 모든 일이 뜻하신 대로 이루어지시고, 도가에 행운이 함께하시기를 진심으로 기원합니다.
>
> 도생은 일찍이 포태 교인으로서 부모님과 선생님, 선배님들의 은덕과 가르침 속에서 성장하였습니다. 그동안 종의원, 종무위원, 대전교구장, 천도교대전충청지역연합회장, 천도교교수회장, 종학대학원장 등을 역임하면서 스스로 더욱 깊이 공부하고, 교회 행정에 대한 이해와 역량을 배양할 수 있었습니다.
>
> 또 도생은 공주사대를 졸업, 서울대와 고려대에서 행정학을 공부하고, 40년간 세계적 수준의 대덕연구단지에서 첨단과학기술 기획 연구·교육 및 정책 연구 업무에 종사하며 국가와 사회 발전을 위해 정성을 다하여 왔습니다.
>
> 그동안 도생이 교회와 국가 사회 발전에 헌신할 수 있었던 것은 오로지 굳건한 신앙의 힘이 바탕이 되었다고 생각됩니다. 아시는 바와 같이 우리 교단은 성사님 이후 시대의 가혹한 외압 속에서 오랫동안 침체의 길을 걸어왔습니다.
>
> 저는 대도중흥과 사회 개벽을 염원하는 분들과 대화하면서, 때로는 교단의 현실을 안타까워하고, 때로는 천도교의 역할을 크게 기대하고 있음을 공감하게 되었습니다.
>
> 그런데 최근 들어 교단 중흥의 새로운 물결이 일기 시작했다는 것을 잘 알고 계실 것입니다. 교단 내에서 느끼는 것보다 세상 사람들이 천도교를 바라보는 시선이 크게 달라지고 있습니다. 이 흐름이 더 깊고 더 멀리 흘러갈 수 있도록

하는 것이야말로 우리의 시대적 과제라고 생각됩니다. 특히 3월 전국대의원대회를 앞두고, 성운의 기운을 지속적으로 이어 가기 위해서라도 굳건한 신앙심과 경험을 바탕으로, 교회 원로들의 지혜와 마음을 하나로 모으고 받들면서, 새로운 비전을 구체화할 지도자에 대한 열망이 크다는 것을 통감하고, 저의 작은 지혜와 공력을 바치고자 합니다.

도생에게 교령으로서 교회에 봉사할 수 있는 기회가 주어진다면, 대도중흥의 씨앗이 뿌리내리고 건강하게 싹을 틔울 수 있도록, 천도교의 덕이 교인들 사이에 차고 넘치며 세상에 더욱 넓게 멀리 퍼져 나갈 수 있도록 노력을 다해 나가겠습니다. 교인 여러분의 성원과 지도를 바랍니다.

포덕 157년 2월
호암 이정희 심고

• 대도중흥의 길로 다 함께

나는 포덕 157년 2월 29일자로 2차 인사말을 전국의 원로님들, 교구장님, 종의원님들에게 발송했다.

교인 여러분, 대의원 여러분! 모시고 안녕하십니까?

겨울 내내 얼어붙었던 대지 위로 희망찬 새봄의 기운이 꽃 피는 춘삼월 호시절이 다가옵니다. 추위에 움츠렸던 삼라만상이 따스한 봄기운에 환히 웃음 짓는 모습에서 천도교에 불어오는 대도중흥의 새 바람을 느낄 수 있습니다.

도생은 지난 2월, 우리 교단에 불어오는 희망찬 새 기운 속에서 새로운 비전을 실현할 지도자에 대한 열망이 크다는 것을 통감하고, 저의 작은 지혜와 정성을 바쳐 일해 보겠다는 뜻을 전국의 교역자 여러분에게 말씀드렸습니다.

그 이후 많은 교역자, 교인들을 만나 고견을 듣고 있습니다. 그 과정에서 도생은 천도교가 오랫동안 어려운 길을 걸어왔지만 이제 조금 더 노력한다면 달라지고 나아지겠다는 희망의 불씨가 뜨겁게 타오르고 있음을 확인하였습니다.

도생은 벅찬 감동 속에 두 주먹을 꼭 쥐고 감사 심고를 드렸습니다. 보국안민 포덕천하를 위해 순도하신 수백만 성령이 기쁘게 화답하는 듯했습니다. 이 희망의 씨앗이 반드시 열매 맺게 해야겠다는 비장한 결의를 다졌습니다.

전국의 원로 교인, 교역자와 교인 여러분!

도생에게 교령으로서 일할 기회가 주어진다면 지금 불어오는 새로운 봄기운과 함께 대도중흥의 불씨를 살리기 위해 혼신의 노력을 다할 것입니다.

오직 한울님을 모시고 스승님 가르침에 따라, 교인들의 마음을 헤아리며 이치에 순응한다면, 대도중흥은 큰비 내리듯 되어 갈 것으로 굳게 믿습니다.

안으로는 신령함을 갖추어 대도중흥의 씨앗을 뿌리고, 밖으로는 기화상통하여 대도중흥의 싹을 키우며, 모두 함께 포덕천하의 길로 나아갑시다.

포덕 157년 2월

호암 이정희 심고

2. 대회 전날 밤, 원로님들과의 갑작스런 만남

• 네거티브 공세, 참신함으로 대응

"호암은 교회에 대해 아는 것이 없다"는 이야기가 많이 나돌았다. 그 이유는 총부에서 주요한 요직을 맡아 본 경험이 없다는 것이다. 또 하나는 서울 아닌 지방에 살고 있다는 것이다. 지방에 있으니 중앙총부를 잘 모르지 않겠느냐는 것이다.

내가 모른다는 것에 대한 네거티브 공세에 대해 오히려 장점이 될 수 있다고 생각했다. 참신함으로 대응하였다. 세속에 물들지 않는 순수하다는 점을 장점으로 내세웠다. 단점이라고 공격했던 것이 오히려 장점이 되었다고 생각했기 때문이다.

준비가 되지 않았다는 말? 그것은 맞다. 나는 원래 교령을 꿈꾸고 교령을 준비하지 않은 것은 사실이다. 교령을 하고자 꿈을 꾸고 오랫동안 준비하지 않은 것은 맞다. 그러나 교령을 꿈꾸지 않고 그래서 교령을 준비하지 않았다 해서 그것이 결코 단점이 될 수 없다고 말했다. 모르기 때문에 더 겸손하고 더욱 노력할 수 있을 것이며 매사에 최선을 다할 수 있다고 말해 주었다.

내가 모른다고 공격하는 사람들이 말하는 뜻은 기존의 질서를 따라야 한다는 뜻이 들어 있다. 기존의 질서를 바꿀 경우 이해관계의 틀이 바뀌게 될 것이기 때문이다. 기존의 질서 속에서 이해관계의 틀을 통해서 보아온 편견의 가치관에서 벗어나지 않는 한, 한 번도 경험해 보지 않은 교령의 시간을 위험스럽게 볼 것은 너무도 당연한 것이다. 그러나 우리 교회가 발전하기 위해서는 기존의 낡은 틀을 깨고 나와야 한다. 그래야만 미래를 향해 나아갈 수 있을 것이다. 그러기 위해서는 기존의 낡은 질서 속에서 길들여지지 않은 참신한 자가 교령이 되어야 한다. 그런 사람이 미래를 향해 앞으로 나아갈 수 있다고 생각했다.

포덕 157(2016)년 3월 10일(목) D-7일, 어느 독실한 교인의 호소가 카톡에 게재된 것을 보았다. 나를 응원하고 힘을 북돋아 주는 내용이었다.

결혼 후 탁명 교인으로 10년을 지냈습니다. 청년회 활동으로 교회 공부를 시작했고, 일과 신앙을 함께할 수 있다는 것에 감사하며 교회 어느 곳에든 최선을 다했습니다. 그러면서 지금 출마하신 네 분과 모두 접할 기회가 있었고 각각의 인품과 됨됨이를 느꼈습니다. 그분들 중 호암 이정희 도훈은 김동환 교령 재임 시 종학대학원 원장을 하시며 존폐 위기로 시끄러웠던 신인간사 등기이사를 겸임하셨습니다.

임운길 교령으로 임기가 바뀌고 종학대학원장 재임을 요청받고도 고사하신 연유가 지방에 계신 연로하신 아버님을 돌보아야 하기 때문이라는 효심도 본받을 만한 분입니다. 아무리 종교는 자유지만 천도교 교령의 내수도가 타종교를 신앙한다는 것은 있을 수 없다고 생각합니다. 이정희 도훈의 사모님은 소박하고, 말 없는 정성이 있는 분으로 여성회 하계수련 때면 늘 뵐 수 있고 미술인회 회원으로도 활동하시는 분으로 그분을 아는 분이라면 누구라도 좋아하는 덕 있는 분입니다. 학력이나 사회적 경력이나 집안 내력이나 어느 것 하나 빠질 것 없는 이정희 원장님이 교령에 출마하셨다는 이야기를 듣고 감사하며 마음으로만 잘되시기를 바라다, 생각하다 보니 아는 분께라도 제가 아는 만큼은 알려 드리는 것이 옳다고 생각하게 되었습니다. 어느 분이 교령이 되신다 한들 개의치 않을 수도 있지만 이런 분께서 교령을 하시는 것이 교단 발전에 도움이 된다고 생각하오니 도와주시기 바랍니다. 며칠 전 어떤 교인이 전화를 하셨더라고요. 이정희 원장님은 어떠한 분이냐고요. 그분 대답이 네 후보 중 가장 훌륭한 분이 맞지만 부안포 가지고는 표가 없다고… 그날 오후 내내 참 슬펐습니다. 전국의 대의원들께 이렇게 부탁하고 싶네요. 우리는 말로만 존경할 만한 분을 교령에 모셔야 한다고 하면서 정작 투표장에서는 후보의 면면을 살펴보기보다는 연원주의 지시대로 투표해 온 것이 관행입니다. 그리고 이렇게 말합니다. 좋은 분이긴 한데 표가 없어서… 될 사람에게 표를 몰아야지, 그동안의 이런 태도는 교단의 발전을 가로막는 걸림돌이며, 교인들을 너무 슬프게 하고 결국 교회를 떠나가게 했습니다. 저는 희망합니다. 이번만큼은 누구의 지시대로 움직이지 말고 후보의 면면을 살펴보고 존경할 만한 분을 선출해 주시기 바랍니다.

진심을 담아 전하는 이 글을 보고 감동을 받았다며 나를 응원하는 동덕들의 전화가 많았다. 교단 발전을 위한 간절한 마음으로 응원의 글을 올려준 이 동덕에게 깊은 감사의 마음을 전했다.

• 부안교구(호암수도원) 땅 소유 문제

포덕 156(2015)년 11월 28일 토요일 부산에 갔다. 11시에 동천고등학교 대강당에서 거행되는 학암 김학봉 선생 1주기 추모식에 참석했다. 추모식 후에는 설교집 『진리와 함께』 출판 봉고식이 열렸다. 출판식이 끝난 후 김○○ 선도사로부터 “호암수도원 부안교구 땅을 빨리 정리하는 것이 좋겠다. 부안교구의 땅을 내가 개인적으로 소유하기 위해 재단에 넘기지 않고 있다. 그래서 의혹을 살 수 있으며 그렇게 될 경우 교령 선거에 악재가 될 수 있다. 그러니 조속한 시일 내에 그 땅을 재단에 넘기는 것이 좋겠다.” 는 것이다. 어떻게 알고 그런 의혹을 제기하는 것일까? 분명히 네거티브 공세인 것은 틀림없다. 교회의 땅을 어떻게 내가 개인적으로 소유하고자 하는 생각을 한단 말인가? 여하튼 잘 알겠다고 했다. 행사를 마친 후 동천고교 성화실에서 10여 명의 지인들과의 간담회를 마치고 20시에 KTX편으로 대전으로 귀가하였다.

2015년 11월 30일, 천도교유지재단 신종민 과장에게 전화하였다. 대전 유성구 신성동 동사무소에 가서 보니 농지원부가 안 나오는데 부안교구 아버님 명의의 땅 처리 방안 알려 주세요. 이사장님께 보고했다며 말씀을 들은 후에 알려 주겠다고 했다.

2015년 12월 17일, 부안의 모 동덕으로부터 나에게 문자가 왔다. 그 땅 문제는 자기가 제기한 것이라고 했다. 소문의 진원지가 자신이라며 죄송하다는 것이다.

2015년 12월 21일, 재단 이사장과 부안교구 땅 관계를 정리할 것을 긴급히 요청하였다. 재단 이사장의 요청에 따라 말소된 주민등록초본(주소 변경 사항 포함), 기본증명서, 가족관계증명서, 재적등본, 주민등록등본, 신분증 사본 등을 제출하였다.

2016년 1월 26일 아침, 재단 이사장으로부터 전화를 받았다. 법무사와 같이 내려오려고 했는데, 일정이 있어 못 내려오게 되었다고 했다. 그래서 법무사 혼자서 부안에 내려왔다. 동생과 함께 부안군청 앞 식당에서 만나 점심 식사를 함께했다. 점심 식사 후 법무사가 미리 준비해 온 서류 즉 근저당권 설정 계약서, 증여예약증서에 각각 서명하였다.

전라북도 부안군 상서면 감교리 449-1번지 전 1209㎡, 452번지 전 268㎡, 453번지

전 354㎡, 454번지 전 215㎡ 등 토지 총 2046㎡(620평)는 천도교유지재단에 요청하였던 소유권을 이전하고자 하였으나 법인의 농지 취득이 불가능하여 천도교유지재단에 증여예약을 통한 소유권 이전 청구권 가등기 및 천도교유지재단 측에서 요청한 공시지가를 채권 최고액(21,640,170원)으로 하여 근저당권 설정 등기 관련 서류 일체를 2016년 1월 26일자로 교부하였으며 이와 관련 등기가 관할 등기소에 접수되었다. 근저당권 설정 계약서는 채권자 겸 근저당권자 재단법인 천도교유지재단 이사장 김상길, 채무자 겸 근저당권설정자 이정희, 채권 최고액 금 21,640,170원으로 근저당권 설정 계약을 체결한 것이다. 이로써 내 이름으로 되어 있는 부안교구(호암수도원) 땅 문제는 오해가 풀렸다.

• 대회 전날 밤, 원로님들과의 만남

2016년 3월 16일, 수요일 D-1 20시 30분 김○○ 전 도정으로부터 할 이야기가 있으니 원로님들이 머무는 숙소로 왔으면 좋겠다는 전화를 받았다. 문을 열고 들어가니 김○○ 전 교령님, 정○○ 전 감사원장님, 연원회 김○○ 전 도정님, 강○ 도정님, 최○○ 도정님, 강○○ 도훈님, 박○○ 선도사님 등 일곱 분 원로님들이 앉아 계셨다. 그런데 방 안의 분위기가 좀 무거워 보였다.

먼저 강○ 도정님이 나를 향하여 말씀을 꺼내신다. "호암을 지지하는 표가 다른 후보 쪽으로 이동한다. 그러니 사표를 내는 것이 좋겠다. 결심이 필요하다. 교령을 포기하고 감사원장을 하는 방향으로 생각해 보는 것이 좋을 것 같다."라고 말씀하신다. 바로 이어서 전 감사원장님이 말씀하신다. "정희야 네가 교령 나오려면 나한테 한번 말이라도 하지, 얘기 들어보니 안 될 것 같다. 사표 내는 것이 좋겠다."라고 말씀하신다. 방 안의 모든 분이 고개를 끄덕이며 나를 주시한다. 사전에 논의하여 합의한 것이라는 생각이 들었다. 너무도 어처구니없는 이야기를 듣고 나니 한 방 얻어맞은 듯하다. 어안이 벙벙하여 한참 동안 아무 말도 하지 않았다. 침묵의 시간이 흐른다. 모두 다 긴장된 분위기이다.

잠시 후, 나는 단호하게 말했다. "결론부터 말씀드리겠습니다. 이 시점에서 사퇴라는 것은 어불성설입니다. 저는 칠십 평생을 살아오면서 두 가지 신념을 가지고 살아왔습니다. 첫째, 한번 정한 목표는 중간에 포기한 일이 없었습니다. 둘째, 한번 목표를 세우면 오직 목표 달성만을 위해 최선을 다하곤 하였습니다. '만약 목표 달성이 안 된다면' 이라고 하는 생각을 해본 일이 없습니다. 그래서 저의 목표에 2등은 없었습니다. 최선을 다하여 오직 목표 달성만을 위하여 노력했을 뿐이었습니다." 나는 이렇게만 말하고 인사도 없이 문을 열고 그냥 나와 버렸다. 이 시점에서 도대체 있을 수 있는 말인가? 100m 달리기 경주에서 99m, 턱밑까지 왔는데 지금 1m만을 남겨둔 이 시점에서 포기하라니 도대체 말이 되는 소리인가? 너무도 어처구니가 없었다. 도대체 나를 어떻게 보고 그런 말을 한다는 것인가? 상상할 수 없는 일이 벌어진 것이다. 말려 들어가서는 안 된다고 생각했다. 이럴수록 더 단단히 마음을 먹어야 한다고 생각했다. 내가 속상해하고 감정을 상한다면 그분들의 꾀임에 놀아나는 꼴이 된다는 생각을 했다. 그래서 나는 아무런 일이 없었던 것처럼 생각하기로 했다.

23시에 마음을 고요히 다스리며 잠자리에 누었다. 그동안 걸어왔던 수없이 많았던 일들이 나의 뇌리를 스친다. 교령으로서 봉사하겠다는 결심 이후 혼신의 노력을 다해 왔다. 그동안의 시간은 나의 시간이었다면, 이제는 한울님의 시간이다. 모든 것을 한울님께 맡겨야 할 시간이다. 천도교 발전을 위하여 한울님께서 깊이 간섭하시는 시간이다. 수인사대천명의 순간이다. 오직 한울님 스승님께 기도할 뿐이다. 한울님, 스승님 감응하옵소서!

3. 찬란한 태양과 함께

• 포덕 157년 3월 17일, 제38차 대의원대회 개회

찬란한 태양과 함께 새날이 밝아 왔다. 포덕 157년 3월 17일, 제38차 전국정기대의원대회, 이제 결전의 날이다. 모두가 밝은 표정을 지으며 인사를 나눈다. 숙소에서 나와 대교당으로 간다. 대교당 앞마당에 들어서자 평소와는 다른 강력한 기운을 느낀다. 담담한 마음으로 대교당 안에 들어가서 대의원 등록을 하고 자리에 앉았다. 긴장된 분위기가 감도는 가운데 드디어 10시가 되자 제38차 정기전국대의원대회가 시작되었다.

대의원 186명 중 170명이 참석하였다. 도정·도훈 43명, 종의원 23명, 교구장 41명, 비례대표 34명, 선도사 29명 등이다. 교무관장의 성원 보고에 이어 종무원장 집례로 개회 선언, 청수봉전, 심고, 주문 3회 병송에 이어 박남수 교령으로부터 개회사가 있었다. 이어서 김인환 종무원장의 사회로 임시의장단을 선출한다. 임시의장단으로는 의장에 한광도 연원회 의장, 부의장에는 박성오 종의원 의장, 사찰에는 고시형, 정태수, 정기명, 김건영, 정의적, 박해룡, 김성재, 박도연 등 8명, 서기 계한경, 박해용 등 2인, 기록 김동수, 전창근 등 2인을 지명하였다.

다음으로는 종무원장으로부터 주요 사업에 대한 사업 보고가 있었다. 이어서 안건 심의의 시간이다. 이미 상정된 안건은 교헌 개정(안), 임원 선출 등 2건이다. 먼저 의결된 교헌 개정안은 제18조: 도정 도훈 교훈 신훈 자격이 교호수(세대)에서 소속 교인 수의 증감에 따라 변동, 제27조: 사회복지재단 이사를 대회에서 선임, 제35조: 기관장회의 운영 근거 마련, 제43조: 사회문화관 설치, 제73조: 시천주복지재단 설립에 따른 교헌 상의 설치 근거, 제76조: 출교 정권 면직 근신 경고 징계 종류에 경고 추가 등이다. 다음 임원선출 안건이다.

• 교령 당선 선포

“제2호 안건, 임원 선출안을 상정하겠습니다.” 한광도 임시의장의 말이다. “선거 방법은 무입후보 무기명 비밀투표에 의거하여 진행하겠습니다. 박성호 부의장이 호명하면 투표하시기 바랍니다.” 1차 투표가 끝난 후 한광도 의장으로부터 다음과 같이 투표 결과를 발표한다. “교령 선거에 대한 투개표 결과를 공표하겠습니다. 득표수가 많은 순서로 발표하겠습니다. 투표 결과는 대회 참석 대의원 170명 중 167명, 유효 투표 157, 무효 투표 7, 기권 3, 개인별 득표 송범두 55, 박충남 51, 이정희 51, 노태구 3, 서수만 1표입니다. 교령 선거 결과는 최다득표수가 교헌 제31조에 의한 의결 정족수인 출석 대의원 수의 3분지 2에 해당하는 114표를 미달하므로 2차 투표를 진행하게 되었음을 선포합니다.”

이에 따라 2차 투표에 들어갔다. 의장으로부터 2차 투표 결과에 대한 발표다. “대회 참석 170명 중 168명, 유효 투표 164, 무효 투표 4, 기권 2로서 개인별 득표 송범두 56, 이정희 55, 박충남 53입니다. 교령 선거 결과는 최다득표수가 교헌 제31조에 의한 의결정족수인 출석 대의원 수의 3분지 2에 해당하는 114표에 미달하므로 최종 결선 투표를 진행하게 되었음을 선포합니다.”

결선 투표는 최다득표자인 송범두, 차점자 이정희 두 사람에 대하여 이루어졌다. 결선 투표를 실시한 후 한광도 의장으로부터 “결선 투표 결과를 발표하겠습니다. 참석 대의원 170명 중 투표자 168명, 유효 투표 159, 무효 투표 9, 기권 2입니다. 개인별 득표는 이정희 98, 송범두 61입니다. 교령 선거의 최종 투표 결과는 최다득표수가 교헌 제31조에 의한 의결정족수인 출석 대의원수의 2분지 1에 해당하는 85표를 초과하므로 이정희 동덕이 교령에 당선되었음을 선포합니다.” 이것은 기적이었다.

• 그 한울님의 한 표

드디어 그 한울님의 한 표, 그 한 표의 작용으로 교령에 당선되었다. 나중에 들은 이야기다. 나를 지지했던 한 분의 이야기이다. 대교당 지붕 위에 무지개로 피어오르는 나의 모습이 감지되었다고 말하는 사람이 있었다. 또 어떤 분은 호암수도원에서 수도하는데 내가 꽃가마를 탄 것을 꿈에 보았다고도 했다.

이른 아침 병상에서 일어나시어 대구에서 올라오신 원로님과 눈이 마주쳤을 때,

한울님을 뵈는 듯한 묘한 느낌을 받았다. 온몸에 힘이 솟아올랐다. 지난번에 찾아뵈었을 때, 몸을 제대로 가누기조차 힘들어하셨던 선도사님께서 대회에 참석하시리라고는 꿈에도 생각하지 못했다. 도력 높으신 분으로 뵙는 그 순간 강력한 희망의 에너지를 받을 수 있었다. 남해의 한 사모님으로부터 도력이 높으신 분이니 꼭 찾아뵈라는 말씀에 따라 한 차례 찾아뵈었을 뿐인데 오늘의 기적을 이루어 주신 것이다. 분명 한울님의 간섭이라는 강한 느낌을 받았다. 멀리 남해의 원로 도정님으로부터 힘을 내라는 문자를 보내 주셔서 마음의 큰 힘이 되었다. 한울님께서 보내 주시는 격려라는 생각이 들었다.

밤늦은 시간까지 응원과 격려를 보내 주신 최민자 동학학회 회장님으로부터 큰 힘을 받았다. 꼭 교령으로 선출될 것이라며 늦은 밤까지 열심히 응원해 주셨다. 한 표 한 표, 한마음, 한생각이 분명 한울님의 뜻이라는 생각이었다. 내가 한 것이 아니라 한울님께서 역사하신 것이라는 생각을 하지 않을 수 없었다. 그리고 부안포의 최봉연 도정님의 열렬한 격려가 나의 용기를 북돋아 주셨다. "교령이란 천도교의 얼굴인데, 얼굴로 보나, 경력으로 보나 여러모로 보아 가장 낫다. 반드시 될 것이다."는 확신을 주셨다. 박우균 선도사님께서는 아버님과 절친한 사이셨다. 박우균 선도사님은 항상 친아들처럼 나를 사랑으로 대해 주셨고 나 역시 선도사님을 뵐 때마다 아버님을 뵈는 듯하였다. "상품이 가장 낫다. 틀림없이 될 것"이라며 여러 차례 전화로 격려해 주셨다.

우리 어머님께서도 내가 꼭 되었다는 꿈을 꾸셨다고 하셨다. 어찌 잊으랴. 기적을 만들어 주신 따뜻한 격려를 어찌 잊을 것인가? 기적, 그것은 바로 한울님의 뜻이라는 것을 잊어선 안 된다고 거듭거듭 다짐하고자 했다.

• 교령 당선 인사

"멀리 남해에서 또 부산에서, 전국 각지에서 오늘의 새로운 역사를 만드는 한 걸음을 걷기 위해 이 자리에 올라오셨습니다. 진심으로 감사드리며 큰절 올리겠습니다. 오늘의 이 선거는 포덕 157년 천도교 역사 속에서 새로운 역사를 여는 날입니다. 오늘은 우리 천도교 역사상 선거 혁명을 이룬 날입니다. 여러분 동의하시면 박수 주십시오. (박수) 이제 이 혁명의 에너지를 가지고 우리 함께 대도중흥의 문을 힘차게 열도록 합시다. 여러분! 앞으로 좀 더 시간을 가지고 이 혁명의 에너지를 가지고 우리 천도교 역사를 어떻게 다시 쓸 것인가는 차후에 소상히 말씀드리도록 하겠습니다. 오늘 대도중흥의 문을 열기 위해서 새로운 발전의 에너지를 선택하신 대의원 여러분께 진심으로 감사드리며 대의원 여러분의 건강과 행복을 기원합니다. 감사합니다."

"저는 12표의 배경만을 가지고 있었습니다. 대전 충남 지역을 합쳐서 15표밖에 되지 않았습니다. 지역이나 연원만을 고려했다면 출마를 멈추어야 했습니다. 그러나 이번 선거의 당락은 이리될 줄 알았습니다. 이 혁명의 에너지를 가지고 우리 천도교의 역사를 어떻게 다시 쓸 것인지 차근차근 밝히도록 하겠습니다"라며 선거 과정의 어려움을 밝히고, 대도중흥을 열기 위해 새로운 발전과 열정의 에너지를 선택한 대의원들과 교인들에게 감사의 뜻을 전했다.(《천도교신문》 62호, 2016년 3월 24일)

• 나의 기도, 그 한 표

위대한 그 기적의 한 표는 나의 기도 제목이 되었다. 너무도 신기한 그 순간이 나의 온몸에 각인되었다. 한울님께서 간섭하신 뜻은 무엇일까? 그 뜻을 깨닫지 못한다면 나에게서 그 천명은 떠나가게 될 것이다. 한울님께서 실망하시고 떠나가게 될 것이다. 그 천명은 오직 내가 깨달아야만 한다. 분명하게 깨달아야 한다. 그래야 나의 정성이 이루어질 수 있는 것이다. 그렇다면 그 해답을 어디서 들어야 할 것인가?

한울님의 뜻을 어떻게 알아낼 수 있을 것인가? 나의 일상적 지식과 경험으로는 알아낼 수 없는 것이다. 그것은 오로지 기도를 통해서만 깨달을 수 있다고 생각했다. 기도를 통해서 깨달아야만 그 천명은 나의 것이 되며 나를 통해 어김없이 이루어질 것이라는 생각이었다. 나를 통해서 이루시고자 하시는 한울님의 뜻을 알아차리고 그 한울님의 뜻을 이루어 내야 한다고 생각했다.

그 깨달음은 한순간도 내 마음에서 떠나지 않게 해야 한다. 내가 깨달은 한울님의 뜻을 생각마다, 일마다 실천해 나가야 한다. 나의 생각과 나의 말과 나의 행동, 나에게 주어진 모든 일에 한울님의 뜻이 무위이화로 실천되도록 해야 한다. 일마다 한울님의 뜻을 심어 가꾸어야 한다. 그러면 그 일이 바로 한울님의 일이 된다. 내가 하는 것이 아니라 한울님이 하시는 것이 된다. 한울님의 마음, 한울님의 기운을 한순간도 놓쳐서는 안 된다. 그 어떠한 사심이 조금이라도 있어서는 안 된다. 한울님과 나 사이에 그 어떤 틈이 있어서는 안 된다. 그 어떤 사적인 이해관계를 떠난 순수한 한울님의 입장이어야 한다. 교령의 마음, 한울의 마음으로 새롭게 태어나야 한다. 그래서 나는 교령의 자리는 한울의 자리라는 것을 한순간도 잊어서는 안 된다.

한울님이 간섭하신 위대한 그 한 표, 그 한 표 속에 담긴 한울님의 뜻을 한순간도 잊어서는 안 된다.

• 지극 정성으로 기도하신 어머님

날마다 어머님께서는 기도하셨다. "억지로 되는 일은 없다. 한울님이 도와야지" 팔십 평생을 살아오신 어머님의 신념이다. "모든 사람이 다 잘살고 싶지, 못살려는 사람은 하나도 없다. 그런데 어떤 사람은 잘살고 어떤 사람은 잘살지 못하는지, 그것은 한울님의 감응을 받고 안 받고의 차이"라고 강조하신다. 어머님께서는 내가 교령에 나온다는 것을 아시게 된 3개월 전부터 매일매일 한울님께 기도하셨다. "정암장님(나의 선친, 포덕 151(2010)년 환원) 우리 정희가 교령에 나온다는데 정희 잘되게 해주세요. 정희 가는 곳마다 함께 가서 우리 정희 잘되게 도와주세요."

대회 전날 어머님의 전화다. 오늘은 어느 때보다도 더 밝은 음성으로 말씀하신다. "정희야, 어젯밤 꿈에 네가 교령이 되었더라. 한울님이 도와서 잘될 것이다. 원재하고 같이 돈 200만 원을 보낼 테니 비용에 보태 쓰도록 하거라." 어머님께서 보내 주신 200만 원, 어머님의 간절한 자식 사랑과 동생의 한울 같은 우애가 담긴 위대한 선물이다. 어머님 효도, 동생과의 우애의 보답은 무엇일까? 어머님께 효도하고 동생과의 우애를 위해서라도 이번 일을 꼭 성사시켜야 할 것이라 다짐한다. 한울님이시어, 저의 어머님께 효도할 수 있게 해 주소서! 한울님이시어, 저의 동생 원재와 우애를 다할 수 있게 해 주소서!

언젠가 어머님 같으신 조동원 종법사님 말씀이 떠오른다. "재목, 그릇이 다 있는 법이다. 한울님이 정해 주실 것이다. 꼭 믿고 오늘부터 49일 기도 들어가시오. 내수도와 같이 하시오." 그 말씀 들은 후부터 청여당과 함께 49일 특별기도를 시작하였다. 언제나 한 집안의 사랑을 베푸시는 누나 같은 이순종 회장님, 따뜻한 격려와 간절하신 기도가 큰 힘이 되었다. 공주사대 대선배이신 김학광 선생님의 격려를 잊을 수 없다. 한 말씀 한 말씀에 진심 어린 사랑을 깊이 담아 전해 주셨다. 대놓고 직접 말은 하지 않지만 기도하시는 분들이 많이 있었다고 들었다. 어찌 잊을 것인가? 나를 위해 기도해 주신 모든 분께 오늘의 영광을 안아 드리고 싶다. 감사합니다.

4. 주요 조직 인선

• 종무원장 인준

교헌에 따르면, 종무원장은 교령이 지명하여 대회에서 인준을 받게 되어 있다. 이에 따라 점심시간 정회 후 속개한 첫 안건으로 종무원장 인준안이 상정되었다.

한광도 의장: 새로 당선된 교령님으로부터 종무행정 살림을 꾸려 나갈 수 있는 종무원장 지명을 부탁합니다.

이정희 교령: 저와 같이 3년간 일을 같이할 종무원장 후보로는 전 종무원장으로서 현재 의창수도원장이신 이범창 종무원장을 인준하여 주실 것을 대의원 여러분께 정중히 요청드립니다.

한광도 의장: 여러분이 들으신 바와 같이 이범창 동덕을 종무원장에 인준하는 것에 동의하십니까? 그러면 박수로써 환영 바랍니다. 일동 박수, 종무원장 인준이 통과되었음을 선포합니다. 종무원장 인사 말씀 부탁합니다.

이범창 종무원장: 존경하는 대의원 여러분, 불초한 저를 종무원장으로 인준해 주셔서 대단히 감사합니다. 저는 종무원 식구들과 일심동체하여 각 기관과 화합을 이루고 교헌과 규정에 따라 지고무상 종무 행정을 펼치겠습니다. 교령님이 교회 전반을 통리하시는데 부족함이 없도록 정성을 다하겠습니다. 그리고 우리 교회가 신앙심과 포덕에 매진할 수 있도록 풍토를 조성하는데 정성을 다하겠습니다. 많이 부족하더라도 여러 동덕들과 대의원들께서 지적해 주시고 총부 행사나 일을 할 때에 적극적인 지원을 당부드립니다. 교단을 화합하고 진정 소통하는 교단으로 만들도록 열과 성을 다하겠습니다. 오늘 대회를 위해서 많은 수고를 해주신 현 김인환 종무원장님과 중앙총부 임직원들 노고에 감사를 드립니다.

• 감사원장 선거

한광도 의장: 다음은 감사원장 선거입니다. 선거 방법은 무입후보 무기명 비밀투표에 의거하여 진행하겠습니다. 박성오 부의장이 호명하면 투표하시기 바랍니다.

1차 투표가 종료되었습니다. 감사원장 선거에 대한 투개표 결과를 공표하겠습니다. 개인별 득표한 유효 투표수는 득표수가 많은 순서대로 발표하겠습니다. 주선원 67표, 김호성 44표, 김영백 13표, 박성오 1표, 박충남 2표, 김인환 1표입니다. 김영백 대의원이 후보를 사퇴한 가운데 의결정족수인 출석 대의원 수의 3분지 2에 해당하는 97표를 미달하므로 2차 투표를 진행하게 되었음을 선포합니다.

2차 투표 결과 주선원 73표, 김호성 52표입니다. 출석 대의원의 3분의 2 이상을 득표한 후보가 없으므로 재투표로 결정하여야 하나, 김호성 후보가 주선원 후보를 지지하며 사퇴하여 주선원 대의원이 감사원장으로 선출되었음을 선포합니다. 주선원 감사원장 인사하십시오.

주선원 감사원장: 지난 3년 동안 교령님을 모시고 감사원장직을 맡았었는데 다시 제가 감사원장이 되어 여러 대의원님들의 뜻을 받들도록 하겠습니다. 우리 감사원은 지난 3년 동안 징벌이 없었습니다. 교헌 규정에 의하면 교회의 모든 규율을 장려하도록 되어 있지만 교헌과 규정보다 중요한 것은 종교 신앙 기관으로서 예법이 중요하다고 생각합니다. 그것보다 중요한 것은 스승님의 심법이라고 생각하며 감사에 임했습니다. 우리 감사원은 감사원장 뜻대로 하는 것이 아닌 중앙감사 9명의 결의 기관입니다. 힘이 닿는 대로 교회가 큰 힘을 받도록 최선을 다하겠습니다.

• 전형위원회 구성

한광도 의장: 다음은 재단이사 4명, 중앙감사 8명, 종의원 49인 이내, 시천주복지 재단 이사 5명을 선출하는 방법을 말씀해 주시기 바랍니다.

김인환 대의원: 원만한 진행을 위하여 제안을 하겠습니다. 이번에도 마찬가지로 전형위원회를 구성하여 재단이사 4명, 중앙감사 8명, 종의원 49인 이내, 복지재단 이사 5명 선출을 위임하고, 전형위원으로는 신임 교령, 신임 종무원장, 신임 감사원장, 내일 열리는 연원회의에서 선출될 의장단 3인, 그리고 오늘 임시의장단 2인, 이렇게 총 8인으로 구성하여 선출할 것을 제안합니다.

이에 대해 박정균 대의원이 개의안을 제안했다. 개의안의 내용은 현재 교구대의원 자격이 되어 있는 42인의 교구장을 종의원으로 구성할 것을 제안하는 것이었는데 이는 부결되고 김인환 대의원이 제안한 동의안대로 가결되었다. 다음 날 3월 18일에 포덕 157년 정기연원회의가 개최되어 의장 한광도 도정, 부의장 송범두, 강훈 도정이 선출되었다. 그래서 오늘 사회를 본 한광도 임시의장은 연원회 의장에 피선되어 전형위원회는 이정희 교령, 이범창 종무원장, 주선원 감사원장, 연원회 부의장 송범두, 강훈 도정, 임시의장단의 박성오 종의원 의장 등 7명으로 확정되었다. 3월 18일 11시에 연원회가 개최되었으며 오후 2시에는 전형위원회가 열렸다.

교회의 중요 인사에 대한 선출임에도 전형위원회에 대한 운영 규정이 없기 때문에 전형위원 몇 분이 좌지우지할 수 있는 판이다. 오늘의 전형위원회 결과를 보면서 나는 앞으로의 길이 참으로 험난할 것이라 생각했다. 전형위원회의 성격이 신임 교령에 대하여 친교령적이냐 아니면 반교령적이냐에 따라 새로운 집행부의 앞날이 결정된다.

만약 전형위원회에서 친교령적인 인사들로 인선을 하게 되면 신임 교령의 뜻을 원활하게 펴 나갈 수 있을 것이다. 그러나 반교령적으로 인선이 되면 신임 교령의 뜻을 제대로 펴 나갈 수 없게 될 것이다. 그런데 전형위원회 구성 성격으로 보아 반교령적인 인선이 이루어질 것으로 예상된다. 전형위원 중 신임 종무원장을 제외하고는 모두 반교령적 인사들이어서 걱정이었다. 무엇보다도 감사원의 구성과 종의원의 구성이 중요한데 모두 반교령적 인사들로 채워질 것으로 예상되어 신집행부의 앞날이 험난하게 될 것 같은 분위기다. 그러나 교령의 반대편을 이길 수 있는 자신감이 있다. 그것은 눈에 보이지 않는 한울님 편이다. 내가 바르게 하면 한울님은 내 편이 될 것이기 때문이다. 그래서 나는 전형위원회 구성을 보면서 한울님 편으로 바르게 해야 한다는 다짐을 더욱 굳게 했다.

• 종의원 구성

전형위원회에서는 도정 당 2명씩으로 22명, 직접도훈 당 1명씩으로 7명, 5개 단체별 각 1명씩으로 5명(청년회 1명, 여성회 1명, 동민회 1명, 미술인회 1명, 한울연대 1명), 교령 몫으로 3명 등 총 37명을 선임하는 것으로 원칙을 정하고 각각의 추천을 받아 구성하는 것으로 하였다. 오늘은 교령 몫 3명을 선임하는데 나는 종무원장과 상의하여 3명을 추천하였으나 단 한 사람만 받아들이고 나머지 2명은 다른 위원들로부터 추천받아 확정되었다. 나는 몇몇 종의원들에게 집행부와 호흡을 같이할 수 있는 의장단 구성이 되도록 도와달라는 부탁을 하는 한편 관장들에게도 신경을 써 줄 것을 당부하기도 하였다.

추천 받아 선임된 종의원은 모두 34명이었다. 고시형, 김명환, 김성환, 김영란, 김영백, 김재수, 김춘성, 박범천, 박성자, 박언주, 박차귀, 서수만, 선우철수, 성주현, 염상철, 오은임, 윤대원, 이국진, 이순종, 이윤영, 이홍자, 장인갑, 정갑선, 정기수, 정성택, 정태수, 정해진, 주영준, 차정근, 최명림, 최은석, 최재원, 최창식, 홍장화 의원 등이다. 전형위원회 구성 기준에 따라 추천 받은 사람 중 3명이 5개년 성미 납부 미달로 자격이 상실되는 바람에 34명이 되었다.

종의원은 포덕 157년 4월 7일 임시총회를 개최했다. 이날 총회는 재적의원 34명이 참석한 가운데 최동환 교무관장의 집례로 교령의 격려사, 임시의장의 선출, 의안 심의(임원 선출 및 기타) 순으로 진행되었다. 나는 격려사에서 "오늘 이 자리야말로 중앙총부 새 조직이 완성되는 자리이며 종의원은 교단 모든 기관의 사업 계획과 예산결산안을 심의 의결하는 기관으로서 교단을 항상 새롭게, 바르게 하는 직분을 담당하며, 모쪼록 지혜와 마음을 모아 '대도중흥' 이라고 하는, 이 시대 우리의 공통과제를 정성과 공경으로 수행할 수 있도록 힘써 줄 것"을 당부하였다. 임시의장단은 의장 이순종 의원, 부의장 홍장화 의원, 사찰 고시형, 최은석 의원으로 구성하고 무입후보, 무기명 투표로 진행된 이날 선거에서 염상철 의원을 신임 종의원 의장으로, 이윤영 의원을 신임 부의장으로 선출하였다. 이날 진행된 회의에서는 종의원 사무장에 윤태원 동덕을 선임하였고 운영위원회 구성은 의장단에 위임하기로 하였다.

• 감사원 구성

전형위원회에서 중앙감사로 선임된 자는 김대부, 김명세, 김인환, 김호성, 정덕재, 채수엽, 최상락, 최재신 등이다. 감사원장을 포함하여 감사원은 모두 9명으로 구성된다. 그런데 김호성 감사는 임기 시작하자마자 종무원으로 사표를 제출하였다. 그리고 정덕재 감사는 동학혁명사업단장직을 맡는 바람에 감사직을 사임하였다. 그래서 감사원은 7명으로 출범하였다. 주선원 감사원장은 지난 3년에 이어 다시 연임을 하게 되었는데 인사말을 통해 지난 3년 동안 징벌이 없었다고 말하면서 교헌 규율

보다 중요한 것은 종교 신앙 기관으로서 예법이 중요하고 그것보다 더 중요한 것은 스승님 심법이라고 했는데 과연 그대로 실천할지 두고 보아야 할 일이다.

• 천도교유지재단 이사회 구성

3월 18일 개최된 전형위원회에서는 김상길, 김영욱, 이상선, 장정갑 대의원 등을 재단이사로 선임했다. 4월 7일에 개최된 제1차 종의원 임시총회에서 종의원 의장에 염상철, 부의장에 이윤영 동덕이 선출됨에 따라 자동으로 재단이사에 편입됨으로써 당연직 5명과 선임직 4명, 총 9명으로 재단이사회 구성을 완료하였다. 이에 유지재단은 4월 9일 재단 이사장실에서 제1차 임시 이사회를 개최한 자리에서 교령으로서 김상길 이사를 재단이사장으로 지명하고 전체 이사들은 만장일치로 인준하였다. 나는 전임 집행부 하에서 3년간 이사장직을 수행해 온 경험을 존중하고 새로운 집행부와 호흡을 맞출 수 있을 것이라는 신뢰와 기대로 김상길 이사를 이사장으로 지명했다.

중앙총부 예산에 대한 재단의 안정적인 예산 지원(총부 예산의 약 70% 수준)은 물론 향후 의욕적으로 추진하고자 하는 각종 새로운 사업들 또한 재단의 예산적 뒷받침없이는 원활하게 수행할 수 없다. 그래서 재단과 총부 간의 지원 협조 체제를 유지할 수 있도록 하는 리더십이 필요하다고 보았다.

• 시천주복지재단 이사회 구성

시천주복지재단 이사는 시천주복지재단 정관에 따라 이사회에서 선임하던 것인데 이번 제38차 전국대의원대회에서 교헌 제27조를 개정하여 대회 의결 사항으로 복지법인 이사의 선거를 포함시킴으로써 오늘의 전형위원회에서 선임하게 되었다. 오늘 전형위원회에서는 복지재단 이사로 계한경, 김순홍, 노유환, 박돌봉, 정형근 등 5명을 선임하였다. 복지재단 이사 선임을 끝으로 오늘의 전형위원회를 폐회하였다.

제3장

천도교 교령에 취임하다

한울님 하신 말씀 개벽 후 오만 년에
네가 또한 첨이로다 나도 또한 개벽 이후
노이무공 하다 가서 너를 만나 성공하니
나도 성공 너도 득의 너희 집안 운수로다

—〈용담가〉, 『용담유사』

“

저는 오늘 천도교 교령에 취임하면서
대도중흥과 광제창생의 새로운 길을
열겠다는 결연한 각오로 이 자리에 섰습니다.

—〈교령 취임사〉, 포덕 157년 1월 22일

”

1. 새로운 조직 인사의 출범

• 인사가 만사

새 집행부의 조직과 인사의 기본 방향은 한마디로 요약하면 변화와 혁신이었다. 그동안 천도교는 현실에 안주하면서 미래를 향하여 한 발짝도 나아가지 못하는 형국이었다. 이대로는 안 된다는 생각이었다. 변화와 혁신 없이는 천도교의 미래는 없다는 것이 나의 신념이었다. 변화와 혁신의 키는 바로 조직과 인사다. 그렇다면 어떻게 조직과 인사를 혁신적으로 할 것인가? 업무를 시작하자마자 전 직원들이 사표를 제출하였다. 지금까지의 관례라고 했다. 교령이 새로 부임하게 되면 한결같이 사표를 제출하여 왔다고 했다. 인사가 만사라고 하지만 사람을 바꾸는 것만이 능사는 아니라고 생각하였다. 집행부의 임기가 단기간이라는 점을 고려하여 안정과 혁신을 조화롭게 해나가기로 했다. 이를 위해서는 사람을 바꾸기보다 의식과 환경을 혁신적으로 바꾸는 방향으로 흐름을 잡았다.

그래서 나는 전원 사표를 반환하기로 했다. 단, 종무원에 관장 4명 중 교무관장과 종학대학원장만을 교체하기로 하였다. 공직 생활 30여 년 경력과 청년회 활동은 물론 지역적 안배 차원에서 호남 지역 출신인 최동환 회현교구장을 교무관장으로 보임하였다. 그리고 종학대학원장으로는 오랫동안 대학에 몸을 담고 있으면서 통일이론에 해박한 임형진 교수를 임명하였다. 최동환 교무관장은 중앙총부의 기획 관리 능력을 확충하여 변화와 혁신의 새바람을 불어넣을 수 있을 것으로 생각하였다. 임형진 교수는 나의 취임사에서 발표한 바 있는 북측의 천도교와 연대하고 소통하면서 통일 시대 지도자를 대대적으로 양성하기 위한 민족통일대학 설립 추진에 적격자라는 생각을 하였다. 이 두 가지 직책을 제외하고는 모두 유임하는 것으로 하였다. 정정숙 교화관장은 교화 분야의 인재로서 총부에서 오랫동안 근무한 경험과 특히 나와는 종학대학원 교무처장으로 함께 일했던 경험이 있고 대외적으로 인맥이 두터워 유임하는 것으로 하였다. 계한경 경리관장 역시 현재 공항교구장으로 있으면서 오랫동안 은행에서 근무한 경험과 경리 업무의 안정성을 유지해야 할 필요가 있다고 판단되어 유임하는 것으로 하였다.

포덕 157년 11월 2일, 사회문화관이 신설되면서 정정숙 교화관장이 초대 사회문화관장으로 겸직 발령 후 사회문화관장 전임으로 옮기면서 그 후임으로는 김호성 선도사가 교화관장으로 보임되었다. 김호성 선도사는 종학대학원 교수로 있으면서 해박한 교리 연구 및 설교 경험도 많아 정정숙 관장의 후임으로 포덕·교화 업무를 누구보다도 잘 수행해 나갈 수 있을 것으로 기대되었다. 그런데 최동환 교무관장이 취임한 지 3개월 여만에 건강상 이유로 갑자기 사임하였다. 건강이 뒷받침되지 않는 상황이라 어쩔 수 없이 사표를 수리하고 그 후임으로 박해룡 관장을 임명했다. 박해룡 관장은 율사 출신으로 사리에 밝고 총부(유지재단)에서 근무한 경력을 고려하여 임명한 것이다. 그런데 뜻하지 않게 시천주복지재단 건으로 물러나게 되었다. 그래서 그 후임으로 청년회 활동과 동서울 교구장을 역임하였고 현 집행부 종무위원으로서 경영 관리 능력이 탁월한 박남준 위원을 교무관장으로 임명하였다. 한편 현기사 상주선도사로는 이창번 전 도정과 김혁태 종학대학원 교수를 임명하였다. 종래의 자료실을 개편하여 도서관을 새롭게 설치하면서 오랫동안 신인간사 주간으로 능력을 발휘한 바 있고 도서 출판 경영에 해박한 박길수 대표(도서출판 모시는 사람들)를 도서관장으로 임명하였다. 전서실은 직전 교령사에서 근무하던 장구갑 실장, 박길수 전서와 류우진 전서를 그대로 유임하도록 하였다. 또한 종무원의 차장 등 전 직원 모두 유임하도록 하였다.

유지재단은 김상길, 김영욱, 장정갑, 이상선 도정 등 4분을 이사로 선임하였으며 김상길 이사장, 박돌봉 복지재단 이사장, 김종운 용담수도원 원장은 유임되었으며, 의창수도원장에는 박충남 원장이 임명되었다. 그리고 3·1운동 100주년 기념사업회는 박남수 상임대표가 유임되었다. 그리고 새롭게 구성된 인내천운동연합위원장에는 임형진 종학대학원장을, 사무처장에는 정정숙 관장을 임명하였다. 해외포덕위원장에는 이상면 교수, 성지위원장에는 성주현 교수, 동학혁명기념사업단장에는 정덕재 감사, 동학발상지성역화특별위원회 위원장에는 최정표 위원이 임명되었다. 그리고 신인간사 이사장에는 지광철 이사장이 유임되었다. 이와 같이 새로운 집행부 출범에 따른 조직 인사를 단행함에 있어 대부분 유임하도록 한 것은 새로운 집행부의 변화와 혁신을 추진함에 있어서 사람을 바꾸는 것보다 사람의 의식을 개혁하고자 한 방침에 따른 것이다.

• 교령 업무 시작

포덕 157년 4월 1일(금) 신집행부 종무원 시무식이 한광도 연원회 의장, 이범창 종무원장, 정정숙 교화관장, 최동환 교무관장, 계한경 경리관장, 장구갑 전서실장 등이 참석한 가운데 진행되었다. 한광옥 국민통합위원회 위원장과 문화체육관광부 관계자가 축하 방문을 하였으며 동학학회 최민자 회장이 첫 집무의 출발을 축하하며 교령사를 방문, 함께 케이크 커팅식을 가졌다. 나는 종무원, 여성회, 청년회, 종학대학원, 유지재단, 자료실, 서울교구 및 신인간사 창립 90주년 기념식에 참석 격려사를 하고 각 기관 단체 순회를 마친 후 종무원장, 신임 박충남 수도원장, 교화, 교무, 경리관장, 장구갑 실장, 류우진 전서 등과 함께 우이동 의암성사 묘소를 참례하였다.

이날 나는 봉황각을 방문하여 박충남 수도원장과 함께 의창수도원의 미래 발전 계획에 대하여 논의하였다. 수도원 입구 좌측 부지 매입, 성사님 묘소 남측 앞 부지 활용, 화장실 개축건 등의 대책 마련에 대하여 논의하였다. 또 중앙총부 산하 각 기관 단체의 업무 현황 보고를 청취하고 취임 첫날의 일정을 마쳤다.

• 용담정, 봉고식 봉행

포덕 157년 4월 12일(화) 11시 경주 용담성지에서 신임 교령, 한광도 연원회 의장, 이범창 종무원장, 이창번 상주선도사, 김상길 유지재단 이사장, 염상철 종의원 의장, 이윤영 종의원 부의장, 윤태원 종의원 사무장, 김종운 용담수도원장, 정정숙 교화관장, 임형진 종학대학원장, 장구갑 전서실장, 류우진 전서, 신인간사 지광철 대표이사 등 신임 집행부가 참석한 가운데 봉고식을 봉행하였다.

우리 일행은 기념 촬영을 마친 후 용담성지를 돌아보고 진성관에서 김종운 용담수도원장으로부터 수도원 상황과 경주시가 추진하는 성역화 사업에 관한 보고를 받고 문제점과 건의 사항 등을 논의하였다. 이 자리에서 나는 특히 성역화 사업에 있어서 수도원장과 성역화 사업 전담 요원을 두어 경주시와 다양한 각도로 접근하여 성역화 사업을 원활하게 추진할 수 있도록 당부하였다. 대신사 생가 시찰 후 경주시청을 방문하여 최양식 경주시장을 예방하고 문화융성과장으로부터 경주시가 진행하고 있는 성역화 사업에 대한 설명을 들었다. 또한 경주동학문화제에 관한 예산의 증액과 성역화 사업 착공식은 올해 7월경에 있을 예정이라고 경주시 관계자는 설명하고, 이어서 올 8월경에 1억의 예산으로 수운 학술제를 준비하고 있다고 하자, 나는 종학대학원 임형진 원장에게 "상호 협조 체제를 유지하여 보다 성공적인 학술제가 되도록 협조합시다."라며 각별한 관심을 보였다. 한편 이범창 종무원장은 경주동학문화제와 관련하여 "올해는 경주시민과 최대한 함께하는 행사로 최선을 다해 준비하겠다."라고 하자, 경주시 관계자 또한 적극적인 협조를 약속하며 신임 집행부에 대한 기대감을 감추지 않았다.

2. 교령 취임식

• 교령의 대수 표기

포덕 157년 3월 17일, 제38차 전국대의원대회에서 선출된 교령에 대한 대수는 일부 신문 보도에 따르면 제56대 교령으로 표기되어 있다. 나는 그 신문 기사를 보고 이번 교령의 대수에 대해서 별 의심 없이 56대 교령으로 여겼다. 그런데 포덕 157(2016)년《천도교신문》제62호에 게재된 심암 이동초 순회교사의 경운필법〈교령의 대수를 바르게 표기해야〉라는 제목의 글을 접하면서 그동안 교령의 대수 표기에 문제가 있었다는 것을 알게 되었다. 이 글에 의하면 "2013년 4월에 개최된 제36차 전국대의원대회에서 선출된 박남수 교령에 대한 취임식 현수막과 신문 기사에는 '제55대 교령'(《문화일보》2013. 4. 3.)이라 표기하고 있어 교령의 대수에 관해 의문을 제기하는 교인들이 많다", "이와 같은 신문 기사에 따른다면 1992년 제8대 오익제 교령으로부터 2013년 박남수 교령까지는 21년으로 3년 임기에 취임한 교령은 7명에 불과한데 어떻게 55대가 되는지 이해를 할 수 없다."라고 기술되어 있다.

"포덕 81(1940)년 제1대 교령(이종린)을 기점으로 하여 한국 전쟁 후 포덕 95(1954)년 12월 13일부터 1955년 1월 17일까지 대의원 123명 중 93명이 참석하여 개최한 제1차 임시전국대의원대회에서 선출한 공탁 교령을 제4대로 기산하면 이번 제38차 전국대의원대회에서 선출되는 교령의 대수는 제34대가 된다."는 것이다. 이 기사는 포덕 155년 7월에 발행된《신인간》766호의 65~68쪽에 게재된〈천도교 교령 대수에 관한 고찰〉에서 기술된 내용과 같다.

또 다른 자료(네이버 블로그, http://m.blog.naver.com, 탁암 2019. 6. 3.)에 의하면 포덕 151(2010)년에 취임한 임운길 교령은 제38대 교령이 되는 것으로 기술되어 있어, 이번 제38차 전국대의원대회에서 선출되는 교령의 대수는 제40대가 된다. 이 자료에 의하면, "현재 천도교의 최고 수장으로서 '교령'의 역사는 4세 대도주이신 춘암(박인호)상사 이후로부터 시작된다. 그때까지 신·구 양파로 분열되어 있던 천도교는 합동에 이르게 되었고, 포덕 81(1940)년 4월 5일에 즈음하여 초대 교령으로 이종린이 선출되었다. 그 이후 천도교 교령은 정광조, 이종일로 이어 오다가 해방 이후 1953년까지 백세명 교화원장, 이군오 종무위원장, 김완규 종무위원장, 정환석 교화원장, 한순회 교화원장, 이동락 교화원장 등 6대에 걸쳐 집단 지도 체제를 운영하였다.

그 후 공진항(5년 2대 연임), 신용구(7년 4대 연임), 최덕신(6년 5대 연임), 김명진(10개월), 이우영(3개월), 이영복(6년 2대 연임), 고정훈(5년, 2대 연임), 정운채(1년), 오익제(2대 연임), 김재중(2대 연임), 김광욱(3년, 단임제 시작), 김철(3년), 이철기(1년 1개월), 한광도(2년), 임운길(3년), 박남수(3년) 교령"으로 이어져 온 것으로 기술되어 있다. 여기서는 해방 이후 1955년까지 집단 지도 체제 시기를 교령의 대수에 포함하여 기산하고 있음을 알 수 있다. 그러나 교령의 대수에 대해서는 아직까지 중앙총부에서 공식적인 입장이 없었으므로 이번 취임식에서는 교령의 대수를 표기하지 않기로 하였다.

• 취임식 기획

포덕 157년 4월 22일 오후 2시, 중앙대교당에서 개최된 교령 취임식은 최동환 교무관장 주관으로 짜임새 있게 기획되고 집행되었다. 최동환 교무관장은 공직 생활은 물론 교구장 및 청년회 활동 등의 경험이 많아 행사 기획에 남다른 식견을 가지고 있었다. 교령 취임을 축하하기 위해 참석한 300여 명의 내외 귀빈이 대교당을 가득 채운 가운데 진행된 이날의 취임식은 1, 2부로 편성되었다. 1부는 취임 의식으로 정정숙 교화관장의 집례로 진행되었다. 먼저 이범창 종무원장으로부터 내빈 소개에 이어 청수봉전, 주문 3회 병송, 약력 소개, 취임사, 축사, 천덕송, 축하 공연 순으로 진행되었다.

2부는 축하연으로 대교당 앞마당에서 진행되었다. 100여 명의 축하객이 함께한 축하연은 대교당 앞마당을 뜨겁게 달구었다. 축하연 사회는 윤태원 종의원 사무장이 맡았다. 심고, 케이크 커팅, 건배 제의, 다과 음료 등 축하 분위기가 한층 고조되었다. 종단의 최고 원로이신 이영복 종법사님의 건배 제의에 이어 나의 박사 논문을 지도해 주신 전자정부추진위원회 민간대표 안문석 전 고려대 부총장님께서 축하의 마음을 담아 건배 제의를 해 주셨다. 축하연이 끝난 후 교단 내외의 많은 분들이 함께 기념사진을 찍느라 바쁜 시간을 보냈다.

• 내빈 소개

취임식에 앞서서 이범창 종무원장으로부터 내빈 소개가 있었다. 참석한 내빈은 다음과 같다.

“문화체육관광부 정관주 제1차관, 문화체육부 김진곤 과장, 김덕수 서기관, 김춘진 국회의원, 종교계 내빈으로는 한국종교인평화회의 대표회장 김영주 목사, 사무총장 김광준 신부, 민족종교협의회 한양원 회장, 박우균 상임부회장, 김재완 사무총장, 이찬구 국장, 대한불교조계종 정문 사회부장, 유교 성균관 김동대 총무처장, 오병주 실장, 한국기독교총연합회 여운영 목사, ACRP 서울평화교육센터 김태성 원장님 참석하셨습니다. 시민단체 내빈으로는 민족 대표 33인 유족회 정유헌 회장, 동학농민혁명유족회 이기곤 회장, 김성환 상임고문, 정남기 고문, 최효섭 사무총장, 동학농민혁명기념재단 문병학 기념사업부장님 참석하셨습니다. 학계에서는 전자정부추진위원회 민간대표 안문석 전 고려대 부총장, 최민자 동학학회 회장님 참석하셨습니다. 그리고 천도교단에서는 이영복 종법사님, 한광도 연원회 의장님, 이철기 전 교령님, 박남수 전 교령님 참석하셨습니다. 이상으로 소개를 마치겠습니다. 혹여 소개를 해드리지 못한 분이 계시면 원활한 취임식을 위해 양해 부탁드리며 이후 소개의 시간을 갖도록 하겠습니다.”

• 교령 소개

이어서 윤태원 종의원 부의장으로부터 신임 교령에 대한 간단한 소개가 있었다. “카이스트, 전자통신연구원, 한국과학기술정보연구원 등 대덕연구단지에서 40년을 근무한 호암 이정희 선도사는 정암 이영철 도정의 장남으로 부안에서 포태 교인으로 출생하여 교직으로는 천도교 중앙총부 종의원, 대전교구장, 종무위원, 교수회장, 종학대학원장 등을 역임했으며 포덕 155년에는 대전에서 동학문화진흥회를 창립해 일반인들이 쉽게 동학과 천도교를 접할 수 있는 장을 만들어 오셨습니다.”

〈교회 경력〉

포덕 118(1977)년 천도교 종의원, 포덕 120(1979)년 동민회 운영위원
포덕 134(1993)년 천도교 법사, 포덕 137(1996)년 천도교 선도사
포덕 141(2000)년 천도교대전교구장, 포덕 144(2003)년 천도교대전충청연합회장
포덕 145(2004)년 천도교 교수회장, 포덕 145(2004)년 천도교 종무위원
포덕 148(2007)년 용담검무보존회 이사, 포덕 151(2010)년 천도교종학대학원장
포덕 155(2014)년 천도교연구소 연구위원, 포덕 157(2016)년 천도교 도훈

사회 경력으로는 공주사범대학을 졸업한 후 서울대학교와 고려대학교에서 행정학 석사와 행정학 박사를 취득하였으며, 충남대학교에서 철학 박사 학위를 취득하셨습니다. 공주대, 한남대 객원교수 및 미국 시라큐스대학교 교환 교수를 역임하셨습니다.

〈사회 경력〉

포덕 111(1970)년 공주사범대 문학사, 포덕 113(1972)년 서울대학교 행정학 석사, 포덕 130(1989)년 고려대학교 행정학 박사, 포덕 149(2008)년 충남대학교 철학 박사, 포덕 124(1983)년 카이스트 SERI 전산교육실장, 포덕 136(1995)년 미국 시라큐스대학교 교환 교수, 포덕142(2001)년 교육인적자원부 인적자원정책위원, 포덕 146(2005)년 대전광역시 국제화추진위원, 포덕 147(2006)년 공주대학교 객원교수, 포덕 151(2010)년 한남대학교 객원교수, 포덕 153(2012)년 동학학회 고문, 포덕 155(2014)년 동학문화진흥회장

• 취임사 준비

취임사의 기본 방향은 교령에 선출되기 이전부터 준비되어 왔다. 다만 취임식 개최 직전에 좀 더 다듬었다.

나는 취임사에서 첫째, 총부 개혁 없이 천도교의 미래는 없다는 믿음으로 교역자의 의식과 풍토를 뿌리부터 개혁. 둘째, 새로운 시대, 모든 교인의 꿈과 의지를 담아내는 교헌 개정을 추진하고 중장기 발전 계획 수립. 셋째, 수도연성의 기운으로 충만한 신앙의 힘과 포덕 역량을 지속적으로 길러 신앙 중심 교회 구현. 넷째, 종학대

학원을 확장하여 영남 지역과 호남 지역에 각각 종학대학원 분원을 설치하여 전문 교역자를 양성하고 평생교육 시대에 부응. 다섯째, 수운회관에 자료실과 박물관, 전시실을 병합한 동학문화센터를 설치 운영. 여섯째, 성지 및 사적지 성역화를 위한 성역화위원회를 설치 운영. 일곱째, 북측 천도교와 연대하고 소통하면서 통일 시대 지도자를 대대적으로 양성할 수 있는 민족통일대학 설립 운영. 여덟째, 천도교 교육, 홍보관을 설립하고 기관지의 온라인화, TV 방송국 설립, 교서 보급과 천도교 문화 유산의 정비를 통해 세상과 소통할 수 있도록 미디어 홍보 강화. 아홉째, 대륙별 해외 포덕의 전진 기지를 설치하고 외국어 경전 간행과 인재 교류로 세계화 포덕 시대를 열어 나갈 해외포덕위원회 설치 운영. 열 번째, 중앙총부를 중심으로 포덕의 열기가 서울 수도권 전국 그리고 세계로 확산, 새로운 문명, 새로운 세계 100년 중일변을 위한 장기 비전 수립. 열한 번째, 3·1운동 100주년과 동학농민혁명기념사업, 시천주복지재단과 어린이가 행복한 나라 사업 등의 사업을 계승하여 사상을 기반으로 한 범국민 의식개혁운동 적극 전개 등을 밝혔다.

이와 같은 취임사의 핵심 부분은 이미 30여 년 전부터 구상한 바 있는 교단 개혁에 대한 비전들로서 대의원대회 개최에 앞서서 2차례에 걸쳐 전국에 배포한 인사말을 통해서도 밝힌 것들이다. 이번의 취임사는 박길수 전서의 도움을 받아 몇 차례의 논의를 통하여 최종 마무리하여 작성한 것이다. 포덕 157년 4월 22일 개최된 취임식에서 발표된 취임사는 다음과 같다.

• 교령 취임사

존경하는 동덕 여러분, 내외 귀빈 여러분!

저는 오늘 천도교 교령에 취임하면서 대도중흥과 광제창생의 새로운 천도교의 시대를 열겠다는 결연한 각오로 이 자리에 섰습니다. 저에게 주어진 이 엄중한 천명을 가슴에 안고, 이 자리에 저를 서게 하신 동덕 여러분과 귀빈 여러분께 마음속 깊이 감사드립니다.

제38차 전국대의원대회에서 대의원 여러분이 보여 준 위대한 선거 혁명의 열기를 한데 모아, 천도교를 새롭게 만들어 갈 성운의 기운으로 승화하여, 새 하늘 새 땅에 사람과 만물이 새로워지는 후천개벽의 새 역사를 이룩하기 위해 저의 신명을 다 바쳐 나가겠습니다.

지금부터 157년 전, 1860년 4월 5일, 이 땅에서 창도된 동학 천도교는 동학농민혁명과 갑진개화운동, 자주독립운동과 신문화운동, 통일운동 등을 거듭하면서 보국안민, 포덕천하, 광제창생의 새로운 세상을 건설하기 위해 100만의 순도자가 목숨 바쳐 쌓아 온 역사 위에 서 있습니다.

오늘도 천도교인들은 천도교가 있어서 우리 대한민국이 있고, 천도교가 있어서 이 세계가 희망을 가질 수 있다는 것을 굳게 믿고 있습니다. 날마다 달마다 더 많은 사람들이 동학 천도교의 역사와 진리를 통하여 새로운 세상의 희망을 찾고자 모여들고 있습니다.

저는 천도교 교령으로서 이 역사적인 시운과 더불어 산하대운 진귀차도의 새로운 기운 속에서 대도중흥의 역사적 사명을 가슴 깊이 새기고 있습니다. 그리고 다음 몇 가지 우리가 함께할 대도중흥의 방향을 제시하면서 흔들림 없이 실천해 나갈 것을 약속하고자 합니다.

먼저 총부 개혁입니다. 총부 개혁 없이 천도교의 미래는 없습니다. 교역자의 의식과 풍토를 뿌리부터 개혁할 것입니다. 교헌개정특별위원회를 설치하여 새로운 시대, 모든 교인들의 꿈과 의지가 담긴 교헌과 규정 개정안을 마련하고, 중장기 발전 계획을 수립할 것입니다.

총부 개혁과 함께 전체 교인들의 신앙심을 더욱 두텁고 깊게 할 수 있도록 수련의 새 기운을 대대적으로 일으켜 나가겠습니다. 수도연성의 기운으로 충만한 신앙의 힘과 포덕의 역량을 지속적으로 길러 나가는 신앙 중심 교회를 만들어 나가겠습니다. 이로써 포덕천하, 광제창생의 새로운 전기를 만들어 나갈 것입니다. 전국의 모든 교인과 더불어 교단을 새롭게 하고 새로운 시대를 이끌어 가는 바르고 밝고 착하고 의로운 미래를 만들어 나갈 것입니다.

이와 함께 모든 교인이 기본적으로 알아야 할 교리, 교사와 수련의 중심센터로서의 종학대학원을 확장하여 영남 지역과 호남 지역에 각각 종학대학원 분원을 설치하여 운영하도록 할 것입니다. 전문 교역자를 양성하여 교구 상근 교역자를 순차적으로 배치하겠습니다. 교당은 즐거운 교회 천국이 되고, 시일은 한울 가족의 잔칫날이 되도록 만들겠습니다.

수운회관에 동학문화센터를 설치 운영하겠습니다. 그 중심은 천도교 도서관입니다. 자료실과 박물관, 전시장을 아우르며, 평생 공부 시대에 부응할 것입니다. 천도교를 찾아오는 모든 분과 함께 공부하고, 대화하고, 수련할 수 있는 마당이 될 것입니다. 또한 3·1운동의 성지인 중앙대교당을 일반 시민들과 함께 하는 마당으로 적극 활용, 시대에 부흥하는 각종 문화 행사를 유치하여 전통문화의 거리인 인사동의 수많은 발걸음을 수운회관과 대교당으로 인도하여 나라 사랑의 표본인 3·1정신을 되새기며 선양하는 프로그램을 준비할 것입니다.

3·1운동 100주년과 동학농민혁명 기념사업, 시천주복지재단과 어린이가 행복한 나라 사업 등은 지난 집행부가 살신성인하여 출범한 사업입니다. 이를 계승하여 온 세상 사람들의 행복과 공공에 이바지하는 포덕 사업으로 발전시켜 나갈 것입니다. 또한 스승님들과 선열들의 거룩한 발자취와 성령이 깃든 성지와 사적지를 성역화해 나갈 것입니다. 용담성지, 은적암성지, 검곡성지, 중앙대교당, 봉황각, 우금티 등 동학농민혁명사적지, 갑둔리 등 문화 유적지를 세계인들이 찾는 성지로 자리매김해 나가야 합니다. 이를 위해 성지 및 사적지 성역화위원회를 설치하여 지속적으로 추진해 나가겠습니다.

민족통일대학을 개설할 것입니다. 북측의 천도교와 연대하고 소통하면서 통일 시대 지도자를 대대적으로 양성할 것입니다. 인내천 진리에 입각한 통일 연수 교육을 통하여 한반도 통일의 꿈을 수렴하고, 동아시아와 세계 평화로 이를 확산하며, 동귀일체의 미래 세계를 여는 전당으로 만들 것입니다.

여세동귀하는 천도교로 면모를 일신할 것입니다. 천도교 교육·홍보관을 설립하고 기관지의 온라인화, 인터넷 TV 방송국 설립, 교서 보급과 천도 문화유산의 정비를 통해 세상과 소통할 것입니다. 대륙별 해외 포덕의 전진 기지를 설치하고, 외국어 경전 간행과 인재 교류로 세계화 포덕의 시대를 열어 나갈 것입니다. 이를 위해 천도교 해외 포덕위원회를 설치하여 세계 포덕 사업을 체계적으로 추진해 나갈 것입니다.

중앙대교당 시일식의 면모를 일신하여 포덕의 출발점으로 삼고, 중앙총부를 중심으로 포덕의 열기가 서울, 수도권, 전국 그리고 세계로 확산되도록 할 것입니다. 새로운 문명, 새로운 100년 중일변을 위한 장기 비전을 교인 여러분과 함께 마련하겠습니다.

우리의 노력은 머지않아 '3백만 대교단의 시대'를 다시 열 것입니다. 동학 천도교의 경계를 허물고, 개방적·평등적·세계적 종교의 진면목을 찾을 것입니다. 지방 교구와 수도원을 활성화하고 어린이와 청소년 포덕 시대, 여성 포덕 시대를 힘차게 열어 나갈 것입니다. 우리 후학들이 한 발 더 나아간 곳에서 포덕천하의 새로운 역사를 이어 갈 수 있도록 우리는 그 밑거름이 되어야 합니다.

북녘의 동덕 여러분께 고합니다. 남북 사이의 분열과 갈등은 선천의 마지막 잔재입니다. 남북 정치권 모두가 통일의 광장에 나서도록 우리가 앞장서야겠습니다. 남북 천도교 수장이 먼저 대도중흥과 통일 조국을 위한 회담을 개최할 것을 제안합니다. 우리 천도교인의 힘으로 남북통일의 문을 활짝 열어 나갑시다.

우리는 얼마 전 세월호 참사 2주기를 보내며 다시 한 번 이 세상에서 생명과 평화의 가치가 온전히 수호되어야 함을 절감하였습니다. 모든 희생자들의 성령출세를 기원하며 또한 살아 있는 모든 이들의 마음의 평화를 기원하며, 천도교단과 천도교 교인들도 사람과 뭇 생명을 한울님처럼 섬기는 정신으로 이 땅에 생명 평화의 새 세상을 건설하는 데 앞장설 것임을 다짐합니다.

한편, 지금 세상은 인공지능과 인터넷으로 만물이 연결되는 신인간의 시대입니다. 다른 한편으로 부익부 빈익빈이 사회 문화 전 영역을 지배하는 극단의 시대입니다. 이때를 당하여 우리는 이신환성, 성신쌍전의 큰 결심으로 대전환을 선도하지 않으면 안 될 것입니다. 국가 사회적으로는 극도의 물질문명의 발전으로 인한 정신문명의 쇠퇴가 만연되고 있는 것이 오늘날의 현실입니다. 이에 우리는 안으로는 절체절명의 수도연성을 통한 개벽의 힘과 역량을 축적하면서 밖으로는 인내천 사상을 기반으로 한 범국민의식개혁운동을 적극적으로 전개해 나가야 하겠습니다.

저는 이미 "안으로 신령이 깃들도록 정성 들이고, 밖으로 기화가 되도록 공경하며, 온 세상 만물과 더불어 함께하는 믿음"으로 교령의 직분을 다하겠다고 약속한 바 있습니다. 이것이야말로 이 시대 천도교가 세상에 이바지하는 대도중흥의 원점이 될 것입니다.

동덕 여러분, 내외 귀빈 여러분!

일찍이 수운대신사께서는 "봄 오는 소식을 응당히 알 수 있나니 지상신선의 소식이 가까워 오네."라고 노래하셨습니다. 이 땅에서 창도된 새 세상의 진리요, 성인군자가 동귀일체 하는 후천개벽의 천도교는 온 인류, 온 세계, 온 생명의 봄을 기약하는 무극대도의 새로운 종교입니다.

해월신사께서는 "우리 도의 이름과 주의를 멀지 아니하여 세계에 펴 날리고, 서울 장안에 크게 교당을 세우고, 주문 외우는 소리가 한울에 사무칠 것"이라 하셨습니다. 오늘 우리가 앉아 있는 이곳이 바로 해월신사께서 예언하신 장안의 그 교당입니다. 시운이 지금 우리에게 당도하였습니다.

새롭게 출발하는 천도교의 앞길에 한울님과 스승님의 은덕, 그리고 행복과 정의가 넘치기를 기원하는 모든 이들의 꿈과 희망이 함께한다고 믿습니다. "군자의 말과 행동은 천지를 움직인다."라고 하신 말씀과 "성(誠)·경(敬)·신(信) 석자"가 우리의 좌우명입니다.

일용행사가 도 아님이 없다고 하셨습니다. 한 소쿠리 더하는 정성으로 정이 넘치는 행복한 천도교를 만들고, 다 함께 후천개벽, 대도중흥의 길로 힘차게 나아갑시다.

끝으로 바쁘신데도 불구하고 이 자리에 참석하신 모든 분께 진심으로 감사드리며, 오늘 이 시간이 대도중흥을 위한 새로운 출발을 다짐하는 뜻깊은 자리가 되기를 심고합니다. 감사합니다.

포덕 157(2016)년 4월 22일
천도교 교령 이정희 심고

• 내빈 축사

이어 내빈 축사의 순서로 먼저 문화체육관광부 정관주 차관님은 "천도교가 주도했던 3·1운동은 대한민국의 초대 헌법과 건국 정신으로 크게 자리매김하는 등 세계적으로 높이 평가받고 있다."며, "이 정신을 계승하고 발전시켜 나갈 새 지도자를 모신 천도교의 앞날에 건승만이 있길 바란다."라고 말했다.

정관주 차관님은 19세기 말 동학농민혁명과 동학농민혁명의 연장선에서 일제 강점기 3·1독립운동을 준비하고 줄기차게 전개함으로써 오늘의 대한민국이 설 수 있게 되었다면서 앞으로의 천도교의 발전과 신임 이정희 교령의 취임을 축하하며 무궁한 발전이 있기를 기원하다고 말했다.

이어서 종교계를 대표하여 한국종교인평화회의 대표회장 김영주 목사님과 한국민족종교협의회 한양원 회장께서 축사를 해 주셨다. 김영주 회장님과 한양원 회장님은 우리 천도교의 무궁한 발전을 기원하며 교령 취임을 축하한다는 덕담을 담아 좋은 말씀을 해주셨다. 그리고 정계를 대표해서 김춘진 의원의 축사가 있었다. 김춘진 의원은 초등학교 동문으로 부안 출신인 내가 천도교 교령에 취임하게 된 것을 축하하기 위해 바쁜 일정을 뒤로하고 이 자리에 참석했다면서 앞으로 천도교와 교령님의 무궁한 발전을 기원한다고 말했다. 그리고 1부 취임의식에 이어 대교당 앞마당에서 개최된 2부 축하연에서는 이영복 종법사님과 안문석 전 고려대 부총장께서 각각 축하의 말씀을 해주셨다. 이영복 종법사님은 나의 선친과 같은 연배로서 나를 만나면 항상 아버님 생각을 많이 하게 된다며 깊은 사랑의 정을 담아 축하해 주셨다. 1981년 3월, 내가 고려대학교 대학원 행정학과에 입학하여 소정의 교육 과정을 이수하고 박사 논문을 완성할 수 있도록 이끌어 주시고 주경야독의 힘든 과정을 따뜻하게 격려해 주신 안문석 전 고려대 부총장님께서 오셔서 축하해 주시니 정말 기쁜 마음을 금할 수 없었다.

3. 어머님께서 취임식 참석

오늘 취임식에는 부안에 계시는 어머님과 큰 외숙, 동생 부부를 모시고 조카 태현이가 운전하고 왔다. 어머님께서는 1978년 12월 24일, 중앙대교당에서 거행하는 인일기념일 기념식에 참석하시고 이번이 2번째다. 81주년 인일기념일을 맞아 마침 부안에서 올라와 계신 어머님을 모시고 중앙총부에 나간 일이 있었다. 그날 어머님께서는 생후 처음으로 대교당을 방문하신 바 있으셨으며 오늘 2번째 대교당을 방문하셨다.

그동안 나를 위해 한울에 사무치는 지극한 정성으로 밤을 새우시며 기도해 주신 우리 어머님, 그리고 한울이 낳은 둘도 없는 효자 동생과 제수씨, 언제나 친형제처럼 변함없이 깊은 사랑을 베풀어 주시는 큰 외숙님께서 인정 많고 사랑스러운 조카 태현이의 자가용을 타고 함께 교령 취임식에 오셨다.

청여당 내수도가 취임식이 열리는 대교당으로 안내하여 함께 앉았다. 어머님께서 취임식에 참석하시다니 정말 꿈같았다. 대교당 취임식 전에 의젓이 앉아 계시는 어머님을 뵈니, 힘이 절로 솟는다. 어머님의 간절한 기도와 사랑에 힘입어 교령의 취임사는 대교당 안을 힘차게 울리고 한울에 사무치는 듯하였다. 오늘 취임사에서 발표한 대도중흥비전은 어머님의 위대한 양천주의 정신과 사랑으로 무럭무럭 자라나게 될 것이다.

천도교 어머니 모두의 큰사랑으로 하나 되어 천도교를 새롭게 비추고 세상을 개벽하는 대도중흥의 원동력이 될 것이다. 이 세상 모든 어머니의 큰사랑으로 하나 되어 보국안민, 포덕천하, 지상천국 건설의 자양분이 되리라 확신한다. 그리하여 교령의 시간은 오로지 한길, 어머니의 마음으로 보국안민, 포덕천하, 지상천국의 위대한 역사의 길로 힘차게 힘차게 나아갈 것이다. 그 역사의 길, 대도중흥의 길은 그 어떠한 어려움에도 흔들림 없이 동덕 여러분과 함께, 이 세상 모든 사람들과 함께 앞으로 앞으로 쉬지 않고 나아갈 것이다.

4. 국민 기자 회견, 천도교 비전

• 천도교 국민 여러분께 인사

나는 포덕 157년 4월 28일, 프레스센터서 취임 기자 회견을 가졌다. 취임식 이후 1주일 만이다. 취임식은 개최했지만 취임식에 참석하지 못한 교인들과 일반 국민들에게도 인사드리는 것이 도리라는 생각을 하였다. 그러나 교단 내의 홍보 수단은 《신인간》, 《천도교신문》 등으로 극히 제한적이기 때문에 중앙 일간지를 통한 기자 회견을 개최하기로 하였다.

특히 천도교는 대한민국의 정신적 국가라는 생각으로 천도교 국민들을 위한 기자 회견은 당연하다고 생각하였다. 그리고 취임식은 일방적으로 진행하는 것이기 때문에 기자들과의 대화가 필요하다고 생각하였다. 그래서 나는 취임식의 연장선에서 기자 회견을 연 것이다. 다만 기자 회견을 교단에서 갖게 되면 폐쇄적으로 비칠 가능성이 있다고 보아 프레스센터에서 개최하기로 한 것이다. 10여 명이 넘는 기자들이 참석한 가운데 진지하게 진행되었다. 프레스센터에서 중앙지의 기자들과 함께하는 회견장에 서니 대한민국의 정신적 국가의 대표로서 국민 여러분들 앞에 다가선 것과 같은 느낌이었다. 또한 언론은 오늘의 천도교를 국민들에게 가감 없이 비춰주는 거울과 같다는 생각으로 기자 회견에 임하였다. 미리 준비한 기자 회견 자료를 배포하고 신임 교령으로서의 소감과 앞으로의 비전에 대하여 설명한 후 질의응답의 시간으로 이어졌다. 이범창 종무원장과 장구갑 전서실장이 함께하였으며 정정숙 교화관장이 진행하였다. 기자 회견이 끝난 다음 날 각종 신문마다 회견 내용을 게재하여 일반 사회의 관심을 불러일으켰다. 신문 기사를 보고 전화 또는 스크랩하여 보내 준 분들도 많았다. 나는 기자 회견에 앞서 다음과 같은 모두 인사말을 하였다.

먼저 오늘 이 자리는 천도교 국가 국민 여러분께 보고 드리는 의미로 준비했습니다. 저는 천도교 교령으로서 이 나라에 있는 '천도교 국가' 국민 여러분들에게 보고할 의무가 있다고 생각합니다. 그런데 우리에게는 지금 국민들을 위한 천도교 언론이 거의 없는 실정입니다. 여러분들이 천도교 국가의 기자라는 생각을 해 주셨으면 합니다. 저는 오늘의 기자 회견은 마치 교령 자격 여부를 판가름하는 면접시험에 임하는 것처럼 떨리고 긴장된 마음입니다. 그래서 마음의 준비를 단단히 하고 나왔습니다. 그래도 떨리네요. 어제는 바로 천도교 기관지인 신인간사를 만났습니다. 내부 언론기관이기는 하나 떨리는 것은 마찬가지였습니다. 다행하게도 어제의 신인간사 회견은 그런대로 잘 진행되어 높은 점수로 통과될 것 같습니다. 아직 발표는 안 되었습니다만, 합격할 것으로 기대됩니다. 오늘의 기자 회견에서도 높은 점수로 합격될 것으로 기대합니다.

역사는 힘 있는 자에 의하여 써지는 것으로 생각합니다. 천도교가 100년 전 300만이었습니다. 당시 기독교 불교는 20만 명이었습니다. 천도교 300만 시대 힘이 있을 때에는 천도교가 역사를 썼습니다. 동학혁명의 역사, 갑진개화운동의 역사, 3·1독립운동의 역사는 천도교에 의하여 쓰여진 역사였습니다. 그런데 지금은 천도교가 힘이 없어 역사를 쓰지 못하고 있습니다. 이제는 기자 여러분께서 써 주셔야만 하겠습니다.

우리 천도교는 지난 100년 동안 100만에 가까운 천도교인들이 국가와 민족을 위해 목숨을 바쳤습니다. 천도교인들의 희생이 없었다면 오늘의 대한민국은 없다고 해도 과언이 아닐 것입니다. 그래서 박정희 대통령은 "우리 대한민국은 천도교에 빚을 많이 졌다. 이제는 국가가 천도교에 빚을 갚아야 할 것"이라며 빚으로 넘어갈 뻔했던 수운회관을 지킬 수 있었다고 합니다.

보국안민 포덕천하의 종교, 천도교가 다시금 일어설 수 있도록 천도교의 변화와 대혁신이 필요한 시점입니다. 저는 천도교 교령에 취임하면서 이러한 시대적 사명감을 절감하면서 교인 여러분과 함께 대도중흥 광제창생의 새로운 천도교 시대를 열어 나가겠다고 거듭거듭 다짐한 바 있습니다. 이러한 뜻을 담아 지난 4월 22일 취임사를 준비하였습니다. 그래서 저는 모범 답안을 미리 만들어 오늘의 면접시험에 임하고 있습니다. 한 가지 특별히 말씀드리고자 하는 점은 이 시점에서 제가 왜 교령이 되었는가 하는 점입니다. 외람됩니다만, 제가 이 시점에서 교령이 된 것은 한울님의 뜻이라 생각했습니다. 오늘날의 침체된 천도교의 위기를 극복하고 미래를 향한 새로운 천도교 시대를 개척하기 위한 사명이 저에게 주어졌다고 생각하고 있습니다. 그 핵심 단어는 한마디로 대도중흥입니다. 대도중흥이란 지금부터 160년 전 대신사께서 한울님으로부터 받으신 무극대도를 중흥하자는 것입니다. 대신사님 득도의 그 시점으로 돌아가 원점에서부터 다시 일어나자는 것입니다. 저는 그 과제와 내용을 취임사에 담았습니다.

저는 교인들에게 "교령으로서의 제 꿈을 실현하는 대신 교인들의 꿈을 키우고 실현할 수 있는 꿈밭이 되겠습니다."라고 말했습니다. 꿈은 생명입니다. 그런데 오랫동안 우리는 꿈을 잃었습니다. 그래서 우리의 천도교는 앞으로 전진하지 못하고 뒷걸음쳐 왔습니다. 농업 사회에서 산업 사회로의 변화를 따라가지 못한 데 이어 정보화 시대를 따라가지 못하고 있습니다. 이제는 지난날의 찬란한 역사를 자랑할 줄은 알아도 오늘 무엇을 하고 있는지를 묻는 말에는 제대로 답변할 수 없는 지경에 이르렀습니다. 교인 한 사람 한 사람이 바로 천도교입니다. 교인 한 사람 한 사람이 꿈을 만들고 키워 갈 수 있는 여건을 조성하는 것이 지도자가 할 수 있는 일이어야 한다고 생각합니다. 저는 나를 비우면 우주가 들어온다고 믿습니다. "염지공지무사, 찰용처지공사 무죄지이여죄하라"라고 하시었습니다. 수운대신사의 8절에 있는 가르침입니다. 교령의 자리는 권력이 아니고 봉사의 자리입니다. 교령으로서의 내가 하는 것이 아니라 한울님이 하시고 교인 여러분이 하는 것이라고 생각합니다. 비우고 내리고 그래서 겸손해야 한다고 생각합니다. 겸손한 지도자가 되어야 한다, 겸손하지 않으면 교인이 떠나고 사람이 떠난다고 생각합니다. 나를 비우면 우주가 들어오는 것처럼 내가 겸손하면 떠나간 교인들이 다시 돌아올 것입니다. 제가 취임사에서 강조한 것은 한마디로 변화와 혁신이었습니다. 취임사에서 나는 "대의원 여러분이 보여준 위대한 선거 혁명의 열기를 한데 모아, 천도교를 새롭게 만들어 갈 성운의 기운으로, 새 하늘 새 땅에 사람과 만물이 새로워지는 후천개벽의 새 역사를 이룩하기 위해 저의 신명을 다 바쳐 나가겠습니다."라고 말했습니다.

천도교가 현재는 어려운 상황이지만 1860년 경신 사월 초오일, 수운 최제우 대신사(천도교 1세 교조)께서 한울님으로부터 받은 무극대도의 근본 자리로 돌아가 순교자의 자세로 정성을 다한다면 다시 일어날 수 있을 것이라고 강조했습니다. 결론적으로 저는 취임사에서 대도중흥 100년의 기틀을 닦아 나가자고 호소하였습니다. 대도중흥은 시대적 사명입니다, 대도중흥이란 근본으로 돌아가자는 말입니다. 대도는 무극대도로서 근본이며 중흥은 무극대도의 근본으로 돌아가자는 뜻입니다. 앞으로 주어진 임기 동안 한울님의 뜻이 무엇인지를 깊이 생각하면서 대도중흥의 새로운 천도교 시대를 열기 위해 저의 신명을 다 바쳐 나가겠습니다. 끝으로 한 말씀 더 드린다면 세계인 모두가 천도교인이라는 점입니다. 한울님을 모신 동덕이라는 입장에서 보면 모두가 천도교인입니다. 그렇게 본다면 천도교인 수는 현재 70억 명입니다. 그래서 저는 오늘의 기자 회견은 우리나라는 물론 전 세계 70억 인류를 향한 기자 회견이라고 생각하고 있습니다.

오늘 참석한 기자는 연합뉴스 김지훈, 조선일보 김한수, 서울경제 박성규, 동아일보 서정보, 한겨레 이길우, 헤럴드경제 이윤미, 매일경제 이향휘, 세계일보 정순욱 기자 등 8명이 참석하였다.

• 각 언론사, 신임 교령에 관심

포덕 157년 4월 28일(목) 11시 30분, 프레스센터 19층 목련관에서 천도교 교령 취임 후 첫 기자 간담회가 열렸다. 이 자리에는 이범창 종무원장, 정정숙 교화관장, 장구갑 전서실장 등이 배석하고 한겨레, 세계일보, 동아일보, 조선일보, 연합뉴스, 서울경제, 서울신문, 경향신문 등의 종교 담당 기자들이 참석하여 첫 만남을 가졌다.

나는 기자들에게 추진하고자 하는 정책과 신임 교령으로서 총부 개혁, 교헌개정특별위원회 설치하여 교헌 개정, 종학대학원을 확장하여 인재 양성, 동학문화센터 건립, 성지 및 사적지위원회 설치, 민족통일대학 개설하고 통일연수원 운영, 기관지의 온라인화, 인터넷 TV 방송국 설립, 천도교 해외포덕위원회 설치하여 외국어 5개국어 경전번역위원회 운영, 시일식의 면모 일신, 지난 집행부 중점 사업 계승 발전, 범국민 의식개혁운동 전개 등의 포부를 밝혔다.

• 기자 회견에 대한 언론 기사

포덕 157년 일자, 천도교 홈페이지에 소개된 주요 언론사의 기자 회견 관련 기사 내용은 다음과 같다.

· "천도교 상근 교역자 키울 터"

천도교에도 상근 교역자가 생긴다. 이정희 신임 천도교 교령은 28일 서울 프레스센터에서 취임 첫 기자 회견을 열고 "천도교 중흥을 위해 목사나 신부처럼 전문 천도교 교역자를 육성해 배치하겠다."라고 밝혔다.

이 교령은 "우선 영남과 호남 지역에 종학대학원 분원을 만들어, 젊고 사명감에 불타는 교역자를 키워서 각 교구에 상근 교역자를 순차적으로 보내겠다."라고 밝혔다.(《한겨레》 2016. 4. 28.)

· "조직 개혁–인재 양성으로 천도교 중흥"

"교령(敎領)으로서 제 꿈을 실현하는 대신 교인들의 꿈을 키우고 실현할 수 있는 꿈밭이 되겠습니다." 천도교의 최고 지도자인 이정희 교령은 28일 서울 중구 한국프레스센터에서 취임 기자 회견을 열고 "나를 비우면 우주가 들어온다"며 "임기 3년 동안 제가 하고 싶은 것보다 교인들이 하고 싶을 것을 이루어 주는 도구가 돼 대도중흥(大道中興)의 길로 나가겠다."라고 말했다.

이 교령은 지난달 교령에 선출됐으며 이달 1일부터 업무를 시작했다. 이 교령은 이날 총부 개혁, 인재 양성, 교헌(敎憲) 개정, 신앙 중심 교회 등을 중점 과제로 내세웠다. 그는 우선 광복 이후 쇠락을 거듭해 온 천도교의 중흥을 위해 대대적 총부 개혁을 진행하겠다는 의지를 밝혔다. 총부는 천도교의 대표 기관이다. 그는 "마음이 변해야 사람이 변하듯 총부가 변해야 천도교가 변한다"며 "교역자의 의식과 풍토를 뿌리부터 바꾸겠다"라고 말했다.

그는 특히 가톨릭의 신부, 개신교의 목사와 같은 전문 교역자를 양성해 각 교구에 순차적으로 배치하겠다는 포부도 내놓았다. 이 같은 인재 양성을 위해 영남과 호남에 각각 종학대학원 분원을 세울 예정이다. 그는 이어 "그동안 천도교 하면 수련(수행)하는 종교라는 인식이 약했는데 수련의 기운을 대대적으로 일으켜 신앙 중심의 교회를 만들겠다."라고 말했다. 또 교헌개정특별위원회를 만들어 시대 변화에 맞게 교리와 규정을 정비하고 중장기 발전 계획을 수립하기로 했다.

이 밖에 일반인과 소통하기 위해 서울 종로구 수운회관에 자료실, 박물관, 전시장을 아우르는 동학문화센터를 세울 계획이다. 민족통일대학, TV 방송국 설립도 추진할 예정이다.(《동아일보》 2016. 4. 29.)

· "천도교가 통일운동에 앞장서겠다"

천도교 이정희 신임 교령 "전문 교역자 양성하고 국민과 천도교 다리 놓을 것"

"157년 전 수운(水雲·최제우) 대신사(大神師)가 밝힌 대도(大道)의 중흥을 목표로 열심히 일하겠습니다."

최근 천도교 최고 지도자로 취임한 이정희 신임 교령은 28일 기자 간담회를 갖고 포부를 밝혔다. 이 교령은 "우선 우리 조직과 교헌(教憲)부터 새 시대에 맞게 고치고, 전문 교역자를 양성하면서 국민과 천도교 사이에 다리를 놓겠다."라고 말했다. 천도교는 지금까지 목사, 신부, 스님 같은 전업(專業) 교역자가 없이 각자 직업을 가진 채 자원봉사로 교역직을 맡아 왔다. 전문 교역자를 양성하기 위해선 조직과 시스템의 개혁이 불가피하다는 것이다.

이 교령은 천도교식 표현으로 '포태(胞胎) 신앙' 이다. 부모님이 모두 천도교 신자였던 그는 "어려서 항상 아버님이 21자(字)로 된 천도교 주문(呪文)을 외는 소리를 듣고 자랐다."며 "습관처럼 믿어 오던 중 1977년 서울 우이동 의창수도원 기도 중에 내 안의 한울님과 만나 스파크가 일어나는 체험을 했고, 이후 새롭게 탄생했다."라고 말했다. 공주사대를 나와 고려대에서 행정학 박사학위를 받은 그는 공주대·한남대 객원교수와 천도교 종학대학원장을 지냈다.

그는 "3·1운동 당시 300만 명에 이르렀던 교세가 지금은 많이 줄었지만 대신사님의 '경천(敬天) 경물(敬物) 경인(敬人)' 사상에 따르면 7000만 동포와 70억 인류, 천지 만물과 우주 모두 하나"라며 "살아서 이 땅에 천국을 만들기 위해 범국민 의식개혁운동을 벌이겠다."라고 말했다. "극도의 물질문명 발전으로 정신문명이 쇠퇴한 지금은 유형의 GNP뿐 아니라 정신적인 무형의 GNP가 절실한 때"라는 것이다. 그는 또 "오늘의 3·1운동은 통일운동"이라며 "민족통일대학(가칭)을 개설하는 등 인내천 진리에 입각한 통일운동에 천도교가 앞장서겠다."라고 말했다.(《조선일보》, 2016. 4. 29.)

· "조직 개혁·인재 양성으로 천도교 중흥"

이정희 신임 천도교 교령은 총부 개혁, 교헌(教憲) 개정, 인재 양성을 천도교 중흥을 위한 방안으로 제시했다. 이 교령은 28일 서울 중구 프레스센터에서 취임 기자회견을 열고 "천도교 대도중흥의 역사적 사명을 가슴 깊이 새기고 있다"며 신임 집행부의 정책 추진 방향을 설명했다. 이 교령은 우선 총부 개혁을 강조했다. 이 교령은 "총부 개혁 없이 천도교의 미래는 없다"며 "교역자의 의식과 풍토를 뿌리부터 개혁할 것"이라고 했다. 이어 "사람의 마음에 해당하는 게 총부"라며 "마음이 변해야 사람이 변하듯 총부가 변해야 천도교가 변한다"고 강조했다. 이를 위해 교헌개정특별위원회가 신설된다. 그는 전문 교역자 양성 계획도 밝혔다. 이 교령은 "천도교 진리를 믿고 내공을 쌓아 영원한 천도교를 만들기 위해 인재를 양성해야 한다"며 "일단 영남과 호남 지역에 종학대학원 분원을 만들고 추후 전국을 커버하도록 하겠다"라고 했다.

그러면서 이 교령은 원불교, 천주교, 개신교 등 이웃 종교의 교무, 신부, 목사와 같은 전문 교역자를 양성하겠다면서 "젊고 유능하고 사명감에 불타는 교역자를 육성해 각 교구에 상근 교역자로 순차적으로 배치하겠다"라고 밝혔다.

그는 또 '동학문화센터 설립' '성지 및 사적지 성역화' '민족통일대학 설립' 'TV 방송국 설립' '해외 포덕 강화' 등을 천도교 중흥을 위한 비전으로 제시했다.

이 교령은 "제가 교령이 된 것은 한울님의 뜻이라고 생각한다"며 "한울님의 뜻을 가슴에 품고, 제가 아닌 한울님이 한다는 마음으로 천도교를 중흥해 나가겠다"라고 포부를 밝혔다. 이 교령은 지난 22일 서울 종로구 경운동 천도교 중앙대교당에서 취임했다. 임기는 3년이다.(《연합뉴스》, 2016. 4. 28.)

· "종단 개혁·교헌 개정·인재 양성에 주력"

"부모님은 새벽마다 우물에서 맑은 물을 떠놓으시고 주문을 외우셨어요. 한울님의 섭리에 따라 살아감으로써 하나의 커다란 생명체인 이 우주와 하나가 되겠다는 바람이었죠. 사람이 한울님이라는 '인내천(人乃天)'에 입각해 보면 우리나라 사람은 물론 세계인 모두가 천도교 종지(교지) 아래 하나입니다."

천도교 이정희 신임 교령은 28일 서울 중구 한국프레스센터에서 취임 기자 회견을 열고 "인간과 자연, 만물이 하나의 동포로 어우러져 살아야 한다는 뜻을 널리 알리는 가교 역할을 다하겠다"면서 "천도교 대도중흥의 역사적 사명을 잇기 위해 종단 내 개혁과 교헌 개정, 인재 양성, 해외 포덕 등에 힘쓰겠다."라고 밝혔다.

민족종교인 천도교는 1860년 최제우 수운대신사가 "양반, 천민 구분 없이 사람은 모두 한울님을 모시고 있으며 세상의 모든 사람은 근원적으로 평등하다"는 사상을 담은 동학을 창도한 이후 1905년에 현재의 이름으로 바뀌었다.

이 교령은 "천도교는 3·1운동을 주도할 당시 인구 2000만명 중 교인이 300만명에 이를 만큼 주류 종단이었지만 산업화를 거치면서 세가 줄었다"면서 "비장한 각오로 개혁을 통해 종단 내 새로운 의식과 풍토, 시스템을 만들겠다"라고 말했다. 천도교 발전을 위한 전문 교역자 양성 계획도 내놓았다. 그는 "원불교, 천주교 등 이웃 종교의 교무, 신부와 같은 전문 교역자를 양성하고 영남과 호남 지역에 종학대학원 분원을 만들겠다"면서 동학문화센터 설립과 성지 및 사적지 성역화, 민족통일대학 설립, 해외 전도 강화 등 천도교 중흥을 위한 계획도 밝혔다.(《경향신문》, 2016. 4. 28.)

· **"물질보다 정신문명이 중요… 범국민 의식개혁운동 할 것"**

"사람이 곧 하느님이며 만물이 모두 하느님이라는 인내천(人乃天) 사상을 근간으로 하는 천도교는 천도교 교인만의 종교가 아닙니다. 온 나라와 전 세계에 천도교 사상이 뻗치는 대도중흥을 이루기 위해 최선을 다하겠습니다."

최근 임기 3년의 천도교 수장에 임명된 이정희(71) 신임 교령은 28일 서울 중구 프레스센터에서 기자들과 만나 "물질문명의 발달에 정신문명이 따르지 못하는 지금, 무형의 GNP(국민총생산)가 유형의 GNP를 앞서가도록 범국민 의식개혁운동을 벌여 나가겠다."라고 거듭 강조했다.

"3·1운동과 동학농민혁명의 중심에 섰던 천도교는 당시 교인 수가 300만 명에 달했지만 지금 교세가 크게 위축돼 안타깝다"는 이 교령은 우선 천도교의 심장인 중앙총부를 개혁해 교역자의 의식 풍토를 확 바꿀 계획을 비쳤다. 수운 최제우 대신사가 창교하던 시점으로 돌아가 민족종교 천도교를 신앙 중심의 종교로 거듭 세우겠다는 선언이다. "교헌개정특별위원회를 설치해 새로운 시대, 모든 교인들의 꿈과 의지가 담긴 교헌과 규정을 만들 것입니다."

"개혁은 혁명보다 더 어렵고 혁명의 단계에선 이해관계가 충돌하기 마련"이라는 이 교령은 모든 교인과 천도교 바깥의 사람들과도 뜻을 모아 점진적 발전의 토대를 마련하겠다고 약속했다. 열린 논의의 수렴을 통해 천도교 수운회관에 동학문화센터를 마련, 3·1운동 성지인 중앙대교당을 일반 시민과 함께하는 마당으로 적극 활용할 계획을 전했다. 여기에 전국에 걸쳐 수백 개에 달하는 동학농민혁명 사적지와 문화 유적지를 세계인들이 찾는 성지로 자리매김할 뜻도 덧붙였다.

"민족통일 과업에 천도교가 앞장서야 한다"는 이 교령은 북측 천도교와 연대, 소통하면서 통일 시대 지도자를 대대적으로 양성할 민족통일대학을 개설하겠단다. 특히 "진리를 믿는 조직과 집단은 결코 망하지 않는다"며 천도교의 진리를 전파할 전문 교역자 양성과 경전의 5개 국어 번역, 해외 포덕 전진 기지 설치를 임기 중 반드시 이루겠다고 밝혔다.(《서울신문》, 2016. 4. 28.)

· "천도교 신임 이정희 교령 취임식 거행"

천도교 중앙총부는 지난 22일 서울 경운동 천도교 중앙대교당에서 신임 이정희 교령 취임식을 가졌다. 교령은 천도교 최고 지도자로, 이 교령은 지난달 17일 열린 천도교 제38차 정기전국대의원대회에서 교령으로 선출됐다. 임기는 3년이다.

이날 이 교령은 취임사를 통해 "대도중흥과 광제창생의 새로운 천도교의 시대를 열겠다는 결연한 각오로 이 자리에 섰다" 며 "새 하늘 새 땅에 사람과 만물이 새로워지는 후천개벽의 새 역사를 이룩하기 위해 신명을 다 바쳐 나가겠다"는 결연한 의지를 드러냈다. 또, 대도중흥의 역사적 사명을 가슴 깊이 새기며 종단 개혁을 위한 포부를 밝혔다. 그는 먼저 "총부의 개혁 없이 천도교의 미래는 없다" 며 "교역자의 의식과 풍토를 뿌리부터 개혁하겠다"라고 강조했다.

이를 위해 "교헌개정특별위원회를 설치해 새로운 시대, 모든 교인들의 꿈과 의지가 담긴 교헌과 규정 개정안을 마련, 중장기 발전 계획을 수립하겠다"라고 소개했다.

아울러 이 교령은 "총부 개혁과 함께 전체 교인들의 신앙심을 더욱 두텁고 깊게 할 수 있도록 수련의 새 기운을 대대적으로 일으켜 나가겠다" 며 "수도연성의 기운으로 충만한 신앙의 힘과 포덕의 역량을 지속적으로 길러 나가는 신앙 중심 교회를 만들어 가겠다"라고 말했다. 그는 "개혁을 통해 전국의 모든 교인과 더불어 교단을 새롭게 하고 새로운 시대를 이끌어 가는 바르고 밝고 착하고 의로운 미래를 만들겠다" 며 그 실천 사업으로 '종학대학원 확장', '동학문화센터 설치 및 운영', '성지와 사적지 성역화', '민족통일대학 개설' 등을 제시했다. 이 교령은 "이러한 우리의 노력은 머지않아 '3백만 대교단의 시대' 를 다시 열 것이다" 며 "동학 천도교의 경계를 허물고 개방적·평등적·세계적 종교의 진면목을 찾겠다"라고 역설했다.

그러면서 "저는 이미 '안으로 신령이 깃들도록 정성 들이고, 밖으로 기화가 되도록 공경하며, 온 세상 만물과 더불어 함께하는 믿음' 으로 교령의 직분을 다하겠다고 약속한 바 있다" 며 "이것이야말로 이 시대 천도교가 세상에 이바지하는 대도중흥의 원점이 될 것이다"라고 말했다. 그는 또, 한반도 평화 통일에 대해선 "남북 사이의 분열과 갈등은 선천의 마지막 잔재다" 며 "남북 천도교 수장이 먼저 대도중흥과 통일 조국을 위한 회담을 개최해 천도교인의 힘으로 남북 통일의 문을 활짝 열자"라고 제안했다.

끝으로 이 교령은 "새롭게 출발하는 앞길에 한울님과 스승님의 은덕 그리고 행복과 정의가 넘치기를 기원하는 모든 이들의 꿈과 희망이 함께한다고 믿는다"며 "한 소쿠리 더하는 정성으로 정과 행복이 넘치는 천도교를 만들어 대도중흥의 길로 힘차게 나아가자"라고 강조했다.

이어 문화체육관광부 정관주 차관은 축사에서 "천도교가 주도했던 3·1운동은 대한민국의 초대 헌법과 건국 정신으로 크게 자리매김하는 등 세계적으로 높이 평가받고 있다"며 "이 정신을 계승하고 발전시켜 나갈 새 지도자를 모신 천도교의 앞날에 건승만이 있길 바란다"라고 말했다. 이 밖에 한국종교인평화회의 김영주 대표회장과 한국민족종교협의회 한양원 회장, 더불어민주당 김춘진 국회의원 등이 참석해 축하의 메시지를 전했다.

한편, 이 교령은 중앙총부 종의원, 대전교구장, 종무위원, 천도교 교수회장, 천도교 종학대학원장 등을 역임했으며, 지난 2014년에는 '동학문화진흥회'를 창립해 동학과 천도교의 인식 제고에 힘쓴 바 있다.(《세계일보》, 2016. 4. 26.)

· **"천도교가 쇠락한 것은 신앙심 부족 때문, 심장부부터 개혁에 나설 것"**

천도교를 대표하고 책임지는 이정희 교령이 지난 27일 부산을 찾았다.

지난달 22일 취임한 천도교 이정희 교령은 부산 해운대구 아르피나에서 지난 27~28일 열린 천도교종의원 연수회에 참가했다. 이 자리에 이 교령은 "'대도(大道) 중흥'을 위해 온 힘을 다하겠다"라고 종의원 34명 앞에서 다짐했다. 종의원은 나라로 치면 의회격 기구로 사업 계획 심의, 정책개발 제안 등 싱크탱크 구실도 한다.

이 교령은 종의원 연수회 현장에서 가진 기자 간담회에서 "(천도교가 말하는)대도중흥의 기운이 무르익었다. 앞으로 3년 정도 기간에 향후 100년 번영의 기틀을 닦아야 한다"라고 강조했다.

이 교령이 말하는 '대도중흥'은 천도교단에는 적극적이고 체계적인 혁신을 뜻하며, 한민족에는 '사람이 곧 하늘(人乃天)'이라는 천도교 정신에 바탕을 둔 인본·평화·생명 정신 회복과 민족통일 완성을 의미한다.

"천도교의 기운이 그간 쇠한 면이 있다"라고 이 교령은 말했다. "갑판에 불이 붙은 배와 같은 상황이라는 위기감과 지금 같은 추세가 더 이어져서는 안 된다는 인식이 천도교단에 형성돼 있다. 이 같은 현실 인식을 바탕으로 중흥의 기틀을 마련하고 근본의 마음, 한울님의 자리를 회복하는 것이 교령이 할 일이다."라고 강조했다.

1860년 수운대신사(최제우)가 동학을 창도하고, 1905년 3대 교조 손병희는 명칭을 천도교로 바꾸었다. 천도교는 동학농민혁명, 3·1운동을 이끌어 한민족이 개벽에 눈뜨게 했고, 교육과 어린이 운동 등에 크게 이바지했다. 1대 교조 수운 최제우, 2대 교조 해월 최시형의 사상은 오늘날 새롭게 해석되면서 생명 존중과 평화 사상, 민족 미학 성립에 도움을 주고 있다.

이처럼 탄탄한 기반을 갖추고도 천도교가 쇠퇴의 길을 걸은 것에 대해 이 교령은 "첫째로 신앙심이 부족했던 탓"이라고 진단했다. "우리의 중심은 신앙이어야 하는데 그 점이 약했다. 앞으로 3년 동안 '대도중흥 중일변(中一變)' 기도회를 전국 모든 교구에서 열 것이다. 한울님의 자리를 제대로 모시는 데서 출발해야 한다."

이 교령은 사람과 만나고 시대와 소통하는 사업 계획도 내놓았다. 철학과 경영학 등을 두루 공부한 덕분인지 이 교령은 계획만 내놓는 게 아니라 그에 따른 실천 방안을 함께 제시하고, 역량을 집중할 맥점도 짚어 나갔다.

"천도교 중앙총부는 천도교의 '마음' 입니다. 총부를 개혁하고, 교헌개정특별위원회를 만들어 구조와 조직을 혁신하면서 중장기 발전 계획 수립도 모색하도록 교헌 개정에 초점을 맞춥니다. 이는 '신앙 중심의 교회' 를 만드는 일과 연계됩니다."

이 교령은 "기존의 종학대학원을 확장해 부산과 전주에 대학원을 추가로 설치하고 임기(3년) 안에 TV 방송국을 개국해 포덕의 기반을 넓힐 계획"이라며 "무엇보다 민족통일에 천도교의 사명감은 크다"라고 강조했다.

"천도교의 교리로 보아도 민족통일은 소중한 과제이며 북한에 신도가 30만 명에 달하는 천도교단이 활동 중인 점도 큰 자산이다. 북한의 천도교단과 힘을 합쳐 민족통일대학 개설을 추진하겠다"라고 이 교령은 밝혔다.(《국제신문》, 2016. 5. 29.)

· "신앙심 회복이 키워드다"

혁신(革新)이란 가죽을 벗겨 새로운 모습으로 거듭남을 말한다. 천도교 이정희 교령이 인터뷰 자리에서 강조한 말은 한마디로 개혁과 혁신이었다. 그는 천도교가 현재는 어려운 상황이지만 수운 최제우(천도교 1세 교조)가 한울님으로부터 받은 시

※시천주(侍天主) 사상: 조물주는 만물을 창조하시고 그 속에 함께 내재해 있다는 사실, 고로 사인여천(事人如天), 사람 모두가 한울님을 모시고 있는 고귀한 존재이니 사람 섬기기를 한울님 모시듯 하라는 뜻.

천주(侍天主) 사상※인 근본 마음으로 돌아가 순교자의 자세로 대도중흥에 참여한다면 다시 일어날 것이라고 강조했다. 천도교 개혁은 신앙심을 회복하고 조물주를 마음에 모셔야 한다. 이 교령은 이러한 상황에 처해진 이유를 종교의 가장 기본이 되는 신앙심 부재에 있다고 분석하고 천도교의 뿌리인 마음공부(심학) 수행을 통해 신앙심을 회복해야 한다고 진단했다. 그는 "천도교 동학은 심학이 중심이다. 개혁의 열쇠는 사람의 마음을 바꾸는 데 있다. 내 마음이 바뀌지 않으면 혁신이 안 된다. 바뀔려면 수행을 해야 하며 수행을 통해 본래의 자리를 회복하고, 오늘의 상황을 공감하고 천도교와 세상을 위해 우리가 먼저 바뀌어 큰 도의 씨앗을 세상에 퍼트려 나간다면 포덕천하를 이루어 지상천국을 이룰 수 있다"라고 말했다. 그는 그러한 의미에서 총부(천도교 중앙총부)에서 모여 하는 회의를 생산적이지 않다는 이유로 폐지했다. 중앙집권체제인 천도교 조직에서는 중앙총부 회의에서 조직의 운영을 결정한다. 쉽게 말해서 나라로 치면 대통령 주최 장관 모임에서 중요 안건 회의를 없애버린 것과 마찬가지인데 파격적인 결정이 아닐 수가 없다. 이유는 확고하다. 혁신의 분위기를 만들기 위해서다. "회의를 하다 보면 논쟁의 자리가 될 수밖에 없다. 아무리 교령이라 해도 원하는 바를 주입시키거나 지시에 의해 모양을 바꾸라고 한다면 어떻게 혁신이 되겠는가, 한 사람 한 사람이 한울이고 혁신의 창의적 주체인데 일의 시비를 하기보다 혁신의 분위기를 조성하고 싶다."라는 것이다. 대신 아침 조회를 통해 인사 나누는 시간을 가지고 모여 앉아 청수(맑은 물)를 모시고 경전을 읽고 집례를 한다. 집례 이후 5분 스피치를 해 누구든 천도교가 어떤 종교이며 사후는 무엇이냐고 물었을 때 질문에 대한 답을 할 수 있도록 준비를 하는 것이다. 필요한 부분은 조용히 의논하고 고요하고 아늑하고 신바람 나는 숲(조직)을 만들어 보자는 취지다.

이와 관련해 이정희 교령은 4월에 열린 취임식에서 교단 중흥의 12가지 혁신 과제를 발표했다.

①총부 개혁 없이 천도교의 미래는 없다고 보고 교역자의 의식과 풍토를 뿌리부터 개혁할 것. ②새로운 시대, 모든 교인의 꿈과 의지를 담아 내는 교헌과 규정 개정안을 마련하고, 중장기 발전 계획을 수립. ③수도연성의 기운으로 충만한 신앙의 힘과 포덕 역량을 지속적으로 길러 포덕천하 광제창생의 새로운 전기 마련. ④교리교사 교육 및 전파의 중심 센터로서 종학대학원을 확장하여 영남 지역과 호남 지역에 각각 종학대학원 분원을 설치.(전문 교역자를 양성, 평생 공부 시대 부응) ⑤수

운회관에 자료실과 박물관, 전시실을 병합한 기구를 설치하고, 일반 방문객을 안내, 정보 제공, 상담, 문화 활동 등으로 활용. ⑥용담(경주), 은적사(전라남도 남원), 검곡(경북 포항), 중앙대교당(서울), 봉황각(서울), 우금티(충남 공주), 갑둔리(강원도) 등 동학 유적지를 세계인들이 찾는 성지로 자리매김해 나가기 위한 사업.(성지 및 사적지 성역화 위원회) ⑦북측 천도교와 연대하고 소통하면서 통일 시대 지도자를 대대적으로 양성할 수 있는 민족통일대학을 개설.(동아시아와 세계 평화로 확산) ⑧천도교 교육, 홍보관을 설립하고 기관지의 온라인화, 인터넷 TV 방송국 설립, 교서 보급과 천도 문화 유산의 정비를 통해 세상과 소통. ⑨대륙별 해외 포덕의 전진 기지를 설치하고 외국어 경전 간행과 인재 교류와 세계화 포덕 시대를 열어 나갈 천도교의 해외 포덕위원회 설치. ⑩'100년 중일변 비전' 중앙총부를 중심으로 포덕의 열기가 서울, 수도권, 전국 그리고 세계로 확산과 함께 새로운 문명, 새로운 세계 100년 중일변을 위한 장기 비전을 교인들의 의견을 수렴하여 마련. ⑪3·1운동 100주년과 동학농민혁명 기념사업, 시천주복지재단과 어린이가 행복한 나라 사업 등의 사업을 계승하여 온 세상 사람들의 행복과 공공에 이바지하는 포덕 사업으로 발전시켜 나감. ⑫국가 사회적으로는 극도의 물질문명의 발전으로 인한 정신문명의 쇠퇴가 만연한 현실에서 수도연성을 통해 역량을 축적하면서 인내천 사상을 기반으로 한 범국민의식 개혁운동을 적극적으로 전개, 3년 안에 대도중흥의 씨 뿌리고 통일을 위해 나아갈 것.

이 교령은 12가지의 혁신 과제를 본인의 취임 기간인 3년 안에 반드시 실천해 100년의 중일변(中一變)과 무극대도(無極大道)를 이루겠다는 계획이다. 농업 시대에 창도한 천도교는 산업화와 정보화의 새로운 물결을 맞아 변화와 적응에 실패한 셈이다. 이번 기회를 통해 대도중흥의 새로운 씨를 뿌리고 신앙심을 회복해 한울님을 마음에 모셔 시천주의 인내천을 실천하는 게 혁신의 키워드다.

이정희 교령은 남북통일을 이루기 위한 큰 사명이 천도교에 있다고 내다봤다. 3·8선은 민족의 동질성을 가로막고 천지 무극의 원리에서 어긋나는 것이기에 북한에 30만 교인이 있는 천도교가 통일의 자원을 가지고 있다고 말했다. 또 통일을 앞두고 정읍에 민족통일대학을 설립하는 포부도 밝혔다. 천도교에는 몇 개의 교구가 있는데 부산에는 동천고등학교 학생들을 중심으로 한 동천교구가 있고, 대학으로는 전국 유일 부산예술대학 교구가 있다. 이러한 교육기관에 이어 남북통일을 위한 민족통일대학을 설립하고자 하는 것이다.

끝으로 이 교령은 성공적인 혁신을 이루기 위해서는 시계태엽과 같이 하나의 시스템으로 한 덩어리가 되어 전체를 보듬고 가야 한다고 강조했다. 국경과 나이와 모든 문화를 초월해 전 세계 인류 70억 동덕을 안고 순교자의 자세로 결사의 마음으로 목숨 걸고 다 함께 혁신을 이루어 가기를 바란다고 밝혔다.(《천도교신문》 68호, 2016년 6월 24일), (《내외신문》, 2016. 6. 16.)

· "부산의 아 주라 문화—어린이 귀하게 여기는 심성 엿보여"

5월은 어린이날과 어버이날이 함께 있는 '가정의 달'이다. 모든 종교가 가정을 소중히 여기라 가르치지만, 천도교에서 가정은 더욱 특별하다.

천도교 이정희 교령은 가정의 달을 맞아 "어린이와 여성을 '하늘'처럼 생각하는, 한울님같이 여겨야 한다."라고 말했다. 천도교는 일찍이 가부장적 전통에서 벗어나 천시받던 어린이와 여성을 '하늘'처럼 생각하라고 일렀다. 매년 5월 5일 '어린이날'이면 천도교단 차원에서 어린이를 위한 큰 행사를 연다. '어린이날'을 제정한 소파 방정환 선생도 천도교인이었다. 천도교 이정희 교령과 서면 인터뷰를 통해 천도교의 어린이·여성 존중 사상에 대해 들었다.

Q: 천도교에서 교령은 어떤 위치입니까?

A: 교령은 천도교단을 통리(統理)하는 최고 수장이지요. 천도교는 수운 최제우 선생부터 4분의 스승님(2세 교조 해월 최시형 신사, 3세 교조 의암 손병희 성사, 4세 대도주 춘암 박인호 상사) 이후에는 '중의제(衆議制)'에 따라 3년마다 교령을 선출합니다. 교령은 교단의 통리자로서 행정 책임자인 종무원장을 비롯해 3원장과 각급 기관장을 통리하면서 천도교단을 지도하고 교화합니다.

Q: 어린이날을 제정한 방정환 선생도 천도교인이었습니다. 그가 어린이의 복지와 지위 향상에 평생을 바친 것도 천도교와 관련이 있습니까?

A: 기록에 따르면 방정환 선생의 부친 방경수 어른이 먼저 천도교에 입교했고, 방정환은 어린 시절에 천도교인이 됐어요. 결정적으로는 19세 되던 1917년 당시 천도교 교조이신 의암 손병희 성사님의 사위가 되면서 천도교청년회의 중요한 인물로 부상했죠. 그는 천도교소년회 핵심 간부로 '어린이날'을 제정하고 색동회에 참여하며, 조선소년협회를 결성하는 등 교단 안팎으로 널리 어린이 운동을 전개

했지요.
동학 천도교는 본래 '사람을 한울님같이 섬긴다'는 교리에 바탕을 둡니다. 동학 천도교를 창도하신 수운 선생은 동학을 펴기 전 이미 자신의 여종 2명 중 1명은 며느리로 삼고, 1명은 수양딸로 삼았어요. 그 뒤를 이은 해월 선생은 "며느리도 한울님"이라 하시고, 특히 "어린이도 한울님이니 어린이를 때리지 말라" 하셨지요.
이 전통을 이어 3세 교조 의암 손병희 선생의 지도하에 청년 운동을 전개하던 소파 방정환, 소춘 김기전 등 청년 지도자들은 어린이야말로 미래의 희망이요, 자라나는 한울님이요, 내일의 주인공이라 생각하며 귀하게 여겼습니다.

Q: 그렇다면 왜 천도교는 어린이와 여성을 귀하게 여겼나요?
A: 조선 말기부터 일제 강점기까지 사회에서 어린이는 아직 '사람'의 반열에 들지 못한 존재였죠. 어린이는 많았고 일찍 죽는 경우도 흔해 천대받고 학대받는 경우가 비일비재했습니다. 며느리는 조선 사회에서 '여성'이라는 점 외에도 가부장제도의 최말단에 위치한 존재로서 이중의 구속을 당했습니다.
천도교는 구속과 착취와 천대의 대상이던 어린이와 여성을 높임으로써 한편으로 '사람이 곧 한울'이라는 교리를 구현하고, 다른 한편으로 민족공동체의 역량을 강화해 자주독립과 후천개벽이라는 이중의 과제를 수행하려 했던 것이죠.

Q: 천도교단이 지난 5일 어린이날에 서울 강북구 봉황각에서 어린이날 행사를 크게 열었더군요.
A: 오늘날 많은 사회단체나 종교기관에서 어린이날 행사를 크게 열지만, 당장 화려한 행사보다도 어린이날 제정의 정신을 생각해 보는 것이 필요합니다. 천도교단 차원의 어린이날 행사에서는 이점을 되새기는 행사를 준비하죠. 올해 어린이날 행사는 서울 강북구의 봉황각이라는 천도교 시설에서 했는데, 이곳은 의암 손병희 선생이 3·1운동을 준비했던 곳입니다. 3·1운동의 결실로 어린이 운동이 전개됐어요. 올해는 어린이 운동의 뿌리 정신을 생각하면서 어린이들이 자연과 더불어 즐겁게 뛰노는 행사로 치렀습니다. 한편으로 어린이 운동을 창안하고 앞장선 방정환 선생 관련 사진전을 통해 소파의 어린이 사랑, 그 배경에 있는 천도교의 어린이·여성 존중 사상을 되새겼습니다.

Q: 오늘날 어린이는 아동 학대의 희생자가 되는 한편, 왕자와 공주처럼 과잉보호 받기도 합니다.

A: 아동 학대의 이면에는 학대하는 당사자들이 사회적으로 비정상적인 스트레스 상황에 노출돼 있거나, 스스로 교양과 수양을 쌓지 못한 배경이 있어요. 과잉보호와 과도한 학습 강요는 학력이나 사회·물질적 성취만이 성공 기준이라 여기는 잘못된 인식이 깔려 있는 것이죠. 근본적으로 모든 사람이 "사람이 곧 한울이니, 사람 섬기기를 한울같이 하라" 하는 천도교의 정신을 되새겨 보시기를 당부합니다.

이 교령은 "부산 시민의 '아(애) 주라!' 문화에서 부산 시민의 심성을 볼 수 있다"며 "어린이를 생각하고, 또 어린이들을 통해 미래를 준비하는 마음가짐이 그러한 문화 속에서 느껴진다"고 덧붙였다.(《천도교신문》 89호), (《국제신문》, 2017. 5. 6.)

●—개벽 창간호와 개벽 표지들

개벽은 1920년 6월, 천도교 청년회에서 개벽의 정신과 민족의식을 고취하고 조선인의 계몽운동을 전개하기 위하여 창간한 월간지로서, 발매 금지 정간 처분 등 일제의 검열과 탄압으로 계속 발행되지 못하고 1926년 8월 총 72호를 끝으로 폐간되었다.

제4장

중앙총부
혁신 없이 미래 없다

이 세상 운수는 천지가 개벽하던 처음의 큰 운수를 회복한 것이니 세계 만물이 다시 포태의 수를 정치 않은 것이 없느니라.
경에 말씀하시기를 "산하의 큰 운수가 다 이 도에 돌아오니 그 근원이 가장 깊고 그 이치가 심히 멀도다" 하셨으니, 이것은 바로 개벽의 운이요 개벽의 이치이기 때문이니라. 새 한울·새 땅에 사람과 만물이 또한 새로워질 것이니라.

斯世之運 天地開闢初之大運回復也
世界萬物無非更定胞胎之數也
經曰「山河大運盡歸此道 其源極深其理甚遠」
此是開闢之運 開闢之理故也
新乎天新乎地 人與物亦新乎矣

—〈개벽운수〉, 『해월신사법설』

“

중앙총부 개혁 없이 천도교의 미래는 없습니다.
중앙총부 개혁은 대도중흥의 성패를
좌우하는 관건입니다.

—〈교령 취임사〉, 포덕 157년 4월 22일

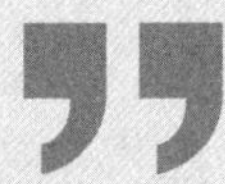

1. 중앙총부는 천도교의 심장부

• 천도교의 성지, 중앙총부

"여기가 천도교 성지, 중앙총부인가요?" 처음으로 총부를 방문하는 사람은 성지를 찾아오는 설레임으로 천도교 중앙총부를 찾아온다고 한다. 그런데 중앙총부를 성지처럼 느끼는 사람은 별로 없는 것 같다. 앞을 다투어 방문하는 수많은 사람들, 바티칸 성당에 들어서면 누가 성지라 말하지 않아도 성스러운 곳이라는 것을 직감하게 된다. 그곳에 가면 성 베드로 대성전이 있다. 성지 가운데 하나이자 기독교 세계의 모든 교회 가운데 가장 거대한 교회로 유일무이한 위치를 차지하고 있다. 서기 67년에 순교한 예수의 열두 제자 가운데 한 사람이자 로마 초대 주교, 즉 교황 성 베드로의 무덤 위에 대성전을 건립했다고 한다. 성 베드로 대성전은 그 종교성과 역사성, 예술성 때문에 세계적인 순례 장소로 유명하다. 르네상스부터 바로크에 이르기까지 수많은 예술계의 거장들이 오랜 세월에 걸쳐 지은 건축 작품으로서 당대의 가장 거대한 건물로 여겨진다. 베드로 대성당은 교황의 주거지와 밀접해 있을 뿐더러 교황이 집전하는 대부분의 의식이 열리는 장소이기 때문에 교황의 가장 중요한 성당으로 여겨진다. 그렇다면 우리는 어떤 모습으로 세계 속의 천도교 중앙총부로 가꿀 수 있을 것인가? 중앙총부를 방문한 사람에게 어떤 볼거리와 어떤 이야기를 들려줄 수 있도록 할 것인가?

대교당은 1920년대 서울의 3대 건물 중 하나이자 민족의 힘으로 지은 가장 큰 건물이었다. 대교당 앞은 3·1독립선언서를 배부했던 곳이다. 대교당은 또한 민족정신의 보루이자 민족 문화의 산실로 우리나라 문화 발전에 크게 이바지하였다. 일제강점기의 주요 민족적 집회와 해방 이후 귀국한 해외 독립지사들의 귀국 인사와 강연 및 집회를 대부분 이곳에서 할 만큼 권위가 있었다. 소파 방정환 선생 등이 이곳에서 어린이 운동을 시작하였으며, 경내에는 독립선언서 배부터 표지비, 개벽사터 표지비, 세계어린이운동 발상지 등의 기념비가 있어 우리나라 근현대사를 함께해 온 천도교의 역사를 말해 주고 있다. 이러한 중앙대교당의 역사성을 살리면서 미래를 향한 비전을 함께 보여 줄 수 있어야 할 것이다. 중앙총부는 바티칸의 성당처럼 천도교의 진리, 천도교의 역사가 살아 숨 쉬는 역동적인 공간으로 꾸며져야 한다. 그리하여 종교성, 예술성, 역사성이 함께 어울어진 중앙총부로 거듭나야 할 것이다.

중앙총부가 성지로서의 역할을 제대로 할 때 풍운처럼 모아드는 대포덕의 역사가 열리게 될 것이다. 세계 각처에서 풍운같이 모아드는 중앙총부를 어떻게 가꿀 수 있을 것인가? 『용담유사』 〈도수사〉에 "나도 또한 이 세상에 천은이 망극하여 만고 없는 무극대도 여몽여각 받아내어 구미용담 좋은 풍경 안빈낙도 하다 가서 불과 일년 지낸 후에 원처근처 어진 선비 풍운같이 모아드니 낙중우락 아닐런가"라고 하시었다. 이 성스러운 중앙총부에 각처로부터 어진 선비들이 풍운같이 모아드는 곳이 되어야 한다.

• 천도교의 심장, 중앙총부

심장은 우리 몸에서 가장 치열한 장기이다. 우리 몸의 그 많은 장기 중에 단 한순간도 쉬지 않고 이 생명 다하도록 수축과 이완을 되풀이하는 장기가 또 어디 있던가? 당연하게 생각하는 심장의 박동이지만 이 심장의 박동이 중지한 그 순간이 바로 사망이다. 이렇게 중요한 역할을 하는 심장은 상징성이 있게도 바로 가슴의 한가운데 있다. 심낭이란 질긴 주머니 안에 들어가 양옆으로는 폐, 후면에는 식도, 위로는 대동맥과 폐동맥의 굵은 혈관과 연결되며 아래쪽으로는 횡격막 위에 얹혀 있다. 손상받기 쉬운 전면은 흉골과 늑골이 심장을 보호한다. 사망을 심장이 박동을 멈추는 심장사로 정의할 정도로 생명이란 면에서 보면 우리 몸에서 가장 중요한 기관이다. 심장의 총중량은 250~300gm으로 성인의 주먹보다 약간 크다. 주로 근육으로 구성되어 있고 혈액을 온몸으로 공급해 주는 파워 펌프로서의 역할을 한다.

심장은 생명의 근원이다. 온몸에 피를 보내기 위해 잠시도 멈추지 않고 뛰어야 하는 심장은 놀라운 힘을 갖고 있다. 우리가 잠을 잘 때도 심장은 멈추지 않는다. 생명의 근원인 심장과 그 수족 같은 혈관은 건강을 위해 깨끗하게 유지해 줘야 한다.

중앙총부는 먼저 우리 교인들의 심장 역할을 할 수 있어야 한다. 나아가서 온 세상 사람의 심장, 전 우주의 심장 역할을 할 수 있도록 해야 한다. 이렇게 천도교 중앙총부가 온 세상 사람들의 심장 역할을 할 수 있는 곳이 된다면 보국안민 포덕천하 광제창생 지상천국 건설의 대원은 비 내리듯 이루어질 것이다. 그렇다면 우리는 어떻게 천도교 중앙총부를 이 세상을 살리고 우주를 살리는 심장과 같은 역할을 할 수 있도록 할 것인가? 우리는 어떻게 온 세상 사람들이 잠을 잘 때도 천도교의 심장을 멈추지 않게 할 수 있을 것인가?

• 다시개벽의 중심, 중앙총부

오늘날 천도교 중앙총부는 높은 지혜와 안목을 가진 선각자로서 온 인류 앞에 다시개벽의 비전을 제시하고 모두가 함께할 수 있는 힘을 키워 나가야 한다.

동학 천도교 사람들이 먼저 내부에서 다시개벽의 큰 덕을 쌓고, 그것이 밖으로 흘러 세상에 가득 쌓이게 되면 동학 천도교는 온 세상, 온 천지와 함께 다시개벽의 새 역사를 써나갈 수 있을 것이다. 세상의 개벽은 우리 내부적 개벽이 수반되지 않으면 절대로 일어날 수 없다. 동학 천도교 내부가 변화되면, 그 내부의 변화가 그대로 투영되어 그와 똑같은 다시개벽의 사회로 변화된다. 그러므로 새로운 문명의 포덕은 중앙총부의 변화로부터 시작되어야 한다. 새로운 문명의 변혁, 그것은 우리 천도교를 위해 준비된 변혁이다. 우리는 그 변혁의 중심에 서서 여세동귀와 용시용활의 지혜로 새로운 문명의 주인으로 새로운 문명의 포덕을 끊임없이 이뤄 나가야 한다. 이를 위해 우리는 세상 사람들이 진정으로 원하는 것이 무엇인지를 끊임없이 살펴야 한다. 우리는 또한 이 세상이 어떻게 변하고 있는지, 그 변화는 무엇을 뜻하고 있는지를 진지하게 알아내야 할 것이다. 어제의 세상을 돌아보고 오늘의 세상을 바라보고 내일의 세상을 예측할 수 있어야 할 것이다. 세상의 변화, 환경의 변화에 맞는 계책을 만들고 실천해야 한다. 여세동귀 용시용활 신문명 포덕의 중심으로서의 중앙총부로 거듭나야 하는 이유다. 오늘 우리에게 주어진 제일의 사명, 행동하는 중앙총부, 다시개벽의 중앙총부로 변화하고 혁신하는 일이다. 그리하여 개벽의 시선으로 세상을 바꾸는 다시개벽의 중심, 중앙총부로 거듭나야 한다.

2. 새로운 중앙총부, 변화와 혁신의 시작

• 소통의 공간, 일정 게시판 운영

중앙총부의 일정을 홈페이지에 공지하였다. 매월 첫날부터 일정을 공지하였으나 매일매일 업데이트하였다. 이 업무는 교화관 김동수 차장이 담당하였다. 나는 총부와 교구, 교구와 교구, 교인과 교인 간에 서로 알아야 할 사항이 있을 경우, 교화관에 연락하여 즉시 게시하도록 하였다. 그리고 격주간으로 발행하는《천도교신문》에도 1면 하단에 편집하도록 하였다. 처음에는 교령의 동정만을 게시하자는 의견도 있었지만 총부의 전체 일정을 게시하기로 하였다.

그리고 설교 일정도 게시판에 공지하도록 하였다. 대교당 시일은 합동시일로서의 성격이 있으며 또 처음으로 참여하는 일반 시민에게도 개방이 되기 때문에 좀더 신중하게 운영할 필요가 있다. 중앙총부에서는 서울교구에 연 600만 원을 지원하여 대교당 시일식을 위탁 운영하고 있는데 위탁받은 서울교구는 경전 봉독, 공지 사항, 행사 등을 자신들의 입장에서 운영하는 경향이 있다. 그래서 설교도 서울교구 중심으로 편성하여 일관성도 없고 수준도 미흡한 실정이었다. 그래서 나는 누차에 걸쳐 문제점을 지적하였으나 제대로 이행되지 않아 중앙총부의 공식적인 의견으로 서울교구에 공문을 시행하도록 하였다. 종무원에서 포덕 157년도 5월에 서울교구로 보낸 공문 요지는 다음과 같다.

"아시는 바와 같이, 중앙대교당 시일식은 서울교구를 포함한 교구연합의 합동시일식으로서의 의의를 지닐 뿐 아니라, 신입 교인 및 관심 있는 일반 시민의 참여 등 개별교구 시일식과는 다른 특성을 지니고 있으며, 시일식 봉행 상황을 동영상으로 촬영하여 전국적으로 실황 중계 하고 또 스마트폰이나 녹화를 통한 재시청 등 전국적으로 광범위하게 활용되고 있습니다. 이러한 점에서 대교당 시일식은 천도교의 가장 중요한 오관실행의 하나로서, 천도교를 대표하는 모범적인 시일식 봉행이 되도록 교단 차원에서의 정성을 기울여 나가야 할 것이라고 봅니다. 이에, 종무원에서는 대도중흥을 위한 방안의 하나로 대교당 시일 문화를 점진적으로 개선해 나가고자 하며, 특히 시일식 설교 주제와 설교자 선정 등에 있어서 교단 차원에서 신중하게 고려하여, 포덕 157년도 하반기 중앙대교당 설교자(안)를 통보하니 대교당 시일식 봉행에 만전을 기하여 주시기 바랍니다. 아울러 대교당 설교 봉행 계획은 매 분기별로 종무원에 알려주시기 바랍니다."

이에 따라 교화관으로 하여금 매 3개월간의 대교당 시일 설교 일정을 중앙총부 홈페이지에 게시하도록 한 바 있다. 그리고 총부의 입장에서 시일식에 공지할 사항을 미리 준비하여 서울교구에 전달하도록 하였다.

주요 회의록과 지방 교구에 나가는 공문도 총부 게시판에 게시하도록 하였다. 그리고 교령의 월례 조회사는 교령으로서 중앙총부 및 교인들에게 전하는 메시지로서 임기 중 36회에 걸쳐 공지하였다.

• 교구 전담제 실시

나는 전국 순회의 길에서 지방 교구의 초라한 모습들을 두 눈으로 똑똑히 보았다. 지난날 찬란했던 지방 교구가 허약해진 그 땅에서 희망을 잃지 않고 다시금 일어서고자 하는 목소리를 결코 잊어서는 안 된다고 생각했다. 그 희망의 목소리를 경청하며 지역별 포덕연대를 조직하고 힘을 모아 분연히 일어날 수 있도록 해야 할 것이라고 생각했다. 그래서 나는 중앙총부가 지금까지와 달리 좀 더 낮은 자세로 지방의 목소리를 경청하고 지방 교구의 입장을 이해하고 도와야 할 것이라 생각했다.

우리 교회는 제도적으로는 중앙총부 중심의 중앙집권제를 채택하고 있으나 운영 측면에는 중앙총부와 지방 교구가 한마음 한뜻으로 융합해야 한다고 생각했다. 중앙총부와 지방 교구 간에 놓인 칸막이를 없애고 오직 대도중흥 포덕광제 지상천국 건설의 목적을 향해 동귀일체가 되어야 한다고 생각하였다. 그러기 위해서는 중앙총부는 지방 교구의 입장에 서서 지방 교구를 적극 도와주는 도우미와 같은 역할을 수행해 나가야 할 것이라고 생각했다. 그래서 교령은 물론 중앙총부의 모든 교역자들로 하여금 전국에 있는 지방 교구의 도우미와 같은 자세로 지방 교구를 적극 도와줄 것을 강조했다. 그래서 가장 먼저 중앙총부 임직원 교구 전담제를 도입하기로 한 것이다. 교구 활성화 및 총부와 교구 간 원활한 소통을 위해 임직원 1인당 5~10여

개 교구를 전담케 하는 제도이다. 교구 전담자로 하여금 유선 통화, 방문, 이메일, 기타 등의 방식으로 각종 기념식 및 행사에 관한 소식, 지방 교구 소식은 물론 지방 교구의 애로 사항과 건의 사항 등을 수시로 접수 받아 해당 관에 이첩하도록 하였다. 교구 전담자로부터 건의 사항을 통보받은 해당 관에서는 1개월 이내에 그 결과를 교구에 알리도록 했다. 중앙총부 교역자별 전담 교구는 다음과 같다.(《천도교신문》 69호, 포덕 157년 7월 5일)

정정숙 교화관장	고현, 고성, 남해, 선구, 통영, 포상, 북마산, 용담, 진주, 포항교구(10)
박해룡 교무관장	동부산, 대구대덕, 대구시, 대남, 동천, 마산, 부산시, 북부산, 송도, 언양, 울산시, 부산예대, 김해교구(13)
계한경 경리관장	공항, 광산, 광주, 동광주, 부안, 산알, 신강진, 장흥, 고부, 약산, 해남교구(11)
장구갑 전서실장	수원, 사천, 삼천포, 송탄, 성남, 진양교구(6)
전명운 종학원차장	시흥, 마포, 서부, 인천, 삼선, 부천교구(6)
김동수 교화차장	한강, 관의, 당산, 종로, 동대문, 강서교구(6)
강선녀 자료실차장	도경, 전주, 신태인, 김제, 원평, 옥구, 익산, 임실, 정읍교구(9)
이선화 교무차장	영등포, 성동, 아산시, 안중, 경기광주(5)
전창근 교무차장	동두천, 도봉수유, 양주, 의정부, 덕천, 회현교구(6)
서종남 경리차장	서울, 공주, 대전, 서천, 청주, 한밭신도, 동작, 청원, 서산, 부여(10)
명주석 교화관서	동서울, 속초, 강릉, 영양, 춘천, 원주, 정선교구(7)
김경규 교당관리실	창녕, 영산, 경주, 은천동심, 안동교구(5)

• 업무 혁신 TFT 운영

교구 전담제와 아울러 업무 혁신 TFT를 운영하기로 하였다. 이 시대의 교단의 변화와 혁신은 선택이 아니라 필수라는 인식을 함께 공유하여 총부에서부터 먼저 시작하여 확산시켜 나가기 위함이었다. 이와 같은 혁신팀은 교단의 업무 혁신을 통한 운영의 효율성을 높이고, 대도중흥·중일변·민족통일을 위한 전략적 기획 및 창안과 그 집행의 합리적 방안을 도출, 건의함에 목적을 두고 운영하였다. 포덕 157년 9월 1일(목)부터 천도교 중앙총부 실무 교역자를 중심으로 '중앙총부 혁신 TFT(총혁TFT)' 를 설치하여 운영하도록 하였다.

교령 직속의 팀으로서 종무원장의 지도를 받으며 기본 팀원은 중앙총부 종무원, 종학대학원 직원으로 우선 운영하고 추후, 유지재단, 감사원, 종의원, 부문·부설·기타 단체, 교구 등으로 확대 운영하기로 하였다. 출발 당시의 기본 팀원으로는 종학대학원처장(전명운), 교화차장(김동수), 교무차장(전창근), 교무차장(이선화), 자료실차장(강선녀), 경리차장(서종남), 교화관서(명주석) 등이다. 팀원을 차장급으로 한 것은 눈치 보지 않고 소신껏 일할 수 있도록 하기 위함이었다. 회의 등 운영에 따른 비용은 별도 청구하도록 하였다. 관련된 내용은 게시판에 공지하여 교인 여러분의 많은 관심과 교단의 혁신을 위한 좋은 의견을 제안할 수 있는 통로가 되도록 하였다. 전국 교구에서의 제안 방법으로는 이메일, 우편 등 자유롭게 하기로 했다. 이와 같은 내용에 대해서는 천도교 게시판, 《천도교신문》(74호, 포덕 157년 9월 21일) 5면에 게재하였다.

• 인사 나눔으로 하루 시작

포덕 157년 4월 1일 새 집행부 시무일부터 대도중흥을 위한 혁신 실천 방안의 일환으로 매일 아침 9시부터 '인사 나눔' 시간을 진행하였다. 총부에서 모여 하는 회의는 생산적이지 않다는 이유로 이를 폐지하였다. 종래부터 해 오던 거라 쉽지 않은 결정이었다. 전 집행부로부터 불만의 소리도 들려왔다. 6개월이라도 종전대로 해 보고 바꾸든지 하지, 첫날부터 시작하는 것은 전 집행부 지우기 시도가 아니냐는 오해도 없지 않았다. 아침 인사 나눔을 통하여 교역자의 자질 향상을 위한 각종 프로그램도 실시하였다. 돌아가면서 집례를 하도록 하고, 자유롭게 주제를 선택하여 5분간 경전 봉독 및 설교, 업무 향상을 위한 교양 강좌 등을 시행하도록 하였다. 집례자는 맨 처음 참석자 수와 불참자 수, 불참 사유 등을 보고하도록 하였으며 차분하게 집례를 하고 스피치를 하도록 하였다. 외부 강사 초청 강의는 매월 중순, 60분 동안 하도록 하였다. 동영상을 촬영하여 게시판에 게재하기로 하였으나 시행되지는 못했다. 프로그램의 진행 일정에 대해서는 월말에 게시하도록 하였다.

인사 나눔 시간의 운영 기본 철학은 "천도교의 심장부로서, 전체 교인의 사표로서 중앙총부가 모범이 되어야 한다"는데 있었다. 시행 처음에는 어려움을 호소하는 분위기도 없지 아니하였으나 지속적으로 시행하다 보니 자연스럽게 진행하는 모습을 읽을 수 있었다. 이러한 '인사 나눔' 시간은 중앙총부 교역자들의 마음 자세를 새롭게 할 수 있었다. 개인적인 자질 향상은 물론 교역자로서의 업무 능력을 한 단계 높이는 계기가 될 수 있었다. 이러한 '인사 나눔' 시간 중 '5분 이야기' 순서에서 발표된 내용을 중심으로 『아침 인사 5분에 담긴 천도의 향기』라는 제목으로 책자를 발간하였다. 교화관 김동수 차장의 편집으로 3차례에 걸쳐 발행되어 전국에 배포하였다.

• 월례 조회로 한 달 시작

매월 첫 월요일에는 월례회의와 월간 실적 보고를 갖도록 하였다. 월례회의에서는 교령의 조회사와 각 부서별로 월간 실적 및 월간 계획을 보고하였으며 조회사 내용은 게시판 및 《천도교신문》에 게재하여 전국적으로 볼 수 있도록 하였다. 때로는 밤을 세워 기도하며 원고를 작성하기도 하였다. 중앙총부는 물론 전 교인과 함께 하고자 하는 간절함에서 나의 열정을 불태워 환하게 밝히고 싶었다. 월례회의에서 발표한 조회사는 아침 인사 나눔과 함께 『천도의 향기』로 3차례에 걸쳐 편집 발행되었다. 월례회의와 업무 보고가 끝난 후에는 전 교역자들이 함께 점심 식사 시간을 가졌다. 취임 첫 달부터 36회에 걸쳐 발표한 월례회의 조회사 주제와 일시는 다음과 같다.

①변화와 혁신(157. 4. 4), ②계룡산의 꽃(157. 5. 2), ③한울님의 기적(157. 6. 1), ④천지기수와 이신환성(157. 7. 1), ⑤기도, 한울님의 역사(157. 8. 1), ⑥씨앗과 텃밭(157. 9. 1), ⑦시대적 공동 과업(157. 10. 4), ⑧100년을 향한 원동력(157. 11. 1), ⑨문화 포덕의 시대(157. 12. 1), ⑩성운 전환 기회의 시간(158. 1. 2), ⑪중일변 포덕은 나로부터-(부록) 98주년 3·1운동기념식에서 황교안 대통령 권한 대행께 건의(158. 2. 1), ⑫3·1운동 삼대원칙과 포덕(158. 3. 2), ⑬지역별 포덕연대(158. 4. 4), ⑭우이동 교령사 설치(158. 5. 1), ⑮포덕의 시계(158. 6. 1), ⑯포덕 2500, 300만 교단 시대의 꿈(158. 7. 3), ⑰태산이 높다 하되(158. 8. 3), ⑱의암 손병희 선생 기념관 건립(158. 9. 1), ⑲지역별 포덕결의(158. 10. 10), ⑳중앙총부, 지방 교구 도우미(158. 11. 1), ㉑천도교 중앙도서관 개관(158. 12. 1), ㉒소통을 넘어 공감으

로(159. 1. 2), ㉓대도중흥을 위한 포덕의 실천(159. 2. 1), ㉔포덕 2500, 선택 아닌 필수(159. 3. 2), ㉕100년 중일변의 기초(159. 4. 2), ㉖교역자의 주요 덕목(159. 5. 2), ㉗이 시대 천명의 실천(159. 6. 1), ㉘사인여천 실천 10개조(159. 7. 2), ㉙이신 환성(159. 8. 1), ㉚대도중흥비전 21 실천 강령 소회(159. 9. 3), ㉛천도교의 사회 거울(159. 10. 1), ㉜새로운 성운 전환, 기도와 수련으로(159. 11. 6), ㉝3가지 천재일우의 기회(159. 12. 3), ㉞포덕 160년의 천명(160. 1. 3), ㉟삼일독립선언서 합독(160. 2. 1), ㊱새로운 변화와 도전의 역사(160. 3. 4) 등이다.

포덕 157년 4월 4일에 발표한 첫 번째 월례 조회사(변화와 혁신)는 다음과 같다.

모시고 안녕하십니까? 반갑습니다. 지난 주말을 어떻게 보내셨습니까? 저는 모처럼 대전에 내려가 계룡산을 다녀왔습니다. 화사한 봄기운과 함께 계룡산엔 목련화, 벚꽃, 진달래 등 온통 꽃으로 덮인 꽃동산이었습니다. "풍우상설과거후 일수화발만세춘(風雨霜雪過去後 一樹花發萬世春 바람 비 서리 지나간 뒤 한 나무에 꽃이 피면 온 세상이 봄이로다.)"라는 대신사님의 〈우음〉을 생각나게 하는 순간이었습니다.

우리 교단에도 따스한 봄이 왔습니다. 얼어붙은 긴 동면의 밤을 지나 따스한 봄기운이 불어오고 있습니다. 지난 3월 17일, 제38차 정기 전국대의원대회, 그날부터 우리 교단에 화사한 봄기운이 일어나기 시작하였습니다.

천도교 역사상 처음으로 선거 혁명이 일어난 것입니다. 대도중흥을 위한 한울님의 역사가 다시 시작되었습니다. 이제 우리에게는 이 혁명의 힘으로 교단을 개혁해 나가야 할 시간을 맞이하고 있습니다. 우리에게 천명으로 주어진 교단 개혁, 대신사님께서 한울님으로부터 받은 무극대도를 중흥시키라는 천명인 것입니다. 이 시대 한울님의 천명을 저에게 주신 것을 참으로 감사드리면서 천명을 닦아 내기 위해 저의 신명을 다 바칠 것입니다. 이 무극대도의 천명은 저에게 국한된 것이 아니라, 우리 교인 모두가 함께 이룩해야 할 천명이라고 생각합니다. 일차적으로는 오늘 도첩을 받으신 교직자 여러분과 함께 해야 할 것이며, 나아가 전 교인과 더불어 닦아 나가야 할 것입니다. 더 나아가 우리나라 7천만 동덕과 함께 함이며, 전 세계 70억 동덕과 함께 이루어 나가야 할 것입니다. 이번에 탄생된 새 집행부는 이 혁명의 힘으로 교단을 개혁하여 대도중흥을 이룩하기 위해 탄생된 집행부입니다. 이 시대 대도중흥은 우리가 선택한 것이며, 동시에 우리에게 주어진 한울님의 뜻인 것입니다.

혁신은 생존 조건입니다. 혁신하지 않는 조직은 살아남을 수 없습니다. 우리는 농업 사회에서 산업 사회로 전환하는 단계에서 1차 적응을 실패했습니다. 산업 사회에서 정보화 사회로의 발전 단계에서 2차 적응도 실패를 했습니다. 이제 정보화 이후의 새로운 변화에서 3번째로 실패한다면 우리는 회생 능력을 상실하고 말지도 모를 일입니다. 그렇게 되면 우리에게 더 이상 포덕천하의 천명은 머무르지 않을 것입니다. 우리에게 대도중흥을 위한 혁신은 마지막 기회가 될 것입니다. 더 이상 물러설 수 없는, 쇠운이 지극한 한계 상황에 처해 있기 때문입니다. 우리는 이번 대회에서 더 이상의 새로운 문명의 적응 실패를 하지 않기 위한 선거 혁명을 이루어 냈습니다. 이제 우리는 그 혁신의 에너지를 가지고 우리 교단을 혁신해야 합니다.

온고지신(溫故知新)이란 말이 있습니다. 옛것을 알면서 동시에 새것도 안다는 뜻입니다. 또한 법고창신(法古創新)은 온고지신에서 한발 더 나아가 옛것과 새것을 두루 아는 데서 그치지 않고 옛것을 변화시키고 새것을 창조하는 것을 말합니다. 우리는 법고창신의 전통에서 혁신의 길을 찾을 수 있습니다. 너도 나도 혁신을 부르짖지만 무엇을 어떻게 혁신할 것인지, 고민하는 이는 드문 것 같습니다. 묵은 것을 새롭게 하는 일, 혁신에는 실천에 앞서 진지한 고민이 필요한 것입니다. 그리고 그 고민은 옛것에서 출발해야 하는 것입니다. 따라야 할 것은 무엇인가? 바꿔야 할 것은 무엇인가? 옛것에 대한 냉철한 판단이 선행되어야 할 것입니다. 혁신은 나로부터 해야 합니다.

나비 효과라는 말이 있습니다. 나비 효과라는 말을 처음으로 사용한 사람은 미국의 기상학자 에드워드 로렌츠입니다. 그는 '중국 베이징에 있는 나비의 날갯짓이 미국 뉴욕에서 발생한 폭풍의 원인이 될 수 있는가' 라는 내용의 글을 발표했습니다. 기상을 예로 들어 설명하자면, 나비 효과란 중국 북경에서 나비의 날갯짓과 같은 작은 변화가 대기에 영향을 주고 또 이 영향이 시간이 지날수록 증폭되어 긴 시간이 흐른 후 미국 뉴욕을 강타하는 허리케인과 같은 결과를 가져온다는 것입니다. 이는 곧 한 사람의 작은 변화가 전체에 엄청난 결과를 가져올 수 있다는 이야기입니다.

모든 결과의 시작이 작은 원인에서 시작된다는 나비 효과, 그 변화의 시작은

'나에게서 비롯된다.' 는 나비의 가르침과 그 의미가 같은 것입니다. 모든 문제는 나로부터 비롯되고 그 문제에 대한 답도 내 안에 있는 것입니다.

대도중흥을 위한 혁신, 그 첫걸음은 총부 개혁으로부터 시작되어야 한다고 생각됩니다. 총부의 개혁은 바로 '나로부터 시작되는 것' 입니다. 우리 총부와 전국의 교인 모두가 함께할 혁신의 비전을 창출하고 상호 신뢰와 열정으로 하나 되어야 대도중흥은 성공할 수 있을 것입니다.

첫째, 총부 개혁은 대도중흥을 위한 성패를 좌우하는 관건이라 생각됩니다. 총부의 문화가 바뀌지 않으면 대도중흥은 불가능하게 될 것입니다. 용담물이 흘러 네 바다의 근원이 되듯, 총부는 대도중흥의 본산이며 근원지이기 때문입니다. 그런 점에서 총부는 단순한 사무 공간이 아닌 성스러운 자리이며 여기서 근무하는 총부 구성원은 성직자인 것입니다. 기업체에서 근무하는 샐러리맨이 아니며 공무원과 같은 공직자의 위상도 아닌 것입니다.

그러기에 열악한 환경하에서도 보람을 느끼면서 맡은 일에 최선을 다할 수 있게 되는 것입니다. 누군가 반론을 제기할 수 있을 것입니다. 어느 정도의 인건비 보상을 해 주어야 열심히 일할 수 있을 것 아니냐는 말이 나올 수 있을 것입니다. 물론 교회 차원에서 어느 정도의 보상 대책을 마련하는 것은 시급하다고 생각됩니다. 그러나 그것은 상대적인 것이기 때문에 각자가 강한 자의식을 가지고 성직으로서의 자부심을 갖는 것이 무엇보다 중요하다고 봅니다. 자부심이란 자기 자신 또는 자기와 관련되어 있는 것에 대하여 스스로 그 가치나 능력을 믿고 당당히 여기는 마음을 말합니다. 이러한 자부심은 월급이 많다고 해서 주어지는 것도 아니며 권력으로 주어지는 것도 아닙니다. 우리 교단 내부에서 존경받는 도인으로서 선택받은 사람만이 가능하다고 보아야 할 것입니다. 그런 마음과 자부심을 가지고 임할 때 총부의 덕화가 충만하게 될 것이며 이러한 덕화가 지방 교구로 확산되어 대도중흥의 역사가 이루어지게 될 것입니다.

모든 교인들이 총부에 오고 싶고 총부에 오면 깊은 도와 덕을 갖춘 성직자로부터 감화를 받는다는 그러한 총부가 되어야 할 것입니다. 총부의 문화를 바꿔 나가기 위하여 스마일 운동을 전개하고 교역자 복장을 착용하도록 하는 것이 좋을 것입니다. 스마일 운동으로 총부에 웃음꽃이 활짝 피기를 소망합니다.

교인들의 목소리에 낮은 자세로 경청하는 총부가 되고, 머무르고 싶은 공간,

다가가고 싶은 곳, 즐겁고 보람을 느끼는 화합의 공간이 되도록 해야 할 것입니다. 저부터 마음을 비우고 그 빈자리에 여러분과 교인들의 꿈을 담겠습니다. 그리하여 저의 마음이 곧 여러분의 마음이며 교인들의 마음과 하나가 되도록 힘써 나가겠습니다.

총부가 달라져야 천도교가 달라질 수 있습니다. 총부는 직할 교구와 같은 위상을 갖는 혁신의 한 중심이 되어야 합니다. 스스로 혁신하여 지방 교구의 모범을 보여 주어야 합니다. 하나씩 하나씩 점진적으로, 작은 것으로부터 실천해 나갈 수 있어야 할 것입니다. 지방 교구에서 총부가 달라졌다는 것을 체감할 수 있어야 할 것입니다.

둘째, 대도중흥의 꿈을 만들어야 할 것입니다. 꿈은 한울님이 우리 인간에게 선물한 가장 큰 축복입니다. 오늘 우리가 누리는 풍요로운 삶은 인류가 더 나은 것을 기대하고 불가능한 것을 가능하도록 원하지 않았다면 결코 주어지지 않았을 것입니다. 꿈의 시작은 불만족에서 나오며 그 과정은 고난의 연속입니다. 있는 그대로에 만족하고 주어진 것만으로 더 바랄 것이 없다면 지금 당장은 행복하겠지만, 인류는 오늘의 행복이 아닌 내일의 행복을 선택해야 합니다. 2002년 월드컵 16강전에서 수천만 붉은 악마들이 뜨겁게 외쳤던 함성, 그 꿈은 이뤄졌던 것입니다. 결국 16강, 8강을 넘어 4강 진출이라는 신화가 실현되었던 것입니다. 꿈은 대도중흥 교회 혁신의 선박이 항해하는 나침판과 같은 것입니다. 지금의 총부를 이끌어 가는 힘은 총부 구성원 모두의 꿈에서 나올 것입니다. 전체 교인을 이끌어 가는 힘은 총부 개혁으로부터 나오게 될 것입니다. 노벨상을 수상한 어느 경제학자의 논문이 기억납니다. 그 논문의 골자는 한 개인이나 한 가계의 소비 수준에 영향을 미치는 주요 요인은 미래의 예상되는 수익이라는 것입니다. 즉 현재의 소비 수준은 미래로부터 온다는 것입니다. 이와 같이 현재의 나와 우리 교단을 이끌어 가는 힘은 나와 우리 교인 모두의 꿈으로부터 나온다는 것을 명심해야 하겠습니다. 대도중흥은 중앙총부 구성원들의 꿈에 의하여 이루어지게 될 것입니다. 대도중흥을 이룩하겠다는 꿈, 그 꿈이 있어야만 우리가 염원하는 대도중흥은 이루어질 수 있을 것입니다. 우리 모두 대도중흥의 큰 꿈을 만들어 나갑시다.

셋째, 신뢰입니다. 신뢰를 잃으면 모두를 잃게 됩니다. 교인들로부터 신뢰를 잃으면 총부 혁신의 꿈은 사라지게 될 것입니다. 한 사람, 한 사람의 신뢰는 생명의 세포와 같습니다. 한 사람이 신뢰를 잃으면 전 기관의 신뢰를 깨뜨리게 되기 때문입니다. 강강술래를 예로 들어보겠습니다. 서로서로 손을 마주 잡고 동그라미를 그리며 즐겁게 춤을 추는 강강술래, 만약 한 사람이라도 손을 놓으면 강강술래는 무너지고 말 것입니다. 서로의 믿음이라는 끈이 끊긴다면 강강술래의 춤은 해체되고 말 것입니다. 총부의 혁신도 이와 같습니다. 총부 구성원 간에 서로서로 손을 잡고 강강술래 춤을 추듯이 서로 간의 신뢰가 있어야 총부의 개혁이 가능할 것입니다. 총부 내부에서의 신뢰가 교인들과 총부가 함께 하는 강강술래의 끈을 놓지 않을 때만이 춤은 계속될 것입니다. 교인들이 총부를 믿지 못하고 손을 놓고 이탈한다면 교인과 총부가 함께해야 할 포덕의 강강술래는 해체되고 말 것입니다. 우리는 안으로 중앙총부 구성원 간의 강강술래를 추면서, 밖으로는 교인과 함께 하는 수많은 강강술래를 만들어야 할 것입니다. 하나를 위한 전체, 전체를 위한 하나가 되는 중앙총부를 만들어 나갑시다. 그러한 총부가 대도중흥의 한 중심에서 새로운 개혁의 역사를 만들어 나갑시다.

넷째, 열정입니다. 열정이 없다면 신뢰는 무너지게 될 것입니다. 각자 자기가 맡은 일에 최선의 노력을 다하는 것이 열정입니다. 열정은 조직의 힘이자 에너지입니다. 조직의 성과는 조직 구성원들의 열정에 비례한다고 할 수 있습니다. 다 함께 하나가 되어 공동의 목표를 기필코 달성하겠다는 불굴의 의지와 뜨거운 열정만이 혁신을 성공적으로 이끌어 갈 수 있는 것입니다.

그러면 열정의 실체는 무엇일까요? 단지 뜨거운 열의만이 열정의 전부는 아닌 것입니다. 열정을 가졌다고 해서 그것이 곧 우리의 완전한 성공을 가늠하는 전부가 될 수는 없는 것입니다. 단지 변해야 한다는 생각만으로, 성공해야겠다는 목표 의식만으로는 변할 수 없습니다. 열정은 바로 시작을 가능케 하는 일종의 점화 플러그인 것입니다. 자동차에 아무리 연료가 가득 차고 모든 출발 준비가 다 되었다 하더라도 점화 플러그의 스파크 없이는 절대 시동이 걸리지 않을 것입니다. 그래서 '시작이 반' 이라는 말은 결국 열정이 반이라는 뜻과 같은 것이 된다고 볼 수 있을 것입니다. 열정의 스파크 없이는 결국 변할 수 없을 것입니다. 어떤 일을 대할 때, 이것은 안 된다고 생각하는 것과 이건 된다고 생각하는 것 사이에는 엄청난 차이가 있는 것입니다. 안 된다고 생각하는 사람의 머릿속에는 안 될 가능성, 그럴 수밖에 없는 이유만 들어서는 것입니다. 된다고 생각하는 사람은 설령 1%의 가능성밖에 없다 해도 붙잡고 늘어서는 것입니다. 신화는 인간의 노력에 의해서 창조되는 것이지, 신이 가져다주는 것이 아닌 것입니다.

끝으로 런던올림픽 유도 금메달 김재범 선수의 말을 인용하면서 마치고자 합니다. "죽기 살기로 했더니 은메달을 땄다. 그리고 이번에는 살기를 버리고 죽자고 했더니 금메달을 땄다." 죽고자 하는 이는 살고 살고자 하는 이는 죽는다."는 이순신 장군의 유명한 교훈을 떠올리게 하는 말입니다. 우리 모두 더 이상 물러날 수 없다는 임전무퇴의 자세로 대도중흥의 역사를 기어코 이루어 냅시다. 우리 모두 다 함께 오만년 무궁토록 영원히 멈추지 않을 이 시대 대도중흥의 새 역사를 힘차게 써나갑시다.

• 종학대학원 부산 분원, 전주 분원 설치 운영

나는 교령으로 취임하면서 새로운 변화와 혁신의 주체인 전체 교인들의 자질을 한 단계 높일 수 있도록 하기 위하여 종학 교육의 전국화를 공약하였다. 그동안의 종학 교육은 서울을 중심으로 실시되어 왔기 때문에 지방에 있는 교인들에 대한 종학 교육의 기회는 제한적일 수밖에 없었다. 그래서 종학 교육의 전국화를 위한 지방 분원을 설치 운영하기로 하였다.

이에 따라 종학대학원은 앞으로 지역별 3원 체제로 운영하여 원하는 교인 모두가 종학대학원을 다닐 수 있도록 하였다. 서울, 경기, 강원 지역은 서울 본원에서, 영남, 대구, 부산, 마산 지역은 부산 분원에서, 호남의 전주, 광주 지역과 대전·충청 지역은 전주 분원을 설립하여 전국을 포괄할 수 있도록 하였다. 분원 설립을 위해 별도로 독립된 건물을 확보할 경우 오랜 준비 기간과 많은 예산이 소요될 것이다. 그러나 교육 장소는 기존의 교회 건물을 활용하도록 하고 교수진에 대해서는 해당 지역 내 대학이나 교인 중 자격 있는 분을 모신다면 적은 비용으로 전국을 망라하는 종학대학원 교육을 실현할 수 있을 것으로 생각했다. 종학대학원 분원은 지역 교인 및 일반인들을 위한 종학교육센터, 지역 사회 포덕센터, 문화센터, 평생교육센터로서의 다양한 역할을 수행함으로써 대도중흥을 위한 지역 거점으로서의 역동적 역할은 물론 지방 교구의 활성화에도 큰 도움을 줄 것으로 기대했다. 그래서 새 집행부의 출범과 함께 종학대학원 부산 분원(분원장, 성강현 직접도훈)과 전주 분원(분원장, 윤철현 교구장)을 부산시교구 및 전주교구에 각각 설치 운영하도록 했다.

• 내가 스승님이라면

나는 무엇을 하던지 항상 '초심은 곧 천심' 이라는 생각을 잊지 않는다. 만약 초심을 잃어버린 자는 스스로의 신뢰를 저버리게 될 뿐 아니라 다른 사람들에게도 믿음을 받지 못하게 될 것이라고 생각하며 늘 겸손한 마음을 놓지 않는다. 만약 초심을 버리게 되면 그것은 자신의 사욕이 발동한 것으로 한울님의 감응을 받지 못하고 실패하게 될 것이기 때문이다. 설령 순간적으로 성공한다 하더라도 그것은 사상누각에 불과할 것이라고 생각한다. 『정관정요』에 "처음을 잘하는 자 있으나, 마침을 잘하는 자는 드물다."는 말이 있다. 처음부터 끝까지 일이관지로 올곧게 하지 않는다면 마치는 것이 추하게 될 것이라는 말이다. 나는 이런 생각으로 임기 동안 취임 시의 생각을 변치 말고 최선의 노력을 다하고자 노력하였다. 아침에 출근할 때는 다른 직원들보다 1시간 전에 출근하였으며, 퇴근 또한 다른 직원들보다 먼저 하지 않았다. 임기 내내 나는 일을 가득 담은 무거운 여행용 가방을 메고 뛰어다녔다.

교령의 시간은 천명의 시간이라고 생각했다. 천명에서 벗어난 생각이나 천명에서 벗어난 말이나 천명에서 벗어난 행동을 해서는 안 된다고 생각하면서 항상 바르게 하려고 했다. 종무원장 중심제라고 해서, 모든 일을 종무원장에게만 맡긴다면 교령은 필요 없는 존재가 되고 말 것이다. 중앙총부의 모든 일은 정도의 차이는 있지만 종무원장과 관련되지 않은 일이 없다. 종무원장은 종무원장으로서, 교령은 교령으로서의 각각의 직분이 있는 것이 아니겠는가? 그렇다고 모든 것을 간섭해야 한다는 것은 아니다. 교헌과 규정에 따라 어떤 것은 단순한 의견을, 어떤 것은 최종적으로 결정을 해야 할 것도 있다. 나는 교령으로서의 근무 수칙을 스스로 정하고 이에서 한 치도 벗어나지 않으려 했다. 무엇보다 말과 행동이 하나가 되는 실천적 교령이 되고자 했다. 사사천(事事天)이라는 생각으로 일마다 한울 모시듯 하고자 했다. 나에게 헛되이 보낼 시간은 없었다. 나는 교령사라는 곳은 스승님 계시는 곳이라고 생각하였다. 내가 스승님이라면 어떻게 할 것인가? 날이면 날마다, 바로 오늘 취임하는 마음으로 매 순간순간, 초심을 잃지 않고 스승님의 길을 걸어가야 한다고 생각하였다. 초심을 잃지 않고 교령으로서의 마땅히 해야 할 생각, 교령으로서의 마땅히 해야 할 말, 교령으로서의 마땅히 행해야 할 행동, 그것이 바로 교령의 초심 공부가 아니고 무엇이겠는가?

• 날마다 시간 시장을 찾아

나에게 '교령의 시간' 은 갑판 위의 불을 끄는 긴박한 시간이었다. 말과 행동은 전혀 둘이 아닌 하나가 되지 않으면 갑판 위의 불을 끌 수 없다. 말로써 불을 끄는 것이 아니라, 행동으로써 불을 끄는 것이다. 그래서 말 속에 행동이 있고 이미 행동 속에 말이 있어 언과 행이 근본적으로 하나가 되도록 해야 한다고 생각했다. 갑판 위의 불을 꺼야 할 긴박한 '교령의 시간' 은 달라야 한다고 생각하였다. '교령의 시간' 속에서 출퇴근 시간을 구분하고 싶지 않았다. 나에게 출근 시간이나 퇴근 시간은 둘로 나눌 수 없는 하나였다. 나의 출근은 집에서의 '교령의 시간' 을 총부로 이동하는 것에 불과하며, 나의 퇴근 시간은 총부에서의 '교령의 시간' 을 집으로 이동하는 것에 불과하였다.

왜냐하면, 퇴근 후에도 총부에서 하던 일이 집에서 그대로 이어졌고 출근 후에도 집에서 하던 일이 그대로 이어졌으니 '교령의 시간' 은 공간을 뛰어넘는다. 공간을 초월하여 오직 교령으로서의 일이 행해질 뿐이었다. 그러면서 나는 누구보다도 가장 먼저 1시간 전에 출근하여 하루의 일을 진행하였으며 퇴근은 다른 사람보다 늦게 하곤 했다. '교령의 시간' , 날마다 오늘 취임하는 날인 것처럼, 초심을 잃지 않으려 했다. 모든 일을 바르게 하고자 했다. '교령의 시간' , 바르게 하지 않으면 그만큼 교단에 해를 끼친다는 생각이었다. 초심을 잃지 않아야 바르게 할 수 있다고 생각했다. 초심을 잃는다면 삿된 곳으로 흘러 교회를 망치게 된다고 생각했다. 사심을 버리기 위해서는 항상 수행하는 수도자로서의 교령이 되어야 한다고 생각했다. 그래서 '교령의 시간' 은 항상 수련하는 시간이어야 한다고 생각을 하였다. 교령사는 곧 '교령사 수도원' 이라는 생각을 하였다. 수운회관에 있지만, 마음으로는 교령사 수도원이라는 생각을 한 것이다. 그래서 교령사를 찾아오는 교인, 외부 사람들에게 '교령사 수도원' 느낌을 갖게 할 수 있도록 해야 한다고 생각을 하였다. 그래서 나는 교령사에 청수 그릇을 갖다 놓고 독서대에 경전을 올려놓고 스승님의 말씀이 떠나지 않게 하려 하였다. 교령의 시간과 수련의 시간은 하나가 되어야 한다고 생각한 것이다.

모든 업무는 대도중흥에 초점을 맞추고자 하였다. 현관문에도, 종무원에도, 회의

실에도 대도중흥의 현수막을 붙여 놓고 염염불망하고자 하였다. 교령사 입구에도 대도중흥이라는 액자를 걸어 놓고 초심을 잃지 않고자 했다. 나는 또한 '교령의 시간' 은 연구하고 공부하는 시간이어야 한다고 생각했다. 교령으로서의 역할을 잘하기 위해서는 마땅히 교령학을 연구하고 공부해야 한다는 생각이었다. 교인 모두가 교령이며 온 국민 모두 교령이라는 생각에서 교령의 교령으로서의 자질을 갖추기 위해 끊임없이 노력해야 한다는 생각이었다. 노력하지 않으면 교인 교령 국민 교령의 위상을 상실한다는 생각이었다. 그래서 '교령의 시간' 은 항상 공부하고 연구해야 한다고 생각하였다. 그래서 교령사는 바로 교령 공부방이었다. 교령사에 있는 동안에는 컴퓨터에서 눈을 떼지 않으려 했다. 손님이 오거든 널려진 책과 자료들을 정리하느라 바쁜 시간이었다.

나에게 주어진 '교령의 시간' 3년은 날마다 시간을 사고 싶은 충동으로 가득 차 있었다. 바쁜 일이 끝나고 나면 기다렸다는 듯이 또 다른 일이 연이어 다가오곤 하였다. 3년 동안 쉬기 위해 휴가를 낸 날은 한 번도 없었다. 그래서 나는 왜 이렇게 바쁘기만 한가? 내가 닭띠라서 그런가? 하면서 때때로 창밖의 남산을 바라보곤 했다. 한가롭게 시간을 보내는 사람들을 볼 때는 그 사람의 시간을 좀 사거나 빌려 쓸 수는 없을까? 하고 엉뚱한 생각을 해 보기도 하였다. 나에게 교령의 시간은 갑판 위의 불을 끄는 변화와 혁신의 시간이었다.

• 의창수도원에 교령사 분실 설치

나는 포덕 158년 4월 26일 우이동 의창수도원 교령 분실로 출근했다. 교령사 분실 설치는 지난해 교령 취임 때부터 구상했던 계획이다. 이날 11시 30분에 열린 교령사 분실 설치 봉고식에는 이범창 종무원장, 김호성 교화관장, 계한경 경리관장, 박해룡 교무관장, 박충남 수도원장 등 임직원이 참석했다. 나는 봉고식에 앞서 아침 일찍 우이동으로 출근하여 의암성사 묘소를 참례하고 도선사를 다녀왔다. 도선사는 의암성사께서 포덕 53(1912)년부터 3·1운동 준비 일환으로 전국의 천도교 지도자 483명을 7차례로 나누어 특별연성을 시킬 때, 제1차 연성을 실시한 곳이다. 제1차 연성 때는 아직 봉황각 건물이 완공되지 않아 참가자 21인은 도선사에서 수련을 실시하게 되었다.

이와 같은 도선사의 특별한 인연과 역사를 생각하며 먼저 도선사를 다녀왔다.

《천도교신문》에 쓰여진 의창수도원 교령사 분실 설치 관련 기사는 다음과 같다.

이정희 교령은 지난해 취임 후 1년 동안은 중앙총부 기반을 정비하는데 정성을 기울였고 이제는 그동안 준비해 왔던 큰 비전을 제시하는 단계로 들어섰다고 했다.

그 첫 계획으로 우이동 의창수도원에 교령사를 설치했다. 수도원에 교령사를 설치하는 뜻은 천도교의 활동 범위를 확대하는 일환이며 특히 수련하는 교단 분위기를 강조하기 위한 것이다. 천도교의 수장인 교령은 행정보다는 수련하는 모습을 보여 주는 것이 바람직하지만 오랫동안 그러한 모습을 찾아보기 힘든 교단의 현실이 아쉬웠다고 했다. 이정희 교령은 이런 고심 끝에 우이동 교령사에서 첫 근무를 시작했다.

이정희 교령은 "100년 전 의암성사 때에는 300만 교도를 자랑하던 천도교가 지금은 쇠운이 지극한 한계 상황에 이르렀다. 이제 10년 내에 300만 교인이 될 수 있도록 천도교의 미래 비전, 대도중흥비전, 통일 비전을 세울 때"라며 우이동에 교령사를 설치하고 기도하고 수련하며 스승님의 교훈과 간섭을 받아야 한다고 밝혔다.

의창수도원에 설치될 교령사에서의 집무는 매주 수요일로 일주일에 하루다. 우이동 교령사 분실 근무가 안정되면 경주 용담수도원에도 교령사를 만들어 근무할 계획이라고 했다.

이정희 교령이 의창수도원 분실에서 가장 먼저 구상한 계획은 통일과 통일 후 천도교의 역할이다. 천도교는 보국안민의 종교이고 3·1운동의 종교이다. 천도교의 3·1 재현 운동은 통일운동이며, 통일은 대포덕의 기회이다. 남북통일은 천도교가 전 세계로 퍼져 나갈 기회이며 또 한울님의 뜻이기도 하다. 이러한 시기에 천도교가 해야 할 일은 통일을 위한 준비이며 그 구체적인 실천 방안으로 통일포럼 활동 등을 제시했다. 또한 국민의식 개혁, 미래 정신 개벽을 위해 '민족통일선언서'를 준비 중이며 이를 바탕으로 한 통일 교육에 나서도록 할 계획이다. 이정희 교령이 구상하고 있는 또 다른 계획은 서울시 문화재인 봉황각을 국가문화재로 승격시키는 것이다. "3·1운동의 산실인 봉황각은 국가문화재가 될 충분한 조건을 갖추었다. 봉황각 인근의 민가를 수용하고 의암기념관을 건립하여 국민 정신 교육 도장으로 발전시켰으면 하는 구상을 문화체육관광부 등 관련 기관과 협의하고 있다."라고 밝혔다. 최근 서울 강북구청에서 3억여 원의 예산으로 시행하려는 봉황각 화장실 신축 공사, 봉황각 담장 벽화 작업은 이런 계획의 일부이다.(《천도교신문》 89호, 2017년 5월 11일)

• 지방 교구의 목소리 경청

나는 포덕 158년 11월 1일, 지방 교구의 목소리를 경청하는 중앙총부가 되자는 내용의 월례 조회사를 발표하였다.

저는 11월에 3개 교구를 다녀왔습니다. 광주교구, 삼천포교구, 예산교구를 다녀왔습니다. 11월 5일에 방문한 광주교구는 최근에 입주한 기존 아파트 단지의 상가에 위치하고 있었습니다. 지역 주민의 반발로 입주 당시 플래카드조차 부착하지 못하는 소동이 있었으며, 교구 안내 간판도 밖으로 드러내 놓고 설치할 수 없었다고 들었습니다. 동학혁명 당시의 상처 때문인지 천도교에 대한 광주 시민들의 냉대(?)가 심각한 수준이라는 느낌이 들었습니다. 그러나 이곳 광주에서 일어난 민주화운동 등의 정신은 바로 동학혁명의 정신으로부터 이어져 왔다는 점에서 포덕의 잠재적 가능성은 어느 지역보다 많을 것이라는 생각을 해보았습니다. 또 광주는 예향의 도시이기 때문에 다양한 문화 예술 활동을 통한 포덕 운동을 전개하는 한편 지난해 준공된 '광주 동학농민혁명기념공원' 등의 시설을 이용하여 다양한 포덕 사업이 전개될 수 있을 것으로 생각되었습니다. 광주교구가 중심이 되어 포덕 활동을 지속적으로 전개하면서 중앙총부가 지방 교구의 목소리를 경청하며 도움을 준다면 이 지역에 대포덕의 기회가 다가올 수 있을 것이라는 생각이 들었습니다.

와룡산하에 있는 삼천포교구는 항암 '최진규 선생 포덕 불망비'가 눈에 띄었습니다. '최진규 선생 포덕 불망비'를 통하여 이곳 삼천포교구의 후학들이 100년이 넘는 오랜 역사와 전통을 이어 가겠다는 굳은 의지를 읽을 수 있었습니다. 교인들의 분포가 다른 지역에 비하여 비교적 고르게 포진하고 있으며 모두가 이심전심으로 포덕의 중요성에 깊이 공감하는 분위기를 느낄 수 있었습니다. 경상도연원회 장정갑 위원장님과 최봉수 교구장님, 원로님들, 그리고 여성회, 청장년 등 동귀일체의 정신으로 혼연일체가 되어 있음을 느낄 수 있었습니다.

특히 여성회의 봉사 정신이 정말 투철하다는 것을 느낄 수 있었습니다. 11일의 하동 고성산 동학혁명 추모식에 모인 200여 명의 중식과 다음 날 시일식에 참석한 100여 명의 점심을 정성스럽게 준비하고 봉사하시는 모습들이 정말 감동적이었습니다. 3일 전부터 밤잠을 설쳐 가며 준비했다며 모든 여성 회원들이 자발적으로 참여하는 모습을 볼 수 있었습니다. 지난해에 이어 이번 방문에서도 송도근 사천시장님께서 방문하시어 환담을 나누기도 하는 등 지역 사회와의 유대 관계가 돈독하다는 것도 느낄 수 있었습니다. 11월 12일, 삼천포교구와 고성교구, 사천교구, 충무교구 등 교인과 때마침 이 지역을 견학하고자 참석한 정읍동학농민혁명계승사업회원 30여 명과 함께 100여 명이 합동시일식에 참석하여 성황을 이루었습니다. 경남 서부 지역의 인근 교구들의 합동 포덕 대회를 자주 개최하면서 중앙총부가 지원을 한다면 이 지역의 포덕이 확산될 수 있는 기회가 많을 것이라는 느낌이 들었습니다.

11월 19일에는 내포 지역의 예산교구를 다녀왔습니다. 예산교구에서는 예전의 교세를 중흥하고자 하는 박성묵 교구장님의 사명감에 감동했습니다. 예산역사연구소를 이끌면서 지역 원로들과의 끈끈한 유대감이 돋보였습니다. 동학에 관심을 가진 풍물단과 문화예술인들이 동학의 이름으로 활동하고자 하는 의욕이 돋보였습니다. 예를 들면, 문화예술 활동을 가능하게 할 적절한 공간이 확보된다면, 동학풍물단과 동학문화예술단을 조직하여 포덕에 일조하겠다는 의지를 가지고 있었습니다.

현재 25평의 교당을 50여 평으로 늘린다면 그곳에서 풍물놀이와 문화예술 프로그램을 연출하여 집단 포덕의 기회가 크게 확대될 것으로 기대되었습니다. 예산읍 관작리에 마련된 4천여 평의 동학공원은 이 지역민들에 대한 포덕의 거점으로 활용될 수 있을 것으로 생각되었습니다. 그동안 박성묵 교구장의 지속적인 정성으로 50명의 교인을 새롭게 포덕하였다며 금명간 교인들의 명단을 중앙총부에 제출하겠다고 하였습니다. 교구장님과 원로 교인들에 의하면, 내포 지역은 다른 지역보다도 포덕의 가능성이 많은 것으로 판단되었습니다.

이상으로 11월에 방문한 3개 교구에 대한 현황에 대해 소개했습니다만, 중앙총부가 좀 더 낮은 자세로 지방 교구에 다가가 경청하고 공감하면서 함께 노력한다면 포덕에 새로운 바람을 일으킬 수 있을 것이라는 희망을 읽었습니다. 이 시대의 천명인 '대도중흥비전 21'과 '포덕 2500' 실천의 중심은 중앙총부가 아닌 지방 교구라는 점을 명심해야 하겠습니다. 이를 위해 중앙총부가 먼저 지방 교구의 목소리를 경청하고 지방 교구의 어려움을 해결해 나가는 '지방 교구 도우미' 로 다시 태어나야 한다는 점을 거듭 강조하고자 합니다.

• 변화와 혁신을 위한 설교

나는 재임 중에 11번에 걸쳐 대교당 설교를 하였다. 아무리 바쁘다 할지라도 가능한 1분기에 한 차례 중앙교당에서의 설교를 하기로 방침을 정하고 시행하였다. 취임사에서 밝힌 새로운 변화와 혁신의 과제들을 성공적으로 수행하기 위해서는 무엇보다도 교인 모두의 폭넓은 공감대가 이루어져야 한다. 특히 100년을 향한 미래 비전으로서의 '대도중흥비전 21' 을 성공적으로 실천하기 위해서는 실천 주체인 지방 교구와 교인들과의 원활한 소통이 이루져야 한다. 이를 위해서 지방 교구 순회 설교와 동시에 전 교인을 대상으로 한 중앙대교당에서의 설교도 분기별로 한 차례씩 하기로 한 것이다. 중앙대교당에서의 설교는 동영상으로 실시간 중계되고 홈페이지에서도 다시 볼 수 있도록 하였다.

그동안 중앙대교당에서 한 설교의 주제는 대도중흥, 중일변(포덕 157년 5월 29일), 천지기수와 이신환성(포덕 157년 7월 3일), 오도지운과 도전 (포덕 157년 10월 2일), 성인의 마음과 범인의 마음(포덕 158년 2월 5일), 오도책임과 포덕(포덕 158년 5월 14일), 삼경포덕(포덕 158년 7월 2일), 동귀일체와 포덕(포덕 158년 10월 1일), 소통을 넘어 공감으로(포덕 159년 1월 7일), 진심불염(포덕 159년 5월 13일), 인내천 본의는 통일(포덕 159년 10월 14일), 포덕 160년, 누구를 위한 시간인가?(포덕 160년 1월 6일) 등이다.

3. 중앙총부 주요 혁신 프로그램 추진

• 신집행부 혁신 방향

신집행부의 혁신 방향과 혁신 사업에 대해서는 포덕 157년 4월 22일, 교령 취임사를 통해 발표한 바 있다. 교령 취임사에서 "저는 천도교 교령으로서 이 역사적인 시운과 더불어 산하대운 진귀차도의 새로운 기운 속에서 대도중흥의 역사적 사명을 가슴 깊이 새기고 있습니다. 그리고 다음 몇 가지 우리가 함께할 대도중흥의 방향을 제시하면서 흔들림 없이 실천해 나갈 것을 약속하고자 합니다."라고 신집행부의 혁신 방향을 밝힌 바 있다. 취임 후 개최한 기자 회견에서도 신집행부의 혁신 방향과 혁신 과제에 대해서 설명한 바 있으며 이 내용은 《천도교신문》은 물론 중앙지를 포함한 지방 신문에도 소개되었다.

이렇게 대내외적으로 발표된 신집행부의 혁신 방향과 혁신사업이 성공적으로 추진되기 위해서는 사업 추진에 합당한 조직 제도의 형성은 물론 관련 사업 및 예산 조치 등이 뒷받침되어야 한다. 만약 이러한 제도적, 예산적 뒷받침이 제대로 이루어지지 않는다면 신집행부의 혁신은 제동이 거릴 수밖에 없다. 그렇게 된다면 대도중흥과 광제창생의 새로운 천도교 시대를 열겠다며 의욕적으로 공약했던 혁신 과제들은 제대로 추진할 수 없게 될 것이다. 그래서 신집행부의 모든 역량을 혁신 과제 추진을 위한 여건 조성에 집중하기로 한 것이다. 먼저, 혁신 사업 추진을 위한 규정화 작업이 반드시 성공할 수 있도록 최선의 노력을 경주하기로 한 것이다.

• 주요 혁신 과제 규정화 추진

교령 취임사 등을 통해 발표한 신집행부의 혁신 사업 과제는 20여 개에 이른다. 이렇게 과제 수가 많은 것은 혁신을 위한 사업이 많고 혁신 사업 간의 시스템적 연계성 때문이다. 이들 혁신 과제 중 규정의 제·개정화 작업이 필요한 과제는 10개로 압축된다.

첫째는 교헌 개정 사업이며, 둘째는 천도교발전연구원 설립 사업, 셋째는 민족통일대학 설립 사업이며, 넷째는 인재 양성 사업이다. 다섯째는 도서관 설립 사업, 여섯째는 해외 포덕 사업, 일곱째는 성역화 사업이다. 여덟째는 원로자문회의 설치 운영 규정 개정, 아홉째는 수도원 설치 운영 규정 개정, 끝으로 열 번째는 동학혁명기념사업추진단 설치 운영 예규(안) 등이다. 이들 혁신 사업 과제 하나하나는 신집행부의 철학과 미래 비전을 담고 있다. 이 시대 천도교 발전을 위한 꿈이 담겨 있다. 주요 혁신 과제에 대한 추진 방향과 내용 및 관련 규정안 입안 등에 대해서는 전문성과 경험이 풍부한 임형진 종학대학원장으로부터 많은 도움을 받았다. 특히 천도교발전연구원, 민족통일대학, 인재 양성, 해외 포덕 사업 등에 대해서는 임형진 원장이 관련 규정 초안을 마련하였다. 그리고 도서관 설립 사업에 대한 주요 내용과 규정화 작업은 박길수 도서관장이 주도적으로 참여하였다.

• 혁신 과제—1. 교헌 개정

교헌 개정 추진 배경: 나는 교헌 개정 없이 천도교의 미래는 없다는 점을 취임사에서 강조하였다. "먼저 총부 개혁입니다. 총부 개혁 없이 천도교의 미래는 없습니다. 교역자의 의식과 풍토를 뿌리부터 개혁할 것입니다. 교헌개정위원회를 설치하여 새로운 시대, 모든 교인들의 꿈과 의지가 담긴 교헌과 규정 개정안을 마련하고 중장기 발전 계획을 수립할 것입니다." 또한 포덕 157년 4월 22일 취임 기자 회견에서도 교헌 개정의 필요성과 추진 방안에 대해서도 밝힌 바 있으며, 4월 27일, 《천도교신문》 대담에서도 밝힌 바 있다. 우리 천도교가 세상과 짝하여 발전하기 위해서는 교단 운영의 기본적 기틀이 되는 교헌이 시대 발전과 짝하여 나아가야 한다. 그런데 현재의 교헌은 61년전 포덕 96년 1월 17일에 제정된 것으로서 그동안 필요에 따라 부분적인 수정은 있어 왔으나 교헌의 내용이나 구조와 형식, 용어 등에서 전반적으로 시대에 뒤떨어진 모습을 보여 주고 있다. 61년 전 제정된 교헌을 거의 그대로 유지하고 있다는 것은 교단 발전을 가로막는 걸림돌이 될 수밖에 없다. 이러한 교헌의 개정 없이 혁신은 불가능하다. 교단 발전의 장애가 되는 현 교헌은 이제 세계화, 미래화, 지방화, 정보화라는 새로운 시대 새로운 문명에 앞서갈 수 있는 교헌으로 새롭게 바뀌어야 한다. 이 시대 교헌 개정은 선택이 아니라 필수적 사안이다. 모든 교인들이 교헌 개정을 원하고 있다. 범교단적인 교헌 개정 작업이 내년 중반까지는 반드시 이루어져야 한다는 것이 교인들의 염원이다.

교헌개정특별위원회 설치 규정안 요지: 교령 직속의 교헌개정특별위원회를 설치 운영하여 전반적인 교헌 개정 작업을 체계적으로 추진하도록 한다. 교헌 개정안에 대한 연구, 입안, 의견 수렴 등을 위하여 특별위원회를 구성하여 교헌 개정 계획을 종합적으로 수립 추진하다. 위원회 중심으로 타 종단의 사례와 장단점들에 대하여 충분한 연구와 광범위한 의견 수렴을 거쳐 61년 전 교헌 제정 수준의 초안을 만들어 나가도록 한다. 이렇게 만들어진 초안을 중심으로 전문적 검토와 광범위한 의견 수렴으로 보다 완벽한 개정안을 입안하도록 한다. 이렇게 만들어진 교헌 개정안은 현행 교헌과 규정에 따른 내부 결정 과정을 거쳐 최종 확정하도록 한다. 교헌개정특별위원회의 위원은 105인 이내로 하며 교헌개정위원회 내에 자문위원회와 분야별 분과위원회를 두어 자문 및 분야별 교헌 개정 작업을 체계적으로 추진해 나가도록 한다. 이와 같은 교헌 개정안은 기자 회견 및 《신인간》과의 대담을 통해 그 필요성과 방법론과 일정 등에 대하여 상세히 설명 게재된 바 있다. 《동아일보》, 《조선일보》, 《서울신문》, 《세계일보》, 《국제신문》 등과 《신인간》, 《천도교신문》에 인터뷰 기사 등이 게재되었다.〈전9조〉

• 혁신 과제—2. 천도교발전연구원 설립

천도교발전연구원 설립 추진 배경: 나는 취임사에서 "새로운 문명, 새로운 세계 100년 중일변을 위한 장기 비전을 교인 여러분과 함께 마련하겠습니다. 우리의 노력이 머지않아 '300만 대교단의 시대'를 다시 열 것입니다."라고 공약하였다. 이와 같은 천도교의 미래 장기 비전과 300만 대교단 시대를 성공적으로 달성하기 위해서는 무엇보다도 먼저 교단의 미래 발전 방향과 목표를 세우고 이의 실행 방안을 수립해야 한다. 이를 통해서 우리 모두가 함께 이룩할 꿈을 공감하고 그 꿈을 함께 가꾸어 나갈 수 있어야 할 것이다. 우리 천도교가 맞이할 미래 세계를 예측 평가하고 그 세계 속에서 펼쳐 나가야 할 목표를 설정하고 그 목표 달성을 위한 전략과 실천 과제별 세부 실행 계획을 수립해야 할 것이다. 그러나 우리는 아직까지 천도교 미래

비전 창출을 위한 장단기적 연구 사업을 체계적으로 수행할 수 있는 조직과 인·물적 기틀을 갖추지 못하고 있다. 명맥상의 연구소는 있으나 관련 규정과 사업이 없을 뿐 아니라 연구 업무 수행 기반이 제대로 마련되지 못해 유명무실한 상황이다. 천도교발전연구원이 설립되게 되면 종학대학원, 현기사와 함께 천도교 발전을 위한 싱크 탱크 역할 기능을 수행하게 될 것이다.

천도교발전연구원 규정안 요지: 천도교발전연구원을 천도교 중앙총부 부설 기관으로 설립하여 운영한다. 전임 임기에 설립한 천도교연구소는 설립만 했을 뿐, 관련 규정이 없었던 것을 이번 기회에 천도교연구소를 천도교발전연구원으로 개칭하고 본 연구원은 중앙총부 내에 둔다. 본 연구원은 천도교의 교리, 교사, 수련 및 천도교 발전 방안을 연구하는데 그 목적을 둔다, 천도교 교리의 심층 연구, 천도교 교리의 현대화 연구, 천도교 교사의 체계적 정리, 천도교 수련 절차와 방법, 수련 문화의 확산 연구, 천도교 미래 발전 방안 및 정책 연구, 대내외 연구 용역 사업 수행, 연구 성과물 간행, 연구 관련 기관과의 네트워크 구축과 인적 교류 등의 연구 사업을 수행하도록 한다. 이와 같은 사업을 원활하게 수행하기 위해 연구원에 천도교교리연구소, 천도교교사연구소, 천도교수련연구소, 천도교미래발전연구소 및 운영지원팀을 두고 임원으로는 원장 1인, 각 연구소 소장 4인, 운영지원 팀장 1인을 임명하도록 한다. 연구원의 재정은 중앙총부 지원금, 특성금, 사업 수익금, 정부지원금, 수탁연구비 등으로 충당하며, 일반회계와 특별회계로 나누어 집행한다. 천도교발전연구원 규정은 연구원 조직 운영에 대한 전문적 지식과 경험이 풍부한 임형진 종학대학원장이 초안을 입안하였다.〈전17조 부칙〉

• 혁신 과제—3. 민족통일대학 설립

민족통일대학 설립 추진 배경: 나는 포덕 157년 4월 22일 취임사에서 민족통일대학 설립을 공약했다. "민족통일대학을 개설할 것입니다. 북측의 천도교와 연대하고 소통하면서 통일 시대 지도자를 대대적으로 양성할 것입니다. 인내천 진리에 입각한 통일 연수 교육을 통하여 한반도 통일의 꿈을 수렴하고, 동아시아와 세계 평화로 이를 확산하며, 동귀일체의 미래 세계를 여는 전당으로 만들 것입니다." 또 4월 28일 프레스센터에서 개최된 기자 회견에서도 민족통일대학 설립 비전을 대외적으로 제시한 바 있으며 포덕 157년 5월 11일, 동학혁명 제122주년 황토현전승기념식에서 동학농민혁명계승사업회 이갑상 이사장의 요청으로 동학민족통일대학 설립에 필요한 2~3만 평의 부지를 제공하겠다는 김생기 정읍시장의 수락도 있었다. 우리에게는 민족통일의 기회가 새로운 중일변 성운 전환의 기회로 다가오고 있다. 우리 도의 운수로 인하여 우리 민족의 통일을 이루게 된다면 이로 인하여 동아시아의 운명과 온 세계의 운명도 완전히 바뀌게 될 것이다. 나는 취임사에서 북녘의 동덕 여러분에게 "우리 천도교인의 힘으로 남북통일의 문을 활짝 열어 나갑시다"라고 한 바 있다. 이제 천도교민족통일대학을 설립 운영한다면 우리 천도교가 민족통일의 주도적인 역할을 담당해 나갈 수 있는 기반을 닦아 나갈 수 있을 것이다. 민족통일대학의 설립은 이 시대 3대 포덕 방안의 하나로 통일마당 시대를 열어 나가기 위한 환경을 구축할 수 있을 것으로 기대된다. 천도교의 민족통일운동은 동학혁명과 삼일운동과 보국안민운동의 역사적 사명을 오늘 우리가 이어 가는 것으로 생각된다. 민족통일 교육 및 연수 제도를 만들어 통일 지도자를 체계적으로 양성하는 한편 통일 교육 콘서트 프로그램을 개발하여 전국 각 지방자치단체, 초중고, 대학 등 각급 학교, 청소년, 기업체, 사회단체 등을 대상으로 인내천 통일 교육을 대대적으로 전개해 나갈 필요가 있다.

천도교 민족통일대학 설치 규정안 요지: 천도교 중앙총부 부설 기관으로 천도교 민족통일대학을 설치 운영하여 인내천 사상과 이념으로 민족 화해와 화합 및 통일운동을 위한 통일지도자를 양성하도록 한다. 본 통일대학은 서울에 본부를 두고 지방에 분교 및 연수원을 둘 수 있다.

본 통일대학은 1. 통일 전문가 양성 정규 과정 2. 인내천 민족통일 의식교육-전국 순회 3. 인내천 민족통일지도자 양성 과정(일반인, 대학생, 청소년, 어린이 대상) 4. 일반 시민 대상의 인내천 민족통일학교 5. 인내천 민족통일 세미나 6. 인내천 민족통일연구 7. 인내천 민족통일 기행 8. 인내천 민족통일 학술대회 9. 인내천 및 통일 웅변대회 10. 출판 사업-학술 책자 발간, 월간지 간행 등 11. 통일과 연관된 부대 사업 등의 사업을 수행하도록 한다. 본 통일대학은 총장 1인과 부총장 1인, 교무처장 1인, 약간 명의 교수 및 사무처장 1인과 약간 명의 사무원을 두도록 한다. 남북교류위원회는 총장이 임명하는 교수와 연구원 및 외부 전문가들로 구성하며 남북교류와 화해 협력의 실질적인 내용을 만들고 실천한다. 입학 자격은 1. 고졸 및 동

등 이상의 학력을 갖춘 자 2. 천도교 이념에 입각한 민족통일에 관심이 있는 교인 3. 민족통일운동에 참여하고 있는 통일지도자 4. 통일대학이 강의하는 내용을 일정 정도 수학할 수 있는 능력을 갖춘 일반인 5. 기타 통일 문제에 관심이 있는 일반인으로 한다.

회계는 1. 세입은 교회 보조금과 학생 납입금, 특별성금, 기타 수입으로 하고 2.세출은 일반회계법에 준하되 결산은 중앙총부의 감사를 받도록 한다. 민족통일대학 설립 규정 역시 통일 문제 전문가로서 누구보다도 많은 지식과 경험이 풍부한 임형진 종학대학원장이 초안을 입안하였다.〈전19조 부칙〉

• 혁신 과제—4. 전문 인재 양성

전문 인재 양성 사업 배경: 4월 22일 개최한 취임식에서 나는 취임사를 통해 "모든 교인이 기본적으로 알아야 할 교리 교사와 수련의 중심센터로서의 종학대학원을 확장하여 영남 지역과 호남 지역에 각각 종학대학원 분원을 설치 운영하도록 할 것입니다. 전문 교역자를 양성하고 교구 상근 교역자를 순차적으로 배치하겠습니다." "또 4월 27일 천도교 신인간사와 취임 후 첫 인터뷰에서도 전문 인재 양성에 대하여 강조한 바 있습니다." "종학대학원은 앞으로 3원 체제로 운영하여 원하는 교인 모두가 종학대학원에 다닐 수 있도록 근접 지원을 할 예정입니다. 교육 장소는 기존의 교회 건물을 활용하도록 하고 교수진에 대해서는 해당 지역 내 대학이나 교인 중 자격이 있는 분을 모시도록 한다면 적은 비용으로 전국을 망라하는 종학대학원 교육을 분산해 실시할 수 있을 것입니다. 그리고 전문 교역자 양성 교육은 의창수도원을 활용하여 소수 정예 교육 과정을 운영하는 방향으로 일반 교육과 차별화된 전문 교육 과정을 개발 운영할 예정입니다." 인재 양성에 대해서는 4월 28일에 개최된 기자회견에서도 강조한 바 있다. 9월 23일, 종의원에 보낸 교서에서도 "대도중흥을 위한 인재 양성 사업 또한 교단의 100년 대계를 위한 필수적 사안입니다. 인재 양성 없이 천도교의 미래는 없습니다. 인재 양성 사업은 초를 다투는 일입니다. 교인들의 자질을 한 단계 더 높일 수 있도록 지방에 분원을 만들 것입니다. 종학대학원 분원은 지역 교인들을 위한 종학교육센터로서의 역할뿐 아니라 지역 사회의 포덕센터, 문화센터, 평생교육센터 등의 다양한 프로그램을 개발 운영함으로써 지역 사회 포덕의 훌륭한 거점이 될 것입니다."라고 강조한 바 있다.

종학대학원 설치 운영 규정 개정안 요지: 지방에 있는 교인 및 일반인에 대한 근접 교육 확장의 일환으로 주요 지역 분원 설치, 전체 교인들의 자질 향상을 위한 입학 요건 완화, 전문 지도자 과정 운영 등이다. 제9조(지방 분원) ①종학대학원의 효율적 운영과 지역 교육 확산을 위한 분원을 설치할 수 있다 ②지방 분원의 운영은 학칙으로 정한다. 11조(전문 지도자 입학 요건과 운영) 종학대학원은 전문 지도자 양성을 위해 다음 요건을 갖춘 자를 운영위원회의 심의 결과에 따라 입학을 허용한다. ①천도교 정신과 이념에 입각한 전문 교역자로서의 신념이 있는 자 ②종학대학원의 교육 과정을 이수할 능력과 지도 방침에 충실할 것을 서약한 자 ③대학 졸업 이상의 학력 또는 전문 교역자로서의 자질이 있다고 인정되어 각 교구장이나 연원주의 추천을 받은 자 ④중앙총부의 방침에 따라 전문 지도자 교육 과정 및 운영 등 제반 사항은 원장이 정한다.〈전 10조 부칙〉

• 혁신 과제—5. 도서관 설립

천도교 중앙도서관 설립 추진 배경: 나는 취임사에서 "수운회관에 동학문화센터를 설치 운영하겠습니다. 그 중심은 천도교 도서관입니다. 자료실과 박물관, 전시장을 아우르며, 평생 공부 시대에 부응할 것입니다. 천도교를 찾아오는 모든 분들과 함께 공부하고, 대화하고, 수련할 수 있는 마당이 될 것입니다. 또한 3·1운동의 성지인 중앙대교당을 일반 시민들과 함께하는 마당으로 적극 활용, 시대에 부응하는 각종 문화 행사를 유치하여 전통문화의 거리인 인사동의 수많은 발걸음을 수운회관과 대교당으로 인도하여 나라 사랑의 표본인 3·1정신을 되새기며 선양하는 프로그램을 준비할 것입니다."라고 약속했다.

천도교 중앙도서관 설립 규정안 요지: 현재 교화관 관할이며 교화관장이 자료실장을 겸하고 있는 '도서자료실'을 중앙총부 부설 기관인 '천도교 중앙도서관'으로 승격 개편하여 천도교(동학) 자료를 체계적으로 수집 관리함으로써 천도교 문화 보존 및 천도교(동학) 자료를 통한 포덕 교화 활동에 기여하도록 한다. 또한 중앙도서관 승격에 따른 체계적인 자료 정리 및 관리를 통하여 그동안 실추되었던 교단의 신뢰성을 회복하여 자료를 기증할 수 있는 분위기를 조성하고자 한다. 그리고 천도교(동학)를 공부하고자 하는 사람들에게 차별화된 자료를 제공함으로써 천도교 중앙도서관의 위상을 정립하도록 하고 중앙도서관에서 개최하는 다양한 문화 행사를 통하여 천도교 기록 문화 및 생활 문화를 활성화하여 교인들의 신앙심 고취 및 복지 향상에 기여하도록 한다. 외부 유관기관과의 유대 및 교류를 더욱 강화하여 정보를 공유하고 공공 기금을 지원받아 도서관 운영에 도움을 주도록 한다.〈전20조 부칙〉

• 혁신 과제—6. 해외포덕위원회 설치

해외포덕위원회 규정 제정 배경: 나는 취임사에서 "대륙별 포덕의 전진 기지를 설치하고 외국어 경전 간행과 인재의 교류로 세계화 포덕의 시대를 열어 나갈 것입니다. 이를 위해 천도교 해외포덕위원회를 설치하여 지속적으로 추진해 나가겠습니다."라고 공약했다. 공약에서 제시한 해외 포덕 활동을 체계적으로 수행하기 위해서는 해외포덕위원회 설치 규정과 조직을 구성하고 이에 따른 인사를 선임하기 위한 규정이 제정되어야 할 필요가 있다.

해외포덕위원회 규정안 요지: 해외 포덕을 위한 연구, 기획, 정책 개발 등을 목적으로 천도교 해외포덕위원회를 설치한다. 위원회의 위원은 교화관장과 종무원장 제청으로 교령이 위촉하는 6인 이내의 위원으로 구성하고 위원장은 위원 중에서 교령이 임명한다. 본 위원회는 필요시 지역별 분과위원회를 설치할 수 있도록 하고 필요한 전문가를 자문위원으로 위촉할 수 있도록 한다.〈전7조 부칙〉

• 혁신 과제—7. 성지·사적지성역화위원회 규정 제정

성지·사적지성역화위원회 규정 제정 배경: 포덕 157년 4월 22일, 취임사에서 "스승님들과 선열들의 거룩한 발자취와 성령이 깃든 성지와 사적지를 성역화해 나갈 것입니다. 용담성지, 은적암성지, 검곡성지, 중앙대교당, 봉황각, 우금티 등 동학농민혁명 사적지, 갑둔리 등 문화 유적지를 세계인들이 찾는 성지로 자리매김해 나가야 합니다. 이를 위해 성지 및 사적지성역화위원회를 설치하여 지속적으로 추진해 나가겠습니다."라고 공약하였다.

성지·사적지성역화위원회 규정안 요지: 종전 교서편찬위원회에 맡겼던 성지 지정 등 성지 관리에 관한 업무를 보다 효율적으로 수행하기 위하여 별도의 성지사적지위원회를 구성하고 종무원장이 위원장이 된다. 위원은 당연직 위원으로, 종무원의 각 관장과 전문위원 13인 이내로 구성한다. 위원회는 성지 사적지의 가지정 심의 의결, 성지 사적지 관리위원 선임 의결, 성지 사적지 관리에 대한 기본 계획의 수립, 기타 성지 사적지 관리에 필요한 조사 활동, 성지 사적지 관리에 필요한 전산 작업, 학술 출간 등의 업무를 수행한다.〈전6조 부칙〉

• 혁신 과제—8. 원로회 설치 운영 규정 개정안

원로회 규정 개정 배경: 나는 포덕 157년 2월, 전국의 원로님들과 지방 교구를 방문하면서 천도교의 발전 방안과 시대적 사명에 대해 경청하였다. 그래서 나는 전국에 보낸 인사말을 통해 "다가올 3월 전국대의원대회를 앞두고 성운의 기운을 지속적으로 이어 가기 위하여 굳건한 신앙심과 경험을 바탕으로 교회 원로님들의 지혜와 마음을 하나로 모으고 받들면서 새로운 비전을 구체화할 열망이 크다는 것을 통감하고 저의 작은 지혜와 공력을 바치고자 합니다."라고 교회 원로님들의 고견을 수시로 경청하고 자문을 받고자 하는 의지를 천명하였다. 이에 기존의 원로회를 교령의 자문기구로서의 역할과 목적에 맞게 규정을 개정하기로 한 것이다. 한평생 교회를 지켜 오신 원로님들의 해박한 경험과 지혜를 경청할 수 있는 환경을 조성하고 실천하는 제도 형성의 중요성에 대해 아무리 강조해도 지나치지 않을 것이다.

원로회 규정 개정안 요지: 원로회는 다음 각항의 위원으로 구성하고 교령이 위촉한다. 첫째, 종법사, 전직 교령. 둘째, 현직 연원회 정·부의장, 현기사 상주선도사. 셋째, 80세 이상 여성회 전·현직 임원으로서 교령이 위촉한 자. 넷째, 80세 이상 중앙총부 전직 기관장, 전직 교직자, 도정, 직접도훈 중 교령 추천인, 그리고 원로회는 정기회의와 임시회의로 한다. 정기회의는 매 반기별로 개최하고 임시회의는 필요시 소집한다.〈전6조 부칙〉

• 혁신 과제—9. 수도원 설치 운영 규정 개정안

수도원 설치 운영 규정 개정 배경: 나는 취임사에서 "총부 개혁과 함께 전체 교인들의 신앙심을 더욱 두텁고 깊이있게 할 수 있도록 수련의 새 기운을 대대적으로 일으켜 나가겠습니다. 수도연성의 기운으로 충만한 신앙의 힘과 포덕의 역량을 지속적으로 길러 나가는 신앙 중심 교회를 만들어 나가겠습니다."라고 수도의 중요성을 강조하였다. 취임식에 앞서 포덕 157년 4월 12일, 신임 집행부 용담정 봉고식에 참여하여 수도원의 상황과 경주시가 추진하는 동학 발상지 성역화 추진 사업에 관한 보고를 받으면서 수도원의 이원적 경영이 필요하다는 것을 느꼈다. 용담수도원장은 동학 발상지 성역화 사업의 진행 상황에 대해서는 잘 모르고 있었다. 그래서 사업 시행자인 경주시와의 소통도 이루어지지 않고 있다고 했다. 교단의 중요한 사업인데도 근접하고 있는 수도원에서 이를 맡기에는 업무가 과다하다는 이유였다. 그래서 이곳 용담수도원에 원장을 도와 대내외적 경영을 담당하는 부원장이 있어야 하겠다고 생각했다. 일차적으로는 현재 진행 중인 경주 동학 발상지 성역화 사업을 차질 없이 지원하기 위하여 용담수도원에 부원장 제도를 우선 도입 운영하도록 하고 점진적으로 의창수도원 및 전국의 수도원에도 도입할 수 있는 근거를 마련할 필요가 있다.

수도원 설치 운영 규정 개정안 요지: 기존의 규정에는 수도원에 원장 1인을 두되 규모가 큰 수도원에는 지도 강사 1인을 둘 수 있다고 되어 있으나 새로운 규정에서는 "용담수도원과 의창수도원에는 약간 명의 부원장과 지도 강사를 둘 수 있다. 부원장의 직무에 대해서는 개정안 제10조에서 "부원장을 둔 경우 부원장의 직무는 행정 등 부분 업무를 전담하거나 혹은 수련 지도를 원장과 분담할 수 있으며, 종무원은 명확한 업무 구분을 결정 부여한다"로 규정하여 부원장의 직무를 명확히 구분하고 있다. 이 규정이 의결될 경우, 용담수도원에 부원장제를 도입할 수 있게 되어 당면한 동학 발상지 성역화 사업 등을 효과적으로 추진할 수 있을 것으로 기대된다.〈전14조 부칙〉

• 혁신 과제—10. 동학혁명기념사업추진단 설치 운영 예규안

동학혁명기념사업추진단 설치 운영 배경: 나는 취임사에서 "3·1운동 100주년과 동학농민혁명기념사업, 시천주복지재단과 어린이가 행복한 나라 사업 등은 지난 집행부가 살신성인하여 출범한 사업입니다. 이를 계승하여 세상 사람들의 행복과 공공에 이바지하는 포덕 사업으로 발전시켜 나갈 것입니다."라고 말한 바 있다. 이상에서 공약한 사업 중 동학혁명기념사업은 정부 특별회계사업으로 수행되고 있는 중요 사업으로 이 업무를 보다 체계적이고 효과적으로 수행하기 위하여 동학혁명기념사업추진단을 설치 운영할 필요가 있다.

동학혁명기념사업추진단 설치 운영 예규안 요지: 동학혁명기념사업의 전국화, 세계화, 미래화를 위한 특별회계 사업의 수행을 위하여 동학혁명기념사업추진단(이하 '추진단')을 설치하기로 한 기존의 예규를 명백히 함을 목적으로 한다. 추진단은 특별회계 사업으로서 "동학혁명기념사업의 전국적 협조체제 구축", "동학혁명기념사업의 세계적 확산", "동학혁명기념사업의 미래 기획", "동학혁명기념사업의 북한측과의 공동 사업 추진" 등의 사업을 추진 집행한다. 추진단은 종무원장이 선임하고 교령이 위촉하는 단장 1인, 사무장 1인, 필요시 사무 직원 약간 명, 추진단 위원 33인 이내로 구성한다.〈전8조 부칙〉

• 종무위원회, 혁신 과제(규정) 심의 통과

이들 혁신 과제(규정)가 제정 시행되기 위해서는 2개의 관문을 통과해야 한다. 첫째 관문은 종무위원회 심의 의결이며, 둘째 관문은 종의원 심의 의결이다. 만약 이들 관문을 하나라도 통과하지 못한다면 신집행부의 혁신 과제를 효율적으로 추진할 수 없게 된다. 신집행부의 성패가 종무위원회와 종의원회의에 달려 있다고 해도 과언이 아니다. 그래서 종무원에서는 종무위원과 종의원들에게 안건에 대하여 설명하고 협조를 구하기 위해 최선을 다하기로 하였다.

제1관문으로서의 제1회 종무위원회가 개최되었다. 포덕 157(2016)년 6월 24일 오후 2시 수운회관 907호에서 첫 종무위원회가 개최되었다. 이번 종무위원회에서 심의할 안건은 전임 집행부 계속 사업 1건, 개정된 교헌 후속 조치로 인한 규정 개정 5건, 신임 집행부 중점 사업 과제 관련 규정 제·개정안 9건, 일반의안 9건 등 총 24건이다.

나는 첫 종무위원회에 참석하여 다음과 같은 인사말을 하였다.

모시고 안녕하십니까? 오늘 회의를 위해 원처 근처에서 참석해 주신 종무위원 여러분께 진심으로 감사드립니다. 신집행부가 출범한 지도 3개월이 지났습니다. 지나온 날들을 돌이켜보니 크고 작은 행사가 20여 개나 되더군요. 이틀에 한 번꼴로 행사를 치러낸 것 같습니다. 종무위원회를 진즉 개최했어야 함에도 불구하고 이렇듯 바쁜 시간을 보내다 보니 회의 개최가 많이 늦어진 감이 있습니다. 발등 앞에 떨어진 그 많은 행사를 치르느라 시간이 많이 부족했던 것 같습니다. 비단 총부뿐만 아니라 지방 교구 역시 마찬가지 상황이라 생각됩니다. 열악한 환경에서 중앙총부, 지방 교구 할 것 없이 모두 다 함께 갖은 애를 다 쓰고 있다고 생각됩니다. 총부 임직원들과 교구 운영에 힘쓰고 계시는 위원님들께 감사의 박수를 보냅니다. 우리가 살아가면서 개인이나 조직 또는 국가를 막론하고 이길 수 없는 것이 하나 있습니다. 그것은 바로 운수입니다. 사계의 순환을 우리가 거부할 수 없듯이 우리가 받아들일 수밖에 없는 것을 운명이라고 합니다. 저는 우리 천도교가 받아들이지 않으면 안 될 새로운 운수의 바람이 불어왔다는 것을 체감하고 있습니다. 그 운수는 대도중흥 운수입니다. 이 좋은 대도중흥의 운수에 맞춰 교단을 운영하고 힘을 모으는 것이야말로 이 시대에 주어진 명령이라고 생각합니다. 그러나 우리 앞에 다가온 이 운수는 언제까지 머무를까요? 경전에 운수야 좋거니와 닦아야 도덕이라는 구절이 있습니다. 운수가 와도 운수에 따라 변하고 행하지 않으면 그 운수는 떠나게 될 것입니다. 앞으로 3년, 100년을 좌우하는 새로운 변화의 운수와 함께 임전무퇴의 자세로 대도중흥의 길로 나아갑시다. 그러기 위해서는 2가지가 필요합니다. 대도중흥을 위한 신앙심 회복입니다. 그리고 교단의 혁신입니다. 신앙심 회복을 어떻게 할 것인가? 어떻게 혁신할 것인가? 두 가지 큰 과제가 우리 앞에 놓여 있습니다. 우리 모두 다 함께 한마음 한뜻으로 대도중흥을 이룩해 나가야 하겠습니다.

오늘 안건이 참 많습니다. 이 자리에서 충분한 논의를 거쳐 의결된다면 그것을 밑거름으로 하여 새 집행부가 힘을 모아 나가게 될 것입니다. 새 집행부가 힘차게 출범할 수 있도록 지혜를 모아 주시기 바라며 이상으로 인사 말씀을 마치겠습니다. 감사합니다.

1, 2차 종무위원회 심의 결과 종무위원회에 상정된 주요 혁신 규정안 24개의 안건은 모두 의결되었다. 이로써 신집행부의 혁신 규정에 대한 첫 번째 관문은 통과되었

다. 이제 종무위원회를 통과한 이들 안건들은 제2차 관문인 종의원회의에 상정, 심의 의결의 시간을 맞게 되었다.

4. 종의원, 주요 혁신 규정안 부결

• 종의원에 교서 발행, 제안 설명

역사적인 종의원 임시총회에 즈음하여, 신집행부의 혁신 방향과 혁신 과제에 대한 추진 필요성에 대하여 34명의 종의원들에게 다음과 같은 교서를 발행했다.

모시고 안녕하십니까? 민족의 최대 명절인 한가위를 잘 보내셨는지요? 저도 고향에 가서 오랜만에 가족들도 만나고 성묘도 하고 즐거운 마음으로 잘 다녀 왔습니다.

다 아시는 바와 같이, 우리 천도교는 19세기 말, 20세기 중엽에 걸쳐 300만을 헤아리는 이 민족 최대의 대종단으로서 동학혁명과 갑진개화운동, 3·1운동 등의 위대한 역사를 만들었습니다. 그러나 지난 100여 년 동안 우리의 교세가 급격히 기울면서 지금은 너무도 나약한 모습으로 극도로 침체되어 있는 실정입니다. 지금 우리 교회는 갑판 위에 불이 붙은 것과 같은 극도의 위기 상황을 맞고 있습니다. 포덕의 동력을 많이 상실하고 있습니다. 대부분의 지방 교구는 불씨가 점점 꺼져 가고 있습니다. 교단에 청년이 보이지 않습니다. 어린이가 점점 보이지 않고 있습니다. 미래를 위한 비전이 보이지 않고 있습니다. 교인들의 신앙심도 점점 약화되고 있습니다. 그야말로 총체적인 위기 상황을 맞고 있습니다. 이러한 위기 상황에서 우리는 과연 무엇을 어떻게 해야 할까요?

교회 발전을 염원하는 종의원 여러분! 지난봄 우리 교단에 새로운 운수가 다가왔습니다. 성운 전환의 새로운 운수가 도래하였습니다. 100년을 좌우할 성운 전환의 기회가 다가온 것입니다. 우리는 100년 만에 다가온 새로운 운수 속에 담겨진 대도중흥의 위대한 꿈을 발견하였습니다. 우리는 이 성운 전환의 새로운 꿈을 결코 놓쳐서는 안 될 것입니다. 현 집행부에서는 대도중흥의 꿈을 실현하기 위해 아침이면 수운회관 907호에 함께 모여 인사를 나누며 다짐하고 있습니다. 우리가 먼저 혁신해야 한다며 스스로의 혁신을 다짐하고 있습니다. 대도중흥을 위한 변화와 혁신! 총체적으로 추진하는 일, 천도교 역사 속에서 처음 있는 일입니다.

종의원 여러분! 이제 새로운 시대 새로운 집행부를 믿고 힘을 실어 주어야 할 때입니다. 대도중흥을 위해 애쓰고 있는 새로운 집행부를 믿고 힘을 실어 주십시오. 새로운 운수, 새로운 마음으로 정성을 다하고 있는 집행부의 혁신 방안에 대하여 제도적으로 뒷받침해 주시기 바랍니다. 지난 7월, 용담수도원에서 개최한 연원회에서도 새로 출범한 집행부의 혁신 방안을 적극 도와주기로 하였습니다. 지난 8월, 재단이사회에서도 종의원 규정 통과 후 추경 예산을 심의하기로 하였으며, 2차례에 걸친 종무위원회의 의결, 2차례에 걸친 종의원 운영위원회 등의 심도 있는 검토가 있었습니다. 이처럼 지난 3개월여 동안에 걸쳐 현 집행부의 혁신 방안(규정)에 대해 연원회와 종무위원회, 유지재단, 종의원 운영위원회 등의 검토를 모두 거쳤습니다. 특히, 지난 8월에는 전국 교구에서 모인 300여 명의 대도중흥 특별 수련 모임에서도 혁신 방안에 대한 높은 기대와 함께 "이제 교회가 좀 달라지게 될 것 같다"며 혁신 방안이 반드시 성공적으로 수행되기를 간절히 바란다는 뜻을 전달하는 분이 많았습니다.

교단 발전을 염원하는 종의원 여러분! 대도중흥을 위한 혁신 방안은 종무원만의 힘으로는 절대로 이루어질 수 없습니다. 종의원 여러분과 연원회, 현기사, 감사원, 유지재단, 종학대학원, 연구소, 교수회, 여성회, 청년회, 동민회, 각 교구, 수도원은 물론 한울연대 등 임의단체와 전국의 교인들이 함께 추진해야 할 우리 모두의 시대적 공통의 과업이라는 것을 명심해야 하겠습니다.

대도중흥 혁신 방안의 하나인 교헌 개정은 필수적 사안입니다. 선택이 아니라 필수입니다. 교헌 개정이 체계적으로 추진될 수 있도록 도와주십시오. 60년 된 전근대적 교헌의 개정 없이 대도중흥은 불가능합니다. 모든 교인들이 교헌 개정을 원하고 있습니다. 제도 개선 차원을 넘어서서 범 교단적인 교헌 개정 작업이 내년 중반까지는 반드시 이루어져야 한다는 것이 교인들의 염원입니다. 교헌 개정, 꼭 도와주시기 바랍니다.

대도중흥을 위한 인재 양성 사업 또한 교단의 100년 대계를 위한 필수적 사안입니다. 인재 양성 없이 천도교의 미래는 없습니다. 인재 양성은 초를 다투는 일입니다. 교인들의 자질을 한 단계 더 높일 수 있도록 지방에 분원을 만들 것입니다. 지방 분원은 지역 내 교구 시설을 이용하고 지역 내 대학 등 교수 자원을 활용함으로써, 비용효과 측면에서도 수억 원의 경제적 효과가 기대되는 사안입니다. 분원은 지역 교인들을 위한 종학교육센터로서의 역할뿐 아니라 지역 사회의 포덕센터, 문화센터, 평생교육센터 등의 다양한 프로그램을 개발 수행함으로써 지역 사회 포덕의 훌륭한 거점이 될 것입니다. 이러한 인재 양성 사업을 효과적으로 실시할 수 있는 종학대학원 분원 설립에 관한 규정을 꼭 도와주시기 바랍니다. 그리고 인재 양성과 더불어 천도교발전연구원 설립에 관한 제도를 꼭 도와주어야 하겠습니다. 우리는 아직까지 교리·교사·수련 등에 대한 심층적인 연구와 천도교 미래 비전 창출을 위한 장·단기적인 연구 사업을 체계적으로 수행할 수 있는 기틀을 갖추지 못하고 있습니다. 명맥상의 연구소는 있으나 관련 규정이 마련되어 있지 않을 뿐 아니라 연구 업무 수행 기반이 제대로 마련되지 못해 유명무실한 상황입니다. 천도교발전연구원이 설립되게 되면 그동안의 관련 연구 성과를 총정리하는 한편 분야별 핵심 교리를 심층적으로 연구하고 이를 체계적으로 정리 보급하게 될 것입니다. 종학대학원, 현기사와 함께 싱크탱크 기능을 수행해 나갈 것입니다.

민족통일에 관련된 사항입니다. 천도교의 민족통일운동은 미완의 동학혁명과 3·1운동과 보국안민운동의 역사적 사명을 오늘 우리가 이어 가는 것이라 생각됩니다. 민족통일 교육 및 연수 제도를 만들어 통일 지도자를 체계적으로 양성하는 한편 통일 토크콘서트 프로그램을 만들어 전국 각 지방자치단체, 초중고, 대학 등 각급 학교, 청소년, 기업체, 사회 단체 등을 대상으로 인내천 통일 교육을 대대적으로 전개해 나갈 예정입니다. 정읍시에서도 이미 대학 부지로 3만 평을 기증하는 것으로 되어 있어 큰 기대가 되고 있습니다. 이 시대 삼대 포덕 방안의 하나로 통일마당포덕 시대를 열어 갈 민족통일대학 규정을 반드시 도와주어야 하겠습니다.

천도교 도서관은 현재의 자료실을 체계적으로 확대 운영하기 위한 방안의 하나로서 천도교 무형자산의 효율적인 관리는 물론 직간접적인 포덕 거점이 된다는 점에서 매우 중요한 기반 시설이라 하겠습니다. 도서관 관련 규정도 꼭 도와주시기 바랍니다.

포덕천하를 준비하는 천도교의 세계 포덕 사업은 신문명 정보화 시대에 반드시 추진되어야 합니다. 대륙별 해외 포덕의 전진 기지를 설치하고 외국어 경전 간행과 인재 교류로 세계화 포덕 시대를 열어 나가야 할 때입니다. 세계 포덕 사업을 체계적으로 추진하기 위한 세계포덕위원회 출범이 가능하도록 꼭 도와주시기 바랍니다.

수백 개에 달하는 성지 사적지를 체계적으로 관리하기 위한 성지사적지관리위원회가 출범할 수 있도록 반드시 도와주시기 바랍니다. 이상에서 설명한 내용을 포함한 지난 3월에 대회에서 결의한 교헌 개정에 따른 규정화 및 일반 규정의 개정, 신규 제정 등 총 15개의 규정이 이번 임시종의원총회에 상정되었습니다. 이 시대의 천명 대도중흥 중일변 민족통일을 위한 15개의 규정을 일괄 통과하여 주시기 바랍니다. 우리에게 시간이 없습니다. 앞으로 3년 100년을 좌우할 중요한 시간입니다. 종래와 같은 연장선에서 안이하게 생각한다면 우리에게 쇠운은 계속될 것입니다. 성운 전환을 위한 15개의 공이 종의원 여러분에게 넘어가 있습니다. 교인 모두가 지켜보고 있습니다. 전국의 교인 여러분들의 입장에서 판단해 주시기 바랍니다. 종의원 여러분 한 사람 한 사람의 선택이 천도교 역사를 바꿀 것입니다. 앞에서도 언급한 바와 같이 종의원도 넓은 의미에서 집행부의 성격을 지닌다는 것을 명심하여 주시기 바랍니다. 이 시기에 책임은 일차적으로는 종무원에게 있다고 하겠습니다. 그러나 종무원이 맡은 바 일을 잘할 수 있도록 관련 규정이나 제도를 효과적으로 뒷받침해야 한다는 측면에서 보면 종의원도 집행부인 것입니다.

어떻게 하면 제도적 측면에서 효율적으로 집행부를 도와줄 수 있을 것인가에 초점을 맞추어 현명하게 판단하는 종의원이 되기를 간절히 바랍니다.

"마누라와 자식을 빼고는 다 바꾸라" 라고 한 어느 대기업 회장의 말이 생각납니다. 지금 우리 교회는 경전과 스승님 말씀을 빼고는 다 바꾸어 새 집을 지어야 할 절박한 시기라는 것을 강조하고 싶습니다.

참고로 첨부한 대도중흥비전과 실행 계획안 자료를 일독해 주시고 이번 종의원 임시총회에 임해 주셨으면 합니다. 이 역사적인 시점에 서서 올바른 선택을 해주실 것을 당부하며 이만 마치고자 합니다.

포덕 157년 9월 23일
교령 호암 이정희 심고 한편 종무원에서는 종의원 34명에 대하여 각각의 종의원별로 다음과 같이 분담하여 혁신 규정안 제안 내용을 설명하도록 하였다. 새로운 집행부의 혁신 규정(정책)안들이 종의원에서 통과될 수 있도록 하기 위해 정성을 다하였다.

종무원장: 김명환, 김영백, 서수만, 오은임, 최명림, 최창식, 홍장화(7)

교화관장: 김영란, 성주현, 이홍자, 최은석, 주영준, 정태수(6)

교무관장: 김성환, 김춘성, 박성자, 박차귀, 이순종, 장인갑, 정갑선, 정해진(9)

경리관장: 김재수, 박범천, 선우철수, 정기수, 정성택, 차정근, 최재원(7)

공동: 염상철, 이윤영, 윤태원, 고시형, 이국진(5)

• 종의원, 주요 혁신 규정(과제)안 부결

드디어 포덕 157(2016)년 9월 30일 제2차 종의원 임시총회가 개최되었다. 그런데 새 집행부에서 역점을 두어 추진하고자 한 교헌개정특별위원회 설치 규정안과 천도교발전연구원 규정안, 민족통일대학 규정안 등 3대 혁신 사업 규정안들을 부결하였다. 이 시대 천도교 중흥을 위한 교인들의 여망을 담아 추진코자 했던 것인데 종의원 회의에서 부결했다는 것이 믿기지 않았다. 어떻게 이럴 수가 있는가? 공든 탑이 무너지는 것 같았다. 너무도 실망한 나머지 밤잠을 제대로 이루지 못하였다.

신집행부 출범을 전후하여 대·내외적으로 밝힌 혁신 방향이었는데, 갑자기 앞이 깜깜하였다. 최선을 다하여 혁신의 당위성을 설명하고 동의를 구했건만, 더구나 교령으로서 교서까지 발행하는 등 정성을 기울였는데도 부결하고 만 것이다. 교헌 개정안을 보니 내가 교헌을 개정하여 연임을 하려는 의도가 있는 것 같다는 허무맹랑한 이야기도 들린다. 천도교발전연구원을 만들어 운영하려면 막대한 예산이 들어갈 것이고 연구 인력도 확보하기가 어려울 것이기 때문에 연구원 설치 규정은 안 된다. 또 민족통일대학을 설립하려면 적어도 300억 원 정도의 예산이 소요될 것인데 재원 확보 대책도 없이 어떻게 민족통일대학을 설립한다는 것인지, 누군가가 정읍시에서 제공하고자 한다는 대학 설립 부지와 관련하여 정읍시에 가서 확인해 보았는데 정읍시에서는 전혀 알지 못하더라는 것이다. 그래서 민족통일대학 설립은 불가능하다는 판단하에 부결되었다는 이야기가 들린다. 말도 안 되는 이야기, 어떻게 해야 할 것인가?

• 밤잠 설치며, 절망을 희망으로

참으로 안타까운 마음을 달랠 길 없었다. 한마디로 절망이었다. 통곡하고 싶은 심정이었다. 잠을 이루지 못하고 날을 샜다. 아침을 여는 새벽, 공중에서 외는 소리 "이 시대의 사명, 주요 혁신 규정은 부결되었지만 신집행부의 변화와 혁신의 꿈은 결단코 부결될 수는 없을 것이니, 초심을 잃지 말고 한결같은 마음으로 미래를 준비해 나가라."는 말씀이 들린다. 이 또한 한울님의 뜻이라 생각했다.

그리하여 다시금 어두운 절망의 벽을 뚫고 환하게 떠오르는 광명의 빛을 바라볼 수 있었다. 그 빛을 따라 변화와 혁신의 꿈을 이루겠다고 거듭거듭 다짐하였다. 이를 위해 포덕 158(2017)년 4월 6일, 우이동에 제2교령사를 설치하였다. 여기서 나는 교령의 일상적인 업무를 벗어나 변화와 혁신을 위한 큰 그림을 만들어 나가기로 하였다. 100년을 향한 큰 꿈을 만들기로 하였다. 그 꿈을 실현하기 위한 실천 강령과 소통의 여정을 설계하였다. 대도중흥비전과 범국민 의식 개혁과 세계 포덕의 그림을 그려 나가기로 하였다. 3·1운동 100주년과 의암손병희선생기념관 건립의 구도를 그리는데 몰두하였다. 성역화와 민족통일의 꿈도 그려 보았다. 이렇게 그려진 구도들을 가지고 경운동 중앙총부로 나아가 함께 구체화해 나가기 시작하였다. 이렇게 만들어진 변화와 혁신의 청사진을 가지고 전국으로 돌아다니기로 한 것이다. 그리고 이와 같은 천도교의 새로운 모습을 국민들에게 알리기로 하였다.

제5장

대도중흥
100년의 꿈을 만들다

십이제국 괴질운수 다시개벽 아닐런가
태평성세 다시 정해 국태민안 할 것이니
개탄지심 두지 말고 차차차차 지냈어라
하원갑 지내거든 상원갑 호시절에
만고 없는 무극대도 이 세상에 날 것이니
너는 또한 연천해서 억조창생 많은 백성
태평곡 격양가를 불구에 볼 것이니
이 세상 무극대도 전지무궁 아닐런가

—〈몽중노소문답가〉, 『용담유사』

이제 우리는 대도중흥의 큰 꿈을

가질 수 있게 되었습니다.

이 새로운 꿈을 가슴에 안고 정성을 다 바쳐

실천해 나가도록 합시다.

—〈월례 조회사〉, 포덕 157년 7월

1. 대도중흥비전의 태동

나는 30년 전부터 교회 변화와 혁신을 위한 바람직한 교회상 정립과 미래 발전을 위한 과제와 전략, 중앙총부 혁신 방안 등에 대하여 지속적으로 제안하여 왔다. 시일 설교와 강의 및 신인간사의 요청 등 기회가 주어질 때마다 나의 생각을 발표했다. 이러한 나의 생각들이 쌓여 새로운 집행부의 '대도중흥의 비전'을 체계적으로 제시하고 그 비전을 실천하기 위한 노력을 할 수 있게 되었다. 이렇게 새로운 집행부의 '대도중흥비전' 태동의 배경으로서의 그간의 주요한 생각들을 먼저 살펴보기로 한다. 《신인간》에 게재되었던 시대별 주요 제안(요지)는 다음과 같다.

• 30년 전, '바람직한 교회상' 정립 제안

포덕 128년, 이 땅에 인내천의 메아리가 울려 퍼진 지 128년. 후천개벽 새 역사의 주역으로서 이 민족 근대사를 이끌어 왔던 우리 천도교가 지금은 역사의 뒤안길에 안주하면서 긴 동면의 잠에서 좀처럼 깨어날 줄을 모르고 있다. 하나같이 입을 모아 지난날의 찬란한 역사를 자랑할 줄은 알면서도 오늘과 내일, 그 역사를 이어 우리 교회가 힘써 이룩해 나가야 할 희망찬 메아리가 들리지 않고 있다. 우리의 힘과 지혜와 정성을 바쳐 이 시대에 이룩해야 할 바람직한 교회상을 정립하지 못한 채 스스로 나약한 모습으로 외로이 서 있는 오늘의 현실을 바라보면서 바야흐로 우리 교회가 홍하느냐 아니면 후퇴하느냐 하는 중대한 시점에 처하여 있음을 통감한다. 이 시대에 천도교가 존재하는 의의는 무엇이며 다 함께 추구해야 할 시대적 사명과 역할이 무엇인지가 분명히 제시될 때 바람직한 교회상이 형성될 수 있을 것이다. 교회상의 정립과 함께 우리 교회가 지금 결단을 내려야 할 또 하나 초미의 과제는 구태의연한 조직과 제도의 과감한 개혁이다.

아울러 교회의 발전에 또 하나 중요한 것은 유능한 지도자의 발굴이다. 우리 모두가 각자위심을 버리고 진심으로 돌아가 동귀일체를 이룩할 때 우리가 바라는 지도자를 찾을 수 있고 또한 우리가 바라는 지도자상을 스스로 정립할 수 있다. 우리가 소망하는 바람직한 교회상! 그것은 시대적 사명과 역할을 깊이 깨닫고 낡은 조직과 제도의 과감한 개혁, 교회 지도층이 사심을 버리고 참된 마음으로 돌아가 지도자로서 시대적 소임을 다할 때 이 시대를 이끌 후천개벽의 새 역사는 중단 없는 전진을 계속할 수 있다는 것을 굳게 믿는다.(《신인간》 제446호, 포덕 128년 1월)

• 20년 전, '21세기 천도교의 과제와 전략' 제안

포덕 136년, 20세기가 시작되면서 천도교는 이 민족의 역사적 공간에서 제일의 종교로 우뚝 서서 보국안민 운동을 전개하여 온 역사를 가지고 있다. 이 나라에 존재하고 있던 60개의 다른 종파를 모두 합친 수의 70% 내지 85%의 포교소와 기관을 갖고 있었고 교도 수에 있어서는 50%에 해당하는 300만을 기록하였던 것이다. 우리 교회가 이루어 가는 역사 속에서 어느 순간 하나하나가 중요치 않을 때가 없지 아니하겠지만 지금 이때야말로 그 어느 때보다도 가장 중요한 시기라고 생각된다. 스승님께서는 온 누리에 봄이 찾아오는 세상, 그 세상은 결코 저절로 올 수는 없다고 하셨다. 우리 모두가 천도교의 미래를 위해 준비하고 정성을 모을 때 가능하다는 것을 깊이 새겨야 할 것이다. 온 세상의 봄을 맞이하기 위해서 준비해야 할 일은 한두 가지가 아니겠지만 주요하다고 생각되는 다음 열 가지 과제를 제시해 볼까 한다.

첫째, 장기 발전 계획을 세워야 한다. 둘째, 전문 포덕사를 양성해야 한다. 셋째, 천도교대학을 세워야 한다. 넷째, 남북통일에 대한 정책을 발굴하고 실천해야 한다. 다섯째, 연구기관을 설치 운영해야 한다. 여섯째, 홍보 활동을 적극 전개해야 한다. 일곱째, 수도원을 활성화해야 한다. 여덟째, 환경 문제 해결에 앞장서야 한다. 아홉째, 경전을 세계화해야 한다. 열 번째, 천도교 교리 구현을 위한 사회 사업을 추진해야 한다. 이들 과제를 성공적으로 추진하기 위해서 다섯 가지 전략을 수립해 실천해야 한다.

첫째, 교회의 조직과 제도를 발전 지향적으로 개선해 나간다. 둘째, 지역별, 국가별 포덕 거점을 확보한다. 셋째, 재정 확보 전략을 강구해야 한다. 넷째, 21세기 종합기획단을 발족시킨다. 다섯째, 시천주사상연구회 등 전위단체를 설립 운영한다.(《신인간》 제542호, 포덕 136년 8월)

• 16년 전, '새로운 변혁의 시대, 천도교 과제' 제안

인류 역사가 시작된 이래 문명의 틀을 근본적으로 바꾼 사건이 두 번 있었다. 첫 번째는 1만 년 전의 농업혁명이고, 두 번째는 200년 전의 산업혁명이다. 그런데 지금 우리 인류는 일상생활은 물론 산업 사회에서 길들여 온 삶의 틀을 근본적으로 바꾸는 디지털혁명 시대를 맞이하고 있다.

이러한 디지털혁명과 함께 지금까지 인류가 지녀온 기본 전제들을 뿌리째 흔들지도 모르는 또 하나의 가공할 만한 혁명이 일어나고 있다. 생명 공학 기술이 바로 그것이다. 생명체와 유전자 구조가 밝혀지고 생명 복제 기술이 더 정교해지면서 인간의 신성함과 생명의 유일함도 무의미하게 될지도 모른다는 우려의 목소리가 높다. '본래의 나'와 '복제된 나'가 함께 살아간다면 과연 나의 정체성과 나의 동일성은 어디서 찾아야 한단 말인가? 생각만 해도 끔찍한 일이 아닐 수 없다. 이렇듯 인간의 생명뿐 아니라 인류 문화 전반에 거쳐 근본적인 변화를 초래하게 될 생명 공학 기술 또한 우리의 상상을 초월할 정도로 발전에 발전을 거듭하고 있다. 바야흐로 우리 인류는 컴퓨터와 생명 공학 기술로 인한 엄청난 변화의 소용돌이 속에 휩싸여 있다. 정신을 차릴 수 없을 정도로 극도로 복잡하고 혼란스럽기 그지없다.

그러나 이미 전개되고 있는 새로운 문명의 대변혁이라는 역사의 수레바퀴를 그 누구도 결코 되돌릴 수는 없다. 1980년, 미래학자 앨빈 토플러가 이미 '제3의 물결'이라는 이름으로 예견했듯이 우리 교회도 이러한 새로운 문명의 동반자로 변혁의 시대를 지혜롭게 극복할 수 있어야 번영할 수 있다.

산업화 시대의 지각생이었던 우리 교회가 디지털혁명에 의해서 뒷받침되고 있는 정보화 시대, 세계 문명의 주역으로 새롭게 태어나야 한다.

이에 새로운 문명의 시대 우리 도의 번영을 위한 작은 계기가 되기를 염원하면서 우리 도가 새로운 문명의 주역이 되어야 하는 당위성과 방법에 대하여 살펴보고자 한다.

첫째, 여세동귀해야 한다. 둘째, 현대 문명의 선구가 되어야 한다. 셋째, 정보화 시대 포덕을 준비해야 한다. 넷째, 새로운 문명 시대를 앞서가는 포덕을 펴나가야 한다. 세상이 변하고 환경이 변하는데도 그 변화에 맞는 계책을 만들어 행하지 않는다면 이 세상과 점점 괴리되고 마침내는 이 세상을 떠나고 말 것이다. 그 계책을 효과적으로 실천하기 위한 새로운 제도를 갖추어야 한다. 새로운 시대 새로운 문명,

그것은 우리 천도교를 위해 준비된 문명이다.(《신인간》 제602호, 포덕 141년 10월)

• 8년 전, '새판을 짜야 한다' 제안

포덕 149년, 대신사께서 이 땅에 오신 지 185년, 후천개벽의 무극대도를 받으신 지 149년, 대망의 포덕 150년을 눈앞에 두고 있는 오늘, 우리는 끝없는 추락의 행진을 멈추지 않고 있다. 오늘 우리의 판에는 다 함께 힘을 모아 이룩하고자 하는 내일의 꿈이 보이지 않는다. 내일을 준비하는 과제와 전략도 찾아볼 수 없다. 오늘 우리의 판에는 발전을 가로막는 문제들이 끊임없이 일어나고 있다. 우리에게 문제가 많다는 것을 부정하는 교인은 아무도 없다. 이들 문제를 어떻게 풀어내야 할 것인가에 대해서도 모두들 일가견을 가지고 있다. 그리고 반드시 이들 문제를 풀어야 한다고 힘주어 말한다. 그런데 말로 그친다. 말의 잔치가 풍성할 뿐 실천이 보이지 않는다. 말 뒤에 오는 실천이 없다. 그래서 말은 허공을 맴돈다. 그것이 병폐다. 이러다가는 우리를 둘러싼 환경으로부터 퇴출될지도 모를 일이다. 왜 우리는 이러한 병폐를 갖게 되었는가? 우리는 이 병폐를 발본색원할 수 없는가? 우리 스스로 묻고 대답해야 할 우리들의 절박한 문제인 것이다.

병폐의 원인은 무엇인가? 지금 우리가 가지고 있는 병폐의 원인은 실천을 위한 정성과 공경과 믿음이 없다는데 있다. 지금 우리의 판에는 온갖 거짓과 진실이 뒤범벅이 되었다. 진실과 거짓을 구분하기가 쉽지 않다. 우리는 진위를 가리는 일에 에너지를 집중하느라고 할 일을 제대로 해내기가 어렵다. 설령 무엇이 진실이고 무엇이 거짓인 줄 안다 하더라도 진실이 거짓을 이겨야 하는 판을 만드는데 힘이 겹다. 이것이 거짓병이다. 해월신사께서는 "진실이란 것은 천지의 생명체요, 거짓과 망령이란 것은 사람의 몸을 깨쳐 없애는 쇠뭉치이니라"라고 하셨다. 우리의 판에는 지금 생명을 살리는 진실보다는 생명을 파괴하는 거짓과 망령으로 오염된 '거짓병'에 전염되어 있다. 또 하나의 병폐는 서로가 잘난 체하는 '잘난 체 병'이다. 지금 우리의 판에는 남을 이기고자 하는 마음, 남을 미워하는 마음, 남의 인격을 무시하는 마음이 팽배하다. 대신사께서는 "경외지심 없었으니 아는 것이 무엇이냐"고 하셨다. 해월신사께서는 "사람마다 사람을 공경하면 사람이 와서 모인다"라고 하셨다. 그런데 지금 우리의 판에 사람이 모이지 않는다. "사람이 바로 한울이니 사람 섬기기를 한울같이 하라", "도인의 집에 사람이 오거든 사람이 왔다 이르지 말고 한울님이 강림하셨다고 말하라"라고 하신 해월신사님의 가르침을 모르는 천도교인은 없을 것이다. 그런데 행이 없다. 이것이 '잘난 체 병' 이다.

우리는 또한 심각한 '불신병' 에 걸려 있다. 이 '불신병' 은 '거짓병' 이나 '잘난 체 병' 보다 더 심각하다. 해월신사께서는 "억천만사가 도시 믿을 신 한 자뿐이니라. 사람의 믿음이 없음은 '수레의 바퀴 없음' 과 같으니라"라고 하셨다. 또 "사람의 닦고 행할 것은 먼저 믿고 그다음에 정성을 들이는 것이니 만약 실지의 믿음이 없으면 헛된 정성을 면치 못하는 것이니라. 마음으로 믿으면 정성 공경은 자연히 그 가운데 있느니라"라고 하셨다. 지금 우리의 판에는 서로가 서로를 믿지 못하는 불신 풍조가 팽배해 있다. 이러한 불신 풍조가 판을 덮치면 아무리 정성을 드리고 경외지심을 갖는다 하더라도 그 판은 무너지고 말 것이다.

이처럼 지금 우리의 판에는 정성과 공경과 믿음의 싹이 자라기 어렵다. 지금의 판은 너무도 굳어져 몇몇 사람의 힘으로는 바로잡기가 어렵게 되었다. 그러면 어떻게 해야 할 것인가?

새로운 판이 필요하다. 여기서 우리는 새로운 판이 필요하다는 판단을 하게 된다. 우리가 가지고 있는 지금의 판은 너무도 복잡하고 낡았다. 문제를 해결하기 위해서 어디서부터 시작해야 될지, 무엇을 먼저, 어떻게 해야 할 것인지가 간단치 않다. 어느 한 모퉁이를 부분적으로 고친다 해서 될 성싶지 않다. 몇몇 사람들의 노력으로 이루어질 수 없는 구조적인 문제로 굳어져 있다. 그렇다면 이제 과감히 새판을 짜는 일에 지혜를 모아 나가야 한다. 각자위심의 낡은 판을 동귀일체의 새판으로 바꾸고 이를 위한 낡은 제도의 판을 새로운 제도의 판으로 바꾸는 노력이 필요하다.

이러한 새판은 뼈대는 그대로 두고 부분만을 고치는 리모델링 수준이 아니라 모두를 무화시키고 그 자리에 새로운 건축, 즉 재건축의 새판으로 해결하는 것이 옳은 방법이라 생각된다. 그 새로운 재건축의 판은 성경신의 판이어야 한다. 진실이 싹트는 새판, 공경이 싹트는 새판, 믿음이 싹트는 새판으로 거듭 태어나야 한다. 진실한 자, 겸손한 자, 신뢰하는 자가 승리하는 새판을 짜야 한다. 이러한 새판 짜기가 성공하여 그 성공의 열매를 세상에 확산시켜 나가도록 해야 한다.

의암성사께서는 "지금 그대들은 가히 하지 못할 일을 생각지 말고 먼저 각자가 본래 있는 정신을 개벽하면, 만사는 그 다음 차례의 일이니라."라고 하시었다. 우리가 가지고 있는 정신 개벽의 판을 먼저 성공시키는 것이 중요하다는 말씀이다. 지금 우리의 판을 개벽하여 정성이 살아 숨 쉬고 공경이 살아 숨 쉬고, 믿음이 살아 숨 쉬는 새로운 판이 되도록 해야 한다. 지금 우리는 새판이 필요하다는 공감대가 충분히 형성되어 있다. 이제 새판짜기의 실천만이 우리를 기다리고 있다.

무엇을 새판에 넣어야 할 것인가? 우리 교회가 함께 짜야만 할 새판에서 우리는 먼저 왜 이 시점에서 새로운 판을 짜야 하는지에 대한 당위성을 밝혀야 할 것이다. 오늘 우리 모두의 지혜를 한데 모아 새판을 짜지 않으면 안 되는 이유가 어디에 있는지, 오늘과 내일을 바라보면서 천도교가 나아가야 할 미래 철학을 담아내도록 해야 한다. 우리가 만드는 새판에는 천도교를 세계 속의 대종교로 키우기 위한 꿈이 들어 있어야 한다. 지금까지 우리는 민족 종교의 옷을 입고 민족이라는 무대 중심으로 활동하여 왔다. 이제부터는 민족이라는 제한된 공간을 뛰어넘어 세계 무대를 향해 뻗어 나가기 위한 세계 종교의 옷으로 갈아입어야 한다.

향후 100년(중일변), 1000년(대일변) 후의 모습을 바라보면서 전 세계를 대상으로 한 천도교 세계 지도를 만들어야 한다. 국경을 넘어 세계 무대로 뻗어 나가는 활기찬 미래상을 제시해야 한다. 이와 함께 향후 10년에 걸쳐 실현해 나가야 할 소일변 지도와 5년 단위의 전략 지도가 구체적으로 마련되어야 한다. 이러한 과정에서 구체적인 실천 과제가 제시되고 과제 간의 전략적인 연계체계도 동시에 개발되어야 할 것이다.

이처럼 우리 모두가 함께 이룩해야 나가야 할 구체적인 과제와 함께 결코 간과해서는 안될 계획 중 하나가 바로 인재 양성 프로그램이다. 우리 천도교가 지향하는 미래의 꿈을 구현하기 위해서는 천도교의 사업을 위해 전념할 수 있는 젊고 유능한 인력이 필수적으로 확보되어야 한다. 세계를 향해 포덕의 전위가 되겠다는 사명감에 불타는 전문 인력을 길러낼 수 있는 제도와 교육 과정이 준비되어야 하고 그것을 효과적으로 운영할 수 있는 환경이 구축되어야 할 것이다. 이러한 인재 양성의 프로그램의 일환으로 천도교 종학대학에 대한 청사진이 나와야 할 것이다. 인재 양성 프로그램에는 우리나라를 비롯하여 세계 각지에 몇 개의 대학을 설립 운영할 것인지에 대한 꿈이 그려져 있어야 할 것이다.

대학의 설립 운영과 함께 필수적으로 요구되는 것 중의 하나는 연구기관의 설치 운영이다. 연구기관 없이 천도교를 발전시킨다는 것은 어불성설이다. 우리는 또한 우리 민족의 숙원 과제인 남북통일 지도와 세계화를 향한 외국어 경전의 간행, 수도 연성을 지도할 수도원의 활성화, 출판 문화, 정보화, 사회 사업 등 새 시대를 이끌어 갈 청사진도 새판 속에서 만들어 내야 할 것이다.

새판 짜기를 성공적으로 추진해 나가기 위해서는 전체 교인들의 동의 기반 형성이 필수적으로 이루어져야 한다. 새로운 판이 구축되어야 한다는 시대적 당위성에 대한 확고한 신념과 의지가 담겨진 우리 모두의 서약이 있어야 할 것이다. 이와 함께 새판 짜기를 위한 특단의 새로운 규정을 만들어야 한다. 현재의 제도와 체계로는 안 된다. 기존의 교헌을 부분적으로 개정(리모델링)하는 수준을 넘어 아예 처음부터 다시 시작해야 할 교헌이 탄생되어야 한다. 어떠한 절차를 거쳐서 어떻게 새판을 짤 것인가에 대한 구체적인 추진 일정에 대한 합의도 이끌어 내야 한다.

새판을 짜는데 따른 인력과 예산을 별도로 확보하여 효과적인 집행이 이루어지도록 해야 한다. 그리고 새판 짜기는 이해관계를 초월한 젊고 유능하고 참신한 사람들이 주도하도록 해야 한다.

새판 짜기의 전권을 행사할 책임자를 임명하고 이들에게 전폭적인 신뢰를 주어야 한다. 새판은 제로 베이스에서 재건축 개념으로 출범하도록 해야 한다. 기득권에 의한 이해관계를 초월해야 하며 전 교인들의 살신성인의 자세가 필요하다. 기존의 모든 조직과 직책을 헌 옷 버리듯이 던질 수 있어야 한다. 새판을 짜는 데는 새 생명 탄생의 산고가 따르기 마련이다. 뼈를 깎는 아픔을 참고 견디어 내는 인내만이 새판 아기를 탄생시킬 수 있다. 우리 모두 역사의 죄인이 되지 않도록 교회의 모든 역량을 새판 짜기에 집중해야 한다. 우리에게 남아 있는 시간은 그리 많지 않다.

오늘 우리는 새판을 짜고 이를 성공시키기 위한 재원이 너무도 빈약하다. 어떻게 할 것인가? 포덕 150년 교회와 이 나라와 세계 인류를 향하여 천도교 새판의 비전을 제시하고 전 국민 1,000억원 모금 운동을 전개할 것을 제안한다.(《신인간》 제697호, 2008년 10월)

• 6년 전, '중앙총부 혁신' 제안

그동안 우리 교회는 정치적 방법에 의존하여 3년 임기의 집행부를 출범시켜 왔다. 그러다 보니 새로운 집행부의 출범 단계에서부터 정치적 갈등의 소용돌이에 빠져 임기 내내 몸살을 앓다가 교령의 임기를 다 채우지 못하고 힘없이 주저앉거나 중도 하차하는 사례가 많았다. 우리는 포덕 151년 4월, 또다시 종전의 구태의연한 정치적 방법에 의하여 3년 임기의 새로운 집행부를 구성하게 된다. 이제는 다람쥐 쳇바퀴 돌듯, 종전의 잘못된 악습으로부터 벗어날 수 있도록 우리 모두의 정성을 모아야 하겠다. 포덕 151년 새롭게 출범하는 새로운 집행부는 그동안 만연되어 온 그 몹쓸 갈등의 고리를 반드시 끊어 주기 바라며, 임기 3년에 집착하지 말고 보다 긴 안목으로 강한 총부, 힘찬 총부, 일하는 총부로 거듭 태어나기를 바란다. 이러한 새로운 집행부에 대한 바람을 다음 몇 가지로 나누어 강조하고자 한다.

첫째, 새로운 집행부는 향후 10년을 향한 소일변의 희망 비전을 창출하기 바란다. 둘째, 남북통일을 위해 천도교가 해야 할 일들을 잘 챙기고 이를 실효성 있게 추진해 주기 바란다. 셋째, 중앙총부의 기능을 획기적으로 확충해 주기 바란다. 넷째, 새해에는 지방 교구 발전을 위한 특단의 전략을 강구하기 바란다. 다섯째, 천도교대학을 반드시 세워야 한다. 여섯째, 교헌을 새로 짜야 한다. 끝으로, 신앙 부흥 운동을 대대적으로 전개해 주기 바란다. 우리 천도교에서 추진하는 모든 일의 저변에는 신앙심이 기반이 되어야 한다는 것은 아무리 강조해도 지나치지 않는다. 신앙심이 부족한 교역자를 보라. 그들은 말과 행동이 다르고 말만 무성하고 행동이 없다. 신앙심이 부족한 교구를 보라. 그러한 교구는 날로 쇠퇴의 길을 걸을 뿐이다. 신앙심 회복 없이 교회 발전을 기대한다는 것은 마치 연목구어와 같다. 교회 발전은 신앙심에 비례한다는 것을 새로운 집행부가 분명하게 보여 주기를 바란다.

이상의 몇 가지 바람은 중앙총부와 지방 교구 전체 교인이 한마음 한뜻이 될 때, 즉 명실상부한 동귀일체가 이루어질 때 가능하다는 것을 강조하면서 이 글의 문을 닫고자 한다.(《신인간》 제712호, 포덕 151년 1월)

2. 대도중흥 의지 천명

• 대회 43일 전, 대도중흥 1차 공약

나는 포덕 157(2016)년 2월 3일, 전국에 알리는 인사말을 통하여 "대도중흥의 길을 한 걸음 더 나아갑시다!" 며 대도중흥을 위한 첫 번째 공약의 문을 열었다. 내가 어떤 사람인지를, 그리고 내가 어떠한 비전을 가지고 있는지를 진솔하게 알리기 위함이었다. 이 시점에서 나는 전국에 있는 대의원과 교인들에게 내가 누구인지를 먼저 알리고 나의 포부를 밝히는 것이 예의라고 생각하였다.

먼저 나는 "천도의 진리를 기본으로 신앙심을 더욱 다지며 숙덕 어른들의 지혜와 젊은 목소리에 귀 기울여 교단 발전을 이루고 포덕천하의 기틀을 다지겠습니다."라며 대도중흥의 포부를 밝혔다.

이어서 나는 "일찍이 포태교인으로 태어나 부모님과 선생님, 선배님들의 은덕과 가르침 속에서 성장하였습니다. 그동안 종의원, 종무위원, 대전교구장, 천도교 대전충청연합회장, 천도교교수회장, 종학대학원장 등을 역임하면서 스스로 더욱 깊이 공부하고, 교회 행정에 대한 이해와 역량을 배양할 수 있었습니다."라며 나의 교회 경력을 간단하게 소개하였다.

교회에서의 경력에 이어 그간의 사회 활동에 대해서 나는 "공주사대를 졸업, 서울대와 고려대에서 행정학을 전공하고, 40년간 세계적 수준의 대덕연구단지에서 첨단과학 기술 기획 연구·교육 및 정책 수립에 종사하며 국가와 사회 발전을 위해 정성을 다하여 왔습니다."라면서 "그동안 교회와 국가 사회 발전에 헌신할 수 있었던 것은 오로지 굳건한 신앙의 힘이 바탕이 되었다고 생각됩니다."라며 사회 경력에 대해서도 간략히 소개하였다.

아울러, 내가 가지고 있는 교회에 대한 시대 인식과 앞으로의 과제가 무엇인가를 밝혔다. "아시는 바와 같이 우리 교단은 성사님 이후 시대의 가혹한 외압 속에서 오랫동안 침체의 길을 걸어왔습니다. 저는 대도중흥과 사회 개벽을 염원하는 분들과 대화하면서, 때로는 교단의 현실을 안타까워하고, 때로는 많은 사람들이 천도교의 역할을 기대하고 있음을 공감하게 되었다"면서 "그런데 최근 들어 교단 중흥의 새 물결이 일기 시작했다는 것을 잘 알고 계실 것입니다. 교단 내에서 느끼는 것보다 세상 사람들이 천도교를 바라보는 시선이 크게 달라지고 있습니다. 이 흐름이 더 깊고 넓게 더 멀리 흘러갈 수 있도록 하는 것이야말로 우리의 시대적 과제라고 생각됩니다."라며 시대적 과제로서의 대도중흥의 의의를 밝혔다. 이어서 "특히 3월 전국 대의원대회를 앞두고, 성운의 기운을 지속적으로 이어 가기 위해서라도 굳건한 신앙심과 경험을 바탕으로, 교회 원로들의 지혜와 마음을 하나로 모으고 받들면서, 새로운 비전을 구체화할 지도자에 대한 열망이 크다는 것을 통감하고, 저의 작은 지혜와 공력을 바치고자 합니다. 도생에게 교령으로서 교회에 봉사할 수 있는 기회가 주어진다면, 대도중흥의 씨앗이 뿌리내리고 건강하게 싹을 틔울 수 있도록, 천도교의 덕이 교인들 사이에 차고 넘치며 세상에 더욱 멀리 펴나갈 수 있도록 혼신의 노력을 다해 나가겠습니다."라며 나의 굳은 의지를 표명하였다.(본서 79~80쪽 참조)

• 대회 17일 전, 대도중흥 2차 공약

첫 번째 대도중흥의 문을 들어선 이후 나는 많은 교역자와 교인들을 만나 교단 발전에 대한 다양한 의견을 경청하였다. 그 과정에서 나는 천도교가 오랫동안 어려운 길을 걸어왔지만 조금만 더 노력하면 달라지고 나아질 수 있다는 희망을 확인하고 '대도중흥의 길로 다 함께 나아갑시다!' 라는 주제로 좀 더 구체적인 철학과 대도중흥의 방향에 대하여 밝혔다.

포덕 157년 2월 29일, 나는 두 번째 대도중흥의 문을 들어섰다. '대도중흥의 길로 다 함께 나아갑시다!' 라는 대주제 하에 먼저 간단한 인사말과 각오를 담았다. 대도중흥의 문에 들어서면서 나는 "우리 교단에 불어오는 희망찬 새 기운 속에서 새로운 비전을 실현할 지도자에 대한 열망이 크다는 것을 통감하고, 저의 작은 지혜와 정성을 바쳐 일해 보겠다는 뜻을 전국의 교역자 여러분에게 말씀드렸습니다. 그 이후 많은 교역자, 교인들을 만나 고견을 듣고 있습니다. 그 과정에서 도생은 천도교가 오랫동안 어려운 길을 걸어왔지만 이제 조금 더 노력하면 달라지고 나아지겠다는 희망의 불씨가 뜨겁게 타오르고 있음을 확인하였습니다."라고 언급하였다.

이어서, “이 희망의 씨앗이 반드시 열매 맺게 해야겠다는 비장한 결의를 다졌습니다.”라며 대도중흥을 위한 3가지 추진 방향을 제안하였다. “오직 한울님을 모시고 스승님 가르침에 따라, 교인들의 마음을 헤아리며 이치에 순응한다면, 대도중흥은 큰 비 내리듯 되어 갈 것으로 굳게 믿습니다. 우리 함께 대도중흥의 길로 나아갑시다! 안으로는 신령함을 갖추어 대도중흥의 씨앗을 뿌리고, 밖으로는 기화상통하여 대도중흥이 싹을 키우며, 모두 함께 포덕천하 하는 대도중흥의 길로 나아갑시다.”라며 구체적인 과제들을 제시하였다.(본서 80~81쪽 참조)

• 대회 당일, 대도중흥 의지 천명

포덕 157년 3월 17일, 전국대의원대회에서 교령에 선임된 후 인사말에서 나는 대회 첫 일성으로 “대도중흥의 길로 다 함께 나아갑시다!”라고 힘차게 말했다.

“오늘은 천도교 역사상 선거 혁명을 이룬 날입니다. 이 혁명의 불길을 가지고 새로운 천도교 역사를 만들어 갑시다. 이 혁명의 에너지를 가지고 우리 천도교의 역사를 어떻게 다시 쓸 것인지 차근차근 밝혀 나가도록 하겠습니다.”, “대도중흥을 위한 혁명의 에너지를 선택”하신 대의원 여러분들에게 감사의 뜻을 표하면서 대도중흥의 의지를 재천명하였다.

3. 대도중흥의 의의와 방향

• 취임 첫 천일기념식에서 발표

포덕 157년 4월 5일, 발표한 첫 번째 천일기념사에서 나는 대도중흥에 대하여 다음과 같이 강조하였다.

우리는 지난 3월 17일, 제38차 정기전국대의원대회를 통하여, 앞으로 3년 동안 교단의 진로를 새롭게 정하였습니다. 대도중흥의 길로 다 함께 나아가기로 다짐하였고, '참신하고 정의로운 사람! 정성하고 공경하는 태도! 멀리 보고 함께하는 정책!' 이라는 구체적인 행동 규범도 마련하였습니다. 또한 저는 천도교 교령으로서 "천도의 진리를 기본으로 신앙심을 더욱 다지며, 숙덕 어른들의 지혜와 젊은 목소리에 귀 기울이며 계승과 발전을 통해 포덕천하의 기틀을 다지겠습니다."라고 약속하였습니다. 저는 그 약속이 한 개인의 목표가 아니라, 한울님이 정하신 각수직분에 따라 천도교의 모든 기관에 임하는 교역자들의 기본 자세라고 생각합니다.

일찍이 수운대신사께서는 한울님으로부터 받은 천도의 이치를 집약한 21자의 주문 중 모실 시(侍) 자의 뜻을 풀어 말씀하시기를 "모신다는 것은 안으로 신령함이 있고 밖으로 기화가 있어 온 세상 사람들이 각각 알아서 옮기지 못함을 아는 것"이라고 하셨습니다. 저는 이러한 천리를 바탕으로 우리 신앙을 성숙하게 하고, 우리 교단을 성장하게 하고, 마침내 대도의 중흥을 이룩하는 길로 나아가는 데에 신명을 바칠 것입니다. 한울님 모심을 깨닫고, 한울님과 내가 둘이 아니요, 하나임을 깨달아 믿음의 기둥을 굳건히 세우는 것이 내유신령의 참뜻입니다. 한울님이 감응하여 내가 있고, 내가 살고, 내가 일함을 아는 것이 외유기화의 출발점입니다. 나만이 아니라 이 세상 만물이 한울님 모심을 알고, 경천 경인 경물의 길로 나아가는 것이 각지불이의 삶입니다.

첫째, 안으로 신령함을 갖추어(內有神靈) 대도중흥하는 일입니다. 수련을 생활화하고 생활 속에서 도를 실천해 나가야겠습니다. 전문 교역자를 양성하고 인재 발굴과 영입을 계속하여, 공력과 공덕과 공심을 기르는 도력을 강화해 나가야겠습니다. 그것은 결국 나 스스로 기쁨에 넘치고, 물오동포(物吾同胞), 인오동포(人吾同胞) 모두가 행복에 넘치는 세상으로 나아가는 출발점이 될 것입니다.

둘째, 밖으로 기화 상통하여(外有氣化) 대도중흥하는 일입니다. 교정일치를 통한 사회운동과 통일운동을 선도하고, 세상 사람들과 더불어 보국안민을 실천하기 위하여 천도교사 속에서 쌓아 온 개벽운동의 성과를 계승할 것입니다. 특히 3·1운동 100주년사업, 동학혁명기념사업, 어린이가 행복한 나라 사업, 시천주복지재단 사업을 정성을 다하여 계승하고 발전시켜 나갈 것입니다.

셋째, 포덕천하의 길로 대도중흥하는 일입니다. 온 세상 사람이 각각 지상신선의 길로 나아가 이 땅에 한울님 세상을 건설하는 것이 천명입니다. 받은 은혜를 베푸는 데서 길러지는 것이 천덕입니다. 두려움을 이기며 나아가면 그 뒤로 자취가 나타나는 것이 천도입니다. 천명과 천덕과 천도는 시작이자 끝이 됩니다. 천도문화로 세상과 소통하고 세계 포덕의 기반을 구축하여 세상 속으로 한 걸음 더 나아가는 천도교, 새로운 한울 문명의 시대를 준비해 나갈 것입니다.

전국의 동덕 여러분!

지금은 대전환의 시간, 다시개벽의 시간입니다. 천도교단이 커지고 천도교 교인이 많아지는 것이 대도중흥이 아니라 이 땅에 한울님의 덕과 지혜가 널리 퍼지고, 세상 사람들이 각자위심의 미망에서 깨어나 동귀일체의 천리로 돌아오는 것이 대도중흥입니다. 오직 한울님을 모시고 스승님 가르침에 따라, 교인들의 마음을 헤아리며 이치에 순응한다면, 대도중흥은 큰비 내리듯 되어 갈 것으로 굳게 믿습니다. 우리 함께 대도중흥의 길로 나아갑시다.

• 취임 기자 회견

포덕 157년 4월 28일, 프레스센터에서 개최한 교령 취임 기자 회견에서도 새 집행부의 대도중흥에 대한 비전을 설명하였다. 그 요지는 다음과 같다.

역사는 힘 있는 자가 쓴다고 합니다. 과거 천도교인 300만 시대, 이 나라 역사는 천도교가 썼습니다. 동학혁명의 역사, 갑진개화운동의 역사, 3·1운동의 역사, 우리가 썼습니다. 그때는 천도교가 스스로 역사를 썼습니다. 힘이 있었기 때문입니다.

그런데, 지금은 천도교가 역사를 쓰지 못하고 있습니다. 지금은 힘이 없기 때문입니다. 그러나 동학 천도교인 100만의 희생자 위에 대한민국의 오늘이 있다는 역사적 사실을 알아야 할 것입니다. 오늘 대한민국의 힘은 천도교로부터 비롯된 것입니다. 그래서 대한민국의 힘은 바로 천도교의 힘이라고 말할 수 있습니다. 천도교야말로 대한민국의 역사적, 정신적 국가입니다. 이제 기자 여러분이 써주셔야 하겠습니다. 제가 하고 싶은 이야기는 취임사에 다 들어 있습니다. 저는 제가 왜 교령이 되었는가에 대해 많이 생각해 보았습니다. 그것은 한울님의 뜻, 천명이라 생각했습니다. 그 한울님의 뜻을 잃지 않고 임기 동안 혼신의 노력을 다할 것입니다. 한울님의 뜻은 개인 한 사람에게 주어진 것 아닙니다. 우리 교인 모두와 대한민국 국민, 세계 모든 사람들에게 주어진 것입니다. 오늘날 천도교 위기를 극복하고 새로운 천도교 시대를 열어 나가야 한다고 생각합니다. 새로운 천도교를 여는 프로젝트가 바로 대도중흥입니다.

대신사 득도의 순간으로 돌아간다는 뜻입니다. 그 득도의 순간으로 돌아가 다시 일어나야 한다는 뜻입니다. 그래야만 천도교의 미래가 있고 대한민국의 미래가 있고 세계 모든 인류에게 미래가 있을 것입니다. 그러한 미래를 위하여 대도중흥의 새 역사를 써주시기를 바랍니다. 대도중흥이란 대신사 득도의 순간으로 돌아가야 한다는 뜻입니다. 이와 같은 대도중흥의 비전에 대해 잘 써주시기를 부탁합니다.

• 대교당 대도중흥 설교

나는 포덕 157년 5월 29일, 대교당에서 '대도중흥 중일변' 을 주제로 다음과 같은 내용의 설교를 하였다.

제가 설교자로서 중앙총부 대교당에 처음 서게 된 것은 35년 전 1982년 3월 28일이었습니다. 그때의 생각이 납니다. 그때와 달라진 것은 대교당의 시일 참석 교인 수가 반으로 줄었다는 것입니다. 사람이 적으니 정말 허전하고 마음은 천근이나 무겁습니다. 어떻게 하면 빈자리를 채울 수 있을 것인지, 무거운 중압감을 느끼고 있습니다. 저뿐만 아니라 연세가 좀 드신 원로님들께서는 저와 똑같은 심정일 것입니다.

최근에 저는 주위 사람들로부터 천도교인 수가 얼마나 되느냐는 질문을 많이 받습니다. 이러한 질문을 받자마자 저는 100년 전 천도교 교세에 대해 이야기를 시작하곤 합니다. 우리나라 인구가 2천만일 때 천도교인 수는 300만이었으며, 당시 기독교, 불교 등 기성 종교는 20만여 명에 불과하였다고 말합니다. 두 번째로 듣는 질문은 천도교는 뭣을 하는 종교냐고 묻습니다. 교육기관이 있느냐? 저의 대답은 동학혁명과 갑진개화운동, 3·1운동에 대해 말합니다. 3·1운동 때는 천도교를 중심으로 종교 통합을 이루었다는 이야기도 합니다. 고려대학교도 천도교에서 운영하였으며, 동덕여대 등 수많은 초중고 대학교 운영 재원을 대부분 천도교에서 부담하였다고 말합니다. 세 번째로 지금 사는 곳이 어디냐, 관사는 어디에 있느냐고도 물었습니다. 여러분 같으면 어떻게 대답하시겠습니까? 아마도 저와 비슷하리라 생각됩니다. 거짓말을 할 수는 없기에 현재가 궁금해서 묻는 말인데도, 저의 답변은 과거형입니다. 어떻게 하면 천도교의 오늘을 자신 있게 말할 수 있을 것인가? 과거 속에 빠져 있는 오늘의 천도교를 일으켜 현재형으로 세울 수는 없는 것인가? 그에 대한 대답은 대도중흥이라고 생각됩니다. 포덕은 대도중흥의 결과물이기 때문입니다.

포덕은 천명입니다. 천도교는 포덕하기 위해 창건된 종교입니다. 천도교가 포덕에 힘쓰지 않는다면 그것은 한울님의 명령에 대한 불복종에 해당된다고 말할 수도 있을 것입니다. 그래서 대도중흥은 선택이 아니라 이 시대 우리에게 천명으로 주어진 필수 과목입니다. 이 시대의 천명, 대도중흥 없이 오늘 우리의 과거 지향적 사고를 현재적이고 미래 지향적으로 바꿀 수는 없다고 생각하기 때문입니다. 그래서 오늘은 시대적 사명으로서 대도중흥에 대하여 말씀드리고자 합니다. 대도는 무극대도를 말합니다. 무극이란 10무극으로 10의 자리는 한울의 근본 본래의 자리입니다. 후천 오만년, 닦아 나갈 무극대도를 의미합니다. 중흥의 중은 무극의 자리, 근본 자리, 한울의 자리를 뜻합니다. 중앙총부가 중의 자리입니다. 사람으로 말하면 중심, 마음자리를 뜻합니다. 홍이란 함께 일어난다는 뜻입니다. 한울님과 사람이 함께 일어나고 사람과 사람이 또한 함께 일어난다는 뜻입니다. 세상과 함께 일어난다는 뜻입니다. 근본의 자리에서 함께 일어난다는 의미입니다. 그래서 대도중홍이란 한울님 근본 자리를 회복한다는 뜻입니다. 대도중홍 어떻게 이룩할 것인가? 중앙총부에서 먼저 일어나야 합니다. 천도교가 먼저 일어나야 합니다. 이것이 오늘 우리 모두 함께 이룩해야 할 이 시대의 천명입니다.

• 대도중흥 월례 조회사

포덕 157년 7월 1일, 7월 월례 조회사에서도 대도중홍에 대한 주제를 다음과 같이 이어 나갔다.

모시고 안녕하십니까? 오늘은 6월이 지나고 7월이 시작되는 첫날입니다. 돌이켜 보면, 지난 3개월은 정말 바쁜 시간이었던 것 같습니다. 새로운 집행부 출범과 함께 크고 작은 행사로 눈코 뜰 새 없이 바쁜 시간이었습니다. 특히, 지난 3월부터 우리 교단에 불어오기 시작한 역사적인 시운과 더불어 혁신의 새로운 에너지를 성운 전환의 기회로 이끌기 위해서 밤낮없이 땀 흘려 일해 왔습니다. 이제 우리는 새 집행부 출범 100여 일만에 미래를 향한 대도중홍의 큰 꿈을 가질 수 있게 되었습니다. 우리는 이제 이 새로운 큰 꿈을 가슴 깊이 새기고 온 정성을 다해 흔들림 없이 실천해 나가도록 해야 하겠습니다.

우리 모두 대도중홍을 위한 간절한 마음으로 하나가 된다면, 지난날 이 민족 최대의 대종단으로서 위용을 자랑했던 300만 동덕 시대가 반드시 열리게 될 것입니다. 마침내는 세계만방에 궁을기가 휘날리는 세계 속의 천도교로 우뚝 서게 될 것이며, 천하의 가장 높은 산, 그 정상은 반드시 우리 천도교의 것이 될 것입니다. 그리하여 어둠이 물러나면 밝음이 오듯이 성운 전환의 새 시대, 새로운 100년을 향한 대도중홍 중일변의 꿈은 반드시 이루어질 것입니다. 우리가 오르고 또 오른 길, 후손들이 따라 오르고, 또 우리 후손의 후손들이 이 길을 이어 간다면 오늘 우리가 함께 한 대도중홍 중일변의 꿈은 반드시 이루어질 것입니다. 경신사월 초오일, 대신사께서 한울님으로부터 받은 오만 년 무극대도의 꿈은 기필코 이루어질 것입니다. 이런 점에서 우리에게 주어진 향후 3년은 100년 중일변, 1000년 대일변의 성패를 좌우할 참으로 소중한 시간이 된다고 보아야 할 것입니다. 이와 같은 중차대한 시기에 우리가 중앙총부에서 함께 근무한다는 것은 한울님으로부터 선택받은 축복의 기회라는 것을 깊이 명심해야 하겠습니다.

그래서 저는 "총부 혁신 없이 천도교의 미래는 없다"고 감히 말할 수 있었던 것입니다. 중앙총부는 천도교의 미래를 좌우할 대도중흥의 총 본산입니다. 그런 점에서 오늘 이 시대 총부에 근무하고 있는 우리는 천도교 미래 발전의 동력을 이끌어 갈 역사적 사명을 안고 있다고 하겠습니다. 우리 한 사람 한 사람이 얼마나 막중한 사명을 가지고 있는가를 깊이 깨달아야 하겠습니다. 총부 개혁, 교헌 개정, 신앙심 회복, 인재 양성, 문화 포덕, 성지 사적지, 민족통일대학, 교육홍보관, 해외 포덕, 지방 교구 및 수도원 활성화, TV 방송국, 생명평화, 범국민 의식 개혁 등 우리 교단이 이 시대 이룩해야 될 혁신과제는 참으로 많습니다. 이처럼 혁신해야 될 과제가 많다는 것은 우리 교단이 처한 현실이 총체적으로 부실하다는 것을 반증하는 것입니다. 이 가운데 어느 것 하나 소중하지 않은 것이 없다고 하겠습니다만, 이 가운데 가장 중요한 것을 든다면 그것은 신앙 중심 교회를 이룩하는 것이라 하겠습니다.

그래서 우리는 먼저 총부 혁신과 함께 대도중흥 중일변 민족통일 특별기도를 전국적으로 실시하기로 하고 지난 6월부터 정성을 다하고 있습니다. 오늘 7월 1일부터, 7일까지 2번째로 진행할 전국의 교구별 합동 특별기도와 7월 18일과 8월 1일, 2차례에 걸쳐 실시하게 될 300인 교인 특별수련을 앞두고 대도중흥 특별수련의 필요성과 방법에 대해 좀 더 깊이 생각해 보는 시간을 갖고자 합니다.

오늘은 성사님 법설 가운데 개벽운수에서 말씀하신 천지기수와 이신환성설을 중심으로 말씀드리고자 합니다. 성사님 법설 670쪽, 인여물개벽설을 보겠습니다. "천지의 기수로 보면, 지금은 일 년의 가을이요, 하루의 저녁때와 같은 세계라. 물질의 복잡한 것과 공기의 부패한 것이 그 극도에 이르렀으니, 이 사이에 있는 우리 사람인들 어찌 홀로 편안히 살 수 있겠는가. 큰 시기가 한번 바뀔 때가 눈앞에 닥쳤도다."

이 짧은 법설 속에 중대한 메시지가 들어 있는 것입니다. 물질의 복잡한 것과 공기의 부패한 것이 그 극도에 이르렀다는 말씀은 선천 문명과 자연 생명의 종말을 함께 의미하는 것입니다.

인류 역사 속에서 과학 기술은 엄청난 속도로 발전에 발전을 거듭해 왔습니다. 풍요롭고 편리하게 살기 위해 발전시킨 과학 기술이 오히려 인간을 구속하고 인간성 상실과 인간성 소외라는 새로운 문제를 야기함으로써 현대 문명의 위기가 고조되고 있습니다. 이와 같은 현대 문명의 위기와 함께 인간의 삶과 직결된 자연환경이 그 생명력을 상실하고 있습니다. 지구의 온난화로 하나밖에 없는 이 지구가 점점 생물이 살 수 없는 불모지로 변하고 있습니다.

130개국 과학자 2500명이 6년간 연구 끝에 발표한 유엔 정부간기후변화위원회가 발표한 IPCC 보고서에 따르면, 지구온난화로 평균 기온이 2020년대 1도, 2050년대 2~3도, 2080년대 3도 이상 높아질 것으로 예상하고 있습니다. 그렇게 되면 2020년대에는 양서류가 멸종하고, 2050년대에는 지구 생명의 20~30%가 사라지고, 2080년대에는 거의 모든 생물이 사라지게 될 것이라고 경고한 바 있습니다. 이와 같이 현대 문명과 자연환경이 극도로 파괴되는 현상을 보면서, 성사님께서 말씀하신 바와 같이 오늘의 천지기수 선천 문명의 몰락을 가시적으로 보여 주는 것이라는 생각을 하게 됩니다.

그렇다면 과연 이러한 현대 문명의 몰락과 자연환경의 파괴로 우리 인류가 살아갈 수 없는 죽음의 시대가 닥치게 될 때, 우리 인류는 어떻게 살아남을 수 있을까요? 만약 이 문제에 대해 해결할 수 없다면 우리 인류는 절망일 것입니다. 그런데 성사님께서는 그 유일한 해결 방법을 가르쳐 주셨습니다. 그것은 바로 '이신환성' 입니다. 의암성사님 법설 650쪽 이신환성설을 보겠습니다.

"큰 바다가 번복하면 어족이 다 죽듯이, 대기가 번복하면 인류가 어떻게 살기를 도모하겠느냐. 일후에 반드시 이러한 시기를 한번 지나고서야 우리의 목적을 달성할 것이니, 이신환성은 이러한 시기에 살기를 도모하는 오직 하나의 큰 방법이니라."

선천 문명의 몰락, 자연재해로 인하여 인류가 살 수 없는 죽음의 시대가 반드시 다가온다는 말씀입니다. 이러한 죽음의 시대가 올 수도 있고 안 올 수도 있는 것이 아니라 반드시 온다고 하신 것입니다. 이러한 시기를 한번 지나고 나서야 비로소 우리 도의 목적을 달성할 수 있다고 하시면서 이러한 시기에 살 수 있는 유일한 방법이 이신환성이라고 말씀하신 것입니다. 우리 인류가 살아

남을 수 있는 방법은 오직 한 가지, 이신환성뿐이라는 말씀입니다. 그 어떤 다른 선택의 여지가 없다는 말입니다. 그러므로 이신환성이야말로 죽음의 시대에 내가 살고, 온 인류가 함께 살 수 있는 희망의 메시지인 것입니다.

이 세상 모든 사람은 백년밖에 살 수 없는 육신의 생명과 영원한 생명으로서의 무극대도 한울님 생명을 함께 모시고 있습니다. 육신의 생명은 백년 사는 한때의 물체요, 성령은 천지가 시판되기 전, 본래부터 있는 영원한 생명입니다. 육신에 집착하는 삶이 아니라 영원한 생명으로 살아가자는 것이 바로 이신환성인 것입니다. 그러므로 이신환성을 통하여 우리는 시천주를 완성하고, 인내천을 완성하고 영세불망 만사지의 삶을 살아갈 수 있는 것입니다.

성사님 법설, 651쪽을 보겠습니다. "성심 수련으로 본래의 성품을 바꾸라. 후천개벽의 시기에 처한 우리는 먼저 각자의 성령과 육신부터 개벽해야 하느니라. 만일 자기의 성령 육신을 자기가 개벽하지 못하면 포덕광제의 목적을 어떻게 달성하겠느냐."라고 하셨습니다.

이신환성은 누가 해주는 것이 아닙니다. 각자 자기가 해야 하는 것입니다. 우리 모두는 각자가 자기 몸에 쌓인 이신환성 수행의 힘을 통하여 포덕천하 광제창생의 목적을 달성할 수 있는 것입니다. 그러므로 이신환성이야말로 내가 영원히 사는 길이며 죽음에 처한 인류를 함께 살리는 광제창생의 길이라는 것을 알 수 있습니다.

우리의 길은 이제 분명해졌습니다. 후천개벽에 처한 우리는 먼저 각자의 성령과 육신부터 개벽하여 이신환성, 시천주, 인내천을 완성해야 하겠습니다. 보국안민 포덕천하 광제창생 지상천국을 이룩하기 위해서는 각자 자기의 이신환성이 선행 조건이라는 것을 깨달아야 하겠습니다. 이신환성 안에 무극대도의 영원한 본래의 생명과 포덕광제의 능력이 내재되어 있다는 것을 깨달아야 하겠습니다. 대도중흥 중일변 민족통일의 특별기도는 내가 영원한 복록을 받는 길이며 이 세상을 살리는 길이 되는 것입니다.

우리 모두 7월 무극대도의 큰길, 이신환성으로 우리 교단에 불어오는 대도중흥의 새로운 역사를 만들어 갑시다. 〈대도중흥 중일변 민족통일을 위한 기도문〉을 읽으면서 오늘 7월 조회사를 마무리하고자 합니다. 더위에 건강관리 잘하시고 모두가 행복한 7월이 되시기 바랍니다.

〈기도문〉

한울님 스승님 감응하옵소서. 저희들은 침체된 교단에 신앙심을 불어 넣고 수련하는 교단, 실천하는 교단으로 교단 중흥을 이루고자 대도중흥 중일변 특별기도를 봉행하옵니다. 산하대운이 진귀차도 하는 기운에 따라 무극대도의 가르침을 온몸에 새기면서 대도중흥 중일변을 위하여 특별한 마음으로 전국의 천도교인들은 이번 특별기도에 임하고 있습니다.

한울님 스승님이시어!

이번 특별기도를 통하여 저희 천도교인들은 남북이 평화적으로 통일을 이루어 나가는데 앞장설 것이며 저희들의 목적인 포덕천하 광제창생 보국안민 지상천국 건설의 대원을 성취하고 동귀일체의 한울 세상을 달성하고자 한울님의 뜻과 스승님의 가르침을 받들어 모든 동덕들이 한마음 한뜻으로 정성을 다할 것입니다. 저희들이 계획한 모든 사업들이 성공적으로 이루어져 교단의 중흥을 이룰 수 있도록 한울님 스승님 항상 저희들에게 지혜와 용기를 주시기 바랍니다. 한울님 스승님 감응하옵소서.

• 매월 대도중흥 특별기도(7일간) 정례화

포덕 157년 6월 1일부터 '대도중흥 중일변 민족통일'을 염원하는 특별기도를 매월 7일간 실시하기로 하는 내용의 공문을 다음과 같이 전국에 보냈다.

모시고 안녕하십니까? 여러 가지로 열악한 환경하에서 수도와 포덕교화를 위하여 헌신적으로 정성을 다하시는 교역자 여러분께 깊이 감사드립니다.

다 아시는 바와 같이 157년 전 이 땅에서 창도된 우리 천도교는 이 민족의 역사적 공간에서 동학혁명, 갑진개화운동, 3·1독립운동 등 보국안민 운동을 줄기차게 전개하여 온 위대한 역사를 지니고 있습니다.

이러한 보국안민의 역사 속에서 300만을 헤아리는 이 민족 최대의 대종단으로 성장하여 왔던 우리 천도교가 지금은 나약한 모습으로 포덕의 동력을 많이 상실하고 계속 떠밀려 가고 있는 것은 아닌지 심히 우려하지 않을 수 없습니다.

"쇠운이 지극하면 성운이 온다"라고 하신 스승님의 교훈을 마음속 깊이 새기면서 선열들께서 보여 주신 순교자의 자세로 이 쇠운의 끝자락에 처한 한계적 상황을 극복하고 다시 일어날 수 있도록 간절히 염원하며 온 정성을 모아 나가야 할 시점에 처해 있다고 판단됩니다.

지난 4월 1일, 출범한 새 집행부는 이 시대 성운 전환의 간절한 염원과 정성을 모아 나가기 위해 157년 전 대신사께서 한울님으로부터 받은 무극대도의 근본을 다시 일이켜 100년을 향한 중일변의 발걸음을 새롭게 시작할 것을 마음속 깊이 다짐하며, 3년 동안 흔들림 없이 지속적으로 추진해 나갈 것을 교인 여러분께 천명한 바 있습니다.

새롭게 탄생한 집행부는 교인 여러분께 천명한 대도중흥을 이룩하기 위해 전체 교인의 신앙심을 더욱 두텁고 깊게 할 수 있도록 수도연성의 기운으로 충만한 신앙 중심 교회를 기필코 만들어 나가야 하겠습니다.

신앙 중심 교회를 이룩하기 위한 방안의 하나로 '대도중흥 중일변 민족통일을 위한 특별기도'를 아래와 같이 전 교회적으로 봉행하고자 하오니 모든 동덕들의 동참을 적극 독려하여 주시기 바랍니다. 추후에 보내 드리는 현수막은 교구 입구 정면에 부착하여 주시기 바랍니다.

—아래—

I. 특별기도 시행 방안

· 명칭: 대도중흥 중일변 민족통일을 위한 특별기도

· 목적: 침체된 교단에 신앙심을 불어넣고 수련하는 교단, 실천하는 교단으로 교단 중흥, 대도중흥 중일변 민족통일

· 방법: 각 교구별로 특별기도 및 강도회 매월 개최
전 교구 합동기도 및 강도회 개최(강도회 강사 요청시 총부에서 파견)
개인별 연중무휴 특별기도

· 기간: 포덕 157년 6월부터(매월 1일부터 7일까지 7일간)

· 시간: ①새벽 5시 기도식 후 1시간 수련
②저녁 7시~9시(교구 사정에 따라 임의 조정)

· 금기사항: 술, 담배

II. 전 교구 합동 특별기도 및 강도회 개최 '포덕 157년도 하계'
- 목적: 대도중흥 중일변 민족통일
- 목표: 300인(용담수도원, 의창수도원에서 각각 150인 참여 예상)
- 방법: 각 교구에서는 참여할 신청자 명단을 7월 5일까지 교화관으로 접수
- 기간: 제1회 포덕 157. 7. 18~24(7일간) 용담수도원(영호남 대전 이남 교인 150인)
  제2회 포덕 157. 8. 1~7(7일간) 의창수도원(서울 경기 대전 이북 교인 150인)

III. 서울 인근 교구 합동 특별기도
- 기간: 매월 1일부터 7일까지 저녁 7시~9시(일요일 오후 2시~4시)
- 장소: 중앙대교당

IV. 참가비
- 1인당 10만 원(개인 부담 50%, 총부 지원 50%)
  총부 지원 예산은 대도중흥 목적 성금 및 기존의 관련 성금으로 충당

(《천도교신문》 68호, 포덕 157년 6월 24일)

• 대교당 특별기도 연 21회, 5725명 참석

매월 초 1일부터 열리고 있는 대도중흥·중일변·민족통일을 위한 6월 특별기도가 지방 교구와 중앙대교당에서 성황리에 마감되었다. 중앙대교당은 서울과 수도권 인근 교구가 모여 합동 수련을 진행했다. 연인원 365명이 참여한 중앙대교당 특별기도에는 서울교구, 영등포교구, 마포교구, 한강교구, 동대문교구, 당산교구, 서부교구, 대전교구, 공항교구, 성동교구, 문화예술교구 등에서 함께했다. 수련 집례는 교화관에서 맡아 하였으나 밤 9시 기도식의 집례는 각 교구별로 번갈아 가며 맡도록 하였다. 참여의식을 높이기 위함이었다.

마지막 날인 7일, 나는 수련 참가 교인에게 "대도중흥 중일변 민족통일을 하루속히 이루기 위해 전국적으로 실시하는 수련에 참여하신 교인에게 감사드리며 하계수련에도 모두 참여하여 주실 것"을 당부했다. 아울러 무엇으로 포덕을 하느냐는 고

민도 함께 나누었다. "수덕문에 보면 포덕의 비결이 나와 있습니다. 흉장불사지약하니 궁을기형이요, 구송장생지주하니 삼칠기자라 하였습니다. 대신사님도 처음에는 포덕할 마음을 두지 않고 지극히 치성할 일만 생각하다가 신유년을 만나 도 닦는 법을 정하고 포덕을 권했다"라고 하며 교인 모두가 한울님 마음을 회복해 포덕을 이루는 것이 이 시대 천도교의 사명이기에 잠시라도 마음을 늦출 수 없다며 포덕을 독려했다.(《천도교신문》 91호, 2017년 6월 8일)

포덕 157년도 하계수련 기간에는 용담수도원과 의창수도원에 연 300여 명의 교인들이 집중적으로 모여서 수련의 뜨거운 열기를 나누기로 하였다. 하계수련을 위한 수도원장회의에서 각 수도원의 원장님들께서도 이러한 총부의 기획안에 동의하고 기꺼이 동참하기로 하였다.

용담과 의창수도원에서의 하계수련 기간 중에 실시된 특별기도는 예상대로 교인들의 뜨거운 호응을 받으며 진행되었다. 수련생 모두가 대도중흥 중일변 민족통일을 위한 간절한 소망으로 주문 수련에 열중하였다. 이번 프로그램은 정정숙 교화관장이 초보자, 신입 교인들도 함께 할 수 있도록 수련 과정을 다양하게 편성하여 진행했다. 특강 시간을 많이 할애하여 다양한 분야의 교양과 기본 교리 교사 등을 익힐 수 있도록 하였다. 걷기 수련 과정을 도입하여 수도원 주변을 걸으면서 주문을 합송 또는 현송, 묵송하는 시간을 진행하였다. 그리고 용담수도원에서 실시한 하계수련에서는 구미산 정상에 오르는 걷기 수련과 정상에서의 기도식 봉행 등 행산 수련 과정에 대한 수련생들의 관심과 만족도가 매우 높다는 반응을 엿볼 수 있었다. 그리고 평소에 잘 부르지 않았던 송가를 빠짐없이 배우도록 하였고 장효선 박사의 용담검무에 대한 이론 및 실습 지도를 통한 심신 수련으로 기화가 상통하고 수련장 분위기가 한층 고조되었다.

이번에 용담수도원과 의창수도원에서 2차례에 걸쳐 실시된 대도중흥을 위한 특별기도는 기적에 가까운 성과를 보여 주었다고 평가된다. 이러한 수련 기도의 열기가 일회성으로 끝나지 않고 계속 타오를 수 있도록 정성에 정성을 모아 나가야 할 것이라고 생각하였다.(《천도교신문》 73호, 포덕 157년 9월 3일) 지난 3년간에 걸쳐 서울교구, 영등포교구, 마포교구, 한강교구 등 합동으로 실시한 대교당 특별기도는 총 21회, 연 5,725명이 참석하였다.

4. 100년의 미래, 대도중흥비전 21 선포

• 현도기념사, '대도중흥비전 21' 취지 설명

천도교 중앙총부는 제111주년 현도기념일을 맞이하면서 '제1회 현도문화제'를 개최하였다. "대도중흥의 길을 나서며"라는 대주제하에 '대도중흥비전 21 선포', '중일변 포덕 방안 발표회', '동학전시관 개관', '천도교 중앙도서관 설치 기념전시회', '현도기념학술 세미나' 등의 의미 있는 행사를 진행하였다. 나는 12월 1일 11시, 제1회 현도문화제 개최에 앞서 거행한 제111주년 현도기념식 기념사를 통해 '대도중흥비전 21'의 취지에 대하여 다음과 같이 설명하였다.

> 산하대운이 진귀차도하는 이때를 맞이하여, 안으로는 대도중흥, 중일변, 민족통일의 목표 달성을 위한 진전을 이루어야 하고, 밖으로는 국가가 위기에 직면하였으니 보국안민의 계책을 제시하기 위한 노력이 절실히 요구됩니다. 무엇보다 세계 정치의 대격변이 눈앞에 전개되는 현실에서 중심을 올곧게 해서 대도중흥을 이루기 위하여 정성과 공경을 다하고 한마음 한뜻으로 지혜를 모아야 하겠습니다
>
> 의암성사의 말씀과 행적을 교훈 삼고 용시용활의 지혜를 발휘하여 교단 발전을 모색하고 그것을 실현하는 것이야말로 현도기념일의 의의를 가장 잘 살리는 길이며 스승님의 은덕에 보답하는 것이라 생각합니다. 이러한 시대의 요구에 호응하여 중앙총부에서는 제111주년 현도기념일을 맞아 '대도중흥비전 21'을 선포합니다. 이것은 한울님과 스승님께 신앙적 비전을 봉고하는 것이며, 시대적 과제를 제안하는 것입니다.
>
> '대도중흥비전 21'은 한편으로는 오만년지무극대도인 천도교 발전의 길잡이면서 대포덕을 위한 장기적인 종합 계획입니다.

이 속에는 역대 교령님들과 교역자들이 시도 추진했던 교단 발전의 방향이 응축되어 있고 수많은 선배 교인들의 지혜를 모아 나가기 위한 토대이기도 합니다. 천도교의 포덕은 천도교인만을 위한 것이 아니라 사람들을 질병에서 건지고 나라를 정의롭고 자유롭게 하며 이 세상을 이롭게 하는 사업입니다. 의암성사께서 "천도교는 천도교인의 사유물이 아니요, 세계 인류의 공유물이니라."라고 하신 말씀과 또, 해월신사께서 "우리 도의 운수는 세상과 같이 돌아가는 것이니 나라 정치가 변하는 것도 또한 우리 도의 운수로 인한 것이니라." 라고 하신 말씀을 굳게 믿고 당당한 걸음으로 힘차게 나아가야 하겠습니다.

'대도중흥비전 21' 은 안으로는 포덕 역량을 강화하고 밖으로는 포덕 기반을 구축하여 포덕천하 하기 위한 실천적인 활동을 전개하는 구조로 되어 있습니다. 내적 포덕은 신앙 중심의 교단으로 거듭나기 위하여 교역자부터 솔선수범하면서 안으로의 혁신을 이루는 것입니다. 외적 포덕은 제도와 체제를 정비하며 역사적, 문화적 유산을 활용할 수 있도록 하며 교구와 수도원 등을 활성화하는 것입니다. 이러한 준비 과정이 본 궤도에 오르면 포덕 배가 운동이 다양한 방식으로 전개되면서 가시적인 성과가 나타날 것입니다. 3·1운동 100주년 사업, 동학혁명 정신 선양 사업, 어린이가 행복한 나라 사업과 시천주복지재단 사업, 그리고 인내천 국민의식 개혁운동과 민족통일운동의 범국민적 추진 등은 바로 천도교가 이 세상과 더불어 후천개벽의 새 시대, 지상천국의 새 세상을 열어 나가는 비전이라고 할 수 있습니다.

'대도중흥비전 21' 의 첫 번째 구체적인 사업으로 이번 현도기념일에 즈음하여 우선 동학전시관과 천도교 중앙도서관 설립을 진행함으로써 새로운 부설기관과 기구를 설치하게 됩니다. 우리 교단이 놓여 있는 내외의 조건과 환경을 고려하여 한 걸음 한 걸음 대도중흥의 길로 나아가는 기념비적인 사업이 되기를 간곡히 바라며 동덕 여러분들의 성원을 기대하면서 성공할 수 있도록 정성과 공경을 다할 것입니다. 올해부터 매월 초에 봉행하는 대도중흥 특별기도는 동·하계 합동수련, 개인 및 단체별 독공과 함께 중일변의 마중물이요, 민족통일의 출발점이 됩니다. 의암성사님은 일찍이 "세상을 돌아보고 한울의 능력을 취하여 때를 따라 도를 쓰는 것은 수도하는 사람의 중도를 잡는 데 있느니라." 하셨으니 대도중흥을 절실히 요청받고 있는 우리로서는 첫째도 수련, 둘째도 수련, 셋째도 수련의 각오를 새롭게 다져야 하겠습니다.

또 의암성사님은 "천지일월이 가슴속에 드니 천지가 큰 것이 아니요 내 마음이 큰 것이라, 군자의 말과 행동은 천지를 움직이나니 천지조화는 내 마음대로 할 것이라." 하셨으니 수도연성을 생활화하여 일동일정과 일어일묵을 군자의 행동 규범에 맞도록 삼가고 경계하여야 하겠습니다. 그렇게 하여 세상 사람들과 더불어 후천개벽과 동귀일체를 이야기할 때 교단 중흥은 이루어질 것이라 믿습니다.

온 천하 동덕 여러분의 정성, 공경, 믿음으로 적극적인 참여가 있어 동귀일체하여 대도중흥, 중일변, 민족통일이 하루속히 이루어지도록 간절하게 심고합니다.

• '대도중흥비전 21' 선포식 인사말

제111주년 현도기념식에 이어 대도중흥비전 21 선포식을 거행하였다. 오늘의 선포식은 교령의 인사말, 대도중흥비전 21 취지문 낭독, 경과 보고, 대도중흥비전 21 선포의 순으로 진행되었다. 먼저 나는 대도중흥비전 21 선포식에서 다음과 같은 인사말을 하였다.

모시고 안녕하십니까?

오늘 제111주년 현도기념일을 맞아 교인 여러분과 함께 대도중흥비전 21 선포식을 갖게 된 것을 기쁘게 생각합니다. 현도기념일은 벼랑 끝에 몰렸던 우리 도의 명운을 의암성사께서 극적으로 반전시킨 기념비적인 위업으로서, 오늘 이후 우리가 전개하고자 하는 대도중흥 사업의 교범이라 할 수 있습니다. 이 시기에, 이 현도기념의 날에 '대도중흥비전 21' 을 선포하는 것은 한편으로 우리가 처한 상황이 그만큼 엄중하다는 인식의 발로요, 다른 한편으로 의암성사님이 몸소 보여 주신 가르침을 계승하겠다는 각오의 결실입니다.

'비전 21' 이라는 그 말 속에는 한울님을 지극히 위하는 주문 21자의 의미와 21세기라는 시대 상황에 용시용활하는 자세와 그 과제를 21가지로 정리해낸 우리의 마음가짐이 담겨 있습니다. 또한 오늘 제시하는 21가지 비전은 주문의 핵심인 모실 시(侍)의 뜻을 담아 안으로 신령함(포덕 역량 구축)이 있도록 하고, 밖으로 기화함(포덕 환경 확충)이 있도록 하여, 온 세상 사람들이 각각 알아서 옮기지 않음(포덕광제 실천)에 부합하도록 세 부분으로 구성하였습니다.

오늘 선포하는 이 비전의 과제들은 단기적인 과제가 아니라 100년 중일변의 과제를 염두에 두고, 위로는 선열과 선배 동덕님들의 가르침과 유훈으로부터 지혜를 얻고 아래로는 우리 뒤를 이어 천도교를 발전시키고 보국안민 포덕광제의 새 세상을 열어 나갈 후손, 후학들의 마음을 헤아리며 마련한 것입니다. 오늘은 상징적이고 선언적인 의미로서 그 주제들을 하나의 명제로서 제시하지만, 앞으로 하나하나씩 그 내용들을 실천의 로드맵으로 구체화해 나갈 것입니다. 그 과정은 중앙총부나 기관·단체만의 노력이나 지혜가 아니라 이 시대의 모든 교인들의 지혜를 모으고, 마음을 모으고, 힘을 모아 가면서 진행할 것입니다. 우리에게는 비전의 결실도 중요하지만, 그 과정 자체가 천포형제로서의 동귀일체를 심화하는 일이요, 생활 수련의 연장선이요, 자아완성의 대도가 될 것이라 믿습니다.

존경하는 원로 교인과 동덕 여러분! 우리에게 많은 일이 주어져 있다는 것은 고난의 증거가 아니라 희망의 씨앗이라고 생각합니다. 우리 천도교인의 일은 성패에 집착하는 세속적인 것이 아니라 무극대도를 수행하는 수도인으로서, 한울님과 스승님의 가르침을 믿고 따르는 신앙인으로서 진인사대천명하는 과정의 일환이기 때문입니다. 대도중흥은 그 노력의 끝에 맺히는 꽃이요 무르익는 열매라고 생각합니다.

끝으로 오늘의 이 선포식 자리가 역사적으로 길이길이 기억되는 소중한 대도중흥의 출발점이 될 것으로 믿어 의심치 않는다는 말씀을 드리면서 인사말을 마칩니다. 감사합니다.

• '대도중흥비전 21' 선포

이어서 이범창 종무원장으로부터 대도중흥비전 21에 대한 취지문 낭독과 정정숙 교화관장의 경과 보고에 이어 각 부문 대표로부터의 역사적인 '대도중흥비전 21' 선포가 있었다. 오늘 선포식은 청년 대표 최성희 청년회 중앙본부 사무국장과 여성대표 신주민 여성회 사무국장, 일반 대표 변종제 종학대학원 학생회장이 맡았다.

먼저 "동덕들이여 일어납시다! 다 함께 나아갑시다! 대도중흥의 길로!"라는 구호를 함께 제창한 후 포덕 역량의 구축, 포덕 환경의 확충, 포덕광제의 실천 등 3개의

대도중흥비전 21

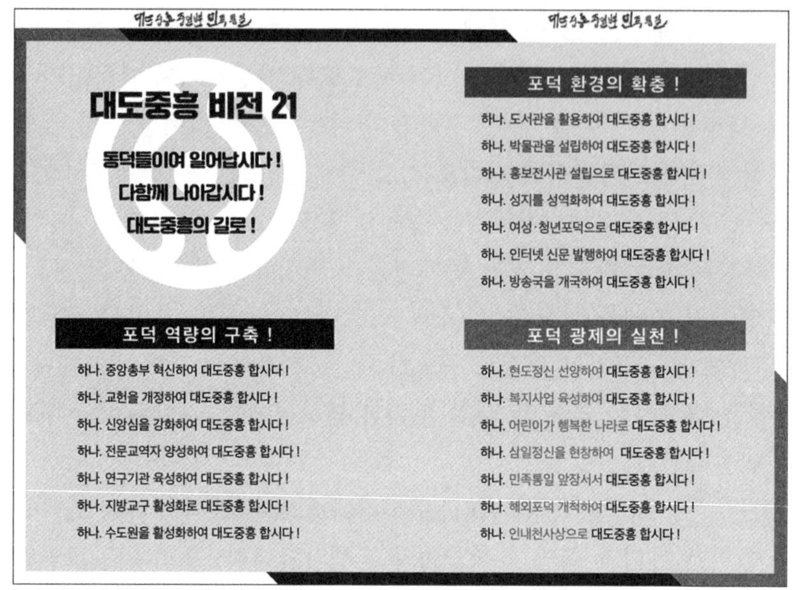

주제별로 각각 선창하였다.

• 대도중흥 중일변 포럼 개최

제1회 현도문화제 제2부에는 '중일변 포덕 방안' 을 주제로 정정숙 교화관장의 사회로 진행되었다. 먼저 이영복 종법사님께서 '포덕은 천도교인의 천직' 이라는 주제로 "오늘날 국내외의 정세가 한 치 앞을 예측할 수 없는 혼돈 상태가 날로 격심해지고 있습니다. 이 험난한 상황에서 인내천의 진리와 사인여천의 윤리도덕이 절실하게 요청되고 있는 때임을 절감합니다." 라며 우리 모두 한울님의 덕을 널리 펴서 광제창생하여 지상천국 건설의 시기를 앞당기는 데 동귀일체의 큰 역량을 발휘하자는 것을 호소하였다.

다음에 해외포덕위원회 위원장으로 임명된 이상면 교수는 '밖에서 본 천도교 포덕 방안' 이라는 주제를 통해 일제 강점기하에서 신구파 분열, 해방 후 남북한 분단, 6·25전쟁을 거치며 미국의 영향으로 기독교세 확장 등으로 인하여 교세가 약화할 수밖에 없었던 점을 지적하며 단임 교령제의 문제점 보완, 현세대에 맞는 경전 제작 등의 보다 구체적인 개선 방안을 제시했다.

계속해서 "천도교가 번창하기 위해서는 종교다운 내용과 면모가 충일하고 근사해야 한다."라며 수운대신사 시절의 동학의 출발점으로 돌아가 수운대신사의 지성과 노력으로 지기에 접령하여 무극대도를 이루어 내어 창생을 지도하던 시절에 구도하던 그 지고의 심정과 자세로 돌아갈 필요가 있음을 강조했다. 끝으로 "오늘날 수운대신사가 계신다면, 의암성사가 계신다면 어떻게 생각하고 행동했을까 곰곰이 생각해 볼 일이다."라며 같이 생각해 볼 것을 권하였다.

두 번째 발표자로 나선 청년회 중앙본부 최성희 사무국장은 "현재 청년회의 위기는 표면적으로는 회원이 없다는 것이다. 천도교인이 적다는 것과 거의 동일한 상황이다. 하지만 교당에 나오는 청년과 교인이 적다는 것이 문제의 근본 원인은 아니다. 그것은 현상일 뿐이며 진짜 문제는 천도교를 깨달은 청년, 천도교 신앙을 제대로 하는 청년이 적다는 것이다."라고 청년회 쇠락 원인을 지적한 뒤 해결 방안은 내부 역량 강화라 보고 역량 강화를 위한 구체적인 실천 방안을 제시하였다.

마지막으로 여성회본부 김명덕 포덕부장은 여성회 포덕 방안에 대하여 '가정과 이웃 포덕' '내 자녀는 어릴 때부터 교회와 친숙하게 데리고 나오자' '휴면 교인 복교, 신입 교인 지도', '노령화 사회에 따른 노후 실버 타운 운영', '홍보 활동 총부 차원의 포덕의 날 행사 전개', '우이동 여성회 교육복지관 활용 방안', '복호동 수도원 활용 방안' 등으로 각론을 정하여 구체적인 실행 방안을 발표하였다.

이날 포럼은 발표자 개개인의 경험을 바탕으로 한 진솔한 연구 방안이 발표되어 "향후 체계적이고 지속적인 토론의 장을 만들자" "좋은 방안의 경우 실천할 수 있는 시스템을 만들자" 등 참석자들의 관심과 호평을 받았다.

12월 1일, 제1회 현도문화제 일환으로 12월 2일(금) 천도교 중앙도서관 설치 기념 전시회가 수운회관 9층에서 열렸다. 기념전은 이영복 종법사가 교령 재임 기간 동안 쓴 두루마리 일기와 최재운 선도사가 기증한 도첩과 공함을 12월 31까지 수운회관 9층 복도에 전시하여 관람할 수 있게 하였다.(《천도교신문》 80호, 2016년 12월 16일)

• '대도중흥비전 21', 배경과 의의

나는 《신인간》에 3회(797, 798, 799호)에 걸쳐 대도중흥비전 21의 배경과 의의에 대해 다음과 같이 게재하였다.

· '대도중흥' 대의

대도중흥이란 한마디로 근본을 다시 세우는 것을 뜻하는 것입니다. 대도와 중흥의 합성어인데 먼저 대도란 대신사께서 한울님으로부터 받은 무극대도를 말하는 것이며, 중흥이란 무극대도의 근본 중심을 일으키는 것을 말합니다. 그래서 대도중흥이란 대신사께서 한울님으로부터 받은 그 근본으로 돌아가 오늘의 천도교를 다시 일으키자는 뜻입니다. 거듭 일으킨다는 뜻으로서의 중흥이 아니라 최초로 동학이 이 세상에 창건되게 된 그 근본 한울님의 뜻을 다시 일으키자는 뜻입니다. 따라서 대도란 천도를 이야기하는 것이고 중흥이란 중은 가장 핵심, 가장 근본인, 원래 그 자리로서 대신사께서 득도했던 그 시점을 뜻하는 것입니다. 158년 전 대신사께서 한울님으로부터 받은 무극대도를 일으키자는 것입니다. 중흥이란 '다 함께' 라는 뜻이 포함되어 있습니다. 모두가 다 함께 근본 중심이 되어 서로서로 어우러져 이 땅에서 한울님의 뜻을 함께 이루어 나가자는 뜻입니다. 오늘날 우리 도의 현실은 한울님과 대신사님의 뜻으로부터 많이 벗어나 있습니다. 다시금 동학 천도의 창도 정신으로 돌아가 도성덕립 보국안민 포덕천하의 큰 꿈을 이뤄 나가자, 바로 이것이 대도중흥의 목적지입니다.

· '대도중흥' 과 포덕

천도교는 포덕의 사명을 받아 창명된 종교입니다. 따라서 천도교의 존재가치는 포덕을 통해서 그 사명을 완수하는 데 있습니다. 그러므로 교단은 물로 교인 모두는 각자 주어진 환경하에서 포덕을 위해 정성을 다해야 할 책임과 의무를 짊어지고 있는 것입니다. 대도중흥과 포덕운동은 동전의 양면과 같습니다. 이는 대도중흥과 포덕운동은 서로 원인이 되며 서로 결과가 되기 때문입니다. 포덕은 한울님으로부터 받은 무극대도를 펴는 것이며 대도중흥 또한 한울님으로부터 받은 무극대도를 펴는 것입니다. 안으로는 내유신령의 한울님 모심으로 포덕 역량을 구축하고 밖으로 기화하여 포덕 환경을 확충하며 포덕광제를 실천하여 포덕천하를 이루고자 하는 것이 대도중흥의 목적인 것입니다.

우리는 지난해 12월 1일, 제111주년 현도기념일을 맞아 이 시대 한울님의 뜻을 받들며 '대도중흥비전 21' 을 만천하에 선포한 바 있습니다. 중앙총부 대교당에서 선언한 '대도중흥비전 21' 은 한울에 사무치는 감동으로 우리 모두의 가슴을 힘차게 울렸습니다. 그 한울님은 이제 포덕 158년을 맞으면서 천도교 역사 속에서 대포덕의 역사로 이어질 것입니다. 포덕을 위한 강한 믿음 속에서 대도중흥의 역사는 만들어질 것입니다. 대도중흥에 대한 강한 믿음이야말로 백년 중일변과 천년 대일변 포덕의 역사를 만들어 낼 수 있을 것입니다. 그런데 여기에는 실천이라는 조건이 있습니다. 대도중흥을 위한 중일변의 역사는 포덕의 실천이라는 조건이 이루어질 때만이 가능하게 될 것입니다. 그러므로 '대도중흥비전 21' 은 포덕의 실천 여부가 관건이 된다 하겠습니다.

비전 21이라는 말 속에는 한울님을 지극히 위하는 주문 21자의 의미와 21세기라는 시대 상황에 용시용활하는 자세와 그 과제를 21가지로 정리해 낸 우리의 마음가짐이 담겨 있습니다.

21가지 비전은 또한 주문의 핵심인 모실 시(侍) 자의 뜻을 담아 안으로 신령함, 포덕 역량 구축이 있도록 하고, 밖으로 기화함, 포덕 환경의 확충이 있도록 하여, 온 세상 사람들이 각각 알아서 옮기지 않음, 포덕광제의 실천에 부합하도록 세 부문으로 구성되었습니다.

· 대도중흥, 포덕 역량 구축

포덕 역량은 포덕의 근원이며 포덕의 기초로서 포덕의 본래적 자원입니다. 포덕 역량의 구축이야말로 포덕 활동의 주춧돌이라 할 수 있습니다. 우리 교회가 쌓아 올린 포덕의 원천인 한울님의 덕이 없다면 아무리 포덕하고자 해도 포덕은 이루어지지 않을 것입니다. 한울님의 덕은 천도교 포덕 활동의 성패를 좌우하는 근본적 원소라 할 수 있습니다. 포덕의 근원적 원소인 포덕 역량의 구축 없이는 포덕은 결코 이루어질 수 없습니다. 그럼 포덕의 역량을 높이기 위해서 어떻게 해야 할까요?

첫째는 '총부 혁신' 입니다. 총부는 대도중흥의 총본산입니다. 사람의 마음에 해당하는 것이 총부입니다. 마음이 변해야 사람이 변하듯이 마음에 해당하는 총부가 변해야 천도교가 변하는 것입니다. 교역자의 의식과 풍토부터 대도중흥에 맞추어 바뀌어야 합니다. 총부가 먼저 개혁하고 그 개혁의 힘으로 대도중흥을 이끌어 나갈 수 있는 것입니다.

둘째는 '교헌 개정' 입니다. 교헌 개정은 선택이 아닌 필수입니다. 현재의 교헌은 62년 전, 포덕 96년에 제정된 것으로서 그동안 필요에 따라 부분적인 수정은 있어 왔으나 교헌의 내용과 구조, 형식, 용어 등에서 전반적으로 시대에 뒤떨어진 비효율적인 모습으로 머물러 있습니다. 이와 같은 문제점을 안고 있는 현행 교헌은 미래화, 세계화, 지방화, 정보화라는 새로운 시대 새로운 문명에 부응할 수 있는 교헌으로 거듭나야 할 것입니다.

셋째, 교인 모두의 '신앙심을 강화' 하는 일입니다. 오늘 우리 교회 포덕의 연못에는 포덕의 물이 고갈되어 있는 것처럼 보입니다. 은총의 짙은 구름은 모여 있으나 생명을 살리는 비는 좀처럼 내려올 것 같지 않습니다. 대도중흥을 지속적으로 추진하기 위해서는 신앙심을 돈독히 함으로써 포덕의 연못에 포덕의 생명수가 지속적으로 넘쳐흐를 수 있도록 해야 할 것입니다. 넘쳐나는 물의 양만큼 포덕은 무위이화로 이루어질 것입니다.

넷째, '전문 교역자 양성' 입니다. 대도중흥을 위해서는 무엇보다도 전문 인재 양성에 정성을 다해야 할 것입니다. 인재 양성이 제대로 뒷받침되지 않는다면 대도중흥을 제대로 추진해 나갈 수 없을 것입니다. 대도중흥을 위한 인재를 길러낼 수 있는 교육 제도와 교육 과정을 준비해야 하고, 그것을 운영할 수 있는 환경과 체제를 갖추어야 할 것입니다.

다섯째 '연구 능력 향상' 입니다. 포덕 역량을 구축하기 위해서는 연구 능력을 획기적으로 향상시켜 나가야 할 것입니다. 대도중흥을 위한 종합적인 미래 발전 기획연구 및 특정 분야 중심의 전문 연구기관을 효과적으로 설치 운영해야 할 것입니다. 연구기관이 설립되면 그동안의 관련 연구 성과를 총정리하는 한편 분야별 핵심 교리를 심층적으로 연구하고 이를 체계적으로 정리 보급함으로써 대도중흥을 밑받침할 수 있을 것입니다. 이들 연구기관은 종학대학원, 현기사와 함께 교회의 싱크탱크 역할을 담당해 나갈 수 있도록 해야 할 것입니다.

여섯째, '지방 교구 활성화' 입니다. 지방 교구를 활성화하여 교당은 즐거운 교회천국이 되고 시일은 한울 가족의 풍성한 잔칫날이 되도록 해야 할 것입니다. 삶의 지혜를 나누고 상부상조하는 천포형제 동덕공동체를 확립하여 지역 포덕의 거점으로 적극 활성화해 나가야 할 것입니다. 중앙총부와 지방 교구가 혼연일체가 되어 포덕 역량 구축을 위한 시너지 효과를 극대화해야 할 것입니다.

일곱째, '수도원 활성화' 입니다. 수도원은 우리 교회의 뿌리를 지키고 열매를 키워 나가는 신앙의 본산이라 할 수 있을 것입니다. 그러므로 수도원 활성화는 대도중흥을 위한 천도교의 미래 발전을 이끄는 원동력이라 할 것입니다.

· 대도중흥, 포덕 환경 확충

대도중흥을 위해서는 밖으로 세상과의 밀접한 관계를 유지하기 위한 노력을 키워 나가야 하겠습니다. 정치, 경제, 교육, 문화, 사회와의 소통 환경을 구축하고 어린이와 청소년, 여성과 노동자와 원활하게 소통할 수 있는 환경을 구축해야 할 것입니다. 세상 사람들과 함께 소통할 수 있는 문을 활짝 열어야 할 것입니다. 남북을 오갈 수 있는 통일의 문을 열고 인종간·지역간·국가간·문명간 포덕로를 확충해 나가야 할 것입니다.

이를 위해 첫째, '도서관의 지속적인 확충' 입니다. 도서관은 현재의 자료실을 체계적으로 확대 운영하기 위한 방안의 하나로서 천도교 무형자산의 효과적인 관리는 물론 직간접적인 포덕의 거점이 된다는 점에서 매우 중요한 포덕 기반 시설이라 하겠습니다.

둘째, '박물관 설립 운영' 입니다. 앞으로 박물관을 중심으로 동학 천도교 문화의 우수성을 국내외적으로 선양함과 동시에 동학 천도교의 전통문화 활성화에 노력해 나가야 할 것입니다. 동학 천도교 문화재를 보존 관리하고, 이를 토대로 동학 천도교 역사와 문화에 대하여 많은 사람들이 쉽게 이해할 수 있게 만드는 공간을 마련해야 할 것입니다. 또한, 박물관을 통하여 다양한 교육 사업과 교인 및 일반인들에게 동학 천도교 문화에 대한 올바른 이해와 소양을 쌓을 수 있는 기회를 지속적으로 제공해 나가야 할 것입니다. 동학 천도교의 역사와 문화에 대한 이해와 인식을 심화시키고 국내외 박물관과 유기적인 네트워크를 구축하여 내실 있는 동학 천도교 박물관을 육성해 나가야 할 것이다.

셋째, 대도중흥을 위한 환경으로서 '홍보전시관을 육성' 하는 일입니다. 동학 천도교의 교리와 역사를 바로 알리고 교인은 물론 국민적 이해를 증진하고 올바른 체험 기회를 제공할 수 있는 홍보전시관의 필요성은 아무리 강조해도 지나치지 않을 것입니다.

넷째, '성지의 성역화' 또한 포덕 환경 구축에 필수적 사안이라고 생각됩니다. 전국에 산재되어 있는 수많은 성지 사적지를 체계적으로 관리하기 위한 노력을 지속적으로 기울여 나가야 하겠습니다.

다섯째, '여성, 청년을 대상으로 한 포덕 활동을 강화' 해 나가는 일입니다. 여성은 한집안의 주인이면서 교회의 주인입니다. 여성이 가정을 이끌어 나가는 중심에 있듯이 교회를 키우고 이끌어 나가는 여성 중심의 역할은 더욱더 확대되어 갈 것으로 생각됩니다. 여성의 이러한 주인 역할은 이 사회에서도 더욱 중요하게 될 것입니다. 여성과 함께 젊은 청년들의 역할 또한 아무리 강조해도 지나치지 않을 것입니다. 한 국가의 운명이 젊은이에게 달려 있음은 자명한 사실입니다. 오늘 이순간 젊은이들이 무엇을 생각하고 어떻게 행동하느냐에 따라 교회의 현재와 미래에 있어서 성운을 맞이할 수도 있고 쇠운을 맞이할 수도 있을 것입니다. 그러기에 대도중흥을 위한 미래의 교회를 바라보면서 여성과 청년들에 대한 포덕 활동을 획기적으로 강화해 나가야 할 것입니다.

여섯째, 대도중흥을 위한 '인터넷 신문과 방송국 설립' 입니다. 정보화의 진전에 따라 인터넷 웹사이트 기반에 대체로 종이 신문은 발행하지 않거나 발행해도 소수만 발행하고 무가지로 발행하는 경우가 대부분입니다. 늦었지만 시간을 다투어 천도교 인터넷 신문 발행을 서둘러야 하겠습니다. 인터넷 신문과 인터넷 방송도 조속히 개통 운영해 나갈 수 있도록 해야 할 것입니다.

일곱째, 인터넷 신문과 아울러 TV 방송국 또한 조속히 추진되어야 할 사안입니다. TV 방송국 설립 운영은 천도교를 전 세계에 널리 포덕할 수 있는 세계화 시대에 부응해 나가는 길을 열게 할 것입니다.

· 대도중흥, 포덕광제 실천

포덕광제는 이 사회에서 시천주 인내천 진리를 널리 구현함으로써 천도교의 목적인 포덕천하의 역사를 이루어 나가는 실천입니다. 시천주 인내천 진리는 입으로 말하고 글로 쓰는 데 있는 것이 아니라 오직 실천함으로써 살아 있게 되는 것입니다. 시천주 인내천 진리가 갇혀 있지 않고 열려 있는 세상으로 나아가는 것이 포덕광제인 것입니다.

이와 같은 포덕광제는 첫째, '현도정신의 선양' 입니다. 현도정신으로 용시용활의 지혜를 발휘하여 대도중흥을 위한 교단 발전을 모색하고 실현할 수 있어야 할 것입니다. 구한 말 격변기에 태동했던 동학이 천도교로 대고천하 한지 111년이 되었습니다. 당시 300만 명에 달하였던 교세는 1919년 3·1운동의 핵심 세력이 되었던 것입니다. 당시 천도교인들의 포덕 정신과 포덕 활동이 자연스럽게 3·1독립운동으로 드러나게 되었던 것입니다. 그러나 일제 강점기와 남북 분단 등 외부적인 요인과 내부의 갈등 요인 등으로 교세가 급격히 줄어든 상황입니다. 현도 111주년을 맞아 선포한 '대도중흥비전 21' 을 계기로 현도정신을 선양함으로써 300만 교단 시대를 재건하고 대도중흥과 세계 포덕운동을 힘차게 전개해 나가야 하겠습니다.

둘째, 포덕광제를 위한 '복지 사업' 입니다. 우선 안으로 정양원 시설, 사회복지 시설 등을 설립하여 교단 내부의 복지 사업을 추진하면서 교단 밖의 사회적 약자에 대한 복지, 나아가 사회의 모든 구성원에게 사회적 서비스 또는 시설을 제공할 수 있는 보편적 복지로 점점 발전시켜 나아가야 할 것입니다.

셋째, '어린이가 행복한 나라' 건설입니다. 모든 어린이가 차별 없이 인간으로서의 존엄성을 지닌 민주 시민으로 바르고, 아름답고, 씩씩하게 자랄 수 있도록 천도교가 앞장서 나가야 할 것입니다. 어린이가 행복하기 위해서는 어른이 행복해야 한다는 점에서 어린이가 행복한 나라와 함께 어른이 행복한 나라를 만들어 나가는 것이야말로 보국안민과 포덕천하의 대업을 이룩하는 기반이 될 것입니다.

넷째, '3·1정신의 현창' 입니다. 3·1운동은 천도교가 중심이 되어 종교계는 물론 학생과 시민, 그리고 각계각층을 망라하는 범민족적 운동이었습니다. 그러므로 오늘 우리는 3·1정신을 기반으로 우리 사회의 계층간, 세대간, 종교간 갈등을 치유하고 한국과 일본을 비롯한 동아시아, 나아가 전 세계의 진정한 평화 시대를 열어 나가야 하겠습니다. 우리는 3·1정신을 계승하고 발전시켜서 100주년을 계기로 제2의 3·1운동으로서 새로운 대한민국을 건설해 나가야 하겠습니다. 한반도의 평화 통일, 동아시아의 평화와 공존공영, 나아가 생명평화 시대를 구현하는 3·1정신 실천운동을 전개해 나가야 하겠습니다.

다섯째, '민족통일운동' 에 앞장서는 일입니다. 민족통일운동은 이 시대 제2의 3·1운동의 맥락으로 추진해 나가야 할 포덕운동이며 보국안민운동입니다. 인내천 사상을 중심으로 한 자주적 평화 통일을 이룩할 수 있도록 교단 차원의 모든 노력을 다해 나가야 할 것입니다. 민족통일 교육 및 연수제도를 통한 통일지도자를 체계적으로 양성하는 한편 통일 토크콘서트 프로그램 등을 만들어 인내천 통일 교육을 대대적으로 전개해 나가야 할 것입니다. 이러한 과정에서 통일마당포덕 시대를 열어 나갈 수 있도록 해야 할 것입니다.

여섯째, '해외 포덕' 입니다. 대륙별 해외 포덕의 전진 기지를 설치하고 외국어 경전 간행과 인력 교류로 세계화 포덕 시대를 열어 나가야 할 때입니다. 세계 포덕 사업을 체계적으로 추진하기 위한 세계포덕위원회를 구성하여 장단기 해외 포덕 기획 및 효과적인 해외 포덕 방안을 강구하여 교단 차원에서 적극 추진해 나가야 할 것입니다.

일곱째, '인내천 범국민 의식개혁운동' 입니다. 지금 세상은 인공지능 인터넷으로 만물이 연결되는 신인간 시대입니다. 다른 한편으로 부익부 빈익빈의 양극화가 사회 문화 전 영역을 지배하는 극단의 시대입니다. 이때를 당하여 우리는 이신환성 성신쌍전의 큰 결심으로 대전환을 선도해 나가야 하겠습니다. 사회적으로는 고도의 물질문명의 발전으로 인한 정신문명의 수도연성을 통한 개벽의 힘과 역량을 축적하면서 밖으로는 인내천 사상을 기반으로 한 범국민적인 의식개혁운동을 적극적으로 전개해 나가야 할 것입니다.

• '대도중흥비전 21' 실천 원년

포덕 158년 1월, 포덕 158년을 '대도중흥비전 21' 실천 원년으로 삼고 우리 모두 다 함께 대포덕운동을 전개하자는 내용의 월례조회사를 발표하였다.

> 모시고 안녕하십니까? 오늘은 포덕 158년 1월 2일, 정유년 새해 첫날입니다. 정유년 새해를 맞아 임직원 여러분과 가정에 건강과 보람이 함께하시기를 기원합니다.
>
> 지난해 출범한 신집행부는 교단 중흥이라는 전체 교인들의 염원을 담고 탄생하였습니다. 한마디로 "대도중흥을 달성하는 기틀을 마련하라"라는 천명이었다고 생각합니다.
>
> 우리는 지난 한 해 그 천명을 따라 준비를 거듭한 끝에 12월 1일, 제111주년 현도기념일에 '대도중흥비전 21' 을 선포하였습니다. 중앙대교당에서 선포한 '대도중흥비전 21' 의 울림이 지금 이 시간에도 저의 가슴을 울리고 있습니다.
>
> 저의 가슴을 울리고 있는 '대도중흥비전 21' 이 우리들 모두의 가슴속에서도 함께 울려 퍼지리라 믿습니다.
>
> 우리 모두의 가슴속에 메아리치고 있는 '대도중흥비전 21' 의 울림이 이 나라 국민 모두와 함께하고 나아가 전 세계, 모든 인류의 가슴으로 함께 울려 퍼질 것으로 믿습니다. 그 믿음으로 우리 모두의 염원인 보국안민 포덕천하 광제창생 지상천국의 그날이 하루속히 이룩되기를 간절히 심고합니다.
>
> 그 믿음과 함께 올해는 '대도중흥비전 21' 을 현실화하고 일용행사 신앙으로 승화시켜 나가는 '대도중흥비전 21' 실천의 원년이 될 것입니다.

'대도중흥비전 21' 은 안으로 신앙의 기틀을 돈독히 하고 밖으로 신앙을 사회화하는 기반을 조성하며 그 바탕 위에서 포덕을 실천하는 구조로 되어 있습니다. '대도중흥비전 21' 은 우리 시대 천도교단과 천도교인 여러분의 꿈을 집약한 것입니다.

그리고 그 꿈의 출발점과 귀착점은 한마디로 말해 대포덕운동을 전개하는 것이라 할 수 있습니다. 포덕 158년은 '대도중흥비전 21' 과 함께 대도중흥 포덕운동의 원년인 것입니다.

먼저 대포덕운동의 원년으로서의 158년 포덕 목표는 2500명으로 설정되었습니다. 이 목표는 지난해 158년도 사업 계획과 예산안을 수립하는 과정에서 의욕적으로 설정해 본 것입니다. 300만 포덕 시대를 열어 나가기 위하여 우리 모두 임전무퇴의 자세로 열정을 다한다면 충분히 가능하게 될 것입니다. 열정은 우리 교회의 힘이자 에너지입니다.

우리 교회의 포덕에 대한 성과는 동덕 모두의 열정에 비례한다고 볼 수 있을 것입니다. 지난해 4월의 조회사에서도 언급한 바와 같이 우리 모두가 한마음 한뜻으로 공동의 대포덕의 목표를 기필코 달성하겠다는 불굴의 의지와 뜨거운 열정을 가질 수 있다면 이 시대 쇠운의 역사를 성운으로 전환할 수 있는 기적의 역사를 만들어 낼 수 있을 것입니다.

시작이 반이라는 말이 있습니다. 그런 점에서 2500명의 포덕 목표를 설정하는 순간 이미 우리의 158년도 포덕운동은 50%의 가능성으로 시작되었습니다. 이제 우리 모두 그 성공의 가능성을 시작으로 2500명 대포덕의 역사를 기필코 만들어 나갑시다.

이제 우리 모두는 천도교 포덕 운동장에서 펼치는 2500명 포덕의 운동선수로서 포덕의 프로가 되어야 하겠습니다. 우리 모두는 포덕운동의 관객이 아니라 포덕의 유니폼을 입고 포덕 운동장에 나와 뛰는 포덕의 선수들입니다. 대도중흥을 위한 대포덕운동은 바로 나로부터 시작되는 것입니다. 2500명 포덕이 되느냐 안 되느냐 하는 것은 바로 나 한 사람에게 달려 있다는 책임감을 가져야 하겠습니다.

교회의 모든 조직과 사업은 2500명 대포덕운동을 위해 존재한다는 사고의 대전환이 있어야 할 것입니다.

종무원을 예로 든다면, 교화관 교무관 사회문화관 경리관 모두가 2500명 포덕운동을 목표로 주어진 사업과 예산을 포덕 목표 지향적으로 집행해 나가야 할 것입니다. 교화관은 포덕교화관으로, 교무관은 포덕교무관으로, 사회문화관은 포덕사회문화관으로, 경리관은 포덕경리관이 되고 포덕종무원이 되어야 할 것입니다. 포덕천도교유지재단이 되고 포덕시천주복지재단이 되어야 할 것입니다. 전국의 교구는 포덕교구가 되고 수도원 또한 포덕수도원이 되어야 할 것입니다.

포덕종학대학원이 되어야 하고 포덕여성회가 되고 포덕청년회가 되어야 할 것입니다. 포덕종의원이 되고 포덕감사원이 되고 포덕신인간사가 되어야 할 것입니다. 교회에서 행하는 모든 사업은 포덕 2500명이라는 공동의 포덕 목표 달성을 위하여 집행되어야 할 것입니다.

포덕삼일운동 100주년 사업이 되고 포덕동학혁명사업이 되고 포덕 어린이가 행복한 나라 사업이 되고 포덕 인내천 청소년 콘서트가 되어야 할 것입니다. 중앙대교당은 포덕중앙대교당이 되고 수운회관은 포덕수운회관이 되고 경운동 88번지는 포덕의 공간이 되어야 할 것입니다.

이 나라의 정치와 경제와 사회와 문화, 교육도 모두 포덕의 장이 되어야 할 것입니다. 남북한 모두가 포덕으로 하나 되고 온 세계 70억 인류가 모두 대포덕의 역사에 합류하도록 해야 할 것입니다.

저는 어제 신년사에서 '대도중흥비전 21'을 포덕의 관점에서 통일포덕운동과 사회문화포덕운동, 정보화포덕운동으로 제시한 바 있습니다. 오늘 우리를 둘러싸고 있는 시대적 환경에 따른 포덕의 3가지 핵심 코드를 읽어낸 것입니다. 저는 이것을 때와 함께 하는 여세동귀의 포덕운동이라는 뜻으로 수시포덕(隨時布德)이라는 개념을 생각해 보았습니다.

어쩌면 우리는 이 3가지 포덕의 핵심 코드를 너무나 뒤늦게 알아차렸다고 볼 수 있습니다. 그러나 늦었다고 생각할 때가 가장 빠른 때라 생각합니다. 우리에게 다가온 새로운 운수를 따라 158년도 대포덕운동을 전개해 나갑시다. 우리의 일거수일투족이 포덕으로 향할 수 있도록 정성을 다합시다.

의암성사께서는 각세진경에서 "배 가운데 누우면 배를 돌려서 가도 그 가는 방향을 알지 못하는 것과 같으니라."라고 하셨습니다. 우리는 천도교라는 배 속에 누워 가는 방향을 알지 못하는 자가 되지 말고 천도교라는 배 속에서 일어나와 새로운 시대 새로운 포덕의 방향을 깨닫는 자가 되어야 하겠습니다.

미래는 준비하는 자의 것입니다. 미래는 꿈꾸는 자의 것입니다. 천도교의 역사는 지금 희망찬 포덕운동의 미래를 향하여 전진하고 있습니다. 미래의 포덕을 꿈꾸는 우리의 염원이 그대로 미래의 역사로 이어질 것입니다. 오늘 행하고 있는 우리의 포덕운동이 그대로 미래의 포덕의 역사로 쓰이게 될 것입니다.

새해 정유년의 한 해가 300만 동덕 시대를 향한 2500명 대도중흥 대포덕의 교단 역사로 기록될 수 있도록 우리 모두 정성을 다해 나갑시다. 그리하여 쇠운이 지극한 우리 교단의 역사를 성운 전환의 새로운 역사로 만들어 나갑시다.

정유년 새해를 맞아 동덕 여러분과 가정에 건강과 행복이 충만하시고 만사여의 하시기를 기원하면서, 이만 1월의 조회사를 마치고자 합니다. 감사합니다.(포덕 158년 1월 2일)

• '대도중흥비전 21', 추진체계도

대도중흥의 기본 정신은 연원회, 현기사 등, 수운심법을 체(體)하여 교화포덕을 여

대도중흥 사업 추진도

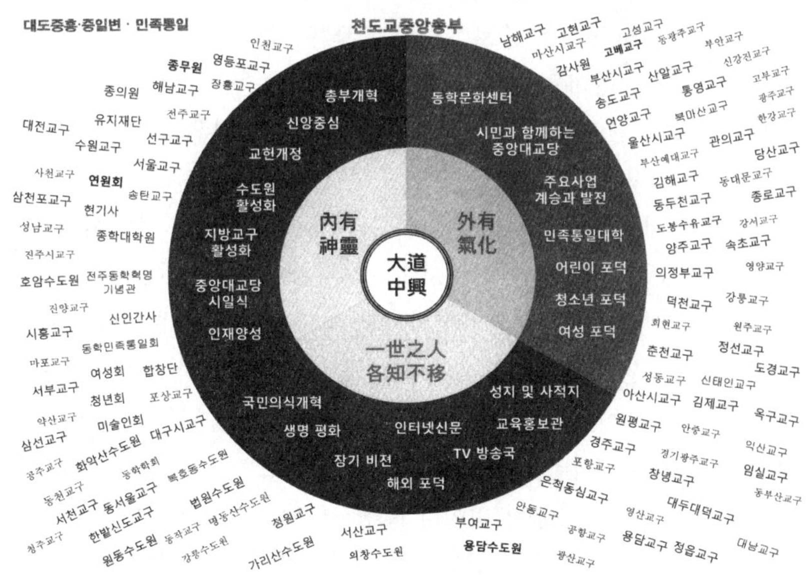

행(勵行)하고 신앙통일 규모 일치를 정려하는데 있다. 종의원은 대도중흥 정책, 기획, 규정 제도를 입안한다. 종무원에서는 대도중흥 정책을 집행한다. 대도중흥 예산 계정은 종무원, 재단이 담당한다. 종학대학원에서는 대도중흥 인력을 양성한다. 여성, 청년은 대도중흥 포덕의 전위가 된다. 동민회는 대도중흥 민족통일 전위단체 역할을 맡는다. 각 교구는 대도중흥 실천의 중심에 선다. 수도원에서 대도중흥을 위한 수련을 지도한다. 감사원은 대도중흥 피드백 기능을 담당하다. 주객이 없다. 모두가 주체다. 모두가 대도중흥의 목표를 향한 유기적인 조직이다. 중앙총부는 대도중흥 총부가 되고 연원회는 대도중흥 연원회가 되고 종의원은 대도중흥 종의원이 되고 감사원은 대도중흥 감사원이 되어야 한다. 모든 조직, 모든 교인, 모든 사업은 대도중흥 추진체계도 안에서 하나가 된다.(《천도교신문》 89호, 포덕 158년 5월 11일)

• 모든 사업은 '대도중흥비전 21' 연계

3·1운동 100주년 기념사업추진위원회에서는 포덕 158년 4월 30일(일) 천도교대교당에서 천도교 중앙총부가 올해 들어 '포덕 2500' 이라는 주제로 추진 중인 포덕활동과 관련한 추진위원회의 방안을 '3·1운동 100주년과 포덕 2500' 이라는 제목으로 발표했다. 이날 발표는 추진위원회 윤태원 홍보분과위원장이 진행하였다. 윤태원 위원장은 3·1운동 100주년기념사업추진위원회가 "포덕에 어떠한 기여를 할 수 있을지, 또 하고자 하는지를 주로 올해 예정되어 있는 사업을 중심으로 몇 가지만 말씀드리겠다."라고 전제하고, 그중 '3·1운동 100주년의 전국화 사업' 을 중심으로 포덕 방안을 발표했다. 3·1운동 100주년 전국화 사업은 3·1운동 관련 시설을 보유하고 있거나 3·1운동 관련 행사를 주최, 후원하는 지자체 및 3·1운동 관련 단체들을 하나로 아울러 100주년 준비를 위한 협의체를 구성하는 사업이다.

윤 위원장은 "3·1운동 100주년 기념사업추진위원회에서 볼 때 천도교 포덕의 가장 중요한 관건은 한마디로 말해 의암성사께서 지도하시던 그때의 천도교단이 당시의 우리 민족에게 '희망의 등대' 가 되었기 때문이라고 전제하고, 3·1운동 100주년 기념사업추진위원회가 이러한 3·1운동 전국화에 성공할 수 있다면, 우리 천도교단은 다시금 전체 민족에게 희망을 줄 수 있게 되고, 바로 그러한 희망을 줄 때만이 천도교의 포덕은 실질적으로 가능할 것이라고 생각한다."라고 밝혔다.

끝으로 윤 위원장은 "이 시대에 천도교에 포덕은 너무도 절실한 과제"라는 점을 상기시키면서, 다만 그것을 실현하는 방법은 중앙총부와 교구, 각 기관과 교인의 역할이 다르고, 특히 3·1운동 100주년과 같은 특별조직의 역할과 방법론은 다를 수밖에 없다는 점을 강조하면서 "3·1운동 100주년 기념사업추진위원회에서는 우리에게 주어진 사명을 충실히 이행함으로써 포덕 2500 달성에 이바지하고, 나아가 포덕천하 하여 보국안민하는 큰길에서 가장 앞장서 나아가겠다."라고 밝혔다.

• 대도중흥 목적성금 모금

대도중흥 중일변 민족통일을 위한 합동수련, 합동기도 및 강도회 등 관련 제 비용을 확보하고자 포덕 157년 6월 1일부터 대도중흥 목적성금을 모금하기로 하였다. 3차 연도에 걸쳐 모두 9천만 원을 모금하기로 하고 많은 교인 등의 적극적인 동참을 권장하였다. 1차 연도는 157년 6월 1일부터 158년 2월 말까지 3천만 원, 2차 연도인 158년에는 3천만 원, 3차 연도 159년엔 3천만 원을 각각 모금하기로 하였다. 이에 많은 교인들과 교구 단위의 성금이 모금되었다. 특히 대전교구에서는 김용환 교구장의 적극적인 호응으로 포덕 157년 8월 14일, 23인의 교인이 합동으로 포덕 159년 3월까지 성금 합계 총 10,500,000원의 신입을 신청하면서 157년 6월 30일자로 김용환 교구장 60만 원 외 20명이 대거 참여 성금 3,480,000원을 모금하여 총부에 일시 입금하였다. 이에 총부에서는 대전교구에 감사패를 수여한 바 있다.

전병찬 전 박공주 전 여성회 고문의 아드님이신 해암 전동성 선도사는 여성회 이순종 고문을 통하여 2차례에 걸쳐 대도중흥을 위하여 써 달라면서 200만 원의 성금을 총부에 내주었다. 지난 3년여 동안 모두 대략 7천여만 원의 성금이 접수되었다. 이들 성금은 목적성금 규정에 따라 대부분 수련비 지원 등으로 지출되었고 포덕상 시상, 포덕 간담회 등으로 사용되었다.

●—용담정

용담정은 경상북도 경주시 현곡면 가정리 구미산에 위치한 천도교 제1의 성지로서 수운 최제우 대신사가 경신(1860)년 4월 5일에 한울님으로부터 무극대도를 받아 시천주의 가르침을 편 동학 천도교의 발상지이다.

제6장

대도중흥비전 21 실천 강령을 선포하다

우리 도는 넓고도 간략하니
많은 말을 할 것이 아니라,
별로 다른 도리가 없고
성·경·신 석자이니라.
이 속에서 공부하여 터득한
뒤에라야 마침내 알 것이니,
잡념이 일어나는 것을 두려워하지 말고
오직 깨우쳐 '지'에 이르도록 염려하라.

吾道博而約 不用多言義
別無他道理 誠敬信三字
這裏做工夫 透後方可知
不怕塵念起 惟恐覺來知

—〈좌잠〉, 『동경대전』

이제 우리는 포덕 158년, 포덕 2500운동을
힘차게 전개하고 있습니다.
100년 전 300만 천도교 왕국을 재건하기 위한
우리 모두의 약속입니다.

—〈천일기념사〉, 포덕 158년 4월 5일

1. 대도중흥비전 21 실천 강령 선포

• 10년 안에 300만 포덕 시대 달성

포덕 158년 4월 5일, 천일기념일을 기하여 대도중흥비전 21 실천 강령을 선포하였다. 대도중흥비전 21 실천 강령은 지난해 12월 1일 대교당에서 선포한 대도중흥비전 21에 대한 분야별 구체적인 실행을 다짐하기 위하여 제정한 것이다. 대도중흥비전 21은 구체적인 실천 없이는 이루어질 수 없기 때문에 교직자는 물론 전체 교인들이 한마음 한뜻이 되어 지속적으로 실천해 나가기 위한 것이다. 그래서 오늘의 실천 강령 낭독은 각계각층을 대표하여 박대현 대학생 단장, 최은석 청년회장, 신주민 여성회 사무국장, 윤태원 종의원 사무장, 명주석 종학대학원 차장이 각각 실천 강령을 낭독하였다.

나는 포덕 158년 4월 4일, 포덕 2500 운동에 대한 의의에 대해 다음과 같은 월례 조회사를 발표하였다.

이제 우리는 포덕 158년, 대도중흥비전 21 실천 원년을 맞이하여 '포덕 2500 운동' 을 힘차게 전개하고 있습니다. 100년 전 천도교 왕국을 재건하기 위한 디딤돌입니다. '대도중흥비전 21' 실천 강령을 만들고 내일 천일기념일을 맞아 우리 모두 다 함께 실천 강령을 결의할 것입니다. 100년 전 300만 천도교 왕국을 재건할 것을 실천하기 위한 우리 모두의 약속입니다.

'대도중흥비전 21 실천 강령' 을 통해 우리 모두의 변화와 혁신을 실천하자는 것입니다. '우리는 이렇게 변화합시다' , '교구는 이렇게 변화합시다' , '총부는 이렇게 변화합시다' 를 다짐하고 기도하고 실천하자는 결의입니다.

이 결의를 다짐하고 실천하기만 한다면 10년 안에 반드시 300만 교단의 역사를 만들어 낼 수 있을 것입니다. 300만 교단 시대를 만든 그 힘을 모아 또다시 천만 동덕 시대를 열어 나가게 될 것입니다. 마침내 세계 포덕의 시대, 포덕 천하의 천도교 세상을 만들어 나가게 될 것입니다.

꽃 피고 새가 우는 춘삼월 호시절입니다. 우리는 희망찬 4월을 맞아 먼저 동학전시관을 포덕의 공간으로 확충하고 이를 활성화하도록 할 것입니다. 이의 일환으로 동학전시관에서 일반 시민과 학생을 위한 화목 동학강좌를 매주 2회 정례적으로 운영하게 될 것입니다.

중앙대교당 2층에는 교인과 시민을 위한 상설 수련 포덕실을 마련하여 운영하게 될 것입니다. 어린이 포덕을 위한 내실 있는 어린이 포덕 주간 프로그램을 준비할 것입니다. 어린이 포덕을 위한 어린이 도서관을 준비하고 다양한 어린이 포덕 프로그램도 기획하게 될 것입니다. 어린이를 위한 천덕송을 창작하여 널리 보급하는 방안도 마련하게 될 것입니다.

기존의 지방 교구 전담제를 지방 교구 포덕 전담제로 그 기능을 확충하여 운영하게 될 것입니다. 중앙총부의 모든 조직과 사업을 포덕 2500에 초점을 맞추어 진행할 것입니다. 특히 사회문화관의 모든 활동과 사업도 포덕에 초점을 맞추어 나갈 것입니다.

가까이 있는 수운회관 입주 한울님들에게 정성을 다하여 포덕할 수 있도록 할 것입니다. 인사동과 북촌을 찾아오는 국내외 한울님들을 포덕할 수 있는 방안을 마련하여 운영하게 될 것입니다. 경기도 포천에 있는 교회 묘지에 연고가 있는 수천 명의 유족 한울님들의 모임을 만들어 교회 묘지의 효율적인 운영은 물론 이들에 대한 포덕운동도 함께 전개해 나갈 것입니다.

종학대학원에 문화 해설사 과정을 설치 운영하여 동학 문화 해설사를 지속적으로 양성하도록 하고 이들을 동학 유적지 포덕사로 활용하는 방안을 추진하게 될 것입니다. 또한 교인과 일반 시민을 위한 매월 또는 매주 동학 유적지 견학 프로그램도 기획하게 될 것입니다. 일반인과 신입 교인을 위한 포덕 교화 프로그램을 만들어 활용하게 될 것입니다.

매월 말 시일은 포덕의 날로 정하여 포덕 사례 발표와 이달의 포덕왕을 기획하고 운영하게 될 것입니다. 종학대학원에 통일 아카데미 과정을 설치 운영하고 각급 학교, 공공기관, 지자체 등을 대상으로 한 통일 토크 콘서트를 운영하여 마당포덕 시대를 열어 갈 준비를 할 것입니다. 여성을 위한 명품 강좌를 개설하여 여성 포덕을 활성화하는 프로그램을 기획하게 될 것입니다.

지역별 포덕연대를 조직하고 지역별 포덕대회를 수시로 개최하도록 할 것입니다. 중앙총부 모든 임직원은 수시로 지방 교구 포덕 순회를 하게 될 것입니다. 우이동 의창수도원에 교령사 분실을 운영하여 포덕의 기회를 확대하게 될 것입니다.

• 대도중흥비전 21 실천 강령 선포

포덕 158년 4월 5일, 천일기념식 후 대도중흥비전 실천 강령을 선포하였다. 오늘의 실천 강령은 박대현 대학생단장, 최은석 청년회장, 신주민 여성회 사무국장, 명주석 종학대학원 차장 등 각 단체별로 한 사람씩 네 사람이 나와 실천 강령을 선포하여 100여 명의 참석자 모두의 힘찬 박수를 받았다.

본 실천 강령은 "1인 1포덕으로 10년 안에 300만 교단을 만듭시다!"의 표어를 전면에 내세웠다. 김호성 교화관장이 오랜 숙고 끝에 기초한 것으로 대도중흥비전 21을 보다 실천 지향적으로 제시한 것이다.

이 실천 강령은 먼저 개인 각자각자에 대한 것으로 대도중흥비전 21의 구조에 맞추어 모두 21개의 세부 덕목으로 구성되었다. 첫째, '포덕 역량 구축' 으로 수심정기 생활을 합시다! 주문을 항상 외웁시다! 모든 의식에 청수를 봉전합시다! 시일식에 빠지지 맙시다! 성미를 제때에 납부합시다! 기도와 수련을 생활화합시다! 성경신을 지극히 실천합시다! 등 7가지이다.

둘째, '포덕 환경의 확충' 은 아내와 남편 간에 화목하게 지냅시다! 부모와 자녀 간에 친하게 지냅시다! 고부간에 서로 존중하고 아껴 줍시다! 가족 간에 서로 경어를 사용합시다! 어린이를 행복하게 합시다! 매사에 감사함과 희망을 가집시다! 모두가 건강하고 행복하게 삽시다! 등 7가지로 되었다.

셋째, '포덕광제의 실천' 은 사인여천을 실천합시다! 경물사상을 실천합시다! 봉사활동에 앞장섭시다! 검소하고 겸손하게 살아갑시다! 웃는 얼굴로 생활합시다! 따듯한 마음으로 살아갑시다! 이웃에게 모범이 됩시다! 등 7가지이다.

다음은 교구 차원의 변화에 대한 실천 강령으로 '청소년 포덕에 모든 역량을 동원합시다!' '교구 일은 젊은이를 앞세웁시다!' '어린이를 즐겁게 하는 교구로 만듭시다!' '정기적인 교구 합동 강도회를 정례화합시다!' '지역 합동시일을 정례화합시다!' '휴면 교인이 다시 나올 수 있도록 합시다!' '따뜻한 정이 넘치는 교구를 만듭

대도중흥비전 21 실천 강령

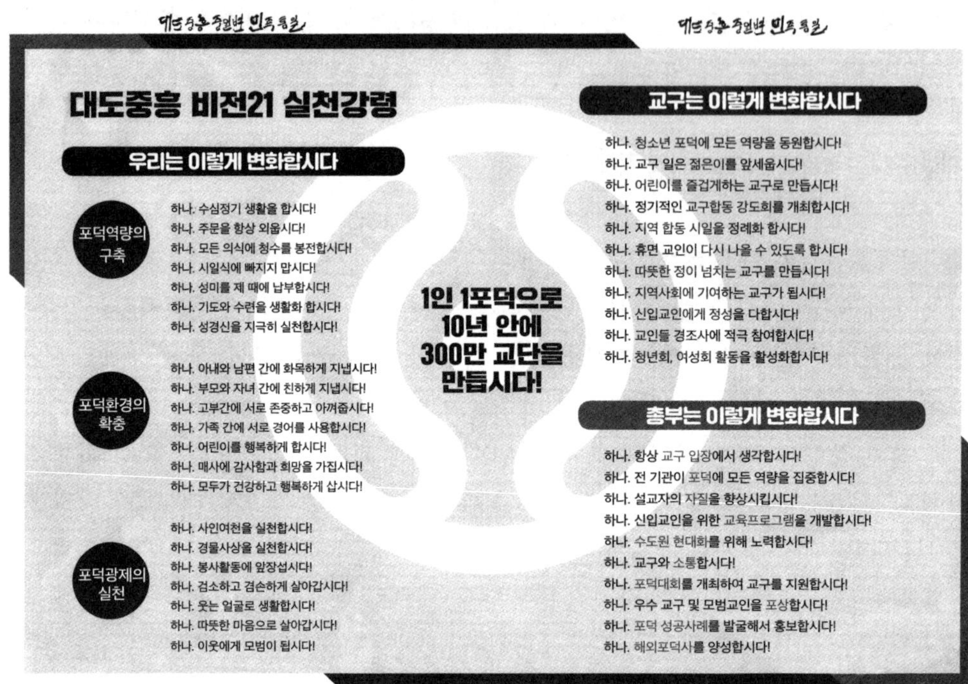

시다!' '지역 사회에 기여하는 교구가 됩시다!' '신입 교인에게 정성을 다합시다!' '교인들 경조사에 적극 참여합시다!' '청년회, 여성회 활동을 활성화합시다!' 등 11가지이다.

다음은 중앙총부의 실천 강령으로 총부는 이렇게 변화합시다. '항상 교구 입장에서 생각합시다!' '전 기관이 포덕에 모든 역량을 집중합시다!' '설교자의 자질을 향상시킵시다!' '신입 교인을 위한 교육 프로그램을 개발합시다!'

'수도원 현대화를 위해 노력합시다!' '교구와 적극 소통합시다!' '포덕대회를 개최하여 교구를 지원합시다!' '우수 교구 및 모범 교인을 포상합시다!' '포덕 성공 사례를 발굴해서 홍보합시다!' '해외 포덕사를 양성합시다!' 등 10가지이다. 실천 강령은 대도중흥비전 21과 함께 인쇄하여 전국적으로 보급하였으며 총부에서 수시로 순회하면서 이를 설명하고 함께 추진해 나갈 것을 강조하였다.

• 대도중흥비전 21, 종합 실행 계획 수립

천도교 대도중흥의 비전은 세계의 중심에서 세상을 이끌어 가는 '천도교 오만년 무극대도' 로 설정하고 안으로는 포덕 기반 구축, 포덕 역량 확대로 천도교 중심 국가를 지향하며 밖으로는 세계 속의 천도교로 포덕천하 지상천국의 새로운 세상을 건설하는데 두었다. 이를 실천하기 위해 대도중흥비전 21의 성공적 추진을 통한 총부 혁신을 견인하고 중앙총부 소속 모든 교역자의 1인 1강령 전담 참여제를 도입하는 한편 지방 교구, 기관, 단체별 참여 유도 등 3가지 기본 방향을 설정하였다. 이의 추진 전략으로는 종무원 중심으로 집중 추진하여 전 기관으로 확대, 강령 별 추진 계획 로드맵 작성 및 실적 보고 체제 구축, 천도교신문, 신인간 홈페이지 등과 연동하는 것으로 하였다. 추진 내용 및 추진 체계는 다음과 같이 하였다. 지방 교구 활성화는 박남준 관장, 총부 포덕 역량 확대는 김호성 관장, 설교 역량 확충은 계한경 관장, 신입 교인 지속적 관리는 전명운 처장, 수도원 활성화는 강선녀 차장, 지방 교구 애로사항 지속적 관리는 전창근 차장, 권역별 교구 활성화는 서종남 차장, 우수 교

대도중흥비전과 실행 계획 (안)

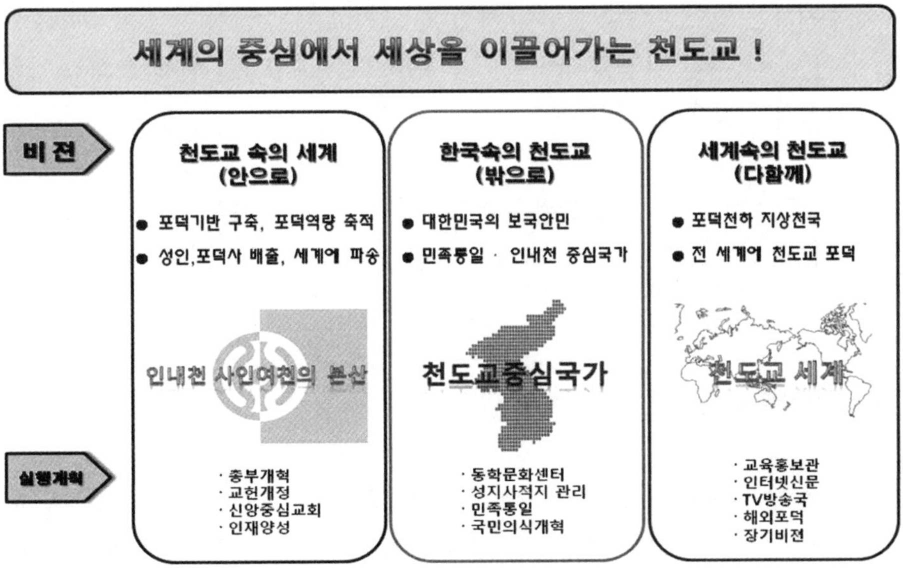

세계의 중심에서 세상을 이끌어가는 천도교 !

비 전

천도교 속의 세계 (안으로)
● 포덕기반 구축, 포덕역량 축적
● 성인,포덕사 배출, 세계에 파송
인내천 사인여천의 본산

한국속의 천도교 (밖으로)
● 대한민국의 보국안민
● 민족통일 · 인내천 중심국가
천도교중심국가

세계속의 천도교 (다함께)
● 포덕천하 지상천국
● 전 세계에 천도교 포덕
천도교 세계

실행계획

· 총부개혁
· 교헌개정
· 신앙중심교회
· 인재양성

· 동학문화센터
· 성지사적지 관리
· 민족통일
· 국민의식개혁

· 교육홍보관
· 인터넷신문
· TV방송국
· 해외포덕
· 장기비전

추진체계도

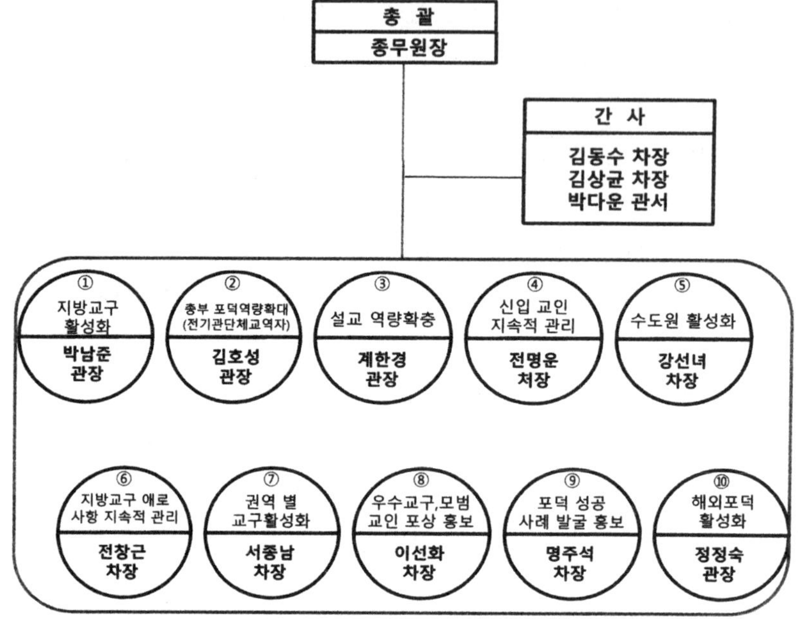

구, 모범 교구 사례 발굴 홍보는 명주석 차장, 해외 포덕 활성화는 정정숙 관장이 전담하여 추진하는 것으로 역할 분담을 하였다. 그리고 세부 강령별 실천 계획은 연간 목표, 실천 내용, 추진 일정을 작성하도록 하였으며, 매월 1일 월례 조회시 강령별 실적을 보고하는 것으로 하였다.

각 지방 교구에도 포덕 2500 달성을 위한 실천 강령과 교구별 목표 설정 관련 내용(천총발 제82호)을 공문으로 발송하여 교구별 포덕 실적을 중앙총부에 보고하도록 하였다.

• 10개 권역별 교역자 간담회 개최

포덕 2500 달성을 위한 교구별 포덕 목표 및 포덕 실적과 향후 목표 달성을 위한 간담회를 개최하여 교구별 포덕 목표 달성을 촉진하였다. 중앙총부에서는 교령사,

종무원장, 관장이 참여하도록 하고 지방에서는 권역별 교구장, 도정, 도훈, 종의원, 순회 설교자가 함께 만나 권역별 포덕 방안을 마련하기로 하였다. 포덕 158년 5월 20일부터 9월 23일까지 10차에 걸쳐 실시하기로 하였다.

1차는 부산 지역 6개 교구로 5월 20일(토) 부산시교구에서(교무관장 진행), 2차는 경북 지역 7개 교구 6월 17일(토) 대구시교구(경리관장 진행), 3차는 경남 지역 9개 교구로 6월 24일(토) 진주시교구(교무관장 진행), 4차는 남해 지역 4개 교구 7월 15일(토) 남해교구(사회문화관장 진행), 5차는 대전 충남 지역 10개 교구로 7월 22일(토) 대전교구(교화관장 진행), 6차는 전북 지역 9개 교구로 8월 19일(토) 전주교구(교화관장 진행), 7차는 광주·전남 지역 3개 교구로 8월 26일(토) 광주교구(경리관장 진행), 8차는 춘천 강원 지역 4개 교구로 9월 9일(토) 춘천교구(교화관장 진행), 9차는 경인 지역 10개 교구로 9월 16일(토) 수운회관 907호(사회문화관장 진행), 마지막 10차는 서울 지역 18개 교구로 중앙대교당(교화·경리·사회문화관장 공동 진행)에서 각각 실시하기로 하였다.

• 중앙총부 임직원부터 실천 다짐

포덕 159년 3월, 중앙총부 임직원 모두가 개별적으로 포덕 2500 실천 계획(포덕 목표)을 스스로 수립하고 이를 적극 실천함으로써 전국 교구의 선도적 역할을 하기로 하였다. 중앙총부는 공문을 시행하고 전화와 간담회에 참석하는 등의 전국 교구에 대한 지원자로서의 역할도 수행하면서 동시에 중앙총부 스스로도 지방 교구와 하나라는 인식하에 마치 '중앙총부교구' 처럼 스스로 교구 차원의 목표를 세우고 정성을 다하기로 한 것이다. 마치 교령이 '중앙총부교구장' 이 되고 각 관장들이 중앙총부의 담당 부장으로서의 역할을 수행하도록 하는 단일 교구 중심의 '중앙총부교구' 의 그림을 그려 본 것이다. 그래서 중앙총부 임직원으로부터 각각 1년 동안에 달성하고자 하는 포덕 목표를 자발적으로 정하도록 하고 이를 종합 정리하여 상호 공유할 수 있도록 코팅하여 배포했다. 포덕 159년 5월, 중앙총부 임직원들의 포덕 목표는 120명이며 그동안 35명을 포덕한 것으로 집계되었다.

2. 교구별 포덕 2500

• 포덕 방안 대토론회 개최

포덕 158(2017)년 2월 1일(수) 천도교 중앙총부와 부문 단체는 대도중흥 방책 마련을 위한 토론회를 가졌다. 전 직원이 참석한 가운데 오전 9시 30분부터 오후 4시 30분까지 열린 토론회에서는 종단, 교구, 교인의 현실적인 문제점과 해결 방안 모색, 성찰과 반성도 함께 이루어졌다.

중앙총부는 '중앙총부의 포덕 방안 제안서' 를 발표하고 중앙총부의 포덕 방안과 아울러 지방 교구에서 해야 할 일, 개인이 해야 할 일, 신입 교인 사후관리, 포덕 방식에 따른 분류 등 5개 방안이 마련되었다.

중앙총부의 포덕 방안은 포덕 158년을 '대도중흥비전 21' 실천 원년으로 규정하고 분기별 포덕 대회를 개최하여 포덕운동 확대 및 분위기를 조성하자는 것이다. 먼저 분기별 내용을 살펴보면 1/4분기(1월~3월)는 포덕 전략에 관한 대토론회 개최, 2/4분기(4~6월)는 4월 5일, 천일기념일과 5월 5일 어린이날을 이용하여 문화 포덕 활성화, 3/4분기(7~9월)는 하계수련을 맞아 단체 및 교구별 포덕 대회 개최, 4/4분기(10~12월)는 12월 1일 포덕의 날을 맞아 포덕 대회 개최 등으로 정하였다.

오늘의 포덕 방안 대토론회에서는 교화관, 여성회, 청년회, 신인간사, 종학대학원, 감사원, 연원회, 현기사, 의창수도원, 대교당 관리팀, 경리관, 전서실, 종의원 등 부문별 발표에 이어 전체 참여자들의 폭넓은 의견을 경청하고 자유롭게 토론하는 시간으로 진행되었다.(《천도교신문》 84호, 2017년 2월 23일)

• 포덕 2500은 300만 교단 시대의 꿈

나는 포덕 158년 7월 3일의 월례 조회에서 "포덕 2500은 300만 교단 시대의 꿈입니다."라는 내용의 월례 조회사를 발표하였다.

모시고 안녕하십니까?

어느덧 7월입니다. 신년맞이 인사를 주고받은 지 엊그제 같은데 벌써 한 해의 절반이 지나고 7월이 다가왔네요. 눈 깜빡할 사이에 반년이 훌쩍 지나간 것 같습니다.

어린 시절, 저는 매년 칠월이 오면 이육사 시인이 노래했던 〈청포도〉를 떠올리곤 했습니다. 그런데 언제부터인가 저에겐 칠월은 초록색 청포도 대신 빨간 고추의 시절로 바뀌어 버렸습니다. 칠월이 오면 내수도와 나는 어머님과 동생이 땀 흘려 지어 놓은 내 고향 고추밭을 분주히 드나들며 빨갛게 익은 고추송이를 함께 따곤 하였습니다.

고추 따는 계절, 빨간 고추의 계절, 칠월을 맞으면서 벌써 또 반 년이 지났구나 하는 생각을 하며 새삼 세월의 빠름을 실감하게 됩니다. 여러분 또한 저와 같이 한 해의 절반을 보내고 새로운 6개월을 시작하는 7월을 맞으면서, 세월의 빠름과 여러 가지의 추억을 떠올리리라 믿습니다.

저는 오늘 포덕 158년도 상반기 6개월을 보내고, 새로운 6개월을 시작하면서 지난 6개월 동안에 우리 모두가 함께 걸어온 포덕의 길을 더듬어 보았습니다. 우리는 지난해 12월 1일, 현도기념일에 선포한 대도중흥비전 21의 실천 강령을 발표하고, 1인 1포덕으로 10년 안에 300만 교단 시대를 열어 나가기 결의를 다짐한 바 있으며 포덕 158년을 맞아 포덕 2500 목표를 설정하였습니다.

지난 6개월은 포덕 2500의 목표를 달성하기 위하여 중앙총부는 물론 전체 교인들이 함께 포덕 2500의 씨앗을 심느라고 무척이나 바쁜 걸음을 걸어왔습니다. 대도중흥 중일변 민족통일을 위한 특별기도를 전국적으로 실시하여 왔으며 특히 3월부터 6월까지는 매월 1일부터 7일까지 각 교구별로 합동기도를 실시하여 왔으며, 대교당에서는 서울 경기 지역 합동으로 특별기도를 진행하여 왔습니다. 전국을 10개 권역으로 나누어 교령사, 종무원장, 4관장들이 함께 참여하는 권역별 교역자 간담회를 지속적으로 실시하여 오고 있습니다. 그리고 대교당 2층에 수련실을 설치 개방하여 수련과 신앙 상담의 시간을 운영하고 있습니다. 동학전시관을 더욱 알차게 확충하고 동학 강좌도 활성화할 수 있는 방안을 강구하고 있습니다. 《천도교신문》을 통하여는 포덕 2500 실천 사례를 적극적으로 발굴, 홍보하고 있으며, 교화관에서는 홈페이지 게시판을 통하여 포덕 2500의 소식과 실적 및 아이디어 발굴, 교인별 교구별 기관 단체별 정보 교환 등을 위한 '포덕광장' 을 개발 운영하기 위하여 준비 중에 있습니다.

이렇듯 지난 6개월 동안 뿌린 포덕 2500의 씨앗이 하반기에는 파란 싹을 틔우고 무럭무럭 돋아나게 될 것으로 믿습니다. 바로 어제 7월 2일에는 우리 천도교 역사상 최초로 이달의 포덕왕이 탄생되었습니다. 7월부터 실시하기로 한 '이달의 포덕왕' 으로 장효선 명인이 선정되어 수상한 바 있습니다.

장효선 명인은 대신사께서 남원 은적암에서 추셨던 용담검무 전승자로서 남원에 용담검무전승관을 설립하면서 신입 교인 21명을 포덕하여 포덕왕의 상을 받게 된 것입니다. 포덕의 불모지였던 남원 땅에서 남원교구추진위원회를 설립하고 금년 내로 100명을 포덕한다는 기적 같은 목표를 내걸고 정성을 다하고 있는 장효선 명인에게 우리 모두 축하의 박수를 보냅시다.

부산 동천교구에서도 지난 4월 11일과 5월 16일 각각 교사, 학생 입교식을 거행하였습니다. 저는 이 반가운 소식을 접하면서 동천교구장이신 강병로 교감 선생님에게 축하의 뜻으로 축전을 보낸 바 있습니다. 동대문교구에서도 금년에 200명 포덕을 목표로 49명이 입교하였으며 진주시교구에서도 5명의 동덕이 입교한 바 있습니다. 저는 지난 한 해 동안 서울에 있는 동안에는 대교당 시일식에 참석하였습니다. 좀처럼 늘어나지 않는 대교당 시일식에 참여할 때마다 정말 마음이 아팠습니다. 어떻게 하면 빈자리가 채워질 수 있을 것인가? 언제쯤 이 빈자리가 채워질 수 있을까? 하고 아픈 마음을 쓸어내리곤 했습니다.

지난해에는 전국에 있는 50여 개 지방 교구를 찾아다니며 점점 꺼져만 가는 포덕의 불씨를 살려내기 위해 안간힘을 다하시는 원로 교인을 대하면서, 그리고 아예 포덕의 불씨마저 꺼져 버린 텅 비인 교구를 바라보면서 정말 가슴 아팠습니다. 저는 이제 서울 지역에 있는 교구들을 찾아 나섰습니다. 지난달에 저는 영등포교구와 관의교구를 다녀왔습니다. 포덕 2500 달성을 위해 함께 노력할 것을 간곡히 호소하고 왔습니다. 앞으로도 계속하여 서울 지역 교구를 방문할 것이며 대전 지역과 충청 지역, 전남 지역, 경기 지역 등도 차례로 방문하여 포덕 2500 달성을 위해 함께 노력할 것을 호소하고자 합니다.

종무원장님께서도 관장님들과 함께 전국의 10개 권역별 교구를 방문하면서 포덕 2500의 성공적인 추진을 위하여 함께 노력할 것을 간곡히 호소하고 있습니다. 이렇듯 그동안 미처 심지 못한 포덕의 씨앗을 뿌리면서 이미 뿌린 씨앗으로부터 돋아나는 포덕의 싹을 정성껏 가꾸어 나간다면 포덕 2500은 반드시 달성될 것이라 믿습니다.

7월과 8월은 수련의 계절입니다. 전국에 있는 모든 교인들이 수련에 동참할 수 있도록 적극 독려하여 주시기 바랍니다. 이번 수련은 포덕 2500에 맞추어 경전, 강의, 수련, 천덕송 등 수련 과정을 편성하여 진행하게 될 것입니다. 수련을 통하여 특별한 감응과 깨달음으로 포덕의 역량을 더욱 더 확충해 나갈 수 있도록 해야 하겠습니다. 특히 신입 교인들에 대한 프로그램을 개발 운영함으로써 오관 실행 등 지속적으로 신앙생활을 영위할 수 있도록 해야 하겠습니다.

그리고 사회문화관, 동민회에서는 그동안 막혔던 남북 교류의 물꼬를 트고 우리 천도교가 통일운동에 앞장설 수 있도록 더욱더 노력하여 주시기 바랍니다. 종학대학원에서는 이 시대 민족통일운동을 이끌어 나갈 전문 지식과 사명감에 불타는 젊고 유능한 통일지도자를 집중적으로 양성할 수 있는 통일아카데미교육 과정을 차질 없이 설치 운영할 수 있도록 정성을 모아 주시기 바랍니다. 그리고 통일지도자를 중심으로 한 통일 토크 콘서트도 계획대로 차질 없이 준비해 주시기 바랍니다. 그리하여 통일 포덕의 새 시대를 열어 나갈 수 있도록 준비해 주시기 바랍니다.

7월 중순에는 해외 포덕을 위한 미국 남가주 지역을 관계부서와 함께 방문할 예정입니다. 교민들을 중심으로 인내천 포럼 강의와 지역 언론사와 방송국 인터뷰, LA 한국총영사관 방문, 교민 간담회, 종학대학원 분원 설치 논의와 인내천 의식 개혁운동 LA지부 설치 등 미주 지역 포덕 활동의 전진 기지를 설치하게 될 것입니다. 지난 6월에도 말한 바와 같이 포덕 2500은 전국의 동덕 한 분한 분과 지방 교구, 그리고 중앙총부가 삼위일체로 하나 되어야 성공할 수 있습니다. 그러므로 총부의 우리가, 총부의 내가 먼저 변해야 포덕 2500은 성공할 수 있다는 것을 거듭거듭 명심합시다. 그리하여 우리 모두 포덕 2500을 위한 7월의 역사를 만들어 갑시다.

끝으로 포덕 2500을 위한 우리의 마음자세를 다시 한번 가다듬고 다짐하자는 뜻으로 특별기도 심고문으로 마무리하고자 합니다.

〈심고문〉

한울님 스승님 감응하옵소서.

저희들은 이 시대의 천명인 대도중흥 중일변 민족통일을 이루고자 특별기도를 봉행하고 있습니다. 한울님의 뜻과 스승님의 가르침을 실천하는 참된 교인이 되어 대도중흥과 민족통일을 하루속히 이룰 수 있도록 정성을 다하겠습니다.

대도중흥을 위한 모든 사업들이 성공적으로 이루어질 수 있도록 한울님 스승님 감응하옵소서.

이제 남은 6개월도 특별기도 심고문을 가슴에 새기면서 포덕 2500의 성공적인 추진을 위하여 힘차게 달려나갑시다. 무더움의 계절, 7월을 맞아 여러분과 가정에 건강과 보람이 함께 하시기를 바라며, 이상으로 7월의 조회사에 갈음합니다.

• 300만 포덕의 첫걸음, 실천 목표 실적 보고

중앙총부는 '우리는 이렇게 변합시다. 교구는 이렇게 변합시다. 총부는 이렇게 변합시다' 라는 3개 항목 모두 42개 조목의 대도중흥비전 21 실천 강령과 '포덕 2500' 을 위한 교구별 포덕 목표도 설정하여 발표하였다.

교구별 포덕 목표는 교인 수, 교구 시설과 위치, 시일식 봉행 등을 고려하여 교구별로 목표를 설정한 것이다. 각 교구별 포덕 목표는 다음과 같다.

서울교구 영등포교구 각각 240명, 부산시 180명, 남원교추위 100명(용담검무 보급), 동대문·관의·선구 각각 80명, 마산·남해 각각 70명, 광주·동부산·삼천포 각각 60명, 용담·춘천·광주·성동·한강·인천·울산시 각각 40명, 당산·동서울·마포·대구시·수원·도경·포항 각각 30명, 영산·대구대덕 각각 25명, 의정부·시흥·부안·송탄·강서·포상·아산·안중·진주·양주·서산·옥구·부산대남·공항·고현·서초추진·동천·동두천·강릉·익산·삼선·창녕·사천·경주 각각 20명, 도봉수유·신태인·전주·성남시 각각 10명, 한밭신도 등 30개 교구는 각각 5명으로 올해의 포덕 목표는 모두 2500명이다.(《천도교신문》 85호, 포덕 158(2017)년 3월 15일)

아울러 매월 각 교구별 포덕 실적을 중앙총부에 보고하도록 하였다. 교구별 연간 추진 목표에 대한 실적에 대하여 자체적으로 평가하고 그것을 반영한 금월 추진 계획(목표) 및 지방 교구에 대한 지원 요망 사항을 적도록 하였다. 그리고 포덕 현황은 전국적으로 종합하여 《천도교신문》의 '포덕 2500 실천 특집', '이달의 포덕 현황'에 게재하였다.

• 이달의 포덕왕 시상

중앙총부에서는 포덕을 널리 장려하기 위하여 매월(분기 또는 반기)별로 포덕왕을 선정하여 시상하기로 하였다. 매월 교구별 실적을 취합하여 선정하되 신입 교인은 입교 후 3개월 이상 지속적으로 성미를 납부해야 하며 포덕 2500 달성을 위한 실천 강령과 교구별 포덕 목표를 고려하기로 하였다. 포덕 158(2017)년 6월 15일까지 제출된 포덕 현황을 정리한 결과 남원교구추진위원회 장효선 동덕이 제1회 포덕왕으로 선정되었다. 장효선 동덕은 시천주 신앙을 바탕으로 교구 활성화 및 교당 중흥을 위하여 불모지나 다름없는 남원 지역에서 개척의 정신으로 포덕운동을 열렬히 전개함으로써 교인들의 신앙심을 굳건히 하였으며, 신입 교인 21명을 포덕하여 타교인의 귀감이 된 사실이 인정되어 이달의 포덕왕으로 선정되었다. 이에 따라 포덕 158년 7월 2일 시일식 후 중앙대교당에서 포덕 158년 제1호 포덕왕 시상식을 가졌다. 시상식에서 나는 "우리는 10년 안에 300만 포덕을 이루자는 계획을 진행 중이다. 현대는 문화포덕의 시대라고 할 수 있다. 장효선 동덕은 용담검무라고 하는 천도교 문화를 가지고 포덕을 했다. 장효선 동덕은 앞으로 전국에 용담검무전수회를 만들어 2만 명을 포덕할 꿈을 가지고 있다. 그 꿈이 꼭 달성될 수 있기를 기원한다. 중앙총부에서도 장효선 동덕의 꿈이 꼭 이루어질 수 있도록 적극 지원할 수 있어야 할 것이다."라며 감사의 마음을 전했다.

수상 소감에서 단암 장효선 동덕은 "천도교에서 활동한 지가 17년, 아버지께 비밀스럽게 배운 칼춤이 천도교에서 갈망하던 용담 칼춤이라는 것을 알면서 좀 더 본격적으로 연구했다. 그동안 용담검무를 문화 활동으로 발전시켰으며 그것이 문화예술의 총단체에서 명인으로 인정을 해주기까지 이르렀다. 대신사님의 검무를 생각하며 남원의 은적암을 자주 찾았다. 그러다가 남원과 인연이 되어 동학 관련 단체와 만나게 되었고 천도교와 용담검무에 대해서 공부하다 31명이 입도의 뜻을 밝히는 일까지 생겼다. 일주일에 2번 용담검무를 무료로 가르치며 그것이 포덕의 계기가 된 것 같다. 앞으로 천도교의 진리를 넓게 펴는 기회를 용담검무와 함께 하고 싶다. 또 전국 18개 지역에 용담검무전수원을 계획 중이다. 그것을 통해 다시 포덕의 기회를 확산하고자 한다."라며 포덕왕의 포부를 밝혔다.(《천도교신문》 93호, 포덕 158년 7월 13일)

2번째 포덕왕은 158년 12월 1일 제112회 현도기념일을 맞아 11명의 동덕을 포덕한 이창우 안중교구장을 이달의 포덕왕으로 포상하였다. 3번째 포덕왕은 포덕 158년 12월 24일, 천도교 중앙대교당에서 휴면 교인 81명을 포덕한 서산교구와 개인 시상으로 손우승(30명), 최재원(21명), 문제월(11명), 최호열(19명) 선도사가 받았다. 4번째 포덕왕은 포덕 159년 8월 14일, 천도교 중앙대교당에서 거행된 지일기념식에서 11명을 포덕한 안중교구 최헌정 선도사에게 수여되었다.

• 포덕 2500 실천은 선택 아닌 필수

나는 포덕 159년 3월 2일, 3월 월례 조회사를 통해 "포덕 2500 실천은 선택 아닌 필수 과목입니다"라는 주제로 월례 조회사를 발표하였다.

모시고 안녕하십니까? 희망찬 3월, 여기저기서 봄이 오는 소리가 들려오고 있습니다. 머지않아 파란 새싹이 돋아나고 아름다운 꽃이 피어날 따스한 봄날을 생각하니 희망이 솟아나는 것 같습니다.

이처럼 우리에게는 자연이 가져다주는 희망의 봄이 있는가 하면, 3·1운동이라는 또 하나의 희망찬 역사의 봄이 함께 온다고 생각합니다. 3·1운동이라는 역사의 봄은 우리 천도교가 피워낸 꽃이 만들어 내는 봄입니다.

3·1운동은 의암성사의 영도 아래 천도교가 앞장서고 종교인과 시민, 학생들이 합세하여 이루어 낸 역사의 꽃입니다. 그런데 저는 어제 정부에서 주관하는 제99주년 삼일절 기념식에 참석하여 3·1운동 역사의 꽃이 제대로 피어나지 않고 있음을 목도하였습니다.

3·1운동 99주년을 기념하는 대통령의 기념사에는 유관순에 대한 언급은 있지만 3·1운동을 영도한 의암성사에 대한 언급이 없으며, 3·1운동의 발상지인 봉황각과 3·1운동을 주도한 천도교에 대한 언급도 전혀 볼 수가 없었습니다. 천도교의 지도자들과 교인들이 의암 손병희 성사의 영도 아래 천도교 대고천하 이후 간단없이 조국의 자주독립 역량을 강화하고, 국권 피탈 이후에는 인력

과 재정, 조직과 심신 수련의 제 방면에서 독립운동의 구체적인 준비를 실행해 왔으며, 마지막 순간에는 그 모든 자산들을 민족의 광장에 조건 없이 내놓음으로써 세계사에 빛나는 3·1운동이 성취될 수 있었던 것입니다. 그럼에도 불구하고 왜 의암성사의 영도 아래 천도교가 중심이 되어 일어난 3·1운동 역사의 꽃이 100년이 지나는 오늘에도 올바르게 피어나지 않을까요? 왜 그럴까요?

그것은 누구의 책임일까요? 역사는 그냥 지나간 과거가 아니라 현재화된 과거이고, 이런 의미에서 E. H. 카는 역사를 "현재와 과거의 대화"라고 정의했습니다. 우리가 역사에 관심을 갖는 것은 "무엇이 일어났는가."만이 아니라 그러한 일이 어떻게 일어났고 또 왜 일어났는가, 그리고 당시 상황에서 그 일이 갖는 의미는 무엇이며 나아가 그것의 현재적 의미는 무엇인가인 것입니다.

역사 속에서 어떠한 사실이 일어났으며 그 사실들이 차지하는 각각의 비중, 위치, 결합, 의미의 문제인 것입니다. 이것은 곧 해석의 차원이고 이는 역사가가 과거의 사건을 의미 유형으로 바꾸어 놓을 때 드러나는 문제인 것입니다. 그런데 의미가 변형되지 않도록 해석하고 그 해석된 역사를 묶어 놓을 수 있는 것은 현재의 힘일 뿐, 절대불변의 중심이라는 것은 존재하지 않는다고 보아야 할 것입니다.

저는 3·1운동 역사의 힘은 바로 포덕이라고 확신합니다. 천도교 역사의 봄은 포덕의 힘에 의하여 꽃을 피워낼 것입니다. 세상 사람들에게 드러나는 역사는 이 시대에 살고 있는 천도교인들의 포덕 역량에 비례한다고 보아야 할 것입니다. 오래전에 저는 어느 지인으로부터 동학혁명에 대한 용어가 왜 자꾸 바뀌느냐는 질문을 받은 일이 있었습니다.

1960년대 이전 초등학교 시절에는 동학란이라 배웠고, 70년대에는 동학혁명으로, 다시 80년대에는 동학운동으로, 그리고 시간이 지나면서 지금은 동학농민혁명이라 하니 도대체 지나간 역사를 놓고 왜 이렇게 자주 명칭이 바뀌느냐고 저에게 물었습니다. 아예 동학이라는 단어를 빼고 갑오농민운동 또는 갑오농민봉기라 부르기도 하고 갑오동학농민전쟁이라 부르기도 하니 정말 혼란스럽기 그지없다는 것이었습니다.

저는 그 이유에 대해 한마디로 동학 천도교가 힘이 없어서 그런 것이라고 답변한 바 있습니다. 이 말을 듣고 나더니 고개를 끄덕이며 그게 맞는 것 같다고 수긍한 일이 있었습니다.

대도중흥비전 21은 159년 전 한울님께서 대신사를 만남으로 한울님이 성공하시고 대신사님이 득의하신 무극대도의 역사를 이룩하기 위한 이 시대의 천명입니다. 저는 동학혁명과 3·1운동의 역사를 바로잡는 힘이 바로 대도중흥비전 21에 있는 것이라 믿습니다. 저는 지난달 월례 조회에서 전국 각 지역에서 파릇파릇 돋아나는 대도중흥 포덕의 새싹에 대한 희망의 소식을 전하며, 우리 모두 "소통을 넘어 공감"으로 하나 되는 동귀일체 포덕을 실천하자는 당부를 드린 바 있습니다.

저는 오늘 이 시간에도 대도중흥 포덕을 거듭거듭 강조하고자 합니다. 지난 100년간 내리막길만을 달려온 오늘의 우리 교세는 더 이상 내려갈 길조차 보이지 않습니다. 그래서 우리는 100년 쇠운의 막다른 길을 청산하고 성운 전환의 새로운 길을 향한 대도중흥비전 21을 선언하고 실천 강령을 만들었습니다.

이에 따라 우리는 1인 1포덕으로 10년 안에 300만 교단을 만들기 위한 결의와 함께 포덕 2500 실천 운동을 힘차게 전개하고 있습니다. 지금 우리에게 포덕 2500의 실천은 너무도 절박한 과제입니다. 이 시대 포덕 2500의 실천은 선택이 아니라 필수 과목입니다.

우리가 필수 과목으로 이수해야 할 포덕 2500을 차질 없이 수행하기 위해 저는 오늘 이 시간, 또다시 대도중흥을 위한 동귀일체 포덕의 실천을 거듭 강조하면서, 다음 세 가지 실천 사항을 거듭거듭 당부하고자 하오니 종무원장님께서는 실천에 만전을 기해 주시기 바랍니다.

첫째, '대도중흥비전 21 실천 강령' '총부는 이렇게 변화합시다'에 대한 월간 추진 실적과 문제점 및 실천 방향에 대한 평가와 토론을 지속적으로 진행해 주시기 바랍니다.

둘째, 금년 한 해 동안 추진할 총부의 모든 사업들에 대한 세부 추진 계획을 총괄적으로 세우고 이를 전체적으로 종합하여 중앙총부의 전체 일정표를 일목요연하게 만들어 추진해 주시기 바랍니다.

셋째, 총부에서 행하는 모든 업무들은 포덕과 관련지어 수행해 주시기 바랍니다.

총부 혁신을 위한 대도중흥비전 21의 실천 강령은 한마디로 포덕을 위한 행동 지침입니다. 총부에서 내건 실천 강령이 포덕으로 이어져 '포덕 2500'이 성공적으로 추진될 수 있도록 힘써 주시기 바랍니다. 총부에서 앞장서고 지방 교구가 함께할 수 있도록 정성을 모아 주시기 바랍니다.

그리하여 가깝게는 3·1운동의 올바른 역사의 봄과 함께 보국안민 포덕천하의 봄, 춘삼월 호시절, 지상천국의 봄을 맞이합시다. 중앙아시아 속담에 "열 명이 가면 발자국을 남기고, 백 명이 지나가면 오솔길을 만들고, 천 명이 지나가면 길을 만든다"라고 합니다.

우리 모두 중앙총부가 만들어 가는 수많은 포덕의 발자국을 만들고, 수많은 포덕의 오솔길을 만들고, 수많은 포덕의 대도를 만들어 나갑시다. 끝으로, 오늘부터 전국의 모든 교구들이 지역별 교구 합동으로 실시하는 특별기도와 특별수련에 정성을 다해 주시기 바라면서 이만 3월의 조회사에 갈음하고자 합니다.

• 사인여천 실천 10개조 발표

이 시대의 천명인 대도중흥비전 21은 궁극적으로 포덕운동이며 포덕은 사인여천의 실천에 의해 이루어질 것이라고 생각했다. 이에 나는 포덕 159년 7월 2일, 7월의 월례회에서 대도중흥비전 21을 성공적으로 달성하기 위하여 '사인여천 실천 10개조'를 창안하여 발표하였다. 전국적으로 월례 조회사를 통해 '사인여천 실천 10개조'를 발표하고 총부 직원들에게는 이를 숙지하도록 코팅을 하여 배포하였다.

어느덧 7월이 성큼 다가왔습니다. 7월이 시작되면 교회는 하계수련 준비로 마음이 바빠집니다. 7월은 한 해의 전반기를 보내고 후반기를 시작하는 시점도 되지만 하계수련회를 통하여 우리의 변화를 바라며 교단적으로 수련회 준비에 많은 정성을 쏟게 됩니다.

동물 중에 변화를 통해 새로운 삶을 사는 대표적인 것이 솔개라고 합니다. 솔개는 가장 장수하는 조류로 약 70세의 수명을 누릴 수 있는데 이렇게 장수하려면 약 40세가 되었을 때 매우 고통스럽고 중요한 결심을 해야만 한다고 합니다. 솔개는 약 40세가 되면 발톱이 노화하여 사냥감을 그다지 효과적으로 잡아챌 수 없게 되고 부리도 길게 자라고 구부러져 가슴에 닿을 정도가 되고, 깃털이 두텁게 자라 날개가 매우 무거워져 하늘로 날아오르기가 어렵게 된다고 합니다. 이렇게 되면 솔개는 두 가지 선택이 있을 뿐인데 그대로 죽을 날을 기다리든가 아니면 약 반년에 걸친 매우 고통스러운 거듭 태어남의 과정을 수행하여 새롭게 생을 사는 것입니다. 거듭 태어남의 길을 선택한 솔개는 먼저 산 정상 부근으로 높이 날아올라 그곳에 둥지를 짓고 머물며 고통스러운 수행을 시작하는데 먼저 부리로 바위를 쪼아 부리가 깨지고 빠지게 합니다. 그러면 서서히 새로운 부리가 돋아나는데 그런 후 새로 돋은 부리로 발톱을 하나하나 뽑아냅니다. 약 반년이 지나 새 깃털이 돋아난 솔개는 완벽하게 새로운 모습으로 변신합니다. 그리고 다시 힘차게 하늘로 날아올라 30년의 수명을 더 누리게 된다고 합니다. 우리 교회도 솔개처럼 거듭 태어나서 새롭게 변화되어야 이 시대의 천명인 대도중흥비전 21과 포덕 2500을 성공적으로 달성할 수 있을 것입니다. 이번 하계수련회야말로 생사의 기로에 서서 죽음이 아닌 다시 태어남의 길을 선택한 솔개처럼 침체된 교단을 혁신하여 대도중흥의 거듭 태어남의 계기를 만들어 내야 하겠습니다. 저는 이 시점에서 특별히 강조하고자 하는 것은 그동안의 수련이 포덕으로 이어지지 못한 원인이 어디에 있는가를 생각하면서 수련과 함께 사인여천 실천이 곧 포덕임을 강조하고자 다음과 같이 '사인여천 실천 10개조'를 생각해 보았습니다.

〈사인여천 실천 10개조〉

하나, 바르게 하라.(正行, 行正)

바르게 한다는 것은 매사를 내 마음대로 하는 게 아니라 한울님의 뜻대로 하는 것을 말합니다. 각자위심으로 개인적 이해관계나 선입견 등으로 자기중심의 잣대로 판단하고 행하는 것이 아니라 내 마음속에 모셔진 한울님의 잣대로 판단하고 행하자는 것입니다.

우리가 천도교를 신앙하는 목적은 인간과 사물의 실상을 바르게 보고(正視) 바르게 듣고(正聞) 바르게 말하고(正言) 바르게 행하는데(正行) 있다고 봅니다. 내가 바라지 않는 것은 어떤 사람에게도 행하지 않으며, 오직 자신 안에 모신 한울 마음을 척도로 하여 항상 바르게 하는 것이 사인여천의 실천입니다. 바를 정(正) 자를 풀어 보면 하나[一]에서 멈추는 것[止]으로 되어 있습니다. 하나는 한울님 마음이며 멈춤은 한울님 마음에서 벗어나지 않는다는 것을 의미합니다. 내 마음(人心)이 아닌 한울님 마음(天心)으로 항상 사람을 대하는 것이 사인여천의 실천입니다.

하나, 진실하라.(眞行, 行眞)

우리는 언제 어디서나 거짓이 아닌 진실을 말해야 하고 진실에 입각하여 판단하고 행하는 자가 되어야 하겠습니다. 진실을 말해야 될 때 침묵하는 것은 위선이며 거짓을 거짓이라 말하지 않고 침묵하는 것도 위선이라 할 것입니다. 이 세상에는 진실의 가면을 쓰고 거짓을 진실로써 은폐하는 사이비 진실이 난무하고 있는 것도 사실입니다.

각자위심의 개인적 이해관계나 선입견, 편견 등으로 있는 그대로의 실상을 바르게 보지 못하고 사실을 왜곡하는 사례가 너무도 많습니다. 근대 과학의 창시자로 존경받고 있는 갈릴레오는 과학적 진리를 주장하다가 종교 재판에 회부되어 유죄 판결을 받고 "그래도 지구는 돈다."라고 말했다는 유명한 이야기가 있습니다. 교회는 진리를 억압하는 무지한 권력이며 과학자는 진리를 대변하는 의로운 투사라는 역사적 교훈을 남긴 사례로 인구에 회자되고 있습니다. 해월신사께서는 "진실은 천지의 생명체요 거짓은 사람의 몸을 깨쳐 없애는 쇠뭉치"라고 말씀하셨습니다.(허와 실) "바르게 하는 것"과 더불어 "진실을 행하는 경지"가 사인여천 실천의 최고의 경지라 할 것입니다.

하나, 신의를 지키라.(信行, 行信)

"대저 이 도는 마음으로 믿는 것이 정성이 되느니라. 믿을 신 자를 풀어 보면 사람의 말이라는 뜻이니 사람의 말 가운데는 옳고 그름이 있는 것을, 그중에서 옳은 말은 취하고 그른 말은 버리어 거듭 생각하여 마음을 정하라. 한번 작정한 뒤에는 다른 말을 믿지 않는 것이 믿음"(〈修德文〉)이라고 하시었습니다. 한번 마음으로 작정한 그 마음을 변함없이 지키는 것이 바로 신(信)이라는 가르침입니다. 이와 같은 신은 우주의 생성과 운행에서 금목수화토의 토와 같은 존재, 인의예지신에서의 인의예지를 가능케 하는 존재입니다.(〈대인접물〉) 신은 우주와 더불어 억천만사의 근본 원인입니다.(〈대인접물〉) 믿음이 없으면 개인이나 국가 사회의 근본이 무너진다는 가르침입니다. 신의를 지키는 것, 바로 사인여천을 실천하는 길입니다.

하나, 존중하고 배려하라.(尊行, 行尊)

존중하고 배려한다는 것은 한울님 마음으로 사람을 이해하고 보살피는 것을 말합니다. 내 입장과 내 것만을 먼저 생각하는 것이 아니라 한울님 마음으로 다른 사람의 입장을 이해하고 도움이 되고자 하는 마음입니다. 다른 사람을 배려하는 마음은 그 사람에 대한 존중에서 나옵니다. 다른 사람을 존중한다는 것은 나와 다름을 인정할 수 있는 자세를 갖출 때 가능한 것입니다. 타인에게 대접받고 싶다면 먼저 타인을 존중하고 대접할 줄 알아야 합니다. "사람이 오거든 사람이 왔다 이르지 말고 한울님이 강림하셨다" 고 하신 가르침(〈대인접물〉)을 새기며 "사람을 만나거든 사람을 만난다 하지 말고 한울님을 만난다."라고 여기는 데서 사인여천은 행해진다고 할 것입니다.

하나, 겸손하라.(謙行, 行謙)

잘난 체하지 말고 겸손한 사람이 되자는 것입니다. 사인여천은 자기를 낮추는 것입니다. 자기가 최고라고 우쭐대는 것이야말로 가장 어리석은 일일 것입니다. 겸손은 덕을 담는 그릇입니다. 겸손해야만 덕이 쌓여 사람이 모이고 물건이 모이고 천지의 기운이 모이게 될 것입니다. 그래야만 "산하의 큰 운수가 다 우리 도에 돌아오게"(〈탄도유심급〉) 될 것입니다. 겸손한 마음으로 사람을 대할 때, 사인여천이 실천되고 겸손한 마음으로 세상을 대할 때, 포덕천하의 운수가 함께할 것입니다.

하나, 경청하라.(敬行, 行敬)

사람들은 자신의 말을 들어주는 사람에게 호감을 갖습니다. 별다른 느낌 없이 잘 들어주기만 해도 자신을 신뢰하고 있다는 느낌을 주게 됩니다. 사람을 움직이는 힘, 입에서 나오지 않고 귀에서 나온다는 것을 명심합시다. 사람을 만나면 지극히 겸손한 자세로 한울님을 뵈는 듯 몸을 낮추고 말은 적게 하고(言小) 많이 묻고(多問) 많이 듣는 경문(敬問)·경청자(敬聽者)가 되어야 하겠습니다. 그래야 교심(敎心)과 하나 되어 안에서 동귀일체가 되고 세심(世心)과 하나 되어 여세동귀(與世同歸)가 가능하게 될 것입니다. 겸손한 마음으로 한울님 마음으로 남의 말을 귀 기울여 들어줌으로써 사인여천 윤리가 살아 숨 쉬게 될 것입니다.

하나, 항상 자신의 마음을 살피라.(省行, 行省)

"사람을 대할 때 욕을 참고 너그럽게 용서하여 스스로 자기 잘못을 책하면서 나 자신을 살피는 것을 주로 하고 사람의 잘못을 그대로 말하지 말라"(〈대인접물〉)라고 하셨습니다. 남을 원망하지 말고 모든 문제의 해결점을 내 안에서 찾자는 것입니다. 남을 용서(容恕)하고 포용해야 합니다. 서(恕)자를 풀어 보면 "마음을 같이 한다"는 것, 즉 자기 자신을 다스리는 그 마음으로 남을 다스리고 자기 자신을 사랑하는 그 마음으로 남을 사랑하는 것을 말합니다. 나를 중심에 놓고 세상을 보는 것이 아니라 나와 너의 경계를 허무는 것을 말합니다. 너와 내가 하나 되어야 하는 것입니다. 그렇게 하나가 되어 걸림이 없으면 저절로 모든 것을 포용하게 될 것입니다. 남을 책망하는 마음으로 자기를 책망하고 자기를 용서하는 마음으로 남을 용서한다면 모두가 하나 되는 동귀일체 사회를 만들어 나갈 수 있을 것입니다. 남을 탓하지 말고 자신의 마음을 살피는 데서 사인여천은 실천될 수 있습니다.

하나, 솔선수범하라.(範行, 行範)

사인여천의 실천은 앞장서서 모범을 보이는 것으로써 행해야 하는 것입니다. 남보다 앞장서서 행함으로 몸소 다른 사람의 본보기가 되어야 합니다. 아프리카의 성자로 불리는 슈바이처 박사에게 누군가 성공적인 자녀 교육 방법에 대해 세 가지만 말해 달라고 부탁을 했습니다. 그러자 슈바이처 박사는 "첫째, 본보기요, 둘째 또한 본보기요, 셋째도 본보기"라고 말했다고 합니다. 사람들에게 사인여천하려면 백 마디 말보다는 자신이 먼저 솔선수범하는 모습을 보여야 합니다. 우리 모두는 서로가 서로를 비추는 거울입니다. 솔선수범하여 상대방의 거울처럼 되는 것, 바로 사인여천의 실천입니다.

하나, 화합하라.(和行, 行和)

내 몸에 모셔진 한울님 마음을 확대시켜 그것을 남에게 미치도록 함으로써 남이 그것에 화하여 하나가 되는 것이 바로 화합입니다. 내가 싫은 것을 남한테 베풀지 말고 내가 좋은 걸 남에게 베풀면 음양이 서로 화합을 이루듯이 나와 남 사이도 화합을 이루게 되고 나아가 온 사회가 화합하는 평화로운 사회가 될 것입니다. 한 사람이 화해짐에 한 집안이 화해지고 한 집안이 화해짐에 한 나라가 화해지고 한 나라가 화해짐에 천하가 화하리니, 비 내리듯 하는 것을 어느 누구도 막을 수 없을 것입니다. 너와 내가 화합하여 하나 되고 나와 온 세상이 화합하여 하나 되고 나아가 온 천하가 하나가 되도록 화합하는 것, 바로 사인여천의 실천입니다.

하나, 말한 대로 행하라.(言行, 行言)

"말은 행할 것을 돌아보고 행동은 말한 것을 돌아보아 말과 행동을 한결같이 하라. 말과 행동이 서로 어기면 마음과 한울이 서로 떨어지고 마음과 한울이 서로 떨어지면 비록 해가 더하고 세상이 꺼질지라도 성현의 지위에 들어가기 어렵습니다."(〈대인접물〉) 공자의 제자인 자로는 "교훈을 듣고 그것을 미처 다 실행하지 못했으면 오직 또 다른 새로운 교훈이 있을 곳을 두려워하였다."(『논어』)라고 합니다. 이처럼 사인여천은 말과 행동을 하나 되게 하는 것(言行一致)이며 아는 것을 실천하지 못할까 하는 두려움에서 행해지는 것이라 생각됩니다. 우리 모두 한마음 한뜻으로 '사인여천 실천 10개조'를 실천한다면 포덕은 비 내리듯 이루어질 것이라고 생각됩니다.

우리는 지난 6월 24일에 러시아 월드컵에서 세계 랭킹 58위인 대한민국 축구 선수들이 세계 랭킹 1위인 독일을 2:0으로 승리한 기적을 보았습니다. 세계를 깜짝 놀라게 했던 쾌거였습니다. 이러한 기적은 선수들이 반드시 이기겠다는 굳은 결의와 한마음 한뜻으로 하나가 되어 혼신을 다하여 노력한 결과였습니다. 저는 그 기적의 순간을 바라보면서 이 시대의 천명인 대도중흥 중일변 민족통일의 꿈을 떠올렸습니다. 우리도 이 시대의 천명인 대도중흥을 위하여 한마음 한뜻으로 동귀일체한다면 쇠운을 성운으로 전환하는 대도중흥의 기적은 반드시 일어날 것으로 생각됩니다. 이러한 기적으로 10년 안에 300만 교인 시대를 이룩하고 100년 안에 세계 제일의 종단으로 우뚝 서게 될 것이라는 미래의 큰 그림을 그려 보았습니다.

7월과 8월, 신앙의 본산인 수도원에서 49일간에 걸쳐 실시되는 대도중흥을 기원하는 특별수련을 통하여 선천 시대의 잔재로 남아 있는 교단의 각자위심을 추방하고 동귀일체의 마음으로 하나가 된다면 성운 전환의 기적을 만들어 낼 수 있을 것입니다. 성운 전환의 기적은 사인여천의 실천을 통해서 이 땅에 뿌리를 내리게 될 것이며 보국안민 포덕천하 광제창생 지상천국 건설을 위한 한울님의 거룩한 뜻을 온 세상에 펼칠 수 있게 될 것입니다.

이번 하계수련이야말로 우리 교단의 역사에 길이 남을 대도중흥을 위한 특별 기도의 기적으로 만들어 냅시다. 중앙총부가 앞장서고 지방 교구 모두가 함께하는 포덕 159년 하계 특별 수련으로 대도중흥의 새 역사를 만듭시다. 단 한 사람도 빠짐없이 하계수련에 동참하여 성운 전환의 기적을 만들어 나갈 것을 간절히 바라면서 이만 7월의 조회사로 갈음합니다.

3. 전국으로 번진 '포덕결의'

• 백산에서 포덕결사의 불씨

나는 포덕 157년 4월 23일, 제122주년 동학농민혁명 백산봉기기념대회에 참석 후 인근 지역 교구 20여 명의 교인과 함께 부안 백산동학혁명창의비 참례 행사를 가졌다. 기념비 참례를 마치고 "대도중흥 대포덕운동을 힘차게 전개해 나가자"는 백산결사의 새로운 각오를 다짐했다. 나는 동학혁명의 본격 출발로 여기는 백산기포지에서 오늘날 다시 동학혁명의 정신을 이어받아 천도교 혁명정신으로 거듭나자고 제안하며 "우리 도의 쇠운을 마감하고 성운을 열어 가는 시점에서 범교단적으로 대도중흥 중일변 민족통일을 다짐하는 것이 오늘의 백산결사이다."라는 설명을 덧붙였다. 백산결사를 마친 일행은 호암수도원으로 향했다. 약 30분간 교령과의 좌담식 강의에 이어 각자 순서대로 의견을 발표하는 토론을 가졌다. 이 자리에서 나는 동학혁명의 본 고장인 호남에서 다시 천도교가 중흥이 되어야 한다는 역사적 의의와 사명감에 대해 강조하였다. 특히 해월신사께서 예언하신 "화개어부안 결실어부안(花開於扶安 決實於扶安)"의 의미를 되새기는 '해월신사 어록비' 건립에 대한 의견도 나누었다. 호암수도원에서 약 1시간 30분 좌담회를 마치며 다시금 대도중흥의 결의와 호암수도원 성역화 사업 추진에 대하여 참여자들과 숙의하였다.(《천도교신문》 65호, 2016년 5월 4일)

• 연원회에서 앞장섬

포덕 157년 7월 13일(수)부터 16일(토)까지 3박 4일 일정의 연원회 하계수련회를 개최하였다. 이날 열린 수련회는 각 연원을 대표하는 도정과 도훈이 참석하는 자리인 만큼 개최 전부터 교중의 비상한 관심을 불러일으켰다. 14, 15일 이틀에 걸쳐 교령과의 토론회를 개최할 예정이었으나 15일 교령사의 특별 일정 관계로 부득이 14일에는 교령과의 대화, 15일에는 연원 대표들만의 토론으로 진행했다. 이 자리에는 교령, 연원회 의장단인 한광도 의장, 강훈 부의장, 송범두 부회장과 각 연원을 대표하는 김상길, 정의맹, 박성구, 최몽연, 최해발, 김응조 도정 여섯 분과 김희수, 이범창, 장정갑 직접도훈 세 분, 허숙, 주선원, 정남주, 이종칠, 김길철, 하정구, 강윤채, 김명국, 김환용, 손윤자, 박남용, 이원벽, 이국진, 김종운, 이상선 도훈 열다섯 분 등 총 스물여덟 분이 참석하여 교단 중흥을 위한 대토론회를 개최했다.

나는 신프로젝트에 관련된 여섯 가지 세부 방안에 관한 사항을 약 1시간 반가량 설명을 듣고 시작한 대토론회에서 "대도중흥을 위한 원직자들의 역할을 논의하고 교단 중흥을 위하여 여러 가지 방안을 모색해 보자."는 연원회 한광도 의장의 진행 발언을 시작으로 "이상과 현실 사이의 간극과 괴리를 지혜롭게 극복할 수 있도록 토론해 보자."는 김응조 도정의 부연 설명이 이어졌다.

이어 한광도 의장은 이정희 교령의 중요 정책에 대하여 "우리 원주직들이 일심이 되어 교령을 중심으로 대도중흥을 이루고 교회의 신앙심 회복을 이룰 수 있도록 하는 실질적인 안을 만들어 각자의 지역으로 돌아가서 관내 동덕과 여러분이 실천할 수 있도록 노력해야 한다며 말씀만으로 끝나지 않도록 최선을 다해 주길 바라며 이번 연원회 수련 장소를 용담정으로 택한 것도 157년 전 대신사께서 득도하신 바로 이곳에서 대도중흥을 위한 지혜를 얻기 위함이다."며 연원회의 역할을 힘주어 강조했다. 이날 토론회에서는 "대도중흥에 따른 이정희 교령의 플랜은 모두가 함께 동참해야 한다."면서 "많은 분의 중지를 모아 구체적 추진 체계를 만들어야 한다."는 의견과 "책임부서와 책임자를 정하여 공약 사항을 구체적으로 실행할 수 있도록 해야 한다."는 의견으로 참석자 대다수가 입을 모아 실행의 중요성을 강조하였다.

"포덕이 안 되어 교단 중흥이 안 되었다."며 "반드시 한울님 체험을 해야 포덕할 수 있다."면서 21일, 49일 수련을 통하여 "포덕할 수 있는 종자를 길러 내자."며 수련의 중요함을 역설하였다. 또한, "전체 교인이 신앙심을 회복하여 교단 중흥을 이루는 것이 우리의 역할"이라며 "대도중흥이 이루어지려면 신앙심 회복이 가장 중요하다. 도심이 회복되면 자연히 그 사람의 몸에서 나는 도력에 의해 포덕도 되고 그 성심에 의해 재원도 확보되므로 모든 것이 다 도심에서 나오는 것이다."라며 수련에 더욱 정진하는 분위기를 만들기 위하여 노력할 것을 다짐하였다.

마지막으로 한광도 의장은 "이정희 교령의 열의가 대단하므로 추진하는 일 모두 잘될 수 있도록 힘과 지혜를 모아 교령을 돕자."라며 참석자의 동의를 구하자 나는 "미비점은 보완하고 적재적소에 인재를 배치하여 한 치의 오차 없이 추진될 수 있도록 최선을 다하겠다"라며 굳은 의지를 표명하였다.(《천도교신문》 70호, 2016년 7월 26일)

• 원로회의에서의 자문

포덕 159년 3월 20일(화) 11시 수운회관 907호에서 천도교 원로회의가 열렸다.

이 자리에는 초대된 원로님 열한 분과 교령 및 교단 임직원이 참석했다. 나는 한 집안에도 윗어른이 존경을 받아야 바로 서듯이 교단도 원로님들이 존경을 받아야 교단이 바로 선다며 건강한 모습으로 만나 뵙게 되어 반갑다는 인사를 했다. 이범창 종무원장은 각 관의 관장을 소개하고 종무원 사업 현황과 각 관의 업무를 상세히 설명했다. 포덕 2500에 발맞추어 실시된 각 교구의 포덕 실적을 소개했다. 또한 교단을 위해 한평생 애쓰신 분들의 고견을 듣는 시간을 가졌다. 초대 원로는 이영복 종법사, 수옥당 김옥희 선도사, 성월당 천보경 선도사, 신홍당 강기순 선도사, 박우균 민족종교협의회 회장, 연암 이철기 전 교령, 일암 한광도 전 교령, 인암 박남수 전 교령, 충암 강훈 도정, 신암 송범두 도정, 수암 김응조 도정 등이다. 참석하신 원로님들께서는 다음과 같은 덕담을 말씀해 주셨다.

일암 이영복 종법사: "이 자리에 계신 분들의 건강하신 모습을 보니 기쁘고 반갑다. 이 순간 살아 있다는 기쁨과 자부심을 만끽하고 있다. 이정희 교령을 중심으로 총부 임직원이 자리를 마련해 준 것에 감사한다. 종무원장의 총부 현황 보고 말씀을 잘 들었다. 치밀한 계획 수립과 철저한 실천에 경의를 표한다. 회고해 보면 원로회 동덕들이 많이 환원했다. 김재중 교령, 김광욱 교령, 김동환 교령, 임운길 교령, 김철 교령, 고정표 도정, 박공주 여성회 원로 등 교단에서는 가장 중요한 위치에 있던 분들이다. 모두 자성·자경·자심해서 나아가야 한다는 느낌을 절실하게 받았다. 우리나라에서는 고령화 시대가 급속도로 진행되고 있다. 경로사상이 미풍미덕으로 내려오지만 이 사회에 부담거리가 되고 있다. 젊은이들의 노인층에 대한 생각이 많이 바뀌어 가는 시대다. 사람이 살다 보면 노인이 되고, 그런 채로 사회의 일원으로 존재하게 되는데 서로간의 불신을 털고 서로 융합해 나아가야 하는 것이 관심거리다.

천도교는 사인여천하며 천지를 부모로 알고 살아왔다. 현실을 깊이 생각하며 나아가야 한다. 노인층이 이 사회에 커다란 짐으로 살아가는 것은 안 된다. 이 해결은 수련지도로 해야 한다. 노인들이 뭘 알겠나, 하지 말고 지난날의 한국, 어려웠던 시대, 교회에 몸 바쳐 왔다는 것을 알아야 하겠다. 그분들의 존귀한 경륜 경험을 배우는데 힘써서 동귀일체하면, 신앙 공동체로서 발전해 나가는데 도움이 되리라 생각한다. 원로회가 이만큼 중요하다고 생각하면서, 이 모임이 경로 모임으로 변질되지 않도록 명실공히 원로로서 자신의 자리를 빛내야 한다고 생각한다. 무궁한 발전, 영원한 원대한 목적을 위해 여생을 살며 축적된 성력을 다 바쳐야 할 것이다.

수옥당 김옥희 선도사: "여러 원로님께 감사한다, 건강한 모습에 반갑다. 지방에서 살다 보니 10년 만에 총부를 왔는데, 불러 줘서 고맙다. 종무원장님이 사업 발표를 하셨는데 눈이 나빠져서 잘 보이지는 않았다. 그러나 지방에서 신문으로 교회 소식을 보고 있다. 종무원장님 발표에 감동했다. 노고에 치하하며 교령님과 총부 임직원께 감사를 표한다."

우암 박우균 민족종교협의회 회장: "종무원장님의 발표를 보니, 짧은 시간 안에 많은 일을 했다. 감사를 표한다. 내내 천도교 300만 교도가 오늘 왜 이렇게 되었나 하는 생각을 했다. 우선 시일에 젊은이들이 보이지 않는 것을 주시해야 한다. 도가완성이 안된 것이 문제다. 천도교 교령을 지낸 분 중에도 도가완성이 안된 분이 있었다. 교인은 우선 도가완성부터 하고 친척, 친지, 이웃을 포덕해야 한다. 그래야 3백만 포덕이 가능하다."

연암 이철기 전 교령: "2년 전에 이정희 교령이 취임하면서 3년 임기를 9년처럼 일하겠다고 했다. 오늘 보니 정말 일 많이 하셨다. 이 원로회는 박남수 전 교령 때부터 시작했다. 연세 많은 분 그냥 내버려 두지 말고 말씀을 들어보는 기회를 가져보자는 것이다. 지금 원로님들은 각각 형편에 맞는 봉사를 많이 하고 있다. 그러나 좀 더 적극적으로 해야 한다. 원로가 할 일은 지방 교구를 순회하며 설교와 도담 격려이다. 저는 3군데 교구에 설교를 다닌다. 대한민국의 자랑스러운 국민이며 동학 천도교인으로서 당당하게 살고 있다. 우리는 수운대신사님을 천도교의 지도자가 아니라, 대한민국의 지도자, 세계의 지도자로 자리매김해 드려야 한다."

성원당 천보경 선도사: "혼자 다닐 수 없는 입장이라 시일에는 잘못 나온다. 그러나 영상 설교는 듣는다. 친구들이 시일식 소식을 자주 들려준다. 고맙게 생각한다."

수암 김응조 도정: "원로로서 자격이 있나 하는 생각이 든다. 반세기 이상 천도교

를 다녔지만 교회에 무슨 도움 되는 역할을 했나 자괴감이 든다. 할 말은 있지만 자격이 없다고 생각한다."

인암 박남수 전 교령: "원로회 역할에 대해서 생각했다. 원로회를 만들 때 의도는 한 사람의 지도자가 아니라 집단으로 가자는 것이었다. 오늘 우리가 원로회에 있지만 후에는 지금 젊은 사람들이 이 자리에 있을 것이다. 처음 만들었으니까 제 기능을 제대로 하지 못할 수 있다. 그러나 집을 지을 때 서까래는 서까래, 대들보는 대들보대로 다 역할이 있다. 앞으로 원로 다섯 분이 모여 결정했다고 하면 그 결정이 인정되어야 할 정도로 권위가 생겨야 한다. 이 원로회를 만든 이유는 원로들을 존경하지 않으면 후배들이 존경을 받을 수 없기 때문이다. 잘못된 부분은 고쳐서 교단 발전에 힘이 되었으면 한다."

일암 한광도 전 교령: "종무원장 보고 잘 들었다. 우리 교단은 복지재단을 만들었다. 평생 교단을 위해 애쓰신 원로님들, 나이 많은 분, 독거노인들을 모셔서 편안한 여생을 만들어 드리고자 했다. 그런데 헐뜯는 일이 생겨 현재 힘든 상태다. 원로들이 교단에 대해 무엇을 했나 생각해 볼 때다. 사회에 이바지한 것이 하나도 없다. 교단이 복잡하다. 원로들이 복지재단에 대해 잘 아시고 잘 이해시켜서 오해가 없이 앞으로 완성될 수 있도록 도와달라."

김혁태 상주선도사: "이 자리에 교단의 어르신들을 모시게 되어 반갑다. 어머님(조동원 종법사)께서 꼭 오시려 했는데 거리가 멀어 참여가 여의치 않았다. 대신 인사드린다."(《천도교신문》 107호, 2018년 3월 29일)

• 교구장회의의 다짐

포덕 157년도 전국교구장회의를 9월 27일(화) 오후 2시부터 중앙대교당에서 개최하였다. 박해룡 교무관장의 사회로 진행한 전국교구장회의에는 41개 교구의 교구장과 위임받은 동덕이 참석하여 중앙총부의 사업 보고를 청취한 후 본격적으로 회의를 진행했다.

이번 회의에 참석한 교구는 강서, 공항, 관의, 당산, 도경, 동대문, 동서울, 동작, 마포, 삼선, 서울, 성동, 속초, 수원, 시흥, 여주, 영등포, 용인시, 원주, 의정부, 인천, 종로, 춘천, 회현, 고현, 남해, 대구시, 대전, 동광주, 동부산, 마산, 부산시, 사천, 삼천포, 서천, 선구, 이산시, 용담, 울산시, 익산, 포상 교구 등이다.

중앙총부의 사업의 내용에 대해서 대도중흥·중일변·민족통일을 위한 '포덕운동' 전개, 서울 경기 지역 합동 특별기도 중앙총부 임직원 교구전담제 안내, 동학 발상지 성역화 사업, 권역별 교인과의 대화 실시, 규정 제개정안, 기타 순으로 보고하였다. 이범창 종무원장은 "궂은 날씨에 전국교구장회의에 참석해 주신 모든 분께 감사드립니다."며 인사한 뒤 집행부 출범 6개월만에 모시게 된 점에 양해를 구했다. 또한 전국교구장회의는 내년도 사업 계획에 지방 교구 사항을 반영한 예산 수립을 위해 "지방 교구의 어려운 사항 해결에 도움이 되고자 논의하는 자리"라며 관련 의견을 허심탄회하게 제안해 줄 것을 요청하였다.

이어서 나는 "오늘 이 회의는 교단이 대도중흥이라는 하나의 목표를 가지고 함께 동귀일체하기 위함입니다. 그래야만 대도중흥의 목표를 효과적으로 달성할 수 있을 것이기 때문입니다."라며 오늘 회의가 교단 발전을 위해 함께 노력하는 시발점이 되기를 바란다는 격려의 말을 전했다. 이어서 교단에 대한 건의 사항과 교구의 현안 등에 관한 본격적인 질의응답이 이어졌다.(《천도교신문》 75호, 2016년 10월 11일)

• 들불처럼 번지는 포덕결의

포덕 157년 4월 23일, 백산에서 포덕결사의 불씨를 지핀데 이어 용담수도원에서의 포덕결의를 시작으로 이어지는 대도중흥 포덕결의는 교인 1인 1포덕에 동참하는 결의로서, 10년 안에 천도교단의 300만 교인 시대를 목표로 하는 대포덕의 출발점이다. 이에 모든 교인들이 대포덕운동에 자발적이고 적극적으로 참여함으로써 포덕결의 대회가 들불처럼 이어졌다.

포덕 158년도에는 7월 31일 용담수도원에서 수련생을 중심으로 한 용담결의, 8월 8일 의창수도원에서 서울 경기 지역 각 교구, 종학대학원 등이 참여하는 의창결의, 8월 20일 가리산수도원 창립 기념식에서 가진 가리산결의, 8월 29일 수운회관 907호에서 개최된 중앙총부결의, 9월 7일 중앙대교당에서의 중앙대교당결의, 10월 22일 아산교구에서 마포교구, 아산시교구, 의정부 교구 등 아산결의, 10월 29일 춘천교구에서 춘천결의, 11월 5일 광주교구에서의 광주결의, 11월 12일 삼천포교구에서 삼천포결의, 11월 19일 예산교구에서 예산결의, 12월 17일 대전교구에서 대전교구 한밭신도교구, 공주교구 등 합동시일에서의 대전결의로 이어졌다.

포덕 158년도에 이어 포덕 159년도에도 9개 교구에서 결의가 있었다. 먼저 1월 21일에는 한강교구에서 30명이, 1월 28일에는 경주교구에서 20명이, 1월 22일에는 가리산수도원에서 종학대학원생 20명이, 2월 4일에는 동대문교구에서 50명이 참석하여 대도중흥비전 21, 1인 1포덕 운동에 동참할 것을 결의하였다. 포덕 159년 2월 11일에는 창녕교구에서 창녕교구와 영산교구 교인 50명이, 3월 18일에는 인천교구에서 30명이, 4월 22일에는 도경교구에서 24명이, 5월 20일에는 도봉수유교구에서 20명이 결의를 다졌다. 연 21회에 걸쳐 연 955명이 포덕결의에 동참하였다.

나는 이 모든 포덕결의에 직접 참석하여 시일 설교 및 특강을 통한 포덕결의에 동참하였다. 포덕결의에 대한 사전 준비 없이 순회했던 수원교구, 대구시교구, 부산시교구, 울산시교구 등 경북 지역, 서부 경남 남해 지역 교구, 전북 지역, 화악산수도원 등에서의 포덕결의를 시행했더라면 2천 500명 이상의 교인들이 포덕결의에 동참하였을 것으로 추정된다. 이와 같은 포덕결의를 전국적으로 계속 이어가면서 북한 지역은 물론 해외로까지 대도중흥비전 21, 포덕 2500의 꿈을 확대해 나간다면 10년 안에 300만 포덕 시대를 열어 갈 수 있을 것으로 생각되었다.

· 대도중흥 포덕 '용담결의'

대도중흥 중일변 민족통일을 위한 용담수도원 하계수련회가 포덕 158(2017)년 7월 18일부터 24일까지 제1성지 용담정에서 120명이 참석한 가운데 진행되었다. 당초에는 300명이 참석하는 대수련회를 구상하고 부족한 시설은 야외 천막을 시공하여 활용하는 등의 방안을 검토하였다. 수련 분위기를 전국적으로 확산하는 계기로 삼기 위해서였다. 그러나 300명이 한꺼번에 수련하기 위해서는 제한된 기존의 수련장과 취사, 숙박 시설 등을 확장하기가 여의치 않을 것으로 판단되어 용담수도원과 의창수도원으로 나누어 2회에 걸쳐 실시하기로 하였다. 이번 수련 기간 나도 함께 동참하여 전국적으로 120여 명의 수련생이 모여 대도중흥 중일변 민족통일을 위한 대수련회를 성공적으로 진행하였다.

나는 인사말을 통해 대도중흥비전 21과 포덕 2500 운동의 필요성과 추진 현황에 대하여 설명하면서 우리 모두 함께 1인 1포덕 운동의 선봉장이 될 것을 당부하였다. 이에 따라 120여 명의 수련생들이 포덕 2500, 1인 1포덕 운동에 동참할 것을 다짐하는 포덕결의가 있었다.(《천도교신문》 71호, 2016년 8월 4일)

· 대도중흥 포덕 '의창결의'

포덕 158년도 제2차 의창수도원 하계 특별 수련회가 8월 3일부터 9일까지 6박 7일간 봉황각 의창수도원에서 열렸다. 이번 수련회는 종학대학원생, 중앙총부 임직원, 일반 교인, 어린이 등 총 63명이 참여하였다. 수련생들은 화장실, 수도, 전기 등 열악한 환경과 33도를 오르내리는 무더위 속에서도 유종의 미를 거두고 포덕 2500 1인 1포덕 의창결의와 함께 폐회하였다.(《천도교신문》 72호, 2016년 8월 18일)

· 대도중흥 포덕 '가리산결의'

천도교 가리산수도원이 8월 20일 개원 35주년을 맞아 교령님 이하 각지에서 참석한 교인 70여 명을 모시고 기념식을 거행했다. 가리산수도원은 조동원 종법사께서 포덕 123(1982)년에 직접 설립한 수도원이다.

기념식에서 조동원 종법사는 그동안 수도원과 함께한 삶을 회상하며 더욱 건강하여 포덕 사업을 이끌겠다고 말했다. 나는 격려사를 통해 쇠운이 지나고 성운이 오는 때라는 것을 가리산수도원에 와서 더욱 확신하게 되었다며 포덕 2500을 강조했다. 이날 개원식에 참석한 70여 명은 1인 1포덕으로 포덕 2500을 달성할 것을 다짐하는 포덕결의를 다짐하였다.

가리산수도원은 그동안 교인을 상대로 한 포덕과 교화는 물론이고 몸과 마음이 지친 많은 분께 정성을 쏟아 한울님 은혜를 깨닫는 과정으로 이끌어 왔다. 포덕 123년 개원 이후 35년간 이어진 원장님의 노고에 대해 기념식에 참석한 모든 교인들이 입을 모아 감사한 마음을 전해 드렸다. 조동원 종법사께서 그동안 지도한 후학은 셀 수 없을 정도이다.(《천도교신문》 96호, 2017년 9월 7일)

· 대도중흥 포덕 '중앙총부결의'

포덕 158년 8월 29일 오전 9시 중앙총부는 수운회관 907호에서 포덕결의대회를 개최했다. 한광도 연원회장을 비롯한 연원회, 이창번 상주선도사를 비롯한 현기사, 이범창 종무원장을 비롯한 종무원, 김명세 상임감사를 비롯한 감사원, 그 외 청년회, 여성회, 동민회 등 부설, 부문, 기타 단체 등 50여 명은 포덕결의문을 함께 낭독하며 비장한 결의를 다졌다. 결의 대회에서 나는 이번 총부결의는 '포덕 2500' 의 성공 여부를 판가름하는 역사적인 순간이라며, 이 '포덕 2500' 은 이 시대의 천명이며, 스승님의 뜻인 포덕천하를 구현하는 길이라며 실행을 촉구했다. 이어진 한광도 연원회의장은 그동안 천도교가 침체된 이유를 돌아보며 책임자들의 과오를 언급했다. 시대를 앞서가야 할 천도교가 시대를 따라가지 못하고 뒤처진 현실에 안타까움을 표했다. 그러나 지난 과오에 묶이지 말고 이제라도 모든 교인이 교령님을 중심으로 일사불란하게 나아가야 하며, 포덕의 길은 일사불란한 조직의 힘으로 함께 하는 길 밖에는 없으며 오늘의 결의대회가 헛되지 않게 굳은 마음가짐을 당부했다. 1인 1포덕을 위해 시작된 포덕결의는 금번 하계수련장인 용담수도원에서 시작되었다.

여성회 단체 수련이 중심이 된 용담결의, 종학대학원이 중심이 된 의창수도원 하계수련에서는 두 번째 결의인 의창 결의대회를 가졌다. 이 결의대회는 8월 20일 가리산수도원 35주년 창립 기념식에서 세 번째 결의인 가리산결의로 이어졌다. 이번 중앙총부결의대회는 제4차 결의대회로서 교역자들이 중심이 된 포덕결의인 만큼 대회의 의미와 실행에 최선을 다하기를 당부했다. 포덕결의대회는 앞으로 지방 교구를 통해서 이어져 나갈 것이며 앞으로의 큰 성과가 기대된다. 이 결의대회를 통해 참석자들은 '포덕은 천도교의 미래이며 희망' 이라는 취지를 다졌다. 대도중흥 중앙총부 포덕결의문의 내용은 다음과 같다.

> 우리 천도교 중앙총부·유지재단·부설 기관 교역자 일동은 이 시대의 천명인 대도중흥 중일변 민족통일의 대업을 이루고자 '대도중흥비전 21' 을 목표로 설정하고, 그 목표를 달성하기 위한 구체적인 실천 강령을 만들어서 전 교인에게 발표하고 지금 열심히 실천에 옮기고 있습니다. 이러한 실천을 통해서 금년도에는 포덕 2500의 목표를 반드시 달성해서 10년 안에 300만 교단 시대를 열어 나가야 하겠습니다. 포덕 2500은 교인 모두가 1인 1포덕만 책임지고 완수해도 이루어질 수 있는 목표입니다. 지금 여러 가지로 어려운 여건이지만 '나는 할 수 있다' 는 자신감을 가지고 반드시 1인 1포덕을 이루어내서 내년도에는 포덕 2500의 목표를 설정하고 추진할 수 있도록 우리 모두 사명감을 가지고 최선을 다합시다.

· 대도중흥 포덕 '중앙대교당결의'

지난 8월 29일 총부 포덕결의대회에 이어 9월 7일 대도중흥비전 21 실천 9월 특별월례 수련회를 마치는 자리에서 열렸다. 나는 "용담결의를 시작으로 이어지는 포덕결의는 교인 1인 1포덕에 동참하는 결의이며 10년 안에 천도교단의 300만 교인을 목표로 하는 포덕의 출발점이기에 모든 교인의 자발적이고 적극적인 참여"를 권했다. 이 자리에는 서울교구와 영등포교구, 마포교구, 한강교구, 당산교구, 서부교구, 대전교구, 공항교구, 성동교구, 문화예술교구 등 50여 명이 참석하였다.(《천도교신문》 97호, 2017년 9월 28일)

· 대도중흥 포덕 '여성회본부 용담결의'

포덕 159년 1월 5일부터 11일까지 용담수도원에서 여성회 동계수련이 개최되었다. '1인 1포덕을 실행하자!' 라는 목표하에 이루어진 이번 수련회는 70여 명이 참석하여 성황을 이뤘다. 나는 1월 8일 월요일, 장구갑 실장, 류우진 전서와 함께 1시 30분 용담수도원에 도착하였다. 1시 50분, 용담정을 참례한 후 2시부터 1시간 30분 동안 여성회에서 동귀일체를 중심으로 한 강의를 하였다.

나는 "여성회 앞에 서면 힘이 생긴다면서 오늘 이 자리에 서니 힘이 생긴다. 한집안의 주인으로서의 여성은 천도교라는 큰 집안의 주인이다. 여성회가 한마음 한뜻으로 동귀일체가 되어 일어나게 된다면 천도교 모두가 주인인 여성회를 따라 일어나게 될 것이다."라고 말했다. 대도중흥 포덕 2500을 위한 여성회 여러분의 결의와 실천을 당부하였다. 이번 수련을 통하여 50명의 여성 회원들이 포덕 2500에 앞장서기 위한 1인 1포덕의 '포덕결의'를 뜨겁게 다졌다.(《천도교신문》 104호, 2018년 1월 25일)

· 대도중흥 포덕 '종학대학원 가리산결의'

종학대학원 동계수련회가 포덕 158년 1월 22일부터 가리산수도원에서 개최되었다. 나는 1월 25일 14시에 가리산수도원에 도착하여 1박 2일간 수련에 동참하였다. 종학대학원 서울 본원과 부산 분원이 함께하는 이번 수련에는 모두 20여 명의 학생들이 참여하였다. 영하 20도의 혹한 속에서도 정성을 다해 수련에 임하고 있는 학생들의 주문 소리가 차가운 가리산수도원을 뜨겁게 달구는 듯하였다. 나는 오후 7시부터 9시까지 대도중흥 중일변 민족통일에 관한 기도 및 수련의 중요성에 대하여 특강을 하였다. 다음 날 아침 나는 용담수도원으로 출발하기에 앞서서 종학대학원 학생들과 함께 포덕 2500, 1인 1포덕 운동에 동참하기로 하는 포덕결의를 다졌다.

4. 300만 교단 시대를 열기 위한 '포덕광장'

• '포덕광장' 홈페이지 운영

'포덕광장'은 올해부터 중앙총부에서 '대도중흥비전 21' 실천 강령을 선언하고 1인 1포덕으로 10년 안에 300만 교단을 이룩하고자 힘차게 전개하고 있는 포덕 2500 운동에 대한 정보 공유, 소통, 창의적인 아이디어와 함께 포덕 현장의 생생한 목소리를 담아내기 위해 개설한 것이다. 인터넷에서 천도교 홈페이지를 접속하여 상단 맨 오른쪽 '포덕광장'을 클릭하면 된다. 홈페이지 포덕광장은 교화관 김동수 차장이 교인들의 다양한 의견을 수렴하여 3개월여 동안에 걸쳐 개발한 것이다. 나는 포덕광장 홈페이지에 다음과 같은 인사말을 썼다.

모시고 안녕하십니까?

'포덕광장'을 찾아주신 동덕 여러분 환영합니다. 아시는 바와 같이 포덕은 천도교의 사명입니다. 그래서 제1도 포덕, 제2도 포덕, 제3도 포덕이라고 말합니다. 천도교를 신앙하고 있는 모든 동덕과 모든 교구, 교단 차원에서 한결같이 포덕에 힘쓰고 있는 이유가 바로 여기에 있는 것입니다. 천도교 중앙총부에서는 이 시대 천명인 대도중흥 중일변 민족통일을 하루속히 이룩할 수 있도록 정성을 다하고 있습니다. 특히 포덕 158년부터는 '대도중흥비전 21 실천 강령'을 선언하고 1인 1포덕으로 10년 안에 성사님 시대의 300만 교단을 이룩하고자 포덕 2500 운동을 힘차게 전개하고 있습니다. 포덕광장은 이를 위한 소통과 정보 공유, 창의적인 아이디어, 포덕 현장의 생생한 목소리 등을 담아내기 위해 개설된 것입니다. 포덕광장이 이 시대 천명인 대도중흥과 포덕운동을 선도하는 유익한 정보공간이 되기를 바랍니다. 감사합니다.

교화관 김동수 차장의 정성으로 포덕 158년 10월 18일부터 개설된 천도교 '포덕광장' 은 다양한 포덕 관련 메뉴를 실시간으로 운영함으로써 포덕의 유용한 공간으로 교인들의 많은 사랑을 받았다. '포덕광장' 의 구성은 대도중흥비전 21과 실천 강령을 기본 메뉴로 하여 이달의 포덕 현황, 포덕 일정, 포덕 논단과 포덕 소식 등을 실었다. 그리고 포덕결의, 포덕왕과 신앙 체험 수기 공모, 기존 교인은 물론 신입 교인 및 일반인을 위한 신앙 상담 코너를 운영하였다.(《천도교신문》 98호, 2017년 10월 26일)

• 《천도교신문》, 포덕 2500 실천 특집 운영

중앙총부는 포덕 158년을 대도중흥비전 21 실천 원년으로 선포하고 42개 항목의 '대도중흥비전 21 실천 강령' 을 마련한 바 있다. 지난 4월 5일 천일기념일에는 대도중흥비전 21 실천 강령을 결의하는 등 포덕 2500 운동을 활발하게 전개하고 있다. 포덕 2500이라는 목표 달성을 위한 방안의 하나로 '포덕광장' 홈페이지 개설에 이어 '포덕 2500 실천 특집' 을 운영하기로 하였다. 포덕 2500 실천 특집은 《천도교신문》 90호(포덕 158년 5월 25일)부터 123호(포덕 160년 2월 14일)까지 33회에 걸쳐 운영되었다. 포덕광장과 《천도교신문》 '포덕 2500' 33호의 '실천 특집' 에 게재된 이달의 포덕 현황에 의하면 포덕 158년 1월부터 160년 2월까지, 35개 교구에서 연 455명이 입교한 것으로 집계되고 있다.

• 포덕버스 기증

포덕 158년 10월 13일 우이동 교령사에서 근무 중에 김산 마포교구장의 전화를 받았다. 자신의 사비를 들여 25인승 차량을 천도교 중앙총부에 기증하겠다는 의사를 전했다. 나는 김산 교구장의 뜻을 교무관장에게 알리고 기증 절차를 밟도록 하였다. 나는 이 기증 차량을 포덕버스로 명명함이 좋겠다고 생각하고 주위의 의견을 수렴한 바 모두 좋은 생각이라는 반응이었다.

드디어 포덕 158년 10월 25일 천도교대교당 앞마당에서 포덕버스 기증 봉고식을 개최하였다. 교령을 비롯한 한광도 연원회의장, 이범창 종무원장 및 임직원, 교인 30여 명이 모여 포덕버스 봉고식을 가졌다. 이날 기증된 25인승 버스는 출고가

7,200만 원으로 수암 김산 교구장과 내수도 여성회본부 수경당 이미희 총무부장 부부가 버스가 없어 불편한 교회 현실에 도움을 주기 위해 수년간 적금을 들어 마련하였다고 한다. 이날 봉고식에서 나는 포덕버스로 명명된 이 버스가 포덕광장을 오가며 포덕에 큰 도움을 줄 것으로 믿는다며 고마움을 표했다. 봉고식에 참석한 교인들은 매 시일마다 새 교인을 가득 태운 포덕버스가 신나게 교당으로 달려오는 모습을 기대한다며 환하게 웃었다. 이 포덕버스가 대도중흥비전 21, 포덕 2500을 위한 포덕의 광장에서 포덕사님들을 모시고 포덕의 노래를 신나게 부르면서 전국을 순회하는 날이 오기를 기대하였다.

포덕 157년도에 이어 158년도에도 신인간사에서 한 해를 마무리하면서 중앙총부 임직원을 대상으로 올해의 10대 뉴스를 선정했는데 1위엔 단연 '포덕버스 기증'이 선정되었다. 한편 포덕 158년 제112회 현도기념일을 맞아 포덕버스를 중앙총부에 기증한 김산 마포교구장과 이미희 선도사 부부에게 공로상을 각각 수여하였다.(《천도교신문》 99호, 포덕 158년 11월 9일)

• 포덕광장은 어디에

포덕 160년 4월, 새 집행부가 들어서자 '포덕광장' 홈페이지와 《천도교신문》의 '포덕 2500 실천 특집'이 사라졌다. 전 집행부에서 개발 운영한 것이기 때문에 사라진 것인가? 어떤 집행부가 들어서더라도 변함없이 정성을 들여야 할 포덕광장, 더 크고 더 멀리 더 힘차게 펼쳐 나가야 할 터인데 왜 사라졌을까? 포덕광장과 함께 대도중흥비전 21도 사라졌다. 포덕 2500도 사라졌다. 포덕을 위한 '공든 탑'이 무너지는 듯하였다. 그렇다고 새로운 집행부에 대하여 왜 포덕광장을 없앴느냐고 항의할 수도 없는 일이다. 아무리 좋은 것이라 할지라도 전 집행부 교령으로서 새로운 집행부에 대한 간섭으로 보일 것 같아서였다. 그러나 포덕광장에 깃든 대도중흥비전 21의 정신과 포덕 2500의 포덕결의 정신은 수만 년이 지난다 해도 변함없이 이어나가야 할 것이다.

제7장

대도중흥비전 21, 길을 나서다

겨우 한 가닥 길을 얻어 걸음걸음
험한 길 걸어가노라.
산 밖에 다시 산이 보이고
물 밖에 또 물을 만나도다.
다행히 물 밖에 물을 건너고
간신히 산 밖에 산을 넘어왔노라.
바야흐로 들 넓은 곳에 이르니
비로소 대도가 있음을 깨달았노라.

纔得一條路 步步涉險難
山外更見山 水外又逢水
幸渡水外水 僅越山外山
且到野廣處 始覺有大道

—〈시문〉, 『동경대전』

“

새 집행부의 지난 1년은 3년 같은
1년이었습니다.
그래서 저는 새 집행부 임기는 9년이라
생각하며 일하고 있습니다.

—〈월례 조회사〉, 포덕 158년 4월

”

1. 포덕 157년, 지역 방문 60개 교구

이 시대 천도교가 힘써 이룩해야 될 우리 모두의 꿈으로서 대도중흥비전 21의 꿈을 성공적으로 추진하기 위해서는 중앙총부는 물론 전국의 지방 교구와 관련 기관 단체, 그리고 모든 교인들이 혼연일체가 되어 범종단적으로 추진해 나가야 한다. 그래서 포덕 157년부터 포덕 159년까지 3개년에 걸쳐 종무원장, 각 관장, 신인간사 기자들과 함께 전국 80여 개 교구와 10곳의 수도원을 부지런히 방문하였다. 가는 곳마다 열렬한 환영을 받았으며 모처럼의 진지한 대화로 예정 시간을 훌쩍 넘겨 시간 가는 줄 모르고 대담을 이어 가다가 밤늦은 시간에 귀가한 적이 많았다. 이와 같은 지방 교구 방문에 따른 간담회 등의 대화록 내용은 《천도교신문》에 상세하게 게재되어 전체 교구와 관련 기관 단체, 교인 모두가 함께 공유하도록 하였다. 여기서는 《천도교신문》에 게재된 바 있는 기사 내용을 중심으로 차례로 서술하고자 한다.

• 경기남부 지역 교구 방문

나는 대도중흥비전 21을 실현하기 위한 전국 교구 방문 일정 계획에 따라 첫 번째 방문지로 포덕 157년 7월 10일(일) 성남시, 송탄, 수원교구 합동시일식에 참석하였다. 교령으로서 공식 방문이었다. 이범창 종무원장, 정정숙 교화관장, 박해룡 교무관장, 계한경 경리관장, 장구갑 전서실장과 류우진 전서, 성남시 교구장과 수원교구, 송탄교구장과 교인 100명이 함께 참석하여 김영선 수원교구 순회교사의 집례로 시일식이 거행되었다. 나는 이날 '새 집행부는 꿈을 찾아냈고 그 꿈은 대도중흥이다' 라는 주제로 설교를 하였다.

시일식 후 오찬을 마친 후, 박해룡 교무관장의 사회로 간담회가 진행되었다. 참석자 전원을 소개하여 평소 만나기 어렵던 이웃 교구 교인들과 자연스럽게 교류하는 자리가 되었으며, 대도중흥을 위한 각 교구의 건의 사항과 애로점에 대하여 다양하게 발표하였다.

송탄교구 라명재 교구장은 "휴면 잠재 교인이 교당에 나올 수 있도록 노력하겠다"는 다짐과 함께 "전문 상근 교역자 양성이 중요하다."며 교역자 양성에 대한 구체적인 계획을 요구하였다. 또한 제례와 관련하여 "통일된 절차가 필요하다."고 말하면서 "장례 지도자를 총부에서 파견해 주면 좋겠다."며 협조를 요청하고, "총부와 교구간의 연락 수단을 우편보다 이메일로 하여 업무의 효율성을 꾀하자."는 제안과 "《천도교신문》을 온라인상에서도 볼 수 있도록 하자"는 아이디어도 제안했다. 한편 시일식에 참석하는 교인이 격감하는 현실을 안타까워하며 "시일식 현황을 매주 파악하는 것보다 효율적인 관리체계를 주문하고 교서편찬위원회의 운영도 연속성을 가질 수 있게 운영하면 좋겠다."라고 평소 교구 행정에서 축적된 경험을 바탕으로 구체적인 제안을 하여 참석 교인의 눈길을 끌었다. 이어서 수원교구의 안춘보 감사장은 교구 연혁 및 현황에 대하여 설명하고, "청소년들은 수련비를 받지 말고 100% 지원하자."는 의견과 "제암·고주리 성역화 사업도 총부에서 주도적으로 진행하면 좋겠다."며 즉석에서 건의하고 교단 내에서 존경받을 큰 지도자가 없다는 점을 아쉬워했다.

성남시 최성림 교구장은 "이번 간담회가 대도중흥의 큰 기초가 되길 바란다. 성운은 이미 우리 마음속에 와 있다고 생각한다."라고 집행부에 대한 기대감을 숨기지 않았다. 이어서 성남시 교구의 김대영 교화부장이 교단 활성화 방안에 대한 연구 결과를 생동감 있게 발표하여 참석 교인들의 눈을 즐겁게 하였다. "천도교인의 증가를 위한 대책으로 오관 실행이 중요하고 연원 윤리가 중요하다."며 실천하는 교단의 젊은이를 자처하고, 신입 교인을 정착시키기 위한 시스템이 되어 있지 않아 겉돌다가 안 나오게 되며, 청년회 산하 대학생단의 활동이 제한적이고 무료 봉사하기엔 어려운 점이 많다. 어른들과의 대화 시간이 부족하여 대학생단 활동 후 청년회로 이어지는 활동에 대한 부담이 있다."라고 청소년 교화 활동이 미약함을 아쉬워하며 이를 해결하기 위하여 최선의 노력을 기울이겠다는 다짐을 잊지 않았다.

계속 이어진 간담회에서는 교령 이하 총부 임원들의 경청과 관심으로 예정 시간을 훨씬 초과하여 오후 5시경 아쉬움 속에 간담회를 마쳤다. 이날 참석한 교인들 모두 성숙한 토론 문화의 진수를 맛본 뜻깊은 간담회에 만족감을 표시하며 대도중흥에 미력이나마 보탤 것을 다짐하며 서로 격려하는 아름다운 날이었다.(《천도교신문》 70호, 2016년 7월 26일)

• 백두대간–용담 지역 교구 방문

포덕 157년 9월 24일부터 25일까지 1박 2일에 걸쳐 백두대간 따라 용담까지, 원주교구, 퐁기교당, 안동교당, 대구대덕교구, 은척동심교구, 영양전교실, 대구교구, 용담교구 등 8개 교구를 방문하였다. 교구 곳곳을 방문하여 진지하게 살펴본 후 포덕 157년 9월 25일, 대구시에서 대도중흥의 견인차 대구·경북 지역 교구와의 소통 간담회를 통하여, 여과 없이 적극적인 소통의 장을 펼쳤다.

포덕 157년 9월 25일(일) 대구시교구에서는 교령 및 중앙총부 임원들의 방문에 따른 순회 합동시일식이 열렸다. 이 자리에는 이범창 종무원장, 정정숙 교화관장, 박해룡 교무관장, 계한경 경리관장, 장구갑 전서실장, 류우진 전서와 대구시교구, 대구대덕교구의 교구장과 교인, 은척동심교구 송영헌, 마산교구 주용덕 교화부장 내외가 함께 참석하여 대구시 교구 서종민 경리부장의 집례로 개식, 청수봉전, 심고, 주문 3회 병송 후 교령의 설교로 이어졌다.

이날 나는 설교를 통해 "새 집행부는 꿈을 찾아냈고 그 꿈은 대도중흥이다."라고 역설하였다. 이번 간담회에서도 각 교구를 대표한 여러 동덕들이 신중하고 진지하게 다양한 의견을 발표하였다.

먼저 대구시교구의 최상락 교구장은 "대구시와 대덕교구 간에도 통합 논의를 시작하려 합니다. 총부와 소통도 잘되지 않아 지난 시일에 뒤늦게 참석 인원을 알게 되어 준비가 부족했습니다. 교구 현안이라면 화장실 안벽과 외부 담장이 괴리되어 화장실이 무너질 위험이 있는 등 열악한 환경을 개선할 수 있도록 도와주시기 바란다."라고 건의하였다. 이어서 대덕교구의 방상언 직접도훈이 발언하였다, "원불교가 우리보다 늦었음에도 저렇게 많은 포덕이 일어난 것은 삼성 전략팀이 기획부 역할을 하여 대관청 업무를 포함한 교구 행정의 정책을 기획한 까닭입니다. 우리도 기획력을 제고하여 주십시오. 우리 교단은 업무 연속성이 없어서 집행부가 바뀌면 전임 집행부의 정책이 연결되지 않아 제대로 사업이 완료되는 것이 없습니다. 대구시와 대덕교구의 통합 문제를 해결하기 위해서는 연원의 속지제가 우선 시행되는 등 연원 관련 문제가 해결되어야 합니다. 총부 사업에 대한 책임을 져 주시기 바랍니다. 아무도 업무 단절에 대한 책임을 지지 않으니 교단 중흥을 바랄 수가 없습니다. 대개 2~30인 시일 보는 교구가 전국적으로 전부인 것 같습니나. 시일식 후 점심을 같이 할 수 있도록 식당 운영이 가능한 정도의 설비를 갖출 수 있도록 준비하는 것이 좋겠습니다." 이어서 은척동심교구 송병욱 교구장의 장남 송영헌 동덕의 발언이 있었다. "무슨 사업이든 사전 계획 수립이 정확하고 치밀해야 합니다. 지금 지방 교구의 꺼질 듯 말 듯한 사정을 감안하여 그냥 꺼지도록 두지 말고 사그러지지 않도록 계획을 수립하여 주십시오. 저도 성서 계대 사거리 쪽에 300여 평 땅이 있는데 500평으로 늘려서 매입하게 되면 교당을 건립하려고 합니다. 대구시의회 의원으로 두 번 입후보한 경험을 살려 대구시교구 중흥에 힘을 다하겠습니다." 다음으로 대구시교구의 최영식 선도사가 발언을 이어 갔다. "발전이 없는 주요 원인은 교단 보직이 이원화되어 원직, 주직의 두 바퀴가 조화를 이루지 못하기 때문입니다. 주직이 힘을 갖고 포덕 교화에 나서야 한다고 생각합니다" 박위생 감사장은 "대신사 순도비를 차질없이 잘 건립하겠다."라고 하였으며 주용덕 마산시교구 교화부장은 "용담성지 행사의 활성화와 용담수도원을 최소 300명 이상이 수련할 수 있도록 시설 여건을 갖추어 주십시오. 제가 지금은 마산시교구 소속이나 원래 대구시교구이므로 앞으로 정년퇴직하게 되면 대구시교구의 발전을 위해서 한몸을 바칠 각오입니다." 대덕교구의 김성순 선도사는 "순도비 문제가 나왔는데 잘될 것입니다. 프란체스코 교황은 무신론자들에게도 환영을 받을 말씀과 행동을 하고 있으니 세계적으로 천주교가 환영을 받는 것입니다. 방에 매일 군불을 때야 불이 잘 붙듯이 포덕에 불을 붙이려면 바람을 잘 불어 줘야 합니다." 대덕교구의 신효철 교화부장은 "세상과 소통하는 교단이 되어야 포덕이 되고 대도중흥이 됩니다. 대구시에만 일본군 성노예로 고생한 우리 할머니들을 달래주고 일제의 만행을 기억하는 소녀상이 세워지지 않아서 소녀상 건립추진위원회 공동대표로 김시완 동덕, 저는 집행위원을 맡아 소녀상 건립에 힘쓰고 있습니다. 그리고 우리 교단도 전문가를 영입하여 기획을 하고 경영적 측면의 효율성을 제고해야 합니다." 이어서 박해룡 교무관장이 마무리 답변 발언을 하였다. "원활한 소통을 위하여 KT에서 제공하는 문서 정보 전자처리시스템을 도입해서 중앙총부 내뿐 아니라 지방 일선 교구와 총부 사이에도 정보 소통이 원활해지도록 내년 도입을 목표로 현재 교무관에서 적응 테스트 중에 있습니다. 앞으로는 소통이 잘될 것으로 봅니다. 그리고 주용덕 동덕이 원하는 용담성지 활성화는 현재 진행 중인 동학 발상지 성역화 사업이 올해 토지 매입이 완료되고 내년까지 시설이 들어서면 100%는 아니라 하더라도 상당 수준까지 바라는 바를 성취하게 될 것으로 봅니다."(《천도교신문》 75호, 2016년 10월 11일)

• 부산 지역 교구 방문

포덕 157년 1월 15일부터 16일까지 2일간에 걸쳐 부산 지역의 대남교구, 동천교구, 동부산교구, 부산시교구, 송도교구, 예대교구 등 7개 교구를 방문하여 '합동시일 및 간담회' 를 개최하였다. 포덕 157년 1월 15일, 개별 교구 방문에 이어 포덕 157년 1월 16일에는 합동시일식 및 간담회가 개최되었다. 이 자리에는 교령과 이범창 종무원장, 정정숙 교화관장, 박해룡 교무관장, 계한경 경리관장, 신인간사 이경일 편집장, 장구갑 전서실장, 류우진 전서와 대남교구, 동천교구, 동부산교구, 부산시교구, 북부산교구, 송도교구, 예대교구 등의 교구장과 교인 120여 명이 함께 모였다. 부산시교구 공진성 교화부장의 집례로 봉행한 합동시일식에서 나는 "오랫동안 우리 천도교가 주저앉아 있었으니 이제 일어나 힘차게 앞으로 나아가야 합니다."라며 '대도중흥비전 21의 길' 에 동참해 줄 것을 호소하였다.

설교의 제목은 '천도교여 일어나라!' 로 부산시 교구 시일보 1591호(포덕 157년 10월 16일) 1면에 게재된 설교 요지는 다음과 같다.

> 부산시교구를 비롯한 부산 지역의 각 교구 교인 여러분은 오늘날 우리 천도교의 희망입니다. 부산이 일어나면 천도교가 중흥할 수 있다고 생각합니다. 부산(釜山)의 부(釜)는 가마솥을 의미합니다. 용담에서 태어난 용이 물을 얻어 한울로 올라가려면 밥을 먹어야 하는데 그 용이 먹어야 할 밥을 짓는 곳이 가마솥의 부산(釜山)이 아닌가 생각해 보았습니다. 부산에서 짓는 밥을 먹으면, 침체된 천도교도 일어날 것이고 천도교의 목적인 보국안민 포덕천하 광제창생을 위한 힘을 얻게 될 것이라는 생각을 해 보았습니다. 부산에 오면 어머니처럼 따스하고 다정한 정을 느끼는 것이 바로 그런 연유가 아닌가 생각해 보게 됩니다. 그래서 저는 부산은 우리 천도교의 희망이라는 생각을 하고 있습니다. 여기 앉아 계시는 한 분 한 분이 모두 천도교의 희망이라고 생각합니다.
>
> 천도교는 포덕을 위해 창도된 종교입니다. 그런데 지난 100년 동안 천도교의 포덕은 계속 하향 곡선을 그어 왔습니다. 앞으로 나아가지 않고 계속 앉아 있는 꼴입니다. 앉아 있다는 것은 계속 침체의 늪에 빠져 있음을 의미하지요. 그럼 어떻게 해야 침체의 늪에서 빠져나올 수 있을까요? 우리 모두 함께 풀어 나가야 할 시대적 과제라고 생각합니다. 그런 의미에서 오늘의 주제를 '천도

교여 일어나라' 로 정해 보았습니다. 지난봄 우리 교단에는 새로운 운수가 다가왔습니다. 종래에는 생각지도 못하던 일이 일어난 것입니다. 우리는 그 새로운 운수 속에 담겨진 대도중흥이라는 꿈을 만들었습니다. 대도중흥이란 한마디로 근본을 다시 새우는 것을 말합니다. 대도란 한울님으로부터 받은 무극대도를 말하는 것이며, 중흥이란 무극대도의 근본 중심을 일으키는 것을 말합니다. 그래서 대도중흥이란 대신사께서 한울님으로부터 받은 그 근본 원점으로 돌아가 오늘의 천도교를 다시 일으키자는 것입니다. 최초로 동학이 이 세상에 창건되게 된 그 근본 한울님 뜻을 다시 일으키자는 뜻입니다. 그래서 대도란 천도를 이야기하는 것이고 중은 가장 핵심, 가장 근본, 원래 그 자리, 대신사께서 득도했던 그 시점을 뜻하는 것입니다. 157년 전 대신사께서 한울님으로부터 받은 무극대도를 일으키자는 것이 대도중흥이며 그것이 바로 '천도교여 일어나라' 입니다. "우리 모두 일어나 다 함께 앞으로 나아가자"는 꿈이었습니다. 대도중흥의 꿈을 가지고 다 함께 앞으로 나갑시다. 두 번째, 중일변의 꿈입니다. 마침내는 민족통일이라는 '통일의 길' 로서 세 번째 꿈을 또 만들었습니다. 그리고 그 꿈들을 한데 모아 '대도중흥비전 21' 을 만들었습니다. 우리 모두 함께 이 꿈을 공유하면서 "천도교여 일어나라! 다함께 나아가자! 통일의 길로!" 다짐하면서 간절히 기도하고 또 기도합시다. 우리 모두 한마음 한뜻으로 힘을 모아 기도하고 또 기도하고 실천한다면 천도교 중흥의 새 시대가 반드시 다가올 것입니다.

시일식 후 부산시 교구에서 정성스럽게 준비한 점심 식사를 맛있게 먹었다. 점심을 마친 후 오후 2시 부산시교구에서 개최한 간담회에서는 지난 2차 대구경북 지역교구 간담회와 동일하게 중앙총부의 업무에 관한 소개에 이어 각 교구를 대표한 여러 동덕이 신중하고 진지하게 다양한 의견을 발표하였다.

간담회에서 나는 "중앙총부와 지방 교구가 한마음 한뜻으로 힘을 합하여 대도중흥의 새 시대를 열어 나가자."며 "중앙총부는 지방교구의 어려움을 해결해 나가는데 정성을 다하겠다."는 것을 약속하고, 계속해서 "어제도 15시간의 일정으로 원동수도원을 비롯해서 송도, 대남, 북부산, 동부산 교구를 둘러보았습니다."라며 "본격적으로 지방 교구의 현황과 문제점을 경청하고 있다."라고 말하였다. 이범창 종무원장은 "4, 5년 전 연합체육대회 이후에 처음으로 부산을 방문합니다. 중앙총부와 지방 교구 간에 오해 없이 소통이 잘되도록 허심탄회하게 말씀해 주십시오."

먼저 김경옥 동부산교구장이 발언하였다. "123인의 교인이 가족같이 화목하게 신앙생활을 하고 있습니다. 중점 사업으로 가족 포덕으로 도가완성을 이루려 하고 매월 첫 시일에 어린이 시일식을 봉행하고 있어 젊은 부부들이 함께 시일에 참석하고 있으며 매월 셋째 시일에는 부산시교구에서 어린이 합동시일을 봅니다. 오늘도 우천이기는 하나 어린이 동덕들이 시일식 후 낙동강에 생태 학습선을 타러 가는 일정이 있습니다. 또한, 여성회의 노력이 지대하여 봉사활동 등으로 교구가 따뜻하고 포근한 분위기가 유지됩니다. 이번 하계수련에 15인이 참석하는 등 참여도가 높고 수련 경비를 교구에서 50% 보조하고 있습니다. 많은 교인들이 수련의 맛을 느끼고 있으므로 매월 초 일주일간 수련을 시작한 지가 수년이 넘어갑니다. 월성미 납부 금액이 오르기 전에는 수지가 적자였으나 변경 후에 현재는 수지 균형을 맞추고 있습니다. 전세 교당이라서 낡은 부분이나 페인트칠, 누수 등 수선을 요하는 부분은 손대지는 않고 임시적으로만 보수하고 있습니다. 앞으로 자가 교당 마련을 과제로 하고 있습니다."

이어서 동천교구의 강병로 교구장이 발언하였다. "교직원 교인을 포함해서 69인의 교인으로 구성되어 있으나 진성 교인은 10명 안팎입니다. 학생 교인은 매년 20명 입교하고 있어 5~60명의 학생 교인이 유지되고 있습니다. 현재 교육계에서 교육 환경이 변경되어 천도교 안내 교육 시간이 없어질 상황인데 진로 안내 시간을 활용해서 천도교 교육을 실시할 예정입니다. 성강현 도훈이 국사 교사로 재직하고 있으므로 국사 시간에 동학혁명 관련 내용으로 강의를 추진하고 있고 동아리 활동을 통해 교리와 수련을 가르치려 합니다. 매주 화요일 오후 5시 20분부터 40분간 학생 시일을 봅니다. 이제까지 설교 중심으로 해 왔으나 앞으로 수련을 포함시키려고 합니다. 설교에도 외부 강사를 초빙하려고 합니다. 건의 사항은 학생 교인이 성미를 납부하지 못하므로 교인 등록이 되지 않아 소속감이 없어 졸업 후에 신앙생활을 지속할 수 있는 시스템 구축, 경전 봉독을 하려 해도 학생들이 한자를 이해할 도리가 없어서 난감하므로 한글 가로쓰기 경전의 조속한 발행, 졸업생이 지속적으로 신앙생활을 할 수 있도록 유도하는 초심자 수련체계 수립 등 청소년들이 천도교 신앙생활에 보다 더 쉽게 접근할 수 있는 방안 등입니다."

다음은 부산시교구 공진성 교화부장이 마이크를 이어받았다. "포덕 71년에 설립, 125년에 현 교당 건립, 성미 납입 기준으로 307명의 교인이 신앙생활을 하고 있으며 매월 첫 주엔 교구 자체 수련을 실시하고 있고, 시일보를 작성한 지 30여 년이 되었습니다. 포덕 124년에 장학회 설립해서 현재까지 144명에게 장학금을 지급하였습니다. 어린이 합동시일을 매월 셋째 시일에 봉행하고 있습니다. 부산시교구의 고민사항은 청년 학생수가 부족하여 조직이 안 된다는 것입니다. 휴면 교인 연락처를 확보하는 노력을 기울여 80여 명의 연락처를 확보하였습니다. 교구밴드 등을 활용해서 500명 등록 교인을 목표로 노력하고 있습니다. 부정적인 언행 자제하기를 다짐하고 있습니다." 이어서 대남교구의 유재원 교구장은 "매 시일식 후 1시간씩 수련합니다. 구옥주(고 학암 김학봉 선도사 내수도) 경리부장의 노력으로 다음 카페와 밴드에 시일식 영상을 올리고 있습니다. 남부교구와 대연교구가 통합한 대남교구의 인준을 6월 29일에 받았습니다. 현재 대남교구 교당은 지하 물이 새고 있는데 수리비 성금 모금 중이지만 어렵습니다. 구 대연교구 교당이 재개발 편입되어 225평을 배정받아서 교당을 지어야 하니 총부에서 건축비를 지원해 주시기 바랍니다. 교당 옆 남구청 간 도로명이 홍암 라인협 선생의 호를 딴 홍암로입니다. 재개발 후에도 공원 부지에 홍암 라인협 선생의 추모비를 세우기로 남구청 및 재개발 사업자인 롯데 건설과 협의를 마쳤습니다."

북부산교구의 정재권 교화부장은 "포덕 102년 설립, 31호 교인 71인이며 4개 연원으로 구성되어 있습니다. 휴면 교인 찾기를 하고 있으며 월 1회 도가 순회 방문을 실시하고 있으며 1차 순회를 마쳤습니다. 대형 현수막과 천도교 포스터 안내 전단지 등과 대외 평생교육원 등과 연계해서 가을부터 홍보하려 합니다. 총부에서 디자인 등을 지원해 주시면 좋겠습니다." 북부산 교구의 최대환 선도사는 "가섭사는 성사님께서 신사님의 명에 따라 여러 차례 말없이 묵묵히 수행한 적이 있는 곳이며 직동 대호굴은 절체절명의 신사께서 대호의 도움으로 관군의 추적을 피할 수 있었던 백두대간의 절지이며, 낙동강은 대신사께서 말 타고 건넜던 신비 현상이라든지, 검곡의 신사님 자취 등 스토리가 있는 사적지들을 정비하여야 신앙의 외형적 표상으로서 신앙심 고취의 기회가 될 것이므로 총부에서 힘써 주시기 바랍니다. 전문 교역자를 양성하여야 합니다."

박해룡 교무관장은 "총부 업무 보고 시간에 공지해야 하는데, 이번에 종의원에서 해외포덕위원회 규정 등 여러 규정이 제정, 개정되었습니다. 쇠운이 지극한 가운데서도 최선의 노력을 다하려 하는 일환으로 해외에 산재한 우리 동덕님들의 네트워크를 형성하여 해외 포덕의 기운을 모아 보자는 뜻으로 조직할 해외포덕위원회에 프랑스의 큰 일꾼으로 대남교구 소속 임남희 동덕이 있습니다. 앞으로 유럽에 우리 천도교가 퍼져 나가는 데 힘써 주시기를 바라는 마음으로 인사드렸습니다.” 이어서 대남교구의 임남희 동덕이 “해외에 있으면서 해외 포덕은 미처 생각해 보지 못했습니다. 얼마 전에 교령님께서 말씀하시는 것을 듣고 해외 포덕에 일조를 해야 하겠다는 사명감을 느꼈습니다. 열심히 하겠습니다.”는 인사가 있었다.

다음은 송도교구의 최영환 교구장이 발언하였다. “송도교구의 시작은 해은수도원 겸 송도교구로서 참으로 창대하였습니다만, 지금은 건물이 낙후되어 초기에 청년들의 수련 장소로 제공되었던 기억만 가지고 있습니다. 묵암 신용구 선생을 포덕한 눌암 황태익 선생의 아들 되시던 황용수 전 교토[京都] 교구장이 만년에 희사한 재산으로 설립되었기에 교당 밖에 공적비도 있고 해서 함부로 처분할 수도 없는 상태입니다. 자료를 드리니 참고하여 활용 방안을 마련해 주시기 바랍니다.” 다음은 부산시교구 여성회 변주민 동덕이 발언을 이어갔다. “입교 5년째입니다. 여시바윗골 등 문제에 앞장선 바 있습니다. 우리 세가 약해서 일어나는 일에 몸으로 대처하는 것과 아울러 기도의 힘으로 떨쳐 일어서 보자는 제안을 수차례 드렸는데 성취가 되지 않았습니다. 이제라도 새벽과 저녁의 기도식에 서소문 공원 문제와 을묘천서 성지 문제를 우리 교단이 바라는 대로 성취되도록 함께 기도하기를 제안합니다. 그렇게 마음을 하나로 모아 나가야 될 것으로 생각합니다.”

다음은 동부산교구의 박철 선도사가 말을 이었다. “천도교 홈페이지 게시판에 함부로 글을 쓰는 경향을 방지하기 위해서 진성 교인이라야 글을 쓸 수 있도록 체제를 바꾸어 주시기 바랍니다. 그리고 마음수련이 되도록 교서를 증보하여 주시기 바랍니다. 육아 상담 건강 등을 아우르는 주제를 다루는 심도 있는 교서가 발행되도록 요청합니다.” 다음은 박기섭 부산시교구 감사가 말을 이었다. “종무 행정이 아마추어적이고 기획도 저급하고 연속성이 없는 현상은 전임 교역자가 없는데 그 원인이 있는 것으로 봅니다. 과거 기성 종교의 교역자는 신과의 매개자로서 역할을 했지만 우리 교단의 전임 교역자는 교인 신앙의 보조자 성격으로 전혀 다른 성격의 교역자가 될 것입니다. 성사님의 육영 교육사업을 본받아야 함에도 불구하고 모두가 고양이 목에 방울을 달기식으로 옴짝달싹 못 하고 있는 형국이라 봅니다. 그래야 우리가 중흥을 하더라도 할 것입니다. 그리고 예복에 대한 개인적인 생각을 말씀드리자면 무당 옷이냐, 꼭두각시 옷이냐, 사극에 나오는 상궁 복식의 디자인 아니냐는 말이 많습니다. 재고하여 주시기 바랍니다. 전국 어느 교구도 교구로서 적정 규모가 되질 않습니다. 대교구제로 가야 합니다. 연합하여 시너지가 생기도록 해 봅시다."

박차귀 부산시교구 종의원은 "동덕들의 발언을 보니 희망을 보는 것 같습니다. 경주동학축제가 28일과 29일로 코앞인데 연합합창단 출연을 오늘 알았다. 이렇게 해서야 어떻게 준비하겠는가, 교구들 간의 소통에 원활하게 조율하는 것이 총부의 역할이 아닌가, 총부에서 잘해 주시기 바랍니다." 부산시 교구의 곽영강 선도사는 "6월 27일 우체국에서 불교 성철 스님과 천주교 김수환 추기경 기념 우표를 발행했습니다. 우리도 삼일운동 100주년 기념 우표를 발행해 달라고 요청합시다. 경전을 하루속히 한글 가로쓰기로 재발행합시다. 경전에 오역을 제대로 번역되도록 수정해 주시기 바랍니다. 제도개선위원회가 작동되면 대의원 구성에 합당한 절차를 마련해 주시기 바랍니다. 박남수 교령 당시에 진행된 2013년 경주동학문화제의 사정을 살펴서 감찰해 주시기 바랍니다. 지난해 경주동학문화제의 비용에 관한《신인간》기사를 보고 답답한 마음 금할 길 없습니다."

다음은 박호권 선도사가 이어 발언하셨다. "선도사 선출에 있어 불합리한 점을 신속히 수정하여 주시기 바랍니다." 다음은 북부산 교구의 이성용 선도사는 "117년도 입교, 규모일치도 중요하지만 개인 수련도 중요하므로 수련 절차를 가르쳐 줄 것을 요청합니다."

다음 동부산교구 장인갑 종의원은 "궁을기를 게양합시다, 교구 경제를 위해 입도하지 않은 손자의 성미도 냅시다, 자기 건강과 경제는 각 개인과 교구가 알아서 합시다."라고 발언했다. 중앙총부의 계한경 경리관장은 "사회복지법인 상임이사를 맡고 있습니다. 지원법인에서 시설법인으로의 전환이 필요한 시점이므로 그에 관하여 연구 검토 중입니다."라고 답변하였다.(《천도교신문》76호, 2016년 10월 25일)

• 전북 지역 교구 방문

신임 집행부 들어 지방 교구의 의견 수렴과 실태 파악을 위하여 새롭게 시작한 순회 방문의 일환으로 지난 포덕 157년 7월 10일(일) 경기 수원 지역부터 9월 24일~25일 대구경북 지역을 거쳐, 10월 15일~16일(부산) 부산 지역까지 순회를 마쳤다. 올해 총 4회의 지방 교구 순회 중 마지막 회인 이번 전북 지역 순회는 옥구교구, 익산교구, 김제교구, 신태인교구, 고부교구, 임실교구의 실태를 파악하고 전주교구에서의 합동시일식과 간담회를 진행하는 일정으로 짜여졌다.

포덕 157년 11월 26일(토) 오전 7시 이범창 종무원장, 박해룡 교무관장, 장구갑 전서실장, 신인간사 이경일 편집장, 류우진 전서 등 7명은 첫 목적지인 옥구교구로 향했다. 군산시에서 상당히 떨어진 곳인 지경리 금반마을에 있는 옥구교구(교구장, 화암 고기순)는 과거 200여 호 이상의 교세를 자랑하던 교구였으나 다른 지방 교구와 마찬가지로 대부분의 교인이 도시로 나가 이제는 20여 호밖에 남지 않은 현실을 안타까워하는 고기순 교구장이 월당 종법사의 기념비와 함께 우리 일행을 반긴다. 다음 예정지인 익산교구(교구장 창암 최창호)에 도착하니 12월 3일 동학 강좌를 알리는 현수막이 게시되어 있다. 최근 입교한 최갑선 동덕 내외의 노력으로 성화실 뒤에 주방을 마련하여 시일식을 봉행하는 교인들에게 식사를 제공하는 등의 정성을 쏟고 있다. 김제교구(교구장 성암 김창섭)는 화강암에 음각되어 있는 교구명이 매우 인상적이다. 추적추적 비가 내리는 가운데 들어선 교당 내부는 을씨년스럽기까지 하다. 김제시 옥산동 번화한 곳에 있는 교당은 뒤편에 장승처럼 늘어선 아파트와 묘한 대조를 이루고 있다. 비가 오는 가운데 찾은 신태인교구(교구장, 운암 오제운)는 정읍시 신태인읍에 있는 작은 교당이다. 현재 신태인고등학교의 교장으로 재직 중인 오제운 교구장이 교구 활성화를 위하여 다방면으로 노력 중이라 한다. 고부교구(교구장 청암 최성국)는 정읍추진위를 하는 직암 이재식 동덕이 현재 수련 중에 있으며 굳건히 제자리를 지키고자 노력하는 모습이 참으로 아름다워 보인다. 아담한 시골집을 연상시키는 슬레이트 지붕이며 앞마당과 뒤뜰에 채소를 재배하는 풍경이 고향마을의 정취와 함께 다시 한번 일어서라는 선열의 외침을 느끼게 한다. 내리는 빗줄기는 점점 굵어지고 어느덧 어두워져 도착한 임실교구는 지방문화재로 지정해도 손색이 없을 만큼 우아한 한옥 자태를 뽐내는 교당임에 틀림없다. 그러나 현재 시일을 봉행할 여력이 없어 빈 채로 방치되다시피 한 교당을 창암 김창식 동덕과 전주교구 윤철현 교구장의 내수도가 정기적으로 관리한다고 한다.

11월 27일 전주교구 성화실에서 합동시일 봉행과 간담회를 가졌다. 전주교구 박희숙 교화부장의 집례로 봉행한 합동시일식에서 동학혁명기념관 신순재 전시실장이 청수봉전, 옥구교구 최행룡 교화부장이 『동경대전』의 〈수덕문〉을 봉독하고 내가 설교를 하였다. 식사 후 박해룡 교무관장의 사회로 열린 간담회에서는 비록 참가인원은 적었지만, 다른 지방 교구 못지않은 열기로 가득차 중앙총부와의 소통에 거는 기대감을 그대로 표현한 자리였다. 나는 본격적으로 간담회를 시작하기 전 "좋은 간담회가 되어 교단 발전과 대도중흥의 주춧돌이 되도록 합시다."라며 좋은 의견에 대한 기대감을 표했다. 이어서 부안포 최몽연 도정은 "익산교구에서 혼자 시일 본 때도 있었습니다. 마침 시운이 오려고 했는지 이제 뜻밖에도 우리 연원에서 교령을 맡아 보게 되었으니 교단의 기초를 충실하고 튼튼하게 다져 주시기를 바라마지 않습니다."며 격려를 아끼지 않았다. 신태인 교구 오제운 교구장은 내부의 제도 정비와 조직의 정비 이후 대외 사업 시행, 임기의 장기화 및 변화에 순응하기 위한 교헌 개정의 필요성 강조, 시일봉행 교인 10여 명 내외로 적지만, 교구 환경 개선을 위하여 적극 노력 중이며, 화장실 개보수에는 지원 필요, 대외 포덕을 위한 각주 경전을 편찬하여 내년에 보급할 예정으로서 지역 공무원 및 젊은 세대의 천도교 경전에 대한 관심도 제고를 기대하는 등의 활성화 방안을 제안하였다. 임실교구의 창암 김창식 동덕은 "4대째 천도교를 해온 집안의 후손으로서 부끄럽기 짝이 없습니다."라는 반성의 목소리로 첫 말을 시작하며 "임실 지역은 동학혁명의 유적지가 어느 지역보다도 많고 3·1만세운동의 유적도 많습니다. 2007년 이후 경기도에서 귀촌해서 선친의 유지를 찾고자 노력하고 있으며, 과거 선친의 엄명으로 종의원으로도 봉사한 것이 있습니다."라며 향후 교구 발전을 위하여 노력하고자 하는 의지를 표하고 "임실 지역은 가능성이 많은 지역입니다. 많은 사적이 있다는 것은 바로 천도교 교세가 강했기 때문입니다."라고 말하며 더욱 천덕사업에 앞장설 것이라고 말했다.

옥구교구 최행룡 교화부장은 "후천 오만년의 무극대도이므로 지레 낙담할 필요가 없습니다. 천도교 집안에서 나서 오십 들어 새삼 대단한 종교라는 생각이 들었습니다. 과거와 현재의 격차를 부끄러워하지만 말고 재건에 전력을 경주해야 하겠습니다. 내가 가야 할 길로 포덕에 힘쓰겠습니다."라며 거침없이 의견을 피력했다. 건의 사항으로 휴면 교인 포덕을 위한 방안, 의절에 따른 장례 문화 봉행을 위한 지원, 세대 간 단절을 이을 수 있는 방안 등을 요청하였다. 익산교구 창암 최창호 교구장은 현재의 교구 자격에 관한 기준에서 조정이 가능한지를 묻고 줄어드는 교인 수에 맞게 탄력적으로 운영할 수 있는 방법을 찾아보자고 건의했다. 전주교구의 윤철현 교구장은 "조실부모하고 어렵게 자라났습니다마는, 천도교만 잘하면 잘살게 된다는 신앙으로 견뎌 왔고 또 여기까지 왔다는 것을 볼 때 이런 신앙을 자신 있게 심어주어야 한다고 봅니다. 성사께서 〈권도문〉에서 여러 차례 강조하신 바와 같이 제대로 알고 제대로 행하지 않으면 평생을 해도 모른다고 하신 말씀을 굳게 믿고 살아왔습니다. 선배들의 교리 전달 미흡으로 또래의 동덕들이 전부 흩어져 버렸다고 생각합니다."며 지속성의 단절을 아쉬워했다. 이어서 "쇠퇴 원인을 보면 경전에 명시되어 있는 교리보다는 자기 체험 위주로 각자위심의 포덕이 되어 왔습니다. 체험 중심의 전달보다 경전 중심으로 시대에 맞게 일관되게 전달해야 함에도 그렇지 못했습니다. 지금 이런 세상은 선천의 도덕이 지도력을 상실한 것으로 보입니다. 따라서 우리는 본래의 마음수련 즉, 선천의 마음수련과는 뚜렷이 다른 후천의 마음수련을 드러내는 데 힘써야 전반적으로 학교 교육을 받은 지금의 장년층에 호소력 있는 종교로서 전파할 수 있을 것입니다." 라며 진지하고 엄숙하게 포덕을 위한 우리의 자세를 강조하였다. 아울러 '비전 21' 은 실질적인 사업으로 실행되어야 하며, 경전을 중심으로 지역별 줄기찬 합일된 세를 형성할 것을 역설하였다.

익산교구의 최갑선 교무부장은 동학혁명 및 3·1운동 관련 연혁이나 유공자 등의 연혁 및 역사적 정리 필요, 천도교 신앙을 하지 않지만 동학에 관심 있는 사람이 많이 있으므로 인내천 강좌, 동학 강좌 등은 하루보다 4~5일 이상 기간의 확장, 미륵산 사자암에 해월신사 관련 표지석 건립이 필요하여 신사님께서 머물렀다는 단순한 내용보다 하신 말씀이나 가르침과 같은 내용의 표지판을 세우고자 주지 스님과 의논했음을 밝혔다. 익산교구의 김동순 교화부장은 총부의 행정 절차를 지적하며, 교단의 일정을 한 달 전에 미리미리 공지하고 공문은 더 일찍 보내 주어 지방 교구에서 사전에 준비할 수 있는 시간을 줄 것을 요청하였다. 동학혁명기념관 이윤영 관장은 과거 포덕 대회 때 제작한 팜플릿을 나눠 주며 "바로 이 팜플릿을 들고 거리에 나가 배포하던 시절이 떠오릅니다." 며 좋았던 시절을 회상했다. 또한 기념관 관장으로서 "많은 자료를 교단에서 신경써서 수집하고 정리해야 할 것으로 봅니다." 라며 자료에 관심과 애정이 담긴 제안을 하였다. 전주교구의 김명국 도훈은 모든 홍보물은 한글 우선으로 한자를 병기하여 젊은 층이 읽을 수 있도록 할 것, 물질 우선주의보다 신앙을 앞세워 포덕할 것, 시천주의 진리를 공부시킬 것, 천도교 행사에 정치, 언론, 학계 박사 등에 의존을 지양하고, 수련 수도한 향기가 나는 천도교인에게 강의나 축사를 의뢰할 것 등을 제안하며, 우리 천도교인에게서 천도교인 냄새가 나야 포덕이 가능하다는 의견을 피력하였다.

이범창 종무원장은 마무리 발언에서 "종무원 책임자들의 임기가 3년으로 끝나기 때문에 항상 지속성이 부족해 왔던 것이 사실" 이라며 집행부가 바뀔 때마다 어쩔 수 없이 겪는 고충을 토로하며 "지방 교구에서 종무원과의 소통에 애로가 있으면 직접 저에게 전화해 주시기 바랍니다." 며 적극적으로 대응하고자 하는 의지를 확고히 하였다. 아울러 "말씀해 주신 모든 내용을 잘 검토해서 종무행정에 반영토록 하겠습니다.”라는 다짐을 끝으로 이번 간담회에서 다양한 의견을 낸 참여자 모두에게 깊은 감사의 인사를 전하였다.(《천도교신문》 78·79호, 2016년 12월 1일)

• 남해 지역 교구 방문

포덕 157(2016)년 12월 17일(토)과 18일(일) 양일간에 걸쳐 송정전교실, 상주전교실, 선구교구, 고현교구, 남해교구, 포상교구 등 남해 지역 6개 교구 순회와 4개 교구 합동간담회를 개최하였다. “미조항의 아름다운 아침 햇살을 간직하고 송전전교실과 상주전교실, 선구교구 등을 돌아보고 왔습니다. 오늘 이 간담회를 통해 남해 천도교의 옛 명성을 되찾는 계기를 마련하도록 합시다.”라는 교령의 격려사로 시작한 간담회에서는 다른 지역과 마찬가지로 다양한 의견이 표출되었다. 이에 발표 순서에 따라 각 교인의 육성 그대로를 전한다.

먼저 고현교구 정순당 신정엽 교구장은 “고현교구는 포덕 106(1965)년에 건립한 교구로서 교인 대다수가 연로하여 교구장과 이우심 경리부장이 차로 모셔 옵니다. 연로하더라도 살아 있고 능력 있다는 것을 잊지 않도록 교구 시일식에 담당 역할을 드립니다. ‘실천하는 교인’ 이 되자는 목표를 세우고 휴면 교인 복교에 힘쓰고 있습니다. 교당 개보수에 필요한 자금의 지원 방안과 미활용 전교실(현촌, 관당)의 활용 방안도 검토해 주십시오”, 이어서 남해교구 전암 유해범 교구장은 “남해교구는 포덕 78(1937)년부터 설천면 비란리 현 위치에 있게 되었습니다. 포덕 94(1953)년에 선구교구, 포덕 105(1964)년에 고현교구가 분리되었습니다. 현 교당은 포덕 129(1988)년에 건립, 전교실은 비란, 진목, 모천 등 3개를 운영하고 있습니다. 대도중흥 특별기도에 주력하며, 매 시일날 시일식전 수련, 휴면 교인 복교, 교단 행사 참석 독려 등으로 교화 강화, 교구 건물 창호 교체 시급, 상근자의 부재로 공문은 충분한 시일 전에 도달하도록 해 주시기 바랍니다.” 옥암 김윤옥 선구교구장은 “선구교구는 포덕 94(1953)년 남해교구에서 분리하였습니다. 150여 명의 교인이 신앙생활을 하며, 67세 이하의 동덕들로 한울회를 조직하여 활동합니다. 미조, 송정, 상주, 구곡전교실 등 먼 곳에 교인들이 있어 봉고를 운행하여도 예산 부족으로 어렵습니다. 상주전교실을 봐서 알겠지만, 보수해야 합니다. 교구만의 힘으로 어려우니 지원해 주시기 바랍니다. 그리고 교당 측량 건으로 총부에 연락하니 재단이 제대로 대응하지 않는 느낌을 받았습니다.”

지암 박춘배 포상교구장은 “교당은 지은 지 얼마 되지 않았지만 지붕에 누수가 발생하여 수리가 필요한 상태입니다. 새 포덕은 어렵고 연로하신 교인들의 후손이 신앙생활을 잘하지 않고 있고 그나마 객지에 나가 있어 객지에서라도 교회 시일에 잘 참석하라고 독려하고 있습니다”, 선구교구 하암 김덕칠 선도사는 “포천 교회 묘지의 관리 현황과 미래 전망에 대해 설명해 주시기 바랍니다”, 선구교구 진암 강종옥 선도사는 “경주 용담 상황에 대해 문의합니다. 지난 시기에 그토록 강했던 남해 교세가 왜 이렇게까지 쇠약해지고 우리 천도교의 전체 교세가 이리 쇠약해졌는지 생각해 볼 때 우리가 말로만 인내천을 말하고 실상은 사인여천하지 않기 때문이라는 생각이 듭니다. 우리 도는 기복 신앙이 되어서는 안 되는 것입니다. 또한 신사님께서 쓰신 글을 보면 신사님께서는 당대의 어느 분보다도 과학적이고 천문학적이셨습니다. 우리도 과학과 철학을 공부해서 그 바탕 위에 신앙을 세워 나가야 하겠습니다.”라고 말했다. 남해교구 욱암 박석주 도정은 “교호제를 교인제로 바꾼 뒤에 보니 도시 교인의 납부 성금이 늘어났고 농촌 지역 납부액은 줄어든 것으로 나타났습니다. 연원별로 연원대표에게 소속교인 연월성금 납부 현황을 통보해 주시기 바랍니다.”, 남해교구 명암 박선권 선도사는 “〈권학가〉에 ‘당당정리 밝혀 내어’ 라고 되어 있습니다. 우리 교리를 확실하게 풀어 엮어서 사람들에게 내어 보일 수 있도록 포덕 자료를 잘 만들어 주시기 바랍니다.”, 고현교구 해암 고정표 선도사는 “먼 길을 와 주신 데 감사드립니다. 그런데 비전 21 과제를 보면 구체적 실행 방안은 생략되어 있습니다. 구체적으로 실행이 되도록 실천 방안을 마련해 주시고 천도교 문화의 융성에 노력해 주시기 바랍니다. 우리 합창단을 보면 노인 합창단입니다. 유년을 비롯한 젊은이들이 없으면 우리 미래가 없습니다. 유소년 청년들의 문화 활동을 진작시킵시다. 그리고 우리 재단이 재산을 죽이고 있습니다. 많은 재산을 불려야 함에도 불구하고 방치하고 있는 실정을 혁파해야 합니다.”, 남정포 맹암 정의맹 도정은 “고현교구 지붕이 내려앉을 형편입니다. 모든 사업에 앞서서 시급히 전국의 천도교 재산 시설물 긴급 점검반을 가동하여 시설물을 점검해 주실 것을 긴급 제안합니다.”, 선구교구 용암 김환용 도훈은 “남해 4개 교구 합동시일 운영위원장을 맡고 보니 오래된 과제이지만 통합 논의가 필요하여 통합을 추진하고자 제안하였습니다. 남해 중앙대교당의 현실을 보면 리모델링할 자금이 부족한데 이런 경우 총부의 협조가 필요합니다.”

남해교구 송암 박언주 종의원은 “교당 건물의 개보수가 문제일 수는 없습니다. 우리는 종단이므로 신앙을 바로 세우면 그 어떤 장애도 극복할 수 있습니다. 포덕이 되려면 천도교인들이 시일식 후 나오는 모습을 보니 행복해하고 그 행복해하는 모습이 궁금하고 부러워 우리 교당으로 오게 해야 하지 않겠습니까. 우리 교세가 이렇게 된 원인은 신앙이 바로 서지 않았기 때문입니다. 신앙을 바로 세우기 위해서 남해 중앙교당에도 의자를 치우고 방석을 놓는 좌석으로 변경합시다. 그리고 1층 세 놓은 부분을 식당으로 활용하든지 우리 교인의 신앙 활동에 도움이 되게 바꿉시다. 그리고 수운회관 15층에 가보니 15층 전체가 비어 있습니다. 돈을 들여서라도 총부 직원이나 교인들이 활용할 수 있도록 시설을 갖춥시다. 그렇게 신앙을 바로 세울 수 있는 수련의 장을 마련해서 신앙을 갖추는 일부터 해야 합니다."

중앙총부 용암 박해룡(교무관장)은 "포천 교회 묘지는 포덕 108년 이후 계획성 없이 무질서하게 분묘를 설치 운영하여 온 탓에 현재 수용 가능 분묘 수에 비해 턱없이 적은 분묘를 설치한 상태에서도 관리가 잘되지 않고 있습니다. 모름지기 천도교인이라면 국가 유공자가 국립묘지에 묻히듯이 천도교 묘지에 묻히든지 봉안하든지 해야 합니다. 교단의 장기 과제로 인식하고 천주교의 베론 성지 등 성역화가 잘된 곳을 본받아서 정비해 나가도록 계획을 세우겠습니다. 동학 발상지 성역화 사업으로 마룡못이 있는 곳에 대규모의 청소년수련관과 수운기념관이 들어설 예정입니다만 우리 재단이 토지 협의 매수에 응하지 않아서 경주시에서 불만이 비등하고 있는 실정이어서 사업에 차질을 빚지 않을까 걱정이 앞서기는 합니다만, 사업이 예정대로 진행된다면 우리 교단에서 운영을 맡아 청소년 포덕 사업에 많은 도움이 되도록 할 예정입니다."라고 말했다. 그리고 중앙총부 오암 이범창 종무원장은 "인일기념일날 케이블 방송에 내보낼 영상을 촬영할 예정입니다. 그리고 속초교구 매각에 대해서 재단이사회에서 매각을 결정하였습니다."라고 말했다.

끝으로 나는 교령으로서, "현장에 오니 좋은 말씀을 듣게 됩니다. 전체 교구 문제점을 파악하자는 제안에 적극 공감합니다. 포천 교회 묘지는 반드시 성역화하도록 노력하겠습니다. 그리고 어린이 합창단을 비롯해서 어린이 포덕교화에 힘쓰도록 노력하겠습니다. 방정환 도서관도 기획하고 있습니다. 교헌 개정을 통해서 대교구제를 도입하든지 하여 전국 교구의 교무행정이 원활하게 집행되도록 해 보려 합니다."(《천도교신문》 81호, 2017년 1월 4일)

• 경남 서남부, 전남 지역 교구 방문

중앙총부에서는 포덕 158년 2월 10일, 묵암 신용구 선생의 60만 포덕 길 따라, 서부 경남, 전남북, 남해안 지역 순회를 위한 5박 6일의 대장정을 진행하였다.

이번에 순회한 교구는 삼천포교구, 진주교구, 사천교구, 고성교구, 통영교구, 진양교구, 영산교구 등 서부 경남 지역 7개 교구와 장흥교구, 신강진교구, 약산교구, 해남교구, 임실교구 등 5개 교구 등이다.

나는 포덕 158년 2월 10일(금) 묵암 신용구 종법사의 50주기 추모식에 참석하기 위해 중앙총부에서 출발했다. 고성교구에 도착하여 추모식 봉행을 끝낸 후 5박 6일 일정으로 경남 호남 지역 교구 순회에 나섰다.

통영을 시작으로 진주의 진양교구, 원동수덕실→고성의 옵실전교실, 개천전교실, 회화교구→창녕 영산교구, 창녕교구→마산교구→사천의 사천교구, 삼천포교구→장흥의 장흥교구, 장흥 동학혁명기념관→완도 약산교구→강진의 신강진교구→해남의 해남전교실→남해 양지전교실 터, 오곡전교실터, 포상교구, 도마전교실, 현천전교실터, 민목전교실, 목천전교실로 교구 순방을 마쳤다. 뒤이어 중앙총부 임직원이 참여한 대도중흥을 위한 포덕 방안 워크숍에 참석하기 위하여 남해 미조로 향했다.

2월 12일(일), 경남 삼천포교구에서는 서부 경남 5개 교구(삼천포, 진주, 사천, 고성, 통영) 합동시일이 개최되었다. 이날 시일식에는 서부 경남 5개 교구 교인들이 삼천포교당을 꽉 채우고 자리가 부족하여 일부 교인들은 서서 시일을 볼 정도로 대성황을 이루었다. 합동시일식 집례는 삼천포교구 교화부장 욱암 장순욱 동덕, 청수봉전은 선현당 이은화 동덕이 맡았고, 피아노 반주는 유소년부의 장지연 어린이가 담당하였다.

나는 설교를 통하여 영남 일대에 60만 호의 대포덕을 이룬 묵암 신용구 종법사의 공덕을 기리고 대신사께서 말씀하신 수심정기의 덕을 쌓아야 한다는 것과 마음을 닦아야 덕을 알 수 있고 덕을 밝히는 것이 도라는 사실을 언급하며 첫째도 둘째도 셋째도 포덕임을 역설하였다. 시일식 후 오후 2시부터 열린 대도중흥 중일변 민족통일을 위한 순회 간담회는 먼저 서부 경남 5개 교구 교구장들이 교구 현황과 교구 발전 방향을 발표하였고, 이어서 참석한 교인들이 4시간 동안 시종 진지한 가운데 교단 발전을 위한 제안과 의견 발표가 이어졌다.

먼저 고성교구 제암 신상옥 교구장은 "총부의 포덕운동은 《신인간》이나 《천도교신문》을 통해서 알고 있지만 현재 교구 형편으로는 한계가 있어서 내년부터 실천해 보도록 하겠다." 이어서 삼천포교구 도암 장정갑 직접도훈은 대도중흥 2500에 있는 21개 항목에 대한 세부 계획이 항목에 따라 구체화되어 있어야 한다. 포덕은 동학혁명이나 3·1운동의 행사성에 머물지 말고 사인여천을 실천하는 데서 시작되어야 하며 총부가 모범이 되어야 한다. 그러면 지방 교구도 따라 변한다. 그리고 포덕은 총부도 나서야 하지만 연원회가 나서는 게 효과적이다."

사천교구 명암 신만석 교구장은 "모두 도시로 떠나 시일 보는 인원이 줄었다. 삼천포교구와 합동시일을 자주 보며 설교 문제 등을 해결한다. 젊은이를 포덕하는 것이 바람직하지만 그보다 앞서 친인척부터 포덕하는 것이 효과적이다. 분기별로라도 환원하신 교인 위령제를 지내는 방법으로 교회를 떠난 자녀들을 돌아오게 하는 방안도 연구 중이다. 사천교구는 포덕 106년에 삼천포교구에서 분리되어 자체 기금과 총부 지원금 4천만 원 정도로 문을 열었다. 현재 성미 교인은 40명 정도이며 교구 발전 방향은 포덕 교화로 잡았다. 이를 위해 교인 1인당 1만원을 목적 성금으로 걷고 있다. 그리고 타 교구 교인들과 유대 관계를 위해서는 인근의 동학혁명기념식이나 경주문화제에 참석하기도 하며 열악한 환경을 이겨내고 있다. 교구는 친목과 화합이 잘 되고 있으므로 이것을 힘으로 포덕하겠다."

삼천포교구 송암 최봉수 교구장은 "삼천포교구는 여성회 활동이 활발하다. 여성회에서 정성으로 교구를 잘 이끌어 나가기에 다른 부서도 활발하게 움직이게 된다. 천도교는 교인들의 일자리 창출에 많은 신경을 써야 한다. 그리고 능력이나 재산이 많은 분부터 기부 문화에 앞장서서 기부 문화를 활성화시키면 많은 포덕이 일어날 수 있다. 인원이 적은 교구는 통합하여 합동으로 시일식을 보는 것이 바람직하다. 교구를 건립할 때도 교통이 편리한 곳을 선정해서 어린이집을 병행한다거나 하는 수익 사업을 하면 포덕에 도움이 된다. 그리고 총부는 교인이 자주 가는 용담수도원 등 낙후된 기반 시설에 신경을 써야 한다. 모든 게 다 이미지다. 자존감 떨어지는 일은 총부에서 막아 줘야 한다."

이어서 진주시교구 사암 정의적 교구장은 "진주시교구는 포덕 47년 12월에 대교구를 설립했다. 그동안 우여곡절을 겪으며 포덕 55년에는 중앙총부로부터 진주시교구로 인준을 받았다. 교구 건물은 임대이며 52명의 월성미 교인이 이끌며 셋째 시일은 원동교구로 가서 합동시일을 본다. 경제 사업으로는 묵암 종법사가 하던 수입 창출 사업을 이어 받아 궁을촌사업으로 된장, 간장 사업을 하고 있다. 진주교구는 향후 3년간 80명 정도 포덕이 목표이며 포덕 162년부터 자가 교당을 건립하기 위해 노력 중이다. 진양교구사와 합해서 '진주교구사' 발간을 준비하고 있다."

삼천포교구 현암 최영윤 선도사는 "포덕은 묵암 종법사께 배워라. 덕은 남을 이롭게 하는 것이라 하셨다. 대상이 원하는 것을 파악해서 경제적으로든 물질적으로든 이익이 되게 해 주는 것이 올바른 포덕이다. 묵암 종법사는 포덕을 하기 위해 3년 동안 하루도 빠지지 않고 먼 길을 방문하여 정성을 들여서 일가 포덕을 이뤘다. 포덕은 정성과 인내와 노력의 산물이다. 천도교 포덕은 연원회가 앞장서야 한다. 그중 깊이 생각해야 할 점은 교리와 의절이 잘 정리되어 있어야 한다는 것이다. 이런 것들이 다 포덕과 관련이 있다. 대신사님 말씀만 경이고 그 외는 법설이다. 원문이 아닌 해설문은 학자들의 연구다. 경전 봉독은 스승님 말씀을 그대로 듣는 것이기에 원문을 읽어야 한다."

통영교구추진위원회 맹암 정의맹 도정은 "묵암 종법사께서는 '모시고 안녕하십니까?' 라며 90도 인사를 하는 천도교 인사법을 지도했다. 주변에도 긍정적인 천도교인의 모습을 인식시키는데 도움이 되기에 실천해야 한다. 포덕 방안은 우선 가족 포덕부터 이루고 다른 가족을 포덕하는 방법이다. 모범 가정을 만들면 자녀 포덕은 어렵지 않다. 통영 교인은 100% 실성미 교인이며 교구 운영을 위해 임원들은 매달 5만 원씩 특성미를 내고 있다. 내년까지는 교구 인가를 받을 수 있게 노력하겠다. 그리고 남해에서 배출한 교인 모두가 포덕을 해서 1천 명 포덕을 이루겠다."

진주시교구 도암 박완주 선도사는 "역대 교령님들도 지방 교구 활성화를 말했다. 지금 교령님은 40개 교구를 방문하셨다고 하는데 지방 교구 건의 사항을 어떻게 해결하고 계신지 말씀을 듣고 싶다."

삼천포교구 심암 이규남 선도사는 "총부가 모범을 보이는 것이 중요하다. 그중에는 매번 교령 임기 중에 실행하는 계획이 3년마다 허무하게 사라지는 것을 보면 교인으로서 안타깝다. 총부는 지난 일에 대한 반성이 필요하다."

삼천포교구 정화당 조정숙 여성회장은 "교령님이 지방 교구를 살리기 위해 순회하는 뜻은 알지만 이렇게 안에서 시간만 보내는 것이 안타깝다. 밖에 나가 포덕을 하게 총부에서는 포덕할 수 있는 안내 책자나 방법 등을 보내 달라. 그게 지방 교구 포덕에 도움이 된다. 포덕을 해서 그분을 천도교인으로 가꾸려면 수련이 필요하다. 그런데 항시 준비된 수도원을 찾기가 어렵다. 총부에서는 수도원 운영에 지장이 없게 지원을 해줘야 한다. 신입 교인에게는 수련비를 받지 않는 제도적인 도움도 필요하다."

삼천포교구 입암 장순명 경리부장은 "유소년이나 학생들을 지도할 수 있는 시스템이 필요하다. 지방 교구가 이런 시스템을 만들기에는 한계가 있다. 부모를 따라 나오는 자제들을 연령 별로 지도해야 하는데 안타깝다. 용담수도원에 데리고 가도 어린이들은 할 게 없다. 중앙총부에서는 먼저 유소년을 모아서 지도해 줄 수 있는 시스템부터 만들어야 한다. 어린이를 위한 설교도 필요하다. 어린이 설교 강사도 지원을 바란다."

삼천포교구 욱암 장순욱 교화부장은 "포덕을 하려면 교화를 줄 수 있는 설교가 필요한데 지방 교구는 이 문제가 해결되지 않고 있다. 인터넷 경전도 총부에 건의한 지 3년이 지났는데 아직 소식이 없다. 그리고 어린이들이 학습지를 하는 것처럼 교인 수준에 맞게 경전을 공부할 수 있는 학습지가 필요하다고 생각한다. 그렇게라도 공부할 수 있는 시스템이 필요하다." 삼천포교구 김대균 감사는 "경험으로 봤을 때 젊은 사람들이 천도교에 접근하지 못하는 이유는 재미있는 프로그램이 없다는 것이다. 총부에서는 현실에 맞는 변화를 추구하며 사람들이 쉽게 접근할 수 있는 방법을 고민해야 한다."

삼천포교구 전암 최외수 교무부장은 "포덕이란 상대가 무엇이 필요한가를 살피는 것인데 여성의 연령대를 살피면 답이 나온다. 20·30대 여성은 훌륭한 배우자, 30·40대 여성은 육아와 승진, 50·60대 여성은 멋진 할머니다. 이 필요를 갖추면 포덕은 어렵지 않다. 교구가 결혼 중매소, 직업 소개소만 되면 떠났던 분들이 다시 돌아온다." 진주시교구 성암 정갑선 종의원은 "집중적인 방법이 필요하다. 거점 대교구제를 열어서 그 조직으로 포덕 활동을 하는 것이다. 총부는 거점 교구의 계획서를 받아 지원만 해 주면 된다. 포덕을 하려면 지방 교구는 거점 사업이 필요하게 된다. 천도교 시천주복지재단에서는 지역별로 요양원, 수도원과 교당을 통합한 건물을 하나씩 설립해 주고 노인들을 잘 보살펴 주면 객지로 떠난 자녀들이 교회의 도움을 받는 부모님을 보면 신앙심이 절로 생겨난다. 이것이 포덕 방안이다." 통영교구추진위원회 제암 최재권 교구장은 "고성에서 15살에 입도를 했다. 통영에 와서 정상문 선생님께 도를 받고 묵암 종법사 밑에서 공부했다. 40세 때부터 고성, 마산으로 다니며 시일을 봤다. 포덕을 하기에 앞서 교인들은 많은 경험을 쌓고 그 힘으로 포덕을 하는 것이 중요하다."

나는 오늘 좋은 의견을 제안해 주신 교인 여러분께 감사드리며 묵암 신용구 종법사의 덕화를 포덕의 바탕으로 '대도중흥 포덕 2500'을 달성하자며 간담회를 마무리했다.

한편 포덕 158년 2월 11일 지방 교구 순방 중 방문한 마산교구에서는 신태주 교구장을 비롯한 50여 명 교인의 환대를 받으며 도착하여 바로 간담회를 시작하였다. 마산교구는 7개 포로 실성미 교인이 130명이다. 교화에 도움이 되기 위해 교구와 교당 환경을 다양한 방면으로 개선하며 노력하고 있다.

신태주 마산교구장은 "먼저 홍보의 시대에 우리 교회는 홍보가 미약하다는 것을 지적하고 싶다. 둘째, 과거의 역사 중심에서 벗어나 신앙 중심으로 가야 한다. 언제까지 과거에 묻혀 지낼 수는 없다. 셋째, 성지인 용담수도원과 의창수도원 정도라도 음향 시설을 갖춰서 경전 말씀이 끊이지 않게 하면 주변 교화에도 도움이 될 것이다. 넷째, 시일식 예복은 다시 신경 써서 집례자의 품위에 도움이 되게 만들어야 한다. 다섯째, 시대에 맞지 않는 연원 제도를 교구 제도로 바꾸어야 한다. 도정 제도는 전혀 신앙생활에 도움이 되지 않으며 행정이 2원화되어 복잡하기만 하다. 여섯째, 경치가 좋은 지역의 수도원 시설을 복지시설로 만들어 교인들이 수련과 휴가를 함께 즐길 수 있도록 하자. 수도원 재정에도 도움을 줄 수 있다. 일곱째, 교헌 규정이 개정되면 교구에서도 새 규정을 알 수 있게 규정집을 만들어 보내 주길 바란다."라고 말했다.(《천도교신문》 84호, 2017년 2월 23일)

• 경북 지역 교구 방문

이번 경북 지역 교구 순회는 포덕 158년 3월 10일(금) 11시에 대교당에서 위령식을 거행하고 현직 교령으로서는 처음으로 경주로 내려와 태묘 참례, 용담수도원 1박, 3월 11일 수운기념관 및 교육수련관 부지, 용담교구, 경주교구, 김해교구, 울산 여시바윗골, 언양교구 방문, 울산 인내천바위, 포항교구(포항에서 1박), 3월 12일, 울산교구에서 합동시일 및 간담회 순으로 이어졌다.

나는 3월 10일 대교당에서 대신사 순도 및 순국선열 합동위령식을 마치자마자 자동차로 5시간을 달려 경주시 현곡면에 위치한 수운대신사 태묘에 도착하였다. 그리고 마중 나와 있는 용담교구와 경주 인근의 대구, 울산 등지의 여러 교인분들과 함께 태묘를 참배하였다. 현직 교령으로서 대신사 순도일에 맞추어 태묘를 방문한 것은 최초의 사건이었다. 그런 만큼 현지의 여러 교인들은 최초의 사건을 의미심장하게 받아들였고 반겨 주셨다. 앞으로 중앙총부에서는 3월 10일 대신사 순도일에 맞추어 태묘 참례를 공식화하고 정례화할 예정이다.

올해는 대도중흥비전 21 실천의 원년으로서, 총부에서는 구체적으로 '포덕 2500'이라는 목표를 설정하였다. 포덕 2500을 위한 교구별 포덕 목표는 교인 수, 교구 시설, 교구 위치, 시일식 봉행 상황 등을 고려하여 전국 교구별로 포덕 목표를 설정한 것이다. 이러한 목표 달성을 위해서는 "정성이 한울에 사무쳐야" 한다고 지방 순회 중에 수차례 강조하였고 특별히 대신사 순도일에 맞추어 이러한 정성을 나타내고자 하였다.

· 대신사 태묘 참례

우리 일행은 대신사님 태묘를 참례한 후 묘소 바로 밑에 있는 대신사 자당 한씨 묘와 대신사 부인 박씨 묘, 해월신사의 따님 최윤의 묘, 대신사 장남 세정 묘비 대신사 차남 세청 묘비를 차례로 참배하였다. 우리 모두의 위대한 스승, 대신사님의 생애와 가르침을 마음속 깊이 새기면서 이곳에 누워 계시는 대신사님의 묘비문을 마음속으로 읽는다.

〈동학 창도주 수운 최제우 스승님 묘〉

아! 거룩하고 위대하시다. 겨레의 자랑이자 인류의 영광인 만고의 대성인이 여기 고요히 누워 계시니 이 어른이 동학의 시조 수운 최제우 스승님이다. 일찍이 포덕전 36년 갑신(단기 4157년) 시월 이십팔 일 경주의 이곳 건넛마을 가정리에서 서운이 집을 두르고 향기가 가득하며 구미산이 삼 일간 진동할 때 부친 근암 최옥 선생과 한씨의 육신을 빌려 탄생하시었으니 본관은 경주요 이름은 제우요 자는 성묵이요 호는 수운이다. 얼굴은 관옥이요 총명이 사광보다 더해서 팔 세에 입학하여 만권시서를 무불통지하신 후에 이십 세에 나라와 창생의 장래를 크게 걱정한신 나머지 제세안민의 대도를 이루시고자 방방곡곡 찾아들어 인심풍속 살피시고 만고 풍상 겪을 일을 노래지어 소창하며 구도 생활을 하시다. 삼십이 세 되시던 을묘 3월에 울산에서 한 신선으로부터 천서 한 권을 전해 받으시고 더욱 수도에 열중하시다가 삼십육 세 되시던 기미 시월에 용담정에 돌아오신 후 제세안민의 도를 깨달으시기 전에는 산문 밖에 나오지 않으리라 맹세하시고 정심수도하시니 천은이 망극하여 삼십육 세 되시던 포덕 원년(단기4193) 경신 사월 초오일에 도즉천도 학즉동학인 만고없는 무극대도를 한울님께 받으시고 법을 정하고 글을 지어 풍운같이 모여드는 후학들을 지도하시다. 사십 세 되시던 계해 8월 14일 해월 최시형 스승님께 도통을 전수하시고 득도하신 지 불과 4년 만인 포덕 5년(단기4197) 갑자 3월 10일 대구장대에서 겨레의 마음속에 인내천 진리의 씨앗을 심으시고 순도하시니 슬프다! 세상 사람들이 선각자를 몰랐어라. 아! 영원불멸의 얼이시어 장차 용담수가 흘러 사해의 근원이 되고 구미산에 봄이 와서 온 세상이 꽃동산이 되리니 억만년이 무궁토록 온 인류와 더불어 함께 살아가시도다.

포덕 131년(단기 4333년) 3월 10일

우리 일행은 용담수도원에서 일박 후 용담정을 참배하고 수운기념관 및 교육수련관 부지를 둘러보았다. 마룡저수지와 구미산의 풍광이 절묘하게 어울려 있다. 경주시에서 추진 중인 수운기념관 및 교육수련관은 마룡저수지 옆이다. 마룡저수지는 대신사께서 저술한 〈수덕문〉에 등장하는 그 마룡이다.

> 구미산의 기이한 봉우리와 괴이한 돌은 월성 금오산 북쪽이요,
> 용추의 맑은 못과 보배로운 시내는 옛 도읍 마룡의 서쪽이라.
> (龜尾之奇峯怪石 月城金鰲之北 龍湫之淸潭寶溪 古都馬龍之西)

수운기념관 및 교육수련관은 2011년 경주시가 277억원의 예산으로 건립하겠다는 계획으로 경상북도의 투융자심사에서 승인을 받았고, 이후 국비 조달 등의 어려움으로 현재는 133억원(국비 93, 도비 12, 시비 28)의 예산으로 진행 중이다. 수운기념관은 214㎡, 한식형 철근 콘크리트 구조로 지상 1층이며 교육수련관은 1,813㎡, 한식 목 구조, 지하 1층, 지상 2층 강의실, 숙박 시설 등으로 계획되어 있다. 한편 중앙총부는 지난 3월 3일자로 동학 발상지 성역화운영특별위원회(위원장 최정표)와 자문위원 4인을 위촉하여 수운기념관 및 교육수련관 건립에 따른 교단의 역할에 대비하고 있다.(《천도교신문》 86·87호, 2017년 4월 4일)

· 울산시, 포항, 언양교구 합동시일 및 간담회

울산시교구 성화실에서 울산, 언양, 포항교구 합동시일과 간담회가 개최되었다. 시일식은 울산시교구가 주관하였다. 집례는 유중재 교화부장, 청수봉전 지종미 여성회장, 경전 봉독은 김양애 도덕, 천덕송 피아노 반주는 정미혜 동덕이 맡았다. 나는 설교를 통해 "우리 교단에서 목표로 하는 대도중흥의 대도는 수운대신사께서 한울님 만남을 통해 받은 무극대도이다. 대도의 중흥이란 수운대신사 본래의 그 자리 즉 원점으로 돌아가 다시 일으키자는 것이다. 우리 모두 수운대신사께서 득도하신 본래 그 자리인 무극대도로 돌아가 대포덕의 새로운 시대를 열어 나가자"라고 역설하였다. 이어진 간담회에서는 각 교구별 현황 및 교단 발전에 대한 다양한 의견이 개진되었고, 나는 모든 교구와 교인의 변화 혁신, 포덕의 힘은 수련에서 나온다는 점을 강조하고 지방 교구의 의견을 반영하여 총부가 대도중흥을 위한 모든 노력을 다하겠다고 약속하였다.

먼저 포항교구 박남문 동덕은 "대도중흥이라는 목표는 추상적이므로 실천 강령 등을 마련하여 구체적인 추진 방안과 그 실천이 중요하다, 인재 양성을 위한 노력이 요망되며 수도원 시설을 확충하여야 한다."는 등의 의견을 제안하였다. 언양교구의 장삼동 동덕은 "총부의 숙박 시설을 확충하는 것이 좋겠다. 지역적으로 인접한 언양교구와 울산교구를 통합하는 것이 좋겠다."라고 말했다. 울산시교구의 정의필 선도사는 "삼일운동 100주년을 맞아 우이동 성역화와 탑골공원 보수 작업이 필요하다. 대도중흥을 위한 구체적인 실천 강령과 포덕 2500 실천계획을 마련하여 추진하는 것이 좋겠다."는 의견을 제시했다. 울산시 교구 정보기 선도사는 "예산 및 재단 운영을 혁신하는 것이 좋겠다. 지방 교구 상근자제도를 도입할 필요가 있다. 의절을 현실에 맞게 개선할 필요가 있다."는 의견을 개진하였다. 그 밖에 많은 의견들이 제시되었으며 총부에서는 이들 의견을 모두 경청하고 이를 총부 운영에 참고하겠다고 답변했다.

울산은 지리적으로 동학 발상지인 경주 용담정과 득도 전 49일 수도장인 천성산 내원암과 적멸굴에 인접해 있으며, 수운 최제우 대신사의 처가가 있었던 곳이고 득도의 결정적 계기가 된 을묘천서를 받은 곳이다. 포덕 4(1863)년 최초로 접주제가 실시될 때 울산 접주로 서군효가 임명되었다. 그리고 울산과 관련 깊은 분은 임명수로, 포덕 50(1909)년 12월 의암성사가 내원사 적멸굴에서 49일간 독공할 때 동행하신 분이다. 임명수는 두만강 너머 간도 출신으로 포덕 41(1900)년 동학에 입도하였고, 임명수의 교화에 감화되어 천도교에 입교한 이가 최해규로, 그는 포덕 51(1910)년에 설립된 울산교구 초대교구장이 되었다가, 포덕 55(1914)년 다시 울산교구장으로 임명되었다. 울산교구는 한때 진주대교구 소속이었으나 경주교구가 대교구로 승격할 때 경주대교구 소속이 되었다. 울산 지역 천도교인들은 포덕 56(1915)년 구국의 결의를 다지며 울산 작괘천 계곡 깊은 곳 바위에 人乃天(인내천) 글자를 새겨 넣었다. 그리고 4년 후 울산의 천도교인들은 3·1운동도 주도하였다. 이러한 울산 천도교의 맥은 언양교구로 이어져 왔고, 지금의 천도교 울산교구는 신흥 공업 도시인 울산에 천도교인들이 모여 포덕 122(1981)년에 인준을 받았다. 현재 울산시 교구와 언양교구는 통폐합이 논의 중이다.

이번에 방문한 지방 교구는 언양교구, 용담교구, 경주교구, 김해교구 등으로 각 방문 교구의 현황 및 교구에서 건의한 사항 등은 다음과 같다.

3월 11일 장삼동 동덕 안내로 언양교구를 방문하였다. "울산시교구는 과거 3·1운동 당시 울산 최초로 천도교 선각자들이 만세운동을 불렀고, 민족의 독립을 위해 싸웠던 역사의 현장이다. 소수 교인으로 명맥만 유지하는 참담한 실정으로 교구 내부적으로는 물욕교폐로 눈이 멀어 갈등이 조장되고 대신사님의 존호마저 흔드는 있을 수 없는 일도 발생했다. 우리는 지난 허물을 반성하고 중앙총부와 함께 교구 발전을 위해 노력하겠다. 교인 인원수나 규모에 따른 평가가 아니라 역사적 전통과 사실에 근거하여, 도시 발전에 따른 KTX 역세권 인구 증가 변화 등 미래지향적인 측면도 고려하여 정식 교구로 인정하여 달라."는 건의가 있었다.

다음으로 용담교구를 방문하여 이원주 교구장님을 만났다. 이원주 교구장님은 "총부에서 지방 교구의 건의 사항을 말로만이 아니라 과감하게 이행해야 한다. 예를 들면, 용담수도원 수선 문제를 교령님 바뀔 때마다 건의했음에도 지금까지 고쳐지지 않았다. 그래서 교인들 간에는 총부를 믿지 않는 분위기가 팽배하다. 중앙총부의 신뢰 회복이 중요하다."는 말씀을 주셨다.

이어서 경주교구를 방문하여 양만근 교구장을 뵈었다. 양 교구장님은 "농사철이면 수시로 가리산수도원에 가서 며칠씩 수련도 하고 주변 농사를 돌봐 주기도 한다. 현재 시일식 참여 교인은 많지 않다면서 지방 교구 나름대로 노력하겠지만 총부에서도 관심을 가지고 도와주지 않으면 더 이상의 포덕은 어려울 것"이라고 말했다.

3월 11일에 방문한 김해교구는 교당도 잘 정리되어 있었고 교당 안에 설치된 집기 등을 볼 때 예전에는 교인들이 많이 있었을 것으로 생각되었다.

김해교구는 남해고속도로를 달리다 보면 부산 진입 직전 언덕 위에 자리하고 있다. 주소는 김해시 불암동 55번지, 김해에 천도교가 자리 잡은 것은 포덕 62(1921)년이다. 당시 정황을 《동아일보》는 이렇게 전한다. "김해천도교 설립 3, 4개월만에 전용헌, 인동철 기타 제씨의 노력으로 2백여 호에 6백여 명(《동아일보》, 1921년 6월 20일), 지난 18일, 김해교구실 건축 기지에 구두운 교구장의 집례로 건축 기공식, 천도교청년회 김해지회 주최로 기공식 거행, 무려 5천 명 이상이 모이는 대성황"(《동아일보》, 1921년 8월 25일). 현재의 김해교구는 포덕 114(1973)년 김영도 님의 특성으로 세워졌지만 또다시 쇠락해졌다고 한다. 김해교구 앞마당에는 영암 김영도(1898~1978) 기념비가 세워져 있다. 고 박임규 교구장의 내수도, 김재희 동덕 부부, 인암 박인제 동덕 부부가 교구를 지키고 있는 실정이다.

나는 3월 11일, 포항교구를 방문하였다. 강정화 교구장님과 박남문 선도사 등 임원 몇 분이 우리를 반갑게 맞이해 주었다. 포항에서 1박 하면서 많은 도담을 나누었다. 포항교구는 주로 남진포 소속의 교인이 주류를 이루고 있다. 과거 정상문 전 도정의 지도로 경남 고성 출신의 천도교인들이 포항에 자리 잡으면서 포항교구가 설립되었다.

· '울산 을묘천서 성지순례', 기념식수

나는 포덕 158(2017)년 3월 11일(토) 오후 울산시 중구 유곡동 소재 여시바윗골 대신사 을묘천서 수지처인 성지(울산시 기념물 제12호)를 순례하였다.

이번 순례는 대도중흥 중일변 민족통일을 위한 지방 순행 일곱 번째 행사의 일환으로 이루어졌다. 순례 방문단에는 교무관장(박해룡), 전서실장(장구갑), 신인간사 주간(심국보), 수행 전서(류우진)가 함께 했으며, 지역에서는 울산 수운 최제우 유허지보존회 회장(최현만, 대신사 종고손)과 부회장(조영래, 정보기) 및 임원, 그리고 울산시교구장(이용수)과 여성회장(지종미) 및 다수의 교인이 참석하였다. 순례단은 유허비 앞에서의 심고 의식을 시작으로 초가·초당에서 유허지 참배 청수봉전 기도식(집례: 교무관장)을 봉행한 후, 보존회 주관으로 다과의 시간과 함께 유허지 성역화 현황 안내와 성역화 사업 방향에 대한 보고회를 가졌다. 유허지 성역화 현황은 보존회 사무국장이 유허지의 문화재 지정, 유허비 및 비각 건립, 초가·초당 건립, 최제우 유허지 생활공원 조성 등에 대한 간단한 안내를 하였으며, 성역화 사업 방향에 대한 보고에서 보존회 회장은 향후 성역화 주사업으로 '대신사께서 직접 농사를 지으신 논 6두락의 매입 및 활용, 동학관 건립, 동학 모태 성지 개념으로의 유허지 명칭 변경, 동학기념물 조성, 동학사상 홍보를 위한 다양한 행사(학술발표회, 음악회 등) 개최 등을 강조하였으며, 이에 대한 교단 측의 적극적인 지원을 부탁하였다. 이어 가진 간담회에서 나는 "을묘천서 유허지를 순례하니 두 가지 마음을 동시에 느낀다. 즉 죄송하고, 감사한 두 마음이다. 너무 늦게 와서 미안하고, 유허지 보존에 힘쓴 보존회 회장과 임원, 교인 여러분께 감사하고, 또한 환대에 감사드린다. 이곳에서의 을묘천서가 없었으면 동학 천도교가 있었겠느냐는 생각이 들고, 경주 용담정에서의 득도는 이곳 을묘천서의 연장선상에 놓여 있다고 본다. 보존회 회장님께서 말씀하신 모태 성지로서의 면모를 일신하기 위해 전방위적인 노력을 함께 하겠다" 하면서 성지로서의 물리적 공간도 중요하지만 정신적 공간의 깊이도 더욱 중요함을 강조하며, 앞으로 성지관리위원회에서의 성지 데이타베이스 구축도 완전하게 이루어질 것임을 부언하였다. 간담회 후 순례단 일행은 교령님 유허지 방문 기념식수(백목련 일수)를 함께 하며, 수운대신사의 울산 유허지가 을묘천서의 진정한 위상을 세우는 동학 천도교의 모태 성지로 거듭나서 동학 천도교 정신이 울산 시민뿐만 아니라 전 국민, 나아가 전 세계인의 가슴속에 백목련처럼 꽃 피어나길 심고드렸다.

한편 보존회에서는 현 최현만 회장이 그동안 보존회 초대 회장을 맡아 유허지 발전을 위해 불철주야 노고를 아끼지 않은 보존회 초대 회장인 이암 정의필 고문에게 공로패를 수여하기도 하였다.(《천도교신문》 86·87호, 2017년 4월 4일)

• 1년차 60여 지방 교구 방문 3만리 길

포덕 158년 4월, 〈지방 교구 방문 3만리 길〉이라는 제목으로 다음과 같은 월례 조회사를 발표하였다.

> 모시고 안녕하십니까? 오늘은 포덕 158년 4월 4일, 새 집행부가 출범한 지가 엊그제 같은데 어느덧 만 1년이 지나가고 있습니다. 세월의 빠름을 생각할 때마다 저는 주자의 〈권학문〉을 떠올리곤 합니다.
>
> "소년은 늙기 쉬우나 학문을 이루기는 어렵다.(少年易老 學難成) 순간순간의 세월을 헛되이 보내지 마라.(一寸光陰 不可輕) 연못가의 봄풀이 꿈에서 채 깨

기도 전에(未覺池塘 春草夢) 계단 앞 오동나무 잎이 가을을 알리네(階前梧葉已秋聲)" 라는 주자의 〈권학문〉이 내 마음 깊은 곳에서 솟아올라 오곤 합니다.

지난 1년은 정말 번쩍이는 섬광처럼 빠르게 지나간 것 같습니다. 태산같이 쌓인 일들을 바라보면서 턱없이 부족한 시간을 어디에선가 사올 수는 없을까, 시간을 팔고 사는 '시간 거래 시장' 은 없을까, 만약에 '시간 거래 시장' 이 있다면 거기서 시간을 사 올 수 있을 텐데 하고 엉뚱한 생각을 해본 일도 있었습니다.

새 집행부의 지난 1년은 3년 같은 1년이었습니다. 저는 지금 3년 같은 1년의 임기를 마치고, 오늘 또다시 3년 같은 1년의 임기를 새롭게 시작하는 취임식 전에 서 있는 것 같습니다. 그래서 저는 새 집행부 3년의 임기는 3번 연임하는 9년 동안의 임기로 생각하며 일에 임하고 있습니다.

우리에게 시간이란 두 가지 차원을 가지고 있는 것 같습니다. 즉 자연적 물리적인 시간과 역사적 사회적 시간이 바로 그것이라 생각됩니다. 자연적 물리적 시간은 누구에게나 동일하게 주어지는 불변의 객관적 시간입니다. 하루 24시간, 1년 365일은 더할 수도, 덜할 수도 없는 양적 소여의 절대적 시간입니다. 이에 대해 사회적 역사적 시간은 가치로서의 의미를 갖는 창조적 변화의 상대적 시간을 말하는 것이라 하겠습니다. 지난 1년 동안 우리는 역사적 사회적 시간 속에서 쇠운의 역사를 성운의 역사로 전환시키기 위한 100년 중일변의 꿈을 만들었습니다. 이른바 대도중흥이라는 새로운 꿈을 만들어 낸 것입니다. 지나간 100년, 쇠운의 역사를 마감하고, 새로운 100년을 향한 성운의 역사로 전환하기 위한 꿈이었습니다.

100년 전, 천도교는 이 땅에서 천도교 왕국이라는 위대한 포덕의 역사를 만들었습니다. 2천만 명이 살고 있었던 대한민국의 영토 안에서 300만 명의 천도교인이 이 나라의 정치, 경제, 사회, 문화 등 모든 부문에서 중심적 역할을 수행하였습니다. 일제 강점기 대한민국 정부가 국가로서의 기능을 제대로 수행하지 못할 때, 천도교는 바로 국가였던 것입니다. 잃어버린 대한민국의 역사를 천도교가 이어 온 것입니다. 그 당시 기독교, 불교는 겨우 20만 명에 불과한 나약한 종단이었습니다. 그런데 지난 100여 년 동안 300만의 교세를 자랑하던 천도교 왕국은 점점 교세를 키우기는커녕 그대로나마 지키지도 못한 채 점점 기울어져 왔습니다. 그 빈자리에는 외래 종교들의 교당이 앞을 다투어 들어서 왔고 이 민족의 다른 신흥 종교들도 세력을 크게 확장하여 왔습니다. 그리하여 지금은 이 나라에서 대국의 자리를 다른 종단에 넘기고 천도교 소국으로 내려앉았습니다.

지난 1년 동안 우리는 천도교 소국이라는 쇠운의 역사를 청산하고 대도중흥의 꿈, 천도교 대국을 향한 성운 전환의 역사를 시작하였습니다. 지난해 12월 1일, 제111주년 현도기념일을 맞아 '대도중흥비전 21' 이라는 새로운 꿈의 역사를 선언하였습니다. 이른바 '대도중흥비전 21' 을 선포한 것입니다.

지난해 우리는 새 집행부 출범 첫날부터 아침 인사 5분에 담긴 천도의 향기를 만들었습니다. 총부 혁신 없이는 천도교의 미래는 없다며 우리가 먼저 변하기로 다짐하는 시간이었습니다. 거창하고 큰 것이 아니라 아주 작은 것으로부터 시작한 것입니다.

이와 함께 오랫동안 잠자던 수련 문화를 일으켜 세웠습니다. 매월 1일부터 7일까지 일주일간 중앙대교당과 전국 각 교구별로 실시하는 합동 특별기도와 동·하절기 대수련회를 통하여 신앙 중심 교회로 점점 바뀌고 있습니다.

신앙심이 다시 살아나기 시작한 것입니다. 조용하기만 하던 수도원, 동·하절기 2회에 걸친 대수련회에 연 700여 명이 참석하는 성과를 거두었습니다. 우리는 또한 수운회관 지하에 동학전시관을 설치하고 홍보와 함께 커피도 마시며 대화할 수 있는 만남의 장소로 활용하기 시작하였습니다. 작지만 아담한 공간으로 교인은 물론 시민들의 발걸음을 기다리게 되었습니다.

사회문화관도 새롭게 설치하여 다양한 사회 문화 포덕 사업으로 체계화하여 새롭게 추진할 수 있게 되었으며 어린이 포덕을 위한 '어린이가 행복한 나라' 도 출범하였습니다. 해외 포덕을 위한 해외포덕위원회를 설치 운영하고 있으며, 호주와 프랑스 2곳에 해외 포덕사도 임명하여 활동을 시작하였습니다. 인재 양성의 전국화를 위한 부산 분원과 전주 분원이 설립되어 운영되고 있습니다. 작지만 하나씩 하나씩 조용한 변화가 시작되었습니다.

지난 1년 동안 '대도중흥비전 21' 의 꿈을 함께하기 위해 지방 교구 방문의 길을 열었습니다. 연 7차례에 걸쳐 60여 개 교구와 전교실을 방문하였습니다. 새벽부터 밤늦게까지 3만리의 길을 다녀왔습니다. 저는 대도중흥의 씨앗을 심어 가꿀 터전이 무너져 버린 지방 교구들의 초라한 모습을 바라보면서 정말 많이도 안타까워했습니다.

지난날 찬란했던 천도교 왕국이 무너져 버린 현장에 서서 많이도 울었습니다. 그러나 폐허로 변해 버린 그곳에서 하나의 작은 희망을 읽을 수 있었습니다. 경상도에서 60만 명을 포덕하신 묵암 신용구 선생님과 전라도에서 또한 수십만 명을 포덕하신 학산 정갑수 선생님의 역사와 교훈의 말씀을 그 폐허의 땅에서 다시 듣는 듯 했습니다.

묵암 선생님과 학산 선생님께서 걸으셨던 포덕의 그 길을 걸으면서 '이제 때가 되었으니 더이상 앉아 있지 말고 일어나야 한다. 교인 모두가 한마음 한뜻으로 뭉쳐 대도중흥의 길로 나아가야 한다. 그리하면 반드시 성운 전환의 새로운 역사를 만들어 나갈 수 있을 것이라' 는 말씀이 들리는 듯하였습니다. 두 주먹을 불끈 쥐었습니다. 우리들의 마음속에 성령으로 출세하시어 간섭하시고 지켜 주시고 가르쳐 주시는 묵암 선생님과 학산 선생님과 수많은 선배 동덕님들께 고개 숙여 감사한 마음을 드렸습니다.

지방 교구 방문길에서 수원교구, 대구시교구, 부산시교구, 남해중앙교당, 전주교구, 삼천포교구, 울산교구에서 각각 지역별 합동시일을 통하여 대도중흥의 꿈을 나누고 총부와 지방 교구 간 대화의 시간을 가졌습니다.

우리는 지금 포덕 158년, 대도중흥비전 21 실천 원년을 맞이하여 포덕 2500운동을 힘차게 전개하고 있습니다. 100년 전 천도교 왕국을 재건하기 위한 디딤돌입니다. '대도중흥비전 21' 실천 강령을 만들었습니다. 내일 천일기념일을 맞아 대교당에서 우리 모두 다함께 '대도중흥비전 21' 실천 강령을 결의할 것입니다. 100년 전 300만 천도교 왕국을 재건할 것을 실천하기 위한 우리 모두의 약속입니다.

'대도중흥비전 21 실천 강령' 을 통해 우리 모두의 변화와 혁신을 실천하자는 것입니다. '우리는 이렇게 변화합시다' , '교구는 이렇게 변화합시다' , '총부는 이렇게 변화합시다' 를 다짐하고 기도하고 실천하자는 결의입니다.

이 결의를 다짐하고 실천하기만 한다면 10년 안에 반드시 300만 교단의 역사를 만들어 낼 수 있을 것입니다. 300만 교단 시대를 만든 그 힘을 모아 또다시 천만 동덕 시대를 열어 나가게 될 것입니다. 마침내 세계 포덕의 시대, 포덕천하의 천도교 세상을 만들어 나가게 될 것입니다.

꽃 피고 새 우는 춘삼월 호시절입니다. 우리는 희망찬 4월을 맞아 먼저 동학전시관을 포덕의 공간으로 확충하고 이를 활성화하도록 할 것입니다. 이의 일환으로 동학전시관에서 일반 시민과 학생을 위한 화목 동학 강좌를 매주 2회에 걸쳐 정례적으로 운영하게 될 것입니다.

중앙대교당 2층에는 교인과 시민을 위한 상설 수련 포덕실을 마련하여 운영하게 될 것입니다. 어린이 포덕을 위한 내실 있는 어린이 포덕 주간 프로그램을 준비할 것입니다. 어린이 포덕을 위한 어린이 도서관을 준비하고 다양한 어린이 포덕 프로그램도 기획하게 될 것입니다. 어린이를 위한 천덕송을 창작하여 널리 보급하는 방안도 마련하게 될 것입니다.

기존의 지방 교구 전담제를 지방 교구 포덕 전담제로 그 기능을 확충하여 운영하게 될 것입니다. 중앙총부의 모든 조직과 사업을 포덕 2500에 초점을 맞추어 진행할 것입니다. 특히 사회문화관의 모든 활동과 사업을 포덕에 초점을 맞추어 수행해 나갈 것입니다.

가까이 있는 수운회관 입주 한울님들에게 정성을 다하여 포덕할 수 있도록 할 것입니다. 인사동과 북촌을 찾아오는 국내외 한울님들을 포덕할 수 있는 방안을 마련하여 운영하게 될 것입니다. 경기도 포천에 있는 교회 묘지에 연고가 있는 수천 명의 유족 한울님들의 모임을 만들어 교회 묘지의 효율적인 운영은 물론 이들에 대한 포덕운동도 함께 전개해 나갈 것입니다.

종학대학원에 문화해설사 과정을 설치 운영하여 동학문화해설사를 지속적으로 양성하도록 하고 이들을 동학 유적지 포덕사로 활용하는 방안을 추진하게 될 것입니다. 또한 교인과 일반 시민을 위한 매월 또는 매주 동학 유적지 견학 프로그램도 기획하게 될 것입니다. 일반인과 신입 교인을 위한 포덕 교화 프로그램을 만들어 활용하게 될 것입니다.

매월 말 시일은 포덕의 날로 정하여 포덕 사례 발표와 이달의 포덕왕을 기획하고 운영하게 될 것입니다. 종학대학원에 통일 아카데미 과정을 설치 운영하고 각급 학교, 공공기관, 지자체 등을 대상으로 한 통일 토크 콘서트를 운영하여 마당포덕 시대를 열어 갈 준비를 할 것입니다. 여성을 위한 명품 강좌를 개설하여 여성 포덕을 활성화하는 프로그램을 기획하게 될 것입니다.

지역별 포덕연대를 조직하고 지역별 포덕대회를 수시로 개최하도록 할 것입니다. 중앙총부 모든 임직원은 수시로 지방 교구 포덕 순회를 하게 될 것입니다. 우이동 의창수도원에 교령사 분실을 운영하여 포덕의 기회를 확대하게 될 것입니다.

봉황각을 국가문화재로 승격하고 인근 민가를 수용하여 의암기념관과 국민 정신 교육도장을 만들어 나가기 위한 정성을 모을 것입니다. 봉황각 화장실과 벽화, 용담성지 성역화, 은적암 성역화, 공주 우금티 성역화 사업도 매일 매일 확인하여 차질 없이 추진될 수 있도록 정성을 다할 것입니다.

우리 모두 다 함께 포덕 2500 운동이 성공할 수 있도록 4월의 정성을 다합시다.

희망찬 4월을 맞아 건강과 보람이 함께하시기를 바라며 이상으로 두서없는 4월의 조회사에 갈음합니다. 감사합니다.(《천도교신문》 88호, 2017년 4월 27일)

2. 포덕 158년, 지역 교구 방문 11개 교구

중앙총부에서는 신집행부 출범 1년차에 이어 2년차에도 지역 교구 방문을 계속하였다. 2년차 방문 교구는 인천교구 등 11개 교구이다.

• 인천교구 방문

포덕 158년 3월 18일, 장구갑 실장과 류우진 전서와 함께 인천광역시 남구 숭의동에 있는 인천교구 시일식에 참석하였다. 교구에 도착하자 김순자 교구장님과 이순옥 여성회장 등 많은 교인이 우리를 다정하게 맞이하였다.

인천교구는 1909년에 중앙총부에서 김종원을 제물포 지역 연원 대표로 인준하면서 창설되었다. 1946년 북한에서 월남한 교인들이 인천 관동에 인천 종리원 간판을 걸었다가, 1949년 4월 5일에 인천교구에 통합되었다고 한다. 1958년 인천시 미추홀구 숭의동 109번지 446㎡(135평)를 매입하고 건물을 신축하여 1960년 1월 15일에 준공식을 가졌다. 1961년 당시의 교인 명단을 보면 북한 출신 교인이 90명이고 총 인원은 160명이었다고 하며 지금은 김순자 교구장을 중심으로 100여 명의 교인들이 활동하고 있다고 한다. 나는 오늘 '대도중흥비전 21' 을 주제로 우리 모두 한마음 한뜻으로 힘을 합하여 교회 발전을 위해 정성을 다하자는 요지로 설교하였다. 시일식 후에는 30여 명의 교인들의 감동적인 대도중흥 포덕결의 행사를 진행하였다. 인천교구의 어린이 지도를 담당하고 있는 정미라 동덕이 자신에 대한 소개 및 따뜻한 환영의 인사말을 들려주었다. 시일식과 포덕결의 행사를 모두 마친 후에는 여성회에서 정성스럽게 준비한 점심 식사를 나누면서 정을 나누었다.

시일식을 마친 후에는 규암 한광석 선도사님 댁을 방문하였다. 1920년생으로 연세가 많으신 한광석 선도사님은 사모님과 함께 지내시다가 사모님 환원하시면서 아드님 댁으로 합가하여 며느님의 정성스런 돌봄으로 편안히 지내신다고 한다. 식사도 잘하시고 청력도 좋아 대화는 잘 되는 편이나 바깥출입은 안 하시고 집안에서만 주로 활동하신다고 한다. 한광석 선도사님 방문을 마치고 오후 4시경 귀가했다.

• 관의교구 방문

포덕 158년 6월 25일, 서울시 광진구 구의동에 있는 관의교구를 방문하였다. 서울 지역 교구 2번째 방문이다. 관의교구는 1·4후퇴 때 함경도에서 내려온 분들이 모여 설립된 교구이다. 함경도를 관북이라 하여 함경도 실향민들의 모임이란 뜻으로 붙인 이름이라 하였다. 이선영 전 교화관장과 고태영 교구장이 반가이 맞이해 주었다. 시일식에는 30여 명의 교인이 참석하였다. 이철기 전 교령님의 설교가 있었으며 나는 인사말을 하였다. '대도중흥비전 21', '포덕 2500' 에 대한 설명과 관의교구의 동참을 호소하였다. 근암 이근혁 원로 선도사께서 "관의교구는 세월이 흐르면서 환원하신 분들이 많아 교세가 많이 줄어들었다. 특히 젊은 교인들이 많이 줄었고 연로한 분들이 환원하신 뒤에 그 가족들이 뒤를 잇지 못하는 안타까움이 많다."라고 하셨다. 앞으로 교세가 점점 쇠락해 갈 수밖에 없을 것이라고 했다. 이근혁 선도사는 부안포의 최몽련 도정, 광제포의 김인선 도훈 등과 같은 고향인으로 가깝게 지내는 사이라며 안부 전화 등 가끔 연락하고 있다고 말씀해 주셨다.

• 동서울교구 방문

포덕 158년 7월 9일 제25주년 동서울교구 창립기념식(창립일, 7월 6일)에 동서울교구를 방문하였다. 오늘의 창립기념식은 동서울교구 임명효 교화차장의 집례로 40여 명이 참석한 가운데 봉행되었다.

박남준 교구장은 기념사를 통해 "25년 전 동서울교구 설립 당시 56호의 교호수로 시작하여 친인척 포덕, 직장 동료 포덕이 주를 이루면서 1년 만에 백호를 훨씬 넘는 포덕 실적으로 전국의 포덕상 단체 개인 7개 부문을 석권한 사실을 상기하며 동서울교구 설립의 뜻을 다시 되새기면서 참회와 반성으로서 지난날을 점검하고 교단의 현실을 직시하여 동서울교구 발전을 위하고 중앙총부의 천덕 사업에 한마음 한뜻으로 매진하자."라고 역설하였다.

이어서 교령의 격려사, 순의포 송범두 도정과 박남수 전 교령의 축사가 이어졌다.

기념식 후 동서울 교구 여성회에서 준비한 식사가 제공됐고 참석자들에게 기념품을 나누어 주었다.

한편 오늘의 동서울교구는 재산, 교화 활동 등 천도교단 내에서 5위 안에 드는 교구로, 그 연혁은 다음과 같다.

포덕 133년 4월 5일 교구 설립을 위한 추진위원회를 구성하여, 포덕 133년 7월 6일 중곡동 교당에서 교구 설립 기념식을 봉행하였다. 교호수 56호로 시작한 동서울교구가 설립되면서 휴면 교인들이 시일에 참석하고 젊은 교인들을 중심으로 신입 포덕이 늘어나 당장 교당 시설이 부족해져 지하실 한 층을 추가로 임대하기도 하였다. 포덕 144년 4월 20일 신내동 교당으로 이전하였고, 신내동 교당이 SH공사에 수용됨으로, 망우동으로 교당을 이전하여 포덕 152년 4월 10일 입당식을 봉행하였다. 현재 망우동 소재 동서울교구 건물은 지난 2월 LH공사와 수용 결의되었고, 현재 LH공사는 종교 부지를 마련하여 천도교와 이전 협의 중이라고 하다.(《천도교신문》 94호, 2017년 7월 27일)

• 마포교구 방문

포덕 158(2017)년 7월 23일, 마포교구를 방문하기 위해 10시 10분에 집을 나섰다. 아침부터 많은 비가 내리고 있었다. 10시 50분, 서울시 은평구 녹번동 도로 옆 주택가에 있는 마포교구에 도착하였다. 11시에 시일식에 참여하였다. 이날의 시일식은 통일포 합동으로 아산교구 5명, 의정부교구 5명, 마포교구 20명 등 30여 명이 모였다. 오늘의 설교는 김응조 도정이 하였다. 나는 시일식 후 간단한 인사말을 하였다. "1인 1포덕으로 10년 내 300만 시대를 달성하기 위해 우리 모두 '대도중흥비전 21, 포덕 2500' 목표 달성을 위해 정성을 모아 달라"라고 말했다. 오늘 시일식은 우천에도 불구하고 멀리 아산, 의정부 등 통일포 소속 교구 교인들이 함께 참석하여 가족적인 분위기 속에서 훈훈한 정을 느낄 수 있었다. 마포교구사에 따르면 마포교구는 6·25전란 당시 월남하여 마포 지역에서 거주하던 교인들이 중심이 되어 포덕 102(1961)년에 창립되었다고 한다. 시일식을 마친 후에는 참석 교인들과 함께 인근 음식점으로 이동하여 점심 식사(삼계탕) 후 헤어졌다. 나는 오늘 마포교구에 수박 한 덩이와 10만 원의 성금을 전달하였다.

• 아산교구 방문

포덕 158년 10월 22일, 아산교구에서 마포교구, 아산시교구, 의정부교구 등 관내 3개 교구가 합동으로 봉행하는 통일포 연원 시일식에 참여하였다. 아산시교구 앞마당에는 주렁주렁 열린 빨갛게 익은 감이 청명한 가을 정취를 풍기고 있었다. 3개월에 한 번씩 정기적으로 개최되는 통일포 합동시일식에는 이날 교령과 새로 출범하는 인내천운동연합의 임형진 위원장과 정무영 사무국장을 비롯해서 50여 명의 관내 교인들이 참석했다. 시일식은 아산시교구 최만정 동덕의 집례로 이미희 동덕(마포교구)의 경전 봉독에 이어 교령의 설교 순서로 진행되었다. 나는 이날 설교를 통해서 교령 취임 후 역점 사업으로 추진하고 있는 '대도중흥비전 21' 과 '포덕 2500' 에 대해 설파하면서 포덕의 중요성을 강조했다. 시일식 후 김응조 도정은 인사를 통해서 참석자들에게 감사의 뜻을 전하면서 "오늘날 돈을 삶의 가치로 치부하는 자본주의 풍조로 인해서 부정부패와 범죄행위가 만연되고 있다" 고 전제하고 "인본주의를 근간으로 하는 천도교의 인내천이야말로 이를 극복할 수 있는 대안이 될 수 있을 뿐 아니라 미래 사회의 대안 종교가 될 수 있다" 라고 말했다. 계속해서 주승석 의정부교구장, 김산 마포교구장, 채수엽 아산시교구장 및 임형진 인내천운동연합 위원장의 인사가 있었다. 임형진 위원장은 11월 24일, 서울 세종문화회관에서 개최되는 인내천 의식개혁 운동 출범식을 소개하면서 많은 참석을 바란다고 인사했다. 정무영 인내천운동연합 사무국장은 인내천운동연합에 관련한 자료를 전시하고 안내하는 시간을 진행하였다. 한편 참석 교인 50여 명은 대도중흥비전 21, 1인 1포덕 운동에 동참할 것을 박수로써 결의하였다. 오늘은 인내천운동연합 충남지부를 결성할 계획이었다. 그래서 임형진 위원장과 정무영 사무국장도 함께 시일식에 참석하여 식후 행사의 일환으로 인내천운동연합에 대한 소개 및 동참을 권유하기로 하였다.(《천도교신문》 98호, 2017년 10월 26일)

• 태안교구·서산교구 방문

포덕 158(2017)년 10월 26일, 7시에 수유리 집을 출발하여 10시 30분에 충남 태안의 백화산에 도착하였다. 11시에 백화산의 교장바위 아래 동학혁명기념탑 앞에서 거행되는 동학농민혁명 123주년 추모식에 참석하기 위해서다. 태안군수를 비롯한 주민 100여 명이 참석하였다. 동학농민혁명기념재단 이승우 이사장도 함께 참석하여 추모사를 하였다. 나는 다음과 같이 추모사를 낭독하였다.

모시고 안녕하십니까? 태안동학농민혁명 123주년 추모식전에서 삼가 추모의 심정을 다하여 동학농민혁명군의 성령출세를 기원합니다. 충청도 서해안의 벽지(僻地)이자 동학의 꿈을 누구보다 먼저 받아들이고 크게 꽃피웠던 태안 지역에서는 갑오년 동학농민혁명 당시 수만 명의 동학 선열들은 혁명의 횃불을 높이 들어 어두운 땅을 밝게 밝히고, 암울한 백성들의 가슴에 희망의 빛이 깃들도록 하였습니다. 태안 동학농민혁명군은 서울을 지근 거리에서 위협하는 가운데 강렬한 기세로 기포하여 혁혁한 전공을 거두었습니다. 그러나 동학군들은 일제의 신식무기 앞에 속절없이 밀리면서 갑오년 겨울 무자비한 관군의 보복으로 수많은 희생이 야기되었으니 참으로 그 비통한 심정을 금할 수 없습니다.

그러나 오늘도 선열들의 성령과 그 꿈은 결코 사라지지 않고 오늘 우리에게로 이어지고, 또 빛나는 역사적 승리로 하나하나 성취되어 가고 있습니다. 선열들의 성령은 영원히 죽지 않고 살아서 횃불처럼 온 세상을 비추고 있다고 할 것입니다. 특히 태안 동학농민혁명군의 뜻을 이어받은 기념사업회에서는 마침 올해 봄에 『태안에서 점화된 동학농민혁명의 횃불』이라는 장엄한 역사 자료집을 발간하였습니다. 그 속에는 현재까지 밝혀진 바 선열들의 업적과 관련 사적, 그리고 동학혁명 이후의 계승 사업들이 상세히 수록되어 있습니다. 이에서 알 수 있듯이 이곳 태안 지역의 동학농민혁명은 그 어느 지역보다 활발하였고, 무엇보다 동학농민혁명과 갑진개화운동 그리고 3·1운동으로 이어지면서 동학과 천도교 시대를 관통하고, 오늘에까지 면면히 이어져 온 내력이 잘 밝혀져 있습니다. 태안 지역 동학농민혁명 기념사업은 동학과 천도교가 둘이 아닌 하나로서 온전히 결합되어 나타나고 있음도, 전국 모든 동학농민혁명 기념사업 단체들이 본받아야 할 전범이라고 생각합니다. 동학 천도교와 동학농민혁명의 정신은 둘이 아닌 하나이며, 동학농민혁명은 갑오년에 한정된 사건이 아니라, 위로는 동학 창도에서부터 아래로는 3·1운동과 오늘날의 통일운동, 민주화운동, 그리고 앞으로의 생명평화운동으로까지 면면히 이어지는 후천개벽운동임을 우리는 잘 알고 있습니다.

이러한 태안 동학농민혁명과 기념사업의 사례가 다른 어느 지역보다 값진 것은 바로 이처럼 후손들의 노력이 뒷받침되었기 때문이라 믿습니다. 그 노력이 지난번의 자료집에 이어 또 하나의 결실을 향해 '충청남도 태안 동학농민혁명 역사박물관' 건립을 국비와 도비를 합쳐 69억원의 예산을 확보하고, 연차적으로 건립에 착수하게 됩니다. 이는 또 한 번 태안 동학농민혁명 역사의 승리이며, 선열들의 성령이 이 시대에 출세하여 그 빛을 후손들에게 비추는 거룩한 사업이라 할 것입니다.

태안 동학농민혁명군 선열들의 성령이시여! 님들의 위대한 혁명 정신과 숭고한 희생의 역사를 계승하면서 태안 동학의 미래, 나아가 동학농민혁명의 참뜻을 세상에 펼치는 데 앞장서고 있는 후손들과 후학들의 앞길을 소소히 밝혀 주시옵소서! 저희 후손들은 더욱더 정성을 다하여 선열들의 뜻을 밝히어 빛나게 할 것을 다짐하면서 추모사를 마칩니다.

오늘 추모 행사를 마친 후 태안 동학농민혁명기념사업회 문영식 회장의 안내로 태안교구를 방문하였다. 태안교구 설립 및 현황과 백화산 동학혁명군 추모비 건립 등에 대한 설명을 듣고 간담회에 동석한 서산교구 서상덕 교화부장의 안내를 받아 인근의 서산교구를 순회 후 상경하였다.

• 춘천교구 방문

포덕 158년 10월 28일 경주에서 개최된 경주동학문화제를 마치고 1박 2일간 일정으로 강원도 일대를 순방하였다. 먼저 10월 29일 11시 춘천교구 창립 107주년 기념식에 참석, 축하 인사를 나누며 춘천교구 35명의 교인들과 함께 대화하는 시간을 가졌다. 오늘 기념식에는 춘천교구 어린이들의 귀여운 재롱이 정말 돋보였다. 춘천교구의 밝은 미래를 보여 주는 것 같았다. 석영기 교구장에 의하면 춘천교구는 포덕 51(1910)년 10월 28일에 창립되어 포덕 55(1914)년에는 춘천 대교구로 승격되었다고 한다. 400여 평의 대지, 춘천 시내가 환히 내려다보이는 전망 좋은 곳에 위치한 춘천교구는 전국 어느 교구보다도 훌륭한 입지적 조건을 갖추고 있었다. 앞으로 춘천교구는 50년 노후 건물을 재건축하여 어린이집, 복지시설 등을 운영할 계획이라 한다. 강원도 중심인 춘천교구를 중흥시켜 지난날 대포덕의 시대 희망찬 역사를 다시 열어 나갈 수 있기를 바랐다. 기념식을 마친 후 35명의 참석자들은 대도중흥비전 21, 포덕 2500 굳은 결의를 다짐하였다.

나는 잠시 이곳 춘천교구에서 40년 전, 민족통일을 염원하며 분신 순도하신 이도천 춘천교구장의 역사를 떠올린다. 포덕 117년 춘천교구장에 선임되어 교구 발전에 헌신하시던 중 민족통일을 염원하며 분신하신 이도천 교구장 순도 역사를 생각하며 가슴 저린다. 이도천 교구장은 포덕 119년 8월 5일 임진강 돌아오지 않는 다리 아래에서 민족통일을 염원하는 유서를 남기고 삼층관 모자를 쓰고 도복을 입은 채 분신 순도하셨다.

이도천 교구장은 순도에 앞서 천도교 중앙본부에 보내는 민족통일을 염원하는 유서 1통과 자신의 사진 4장을 남겨 놓았다고 한다. 강원도 홍천군 서면 동막리 묘소에 이도천 교구장의 순도비가 세워져 있다. 순도비에 새겨진 비문, "오천년을 하나같이 살아온 내 조국, 저 파란 하늘, 하늘에 반짝이는 별들, 기름진 들판에 무르익은 오곡들, 산 좋고 물 맑은 화려한 이 강산이 어쩌다 두 동강이 되어 정성·공경·믿음으로 얽히고설킨 부모 형제, 오가지 못하는 이 서러움. 한 많은 38선에 내 한 몸 불살라서 궁을 꽃을 피우나니 겨레여, 한 덩어리 궁을로 모이소서." 나는 이도천 교구장의 순도의 뜻을 가슴 깊이 새기며 하루속히 민족통일이 이루어지기를 간절히 기도하였다. 나는 이곳 춘천교구에서 이도천 교구장의 순도정신으로 오늘의 대도중흥비전 21, 포덕 2500을 추진해 나간다면, 반드시 성공할 것이라 생각하면서 이번 강원 지역 순례의 의미를 다시 한번 마음속 깊이 되새긴다.

《강원도민일보》에 따르면 2007년 당시 강원도 내의 천도교 교구는 춘천, 원주, 강릉, 동해, 속초, 태백, 영월, 고성, 화천, 양구, 홍천, 서석 등 12곳에 설치 운영되었다고 한다. 그런데 지금은 어떠한가? 이번 강원도 춘천교구 방문 길에서는 석영기 교구장 안내로 청오 차상찬 기념관도 다녀왔다. 보석 같은 작품들로 잘 꾸며진 차상찬 기념관을 관람하면서 이렇게 잘 꾸며진 기념관이 수운회관에 있다면 얼마나 좋을까, 청소년 어린이와 일반 시민들이 얼마나 많이 찾아올까, 천도교에 대한 간접적인 포덕에 많이 기여할 것이라고 생각했다.(《천도교신문》 99호, 2017년 11월 9일)

• 삼천포교구 방문

동학혁명 123주년을 맞아 일본군과 맞서 싸우다 산화한 동학혁명군의 넋을 기리는 하동 고성산 동학혁명군 위령식이 포덕 158년 11일 오전 11시 하동군 옥종면 북방리 고성산 동학혁명 위령탑에서 거행됐다. 이날 위령식에는 동학혁명군 유족, 천도교인, 지역민 등 200여 명이 참석했다.

위령식은 청수봉전에 이어 심고, 주문 3회 병송, 경전 봉독, 동학혁명군 12개조 폐정개혁안 낭독, 교령의 추념사, 연원회 부의장 추모사, 분향, 동학혁명군 추모가 합창, 만세 삼창 등의 순으로 진행되었다.

나는 추념사에서 "동학혁명은 처절한 투쟁에도 불구하고 성공하지 못했지만 이후 3·1운동과 4·19혁명, 광주민주화운동으로 이어졌다. 하동 지역에서의 동학혁명은 3·1독립만세운동으로 승화되었고, 하동 지역의 신간회 운동, 형평운동을 비롯한 민족운동의 큰 줄기를 형성하는 계기가 되었고, 오늘날 대한민국의 초석을 놓았다."라고 평가하고 "우리 민족은 남북으로 갈라져 70년 이상 대결과 갈등이 지속되고 있고, 북미간 대결로 전쟁 위기가 일상화되었다. 이러한 때 만민평등과 보국안민, 반외세의 동학혁명 정신이야말로 지금 현재에 더욱 절실히 요구되고 있다."라고 말했다.

위령식에 이어 문화 공연으로 부산연합합창단의 합창, 심국보 산청동학혁명기념사업회 사무국장의 '서부 경남 동학혁명의 전후' 라는 주제의 강연이 있었다.

다음 날 나는 삼천포교구에서 사천, 고성, 통영교구 교인 100여 명이 모인 합동시일식에 참여하였다. 나는 이날 합동시일식 설교를 통해 '대도중흥' 을 위해 삼천포교구와 인근 교구 교인들의 적극적인 참여를 당부하였다. 시일식 후, 대도중흥비전21, 포덕 2500을 위한 100여 명의 우렁찬 결의가 있었다.

시일식에 참가한 교인 모두가 포덕의 중요성에 깊이 공감하는 분위기를 읽을 수 있었다. 그리고 경상도연원회 장정갑 위원장님과 최봉수 교구장님, 원로님들, 그리고, 여성회, 청장년 등 동귀일체의 정신으로 혼연일체가 되어 있음을 느낄 수 있었다. 특히 여성회의 봉사 정신이 정말 투철하다는 것을 느낄 수 있었다. 11일의 하동고성산동학혁명추모식에 모인 200여 명의 중식과 다음 날 시일식에 참석한 100여 명의 점심을 정성스럽게 준비하고 봉사하시는 모습들이 정말 감동적이었다. 3일 전부터 밤잠을 설치며 준비했다며 모든 여성회 회원들이 환하게 웃으면서 자발적으로 참여하는 모습을 볼 수 있었다.

삼천포는 남해와 연결된 해상 도시로서 전국에서 가장 아름다운 지역의 하나로 선정되어 앞으로 많은 관광객이 찾아오게 될 것이고 그렇게 되면 천도교 포덕의 좋은 환경이 조성될 수 있을 것으로 전망되었다. 이날 중식을 나누는 자리에서 백복기 전 도정은 "대도중흥 포덕 2500, 설령 포덕 목표가 이루어지지 않는다 할지라도 우리 모두 함께 동귀일체가 되어 앞으로 나아갈 비전을 제시했다는 점에서 높이 평가하고 싶다."라고 했다.

지난해에 이어 이번 방문에도 송도근 사천시장님께서 방문하시어 환담을 나누기도 하는 등 지역 사회와의 유대관계가 돈독하다는 것을 느낄 수 있었다.

교구 앞에 세워진 항암 '최진규 선생 포덕불망비'가 눈에 띄었다. 이 포덕불망비에 의하면, 항암(恒菴) 최진규(崔鎭奎) 선생께서 포덕 전 2년(1858년) 10월 20일, 경남 하동군 적량면 신촌리에서 태어나 약관 20세에 이 지방 궁지리(宮旨里)에 이주하여 조선 말기의 쇠운을 한탄하며 연죽(담뱃대) 장사로 주류하시던 중 장수군 고백리 김성진 씨의 전도(傳道)로 포덕 33년(1892년) 4월 15일, 이 지역에서는 최초로 동학(東學)에 입도(入道)하셨다고 한다. 이곳 삼천포교구의 후학들이 100년이 넘는 오랜 역사와 전통을 이어 가겠다는 굳은 의지가 '최진규 선생 포덕불망비'에 담겨 있었다.

삼천포교구의 창시자인 항암 최진규 선생 포덕불망비 앞에서 선생의 공덕을 기리며 삼천포교구와 천도교의 무궁한 발전을 기원했다.(《천도교신문》 100호, 2017년 11월 23일)

• 광주교구 방문

포덕 158년 11월 5일, 광주교구를 방문하였다. 광주교구는 최근에 입주한 기존 아파트 단지의 상가에 위치하고 있었다. 지역 주민의 반발로 입주 당시 플래카드조차 부착하지 못하였으며, 교구 안내 간판도 설치할 수 없었다고 했다. 동학혁명 당시의 상처 때문인지 천도교에 대한 광주시민들의 냉대(?)가 심각한 수준이라는 느낌이 들었다. 그러나 나는 설교를 통해 이곳 광주에서 일어난 민주화운동 등의 정신은 바로 동학혁명의 정신으로부터 이어져 왔다는 점에서 포덕의 잠재적 가능성은 다른 지역보다 더 클 것이라는 점을 강조했다. 또 광주는 예향의 도시이기 때문에 다양한 문화 예술 활동을 통한 포덕운동을 전개하는 한편 지난해 준공된 '광주 동학농민혁명 기념공원' 등의 시설을 이용하여 다양한 포덕 행사가 전개될 수 있을 것으로 기대했다. 시일식 후에는 대도중흥비전 21, 포덕 2500을 위한 포덕결의가 있었다.

• 예산교구 방문

포덕 158년 11월 19일에는 내포 지역의 예산교구를 다녀왔다. 예전의 교세를 중흥하고자 하는 박성묵 교구장의 의지가 대단하다. 예산역사연구소를 이끌면서 지역 원로들과의 끈끈한 유대감이 돋보였다. 동학에 관심을 가진 풍물단과 문화예술인들이 동학의 이름으로 활동하고자 하는 의욕이 돋보였다. 예를 들면, 문화예술 활동을 가능하게 할 적절한 공간이 확보된다면, 동학풍물단과 동학문화예술단을 조직하여 포덕에 일조할 수 있을 것이라고 말했다.

현재 25평의 교당을 50여 평으로 늘린다면 그곳에서 풍물놀이와 문화예술 프로그램을 연출하여 집단 포덕의 기회가 크게 확대될 것으로 기대된다고 했다. 예산읍 관작리에 마련된 4천여 평의 동학공원은 이 지역민들에 대한 포덕의 거점으로 활용될 수 있을 것이라는 생각이 들었다. 그동안 박성묵 교구장의 지속적인 정성으로 50명의 교인을 새롭게 포덕하였다며 금명간 교인들의 명단을 총부에 제출하겠다고 했다. 내포 지역은 역사적으로 보나 지역 인심으로 보나 다른 지역보다도 포덕의 확산 가능성이 많을 것으로 판단되었다.(《천도교신문》 100호, 2017년 11월 23일)

• 대전교구 방문

포덕 158년 12월 17일, 대전교구에서 중앙총부의 지방 교구 순회 일정에 맞추어 대전·한밭·공주교구 합동시일식이 봉행되었다. 대전교구 유영수 교화부장의 집례로 봉행된 이날의 시일식은 청수봉전 박노임 대전교구 여성회장, 경전 봉독(〈포덕문〉)은 한밭신도교구 한미영 동덕이 담당하였다. 나는 설교를 통해 포덕과 영부주문의 중요성을 역설하였다.

시일식 후 한밭신도교구 김갑진 교구장은 대도중흥 목적성금으로 여섯 가족이 3개월 동안 모은 돼지저금통을 전달하기도 하였다. 대전교구에서는 포덕 157년 8월 14일 23인의 교인이 합동으로 포덕 159년 3월까지 총 10,500,000원의 성금을 모금할 예정이라며 당일 3,500,000원을 보내왔다. 나는 현재 대전교구 소속으로서 이곳에 오니 감회가 새로웠다. 합동시일식 후 중앙총부의 대도중흥 포덕결의를 위한 50

여 명의 힘찬 포덕결의로 이어졌다. 이들 4개 교구는 나와 특별한 인연으로 남다른 정을 느낀다. 대전교구는 내가 근무하던 연구소가 1990년에 유성에 있는 대덕연구단지로 이전되면서부터 다녔던 교구로서 현재까지도 내가 소속되어 있는 교구다. 그래서 나는 친정과 같은 깊은 정이 듬뿍 든 교구다. 그리고 한밭신도교구는 1990년대 대전교구 소속이었던 젊은 교인들 일부가 분리되어 설립된 한밭교구와 김동월 사모님을 중심으로 한 대전 충청 지역의 교인들 중심으로 설립된 신도교구가 통합된 교구로서 서로 간에 잘 알고 있는 교구다. 그리고 공주교구는 내가 60년대 공주사범대학 재학 시절에 다녔던 교구로서 인연이 깊은 교구다. 청주교구 또한 대전 지역 인근에 위치한 교구로서 시일식 등 자주 방문하여 정이 든 교구이다. 그래서인지 나는 오늘의 이 모임이 가족과 같은 모임처럼 느껴졌다. 시일식 후 점심 식사를 마치고 14시 대전교구를 출발하여 17시에 귀가하였다.(《천도교신문》 102호, 2017년 12월 28일)

• 지방 교구의 도우미가 되자

나는 그동안 전국의 교구를 방문하면서, 지방 교구들이 여러 가지 어려움에 처하여 있지만 지방 교구와 중앙총부가 혼연일체가 되어 함께 힘을 합한다면 대도중흥비전 21, 포덕 2500은 성공적으로 추진될 수 있을 것이라 희망을 갖게 되었다. 특히 중앙총부는 지방 교구에 군림하는 권위적인 자세를 버리고 지방 교구의 어려움을 이해하고 도와주는 도우미와 같은 역할 전환을 할 필요가 있다는 생각을 담아 포덕 158년 11월 월례 조회사를 다음과 같이 발표하였다.

> 모시고 안녕하십니까?
>
> 국화 향기 그윽하게 퍼지는 만추의 계절입니다. 어제는 우이동 소귀천 계곡을 걸으며 불타듯 온 산을 빨갛게 물들였던 단풍잎들이 하나 둘 바람에 흩날리는 것을 바라보면서 세월이 참 빠르게 지나가는구나 하는 것을 다시 한번 느낄 수 있었습니다. 이제 우리 앞에 성큼 다가온 11월의 문턱에 서서, 지난 10월의 시간들을 돌아보고 다가오는 11월을 생각해 보고자 합니다.
>
> 우리는 지난 10월 1일부터 9일까지의 긴 추석 연휴를 마치자마자 10월 15일부터 21일까지는 전국적으로 '대도중흥비전 21'과 '포덕 2500'을 위한 특별

기도를 실시하였습니다. 인내천 의식개혁운동사업의 일환으로 9월 14일부터 시작한 인내천 여성 강좌도 계속 이어졌습니다.

10월 13일에는 동학학회 학술대회가 수원 화성박물관에서 개최되었으며, 10월 22일에는 아산교구에서 통일포 합동시일이 있었고, 23일에는 홍천 동학혁명기념식, 24일에는 서울시 관계자로부터 삼일대로 대표가로 조성 관련 천도교 중앙대교당 일대 거점 조성 방안에 대한 설명회가 있었습니다.

26일에는 태안동학혁명추모식이 있었으며 추모식 후 서산교구를 방문하였습니다. 27일과 28일에는 경주동학문화제가 개최되었으며, 29일에는 춘천교구 창립 제107주년 기념식에 참석하였으며 기념식 후 춘천교구장의 안내로 춘천시 동면 달아실[月谷] 차상찬기념관을 방문하였습니다.

이어서 인제군 전만호 과장과 윤형준 학예사의 안내로 갑둔리 동경대전 간행지를 방문하였으며, 30일에는 강릉수도원과 횡성군 둔내면 임보국 선생님 댁을 방문한 바 있었습니다. 저는 지난해, 경상도와 전북 지역 지방 교구 방문에 이어 이번 충청, 강원 지역 교구를 방문하면서 지방 교구 활성화를 위한 의미 있는 많은 것들을 보고 듣고 느낄 수 있었습니다.

먼저 지방 교구의 활성화를 위해서는 중앙총부가 지금까지와는 달리 좀 더 낮은 자세로 지방 교구의 목소리를 경청하고 지방 교구의 입장에 서서 지방 교구를 이해하고 도와야 할 것이라는 교훈을 얻었습니다. 우리 교회는 중앙총부 중심의 중앙 집권제를 택하고 있으나 운영면에 있어서는 지방화 시대에 맞추어져야 할 것이라고 생각합니다.

이 시대의 천명인 '대도중흥비전 21' 과 '포덕 2500 운동' 도 그 중심은 지방 교구가 되어야 한다는 뜻입니다. 일방적인 중앙 집권적 포덕 전략하에서는 지방 교구로부터 포덕에 대한 무관심은 물론 나아가 중앙총부를 믿지 못하는 불신조차 초래하지 않을까 하는 우려가 없지 않다고 생각합니다. 이러한 불신이 깊어진다면 결국 교단의 발전은 기대하기 어려울 것입니다. 그래서 저는 중앙 집권적 운영 방식을 지방 분권적 지역 단위 교회 중심으로 전환하는 지방화 시대를 지향해야 한다고 봅니다. 이를 위해 중앙총부는 지방 교구의 목소리를 경청하고 지방 교구의 어려움을 해결해 나가는 '지방 교구 도우미' 로 거듭 태어나야 하겠습니다. 저는 이번에 아산교구와 서산교구, 그리고 춘천교구, 강릉수도원 등을 방문하면서 교구별 발전 가능성이 많다는 것을 느꼈습니다. 먼저 아산교구는 교인 모두가 안으로는 희생과 봉사의 정신으로 교인 간의 신뢰가 두터웠으며, 밖으로는 지역 사회와 유기적인 관계를 형성함으로써 교회 안팎으로 유연한 열린 교회 체계가 구축되고 있다는 것을 느꼈습니다.

특히 인근 천안 지역에 10여 개 대학이 있어서 젊은 청소년 학생들에 대한 포덕의 기회를 확대해 나갈 수 있어 향후 충청권의 중심 교회로 크게 발전해 나갈 수 있을 것으로 기대되었습니다. 또 이번 충청 지역 교구 방문에서 느낀 점은 내포 지역 교구의 발전 가능성이 많다는 것이었습니다. 내포 지역에 있는 서산교구와 예산교구 및 태안교구 등은 개별 교구 차원의 발전을 꾀하면서 동시에 지역 내 공동 협력 체계를 효율적으로 구축하여 발전시켜 나간다면 빠른 시간 안에 널리 발전해 나갈 수 있을 것으로 전망되었습니다.

머지않아 서산교구에서 80여 명 예산교구 또한 50여 명을 포덕하고 태안전교실 또한 50명 교구 규모로 발전할 수 있을 것으로 예상되고 있습니다. 특히 서산교구의 경우 지난 24일, 신간회 표지석 제막을 계기로 포덕은 물론 지역 사회와의 협력이 많이 이루어질 것으로 기대되고 있습니다.

이번 강원 지역 교구 방문에서는 춘천교구 창립 107주년 기념식에 참여하여 춘천교구의 과거와 미래의 발전 가능성을 보았습니다. 400여 평의 대지, 시내가 내려다보이는 전망 좋은 곳에 위치한 춘천교구는 전국 어느 교구보다도 훌륭한 입지적 조건을 갖추고 있었습니다. 춘천교구에 따르면, 50년 된 노후된 건물을 재건축하여 교구의 기능을 확대하여 어린이집, 복지시설 등을 운영할 계획을 갖고 있었습니다. 춘천교구가 앞장서고 총부가 적극 도와서 강원도 중심지 춘천교구를 중흥시켜 나가야 할 때가 왔다고 판단됩니다.

포덕 158년 10월 30일에는 강릉수도원을 방문하였습니다. 포덕 126(1985)년 2월 1일 개설된 강릉수도원은 동해안의 아름다운 바다와 경포대 해수욕장이 인접하고 있으며 오죽헌과 통일공원이 수도원 가까이 위치하고 있을 뿐 아니라 동해의 일출과 바다, 그리고 넓은 해수욕장은 마음과 몸과 성품을 안정케 하고 치유하는 수도원으로서 크게 발전할 것으로 기대되었습니다.

현재 1층으로 된 건물을 3층 정도로 재건축한다면 수도원 고유의 기능은 물론 춘천교구와 마찬가지로 어린이집, 복지시설 등을 확대 운영할 수 있을 것으로 생각됩니다. 지난 10월 30일에는 횡성군 둔내면 임보국 선생님을 방문하여 만나 뵈었습니다. 임보국 선생님께서는 2만여 평의 토지를 인재 양성을 위한 천도교 대학부지로 기부하고자 하였으나 총부에서 운영하기가 어려울 것이라며 난색을 표하여 성사되지 못했다고 했습니다.

그래서 지금부터 10여 년 전에 그 땅 중에서 3천여 평의 토지를 천도교 복지사업에 쓰도록 기부하신 바 있다고 하셨습니다. 중앙총부에서 기부하신 임보국 선생님의 뜻을 살리지 못했다는 것이 정말 부끄러웠습니다. 임보국 선생님의 뜻이 하루속히 이루어질 수 있도록 정성을 모아야 할 것입니다. 이번 강원도 춘천 방문길에서는 차상찬기념관도 다녀왔습니다. 차상찬기념관은 정말 걸작이었습니다. 차상찬기념관을 관람하면서 우리 천도교는 과연 무엇을 하였는지, 그리고 지금 무엇을 생각하고 무엇을 이루려 하고 있는지, 깊이 생각해 보았습니다.

만일 그러한 기념관이 이곳 수운회관에 있다면 얼마나 좋을까, 청소년 어린이와 일반 시민들이 얼마나 많이 찾아올까 하고 깊이 생각해 보았습니다.

이 시대의 천명인 대도중흥비전 21과 포덕 2500은 중앙총부와 지방 교구가 혼연일체가 되지 않으면 결코 성공할 수가 없을 것입니다. 그런 점에서 그동안의 이루어져 왔던 중앙 집권적인 시각을 전환하여 지방화 분권 시대에 맞추어 운영해 나가야 할 것입니다. 포덕 2500의 성공 여부는 포덕의 실천 주체인 지방 교구가 활성화될 수 있도록 정성을 다하느냐, 못하느냐의 여부에 달려 있다고 생각됩니다.

이러한 뜻에서 지난 10월에 다녀온 충청·강원 지역 지방 교구 및 수도원에 대한 현황과 미래에 대해 간략하게 소개했습니다. 앞으로도 포덕의 실천 주체인 지방 교구와 수도원의 실정에 대해서는 지속적인 관심을 가지고 총부와 지방 교구 간, 지역 내 지방 교구 간 상호 유기적인 연계 체제를 구축·운영해 나가도록 노력해야 하겠습니다. 특히 중앙총부에서는 지방 교구의 입장에 서서 지방 교구를 적극 도와주는 지방 교구 도우미와 같은 역할을 수행함으로써 지방 교구 중심의 새로운 포덕의 기회를 널리 확산시켜 나가도록 해야 하겠습니다. 지난 24일에 기증받은 포덕버스는 중앙총부의 이러한 역할을 수행하는데 큰 도움이 될 것으로 기대됩니다.

끝으로, 연말연시를 맞아 금년도에 계획한 모든 사업들이 효과적으로 잘 마무리될 수 있도록 다시 한번 정성을 다해 주시기를 바라며 이만 11월의 조회사에 갈음하고자 합니다. 감사합니다.(《천도교신문》 99호, 2017년 11월 9일)

3. 포덕 159년, 지역 방문 7개 교구

중앙총부는 임기 3년 차인 포덕 159년에도 한강교구 등 7개 교구를 방문하여 대도중흥비전 21, 포덕 2500에 대하여 동참할 것을 호소하였다.

• 한강교구 방문

포덕 159년 1월 21일 한강교구 시일식에는 30여 명의 관내 교인들이 참석했다. 오늘은 겨울 날씨로서는 포근한 기온으로 전철을 이용하여 한강교구에 도착하였다. 시일식은 주영준 교구장의 집례로 주선원 감사원장의 경전 봉독에 이어 설교 순서로 진행되었다. 나는 이날 설교를 통해서 교령 취임 후 역점 사업으로 추진하고 있는 '대도중흥비전 21' 과 '포덕 2500' 에 대해 설파하면서, 포덕의 중요성을 강조했다. 아울러 세계인의 이목이 집중된 2018 평창올림픽이 성공적으로 개최되어 세계 평화 및 남북통일에 크게 기여하는 올림픽이 될 수 있도록 정성을 다하자고 말하였다.

한편 시일식 후 참석 교인 30여 명은 대도중흥비전 21, 1인 1포덕 운동에 동참할 것을 구호와 함께 결의하였다. 오늘 시일식에는 한강교구 소속이면서 이기곤 현 동학농민유족회 회장과 정남기 전 회장이 나란히 참석하여 눈길을 끌었다. 특히 대구에서 올라왔다는 자칭 통일대통령이라는 분이 앞에 나와서 민족통일에 대한 당위성과 방법론에 대해 연설을 해 눈길을 끌기도 했다. 행사를 마친 후에는 고윤지 전 여성회본부 회장과 김명덕 포덕부장 등 여성회에서 정성스럽게 준비한 점심 식사를 나누면서 서로 간의 정을 나누었다. 한강교구는 주택가에 위치한 아담한 한옥으로 가족적인 분위기 속에서 따뜻한 정을 느낄 수 있었다. 앞으로 한강교구의 무궁한 발전을 기원하면서 준비된 일정을 마치고 수유리 집으로 돌아왔다.(《천도교신문》 104호, 2018년 1월 25일)

• 경주교구 방문

포덕 159년 1월 27일, 용담수도원에서 잠을 깼다. 어제 용담수도원 포덕관에서 하루종일 수련 후 4시 15분 기상하여 5시 새벽기도식에 이어 김종운 수도원장, 김호성 교화관장, 성동교구의 최일 박사, 대구대덕교구의 김시완 동덕, 장구갑 실장과 함께 7시까지 새벽 수련의 시간을 가졌다. 김호성 관장의 집례로 새벽 수련을 하면서 주문 공부에 대한 특별한 생각이 떠오른다. "주문 공부는 1경 개에 달하는 내 몸의 세포를 일깨우는 마음 공부로서 1경 개의 세포 하나하나에 각각 주어진 세포의 역할을 다할 수 있도록 하는 온몸 운동이다. 안으로는 내유신령 운동이며 밖으로는 외유기화 운동이다. 그러한 이치를 깨닫는 것이 각지불이 운동"이라는 생각을 해 보았다. 그 얼마나 깊은 깨달음인가? 9시에 수도원을 나와 9시 10분, 가정리의 대신사 생가를 참례 후, 9시 50분 경주교구를 방문했다. 양만근 교구장을 비롯하여 30여 명의 교인들과 외부에서 오신 김윤근 경주문화원장도 함께 시일식을 봉행했다.

나는 오늘 대도중흥비전 21, 포덕결의를 다지자는 요지의 시일 설교와 앞으로 중앙총부와 경주교구 및 경주문화원, 경주 시민들이 함께 힘을 모아 해월신사 생가 복원 사업을 지속적으로 추진해 나갈 것을 당부하였다. 오늘 시일식에서는 김윤근 원장과 해월신사 생가 복원 사업 추진에 대한 방안에 대해 많은 이야기를 나누었다. 김윤근 원장은 지난 포덕 159년 1월 16일, 도종환 문화체육부장관과 함께 서울에서 만나 해월신사 생가 복원 사업 추진 방안에 대한 간담회를 가진 후 오늘 이곳 경주교구에서 2번째로 만나게 되었다. 김윤근 원장은 해월신사 생가터 복원은 경주 중심가의 낮은 건물과 어우러지게 하여 경주 시민들과 관광객들이 편히 쉴 수 있는 공간으로 조성하고 소공연장 북카페 등을 겸할 수 있는 공간 마련 방안에 대한 방안을 제시했다. 시일식 후 포덕결의 등 행사를 마치고 경주교구에서 마련한 점심 식사와 간담회의 시간을 진행하였다. 13시에 기념사진을 촬영 후 상경하였다. 18시 30분에 귀가하였다.(《천도교신문》 105호, 2018년 2월 22일)

• 창녕교구 방문

나는 포덕 159년 2월 10일 11시, 천도교 경상도연원회(운영위원장 도암 장정갑) 주최로 천도교 교령을 역임한 묵암 신용구 종법사 제51주기 추모식에 참석했다. 이날 추모식은 서울, 부산, 창녕, 진주, 남해, 고성 등지에서 모인 100여 명의 천도교인이 참석한 가운데 고성읍 소재 천도교 고성교구에서 엄숙히 거행되었다. 나는 조사를 통해 영남 일대에 60만 명의 대포덕을 이룬 묵암 종법사의 덕을 기리고 포덕을 통한 대도중흥의 염원을 다짐하였다. 행사를 마친 후, 우리 일행은 내일 창녕교구 영산교구 등의 합동시일식 및 포덕결의를 진행하기 위해 창녕의 부곡온천 모텔로 옮겨 1박 하였다.

2월 11일(일요일) 9시 45분 모텔을 출발하여 10시 30분경 창녕교구에 도착하였다. 11시에 창녕교구의 하정구 도훈, 정규남 교구장과 영산교구의 이정호 교구장, 김재수 종의원 등을 비롯한 50여 명의 교인들이 참석한 가운데 합동시일식을 봉행한 후 포덕결의 및 간담회를 진행하였다.

• 수유교구 방문

포덕 158년 5월 20일 일요일, 내가 거주하고 있는 수유리에서 지근거리에 위치한 수유교구를 처음으로 방문하였다. 걸어서 30분 정도 지나자 언덕 위에 서 있는 아담한 수유교구가 나를 정답게 맞이한다. 수유교구는 북한산 자락 빨래골 고지대의 한 민가에 위치하고 있었다. 행정구역상으로 서울시 강북구 수유1동에 해당하는 빨래골은 북한산이 시내 쪽으로 쭉 뻗쳐 내려온 칼바위능선 골짜기에 해당하는 곳이다. 지하철 4호선 수유역 3번 출구 앞에서 3번 마을버스를 타고 종점에서 내리면 골짜기 방향으로 200여 미터 안쪽에 빨래골 매표소가 나타난다. 이 매표소 일대의 골짜기가 바로 빨래골이라는 지명을 가진 곳이다. 나는 가끔 북한산 산행길에 이곳을 거쳐 간 곳이기도 하다. 빨래골이란 대궐에서 궁중 무수리들이 이곳까지 빨래하러 왔다고 해서 붙여진 이름이라는데 그래서인지 지금도 예전의 빨래 소리가 들리는 듯하다. 수유교구에 도착하니 수명포의 노태구 직접도훈과 심점례 교구장 등 20여 명의 교인들이 나를 반갑게 맞아 주신다.

나는 오늘 시일식에서 '대도중흥비전 21, 포덕 2500'을 주제로 한 설교를 하였으며 시일식 후 포덕결의 행사를 진행하였다. 시일식 후에는 노태구 직접도훈으로부터 수유교구가 소속된 수명포의 김철 전 교령과 허경일 여사에 대한 회고와 앞으로의 천도교와 수유교구에 대한 비전 등 좋은 이야기를 많이 들었다. 오늘 나는 수유교구를 방문하여 교구의 규모는 비록 작지만 교구장을 중심으로 교인 모두가 한마음 한뜻으로 하나가 되어 오손도손 정을 나누는 알뜰한 신앙 공동체로서의 가족적인 분위기를 느꼈다. 시일식과 포덕결의를 마친 후에는 인근 음식점으로 자리를 옮겨 맛있는 점심 식사와 차를 나누며 담소를 나누었다.

• 동대문교구 방문

나는 포덕 159년 2월 4일, 동대문교구 시일식에 참석하여 동대문교구 동덕들에게 격려의 인사말과 함께 대도중흥 '1인 1포덕 운동'에 적극 동참하여 대도중흥과 교단 발전이 하루속히 이루어질 수 있도록 정성 공경 믿음을 다하자는 내용으로 설교를 하였다. 시일식을 마친 후에는 참석 교인 50여 명과 함께 대도중흥비전 21, 1인 1포덕 운동에 동참할 것을 구호와 함께 결의하였다. 동 행사를 마친 후 간담회를 통한 질의응답 등 소통의 시간을 가졌다.

동대문교구 임성호 교구장은 지난해 대교당에서 동대문교구 포덕 방안을 발표하여 참석 교인들로부터 많은 공감을 불러일으킨 바 있다. 임 교구장은 포덕 방안 발표를 통해 "동대문교구는 지난 연말 기준으로 실질적인 성미 교인이 63명이라며 교당 건물은 3년 전에 신축하여 모든 시설이 예전에 비해 훨씬 좋아졌으나 시일식 봉행 교인은 많이 줄어들었다."라고 한다. 그래서 교당을 동덕들로 가득 차게 할 것을 늘 고민하다가 "중앙총부의 뜻에 함께 하여 포덕 목표를 200명으로 정하고 소속 동덕님들과 목표 달성을 기필코 이루기로 다짐한 바 있다."라고 말한 바 있다. 오늘 시일식에는 50여 명이 참석하였는데 대부분 연로한 분들이 많았다. 이철기 전 교령님(매월 1회 동대문교구 순회 설교)과 이성운 선도사, 이범창 종무원장(동대문교구 소속)이 함께 참석하였으며, 교구 여성회(회장 장 정숙)에서 뷔페식으로 차린 점심밥을 정말 맛있게 잘 먹었다.

동대문교구는 설립된 지 60년이 지났다고 하며 지금의 동대문구 답십리 5동에 소재한 지 40여 년이 지났으나 그동안 지역 사회와의 교류 활동이 거의 없었다고 한다. 앞으로는 인근 아파트단지의 3천여 세대 주민들에 대한 포덕 활동을 지속적으로 전개하도록 하겠다며 총부의 지원을 요청했다. 나는 28년 전, 1990년 3월 18일, 서울 지역 순회 설교의 일환으로 동대문교구를 방문하여 '도덕군자'를 주제로 한 설교를 했던 기억을 떠올리며 세월의 빠름을 새삼 느꼈다. 동대문교구의 무궁한 발전을 기원하며 교당을 나왔다.

• 부안교구(호암수도원) 방문

설 연휴 끝난 직후인 포덕 159년 2월 20일 부안 상서면의 부안교구, 호암수도원에서 30여 명의 교인이 모인 가운데 수도원 창립 제70주년 기념식이 열렸다. 기념식은 이윤영 동학혁명기념관장의 집례, 익산교구 김동순 동덕의 청수봉전, 최동환 선도사로부터 수도원 연혁 보고가 있었다. 나는 격려사를 통해 호암수도원은 인재 양성의 요람이었다고 회고하며, 수도원 창립과 함께 호남 지역에 대포덕을 이루신 정갑수 선생의 높은 덕을 추모하였다. 호암수도원은 무엇보다 호남 지역의 포덕 교화의 중심으로서, 지역 사회 동학의 역사를 발굴하고 활용하는 데로 나아가야 할 것이라고 말했다. 호암수도원은 안으로는 독실한 수도연성으로 침체된 교단의 미래와 이 사회를 이끌어 가는 인재 양성의 요람이 되고, 밖으로는 시민들 속에 튼튼히 뿌리를 내리고, 꿈과 희망을 함께 노래하는 삶의 도장이 되고, 시민들과 함께 따뜻한 공간을 만들어 갈 수 있어야 할 것이라고 말했다. 나는 다음과 같은 격려사를 하였다.

오늘은 포덕 89년에 학산 정갑수 선생님께서 호암수도원을 창건하신 지, 70주년이 되는 뜻 깊은 날입니다.

학산 선생께서는 호남 지역 동학 천도의 큰 기둥으로 자리매김하셨던, 김낙철 성도사의 가르침에 따라, 천도교에 입문하신 이래로, 의암성사님의 엄명으로, 호남의 도맥을 수호하던 연장선상에서, 일제 강점기를 거치며 피폐해진 이 지역 교세를 발전시키기 위하여 호암수도원을 건립하셨습니다. 그동안 호암수도원은 세상의 부침에 연연하지 않고, 오직 도력으로써 나를 구하고, 세상을 구하고자 하는 도인들의 도량이 되어, 해마다 고운 꽃을 피워내는 꽃눈이요, 천도교단과 세상 속으로 봉황을 날려 보내는 터전이 되어 왔습니다.

무엇보다 저 자신이 이곳 호암수도원의 음덕과 가르침으로 성장하여, 오늘날 교단의 명운을 책임지는 교령으로서 이 자리에 서 있습니다. 일찍이 수운대신사께서, 가고 돌아오지 아니함이 없는 이치를 받은 것처럼, 저 또한 이곳 호암수도원을 터전으로 배우고 성장하여 중앙총부로 나아가고, 이 세상으로 나아간 것이 지금까지의 형세였다면, 이제 머지않아 세상 속에서 배우고 익힌 것을 가지고 다시금 이곳 호암수도원에서 '화개어부안 결실어부안' 의 당부를 숙고하고, 수행하는 일에 매진할 준비를 해 나가려고 합니다. 해월신사께서 오직 정성으로 몸소 왕래하시며, 이곳 호남에 천도의 꽃밭을 만들어 내셨던 역사와 김낙철 성도사께서 오직 덕화로서 호남 일대의 사표가 되고 귀감이 되셨던 역사와 학산 선생께서 스승님들의 가르침을 엄수하여, 지극한 수도연성으로서 호남의 도맥을 지켜 오신 그 가르침과 유지를 계승하는 것만이 호남의 천도교를 살리고, 나아가 우리나라의 천도교를 살리고, 그로써 중원 포덕과 세계 교화의 밑거름으로 삼을 수 있다고 믿습니다.

용담에 물이 있어 사해의 근원이 되고, 서울에 중앙총부가 있어, 다시 그 올바른 교화를 세상에 전하듯이, 지역에는 지역마다의 거점이 온전히 살아 제 역할을 다하는 것이 바로 이 시대, 이 세상의 운수와 더불어 가는 길이라 할 것입니다.

이와 마찬가지로 호암수도원은 무엇보다 호남 지역의 포덕 교화의 중심으로서 지역 사회의 동학의 역사를 발굴하고 활용하는 데로 나아가야 할 것입니다.

그러나 해월신사께서 기다렸던 꽃과 열매란 다름 아닌 천도를 배우고 익히며 실천하는 사람을 말하는 것입니다. 용암 성도사께서, 그리고 학산 선생께서 그토록 찾으시고, 모시던 분들도 다름 아닌 사람들이었습니다. 그러므로 호암수도원은 안으로는 독실한 수도연성으로 침체된 교단의 미래와 이 사회를 이끌어 가는 인재 양성의 요람이 되고, 밖으로는 시민들 속에 튼튼히 뿌리를 내리고, 꿈과 희망을 함께 노래하는 삶의 도장이 되고, 시민들과 함께 따뜻한 공간을 만들어 갈 수 있어야 할 것입니다.

이러한 여건을 조성하고 그 다짐을 분명히 하기 위하여 해월신사의 “화개어부안결실어부안” 어록비를 건립하고 세상 사람들이 두루 찾는 성지가 되도록 할 것이며, 지난 70년 동안의 호암수도원 역사를 정리함으로써 흐려진 도맥을 분명히 밝히는 일에도 착수할 것입니다. 또한 지역의 교육기관과 복지시설과 연계하는 다양한 프로그램을 개발하여, 호암수도원이 이 지역 시민 모두의 자긍심의 원천이 되도록 하는 것이, 호암수도원 70주년을 맞이하는 우리의 기본 목표가 되어야 할 것입니다.

존경하는 호암수도원의 도유 여러분!

수운대신사께서는 〈탄도유심급〉에서 “가까운데 있고 멀리 있는 것이 아니요, 정성에 있고 구하는데 있는 것이 아니”라고 하셨습니다.

오늘의 이 뜻깊은 날을 맞이하며, 우리는 많은 말을 할 것이 아니라 오직 성경신의 자세로 호암수도원을 발전시키고, 이로써 대도중흥을 이룩하며 나아가 보국안민, 포덕천하, 지상천국의 좋은 날을 맞이하게 되기를 기약합시다.

끝으로 호암수도원을 우리에게 남겨 주신 학산 정갑수 선생님의 거룩한 뜻을 영원히 잊지 않기로 다시 한번 맹세하면서, 격려사를 마칩니다.(《천도교신문》 106호, 2018년 3월 8일)

• 도경교구 방문

포덕 159년 4월 22일 일요일, 성북구 석관동에 위치한 도경교구를 방문하였다. 나는 오늘 도경교구가 위치한 석관동에 오면서 42년 전(1974년)에 2년 동안 잠시 거주했던 기억을 떠올렸다. 1974년, 첫 직장으로 KIST에 입소하여 서대문구 독립문 옆 현저동에서 전세로 살림을 시작하여 2년여 동안 살다가 1976년에는 KIST 직장 가까이 있는 이곳 석관동으로 이사를 하였다. 그 당시 가난한 살림살이에 시골 농촌에서 올라와 아이 둘을 데리고 네 식구가 단칸방 전셋집을 세내어 첫 살림을 꾸릴 때, 방이 하도 추워 겨울철엔 추위에 떨며 잠을 설치던 기억, 추위에 떨며 울음을 멈추지 않던 아이들 때문에 주인집에 미안한 마음에 달래다가 아이를 엎고 밖으로 나오곤 했던 기억을 떠올렸다. 하기야 그 당시엔 대부분 못살 때이니까 나와 같은 기억들을 많이 가지고 있으리라 생각된다.

10시 45분, 도경교구에 도착하니 박충남 의창수도원장, 박창수 감사원장, 정기명 교구장 등 30여 명의 교인들이 나를 반겨 주었다. 나는 '대도중흥비전 21'과 '포덕 2500'을 중심으로 시일 설교를 하였는데 설교 서두에서 예전 이곳에 잠시 살았던 42년 전의 이야기를 떠올리기도 했다. 오늘 설교를 마무리하면서 대도중흥비전 21, 포덕 2500에 대한 교인들의 동참을 호소하였으며 시일식 후 함께 모여 1인 1포덕의 결의를 다진 바 있다. 행사를 마친 후 도경교구에서 정성스럽게 준비한 점심 식사를 맛있게 먹으면서 서로 간의 따뜻한 정을 나누었다. 도경교구의 무궁한 발전을 기원하면서 수유리 집으로 돌아왔다.

4. 전국 수도원 방문

수도원은 천도교 뿌리이다. 뿌리가 뿌리로서의 역할을 제대로 하지 못하면 나무가 제대로 자랄 수 없는 것처럼 우리 천도교 종단도 천도교의 뿌리에 해당하는 수도원이 바로 서지 못하면 종단의 발전을 도모할 수 없다고 본다. 그래서 나는 전국의 수도원을 순회하면서 교인들의 수련에 동참하면서 수도원의 현황과 발전 방안에 대하여 깊이 생각하는 시간을 가졌다.

• 용담수도원 방문

용담수도원은 포덕 157년 4월 12일 취임 봉고식을 시작으로 수시로 방문하였으나 수련 및 포덕결의 목적으로는 2차례 걸쳐 방문하였다. 첫 번째는 포덕 158년 7월 31일에 중앙총부와 여성회 합동으로 120명이 참석한 가운데 하계수련 및 포덕결의를 실시하였고 159년 1월 8일에 2차로 여성회 동계수련 및 포덕결의가 실시되었다. 첫 번째는 용담수도원에서 300명이 참석하는 대수련회를 목표로 수도원 앞마당에 야외 텐트 등을 추가로 설치하는 방안을 구상하였으나 샤워와 세면은 물론 식사 시설 부족 등 용담수도원의 수용 능력을 고려하여 100여 명으로 하향 조정하였다. 그럼에도 불구하고 120명이 참석하여 용담수도원을 꽉 메웠다.

나는 포덕 158년 7월 25일 오후 1시에 대전을 출발하여 17시 용담수도원에 도착하여 수련 개강식에서 격려사를 하였다. 대도중흥비전 21과 포덕 2500 운동의 필요성과 추진 현황에 대하여 설명하면서 우리 모두 함께 동참하자고 역설하였다. 나는 7월 26일 8시 50분부터 9시 40분까지 포덕을 주제로 한 1차 강의를 하였다. 7월 27일 6시에는 수련생 50명이 태묘를 참례하였으며 8시 50분에는 김춘성 교수의 포덕 방법에 대한 강의와 오후 3시에는 김호성 관장으로부터 100세 시대 수도 생활에 대한 유익한 강의가 있었다. 참석자 중의 한 사람인 오인석 동덕은 교령님이 교인들과 함께 수련하는 모습이 보기에 참 좋다면서 열심히 수련하는 지도자의 모습을 보여주는 것이 바로 지도자의 신뢰와 리더십으로 드러나는 것이 아니겠느냐고 말하자 많은 교인들이 고개를 끄덕였다. 7월 28일에는 김호성 관장이 미래 종교와 인내천에 대한 강의가 있었다. 7월 29일에는 단비가 내린다. 7시, 15명의 수련생이 비를 맞으며 용담정을 참례하였다. 8시 50분부터 7개 접별로 대도중흥을 위한 포덕 방안에 대한 연구 발표 및 토론이 있었다. 용담수도원에서의 하계수련을 마치면서 120명 수련생들의 우렁찬 포덕결의가 구미산 위로 울려 퍼졌다. 이 포덕결의의 목소리가 전국의 교단으로 확산되어 대도중흥 포덕 2500 운동을 성공적으로 펼쳐 나갈 수 있기를 다짐하는 시간이었다.

용담수도원에서의 두 번째 수련이다. 포덕 159년 1월 5일부터 11일까지 용담수도원에서 여성회 동계수련이 개최되었다. '1인 1포덕을 실행하자!' 라는 목표하에 이루어진 이번 수련회는 70여 명이 참석하여 성황을 이뤘다. 수련 일정은 수련과 강의 유적지 탐방 등으로 편성하였다. '포덕에 대한 다양한 방법 모색' 을 주제로 한 강의에 이어 용산공원, 최진립 장군 생가 및 유적지, 교동 99칸 최부자 집 등을 탐방했다.

나는 1월 7일, 대교당 시일에 참석하여 '소통을 넘어 공감으로' 라는 제목으로 설교하였다. 오늘 시일식에는 100여 명의 교인들이 참석하였다. 1월 8일 월요일, 8시 30분 수유리를 출발하여 동탄에 들러 장구갑 실장과 류우진 전서와 함께 용담수도원으로 갔다. 1시 30분, 용담수도원에 도착하여 1시 50분, 용담정을 참례한 후 2시부터 1시간 30분 동안 여성회에서 동귀일체를 주제로 강의를 하였다. 나는 "여성회 앞에 서면 힘이 생긴다. 한집안의 주인으로서의 여성은 역시 천도교의 주인이다. 여성회가 한마음 한뜻으로 동귀일체가 되어 일어나게 된다면 천도교 전체가 여성회를 따라 일어날 것이다."라고 말했다. 대도중흥 포덕 2500을 위한 여성회 여러분의 결의와 실천을 당부하였다. 이번 수련을 통하여 50명의 여성회원들이 '포덕결의' 로 포덕 2500에 앞장서겠다고 다짐하였다.

• 의창수도원 방문

포덕 158년 8월, 용담 수련에 이어 의창수도원 수도원으로 이어졌다. 63명이 수련에 참여했다. 이번 수련에는 종학대학원생들도 함께 했다. 의창수도원에 오니 의암성사님을 뵈는 듯하였다. 박충남 원장이 수련을 지도하였고 나는 인사말과 강의 등을 맡았다. 나는 인사말과 강의를 통해 이번의 용담수도원과 의창수도원에서의 수련은 앞으로 전개될 대도중흥 포덕 2500의 성패를 좌우할 만큼 참으로 중요한 의미를 지니고 있다고 강조했다. 우리 모두의 주문 소리가 의암성사님께서 들으실 수 있도록 정성을 다해 주기를 당부했다.

나는 강의를 통해 "지금 우리 천도교가 3가지 위기에 처해 있다. 첫째 실천의 위기다. 말로만 하고 행이 없으니 인내천 진리가 세상에 드러나지 않는다. 말과 행동이 어긋나 교인 간, 기관 간, 교구 간의 신뢰를 찾기 어렵다. 둘째, 수련의 위기다. 시간이 지나면서 수련의 열기가 점점 식어 가고 있다. 신앙심이 식어 가고 수도원을 찾는 교인이 줄어들고 수도원의 환경이 너무도 취약하다. 셋째 지도자 위기다. 지도자에 대한 존경심도 없고 지도자를 흔들어 지도자가 일할 공간도 보이지 않는다. 인재가 부족하고 인재 양성에 대한 조직적인 노력도 크게 미흡하다. 그래서 비전이 보이지 않는다. 이 세 가지 위기가 포덕의 위기로 드러나게 되는 것이 아닌가 생각된다."라고 말했다. 대도중흥비전 21, 포덕 2500 운동은 바로 위의 3가지 위기를 극복하기 위한 변화와 혁신운동이다. 앞으로 100년을 내다보고 미래의 대포덕의 기초를 의창수도원에서 쌓도록 하자고 호소하였다. 나는 이번 수련에서 우리 모두의 사명인 포덕에 대해 깊이 음미해 보았다. 포덕(布德)의 덕(德) 자를 파자하면 십(十) 사(四) 일(一) 심(心) 행(行)으로 구성되어 있다. 십(十)은 무극, 한울의 자리이고 사(四)는 인의예지 춘하추동을 의미하고 일(一)은 태극(땅), 심(心)은 마음을 뜻하며 행(行)은 세상 사람과 함께 실천[同德]한다는 것을 뜻한다. 즉 한울님의 뜻을 내면화하여 실천하는 것이 포덕의 의미가 아닌가 생각된다.

"포덕의 힘은 수련에서 나온다고 본다. 우리 모두 특별한 정성을 모아 이번이 마지막이다는 각오로 우리 모두의 정성 공경 믿음을 다하여 수련에 임하자"라고 당부하였다. 나는 이번 수련 기간 매 순간 강령을 모시면서 교단의 미래를 생각하며 남몰래 눈물을 흘렸다. 8월 8일 화요일 63명의 수련생들은 대도중흥비전 21 포덕 2500을 위한 포덕결의를 다짐했다.

• 가리산수도원 방문

대도중흥 중일변 민족통일 동계수련회가 포덕 158년 1월, 가리산수도원에서 시작되었다. 조동원 원장의 개강사로 가리산수도원을 비롯한 전국 8개 수도원이 수련에 들어갔다. 가리산수도원에는 중앙총부 직원과 종학대학원생, 서울교구, 영등포교구 등이 함께했다. 천도교의 거듭남과 포덕천하를 이루기 위해 노력하고자 했다. 수련생들은 한울님과 스승님의 가르침을 실천하여 침체된 교단의 중흥과 민족통일을 이룰 수 있도록 심고문을 통일하고 천도교의 거듭남과 포덕천하를 위해 간절한 마음을 모았다.

나는 격려사에서 "산하대운이 진귀차도하는 이때를 맞이하여 안으로는 대도중흥 중일변 민족통일의 목표 달성을 위한 정성을 기울이고 밖으로는 위기에 처한 대한민국의 보국안민의 계책을 제시하기 위한 노력이 절실히 요구되는 때" 임을 강조하며 "수련생 한 사람 한 사람의 정성과 공경을 다하고 한마음 한뜻으로 지혜를 모아 줄 것" 을 당부하였다. 이어서 "새해 연초에 시작되는 동계수련 기간은 맹추위를 떨치는 기간에 들어 있지만, 올해는 한울님도 감응하시는지 포근하고 상쾌한 날" 들이 이어지고 있다고 덧붙였다. 가리산수도원은 조동원 수도원장의 지도에 따라 수련이 진행되었다. 이번 프로그램에는 수련과 강의에 이어 용담검무 배우기가 더해졌다. 강의는 특강과 교리, 교사로 진행되었다. 먼저 나는 특강을 통해 대도중흥비전 21 선포 의의와 실행 과제(안)와 천도교의 수행론을 중심으로 설명하였다. 교사 강의는 김응조 연원회 간사가 '의암성사의 문화운동' '3·1운동의 편견과 진실' '개벽사의 출판문화운동' '춘원 이광수와 동학과의 만남' 등의 내용으로 강의를 진행하였다. 한편 종학대학원생들이 11일부터 4박 5일 일정으로 합류하여 그 열기를 더했다.(《천도교신문》 82호, 2017년 1월 17일)

• 명동산수도원 방문

포덕 157년 11월 4일, 나는 대전교구, 당산교구 등 교인 30여 명이 참석한 20주년 명동산수도원 개원기념식 격려사에서 "후천 5만년의 무극대도인 천도교에서 수도연성의 의미와 가치는 재론의 여지가 필요 없을 정도로 가장 중요한 신앙의 덕목" 이라고 말하며 "우리 교단의 157년 짧은 역사 속에 수십만 명의 도인께서 순도 순국의 길을 걸을 수 있었던 것도 이러한 수도연성의 힘이 갖추어졌기에 가능했다." 라고 강조하였다. 그리고 "이러한 정신을 이어받은 이소원 초대 원장은 어려운 여건 속에서도 오로지 수도연성의 깊은 경지로 우리 후학들에게 이러한 정신을 오롯이 전해 주려고 정성을 다하였고 특히 어머님의 뜻을 이어받아 결코 순탄한 길이 아닌 수도원을 맡아 운영해 온 손모경 원장의 노고는 우리 교단의 소중한 보배로서 널리 선양해야 할 자랑"이라고 강조하였다.(《천도교신문》 77호, 2016년 11월 8일)

나는 포덕 158년 1월, 사흘간의 가리산수도원 수련에 이어 158년 1월 12일(목) 명동산수도원을 찾아 수련 중이던 수련생들을 격려하고 함께 수련하였다.

• 법원수도원 방문

천도교여성회는 전국 15개 지부에서 40여 명의 회원이 참가한 가운데 포덕 158년 1월 4일부터 1월 10일까지 6박 7일 동안 '대도중흥 중일변 민족통일'의 일환으로 "사인여천 실천하여 포덕합시다."라는 표어를 내걸고 동계 합동수련을 실시하였다. 수련 기간 동안 교리 강좌는 윤석산 선도사의 '나를 찾아가는 길'에 대해 강의했고, 교사 강좌는 이창번 상주선도사가 '천도교의 신문화운동'에 대해 강의했다. 이영노 수도원장은 '후천개벽과 천도교의 운수'에 대하여 강의했다.

나는 1월 5일 법원수도원을 방문하여 '대도중흥비전 21'에 대한 의의와 내용에 대하여 설명하면서 이의 실천을 위해 여성 동덕님들이 앞에 나서 주기를 당부하였다. "해월신사께서 '아무리 좋은 논밭이 있어도 종자를 뿌리지 않으면 나지 않을 것이요, 만일 김을 매지 아니하면 가을에 바랄 것이 없느니라'고 하시었습니다. 아는 것에 머물지 말고 오직 실천함으로써 우리의 목적인 포덕천하의 목적을 달성할 수 있다는 말씀입니다. 천도교의 주인이신 여성회원 여러분들이 이 시대 천명으로 주어진 대도중흥의 꿈을 앞장서 이끌어 나갈 것을 거듭 당부드립니다."라고 인사말을 하였다.

법원수도원은 포덕 137(1996)년 7월 21일 건립되었으며 이영노 원장의 지도로 스승님의 심법을 바로 알리기 위해 정성을 다하고 있다. 특히 이영노 원장은 어려운 여건하에서도 수도원을 헌신적으로 운영하면서 순수 자비를 들여 20여 권의 교리 관련 서적을 발간하여 이를 무상으로 널리 보급하는 등 교리의 연구 해설서의 보급에 정성을 다하시어 교인들로부터 많은 칭송을 받고 있다.(《천도교신문》 82호, 2017년 1월 17일)

• 복호동수도원 방문

대구 경북 지역 교구와의 소통 간담회를 갖고자 포덕 157년 9월 24일부터 25일까지 1박 2일간의 순회 일정을 시작하였다. 이번 지역 교구 순방은 종무원장, 3관장, 전서실, 신인간사 이경일 편집장 등과 함께 동행하였다. 아침 7시에 서울에서 출발하여 원주교구, 원주송골 해월신사 피체지, 풍기교당, 안동교당, 은척동심교구를 거쳐 경상북도 김천의 복호동수도원에는 오후 7시에 도착하였다. 수도원 오르는 길가에 있는 내칙 내수도문 반포비 앞에 서니 해월신사님을 뵙는 듯, 해월신사님의 교훈을 듣는 듯 비문의 새겨진 내용을 깊이 음미하며 해월신사님의 위대한 업적과 가르침을 가슴 깊이 새긴다. 내칙은 도가 부인들이 지켜야 할 태교제를 신앙적인 측면에서 알기 쉽게 국문으로 쓴 것이고, 내수도문은 부인들의 위생과 대인접물에 대한 일상적이며 기본적인 자세 및 종교적 가르침을 담고 있다.

복호동 마을에 살고 있는 이우균 수도원 관리인과는 통화가 되지 않아 수도원 내부시설은 보지 못하고 밖에서 건물만을 볼 수밖에 없었다. 오가는 이 없고 아무도 살지 않는 곳, 녹슨 철근 가로막으로 출입이 통제된 낡은 건물, 잡초만이 무성한 수도원의 뜰, 전기와 수도가 단절된 채 막힌 주방, 말없이 외롭게 서 있는 수도원을 바라보며 신사님의 풍찬노숙 도산검수의 험난한 역경을 떠올렸다. 누가 이곳을 천도교의 수도원이라 하겠는가? 나는 취임하자마자 교무관장으로 하여금 복호동수도원의 현황을 파악하고 수도원의 활성화 방안을 강구하도록 한 바 있으나 여의치 않았다. 복호동수도원의 정상화를 위한 노력이 절실히 요청되고 있음을 통감하였다. 우리 일행은 이곳에서 1시간 동안 머문 후 8시 40분경 대구 약령시 식당에 도착하여 방상언 직접도훈 등 대구 지역 몇몇 교인들과 함께 저녁 식사를 하면서 간담회의 시간을 가졌다.

• 강릉수도원 방문

포덕 158년 10월 30일 강릉수도원을 방문하였다. 강릉수도원은 첫 방문이었다. 포덕 126(1985)년 2월 1일 개설된 강릉수도원은 동해안의 아름다운 바다와 경포대 해수욕장이 인접하고 있으며 오죽헌과 통일공원이 수도원 가까이 위치하고 있다. 동해안의 일출과 바다, 그리고 넓은 해수욕장은 몸과 마음과 성품을 안정케 하고 치유하는 수도원으로서 크게 발전할 것으로 기대되었다. 현재 1층으로 된 건물을 3층 정도로 재건축한다면 수도원 고유의 기능은 물론 춘천교구와 마찬가지로 어린이집, 복지시설 등을 확대 운영할 수 있을 것으로 생각되었다.

강릉수도원은 특히 동해안에 인접한 천혜의 관광지와 조화된 수도원으로서 여름 수련에 안성맞춤이다. 또한 여름과 겨울 휴가 기간에 자녀들의 심신 단련장으로서 활용하여 자녀의 신앙생활과 교육에도 일조할 수 있을 것으로 생각되었다.

• 호암수도원 방문

종법사 학산 정갑수 선생 제64기 추모식이 포덕 157년 12월 7일, 부안포 최몽연, 강훈 도정 등 50여 명이 참석한 가운데 호암수도원에서 열렸다. 추모식은 정태수 호암수도원장의 집례로 청수봉전 부안교구 연선당 이영숙 동덕, 약력 소개 전주교구 충암 김명국 도훈, 경전 봉독 부안교구 혜암 박정문, 추모사와 격려사 순으로 진행되었다. 나는 다음과 같은 추모사를 하였다.

> 학산 선생님의 성령이시여 감응하옵소서! 오늘 을암 정갑수, 학산 선생님 환원 제64주기를 맞이하여 추모의 제전을 올리면서 추모의 심정이 새삼스럽습니다. 학산 선생님의 성령이 감응하시어, 생전의 염원 그대로 대도의 중흥과 보국인민 포덕광제의 새 시대가 하루속히 펼쳐지기를 간절히 기원하면서, 그 가운데 학산 선생님의 성령이 출세하시어 천도의 길에 무궁하옵기를 심고합니다. 학산 선생님은 포덕 38년, 호남 동학의 대두목이신 김낙철 성도사 포덕으로 동학에 입도하신 이후 호남의 동학 천도교를 지탱하는 지도자로서 이 지역에 동학이 오늘날까지 이어지는 근원으로 자리매김하였습니다.
>
> 3·1운동 당시에는 의암성사의 특명에 따라 은인자중하며 호남 지역 신앙을 보존하셨고, 한편으로는 교단의 내실을 다지며 독립의 기운을 되살리기 위한 수도연성에 정성을 다하면서 일제에 의해 옥고를 치르기까지 하셨습니다. 일제 강점기에는 익산교구와 부안교구를 비롯한 여러 교구를 통하여 교세 확장에 힘쓰시고, 조국의 광복을 달성한 이후에는 통일 조국의 재건을 위하여 애쓰셨습니다. 광복은 되었으나 국토 분단과 정치적 혼란이 거듭되는 가운데 학산 선생님께서는 포덕 89년 1월 보국안민의 큰 뜻을 품고 호암수도원을 건립하시어 봉황

이 날아올 터전으로 삼으시고 후천 오만년 승기운의 기틀을 마련하셨습니다. 학산 정갑수 선생의 성령이시여 감응하옵소서! 오늘 학산 선생님 제64주기 추모식전에 임하여, 도생이 지난해 천도교 교령으로서 처음으로 추모사를 올리면서 다짐하였던 바가 얼마나 달성되었는지, 얼마나 그 기틀을 마련하였는지 회고해 보면 참으로 두려운 바가 많습니다. 학산 선생님의 음덕과 유지를 계승하여 대도중흥을 달성코자 전국을 수차례 순회하면서 오늘의 천도교단에 무엇보다 필요한 것은 신앙심이라는 것을 절감하였습니다. 다른 한편으로 시대의 변화에 짝하여 여세동귀하고, 나아가 이를 선도할 문명화된 포덕의 방법론을 찾고 실천하는 노력이 절실히 요구된다는 점도 재확인하였습니다. 저는 교령이 되면서 바로 학산 선생님께서 호암수도원을 건립하신 뜻을 계승한다는 의미에서 인재양성을 위한 큰 그림을 그리고자 서울 중앙총부의 종학대학원에 대하여 호남 지역의 분원을 전주시교구에, 영남 지역의 분원을 부산시교구에 설치하였습니다. 그리고 인내천운동연합을 비롯한 '대도중흥비전 21'과 '포덕 2500'을 위한 사업들이 모두 학산 선생님의 뜻을 계승하는 사업이기도 한 것입니다.

특히 내년은 호암수도원 건립 70주년이 되는 해입니다. 호암수도원은 남한 지역에서 최초로 수도원이라는 간판을 내걸고 인재 양성과 독공 수련의 터전으로, 그리고 호남 지역 동학 천도교 역사의 한 정점으로 자리매김하였습니다.

70주년을 계기로 호암수도원은 물론 호남 지역 천도교사를 정리 발간하는 사업을 착수하여 침체한 이 지역의 교세를 중흥시키는 것이야말로 전국적 규모의 대도중흥, 나아가 포덕 2500의 활력을 되살리는 길이라 믿습니다.

학산 선생님의 성령이시여! 우리가 해월신사님의 "화개어부안 결실어부안(花開於扶安 結實於扶安), 부안에서 꽃이 피어 부안에서 열매 맺으리라" 하신 말씀을 우리에게 주는 당부의 말씀이자 해월신사님의 예지가 담긴 말씀으로 받들고, 그 가르침을 실천궁행으로서 우리에게 이어 주신 큰 뜻이 이제 서서히 그 모습을 드러내고 있다고 믿습니다.

도생의 일이 아니더라도, 동학에 대한 관심은 뿌리 깊은 곳에서부터 퍼져 나가 전국 곳곳에 동학 공부 모임이 만들어지고, 세계적인 환경의 위기, 인심 풍속의 위태로움, 부익부 빈익빈의 '경세제민' 제도의 위기 등 삼각파도로 밀려드는 위기의 대안을 동학 천도교에서 찾아야 한다는 이야기도 점점 더 힘을 얻고 있습니다. 그런 점에서 학산 선생님의 도맥으로 이어진 김낙철 성도사의 일생과 업적은 학산 선생님의 수도 공덕과 어우러지면서 호남 지역 동학 천도교 중흥의 원동력이 될 것임을 확신하는 것입니다. 저에게 천도의 진리와 육신의 생명을 함께 주신 저의 가친은 이곳 호암수도원에서 공부하시고, 호암수도원을 수호하시는 데 평생의 정성을 바친 분이라 할 수 있습니다. 그러므로 도생 또한 이 호암수도원을 터전으로 하여 천도교인으로서의 생명력을 얻었고 이어 가고 있다고 믿습니다.

이제 반포(反哺)의 도리, 그동안 받은 은혜에 보답하기 위하여서라도, 그리고 그것을 통해 대도중흥과 보국안민 포덕광제의 대도 목적 달성을 이루기 위해서라도 정성과 공경으로 호암수도원 중흥의 대업에 매진할 것입니다.

학산 선생님의 성령이시여! 학산 선생님은 성령으로서 저희 후학들과 후손들의 심령에 융합하여 길이 같이 살아간다고 믿습니다. 부디 오늘의 저희 후학들의 맹세와 바람을 밝게 살피시고, 저희들이 나아가는 앞길을 소소히 비춰 주시면서, 덕업장생 하시옵기를 심고하면서 추모사를 마칩니다.

포덕 157년 12월 7일
천도교 교령 이정희 심고

• 원동수도원 방문

포덕 157년 10월 15일, 부산지역 순방의 일환으로 원동수도원을 방문하였다. 원동수도원은 경남 양산시 원동면 대리 819-11(배내골)에 위치하고 있으며 경관이 수려하다. 아침 7시에 박해룡 교무관장, 류우진 전서와 함께 서울을 출발하여 13시 30분 원동수도원에 도착하였다. 수도원 입구에 '원동수도원' '양천주농원' 이라고 쓰여진 현판이 눈에 띈다. 수도원으로 들어가니 원동수도원을 관리하고 있는 이길우 동덕이 우리를 반가이 맞이하였다. 수도원에 입실하여 이길우 동덕으로부터 수도원 현황을 청취하고 수도원을 둘러 보았다. 수도원 내부는 산만하게 어지러워져 있고 정상적인 수도원 운영은 못하고 있는 실정이다. 수도원으로서의 역할은 못하고 있는 실정이다. 10년째 이길우 동덕 부부가 염소, 닭 등 가축을 사육하면서 산채 나물을 채취하여 팔아 생계를 유지하고 있다고 했다.

영남 알프스라 불리울 정도로 산세가 아름다운 이곳은 연중 물소리 새소리가 그치지 않으며 수도원 앞에 서 있는 염수봉(싸락골) 정상의 운치는 가히 구름도 멈추고 잠시 쉬어 가는 듯한 분위기를 느끼게 한다. 이러한 산세와 염수봉의 정기를 받아 원동수도원에서 수련을 하게 되면 수련의 깊은 맛을 느낄 수 있을 것이라는 생각이 들었다. 현재 수도원 진입로 입구를 포함한 영남 알프스 일대의 펜션촌이 형성되어 있다. 수도원 입구까지 시멘트 도로포장이 되어 있으며 수도원 옆으로 개천의 사방댐 공사가 완료되는 등 주변의 정비는 잘 되어 있었다. 수도원의 대지는 18,000평이라고 하며 재단에 편입되지 못한 '전(밭)' 에 대한 관리가 필요한 실정이다.

• 화악산수도원 방문

포덕 160년 1월 22일 화요일 장구갑 실장, 류우진 전서와 함께 화악산 수도원을 방문하였다. 10시에 수유리 집을 나선다. 가평을 거쳐 목동 삼거리 만인산 명지산 갈림길이다. 사전에 약속된 11시 50분에 선우철수 수도원장을 만나 점심을 함께 하였다. 점심 후 출발하여 12시 40분에 왕소나무에 도착하여 산길 경사로 승용차로는 올라갈 수 없어 봉고로 갈아타고 20분 정도 올라가 13시에 수도원에 도착하였다.

새로 지은 수도원으로 경관이 수려하고 깨끗하다. 여장을 푼 후, 오후 4시까지 수련을 하고 30분간 휴식 후 16시 30분부터 18시까지 계속 수련을 했다. 18시 30분에 저녁 식사를 한 후 잠시 쉬었다가 19시 30분부터 20시 30분까지 다시 수련을 계속하였다. 21시 기도식을 봉행하고 잠시 도담을 나눈 후 취침에 들어갔다. 23일 5시에 새벽 기도식을 봉행한 후 새벽 수련에 들어갔다. 수도원장 내외분과 해성당, 장구갑 실장, 류우진 전서 등 6명이 함께 수련하였다. 화악산의 정기를 온전히 받으면서 짧지만 깊은 공부를 체험하였다. 해성당 님이 맛있게 준비한 아침밥을 먹은 후 우리 일행은 후일을 약속하며 화악산 수도원을 나와 다음 방문지인 가리산수도원으로 향하였다.

●—궁을기

천도교의 궁을기(弓乙旗)와 궁을장(弓乙章)은 천도교의 핵심 사상을 상징하는 중요한 표상으로 궁을기(弓乙旗)는 한울님의 마음을 형상화한 것으로 천도교의 공식적인 교기(敎旗)로서, 궁을장(弓乙章)은 궁을기에서 원형 부분을 따로 떼어내어 만든 상징 도형 또는 휘장으로, 주로 배지 형태로 제작되어 사용된다.

제8장

동학전시관·천도교 중앙도서관 설립 운영하다

그 말 저 말 다하자니 말도 많고 글도 많아
약간 약간 기록하니 여차여차우여차라
이 글 보고 저 글 보고 무궁한 그 이치를
불연기연 살펴 내어 부야흥야 비해 보면
글도 역시 무궁하고 말도 역시 무궁이라
무궁히 살펴 내어 무궁히 알았으면
무궁한 이울 속에 무궁한 내 아닌가

—〈흥비가〉, 『용담유사』

“

수운회관에 동학문화센터를 설치 운영하겠습니다.
전시관, 도서관, 박물관, 인터넷 신문, 방송국을 설립하여
새로운 포덕 환경을 구축해 나가야 하겠습니다

—〈교령 취임사〉, 2016년 4월 22일

”

1. 천도교 동학전시관 설립 운영

• 사회문화관 조직 출범

제38차 전국정기대의원대회에서의 결의에 따라 새 집행부 출범과 동시에 사회문화관 조직도 함께 출범하게 되었다. 종무원처무규정 제7조에서 규정한 사회문화관의 업무는 각종 축제, 문화제, 기념제, 공연, 강연 행사 등 기획 및 추진, 자선 및 사회복지에 관한 사항(아동, 장애인, 부녀, 노인복지 등), 인권 환경 여성 어린이 청소년 노동 재해구조 등 사회활동과 그 부대사업, 통일사업, 종교 간, 정부, 시민단체 대회 활동, 소관 업무 관련 섭외에 관한 사항, 국제 교류에 관한 사항, 위 사업과 관련된 종단 산하단체와 협의 및 지원에 관한 업무로 규정되어 있다.

이와 같은 사회문화관의 업무는 종래 교화관에서 수행해 오던 업무 중 교화 업무를 제외한 대정부, 대사회적인 업무와 타종단 관련 업무 및 각종 문화 홍보 관련 업무 등으로 업무 성격상 정정숙 교화관장이 맡아 수행하는 것이 가장 적임이라 생각되었다. 더구나 정정숙 관장은 오랫동안 교화관 업무를 수행함으로써 우리 교단의 사회 문화 업무에 대한 전문성과 경험을 쌓아 왔으며 대외적인 인맥이 두터워 사회문화관 업무를 잘 수행할 것으로 기대되었다.

정정숙 관장은 또한 포덕 151년 종학대학원에서 3년 동안 나와 함께 근무한 경험과 새 집행부가 지향하고 있는 새로운 변화와 혁신의 방향을 누구보다 더 잘 이해하고 이를 성공적으로 이끌어 갈 수 있을 것으로 여겼다. 이러한 점을 고려하여 포덕 157(2016)년 11월 2일자로 정정숙 교화관장을 초대 사회문화관장으로 보임하면서 교화관장 겸직 발령을 냈으나 사회문화관 업무에 전념하기 위해 포덕 158년 2월 1일부로 겸직으로 맡고 있었던 교화관장직은 김호성 선도사가 맡게 되었다.(《천도교신문》 84호, 2017년 2월 23일)

• 천도교 동학전시관 설립 운영

새 집행부 업무가 시작되면서부터 사회문화관의 역점 사업으로 추진하여 온 천도교 동학전시관은 포덕 157년 12월 1일, 111주년 현도기념일을 맞아 제1회 현도문화제의 일환으로 개관되었다. 기념식 직후 수운회관 지하 1층에서 내외 귀빈이 참석한 가운데 전시관 개관식을 봉행하였다. 이날 개관식에서는 교령의 축사에 이어 이영복 종법사와 한광도 연원회 의장의 기념사가 있었다. 그동안 비어 있었던 수운회관 지하 1층(옛 해운다방 자리)을 전시관 공간으로 새롭게 단장하는데 최선을 다한 조한코퍼레이션(용인시교구 추진위원회)에게 그간의 노고를 치하하는 감사패를 증정하였다. 한편, 개관한 동학전시관에 전시할 사료는 교인들의 협조를 받아 점진적으로 확충하고, 교인 및 일반인들의 쉼터로도 활용하기로 하였다.

나는 포덕 157년 12월 1일, 월례 조회사에서 동학전시관 개관의 의의와 앞으로의 기대에 대해 다음과 같이 밝혔다.

"수운회관 지하에 마련된 동학전시관은 이곳 경운동에서 우리 천도교 역사상 처음으로 개관하는 전시관으로 비록 그 규모는 작지만 동학 천도교의 과거와 현재 및 미래를 한눈에 볼 수 있는 교육홍보관으로서 약간의 음료수와 커피를 준비하여 교인은 물론 일반인들을 위한 만남의 장이 될 것으로 기대됩니다. 이곳 전시장을 중심으로 3·1운동과 민족독립운동의 산실인 중앙대교당과 3·1독립선언서 배부터, 개벽사터, 세계 어린이 운동의 발상지 등에 대한 견학과 관람 등으로 이어질 수 있게 된다면 천도교 중앙도서관, 천도교 박물관 관람 등과 더불어 경운동을 중심으로 한 21세기 인내천 문화 포덕의 새 시대를 열어 나갈 수 있는 계기가 될 것입니다. 이런 점에서 동학전시관은 앞으로도 지속적으로 확충하면서 도서관의 확장과 박물관을 설립하여 일반 시민들에게 동학의 위대한 문화를 널리 홍보할 수 있을 것으로 기대됩니다."라고 말했다.

앞으로 동학전시관은 일반 대중들에게 천도교 역사를 소개할 수 있는 공간인 동시에 천도교 문화예술과 어우러진 복합 문화 공간으로의 역할을 수행해 나갈 예정이다. 정정숙 관장은 "오늘 개관되는 동학전시관은 천도교 역사와 문화를 대중들에게 전달할 수 있는 홍보전시관으로서의 기능은 물론 세계적 종교인 천도교의 교리와 사상을 깊이 있게 이해할 수 있는 복합 문화 공간으로 거듭날 수 있도록 발전시켜 나가겠다."는 포부를 밝혔다.

• 천도교 동학전시관 새 단장 특별기획전

천도교 동학전시관이 지난 11월 한 달 동안 새롭게 단장하여, 포덕 158년 12월 1일 112주년 현도기념일을 맞아 재개관하였다. 오늘 새롭게 재개관하는 동학전시관은 문화예술 공연을 통하여 대중과 함께 소통할 수 있는 문화예술 공연 공간을 제공함으로써 천도교 동학의 문화와 예술이 역사와 만나는 복합공간으로서 거듭나게 되었다. 이범창 종무원장은 모시는 글을 통해 "천도교 중앙총부 사회문화관에서는 이번 포덕 158년 제2회 현도문화제를 맞이하여 수운회관 1층에 자리하고 있는 동학전시관으로 새롭게 단장하며 특별한 공간으로 만들어 다시 개관하였습니다. 먼저 이번 새 단장은 천도교와 동학의 역사와 문화를 대중들에게 전달할 수 있는 홍보전시관으로서 새롭게 탈바꿈하기 위한 목적을 가지고 진행되었습니다."라고 말했다. 새롭게 탈바꿈한 전시관 구성의 전시 주제는 '다시개벽'으로 동학의 창시와 동학농민혁명, 천도교와 삼일운동, 천도교의 주요 활동과 문화로서 홍보 영상물도 상영할 수 있도록 하였다. 기존 동학전시관의 가운데에 있는 기둥을 없애고 전시 내용을 보완한 것으로 소공연, 강연 등이 훨씬 편하게 되었고, 쉼터로서의 기능도 강화됐다. 한편 천도교 동학전시관은 제2회 현도문화제의 하나로 새 단장을 축하하는 '어린이' 특별기획전을 마련하였다. 전시 내용은 동학의 창시와 동학농민혁명, 수운대신사의 사상 및 경전, 천도교와 3·1운동, 일제 강점기 천도교의 주요 활동, 홍보 영상물 상영 등이다. 동학전시관의 기획 및 전시 작업은 사회문화관 정정숙 관장이 주관하였다.(《천도교신문》 101호, 2017년 12월 7일)

• 동학강좌·공연 프로그램 운영

포덕 158년 6월부터 동학전시관에서 동학 교실을 운영하였다. 매주 2회 화요일과 목요일 오후 2시부터 2시간 동안에 걸쳐 일반인을 대상으로 한 동학강좌를 열었다. 강사진으로는 교령인 나와 이범창 종무원장, 이창번 상주선도사, 김응조 연원회 간사, 임형진 종학대학원장, 김호성 교화관장, 정정숙 사회문화관장 등이다. 수강 대상은 수운회관 입주자와 교인, 일반인으로 무료로 개방하였다. 동학교실의 주제는 천도교 교리의 포괄적 이해, 동학의 핵심 사상, 동학의 마음 수행과 수도 생활, 동학의 수행법 등으로 강의 후에는 참석자들의 질의응답 시간을 진행하였다. 이와 같은 동학강좌 운영과 아울러 가야금 연주, 대금 등 국악 프로그램 운영으로 동학전시관을 문화예술 복합 공간으로 거듭나게 하였다.

한편 동학전시관은 수운회관 입주자들은 물론 교인 상호 간 만남의 광장으로 활용될 수 있도록 개방하였다. 동학전시관 이용자들에게는 편안한 마음으로 누구나 간단한 커피와 음료, 다과 등을 자유롭게 이용할 수 있도록 하였다. 다만, 이용자들의 자발적인 성금으로 최소한의 운영비를 충당하도록 하였다.

2. 천도교 중앙도서관 설립 운영

• 천도교 중앙도서관 출범

새 집행부의 변화와 혁신 과제 중의 하나인 천도교도서관 설립 과제는 포덕 157(2016)년 9월 30일, 제2차 종의원 임시총회에서 '천도교 중앙도서관 설치 운영 규정'이 의결됨에 따라 교헌 제49조에 의한 천도교 부설기관으로 역사적인 천도교 중앙도서관이 출범되었다. 새롭게 출범하는 초대 천도교 중앙도서관장에는 포덕 157(2016)년 11월 2일 자로 박길수 교령사 전서를 겸직 발령하였다. 박길수 도서관장은 오랫동안 천도교 기관지인 신인간사 주간으로 봉직한 바 있으며, '도서출판 모시는사람들'의 대표로서 천도교 동학 관련 도서 등 출판사업을 성공적으로 추진하는 등 도서관 경영에 대한 전문적 능력을 갖추었다.

특히 천도교 교리 및 교사에 대한 해박한 식견과 사업 기획력이 탁월하고 창의적인 아이디어와 추진력을 겸비하고 있는 재원으로 새롭게 설립되는 도서관장의 적임자라고 생각되었다. 박길수 도서관장은 또 새 집행부의 변화와 혁신 기획 및 전략설계 과정에서도 일익을 담당하였으며 도서관 설립에 대한 기획과 규정안을 입안한 바 있어 도서관 설립 및 경영에 대한 철학과 강한 의욕을 보여 주었다. 이에 나는 주저 없이 박길수 전서를 초대 천도교 중앙도서관장으로 임명하였다.

• 천도교 중앙도서관 및 부설 방정환어린이도서관 개관

천도교 중앙도서관이 1년여의 준비 기간을 거쳐 포덕 158(2017)년 12월 1일 개관 봉고식을 가졌다. 수운회관 5층의 천도교 자료실을 확대 개편하여 천도교 중앙도서관으로 새롭게 단장한 것이다. 아울러 중앙도서관은 자료실, 열람실, 방정환어린이도서관도 함께 운영하게 된다. 개관 봉고식에 앞서 교령인 나와 한광도 연원회 의장, 박길수 도서관장 등 교단 관계자들이 참가하여 수운회관 15층에 새롭게 마련한 공간(60평)에서 현판식을 거행하였다. 현판식은 용담유사 계미중추판에서 집지한 글씨로 새긴 '천도교중앙도서관' 현판과 '방정환어린이도서관' 현판을 도서관 입구에 게시하였다.

나는 개관 봉고식에서 다음과 같은 격려사를 하였다.

"오늘 '천도교 중앙도서관'이 1년여의 준비 기간을 거쳐 개관 봉고식을 갖게 된 것을 충심으로 기쁘게 생각합니다. 오랫동안 '천도교자료실'로서 명맥을 유지하던 천도교단의 도서 및 자료 운용은 이제부터 본격적으로 '도서관'이라고 하는 독립된 기관으로서, 그 명칭에 걸맞은 내실을 갖추는 일에 본격적으로 착수할 수 있게 되었습니다. 일찍이 수운대신사, 해월신사 시대의 역사와 의암성사의 현도 이후 천도교 역사 속에서 수많은 자료들이 만들어지고, 천도교의 보물들이 계승되어 왔으나, 고난의 교회 역사로 말미암아 제대로 보전하고, 온전히 관리하지 못한 채 고갈되고 망실되어 왔습니다. 특히 지난 157년 동학 천도교의 역사는 교단의 내실을 다지기보다 오롯이 민족운동의 선상에서 희생을 거듭하는 역사였기에 교단 자체의 도서관 하나 갖추지 못한 채 오늘에 이르렀습니다."라고 말했다. 이어서 "이제 여러 가지 악조건 속에서도 천도교 자료실을 '천도교 중앙도서관'이라는 이름으로 확대 개편하면서 자료실과 열람실, '방정환어린이도서관'으로 세분화하여 운영하게 됨으로써, 새 시대에 천도교가 용시용활하는 기관으로서는 물론이고, 천도교 및 후천개벽의 정신문화의 보고로서 새롭게 자리매김하는 출발점에 서 있다고 생각합니다. '천도교 중앙도서관'이야말로 동학 천도교 전문도서관으로서 그 전문성과 독자성을 바탕으로 이 세상을 이롭게 하고, 천도교 포덕의 전위가 될 것이며, 다른 한편으로 천도교인 모두의 삶과 사상이 기록되고 보존되는 기관으로서, 천도교인 모두가 주인이 되는 기관이라 할 것입니다. 아직은 가야 할 길이 먼 것이 사실입니다. 그러나 오늘, '천도교 중앙도서관' 개관 봉고식을 계기로 하루가 다르게 성장을 거듭하고, 시설의 정비와 보완을 완료하고, 또한 장서들을 충분히 구비하여 명실상부한 '천도교 중앙도서관' 자료실과 열람실, '방정환어린이도서관'의 위상을 널리 펼치기를 기대해 마지않습니다. 또한 '천도교 중앙도서관' 개관이 그 연장선상에서 일찍이 교령 취임 공약에서 밝힌 바 있는, 박물관이나 전시관 그리고 방송국 등의 미디어, 문화 사업들이 활성화되는 계기가 됨으로써 천도교 포덕 교화의 새로운 전기가 되기를 간절히 심고합니다. 오늘의 이 개관식이 위대한 천도교 역사의 새로운 도약의 출발이었음을 추대의 천도교인들이 평가하리라 굳게 믿으며 격려사를 마칩니다." 라며 격려사를 마쳤다.

이어서 박길수 도서관장의 인사말 순서로 이어졌다. 박길수 관장은 "'천도교 중앙도서관'은 '동학 천도교 전문도서관'으로 정비하여 도서관 등록을 추진합니다. 개관 봉고식을 봉행하는 오늘까지 내부 시설이나 장서 등이 미흡합니다만, 이제 출발하였으니 하루가 다르게 성장하는 모습을 보여 드리겠습니다. 단지 도서의 열람이나 대출뿐만이 아니라, 관련 연구나 다양한 문화 프로그램을 운영함으로써 천도교와 동학 담론이 활성화되고, 이용객들도 꾸준히 확대되어 천도교 포덕과 천도문화 창달의 새로운 전기를 마련하는 기관이 될 것입니다. '천도교 중앙도서관'이 동학 천도교 전문도서관으로서 세계 유일의 가치와 기능을 온전히 수행할 수 있도록 많은 분들의 정성이 이어지기를 기대합니다."라고 말하였다.

오늘 개관식에서 박길수 도서관장은 운영위원(김응조, 성주현, 양윤석, 이동초, 이창번)과 부서위원(김용휘, 윤태원, 이광호, 이미매, 장정희, 정향선, 최경미)를 위촉하였다. 이어서 송영숙 전 인천수봉도서관 관장은 방정환어린이도서관에 2천5백권을 기증하기로 하고 박길수 도서관장에게 기증서를 전달하였다.

송영숙 전 관장은 "어린이도서관을 운영하면서 방정환 선생에 대한 존경심을 갖고 있었다. 소장 도서를 '방정환어린이도서관'에 기증할 수 있게 되어 참으로 기쁘다"라고 소감을 밝혔다. '천도교 중앙도서관' 개관을 기념하여 수운회관 15층에서는 "방정환 자료 및 사진" 전시회도 함께 열렸고, 개관 봉고식에는 천도교인 외에 방정환 공부 모임 회원들이 대거 참석하여 성황을 이루었다.(《천도교신문》 101호, 포덕 158년 12월 7일)

• 천도교 중앙도서관 설치 기념 전시회 및 프로그램 운영

포덕 158년 12월 2일부터 12월 9일까지 천도교 중앙도서관 설치 기념 전시회가 수운회관 9층에서 개최되었다.

전시된 자료는 '동학 시대에서 천도교 시대로(도첩과 공함)－최재운 선도사 기증 자료'와 '이영복 종법사의 기증 자료, 교령 재임 6년간의 일기(포덕 118년 4월 2일~포덕 124년 4월 25일)' 등이다.

최재운 선도사 기증 자료: 최재운 선도사는 제4대 계대교인으로서 포덕 107년 3

월 입교하여 동학민족통일회 대전지부장 등을 역임하였다. 최재운 선도사가 기증한 자료는 증조부 최긍순과 가형이신 최형순 형제분의 자료와 서산 지역 교인들의 명첩 등이 주를 이룬다. 최재운 선도사가 기증한 자료는 〈천도교지〉, 〈동경연의〉, 〈정자공부〉 등 1900년대 초의 교서는 물론 동학 시대의 각종 도첩과 명첩, 중앙총부에서 지방 교구에 하달한 각종 종령과 공함 등 모두 57점에 달한다. 최재운 선도사 기증 자료 중에는 의암성사께서 우이동 봉황각에서 전국의 두목들에게 49일 수련을 시키실 때 참석자의 명부와 주소록이나 일부 종령 문서 등은 그동안 한번도 발견된 적이 없는 희귀 자료로서 앞으로 깊이 있는 연구를 통해 1900년대 전후 천도교 역사를 더욱 풍부하게 연구하는 데 큰 도움을 줄 것으로 기대된다.

이영복 종법사 기증 자료: 일암 이영복 종법사는 일찍이 천도교에 입도하신 부모님 슬하에서 포덕 61(1920)년 11월 3일 평안북도 태천군에서 태어나시어 포덕 71(1930)년 4월 5일 천도교에 입교하셨다. 22세 때 평양사범 강습과를 수료하시고, 해방 이후 평양 천도교종학원 제2회 강습 과정을 수료하시고 태천군 장림면종리원, 청우당 군당위원장, 청우당 평남도선전부장 등을 역임하셨다. 한국 전쟁 당시 월남하여 김포군교구 교화부장, 청년회 부위원장, 종의원, 중앙총부 교무관장을 거쳐 포덕 118년 4월 천도교 교령에 선출되시고 포덕 121년 4월 교령으로 재임되셨다. 이어 포덕 130년 4월 천도교 최고의 예우직인 종법사로 추대되셨다. 일암 이영복 종법사 두루마리 일기는 일암 종법사께서 처음으로 교령에 취임하신 포덕 118년 4월 이래 교령 재임 기간 6년 동안 손수 붓글씨로 두루마리에 작성하신 일기로서, 교단 안팎을 통하여 전무후무한 진귀한 보배라 할 수 있다. 앞으로 그 내용을 일일이 채록하여 교회 역사의 귀중한 사초로 활용할 예정이며 우선 그 자체로서 천도교의 보물이 될 일기를 일부나마 전시하였다.

한편 천도교 중앙도서관에서는 도서관 운영위원 중심의 월례포럼과 독서공방 등을 운영함으로써 도서관 활성화를 도모하기로 하였다.

3. 발전 방향

홍보전시관과 도서관, 박물관, 인터넷 신문, 방송국 개국 등 다섯 가지 사업은 신집행부가 창안한 '대도중흥비전 21'의 포덕 환경 확충을 위한 핵심 사업들이다. 이들 핵심 사업들은 의암성사 법설 〈오교의 신사상시대〉에서 "우리 교의 본소는 가득히 차서 반 푼의 더할 것을 요구치 아니 하나 이것을 발표하기는 사상 문명으로 현대 문명의 선구를 지어야 하나니라"에 그 연원을 두고 있다. 우리 교의 근본 진리는 본질적으로 세상 문명의 변화에 따라 변할 수 있는 것이 아니지만, 그것을 세상에 알리고 펼치는 포덕 사업은 현대 문명의 이기를 활용해야 한다는 뜻이다. 천도교 동학의 홍보전시관과 도서관, 박물관, 인터넷 신문, 방송국 등 현대 문명의 이기는 현대 문명을 통한 직·간접 포덕으로 이어지는 집단 포덕 활동의 관건이 될 것이다.

우리 교회는 지난 세기 농업사회로부터 산업사회로의 변화 과정에서 산업문명의 변화에 대한 올바른 인식과 준비가 미흡했던 경험을 가지고 있다. 산업문명의 적응 실패로 우리의 교세가 내리막길을 걸어 오늘에 이르고 있다. 이제 우리는 깊이 깨달아야 할 것이다. 지난 세기의 시행착오를 다시 반복하지 않기 위해서는 현대 문명의 이기로서의 전시관, 도서관, 박물관, 인터넷 신문, 방송국 등이야말로 사회 포덕의 원동력이라는 것을 깊이 인식해야 할 것이다. 이들은 천도교와 사회를 연결하는 집단 포덕의 고리가 되어 이 세상을 새로운 포덕 환경으로 바꿔 나가게 될 것이다. 그러므로 포덕을 제1의 목적으로 삼고 있는 천도교의 시급한 과제는 새로운 포덕 환경의 구축에 있으며 이는 우리 교단의 선택이 아닌 필수적 과제가 되어야 할 것이다. 늦었지만 포덕 157년 12월 1일, 동학전시관과 천도교 중앙도서관을 개관하게 된 것은 천도교 동학문화센터로서의 새로운 전기가 마련되었다고 볼 수 있다. 이로써 우리 교단은 안으로는 포덕 역량을 강화하고 밖으로는 포덕 기반을 구축하여 포덕천하 하기 위한 새로운 패러다임 단계에 들어설 수 있는 하나의 계기가 마련된 것으로 볼 수 있다. 그러나 지금 이 순간, 우리 교단은 많은 가능성과 한계가 공존하고 있다. 이제부터가 중요하다고 생각된다. 농사를 지을 새로운 씨앗을 뿌릴 실마리는 잡아 놓았는데, 그렇다면 무엇을 언제 누가 어떻게 그 씨앗을 심고 가꾸어 나갈 것인가? 너무도 많은 한계가 동학문화사업 추진을 어렵게 하고 있음을 부인할 수 없는 현실이다. 여기서 우리는 100년을 향한 천도교 동학문화의 큰 그림과 함께 세부적인 과제를 도출하고 실천해 나갈 지혜가 절실해졌다고 본다.

먼저 우리는 한편으로는 당면한 과제를 하나둘 수행하면서 100년을 바라보고 '천도교 동학문화사업의 장단기 발전 방안' 을 마련하여 지속적으로 실행해 나가야 할 것이다. 천도교 동학문화사업의 필요성과 현황 및 문제점을 분석한 후 이를 토대로 한 장단기 발전 방향과 비전 및 전략 수립 등이 필요하다. 목표 달성을 위한 실천 과제들을 도출하고 이들 과제를 효과적으로 수행하기 위한 조직과 인력 및 예산, 과제 간의 관계, 추진 일정 등도 단계별로 짜야 할 것이다. 이를 성공적으로 추진하기 위한 관련 TFT를 구성하여 지속적인 논의를 전개해 나가도록 하는 한편 외부 관련 전문가(기관)에게 '천도교 동학문화사업 발전 계획(안)' 수립을 위한 용역을 위탁할 필요가 있다고 본다.

제9장

시천주복지재단 계승하다

어화세상 사람들아 만고풍상
겪은 손이 노래 한장 지어 보세
만고풍상 겪은 일을 산수마다 소창하고
어린 자식 고향 생각 노래지어 소창하니
이 글 보고 웃지 말고 숙독상미 하였어라
억조창생 많은 사람 사람마다 이러하며
허다한 언문가사 노래마다 이러할까
귀귀자자 살펴 내어 역력히 외워 내서
춘삼월 호시절에 놀고 보고 먹고 보세

—〈권학가〉, 『용담유사』

“

‘시천주복지재단’은 지난 집행부가
살신성인하여 출범한 사업입니다.
이를 계승하여 온 세상 사람들의 행복과
공공에 이바지하는 포덕사업으로
발전시켜 나가겠습니다.

—〈교령 취임사〉, 포덕 157년 4월 22일

1. 시천주복지재단 계승에 대하여

• 시천주복지재단 계승 공약했지만

나는 포덕 157년 4월, 취임사에서 "3·1운동 100주년과 동학농민혁명기념사업, 시천주복지재단과 어린이가 행복한 나라 사업 등은 지난 집행부가 살신성인하여 출범한 사업입니다. 이를 계승하여 온 세상 사람들의 행복과 공공에 이바지하는 포덕 사업으로 발전시켜 나갈 것입니다."라고 약속한 바 있다.

그런데 시천주복지재단에 대해서는 포덕 157년 12월에 여성회로부터의 심각한 문제가 있다는 내용증명의 문서를 받았다. 그로부터 임기 내내 시천주복지재단 문제로 참으로 힘든 시간을 보냈다. 임기를 마치면서 뒤돌아다 보니 시천주복지재단 문제로 나의 발목이 동아줄로 매인 것처럼 멍든 기억들이 주마등처럼 스쳐 가고 있었다. 더구나 시천주복지재단 문제로 정권과 출교 징계를 받았던 교인들의 아픔이 얼마나 컸을까를 기억하는데 이르러 나의 가슴은 미어질 것만 같았다. 시천주복지재단과 관련하여 교령으로서 너무도 마음 아파했던 순간의 기억이 진하게 남아 있다. 감사원에서의 징계 결의가 보고될 때마다 나는 징계만이 답이 아니라는 생각으로, 오히려 문제를 더 악화시킬지도 모른다는 사유로 매번 재심을 요구하곤 하였으나 제대로 받아들여지지 않았다. 10년 안에 300만 교단 시대를 향한 미래 비전을 제시하고, 대도중흥과 교단 발전을 위하여 온 정성을 다하고자 다짐했던 교령의 시간은 시천주복지재단 문제로 정말 힘든 시간을 보내야만 했다.

나는 교령으로서 여성회본부에서 제기된 시천주복지재단 문제가 교단 내부에서 해결되기를 바라면서 기관 간 대화와 소통을 위해 세 차례에 걸쳐 관련 기관 합동회의를 개최하였다. 그러나 시천주복지재단 문제는 교단 내부에서 해결되지 못하고 외부 사법기관에 제소하는 단계로 접어들고 말았다. 이러한 과정에서 시천주복지재단에 출연되었던 목감동 땅이 시천주복지재단 이사회 결의로 매각되었고, 이어서 시천주복지재단 이사회의 결의로 경기도 양평에 위치한 기존의 민간 요양원을 매입하면서 또다시 문제가 제기되어 시천주복지재단 문제는 더욱더 복잡하게 전개되었다.

• 교단 사상 최초로 궁을행복요양원은 개원되었으나

이러한 과정에서 교단 사상 최초로 시천주복지재단의 궁을행복요양원은 개원되었으나 설상가상으로 요양원 운영에 따른 의혹이 또 제기되어 시천주복지재단 설립 과정과 재산 증여 및 토지와 요양원 매매에 따른 문제, 그리고 요양원 운영 문제까지 얽히고설키어 복잡한 양상으로 전개되었다. 그동안 시천주복지재단 문제로 많은 징계가 내려졌으나 임기 내내 문제 자체는 해결되지 않았으며 결국은 차기 집행부에 넘겨지게 되었다. 미완의 시천주복지재단 문제가 차기 집행부에서 합리적으로 잘 해결되기를 바라는 뜻에서 나의 재임 시에 있었던 사실들을 인수인계 차원에서 객관적으로 자세하게 정리하고자 했다. 그러나 자칫 하다가는 본래의 순수한 의도와는 다르게 더 큰 논란의 구실을 제공할지도 모른다는 우려로 많이 고민하였다.

• 고민에 고민을 거듭한 끝에

고민에 고민을 거듭한 끝에 논란의 구실을 제공할 여지가 있는 것은 아예 제외하기로 하였다. 그래서 천도교 게시판, 《천도교신문》, 《신인간》 등에 게재되어 이미 공개된 내용과 논란의 여지가 없는 객관적인 사실만을 기술하기로 하였다. 특히 시천주복지재단 관련 피징계 교인의 이름과 구체적인 감사원의 징계 사유 등은 제외하고 교령으로서 재의를 요구한 사유에 대해서만 언급하기로 하였다. 이와 같은 방침하에 본 내용은 11개 부문으로 나누어 기술하였다.

첫 번째는 시천주복지재단 계승에 대하여, 두 번째로 전 집행부의 시천주복지재단 설립을 중심으로 기술하였으며, 세 번째로 여성회의 시천주복지재단 문제 제기 및 이에 대한 집행부의 해결 노력에 대해서 기술하였다. 이어서 네 번째로 감사원의 1차 징벌(4인) 및 이에 대한 교령의 재의 요구와 다섯 번째 (가칭)자산환수위원회의 부동산 환수 요구 내용에 대해 간단하게 기술하였다. 여섯 번째 (가칭)자산환수위원회의 검찰청 고발, 일곱 번째 (가칭)평신도회(동학마을) 시위와 이에 대한 기관연석회의의 대책 논의, 여덟 번째 계속된 감사원의 2차 교인 징벌(5인) 및 이에 대한 교령의 재의 요구, 아홉 번째 감사원 3차 징벌(1인) 및 교령의 재의 요구에 대하여 기술하였다. 열 번째 궁을행복요양원 개원에 대하여, 끝으로 복지재단, 앞으로의 과제에 대하여 언급하였다.

시천주복지재단의 문제는 몇 권의 책으로 정리해도 부족할 만큼 방대한 양이긴 하나 제39차 전국대의원대회에서 건의된 바에 따라 앞으로 차기 집행부에서 규정과 절차에 따라 객관적인 사실을 바르게 밝히고 그 결과를 전국대의원대회에 보고하여 교단의 공식적인 보고서로 최종 정리될 것으로 보인다.

2. 전 집행부, 시천주복지재단 창립

• 전 집행부, 시천주복지재단 설립 발기

시천주복지재단은 포덕 157년 3월, 새 집행부 출범 3년 전인 포덕 154(2013)년 8월, 전 집행부에서 설립되었다. 포덕 154년 6월, 박남수 교령의 발의로 신임 집행부 주요 사업으로 설정하고 총부 임원 5명, 사회복지 사업 운영 및 경력 교인 8명 등 총 13인으로 설립 추진위원회가 구성되었으며 박돌봉 추진위원장과 계한경 사무처장을 중심으로 시천주복지재단 사업이 추진되었다.

포덕 154년 12월부터 포덕 155년 3월까지 천도교 사회복지법인 설립 추진위원회 설치 예규를 제정하고, 재단 설립을 위한 기본재산 선정과 전문가의 조언을 듣는 등 설립 허가 예비 작업을 추진했다. 설립 발기인 및 추진위원은 다음과 같다. 박돌봉(위원장, 천도교 중앙감사), 김순홍(부위원장, 천도교여성회본부 사무국장), 노유환(부위원장, 공릉종합사회복지관 관장), 김동옥(위원, 부동산법학연구소 법무사), 김인환(위원, 천도교 종무원장), 박성기(위원, 천도교유지재단 이사장), 박성호(위원, 천도교 종의원 의장), 박희원(위원, 수유1동 어린이집 원장), 주영채(위원, 천도교 감사원 원장), 진미환(위원, 충남대학교 간호학과 교수), 계한경(천도교 경리관장), 명신옥(위원, 한국종교연합 실장), 이영이(공릉종합사회복지관 부장) 등 13명이다. 포덕 155년 4월부터 156년 3월까지 복지법인 기본재산에 대해 전국임시대의원대회 및 천도교유지재단 출연 결의, 사회복지법에 의거 설립 신청서를 준비해 교단 내 합의 절차를 거쳐 '시천주복지재단'으로 법인명을 정하고 대표자는 박돌봉, 임원은 추진위원 중 5인을 선정했다. 시천주복지재단의 기본재산은 강원도 횡성군 둔내면 둔방내리 산 85번지 임야(10,724㎡), 강원도 화천군 사내면 사창리 701-1,2(전 5,884㎡, 대지 304㎡), 경기도 시흥시 목감동 89(대지 4,053㎡)이다. 포덕 156년 4월 20일 서울시청 복지지원과에 복지법인 설립 허가증을 받아 6월 3일, 서울중앙지방법원에

법인 설립 등기를 완료했으며, 8월 13일 종로세무서에서 고유번호증을 받았다. 시천주복지재단은 현 지원법인에서 시설법인 실현을 위해 10월부터 3개월간 저소득층과 소외계층에 대한 정기적 지원, 사회 적응이 어려운 아동과 청소년에게 장학 지원, 노인복지를 위한 지원사업 등을 전개해 나가기로 했다.(《천도교신문》 51호, 2015년 10월 6일)

• 전 집행부, 제37차 임시대의원대회, 재산 출연 승인

새 집행부 출범 2년 전, 천도교유지재단에서는 포덕 155년 6월 25일 재단 소유 3개의 부동산을 천도교사회복지법인에 출연하기로 의결하였다. 이어서 포덕 155년 7월 3일, 전 집행부에서 소집된 제37차 임시대의원대회에 사회복지법인 설립에 따른 재산 출연 동의안을 상정하였다. 출연 동의안에 대한 제안 설명은 박성기 재단 이사장이 하였다. 박성기 이사장의 제안 설명 내용은 다음과 같다.

"교단의 숙원 사업이었던 정양원 건립 등을 위해서 필요한 사항이 사회복지법인 설립에 관한 건입니다. 각 종단마다 수십 개 이상의 사회복지법인을 설립 운영하고 있습니다. 작년에 저희 교단에서 정양원 및 요양시설 건립을 위해서 사회복지법인 설립 제안이 있어서 지난 1년여간 각종 기관장회의 및 설립 추진위원회를 설립해서 준비하여 왔고, 지난 6월경 총부로부터 재단에게 재산 자산 출연으로 그에 따른 자산으로서 사회복지법인을 설립하고자 하는 요청이 들어왔습니다. 그래서 6월 25일 재단이사회를 개최하여 광명시 목감동 땅과 화천 사창리를 비롯해서 횡성 임야 등 세 가지를 출연하여 사회복지법인을 설립할 것을 재단이사회에서는 결의를 하였습니다. 한 조건으로 이 모든 것은 대의원 여러분의 뜻을 따라서 해야 하므로 이 자리에서의 대회의 결의에 의해서 저의 이사회에서는 이어서 추진할 것을 결의하였습니다. 제안 설명을 마치겠습니다."

이어서 계한경 경리관장으로부터 사회복지법인 설립 추진 진행 상황에 대한 설명이 있었다. "작년 6월에 발의가 있었고, 포덕 107년에 정양원 설립 운영 규정은 이미 만들어졌지만 사회복지법인에 대해서는 추진하는 것은 없었습니다. 참고로 다른 종단에 비해 우리는 10여 년 뒤떨어져 있습니다. 10년 전만 했어도 땅만 있으면 건축비와 운영 비용을 지원받아서 쉽게 설립할 수 있었습니다. 그러나 지금 시점에서는 시설법인, 지원법인 두 가지로 분류가 돼서, 시설법인은 요양원 시설을 자비로

완비해 놓고 설립허가 신청을 해야 하고, 지원법인은 시설은 갖추지 않더라도 요양원, 노인복지관을 지원할 수 있는 요건이 있어야 하는데, 요건으로는 운영 수익에서 매년 얼마씩 지원해 줄 수 있는 능력을 갖추기 위한 기본 자산이 있어야 합니다. 기본 자산은 표에 있는 것처럼 부동산을 비롯해서 동산입니다. 작년 8월 29일 설립 추진위원회를 구성했습니다. 교단 내 다섯 분, 사회복지사업 종사 및 학위취득한 전문가로 구성하였고, 시설법인은 현 시점에서는 불가능한 것으로 판단되어 지원법인으로 방향을 잡고 지원법인 신청을 위해 4월경에 서울시청 복지지원팀에 들어가서 여러 가지 자문을 받아 서류를 진행 중에 있습니다. 이후 여러 과정을 거쳐 서류가 완비되면 종로구청에 정식으로 제출해서 서울시청에서 허가가 나게 됩니다. 참고로 요양원 시설은 아직 추진된 적이 없습니다. 지금은 어렵더라도 꼭 해야 한다는 입장입니다. 지금 전국에 흩어진 재단 소유의 부동산 중 유휴부동산이 많이 있는데 썩히지 말고 이용하면 지원법인 설립에 상당히 도움이 되고, 그다음 정양원 건립하는데도 커다란 도움이 되기 때문에 필수적으로 필요한 사항이라서 이렇게 제안하게 된 것입니다."

박성기 이사장의 제안 설명과 계한경 관장의 추진 상황에 대한 설명에 이어 한광도 의장으로부터 상정 안건에 대한 표결 절차가 진행되었다.

"지금 여기 나와 있는 세 가지는 실제 교단 이름으로만 되어 있고 활용을 못하고 있습니다. 횡성에 있는 것은 임보국 씨가 기증한 땅이고, 하나는 화천 땅이고 하나는 주 사모님께서 기증한 목감동 땅입니다. 아시다시피 교단에 연로하신 분이 많은데, 우리가 복지재단이 없다 보니 있어야 한다는 주문이 많습니다. 이런 상황에서 우리 교단도 사회에 공헌한다는 의미에서 이 법인은 설립하는 것이 옳다고 사료됩니다. 이 안을 처리하기 위해서는 교헌 31조에 의해서 중요한 사항이기 때문에 2/3 찬성이 있어야만 됩니다. 유휴재산을 활용해서 복지재단을 교단이 운영할 수 있는 계기를 마련하는 뜻에서 여러분들이 만장일치로 통과해 줬으면 하는 것이 개인적인 소망입니다. 찬성하면 박수로 화답해 주십시오.(전원 박수)" 이에 따라 사회복지법인 설립에 따른 재산 출연 동의안을 원안대로 통과하기로 결의되었다.

기타 안건 시간에 이근혁 대의원으로부터 복지법인 설립에 대한 신중론이 제기되기도 했다. 이근혁 대의원은 "우리는 복지재단을 운영했던 경험이 없습니다. 재정이 바닥난 상태에서 유지하기 어렵다고 봅니다. 과거에도 보성학교 떠넘길 때 상춘원을 상실했던 사례가 있습니다. 천도교 운영되는 것이 수운회관 임대료인데, 총부가 그것으로 운영되는 마당에 복지법인을 설립하여 또 그렇게 돈을 써서야 힘들지 않겠어요. 땅은 놔두면 값이 오르게 됩니다. 있는 땅을 팔아서는 안 됩니다. 우리 교회 형편에 지금은 투자를 하는 것은 아닌 것 같습니다. 모든 것을 갖추고 나서 시작해야 하는데 한때 의욕을 가지고 하려고 하면 손해만 보게 됩니다."라는 신중론을 제기한 바 있다.(제37차 임시전국대의원대회 회의록, 포덕 155년 7월 3일) (《천도교신문》 22호, 2014년 7월 22일)

• 전 집행부, 시천주복지재단 창립 기념식 개최

포덕 156년 10월 18일, 시천주복지재단 창립 기념식이 이영복 종법사, 박남수 교령, 한광도 연원회 의장, 정세균 국회의원, 시천주복지재단 박돌봉 이사장, 이사진과 교인 300여 명이 참석 가운데 중앙대교당에서 진행됐다. 김순홍 이사의 진행으로 계한경 복지재단 상임이사의 설립 경과보고, 박돌봉 초대 이사장의 창립 기념사, 박남수 교령의 격려사, 일암 이영복 종법사님의 축사, 정세균 국회의원의 축사가 있었다. 박돌봉 이사장은 창립 기념사를 통해 "종교가 복지에 힘을 쏟는 것은 당연한 일이며, 그간 천도교가 복지 분야에 대해서는 활동이 미미했으나 이제라도 교단의 유휴재산으로 천도교의 경천, 경인, 경물 가르침을 바탕으로 사인여천 실천을 위한 사회복지 사업을 실행하게 된 것을 기쁘게 생각한다."고 말하고 박남수 교령을 비롯한 사회복지법인이 탄생하기까지 힘을 모아 준 모든 분들에게 감사의 인사를 전했다.

박남수 교령은 "교단의 숙원 사업으로 복지기관을 구상하고 추진하기로 했던 것이 포덕 107년, 올해가 반세기가 되는 해"라고 말하고 "좀 일찍 설립되었다면 좋았겠지만, '가장 늦은 것이 가장 빠른 것' 이라는 속담처럼 알찬 계획을 수립해 우리의 진리를 펼쳐 나가야 할 것"이라고 말하고 "시설법인이 완료되기까지 우리 모두 덕과 나눔에 대한 인식, 봉사 인력과 재정 확보 등 준비 과정에 관한 중단기적 계획을 갖고 실천해 나가야 할 것"이라고 강조했다. 정세균 국회의원은 "우리 사회의 가장 큰 문제는 저출산, 고령화의 양극화이며 앞으로 고령화 시대를 준비하지 않으면 안 된다."라고 강조하고 "이런 시대 복지 수준의 향상이야말로 시대정신이며 마땅히 우리가 챙겨야 할 덕목이자 과제라는 점에서 천도교의 시천주복지재단의 발족을 축하한다."라고 말했다.

이영복 종법사님은 "사회복지법인이 거룩한 시천주라는 이름으로 출범하는 성스럽고 엄숙한 자리를 갖게 되어 진정으로 축하의 뜻을 표한다." 며 "복지라고 하는 단어 속에는 행복과 행운이라는 뜻이 담겨 있다"라고 말하고, "인간은 너나 할 것 없이 무한한 행복의 생활을 하고자 원하고 영원한 행운의 길을 쫓아서 전진하고자 하는 염원을 하고 있는데, 오늘 이 자리는 우리 모두의 절실한 바람을 해결해 줄 수 있는 원동력이며, 후천 오만년의 길이 빛날 대업으로 기록될 것"이라고 축사를 전했다. 이날 기념식 축하 공연은 서울교구 합창단이 진행했으며, 축하 떡 나눔식과 기념품 배부, 중식은 중앙대교당 앞마당에서 서울교구 여성회가 정성껏 준비하여 진행했다. 이렇게 교단 내외의 복지사업에 대한 희망과 기대를 안고 출범한 시천주복지재단은 포덕 156년 10월부터 본격적인 지원 사업을 추진하였다. 나는 교령에 취임하자마자 포덕 157년 4월 11일 수운회관 1302호 복지재단 사무실에서 개최하는 제4차 이사회에 참석하여 인사말을 통해 교인들의 입장에서 복지재단을 잘 운영하여 줄 것을 당부하였다.(《천도교신문》 53호, 2015년 11월 6일)

3. 여성회, 재산 출연 문제 제기 및 해결 노력

• 시천주복지재단 계승·발전 천명

나는 전 집행부 임기 말 포덕 156(2015)년 10월 18일, 천도교 중앙대교당에서 개최된 시천주복지재단 창립 기념식에 참석하였다. 이날 창립 기념식에서 시천주복지재단 설립 취지와 설립 경과 및 사업 등에 대한 개괄적인 설명을 듣고 시천주복지재단의 설립 필요성에 깊이 공감한 바 있다. 특히 시천주복지재단은 경천 경인 경물과 사인여천하는 종단으로서 당연히 필요하다고 생각하였다. 복지 사업뿐 아니라 전 집행부에서 추진해 온 3.1운동 100주년 사업과 동학혁명기념사업, 어린이가 행복한 나라 사업 등에 참여하면서 이들 사업을 계승 발전시켜 나가야 되겠다고 마음속으로 다짐한 바 있다. 그래서 나는 2016년 4월 22일, 교령 취임식에서 "3·1운동 100주년과 동학농민혁명기념사업, 시천주복지재단과 어린이가 행복한 나라 사업 등은 지난 집행부가 살신성인하여 출범한 사업입니다. 이를 계승하여 온 세상 사람들의 행복과 공공에 이바지하는 포덕 사업으로 발전시켜 나갈 것입니다."라고 약속한 바 있으며 대도중흥비전 21에서도 '포덕광제 실천'의 일환으로 "복지 사업을 육성하여 대도중흥 합시다!"라는 슬로건도 설정한 바 있다.

이렇듯 취임식에서는 물론 천도교 미래를 위한 역점 사업의 일환으로 마련한 대도중흥비전 21에서도 지난 집행부의 시천주복지재단을 계승하여 이를 한층 더 발전시켜 나갈 것을 교단 내외에 천명한 바 있다. 이에 따라 나는 전 집행부 복지재단 창설 단계에서부터 추진위원장으로서의 전문성과 덕망을 겸비한 박돌봉 이사장님께 전 집행부에 이어 새 집행부에서도 흔들림 없이 계속 시천주복지재단을 이끌어 주실 것을 부탁한 바 있다. 또한 복지재단 창설 단계에서부터 실무적으로 뒷받침을 해 온 계한경 경리관장도 복지재단 사업에 대한 사명감을 가지고 정성을 다하는 모습을 보며 잘해 나갈 것을 당부하였다. 그리고 계한경 상임이사로부터 그동안의 업무

추진 현황 및 포덕 157년도 진행 사업에 대하여 설명을 들었다. 또 운영 규정에 따라 이사회 의결사항에 대한 처리 결과를 보고 받고 매 반기별로 동 보고 내용을 요약하여 천도교 게시판에 공지하여 교인들이 복지재단 사업 운영에 대해 알 수 있도록 하였다.

• 여성회, 시천주복지재단 출연 문제 제기

그런데, 나는 취임 후 8개월이 지나는 포덕 157년 12월 20일과 158년 1월 25일, 2차례에 걸쳐 여성회로부터 교령사로 보내온 문서(내용증명)를 받았다. 수신인은 천도교 중앙총부 교령이며, 발신인은 천도교 여성회본부 회장으로 되어 있었다.

내용을 보니 천도교 재산을 시천주복지재단에 출연한 것은 문제가 있다는 내용이었다. 사전에 한마디 말도 없이 갑자기 교령사에 보내온 것이어서 처음에는 당황하였다. 우선 문서가 교령 앞으로 보내진 것이기는 하나 이 문서를 교무관에 공식적으로 접수하여 종무원, 연원회, 현기사, 감사원 등 공람하도록 하였다. 관련 부서 공람 후 최종적으로 12월 26일 내가 공람하였다. 왜 한 건물 안 같은 층 2~3분 거리에 있는 여성회로부터 교령 앞으로 내용증명 문서를 보내왔을까? 내용을 자세히 보니 범상치 않았다. 충격적이었다. 어찌 이러한 일이 다 있을까? 신중하게 처리해야겠다는 생각이 들었다. 이러한 주장을 하기까지에는 많은 고민을 했을 거라는 생각도 들었다.

교령 앞으로 보낸 문서를 보면, "발신인 등은 우리 천도교의 동덕으로 천도교유지재단 재산이 기증이라는 명분으로 타에 이전되고 빼앗겨 버린 당면한 문제들에 대하여 말씀드리고자 합니다."로 시작된다. 문서의 말미에 적힌 발신인은 모두 여성회본부 임원으로 회장, 부회장 2인, 총무, 교화부장, 포덕부장, 사업부장, 사무총장 등 8인이다.

이들 여성회 간부들은 "재단법인 천도교유지재단 소유 재산인 (1) 강원도 횡성군 둔내면 둔방내리 232-31 임야 10,724㎡ (2) 강원도 화천군 사내면 사창리 전 5,884㎡, 대지 304㎡, (3) 경기도 시흥시 목감동 89 대지 4,053㎡가 2015년 7월 22일 사회복지법인 시천주복지재단으로 소유권이 이전된 것을 발견하고 시천주복지재단 정관을 입수하여 본 바, 되돌릴 수 없는 잘못을 발견하게 되었다"면서, 그 잘못된 내용에 대해 자세하게 적시하고 있다. 이 문건을 접수한 후, 여성회에서 제기한 문제점에 대하여 먼저 기관장 간담회에 상정하여 의견을 들었다. 이어서 2017년 2월 3일, 각 기관에 문서를 보내고 의견을 받도록 하였다. 그러나 회신해 온 답변들은 대부분 형식적이었다. 전혀 도움이 되지 않는 내용들이었다. 대부분 사실 확인 차원에서의 형식적인 답변을 보내거나 감사원에서는 어떠한 의견도 보내지 아니하였다.

그런데 2017년 2월 28일, 시천주복지재단 박돌봉 이사장으로부터 "여성회본부의 건의서에 대한 의견서(천복발 제9호)로서 이 문제가 교단 밖 문제 제기보다 교단 내 감사원 등 여러 기관과 긴밀한 협의를 통하여 교단 차원에서 발전적으로 해결하는 것이 바람직하다."는 의견을 보내왔다. 나는 이 의견을 받아들여 3차례에 걸쳐 종무원, 감사원, 여성회, 시천주복지재단, 유지재단 등 5개 관련 기관 합동회의를 열어 관련 논의를 직접 진행하였다. 3차례에 걸쳐 개최된 회의 내용은 회의가 끝날 때마다 그 내용을 천도교 게시판에 게재하여 교인들의 궁금증을 해소하는 한편 교인들의 의견도 광범위하게 들을 수 있도록 하였다. 기공지된 관련 회의록 중 교령의 인사말은 회의 내용이 축약되어 있을 뿐 아니라 그 처리 방안에 관한 의견이 내포된 것이어서 의미가 크다고 생각되었다. 이에 기공지된 회의 내용 중에서 개·폐회 시 행한 교령의 인사말을 요약하고자 한다.

• 1차 관련 기관·단체 합동회의

1차 회의는 포덕 158년 3월 9일 1시에 907호에서 열렸는데 참석자는 교령, 종무원장, 유지재단 이사장, 복지재단 상임이사, 교무관장, 상임감사, 여성회 회장, 여성회 부회장 2명, 포덕부장, 총무부장, 교화부장 등 12명이다. 교령의 개회사에 이어 시천주복지재단 상임이사로부터 시천주복지재단 설립 경과에 대한 설명과 여성회 포덕부장이 문제 제기를 하게 된 배경에 대하여 설명하였다. 설명을 듣고 난 후 각 기관별로 의견을 발표토록 한 후에 질의응답이 있었다. 자세한 회의 내용은 천도교 게시판에 공지되었다. 나는 개·폐회 시에 다음과 같은 인사말을 하였다.

개회 인사: 오늘은 시천주복지재단 설립에 관한 여성회의 문제 제기에 따른 관계 기관 및 관련 단체 간 소통을 위한 논의하는 중요한 회의임으로 녹취도 하고 그 내용을 전국에 공지 예정입니다. 취임 시에 저는 전 집행부의 추진 사업을 계승 발전시켜 나가겠다고 언급한 바 있으며 그중 복지재단사업도 포함되는 바,

여성회의 문제 제기에 따른 진지한 논의와 해결에 지혜를 모아야 하겠습니다. 여성회에서는 복지재단 설립에 심각한 문제가 있다고 집행부 앞으로 2건의 내용증명으로 통지하였고 종무원에서는 감사원과 복지재단 등 관계 기관의 의견을 받아 논의한 바 있으나, 교단 발전을 위해 더욱 소통하고 협의함으로써 좋은 방안이 도출될 수 있도록 정성을 모아 주시기 바랍니다.

폐회 인사: 오늘 논의를 통해 서로 간의 논점이 무엇이었는지에 대해 모두 공감했다고 생각하며 사심을 버리고 교회 발전을 위해 함께 노력해 주시기 바랍니다. 자료 문제는 재단 이사장과 협의해서 필요한 자료를 요청하면 될 것으로 생각됩니다. 내부 문제의 외부 문제화에 대하여는 감사원의 의견을 고려해 주시기 바랍니다.(천도교 게시판 회의록 게시, 2017년 3월 16일)

• 2차 관련 기관·단체 합동회의

제2차 관련 기관회의는 포덕 158년 4월 18일(화) 14시, 수운회관 907호(회의실)에서 개최되었다. 참석자는 1차 회의와 같다. 회의는 1차 회의와 같은 형식으로 자유롭게 진행되었다. 회의 내용은 교무차장이 정리하였다. 나는 개·폐회시에 다음과 같이 인사말을 하였다.

개회 인사: 지난 1차 합동회의(3월 9일, 목)와 마찬가지로 이번에도 회의 내용은 녹취를 하고 그 내용을 요약하여 전국에 공지할 예정입니다. 오늘 2차 합동회의는 지난 4월 6일(목) 여성회에서 감사원에 고발한 내용에 대해 감사원장의 답변도 있었는 바 미진한 부분을 원만히 하기 위하여 소통을 하는데 목적이 있습니다.

여성회의 고발 내용을 보면, 추진 주체와 과정에 있어서의 문제를 제기하는 것이고 그래서 무효로 해서 다시 복귀하도록 하자는 것이 여성회의 주장하는 바로 이해됩니다. 감사원의 입장은 추진 절차상의 문제는 없었으며 여성회의 고발대로 유지재단 이사장과 복지재단 이사장이 모의한 사실도 없었으므로 여성회의 문제 제기는 맞지 않는다는 것입니다. 또한 만약 내부 문제를 외부 법정에 끌고 나간다면 교단 발전에 도움이 되지 않는다는 것으로 서로의 생각이 다르다는 느낌을 받았습니다. 현재 복지재단 이사장은 사임서를 제출했으며 이 건으로 복지재단 이사회가 내일 열리며 유지재단 이사장도 구두로 사표를 냈으며 종무원장은 유지재단의 이사장 직무대행 자격으로 참석하였으니 서로 깊이 이해를 하면서 잘 풀어 나갔으면 합니다.

폐회 인사: 여성회에서 제기한 문제가 밖으로 확대되지 않고 교회 내부에서 해결되기를 바라는 마음에서 회의를 진행하였습니다. 오늘 논의는 결론보다는 여성회에서는 어떤 이유로 고발했고, 감사원에서는 이 사안에 대해 어떻게 처리하고 있으며 앞으로는 어떻게 하는 것이 좋을지에 대해 의견을 서로 교환하고자 한 것이었습니다. 여성회의 의견은 복지법인을 천도교 통제하에 둘 수 있는 방법이 없겠는가를 검토하자는 것입니다. 여성회 고발 건에 대해 가능하다면 임시 감사회의를 열어서 감사원의 공식적인 결과를 통보하는 것이 좋겠다고 생각됩니다. 신앙 집단의 문제는 신앙적 지혜로서 서로 이해하고 의논해서 좋은 방향으로 바르게 나아갔으면 좋겠습니다. 오늘 회의를 마치겠습니다.(천도교 게시판 회의록 게시, 2017년 5월 24일)

• 3차 관련 기관·단체 합동회의

포덕 158년 7월 3일(월) 11시, 수운회관 907호에서 제3차 관련 기관 및 관련 단체 합동회의를 개최하였다. 오늘 회의 역시 지난번과 마찬가지로 교령, 종무원장, 교무관장, 경리관장(시천주복지재단 상임이사), 상임감사, 유지재단 사무국장, 여성회 회장, 여성회 부회장, 여성회 교화부장, 여성회 포덕부장 등이 참석하였으며 특히 월례회의에 참석했던 의창수도원장, 신인간사 편집장 등이 함께 배석하여 진행하였다. 회의 내용은 천도교 게시판에 게재되었다. 나는 오늘의 회의에서도 개·폐회 시 인사말을 하였다. (개·폐회사 내용은 이전 회의 시와 대동소이하므로 여기서는 생략, 천도교 게시판 회의록 게시, 2017년 7월 24일)

• 교령, 각 기관·단체에 대한 교서 발행

여성회에서 제기한 시천주복지재단에 대한 문제가 조속히 해결되기를 간절히 바라면서 2차 합동회의를 마친 후, 포덕 158년 4월 25일, 교령으로서 시천주복지재단, 천도교유지재단, 부문단체지도위원장, 여성회, 감사원 등 관련 기관 및 단체에 대하여 "특별한 당부를 드리오니 해당 기관과 단체에서는 시행에 만전을 기해 줄 것을 바란다"는 요지의 교령의 특별 당부 사항을 다음과 같이 발행 전달하였다.

아시는 바와 같이, 오늘 우리 교회는 '대도중흥비전 21'과 '중일변 포덕 2500'의 성공적인 추진을 위하여 전 교단 차원에서 온 정성을 다하고 있습니다. 죽는 것 빼고는 할 수 있는 모든 노력을 다하기 위하여 더 이상은 물러설 수 없다는 임전무퇴의 자세로 결사적으로 임하고 있습니다. 대도중흥은 이 시대 쇠운을 성운으로 전환하기 위한 우리 모두의 간절한 꿈입니다. 이 꿈을 기필코 실현하기 위해 단 1초라도 아껴야 할 참으로 소중한 시간입니다. 이러한 중차대한 시기에 여성회에서 제기한 시천주복지재단에 대한 문제가 조속히 해결되기를 간절히 바라면서 교령으로서 시천주복지재단, 천도교유지재단, 부문단체지도위원장, 여성회, 감사원 등 관련 기관 및 단체에 대하여 다음과 같이 특별한 당부를 드리오니 해당 기관단체에서는 시행에 만전을 기해 주시기 바랍니다.

1) 여성회 문제 제기에 대한 기관별 의견 개진

지난해 출범한 집행부에서는 종래에 추진해 오던 주요 사업들을 계승 발전해 나간다는 기본 방침을 여러 차례에 걸쳐 천명한 바 있으며 이에 따라 동학혁명 관련 사업, 삼일운동 100주년 기념사업, 시천주복지재단 사업, 어린이가 행복한 나라 등의 주요 사업들을 차질 없이 수행해 나가기 위해 노력하고 있습니다. 그런데 시천주복지재단 사업에 대해서는 여성회에서 천도교유지재단의 재산 이전에 문제가 있다는 내용의 통지서를 포덕 157(2016)년 12월 6일 및 포덕 158(2017)년 1월 25일자로 2차례에 걸쳐 내용증명으로 교령사에 보내왔습니다. 이는 동일한 내용의 통지서를 감사원 등 관계 기관에도 동시에 보냈기 때문에 이를 접수한 관계 기관으로부터 적절한 조치가 취해질 것으로 판단하고 있었으나, 교령으로서는 관계 기관에만 맡겨 둔 채 그대로 지켜만 보아서는 안 되겠다는 판단하에 기관장 간담회의에 상정하여 논의한 데 이어 각각의 기관별 의견을 묻고자 천도교유지재단, 시천주복지재단, 감사원 등 관계 기관에 공문을 발송한 바 있습니다.

2) 여성회의 문제 제기에 대한 관련 기관 단체 1차 합동회의 개최

아울러 이 문제의 효과적인 해결을 위해서는 교회의 전반을 통리하는 교령의 책무 권한으로서 관련 기관 단체가 한 테이블에 앉아 상호 의견을 개진함으로써 상호이해와 원활한 소통의 기회를 갖도록 하는 것이 필요하다고 판단했습니다.

그래서 포덕 158년 3월 9일, 문제를 제기한 여성회와 문제 제기에 대한 감사를 담당하는 감사원, 그리고 종무원, 시천주복지재단, 유지재단 등 관계 기관 단체 회의를 개최하여 상호 의견을 개진하고 소통하는 시간을 가진 바 있습니다. 이에 대하여는 교인들 간에 오해의 소지가 없도록 회의 내용을 녹취하였으며 동 녹취한 내용을 요약하여 포덕 158년 3월 16일자 천도교 홈페이지 게시판(게시번호 458)에 공개한 바 있습니다. 저는 교령의 개회사와 폐회사를 통하여, 교령으로서 여성회에서 제기한 문제에 대하여 내부적으로 원만하게 해결되기를 바라는 마음으로 회의를 개최하고 진행하였다는 것을 관계 기관 및 전 교인들에게 명백하게 밝힌 바 있습니다.

3) 여성회의 감사원 고발 및 감사원의 답변 등 문제의 심각성 대두

그런데 포덕 158년 3월 9일, 관련 기관 간 상호 소통을 위한 합동회의를 개최했음에도 불구하고 여성회에서는 포덕 158년 4월 6일자로 다시 감사원에 이 사건을 고발하였으며, 이에 감사원에서는 4월 12일, 여성회장의 감사원 고발장에 대한 답변서를 작성하여 다시 보낸 바가 있습니다.

여성회와 감사원 간의 이러한 일련의 문제 해결 진행 과정을 보면서 자칫 이 문제가 원만히 해결되기보다는 법정으로까지 비화되는 심각한 사태로 발전할지 모르겠다는 생각이 들었습니다. 그러한 불행한 사태가 오지 않기 위해서는 관계 기관 간 더욱 진지한 대화와 소통의 자리를 다시 마련할 필요가 있다고 판단했습니다.

4) 여성회의 문제 제기에 대한 관련 기관 2차 합동회의 개최

이에 포덕 158년 4월 18일, 제2차 관련 기관 단체 간 합동회의를 개최한 바 있습니다. 동 회의를 진행하면서 회의 성격과 목적에 대하여 교령의 개회사와 폐회사 등을 통하여 밝힌 바 있습니다.

5) 교령의 입장 재천명과 관련 기관에 대한 시행 당부 사항

· 교령의 분명한 입장 천명

이 문제가 더이상 확대되어서는 안 되며 상호 소통을 통하여 교회 안에서 원만히 해결되기를 바랍니다. 교령으로서는 이 문제의 조속한 해결을 바랄 뿐이며 어떤 선입관이나 편견은 절대로 있을 수 없다는 것을 거듭 천명하는 바입니다. 앞으로도 여성회에서 제기한 문제에 대하여는 내부적으로 원만하게 해결되도록 지속적으로 상호이해와 소통의 기회를 가질 것이며, 감사원에서는 이 문제가 법정 사태로까지 발전되지 않도록 맡은 바 책임을 다해 주시기 바랍니다.

· 여성회에 대한 당부 사항

여성회에서 고발한 사건에 대한 감사원의 감사 결과를 기다려 주시고, 끝까지 소통을 통하여 해결할 수 있도록 해야 할 것이며 이 문제가 외부 법정으로까지 비화되지 않도록 해 주시기 바랍니다.

· 시천주복지재단에 대한 당부 사항

정관에 따라 복지 사업을 당초 계획대로 추진해 주시기 바라며 앞으로의 장단기 사업 추진 계획을 수립하여 체계적으로 진행해 주시기 바랍니다. 특히 교인들의 의혹과 불신을 사지 않도록 충분히 소통하고 관련 의견을 수렴하면서 교회 발전을 위해 효과적으로 추진해 주시기 바랍니다.

· 유지재단에 대한 당부 사항

여성회에서 제기한 문제에 대하여 경청하고 충분한 설명과 오해의 소지가 없도록 노력하여 주시기 바랍니다. 여성회에서 열람코자 하는 회의록 등 서류는 절차에 따라 협조하여 주시기 바랍니다.

· 부문단체 지도위원장에 대한 당부 사항

여성회에서 제기한 문제가 내부적으로 원만히 해결될 수 있도록 지속적인 관심과 지도에 만전을 기해 주시기 바랍니다.

· 감사원에 대한 당부 사항

여성회 고발 사건의 시급성과 중대성을 감안하여 8월 정기 감사회의 시까지 감사를 미루지 말고, 임시 감사회의를 개최하여 이 문제를 조속히 감사하여 주시기 바랍니다. 교단 내 갈등이 더 이상 증폭되어 법정 고발 사태로까지 확대되지 않도록 감사원으로서의 맡은 바 책임을 다해 주시기 바랍니다.

포덕 158(2017)년 4월 25일

교령 호암 이정희

4. 감사원, 1차 징벌(4인) 및 교령 재의 요구

• 감사원, 1차 징벌(4인)

포덕 158(2017)년 8월 10일, 정기감사(5차 감사회의)에서 시천주복지재단 문제 및 관련 회의 중 발언 내용에 대한 문제 등을 사유로 근신 6개월 2인, 경고 1인, 정권 3년 1인 등 4인의 징계를 각각 결의하였다.

• 교령, 재의 요구

포덕 158(2017)년 8월 30일, 나는 이 같은 감사원의 징벌 결의에 대한 재의를 요구하였다. 나는 재의 사유에 대해서 "이번 징계 결의 배경이 되는 주된 사안은 사회복지법인인 천도교 시천주복지재단의 설립에 관한 것입니다. 여성회가 문제 제기함으로 인하여 부문 단체와 관련 기관 간에 갈등이 발생하였고, 이러한 기관 단체 간 갈등을 화합과 통합의 정신으로 해결하고자, 교단의 통리 차원에서 회의를 개최한 것입니다. 이미 부문단체 지도위원장인 종무원장이 여러 차례 여성회를 이해시키려고 하였음에도 여의치 않았고, 여성회가 외부 사법기관에 판단을 요청하려 하는 단계에 이르러, 이를 긴급히 제지할 필요성이 대두되었으므로, 해당 기관인 유지재단과 복지재단으로 하여금 여성회를 설득하도록 하는 기회를 갖는 것이 우선적으로 문제 해결에 중요하다고 생각하였습니다. 이에 관련 기관 단체 합동회의를 개최하여 서로의 입장을 들어봄으로써 소통과 화합의 정신으로 문제를 해결하고자 하였던 것입니다. 혹자가 말하였듯이 여성회가 소송을 할 테면 해보라고 방관한다든지 또는 따끔하게 야단을 쳐서 그런 생각을 하지 못하게 했어야 한다는 등의 방법은 우리 교단이 취할 자세가 아니며 사인여천하는 종단으로서 매우 부적절하고 무책임한 태도라고 할 것입니다. 이제 감사원이 감사한 결과를 보면, 복지재단 설립에 있어 ○

○○ 등 두 교인의 이의 제기는 오해와 무지에 의한 것이라는 결론을 내리고 이를 전제로 제반 징벌을 결정한 것으로 판단됩니다. 그러나 이러한 결론을 도출함에 있어 제반 사실관계의 파악에 오류가 있음이 발견됩니다. 또한 징벌은 형평의 원칙에 따라 그 잘못된 일에 대해 상응하는 것이라야 합니다. 어떠한 회의에서든지 자유로운 의견 제시가 가능하여야 하는 것이며 발언만으로 처벌하는 것은 시천주 인내천 사인여천을 교화하는 우리 종단에서 결코 있어서는 안 되며 있을 수 없는 일입니다. 따라서 이번 감사원이 의결한 징벌 결의는 결코 재가될 수 없는 결정입니다."라고 적시하였다.

이상과 같은 징계 불가 사유를 적시하고 피징벌인 4인에 대한 각각의 사안별 징계 불가 사유를 구체적으로 적시하면서 징벌의 부당성과 정권 3년의 징계는 철회하여 줄 것을 요구하였다.

• 기관장회의, 1차 징벌 건 3심 확정

감사원에서는 포덕 158년 9월 3일에 개최한 감사회의에서 교령의 재의 요청에 대하여 경고 처분을 받은 1인에 대하여 재심 요청 사유와 총부 현황을 포함한 당면 과제의 추진과 포덕 사업 진로의 막중함을 받아들여, 금차에 한하여 징벌을 면하고, 근신 6개월 2인 및 정권 3년 1인에 대하여는 당초의 징벌을 재의결하고 이를 교령사에 제출하여 왔다. 이에 나는 교헌 제53조에 따라 구성된 기관장회의 규정 제2조 및 감사원 규정 제10조에 의거 9월 18일, 감사원의 재의결에 이의를 제기하고 3심에 해당하는 기관장회의(교령, 연원회 의장 종무원장, 종의원 의장, 감사원장, 유지재단 이사장 및 상주선도사)에 부의하였다. 교령으로서 최선을 다하여 재심 요청 사유에 대하여 설명하였으나 기관장회의에서는 교령의 이의 제기에 대하여 받아들이지 않고, 감사원의 재의결을 받아들여 근신 6개월 2인, 정권 3년 1인의 징벌이 최종 확정되었다. 나는 그동안 시천주복지재단 설립과 관련하여 여성회가 문제 제기함으로 인하여 부문 단체와 관련 기관 간에 갈등이 발생하였고, 이러한 기관단체 간 갈등을 화합과 통합의 정신으로 해결하고자, 최선의 노력을 기울여 왔다. 그러나 교령의 이러한 노력이 감사원과 기관장회의에서 허무하게 무너져 버리는 것을 보고, 징계받은 교인들의 마음 고생이 얼마나 클 것인가를 생각하며 너무도 안타까운 마음에 밤잠을 제대로 이루지 못하였다.

5. (가칭)자산환수위, 부동산 환수 요구

• (가칭)자산환수위원회, 부동산 환수 요구

나는 포덕 158년 7월 17일부터 19일까지 해외 포덕을 위한 인내천 포럼의 일환으로 미국 남가주 지역 방문 중 7월 17일, 국내에 있는 모 교구장으로부터 긴급한 내용의 전화를 받는다. 전화 요지는 8개 교구장과 200여 명의 교인 동의를 받아 '천도교자산환수위원회' 를 발기했다면서 내용증명으로 출연된 재산 환수를 하지 않고 있는 현직 교령을 고발하기로 했다는 것이다. 그러면서 7월 28일까지 시천주복지재단에 출연된 부동산에 대한 환수를 하지 않으면 이 문제를 외부로 들고 나가겠다는 것이었다. 나는 현재 미국에 와 있으니 귀국 후에 자세한 이야기를 하자면서 전화를 끊었다.

미국 방문 첫날인데 이와 같은 전화를 받고 나니 정말 착잡한 마음이었다. 그러나 나는 계획된 일을 차질 없이 소화하고 7월 19일 귀국하여 20일 출근하였다. 전화 받은 그대로 (가칭)천도교자산환수위원회 이름으로 교령사에 도착한 내용증명 서류가 있어 개봉해 보았다. 수신인은 천도교 중앙총부 교령 이정희이며 발신인은 천도교자산환수위원회의 교구장 8명 이름으로 되어 있었다. 본 문건의 요지는 "시천주복지재단으로 출연(기증)된 부동산에 대하여 2017년 7월 28일까지 천도교유지재단으로 환수할 것을 촉구하며 이를 불이행 시 민·형사 사건으로 대응할 것임을 천명한다"는 것이었다.

• 교령, 감사 이첩

나는 포덕 158년 7월 24일, 교령사에 접수된 천도교자산환수위원회(가칭) 교구장 8명으로부터 받은 내용증명의 문서를 감사원에 이첩하였다. 나는 본 문서를 감사원에 보내면서 본 문서 내용을 보면, "천도교의 엄중한 부동산이 복지 사업을 한다는 구실하에 별개의 법인에 출연(기증)이라는 방법으로 이전된 것에 대하여 이를 시정하고 환수하고자 천도교자산환수위원회를 발기하고 소유권이 이전된 부동산에 대하여 천도교유지재단으로 환수할 것을 천명하오니 즉시 이행해 주시기 바랍니다. … 천도교자산환수위원회는 천도교 자산이 별도의 시천주복지법인으로 출연(기증)된 부동산에 대하여 2017년 7월 28일까지 환수할 것을 촉구하며 불이행 시 민·형사사건으로 대응할 것임을 천명합니다."라고 되어 있습니다. 이에 "동 문건을 감사원에 이첩하오니 조속히 감사를 실시하여 그 결과를 보고"하도록 하였다. 감사원에 이 내용을 감사하도록 지시한 것은 교헌 제59조에 의거한 것이다. 교헌 제59조에 의하면 "감사원은 교령의 지시 사항과 교회 전반에 관한 규율을 장리하며 재산 및 교무행정 감사, 예산 집행 및 결산에 관한 감사, 부설 기관의 회계 감사, 교인 징벌에 관한 사항을 결의 집행한다."로 되어 있다.

6. (가칭)자산환수위, 검찰청 고발

• (가칭)자산환수위원회, 검찰청 고발

포덕 158(2017)년 12월 6일, (가칭)자산환수위원회에서 본 사건을 서울중앙지검에 고발하였다. 고발 취지는 "피고발인들을 업무상 배임 및 혐의 등으로 고발하오니 처벌하여 달라"라는 내용이다. 문제가 교단 밖 법정 고발 사태로 옮겨 가는 상황이다. 관련 기관 단체 등의 회의 등을 통하여 내부에서 해결하고자 정성을 기울였던 노력들이 수포로 돌아가고 급기야 법정 고발 사태로 번지게 되었다. 이제 문제 해결의 차원이 달라진 것이다.

피고발인들은 "자칭 천도교유지재단 이사회 이사들이라며 천도교유지재단 소유 부동산을 별개의 복지재단에 출연이라는 해괴한 방법으로 천도교 재산을 이전하고 매도하여 천도교 재단에 엄청난 피해를 준 자들"로 "철저히 수사하여 엄정히 처벌하여 주시기를 바라며 이에 고발합니다."라고 적시하고 있다. (가칭)자산환수위원회에서는 또 이러한 법정 사태로 비화되기 이전(포덕 158년 12월 21일), "목감동 땅을 헐값에 매각하였다."며 이를 문제 삼았다.

• 교령, 2차 교서 발행

그런데 위와 같은 (가칭)자산환수위원회의 고발에 대하여 포덕 159(2018)년 3월 28일, 서울지검으로부터 '혐의 없음'을 통지하여 왔다. 그 이유는 증거가 불충분하다는 것이었다. 나는 시천주복지재단 문제를 내부적으로 해결하기 위하여 관련 기관단체 회의 등, 온 정성을 쏟았지만 결국은 외부 법정 고발 사태로 번지게 되었으며, 서울지검으로부터 혐의 없다는 통지를 받게 되는 상황에서도 내부 갈등은 좀처럼 해소되지 않아 포덕 159년 4월 10일, 전국의 교역자와 교인 여러분들에 대하여 다음과 같은 교서를 발행하였다.

전국의 교직자와 교인 여러분에게 특별한 당부 말씀을 드립니다.(포덕 159년 4월 10일), 아시는 바와 같이, 지난 포덕 157년 4월에 출범한 새 집행부는 '대도중흥비전 21' 과 '중일변 포덕 2500' 의 성공적 추진을 위하여 전 교단 차원에서 온 정성을 다하고 있습니다.

'대도중흥과 포덕 2500' 은 교단을 혁신하여 이 시대 쇠운을 성운으로 전환하기 위한 우리 모두의 간절한 꿈입니다. 앞으로 100년을 향한 중일변의 꿈을 기필코 실현하기 위해서는 우리 모두 한마음 한뜻으로 하나가 되어 단 1초라도 아껴 써야 할 참으로 소중한 시간입니다.

이러한 중차대한 시기에 천도교여성회본부 및 천도교자산환수위원회(가칭)로부터 전 집행부 당시에 설립된 시천주복지재단에 대한 문제가 제기되어 큰 혼란을 겪고 있습니다.

그동안 천도교여성회본부 및 천도교자산환수위원회(가칭)로부터 제기된 시천주복지재단 문제에 대하여 지난 2년여 동안의 주요 경과 조치 및 내용을 간략히 정리하여 교인 여러분께 알려 드리고, 이 문제가 더 이상 확대되어 교단이 어려움에 처하지 않도록, 관련 기관 단체 및 관련 교직자와 관련 교인 모두가 은인자중하여 주실 것을 간절히 바라면서 교령으로서 전국의 교직자와 교인 여러분에게 특별한 당부 말씀을 드리오니 가벼이 생각지 마시고 깊이 유념하여 주시기 바랍니다.

1) 천도교여성회본부와 천도교자산환수위원회(가칭)의 시천주복지재단 설립 과정 및 설립 내용에 관한 문제 제기에 따른 조치 및 경과

①천도교여성회본부, 천도교유지재단의 시천주복지재단에 재산 이전에 대한 문제 제기(포덕 157년 12월 6일) 및 기관장회의 논의: 포덕 157(2016)년 4월 1일부로 출범한 신집행부에서는 종래에 추진해 오던 주요 사업들을 계승 발전해 나간다는 기본 방침을 여러 차례에 걸쳐 천명한 바 있으며, 이에 따라 동학혁명 관련 사업, 삼일운동 100주년 기념사업, 시천주복지재단 사업, 어린이가 행복한 나라 등의 주요 사업을 차질 없이 수행해 나가기 위해 노력하여 왔습니다.

그런데 이 중 시천주복지재단 사업에 대해서는 천도교여성회본부에서 천도교유지재단의 재산 이전에 문제가 있다는 내용의 통지서를 신집행부 출범 해인 포덕 157(2016)년 12월 6일 및 지난해 포덕 158(2017)년 1월 25일자로 2차례에 걸쳐 내용증명으로 교령사에 보내왔습니다. 이에 동일한 내용의 통지서를 감사원 등 관계 기관에도 동시에 보냈기 때문에 이를 접수한 관계 기관으로부터 적절한 조치가 취해질 것으로 판단하고 있었으나, 교령으로서는 관계 기관에만 맡겨 둔 채 그대로 지켜만 보아서는 안 되겠다는 판단하에 이 문제를 기관장 간담회의에 상정하여 논의한 데 이어 각 기관별 의견을 묻고자 천도교유지재단, 시천주복지재단, 감사원 등 관계 기관에 공문을 발송한 바 있습니다.

아울러 포덕 158년 2월 6일 기관장 간담회(제5차)를 개최하여 내용증명으로 보내온 여성회 요구 사항에 대한 적절한 대응 방안에 대한 논의가 있었습니다.

②여성회본부의 제기된 문제 해결을 위한 관련 기관 단체 1차 합동회의 개최(포덕 158(2017)년 3월 9일): 이 문제의 효과적인 해결을 위해서는 교회의 전반을 통리하는 교령의 책무 권한으로서 관련 기관단체가 한 테이블에 앉아 상호 의견을 개진함으로써 상호 이해와 원활한 소통의 기회를 갖도록 하는 것이 필요하다고 판단했습니다. 이에 포덕 158년 3월 9일, 문제를 제기한 여성회와 문제 제기에 대한 감사를 담당하는 감사원, 그리고 종무원, 시천주복지재단, 유지재단 등 관계 기관 단체 회의를 개최하여 상호 의견을 개진하고 소통하는 시간을 가진 바 있습니다. 이에 대하여는 교인들 간에 오해의 소지가 없도록 회의 내용을 녹취하였으며 동 녹취한 내용을 요약하여, 포덕 158년 3월 16일자 천도교 홈페이지 게시판(공지 사항 게시번호 458)에 공개한 바 있습니다.

③여성회의 감사원 고발(포덕 158(2017)년 4월 6일) 및 감사원의 답변(포덕 158년 4월 12일) 등 문제의 심각성 대두에 따른 관련 기관 2차 합동회의 개최(포덕 158년 4월 18일): 그런데 포덕 158년 3월 9일, 관련 기관 간 상호 소통을 위한 합동회의를 개최했음에도 불구하고 여성회에서는 포덕 158년 4월 6일자로 다시 감사원에 이 사건을 고발하였으며, 이에 감사원에서는 포덕 158년 4월 12일, 여성회장의 감사원 고발장에 대한 답변서를 작성하여 다시 보낸 바 있습니다.

여성회와 감사원 간의 이러한 일련의 문제 해결 진행 과정을 보면서 자칫 이 문제가 원만히 해결되기보다는 법정으로까지 비화되는 심각한 사태로 발전할지 모르겠다는 조짐이 있었습니다. 그러한 불행한 사태가 오지 않기 위해서는 관계 기관 간 더욱 진지한 대화와 소통의 자리를 다시 마련할 필요가 있다고 판단했습니다. 이에 포덕 158년 4월 18일, 제2차 관련 기관 단체 간 합동회의를 개최한 바 있습니다. 동 회의에서 저는 다음과 같이 교령으로서의 입장을 언급하였습니다.(공지 사항은 천도교 게시판에 게재, 포덕 158년 5월 24일)

④시천주복지재단 문제에 대한 교령의 입장 재천명과 관련 기관에 대한 교서 발행(포덕 158(2017)년 4월 25일): 저는 시천주복지재단 문제가 조속히 매듭지어지기를 간절히 바라면서 관계 기관 및 단체에 대해 다음과 같은 요지의 교서를 발했습니다.(관계 기관 및 단체에 대한 교서의 내용은 포덕 158년 4월 25일, 1차 교서의 내용과 동일하므로 생략)

⑤시천주복지재단 관계 기관 및 단체 3차 합동회의 개최(포덕 158(2017)년 7월 3일): 그동안 2차례의 관계 기관 및 단체 간 합동회의를 개최하고 교령의 교서까지 발행하였으나 내부에서 해결이 되지 않으니 외부 소송까지 가야 되겠다는 의견이 대두되고 있는 상황에서 교령으로서 그대로 방치되어서는 안 되겠다는 생각에서 포덕 158년 7월 3일, 관계 기관 및 단체 3차 회의를 개최하였습니다. 저는 이 문제가 교단 밖으로 나가서는 안 된다는 점을 거듭 강조하였고, 특히 복지재단 운영에 대한 투명성과 앞으로의 장기 계획을 수립해 줄 것을 참석한 복지재단에 주문한 바 있습니다.(공지 사항 천도교 게시판 게재, 포덕 158년 7월 24일)

⑥천도교자산환수위원회(가칭)에서 시천주복지재단에 출연된 재산을 천도교유지재단으로 환수 요청 공문(등기, 포덕 158년 7월 18일) 접수 및 기관장회의 논의: 천도교자산환수위원회(가칭, 발기인 8인) 명의로 교령사에 전달된 등기우편 문서에 의하면, "천도교의 엄중한 부동산이 복지 사업을 한다는 구실하에 별개의 법인에 출연(기증)이라는 방법으로 이전된 것에 대하여 시정하고 환수하고자 천도교자산환수위원회를 발기하고 소유권이 이전된 부분에 대하여 7월 28일까지 불이행시 민형사 사건으로 대응할 것임을 천명한다."라고 되어 있어 이

에 대한 감사 지시 공문을 포덕 158(2017)년 7월 24일자로 발한 바 있습니다. 아울러 기관장회의를 개최하여 적절한 대응 방안에 대하여 논의한 바 있습니다.

⑦감사원, 감사원 감사 결과 보고(포덕 158(2017)년 8월 12일) 및 재의 요청(포덕 158년 8월 30일), 기관장회의 감사원 징벌 재결의(포덕 158년 9월 3일): 포덕 158년 8월 10일~8월 12일까지 실시한 제5차 정기감사회의 결과 2인에 대한 근신 6개월, 1인 경고, 1인 정권 3년의 징벌 조치를 결의(포덕 158년 8월 12일)한 바 있습니다.(명단 생략)

이에 교령은 158년 8월 30일자로 이의서를 첨부하여 감사원에 재의를 요청하였으나, 감사원에서 원안대로 재결의하여 보고됨에 따라 포덕 158년 9월 18일 기관장회의를 개최한 바, 동 회의에서 감사원의 재결의대로 최종 의결된 바 있습니다.

⑧(가칭)천도교자산환수위원회 발기인 230인 명의로 서울중앙지방검찰청에 고발(2018년 12월 미상) 및 종로경찰서에서의 수사(2018년 2월 27일~3월 6일): 피고발인은 17인이며 죄명은 공중서원본불실기재, 특정경제범죄가중처벌 등에 관한 법률 위반(배임) 업무상 횡령 등으로 되어 있습니다. 피고발인 5명은 포덕 159(2018)년 2월 27일부터 3월 6일까지 종로경찰서 수사과에 여러 차례 출두하여 조사를 받은 바 있습니다.(명단 생략)

⑨기관장 간담회(포덕 159년 4월 2일) 보고: 지난 정기감사 결과에 따른 경고 조치에도 불구하고 이런 사태가 발생한 부분에 대하여 포덕 159년 4월 14일 소집되는 임시감사회의에서 주요 안건으로 논의할 예정입니다.

⑩위 고발 사건 처분 결과 통지서 접수: 포덕 159(2018)년 12월 (가칭)천도교자산환수위원회에서 검찰청에 고발한 사건에 대한 처분 결과는 혐의가 없는 것으로 검찰청으로부터의 통지를 받은 바 있습니다.

· 처분 일자: 2018년 3월 28일 · 처분 요지: 혐의 없음 · 처분 기관: 서울중앙지방검찰청

2) 시천주복지재단 설립 과정 및 설립 내용에 관한 문제 제기에 따른 당부 사항

이상과 같이 천도교시천주복지재단과 관련하여 발생한 일련의 사태에 관하여 간략히 설명을 드렸습니다. 교령으로서는 더 이상 교단 내에서의 혼란과 분쟁은 없어야 한다는 것이 간절한 바람입니다. 따라서, 고발인들은 탄원서를 돌리는 등 더 이상 교회를 갈등과 분열로 이끌 수 있는 일체의 행위를 삼가할 것이며, 나아가 교회의 주요 교직자들을 형사 고발한 것에 대해 진심 어린 사과와 반성의 뜻으로 이 시대 우리의 천명인 대도중흥과 포덕 2500으로 교단 발전에 적극 동참해 주실 것을 당부 드리는 바입니다.

피고발인들은 고발인들의 진심 어린 사과에 대하여 대승적 차원에서의 폭넓은 양해로써 교단의 화합을 위해 힘써 주시기 바랍니다. 전국의 교역자와 교인 여러분께서는 일련의 사태에 대하여 온전한 사리 분별로 교단이 더 이상 분란에 휩쓸리는 일이 없도록 하여 주실 것을 간곡하게 당부하는 바입니다.

7. (가칭)평신도회 시위, 기관 연석회의 대책 논의

• 평신도회(동학마을) 출범

포덕 159(2018)년 4월 7일부터 8일까지 1박 2일간의 일정으로 강원도 영월과 적조암 순례를 함께 다녀온 8명의 동덕들이 발기인이 되어 천도교평신도회를 만들었다는 보고를 받았다. 이 단체는 일명 '동학마을' 이라는 명칭으로도 불리고 있는데, 이 단체의 정관(홈페이지)에 의하면, " '동학마을' 은 장구한 민족 역사의 흐름 속에서 면면히 이어져 온 홍익인간 광명이세의 숭고하고 장엄한 대동정신을 실천해 온 민족으로서, 이 시대에 동학혁명의 인내천 사상으로 재조명하여 한민족의 평화, 번영, 통일과 인류 공영을 위해 창립되었다.(제1조)" 라고 명시되어 있다.

또 이 단체의 설립 목적은 "인내천을 토대로 한 정신개벽과 삼경사상, 보국안민 운동을 계승하여 행동하고 실천하며 민족의 통일과 인류공동체 건설에 선도적으로 실천함을 목적으로 한다(3조)" 라고 규정되어 있다. 수행하고자 하는 사업에 대해서는 "동학정신을 계승 확산하는 사업, 동학의 연구, 교육, 출판 사업, 동학의 문화예술 사업, 동학을 세계화하는 사업, 동학 단체 및 시민 단체와 연대하는 사업" 등으로 되어 있다. 회원은 "정관에 명시된 목적에 동의하는 만 19세 성인으로서 2인 이상의 추천을 받은 이로 정해진 입회원서를 제출하여 운영위원회에서 가입 승인을 받은 사람을 회원으로 한다." 라고 규정함으로써 천도교단 또는 천도교와는 전혀 상관 없는 단체로서, 비교인들까지 회원 가입 대상으로 하여 단체를 구성하는 것으로 되어 있다.

• 평신도회, 대교당 앞 시위

포덕 159(2018)년 7월 8일(일), 평신도회가 주축이 되어 천도교 중앙대교당 앞에서 교단 사상 초유의 시위를 벌였다. 현수막을 들고 풍물놀이를 앞세워 천도교 중앙총부 인근의 인사동 일원을 행진하면서 시천주복지재단 등 교단 운영의 전반적인 문제에 대하여 구호를 외쳤다.

포덕 159년 7월 8일, 첫 번째 시위가 일어난 그날 아침 8시, 종무원으로부터 긴급한 전화를 받았다. 내용인즉 오늘 지방에 있는 교인들이 총부에 와서 시위를 할 예정이라는 정보를 입수했다며 교령님이 대교당 시일식에 참석하지 않는 것이 좋겠다는 것이다. 그래서 나는 오늘 총부로 나가지 않고 우이동 교령사로 가서 시일식을 봉행하였다. 다음 날 아침, 교령사에서 종무원장과 4관장 회의를 개최하여 어제의 시위 상황에 대해 보고를 받고 앞으로의 대응 방안에 대해 논의했다.

이어서 7월 10일, 종무원 전체 회의를 열어 시위에 대한 대응 방안에 대하여 거듭 논의하였다. 논의 결과 우선은 시위 상황에 대해 조용히 지켜보되 경찰이나 경비 동원 등의 물리적인 대응은 하지 않기로 했다. 자칫 강경하게 대응할 경우, 상호 감정이 격화되어 폭력적으로 충돌할 수 있는 상황까지 갈 수도 있으니, 신중한 자세로 즉시 대응은 하지 않는 것으로 의견을 모은 것이다. 일주일이 지난 7월 15일(일)에 또 2번째의 시위가 이어졌다. 아침 7시 30분쯤 종무원에서 오늘 또 평신도회에서의 시위가 예고되어 있으니 지난번처럼 총부 시일에 나오지 않는 것이 좋겠다는 전화가 왔다. 그러나 내가 대교당으로 시일식에 참여한다 해도 무대응하는 방향으로 나간다면 별문제는 없을 것이라 판단하고 총부 시일식에 참석하기로 하였다. 9시 40분, 지방에서 올라온 시위버스가 대교당 앞 정문에 도착한다. 10시에 본격적으로 시위를 시작하는 사물놀이 소리가 요란하게 들린다. 1차 때보다 규모가 좀 커진 것 같다. 대충 100여 명이 참석한 것 같았다.(《천도교신문》 114호, 2018년 8월 9일)

• 기관 연석회의 개최

나는 사상 초유의 시위 사태에 대하여 심각한 우려를 표하며 포덕 159(2018)년 7월 20일(금) 수운회관 907호에서 시위 사태에 대한 보고와 해결 방안을 논의하기 위한 기관 연석회의를 개최하였다. 본 회의는 종무원 처무 규정 제 30조에 의거 소집된 것으로 규정에 따른 것이다. 오늘 회의에서는 많은 논란 끝에 "시위 사태에 대하여 법적인 부분과 비법적인 부분을 적절하게 대응해 나가자"는 원론적인 합의를 했을 뿐 구체적인 방안은 제시하지 않기로 했다.(《천도교신문》 제114호, 2018년 8월 9일)

8. 감사원, 2차 징벌(5인) 및 교령 재의 요구

• 감사원, 2차 징벌(5인)

포덕 159(2018)년 4월 14일, 감사원에서 개최된 제9차 임시감사회의에서 시천주복지재단 건과 관련하여 다시 2차 징벌 결의가 이루어졌다. 감사원에서 보낸 '제9차 임시감사 결과 보고 및 징벌 결의 재가 요청' 에 따르면 징벌을 받은 자는 총 5인으로 2인은 3년 정권, 2인은 5년 정권, 1인은 출교 등의 징벌을 받은 것으로 되어 있다. 3년 정권을 받은 교인을 제외하고는 모두 1차 징벌을 받은 교인들이다. 관련 문서에 따르면, 정권 5년의 징계를 받은 2인은 1차 징벌을 받은 자들로서 징계 처분에 대한 불복, 교헌 질서 문란, 교헌 질서 문란을 넘어 스승님 심법에 대한 위법 행위 등이 징계 이유로 되어 있다. 3년 정권을 받은 2인은 교헌 질서 문란, 교헌 질서 문란을 넘어 스승님 심법에 대한 위배 행위로 되어 있다. 끝으로 출교 징계를 받은 교인에 대한 위법 행위는 징계 처분에 대한 불복 및 교헌 질서 문란, 나아가 교헌 질서 문란을 넘어 스승님 심법에 대한 위배 행위 등이다.

나는 이와 같은 징벌 결의에 대한 감사원의 결과에 대한 보고 및 징벌 결의 재가 요청을 받고 포덕 159년 4월 27일, 감사원 규정 제10조에 의거 제9차 임시감사 결과 징벌 결의에 대한 재의를 요구하였다.

• 교령, 2차 징벌 재심 요구

포덕 159(2018)년 4월 27일, 제9차 임시감사 결과 징벌 결의에 대한 재의요구서를 감사원에 보내면서 다음과 같은 재의 요구 사유를 적시하였다. 여기서 인용된 내용은 본 내용 중에 명기된 인명에 대해서는 앞에서처럼 일체 밝히지 않았으며 내용 중 일부에 대해서도 축소 또는 생략되었다.

잘 아시는 바와 같이 포덕 157(2016)년 4월 1일부로 출범한 우리 집행부는 이 시대의 천명인 대도중흥비전 21과 중일변 포덕 2500의 성공적 추진을 위하여 교단 차원의 정성을 기울이면서 또한 전 집행부에서 추진해 오던 주요 사업들을 계승 발전시켜 나간다는 기본 방침하에 동학혁명 관련 사업, 3·1운동 100주년 기념사업, 시천주복지재단 사업, 어린이가 행복한 나라 사업 등을 차질없이 수행해 나가기 위해 노력해 왔습니다. 그런데 시천주복지재단 사업에 대해서는 천도교여성회본부 및 천도교자산환수위원회(가칭)로부터 시천주복지재단의 설립 과정 및 재산 출연에 대한 문제가 제기되어 지난 2년여 동안 이 문제의 원만한 해결을 위하여 교령으로서 모든 노력을 기울여 왔습니다. 특히 이 문제가 법정으로까지 비화되지 않고 교단 내부에서 조속히 해결될 수 있도록 3차례에 걸쳐 관련 기관 단체 간 회의를 개최하여 원활한 소통의 기회를 갖도록 정성을 기울였으며 기관장 간담회에서의 논의와 관련 기관 및 단체에 대한 교서도 발행 바 있습니다. 그러나 지난해 8월 12일 개최된 제5차 감사회의 및 기관장회의에서 2인에 대한 근신징벌과 1인에 대한 3년 정권 결의가 집행된 바 있습니다. 그런데 포덕 158(2017)년 12월, (가칭)자산환수위원회에서 시천주복지재단 출연과 관련하여 법정에 고발한 바 있으며, 포덕 159년 3월 28일자로 무혐의 처분 결과 통지서가 접수된 바 있습니다. 저는 시천주복지재단 설립과 관련된 문제가 더 이상 확대되어 교단이 어려움에 처하지 않도록 관련 기관, 단체 및 관련 교직자와 관련 교인 모두가 은인자중하여 주실 것을 간절히 바라면서 전국의 교직자와 교인 여러분들에게 교서를 발한 바 있습니다. 대도중흥비전 21과 중일변 포덕 2500을 위해 정성을 다하고 있는 이 중요한 시기에 위와 같은 일련의 불행한 사태가 발생한데 대하여 교단 발전을 염원하는 교인 여러분의 마음을 헤아리며 함께 참담한 심정을 금할 길 없습니다. 지난 4월 17일에 교령사에 접수된 제9차 임시 감사 결과 보고 및 징벌 결의 재가 요청 보고서를 받아 보았습니다.

그런데 이번의 임시 감사 결과 문서를 접하면서 우리 교단의 지도자급으로서 교인들로부터 존경받을 만한 위치에 있는 피징벌인 한 분 한 분의 고매한 인격과 마음을 헤아리며 가슴이 아팠습니다.

그러면서 저는 이번의 임시 감사 결과 도출을 위한 판단의 근거로 삼은 교헌과 규정을 포월하면서 보다 더 대승적으로 판단할 수 있는 기회를 가질 필요가 있다고 생각했습니다. 이와 같은 대승적 판단을 위한 몇 가지 근본적인 준거로서 아래와 같은 스승님의 가르침과 전해 내려오는 옛 교훈들을 살피면서 이번 임시감사회의 징벌 결의 사안에 대한 재의를 요구하기로 하였습니다.

첫 번째 천법감사(天法監事)입니다. 우리 교단에서의 감사는 교헌과 규정을 근거로 판단하고 징벌을 집행하게 되어 있습니다. 그런데 교헌과 규정은 구체적인 사안에 대한 적용 당시의 권위를 부여받은 감사원에 의하여 판단, 집행되고 있습니다.

따라서 한 사건의 판단 근거를 보면 언제 누가 무엇을 근거로 어떠한 판단을 내렸는가를 알 수 있게 됩니다. 이는 시대와 사람에 따라 그 인용된 판단 근거와 판단의 내용이 또한 달라질 수 있음을 의미한다고 보겠습니다.

이런 점에서 보면 감사 행위는 시대에 따라, 사람에 따라 감사 내용이 다를 수 있다는 감사의 상대성과 감사의 역사성이라는 이중성을 동시에 내포하는 것이라 할 것입니다. 그런데 우리는 신앙 집단으로서 교회에서의 모든 행위나 가치 및 제도의 판단 근거로서 천법(天法)을 고려해야 한다고 생각합니다. 천법의 특징은 추상적인 표현일 수 있겠으나 굳이 표현하자면 시대와 사람을 넘어서는 한울님의 뜻과 가르침을 전제로 하고 있다는 점입니다. 따라서 감사를 통한 특정인에 대한 징계 여부와 징계 내용에 대한 판단은 1차적으로는 현존의 교헌과 규정에 따라 진행하되 최종적으로는 한울님 뜻이 무엇인가를 거듭 숙고하는 천법감사의 과정이 필요하다는 생각을 해보았습니다. 천법 감사란 표면적으로 드러난 것, 즉 기연(其然) 차원을 넘어서 그 심층에 드러나지 않은 불연(不然)적 차원을 아우르는 불연기연적 통찰을 통한 바람직한 감사라 할 수 있을 것입니다. 이런 점에서 피징벌인 5인에 대한 징벌 내용 및 징벌 수위에 대한 숙고 과정을 통한 재의를 요구하기로 한 것입니다.

둘째 삼표·삼문 감사(三表 三問 監事)입니다. 중국 역사 속에서 춘추시대 사람들의 판단 근거로서 크게 3가지가 있었다고 합니다. 이른바 삼표법(三表法)을 말하는 것으로, 이는 시비 판단의 기준으로 첫째, 문헌[經典], 둘째, 여론[民心], 셋째, 이념과 현실을 넘어선 한울님[天法] 입장에서의 판단 등 세 가지 차원으로 이해되고 있습니다.

이를 우리 교단의 현실 문제에 대입하여 생각해 본다면, 스승님 말씀으로서의 경전(經典)과 교인들의 마음을 헤아리는 교중의 마음[敎心], 그리고 최종적으로 한울님 마음(천법)으로 다시 한번 숙고해 보는 과정이 필요하다는 생각을 해

보았습니다. 이는 교헌이나 규정을 가벼이 보자는 것이 아니라, 경전과 교심, 그리고 천법 등을 통하여 신중하게 판단해야 된다는 것을 의미한다고 봅니다. 이에 더하여 징계 관련 옛 문헌을 하나 더 살핀다면 삼문 감사(三問監事) 사례를 들 수 있습니다. 예전에 삼법이라는 제도가 있었는데 사형법, 감형법, 사면법 등을 말하는 것으로 이중 임금이 사형법을 적용할 때는 문신(問臣), 문관(問官), 문민(問民)의 신중한 절차를 거쳤다고 합니다. 즉 임금이 좌우에 있는 신하들에게 먼저 묻고, 그들이 가하다 해도 지방관들에게 다시 묻고, 지방관들이 모두 옳다고 해도, 백성들에게 또 물어서 신중하게 사형을 집행했다고 합니다. 이런 점으로 미루어 볼 때 이번 임시 감사 결과에 대하여 위의 삼문 과정에서와 같은 숙고의 과정이 필요하다고 생각됩니다.

이런 과정을 모두 거치자는 것이 아니라 징계에 대해서는 신중에 신중을 거듭하는 숙고의 과정이 필요하다는 생각을 거듭해 보게 됩니다. 이런 점에서 금번 시천주복지재단 관련 임시감사회의 결과로서 피징벌인 ○○○에 대한 출교 징벌과 피징벌인에 대하여 삼표 감사와 삼문 감사와 같은 숙고의 과정을 통한 재의를 요구하기로 한 것입니다.

셋째, 역지사지감사(易地思之監事)에 대해 생각해 보았습니다. 개인의 억울함을 호소하기 위한 선택으로서의 측면은 없는지 생각해 볼 필요가 있다는 것입니다. 만약 피감사자라면 어떻게 할 것인가? 피감사자의 입장에서 억울한 면, 회의석상에서 제기된 문제의 내용을 명확히 하기 위한 대화 과정에서 발언한 말 한마디를 문제로 삼아 정권이 되고 해고까지 받게 된 불명예에 대해 도저히 받아들이기 어렵다고 생각한다면 어떻게 할 것인가를 역지사지 입장에서 생각해 보게 됩니다.

명리전에 "비록 그러하나 많고 많은 사람 가운데 혹 품성이 사리에 어그러짐이 있어 교화에 들지 않으면, 나라에 정법이 있어 법령과 형륙으로써 그 불법을 징계하나니, 이것은 한울법[天法]에 응하여 사람의 할 일을 만든 것이니라. 그러면 법령과 형륙이 어찌 가히 사람을 해하는 것이랴."는 말씀을 깊이 생각해 보게 됩니다.

예전에는 상소·고발의 제도가 법제화되어 있었으나 신문고는 그 최후의 항고(抗告) 시설로 임금의 직속인 의금부 당직청(當直廳)에서 주관, 북을 치는 자의 소리를 임금이 직접 듣고 처리하도록 하였습니다.

즉 억울함을 호소하려는 자는 서울에서 주장관(主掌官), 지방에서는 관찰사에게 신고하여 사헌부에 고소하고 여기서도 해결이 안 되는 경우에 신문고를 두드리게 하였는데, 이는 형식상 조선에서 민의상달(民意上達)의 대표적인 제도였습니다.

신문고의 설치는 조선 초 관리들의 권리 남용으로 인한 백성의 고통을 단적으로 해결하기 위한 최종적인 해결 장치였던 것입니다.

피감사자의 입장에서는 자기가 당한 억울한 점을 어떻게 호소할 수 있을까에 대해 깊이 고민하다가 오늘의 신문고라 할 수 있는 구제 신청의 선택을 할 수밖에 없지 않았을까를 역지사지해 볼 수도 있을 것이라는 생각을 해 보게 됩니다. 이런 점에서 피징벌인 ○○○에 대한 출교 징벌은 철회되어야 한다고 봅니다.

넷째, 역사에서 배우는 준거감사(準據監事)입니다. 잘 아시는 바와 같이 의암성사님으로부터 출교 처분을 받은 이용구는 동학혁명 당시 의암성사와 생사를 같이 했던 아끼는 제자였고 그래서 진보회를 조직할 때 회장으로 발탁하기까지 한 인물이었습니다. 그러나 일본군의 비호 아래 그들이 제공하는 엄청난 공작금까지 받아가면서 무소불위로 전횡하는 권세와 주지육림에 도취된 그들에게 의암성사의 충고와 설득이 먹혀들지 않았으며 이용구 일파는 천도교라는 명칭을 도용하여 궤변을 늘어놓으면서 교당을 따로 세워 중앙총부의 간섭 없이 활동하겠다고 맞서게 되자 이용구 이하 일진회를 추종하는 두목급 배교 친일분자 62명을 일괄 출교하여 일진회와의 관계를 완전히 단절하였습니다. 이에 이용구 일파는 시천교라는 친일 종단을 따로 만들어 별립했던 역사적 사건에 비추어 볼 때 과연 본건 종문을 각립코자 하는 개인적, 조직적으로 한 행위였는지, 역사 준거감사가 되어야 한다고 생각합니다.

다섯째, 교심감사(敎心監事)입니다. 오늘 우리 교회의 쇠운에 처한 현실을 바라보는 대다수의 교인들은 비록 썩은 사람일지라도 한울처럼 아끼는 사인여천 감사가 이루어져야 한다고 믿고 있을 것으로 생각됩니다. 해월신사께서는 〈오도지운〉 법설에서 "사람은 한 사람이라도 썩었다고 버릴 것이 없나니, 한 사람을 한번 버리면 큰일에 해로우니라. 일을 하는데 있어 사람은 다 특별한 기술과 전문적 능력이 있으니, 적재적소를 가려 정하면 공을 이루지 못할 것이 없느니라." 하셨으며, 〈대인접물〉 법설에서는 "양공은 구부러진 재목을 거절하지 아니하고 명의는 병든 사람을 거절하지 아니하고, 성인의 도를 배우는 자리에는 어리석은 사람을 거절하지 아니하느니라."라고 하셨습니다. 해월신사님의 가르침과 같이 아무리 잘못한 교인이라 하더라도 버리지 말 것이며 어리석은 사람일지라도 성인의 도로써 받아들여 개과천선하도록 하는 것이 우리 천도교 종지인 인내천 사인여천 윤리에도 부합되는 것이라는 생각을 해보게 됩니다.

이런 점에서 중징계 감사의 심판 근거로서의 교심에 대한 중요성은 아무리 강조해도 지나치지 않다고 생각됩니다. 교회에서의 교심의 중요성은 정치에서의 민심의 중요성과 같은 것으로 생각됩니다. 맹자는 "하늘이 보는 것은 우리 백성들을 통해서 보고 하늘이 듣는 것은 백성들을 통해서 듣는다."며 "백성의 마음은 바로 하늘의 마음이 드러나는 창"이라고 말하고 있습니다. 또 순자는 "임금은 배요, 백성은 물이다. 물은 배를 띄울 수 있지만 뒤집을 수도 있다."라고 했습니다.

임금이 통치를 잘하면 백성은 잘 따르지만, 잘못하면 백성들의 저항을 불러와 정권이 뒤집힐 수 있다는 뜻입니다. 교회에서의 교인들의 마음을 한울처럼 여겨야 한다는 스승님의 가르침과 같은 맥락으로 이해되는 소중한 교훈이라고 생각됩니다. 이러한 가르침들을 통하여 시천주복지재단 관련 임시감사회의 중징계 결의에 대해 교인들은 어떻게 받아들일 것인가를 깊이 숙고해 볼 필요가 있다고 생각됩니다.

• 감사원, 재심 확정

포덕 159(2018)년 5월 8일, 감사원으로부터 교령의 징벌 결의에 대한 재의 요구에 따른 제10차 임시 감사 결과 보고 및 징벌 결의 재가 요청 문서를 교령사에 보내왔다. "제9차 임시감사회의에서 결의된 징벌 결과 보고 및 징벌 결의 재가 요청"에 따르면 징벌을 받은 자는 총 5인으로 2인은 3년 정권, 또 2인은 5년 정권, 1인은 출교 등의 징벌을 받은 것으로 되어 있었다. 이에 대한 교령의 재의 요구에 따른 감사원의 회의 결과 3년 정권 2인, 5년 정권 2인 등 4인에 대해서는 1차 결의한 대로 유지하고 출교 징벌에 대해서는 5년으로 감형되었다. 감사원의 문서에 따르면 출교 징벌을 받은 교인에 대해서도 위법 행위는 엄중한 교헌 위반과 제 규정을 위반한 행위가 분명함을 재확인하였으나 출교의 징벌을 과한 당초의 처분과 관련하여 그 징벌에 대한 경감 조치를 간곡히 요구한 점과 피징벌인에 대한 징벌의 결과로 초래하게 될 교단의 더 큰 혼란은 예방할 수 있는 방책이 된다면 금 회에 한하여 그 징벌의 수위를 경감하기로 결정되었다고 기술되어 있다. 이에 따라 1인에 대한 당초의 출교 징벌은 정권 5년으로 경감되었다.

9. 감사원, 3차 징벌(1인) 및 교령 재의 요구

• 대전교구장 교체, 교인 고발

포덕 159(2018)년 4월 14일자로 대전교구의 ○○○교구장이 시천주복지재단 문제로 감사원에서 결의한 징벌(정권)에 따라 후임 교구장을 선출해야 되는데, 후임 교구장 선출이 지연되고 있다는 이유로 포덕 159년 5월 24일, 교구의 정상 운영이 어렵다는 판단하에 교구 운영 규정 제3조에 의거 총부에서 일방적으로 ○○○을 대전교구장으로 임명하였다. 이에 대해 교인들은 교구 운영이 어렵다는 판단하에 교구의 의견을 받아들이지 않고 일방적으로 임명하는 교구장은 받아들일 수 없다며, 당시의 ○○○ 교화부장을 교구장으로 임명해야 한다는 의견을 총부에 전달하였다. 그러나 감사원에서는 평신도회원은 받아들일 수 없다며 대전교구의 의견을 수용하지 않았다.

7월 5일, 나는 감사원으로부터 대전교구장 인준 건과 관련하여 월권(간섭)을 행사한다면 이는 교헌 위반으로 중벌을 적용할 수밖에 없다는 문자를 전달받았다. 대전교구 교인들이 다수 회원으로 되어 있는 평신도회에서 시천주복지재단 문제의 해결을 주장하며 포덕 159년 7월 8일과 7월 15일, 2차례에 걸쳐 대교당 앞 시위가 있었다. 8월 17일 교구에서 선출한 ○○○ 교화부장을 교구장으로 인준해 줄 것을 요청하는 청원서(교인 56명 연서)를 총부에 제출하였다. 그러나 감사원은 받아들일 수 없다면서 만약 교령이 이에 개입한다면 현 교령 체제를 더 이상 두고 볼 수 없다는 문자 메시지를 전달받았다. ○○○ 교구장은 포덕 159년 8월 20일, "○○○ 등 평신도회 관련 4인을 계율과 교단 질서를 어지럽힌다"는 이유로 감사원에 고발하였으나 9월 20일, ○○○ 1인을 제외하고 ○○○ 등 3인은 취하하였다. 10월 10일, 교구장에 대한 탄원 및 청원서가 또다시 접수되었다. 그러나 10월 11일, 감사원으로부터 ○○○ 1인에 대한 소명 요구를 시작으로 감사원 감사 절차는 진행되었다.

• 감사원 3차 징벌(1인 출교), 교령 재심 요구

포덕 159(2018)년 10월 13일에 개최된 제12차 임시감사회의에서 대전교구장이 징계 요청한 대전교구 교인 ○○○에 대하여 출교의 징벌을 의결하였다. 이에 나는 교령으로서 포덕 159년 10월 31일, 감사원의 표적 감사에 대한 문제점과 업무 방해죄에 대한 구체적 증빙 결여 등의 사유를 들어 1심에서 결의한 출교 처분 징계 결의를 철회하여 줄 것을 감사원에 재심을 요청하였다. 그러나 포덕 159년 11월 12일, 제13차 임시감사회의를 개최하고 교령의 징계 결의 철회 요구에 대해 정당한 이유가 없다며 받아들이지 않고 1심의 출교 징벌을 그대로 재결의하였다.

• 기관장회의, 3심(출교) 확정

이에 다시 포덕 159(2018)년 11월 22일, 최종 3심에 해당되는 기관장회의를 개최하여 ○○○에 대한 출교 징벌 의결에 대한 철회 안건을 상정하였으나 받아들이지 않고 1, 2차 감사원회의에서 의결된 출교 징벌 건이 최종적으로 확정되었다. 나는 기관장회의에서 출교 징벌에 대한 철회를 요청하게 된 배경 및 이유 등에 대하여 상세하게 정리하여 진지하게 설명하였으나 헛수고였다. 기관장 한 분만 더 교령의 철회안에 동의한다면 감사원에서의 출교 결의가 철회될 것으로 낙관하였는데, 찬반 투표 결과 출교 결의로 최종 의결되었다. 나는 대전교구 ○○○에 대한 출교 결의가 최종적으로 확정되는 순간 너무도 허탈하였다. 출교를 당하는 ○○○에 대한 얼굴이 떠오르며 만감이 교차하였다. 교령으로서 최선을 다하였으나 결과적으로 재심에 이어 최종 3심에서 받아들여지지 않게 되자 내 가슴이 무너질 것만 같았다. 그동안 시천주복지재단 건과 관련하여 2차례에 걸친 중징계가 있었고 이번에 또다시 출교라는 중징계가 확정되자 교령으로서 참으로 안타깝고 비통한 심정마저 들었다. 더군다나 내가 소속한 대전교구 교인들은 교령인 나에 대하여 서운한 감정을 갖지 않을 수 없을 것이라는 것은 불문가지라는 생각이었다. 이후 징계를 받은 교인들을 만나게 될 때, 뭐라고 말해야 할 것인지, 앞이 캄캄하기만 했다. 교령으로서 아무리 노력했다 한들, 결과가 말해 주지 않는가? 현행 감사 제도하에서 어쩔 수 없는 것이기는 하나, 징벌을 받은 당사자와 대전교구 교인들로부터 교령을 원망하는 소리가 들리는 듯하였다. 그러면서 현행 감사원의 징계제도상의 문제점 개선을 통감하였다.

10. 복지재단, 궁을행복요양원 개원

• 복지재단, 목감동 땅 매각 및 기존 요양원 매입

포덕 158(2017)년 3월 6일 개최된 제7차 시천주복지재단 정기이사회에서 노인요양원 설립(시설법인 전환)을 목적으로 목감동 땅을 처분하기로 의결한 바 있다. 의결 내용은 목감동 땅의 매매가는 45억(4053㎡, 1226평)이며 매수자는 4~5인 분할 매수로 되어 있다. 이에 따라 시천주복지재단은 7월 21일부터 분할 매수자 중 2인과 개별 가계약을 체결 후 주무관청(서울시청)의 기본재산 처분 허가를 받아 11월 21일 매각 절차를 완료하였다.

한편 시천주복지재단은 이사회의 의결을 거쳐 경기도 양평군 소재 개인이 운영하던 기존의 요양원 452-1 외 3필지 대지 818평, 전 544평을 33억 3천 8백만 원에 매입하고 포덕 159(2018)년 7월 30일, 서울시청의 기본재산 처분 허가를 받았다. 8월 24일, 양평군 및 보험공단 등의 허가를 받아 궁을행복요양원이라는 이름으로 요양 사업을 시작하였으며 9월 20일 교단 인사 및 교인, 지역 인사 등이 참석하여 요양원 개원 봉고식을 거행했다.

• 복지재단 부동산 매매에 대한 의혹 제기

목감동 땅은 시천주복지재단의 기본재산으로 되어 있기 때문에 이를 매도할 경우, 복지재단 이사회의 의결을 거쳐 주무관청의 허가를 얻도록 정관에 다음과 같이 명시되어 있다.

"시천주복지재단 정관 제6조(자산의 관리) ①기본재산을 매도, 증여, 교환 임대 또는 담보에 제공하거나 그 밖의 권리의 포기, 의무의 부담 등의 처분을 하고자 할 때에는 이사회의 의결을 거쳐 주무관청의 사전 허가를 얻어야 한다." 그리고 시천주복지재단 이사회 의결과 관련하여서는 "천도교복지재단 이사회 운영 규정 제10조(보고사항) ①이사회는 제7조의 의결사항을 포함한 이사회 의결사항에 대하여 처리 결과를 교령에게 매 반기 익월까지 보고하여야 한다."라고 규정되어 있다. 따라서 시천주복지재단의 기본재산으로 되어 있는 목감동 땅의 매각 결정은 시천주복지재단 이사회 결의를 거쳐 주무관청의 사전 허가를 얻도록 정관에 명시되어 있을 뿐, 천도교 교령이 직접적으로 매각 결정에 개입할 여지가 없다는 것은 명백한 사실이다. 만약 목감동 땅이 시천주복지재단의 기본재산이 아니고 천도교유지재단의 기본재산으로 되어 있다고 가정할 경우, 이를 매각코자 할 때에는 천도교유지재단 정관 제14조(부의사항) 및 제17조(자산의 관리)에 천도교유지재단 이사회의 의결을 거쳐 문화관광부장관의 승인을 받아야 하는 것으로 규정되어 있다. 이 또한 교령의 승인 사안이 아니다.

그럼에도 불구하고 사실과는 달리 "시천주복지재단의 기본재산으로 되어 있는 목감동 땅을 매각을 하려면 전국대의원대회를 열어 승인을 받아야 한다, 교령이 목감동 땅을 환수할 수 있다" "이정희 교령이 승인하지 않으면 목감동 땅을 매각할 수 없다"는 등의 오해를 하는 일부 교인들이 있었다. 이는 시천주복지재단의 기본재산 처분과 관련된 정관 규정을 모르는데 기인한 오해이다. 이는 또한 시천주복지재단의 기본재산 처분 결정에 대한 책임을 교령에게 전가하고자 하는 일부 교인들의 왜곡된 의도에서 비롯된 것이라 생각된다. 시기적으로 내가 재임 시에 목감동 땅이 매각된 것은 사실이지만 내가 목감동 땅 매각을 결정했다는 주장은 어불성설이다.

또한 시천주복지재단에서 개인이 운영하던 경기도 양평의 기존 요양원의 시설을 매입하고 미비 시설을 보완하여 궁을행복요양원을 설립한 것 역시 시천주복지재단 이사회의 의결 후 양평군 및 보험공단 등의 허가를 받은 것이다. 이들 기존 요양원 구입 및 궁을행복요양원 설립 과정에 교령이 직접적으로 개입한 것이 아니라는 것 또한 마찬가지이다. 일부 교인들 간에는 개인 요양원을 매입한 후 이를 보완하여 궁을행복요양원으로 설립하는 과정에서 교령이 최종 승인한 것이라는 말도 안 되는 오해가 있었다. 왜 이런 오해를 하게 된 것인지 도저히 이해할 수 없다. 시천주복지재단의 기본재산 처분(매각, 매입 등)은 시천주복지재단 정관에 따라 시천주복지재단 이사회의 의결 후 이사장 명의로 주무관청의 허가를 받아 확정 집행되는 것으로서, 교령이 이에 개입할 사안이 아니며 개입할 수도 없다.

• 궁을행복요양원 개원

시천주복지재단에서는 포덕 159(2018)년 9월 20일, 사람을 한울님처럼 섬기라는 사인여천 정신으로 설립한 '궁을행복요양원' 을 개원하는 봉고식을 개최하였다. 오늘 봉고식은 경기도 양평군 지평면 일신리 452-1에 위치한 궁을행복요양원 앞마당에서 거행되었다. 오늘의 요양원 개원을 축하하듯이 비가 내리고 있었다. 그래서 예정된 현판 제막식은 생략되었다. 천도교 측에서 한광도 연원회 의장, 박남수 전 교령과 천도교여성회와 요양원 입소자, 지역 인사 등 100여 명이 참석하여 거행된 오늘의 봉고식은 김순홍 이사의 사회로 천도교 의절에 따라 진행되었다. 궁을행복요양원에는 9월 20일 현재 29명이 입소하여 있고, 증원 신청을 통해 향후 56명으로 입소자를 늘릴 예정이며, 시설장, 간호조무사, 조리원 등 17명의 종사자가 근무하고 있다고 한다. 앞으로 29명으로 종사자를 더 증원할 계획이라고 한다.

본 요양원은 기독교 목사가 개인적으로 운영하여 오던 것을 목감동 토지 매매대금 중 33억 8천만 원을 지불하고 구입한 것이다. 천도교 역사상 최초로 사회복지재단을 설립하고 천도교에서 출연한 법인이 운영하는 요양원 개원이라는 역사적인 순간이다. 그런데 현재 입소자는 거의 다 기독교 교인으로 천도교인은 없다고 하니 한편으로는 기쁘면서도 또 한편으로는 안타까운 마음을 금할 수 없다. 앞으로 이곳 요양원에 천도교인 중심의 교인들이 모여 '천도교 궁을행복요양원교구' 가 설립되고 천도교인들의 행복한 노후 신앙생활을 영위할 수 있는 천도교 요양원으로 자리매김할 수 있기를 마음속으로 기원하였다.

이곳 궁을행복요양원 자료에 의하면, 요양원 부지는 4필지, 건물 2동, 부속 건물로 창고 등이 있다. 건물 A동에는 2인실 19개 방으로 38인, B동은 7개 방으로 18인 등, 모두 26개 방에 56인을 수용하는 것으로 되어 있다. 한편 부속부지로 하천부지 전 1,600평, 양평군 소유로서 연간 사용료는 410,000원이라 한다.

나는 개원 축사에서 "오랜 우여곡절 끝에 양평의 아름다운 자연 속에 서 있는 천도교 궁을행복요양원을 열게 되었습니다. 그동안 우여곡절이 많았던 만큼 비 온 뒤에 땅이 굳듯이 그것을 밑거름으로 하여, 앞으로 탄탄한 천도교 요양원으로서의 무궁한 발전이 있기를 기원합니다. 궁을요양원의 '궁을' 이란 바로 한울님을 뜻합니다. 궁을행복요양원에 계시는 한 분 한 분이 한울이십니다. 궁을행복요양원에 입소한 그날부터 한울님이 되어 한울사람으로 살아가는 한울나라, 지상천국 국가의 국민으로 살아가는 행복한 교인, 행복한 요양원이 되기를 꿈꾸어 봅니다. 앞으로 이러한 모습의 궁을행복요양원으로 무궁한 발전을 기원하면서 그동안 수고하신 정형근 이사장님을 비롯한 관계자 여러분께 진심으로 감사드립니다. 오늘 이 자리에 참석하신 모든 분들께도 깊은 감사를 드립니다."

나는 참석자들과 함께 요양원에서 마련한 뷔페로 준비된 점심 식사를 마치고 정형근 이사장의 안내를 받아 요양원을 둘러본 후 귀가하였다.

11. 복지재단, 앞으로의 과제

첫째, 시천주복지재단 설립, 재산 증여 및 매매 등에 관한 사실 조사를 실시하여 그 결과를 공지하고 교훈으로 삼아야 할 것이다.

포덕 160(2019)년 3월 15일에 개최된 제39차 전국대의원대회에서 모 대의원은 "시천주복지재단, 부동산 매각, 요양원 구입 등 관련된 의혹을 해결하기 위하여 비상대책위원회를 만들자." 면서, "시간이 걸리더라도 진행 상황을 거짓말 없이 대의원에 보고하여야 한다고 생각합니다. 비상대책위를 만들어서 철저히 조사해야 합니다. 바로 보고 바로 들어야 교회가 바로 나갑니다. 이런 것을 풀어야 합니다." 라고 건의하였다. 이에 대해 임시의장으로부터 여러분이 좋다면 감사원이 새로 구성되면 다시 조사하는 것도 좋겠고, 감사원장이 주도가 되어서 면밀히 다시 조사해 달라는 결의를 하는 것이 좋다고 생각합니다." 라고 답변하였다. 이에 따라 새 집행부는 "천도교시천주복지재단 설립 과정과 유지재단 재산 증여 및 매매에 관한 사실 조사" 를 실시하여 절차에 따라 그 결과를 공지하고 훗날의 교훈으로 삼아야 할 과제를 안고 있다.

둘째, 시천주복지재단의 '설립 취지, 사업 목적, 주요 사업, 사업의 방향, 중장기 계획, 사업 및 재원 계획, 기대 효과' 등을 재검토하여 교단 내 다수의 공감대를 얻을 수 있도록 '시천주복지재단의 장단기 종합 사업 계획' 을 재수립할 필요가 있다고 생각된다. 나는 포덕 158(2017)년 10월 30일, 시천주복지재단 소유로 되어 있는 횡성군 둔내면 임보국 선생댁을 방문, 대화 중에 이와 같은 생각을 하게 되었다. 임보국 선생은 나를 만난 자리에서 "횡성 땅, 절대 팔아서는 안 됩니다." 라고 단호하게 말했다. 그렇게 말하는 이유가 무엇인지 물었더니 누군가로부터 그 땅을 팔지도 모른다는 말을 들었다는 것이다. 임보국 선생(77세)은 포덕 148(2007)년 1월 5일, 자신이 소유한 강원도 횡성군 둔내면 둔방내리 산85번지(둔내면 검두재길 60) 일대 대지 10,724㎡(3,649평)를 천도교유지재단에 기증한 바 있는데 당시 기증의 취지에 대해 "이 땅은 실향민인 저희가 제2의 고향을 세우려고 마련한 땅입니다. 그걸 교회에 내놓게 된 것은 이 땅이 그만큼 뜻 있는 용도로 쓰이길 바라는 마음 때문입니다. 기증에 대해서는 오랫동안 고민을 해왔어요. 나이는 점점 들어가고 재산을 처리해야 하는데 그래도 건강할 때 하는 것이 좋겠다는 생각에 천도교단에 기증하기로 결심하게 되었죠. 무엇보다 평생 고생한 아내의 동조가 큰 힘이 되었습니다."라고 말했다.

임보국 선생이 기증한 땅은 영동고속도로를 타고 가다가 둔내 IC를 빠져나와 자동차로 약 5분 정도 거리에 있으며 임보국 선생이 처음에 이 땅을 매입할 때는 산이었던 것을 20년 동안 개간하여 밭으로 사용할 수 있도록 만들었다고 한다. 임보국 선생은 이 땅을 천도교에 기증하면서 "다른 땅을 사겠다는 생각으로 이 땅을 매각하거나 담보 설정을 하지 말고 꼭 이 땅에 좋은 교육 시설을 만들어 달라."라고 부탁했다고 했습니다. "가급적 청소년들을 위한 교양 교육 시설을 설치하여 천도교의 장래를 위한 동량을 많이 길러냈으면 좋겠습니다. 천도교 중흥을 위해서는 천도교 교리를 이론적으로 밝히고 다른 사람에게 포덕할 수 있는 교육이 필요합니다."라고 덧붙였다. 지금은 시천주복지재단 소유로 되어 있는 이 땅을 과연 어떻게 활용할 것인가? 주옥경 사모님께서 기증하신 목감동 땅은 이미 매각되었지만 주옥경 사모님께서 그 땅을 기증하신 목적과 정신을 살리는 길이 무엇인지, 이에 답하기 위해서라도 기존의 사업계획서를 재검토할 필요가 있다고 본다. 이에 시천주복지재단의 "설립 취지, 사업 목적, 주요 사업, 사업의 방향, 중장기 계획, 사업 및 예산 계획, 기대효과" 등을 재검토하여 복지재단은 물론 교단 내 다수의 공감대를 얻을 수 있도록 '시천주복지재단의 장단기 종합 사업 계획' 을 재수립할 필요가 있다고 생각된다.

셋째, 천도교인의 복지를 어떻게 할 것인지를 깊이 고민해야 된다고 본다. 포덕 156(2015)년 천도교 중앙총부에서 개최된 시천주복지재단 창립 기념식에서 말씀하신 이영복 종법사님의 축사를 떠올린다. "사회복지법인이 거룩한 시천주라는 이름으로 출범하는 성스럽고 엄숙한 자리를 갖게 되어 진정으로 축하의 뜻을 표한다. 오늘 이 자리는 우리 모두의 절실한 바람을 해결해 줄 수 있는 원동력이며 후천 오만년의 길이 빛날 대업으로 기록될 것"이라고 하시면서 "앞으로 언젠가 기회가 오면 내가 시천주복지재단의 복지대상 1호가 되지 않을까 생각된다."라고 하신 말씀이 생각났다. 교단의 정양사업 차원에서 이영복 종법사님과 같은 원로님들이 궁을행복요양원에 입원하시어 남은 여생을 보내신다면 얼마나 좋을까 하는 생각이 들었다.

그러면서 52년 전 포덕 107(1966)년 12월 22일 제7차 전국대의원대회에서 의결된 정양원 규정에 따른 교단 차원에서의 정양원 사업과 연계하여 이영복 종법사께서 말씀하신 천도교 교인을 위한 복지재단으로 발전되었으면 좋겠다고 생각된다. 천도교 교인의 복지를 어떻게 할 것인지에 대하여 다 함께 지혜를 모아 나가야 할 때라고 생각한다. 그런 차원에서 '현존의 정양원 규정을 어떻게 할 것인지?' 에 대해 깊이 생각해 봐야 한다고 본다. 정양원 규정에 의하면 "교단 차원에서 봉양할 대상으로는 원·주직으로 10년 이상 종사한 70세 이상의 생계가 어려운 교역자"로 되어 있다. 봉양 대상자는 "중앙총부 종무위원회 심의를 경하여 교령의 재가를 득하여 대상자를 결정하는 것"으로 되어 있으며 "피부양자에게는 책정된 예산 범위 내에서 매월 정양비를 지급하는 것"으로 되어 있다. 그리고 "정양원 시설(주택)이 완성될 때까지는 교회 기존 건물 또는 본인의 형편에 따라 적의 조치한다."라고 규정되어 있다. 50여 년 전에 제정되어 지금까지 시행되지 않아 사문화되고 있는 정양원 설치 운영에 대한 정책을 어떻게 수립 시행할 것인지, 교단 차원에서 깊이 고민해야 할 때라고 본다.

끝으로 시천주복지재단 설립과 재산 증여 및 토지, 요양원 매매 과정에서 겹겹이 쌓인 교인 간의 갈등이 해소되지 않는 한 교단의 발전은 어렵다고 보아야 할 것이다. 이제 우리는 시천주복지재단 문제로 대두되었던 갈등을 하루속히 종식하고 우리 모두 한마음 한뜻으로 교단 발전을 위한 동귀일체 대화합의 장을 만들어 나가야 할 것이다.

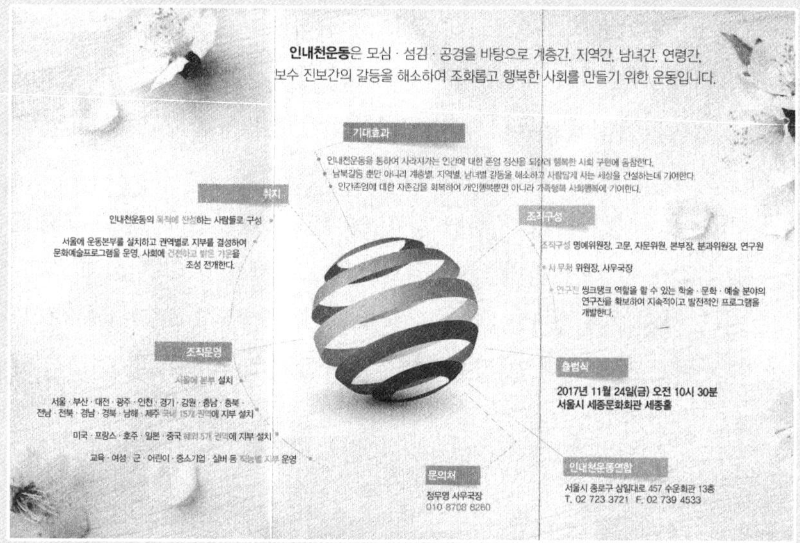

●—인내천운동연합 출범

인내천운동연합은 동학 천도교의 핵심 교리인 '인내천(人乃天)' 사상을 바탕으로 인간 본연의 존엄성을 회복하고 다시개벽의 새로운 세상을 건설하기 위한 범국가적, 범세계적인 의식 개혁 운동을 전개하고자 2017년 11월 24일, 세종문화회관에서 출범하였다.(본문 중에서)

제10장

인내천운동연합 출범하다

너는 반드시 한울이 한울된 것이니,
어찌 영성이 없겠느냐.
영은 반드시 영이 영된 것이니,
한울은 어디 있으며 너는 어디 있는가.
구하면 이것이요 생각하면 이것이니,
항상 있어 둘이 아니니라.

汝必天爲天者 豈無靈性哉
靈必靈爲靈者 天在何方汝在何方
求則此也 思則此也 常存不二乎

—〈법문〉, 『의암성사법설』

"

나라엔 경제적 GNP(국민총생산)만
있는 게 아닙니다.
한 사람 한 사람을 얼마나 존엄하게
대하는지로 가늠되는
정신적 GNP를 높여 진정으로
잘사는 나라를 만들어 나갑시다.

—프레스센터 기자회견(포덕 158년 7월 15일)

"

1. 범국민 의식 개혁 사업 기획 및 국비 예산 확보

• 취임사, '인내천 의식개혁운동 전개' 공약

나는 포덕 157(2016)년 4월 22일 취임식에서 다음과 같이 '인내천 의식개혁운동'을 적극적으로 전개하겠다는 것을 약속한 바 있다.

"지금 세상은 인공지능과 인터넷으로 만물이 연결되는 신인간의 시대입니다. 다른 한편으로 부익부 빈익빈이 사회 문화 전 영역을 지배하는 극단의 시대입니다. 이때를 당하여 우리는 이신환성, 성신쌍전의 큰 결심으로 대전환을 선도하지 않으면 안 될 것입니다. 국가 사회적으로는 극도의 물질문명의 발전으로 인한 정신문명의 쇠퇴가 만연되고 있는 것이 오늘의 현실입니다. 이에 우리는 안으로는 절체절명의 수도 연성을 통한 개벽의 힘과 역량을 축적하면서, 밖으로는 인내천 사상을 기반으로 한 범국민 의식 개벽운동을 적극적으로 전개해 나가야 하겠습니다." 나는 또한 취임시의 공약을 실천하기 위한 천도교 비전 '대도중흥비전 21' 에서 '포덕광제의 실천' 을 위한 덕목의 하나로 "인내천 사상으로 대도중흥 하자"는 슬로건을 내걸었다.

오늘의 취임사와 '대도중흥비전 21' 에서 밝힌 "인내천 의식개혁운동"을 실천하겠다는 비전 제시는 21년 전, 《신인간》지에 기고한 바 있는 〈21세기 천도교의 비전〉에서부터 비롯되었다.

• 종학대학원장 재임 시, 인내천 상설 강좌 운영 경험

'인내천 의식개혁운동' 을 추진하게 된 계기는 종학대학원장으로 근무하던 시절, 포덕 148(2007)년부터 포덕 150(2009)년까지 기획 진행한 '인내천 강좌 및 문화 확산 사업' 의 경험이었다. 이 사업은 문화체육관광부의 지원과 천도교 중앙총부의 후원으로, 종학대학원에서 주관하였다. 이 사업은 어린이, 청소년, 일반인 및 재외 동포들을 대상으로 강연회와 체험 마당 등을 통하여 인내천 사상 및 문화를 널리 확산하는데 목적을 두고 진행되었다. 구체적인 사업으로는 특별 강좌, 상설 강좌, 해외 강좌, 생명환경포럼, 체험 마당 그리고 자료 발간, 홈페이지 개발 운영 등이다. 나는 당시 인내천 사상을 국내·외에 널리 보급 선양함으로써 인간의 존엄성을 바탕으로 하는 올바른 가치관을 정립하고 인내천 문화를 지속적으로 확산시켜 나가고자 하였다. 이들 사업 계획의 일환으로 실시한 바 있는 '인내천 상설 강좌' 는 국내 최고 수준의 전문 교수님들을 모시고 매 반기별로 개최되었으며 시민들의 많은 관심과 참여로 성황리에 진행된 바 있다. 이 강좌는 수운회관 907호 강의실에서 일반인들에게 공개 강의로 진행하였다. 5기까지 진행되었는데 이 강좌에 참여한 연인원은 4,470명에 달한다. 불교 스님도, 기독교 목사도, 대학교수와 일반 시민들이 강의실을 채웠다. 강좌가 끝나고 나면 내 손을 잡고 "이제는 인내천의 시대가 온 것 같다. 강의 잘 들었다. 이런 시간을 만들어 준 종학대학원에게 고맙다"는 인사를 아끼지 않았다. 인내천 강좌에 대한 시민들의 뜨거운 반응을 보면서 이제 인내천의 새로운 시대가 다가오고 있다는 강한 느낌을 받았다. 이러한 경험이 10년 만에 다시 인내천 의식개혁운동을 추진하는 밑바탕이 되었다.

21세기는 인내천의 세기가 되어야 한다며 과제와 전략을 제안한 지 21년, 종학대학원에서의 일반 시민을 위한 '인내천 강좌 및 문화 확산 사업' 을 진행한 지 7년 만에 나는 그때의 경험을 살려 교령의 취임식에서 '인내천 의식개혁운동' 을 범국가적으로 전개해 나갈 것을 다짐한 바 있다.

• 인내천 사업 95억 원, 문체부 제안

먼저 나는 포덕 157(2016)년 4월, 취임하자마자 인내천 의식 개혁을 위한 대정부 신규 사업 예산 작업을 추진하였다. 정부의 예산 일정을 보면, 예산안 확정까지는 대체로 6단계를 거치게 된다. 먼저 기획재정부에서 전년도 12월 31일까지 각 중앙관서로 국가 재정 운용 계획 수립 지침을 통보하면 각 중앙관서에서는 1월 31일까지 중기 사업계획서를 기획재정부로 제출하도록 되어 있다. 그리고 3월 31까지 기획재정부에서 각 중앙관서로 통보하게 되면 중앙관서에서는 이에 맞추어 5월 31일까지 예산 요구서를 기획재정부로 제출하도록 되어 있다. 새로운 사업을 추진하기 위해서는 주무부처인 문체부의 문턱을 넘어서야 한다.

정부로부터 신규 사업을 딴다는 것은 쉽지가 않은 일이다. 일반적으로 예산을 확보하는 일이 쉽지 않다고 해서 예산 확보 작업을 별들의 전쟁이라고 말들을 한다. 그러나 나는 1990년대 연구기관에 근무할 당시, 연구 사업 계획서를 만들어 정부 부처에 제안하고 관련 예산을 확보한 경험을 가지고 있는 터라 어느 정도의 자신감을 가지고 있었다. 먼저 큰 틀에서 사업의 명칭과 개요를 정리하여 주무부처인 문체부를 방문하기로 하였다. 사업 계획은 사업의 기본 방향과 주요 내용에 대하여 사회문화관 정정숙 사회문화관장으로 하여금 정리하도록 하였다. 초기 단계로서 간단한 계획서를 작성하여 문체부에 가서 설명한다.

포덕 158(2017)년도 천도교 신규 사업으로 '인내천 범국민 의식개혁운동' 이라 이름하고 사업의 목적은 인내천 공동체 의식을 고취하여 인간 존엄의 행복한 사회를 구현하는 것으로 하였다. 이러한 목적을 달성하기 위한 사업으로 (가칭)범국민의식개혁운동본부 운영, 인내천 학교 및 방정환 학교의 운영과 민족 동질성 회복 운동, 한류 문화 확산, 동학문화센터를 운영하는 것으로 구성하였다. 이와 같은 신규 사업 추진에 필요한 예산은 95억 원으로 책정하였다. 처음에는 100억 원 정도의 사업 규모를 염두에 두었으나 너무 많다는 생각이 들어 95억 원으로 좀 낮게 편성하여 제안하였다. 95억 원의 사업 계획서를 문체부 예산 담당 부서에 설명하였으나 실무선에선 내년도 신규 사업으로 어렵다는 부정적인 답변을 들었다. 그러나 실무선에서 단 한 번의 설명으로 긍정적인 답변을 기대하기 어렵다는 것은 사전 예측한 터이라 실망하지는 않았다. 문체부의 전체 예산 실링이 있기 때문에 문체부에서 먼저 긍정적인 답변을 듣지 않고는 더 이상 추진하기 어려운 일이다. 그래서 실무적인 설명과 병행해서 5월, 고위층을 만나 사업 설명을 할 수 있는 기회를 갖게 되었다. 문체부 고위층에서는 사업의 필요성에 대해서는 공감하면서 좀 더 생각해 보자고 말했다. 가능성은 있으나 문체부 전체적인 차원에서 조율이 필요할 것 같다는 긍정적인 느낌이 들었다.

• 문체부, 10억 원으로 조정 요청

그 후 문체부 예산 담당 부서에서의 가능성을 재차 확인하고 다시 또 6월에 고위층을 만났다. 이번에는 문체부에서 긍정적으로 검토하겠으니 사업 규모를 좀 줄여서 제안해 달라고 주문하였다. 그래서 처음 제안했던 95억 규모의 사업 계획을 10억

원으로 줄여서 좀 더 구체적인 사업 계획을 작성하여 제출하였다. 그 후 6월 하순, 문체부에서 10억 규모의 사업 예산을 기재부로 제출하였다는 말을 들었다. 이제 첫 번째 문체부의 어려운 관문을 통과한 것이다. 다음에는 기재부의 관문을 통과해야 할 차례다. 기재부는 예산 총괄 부처로서 전체 예산을 종합하는 곳이라서 각 부처와는 다른 차원의 어려움이 있다. 기재부에 가서 설명하는 것은 문체부에서 하기 때문에 우리로서는 직접 설명할 수 있는 기회를 얻기가 용이치 않다. 그래서 나는 간접적으로 국회를 통하여 설명의 기회를 갖도록 하였다. 먼저 문체위원장인 유성엽 위원장을 찾아뵈었다. 동학혁명의 성지, 정읍 출신 국회의원이시다. 인내천 의식 개혁 사업에 대한 예산 추진 경과를 설명하고 현재 기재부에 상정되어 있는 상황에 대해 설명하고 국회에 도움을 요청하였다. 잘 알겠다며 적극 도와주겠다고 하였다. 이어서 우리 종로 지역구 국회의원이며 국회의장인 정세균 의장님을 찾아뵈었다. 누가 동학을 반대하겠는가, 예산 반영을 위해 국회 차원에서 적극 도와주겠다고 했다. 나는 유성엽 의원님과 정세균 의장님의 긍정적인 말을 듣고 예산 확보에 자신감을 가질 수 있었다.

• 인내천 사업 국회 설명

포덕 157(2016)년 7월 15일에는 청와대 비서관이 교령사를 방문하였다. 박강섭 비서관이다. 인사차 방문한 것이다. 교령사를 방문한 박 비서관에게 나는 대통령 면담을 요청하였다. 인내천 의식 개혁 사업을 정부 예산에 반드시 반영할 것을 대통령께 요청하기 위해서였다. 아울러 인내천 민족통일학교 설립 운영 지원, 우이동 봉황각 일대 성역화와 국가문화재 승격, 남북 천도교 수장 간의 조속한 면담이 이루어지기를 요망하고자 하였다. 이와 같은 내용의 대통령 면담 요청서를 전달하였다. 그리고 7월 27일에는 국회 정세균 의장님과 김현미 예결위원장님에게 인내천 의식 개혁 사업에 대한 예산을 확보할 수 있도록 요청하는 다음과 같은 내용의 간곡한 건의서를 전해 드렸다.

모시고 안녕하십니까. 무더위 속에서 여러 가지 국정 사업을 수행하시느라 얼마나 노고가 많으십니까. 다름이 아니라 현재 국가 사회적으로 물질문명의 발전으로 인한 정신문명이 쇠퇴하여 우리나라가 OECD 국가 중 청소년 자살률 2

위이며 12년 연속 자살률 세계 1위, 최근 5년간 국내 자살자가 전 세계에서 발생한 전쟁 사망자 수보다 2~5배 많은 것으로 나타나고 있습니다. 이로 인한 경제적 손실은 연 6조~10조원대에 이르며 가족 해체, 청소년 범죄, 노인 문제, 실업난, 국론 분열 등 사회 문제가 급증하고 있는 현실입니다. 이에 어린이, 여성, 노인 등을 포함한 인간 존엄의 인내천(人乃天) 사상을 기반으로 한 범국민 의식개혁운동을 범사회적으로 전개할 필요가 있습니다.

이에 본 종단에서는 문화체육관광부에 포덕 158(2017)년도 신규 사업으로 '인내천(人乃天) 범국민 의식개혁운동' 사업을 신청하였습니다. 이에 따라 문화체육관광부에서는 기획재정부에 신규 사업으로 예산 신청을 하였고, 본 종단 직원이 기재부에 가서 설명도 하였지만 내년도 사업 예산이 책정되기에는 어려운 상황인 것 같습니다. 이에 정세균 의장님께 특별히 부탁을 드립니다. '인내천(人乃天) 범국민 의식개혁운동' 에 관심을 가지시고 챙겨 주시기를 간곡히 부탁드립니다. '인내천(人乃天) 범국민 의식개혁운동' 을 통하여 인간이 존중받는 세상을 이루고 사회가 더욱 밝아지고 건전한 사회가 되는데 의장님께서 함께 하신다면 더욱 영광으로 생각하겠습니다. 감사합니다.

• 기재부 설명 요청 전화

포덕 157(2016)년 8월 4일(목) 오후 2시경이다. 기재부에서 온 전화다. 고위층으로부터의 전화다. 의창수도원에서 제2차 전국합동수련 중이었다. "인내천 의식개혁운동이 꼭 필요합니까?" 하고 묻는다. 나는 "예, 반드시 필요한 사업입니다."라고 대답했다. 그렇다면 "한 번 이야기 들어봅시다."라며 면담 시간은 추후 비서실 통해 정하기로 했다. 나는 이 전화를 받으면서 인내천 예산이 잘될 것 같은 생각이 들었다. 정신없이 바쁠 시기에 직접 인내천 예산 문제로 나에게 전화한 것은 신규 사업으로 편성될 가능성이 있다는 신호로 받아들여졌다. 정정숙 관장이 기재부와 연락하여 방문 일정을 잡았다.

드디어 8월 8일, 정정숙 교화관장, 장구갑 전서실장, 류우진 전서와 함께 세종시에 있는 기재부를 방문하여 2시 30분경, 송언석 차관에게 사업 설명을 하였다. 송언석 차관은 이 사업의 필요성에 대해 공감은 하면서도 신규 사업으로 편성할 만큼 중요하고 긴급한 것 같지 않다는 반응이었다. 그러나 나는 이 사업이야말로 인내천 국민 통합과 정신적 GNP를 높이는데 크게 기여할 것이라고 강조하였다.

8월 10일 문체부로부터 교화관장에게 세부 예산 자료를 보완하여 제출할 것을 요청받았다. 문체부에서 기재부로부터 보완 자료를 제출하도록 요구받은 것 같다고 했다. 예산이 잘될 것 같다는 생각이 들었다.

지일기념일인 8월 14일, 10시 15분, 정세균 국회의장께서 지일기념식에 참석하시기에 앞서 교령사를 잠시 방문한다는 보고를 받았다. 그런데 10시 40분경, 의장님은 교령사를 들르지 않고 곧 바로 대교당으로 들어가게 되자 변경된 스케줄을 알지 못한 우리로서는 제때에 영접을 하지 못했다. 국회의장은 국가 서열상 삼부 요인 중의 한 분이므로 그에 맞게 의전이 이루어지도록 하는 것은 상식이다. 더군다나 예산 철을 맞아 우리 교단의 사업 예산에 대한 국회 예산 심의 등을 고려할 때, 잘 모셔야 하는데도 제때에 마중하지도 못했다. 아무도 안내하는 사람이 없었다. 국회의장께서 혼자 대교당으로 걸어 들어가시던 중 다행스럽게도 한광도 연원회 의장께서 국회의장님을 뵙고 대교당에 안내를 하게 되었다고 한다. 우리 교단의 의전 시스템이 얼마나 허술한 것인가를 보여 주는 사례다.

• 대통령 예산 지원 건의

대체로 대통령이 참석하는 기념행사에는 기념식에 앞서서 대통령과 삼부 요인 등 정부 고위인사들이 10여 분 정도의 차담을 갖는다. 오늘도 세종문화회관에서 개최되는 광복절 기념행사에 앞서서 차담을 나누는 시간을 갖는다고 사전 연락을 받았다. 나는 71주년 광복절 기념식에 참석하고자 포덕 157(2016)년 8월 15일 아침 9시 25분에 세종문화회관 내빈실에 도착하였다. 10여 분 사이에 정세균 국회의장, 대법원장 등 삼부 요인과 여야 정당 대표, 교육부장관, 한광옥 국민통합위원장, 종교계 대표 등 30여 명이 참석하였다. 9시 40분경, 박근혜 대통령이 참석하였다. 나는 박근혜 대통령과 테이블 하나 사이로 마주 서 있었다. 모두가 대통령을 향하고 있었다. 기독교를 대표한 목사가 먼저 말을 꺼냈다. 최근 열린 리우올림픽에서 보여 준 우리나라 양궁 선수들의 승전고가 대단하다고 말했다. 이를 받아 정세균 의장께서 "우리나라 양궁 선수들이 승리할 수 있었던 것은 파벌이 없어서였다."라고 말을 이었다. 박근혜 대통령이 그 말을 이어 "그것은 능력 위주로 선수들을 선발하여 강인한 훈련을 한 덕분이다"는 것을 강조하였다. 박 대통령의 이야기가 끝나자 잠시 침묵이 흘렀다. 침묵 후에 내가 말을 꺼냈다. "저는 천도교 이정희 교령입니다. 광복절 71주년을 맞이하는 오늘의 대한민국은 천도교가 없었다면 있을 수 없다고 생각합니다. 일제 강점기 국가가 제대로 주권 국가로서의 역할을 하지 못할 때, 천도교는 곧 국가였습니다. 천도교는 보국안민의 종교로서 언제나 국가와 함께하고 있습니다. 국가의 발전이 천도교의 발전이며 천도교의 발전이 곧 국가의 발전이라 생각하고 있습니다. 대통령님도 동학혁명 유족이십니다. 선친께서 동학 접주였습니다. 천도교는 100여 년의 역사 속에서 동학혁명 삼일운동 등 국가 민족을 위해 100만 명의 희생이 있었습니다."라고 말했다. 내 말이 끝나자, 박 대통령은 내가 선친이라고 말한 것에 대해 조부라 고쳐 주시고 천도교가 국가 민족을 위해 큰일 했다고 말했다. 기독교 목사가 말을 잇는다. "국민들의 의식이 깨어나야 한다고 봅니다." 내가 말을 이었다. "그렇습니다. 인내천, 사람이 곧 한울이라는 종지 '인내천 국민 의식 개혁운동' 을 추진코자 합니다. 정부에서 예산을 지원해 주시기 바랍니다." 대통령과 30여 명의 정부 요인을 비롯한 국가 지도자급 인사들이 함께 모인 자리 인내천 국민 의식 개혁의 중요성에 대한 이야기를 듣는 귀한 자리가 되었다. 내 말이 끝나자마자 바로 기념식장으로 이동했다.

8월 16일이다. 오후 4시 장구갑 실장이 국회의장 비서실로부터 전화를 받았다는 보고를 한다. "의장님께서 인내천 예산 문제에 대해서는 많은 관심을 가지고 있으시다. 교령님과의 오찬 약속은 일정상 다음 기회에 하는 것이 좋겠다."는 내용이다. 또 정정숙 관장이 문체부로부터 전화를 받았는데, 내용은 기재부로부터 인내천 예산 건에 대하여 관심을 가지고 있다는 전화를 받았다는 것이다.

8월 17일에는 이범창 종무원장, 정정숙 관장이 문체부 실장과 과장, 서기관이 함께 만나 인내천 예산에 대해 깊은 논의를 하였다. 문체부 예산 담당 실장과 예산부서 과장은 국회 의장실과 기재부 예산 담당 부서로부터 인내천 사업에 대한 필요성을 설명해 주도록 요구받았다.

9월 2일에는 한광옥 국민통합위원장님과 수운회관 옆에 있는 지리산 음식점에서 오찬을 함께했다. 한광옥 위원장님은 지난 8월 15일 세종문화회관에서 거행된 광복절 기념식에 앞서서 내빈실 차담 시간에 만나 뵈었다. 그때 한번 만나기로 한 약속에 따라 이루어진 만남이었다. 나는 천도교에서 추친하고 있는 인내천 의식 개혁 사업 예산 확보에 따른 도움을 요청하였다. 한 위원장님은 예전에 민주화운동을 할 때 우리 천도교 대교당을 많이 활용한 일이 있었다고 회고하면서 그때부터 천도교에 대해 잘 알고 있다고 했다. 한 위원장은 또 우리나라의 수많은 종단 중 천도교 중앙총부가 수도 서울 한복판에 터를 잡고 있다는 것은 큰 장점이라고 했다. 그러면서 지난 광복절 행사에 앞선 대통령과 고위급 지도자들과의 차담 시간에 인내천운동의 필요성에 대해 용기 있게 말한 것은 참 잘한 것이라고 소감을 전했다. 비록 시간이 없어서 답변은 못 들었지만 그런 자리에서 천도교 교령으로서 말한 것은 큰 의미가 있다며 정말 잘한 일이라고 말했다. 한 위원장께서도 기회가 되면 천도교의 인내천 사업에 대해 도와주겠다고 했다.

• 기재부, 인내천 예산 국회 이송

포덕 157(2016)년 8월 20일, 토요일, 기재부 고위층으로부터 문자가 왔다. 내용은 "인내천 예산 조금 반영됩니다."는 것이었다. 나는 "대단히 고맙습니다."라고 답하였다. 8월 23일, 금요일 문체부로부터 국민 의식 개혁 운동 관련 예산 3억 원 반영하여 국회로 이송했다는 연락을 받았다. 9월 15일, 문체부 김덕수 서기관으로부터 전화가 왔다. "3억 원 예산 사업으로 확정되었습니다."는 내용이었다. 당초 기대했던 10억 원은 아닐지라도 일단 문체부와 기재부에서 신규 예산 사업으로 올리게 된 것에 대해 고맙다는 인사를 전했다.

10월 3일, 월요일 개천절 기념일이다. 개천절 행사는 세종문화회관에서 개최되었다. 기념식에는 대통령이 참석하지 않고 황교안 국무총리가 참석하였다. 지난 8·15 광복절처럼 기념식 전, 내빈실에서 황교안 총리와 각계 지도급 인사 20여 명이 함께 참석하여 잠시 차담 시간을 진행했다. 나는 이 자리에서 황교안 총리에게 인내천 국민 의식 개혁 관련 예산이 반영될 수 있도록 도와달라고 말했다.

• 국회 방문, 증액 요청

포덕 157(2016)년 10월 25일, 화요일, 16시 45분 유성엽 의원을 방문하였다. 현재 3억 원이 국회에 올라와 있다며 원래대로 10억 원으로 상향 조정해 달라고 요청했다. 유 위원장님은 교문위에서 아무리 올려도 예결위에서 들어주지 않으면 안 된다. 그러니 예결위에 가서 얘기하는 것이 좋겠다고 했다. 지금 예결위원회에서 검토하는 것으로 안다고 말했다. 그래서 유 위원장 보좌관에게 연계, 연락으로 교문위 소위원회 담당 보좌관을 찾아갔다. 민주당의 도종환 의원과 국민당의 송기석 의원, 한나라당의 염동열 의원실을 방문하였다. 각각 방문하여 편지와 자료를 전달하였다. 간절한 편지의 내용을 보고 모두들 긍정적으로 얘기되었다. 염동열, 도종환, 송기석 보좌관 등에게 메일도 보냈다. 오늘은 박근혜 대통령 대국민 사과한 날이다. 10월 26일, 수요일에는 주광덕 의원 비서관을 만나 부탁하였고, 이어서 김태년 의원과 김동철 의원실을 방문하였다. 모두들 올리는 대로 된다며 걱정하지 말라고 말해 주었다. 예결위원장인 김현미 의원은 부재중이어서 만나지 못했다. 내일 만나볼 수 있도록 해달라고 부탁하였다.

10월 27일, 목요일 오후 3시에 유성엽 위원장실을 재차 방문하였다. 예결위 소위원회 강당 간사의 보좌관들에게 연락하였다. 민주당의 김태년 의원, 새누리당의 주광덕 의원, 국민당의 김동철 의원실을 각각 방문하였다. 의원들은 회의 중이어서 만나지 못했지만 보좌관들에게 설명 자료를 전달하였다. 현재 국회에 올라와 있는 예산 3억 원을 당초의 10억 원으로 반영해 달라고 1페이지짜리 편지와 내용을 전달하였다. 모두 긍정적이었다. 교문위에서 올라오면 깎지 않을 것이라는 의견이었다. 김현미 위원장과 보좌관, 민주당 간사인 김태년 위원은 연락을 하여 방문하였으며, 나머지 두 분 의원실은 사전 연락 없이 그냥 방문한 것이다. "김현미 위원장님, 오늘 단 5분이라도 뵙고 싶습니다. 절실한 심정, 간곡히 드릴 말씀 있습니다."라며, 장구갑 실장이 보좌관에게 전화했는데 시간이 안 된다는 얘기였다. 보좌관에게 잠시라도 만나볼 수 있으면 좋겠다고 말했다. 10월 28일, 금요일, 오후에 2차례나 방문하여 김현미 예결위원장과 면담코자 하였으나 못 만났다.

김현미 위원장을 못 보고 돌아오다가 스마트폰을 보니 "4시 반쯤, 위원장실로 와주세요."라는 문자가 있어 다시 국회로 돌아가서 김현미 위원장을 만났다. 나는 김 위원장을 만나 "동학이 일어나야 한다. 호남이 일어나야 한다. 3억 원을 10억으로 상향 조정되도록 해달라고 부탁하니 김 위원장은 알았다고 했다. 나는 짧은 시간에 만나 긴 이야기를 할 수 없어서 예산 증액의 필요성에 대하여 정리한 메모를 전했다.

포덕 157(2016)년 11월 1일, 화요일에는 송기석 의원실을 방문하였다. 부재중이어서 보좌관을 만나 부탁하니 올려주겠다고 하면서 예결위를 잘 설득하라고 말했다. 11월 10일, 목요일에는 유성엽 위원장, 송기석 교체위원실로 다시 연락했는데, 잘 올렸으니 예결위 쪽을 신경 쓰라는 말을 들었다.

11월 14일, 월요일에는 유성엽 위원장에게 문자를 보냈다. "위원장님, 바쁘실 것 같아 문자로 인사드립니다. 바쁘신 중 일본 다녀오시느라 수고하셨습니다. 간곡한 심정으로 제안 드린 인내천 범국민 의식 개혁 예산 10억 원이 꼭 반영될 수 있도록 거듭 부탁드립니다" 이에 대해 유성엽 위원장으로부터 "예, 노력하겠습니다."는 답변 문자를 받았다. 11월 15일, 화요일, 확인한 바에 의하면 "교문위에서는 예결위로 잘 올라갔다"라고 한다. "아마 10억 원이 올라간 것으로 예상된다."라고 말했다.

• 기재부, 예산 확정 통보

포덕 157(2016)년 12월 5일, 월요일, 문체부 담당 서기관으로부터 전화를 받았다. "인내천 의식 개혁 예산은 3억 원으로 반영되었다. 교문위에서 10억 원을 제안하였으나 예결위에서 당초의 원안대로 3억 원으로 확정되었다"라고 전한다. 3·1운동 100주년 기념사업 예산건은 지난해보다 2억 원이 증액된 7억 원으로 확정되었다고 했다.

이제 지난 4월 교령에 취임한 이후 7개월 동안의 예산 전쟁은 종료되었다. 최선을 다했지만 결과는 3억 원짜리 사업으로 확정되었다. 한편으로 허탈하기도 하고 한편으로는 다행스럽다는 생각이 들었다. 95억 원을 제안했던 사업인데 겨우 3억 원이라는 말인가, 7개월 동안 전념하다시피 하며 노력한 결과가 겨우 3억 원이라는 말인가? 너무도 허탈하다는 느낌을 지울 수 없었다. 그렇지만 예산 전쟁이라 불리울 정도로 어려운 신규 사업 예산을 확보한 것만으로도 금액의 과다를 떠나 대견스럽고 다행한 일이라는 생각이 들었다. 무에서 유를 창조한 것 아닌가? 일단 신규 사업으로 이름을 올렸으니 앞으로 계속 사업으로서 안정적으로 추진할 수 있는 사업 기반을 마련할 수 있게 된 것은 그 뜻이 매우 크다. 앞으로 노력하기에 따라 점진적으로 예산을 늘려 나갈 수 있을 것이라는 생각을 했다. 턱없이 부족한 예산이지만 알차게 추진하기만 한다면 인내천의 씨앗을 뿌리고 가꿀 수 있는 기초를 세울 수 있다는 생각을 했다.

그러면서 그동안 함께 땀 흘려 일했던 정정숙 관장, 나와 항상 동행했던 장구갑 실장, 류우진 전서에 대한 감사한 마음을 떠올렸다. 내가 아이디어를 내면 곧바로 자료를 만들어 받침해 주곤 했던 정정숙 관장, 시도 때도 없이 드나들었던 문체부와 여의도 국회에 말없이 동행하며 정성을 다했던 장구갑 실장과 류우진 전서가 아니었다면 처음부터 인내천 의식 개혁 신규 사업은 시작도 할 수 없었을 것이다. 밖으로는 문체부의 장 차관과 국회의장, 문화체육관광상임위원장, 예결위원장의 관심과 배려 없이는 불가능했을 것이라는 점을 생각하면서 마음속 깊이 감사함을 전했다. 작지만 큰 뜻을 안고 출범하는 인내천 의식 개혁 사업이 알알이 결실을 맺어 세계 포덕으로 꽃피워 나가기를 간절히 소원하였다. 이제부터는 내실 있는 사업이 되도록 밖으로 쏟았던 에너지를 안으로 돌려야 한다. 조직과 인선, 그리고 세부 사업 내용과 소요 예산을 편성하여 내실 있게 수행해 나가야 한다고 다짐한다.

2. 인내천 개혁 운동 조직과 인선

• 범세계적인 조직 구상

인내천 의식개혁운동을 범국가적, 범세계적으로 추진한다는 방침하에 먼저 국내적으로는 서울, 부산, 대전, 울산, 대구, 광주, 인천, 경기, 강원, 충남, 충북, 전남, 전북, 경남, 경북, 제주 등 국내 16개 권역과 권역별 시군에 각각 지부를 설치 운영 예정이었다. 그리고 국외적으로는 우선 미국, 프랑스, 호주, 일본, 중국 5개 권역에 지부를 설치 운영한 후 점점 개별 국가별로 확대하는 것으로 하였다. 그리고 직능별로는 우선 대학, 여성, 군, 어린이, 기업, 실버 등 지부를 운영하기로 하였다. 조직으로는 명예위원장, 고문, 자문위원, 본부장, 분과위원장, 연구원으로 구성하며, 사무처에는 위원장과 사무국장이 실무를 진행하도록 하고 씽크탱크 역할을 할 수 있는 학술, 문화, 예술 분야의 연구진을 확보하여 지속적이고 발전적인 프로그램을 개발 운영하는 것으로 하였다.

이와 같은 기본 방침을 담아 인내천 의식 개혁 관련 규정을 제정하였다. 12조 부칙 2조의 인내천의식개혁운동연합 설치 운영 예규(안)는 앞의 주요 혁신 규정에 대한 입안에 이어 임형진 종학대학원장이 주도적으로 작성하였다.

• 인내천 조직과 인사

포덕 158(2017)년 7월 11일 오전 10시 30분 교령사에서 인내천의식개혁운동연합회 임형진 위원장과 정정숙 사무처장에 대한 도첩 수여식을 봉행했다. 인내천의식개혁운동연합회는 "인내천 사상을 기반으로 한 의식개혁운동을 전개함으로써 인간 존엄성의 공동체 의식을 구현하고 그 실천을 통하여 인내천 포덕 및 국가 사회 발전과 인류 공영에 이바지"하는 것을 목적으로 설립된 단체다. 주요 사업으로는 인내천 사상 교육 및 보급 확산, 어린이·청소년·여성·노인 등 각계각층의 인내천 의식 교육, 민족통일 교육 및 실천 운동, 출판 및 홍보, 기타 목적 달성에 필요한 사업을 담당하게 된다. 인내천을 종지로 하는 천도교단과 국내외 유관 단체 및 인사로 조직을 구성하며, 명예위원장으로는 교령이 맡았으며, 종교계, 학계, 정관계 인사를 고문단과 자문위원으로 위촉할 예정이다. 운영위원회(지역, 직능), 지역본부(서울, 경기, 충청, 호남, 경북, 경남, 강원, 제주), 국외지부(일본, 미국, 호주, 프랑스), 직능본부(교육, 여성, 실버, 군, 어린이, 탈북인, 고려인, 중소기업) 등을 두며, 연합회 재정은 정부 지원금과 참여 단체 출연금, 협찬금 등으로 충당된다. 한편 임형진 위원장은 7월 17일자로 미국 지부장으로 김현숙 님을 위촉하였다.

인내천운동 연합은 수운회관 13층에 주 사무실을 두고 종학대학원 졸업생으로서 오랫동안 교육계에서 탁월한 리더십과 해박한 경륜을 쌓아 온 정무영 사무국장이 상주하면서 사업 집행을 전담하도록 하였다. 이로써 인내천 의식개혁운동을 본격적으로 추진할 수 있게 되었다.(《천도교신문》 94호, 2017년 7월 27일)

3. 세종문화회관에서 인내천운동연합 출범

• 프레스센터에서 언론사 기자회견

포덕 158(2017)년 11월 15일(수) 11시에 프레스센터에서 인내천 기자회견을 개최하였다. 오늘 기자회견에는 이범창 종무원장과 임형진 인내천의식개혁운동연합 위원장(종학대학원장), 정정숙 사무처장(사회문화관장), 장구갑 전서실장, 정무영 사무국장이 함께 하였다. 나는 기자회견 시작에 앞서 언론의 힘이 크다는 것을 실감하고 있다면서 취임 후 2번째 기자회견을 개최하여 이 시대 천도교의 비전으로서의 인내천운동연합의 출범을 설명하는 자리에 여러분과 함께 할 수 있어 참으로 기쁘다고 말했다. 그리고 무엇보다도 "천도교 대한민국(정신적 국가)을 사랑하시는 기자님 여러분들에게 존경과 깊은 감사의 인사를 드린다"면서 다음과 같은 인사말을 하였다.

모시고 안녕하십니까? 바쁘신 시간, 이 자리에 와주신 기자님 여러분께 진심으로 감사드립니다. 지난해 4월 18일에 뵙고 1년 6개월 만에 여러분을 다시 모시게 되었습니다. 지난번 기사를 잘 써 주신 데 감사드립니다. 1년 반이 지난 지금 늦었지만 이 자리를 빌려 감사의 말씀을 드립니다. 그동안 여러분께서 써 주신 기사의 힘을 많이 받았습니다. 정말 언론의 힘이 크다는 것을 느꼈습니다. 언론의 위력이 대단했습니다. 기사를 보고 전화를 해주신 분들이 많았습니다. 천도교 국민들로부터 많은 관심과 기대가 크다는 것을 느낄 수 있었습니다.

이번 기자회견도 그러리라고 생각됩니다. 저는 천도교 교령으로서 기자님들 앞에 설 때마다 특별한 마음 자세로 임하고 있습니다.

천도교는 종교이면서 동시에 여타 종교와 다른 인내천 사상과 인내천운동의 역사를 가지고 있다는 점 때문입니다. 천도교 창도 이래 지난 100여 년 동안 인내천 사상을 이 땅에 구현하기 위해 한편으로는 종교적인 수행을 하면서 또 한편으로는 이 땅에서의 인내천을 구현하기 위한 보국안민 운동을 줄기차게 전개해 왔습니다. 그러한 과정에서 100만에 가까운 희생이 있었습니다. 이는 국가와 민족을 위해 100년 동안 매년 평균 1만 명이 희생되어 왔다고 볼 수 있습니다. 세계 역사상 유례가 없는 일입니다.

특히 일제 강점기 나라를 잃었을 때, 천도교는 정신적인 국가 역할을 다해 왔습니다. 천도교는 바로 국가였던 것입니다. 천도교 국가는 빼앗길 수 없는 것이었습니다. 천도교가 있었기에 다시 우리는 잃어버린 국가를 되찾을 수 있었던 것입니다. 정치적으로는 나라를 잃었지만 천도교 국가는 잃어버린 나라를 찾는 원동력이 되었던 것입니다. 잃어버린 나라를 되찾고 그 되찾은 나라를 바로 세우고 모든 세상 사람들이 행복하게 살 수 있도록 하는 원동력은 바로 천도교의 보국안민 정신입니다. 그런 점에서 저는 한반도에 2개의 국가가 있다고 봅니다. 정치적 차원에서의 대한민국과 정신적 차원에서 천도교 국가가 상호의존하며 병존하고 있다고 생각합니다. 그래서 저는 천도교 국가의 대표자로서 천도교 국민들에게 정신적 국가의 비전과 앞으로 나아갈 정신적 국가의 통리 방향을 보고할 책무가 있다고 봅니다. 오늘 이 자리에도 그런 마음가짐으로 무겁게 섰습니다. 오늘은 2가지 주제로 말씀드리고자 합니다.

첫째는 지난 1년 동안 중점적으로 추진한 천도교의 미래 100년의 꿈, 앞으로 10년 안에 300만 교단 시대를 열어 나가기 위한 '대도중흥비전 21' 에 대해서 간략히 설명드리고 둘째, 인내천운동연합 출범식에 대해서 말씀드리고자 합니다. 지난해 4월, 교령에 취임하면서 제시한 천도교 국가의 비전으로서의 대도중흥 21은 천도교 100년을 향한 3·7중흥운동(三·七中興運動)이며, 인내천운동은 바로 3·7중흥운동을 배경으로 한 3가지 운동, 즉 삼신개벽운동(三新開闢運動)으로서 신인간개벽(新人間開闢), 신한국개벽(新韓國開闢), 신세계개벽(新世界開闢) 등 3가지 운동을 전개하자는 것입니다.

인사말 후에는 준비된 자료를 통하여 '대도중흥비전 21' 과 '인내천운동연합 출범' 에 관하여 설명하고 오찬을 나누면서 질의응답의 시간으로 이어 갔다. 이날 기자회견 후 주요 신문에 실린 기사 내용은 다음과 같다. 이들 기사의 출처에 대하여 천도교 게시판에도 게재하였다.

· **"한 명 한 명이 바로 한울님입니다." —《한겨레》**

"한 명 한 명이 바로 한울님입니다. 그런데 그 한울님을 함부로 죽이는 세상입니다. 자기 자식까지 죽이니 말입니다. 그건 단지 살인이 아니라 한울님을 죽이는 것입니다."

천도교 최고지도자인 이정희 교령은 11월 15일 서울 세종대로 프레스센터에서 기자간담회를 열어 "죽임에서 살림으로 전환을 위해 인내천 사상이 다시 절실해졌다."라고 했다. 지난해 4월 교령에 취임한 그는 "사람 대하기를 한울님 대하듯 해야 한다는 섬김과 모심의 정신은 천도교인에게만 필요한 것이 아니라 인간이라면 모두 필요한 것"이라고 말했다. 종교가 다르고 생각이 달라도 인간이라면 '인간 존중'을 위해서는 모두가 한마음 한뜻으로 함께 할 수 있다는 것이다. 그는 또 경제협력개발기구(OECD) 국가 가운데 최고의 자살률을 보일 만큼 만연한 자살 풍조에 대해 "자살은 한울님을 죽이는 것이란 점을 자각해야 한다"라고 강조했다. 그는 또 "해월신사(천도교 2세 교조)께서는 '어린이를 때리는 것은 한울님을 때리는 것'이라면서 폭력도 금하게 했는데 아이를 죽이기까지 하니 어찌된 일이냐"며 안타까워했다.

"이제 4차 산업혁명이 진행되어 로봇이 인간을 대체하는 시대가 오고 있다. 기계와 인터넷, 로봇과 인간의 관계를 재정립해야 할 때다." 따라서 천도교가 1926년 선구적으로 잡지《신인간》을 발행할 만큼 그 시대로부터 새 시대의 새 인간을 탐구해 왔는데, 그 연구가 지금에 와서 더욱더 진척될 필요가 있다는 것이다. 이 교령은 "어린 시절 전북 부안의 고향 마을 60호 가운데 50호가 천도교인이었고, 어려운 이웃들과 상부상조하는 궁을계와 대동계에 다 속해 있어서 천도교인이 아니면 농사를 짓기 어려울 정도였는데, 천도교인들이 그 이후 많이 떠났다"면서 "인내천 사상을 중심으로 천도교를 중흥하기 위한 비전들을 하나하나 실천해 다시 돌아올 수 있도록 해나가겠다."라고 밝혔다.(《천도교신문》 100호, 포덕 158년 11월 23일, 이정희 교령의 기자회견 중에서 ·《한겨레》 조현 기자)

· **"인내천 바탕 개혁 운동 나선 천도교" —《서울신문》**

이정희 천도교 교령은 지난 15일 서울 중구 한국프레스센터에서 기자들과 만나 국민 의식 개혁을 위한 '대도중흥비전 21'을 발표하고 오는 24일 세종문화회관 세종홀에서 그 시작인 '인내천운동연합' 출범식을 갖는다고 밝혔다. 출범식과 함께 전국 16개 지역에 설치한 지부·직능별 조직을 통해 본격적인 인내천운동에 돌입할 예정이다. "천도교의 인내천 사상은 모든 사람이 하늘처럼 존엄한 존재라는 평등주의의 성격이 짙습니다. 마치 흐르는 물처럼 모든 사상과 철학, 이념을 흡수·융합할 수 있지요." 그래서 그 인내천 사상을 계층과 세대, 보수·진보 간 갈등 해소와 행복한 사회 만들기에 적용하겠단다. "대도중흥이란 한울님의 뜻을 이어 근본을 다시 세우는 것"이라고 귀띔한 이 교령은 "이 개혁 운동을 통해 행복한 사회 구현 메시지를 온 사회와 전 세계에 전달하고 희망의 밝은 기운을 조성하겠다."라고 말했다.

"한국은 10년간 경제협력개발기구(OECD) 회원국 중 자살률 최고 국가의 불명예를 털어 내지 못하고 있어요. 물질문명에 가려 점차 쇠퇴해 가는 정신문명을 다시 세워야 합니다." 이 교령은 그 말끝에 대도중흥이란 바로 '천도교 한울님의 뜻을 이어 근본을 다시 세우는 것' 이라고 부연했다. 한편 천도교는 인내천운동 전개와 맞물려 다양한 사업을 벌여 나가기로 했다. 무엇보다 3·1운동 100주년 기념사업으로 3대 교조인 의암 손병희 기념관 건립을 중점 사안으로 추진 중이다. 여기에 동학문화센터 개관, 천도교 중앙도서관 설립, 청년·여성 포교 활동 활성화도 계획하고 있다.(《서울신문》 김성호 선임기자, 2017. 11. 16)

· **"인내천 사상 바탕 범국민 의식개혁운동 벌일 것" —《동아일보》**

"인내천(人乃天) 사상을 바탕으로 물질에 치우쳐 정신문명이 쇠퇴해 가는 것을 막는 범국민 의식개혁운동을 벌여 나가겠습니다."

이정희 천도교 교령이 15일 오전 서울 중구 한국프레스센터에서 다음 달 1일 현도기념일을 앞두고 한국 사회에 보국안민(輔國安民) 정신을 고취시키는 '대도중흥비전 21' 을 발표했다. 현도기념일이란 제3대 교조인 손병희(1861~1922)가 1905년 12월 1일 동학을 천도교로 개칭한 날을 일컫는다.

이 교령은 또 "이러한 대도중흥을 실천적으로 한국 사회에 전파하기 위해 '인내천운동연합' 도 출범한다"라고 밝혔다. 대도중흥이란 "천도교 한울님의 뜻을 이어 근본을 다시 세우는 것"이라고 천도교는 설명했다. 이를 위해 동학문화센터 개관, 천도교 중앙도서관 설립, 청년·여성 포교 활동 활성화 등 다양한 사업을 벌인다.

올해 일본 고베와 미국 로스앤젤레스에 지부를 설립한 천도교는 향후 중국과 유럽 등으로 지부를 확충할 방침이다. 이 교령은 "천도교는 동학 때부터 이 땅의 정신문화를 이끌어 가는 중심적 역할을 해왔다"며 "인간과 세상이 더불어 잘살고자 하는 천도교 사상을 세계화하는 데 박차를 가하겠다"라고 강조했다.(《동아일보》 정양

환 기자, 2017. 11. 16)

· "갈등 넘어 행복한 사회로… '인내천(人乃天) GNP' 높일 것" –《문화일보》

"국민총생산(GNP)이 올랐다지만 사람들이 행복한가요? '인내천(人乃天) GNP'를 올리는 운동을 벌이겠습니다." '사람이 곧 한울' 이라는 '인내천' 사상의 민족종교 천도교가 '인내천운동연합' 을 출범시키고, 인간 존엄의 행복한 사회 구현을 모토로 하는 국민운동을 전개한다. 천도교는 오는 24일 오전 서울 세종문화회관에서 인내천운동연합 출범식을 연다. 이정희 천도교 교령은 15일 기자 간담회를 열고 "모심·섬김·공경을 내용으로 계층·지역·남녀·세대·보수와 진보 갈등을 해소하고 조화롭고 행복한 사회를 만들고자 하는 게 '인내천' 의식개혁운동이다"라고 설명했다. 그는 "우리나라는 경제적으로 나아졌지만, 세계 최고의 자살률과 각종 갈등으로 몸살을 앓고 있다"며 "사람이 곧 하늘이고, 하늘이 곧 사람이라는 인내천 사상이야말로 갈등과 모순을 극복할 수 있는 '정신적 GNP'"라고 말했다.

운동의 방향에 대해 이 교령은 "사람이 한울인 세상, 특히 어린이·여성·노인이 한울인 세상을 지향할 것"이라며 "국내외에 권역별 · 지역별 조직을 확대해 나가고 있으며, 미국 로스앤젤레스와 일본 고베에도 지부 위원장을 위촉했다"라고 말했다. 천도교는 우선 강연과 교육 등의 활동을 강화할 계획이다. 이미 천도교는 제3세 교조인 의암 손병희 선생의 사위인 소파 방정환을 기리는 어린이 동요대회 등을 열어왔다. 또 여성과 군인, 노인 등을 대상으로 한 강좌도 진행해 왔다. 이 교령은 "천도교는 죽어서 천당이나 극락에 가느니 살아서 포덕천하(布德天下)를 만들자는 현실적인 종교"라며 "우리 존재 속에 한울님이 있다는 것만 깨닫는다면 그것이 곧 지상천국"이라고 천도교의 창시자 최수운의 가르침을 강조했다. 그는 "인내천운동은 궁극적으로 '신인간개벽, 신한국개벽, 신세계개벽' 의 삼신(三新)개벽운동을 전개하는 것"이라고 말했다.

한편 3·1운동 100주년(2019)을 앞두고 천도교는 '손병희 선생 기념관' 건립을 추진하고 있다. 이 교령은 "33인 대표의 주역인 의암의 기념관이 아직 없어 정부와 서울시 등에 기념관 건립을 건의해 놓았다"며 "의암은 김구 선생이 귀국하자마자 그 묘소를 찾을 정도로 대한민국의 국부였지만 역사적으로 평가를 받지 못하고 있다"라고 아쉬워했다. 천도교는 의암이 민족 지도자를 양성한 서울 강북구 삼양로 봉황각(鳳凰閣)의 격을 서울시 지정 문화재에서 국가 지정 문화재로 높이는 방안도 추

진하고 있다.(《문화일보》, 엄주엽 선임기자)

• 세종문화회관, '인내천운동연합' 출범

국민 의식 개혁을 위한 인내천운동연합 출범식이 김희중 천주교 대주교(종교지도자협의회 공동대표의장)를 비롯하여 문화체육관광부 관계자, 정계, 학계, 시민단체, 천도교인 등 5백여 명이 참석한 가운데 포덕 158(2017)년 11월 24일 세종문화회관 세종홀에서 열렸다. 출범식은 청수봉전 의식을 마친 후 석지연 연합뉴스 아나운서 사회로 국민의례, 내빈 소개 후 경과 보고, 교령의 개회사 및 참석한 내빈들의 축사가 이어졌다. 이어서 인내천운동연합 비전 영상 상영, 서울교구 이미애 동덕과 청년회 이재선 동덕이 인내천운동연합 출범 선언문을 낭독하였다. 축하 공연으로 김덕수 사물놀이패의 공연과 시연이 펼쳐졌다.

나는 개회사에서 "오늘날 기술문명의 발전으로 지구 환경의 위기와 생태계 전체에 대해 위협받고, 인간의 정체성 전체가 위협받는 근본적인 위기가 시작되는 자리에서 인내천운동이 출발한다"라고 전재하고, 인내천운동연합은 "사람의 본성을 찾아내어 다시개벽을 선포하는 것이며, 새한울 새땅에 사람과 만물이 새로워지도록 하는 인사이며, 신인간개벽, 신한국개벽, 신세계개벽의 삼신개벽을 실현하는 일"이며 또한 "화해와 상생의 통일운동이며, 남북통일을 넘어 동아시아의 평화체제와 세계 전역의 갈등을 전면적으로 극복해 나가는 운동이며, 궁극적으로 사람의 마음과 한울님의 마음이 하나 되는 오심즉여심의 이상을 이 땅 위에 실현하는 운동"이라고 정의하였다.(《천도교신문》 101호, 포덕 158년 12월 7일)

• 인내천운동연합 출범식 개회사

나는 오늘 500여 명이 모인 인내천운동연합 출범식에서 다음과 같은 개회사를 하였다.

모시고 안녕하십니까?

오늘 인내천운동연합 출범식에 참석해 주신 내외 귀빈 여러분께 감사드립니다. 유구한 역사를 자랑하는 우리나라가 서구 사회의 도전에 직면하여, 내우외

환에 시달리던 구한말, 세계의 문명사적인 대변혁의 기운을 따라 구도를 거듭하던 수운 최제우 선생은 동학 천도교라는 후천개벽의 종교를 창시하였습니다.

이후 해월 최시형 신사와 의암 손병희 성사로 이어지면서 근대 종교로서의 개신(改新)을 이룩하면서 인내천(人乃天) 즉 "사람이 곧 한울님"이라는 종지(宗旨)가 천명되었습니다. 인내천은 한 교단의 가르침을 함축한 핵심적 용어이면서, 20세기 이후 인류 사회가 지향해야 할 신문명의 방향성을 담고 있다고 생각합니다. 근대 시기에 인내천은 '인간의 존엄성'을 극대화하는 사상 중심으로 이해되어 왔습니다. 그러한 좁은 의미의 인내천은 지구촌 차원으로 확대되어 실현되어 가고 있다고 할 수 있습니다. 오늘날 세계 보편의 가치인 민주주의나 천부 인권론 등이 그것을 대변하고 있습니다.

또한 우리 인류는 유사 이래 도전과 응전을 거듭하면서 질병과 빈곤의 흔적을 지워 왔으며, 갈등과 분쟁도 이전 시대에 비하면 현저히 줄어들었습니다. 그러나 오히려 인류사의 위대한 성취의 이면에서 다른 한편으로, 기술문명의 발전은 지구 환경의 위기와 그로 말미암은 생태계 전체에 대한 위협을 가속화하고 있습니다. 무엇보다 자본의 노예로 전락하였던 지난 수 세기 인류사의 암흑기를 벗어나자마자 이제 이 지구상에서 인간이 마땅히 있어야 할 그 자리와 인간의 정체성 전체가 위협받는 근본적인 위기가 새롭게 시작되고 있습니다. 우리 인내천운동연합은 바로 그 자리에서 출발합니다.

우리는 제2의 인내천 선언을 통해 인간에 내재한 신성(神性), 한울님의 영성(靈性)을 온전히 구현함으로써 인간 생명 중심의 새로운 문명 시대를 열어 나가고자 합니다. 이는 한울님의 뜻을 실현하기 위한 사람의 본래 그 자리를 찾아내어 '다시개벽'을 선포하는 것이며, 새 한울 새 땅에 사람과 만물이 새로워지도록 하는 인사(人事)이며, 정신개벽, 민족개벽, 사회개벽을 기반으로 하는 신인간개벽, 신한국개벽, 신세계개벽의 삼신개벽(三新開闢)을 실현하는 일이기도 합니다.

존경하는 내외 귀빈 여러분! 인내천운동은 또한 화해와 상생이란 의미의 통일운동입니다. 남과 북의 통일을 넘어 동아시아의 평화체제와 세계 전역의 갈등을 전면적으로 제거해 나가는 운동이며, 궁극적으로 사람의 마음과 한울님의 마음이 하나 되는 오심즉여심(吾心卽汝心)의 이상을 이 땅 위에 실현하는 운동입니다. 인내천운동의 실천은 구체적으로 인간이 처한 환경과 조건, 그에 따르는 사람의 마음을 근간으로 전개될 것입니다. 일찍이 어린이, 청소년, 여성, 노동자, 농민, 상인들을 주체로 내세워 개벽운동을 전개했던 것처럼 사람의 마음과 처지를 먼저 살피고 배려하면서, 그것이 놓인 사회 조건과 생태계, 나아가 눈에 보이지 않는 관계망 전체를 아우르는 생명과 영성의 새로운 문화의 시대를 열어 나갈 것입니다. 우리는 그 비전을 실현할 키워드가 바로 인내천(人乃天)이라고 생각하면서, 오늘 이 자리에서 역사적인 인내천운동연합의 출범을 선언하는 바입니다.

행복과 평화의 인류 새 역사를 일구어 나갈 수 있도록 적극적으로 동참하고 성원하여 주실 것을 간곡히 당부드립니다. 감사합니다.

• 내빈 축사

오늘 인내천운동연합 출범식에는 정세균 국회의장(영상), 도종환 문체부장관(영상), 김희중 한국종교지도자협의회장, 조원영 동덕여학단 이사장님이 함께 해 주셨다. 모두 오늘의 인내천운동연합 출범식을 축하하는 좋은 말씀을 해주셨는데 특히 동덕여학단의 조원영 이사장님께서는 우리 천도교와 의암성사님에 대한 특별한 인연을 회상하면서 감동적인 축사를 해 주셨다.

조원영 이사장님의 축사는 다음과 같다.

인내천운동연합 출범식 및 보고대회라는 뜻깊은 자리에 축사를 드리게 되어 무한한 영광으로 생각합니다. 제가 이 자리에 서게 된 것은 의암 손병희 성사님과 저희 동덕여학단과의 오랜 인연 때문입니다.

민족의 운명이 풍전등화와 같았던 1908년, 저의 조부이신 춘강 조동식 선생께서는 민족을 구하기 위해서는 여성을 교육시켜야 한다는 신념으로 동덕여자의숙이라는 학교를 설립하고 교육 사업에 투신하셨습니다. 그러나 당시의 경제적 여건으로는 학교를 이끌어 가기가 쉽지 않았습니다. 월사금도 없던 시절에 맨주먹으로 시작하다시피 한 동덕여자의숙에는 경영난이 늘 따라다녔습니다. 장안의 독지가들을 찾아다니며 일 원 또는 오십 전씩 찬조금을 받아 근근히 학교를 운영하던 춘강은 급기야 의암을 찾아가게 되었습니다. 그 자리에서 의암은 이 젊은 교육자의 뜻을 고귀하게 여겨 쾌히 지원을 약속하셨습니다.

전해 오는 말에 따르면, 의암은 매달 10원씩 동덕여학교를 지원했다고 합니다. 매달 10원씩의 정액 보조금 외에도 학교 경영의 후원까지 맡아 주시겠다는 의암의 말씀에 큰 용기를 얻은 청년 교육자 춘강은 이후 매일 같이 또는 하루건너 한 번씩 의암을 찾아뵙고 학교 경영상의 대소사를 의논했다고 합니다.

1911년에는 늘어난 학생을 감당하지 못하는 동덕을 위하여 천도교는 32칸짜리 관훈동 2층 건물도 내어놓았습니다. 3·1독립운동으로 모진 옥고를 치르신 의암성사께서 1922년에 작고하시고 심각한 재정난에 빠진 천도교가 동덕여학교 경영을 공식적으로 포기하기 전까지 우리 동덕은 천도교의 도움을 받아 존속할 수가 있었던 것입니다.

이에 춘강은 의암 손병희선생기념사업회 등 평생을 두고 의암의 큰 뜻을 기리는 일에 매진하셨습니다. 그리고 우리 동덕여학단 산하의 학교들은 어언 100년이 지난 오늘날까지도 잊지 않고 의암을 큰 어른으로 받들고 있습니다.

의암께서 이 땅의 젊은이들의 교육을 위해 어려운 학교들을 지원하신 것은 비단 동덕뿐이 아니었습니다. 고려대학교의 전신인 보성을 비롯하여 무려 60여 개 학교를 힘자라는 대로 지원하셨습니다. 의암께서 그토록 이 나라 교육에 지원을 아끼지 않았던 것은 인간이 곧 하늘이라는 철학을 실천하기 위해서였다는 생각을 저는 이 자리에서 새삼 하게 됩니다.

돌이켜보면 인류 역사 대부분의 기간 동안 인간은 각종 차별을 받아 왔습니다. 지배자와 피지배자의 차별, 양반과 상민의 차별, 부자와 빈자의 차별, 남자와 여자의 차별… 이런 차별들로 인하여 대다수의 인류는 고통받아 왔습니다. 특히 제국주의 물결이 밀려오던 구한말 이 땅의 민중들은 이런 차별들로 인하여 절망의 나날을 보냈을 것이라고 상상됩니다.

이러한 때에 시천주, 사인여천 그리고 인내천으로 이어지는 동학과 천도교의 메시지는 들불처럼 번져 가면서, 핍박받은 이 땅의 민중에게 새로운 희망의 이정표가 되었을 것입니다. 인간이 하늘이라는 사실을 증명하기 위하여 의암께서는 교육에 그토록 심혈을 기울였던 것이 아닌가 합니다. 반상의 차이나 빈부의 차이, 심지어는 남녀의 차이도 불문하고 이 땅의 모든 젊은이들이 교육받을 수 있도록 하기 위하여 의암께서는 교육에 그토록 심혈을 기울였던 것이 아닌가 합니다. 반상의 차이나 빈부의 차이, 심지어는 남녀의 차이도 불문하고 이 땅의 모든 젊은이들이 교육받을 수 있도록 의암께서는 그토록 많은 학교에 아낌없는 지원을 하신 것이 틀림없다는 생각을 하게 됩니다. 의암께서 학교와 교육을 얼마나 소중히 여기셨는가 하는 일화 하나가 동덕의 역사 속에는 면면히 전해지고 있는데 그것을 소개하면 이렇습니다.

3·1운동을 앞두고 민족운동의 분위기가 한창 무르익어 가고 있을 때 춘강은 의암을 찾아가 이제 자신도 민족운동의 전열에 참여하겠다는 소신을 피력하였습니다. 그러자 의암은 "조 선생! 당신은 교육자요. 교육자는 뒤에서 열심히 학생들을 가르치면 되는 거요. 지금 우리가 독립운동을 한다고 해서 당장 독립되는 것도 아니오. 독립운동이라는 것은 한패가 잡혀 가면 다음 또 한패가 일어나고, 또 잡혀 가면 다른 한패가 일어나서 독립운동을 하고… 이런 식으로 운동하는 것이니 선생은 열심히 교육을 해 학생들을 훌륭히 길러 내서 제2, 제3의 독립운동의 일꾼을 길러내는 거요."

교육은 바로 그런 것이었습니다. 제2, 제3의 일꾼을 키워 내는 것이었습니다. 오늘날 한국은 세계에서도 가장 교육 수준이 높은 나라이고, 가장 빠른 경제 성장을 이룩하여 그 지독한 가난에서 벗어날 수 있었습니다. 더불어 세계인들이 존경할 만한 민주주의도 이룩하였습니다.

인간에게는 무한한 가능성이 있었습니다. 그 가능성을 열어 주는 희망의 메시지가 바로 인내천이라는 위대한 철학이 아니었나 저는 생각합니다. 그리고 오래전 저의 조부의 뒤를 이어 오늘 이 자리에서 인내천운동연합 출범식 및 보고대회에 축하의 말씀을 들으니 저의 마음은 감개무량하기 그지없습니다.

감사합니다.

• 홍종률 선도사 교령사 방문 제안

대내외 인사들로부터 오늘의 인내천운동연합 출범을 축하하는 전화, 문자 등이 답지되었다. 특히 수원교구의 홍종률 선도사께서는 포덕 158(2017)년 11월 20일 교령사를 직접 방문하여 다음과 같은 요지의 축하와 관련 제안을 해주셨다.

인내천운동연합 출범을 축하합니다!

인내천운동연합의 목적은 지구상의 모든 인간이 조화롭고 행복한 평화의 세상, 인내천의 지상천국 건설을 위한 개벽을 실현하는 데 있다.

우리 모두 인내천운동연합의 위대한 목적을 구현하기 위하여 ①상징 마크 제작(디자인)－실천 운동 참여자 전원 항시 패용. ②근면, 자조, 협동, 봉사 활동 실천. ③인내천 사인여천 구현을 위한 재능 기부 문화 활성화 및 기부자에 대해 노벨상 이상의 시상. ④인내천 실천 운동 실천으로 세계 부패 구조, 독재 철폐, 개벽운동 전개. ⑤인내천운동 상징 마크는 궁을기로 하고 바탕의 색깔은 적색과 백색으로 조화롭게 표현.

• 인내천운동 선언문 발표

내빈 축사에 이어 인내천운동연합의 출발을 세상에 널리 알리는 다음과 같은 인내천운동 선언문을 발표하였다. 오늘의 선언문은 이미애 동덕과 이재선 동덕이 함께 낭독하였다.

〈인내천운동 선언문〉

오늘 우리는 사람이 곧 한울이라는 인내천운동의 출발을 선언합니다. 인류는 유사 이래 도전과 응전을 거듭하며 질병과 빈곤을 극복해 왔으며, 갈등과 분쟁을 해소하며 평화를 추구하고 발전과 성장을 거듭해 왔습니다.

오늘 우리 사회는 기술문명의 발달에 의하여, 인간 생명의 근본은 물론 우주의 근원까지도 밝히고자 하려는 지경에 이르렀습니다. 그러나 다른 한편 세상 사람들의 품성은 고갈되어 가고, 사람과 만물을 감싸고 있는 생태계는 병들고, 환경 공해로 인하여 우리의 생존은 심각한 위협에 직면하고 있습니다.

19세기 근대 사회의 문이 닫히려던 때에, 반만년 역사의 한민족이 수많은 시련을 극복하면서 길러 온 지혜의 영성이 이 땅에서 인내천으로 꽃피었습니다. 인류사에 새로운 세기를 열기 위하여, 오늘 우리는 인내천 선언을 통해 인간의 신성(神性)과 한울의 영성(靈性)을 온전히 구현하고자 하는 행복한 세상으로의 대장정을 시작합니다. 이는 새 한울 새 땅에 사람과 만물이 새로워지도록 하는 우리의 정성이며, 온 세상 사람들에게 드리는 약속이며, 한울의 감응을 기원하는 우리들의 기도입니다.

이에 우리는 인내천의 개벽된 새로운 세상을 꿈꾸며 다음과 같은 실천 강령을 선포합니다.

하나, 사람과 만물은 한울의 영성을 내 몸에 모신 고귀한 존재입니다. 스스로 닦아 빛나게 하고, 더불어 세상을 빛내겠습니다.

하나, 한울의 존귀함을 언제나 잊지 않고, 사람을 한울처럼 모시며, 만물이 동포임을 믿고 사랑하여 서로를 살리는 길을 가겠습니다.

하나, 같음 속에 깃든 다름을 존중하고, 다름을 넘어 하나 되는 길을 향하여 나와 너와 우리가 함께 하겠습니다.

하나, 한울은 이 세상 약자들 속에, 아프고 상처 받은 곳에, 소외되는 존재들 속에 있음을 믿고 함께 치유하며, 함께 섬기고 높이겠습니다.

하나, 인간의 존엄성과 생명의 가치를 존중하고 우리 모두 더불어 잘살 수 있는 바른 사회를 만들어 가는 데 앞장서겠습니다.

하나, 인내천 사상으로 분단된 대한민국의 자주적인 통일을 이루고 나아가 동아시아와 세계 평화를 이룩할 수 있도록 정성을 다하겠습니다.

하나, 우리의 지혜를 밝게 하고, 우리의 용기를 굳건히 하여 신인간개벽(新人間開闢), 신한국개벽(新韓國開闢), 신세계개벽(新世界開闢)의 삼신개벽(三新開闢) 인내천 세상이 이뤄지는 그날까지 정성과 공경과 믿음을 다하겠습니다.

포덕 158(2017)년 11월 24일

인내천운동연합

4. 인내천 포덕운동 전개

• 지역별 인내천 포덕운동 전개

· 부안군 인내천 특별 강좌

포덕 159(2018)년 9월 14일, 부안군청(군수 권익현) 대강당에서 천도교 교령 초청 특별 강연회가 개최되었다. 1시간 동안 진행된 이날의 강연에서 나는 '화개어부안 결실어부안'을 주제로 '나와 동학', '부안과 동학' '대한민국과 동학' '세계와 동학'을 중심으로 인내천과 사인여천 정신, 보국안민 정신을 강조하였으며 이 정신이 이루어 낸 동학혁명, 삼일운동에 대해서도 설파하였다. 오늘의 주제인 부안에서 꽃이 피고 부안에서 결실을 맺는다는 해월신사의 말씀은 포덕 32(1891)년 음력 7월의 어느 날 부안 옹정리(현재의 부안읍 옹정리) 김영조의 집에서 한 말씀으로 장차 부안 땅에서 동학의 꽃이 피고 동학의 결실을 맺게 될 것임을 예언한 것이다. 부안군 초청으로 이루어진 이번 인내천 특별 강연회는 부안군청 공무원과 유관 기관 임직원 300여 명이 참석하였다. 나는 고향인 부안에서 강연하게 되어 감격스러웠다.(《천도교신문》 제116호, 포덕 159년 9월 13일)

· 예산 관작리 동학공원 인내천운동연합 문화제

포덕 159(2018)년 9월 15일, 9시부터 오후 5시까지 관작리 전적지, 예산동학혁명기념공원에서 예산 군민 및 청소년을 대상으로 예산 지역 인내천문화제가 개최되었다. 이날 행사는 인내천운동연합이 주관하고 예산동학농민혁명기념사업회가 주최하였다. 후원 기관은 문화체육관광부, 천도교 중앙총부, 예산군, 예산교육지원청, 예산농민회, 예산문인협회, DBS 동아방송 등이다.

이날 행사는 생명 존중 대행진(대동길놀이), 인내천 글짓기대회(성인부, 학생부), 인내천 그리기, 인내천 서예 체험, 인내천 나눔먹거리장터, 모심 나눔행사, 인내천 사진전, 인내천 창작대회, 인내천 노래 한마당, 농작물 직거래 장터 등 다양하게 진행되었다. 특히 이 행사를 내실 있게 진행하기 위하여 예산동학기념사업회를 비롯하여 동학풍물패, 예산문협, 예산홍성환경운동연합, 농민회 등 관련 단체가 모두 참여하여 대성황을 이루었다.

이날의 행사는 인내천운동연합의 임형진 위원장과 정무영 사무국장, 박성묵 예산교구장이 혼신의 노력을 기울임으로써 대회를 성공적으로 이끌었다. 정무영 국장에 의하면 이번 예산 행사를 '지역 인내천 행사' 의 성공적인 모델로 만들어 보아야겠다는 마음으로 모든 정성을 기울인 것이라고 했다. 인내천운동연합은 여기서 쌓은 경험을 부산 지역과 부안 지역에서 재현한 바 있다.(《천도교신문》 116호, 2018년 9월 13일)

· 부산 지역 인내천운동

천도교 중앙총부가 주최하고 인내천운동연합과 천도교 부산여성연합회가 주관하는 '인내천문화제' 가 포덕 159(2018)년 11월 10일 오후 2시부터 4시까지 부산시 동구 부산일보사 10층 강당에서 열렸다. 이번 인내천문화제는 8일부터 9일까지 전라도 익산, 장흥, 전주 지역에 대한 '인내천 해월의 흔적을 찾아서 문화답사' 에 이은 문화 행사이다. 인내천 정신 확산 사업의 일환으로 마련되는 이번 인내천문화제는 1부 기념식과 2부 축하 행사로 진행되었다. 1부 기념식은 이정희 교령, 박차귀 천도교 부산연합회 회장의 인사말과 부산종교인평화회의 대표회장 정산 스님 등의 축사, 인내천운동연합 위원장인 임형진 교수의 특강으로 진행되었다. 2부 축하 행사는 천도교 부산연합합창단의 '개벽의 등불, 바람의 노래' 공연과 유현종의 독창, (사)용담검무보존회의 기 선무와 황창랑 쌍검무, 아리 어린이극단의 축하 공연이 열렸다.

나는 인사말을 통해 "이곳 부산에서 인내천문화제가 개최하게 된 것을 축하하며 부산에서 꽃피우는 오늘의 인내천 문화 운동의 불꽃이 전 세계를 환하게 비출 수 있도록 정성을 모아 나가기를 바란다. 그러기 위해서는 일회성 행사로 끝내지 말고 멈추지 말고 지속적으로 실천해 나가도록 하자"라고 격려하였다. 임형진 위원장은 "인내천이란 무엇인가?"를 주제로 한 강연에서 "동학은 다른 종교와는 달리 내세가 아니라 현세를 중시하는 사상적 특징을 지니며, 후천개벽의 새 세상을 꿈꾼다" "개벽의 세상은 자기의 사사로운 마음만을 위하는 '각자위심' 의 시대가 아니라 모두가 한몸이 되는 '동귀일체'의 새 시대"라는 것을 강조했다. 박차귀 회장은 "인내천은 사람이 곧 한울이라는 천도교의 가장 기본이 되는 핵심 사상이다. 인내천문화제의 일환으로 1박 2일 동안 동학을 전국에 전파하며 인내천 정신을 실천한 해월 최시형 신사님의 발자취를 찾아가는 답사 여행을 전라도 일대에서 진행했다. 이번 문화제를 통해 인내천이 무엇인지 되새겨 보는 소중한 시간을 가지게 되길 바란다."라고 말했다.

· 부안 동학혁명 정신 선양 사업과 인내천문화제 개최

부안 지역의 동학혁명 정신을 계승 선양코자 '부안 동학혁명정신 선양 사업'이란 주제로 한 강연이 포덕 159(2018)년 11월 25일(일) 전북 부안 천도교 호암수도원에서 개최되었다. 부안포 관내 교인과 일반인 등 100명 가까운 인사가 참석한 이날의 행사는 11시 시일식 봉행 후 2부 강연과 축하 공연으로 진행되었다. 이어서 열린 '부안 동학인내천문화제'는 포덕 159년 11월 28일(수) 오후 1시 부안예술회관에서 개최되었다. 인내천운동연합에서 주최하고 부안문화원에서 주관한 문화제는 김원철 동학혁명 백산봉기회장의 기념사, 권익현 부안군수와 교령인 내가 축사를 하였다. 이어서 박대길 부안군 동학농민혁명사무국장으로부터 '부안의 동학과 동학농민혁명' 주제의 강연이 있었다.

부안 동학인내천문화제는 부안 백산중학교 학생들을 대상으로 백일장 대회가 열렸고, 축하 공연으로 사물놀이, 시낭송, 하모니카 연주, 국악 공연, 댄스(백산중학교 댄스 동아리) 등이 이어졌고 동학 관련 시화 및 사진전도 함께 열렸다. 사발통문 책받침 만들기, 사발통문 서책꾸미기 등의 만들기 체험과 승경도놀이, 쌍육놀이, 고누놀이 등 전래놀이가 홍겹게 이어졌다.(《천도교신문》 125호, 2018년 12월 6일)

• 인내천 통일 포덕 강좌 개설

· 통일 토크 콘서트 진행

인내천 통일 토크 콘서트 사업은 포덕 158(2017)년 9월 1일부터 포덕 159(2018)년 2월까지 6개월간에 걸쳐 진행되었다. 이론 강의와 현장 답사를 병행하였다. 이 인내천 통일 사업은 천도교 종학대학원이 주관하며 수운회관과 봉황각에서 매주 금요일 6시 30분부터 9까지 진행되었다.(《천도교신문》 제96호, 2017년 9월 7일)

· 평화 통일 아카데미 진행

인내천운동연합이 주최하는 평화 통일 아카데미는 포덕 159(2018)년 7월에 시작하여 매주 수요일마다 열려 포덕 159년 9월 15일, 제10강 1박 2일의 일정으로 임진각과 비무장지대의 유적을 탐방하는 것을 끝으로 종강하였다.

임형진 천도교 종학대학원장은 8월 22일 '동학과 민족통일－화해와 상생의 교류 협력 방안' 이란 주제로 북한 천도교 현황과 역할, 남한 천도교 전위단체 동학민족통일회와 천도교 남북 교류 협력 사업 등에 대해 강연했고, 서재철 녹색연합 전문위원은 8월 29일의 '지구상 마지막 비무장지대와 북한 생태·산림 복원에 대한 제안' 이란 주제로 강연했다. 9월 5일에는 원광대 이병한 교수가 유라시아 견문을 통해 동학의 세계화와 다시개벽의 의미를 새겼다. 인내천운동연합 주최, '시민이 만드는 평화! 시민이 만드는 통일!' 이란 주제로 개최된 인내천 통일아카데미는 매번 100여 명 이상의 수강자 참여로 성황을 이루었다. 9월 15일 오전 11시, 백여 명의 회원들은 파주 임진각 전망대에 도착하여 도라선역, 허중 선생 묘소, 덕진산성 등을 답사하고 저녁 시간에는 '평화와 통일 시대 시민운동의 과제' 란 주제의 강연이 이어졌다. 김종일 강사는 "2018년 한반도와 동북아, 전세계는 중대한 역사적 전환기를 맞이하고 있다. 우리는 전쟁과 평화, 분단과 통일의 길목에 서 있다. 선택과 결단은 우리의 몫이다. 전쟁이 아닌 평화, 분단이 아닌 통일을 지향하는 나라다운 나라를 건설해야 한다."라고 강조하였다. 9월 16일, 파주 DMZ 사과농장을 방문한 후 서울에서 해산하였다.(《천도교신문》 117호, 2018년 10월 18일)

· 인내천 통일 강연, 전 통일부장관 초청 2차례 실시

포덕 158(2017)년 12월 1일, 현도기념식 후 제2회 현도문화제의 하나로 개최된 정세현 전 통일부장관을 초청하여 인내천 통일 강연을 진행하였다. 이날 통일 강연의 주제는 '동북아 정세 추이와 한국의 선택' 으로 강연 요지는 다음과 같다.

> 북한 상황이 악화된 것은 2008년 8월 이후 북핵 6자 회담이 열리지 못한 9년 동안이었다. 이명박, 박근혜 정부 기간 동안 북한은 6차 핵실험(수소탄)까지 하여 핵 능력을 고도화시켰다. 이틀 전 북한이 발사한 미사일은 4,500km 이상을 날았다가 대기권에 재진입하였다. 워싱턴 타격도 가능한 대륙간탄도미사일(ICBM) 개발이 임박한 것으로 예상된다. 북한 문제로 '한반도 위기설' 이 수시

로 반복되고 있는 가운데, 미·중·일은 북핵 문제를 상호 간 외교적 카드로 활용하고 있다.(중략)

이러한 동북아 상황에서 우리 한국의 선택은 무엇인가? 대륙과 해양 사이에 놓인 한반도는 원래부터 지정학적으로 불리했다. 청일전쟁, 러일전쟁, 남북 분단, 6·25전쟁(미·중 전쟁), 이 모두가 지정학적인 원인에서 비롯되었다. 이런 이유 때문에 우리는 우리 중심의, 자국 중심의 미·중 등거리 외교를 해야 한다. 미중 사이에서 등거리 외교를 할 수 있어야 일본의 군사대국화도 견제할 수 있다. 자국 이익을 우선하는 외교를 하기 위해서는 남북 관계의 복원과 개선은 기본이다. 남북 관계가 악화되면 안보가 불안해지니 한미동맹 강화 차원에서 대미 의존도가 높아진다. 자국 중심의 외교를 하기 어렵다. 남북 관계가 복원되면 북핵 문제 해결 과정에서 대한민국의 영향력과 역할이 커질 것이다.(《천도교신문》 101호, 2017년 2월 7일)

두 번째 통일 강연으로 포덕 159(2018)년 12월 24일 제121주년 인일기념식 후 대교당에서 이종석 전 통일부장관을 초청하여 통일 강연회를 열었다. 주제는 '한반도 정세 전환과 평화 번영 전망' 으로 강연의 요지는 다음과 같다.

지난해 한반도 정세 변화의 양상은 평창올림픽을 계기로 구체화되었다. 이는 대결 국면에서 평화 국면으로의 전환이었다. 즉 북한의 핵, 미사일 실험 발사 중단, 한미 연합 군사 훈련 중단, 남북 간 사실상의 종전 선언 등으로 구체화되고 있다.

이러한 정세 변환은 북한 국가 전략의 전환과 밀접한 관련이 있다. 북한은 핵무기를 중심으로 한 군사주의에서 경제 중심의 평화 추구의 노선으로 전환하고 있다. 2018년 4월 20일 북한은 '핵', 경제 병진에서 '경제 발전 총력 집중' 노선을 채택하였다. 2018년 한반도 정세 전환의 특징은 다음과 같이 정리할 수 있다. 남북-북미 정상회담의 연쇄적 개최로 대결 관계를 해소하는데 합의하였다. 이는 한반도 냉전체제 해체의 절호의 기회가 도래한 것이라 할 수 있다. 대결의 양대 축인 남북, 북미 대결을 동시에 종식할 수 있을 것으로 예상된다. 무엇보다도 비핵화 방법을 둘러싼 북미 간 의견 차이를 극복해야 한다. 미국은 북한에 대한 비가역적 비핵화 상황 이전에는 북에 대한 제재 완화에 부정적인 입장이다. 북한은 자신의 단계적 비핵화 조치에 대한 미국의 단계적 상응 조치를 요구하고 있다. 이런 상황에서 북한은 추가 양보를 통한 트럼프 대통령의 대북 유연성 명분을 제공할 필요가 있다. 핵을 포기한다는 논리적 무리에도 불구하고 세계 패권주의 국가인 미국의 선 양보는 매우 어렵다. 북한은 트럼프 대통령이 북한의 완전 비핵화 이전이라도 단계적 대북 제재를 단행할 명분을 제공할 필요가 있다. 대신 미국은 북한에게 안심과 신뢰를 제공하여야 한다. 2019년 한미 연합군 훈련 중단, 그리고 2019년 1, 2월 중 북미정상회담 개최 발표 등이 이에 해당한다.

김정은은 왜 비핵화 의지를 밝혔는가? 김정은의 비핵화 표명 배경은 두 가지다. 먼저, 미국 등 국제 사회의 '최대 압박과 제재' 를 못 견뎌 이를 회피하기 위한 책략이다. 이러한 관점에서는 당연히 북한의 비핵화 의지를 의심하는 것은 당연하며, 북한은 틈만 생기면 기만을 추구한다고 의심할 수 있다.

둘째, 북한은 비핵화 대신 경제 제재 해제를 실현하여 고도성장으로 경제 부국 건설을 도모하는 신국가 전략을 추구하고 있다. 북한의 신국가 전략 추구는 기존 모델 즉 핵무기 보유한 빈곤 국가로 미국의 위협을 강조하고 체제 안전 보장책으로 핵무기를 보유하는 대신에 대북 제재로 인한 빈곤을 감수하는 것으로, 이를 신모델 즉 경제 부국 전략으로 바꾸는 것이다. 핵 포기 대신에 체제 안전 보장과 경제 제재 해제를 통해 경제 부국을 추구하는 것이다. 여기서 김정은의 두려움은 기존 생존 방식인 군사주의 포기로 핵 개발 명분인 적대국으로부터 안전 보장을 받고 핵을 포기해야 하는 상황에 처한다는 것이다. 북한은 2010년 이후 경제의 대외 개방 및 개혁을 추진하였다. 북한은 남북 경제 협력 자산을 충분히 보유하고 있다. 즉 우수한 산업 노동력, IT 기술 인력, 우수한 경공업 기술을 보유하고 있다. 또한 풍부한 지하자원을 갖고 있는 북한은 물류 통로로서의 지리 경제적 위치를 확보하고 있다. 또한 빼어난 관광자원도 볼 만하다. 따라서 우리는 북한은 앞으로 전통적인 단계 발전이 아니라 복합적 발전을 예상할 수 있다. 이러한 조건이 북한을 개방으로 내모는 것으로, 김정은은 개방을 두려워하지 않고 있다고 봐야 한다.

한국인, 한민족 삶의 질적 도약 계기는 막혔던 대륙으로 뻗는 기회의 창을 여는 것에 있다. 3면 해양, 1면 대륙과 연결된 우리나라의 남북 협력은 한국 경제의 출로이다. 이 시대의 남북 경협은 한국 경제 발전의 거대한 잠재력으로 한계에 부딪힌 한국 경제의 출로이기도 하다.(《신인간》 818호, 2019년 1월)

• 인내천 어르신 강좌

인내천 어르신 강좌는 우리나라가 오늘의 근대화를 이룩함에 있어 누구보다도 노고를 아끼지 않았던 어르신들에게 감사의 마음을 담아서 추진하는 사업으로 특히 인내천적 삶이 무엇인지를 체험적으로 깨닫고 계신 분들에 대한 강좌와 레크리에이션 그리고 작은 소공연 등으로 진행하였다. 포덕 158(2017)년도에는 1차 11월 5일, 중앙대교당에서, 2차는 11월 12일 대전시 교구에서 70대 이상 어르신들이 많이 참석하였다.

포덕 159(2018)년도에는 1차 7월 14일, 예산군 석곡2리 마을회관에서 고덕 면장과 이장협의회 마을이장, 주민 등 70여 명이 대동길놀이 농악놀이와 함께 신명 나게 펼쳐졌다. 2차는 8월 26일 11시에 남해 천도교 중앙교당에서 100여 명이 참석한 가운데 성황리에 개최되었다.

• 인내천 국군 강좌

포덕 158(2017)년 12월 28일, 연천 토우부대에서 군인 등 군인 가족 포함 300여 명이 참석한 가운데 실시되었다. 3개의 주제로 나누어 강연과 위문 공연 및 위문품을 전달하였다. 이날 강연은 3개의 주제로 나누어 30분씩 총 90분 동안 진행하였다. 먼저 코미디언 엄용수가 '웃음이 희망이다' 는 주제로 강연을 하였다. 이어서 황종택 일간투데이 주필이 '즐거운 병영 생활과 뜨거운 전우애' 에 대해서 강연을 하였으며 성보용 성학연구원 원장이 '민족사 교육과 정신 전력' 이란 주제로 각각 강연하였다. 이어서 걸그룹 바바가 30분 동안의 위문 공연을 하였다. 그리고 미리 준비해 간 위문품을 전달하였다. 포덕 159(2018)년 11월 18일에는 경기도 김포 해병대 2사단 82대대, 200여 명에 대한 인내천 강좌를 실시하였다.

• 인내천 여성 강좌

여성을 위한 인내천 강좌가 포덕 158(2017)년에 두 차례 열렸다. 강좌의 주제와 내용 및 강사 등에 대해서는 사회문화관에서 여성회와 협의하여 정하였다. 1차 강좌 일정은 9월과 10월에 걸쳐 목요일 오후 2시부터 3시 30분까지 1시간 30분 동안 수운회관 907호에서 진행되었다. 강좌의 주제는 '행복한 노후생활'로 국립암센터 박재갑 교수 등 7개 강좌를 운영하였다.

2차 강좌는 포덕 158(2017)년 11월 1일부터 11월 7일까지 일주일간 매일 1시간 30분(오후 2시~3시 30분) 동안 진행되었다. 주제는 '행복한 가정 꾸리기—아이 잘 키우는 방법'으로 서울대 행복연구소 최민철 소장 등 7개 강좌를 운영하였다.

●—히말라야
2019년도 종교지도자협회 이웃 종교 체험 순례의 일환으로 해외 성지순례길에서 나는 네팔 국내 항공을 이용하여 카투만두에서 포카라공항으로 이동 중 세계의 지붕 히말라야를 지나는 순간 천도교의 이상국가 지상천국을 떠올리며 수운대신사님의 성령이 이곳에 임하여 언젠가 동학 천도교의 산으로 다시 우뚝 서게 될 것이라는 영감을 얻은 바 있다.(본문 중에서)

제11장

세계 포덕의 시대를 열어 나갈 것입니다

신사 대답하시기를
“우리 도의 이름과 주의를
멀지 아니하여 세계에 펴 날리고,
서울 장안에 크게 교당을 세우고,
주문 외우는 소리가 한울에 사무치리니,
이때를 지나야 현도라고 이르느니라.”

神師曰「吾道之名義 不久布揚於世界 首都
長安大健廣堂 誦呪之聲沖天由時曰 顯道也」

—〈오도지운〉, 『해월신사법설』

“

대륙별 해외 포덕의 전진 기지를 설치하고,
외국어 경전 간행과 인재 교류로 세계화 포덕의
시대를 열어 나갈 것입니다.

—〈교령 취임사〉, 포덕 157년 4월 22일

”

1. 10년 안에 300만 교단 시대 개막

• 세계화 전략 배경

10년 안에 300만 교단 시대를 이룩하기 위한 장기적인 포덕으로는 2가지 방안을 상정할 수 있다. 그 하나는 국내에서의 포덕이며 다른 하나는 해외에서의 포덕이다. 국내 인구가 7천만이므로 이는 세계 인구의 1/100에 해당된다. 단순하게 인구수만을 기준으로 볼 경우, 앞으로의 포덕은 국내 인구보다 100배가 더 많은 세계를 대상으로 한 포덕운동에 초점을 맞추어야 한다고 말할 수 있다.

나는 20년 전, "우리의 21세기에는 분명 세계 속에서 인내천의 역사가 전개되는 천도교 시대가 열리게 될 것이다. 그동안 우리 민족을 대상으로 이루어졌던 포덕의 공간은 21세기를 맞아 세계를 향해 힘차게 뻗어 나가게 될 것이다. 우리의 활동 영역을 민족이라는 포덕의 공간에서 세계라는 포덕의 공간으로 펴 나가지 아니하면 안 될 전환기적 시점에 서 있다."라고 강조한 바 있다. 그래서 나는 취임사에서 "대륙별 해외 포덕의 전진 기지를 설치하고, 외국어 경전 간행과 인재 교류로 세계화 포덕의 시대를 열어 나갈 것입니다. 이를 위해 천도교 해외포덕위원회를 설치하여 세계 포덕 사업을 체계적으로 추진해 나갈 것입니다."라고 공약한 바 있다. 나의 이러한 세계 포덕의 공약은 20년 전 천도교의 세계화 과제 구상에서부터 비롯된 것이었다.

• 20년 전, 21세기 세계화 전략 제시

나는 20년 전에 《신인간》(542호, 포덕 136년 8월)에 〈21세기 세계화 전략〉을 제시한 바 있다.

"우리 교회가 세계 속의 천도교로 발전하기 위한 장기 계획을 세워야 한다. 이 계획을 통해서 우리 모두가 함께 이룩해야 할 꿈을 확인하고 그 꿈을 함께 가꾸어 나갈 수 있어야 할 것이다. 우리 천도교가 맞이할 미래의 세계를 내다보고 그 세계 속에서 펼쳐 나가야 할 꿈과 희망의 청사진을 그려야 할 것이다. 장기 계획의 기본 목표는 우리 교회가 21세기 세계 제일의 종교로 발전하는데 두어야 할 것이다. 세계 제일의 종교로서 우선 양적 목표를 생각해 볼 수 있다. 추진 전략으로는 지역별, 국가별 거점을 확보하는 일이다. 세계 속의 천도교를 이룩하기 위해서 모든 나라를 한꺼번에 포덕하기는 대단히 어려운 일이다. 그러므로 단계별 전략이 필요하다. 예를 들면, 제1단계는 세계를 몇 개의 지역권으로 나누어 3, 4개의 국가를 선정, 이들 나라에 포덕의 거점을 확보한 후 점진적으로 확산하는 것이 바람직할 것이다. 1단계 목표로서 아시아권에서는 중국, 미주권에서는 미국, 유럽권에는 프랑스 등으로 3개 국가를 선정한 후, 다시 이들 나라별로 지역을 선정하는 방안이 있을 것이다.

천도교의 세계화, 그것은 경전의 세계화가 이루어질 때 가능하다. 경전이 세계화되지 아니하고는 우리 천도교를 세계 속에서 키워 나간다는 것은 어불성설이 될 것이다. 경전의 세계화를 위해서는 해야 할 일이 너무도 많다. 지금 우리는 한문을 잘 아는 어른들 위주의 경전만을 펴내고 있을 뿐이다. 한문의 뜻을 잘 몰라도 누구든지 쉽게 이해할 수 있는 경전이 마련되어야 할 것이다. 그리고 어린이들을 위한 경전도 마련되어야 할 것이다. 또한 현재 우리가 가지고 있는 경전을 한글화하는 과정에서의 오류는 없는지도 찾아보고 잘못이 있으면 바로잡는 노력도 계속되어야 할 것이다. 특히 천도교를 온 세계 인류에게 전하기 위해서는 세계 각국의 언어로 번역해 나가는 계획과 노력이 지속적으로 이루어져야 할 것이다."

• 취임사 '세계화 포덕의 시대 열어 나갈 것'

나는 포덕 157(2016)년 4월 22일 교령 취임사를 구상하면서 20년 전부터 《신인간》을 통하여 제안한 세계화 포덕을 떠올리며 이제 세계화 포덕은 선택의 문제가 아니라 포덕천하를 위한 필수 과목이라는 생각을 하였다. 이제 천도교가 보국안민의 종교를 넘어서서 온 세계 포덕천하를 향한 세계화의 큰 걸음을 걸어 나가야 할 때임을 강조하고 이를 위해 최선을 다해야 할 것이라고 강조하였다.

의암성사께서는 "천도교는 천도교인의 사유물이 아니요 세계 인류의 공유물이니라. 천도교는 구역적 종교가 아니요 세계적 종교"라고 말씀하신 바 있다. 20세기가 시작되면서 천도교는 이 민족의 역사적 공간에서 제일의 종교로 우뚝 서서 보국안민의 역사를 전개하여 온 역사를 가지고 있다. 이제 우리는 21세기 천도교가 세계 제일의 종교로서 우리나라를 포함한 지구상의 모든 나라에서 다시개벽의 인내천 역사를 이루어 나가야 할 세계화 시대를 지향해야 할 시점에 서 있다. 천도교는 인류의 위대한 희망의 자산이다. 21세기에 분명 수십억 교단의 천도교 시대가 열리도록 해야 할 것이다. 세계를 향해서 천도교의 따스한 봄바람이 불기만 한다면 하루가 다르게 세상 도처에서 천도교의 봄과 함께 인내천의 꽃을 반드시 피워내게 될 것이다. 봄바람이 불고 간 뒤에 일만 나무 일시에 알아차리고 하루에 한 송이 꽃이 피고 이틀에 두 송이 꽃이 피어 삼백예순 날이 되면 삼백예순 송이가 피어 마침내 온 세상이 봄이 된다고 말씀하신 스승님의 교훈을 잊어서는 안 될 것이다. 우리가 믿고 있는 천도교는 우리나라만을 위해 존재하는 구역적 종교가 아니고 세계적 종교이며 어느 한쪽에 치우친 편파적 종교가 아니고 온 인류를 위한 광박적 종교인 것이다. 그래서 '대도중흥비전 21' 에서 포덕광제의 실천을 위하여 '해외 포덕' 을 제시한 것이며 '포덕 2500 운동' 을 통하여 10년 안에 300만 교단을 이룩하자고 제안한 것이다.

• 5만의 함성, 원불교 100년 기념 행사 참석

천도교보다 후발 주자인 원불교는 우리와 비교할 수 없을 정도로 세계 속의 원불교, 원불교의 세계화를 향하여 힘차게 나아가고 있다. 포덕 157(2016)년 4월 25일부터 5월 1일까지 원불교 100년 기념 주간이 진행됐고, 5월 1일에 메인 행사인 기념대회가 서울 월드컵 경기장에서 개최됐다. 나는 서울 월드컵 경기장에서 개최된 원불교 100주년 기념식에 참석하였다. 전국에서 모인 5만 명의 함성이 한울에 사무치는 듯했다.

행사에는 박근혜 대통령을 대신해 김종덕 문화체육관광부장관과 박원순 서울특별시장이 참석했고, 김무성 새누리당 전 대표, 원유철 새누리당 원내대표, 김종인 더불어민주당 비상대책위원회 대표, 정세균 국회의원, 안철수, 천정배 국민의당 공동대표, 심상정 정의당 대표, 이수성 전 국무총리 등이 참석했다. 이번 기념대회는 러시아, 스와질란드 등 외국에서 온 교도들의 태권도 시범, 사물놀이 공연 등 식전 공연으로 예열한 후, 오후 2시 전남 영광의 영산 성지와 익산 중앙총부 등 10곳의 범종에서 울리는 종소리로 문을 열었다. 기념대회에는 7대 종단의 수장들과 삼부요인 및 4당 대표 등 국내외 주요 인사, 그리고 세계종교인평화회의 사무총장 벤들리 박사, 아시아종교인평화회의 사무총장 하타께야마 사무총장과 의장 삼수딘 박사와 팔롭 태국 세계불교도우의회 사무총장, 유네스코 종교 담당 담마라타나 스님 등 해외의 이웃 종교인들도 대거 참석했다. 국내 종교계에서는 천도교 교령을 포함한 한국종교인평화회의 대표회장, 천주교 대주교, 한국이슬람중앙회 이맘 등 종교계 인사들과 원불교 5만여 명의 교도들이 참석했다.

한은숙 교정원장의 개회문 낭독으로 행사가 시작됐고, 소태산 박중빈 대종사의 제자 9명을 성인으로 추대하는 '구인선진 법훈서훈식' 이 진행됐다.

이후 경산 장응철 종법사의 설법 후 소태산 박중빈 대종사가 제시한 "물질이 개벽되니 정신을 개벽하자"는 개교 표어를 바탕으로 한 '정신개벽 서울선언문' 을 선포했다. 또한 이후 미래 100년을 위한 원불교 교도의 실천 강령도 발표했다. '정신개벽 서울선언문' 에는 오늘날 인류 사회는 독선과 오만, 욕심과 갈등으로 인해 인간의 존엄을 잃어가는 시대에 직면한 것을 지적하며 '열린 마음으로 세상과 소통하는 밝은 지혜' , '하나의 마음으로 생명을 존중하는 바른 실행' 을 정신개벽의 방향으로 삼아 온 인류와 함께 정신개벽 실천 운동을 전개하자는 내용이 담겼다. 이를 실천하기 위해 '물질을 선용하고 환경을 존중하는 상생의 세계' , '마음공부와 적공으로 강약이 진화하는 평화의 세계' , '서로 감사하고 보은하는 하나의 세계' 를 만들어 갈 것을 실천 강령으로 제시했다.

원불교 최고지도자 경산종법사는 오늘의 이 기념대회가 "물질이 개벽되니 정신을 개벽하자"라고 한 소태산 대종사님의 개교 정신을 널리 실현하는 자리라고 강조하였다. 뿐만 아니라 대한민국 근·현대 100년의 상처를 치유하고 사회 통합과 평화통일을 여는 시간이며, 종교 화합으로 세계 평화의 등불이 되기를 기도하였다. 자료에 의하면, 원불교는 현재 23개국, 67개 도시에서 140여 명의 교역자가 포진되어 활동하고 있다고 한다. 1962년에 해외포교연구소, 1943년에 일본어판 번역을 시작하여 10개 언어로 번역되어 있다고 한다. 이제 원불교는 세계적인 종교로 우뚝 섰다고 보여진다.

나는 원불교 100주년을 축하하는 마음과 함께 우리 교단의 현실을 생각하면서 많이 울었다. 후발 주자인 원불교가 세계적인 종단으로 성장하는 동안 우리는 과연 무엇을 했는가? 그리고 오늘, 우리는 무엇을 생각하며 무엇을 하고 있는가를 생각하며 많은 눈물을 흘렸다. 이제 이 눈물을 대도중흥을 위한 혁명의 에너지로 승화하여 300만 교인 시대를 기어코 열어 나가야 한다고 두 주먹을 불끈 쥐며 돌아왔다.

2. 해외포덕위원회 출범

• 해외포덕위원회 구성

세계 포덕을 체계적으로 추진하기 위하여 해외포덕위원회 규정과 해외포덕위원을 위촉 임명하였다.

먼저 해외포덕위원회 설치 운영을 위한 해외포덕위원회 규정은 포덕 157(2016)년 9월 30일 종의원 총회 의결을 거쳐 10월 19일 공포 시행되었다. 관련 규정 제정에 이어 포덕 157년 11월 21일, 제1차 해외포덕위원회가 수운회관에서 개최되었다. 이날 회의에서는 이상면 교수가 위원장으로, 정정숙 교화관장은 간사, 위원으로는 석영기, 정의필, 임형진 교수가 위촉되었다. 정정숙 교화관장이 사회문화관장으로 자리를 옮기면서 김호성 교화관장이 간사, 정정숙 사회문화관장은 위원으로 변경되었다.

• 해외포덕사 임명

해월신사는 개벽운수에서 "지금은 도를 권하면 사람들이 다 믿지 아니하나 일후에는 사람들이 다 손바닥에 시천주 주문을 써 달라고 할 것이니라. 이때를 당하여 포덕사를 세계 각국에 파송하면 모든 나라가 자연히 천국이 되리라. 우리나라의 영웅호걸은 인종의 종자니 모두가 만국 포덕사로 나간 뒤에 제일 못난 이가 본국에 남아 있으리니 지열자가 상재요 도통한 사람이니라."라고 하셨다. 이 말씀은 오늘 우리 천도교의 세계화에 대한 비전과 천도교의 세계 포덕을 위한 해외포덕사를 세계 각국에 파송하게 되면 자연히 세계 포덕이 되고 천국이 될 것이라는 교훈이다.

해월신사께서 말씀하신 만국포덕사를 세계 각국에 파송하기 위해서는 장기적인 안목을 가지고 해외포덕사 양성을 위한 교단적인 준비와 노력이 있어야 할 것이다. 그러나 이와 같은 노력은 시간이 걸릴 것이기 때문에 우선 주변의 준비된 인재가 있다면 해외포덕사로 임명하기로 하였다. 마침 머지않아 호주로 이민을 가게 되는 제암 장영균 선도사와 내수도 정심당 박노분 선도사, 오랫동안 파리에 거주하면서 신앙생활을 열심히 하고 있는 임남희 동덕 등 3인에게 해외포덕사 도첩을 수여했다. 이를 시작으로 점점 확대하여 이른바 천도교 세계화의 시대를 열어 나갈 수 있기를 기대하며 해외포덕사 양성을 위한 장기 계획도 수립하기로 하였다.

나는 20년 전 21세기 세계화 포덕 전략을 제안하면서 의암성사님의 웅대한 세계화 구상에 대해 생각해 본 일이 있다.

의암성사께서는 일찍이 우리 천도교의 발전을 위해서는 세계 대세를 살펴보는 것이 필요하다 하시고 10년 계획으로 미국을 가시려다 여러 가지 사정으로 뜻을 이루지 못하셨다. 역사적 사실 앞에 가정이란 부질없는 것인 줄 알면서도 이 점에 대해서 안타까운 생각을 가져본 일이 있다. 만약 의암성사께서 그 당시 미국을 비롯한 세계 여러 나라를 순회하셨더라면 오늘 우리 천도교는 세계 속의 천도교로 발전하는 좋은 기반이 갖추어지게 되었을 것이라는 가정을 해 보았다. 이제 세계 모든 나라의 문은 활짝 열려 있다. 모든 것은 우리가 하기 나름이다. 우리 모두 다함께 인내천 진리를 목마르게 기다리는 이 세계를 향해서 힘차게 전진해야겠다.

천 리 길도 한 걸음부터라는 말이 있듯이 오늘 해외포덕사 도첩 수여를 계기로 천도교 세계화의 꽃이 활짝 필 것을 기대한다.

• 세계화 포럼 개최

포덕 158(2017)년 제120주년 인일기념일을 맞이하여 수운회관 907호에서 '천도교 세계화 전략' 이란 주제의 뜻깊은 학술 발표회가 개최되었다.

학술 발표회는 교령의 격려사에 이어 이상면 교수의 기조 강연, 석영기, 정의필, 김태성 교수의 주제 발표, 임형진 교수의 사회로 전체 토론이 이어졌다. 기조 강연과 주제 발표를 간추려 소개한다. 먼저 이상면 해외포덕위원회 위원장으로부터 '동학하는 천도교' 라는 주제로 발표하였다. 주요 발표 내용을 요약하면 다음과 같다.

"천도교는 동학혁명, 항일독립운동의 빛나는 공훈이 있는데도 사람들은 후발 주자로 도리어 그에 소극적이었던 동학 계열의 원불교나 증산교에 대하여 호감을 갖는 것은 어찌된 일인가?" 라고 문제를 제기하고 "타 종교와의 소통과 교류의 장을 열고 그 중심에 서야 한다." 라고 주장했다. "천도교는 교세가 하강해 온 것을 남 탓하지 말고 자신에게 책임이 있다는 것을 먼저 인정해야 한다. 동학혁명, 독립운동 등 찬란한 공을 내세우고 안주해서는 더욱 안 된다. 그 시절에 잘 나가던 교리가 지금도 그대로 적용될 것이라고 생각해서는 안 된다. 지금이라도 현실에 맞게 교리를 개발하고 경전을 현대어로 간행해야 한다. 증산교와 원불교가 대일항전과 독립운동에 소홀히 하여 눈총을 받으면서도 일제치하에서 탄압 속에 이루어 낸 교세 확장의 비결을 반면교사로 삼아야 한다. 증산교, 원불교, 수운교 등과도 우의를 다지고 교류와 협력의 길을 열어야 한다."

이어서 석영기 천도교연구소 소장은 '해외 포덕 활성화를 위한 제언' 으로 첫째 경전의 현대화와 번역. 둘째, 교단 지도부의 해외 포덕의 중요성에 대한 인식과 리더십 발휘. 셋째, 다른 나라에 포덕을 하는 경우에는 해당 국가에 대한 연구와 분석. 넷째, 포덕사 양성을 위한 프로그램 개발, 해외 포덕 정보의 공유. 다섯째, 사회적 연결망을 활용한 미디어 확보. 여섯째, 재정 확보. 일곱째, 접주제도에 대한 현대적 접근과 강화 방안 모색 등을 제시하였다. 다음 정의필 교수는 '천도교의 세계화' 주제하에 다문화 가정의 이해와 천도교 접근 전략을 중심으로 발표하였다.

정의필 교수는 "천도교에서는 타 종교와 다문화 가정 지원책을 벤치마킹하고, 선진국에서의 다문화 가정에 대한 이해·수용에 대한 연구가 필요하다. 먼저 따뜻한 손을 내밀고 상호 인정과 신뢰의 바탕이 이루어진 후에 천도교를 설명하고 홍보해야 한다. 지원 조직을 준비하고 필요한 규정도 제정하여야 한다. 다문화 가정은 전국에 산재해 있으므로 특히 지방 교구의 역할이 중요하다. 외국에 거주하는 천도교인들이 신앙심을 잃지 않고 신앙할 수 있도록 본국에서 지원하고 경전의 외국어 번역 등이 선행되어야 한다. 천도교의 다문화 가정 포덕은 그들을 배려, 지원, 소통 후 포덕 사업을 펼쳐야 한다."

끝으로 김태성 KCRP사무총장은 '원불교 해외 교화의 역사와 전개' 를 주제로 하는 발표가 있었다. 김태성 총장은 원불교의 해외 포덕의 역사와 현황을 설명한 후 다음과 같은 천도교의 해외 포덕을 위한 제언을 했다. 첫째, 천도교 교리 중에서 천도교가 세계화를 지향할 가치를 재발견하고 해석하는 작업이 우선시되어야 한다. 둘째, 해외 포덕을 위한 인연들을 발굴하고 효과적인 관리가 필요하다. 셋째, 해외 포덕을 위한 인재를 체계적으로 양성해야 한다. 넷째, 해외 포덕을 위한 재정, 인력, 번역, 해외 활동을 위한 지원 등 세부적인 정책을 만들고 장기적, 체계적으로 실천해야 한다.(《천도교신문》 102호, 2017년 12월 28일)

3. 세계화를 위한 작은 걸음

• 쿠바에 남아 있는 천도교 불씨

3·1운동 100주년 기념사업추진위원회에서 주최하는 민족 대표 보고회 행사에 쿠바에 거주하는 세르히오 림 알롱소가 함께하였다. 포덕 158(2017)년 11월 3일, 서울시 종로구 AW컨벤션센터에서 평화 추진 선언식과 함께 열린 이날 보고회에는 쿠바의 세르히오 외에 중국, 일본, 미국 등지에서도 해외 대표들이 참가하였다.

세르히오는 쿠바의 천도교인이자 독립운동가 임천택(1903~1985)의 손자로, 3·1운동 100주년 기념사업추진위원회 초청으로 방한하였다. 세르히오는 3일 민족 대표 보고회에 참석한 후 천도교 중앙총부를 찾아 교령사를 예방하였고, 5일에는 대전 현충원에 안장된 조부 임천택의 묘소를 참례하였다. 임천택 묘비에는 독립운동 공적이 비워져 있어 그동안 천도교 중앙총부는 대전현충원과 협의하여 임천택 선생의 약력, 공적 내용을 새길 준비를 했고 유족인 세르히오와 아자리아의 서명을 받아 11월 5일 현충원에 서류를 제출했으며, 2개월 후에는 비문이 새겨진다. 세르히오는 비석에 비문이 완료되면 쿠바의 집안 식구들과 함께 한국을 다시 방문하기로 하였다. 세르히오는 모든 일정을 한국에 거주하는 딸 아자리아 림과 함께했다. 아자리아는 4년 전 대전에 있는 한남대로 유학을 왔다가 지난 2월 학교를 마치고 현재 인천에 거주하고 있으며, 다음 달에는 영국으로 유학할 계획이다. 한편 쿠바에는 천여 명의 한인계 쿠바인들이 살고 있다.(《천도교신문》 99호, 2017년 11월 9일)

임천택은 포덕 44(1903)년 경기도 광주 출신으로 외가인 양주에서 출생하였다. 홀어머니 품에 안겨 멕시코의 에네켄 농장으로 이민 갔다가 쿠바에 정착하게 된다. 미국의 콜로니알 회사는 에메켄 농장에 필요한 노동자들을 주선해서 광범위하게 모집했다. 이들의 거짓 선전에 속아 전국에서 많은 노동자가 인천으로 모여들었다. 신체 건강한 40세 미만의 각계각층 조선인 1,033명은 큰돈을 벌어 다시 귀국할 꿈을 안고 포덕 46(1905)년 초에 인천을 떠났다. 6주간의 고된 항해 끝에 3명이 죽고 1,030명이 4월 15일에 멕시코에 도착했다. 매우 열악한 노동 환경에서 포덕 50(1909)년, 4년 계약이 끝났으나 조선인들은 돈을 모으지 못했다. 새로운 계약을 맺지 못한 조선인은 각자 직업을 찾아 멕시코 전역에 흩어졌다. 포덕 46(1905)년 멕시코에 이민하여 에네켄 농장에서 노동했던 한인들은 막막한 세월을 보냈다. 그러다가 쿠바가 멕시코보다 노동 조건이 조금 낫다는 풍문에 천여 명의 멕시코 한인 중 288명은 포덕 60(1921)년 3월 쿠바로 이주한다. 그러나 쿠바에서의 생활 역시 매한가지였다. 에네켄 노동은 당시 쿠바의 최하층민들도 꺼렸던 일이었다. 혹독한 노동과 가난한 생활 속에서도 쿠바의 한인들은 광복 사업과 한글 교육, 국사 교육을 시작하였고 포덕 64(1923)년 3월 1일을 맞아서는 독립선언 시위를 벌이기도 한다. 그리고 언젠가 돌아갈 조국의 광복을 위하여 독립운동 자금을 모은다.

한인 가정들이 끼니때마다 식구 수대로 곡식 한 숟가락을 아꼈다가 마을 창고에 저장하는 것이었다. 천도교의 성미 방식을 택해 독립운동 자금을 조성한 것이다. 이렇게 모은 곡식은 수백 달러에서 많게는 1,000달러까지 여러 번에 걸쳐 중국의 임시정부에 전달됐다.

쿠바 한인들의 핵심적인 역할을 했던 임천택은 교육이라곤 멕시코 유가탄 반도의 한인학교에서 한글을 깨우친 것이 전부였다. 그러나 임천택은 남다른 학구열과 2세 교육에 대한 열정으로 포덕 66(1925)년 마탄사스 농장에 '민성국어학교'를 설립, 교장과 교사로 활동하면서 이민 2세들에게 한글과 우리의 문화를 가르치며 한국혼을 일깨웠고, 이어 카르테나스 지역에도 진성학교를 만들었다. 그리고 쿠바의 3개 지방에 흩어진 한인을 규합해 수도 아바나에 '재쿠바한족단'을 만들었고, 포덕 75(1934)년부터는 상해 임시정부와도 직접 연락을 주고받으면서 독립 자금 모금 등 광복 운동 후원에도 나선다. 포덕 76(1937)년부터 포덕 83(1944)년까지 국민회 의무금과 광복군 후원금, 독립 자금 등으로 모두 1천489원 75전을 모금하였고, 이 중 2백46원 5전은 아바나 중국인 은행을 경유 중경의 임시정부 김구 주석에게 직접 송금하기도 하였다.

임천택은 포덕 67(1926)년《개벽》지의 이두성과 연락되면서 천도교를 접한다. 이두성의 소개로《개벽》,《신여성》,《어린이》,《별건곤》,《조선 농민》,《신인간》등 천도교 잡지를 구독하게 되고 이두성의 포덕으로 천도교의 주의, 목적에 공감하여 포덕 69(1928)년 4월 1일, 오관을 실행하면서 성미를 뜨기 시작한다. 마탄사스에서 칼

데나스 지방으로 활동 무대를 옮겨 포덕 71(1930)년 3월 23일에 천도교 종리원을 정식으로 설립한다. 이후 마탄사스에 천도교 종리원이 다시 들어서고 임천택은 쿠바 종리원장으로 임명되며, 포덕 75(1934)년 3월 8일 덕암 도호를, 내수도 김귀희는 성숙당 당호를 받는다. 포덕 78(1937)년 말까지 천도교 사업을 지속하였으나 본국 중앙교회에서 왜놈과 보조를 같이 하려는 경향을 보이므로 관계를 끊고 쿠바에서의 천도교 사업은 종막을 짓게 되지만 임천택은 평생 천도교 신앙을 유지한다. 임천택과 천도교와의 연락이 끊긴 것은 포덕 102(1961)년 이후로, 포덕 100(1959)년의 쿠바혁명이 사회주의 혁명으로 전환된 이후 한국과 쿠바의 외교 관계가 단절되었기 때문이다. 임천택은 포덕 126(1985)년 9월 6일, 82세의 나이로 환원하여 마탄사스 외곽 산카롤로스 공동묘지에 묻힌다. 포덕 138(1997)년 대한민국 정부에서 포덕 78(1937)년부터 독립 자금 모금과 쿠바 거주 한인동포 권익 보호에 헌신한 공로를 인정해 임천택에게 건국훈장 애국훈장을 추서했다. 포덕 145(2004)년 4월, 대전국립묘지 애국지사 제3묘역에 임천택의 유해가 안장되었다. 임천택의 4녀 임은엽(이르마 림 킴, 임천택의 외손녀)은 유해가 대전 현충원에 안장될 때, 임천택의 유해를 안고 한국을 방문, 이때 천도교 중앙총부 시일식에 참석했다.

쿠바에서 보인 임천택의 행적은 기적이었다. 임천택이 이룬 기적은 그의 후손들을 통해 쿠바 땅에서 이어지고 있다. 임천택은 두 살 때 모친을 따라 멕시코에 이민 가서 그곳에서 유년 시절을 보내고 청년 때 쿠바로 가게 되며 포덕 66(1925)년 9월 8일 결혼하여 5남 4녀를 둔다. 임천택의 장남 헤로니모는 쿠바혁명의 유공자였고, 헤르니모의 장남 넬슨 장 림은 포덕 103(1962)년생으로 쿠바 오리엔터주 경제학과 교수로 포덕 146(2005)년 경희대 국제교류원에 유학하여 한국어 과정을 일년여 다니다 쿠바로 돌아갔다. 임천택의 증손녀 아자리아는 지난 2013년 22세의 나이로 대전 한남대 글로벌 비지니스학과에 입학하여 소정의 과정을 마친 후 한국을 떠났다.(《신인간》 778호, 포덕 156년 8월)

• 일본 신호교구 방문

중앙총부는 해외 포덕의 일환으로 재일교포에게 자랑스런 우리 문화와 역사를 올바르게 알려줌으로써 우리 겨레의 정신을 일깨울 수 있도록 역사에 대한 바른 이해와 조국에 대한 자긍심을 가지게 하는 데 목적을 둔 재외동포를 위한 '우리 역사 문화교육' 사업을 문화체육관공부 후원으로 개최해 왔다. 올해는 5번째로 일본 고베에 있는 고베 민단본부에서 포덕 157(2016)년 11월 18일, 금요일 오전 11시부터 개최하였다. 나는 이날 오전 10시 뉴국제호텔 두메라홀에서 열리는 '3·1운동 100주년 기념사업회' 제2차 민족 보고 대회에 참석하느라고 이 행사에는 참석하지 못하고 오후에서야 출국할 수 있었다. 오늘의 민족 대표 보고 대회는 현재 확보된 330명을 대상으로 위촉장을 수여하고 포덕 158(2017)년도 '3·1운동 100주년 기념사업회' 사업에 대한 경과 보고가 있었다. 이 행사가 끝난 후 프레스센터 국제회의장으로 옮겨 3·1운동 100주년 기념국제학술대회가 개최될 예정이었으나 본 행사에는 참석지 못하고 일본으로 떠났다. 미리 가 있던 우리 일행, 정정숙 교화관장, 석영기 교수회 회장, 이홍자 여성회본부 회장, 홍순억 부회장, 서종남 경리차장 등이 오사카 공항으로 마중 나왔다. 우리 일행은 고베 지역으로 이동하여 현지식으로 저녁 식사를 나눈 후 고베항을 둘러본 후 숙소로 돌아왔다.

다음 날 우리 방문단은 일본에서 성사님께서 체류하셨던 발자취를 찾아 답사하였다. 쓰루하시역 4번 부근인 오사카 종리원이 있던 터, 포덕 45(1904)년 천도교 유학생 파견시 어학 연수하던 교토 제1중학교, 교토대학, 그리고 교토에서 의암성사가 거주하였던 곳, 고베 지역에서 성사님께서 체류하셨던 곳, 코무덤, 고베항 등을 답사하였다.

답사를 하면서 어느 곳 하나 표지석이라든지 안내판이 없어서 못내 아쉬웠다. 우리 방문단은 일요일에 신호교구에 가서 교인과 함께 시일식을 봉행하였다. 김동성 신호교구장의 집례와 정정숙 교화관장의 경전 봉독(성범설), 설교는 내가 맡았으며, 시일식 후 여성회본부 이홍자 회장은 인사말에서 신호교구에도 여성회가 구성되기를 바란다는 내용과 홍순억 부회장의 '답게살기운동' 현황에 대한 보고와 교인 간의 간담회가 있었다. 한편 일본 신호교구 김태환 감사장은 경전의 일본어 번역본을 교화관장에게 전달하며 일본어 경전의 간행을 부탁하였다.(《천도교신문》 78, 79호, 2016년 12월 1일)

• 신호교구는 어떤 교구인가

일본 서부 지역에 위치한 신호교구는 경남 고성 출신의 황태익이 포덕 70(1929)년 10월 신호로 찾아와 성낙률을 만나 권유한 것이 교구 설립의 계기가 되었다. 성낙률은 곧 활동을 개시하여 하재술, 문종봉, 하말도, 성낙삽, 성병춘, 성사경, 장삼중 등 7명을 규합하고 포덕 활동을 전개하여 포덕 71(1930)년 8월 14일 지일기념을 기해서 교구 결성대회를 개최하고 초대 교구장으로 성낙률을 선임했다. 그리고 교구 간판을 종리원장 자택에 부착했다. 이후 포덕 73년 10월 경도종리원장인 임문호를 신호종리원 2대 종리원장으로 겸직케 한 후 국내에서 황태익, 신용구 등이 이곳을 자주 순회하여 지도함으로써 천도교의 기반을 다졌다. 포덕 83(1942)년 4월 황용수(황태익의 3남)가 교구장에 선임되었으나 2차 세계 대전 말에 이르면서 일제의 탄압에 신호교구는 해체되고 말았다.

포덕 89(1948)년, 하재술, 성사경 등이 교회재건위원회를 조직하여 강영태를 교구장으로 선임했고, 이후 교구장은 최학룡, 하재술, 김은조, 정을생, 정승모, 오술근으로 이어졌고 지금은 김동성(92세) 동덕이 교구장을 맡고 있다.

강영태 동덕 등이 포덕 92(1951)년 11월 '천도교 신호교구 교당기성회' 를 조직하고 문동건이 23만 엔의 성금을 내는 등 80여만 엔을 마련하여 지금의 신호교구 자리(신호시 장전구 6번정 8정목)에 2층 양옥 건물을 지어 2층을 교당으로 사용하였다. 포덕 136(1995)년 1월 발생한 고베 대지진으로 교구 건물이 무너져 다시 교인 성금과 중앙총부 지원금(2천만 원)으로 건물을 새로 지었다.(『천도교약사』, 천도교 중앙총부 교서편찬위원회 357쪽·《천도교신문》 88호, 2017년 4월 27일)

나는 포덕 157(2016)년 11월 20일 신호교구 시일식에 참여하여 '신호, 성인의 문'이라는 제목으로 설교를 하였다. 설교 내용은 다음과 같다.

모시고 안녕하십니까? 오늘 신호교구를 방문하여 김동성 교구장님과 신호교구 여러 어르신을 뵙게 되어 정말 기쁜 마음을 금할 수 없습니다. 일찍이 조국을 떠나서 일본이라는 이국땅에 와서 온갖 핍박과 고난 속에서도 오늘까지 신호교구를 굳건히 지켜 오신 어르신 여러분께 깊은 존경과 감사의 마음을 드립니다.

아시는 바와 같이 그동안 일본에는 동경, 오사카, 경도, 신호교구 등의 여러 교구가 있었으나 지금은 신호교구만이 명맥을 이어 오고 있습니다. 앞으로 이 신호교구를 발판으로 동경, 오사카, 경도 등 사라진 교구들이 다시 일어서고 나아가 일본 전 지역으로 포덕의 바람을 일으킬 수 있는 날이 오기를 간절히 기원합니다. 이번 저희들이 일본에 오게 된 것은 우리 교단의 유일한 해외 교구인 일본 신호교구 교인 여러분과 함께 서로 정을 나누며 소식을 전하고 교구의 발전을 위해 중앙총부가 무엇을 어떻게 도와 드릴 수 있을까 하는 점을 직접 듣기 위해 왔습니다.

아울러 의암성사님의 발자취를 따라 걸으며 성사님의 거룩한 가르침을 되새기고 민단본부 동학 강연 및 여성회 업무 등을 함께 논의하게 될 것입니다. 중앙총부 정정숙 교화관장, 서종남 경리차장, 천도교교수회 석영기 회장, 여성회 이홍자 회장, 홍순억 부회장이 함께 왔습니다. 저희들을 반갑게 맞이하시고 환대해 주신 교인 여러분께 진심으로 감사드립니다.

저는 오늘 설교의 주제를 무엇으로 할까를 고민하다가 문득 신호교구(神戸教區)가 위치하고 있는 신호 지역의 의미가 신(神)의 문(戸), 즉 성인의 문에 들어서는 지역이라는 의미를 생각하면서 '성인' 을 주제로 간단히 말씀드리려 합니다. 저는 성인이 되기 위한 공부 방법은 네 가지 단계가 있다고 생각합니다. 첫째, 천도교의 성인 운수에 접어들어야 하고(지기금지원위대강) 둘째, 자기의 마음을 한울님 마음으로 정하는 일입니다(시천주조화정) 셋째, 내 마음에 정한 그 한울님 마음을 변함없이 지키고 (영세불망), 마지막으로 우리의 삶 속에서 한평생 한울님의 지혜를 자각하고 그 깨달은 지혜를 어김없이 실천해야 하는 것입니다(만사지).

이 네 가지 덕목은 한울님께서 주신 37자 주문 속에 담겨진 도법 그대로인 것입니다. 스승님께서는 주문 공부에 대해 "차제도법유위 21자(〈논학문〉)"라 하시고 "명명기덕 염념불망 지화지기 지어지성"이라고 가르쳐 주셨습니다. 그래서 저는 주문은 곧 성인 공부, 성인학의 기본 이치가 그대로 담겨 있는 핵심 교리를 담고 있다고 생각합니다. 신호교구 교인 한 분 한 분이 이러한 성인 공부의 덕목을 정성으로 수련 실천해야 하는 사명을 안고 있다고 생각합니다. 즉 신호 지역이 한울님의 땅, 성인의 땅이라는 것을 증명할 수 있는 사명과 책임을 부여받았다는 생각을 해보았습니다. 신호교구가 성인 공부의 중심이 되어 신호 지역이 성인의 땅이라는 것이 널리 알려지게 된다면, 사라진 동경, 오사카, 경도 등 교구의 복구는 물론 일본과 세계 모든 나라에 대포덕의 바람이 불게 될 것이라는 생각을 해보았습니다. 신호교구 교인 여러분은 한 분 한 분이 선택된 분이십니다. 사명감을 가지시고 정성을 다하신다면 신호교구가 성인의 교구가 되어 포덕천하 광제창생 지상천국 건설의 전진 기지가 될 것이라 확신하면서 저의 말씀을 마치겠습니다.

• 김동성 신호교구장 일행 중앙총부 방문

포덕 158(2017)년 4월 3일, 김동성 일본 신호교구장 등 교인 5명이 입국하여 4박 5일간의 일정을 시작했다. 4월 4일, 오전 한광도 연원회 의장을 방문한 일행은 특성금 100만엔을 기부하고 우이동 봉황각으로 이동하여 일행 중 3인에 대한 입교식을 봉행했다. 박충남 수도원장의 집례로, 김동성 신호교구장을 전교인으로 정규진, 박융길, 박승화 동덕이 입교했다. 김동성 교구장은 세 동덕이 교령인 내가 참례한 자리에서 입교식을 봉행한 것에 대해 특별한 의미를 부여했다. 나는 입교식을 마친 세 동덕에게 "주문 37자에는 우주의 이치와 우리 삶의 이치가 담겨 있다. 내 안에 한울님을 모시고 있다는 시천주는 순수하고 지극한 마음을 의미하는 것이기도 하다. 나와 세상, 나와 한울은 하나임을 깨닫는 절차"라며 주문의 의미를 상기시켰다. 저녁 시간에는 중앙대교당에서 열린 특별기도식과 9시 기도식에 참석했다. 4월 5일 신호교구 교인 일행은 천일기념식에 참석하여 많은 교인들과 인사를 나누었다. 이어 진행되는 합동 특별기도식에도 참석했다.

4월 6일에는 교령사를 방문했다. 나는 일행에게 방문 선물을 전달했다. 동원포 여성회는 신호교구 교인들에게 멸치 5박스를 선물하고, 박차귀 종의원은 개인적으로 생활용품 6박스를 선물했다. 4월 7일 오후 5시 일행은 인천공항을 통해 일본으로 돌아갔다.(《천도교신문》 88호, 2017년 4월 27일)

• 미국에서의 인내천 포럼 개최

포덕 158(2017)년 7월 13일부터 19일까지 미국 LA에서 인내천 포럼을 열었다. 이번 LA 인내천 포럼에는 이상면 해외포덕위원장, 임형진 종학대학원장(인내천운동연합회 위원장 겸임), 정정숙 사회문화관장(인내천의식개혁운동연합회 사무처장 겸임), 장구갑 전서실장 등과 함께 참석하였다. 강연은 총 3차례(15, 16, 17일)에 걸쳐 이루어졌으며 연 200여 명이 참석하였다. 이번 인내천 포럼 개최 내용에 대해서는 LA 지역 신문인 중앙일보 광고와 기사 및 라디오 코리아, 우리 방송 등 5차례에 걸친 인터뷰 방송 등으로 LA에 천도교 동학의 바람을 일으키고자 하였다.

이번 행사는 첫날(15일) 오후 4시에 강연이 시작돼 이정희(동학이란), 이상면(동학교육관), 임형진(동학이 꿈꾸는 세상), 차종환(동학농민혁명 전 나라 형편), 김상일(동학은 신서학이다) 박사가 각각 강연 무대에 섰다. 강연에 앞서서 진행한 개회식에서 나는 다음과 같은 인사말을 하였다.

존경하는 미주 지역 동포 여러분! 모시고 안녕하십니까?

저는 대한민국 땅에 한민족 사상의 정수로서 지금부터 160년 전에 창도된 천도교 교령 이정희입니다. 조국으로부터 수만 리 떨어진 이곳 미국 땅에서 숱한 어려움 속에서도 굳건히 뿌리내리고 위대한 한민족의 위상과 기상을 훌륭하게 떨치고 계시는 동포 여러분을 뵙게 되어 기쁘기 그지없습니다.

동학 천도교는 조선 왕조 말기에 우리나라에서 창도되었으며 1894년에는 자주적인 근대화 운동인 '동학농민혁명' 을 일으켰고 조국이 일제 치하에 신음하던 기미년(1919)에는 '3·1독립운동' 을 주도하여 상해 임시정부 수립으로 이어졌으며, 광복 후에는 조국의 평화적인 통일을 위하여 지속적인 운동을 전개하고 있습니다. 또한 동학 천도교는 한울의 자손이라는 천손임을 자부해 온 한민족의 수천년 전통을 계승하면서 모든 사람이 한울님을 모시고 있다는 시천주 사상을 기반으로 인내천의 신세계, 평화와 영성의 신문명을 지향하는 후천개벽의 종교입니다.

이번 미국 방문을 통하여 천도교의 역사와 사상, 진리와 비전을 여러분들과 함께 나누고, 동포 여러분들의 삶에 조금이나마, 위로와 활력을 제공할 수 있기를 기대하고 있습니다. 미국 땅에 정착하신 여러분들은 한편으로는 한민족의 심성과 자긍심을 간직한 채, 또 한편으로는 미국 시민으로서, 나아가 세계인으로서 세계 각국에서 모여든 다양한 인종의 미국 시민들과 더불어서 살아가고 있는 줄로 알고 있습니다.

또한 여러분들의 선배, 선조들은 일찍이 우리 민족이 일제 치하에 놓여 있을 때, 조국의 독립을 기원하며 독립 자금을 모금하여 보내거나, 이곳 미국을 근거로 하여 독립국으로서 근대화와 경제 건설에 매진하던 시기에도 음으로 양으로 지원과 성원을 아끼지 않았던 분들입니다. 여러분들의 피땀 어린 정성과 후원으로 오늘의 대한민국은 세계 10대 경제 대국의 반열에 오를 만큼의 경제적 성장과 정치적, 문화적 성취를 이룩하였습니다. 동학 천도교가 지난 160년 동안 전개해 온 민족적, 종교적 활동을 한마디로 말하면, 보국안민의 여정이라고 할 것입니다. 그것은 여러분들이 이곳 미국 땅에서 물심양면으로 전개해 오신 조국 사랑의 활동과 한 치도 어긋남이 없이 이어지는 것이기도 합니다. 아무쪼록 이번의 만남을 통하여 우리 민족정신의 정수인 동학 천도교의 진리와 사상을 조금이나마 공유하고 교감할 수 있기를 바라면서 여러분들의 삶, 여러분들의 염원, 여러분들의 미래가 더욱 밝고 아름답게 전개되어 가는 데 조금이나마 도움이 될 수 있기를 바라 마지않습니다. 감사합니다.

둘째 날 16일, 오후 4시부터는 청소년을 위한 동학과 인내천 강연으로 '동학의 교육관 하버드대에 보내는 방법' (이상면), '동학의 삼경사상' (이정희), '동학혁명의 역사적 의미' (윤길상)를 각각 발표하였으며 질의응답을 진행 후 6시 30분에 행사를 마쳤다.

셋째 날 17일에는 오후 6시부터 '동학의 삼경사상' (이정희), '동학의 교육관' (이상면), '동학과 민족통일' (임형진), '동학이 동틀 때 아리랑 민족 살으리' (김상일), '동학농민혁명의 지도자와 역사적 의의' (차종환) 등에 대한 강연을 진행하였다.

이번 행사 참석자 중에는 광고를 보고 찾아온 장영기 교인 부부도 있었다. 이 부부는 40년 전에 이민을 가셨으며 한국에 있을 때에도 천도교 학생회 활동을 열심히 하였던 교인이다. 또한 박미숙 동덕은 방문자 가족을 저녁 식사에 초대하여 식사 후 기도식도 함께 봉행하였다. LA 지역 이기철 대사와 김낙중 한국문화원장도 바쁜 와중에 시간을 내어 방문자 일행을 반갑게 맞이해 주었다.

이번 인내천 특강을 통한 성과는 바로 천도교인 세 가족(장영기, 박미숙, 이주호)을 만난 것이다. 이로 인하여 미국 LA 지역에도 교구가 추진될 수 있는 거점이 확보되었다. 또한 인내천의식개혁운동연합회 미국 LA 지부장(김현숙)을 위촉함으로써 국외포덕에 대한 발걸음을 디디게 되었다. 그리고 종학대학원 LA분원에 대한 가능성을 타진하였다. 이로 인하여 지속적인 인내천 통신 강좌를 통한다면 LA 지역에도 천도교 궁을 깃발이 휘날릴 것이라고 기대된다.(《천도교신문》 94호, 2017년 7월 27일)

• 독일에서의 동학사상 특별 강연회

포덕 159(2018)년 10월 29일부터 11월 4일까지 독일 프랑크푸르트와 베를린에서 인내천 특별 강연회를 개최했다. 이번 특별 강연회는 임형진 종학대학원장(인내천운동연합회 위원장 겸임), 최인국 인내천운동연합 대외교류위원장, 정정숙 사회문화관장(인내천의식개혁운동연합회 사무처장 겸임) 등과 함께 진행하였다. 본 행사에 앞서서 나는 10월 30일 교포신문 조인한 편집장과의 인터뷰를 가졌다.

일정에 따라 포덕 159년 10월 31일, 독일 프랑크푸르트 뢰델하임 시민회관에서 '철학의 나라 독일에 한국의 동학사상을 알리다' 라는 제목의 특별 강연회를 진행하였다.

이날 독한문화원 마틴 와너 박사는 축사를 통해 "독일에서 한국의 동학사상을 알리는 행사를 갖게 된 것에 감사하며 '사람이 곧 하늘이다' 는 천도교의 핵심 사상을 독일에 전파할 수 있게 된 것을 축하" 하였고 이어 손종원 민주평통 상임위원은 "남북이 함께 평화적 상생을 추구하는 현 시점에서 동학은 민족의 동질성을 재확인할 수 있는 사상" 이라고 강조했다. 재독일 월남참전국가유공자 권익투쟁위원회 이종성 위원장은 "천도교가 우리 민족의 유일한 동학사상인 만큼 우리가 지켜야 한다" 라고 말했다. 그리고 권세훈 한독문화원장, 정진헌 베를린자유학교수(코리아협의회 대표)의 축사에 이어, 프랑크푸르트 한일합창단(단장 이연희)의 '새야! 새야! 파랑새야!' 와 '아리랑' 합창 그리고 앵콜곡으로 '시월의 멋진 어느 날' 등 감동적인 합창이 울려 퍼졌다.

이어 나는 100여 명의 청중에게 '인내천이란 무엇인가?' 라는 주제로 강의를 했다. 나는 천도교 교리에 대하여 첫째는 인간 존엄성을 최고로 여기는 인내천 사상, 둘째는 모든 사람을 한울님 같이 섬겨야 하는 근원적 사인여천 평등주의이며, 셋째는 모든 사물 또한 사람과 마찬가지로 한울님으로 섬겨야 하는 물물천 사사천 사상이며, 넷째로는 하늘과 내가 하나 되는 천인합일사상, 마지막으로 천도교에서는 모두가 이 세상에서 천국을 만들자는 지상천국 사상이라는 현실 종교의 의미를 갖는다고 설명했다. 이러한 내용이 독일 청중들에게 잘 전달되었기를 바란다는 뜻을 전했다. 프랑크푸르트에 이어 11월 3일 베를린에서도 특강이 진행됐다. 이번 독일에서의 인내천 특별 강연회는 최초로 『동경대전』을 독일어로 번역한 김성수 박사님의 도움이 있었기에 원활하게 기획 집행될 수 있었다.(《천도교신문》 119호, 2018년 11월 22일)

나는 포덕 159년 11월 월례 조회사에서 독일에서 개최된 인내천 포럼에 대하여 다음과 같이 보고하였다.

모시고 안녕하십니까? 어느덧 늦가을의 정취가 가득한 11월입니다. 올해도 이제 두 달밖에 남지 않았네요. 새해가 시작된 지 엊그제 같은데 벌써 11월입니다. 지난 10월 29일부터 11월 5일까지 진행된 독일 인내천 포럼에 다녀와 오늘 11월 6일, 월례 조회의 시간을 갖게 되었습니다.

이번 독일의 인내천 포럼은 지난해 진행된 미국 LA와 일본 고베에 이어 3번째로 개최된 해외 인내천 포럼이었습니다. 『동경대전』을 독일어로 번역한 김성수 박사의 도움으로 유럽의 관문이라 할 수 있는 프랑크푸르트와 수도 베를린에서 각각 인내천 포럼을 성공적으로 마치고 어제 귀국하였습니다. 아시는 바와 같이 독일에 살고 있는 대부분의 교민들은 1969년대 초, 광부 또는 간호사로 파견되었다가 그곳에 남아 오랫동안 살아오신 분들이었습니다. 무척 반겨 주셨습니다. 그동안 막연하게 알았던 동학 천도교에 대해 좀 더 깊이 있게 알 수 있는 유익한 시간이었다며 이런 기회가 자주 있었으면 좋겠다는 의견이 많았습니다. 동학 천도교의 세계화를 위한 인내천 사상이 미국과 일본에 이어 독일에도 성공적으로 뿌리를 내릴 수 있는 계기가 되었다고 생각됩니다. 이제 우리는 이들 지역에서의 인내천의 세계화를 위한 작은 디딤돌을 놓았습니다. 이들 발걸음이 멈추지 않도록 정성을 모으면서 세계 여러 나라에 인내천의 새로운 문화를 더욱더 넓게 펼치어 나가야 하겠습니다.

• 중국 항일 운동 유적지 탐방

나는 문화체육관광부에서 후원하고 중앙총부가 주최하는 2018년 천도교 만주 지역 항일 유적지 답사단에 참여하여 2018년 7월 23일(월)부터 7월 27일(금)까지 4박 5일 동안 중국 항일 유적지를 탐방하였다. 이번 탐방은 인천, 심양, 화정, 이도백하, 백두산, 화련, 용정, 연길, 도문, 대련, 여순, 대련을 거쳐 귀국하는 일정으로 짜여졌다. 이번 항일 유적지 탐방은 '민족의 통일과 평화, 만주에서 찾아보자' 라는 주제하에 항일 운동에 앞장섰던 천도교인들의 흔적을 찾아 그들의 항일 애국정신을 함양하고 민족의 평화와 통일에 대해 생각해 보는 시간을 갖도록 하는데 목적을 두고 진행되었다. 특히 민족의 영산인 백두산을 탐방함으로써 민족 정기의 함양은 물론 청소년의 호연지기를 키울 수 있도록 하였다. 이번의 탐방을 총괄하는 단장 겸 지도교수는 임형진 교수가 맡았다.

나는 공항에서 개최한 출범식에서 다음과 같은 격려사를 하였다.

오늘 2018년 천도교 중국 만주 지역 항일 유적 답사단에 참가하신 여러분 환영합니다. 올해로 여덟 번째를 맞이하는 중국의 항일 유적지 답사는 우리 교단의 정기적인 프로그램으로 자리 잡아 가고 있습니다. 이 프로그램을 통해 우리는 조국의 독립을 위하여 때로는 투쟁으로, 때로는 후방 지원으로, 때로는 교육 계몽을 통해 참여하셨던 우리 선조들의 투쟁과 삶의 현장을 찾아보면서 그분들의 간절한 마음, 뜨거운 눈물과 거룩한 희생을 돌아보게 됩니다.

또한 그곳은 시간을 거슬러 올라가 고조선에서부터 고구려 그리고 발해까지 우리 선조들의 역사가 펼쳐졌던 현장입니다. 이처럼 역사의 현장에서 그 시간과 공간, 그리고 그 속에 깃든 선조들의 삶과 정신을 찾아보고 느끼면서, 오늘 우리들의 삶의 자세, 그리고 마음가짐을 성찰해 보는 소중한 시간이 됩니다.

무엇보다도 우리들에게 이 답사 프로그램이 소중한 것은 그곳이 바로 우리 천도교 선열들의 활약이 펼쳐진 곳이기 때문입니다.

한때 만주 지역에만 30여 개의 교구가 운영될 정도로 이 지역의 천도교는 교세가 매우 강했습니다. 특히 용정의 동흥중학교는 천도교인들이 세운 대표적인 교육 기관으로서 이 학교를 졸업한 천도교인들은 항일 운동의 최전선에서 조국의 독립을 위해 싸웠던 것입니다. 또한 만주 벌판은 우리 천도교인의 선열들이 천도교의 이상촌을 건설하기 위하여 집단 이주를 하였던 곳이기도 합니다. 조국의 현실이 암담하고 칠흑같이 어두운 가운데서도 우리 천도교의 선열들은 결코 절망하지 않고 미래의 희망을 찾고 개척하기 위하여 끊임없이 노력하고 도전하였다는 것을 알 수 있습니다.

올해 들어 남북정상회담과 북미정상회담이 진전되면서, 부산에서 출발한 기차가 서울을 지나고 평양을 지나 바로 이곳 만주 벌판까지 이어지고, 나아가 시베리아를 거쳐 유럽까지 달려가는 꿈이 점점 현실로 다가오고 있습니다. 바야흐로 통일 조국의 미래가 시작되는 시점입니다. 통일 조국의 미래상은 한편으로는 갈라지지 않은 한반도의 전체상을 체화하는 인식의 전환을 필요로 하고, 다른 한편으로는 우리의 의식이 한반도에 갇히지 않고, 이곳 만주 벌판, 나아가 광활한 동아시아 대륙 전체를 대상으로 하는 확장성을 필요로 합니다.

그런 시대로 나아가는 데 있어 오늘의 이 만주 답사 프로그램은 소중한 경험이 될 것으로 믿습니다. 그러므로 오늘의 이 행사는 비록 짧은 4박 5일의 프로그램이지만, 각 개인의 경험일 뿐만 아니라, 우리 교단의 미래, 그리고 우리 조국의 내일을 위한 소중한 학습의 시간이 될 것이며, 그렇게 되도록 여러분 모두의 참여가 절실히 요구된다고 하겠습니다. 짧지만 강행군의 일정 속에서 언제나 건강 유념하시고, 소중한 추억과 경험을 쌓아서 돌아오시고, 내일로 함께 나아갈 수 있기를 기원합니다.

5일간에 걸친 탐방 일정과 탐방 내용은 다음과 같다.

· 1일차－화성의숙 방문

1924년 압록강 너머의 만주 지역에서 실질적인 정부 역할을 했던 정의부가 만든 화성의숙은 2년제 군사학교로 독립군 간부 양성 학교다. 화성의숙은 정의부 소속의 군사 간부 양성을 목적으로 설립되었는데 초대 화성의숙의 숙장을 맡으신 최동오 선생은 후일 임시정부의 법무부장을 역임했고 숙감은 항일지사 강제하 선생이시다. 두 분 모두 천도교인으로 대표적인 항일 운동가이셨다. 특히 최동오 선생은 의암성사의 봉황각 수련 제자 483명 중 한 분으로 고향인 의주에서 서당을 열어서 후학들의 교육 사업에 전력하시다가 3·1운동을 주도하셨다. 최동오는 어린 아들을 북경의 고아원에 맡기고 숙장으로 부임한다. 그 어린 아들이 후일 교령을 지낸 최덕신이다. 최동오가 이끈 화성의숙은 수많은 조선 청년들을 독립군 간부로 양성하였다. 북한의 김일성도 이 학교 출신이었다. 김일성은 육문중학교로 전학 가기 전 6개월 동안 화성의숙에서 최동오 선생으로부터 직접 지도를 받았다. 어린 김일성은 이곳에서 동학 천도교 정신과 민족주의 의식을 교육받았다. 우리는 화성의숙으로 추정되는 자리에서 심고를 드렸다. 화성의숙은 조국을 찾겠노라고 모인 젊은이들이 훈련받고 또 교육받은 곳이다.

· 2일차－백두산 등정

우리 민족의 영산인 백두산은 길림성 연변 조선족 자치주에 자리 잡고 있는 중국 동부 최고의 산맥이다. 백두산이라는 이름은 화산 활동으로 부식토가 산 정상에 하얗게 쌓여 붙여진 이름으로, 말 그대로 '흰 머리 산'이라는 뜻이다. 그러나 중국에서는 청나라 때 백두산을 장백산으로 봉한 이후에 '장백산'이라는 이름으로 불리고 있다. 전체 면적 중 1/3은 중국의 영토로, 2/3는 북한의 영토에 속한다. 백두산 최고봉인 장군봉(2750m)은 북한 지역에 있다. 백두산 천지는 2184m의 높이에 있으며 둘레는 14.4km 너비 3.6km, 평균 깊이는 213m이고 가장 깊은 곳은 384m에 이른다.

이번 우리 답사팀이 오를 백두산은 서쪽 언덕이다. 그래서 서파라고 하는데 관광객이 주로 몰리는 북파 지역보다는 덜 붐비는 곳이다. 장백산이라고 커다랗게 써 놓은 간판 아래에서 단체 사진을 찍고 출발한다. 족히 1시간 30분을 달려서 서파의 입구에 다다랐다. 여기서부터는 천지를 조망할 수 있는 서쪽 정상까지 1,442개의 계단으로 이어져 있다. 1시 55분에 도착하였다. 백두산을 향하여 걷는다. 잠시 휴식 후 2시 10분, 계단을 오르기 시작한다. 2시 19분, 2차 휴식을 취한 후 다시 오른다. 35분 만에 계단 걷기는 마치고 3시 30분에 천지에 도착하였다. 드디어 천지에 섰다. 내 인생에 있어서 처음이다. 감동이다. 민족의 영산, 민족의 어버이 산, 백두산에서 기도드린다. 25명 모두 함께 한마음으로 기도드린다. 오늘 복 받은 날! 청명한 날씨다. 중국과 조선 경계에 서서 기념사진을 찍는다. 파노라마 사진을 찍는다. 두 주먹이 불끈 쥐어진다. 아, 대한민국, 한울님께서 세운 나라, 대한민국 한울님께 감사드린다. 3시 30분 천지를 떠난다. 압록강, 두만강, 송화강의 발원지 천지를 떠난다. 떠난 지 30분 후, 4시에 금강 협곡에 도착한다. 50분 동안 금강 협곡을 걷는다. 그랜드캐니언과 같은 V자, 용암으로 만들어진 신비의 계곡이다. 5시 38분 아침 출발지인 매표소 입구에 도착한다. 7시, 이도백하에서 한식으로 저녁 식사를 한다. 8시에 숙소인 금지호텔에 도착하였지만 에어컨 작동이 안 되어 인근의 군안호텔로 옮겼다. 샤워를 하고 12시에 잠자리에 들었다.

· 3일차－청산리 유적지, 용정

세 번째 날은 항일 유적지들이 집중되어 있는 연길의 조선족 자치구를 답사하였다. 먼저 화룡의 청산리 유적지를 향했다. 청산리 가는 동안 임형진 단장은 만주 벌판이 우리 민족에게 가지는 역사적 의미와 청산리 전쟁에 대한 이야기를 들려주었다. 우리 대원들은 임형진 단장의 제안으로 들꽃을 모아 청산리대첩기념탑에 헌화하였다. 하늘 높이 솟아 있는 청산리 항일 대첩 승전탑은 1920년 10월, 6일간에 걸쳐 치열하게 전개되었던 청산리대첩의 항일 정신을 그대로 닮아 있었다. 일본의 정규군 3,300여 명이 전사하여 일제 강점기 기간 중 한국의 독립군이 일본군과 싸워 크게 이겼던 청산리, 이곳 승전탑의 위치는 청산리 전쟁의 서곡이었던 백운평 계곡의 초입에 위치하고 있다. 가장 치열하게 전투가 전개되었던 어랑촌 전투지나 천수평, 고동하 전투지 등은 아직도 완전히 개방되지 않았다. 전승탑 앞에서 힘차게 독립군가를 부르는 우리들 모두는 이날 하루만큼은 그 시절의 독립군 같았다.

다음으로 우리가 찾은 곳은 일송정, 일제 강점기 이 일송정은 수많은 독립지사들의 비밀 연락 장소였다. 이를 알아챈 일제에 의해 일송정 소나무는 고사하고 말았다. 해방 후 마을 주민들과 관련 단체들이 힘을 모아 이곳에 다시 정자를 세우고 소나무도 다시 심었다. 이제 멀리서도 정자와 한 그루의 소나무 모습을 제대로 볼 수 있다. 날씨는 무더웠지만 비암산 정상까지 걸어서 올랐다. 땀을 쏟으며 오른 일송정 앞에서 우리들은 '선구자'를 합창하였다. 선구자의 작곡자 조두남의 친일 행적을 이유로 요즘 음악 교과서에는 이 노래가 빠졌다고 한다.

점심을 먹기 위해 우리는 용정 시내로 들어왔다. 유명한 용정 냉면이 지친 심신에 다시금 힘을 불어넣어 준다. 용정시에 냉면이 유명하다는 것은 그만큼 이 지역에 우리 민족이 많이 살고 있다는 반증이다. 실제로 용정시에는 많은 조선족들이 모여 살고 있다. 그만큼 조선족과 관련한 많은 이야깃거리를 간직한 곳이 용정이다.

용정이라는 지명이 유래되었다는 용두레 우물가로 이동하는 도중에 용정실험학교가 보였다. 이 학교의 교정에는 유명한 서전서숙의 터라는 돌비석이 있다. 서전서숙은 1906년 이상설 선생이 중국으로 망명하여 만든 최초의 민족학교다. 만주 지역에서 독립운동가들이 많이 배출된 것은 민족정신과 민족의식을 심어 준 서전서숙과 같은 많은 학교가 있었기에 가능했다. 민족시인 윤동주의 출신 학교로 유명한 명동학교, 천도교단에서 만주 지역에 건립한 동흥중학교 역시 서전서숙을 모범으로 하여 만들어졌다.

이어서 우리는 명동촌을 향했다. 명동촌은 간도 대통령이라고 호칭되었던 김약연 선생이 만든 명동학교와 윤동주의 고향으로 유명한 곳이다.

해외에서 가장 치열하게 독립운동이 전개된 지역이 바로 중국의 만주 지역이었고, 그 시발점이 용정이었다. 1919년 3월 13일 일어난 용정 지역의 3·1운동은 시위 중 일제의 사격으로 17명이 즉사했고 그것을 계기로 만주의 전 지역으로 확대되었다. 당시 순국하신 분들 중 13명의 무덤이 있는 곳이 3·13 반일 열사능이다. 우리들의 심고는 순국하신 분들에 대한 감사함의 표시이자 그 뒤를 올바르게 계승하겠다는 다짐이었다.

· 4일차—봉오동 전투지

다음 날 4일차에는 봉오동 전투지를 찾았다. 1920년 6월에 있었던 봉오동 전투는 잊혀진 혁명가 홍범도 장군이 이끈 전투로 일본의 정규군을 최초로 물리친 전투였다. 현재 전투지는 중국에서 댐을 만들어 수몰되었고 그 아래에 기념 비석을 만들어 놓았다.

국경 도시인 도문을 지나 저녁 식사를 한 후 10시에 숙소로 돌아왔다. 연길시 공원가에 있는 장백송 여관이다. 취침 전 밤 11시 설사를 심하게 하였다. 새벽 2시까지 4차례에 걸쳐 설사하는 바람에 온몸이 힘이 빠지고 후들후들 떨린다. 오늘 그 유명한 용정 냉면에 덜 익은 양꼬치를 먹은 것이 화근인 듯하다. 설사약을 지어 먹는 소동이 벌어지기도 하였다. 옷을 끼어 입은 채 누워 있다가 새벽 4시에 가까스로 일어났다. 식중독으로 큰일 날 뻔했다. 아침에 보니 일행의 반 이상이 설사로 곤혹을 치렀다고 한다. 그래서 오전 일정을 모두 취소했다. 식중독 약을 지어 먹고 잠시 잠을 잔 후에야 원기가 돌아왔다. 설사 때문에 아침 식사는 반찬 없이 밥만 먹었다. 오전 중 휴식을 취한 후 우리 일행은 오후 연길역으로 이동하였다. 16시 25분에 출발하여 6시간 동안 기차를 탔다. 대련에는 밤에 도착하였다. 홀리데이 호텔에 투숙하였다.

· 5일차—여순 감옥

다음 날 홀리데인 호텔에서 아침 식사를 하였다. 7시 30분에 여순 감옥으로 향한다. 일제 강점기 독립운동가 안중근과 신채호가 수감되었던 곳이다. 1902년 러시아가 동북 3성에 항의하는 중국인들을 제압하기 위해 건축하였으나 러일전쟁으로 일본이 여순을 점령하게 된 후 1907년 현재 형태의 규모로 확장되었다고 한다. 총면적 약 26,000㎡로, 275개의 여러 형태 감방이 있으며 2천여 명을 동시에 수용할 수 있는 규모다. 형무소는 담장으로 구역이 나뉘어 있는데, 담장 안에는 수색실, 고문실, 사형 집행실, 15개의 공장들이 있고 담장 밖에는 강제 노동소인 벽돌 공장과 과수원, 채마밭 등이 있었다. 건물의 외형은 큰대(大)자 형으로 방사형 구조이다. 건물은 3층으로 이루어져 있는데 각 층마다 복도를 따라 감방이 나란히 나열되어 있으며 복도 중간 부분에는 간수들의 감시 및 투광, 상하층의 공기 소통 역할을 하는 난간이 설치되어 있다. 주로 한국인, 중국인, 러시아인 등이 많이 수감되어 있었고, 1906~1936년 사이 수감자는 연간 2만여 명에 달했다. 1941년 태평양전쟁 발발 이후에는 한국과 중국의 항일지사와 사상범을 닥치는 대로 체포하여 이곳에 수감하였고 온갖 고문을 가했으며 수많은 수감자들이 형무소 안에서 처형당했다. 1942년에서 1945년 8월 사이에 약 700여 명의 수감자가 이곳에서 처형당했다고 한다.

이곳은 1909년 러시아 하얼빈역에서 이등방문을 사살한 독립운동가 안중근이 수감되어 순국한 곳이기도 하다. 또한 역사학자이자 독립운동가인 신채호도 이곳에 수감되었다가 옥사하였다. 신흥무관학교 설립자이신 이회영 선생도 이곳에서 고문사했다. 1945년 8월 소련 붉은 군대가 여순에 주둔하면서 사용이 중지되었고, 그 후 1971년 복원을 통해 전시관으로 꾸며져 일반인들에게 개방되었다. 1988년 중국 정부는 이곳을 국가 중점 역사문화재로 지정하였다.

우리 일행은 2018년 7월 27일 10시 20분에 여순 감옥에서 나와 관동법원 부지 및 일본군 사령부를 견학한 후 12시 50분에 대련으로 귀환하였다. 러시아 거리와 성해광장을 거쳐 대련 공항으로 이동하여 귀국하기 위한 탑승 수속을 밟았다. 2시 30분, 대한항공 KE 870편으로 대련 국제공항을 출발하여, 4시 55분 인천공항에 도착 후 해산하였다.

4. 이웃 종교와 함께

• 다름은 틀림이 아니고 다를 뿐

다름은 틀림이 아니고 다를 뿐이다. 서로를 비판의 대상으로 보는 것이 아니라 이해의 대상으로 봐야 한다. 우리는 종종 다른 것을 틀린 것으로 생각한다. 하지만 나와 다르다고 외면하거나 비판으로 '틀림' 만을 강조할 것이 아니라 먼저 상대에 대한 '다름' 을 인정하고 존중해야 한다. 때론 생각지도 못한 지혜를 나와 다른 상대 종교에게서 배울 수 있다. 서로의 다름을 인정하고 존중하는 것, 더 나은 세상을 만드는 지름길이다. 내가 나인 것은 남과 다르기 때문이며, 그것이 또한 나의 존재가치이기도 하다. 사회는 그렇게 서로 다른 사람들이 함께하는 다양성의 토대 위에서 성립한 것이기 때문에 크게 보아서 지구 공동체는 70억, 우리나라만 해도 5천만의 다양성이 어우러져 만들어 가는 사회이다. 그러다 보니 당연히 크고 작은 갈등이 발생할 수밖에 없다. 그렇지만 그 갈등의 상당 부분이 남이 나와 다르다는 것을 인정하지 않고 나와 틀리다고 생각하는 데에서 비롯되는 것 같다. 특히 우리 사회가 '다름' 을 인정하는 데에 인색하고, '틀림' 에 대해 적대시하는 문화가 유독 극심하다고 느껴지고 있는 것이 사실이다.

우리와 생각이 다른 사람을 회피하거나 차별하고 우리 스스로 변화하지 않는다면 우리는 결코 인내천 사인여천의 세상을 구현할 수 없다. 우리는 인내천 사인여천의 세상을 구현하기 위해서 다름을 수용하고 우리의 삶을 적극적으로 변화시켜야 한다. 인간이 세상에 태어나 자신에게 주어진 제한된 경험을 통해 형성된 편파적이고 편견적인 세계관에서 벗어나 자신과 완벽하게 다른 존재와 만나는 것이 종교이다. 나와 다른 종교를 가진 자들의 이야기를 경청하고, 그들을 통해 스스로 변화하고자 노력하지 않는다면 우리는 결코 우리의 목적인 인내천 사인여천의 세상을 이룩할 수 없다. 그런 점에서 한국종교지도자협의회와 KCRP, 민족종교협의회 등의 활동에 적극 참여해야 한다고 생각한다.

• 바티칸, 가톨릭 교황 방문

나는 한국종교지도자협의회 소속 이웃 종교 체험 성지 순례단 프로그램의 일환으로 포덕 158(2017)년 8월 31일, 로마에 도착하여 9월 2일, 교황청 방문 등의 일정을 마치고 5일 귀국하였다. 방문단은 베드로 성당 등 로마 바티칸 유적을 둘러보았고 9월 2일에는 교황의 관저인 바티칸 사도궁에서 프란치스코 교황을 만났다. 한국 종교 지도자들과 교황의 만남에는 천도교 교령인 나를 비롯한 천주교 주교회의 의장인 김희중 대주교, 원불교 한은숙 교정원장, 유교 김영근 성균관장, 대한성공회 서울교구장 이경호 주교 등이 참석했다.

이 자리에서 한국 종교 지도자들은 천도교 등 7대 종단 대표로 작성한 서한을 교황에게 전달하며 "한반도 비핵화 실현과 평화 정착은 인류의 미래 세대에게 정의와 사랑을 꿈꿀 수 있는 전환점을 마련해 줄 것"이라고 설명하면서 "한반도를 비롯한 갈등 지역에서 서로를 향한 증오와 갈등의 어둠을 물리칠 수 있도록 기도해 달라"라고 요청했다. 종교 지도자들은 교황에게 장수를 상징하는 십장생 자수와 합죽선, 한방차, 홍삼정과 등을 선물했다. 교황은 순례단과 일일이 악수를 나누며 "여러분들을 만나니 아름다운 한국 땅으로 향했던 저의 순례를 다시 떠올리게 된다."라며 우리 일행을 환대했다. 또 답례품으로 성서 마태복음 25장 35절이 새겨진 메달을 선사했다.

한편 프란치스코 교황은 한국의 종교 지도자들을 만나 남북간 화해와 평화를 촉구하는 메시지를 전했다. 교황은 "평화와 형제적 화해라는 선물이 한국인들에게 주어지기를 끊임없이 기도한다" 면서 종교 지도자들은 비폭력적인 평화의 언어로 두려움이나 증오에 맞서야 한다"라고 하였고, 또 "많은 사람들을 여전히 괴롭히는 희망의 위기를 헤쳐 나가기 위해 우리는 겸손과 인내를 갖고 희망의 씨앗을 뿌려야 한다" 면서 "개인, 공동체, 민족과 국가간 분쟁을 거부하고 크나큰 조화를 추구해 달라"라고 당부했다. 또한 교황은 종교간 대화에 대해서도 언급했다. 교황은 "종교간 대화가 결실을 거두려면 늘 개방적이면서도 따뜻하고 진실한 마음으로 서로를 존중해야 한다" 면서 "삶의 권리와 신체의 보전, 양심과 생각과 표현의 자유를 존중하는 것은 종교간 대화의 전제 조건인 동시에 목표"라고 강조했다.

• 북유럽, 루터교회 순례

문화체육관광부 후원으로 실시하고 있는 2018년도 종지협 이웃 종교 체험 순례는 그리스도교 중 특별히 루터교에 대한 이해를 넓히고 종교간 유대를 다지는 시간으로 이어졌다. 6월 16일부터 22일까지 핀란드 헬싱기 대성당과 템펠리아우키오 교회, 스웨덴 스톡홀름 대성당과 웁살라 대성당, 덴마크 코펜하겐 성안스가리오 대성당 등 북유럽의 대표적인 루터교회 순례로 진행됐다.

이번 순례에는 종지협 공동대표 의장인 김희중 대주교와 공동대표로서 천도교 교령, 설정 스님(대한불교조계종 총무원장), 엄기호 목사(한국기독교총연합회 대표의장), 한은숙 교정원장(원불교), 김영근 관장(유교 성균관)과 문체부의 김갑수 종무실장, 종지협 운영위원 등 17명이 함께 참가했다. 우리 일행은 오전 10시 20분에 인천공항을 출발하여 오후 7시 15분(현지 시간으로는 13시 55분) 핀란드 헬싱키 국제공항에 도착하였다. 먼저 각종 국가의 종교 행사가 열리는 원로원광장과 러시아 정교의 우스펜스키 사원을 탐방하였다. 17일, 오전에는 핀란드 남해안을 지키는 수오멘리나 섬을 탐방 후 오후에는 스칸디나비아반도에서 가장 규모가 큰 우스펜스키 사원을 방문하였다. 우스펜스키 사원은 동방정교회의 전통에 따라 설계된 건물로서 빨간 벽돌이 외벽을 이루고 있다. 우리가 방문한 시간, 마침 사원 안에서 결혼식이 있어서 내부는 관람하지 못했다. 이어서 템펠리아우키오 키르꼬 암석교회를 방문하였다. 주변의 자연 환경을 고려하여 만든 핀란드의 대표적 건축물로 마치 UFO와 같은 모습의 최첨단 교회이다. 천장 주변을 원형으로 잘라 내어 만든 유리창이 일품이며 바위에 올라가면 돔형의 지붕을 통해 교회 내부를 들여다볼 수 있다. 뛰어난 음향 시설이 눈에 띄었다.

이어서 우리 일행은 17세기 교회와 풍차 등의 목조 건물이 한곳에 모여 있는 세우라사리 야외 박물관을 둘러본 후 오후 4시 45분에 실자라인을 탑승, 하룻밤을 그곳에서 보낸 후 18일 9시 30분에 스웨덴 스톡홀름 벡다함 항구에 도착하였다. 오전에 바사박물관을 탐방하였다. 바사박물관은 현존하는 세계 유일의 17세기 선박인 '바사호' 가 전시된 곳이다. 이어서 노벨상 시상식이 개최되는 곳으로 유명한 시청사를 방문하였다. 매년 12월, 노벨상 시상식 후 축하 연회가 열리는 곳으로 유명하다. 6월 19일 9시 15분, 스웨덴 제4의 도시 웁살라로 이동하였다. 그곳에서 북유럽에서 가장 큰 성당인 웁살라 대성당을 탐방하였다. 웁살라 대성당은 13세기 후반에 건설되었으며 스칸디나비아반도에서 가장 높은 성당이다. 종교 개혁 때부터 오랜 기간 스웨덴의 대관식을 위해 사용되었다고 한다. 4시 15분 스톡홀름을 출발하여 5시 35분, 코펜하겐공항에 도착하였다. 6월 20일, 오전 코펜하겐의 성 안스카리오 대성당을 탐방 후 코펜하겐의 상징인 인어상, 게피온 분수대 등을 견학하였다, 이로써 북유럽 3개 국가의 루터교를 중심으로 한 종지협의 2018 이웃 종교 순례 일정을 마치고 귀국길에 들어섰다. 6월 21일 1시 20분 코펜하겐을 출발하여 3시 50분 헬싱키에 도착, 5시 30분 헬싱키를 출발 6월 22일 인천공항에 도착하였다.

나는 이번 순례길에서 만나 본 북유럽의 루터교회들도 근본적으로는 모두 하나의 뿌리에서 나온 가지들이라는 것을 알 수 있었다. 무엇보다 개별 종교들이 추구하는 진리는 그 시대 그 지역의 문화 속에 녹아들어 가야 생명력을 이어 갈 수 있다는 것을 깊이 느낄 수 있었다. 종교에서 추구하는 진리가 문화와 융합되지 않는다면 생명력을 지속시켜 나갈 수 없을 것이라고 생각되었다. 이런 점에서 나는 앞으로 100년, 1000년 후 천도교가 어떤 문화의 모습으로 세계에 드러날 것인지를 상상해 보았다.

• 히말라야는 천도교의 산

한국종교지도자협의회에서 주최하는 2019 대한민국 종교 지도자 이웃 종교 체험의 일환으로 해외 성지 순례길에 올랐다. 순례 일정은 2019년 3월 5일부터 3월 13일까지이다. 이번 순례길에는 불교 성지 중심으로 네팔의 카트만두, 포카라, 룸비니와 인도의 쿠시나가라, 부다가야, 바라나시 등을 방문한다. 당초에는 제38차 전국대의원 대회를 앞두고 이번 순례길에는 참석하지 않으려 했다. 그러나 전국대의원대회 준비 일정상 큰 문제가 없을 것이라며 종교 간 이해와 교류의 장을 넓히기 위한 이웃 종교 체험 행사에는 동참하는 것이 좋겠다는 종무원, 특히 이번 순례길에 동행하기로 된 천도교 정정숙 사회문화관장의 의견에 따라 일부 일정만이라도 참여 후 귀국하기로 하였다. 그래서 인도 지역의 방문은 참여하지 않기로 하고, 네팔 지역 일부 사원만을 방문하고 중간에 귀국하기로 하였다.

순례길 첫날, 네팔 카트만두에 있는 스부낫 사원과 보드낫 사원, 쿠마리 사원 등을 방문한 후 다음 날 포카라로 이동하여 페와호수와 포카라를 탐방한 후 귀국하는 것으로 하였다. 카트만두는 네팔의 수도로서 네팔에서 가장 큰 도시이다. 네팔 중앙의 카트만두 계곡에 위치하고 있으며 5개의 봉우리로 둘러싸인 해발 1,400m의 분지에 위치하여 일 년 내내 온화하고 상쾌하다고 한다. 약 320만 명의 사람들이 중세와 현세, 삶과 죽음이 공존하는 이 도시에서 살아가고 있다. 순례길 첫날 우리는 카트만두 중심가에서 서쪽으로 2km 떨어진 높이 175m 네팔 불교의 성지로 유네스코에서 지정한 스완부낫 사원을 방문하였다. 원뿔형 지붕을 이룬 황금탑이 솟아오른 스투아(사리탑)는 카트만두 언덕에 있으며 모든 사원들 중에서도 고풍적이고, 불가사의한 탑으로 알려져 있다. 이 탑에는 카트만두를 수호하는 듯한 거대한 눈이 그려져 있다. 언덕으로 통하는 365개의 가파른 돌계단을 오르면 커다란 수투파와 만난다. 땅은 명상, 흰색 돌은 번뇌로부터의 자유, 1계단은 해탈로 가는 13계단, 공기는 가벼워진 자유로운 영혼을 상징한다고 한다. 우리 일행은 여기서 약 40분 거리에 보드낫 사원으로 다시 이동하였다. 스완부낫이 서울의 남산 같은 높은 곳에 위치하였다면, 보드낫은 서울의 조계사의 위치에 해당한다. 티베트촌에 위치한 흰색의 웅장한 탑을 보드낫이라 하며 스투파가 위치한 동네의 이름을 따서 보우다로 불리기도 한다. 카트만두 중심가에서 동쪽으로 5km 떨어진 곳에 있으며 탑의 기단 길이가 100m, 스투파(사리탑)의 길이가 38m로 세계 최대의 불탑으로 티베트 불교도들의 성전이다.

3일차에는 카트만두에서 포카라로 이동하였다. 네팔 국내 항공을 이용하여 카투만두를 출발, 히말라야 산맥 기슭을 따라 서쪽 하늘로 난다. 눈앞에 펼쳐지는 세계 최고의 산, 신들이 머무는 산, 히말라야산맥이다. 그 산을 눈앞에서 바라보는 순간, 히말라야의 황홀경에 빠져 함성을 지르며 감동한다. 모두가 히말라야와 하나가 되었다. 히말라야! 이것은 단순한 산덩이가 아니다. 이것은 우리로 하여금 하늘과 생명에 대한 경외감과 아울러 겸손, 나아가 생명과 삶의 의미를 밝혀 주는 위대한 경전이었다. '나는 누구인가! 어떻게 살아야 할 것인가!' 에 대한 비밀을 간직한 히말라야 종교, 위대한 히말라야의 경전이 펼쳐지는 순간이었다. 히말라야를 보지 않은 사람은 위대한 히말라야 경전의 교훈을 듣지 못하리라. 히말라야라는 종교의 경전과 더불어 뜻깊은 의미를 읽어낼 수 있을 것 같았다. 그리하여 만물은 유생물이건 무생물이건 완전히 동등한 존재이며 풀 한 포기, 돌멩이 하나조차 결코 소홀할 수 없는, 나의 분신이자 우주의 분신임을 스스럼없이 받아들일 수 있을 것 같았다.

그 순간, 나는 히말라야의 어디에선가 산악계의 살아 있는 전설, 라인홀트 메스너의 음성이 들리는 듯하였다. 인류 최초로 8,000m 이상 히말라야 14좌를 완등한 산악인이자 모험가, 산악계의 살아 있는 전설 라인홀트 메스너의 음성이 문득 들리는 것이 아니겠는가? "나에게 많은 것을 기대하지 말라. 그 대신 산으로 가라고 말할 수 있다. 우리들은 서로에게 너무 많은 답을 기대한다. 산은 모든 사람에 대한 답을 가지고 있다. 그곳에는 매일 새로운 답이 있다. 인간이 살지 않는 지구 위의 별천지! 그러나 이 오지에는 지상에서 가장 위대한 아름다움이 있으며, 숲과 야생화와 초원의 천국이다."는 그의 말이 떠올랐다. 천도교의 이상국가, 지상천국이 바로 눈앞에 펼쳐지는 히말라야가 아닌가! 조용히 눈을 감으니 히말라야가 바로 대신사님의 모습처럼 보인다. 그래서 히말라야는 언젠가 동학 천도교의 산으로 다시 우뚝 서게 될 것이라 생각되었다.

우리 일행은 30분 동안의 히말라야 산기슭을 따라 포카라 공항에 도착하여 1시간 동안 배를 타고 페와호수를 탐방한다. 해발 800m 지역에 위치하고 있는 페와호수는 안나푸르나 등 히말라야의 설산에서 녹아내린 물이 녹아 형성된 곳으로 히말리야산맥이 호수 표면에 그대로 비쳐 마치 호수에 내려앉은 듯한 풍경이다. 중식을 한 후 1시간여 동안 네팔 제2의 도시 포카라를 탐방한 후 안나푸르나 뷰 호텔로 이동하였다. 여장을 풀고 호텔 옥상에 오르자 하얀 설산의 히말라야가 거대한 병풍처럼 펼쳐진다. 손을 뻗으면 금방 닿을 듯 펼쳐진 히말라야, 다울라기리부터 마차푸차레, 안나푸르나로 이어지는 장엄한 산맥의 모습이 신비롭다. 저녁 식사를 끝마친 후 우리 일행은 차를 마시면서 잠시 종교와 신앙생활 등 서로 간의 관심사를 주고받으며 시간 가는 줄 몰랐다. 나는 밤 10시쯤 잠자리에 들었다. 아침이 밝았다. 모두들 약속이나 한 듯, 옥상에 올라와 히말라야의 찬란한 일출을 바라본다. 아름답고 황홀하다. 바라만 봐도 온몸에 히말라야의 대우주·대정신·대생명의 혼원한 기운이 스며든다.

8,000m급 고봉에 속하진 않지만 아름답고 신비로운 봉우리 마차푸차레가 눈길을 끈다. 높이는 6,998m로 물고기 꼬리처럼 생겼다. 마차푸차레는 주변 산과 달리 능선이 가파르고 가운데가 뾰족해 다른 봉우리와 확실하게 구분된다. 네팔 현지인들이 특히 신성시하는 산으로, 아직 정상을 밟은 이가 없는 미답의 산이라 한다. 나는 이 신들의 산, 히말라야를 보면서 천도교를 떠올린다. 나는 2013년 4월 5일, 1860번째의 계룡산의 행산에서 계룡산을 천도교의 산으로 꿈꾸었던 그 시간으로 돌아가, 여기 히말라야 또한 천도교의 산이 될 것이라는 꿈을 새긴다. 여기 세계의 지붕 히말라야, 나의 계룡산 1860번의 행산처럼 천도교의 산이 되어 이 세상의 모든 산을 통솔하는 후천개벽의 산이 되기를 염원하며 이 기적 같은 시간을 마음속 깊은 곳에

담고 아쉬운 작별의 인사를 한다.

아침 식사를 마친 후 나머지 순례 일정을 함께하지 못하고 아쉬움을 달래며 나 홀로 귀국길에 올랐다. 국내 항공편으로 포카라에서 다시 카트만두로 돌아왔다. 카트만두에서 점심을 한 후, 시장 골목길을 돌아다니는 상인으로부터 염주 55알을 10불 주고 샀다. 명상 지도에 필요한 종도 하나 구매했다.

나는 5시에 출발하는 대한항공을 타고 혼자서 서울로 돌아왔다. 짧은 기간 순례길이었지만 무엇보다도 세계의 지붕, 신들의 산, 히말라야를 보며 천도교의 세계 포덕을 꿈꾸었던 그 순간이 나의 마음 깊이 각인되어 큰 보람이었다.

●—봉황각

봉황각은 서울특별시 강북구 우이동에 위치한 역사적 건물로, 1912년 의암 손병희 성사가 일제에 빼앗긴 국권을 되찾기 위한 독립운동을 준비하며 건립한 곳으로 천도교 지도자들에게 역사의식과 민족정신을 고취하고 훈련시키는 수련장으로 사용되었다. 3·1운동 당시 민족 대표 33인 중 15명이 봉황각에서 배출되었다.

제12장

3·1운동 100주년,
새로운 100년의 시작이다

우리가 만세를 부른다고 당장
독립이 되는 것은 아니오.
그러나 겨레의 가슴에 독립정신을
일깨워 주어야 하기 때문에
이번 기회에 꼭 만세를 불러야 하겠소.

—의암성사 어록

"3·1운동 100주년을 맞아 3·1운동을
영도하신 손병희 선생 기념관을
정부 사업으로 건립해 주십시오.
그리고 3·1운동 100주년 기념일에
대통령께서 우이동에 있는 의암성사 묘역을
참배하실 것을 건의합니다."

—포덕 160년 2월 18일, 청와대에서 대통령에게 건의

1. 3·1운동 100주년 기념사업 계승

• 3·1운동 100주년 기념사업 태동과 추진 경과

포덕 154(2013)년에 출범한 전 집행부는 포덕 155(2014)년 3월 1일, 제95주년 3·1절을 맞이하여 '3·1운동 100주년 준비를 위한 범국민추진위원회 결성' 을 제안하고, 포덕 155년 6월 13일 천도교 중앙총부 차원에서 '3·1정신 민족대화합문화사업 계획서' 를 발표하였다. 이후 전 집행부는 포덕 155년 7월부터 문화체육관광부 및 종교계와 각계 접촉을 시작하면서 천도교단을 중심으로 한 3·1운동 100주년 기념사업 준비의 공감대를 형성하여 왔다. 포덕 155(2014)년 12월에 비로소 익년도 3·1운동 기념사업 예산안이 확정(2억 원)되었으며 포덕 156(2015)년 5월부터 연구 조사 사업이 본격적으로 시작되었다. 천도교 중앙총부는 포덕 156(2015)년 12월 30일, '3·1운동 100주년 기념사업추진위원회 설치 운영 규정' 과 '3·1운동 100주년 기념사업추진위원회 정관' 을 확정하였다. 이에 따라 전 집행부는 포덕 156(2015)년부터 '3·1운동 100주년 기념사업추진위원회' 설치, 기념사업 추진의 기본 방향과 전략, 세부 사업과 예산, 조직과 인사 등 범국가적 사업의 판을 구축하고 학술 활동과 조직 사업, 문화 사업, 국제 사업, 홍보 사업 등 다양한 활동(사업)을 진행해 왔다. 나는 취임사에서 지난 집행부에서 추진하여 온 "3·1운동 100주년 기념사업을 계승하여 포덕 사업으로 발전시켜 나가겠다." 는 것을 약속한 바 있으며 이를 '대도중흥비전 21' 에 포함하도록 하였다.

그런데 그동안 추진하여 온 '3·1운동 100주년 기념사업' 은 시간이 지나면서 사업 수행 환경이 근본적으로 바뀌게 되었다. 즉 정부에서도 '3·1운동 및 대한민국 정부 수립 100주년 기념사업추진위원회 설치 및 운영에 관한 규정(2018년 2월 16일 대통령령)' 을 제정하고 정부와 지자체는 물론 종교 단체와 각종 시민 단체들도 공통적으로 추진하여 오던 기존 사업에 참여하는 한편 동시에 각각의 기관 단체 차원에서 독자적으로 관련 사업을 병행하여 추진하는 상황이 조성되기에 이르렀다. 이와 같은 사업 추진 환경의 변화에 따라 천도교단 내부적으로 독자적인 사업들을 발굴하여 기존의 사업을 포괄하여 종합적으로 추진하여 나가기로 했다. 이에 따라 우리 종단에서도 종무원장을 위원장으로 하는 '천도교 3·1운동 100주년 기념사업 추진 TFT' 팀을 구성하여 운영하였다. 여기서 새롭게 발굴된 사업들을 기존의 사업들과 상호 유기적으로 연계 추진할 수 있도록 '천도교 3·1운동 100주년 기념사업 종합 추진 계획' 을 수립하여 체계적으로 추진한 바 있다.

특히 포덕 160(2019)년 2월, 서울시로부터 종교 단체 지원 보조금 5천만 원을 독자적으로 지원받게 되어 천군만마와 같은 큰 힘이 되었다. 그동안의 범국가적 범종교적 3·1운동 100주년 기념사업은 전 집행부 2년(2014, 2015)과 새 집행부 3년을 포함한 5년 동안에 걸쳐 수행되어 온 장기 사업으로 추진되어 왔다. 전 집행부 출범 2년 차인 포덕 156(2015)년에 '조사 연구 사업' 과 '3·1운동 100주년 준비 선포식 및 기본 계획' 을 수립하고 이에 따라 설치된 '3·1운동 100주년 기념사업추진위원회' 와 더불어 지속적으로 사업을 수행하여 왔다. 포덕 159(2018)년에는 천도교 독자적인 사업을 발굴하여 기존의 사업과 유기적으로 연계 추진하면서 새 집행부 임기 3년 차인 포덕 160(2019)년에 3·1운동 100주년 기념사업(활동)이 모두 마무리되었다.

'3·1운동 100주년 기념사업추진위원회' 에서는 2019년 12월, 5년 동안 수행해 온 『3·1운동 100주년 기념사업 백서』를 발간하여 배포한 바 있다. 따라서 여기서는 기존 사업에 대한 추진 경과 및 새 집행부에서 독자적으로 추진하여 온 주요 사업 중심으로《천도교신문》, 『백서』 등을 참고로 간략히 서술하고자 한다. 본 내용은 3·1운동 100주년 기념사업 계승, 상황 변화에 따른 새로운 추진 기획, 천도교 중심 기념사업 추진, 3·1운동 역사 왜곡 사건 규탄 등으로 나누어 서술하고자 한다.

• 전 집행부, 대국민 제안서 발표 및 국비 예산 확보

전 집행부에서는 포덕 155년(2014)년 3월 1일, 제95주년 3·1절을 맞아 기념식 후에 대국민 제안서를 발표하고, 5년 후에 다가오는 "3·1절 100주년 기념사업 준비를 범국민적으로 전개해 나가기 위해 1년 후, 포덕 156년 3·1절까지 범국민추진위원회를 구성하고 3·1절 100주년은 남북통일의 원년, 동북아평화의 신기원을 마련하는 해, 생명 평화의 새 시대를 여는 출발점으로 만들 것"을 제안했다. 제안서 발표에 앞서 박남수 교령은 천도교 중앙대교당에서 개최한 95주년 3·1절 기념식에서 첫째, 종교계는 물론 시민사회 단체 등을 망라한 범국가적인 기념사업추진위원회를 구성할 것과 둘째, 남과 북이 함께하는 기념사업이 되도록 천도교인들이 앞장설 것을 당부하였다.(《천도교신문》 제14호, 포덕 155(2014)년 3월 1일). 이에 따라 포덕 155년 6월 13일에는 중앙총부 차원에서 "3·1정신 민족대화합문화사업 계획서"를 작성, 발표한데 이어 7월부터 문화체육관광부 및 종교계와 각계 접촉을 시작하면서 천도교단을 중심으로 한 3·1운동 100주년 사업 준비의 공감대를 형성하였다.(『3·1운동 100주년 기념사업백서』 30쪽)

전 집행부의 지속적인 노력으로 12월에 비로소 문화체육관광부 포덕 156(2015)년도 3·1운동 사업 예산 최종안이 확정(2억 원)되기에 이르렀다. 이 예산안은 '3·1운동 100년사 연구 조사'를 위한 승인이었다. 이를 위해서 2015년 1월에는 3·1운동 100주년 기념사업추진위원회 구성을 위한 준비에 착수하고, 2015년 2월에는 천도교단 내 추진위원회 준비를 위한 실무진을 구성하였다.

같은 해 5월에는 정부(문체부)와의 최종 조율 끝에 2015년 사업안 확정 및 예산 지급이 이루어짐으로써 연구 조사 사업이 본격적으로 시작되었다. 2015년 8월, 100주년 추진위원회 구성을 위한 범종단 및 시민사회 단체로부터의 동의가 완료됨에 따라 문화체육관광부의 주관으로 가칭 '3·1운동 100주년 기념사업추진위원회'를 결성하고 정부, 종교계, 시민사회 단체, 학계 등 범국민적 추진위원회를 구성하여 협력하기로 하였다.

박남수 교령은 포덕 156년도 신년사에서 "3·1운동 100주년 기념사업에 대한 국가 예산이 확정되었다"면서 "앞으로 100주년 기념사업을 범국가적, 범민족적 차원으로 승화시켜 나갈 것"임을 천명했다. 관련 신년사를 보면 "전국의 천도교인 여러분! 지난해 우리 교단에 희소식이 있었습니다. 3·1운동 100주년 준비 사업에 대한 국가 지원이 국회 본회의에서 확정된 것입니다. 이것은 3·1운동 100주년 준비라는 범국가 사업을 천도교단이 주도적으로 추진해 나가는 것을 국가가 공인한 일이자, 국민 공감대 형성의 첫 단초가 마련된 의미 있는 일입니다. 을미년 새해에는 그동안의 노력이 꽃피울 수 있도록 수심정기하여 한발 더 나아가야 하겠습니다."(《천도교신문》 33호, 2015년 1월 1일)

이어서 박남수 교령은 "총부는 3·1운동 100주년 기념사업 행사에 즈음 해 각계각층의 의견을 수렴하고, 나아가 가장 합리적이고 현실적인 방안들을 준비해 나가기로 했다. 이를 위해 종교지도자협의회 종교 지도자들의 적극적인 동참과 관련된 실무자들의 지원을 약속받았으며 다각적인 홍보를 위해 열중이다."라고 밝혔다.(《천도교신문》 36호, 2015년 2월 15일)

• 전 집행부, 3·1운동 100주년 기념사업추진위원회 설치 운영 규정 제정

포덕 156(2015)년 12월 17일, 천도교 종의원회의에서는 '3·1운동 100주년 기념사업추진위원회 설치 운영 규정'을 의결하고 포덕 156년 12월 30일 공포하였다. 이 규정에서 정한 사업은 "3·1정신으로 민족의 화합을 달성하고 새로운 민족사회 공동체를 구현하며, 이로써 세계 인류 공영에 이바지하는 제반 사업을 추진하는 것(3조)"으로 되어 있다. 이를 위한 "세부 사업으로는 연구학술 교양 사업, 민족 화해 협력 사업, 문화예술 홍보 사업, 기념 조형물 조성 사업, 기타 목적 달성에 필요한 사업(4조)" 등이다. "추진위원회의 조직은 천도교단 내부 인사를 중심으로 범국가, 범민족적인 대표성을 갖도록 조직함을 원칙(5조)"으로 하며, "추진위원회의 조직, 업무, 사업에 대한 세부 규정은 별도 정관으로 정하며, 정관의 제정과 개정은 종의원의 의결을 거쳐 천도교 교령의 승인을 득하여야 한다.(6조)"라고 규정되어 있다. 이어서 '3·1운동 100주년 기념사업추진위원회 정관'을 의결하고 이를 각각 포덕 156년 12월 30일자로 공포하였다.

• 전 집행부, 3·1운동 100주년 기념사업 본격 시동

포덕 157(2016)년 2월 25일 목요일 아침, 총부에서 종의원 총회가 개최되는데 이 자리에 참석하여 종의원들을 개별적으로 만나 보는 것이 좋겠다는 연락을 받았다. 그래서 나는 서둘러 오후 2시 고속버스를 타고 유성에서 서울로 왔다. 총부에 도착하니 4시 30분이다. 마침 종의원 총회가 종료되는 시점이어서 회의를 마친 종의원들을 만나 인사할 기회를 가졌다. 그런데 내일 2월 26일 금요일, 11시에 종로에 있는 하림각에서 열리는 3·1운동 100주년 기념사업 보고회에도 참석하는 것이 좋겠다는 말을 들었다. 그래서 그 행사에 참석하기 위해 낙원동에 있는 모텔에서 하룻밤을 지냈다. 2월 26일 아침에 기상하여 인근 식당에서 아침 식사를 마친 후 중앙총부에 갔다. 9시 30분경 중앙총부 봉고차가 간다고 하기에 그 차편을 이용해 하림각 행사장으로 갔다. 내외 귀빈 300여 명이 참석한 이날 행사는 1부 여는 마당, 2부 보고회, 3부 닫는 마당의 순으로 진행되었다. 이날 참석한 내빈 인사로는 법륜 스님, 정세균 국회의원, 이종걸 민주당 원내대표(정치인이 아닌 독립지사 후손의 자격), 대한불교조계종 자승 총무원장을 대신하여 정문 스님이 참석하여 축하 메시지를 대독하였으며 이번 정기총회에서 새로 선출된 KCRP 대표회장 김영주 목사, 사단법인 한국민족종교협의회 한양원 회장 등도 참석하여 자리를 빛내 주었다. 2부 보고회의에서는 임형진 교수가 그동안의 사업 추진 경과를 보고하였다. 임 교수는 "본 사업회는 천도교단에서 출범하여 범종단과 범시민 단체를 포함해야 하기 때문에 엄밀히 말하자면 3·1운동 100주년 기념 준비 사업이라고 할 수 있다."라고 하면서 타 종단에서 추천을 받아 기획운영회를 조직하였다고 말했다. 이어서 "앞으로 해외 기념사업회와도 협력하여 성공적으로 사업을 추진해 나가겠다."라고 보고하였다.

임형진 교수 보고 후 박남수 교령은 인사말을 통해 "오늘 이 자리는 2015년 한 해 동안 시행한 기초 조사 사업의 과정과 100주년 기념사업 추진을 위한 종합 계획서에 대해 보고하고 또한 추진위원회 조직의 출범을 선언하는 자리입니다."라고 말했다. 이어서 "우리 민족이 어떠한 시련과 역경 속에서도 반드시 활로를 찾아갈 수 있다는 신념을 3·1운동이 심어 주었습니다. 힘들고 어려운 시기입니다. 오늘의 이 자리가 기쁘면서 또한 무겁게 느껴지는 것을 피할 수 없습니다. 오늘 오신 모든 분의 도움으로 길을 찾아갈 수 있기를 기도합니다. 선열들과 조상님들 그리고 우리들의 신의 가호와 감응이 우리 앞길을 환하게 밝혀 주리라 믿습니다. 용기와 사명감을 가지고 힘차게 나아갔으면 좋겠습니다."라고 하여 참석한 내외 귀빈 모두로부터 큰 박수를 받았다.

이어서 서울대 성해영 교수로부터 3·1운동 100주년 사업 종합 계획의 방향과 내용에 대하여 "하늘 이고, 땅 딛고, 온 생명이 하나로' 라는 '천지인' 으로 하나 되는 기념사업 콘셉트을 중심으로 간략하면서도 의미 있게 설명하였다. 나는 개인적으로 3·1운동 기념사업 계획에 대하여 짧은 시간에 많은 공부를 할 수 있었으며, 특히 교회의 원로님들과 교인들을 한꺼번에 만날 수 있어 매우 유익한 시간이 되었다. 12시 30분경 공연 및 화합의 장을 끝으로 오늘의 행사는 마무리되었다. 오늘의 행사는 성공적으로 추진된 것으로 보인다.(《천도교신문》 제61호, 2016년 3월 1일)

• 第38차 전국대의원대회, 3·1운동 100주년 기념사업회 주관 추진 결의

포덕 157(2016)년 3월 17일, 第38차 전국정기대의원대회에서 기타 안건으로 상정된 '3·1운동 100주년 기념사업 결의안' 에 대하여 제안 설명과 이에 대한 의견 개진 과정을 거쳐 원안대로 통과되었다. 김인환 대의원(종무원장)은 앞으로 추진하는 '3·1운동 100주년 기념사업' 에 대하여 기조직된 '3·1운동 100주년 기념사업회' 주관으로 추진하는 것으로 할 것을 제안하면서 다음과 같이 설명하였다.

"포덕 160(2019)년에 대비하여 추진하고 있는 3·1운동 100주년 기념사업의 성공적인 추진을 위해 그 추진체계를 교단 차원에서 확정함으로써 천도교단의 기념사업 완수의 의지를 대내외적으로 알림은 물론 일사불란한 기념사업 추진을 통해 범종단적이고 범국가적인 100주년 기념사업을 차질없이 추진하기 위하여 第38차 정기전국대의원대회에서 대의원들의 결의를 구하고자 제안하는 것입니다. 앞으로 3년 후에 맞이할 3·1운동 100주년의 해를 앞두고, 우리 교단에서는 3·1운동 100주년 기념사업추진위원회를 설치하고 그 운영을 위한 설치 운영 규정 및 정관 등을 정비하여 3·1운동 100주년 기념사업을 추진하고 있는 바, 第38차 정기전국대의원대회에 참가한 대의원 일동은 3·1운동 100주년 기념사업의 성공적 추진을 위하여 포덕 157(2016)년 이후 추진할 기념사업은 기조직된 '3·1운동 100주년 기념사업회' 에서 주관하여 추진하는 것으로 결의할 것을 요청합니다."

이에 대해 장효선 대의원은 새로 구성되는 집행부 중심으로 추진할 수 있도록 하는 방안을 제안하며 다음과 같이 발의하였다.

장효선 대의원은 "기집행부에서 많은 업적을 이루고 또한 소중한 3·1운동에 대한 많은 기획도 준비한 것으로 알고 있습니다. 이 자리에 제가 나온 것은 그동안 업적은 소중하게 보존하고 이어 가도록 다음 집행부에서 기획과 집행을 하기를 발의합니다. 이유는 다음 집행부가 계획하는 어떤 일들이 그동안 이루어 오던 많은 사람들과 이분된다면 많은 충돌이 예상되고 또한 시끄러울 수 있기 때문에 미연에 방지하고 새 집행부가 의욕적으로 일할 수 있는 환경을 만드는 것이 좋다고 생각합니다. 다음 집행부에서 충실히 검토하여 섬세히 준비하여 큰 성과를 거두었으면 하는 바람입니다."

이에 대해 한광도 의장은 "다음 집행부에 부탁하는 말씀을 했습니다. 다음 집행부에서는 장효선 대의원이 말씀하신 내용을 새겨서 좋은 계획을 세워 이루어 나가

시길 바랍니다. 장효선 대의원의 발언은 이 결의안과는 상관이 없는 발언이었으므로 이 결의안에 대해서 다른 의견 있으신 대의원은 발언해 주시기 바랍니다. 없으시면 이 결의안은 만장일치로 통과했음을 선포합니다." (전원 박수) 이로써 3·1운동 100주년 기념사업 추진체계가 조직된 '3·1운동 100주년 기념사업회'에서 주관하여 추진하는 것으로 확정되었다.

• 3·1운동 100주년 기념사업 추진 체계 구축

포덕 155(2014)년 12월에 비로소 문화체육관광부 2015년도 3·1운동 사업 예산 최종안이 확정(2억 원)되기에 이르렀다. 이 예산안은 '3·1운동 100년사 연구 조사'를 위한 승인이었다. 이를 위해서 포덕 156(2015)년 1월에는 3·1운동 100주년 기념사업추진위원회 구성을 위한 준비에 착수했다. 2015년 2월에는 천도교단 내 추진위원회 준비를 위한 실무진을 구성하였다. 이후 같은 해 5월에는 문체부와 최종 조율 끝에 2015년 사업안 확정 및 예산 지급이 이루어짐으로써 연구 조사 사업이 본격적으로 시작되었다. 기념사업추진위원회는 2015년부터 해외 네트워크 사업을 구축하면서 먼저 흑룡강성 조사 사업부터 시작하였다. 포덕 157(2016)년에는 러시아 네트워크를 추진하기 위해 연해주를 중심으로 블라디보스토크 신한촌, 즉 새로운 한국을 건설하자는 뜻을 지닌 지역에 이어 미주 지역을 답사, 조사하였다.

포덕 157년에는 민족 대표 보고회를 뉴국제호텔에서 개최하여 포덕 155(2014)년부터 치러진 사업에 대한 간단한 경과 보고를 들었다. 이 보고회에서는 민족 대표를 어떻게 선정할 것인가에 대한 의제가 함께 다루어졌다. 포덕 158(2017)년 민족 대표 보고회는 AW컨벤션센터 그랜드볼룸에서 개최되었다. 이날에는 각 종단 대표, 해외 민족 대표, 국내 민족 대표 등 550명과 함께 주관 단체가 참석한 가운데 민족 대표 보고회, 민족 대표 서명 릴레이, 축하 공연, 오찬이 이어졌다. 3·1운동 100주년 기념사업을 체계적으로 추진하기 위해 상임대표 1인과 공동대표 33인, 고문과 자문으로는 종단, 언론, 학계, 정계 등 각 분야의 원로 등 13인이 위촉되었다. 집행위원회와 사무처를 두고 기획분과, 문화분과, 조직분과, 사업분과, 학술분과, 홍보분과 등 6개 분과를 두는 것으로 하였다.(『3·1운동 100주년 기념사업 백서』, 3·1운동 100주년 기념사업추진위원회, 2019. 12. 참조)

• 3·1운동 100주년 기념사업회, 민족 대표 보고회

민족대표추진위원회 고문은 각 종교 교단 원로, 각계 원로로 구성하며 공동대표는 33명으로 7대 종단의 수장이 추천한 종교인 15인(상임대표 포함), 독립운동 및 유관 단체 추천 인사 5인, 시민사회 단체 추천 인사 8인, 해외 대표 5인 등이다. 집행위원은 공동대표가 추천하는 1~2인의 중진 49명, 사무처 4명으로 되어 있다.

한편 민족대표단은 종교계, 독립 유관 단체, 학계, 여성, 청년, 노동, 시민사회 단체, 남북 해외를 통털어 333인으로 민족 대표 발기인단을 구성, 향후 3,333명으로 확장하는 것으로 되어 있다.

포덕 158(2017)년 11월 3일, AW컨벤션센터 그랜드볼룸에서 민족 대표 보고회가 개최되었다. 이날에는 각 종단 대표와 해외 민족 대표, 국내 민족 대표 약 500명이 참석한 가운데, 민족 대표 보고회, 민족 대표 서명 릴레이, 축하 공연, 오찬이 이어졌다.

3·1운동 100주년 기념사업추진위원회는 2015년 국내 7대 종단 중진 지도자 및 원로와 시민사회 단체 대표자들과 종교인 및 각계 인사들이 모여서 구성한 3·1운동 100주년 기념사업 준비를 위한 조직으로 '3·1운동 100주년 민족 대표'는 현재 국내외 500명으로 구성되었다.

박남수 상임대표는 개회사에서 "위대한 3·1운동 선열의 후손인 우리는 비핵화, 평화 정착이라는 목표를 어느 한순간도 포기해서는 안된다"며 "한반도평화선언은 3·1운동의 정신을 잇는 제2의 독립선언이며 이 시대를 사는 우리는 자유와 평등, 행복, 생명 평화의 신세계를 제시한 3·1운동 정신을 이어 받아 한반도 분단을 극복하고 민족통일을 완성하는 길로 나아가야 한다"라고 밝혔다.

나는 천도교 교령으로서 격려사를 통해 "기념사업 추진위원회의 노고에 감사하며 3·1운동은 우리나라 헌법 전문에도 명시되어 있는 바와 같이 대한민국 건국의 출발점이 되는 역사적인 사건이니만큼 우리 민족 분단 극복을 위한 통일운동, 민주화와 정의 실현을 위한 자발적인 참여의 전통을 수립하였다"며 "대한민국의 새로운 미래를 개척하는 자리가 될 것을 당부하며 통일 시대의 새로운 시대를 열어 나가자"라고 말했다.

한편 2부에서는 윤경로 교수의 기조 강연, 해외 대표 소개, 7개 국내외 3·1운동 기념사업 현황 발표, 5대 종단이 참여한 한반도 평화 선언식 등이 진행되었다. 이번

행사에는 쿠바에 거주하는 한인 세르비오 림 알롱소가 함께 하여 눈길을 끌었다. 세르비오는 쿠바의 천도교인이자 독립운동가 임천택(1903~1985)의 손자로, 3·1운동 100주년 기념사업추진위원회의 초청으로 방한하였다.

2. 상황 변화에 따른 새로운 추진 기획

• 3·1운동 및 임시정부 수립 100주년 기념사업추진위원회 설치 규정안 의결

그동안 정부 차원에서의 3·1운동 100주년 기념사업은 국가보훈처 주관으로 천도교단보다 3년 늦은 포덕 158(2017)년부터 추진되었다. 국가보훈처에서는 2017년 7월 13일, 기념사업 국민 제안을 받았으며, 법적 차원의 기반 마련에 나섰다. 2017년 8월 29일자로 '국가보훈처 공고 제2017-93호'로 '3·1운동 및 대한민국 임시정부 수립 100주년 기념사업추진위원회의 설치 및 운영에 관한 규정'을 제정하기 위한 공고와 입법을 예고하였다. 국가보훈처는 입법 예고를 통하여 "3·1운동 및 대한민국 임시정부 수립 100주년이 되는 포덕 160(2019)년을 맞이하여, 대한민국의 역사적·법적 전통의 발원인 3·1운동과 대한민국 임시정부의 수립을 기념하고 자유와 평화를 강조한 선조들의 독립정신 계승을 위하여 국무총리 소속으로 3·1운동 및 대한민국 임시정부 수립 100주년 기념사업추진위원회를 설치·운영하려는 것"이라고 밝혔다. 천도교와 달리 3·1운동 100주년 기념사업에 더하여 '임시정부 수립 100주년 기념사업'이 추가되었으며 위원회를 국무총리 소속으로 설치하는 것으로 되어 있었다. 3·1운동 100주년 기념사업과 임시정부 수립 100주년 기념사업을 국가 중심으로 공식화하겠다는 내용이었다.

그런데 그동안 국가보훈처에서 추진해 오던 '3·1운동 및 대한민국 임시정부 수립 100주년 기념사업'의 소관 부처가 포덕 159(2018)년 1월 1일부로 행자부로 변경됨에 따라 '3·1운동 및 대한민국 임시정부 수립 100주년 기념사업추진위원회의 설치 및 운영에 관한 규정안'도 행자부로 이관되었다. 이에 따라 제출자가 '국무총리 이낙연'에서 '국무위원 김부겸'으로 변경 제출되었다. 본 규정안은 2018년 1월 30일 국무회의를 통과함에 따라 3·1운동 및 임시정부 100주년을 맞아 100년의 여정을 회고·기념하고, 미래 100년의 희망을 설계하는 사업을 추진하기 위한 법적 기반이 마련되었다. 이번에 제정된 대통령령은 2019년 3·1운동과 대한민국 임시정부 수립 100주년을 맞아 범국민적 기념사업을 효율적으로 추진하기 위한 기념사업추진위원회를 설치 운영하는 사항을 규정하고 있다. 기념사업회는 대통령 소속으로 설치되고, 기념사업의 추진 방향, 종합 계획 수립, 관련 행사 계획의 종합 조정 및 각종 행사 지원에 관한 사항 등을 심의·의결한다(제3조). 위원회는 대통령이 위촉하는 민간위원장과 국무총리가 공동으로 위원장을 맡게 되며, 위원들은 대통령이 위촉하는 위원과 당연직 위원 등 100명 이내로 구성된다(제4조).

위촉직 위원은 학식과 경험이 풍부하고, 국민의 신망이 두터운 사람으로 구성한다. 당연직 위원은 기획재정부, 교육부, 국무조정실, 국가보훈처 등 중앙 행정 기관의 장 및 지방자치법에 따라 설립된 시·도지사협의체의 장 등이 포함된다(제4조). 위원회는 또 업무를 효율적으로 수행하기 위해 분과위원회를 설치(제8조), 분과위원회에서 논의된 안건을 검토 협의하기 위한 총괄위원회와 부처간 협의 조정이 필요한 경우 국무조정실장이 주재하는 범부처협의회를 둘 수 있다(제9조). 위원회에 상정할 의안과 기념사업에 관하여 자문하기 위하여 위원회에 자문단을 둘 수 있다(제10조).

한편 위원회의 업무를 지원하기 위해 기념사업추진기획단을 두도록 하고, 기획단의 단장은 행정안전부 소속 일반직 공무원 중에서 행정안전부장관이 지명하는 사람으로 하는 것으로 되어 있다(11조).

• 천도교단, 100인 위원회 천도교 측 위원 3인 명단 제출

포덕 158(2017)년 11월 23일, 문체부로부터 '3·1운동 및 대한민국 임시정부 수립 100주년 기념사업 추진 100인 위원회의 천도교 측 위원'을 추천해 달라는 공문을 받았다. 이범창 종무원장과 정정숙 사회문화관장 의견을 들어 우리 교단에서는 3인을 추천하기로 하였다. 천도교를 대표하여 교령을 포함하여 3·1운동 100주년 기념사업추진위원회 박남수 상임대표와 동덕여대 조원영 이사장 등 3인을 추천하였다. 조원영 이사장은 포덕 100(1959)년 4월 8일에 창립된 의암손병희선생기념사업회의 조동식 회장(동덕여대 총장)의 손자로서, 향후 추진하게 될 의암손병희선생기념관 건립에 따른 중책을 맡게 될 것을 고려하여 추천하게 되었다. 천도교 몫으로 3인을 위원으로 추천하였으나 주무 부처인 문체부에서는 한 기관 단체에 3인을 받아들이

기는 어렵다는 입장을 전해 왔다. 그러나 나는 100년 전 3·1운동의 중심이었던 우리 천도교는 다른 기관 단체와 다르다는 점을 고려해야 한다고 강조하였다. 더군다나 우리 천도교는 3년 전부터 범종단적, 범국가적 차원에서 3·1운동 100주년 기념사업추진위원회를 조직하여 기념사업을 체계적으로 추진하여 온 점을 고려하여 줄 것을 강조하였다. 국무총리 소속의 100인 위원회에 교령이 포함된다는 것은 좀 맞지 않을 것 같다는 생각은 들었다. 그러나 나는 3·1운동 100주년 기념사업의 일환으로 손병희기념관 건립을 꼭 성사시키기 위해서는 내가 들어가야 한다는 생각을 하고 1순위로 교령을 추천한 것이다. 결국 100인 위원회에 종교인은 배제한다는 방침에 따라 위원회에서 제외되었다.

정부 차원의 주무 부처가 국가보훈처에서 행자부로 바뀌게 되고 위원회가 대통령 직속으로 격상되면서 100인 위원회의 위상도 바뀌게 되었다. 3·1운동 100주년을 기하여 미완의 과제인 의암성사기념관 건립을 관철시키기 위하여 어떻게 할 것인지, 지혜를 모아야 할 때라 생각되었다.

• 정부, '3·1운동 및 임시정부 수립 100주년 기념사업추진위원회' 출범식

대통령 직속 '3·1운동 및 대한민국 임시정부 수립 100주년 기념사업추진위원회'는 포덕 159(2018)년 7월 3일 오후 문화역서울284(옛 서울역사)에서 출범식을 열었다. 나는 고문 자격으로 7대 종단 대표들과 함께 출범식에 참석하였다. 이 자리에는 3·1운동 100주년 기념사업회 추진위 윤경로 공동대표가 기억기념 분과위원장으로 지명되었고, 위원회의 위원으로는 박남수 상임대표와 이갑산 공동대표가 위촉되었다. 우리 교단에서는 박남수 상임대표만이 사회 단체 자격으로 참석하게 되었다. 위원회는 국무총리와 한완상 전 통일·교육부총리가 공동위원장을 맡았으며 총 100명 이내 민간과 정부 위원 등으로 구성된다. 위원회는 앞으로 기획 소통, 기억 기념, 발전 성찰, 미래 희망 등 4개 분과위원회로 나눠 운영된다.(《천도교신문》 113호, 2018년 7월 26일)

출범식에서 문 대통령은 "대한민국 100주년을 준비하기 위한 위원회가 오늘 출범식을 열게 되었다. 위원회 이름은 '3·1운동 및 대한민국 임시정부 수립 100주년 기념사업추진위원회' 다. 100주년 위원회는 대통령 소속 자문위원회로, 앞으로 3·1운동 및 임정 수립 100주년 기념사업의 추진 방향과 종합 계획을 수립하게 된다."라고 밝혔다.

문 대통령은 이날 출범식을 열면서 출범식 장소로 서울역이 선정된 이유도 밝혔다. 문 대통령은 "공식 출범식이 열린 '문화역 서울284' 는 옛 서울역사이다. '서울역' 은 일제의 한반도 침탈을 상징하는 아픈 역사의 현장이기도 하지만 대표적인 독립운동 장소이기도 하다" 며 "1919년 3월 5일, 약 1만여 명의 사람들이 모여 독립을 외쳤던 곳, 서울역이 당시 서울에서는 최대 규모의 시위로 알려져 있습니다. 1919년 9월 2일 사이토 마코토 신임 총독을 향해 폭탄을 투척한 강우규 의사의 의거 현장이기도 합니다" 라며 선정 이유를 밝혔다. 이어 문 대통령은 "3·1운동과 임시정부 수립 100주년을 기념하는 일이 정의롭고 공정한 나라의 토대가 되어야 할 것이다." 라며 이 계획에 따라 "이상룡 독립운동가의 본가인 안동 임청각 복원 계획과 연해주 독립운동의 대부 최재형 선생을 기리는 기념관을 러시아 우수리스크에 올해 안에 개관할 계획이다." 라고 밝혔다. 또한 내년 완공을 목표로 하고 있는 임시정부 기념관에 대해서 "기념관에는 독립을 위해 희생하고 헌신한 분들의 삶과 정신을 하나하나 충실히 담아낼 것이다. 중국 충칭의 광복군 총사령부 복원도 임시정부 수립 100주년이 되는 내년 4월을 목표로 중국 정부와 긴밀하게 협력하고 있다." 라고 전했다.

마지막으로 문 대통령은 "일제 침탈의 아픈 역사를 뛰어넘어 대한민국의 평화와 번영의 출발 거점이 된 곳에서 열린 출범식을 통해 우리는 대한민국의 100주년을 기념하고 우리 역사적 자긍심의 근거가 될 것이며 국민들이 대한민국을 더 사랑할 수 있게 만들겠다." 라고 밝혔다. 이날 행사는 배우 김규리 씨가 사회를 맡았으며 대한민국 100주년 기념식의 출정을 알리는 다양한 퍼포먼스도 이어졌다. 혼혈 청소년 모델 한현민 군의 국기에 대한 맹세와 유관순 열사의 모교인 이화여고 학생들이 애국가를 선창했으며 뮤지컬 '백범 김구' 에서 김구 선생 역할을 맡았던 배우 김종구 씨가 김구 선생의 '내가 원하는 우리나라' 를 육성으로 재현했다.

'대한민국 100주년 위원회' 는 이낙연 국무총리와 한완상 전 통일교육부총리 위원장을 공동위원장으로 100명의 위원들이 대한민국 100년 맞이를 준비한다. 약 100명의 위원들은 민간 측 82명, 정부 측 15명, 국민의 자리 3명으로 구성되며, 특히 민간위원에는 전문가, 학자 등 다양한 분야의 인사가 함께하게 된다. 1차로 위촉된 68명의 민간위원 중, 여성위원은 35명으로 50%를 넘어서 남녀 비율도 공평하게 맞추었다.

100주년 위원회는 이날 출범식 이후, 1차 전체 회의를 가졌다. 회의에서는 위원회 운영 계획안, 분과위원회 구성안, 위원회 운영 세칙안 등을 심의했으며 다음 전체 회의에서 '100주년 기념사업 종합계획'을 확정할 예정으로 알려졌다.(출처: 투데이 코리아)

• 정부, 9월 남북 정상 평양공동선언

정부는 포덕 159(2018)년 9월 19일, 평양 백화원 영빈관에서 열린 남북정상회담을 통하여 '9월 평양공동선언'에 합의하였다.

평양공동선언은 2018년 9월 19일 한국과 북한이 발표한 비핵화와 경제 협력 관련 합의문이다. 대한민국 문재인 대통령과 조선민주주의인민공화국 김정은 국무위원장이 공동으로 발표한 합의로서, 지상·해상·공중에서의 적대 행위 중단, 남북 철도 연결, 개성공단과 금강산 관광사업 재개, 김정은 위원장 서울 답방 등 남북 화해의 청사진과 미국의 상응 조치에 따라 북한이 영변 핵시설을 영구 폐기하겠다는 조건부 비핵화 약속 등을 담았다. 대한민국 문재인 대통령과 조선민주주의인민공화국 김정은 국무위원장은 2018년 9월 18일부터 20일까지 평양에서 남북 정상회담을 진행하였다.

양 정상은 역사적인 판문점 선언 이후 남북 당국 간 긴밀한 대화와 소통, 다방면적 민간 교류와 협력이 진행되고, 군사적 긴장 완화를 위한 획기적인 조치들이 취해지는 등 훌륭한 성과들이 있었다고 평가하였다.

양 정상은 민족 자주와 민족 자결의 원칙을 재확인하고, 남북 관계를 민족적 화해와 협력, 확고한 평화와 공동 번영을 위해 일관되고 지속적으로 발전시켜 나가기로 하였으며, 현재의 남북 관계 발전을 통일로 이어 갈 것을 바라는 온 겨레의 지향과 여망을 정책적으로 실현하기 위하여 노력해 나가기로 하였다.

양 정상은 판문점 선언을 철저히 이행하여 남북 관계를 새로운 높은 단계로 진전시켜 나가기 위한 제반 문제들과 실천적 대책들을 허심탄회하고 심도 있게 논의하였으며, 이번 평양 정상회담이 중요한 역사적 전기가 될 것이라는 데 인식을 같이하고 비핵화 분야, 군사 분야, 경제 분야, 이산가족 분야, 문화 체육 분야 등에 대하여 합의하였다. 특히 합의서 4항에서 3·1운동 100주년을 남북이 공동으로 기념하기로 하고 그를 위한 실무적인 방안을 협의해 나가기로 하였다.

• 천도교단, 3·1운동 100주년 기념사업회의 위상 변화

그동안 3·1운동 100주년 기념사업에 대해서 기존의 '3·1운동 100주년 기념사업회'에서 모든 업무를 주도적으로 추진하게 되므로 새 집행부로서는 '3·1운동 100주년 기념사업회'에서 이미 확정한 특별 회계 예산의 집행 등 필요로 하는 일을 지원하는 역할을 수행하여 왔다. 그런데 2018년 2월 6일, 대한민국 정부에서 "3·1운동 및 대한민국 임시정부 수립 100주년 기념사업추진위원회 설치 및 운영에 관한 규정(2018년 2월 6일. 대통령령 제28623호)"을 제정하고 관련 사업을 범국가적으로 추진하기로 함에 따라 천도교단의 관련 사업 추진 환경의 변화 필요성이 대두되었다. 이번에 제정된 대통령령에서는 2019년 3·1운동과 대한민국 임시정부 수립 100주년을 맞이하여 범국민적 기념사업을 효율적으로 추진하기 위한 기념사업추진위원회를 설치·운영하는 사항을 규정하고 있다.

이에 따라 천도교단에서 추진하던 '3·1운동 100주년 기념사업회'의 범국가적, 범종교적인 역할과 위상이 달라지지 않을 수 없게 된 것이다. 정부는 물론 지자체와 공공기관, 종교 단체, 각종 사회 단체들이 각각 국가적 차원에서의 3·1운동 100주년 기념사업을 직접적으로 수행할 수 있는 환경으로 바뀌어졌기 때문이다.

그래서 우리 천도교단도 기존의 3·1운동 100주년 기념사업회에서 하는 사업의 지원적 역할을 넘어서서 늦게나마 우리 천도교단 나름의 할 일을 찾아야 한다는 생각을 하지 않을 수 없게 되었다. 천도교 자체의 사업이나 예산이 없는 상황에서 어떻게 할 것인가? 하는 문제다. 기존의 책정된 3·1운동 100주년 기념사업회 예산(포덕 160년도 5억원) 중 일부를 지원받을 수도 없는 일이며 교단 자체적으로 추가 경정 예산을 받기도 어려운 상황이다.

3. 천도교 중심 기념사업 본격 추진

• 100년 만에 찾아온 절호의 기회

나는 포덕 159(2018)년 12월 조회사를 통하여 "우리 모두의 지혜를 한데 모아 급변하는 국내외 정세에 슬기롭게 대처하면서 100년 전, 우리 천도교가 주도한 3·1운동 100주년 기념사업을 의미 있게 준비하고 차질 없이 추진해 나가자" 하고 강조하였다. 12월 조회사 중 3·1운동 100주년 기념사업 추진과 관련된 내용은 다음과 같다.

모시고 안녕하십니까? 이제 포덕 159년, 무술년 한 해도 얼마 남지 않았습니다. 먼저 한 해를 보내고 밝아 오는 기해년 새해를 맞이하여 여러분과 가정에 건강과 행복이 충만하시기를 기원합니다.

3년 전 출범한 우리 집행부가 이제 마침의 시간 위에 서 있습니다. 한 해를 마무리하고 새해를 맞이해야 하는 지금 이 시간 대도중흥비전 21의 꿈을 위해 정성을 다해 왔는가를 깊이 새겨 보아야 하겠습니다. 무엇보다도 코앞에 다가온 3·1운동 100주년 기념에 관한 일입니다. 3·1운동 100주년은 우리 교단에 있어 100년 만에 한번 찾아오는 대도중흥을 위한 절호의 기회입니다. 100주년의 의미를 어떻게 새기고 그 의미를 구현하기 위하여 얼마나 많은 정성을 기울이느냐에 따라 우리 교단의 미래 100년이 좌우될 것입니다. 그래서 우리 교단에서는 오래전부터 3·1운동 100주년을 지속적으로 준비하여 왔습니다. 그런데 최근에 3·1운동 100주년 행사와 관련하여 급격한 환경의 변화가 있었습니다. 금년 1월, 정부에서는 3·1운동 및 임시정부 수립 100주년을 맞이하여 지나간 100년의 여정을 회고 기념하고 미래 100년의 희망을 설계하는 사업을 추진하기 위한 관련 규정(대통령령)을 제정하였습니다. 이 규정에 따라 정부에서는 범국민적 기념사업을 효율적으로 추진하기 위한 대통령 소속의 기념사업추진위원회를 설치 운영하고 있으며 여기서 기념사업의 추진 방향, 종합 계획 수립, 관련 행사 계획의 종합 조정 및 각종 행사 지원에 관한 사항 등을 추진하고 있습니다.

이와 같이 국가적으로 3·1운동 100주년 기념을 위한 법령을 제정하여 범국가적 차원에서 100주년 기념행사를 준비하도록 하는 한편 지난 9월에는 남북 정상이 발표한 평양선언을 통해 3·1운동 100주년 기념행사를 남북이 공동으로 치르기로 하고 그를 위한 실무적인 방안을 협의해 나가기로 하였습니다.

이와 같은 급격한 국가 차원의 환경 변화는 우리 교단 중심으로 한 3·1운동 100주년 기념사업 추진을 위한 접근 전략을 근본적으로 전환해야 한다는 것을 의미하는 것이라 하겠습니다. 지금 정부 차원에서는 3·1운동 100주년 기념행사에 이어 판문점에서 남북 공동 기념행사를 진행하며 광화문과 평양에서 각각 범시민 단체의 기념행사를 기획 준비 중인 것으로 알려져 있습니다. 더구나 3·1운동 100주년 기념사업은 정부는 물론 지방자치단체, 공공기관, 종교 단체, 시민 단체 등 수많은 기관, 단체에서 봇물 터지듯 부지기수로 추진될 것입니다.

3·1운동 100주년을 기하여 수많은 기념식과 수많은 사업과 학술대회, 수많은 공연, 수많은 행사 등이 서로 앞을 다투어 진행될 것으로 예상되고 있습니다. 저는 이러한 새로운 환경 변화에 대응하여 우리 교단으로서 무엇을 어떻게 할 것인지에 대하여 집중적으로 준비하기 위한 연구 및 TFT를 구성하였습니다. 우리 교단에 찾아온 100년의 기회, 100년에 한 번 찾아오는 3·1운동 100주년 기념사업을 어떻게 준비하고 어떻게 진행해 나가야 할 것인지 우리 모두의 지혜와 힘을 모아 나가도록 해야 할 것입니다.

지난 9월의 남북정상회담에서 "3·1운동 100주년 기념사업을 남북한 공동으로 하자고 제안하면서도 가장 중요한 역할을 했던 천도교를 배제한 채 당시 그 거사를 철저하게 외면했던 종교계 대표가 상황을 주도하는 모양새를 만들어 주는 느낌을 지울 수 없다"며 언론에서 먼저 비판하고 나선 일도 있었습니다.

물론 우리 종단에서도 9월 17일, 대통령의 방북에 앞서 기관 연석회의를 즉각 개최하고 종단 차별에 대한 현 정부를 규탄함과 아울러 이에 대한 강력한 항의와 해명을 요구한 바 있습니다. 이제 우리는 우리 모두의 지혜를 한데 모아 급변하는 국내외 정세에 슬기롭게 대처하면서 100년 전, 우리 천도교가 주도한 3·1운동 100주년 기념사업을 의미 있게 준비하고 차질 없이 추진해 나가도록 합시다.

• 서울시, 종교 단체 지원 사업 5천만 원 예산 확보

중앙총부에서는 포덕 159(2018)년 12월 27일자 서울시로부터 '2019 종교 단체 지원 사업 공모' 알림 공문을 접수하였다. "일반 시민과 함께하는 종교계 사회 공헌 행사 중 시정 협력이 가능한 행사를 발굴 지원하여 종교계 사회 활동과 시정 성과를 촉진시키고 대중화된 종교 문화 예술 중 계승 발전이 필요한 행사를 지원하여 시민의 문화 향유 기회를 확대하기 위해 '2019 종교 단체 지원 사업 공모' 를 공고 중에 있음을 알려 드리오니, 관련 종교 단체의 참여가 이루어질 수 있도록 협조하여 주시기 바랍니다."는 내용이다.

소요 예산은 9억 4천만 원이며 접수 기간은 2019년 1월 15일까지로 되어 있다. 그리고 공모 분야 중 '2019년 특별 공모' 로서 '독립선언 100주년 연계 행사 분야' 에 대해서는 개신교, 천도교, 불교 등 3개 종단으로 지정되어 있다. 천도교 중심의 독자적인 기념사업 추진을 위한 절호의 기회였다. 지난 4년여 동안 추진해 온 천도교 중심의 3·1운동 100주년 기념사업은 중앙정부(문체부)의 예산을 지원받아 범국가적, 범종단적인 사업을 중심으로 추진되어 왔다. 그러다 보니 교단 차원의 독자적인 사업 추진은 이루어지지 않았다. 이번 서울시에서 공모하는 '2019 종교 단체 지원 사업' 이야말로 그동안 추진하지 못했던 교단 중심의 독자적인 사업을 추진할 수 있는 기회가 될 수 있을 것이라는 희망을 가질 수 있게 되었다. 3·1운동 100주년이 불과 2개월여 밖에 안 남았지만 의미 있는 사업의 추진을 위한 천우신조의 기회라 생각했다. 사업 계획서 작성은 정정숙 사회문화관장이 맡았다. 우리 교단의 지원 희망 규모를 서울시 전체 지원 예산 9억4천만 원의 20%인 1억 8천만 원 규모로 작성하기로 했다. 열심히 사업 계획서를 만들어 제출하였다. 그러나 요구한 예산을 확보하지 못하고 5천만 원 교부 결정 통보를 받았다. 늦었지만, 우리에게는 황금 같은 예산을 확보한 것이다.

2019년 2월 2일자로 서울시로부터 접수된 시비 보조금 교부 결정서는 다음과 같다.

"서울특별시 지방보조금 관리 제23조 제1항에 따라 2019년 종교 단체 지원 사업(3·1운동 100주년 기념사업)에 대한 시비 보조금을 아래와 같이 교부 결정하였기에 통지하오니 교부 조건을 준수하여 보조 사업 수행에 만전을 기하여 주시기 바랍니다.

보조 사업명은 '3·1운동 100주년 기념사업' 이며, 보조금 교부 대상은 천도교 중앙총부 대표자 이정희이며 교부액은 5천만 원이다."

• 천도교단 차원의 종합 추진 계획안 수립

포덕 159(2018)년 11월 26일, 이범창 종무원장과 함께 교단 차원의 3·1운동 100주년 기념사업에 대한 바람직한 추진 방향에 대하여 의논하였다. 그동안에는 범국가적 성격의 차원에서 추진되어 왔으나 앞으로는 교단 중심의 종합 추진 계획을 수립 추진할 필요가 있다는 데 공감하고 이를 위해 '천도교 3·1운동 100주년 기념사업 추진 TFT' 를 구성 운영하기로 하였다. TFT 위원장은 종무원장으로 하고 3·1운동 100주년 기념사업추진위원회 사무처와 종무원의 사회문화관과 한팀이 되어 종합적으로 추진하기로 한 것이다. 손병희선생기념관 건립, 천도교의 3·1운동사 정리, 천도교 새로운 미래 100년 비전 제시 등에 대하여 집중 의논하였다.

천도교단의 종합 추진 계획이 마련되면 KCRP의 3·1운동 100주년 기념사업 계획과도 연계하여 총 8억 원(100주년 3·1 추위 4.5억, KCRP 3.5억) 규모의 사업 예산을 유기적으로 한데 묶어 추진함으로써 시너지를 최대화하는 방안을 검토하기로 하였다. 실질적인 방안에 대해서는 관련 내용을 잘 알고 있는 정정숙 사회문화관장이 주도적으로 마련하기로 하였다. 시간이 촉박한 관계로 계획하면서 추진하고, 추진하면서 계획을 만드는 긴박한 형국이었다. 천도교에서 범국가적으로 수행해 온 기존의 3·1운동 100주년 기념사업은 차질없이 수행해 나가되, 정부에서 추진하고 있는 3·1운동 및 임시정부 수립 100주년 기념사업에 어떻게 대응해 나갈 것인지, 또 9·19 평양선언에서 밝힌 남북 공동 기념행사는 또 어떻게 추진될 것인지, 천도교단의 독자적인 사업 발굴은 어떻게 할 것인지 등 종합적인 대응이 필요한 상황이었다. 이에 따라 TFT팀에서는 천도교 독자적으로 추진해야 될 사업들을 발굴하는 한편 그동안의 성과를 바탕으로 하여 기념식은 물론 중앙 부처 및 지자체, 종교 단체, 사회 단체 등에서 추진하는 다양한 사업들과 상호 유기적으로 연계 추진될 수 있도록 '천도교 3·1운동 100주년 기념사업 종합 추진 계획' 을 수립하기로 하였다. 이렇게 수립된 천도교 3·1운동 100주년 기념사업을 아래와 같이 대내외에 알렸다.

· 천도교 3·1운동 100주년 기념사업 공지

천도교 중앙총부는 포덕 160(2019)년 2월 28일 '천도교 3·1운동 100주년 기념사업' 을《조선일보》에 다음과 같이 공지하였다.

천도교 중앙총부는 3·1운동 100주년을 5년 전부터 준비하여 그 결실을 맺는 해가 되었습니다. 100년 전 대중화, 일원화, 비폭력을 주장하신 선열들의 뜻과 자주국가, 인간 존엄, 평등한 세상, 세계 평화, 인류 행복을 실현하는 독립선언서의 정신을 담아 3·1운동을 기억하는 여러 기념사업들을 아래와 같이 합니다.

〈천도교 3·1운동 100주년 기념사업〉

① 기억과 기념
100주년 기념식 | 기념대회 | 3·1운동 재현 행사 | 세계종교인평화기도회(KCRP) | 범국민기념대회

② 기도와 다짐
특별기도 | 합동기도 | 독립선언서 원문 낭독 | 경적 울림에 따라 묵념 | 한민족에 드리는 담화문

③ 3·1운동 역사 정립
학술대회 | 국제학술대회 | 천도교와 3·1운동 발간 배포 | 3·1운동 지방사 자료집 제작

④ **3·1운동 정신 확산**
중견 작가 서예전 | 북측 천도교 초청 | 해외 독립 운동 후손 초청 | 손병희 성사 묘소 참례

⑤ **3·1운동 전시와 체험**
3·1운동 기념사진 전시—대교당 앞 | 갤러리 류가헌 | 역사박물관 | 자료 전시 | 독립선언서 체험 | 포토존

⑥ **3·1운동 역사 유적지 순례**
3·1운동 둘레길 걷기 | 중앙대교당—탑공공원—서대문형무소 역사관 | 화성 제암리 순례

⑦ **미래 100년을 위한 기념사업**
봉황각 일대 성역화 | 의암손병희선생기념관 건립 | 봉황각 국가문화재 승격

〈천도교 3·1운동 100주년 기념사업 일정(2~3월)〉

No	제목	일시 및 장소	내용
1	독립선언서 낭독	2. 1~3. 3 매일 아침	21일 특별기도 기간 중 독립선언서 낭독, 중앙총부 아침인사 나눔 시간에 총부 직원 독립선언서 합독
2	세계종교인평화기도회	2. 18~21 서울, 도라산	KCRP의 세계종교인평화기도회, 학술발표회, 도라산, 평화의 기도문 발표, 천도교 참석
3	독립운동가 후손 초청 및 현충원 방문	2. 18~22	쿠바에서 독립운동을 한 임천택 선생 손자, 손녀 초청, 대전현충원 방문
4	3·1운동 바로알리기, 학술대회	2. 24 14:00	천도교 학술대회 '3·1 혁명과 천도교'
5	종합학술대회	3. 13 국회의원회관	천도교·개신교·불교 세 종단 종합학술대회
6	의암성사 묘소 참례	2. 28 11시 성사님 묘소	총부 임직원, 성사님 묘소 참례
7	기념식	3. 1 11시	11:00 기념식, 11:40 어린이 합창
8	12시 타종	12시(3분) 중앙대교당	12시 타종 행사
9	의암성사 동상 참례 및 거리 행진	3. 1 12:05~12:30 탑골공원, 인사동	중앙대교당→ 인사동→ 태화관→탑골공원
10	기념대회	3. 1 13:30 중앙대교당	13:30 축하음악회(오케스트라), 14:00 기념대회
11	전시회	3. 1~7 10:00~17:00 중앙대교당, 봉황각	3·1운동 관련 사진 및 자료 전시(중앙대교당) 손병희 성사, 주옥경 종법사 유물전시회(봉황각)
12	체험마당	3. 1 10:00-17:00 중앙대교당 앞마당	독립선언서 찍기, 태극 문양 페이스페인팅 등
13	홍보 부스	3. 1 10:00-17:00	팜플렛, 홍보용 리플렛, 독립선언서, 태극기, 궁을기 등 나눠 주기
14	포토존	3. 1~7 중앙대교당 앞마당	대형 독립선언서 포토존
15	LCD 홍보판 설치	3월 중	봉황각 앞마당 부근에 LCD 홍보판(키오스크)를 설치하여 방문객들에게 천도교와 봉황각, 3·1운동 등에 대한 안내
16	3·1운동 각 지방에서 활동한 483명 명단 제작 및 전시	3. 1~7	봉황각 수련생 483명 명단을 제작하여 봉황각 유물 등과 함께 전시
17	천도교와 3·1운동에 대한 자료집 제작	3월 중	천도교와 3·1운동에 대하여 여러 자료에서 채록한 기록을 중심으로 제작
18	지방사 연구 자료집 제작	3월~11월	봉황각에서 수련한 483명의 행적과 지방 교구에서의 3·1운동 준비, 역할 등에 대한 자료집 제작
19	지방 교구 행사	3월	전국에 있는 교구 행사 지원(수원, 부산, 남해, 언양, 경주, 영산, 익산, 진주 등)
20	홍보 사업	2월~10월	홈페이지, SNS, 일간지, 유튜브, 대형 현수막, 리플렛 활용 등

• KCRP 공동대표 간담회 참여

포덕 160(2019)년 1월 2일, VIP 각계 인사 신년회가 여의도에 있는 중소기업중앙회에서 개최되었다. 오늘 신년회를 마친 후, 개신교 이홍정 목사, 불교 원행 스님, 원불교 오도철 교정원장, 유교 김영근 관장, 천도교 교령, 민종협 박우균 회장 등 종단 지도자들이 한자리에 모여 간담회를 가졌다. 나는 이 자리에서 종교계의 3·1운동 100주년 기념사업 추진 방향 및 기본 원칙에 대하여 의논할 것을 주문하였다. 이 자리에서 다음과 같은 몇 가지 점에 대하여 합의하였다.

첫째, 3·1운동 100주년을 맞아 큰 틀에서 방향 및 원칙을 공동 회장단 회의를 통해 정하도록 하며 기본 방향과 기본 원칙이 정해진 후에 세부적인 계획이 수립되어야 한다. 그러기 위해서는 조속한 시일 내에 수장단 회의를 다시 개최해야 하며, 오늘 나온 이야기를 천도교 교령이 KCRP 회장인 김희중 대주교에게 전달하기로 한다. 둘째, 3·1운동 100주년을 맞아 종교계가 중심이 되어 정부와 시민 단체 모두가 동참하도록 한다. 그러기 위해서는 KCRP가 중심이 되어 3·1운동 100주년 기념대회를 준비해 나가야 한다. 셋째, 3·1운동 100주년 기념사업은 천도교를 중심으로 추진한다. 넷째, 3·1운동 100주년을 맞아 순국하신 선열들을 위한 애도의 시간 퍼포먼스가 필요하다는 등에 대한 종교 수장단 의견을 모았다.

• 프레스센터 기자회견, 새로운 천도교 시대 개막

천도교 교령으로서 개최하는 3번째 기자회견이다. 포덕 160(2019)년 1월 9일 11시 30분 프레스센터에서 신년맞이 기자 간담회를 개최하였다. 이 자리에서 나는 다음과 같은 인사말을 하였다.

> 모시고 안녕하십니까? 오늘 참석해 주신 언론인 여러분 감사합니다.
>
> 최근에 진행 중인 3·1운동 100주년 기념사업, 동학혁명 국가기념일 제정, 그리고 민족통일운동 등의 사업들은 종래와는 다른 새로운 차원의 전환기를 맞이하고 있습니다. 이들 사업은 나라를 지키고 백성을 편안하게 한다는 동학의 핵심 이념과 정신인 보국안민의 거대한 흐름 속에서 진행되는 것으로 동학 천도교와 국가 차원에서 중요한 의미를 내포하고 있습니다.

다 아시는 바와 같이 올해는 3·1운동 100주년이 되는 해입니다. 3·1운동 100년을 기억하고 앞으로 100년을 향해 나아가야 할 중대한 시점임에도 불구하고 3·1운동에 대한 역사적 평가가 제대로 이루어지지 않고 있는 것 같습니다. 3·1운동이 없었으면 대한민국 임시정부가 없고 임시정부가 없었다면 지금의 대한민국도 없었습니다. 의암 손병희 성사가 없었다면 3·1운동도 없었습니다. 의암성사님은 1910년 나라가 병탄되자 "보국안민 없이는 포덕천하 없다. 10년 안에 나라를 되찾겠다."라고 하시면서 의암성사님의 지도 하에 천도교의 모든 에너지를 독립운동에 바쳤습니다. 그 당시 천도교는 바로 국가였던 것입니다.

그런데 최근에 어느 교인으로부터 전화가 왔더라고요. 3·1운동에 대한 뉴스를 보면, 전부 유관순, 임시정부 이야기만 나오는데 어찌된 일인가? 천도교와 의암성사님 이야기는 없으니 도대체 말이 안 된다는 것이었습니다. 이제 우리는 3·1운동 100주년을 기해 3·1운동의 정신과 역사를 바르게 세워야 하겠습니다. 3·1운동이 어떻게 시작되었고 어떻게 준비되었으며 어떻게 전개되었는지를 올바르게 알도록 해야 하겠습니다. 3·1운동 100주년을 맞아 개최하는 각종 기념행사도 중요하겠지만 3·1운동에 대한 올바른 인식을 함양하기 위한 교육을 강화하고 체험 기회를 확대하고 현대적 가치 재조명 등의 다각적인 국가적 노력이 절실하다고 생각됩니다. 3·1운동이 과거 역사적 사건에 머무르지 말고 미래 세대에도 살아 있는 교훈과 영감을 주는 소중한 유산으로 자리매김할 수 있도록 해야 할 것입니다.

다음은 동학혁명 국가기념일 제정에 관한 사안입니다. 2004년 동학혁명 명예 회복 관련 법이 제정된 이후, 동학혁명 국가기념일 제정에 관한 논의가 계속됐으나 15년 동안이나 표류하여 왔습니다. 일부 학자들의 이견과 첨예한 지역 간 갈등이 원인이었습니다. 그런데 최근 들어 이러한 갈등 국면이 해소되면서 동학혁명 국가기념일이 곧 제정될 것으로 기대됩니다. 동학혁명 국가기념일 제정은 교단적으로나 국가적으로 매우 중차대한 전환점이 될 것으로 생각됩니다.

지난해 12월 4일 입법 예고에 이어 기념행사 관련 예산 편성이 되었습니다. 그런데 합의해 놓고도 고창군에서 이견을 제기하고 고창군의회에서 행자부까지 방문하여 이의를 제기한 상태로 추진이 잘 안 되고 있다는 말을 들었습니다. 나는 행자부를 찾아가 알아보고자 하였으나, 김부겸 행자부장관이 나에게 직접 전화했습니다. 나는 전화에서 "만약 이번에 국가기념일이 제정되지 않는다면 영원히 안 된다고 보아야 할 것입니다. 법 제정 이후 지난 15년 동안 계속 갈등을 일으켜 온 사안인데 이번에 다시 또 제정하지 못한다면 영원히 제정되지 못할 것입니다. 4개 시군의 후보 기관에서 최종적으로 합의한 것인데 고창군의 이의 제기는 말이 안 됩니다. 판단을 잘 해 주셔야 합니다"라고 말했습니다. 행자부장관께서는 나의 이 말을 듣고 "교령님, 그럼 합의한 근거가 있습니까" 하고 묻기에 "있다"라고 말했습니다. 그걸 좀 보내 달라고 하셨습니다. 나는 즉시 문체부에 이야기하여 합의서를 행자부에 보내도록 연락하였습니다. 그리고 우이동을 방문한 이낙연 총리께도 이 문제를 이야기했습니다. 이번의 국무회의에서 꼭 의결할 수 있도록 건의한 바 있습니다. 이번에는 동학혁명 국가기념일이 반드시 제정될 수 있도록 언론인 여러분들의 많은 이해와 협조를 바랍니다.

다음은 민족통일에 관련된 사안입니다. 저는 기회 있을 때마다 천도교는 준비된 최대 통일 자원임을 강조하고 있습니다. 앞으로 천도교는 동학혁명, 3·1운동의 역사와 정신을 이어 민족통일을 위해 최선을 다할 것이라는 포부를 밝혀 왔습니다. 그런데 최근 남북 관계가 통일을 향하여 한 걸음 진전되는 것을 보면서 이제 정말 천도교의 통일에 대한 역할이 점점 중요해질 것으로 기대하고 있습니다.

지난해 2018년, 3차례 남북 정상이 만났습니다. 한 차례 북미정상회담이 있었습니다. 지금 2차 북미회담 준비 중입니다. 올해에 큰 진전이 기대됩니다. 큰 틀에서 통일은 한울님의 뜻이라고 생각합니다. 남북한 통일의 기회 나아가 동북아의 안정과 세계 평화를 위한 새로운 희망의 시대가 열릴 것으로 기대됩니다.

이상으로 3·1운동 100주년을 맞아 천도교의 주요 현안에 대해 간단히 말씀드렸습니다.

이번 기자회견 내용에 대하여 게재된 주요 언론 기사는 다음과 같다.

· 해방 후 귀국한 백범 김구 선생이 가장 먼저 찾아간 장소는?

"3·1운동은 한마디로 '보국안민' 운동이고, 오늘날 보국안민은 '민족통일' 이다."

9일 서울 중구 세종대로 프레스센터에서 천도교가 신년 간담회를 개최했다. 천도교에게 '2019년' 은 매우 각별한 해다. 일제의 폭압에 맞서 들불처럼 일어났던 1919년 '3·1운동' 이 100주년을 맞기 때문이다. 이정희 천도교 교령은 "그 중심에 천도교가 있었다. '3·1운동' 하면 '유관순 누나' 만 기억하는 세태가 안타깝다. 현상 밑으로 흐르는 본질이 있기 때문이다."라고 지적했다. 3·1운동은 단순히 일제에 맞서 만세를 불렀던 '일회성 운동' 이 아니었다. 이 교령은 "상해 임시정부에 있던 김구 선생이 해방 후 귀국해서 가장 먼저 찾은 장소가 어디인지 아느냐?"라고 물었다. 다름 아닌 서울 우이동에 있는 의암 손병희의 묘소였다. 의암은 수운 최제우, 해월 최시형을 잇는 동학의 3대 교조였다. 아울러 독립선언문을 낭독하며 3·1운동을 주도했던 33인의 대표이기도 했다.

이정희 교령은 "3·1운동으로 인해 만주와 연해주 일대에 흩어져 있던 독립운동가들이 크게 자극을 받고 대한민국 통합 임시정부를 건립했다. 3·1운동은 대한민국 건국의 초석을 마련한 범민족적 운동이었다"라고 설명했다. 당시 천도교에게 있어서는 '제2의 동학혁명' 이었다. "의암 손병희 교조께서는 동학혁명의 처절한 실패로부터 교훈을 얻었다. 그래서 '제2의 동학혁명' 은 천도교만의 힘이 아니라, 동학만의 힘이 아니라 다른 종교와도 손을 잡는 대중적 운동이어야 함을 절감했다. 그래서 개신교에도, 불교에도 함께 하자고 손을 내밀었다."

의암 손병희는 1918년 8월에 이미 천도교 핵심 간부들에게 전국의 대교구마다 등사기 1대씩 준비할 것을 지시했다. 훗날 이 등사기로 찍어 낸 독립선언서는 3·1운동이 전국적으로 거세게 번져 가는데 큰 힘이 됐다. 이 교령은 "손병희 교조께서 없었다면 3·1운동도 없었을 터이고, 그럼 상해 임시정부도 달라졌을 수 있다. 그런 역사적 맥락을 알기 때문에 백범 김구 선생이 귀국 후 우이동 손병희 선생 묘소를 가장 먼저 찾은 것" 이라고 말했다. 3·1운동이 일어났을 때 천도교도는 약 300만 명이었다. 당시 개신교 신자는 20만 명이었다. 남북 분단 당시에는 300만 명 중 200만 명의 천도교인이 북한 지역에 있었다. 남북 분단으로 인해 천도교의 교세는 치명적 타격을 입기도 했다.

올해 3·1운동 100주년을 맞아 천도교는 북한 천도교인 청우당 측과 공동 행사를 추진 중이다. 1월 말에 방북해 남북 공동 행사에서 북측 천도교인들을 만나 '3·1운동 100주년 공동 행사'에 대해 협의할 예정이다. 아울러 '3·1운동 100주년 기념대회'를 비롯해 학술대회, 시민 선언 발표, 3·1운동 유적지 답사 등을 개최할 계획이다.(《중앙일보》, 2019년 1월 9일, 백성호 기자)

· 3·1운동의 뿌리는 동학… 100돌 맞아 '손병희 교조' 기렸으면

천도교 최고 지도자인 이정희 교령은 9일, 서울 세종로 프레스센터에서 기자간담회를 열어 "천도교(동학)가 주도한 3·1운동 100돌을 맞았으나 정작 3·1정신의 뿌리는 왜곡되고 있다."라고 밝혔다. 수운 최제우에 의해 1860년 창도된 천도교는 올해로 포덕 160돌을 맞았다.

이 교령은 "3·1운동은 1919년 신도 300만 명으로 최대 종교였던 천도교의 3대 교조 의암 손병희 성사가 개신교 쪽에 지금으로는 100억 원대에 해당하는 5천 원을 지원하며 참여시켰고, 서울 우이동 봉황각에서 483명에게 49일 수도를 통해 정신 무장을 시켜 각 지방으로 내려보내 전국에서 조직적으로 만세운동을 일으키게 한 것"이라고 설명했다. 그는 "당시 의암이 독립선언서 3만 5천 장을 인쇄해 배포했으며, 이 사실이 사전에 조선인 형사에게 발각되자 그에게 거금을 주며 설득해 위기를 넘겨 거사를 성공시켰다."라고 부연했다. 그는 또 "1894년 동학혁명 때 최고 지도자인 동학 2대 교조 해월 최시형에 의해 전봉준이 전라도를 관할하는 남접 통령으로, 의암이 34살에 전라도 외 전국을 관할하는 북접 통령에 임명돼 남북접이 우금티에서 싸웠다. 관군에 패해 해월과 전봉준, 김개남 등 동학 지도자들이 모조리 잡혀 참수당하자 도통을 이은 의암이 제2의 동학혁명으로 준비한 게 3·1운동이다."라고 주장했다. 그는 "백범 김구가 해방 뒤 귀국해 가장 먼저 찾은 곳이 우이동에 있는 의암의 묘소였다."며 "그때 백범은 '의암이 없었으면 3·1운동이 없었고, 3·1운동이 없었으면 상하이 임시정부도 없었다'고 했다."라고 전했다. 천도교가 대한민국 헌법 정신의 뿌리인 3·1운동을 주도하고도, 현재 세력이 약해지면서 실제 역사성까지 왜곡되거나 폄하되고 있는 것을 개탄한 것이다.

이 교령은 "유관순은 16살 때 천안 아우내 장터에서 시위를 벌인 열혈한 만세운동가이지만 3·1운동을 주도한 것은 아니다. 의암의 치밀한 계획 아래 전국적으로 전개된 것"이라고 말했다. 그는 또 일각에서 의암의 친일을 주장하는 것과

관련해 “일제와 싸운 동학의 지도자이자 3·1운동 33인 대표의 수장으로서 서대문형무소에서 옥사한 그가 3·1운동 전 일본을 돌아보고 와서 일본의 시스템을 본받아 교육과 조직 등을 개선해야 한다고 주장했다고 해서 친일이라고 하는 것은 어불성설” 이라고 지적했다.

이 교령은 현 정부에 대해서도 서운함을 표출했다. 구한말과 일제 때 동학도 등 항일지사들이 외세와 싸우다 참수를 당한 것과 달리, 정치 사회적으로는 친일 행보를 보인 적도 있는 천주교에 서대문 역사공원의 시설관리를 맡기면서, 정작 국부와 같은 구실을 한 의암의 기념관을 짓는 데는 무관심하다는 것이다. 특히 북한에서는 모든 종교 가운데 천도교의 위상이 가장 높고 천도교 청우당이 노동당에 이은 제2정당인데도 지난 9월 평양에서 진행된 남북정상회담에 천주교·개신교·불교·원불교만 참석시키고 천도교를 배제시킨 데 대한 울분도 토로했다. 천도교는 종교계, 시민 사회단체와 함께 ‘3·1운동 100주년 기념사업추진위원회’ 를 구성해, 3월 1일 100주년 기념대회를 열어 ‘제2의 독립선언서’ 인 ‘3·1운동 100주년 시민선언문’ 을 발표하고, 학술대회와 사진전, 만세운동 유적지 답사 행사 등을 펼칠 계획이다.(《한겨레》 2019년 1월 9일, 조현 기자)

• 이낙연 총리 최초로 의암성사 묘소 참례

이낙연 국무총리는 포덕 160(2019)년 1월 12일, 서울 우이동 의암성사 묘소를 참배하고 봉황각 일대를 둘러보았다. 이 총리는 “100년 전 3·1독립운동을 주도하셨던 손병희 선생의 평생에 걸친 우국 애민의 충정과 실천을 기린다.” 라고 말하고 “의암 선생을 비롯한 선열들의 헌신으로 조국은 1945년 일제 식민통치에서 해방됐다. 그러나 조국은 남북으로 분단됐고 35년여 피지배의 상처는 아직도 남아 있다. 조국의 분단은 극복돼야 하고 역사의 상처는 치유돼야 한다.” 라고 강조했다.

이정희 교령은 이 총리와 오찬을 하며 의암성사기념관 건립 등을 건의했다. 이 총리는 국가 차원의 관리에 소홀했던 독립유공자 합동 묘역을 ‘국가 관리 묘역’ 으로 지정 관리하겠다고 약속하고, 정부는 올해부터 예산 3억 5000만 원과 인력 2명을 확보해 독립유공자 16명이 묻힌 수유리 애국선열 묘역 등을 체계적으로 관리할 것이라고 밝혔다. 한편, 국무총리가 의암성사 묘소를 찾은 것은 이번이 처음이며, 포덕 97(1956)년 3월 1일 이승만 대통령이 참배한 이후 63년 만의 정부 고위인사 방문이

다.(《천도교신문》 제122호, 2019년 1월 17일)

• 3·1운동 및 임시정부 수립 100주년 고문회의 참석

나는 포덕 160(2019)년 1월 31일, 11시 롯데호텔 서울 36층 버클리룸에서 개최되는 3·1운동 100주년 기념사업추진위원회 고문 위촉장 수여식 및 고문회의에 참석하였다. 오늘 회의에는 위원장, 고문, 분과위원장, 기획단 등 20여 명이 참석하였다. 오늘 3·1운동 100주년 기념사업추진위원회 한완상 공동위원장으로부터 위촉받은 고문 위촉장은 "3·1운동 및 대한민국 임시정부 수립 100주년 기념사업추진위원회의 설치 및 운영에 관한 규정(대통령령)" 제6조에 의해 수여되는 것이다.

오늘 위촉장을 함께 받은 고문으로는 종교계 7명, 유관 단체 2명, 학계 3명으로 모두 12명이다. 종교계 7명은 대한불교조계종 원행 총무원장, 한국기독교교회협의회 이홍정 총무, 천주교 주교회의 김희중 의장, 원불교 오도철 교정원장, 성균관 김영근 관장, 민족종교협의회 박우균 회장 등 종교지도자협의회 7대 종단 수장들이다. 오늘 회의는 한완상 위원장의 인사 말씀에 이어 위촉장 수여, 기념사업 소개, 고문회의 및 오찬 순으로 진행되었다. 한완상 위원장은 "2019년은 지난 100년을 돌아보고, 새로운 100년을 시작하는 원년"이라며 "국민의 참여 속에 의미 있는 기념행사가 될 수 있도록 적극 자문해달라"라고 당부하였다. 오늘 1차 고문회의에서는 "3·1운동 100주년 기념사업들이 국민적 공감을 얻을 수 있는 방안" 등에 대하여 논의한 후 오후 1시 30분에 회의를 종료하였다.

• 전 직원, 매일 아침 독립선언서 합독

중앙총부는 3·1운동 100주년을 맞아 포덕 160년 2월 1일부터 전 직원으로 하여금 매일 아침 인사나눔 시간 5분 발언 시간에 3·1운동 독립선언서를 합독하여 3·1운동의 정신과 교훈을 새기는 시간을 갖기로 하였다. 이와 관련하여 포덕 160년 2월 1일, 3·1운동 100주년 기념사업 준비 및 3·1운동 독립선언서 합독을 독려하는 교령의 월례조회사를 발표하였다.

모시고 안녕하십니까?

희망찬 기해년 새해, 첫 달을 보내고 이제 기해년 둘째 달, 2월의 첫날입니다.

2월의 첫날을 맞아 교역자 여러분, 그리고 전국에 계신 동덕 여러분과 가정에 한울님의 감응으로 건강과 행복이 충만하시기를 기원합니다.

내일부터 시작되는 5일 동안의 설 연휴 기간, 동덕 여러분 모두 가족과 함께 즐겁고 보람찬 시간 되시기를 심고합니다.

2월 첫 주, 설 연휴로 쉬고 나면 3주 정도 지나 바로 3월입니다. 이제 불과 28일이 지나면 3·1운동 100주년을 맞이하게 되는 지금 이 시점이 참으로 중요한 시간이라는 생각을 해 보게 됩니다.

우리는 지금부터 4년 전, 포덕 156년부터 3·1운동 100주년 기념사업을 효과적으로 추진하기 위한 3·1운동 100주년 기념사업추진위원회를 설치하고 학술활동과 조직 사업, 문화 사업, 국제 사업, 홍보 사업 등 다양한 활동을 벌여 왔습니다. 이제 이들 사업에 대한 그동안의 성과를 바탕으로 준비된 기념사업을 차질 없이 수행해 나갈 것입니다. 총부에서는 교단 내 3·1운동 100주년 기념사업을 효과적으로 추진하기 위하여 지난달부터 종무원장을 위원장으로 하는 '천도교 3·1운동 100주년 기념사업 추진 TFT' 를 구성하여 운영하고 있습니다.

2일 전에 개최된 TFT에서는 조속히 '천도교 3·1운동 100주년 기념사업 종합추진 계획' 을 세우기로 하고 사회문화관을 중심으로 그 구체적인 작업을 진행중에 있습니다.

대외적으로는 3·1운동 100주년 관련 정부와 서울시 등 관련 지자체 및 시민사회 단체와의 협력, KCRP(한국종교평화회의, 7대 종단) 차원에서 추진하는 3·1운동 100주년 기념 세계종교인평화기도회, 광화문에서 개최될 범국민대회 등과 함께할 것입니다. 특히 남북이 함께할 예정인 판문점 행사에도 참여할 것입니다.

대내적으로는 우이동 3·1운동 발상지와 대교당, 파고다공원, 태화관 등에서의 기념사업과 지방 교구에서의 기념사업 지원 등에 대한 추진 계획이 포함될 것입니다. 특히 우이동 봉황각을 중심으로 강북구청에서 진행하는 행사와 연계하여 뜻있는 사업을 진행할 것이며 3월 1일 기념행사는 대교당 앞마당에 무대를 설치하고 기념식 및 공연과 각종 예술문화 프로그램 운영, 전시 및 체험(독립선언서 배포 등) 계획도 수립할 예정으로 있습니다.

3월 1일, 대교당 앞마당은 태극기 물결로 가득 채워질 것이며 수많은 시민들,

특히 어린이들이 많이 찾아오는 다양한 프로그램이 마련되어야 하겠습니다. 한편 지방 교구에서의 3·1운동 100주년 기념사업도 뜻있게 진행될 수 있도록 하는 방안도 적극 강구해야 하겠습니다. 이와 같은 사업 계획이 조속히 수립되고 구체적인 세부 실천 방안이 마련되어야 하겠습니다. 이러한 것을 계획하고 추진하는 2월 한 달은 정말 바쁜 시간이 될 것으로 봅니다.

3·1운동 당시에 우리 선조들이 짊어졌던 보국안민 포덕천하의 짐을 이제 우리가 짊어지고 미래 100년을 향해 힘차게 나아가야 하겠습니다. 우리 모두는 본래부터 포덕의 짐을 지고 있는 동덕입니다. 우리의 목숨이 다할 때까지 그 짐을 내려놓을 수 없습니다. 우리 모두는 이 땅에 태어나는 순간부터 내유신령과 외유기화, 각지불이의 짐을 지고 태어난 동덕입니다. 그 짐이 있기에 우리는 정성 공경 믿음으로 최선의 삶을 살아간다고 생각됩니다. 제가 애송하는 정호승 시인의 〈내 등의 짐〉이라는 시가 있습니다.

내 등에 짐이 없었다면/ 나는 세상을 바로 살지를 못했을 겁니다./ 내 등에 짐 때문에 늘 조심하면서/ 바르고 성실하게 살아왔습니다.

이제 보니 내 등의 짐은/ 나를 바르게 살도록 한 귀한 선물이었습니다./ 내 등에 짐이 없었다면/ 나는 사랑을 몰랐을 것입니다.

내 등에 있는 짐의 무게로 남의 고통을 느꼈고/ 이를 통해 사랑과 용서도 알았습니다./ 이제 보니 내 등의 짐은/ 나에게 사랑을 가르쳐 준 귀한 선물 이었습니다.

내 등에 짐이 없었다면/ 나는 아직 미숙하게 살고 있을 것입니다./ 내 등에 있는 짐의 무게가 내 삶의 무게가 되어/ 그것을 감당하게 하였습니다.

이제 보니 내 등의 짐은/ 나를 성숙시킨 귀한 선물이었습니다./ 내 등에 짐이 없었다면/ 겸손과 소박함의 기쁨을 몰랐을 것입니다.

내 등의 짐 때문에 나는/ 늘 나를 낮추고 소박하게 살게 됩니다./ 이제 보니 내 등의 짐은/ 나에게 기쁨을 전해 준 귀한 선물이었습니다.

물살이 센 냇물을 건널 때는/ 등에 짐이 있어야 물에 휩쓸리지 않고/ 화물차가 언덕을 오를 때는 짐을 실어야/ 헛바퀴가 돌지 않듯이

내 등의 짐이 나를 불의와 안일의 물결에/ 휩쓸리지 않게 했으며/ 삶의 고개 하나하나를 잘 넘게 하였습니다.

내 나라의 짐 가족의 짐 직장의 짐/ 이웃과의 짐 가난의 짐 몸이 아픈 짐/ 슬픈 이별의 짐들이/ 내 삶을 감당하는 힘이 되어/ 오늘도 최선을 다하는 삶을 살게 하였습니다.

—정호승, 〈내 등의 짐〉

내 등에 지워진 짐, 우리 선조들이 100년 전 짊어졌던 3·1운동의 짐을 이제 우리가 짊어져야 하겠습니다. 우리는 먼저 독립선언서를 함께 읽으면서 3·1운동의 역사와 정신의 짐을 이어 나갈 것을 제안하고자 합니다.

3·1운동 독립선언서는 천도교의 인내천 사상과 보국안민 포덕천하의 비전이 살아 숨 쉬는 선언서입니다. 3·1운동 독립선언서는 대중화 일원화 비폭력 평화의 정신으로 한반도의 통일과 세계 평화의 정신이 오롯이 담겨진 후천개벽의 예언서입니다.

오늘부터 아침 인사 나눔의 시간에 5분 발언은 3·1운동을 주제로 하고 독립선언서를 합독하도록 하겠습니다. 그리고 각 교구마다, 각 가정마다 기도식 후에는 다 함께 독립선언서를 합독하여 독립선언서의 의미와 정신을 각인시켜 나가도록 해야 하겠습니다.

우리 모두 3·1운동의 정신과 함께 하는 2월이 되도록 합시다. 우리 모두 100년 전 2월을 생각하며 3·1운동 100주년 기념사업을 차질 없이 준비하고 추진해 나가도록 합시다. 그리하여 포덕 160년, 새로운 100년 중일변의 희망으로 새해의 문을 힘차게 열어 나갑시다.

10년 안에 잃어버린 나라를 되찾겠다고 결의하신 성사님의 정신을 이어받아 앞으로 10년 안에 300만 교단 시대를 열어 나갈 결의를 굳건히 합시다.

포덕 160년, 그 길이 바로 '대도중흥·중일변·민족통일' 의 길이라는 것을 명심합시다. 지금 국가 사회 모두가 천도교를 주목하고 있습니다.

천도교가 3·1운동 100주년을 맞이하여 무엇을 생각하고 무엇을 하는가를 주시하고 있습니다. 우리 모두 100년 전 보국안민 정신으로 일으킨 3·1운동의 역사와 정신을 기억하며 미래 100년을 향해 힘차게 나아갑시다.

그럼 지금부터 다 함께 독립선언서 합독을 하겠습니다. 100년 전 선열들이 들을 수 있도록 힘차게 읽어 주시기 바랍니다. 독립선언서 합독! 감사합니다.

포덕 160년 2월 1일

교령 이정희 심고

• 3·1운동 100주년 기념 담화문 발표

나는 천도교 게시판과 《조선일보》에 '3·1운동 100주년 기념 담화문'을 다음과 같이 발표하였다.

공경하는 한민족 여러분!

100년 전 오늘, 천도교 의암 손병희 성사와 천도교는 기독교, 불교 등 종교 지도자들과 연대하여 우리나라의 자주독립과 인류의 평등 평화를 선언하는 만세를 선창하였습니다. 그 선언과 만세 소리가 한반도를 채우고 온 세계를 일깨웠습니다. 이로써 민주 공화의 대한민국 임시정부가 수립되고 마침내 광복을 이루었습니다. 그동안 분단의 질곡 속에서도 민주화와 산업화를 거듭하여 세계사에 우뚝 선 오늘의 역사를 만들었습니다.

천도교는 동학농민혁명, 갑진개화혁신운동을 통하여 보국안민과 구국운동의 역사를 계승하였고, 49일 기도로 이신환성의 정신을 함양하며, 성심 성력으로 3·1운동을 준비하였습니다. 겨레의 가슴에 독립 정신을 심고자 하는 뜻은 독립선언서로 표현되고, 대중화 일원화 비폭력의 삼대 원칙을 공약 삼장으로 나타내어 인류를 깨우는 울림이 되었습니다.

공경하는 남북의 동포와 해외 동포 여러분!

3·1운동 100주년을 맞이하는 오늘, 우리는 다시 한마음 한뜻이 됩시다. 3·1운동은 동학에서 천도교로 이어 온 보국안민 척왜양창의 정신을 계승하여 잃어버린 나라를 되찾기 위해 일어난 혁명이었습니다.

보국안민의 정신과 물결이 모여 3·1운동의 대해를 이루었습니다. 만세운동은 하늘의 때를 간구하고 기다리며, 세계 개조의 운수를 살피고, 우리 한민족의 마음과 기운을 하나로 모아 마침내 일어났습니다. 한울님의 감응으로 천하가 함께하여 세계의 민족운동, 평화운동, 신문명 운동사에 이정표를 세웠습니다.

우리는 이제 3·1운동의 역사와 정신을 되살려 우리 시대의 과제인 평화 통일을 이룩해야 합니다. 보국안민과 개벽 세상을 기필코 이루기 위하여 제2의 3·1운동을 기약해야 합니다.

공경하는 한민족 동포 여러분!

3·1운동의 그날처럼 우리 민족이 하나 되어 통일 조국을 맞이합시다. 우리 역사의 오랜 시련은 평화와 행복이 넘치는 자주통일의 밑거름입니다.

오늘 선열들의 거룩한 정신과 오롯한 헌신을 기억하며, 3·1운동의 빛을 따라 개벽의 길로 나아갑시다! 사랑과 정의, 행복과 평화의 세상을 함께 건설합시다!

3·1운동의 그날처럼 우리 모두 하나 되어, 동귀일체의 개벽 세상으로 힘차게 나아갑시다! 우리 천도교는 남과 북이 하나 되어 7천만 겨레와 함께 한반도의 통일과 세계 인류의 평화를 위하여 끊임없이 기도하고 다짐하며 정성을 다하겠습니다.

〈우리의 다짐〉

하나, 어린이가 행복한 세상

하나, 청소년이 마음껏 꿈을 펼칠 수 있는 세상

하나, 여성이 차별받지 않는 평등한 세상

하나, 노동자가 정당한 대우를 받는 세상

하나, 소외 계층이 없는 세상

하나, 하늘과 땅과 사람이 조화로운 세상

하나, 한반도의 통일과 세계 평화, 후천개벽 새 세상을 다 함께 만들어 갈 것을 다짐합니다. 감사합니다.

포덕 160(2019)년 3월 1일

천도교 교령 이정희 심고

• 세계 종교인 33인 중앙대교당 방문

세계 종교인들은 천도교 중앙대교당, 탑골공원과 서대문형무소 역사관 등 독립운동의 정신이 서려 있는 곳을 둘러보며 한반도와 세계의 평화를 염원했다. 불교, 천도교, 기독교 등 종교계와 청년 학생 세력, 해외 독립운동가들이 연계해 일으킨 일제 강점기 최대 규모의 독립운동인 3·1운동, 3·1운동은 서로 다른 종교의 지도자들이 합심해 독립운동을 준비한 드문 사례이다.

포덕 160(2019)년 2월 21일, 3·1운동 100주년을 1주일여 앞두고 세계 각국의 종교인들이 일제 강점기 항일운동의 거점이었던 천도교 중앙대교당을 방문했다. 이들에게 나는 "3·1운동은 천도교에서 지도자를 양성하고 자금을 모으고 조직하고 독립선언서도 인쇄했습니다. 이곳 천도교 중앙대교당은 천도교 인쇄소 보성사에서 인쇄된 독립선언서가 배포됐던 곳이기도 합니다. 3·1운동의 정신이 곧 세계 평화 정신입니다. 세계 평화 정신이 있는 곳이 바로 이곳임을 느끼시기를 바랍니다."라고 말했다.

두 번째로 방문한 곳은 독립선언서가 낭독되고 만세 시위가 시작된 3·1운동의 상징, 탑골공원이다. 안내자의 설명이다. "폐허가 된 원각사 터에 황실 공원으로 지어졌고 1913년부터 일반인들이 이용했습니다. 민족 대표 33인은 공개된 장소에서 독립 만세를 외칠 때 생길 안전 문제를 우려, 태화관에서 독립선언을 진행했습니다. 이런 사정을 모르고 공원에 모여든 대중들은 33인 대표가 오지 않자 독자적으로 팔각정에서 독립선언서를 낭독하고 만세 시위를 시작했습니다."

세계 종교인들은 천도교 지도자였던 손병희 선생의 동상과 원각사지 10층 석탑 등을 둘러보며 평화를 갈망했던 대중들의 독립 정신과 그 의의를 공유했다. 세계 종교인들은 서대문형무소 역사관과 화성 제암리를 연이어 방문하며 3·1운동의 정신을 새기고 한반도와 세계 평화를 기원했다. 한국종교인평화회의(KCRP)는 이번 평화기도회를 시작으로 남북 화해와 세계 평화를 위해 다양한 사업을 추진한다.

• 세계종교인대회 참석

포덕 160(2019)년 2월 18일 19시 세종문화회관에서 3·1운동 100주년 세계종교평화기도회를 개최하고 20일, 국내 7대 종단 수장들과 해외 종교 지도자, 역사학자 등 250여 명이 20일 경기도 파주시 도라산역에서 3·1운동의 의미를 되새기고 세계 평화를 기원하는 기도회를 열었다. 도라산역 안에서 이루어진 이날 기도회는 한국종교인평화회의(KCRP)가 주관했다. 천도교와 불교, 개신교, 천주교 등 국내 7대 종단 지도자들이 한반도의 평화를 위해 기도문을 낭독했다.

개신교 이홍정 NCCK 총무, 불교 원행 총무원장, 원불교 오도철 교정원장, 유교 김영근 성균관장, 천도교 교령인 나와 천주교 의정부 교구 이기헌 주교 등 국내 7대 종단 지도자들이 한반도의 평화를 위해 기도문을 낭독했다.

종단 지도자들은 기도문에서 "3·1운동은 자주와 독립을 천명했다"면서 "100년 전 힘 있는 자에게 무릎 꿇는 것이 당연시되던 시대에 용감하게 민족 자주와 독립의 새 시대를 선언했다"라고 밝혔다.

이어 "3·1운동 정신은 청년의 기상"이라며 "모든 사람이 사람답게 사는 세상, 이것이 우리의 꿈이고 이런 꿈을 우리는 절대 포기하지 않는다"라고 강조했다.

7대 종단 지도자들의 기도문 낭독 후 미얀마 종교인평화회의 사무총장 요제프 마웅인 신부 등 13개 나라 종교 지도자가 세계 평화의 염원을 담은 평화 기도문을 낭독했다.

평화 기도문 낭독 후 행사에 참여한 종교인과 관계자들은 무대에 올라 '한반도 평화', 'World Peace'를 외치는 세계 평화 기원 퍼포먼스를 진행했다.

7대 종단은 3월 1일, 광화문 광장에서 열리는 정부 기념식과 범국민대회, 각 지역 기념행사에 참여할 예정이다. 그리고 3월 1일 정오에 맞춰 전국 교회와 성당, 사찰 등 모든 종교 시설에서 3분간 타종 행사를 거행하기로 했다.

• 정부 주최, 3·1운동 100주년 기념식 참석

포덕 160(2019)년 2월 8일, 청와대에서 7대 종단 대표 초청 오찬이 있었다. 그 자리에서 나는 문재인 대통령께서 3·1운동 100주년을 맞아 3·1운동의 발상지인 우이동 봉황각과 의암성사님 묘소 참례를 건의한 바 있었다. 그런데 나의 간곡한 건의에 대해 별다른 답변을 듣지 못하게 되자 관계 요로에 수차례에 걸쳐 대통령의 묘소 참례가 이루어지도록 간청하였으나 이루어지지 못했다. 그래서 나 또한 매년 참석했던 정부의 3·1운동 100주년 기념행사에 참석하지 않고 천도교 중앙대교당의 기념행사에만 참석하는 것을 적극 검토 중이었다.

3·1운동 100주년 하루 전인 2월 28일 11시, 중앙총부 임직원과 함께 우이동 성사

님 묘소 참례식을 봉행하고 점심 식사 중에 정정숙 사회문화관장으로부터 전화를 받았다. 내일 3월 1일, 정부 주최의 3·1운동 100주년 기념식에 참석 여부를 13시까지 알려 달라는 관계 부처로부터의 연락을 받았다는 것이다. 함께 식사 중인 한광도 연원회의장, 이범창 종무원장, 주선원 감사원장 등 여러 원로님들의 의견에 따라 정부 행사에 참석하기로 결정하였다.

이에 나는 2019년 3월 1일, 광화문에서 개최되는 역사적인 3·1운동 100주년 기념식에 참석하였다. '함께 만든 100년, 함께 만드는 미래'라는 주제로 열린 오늘 기념식, 광화문 대형빌딩 외벽에는 대한민국 100년의 역사를 품고 있는 각기 다른 태극기들이 게양되어 광화문 광장 전체가 오늘 기념식의 무대가 되었다. 1만여 명이 운집한 대규모 행사다. 만세운동 행진이 운반한 대형 태극기가 광화문 광장에 집결하면서 본격적으로 기념식이 시작되었다. 100년 전 만세운동의 길을 재현한 만세 행진은 독립문과 대한문 근처에서 각각 출발해 광복군 서명 태극기와 김구 선생 서명 태극기를 앞세워 시민들이 함께하는 의미 있는 행진이 진행되었다. 군경 합동 의장대가 복원한 '진관사 태극기'를 들고, 문재인 대통령과 김정숙 여사 그리고 국민대표 33인이 함께 무대에 오른다. 국민대표 33인은 5부 요인을 비롯하여 애국지사와 후손, 영화 'I Can Speak'의 실존 인물인 이용수 할머니와 주연배우 이제훈, 강제동원 피해자, 6·25 전사자 유가족, 월남전 참전용사, 이산가족, 파독 광부와 간호사, 민주화운동 유가족, 이상화 스피드스케이팅 선수 등 다양한 분야의 국민대표가 참석했다. 미래 세대를 대표하여 독립운동가 배출 학교인 이화여고, 보성여중, 경기고 학생들도 33인 대표로 함께 참석했다.

오늘 기념식에서는 국민과 함께하는 3·1운동 독립선언서 낭독이 있었다. 낭독자들은 3·1운동 100주년을 맞이하여 대통령 직속 3·1운동 및 임시정부 수립 100주년 기념추진위원회에서 발행한 '쉽고 바르게 읽는 3·1운동 독립선언서'를 읽었다. 같은 낭독문이지만, 박유철 광복회장은 롤러블 TV로, 시각장애인 김예지 피아니스트는 점자 독립선언문을, 학생들은 폴더블폰을 보며 독립선언문을 낭독했다.

독립선언문과 더불어 헌정문 낭독도 이뤄졌다. 대한제국의 국권을 침탈하고 언어와 역사를 말살한 식민 통치의 본산인 조선총독부 터였던 흥례문 권역에서 선열들의 숭고한 애국정신을 기억하고 기념하는 헌정 공연과 편지 낭독이 진행되었다. 선우예권 피아니스트와 이정란 첼리스트의 헌정 공연에 이어 윤봉길 의사의 종손인 배우 윤주빈 씨가 헌정문을 낭독했다. 윤주빈 씨는 독립운동가이자, 시인이고 소설

가인 심훈 선생이 열아홉 나이에 3·1운동 직후 서대문형무소 투옥 당시 어머니께 보낸 서간문 〈감옥에서 어머님께〉 주요 대목을 낭독했다.

오늘 기념식에서 문재인 대통령은 고 유관순 열사에 대한 1등급 훈장 추가 포상을 수여했다. 3·1운동의 상징이자, 비폭력·평화·민주·인권의 가치를 드높인 유관순 열사에게 최고 등급인 건국훈장 대한민국장을 추서했다. 유관순 열사의 조카 유장부 씨가 대리 수상했으며 열사의 이화학당 100년 후배이자 유관순 횃불상을 수상했던 이화여고 2학년 윤수진 양이 추서판을 들었다. 문재인 대통령은 추서판에 훈장을 달아 주었다.

"100년 전 오늘, 우리는 하나였습니다. 100년 전 오늘, 남과 북도 없었습니다."

문재인 대통령은 기념사를 통해 3월 1일부터 5월까지, 전국 각지에서 일어난 만세 시위를 언급하며 "그 첫 열매가 민주공화국의 뿌리인 대한민국 임시정부입니다."라고 말했다. 이어 "친일 잔재 청산은 너무나 오래 미뤄 둔 숙제"라며 잘못된 과거를 성찰하고 미래를 향해 나아가자고 말했다.

또한 "'신한반도체제' 로 담대하게 전환해 통일을 준비해 나가겠습니다."라며 앞으로의 새로운 100년은 과거와 질적으로 다른 100년이 될 것이라고 말했다. "혁신적 포용 국가로 모든 국민이 평등하고 공정한 기회를 갖고 함께 잘사는 대한민국을 만들겠다."라고 약속했다. 나는 오늘 행사 진행 순서에 따라 7대 종단 수장들과 함께 중앙 무대에 올라가 1만여 명의 군중들 앞에서 100년 전 3·1운동을 마음 깊이 되새기며 힘차게 만세 삼창을 외쳤다.

12시 정오에는 전국 방방곡곡에서 전 국민과 함께 만세를 외쳤다. 기미년 정오에 시작했던 만세운동. 100년 후, 광화문에 모인 국민과 5G 생방송 중계를 통해 백록담, 독도, 연평도 등과 연결해 전국 곳곳에서 만세운동을 동시에 진행했다.

만세 삼창에 맞춰 태극기를 매단 드론 50여 대가 날아올라 숫자 '3' 과 '1' 을 그렸고, 공군 특수 비행팀 블랙이글스가 하늘에 숫자 100을 그리며, 100주년을 기념했다.

오늘 기념식은 세대를 초월해 함께 즐기기 위한 공연들이 진행되었다. 랩퍼 비와이, 가수 인순이, 뮤지컬 영웅의 안중근 역할로 공연 중인 배우 양준모, 전자 바이올리니스트 이하림, 세종대·단국대·한양대·용인대 연합 무용학과 학생 등이 함께 축하의 무대를 꾸몄다. 오늘 기념식은 '독립의 횃불 출정식' 으로 마무리 되었다. 독립의 횃불은 3·1운동의 궤적을 밟아 전국 각지를 거쳐 4월 11일 대한민국 임시정부 수립일에 다시 모이는 행사로, 그 첫발을 떼는 출정식을 3·1운동 100주년 기념식에서 진행한 것이다. 임우철 애국지사가 청년 20여 명에게 횃불을 전달하며 오늘 기념식이 종료되었다.

• 천도교 중앙총부, 3·1운동 100주년 기념식 봉행

중앙총부는 포덕 160(1919)년 3월 1일 오전 11시, 서울 및 인근 지역 교인과 내외빈이 참석한 가운데, 김호성 교화관장의 집례로 제100주년 3·1절 기념식을 봉행했다. 영등포교구 순화당 이순복 동덕의 청수봉전, 최은석 천도교청년회중앙본부회장의 독립선언서 낭독, 교령의 기념사(대독 이범창 종무원장)와 한광도 연원회의장의 선창으로 만세 삼창이 이어졌다. 나는 기념사에서 "100년 전 오늘, 의암성사와 민족의 지도자들은 우리나라의 자주독립과 인류 세계의 평등 평화를 선언하고 만세를 선창"하였음을 회고하고, "왜곡되고 빼앗긴 천도교 3·1운동의 역사를 되찾아, 정의롭고 담대하던 천도교의 기상을 되살려야 한다."라고 하면서 "남을 원망하기보다 스스로를 책려하고, 잘못을 배타하기보다 자기 건설에 정성드리는 마음이 3·1운동의 정신"임을 강조하였다.

3·1절 기념식 후 청년회(중앙회본부회장 최은석) 주관으로 풍물패의 선도로 교인들과 시민들의 행렬이 태화관 3·1운동 유적지를 거쳐 탑골공원의 의암성사 동상 참례식까지 이어졌다. 또한 중앙대교당과 앞마당에서는 어린이합창단, 라보앰 축하공연, 사진 자료 전시회 및 체험 행사 등도 열렸다.

그리고 부산, 광주, 경주, 남해, 진주, 삼천포, 대구 등 전국의 교구에서도 3·1운동 100주년 기념행사를 진행하였다. 또한 3·1운동 100주년 범시민추진위 등 여러 단체에서 광화문, 청계천 등지에서 3·1절 100주년 행사를 성대히 개최하였다.(《천도교신문》 제124호, 포덕 160년 3월 7일)

〈3·1운동 100주년 기념사〉

모시고 안녕하십니까? 오늘은 3·1운동 제100주년 기념일입니다. 우리는 3·1운동 100주년을 맞이하며 그 정신을 이어 역사를 바로 세우고, 그 꿈을 살려서 다시 100년을 향한 3·1운동의 새 출발을 시작합니다. 100년 전 오늘, 의암성사와 민족의 지도자들은 우리나라의 자주독립과 인류 세계의 평등 평화를 선언하고 만세를 선창하였습니다. 그 선언과 만세 소리가 한반도를 채우고 온 세계를 깨웠습니다. 이로써 민주공화의 대한민국 임시정부가 수립되고 무장 항쟁과 문화 투쟁을 더하여 조국 광복을 이루었습니다. 그동안 분단의 질곡 속에서도 민주화와 산업화를 거듭하여 세계사에 우뚝한 오늘의 역사를 만들었습니다.

천도교는 동학농민혁명, 갑진개화혁신운동, 인재 양성 교육 등을 통해서 구국운동의 전통을 계승하였고, 49일 기도로 이신환성의 정신을 함양하며, 성심성력으로 3·1운동을 준비하였습니다. 겨레의 가슴에 독립정신을 심고자 하는 뜻은 독립선언서로 표현되고, 대중화·일원화·비폭력의 3대 원칙은 공약 삼장으로 표현되어 인류를 깨우는 울림이 되었습니다.

보국안민, 포덕광제의 길에서 순도하신 수백만 동학 천도교 선열들과 독립과 통일운동의 장정에서 순국하신 수많은 민족지사의 성령이 우리에게 출세하는 오늘입니다. 불순천리하고 불고천명하는 각자위심에 빠진 세상 사람들이 다시 개벽의 깃발 아래 동귀일체 하고자 하는 오늘입니다. 시호 시호 노래하며 내일로 가는 오늘입니다.

존경하는 천도교인 여러분!

3·1운동 100주년을 맞이하는 오늘, 우리 다시 한마음 한뜻이 됩시다. 기도와 수도로 경천하고, 경물과 경인으로 힘을 길러서 다시개벽의 선구자가 됩시다.

3·1운동은 기미년에 문득 시작된 것이 아니라 동학에서 천도교로 이어 온 보국안민 척왜양창의 운동의 현현입니다. 보은에서 꽃핀 민회운동이 첫째 봉우리입니다. 갑오년에 횃불을 올린 동학농민혁명이 둘째 봉우리입니다. 아래로부터의 첫 혁명, 자주의 시작이며, 다시개벽 운동의 빛나는 성공, 독립의 출발점입니다.

갑진개화혁신과 교육 입국 운동이 셋째 봉우리입니다. 교정쌍전의 두 바퀴로 자주 근대의 신국가를 기약하였습니다. 각급 학교를 설립하고 지원하며, 신문물 언론출판으로 계몽 개화의 빛을 밝혔습니다. 의병과 개화파, 위정척사마저 껴안고, 독립입국의 한길로 내달렸습니다. 민족자존과 인류 평등의 길을 밝힌 일입니다.

이 혁명과 운동이 흐르고 모여 3·1운동의 큰 바다를 이루었습니다. 하늘의 때를 간구하고 기다리며, 세계 개조의 운수를 살피고 읽은 뒤에, 사람과 단체의 마음과 기운을 하나로 모아 마침내 거사하였습니다. 한울님의 감응으로 천하가 함께하여 세계 민족운동, 평화운동, 신문명 운동사에 이정표를 세웠습니다.

왜곡되고 빼앗긴 천도교 3·1운동의 역사를 되찾아야 합니다. 정의롭고 담대하던 천도교의 기상을 되살려야 합니다. 3·1운동의 역사와 정신을 되살려 우리 시대의 과제인 평화 통일을 이룩해야 합니다. 보국안민, 후천개벽을 기필코 이루기 위하여 물오동포, 인오동포의 생명 세계를 향한 제2의 3·1운동을 기약해야 합니다.

오늘 우리가 한울님 스승님, 선열의 감응으로 다시 내일을 향한 장정을 선창하는 것은 지난 100년간 도산검수 고난의 길이 모질고 거칠었지만 분단과 신 서세동점의 현대사에서 성운이 꽃피기를 기다리는 마음이 간절하였기 때문입니다. 또한 3·1정신이 헌법 전문과 민족운동사에 맥맥이 살아 있기 때문이기도 합니다.

공경하는 남과 북의 동포 여러분!

3·1운동 그날처럼 우리 민족이 하나 되어 통일 조국을 맞이합시다. 그날의 궐기는 자유자주, 상부상조 정신의 개화입니다. 우리 역사의 오랜 시련은 평화와 행복이 넘치는 자주통일의 밑거름입니다. 전 세계 온 인류가 우리 조국의 미래를 경축합니다. 천지의 기운이 우리 민족의 번영을 찬탄합니다.

온 세상의 동덕, 동포 여러분!

오늘 선열들의 거룩한 정신과 오롯한 헌신을 기억합시다. 3·1운동의 빛을 따라 개벽의 길로 나아갑시다! 사랑과 정의, 행복과 평화의 세상을 건설합시다.

남을 원망하기보다 스스로를 책려하고, 잘못을 배타하기보다 자기 건설에 정성들이는 마음은 3·1운동의 정신입니다. 몸과 기운을 바르게 하여 봄을 기다리고 우리의 안녕과 동아시아와 세계의 공존, 인류와 온 생명공동체의 공존 공영을 위하여 지혜와 용기를 다합시다. 하늘과 땅과 사람을 아우르는 기운은 3·1운동의 기운입니다. 남녀노소가 서로 모시고 살리며 어울려 사는 대동의 기운입니다. 나와 네가 우리로 거듭나서, 하늘이 덮어 주는 은혜와 땅이 실어 주는 은덕에 보답하는 기운입니다.

현숙하신 천도교인 여러분!

3·1운동 제100주년의 새봄입니다! 수운대신사께서 춘삼월 호시절에 또다시 만나 볼까! 하신 그 봄입니다. 해월신사께서 마음이 화하고 기운이 화하니 온몸이 화하고, 봄이 돌아오고 꽃이 피니 온 세상이 봄이로구나 하신 그 봄입니다. 의암성사께서 저 나무의 세 가지 꽃이여 봄이 낳은 덕이요, 사람이 만든 공이로구나 하신 그 봄입니다. 마음을 화하게 하고 기운을 화하게 하여 새봄을 맞이합

시다.

다시 3·1운동 100주년을 향한 출발의 새봄입니다. 신천지가 눈앞에 펼쳐지던 그 봄, 위력의 시대를 보내고 도의의 시대를 맞이하던 그 봄, 인도적 정신이 신문명 새 역사의 길을 비추던 그 봄입니다. 만세 함성으로 불러일으킨 새봄이 이 세상 만물의 부활을 재촉하던, 가고 다시 돌아오지 아니함이 없는 그 봄입니다.

앉았던 자리에서 다시 일어납시다! 내가 모신 한울님이 우리에게 감응합니다. 스승님의 가르침이 우리를 인도합니다. 팔천만 동포가 우리와 함께하고 팔십억 인류가 우리를 뒤따릅니다. 천지의 기운이 우리를 격려하며 억천 만 조령이 우리를 음우하여, 만물이 다시 새롭게 화생하고 만사가 뜻과 같이 이루어집니다.

세상 사람들이여, 함께합시다!

3·1운동의 그날처럼 너나없이 하나 되어, 동귀일체의 개벽세상으로 나아갑시다! 새 봄을 노래하는 풍류, 새 문명을 예감하는 예지, 새 세계를 지향하는 기상이 어우러진 오늘입니다. 오늘은 3·1운동 100주년, 새 하늘 새 땅에 사람과 만물이 다시 새로워지는 날입니다. 감사합니다.

포덕 160(2019)년 3월 1일
천도교 교령 이정희 심고

• 3·1운동 100주년 기념사업회, 3·1운동 100주년 기념대회 봉행

포덕 160(2019)년 3월 1일 오후 2시, 중앙대교당에서 3·1운동 100주년 기념사업회(상임대표 박남수) 주관으로 3·1운동 100주년 기념대회가 개최되었다. 이날 기념대회는 3·1운동을 주도했던 천도교, 기독교, 불교 등 3개 종단을 중심으로 범종교 범시민사회단체 공동으로 거행되었다. 기념 음악회로 문을 연 이번 기념대회에서는 100년 전 3·1운동을 주도했던 천도교, 기독교, 불교는 물론 천주교, 원불교, 유교, 민족종교까지 포함된 7대 종단이 모두 참여하였다.

기념 음악회는 염지훈 지휘로 소리꾼 이나경, 소프라노 홍선진, 싱어 이소정 등이 출연하여 밀양아리랑, 한오백년, 아라리요, 사랑으로, 아리랑 환상곡, 아름다운 나라 등의 프로그램으로 진행되었다. 이어 윤창원, 정호영의 사회로 시작된 기념대회는 박남수 상임대표, 법륜 스님, 박경조 주교의 기념사에 이어 독립선언서 낭독, 기념시 〈우리는 모두 하나입니다〉(윤석산 한국시인연합회장 작) 낭독, '3·1운동 100주년 자유·평화·상생 선언' 낭독, 제2선언문' 시민의 목소리, 삼일절 노래에 이어 만세 삼창으로 대회를 마감하였다.(《천도교신문》 제124호, 2019년 3월 7일)

• 강북구청, 봉황각 일대 3·1운동 재현 행사

포덕 160(2019)년 3월 1일, 우이동 봉황각은 독립운동가 480여 명을 배출해 3·1운동의 발상지이다. 3·1운동 100주년을 맞아 3월 1일 오전 도선사와 솔밭공원에서 시작된 태극기 물결은 봉황각까지 이어졌다. 학생과 어르신, 남녀노소 할 것 없이 모두 100년 전 그날을 기억하며 3·1운동을 재현하였다. 3·1운동의 발원지인 봉황각에서는 박충남 의창수도원장이 독립선언서를 낭독하였다.

박겸수 강북구청장은 "3·1운동 재현 행사는 일제 탄압에 굴하지 않고 독립 의지를 밝혀 피압박 민족의 희망을 주는 의미 있는 행사로, 100주년을 맞아 이곳 봉황각에서 17회째 3·1운동 재현 행사를 열었다."라고 소감을 밝혔다. 또한 행사에 참여한 김승우 우이초 4학년 학생은 "조국 선열에 대해 많이 알게 됐고 태극기에 대해서도 많이 배웠어요. 그래서 약간 울컥이기도 했다."라고 소감을 밝혔고, 안가인, 오승은 창문여중 2학년 학생들은 "앞으로 이런 행사가 많이 있었으면 좋겠어요. 3·1절에 대해 새롭게 많이 배워서 뜻깊은 행사였다."라고 하였다.(《천도교신문》 제124호, 2019년 3월 7일)

• 서울시, 3·1운동 대표가로 심포지엄 개최

서울시는 3·1운동 100주년을 2년 앞두고 삼일대로 일대를 3·1운동 대표가로 만들고 탑골공원 근처에 3·1운동 기념관을 건립하는 등 주변 지역을 독립운동 기념공간으로 만들기 위한 계획을 추진 중이다. 이의 일환으로 서울시는 포덕 158(2017)년 6월 9일 오후 2시, 천도교 중앙대교당에서 서울시 기념사업의 하나인 '3·1운동 대표가로 조성을 위한 삼일대로 심포지엄'을 개최하였다.

나는 이날 서울시가 개최하는 심포지엄에 참석하여 "오늘 이곳 천도교 중앙대교당에서 '삼일대로 심포지엄'을 개최하는 것은 역사적인 필연이요, 또한 앞으로 삼일대로 사업이 대한민국의 새로운 미래상을 구현하는 사업으로 발전할 수 있는 토대가 된다고 생각합니다. 천도교단에서도 서울시의 삼일대로 사업이 성공적으로 추진될 수 있도록 성원하겠습니다."라고 축사했다.

오늘 심포지엄에서 서울시는 "탑골공원과 가까운 기획재정부 소유 국유지에 연면적 3900㎡ 규모의 3·1운동 100주년 기념관을 건립할 계획을 밝히며, 중앙정부에 이 국유지를 무상으로 사용하도록 해주거나 시유지와 교환하자고 건의한 상태다. 또 사업의 일환으로 3·1만세운동의 성지인 탑골공원은 문화재청과 협의해 역사적 고증을 거쳐 원형을 복원할 계획이다. 이 계획에는 천도교 중앙대교당 앞마당을 역사문화마당으로 만들고, 담장에 막힌 수운회관 앞 빈터는 보도 공간과 통합해 기념 공간으로 정비할 계획이다."라고 밝혔다. 이날 심포지엄에서는 삼일대로의 대표가로를 만들기 위해 힘쓸 지역 주민에게 '주민 대표 33인' 위촉장을 수여했다.(《천도교신문》 제92호, 2017년 6월 2일)

• 3·1운동 100주년 기념 중견 작가 서예전

포덕 159(2018)년 11월 20일, 염정모 미술인회 부회장으로부터 다음과 같은 문자를 받았다. "교령님 늘 교회 발전에 수고가 많으십니다. 다름이 아니옵고 한국서예정예작가협회에서 포덕 160(2019)년 4월 24일부터 30일까지 한국미술관에서 3·1운동 100주년 기념 제14회 한국서예정예작가전을 개최합니다. 3·1운동 하면 천도교가 중심이므로 후원에 천도교 중앙총부가 들어가면 거의 천도교 행사로 되는 것인데, 후원에 '천도교 중앙총부'가 들어갔으면 합니다. 다소 지원을 해 주시고 후원에 '천도교'가 들어가도록 배려해 주시면 감사하겠습니다. 현재 후원으로 한국예술총연합회, 한국미술협회가 확정되었습니다." 이 문자를 받고 염정모 부회장에게 이 내용을 공문으로 보내 주시면 내부적으로 논의해 보겠다는 답변을 보내 드렸다.

2018년 11월 22일, 염정모 부회장으로부터 또 문자가 왔다. "교령님 안녕하시죠, 후원 요청 공문을 천도교 메일로 보내 드렸습니다. 살펴보아 주시고 선처 바랍니다. 이번 전시 주제는 3·1운동에 관한 것, 독립, 자주국방, 국가 정체성, 애국애족 등에 관한 주제가 되어야 할 것 같습니다. 자료 제공해 주시면 공지하겠습니다." 후원 요청 공문을 받고 종무원장, 사회문화관장 등과 논의를 거쳐 3·1운동 100주년 기념사업 추진에 따른 예산상의 어려움은 있지만 동 행사의 중요성을 고려하여 3·1운동 100주년 기념 제14회 한국서예정예작가전 행사를 후원하기로 하였다. 2019년 3월

30일 후원금이 지급되었으며 이에 따라 천도교 중앙총부가 주최하고 한국서예정예작가협회에서 주관하는 '2019년 3·1운동 100주년 기념 한국서예정예작가전' 에 천도교가 주관할 수 있게 되었다. 이 행사는 내가 임기를 마친 다음 달 2019년 4월 24일부터 30일까지, 인사동 소재 한국미술관에서 개최되었다.

나는 염정모 부회장으로부터 본 행사에 참석하여 축사를 부탁 받았으나 현직 교령이 아니라며 고사하였으나 현 교령이 참석하지 못하게 되었다며 꼭 참석해 달라는 부탁을 받았다. 그래서 나는 2019년 4월 27일 본 개회식에 참석하여 축하 인사를 했다. 나는 재임 중에 미술인회 행사에 빠지지 않고 참석하여 축하의 인사를 했다. 천도교 미술인회 30년은 신의당 이순종 회장님의 간절한 염원과 정성의 산물이다. 이순종 회장님이 아니시면 오늘의 천도교 미술인회는 불가능했을 것이다. 그래서 나는 늘 이순종 회장님께 감사드리며 미술인회의 발전을 기원해 왔다. 그러한 나에게 이순종 회장님도 늘 고마운 마음을 전해 주신다. 이순종 회장님과 나는 특별한 일화가 있다.

내가 포덕 151(2010)년 종학대학원장 재직 시에 유리로 덮인 내수도 청여당의 작품(유리로 된 액자)을 소포로 부치면 파손될 위험성이 있다 해서 직접 손에 들고 와서 제출하는 것을 보고 "정말 부군으로서의 정성이 대단하다. 그리고 부모님께도 효도를 극진히 한다는 말을 들었다" 며 나를 격려해 주신다. 나를 만날 때마다 한 가족처럼 간절한 마음으로 사랑과 용기를 북돋아 주시는 이순종 회장님이 정말 감동스럽다. 이순종 회장님은 "중앙총부의 적극적인 지원으로 개최되는 이번 행사가 기폭제가 되어 천도교 미술인회의 모심전이 앞으로도 지속적으로 발전해 나갈 수 있게 되었다" 며 감사한 마음을 잊지 않으신다. 이순종 회장님의 바람과 같이 천도교 미술인회 모심전의 무궁한 발전이 있기를 간절히 기원한다.

4. 대통령이 질 역사의 짐

• 천도교는 사실상 정부였다

《조선일보》, 김한수 종교 전문 기자는 포덕 160(2019)년 2월 28일. 〈3개 종교 앞장서자 2000만이 대한독립만세!〉라는 제목하에 천도교 교령과의 대담 내용을 다음과 같이 게재했다.

· 나라 잃은 일제 강점기… 천도교는 사실상 정부였다

천도교 이정희 교령은 "이제 동학혁명과 3·1운동을 넘어 '제3의 보국안민 운동'인 평화 통일을 향해 갈 때"라고 말했다.

천도교는 3·1운동 당시 주축이었다. 독립선언서에 서명한 민족 대표 33인 중 '대표' 역시 의암 손병희 선생이다. 3·1운동 100주년을 맞은 올해 천도교 최고 지도자인 이정희 교령은 기회 닿을 때마다 "왜 유관순 열사만 기억하고, 손병희 선생을 잊고 있느냐?"고 묻는다. 대통령을 향해서는 "3·1운동 100주년인 올해는 꼭 서울 우이동 손병희 선생 묘소를 참배해야 한다."고 강조한다. 3·1운동 100주년을 맞아 이 교령을 만나 감회와 계획을 들었다.

—천도교와 3·1운동의 관계는 어땠습니까.

"3·1운동이 없었으면 대한민국 임시정부가 없고, 임시정부가 없었다면 지금의 대한민국도 없습니다. 의암 손병희 성사(聖師)님이 없었다면 3·1운동도 없었죠. 그런 점에서 의암성사님은 국보 같은 존재입니다. 그래서 김구 선생도 광복 후 환국하자마자 의암성사 묘소를 참배했고, 이승만 대통령도 여러 차례 참배했던 것입니다. 애국지사들이 당시 천도교와 의암 선생의 역할을 어떻게 평가했는지 단적으로 보여주는 대목입니다."

—손병희 선생은 어떤 역할을 하셨나요.

"올해가 3·1운동 100주년이지만, 천도교에서는 '109주년' 으로 봅니다. 준비부터 따지면 109주년이란 것입니다. 의암성사님은 1910년 나라가 병탄되자 '보국안민(輔國安民·독립) 없이는 포덕천하(布德天下)도 없다. 10년 안에 나라를 되찾겠다'고 다짐합니다. 1912년 우이동에 수련 시설인 '봉황각' 을 만들어 천도교 지도자를 양성하고, 1918년엔 중앙대교당 건설을 명분으로 전국적인 모금을 합니다. 독립운동 자금이었죠. 당시 500만 원을 모금했는데 교당 건설 비용 등은 30만원 정도였어요. 나머지는 어디에 쓰였겠습니까. 다 독립운동 자금으로 보낸 것이죠."

—일제 강점기에 천도교는 어떤 활동을 했습니까.

"나라 잃은 상황에서 천도교는 사실상 정부였습니다. 당시 국내에 인물, 조직, 자금의 3요소를 다 갖춘 것은 천도교밖에 없었습니다. 천도교는 의암성사님의 지도하에 이 모든 에너지를 독립운동에 '올인' 했습니다. 시대와 함께, 사회와 함께한 것이지요. 3·1운동 전후로는 교육·문화운동에 적극 나섰습니다. 보성학교, 동덕여학교 등 재정난을 겪는 학교를 인수해 교육 운동에 나섰고, 1920년대에는《개벽》,《별건곤》,《신여성》,《어린이》 등의 잡지를 발간하며 계몽운동에 앞장섰습니다."

—3·1운동 당시 천도교는 300만 교인이었습니다. 어떻게 이런 교세를 유지할 수 있었습니까.

"당시 국민들은 세 가지 점에서 천도교에 매력을 느꼈습니다. 신분 차별이 없고, 재산이 있고 없고를 따지지 않았습니다. 마지막으로 독립운동에 앞장선다는 점이었습니다."

—천도교는 3·1운동 100주년을 기념해서 어떤 활동을 하고 있습니까.

"천도교 중앙총부에선 매일 오전 기도회가 있습니다. 평소엔 경전을 읽지만 2월 초부터 3월말까지는 경전 대신 독립선언서 전문(全文)을 읽습니다. 사실 독립선언서에는 천도교의 '인내천(人乃天)' 사상이 다 녹아 있습니다. 그런 사상을 의암성사님이 '대중화·일원화·비폭력' 이라는 독립운동 3원칙으로 제시했고, 독립선언서에도 반영된 것이지요."

이 교령은 최근 3·1운동 100주년에 맞춰 "3·1운동의 그날처럼 우리 모두가 하나 되어, 동귀일체의 개벽 세상으로 힘차게 나아가자"는 내용의 담화문을 발표했다. 그는 "천도교는 두 차례의 보국안민 운동을 벌였다. 동학혁명과 3·1운동"이라며 "이제 평화 통일이라는 제3의 보국안민 운동에 나서야 할 때"라고 말했다.

· 천도교, 개신교, 불교… '독립' 이라는 대의(大義) 아래 뭉쳤다

인류 역사에서 종교는 전쟁의 빌미가 되곤 했다. 멀리는 십자군 전쟁, 가까이는 IS(이슬람국가)에 이르기까지 '종교의 이름' 으로 벌어진 전쟁은 이루 헤아리기조차 어렵다.

3·1운동은 세계 종교사에서도 이례적이다. 천도교, 개신교, 불교 등 3개 종교가 일제에 맞서 독립운동을 벌인 것이다. 종교 간 차이는 중요하지 않았다. '독립' 이란 대의(大義) 아래 하나로 뭉쳤고, 서로 양보하고 도왔다. 천도교는 동학혁명(1894)으로 궤멸 직전 상태를 벗어나 손병희를 중심으로 교세를 회복해 가는 중이었다. 1885년 언더우드(장로교)·아펜젤러(감리교)의 도착으로 시작된 개신교는 1919년 당시 30여 년의 일천한 역사였다. 불교는 조선조 500년 억불정책으로 인한 질식 상태에서 겨우 숨통이 튼 상황이었다. 독립운동에 나서는 것은 탄압을 부를 것이 명백했다. 그러나 당시 민족 대표들은 결연했다. 손병희는 "오늘날 우리나라에 무슨 정당이 있는 것도 아니요 무슨 결사(結社)도 없고 오직 종교 단체뿐이니 천도교만이 아니라 예수교회, 불교회 등의 대표를 망라하는 것이 당연하다"며 독립운동을 위한 종교 연합을 제시했다. 개신교, 불교 지도자들도 흔쾌히 동참했다.

훗날 일본인 관헌은 3·1운동과 관련해 세 가지 점에서 놀랐다고 했다. 첫째는 전국 규모로 만세운동이 벌어질 때까지 일제가 까맣게 몰랐다는 점, 둘째는 여러 종교가 연합했다는 점, 셋째는 숱한 희생에도 불구하고 수개월 동안 만세운동이 지속된 점이었다고 한다.

• 대통령 의암성사 묘역 참배 건의

포덕 160(2019)년 2월 18일, 3·1운동 100주년을 앞두고 청와대 초청 신년 교례회에 참석하였다. 일정이 잡히면서 문체부로부터의 전화를 받았다. "청와대에 가게 되면 무슨 이야기를 할 예정이냐"는 것이었다. 나는 "여러 번 건의 드렸던 바 있는 의암성사 기념관에 대해서 말씀드리려 한다."라고 했더니, 알겠다고 했다.

12시에 오찬이 시작된다. 문재인 대통령과 7대 종단 수장, 노영민 비서실장, 이용선 시민사회수석이 자리를 함께하였다. 먼저 문재인 대통령은 "100년 전 종교계가 나서서 3·1운동을 전개했다. 남북 관계에 종교계가 앞장서 달라"라는 인사말을 했다. 나는 할 말이 많아 다른 분들의 이야기를 먼저 듣고 맨 마지막에 이야기를 할 생각이었다. 드디어 내 차례가 왔다.

나는 "대통령께서 이 자리에 저희 종교인들을 초청해 주신 데 감사드립니다. 3·1운동 100주년을 앞둔 시점에서 이 자리가 마련되어 참으로 의의가 크다고 생각됩니다."라고 말하고 먼저 "3·1운동 100주년을 맞아 3·1운동을 영도하신 손병희 의암성사 기념관을 정부 예산으로 건립해 주십시오. 그리고 3·1운동 100주년 기념일에 즈음하여 대통령께서 우이동에 있는 의암성사 묘역을 참배하실 것"을 건의하였다.

"1910년 한일 강제 병탄으로 나라의 국권을 상실하자, 의암 손병희 선생께서는 '10년 안에 잃어버린 나라를 찾겠다.' 하시고 먼저 우이동에 봉황각을 짓고 거기에서 3·1운동을 지도할 인재를 양성하였습니다. 49일씩 7차례에 걸쳐 483명을 배출하였습니다. 시간은 없고 마땅한 장소가 없어서 처음 21명은 도선사에서 교육을 진행했습니다. 여기서 교육을 받은 지도자들이 지방에 내려가 전국적인 3·1운동을 일으켰습니다. 백범 김구 선생은 해방 후 귀국하여 제일 먼저 의암 손병희 선생 묘소를 참례하였습니다. 그 자리에서 백범 김구 선생은 '천도교가 없었다면 3·1운동이 없었을 것이며 3·1운동이 없었다면 임시정부도 없었을 것이다. 손병희 선생이 없었다면 3·1운동도 없었을 것이다.'라고 말했습니다. 이승만 대통령도 2번씩이나 손병희 선생 묘소를 참례하셨습니다. 처음 방문 시에는 성사님 묘소가 초라하다며 정비를 지시하셨으며 그 후 또 한 번 참례하시었습니다. 이번 3·1운동 100주년을 기해 대통령께서 3·1운동 발상지인 우이동 의암성사 묘소를 참배하실 것을 건의합니다. 참례하신 후에는 경운동 천도교 중앙대교당도 둘러보시는 것이 좋겠습니다. 여기서 10분 거리입니다. 천도교 중앙대교당은 당시 독립운동 자금 모금을 위해 일제의 관심을 피할 목적으로 대교당 건축 모금이라는 명목으로 모금하였습니다. 모금한 돈은 500만 원에 달했습니다. 천도교인 1인당 10원 이상씩 모금한 돈이었습니다. 모금한 돈 500만 원 중 22만 원은 교당 건립에, 나머지는 독립운동 자금으로 사용하였습니다. 그중 일부는 상해 임시정부 자금으로 활용되었습니다. 천도교 중앙대교당은 당시 서울 장안에서 총독부 건물, 명동성당과 함께 3대 건물 중의 하나였습니다. 당초 현재의 크기보다 2배로 설계되었으나 허가받지 못해 줄여 지은 것입니다. 여기서 독립선언서를 배포한 것입니다. 중앙대교당은 또한 최초의 어린이 운동의 발상지이기도 합니다. 우이동 3·1운동의 발상지와 함께 대교당도 방문하실 것을 건의합니다."라고 말씀드렸다. 이에 대해 대통령은 이렇다 할 답변을 하지 않았다.

이어서 나는 "지난번 금강산 남북 모임에서도 북한 천도교인들과 교류하였습니다. 3·1운동 100주년 기념식을 공동으로 거행하자고 제안한 바 있습니다. 나아가서 4월 5일 천일기념일, 5월 11일의 동학혁명기념일 행사 등도 공동으로 봉행할 것을 논의한 바 있습니다. 북한에는 현재 3만 5천 명의 청우당원과 35명의 의원이 있습니다. 이처럼 천도교는 우리나라의 중요한 통일 자원입니다. 천도교의 민족통일 노력을 지원해 주실 것"을 아울러 건의하였다. 다음 날 나는 이용선 사회수석에게 전화했다. 어제 대통령께 건의한 대통령의 의암성사님 묘소 참례가 이루어질 수 있도록 해줄 것을 간곡히 부탁하였다. 이용선 수석은 적극 검토해 보겠다고 말했다. 그러나 끝내 문재인 대통령의 의암성사 묘소 참례는 이루어지지 않았다. 그리고 의암 선생 기념관 건립 또한 이렇다 할 이야기 없이 3·1운동 100주년은 지나가게 되었다.

• 대통령이 질 역사의 짐

포덕 160(2019)년 2월 21일, 《동아일보》 김갑식 문화 전문 기자 겸 논설위원은 "오늘의 대한민국은 동학, 천도교에 적지 않은 역사의 빚을 지고 있다. 문 대통령의 의암 묘소 참배는 어색한 일이 아니다. 대통령은 종교를 떠나 우리 역사의 짐을 가장 먼저, 그리고 가장 무겁게 져야 할 자리이기 때문이다."라는 요지의 주장을 폈다.

"불교와 개신교, 가톨릭, 원불교, 천도교, 유교, 한국민족종교협의회 등 7대 종단이 참여하는 한국종교인평화회의(KCRP)가 있다. 이 모임에서 가장 목소리가 크고 곧잘 웅변조로 얘기하는 이가 천도교 최고 지도자인 이정희 교령이다. 3·1운동 100주년을 맞는 올해에는 종교계 행사가 잇달아 열려 그의 목소리를 자주 들을 수 있었다. 그의 차례가 되면 어김없이 나오는 얘기가 있다. 천도교와 의암 손병희(1861~1922)가 없었다면 3·1운동이 있을 수 없었다는 것이다. '백범 김구 주석은 해방 뒤 환국하자마자 우이동 의암 묘소를 찾았고, 이승만 대통령도 두 차례나 방문했다. 정부에

서 100주년을 맞는 3·1운동의 의미를 제대로 이해하고 있다면 문재인 대통령도 반드시 찾아야 한다.'

종단 지도자들이 함께한 자리에서의 대통령 방문 요청이라 미묘한 분위기가 감돌 때도 있다. 한국천주교주교회 의장으로 KCRP 대표회장을 맡고 있는 김희중 대주교는 미루어 짐작할 때 난처할 수밖에 없는 처지다. 요즘 KCRP는 3·1운동 100주년 행사는 물론이고 종교계의 남북 교류에서 주도적 역할을 하고 있다. 하지만 정작 그가 소속된 가톨릭은 3·1운동에서 일부 신자의 참여를 빼면 뚜렷한 활동을 찾아보기 어렵다. 이 교령의 발언에 과장이 있고 결론이 대통령 방문 요청이라 어색할 수 있지만 틀린 말은 아니다. 종교계가 3·1운동에 힘을 모았다지만 천도교 없는 3·1운동은 상상할 수 없다. 1905년 동학을 천도교(天道教)로 개칭하고 제3세 교조에 취임한 의암은 교세 확장과 함께 교육, 문화 활동을 후원하면서 국권 회복을 도모했다. 기록에 따르면 3·1운동 하루 전인 1919년 2월 28일 그는 비장했다. 종단을 이끌 후계자까지 정한 유시문(諭示文)을 발표하고 이른 새벽 청년들을 모아 마지막 훈시를 했다. '나는 지금 독립의 종자(種子)를 심으러 간다. 너희들은 3개 원칙(비폭력, 대중화, 일원화)을 끝까지 지켜라. 오늘의 동지가 내일 배신해 해를 끼칠 자도 있으니 매사를 성실히 참고 견뎌라. 우리 국권 회복에 대해서는 차후 세계 지도의 색채가 바뀔 때 각 열국에서 우리나라의 독립을 성취시킬 날이 올 것이다.'

의암은 민족 대표 33인의 대표로 3·1운동을 주도하다 경찰에 체포돼 3년형을 선고받고 서대문형무소에서 복역하다 이듬해 10월 병보석으로 출감했으나 치료받던 중 세상을 떴다.

열강이 앞선 과학기술과 종교, 무력을 앞세워 밀려오던 서세동점(西勢東漸)의 시대, 이른바 서학(西學)에 맞서 나라와 백성을 위한다는 기치를 내건 동학(東學)의 운명은 파란만장했다. 창시자인 수운 최제우(1824~1864)가 '삿된 도로 세상을 어지럽힌 죄' 로 처형된 데 이어 2세 교조 해월 최시형(1827~1898)도 형장의 이슬로 사라졌다. 해월의 별명은 '최 보따리' 였다. 농민군이 일제와 관군의 총칼에 밀려 패배하고 동학이 불법화된 가운데 그는 언제든지 도주할 수 있도록 괴나리봇짐을 메고 다니면서 무려 36년간 삼남(三南) 일대를 돌며 도피 생활 속에 교단을 정비했다.

서학과 동학, 가톨릭과 천도교의 운명은 3·1운동 이후 100년이 흐르면서 극명하게 갈렸다. 지난해 나온 한국천주교회 통계에 따르면 가톨릭 신자는 581만 명에 이른다. 천도교는 교단 측에서 교인 수를 밝히기를 꺼릴 정도로 위축됐다. 그 대신 일

제 강점기인 1920년대 교인 수가 남북 300만에 이를 정도로 최대 종교였다. '동학, 천도교 하면 대대손손 망한다' 는 말이 나올 정도로 철저하게 탄압당했다는 답이 돌아왔다.

3·1운동 100주년을 앞두고 김 대주교가 20일 한국 가톨릭교회의 반성을 담은 담화를 발표한 것은 의미심장하다. 가톨릭이 우리 역사에 진 빚에 대한 반성일 수도 있다. 김 대주교는 이 담화에서 조선 후기 혹독한 박해 끝에 신앙의 자유를 얻은 한국천주교회는 어렵고 힘든 시기를 보냈음을 전제하면서 '외국 선교사들로 이루어진 한국 천주교 지도부는 교회를 보존하고 신자들을 보호해야 한다며 정교분리 정책을 내세워 신자들의 독립운동 참여를 금지했다' 며 '나중에는 신자들에게 일제의 침략 전쟁에 참여할 것과 신사 참배를 권고하기까지 했다. 민족의 고통과 아픔을 외면하고 저버린 잘못을 부끄러운 마음으로 성찰하며 반성한다' 라고 밝혔다. 개신교는 지난해 여러 연합기관과 교단들이 모여 일제 강점기의 신사 참배를 회개하는 대규모 집회를 가진 바 있다. 종교의 흥망성쇠는 여러 원인이 있는 만큼 함부로 얘기할 상황은 아니다. 하지만 구한말부터 일제 강점기, 남북 분단 등으로 이어진 '역사의 충격' 이 천도교 쇠락의 한 원인은 충분히 됐을 것이다.

지난해 10월 문 대통령의 바티칸 미사 참석과 TV 생중계가 논란이 됐다. 한반도 평화라는 취지가 있지만 대통령이 독실한 가톨릭 신자였기에 다른 종교계에서는 불편한 기색도 내비쳤다.

오늘의 대한민국은 동학 천도교에 적지 않은 역사의 빚을 지고 있다. 문 대통령의 의암 묘소 참배는 어색한 일이 아니다. 대통령은 종교를 떠나 우리 역사의 짐을 가장 먼저, 그리고 가장 무겁게 져야 할 자리이기 때문이다. 나라와 민족을 위해 희생한 대표적 독립운동가를 찾는 것은 논란이 될 일이 아니다."

5. 3·1운동 역사 왜곡 사건 규탄

• 3·1운동 역사 왜곡 사건 발생

포덕 158(2017)년 1월 22일, 천도교 게시판에 올라온 〈3·1운동의 심각한 왜곡－교화관장님의 교화를 바라며〉를 접한다. 글쓴이는 박언주 종의원이다.

모시고 반갑습니다. 우연히 설민석 강사의 역사 강의를 보다가 3·1운동을 심각히 왜곡한 모습을 보고 설민석 선생의 연락처를 알아보았으나 제 능력으론 안돼 중앙총부 교화관의 도움을 청합니다.

강의 제목: 설민석 선생님의 3·1운동 이야기, 사이트: youtube 조회수: 286,912회, 내용 요약: '일본 유학생 2·8만세운동' 주도 학생이 귀국, 성사님께 질책과 권유로 갑자기 시작－당일: 파고다공원에 예상 외로 너무 많은 사람이 모이자 민족 대표들은 겁이 나서 당시 최고 술집인 태화관(마담인 주옥경 씨가 손병희와 사귀었기에 그리로 갔다)에서 낮술 먹고 취해 손병희가 종로서에 전화해서 "나야 병희야, 나 지금 취했거든 나와서 데려가" 이때 파고다공원에선 한 학생이 만세를 불러 겨우 시작되었다. 3·1운동은 없을 뻔했다.

이상이 강의 내용입니다. 역사학자로서 기본 공부도 안 하고 왜곡된 강의를 하는 설민석 선생이 안타까울 뿐입니다. 교화관장님의 적절한 교화를 바랍니다. 고맙습니다.

• 기관장 간담회 개최(5차)

위 게시판에 게시된 내용을 확인한 후, 포덕 158(2017)년 2월 6일(월) 16시 30분, 교령사에서 기관장 간담회를 개최하였다. 상정 안건은 '설민석 강사의 민족 대표

폄훼 강의에 대한 대응 방안' 이다. 이날 상정 안건에 유튜브 등 매스컴에서 확인된 다음과 같은 3·1운동에 대한 왜곡 강의 내용을 첨부했다.

'3·1운동에 대한 왜곡 강의' 유튜브 https://youtu.be/SR3o_Hh3IhA

(3분 51초) 우리나라 일제 강점기 최고의 민족운동, 3·1운동을 짚고 넘어가겠습니다. 3·1운동이죠, 1919년입니다. 3·1운동의 배경이 그렇습니다. 1차 세계 대전이 끝난 직후입니다.(중략)

(5분 1초) (윌슨이 자결주의를 발표하자…) 우리 민족이 일본으로부터 독립할 수 있는 의지가 강하다는 걸 만천하에 알리자. 이런 생각에서 독립 준비를 해 오고 있었어요. 이 상황에서 3·1운동이 벌어지기 한 달 전인 1919년 2월 8일 날, 일본의 심장부인 동경에서 YMCA회관에서 와세다대학교 유학생 조선 학생들이 만세운동을 벌입니다. 당시 송계백이란 학생이 독립선언서를 들고 피신합니다… 그걸 가지고 누굴 찾아갔느냐, 동학의 3대 교조 손병희를 찾아갑니다… 민족 대표들 뭐하시는 거예요. 손병희 귀까지 빨개집니다. '정말 면목이 없네, 내가 곧 조치하겠네' 그러면서 손병희가 최남선을 찾아갑니다. 그리고 종로에서 출판사를 하던 최린이란 사람을 찾아가서…

(7분 45초) 당일 날 민족 대표들은 현장에 없었다. 아니 오기로 했는데 이 민족 대표들이 쭉 오는데 33명 중에 29명이 오는데 사람들이 너무 많더래요. '야 이거 일이 커지겠구나' 우리 생각엔 조촐하게 그냥 우리 의지만 알리고 가는건데 이거 괜히 일 커지면 안 되니까 그냥 조용히 우리끼리 하자, 그러면서 거기서 턴을 합니다. 그래서 어디로 가느냐 하면 저기 광화문 조선일보 자리에 우리나라 최초의 룸살롱이 있었습니다.

태화관이라고 이완용 단골집이거든요. 그리로 가요. 대낮에 그 집 마담 주옥경하고 손병희하고 사귀었어요. 나중에 결혼합니다. 둘이 세 번째 부인이죠. 그래가꼬 그 마담이 머 DC 해준다고 안주 하나 더 준다고 오랬는지 모르겠는데 대낮에 그리로 간 거야.

그래가꼬 거기서 낮술을 막 먹습니다. 그래서 머 '야 기미독립선언서 악' 소리치고 낮술 먹고 거기서 전화를 해요. 종로경찰서에 '나야 병희야 나 지금 취했거든 나와서 데려가 했다. 인력거가 왔는데 다시 택시 보내라고 해서 귀한 택시를 타고 갔다.

종무원 보고 자료에 의하면 설민석 강사는 1978년생(47세)으로 단국대 연극영화학과를 졸업 후 연세대 교육대학원에서 역사교육학으로 석사학위를 취득하였으며 현재 대건에듀 대표를 맡고 있다. 설민석 강사의 부친은 설송웅 전 국회의원이며 종교는 개신교다.

오늘 기관장회의에서는 "이 문제는 중대한 문제이긴 하지만 중앙총부에서 직접 나서는 것보다 천도교 여성회, 청년회, 동학민족통일회 등 산하 단체별로 우선 대응하도록 하는 것이 좋겠다."는 것으로 의견을 개진하였다.

• 부문 단체, 설민석 역사 왜곡 규탄

천도교 부문 단체는 설민석이 3·1운동의 의의 전체를 희석시키고, 결과적으로 대한민국 건국의 초석이 되었던 3·1운동 정신을 왜곡하는 행위에 대해 성명서를 발표하는 등 강력히 대응하였다.

먼저 여성회에서는 '설민석의 주옥경 사모님에 대한 진실 왜곡을 강력히 규탄한다'는 제목으로 설민석 강사가 3·1운동의 민족 대표들을 폄훼하였을 뿐 아니라 특히 3·1운동을 영도하신 손병희 선생의 부인 주옥경 사모님을 인격적으로 모독하고 진실을 왜곡하였다며 바로 잡을 것을 강력히 요구했다.

청년회에서는 '설민석 씨의 민족 대표 관련 강의와 천도교 청년회 입장'에서 설민석 강사는 역사 왜곡의 잘못을 인정하고 조속한 사과와 재발 방지 약속을 요구했다.

설민석 씨는 그동안 흥미 있는 역사 강의로 청소년과 일반 대중에게는 역사에 대한 바람을 일으키는 데 공헌하였으나 '설민석의 십장생 한국사' 2015년 3월 1일자 강의 영상과 단행본 『무도 한국사 특강 초판본』에 있는 오류와 왜곡, 3·1운동 민족대표 33인과 주옥경 종법사님을 폄훼하며 진실을 왜곡하고 허위 사실을 유포한 행위에 대하여 분명한 사과와 반성을 요구했다.

대학생단은 성명서를 통해 역사라는 학문은 다양한 관점에서 해석 가능하지만 객관적 사실이 중요하다. 설민석 강사는 역사를 왜곡하여 대중들에게 전달였으며 이를 인정하지도 사과하지도 않기에 천도교 대학생단은 역사적 사실을 바탕으로 설민석 강사의 발언에 대응하는 성명을 발표하겠다고 했다.(《천도교신문》 86·87호, 2017년 4월 4일)

• 3·1운동 100주년 기념사업회, 공개 질의

3·1운동 100주년 기념사업추진위원회에서는 설민석 씨를 상대로 '공개 질의서'를 발표했다. 이에 앞서 3·1운동 100주년 기념사업추진위원회에서는 심층적인 대응을 위해 공동대표 간담회, 집행위원회 등을 이에 따라 개최했다. 포덕 158(2017)년 3월 20일 연합뉴스, 조선일보, 한겨레 등 15개 주요 언론매체에 공개 질의서 보도자료를 배포했다.

경향신문(2017년 3월 24일)—3·1운동 100주년 기념사업추진위, 설민석 씨에게 민족 대표 33인 폄훼 해명 요구, 한겨레(2017년 3월 24일)—3·1운동 단체 '설민석 허위 왜곡' 사과 요구 공개 질의, 연합뉴스(2017년 3월 24일)—3·1운동 100주년 기념사업추진위 설민석 씨에게 해명 요구, SBS(2017년 3월 24일)—3·1운동 100주년 기념사업추진위원회, 설민석 씨에게 해명 요구, 시사포커스(2017년 3월 24일)— '민족 대표 33인' 폄훼 논란에 휩싸인 설민석 씨에게 해명 요구, 신문고 뉴스(2017년 3월 26일)— '주옥경 룸살롱 마담(?) 3·1운동 정당한 평가 안돼' 등 15개 매체에 관련 보도가 게재되었다.

3·1운동 100주년 기념사업추진위원회에서 설민석 씨에게 보낸 '설민석 씨의 역사 왜곡과 3·1운동 민족 대표 33인 등의 폄훼에 대한 공개 질의서' 에서 첫째, 오류와 왜곡, 허위 사실에 의한 명예훼손에 대하여 명백한 사죄와 정정을 요구하였다. "태화관을 룸살롱으로 표현한 점, 손병희 선생 및 부인 주옥경 호칭과 명예훼손, 민족 대표 대부분이 변절했다는 내용 등에 대하여 명백히 사죄하고 정정해야 한다."라고 요구하였다. 둘째, 독립운동에 헌신한 민족 대표들은 '태화관 술자리' 의 이미지로 평가절하하는 것이 이 민족에게 도움이 되는지, 역사의 정당한 평가와 부합하는지에 대한 적절한 해명을 요구하였다. 3·1운동 100주년 기념사업추진위원회는 끝으로 "우리가 설민석 씨의 구체적이고 명백한 해명, 사죄, 답변을 요구하는 것은 이번 사태가 3·1운동의 의의를 다시금 분명히 인식할 수 있는 계기가 되기를 바라기 때문이다. 이것은 설민석 씨 또한 바라는 바일 것으로 믿으며, 다시 한번 조속한 답

변과 대응을 촉구한다."라고 강조하였다.(《천도교신문》 86·87호, 2017년 4월 4일)

• 설민석 강사, 공개 사과문 발표

한국사 강사 설민석은 지난 포덕 158(2017)년 4월 17일 3·1운동 민족 대표 33인 폄훼 논란과 관련하여 3·1운동 100주년 기념사업회 박남수 상임대표 앞으로 사죄의 입장을 밝히고 각 언론 매체에 공개 사과문을 발표하였다. 지난 3월 16일, SBS 8시 뉴스를 통해 설민석의 3·1 역사 왜곡과 민족 대표 33인 폄훼 사실이 최초로 보도된 이후 추진위는 관련 기관 및 주요 인사와 긴급한 협의 및 접촉을 통해 대응 방안을 모색하였고, 공동대표 긴급 간담회(3. 20)와 집행위원회(3. 23)를 거치며 설민석에 대한 공개 질의서와 역사 인식을 바로잡기 위한 학술토론회를 개최하기로 한 바 있다. 추진위는 후속 이행 조치로 설민석으로부터 사과 공문을 이메일과 우편을 통해 수령(4. 17)하였고, 2017년 5월 2일 이후 각 언론을 통해 공개 사과문이 보도되었고, 설민석 강사는 향후 우리 역사를 널리 알리고 대중화시킬 수 있는 일을 계속해서 신중히 이어 가겠다는 뜻을 밝혔다. 공개 사과문을 통해 밝힌 설민석 강사의 답변을 요약하면 다음과 같다.

첫째, 태화관을 '룸살롱'이라 표현한 부분: 설민석 강사는 "당시 태화관이 고급 요릿집이라 불렸고, 기생들이 접대했다는 사실을 바탕으로 현대적으로 풀어내는 과정에서 '룸살롱'이라는 표현을 사용하게 되었습니다. 그러나 이러한 표현이 오늘날 '룸살롱'이 갖고 있는 부정적인 의미와 맥락이 같지 않음에도 불구하고, 강의의 흥미를 위해 적절하지 못한 잘못된 표현을 사용하였고, 이에 대해 깊은 사과의 말씀을 드립니다."

둘째, 주옥경 여사님을 태화관 '마담'이라 표현한 부분: "주옥경 여사께서 기녀 출신이었고, 당시 기생 조합의 향수 역할을 하신 부분을 현대적으로 풀어내는 과정에서 '마담'이라는 표현을 사용하게 되었습니다. 그러나 주옥경 여사님의 이후 독립운동 행적과 삶의 궤적들을 살펴보았을 때 '마담'이란 표현은 매우 적절치 못한, 그분의 삶을 폄훼하는 표현이었음을 인정합니다. 그리고 지적하신 대로 1919년 3·1운동 당시에 주옥경 여사께서는 기녀 생활을 그만둔 상태였습니다. 저의 미숙함으로 인해 이 사실을 면밀히 파악하지 못해 잘못된 표현을 사용하게 되었습니다."

셋째, '민족 대표 대부분이 변절했다' 고 말한 부분: "친일 인명 사전에 근거하지 않고 민족운동에 힘쓰신 대표 33인의 행적을 '대다수 변절' 이란 표현으로 폄훼한 부분에 대해서 사죄의 말씀을 드립니다. '대다수' 가 변절했다는 표현은 일제 강점기하 민족 대표 개개인의 행적에 대한 폄훼가 될 수 있음에도, 강연 도중에 극적인 설명을 위한 과장이 제 책의 초판본에 그대로 반영되는 누를 끼쳤습니다. 이 점에 대해서 다시 한번 사죄드립니다."

넷째, 민족 대표의 역할과 위상에 대한 평가 부분: "개인적으로 3·1운동은 3·1운동 당시뿐만 아니라 이전과 이후의 독립운동에도 영향을 미치는 역사적으로 무척이나 중요한 사건이라고 생각합니다. 당시 국내에서 3·1운동이 일어날 수 있었던 것은 민족 대표의 역량과 자발적인 희생이 있었기에 가능했던 것이며, 이것을 발판 삼아 이후 독립운동 또한 적극적으로 전개될 수 있었습니다. 한 명의 강사로서 민족대표들에 대한 평가에 오해를 심어 줄 수 있었던 부분에 대해 충분히 그 잘못을 통감하며 사죄드리는 바입니다. 일제 강점의 어려움 속에서도 긍지를 가지고 민족을 독립운동으로 이끌었던 민족 대표 분들께 누를 끼친 점 마음 깊이 죄송스럽게 생각합니다."(《천도교신문》(90호, 2017년 5월 25일)

●—의암성사

천도교 3세 교조 의암 손병희 성사는 1919년 민족 대표 33인의 대표로 3·1운동을 주도해 일제의 식민지 통치에 대한 경각심과 우리 민족 모두에게 자주독립 정신을 고취했으며 기미독립선언서 낭독 후 일본 경찰에 체포돼 징역 3년을 선고받고 서대문 형무소에서 복역 중 1920년 병보석으로 출옥하여, 1922년 5월 19일 62세를 일기로 순국했다.

제13장

의암 손병희 선생 기념관 건립을 추진하다

너그러운 얼굴 별빛 같은 눈
눈앞에 아직도 계신 듯하이
넓고 큰 포부와 불굴의 정신
인민을 구하는 영도자 되고
한울이 한국에 보내신 위인
태산 교악 같은 지도자셨네

—의암성사 추모가

나는 포덕 158년 7월 13일, 미국 출장길
인천공항을 향하던 자동차 안에서
조용히 기도 중, '3·1운동 100주년을 맞아
의암성사 기념관을 꼭 건립해야 한다' 는
말씀이 들리는 듯했다.

—포덕 158년 7월 13일, 인천공항 가는 길

1. 의암 손병희 선생 기념관 건립 추진

• 의암 손병희 선생 기념관 건립 추진 의의

나는 미국 출장을 하루 앞둔 포덕 158(2017)년 7월 12일, 용담수도원 연원회 하계 수련회에 참석하여 특강을 했다. 연원회 특강은 지난해에 이어 2번째다. 이번 특강의 큰 주제는 '1인 1포덕으로 10년 안에 300만 교단을 만듭시다' 이다. 10년 안에 300만의 대교단 시대를 열기 위해서는 지도자, 특히 연원회의 역할이 중요하다는 점을 강조하였다. '지도자와 포덕 리더십', '지도자와 대도중흥비전' 으로 나누어 지도자로서의 연원들이 갖추어야 할 구체적인 덕목에 대하여 설명하였다.

특강에 이어 용담정 참례를 마치고 연원회 1일차 수련에 동참하였다. 하루 동안의 짧은 시간이지만 한울님과 스승님의 기운을 받는 충전의 시간이었다. 미국에서의 포덕 활동이 뜻한 대로 잘 이루어지기를 간절히 기원하는 바램의 시간이었다.

다음 날 7월 13일, 새벽 수련을 마치고 미국 출장을 위해 용담수도원을 떠나 인천공항으로 향한다. 공항을 향하여 달리는 자동차 안에서 눈을 감고 조용히 기도에 임하는 순간에 말씀이 들렸다. "3·1운동 100주년이 코앞에 다가왔다. 다시는 오지 않을 3·1운동 100주년, 10년 안에 포덕 300만 시대를 열어 나가기 위해서는 의암성사 기념관을 꼭 건립해야 한다." 는 말씀이었다.

나는 그 말씀을 듣자마자 종무원장에게 전화하였다. "3·1운동 100주년을 맞아 의암성사 기념관 건립 추진을 위한 발기위원회를 개최할 수 있도록 준비하는 것이 좋겠다" 는 의견을 제시하였다.

8월 초까지 대회 개최 준비를 마치고 8월 중순경에 의암성사 기념관 건립 발기인 대회를 개최하도록 하는 개략적인 일정을 의논하였다.

• 기관장회의, 손병희 선생 기념관 건립 추진 논의

2년도 채 남지 않은 3·1운동 100주년 기념사업의 일환으로 손병희 선생 기념관 건립을 추진하기 위해서는 내부적인 공감대를 형성하는 것이 중요하다는 생각이 들었다. 그래서 나는 먼저 천도교 교역자를 중심으로 한 의암 손병희 선생 기념관 건립 추진을 위한 발기인대회를 개최하는 것이 바람직할 것이라고 생각했다. 이에 곧바로 이범창 종무원장과 협의, 발기인대회 개최를 위한 내부 절차를 진행하도록 하였다.

포덕 158년 7월 20일 미국 출장을 마치고 귀국하여 21일 금요일 출근하여 기념관 건립 추진을 위한 발기인대회 개최에 따른 보고를 받았다. 그런데 기념관 건립 추진을 위한 발기인대회 개최에 따른 연원회로부터의 이견이 있어 보류 중이라는 것이다. 생각지도 못한 일이었다. 3·1운동 100주년을 맞이하는 이 시점이야말로 손병희 선생 기념관 건립을 추진하는데 있어 절호의 기회라 생각되는데 도대체 무슨 이유로 반대한다는 것인지 납득이 되지 않았다. 이유를 들어보니 기존에 추진하여 오던 3·1운동 100주년 기념사업을 수행하는데 어려움을 줄 수 있다는 것이었다. 그러나 손병희 선생 기념관 건립 사업과 3·1운동 100주년 기념사업은 상호 배치되거나 경쟁적인 사업이 될 수 없는 것이라는 것을 설명하고 이에 동의를 받았다. 이 문제에 대하여 7월 25일 기관장회의를 개최하여 논의하였다. 마침내 8월 2일 신중한 입장이었던 연원회 의장 결재를 득함으로써 손병희 선생 기념관 건립 추진 발기인대회를 개최할 수 있었다.

2. 포덕 100년, '의암손병희선생기념사업회' 회고

앞으로의 손병희 선생 기념관 건립의 추진 방향과 추진 절차는 60년 전의 '의암손병희기념사업회' 에서 손병희 선생 동상을 세우고 손병희 선생 전기를 간행하고 손병희 선생 묘소를 정비하였던 역사를 거울삼기로 하였다.

추진 방법은 우리 교단에서부터 내부 공감대를 형성한 후 범국민적 추진 조직을 구성하도록 하고, 사업의 성격상 국가 사업으로 확대 추진되어야 한다는 생각이었다. 그러기 위해서는 60년 전의 '의암손병희선생기념사업회' 를 모델로 삼아 범국가적으로 추진하기로 하였다. 의암손병희선생기념사업회는 포덕 100(1959)년 3월 1일, 발기준비위원회를 거쳐 4월 8일, 발기 취지문을 선택한데 이어 창립총회를 개최하여 본격적으로 기념사업을 추진하여 왔다.

기념사업회에서는 창립총회를 열어 제정한 규약에서 4대 사업을 목적 사업으로 규정하였다. 묘비의 건립과 전기의 간행, 동상의 건립과 기념관의 건립 등이 그것이다. 그런데 이들 목적 사업 중 기념관 건립만은 미완의 과제로 남기고 안타깝게도 기념사업회 사업을 마감하였다. 3·1운동 100주년을 맞아 의암 손병희 선생 기념관 건립 사업은 60년 전 설립되어 8년(포덕 100년~108년) 동안 운영되었던 '손병희선생기념사업회' 의 미결 사업을 재추진한다는 성격을 갖는다. 이에 포덕 100(1959)년에 설립된 발기준비위원회 개최 내용, 발기문, 규약, 임원, 주요 업적 등을 먼저 살펴보았다.

• 포덕 100년, 발기준비위원회 개최

포덕 100(1959)년 3월 1일은 3·1운동 제40주년을 맞이하는 날이었다. 이날을 택하여 춘강 조동식 선생께서 유지 몇 분을 안국동 동덕여자대학 학장실로 초청하시었다. 그날 하오 2시에 모인 분은 조동식, 이응준, 유진호, 김상근, 주옥경, 황생주,

이단, 맹주천, 서병호, 박지영 이렇게 열 분이었다. 조동식 선생께서 다음과 같은 인사 말씀을 하셨다. "오늘은 3·1독립선언이 있은지 만 40년이 되는 뜻깊은 날이오. 또한 금년은 독립선언 민족 대표 33인의 영도자이신 의암 손병희 선생께서 탄생하신 지 98회 탄신년이오. 옥고로 말미암아 세상을 떠나신 지 37주기 되는 해이기도 합니다.

우리 조국이 광복된 지도 거의 20년이나 되건만 당연히 우리들의 정성으로 이룩되어야만 할 의암 선생의 기념사업이 발기조차 되지 못한 채 오늘에 이르렀다는 것은 유감스러운 동시에 고인에 대하여 송구스럽게 생각해 왔습니다. 더구나 우이동에 있는 선생의 묘소는 시급히 보수해야만 하고 묘비도 건립해야 하며 그 외에도 우리 민족의 선구자이신 의암 선생을 추념하는 여러 가지 기념사업이 우리들의 손으로 이룩되어야만 할 것입니다.

그러던 차에 의암 선생의 애제자의 한 분이며 선생의 질서(조카사위)이신 성암 김상근 동지가 나를 찾아와서 묘소 보수와 묘비 건립에 소요되는 비용을 자담하겠으니 나 개인의 이름으로보다는 사회 유지의 힘으로 발기되는 기념사업회의 사업의 하나로 이룩되기를 바란다는 상의 말씀을 듣고 더욱 민망스럽기 그지없었습니다. 내가 평소부터 늘 잊지 않고 생각해 오던 터에 김상근 씨의 갸륵한 뜻을 듣고 나는 만시지탄은 있으나 뜻깊은 오늘을 기하여 여러분 동지 몇 분만 모시고 우선 의암선생기념사업회를 발기해 보려고 하는 것입니다. 오늘 모인 이 자리는 의암 선생께서 동덕학교와 직접 인연을 맺고 계실 때 바로 이 자리에 있던 천도교 소유 동덕학교 교사로 넘겨주셨던 잊을 수 없는 연고지가 되는 까닭에 특히 이 자리를 택해서 여러분을 모시고 의암 선생의 기념사업회를 발기코자 한 것입니다."

1. 회의 명칭은 의암손병희선생기념사업회로 할 것

2. 오늘의 모임을 그 발기준비위원회로 할 것

3. 회의 발기 취지 문안 작성과 규약 초안 작성과 발기인 명부 작성 등은 발기준비위원회를 자주 열어서 결정하도록 하되 제반 준비 사무 일체는 박지영 위원에 위임한다. 이렇게 하여 의암손병희선생기념사업회 발기준비위원회는 발족되었고 그 후 박지영 위원과 위원장이신 조동식 선생에 의하여 제반 준비 사무가 진행되는 대로 여러번 위원회가 개최되었다.

• 포덕 100년, 발기 취지문 선포

포덕 100(1959)년 의암손병희선생기념사업회에서 작성 선포된 의암손병희선생기념사업회 발기 취지문은 다음과 같다.

동서고금을 막론하고 인류 사회의 역사는 찬연한 선인들의 업적과 위대하였던 선열의 공과를 길이 찬양 기념함으로써 후세인들로 하여금 부단한 향상 발전을 기하도록 하는데 그 가치가 크다 할 것이다.

돌이켜 보건대 우리나라의 유구한 역사 가운데에서도 최근 100년간의 지나온 자취를 일별하여 볼 때 그처럼 복잡다단하고 가지가지로 불우하였던 국내외 정세에서 과감하게 봉기한 기미 3·1독립운동이야말로 우리의 민족혼을 영세에 길이 빛내었고 전인류 공존 공생권을 세계만방 앞에 뚜렷이 표명한 거족적 선언이었던 것이니 우리 어찌 그 위대하였던 당시의 의거를 높이 찬양 기념하지 않을 수 있으리오.

이제 당시의 민족 대표 33인 중 이 의거를 영도하신 의암 손병희 선생 98회의 탄신을 맞이하게 되자 새삼스러이 느껴지는 추모의 정 더욱 간절한 바 있으며 더구나 그처럼 저주하시던 왜적도 물러가고 그처럼 염원하시던 조국 대한을 찾은 지도 어언 십수 년이 되었건만 선생의 묘전에는 묘비 하나 서지 못하고 그 위대하신 생전의 업적을 길이 기념하는 아무런 시책조차 없으니 우리들 후생으로서 송구스럽기 그지없는 바이다.

이제 비록 만시지탄은 없지 않으나 위대한 3·1정신을 계승하며 민족정기를 선양하는 전국민 운동의 하나로서 선생의 추념 사업이 가장 긴요 시급함을 절감하는 동시에 우리 후생들의 당연한 업무로 자인하여 이에 의암손병희선생기념사업회를 발기하는 바이니 3천만 애국 동포 제위는 이에 대한 열렬한 박수와 함께 성심 성력을 기울여 주기 바라는 바이다.

단기 4292년 4월 8일

의암손병희선생기념사업회 발기인 일동

• 포덕 100년, 의암손병희선생기념사업회 규약

포덕 100년에 설립된 '의암손병희선생기념사업회' 규약은 다음과 같다.

제1조 본회는 의암 손병희선생기념사업회라 칭한다.

제2조 본회는 고 손병희 선생의 유업을 추모하기 위한 제반 사업을 이룩함으로써 전 국민의 민족정기를 앙양함을 목적으로 한다.

제3조 본회의 본부는 서울특별시 내에 두고 필요에 따라 전국 각지에 지부를 둘 수 있다.

제4조 본회의 목적을 달성하기 위하여 다음 사업을 이룩한다.

①묘비의 건립
②전기의 간행
③동상의 건립
④기념관의 건립
⑤기타 본회의 목적 달성을 위한 사업

제5조 본회의 회원은 본회의 목적과 사업의 취지에 찬동하는 자로 한다.

제6조 본회에 다음의 임원을 둔다.

①명예회장
②회장
③부회장
④위원
⑤상임위원
⑥고문

제7조의 본회 임원의 임무, 제8조 본회 임원의 선임 방법, 제9조 본회 임원의 임기, 제10조 상임위원회가 집행할 사항, 제11조 위원회 소집, 제12조 상임위원회 소집, 제13조 본회의 결의원칙, 제14조 본회의 경비, 제15조 본회의 해산 부칙 등은 생략(4292년 4월 8일)

• 포덕 100년, 창립총회에서 선임된 임원

포덕 100년, 의암손병희선생기념사업회에서 선임된 임원은 다음과 같다

명예회장 이승만(대통령)
회장 조동식
부회장 이응준 유진오
서무분과위원 위원장 신숙(위원) 박지영 서영호 조용구 이단 고희동 문일민 권영창
재정분과위원 위원장 이숙종(위원) 김상근 황생주 김지림 서원출 윤보선 유호준 이염
사업분과위원 위원장 이세정(위원) 공진항 김법린 맹주천 서병성 윤일선 안용백 변시민 주옥경 유광열 손도심 최두선 김영훈 임홍순
고문 국회의장 이기붕 부통령 장면 대법원장 조용순 33인 유족회장 이갑성 전 부통령 함태영 전 대법원장 김병로 내무부장관 최인규 문교부장관 최재용

• 포덕 100년, 기념사업회의 성격과 주요 업적

포덕 100(1959)년 4월 8일, 의암손병희선생기념사업회 창립총회에서 선임된 임원을 보면 기념사업회의 성격을 잘 알 수 있다. 먼저 이승만 대통령이 기념사업회의 명예회장을 맡았으며 고문으로 국회의장, 부통령, 대법원장, 33인 유족회장, 전 부통령, 전 대법원장, 내무부장관, 문교부장관 등 전 현직 삼부 요인을 비롯한 내무, 문교장관 등 실세 장관들이 추대된 것을 보면 의암 손병희 선생을 기념하는 사업에 대하여 국가 차원에서 대통령을 정점으로 최고 수준의 대사로 인식하고 있었음을 알 수 있다. 또한 기념사업회의 회장과 부회장 및 서무, 재정, 사업분과별 위원장과 위원 등의 위상으로 보아 이 사업이 범국가적 차원에서 최고 수준의 중대 사업으로 추진하고 있다는 것을 알 수 있게 한다.

당시 천도교 공진항 교령과 주옥경 사모님, 황생주 등 원로님들은 단지 분과위원

회 위원 중 한 사람으로 임무가 주어진 것을 보면 이 사업을 천도교라는 한 종단을 넘어서서 국가적 중대 사업으로 인식하고 있었다는 것을 알 수 있다. 만약 이 사업을 천도교가 앞장서서 추진하고자 했다면 이와 같은 최고 수준의 국가 사업으로 추진하기 어려웠을 것이다. 의암 성사 기념사업을 추진함에 있어 의암성사님과 뗄 수 없는 동덕여대의 조동식 총장이 회장으로 추대되고 의암성사님의 애제자 중의 한 사람이기도 한 질서 김상근 위원이 묘소와 묘비 건립에 소요되는 비용을 부담하면서 개인의 이름이나 천도교의 이름보다는 사회 유지의 힘으로 추진되기를 바란다는 대승적인 뜻이 기념사업회 구성에 있어서 대통령을 포함한 최고위급의 인사들이 범국가적으로 참여하여 추진하는 계기가 되었다고 볼 수 있다.

기념사업회는 규약에서 의암 손병희 선생의 유업을 추모하기 위한 제반 사업을 성취함으로써 전 국민이 민족정기를 앙양함을 목적으로 묘비 건립, 전기 간행, 동상의 건립, 기념관의 건립 등 4대 사업을 중점 추진하기로 하였다. 이에 따라 포덕 100(1959)년 10월 8일 의암성사 묘비 제막식, 포덕 107(1966)년 5월 19일 의암성사 동상 건립, 포덕 108(1967)년 5월 19일, 의암 손병희 선생 전기 발행 등 3대 사업은 완성하였으나 기념관 건립 사업은 미결의 과제로 남긴 채 기념사업회 사업을 마감하게 되었다. 포덕 100(1959)년 3월 1일 기념사업회 창립 이래 만 8년여 만이다.

3. 신집행부, 손병희 선생 기념관 건립 재추진

—3·1운동 100주년 기념

• 신집행부, 손병희 선생 기념관 건립 재추진 공감대 형성

나는 포덕 157(2016)년 4월 1일 천도교 교령으로 취임하여 4월 22일 대교당에서 취임식을 개최하였다. 이날 취임식에서 나는 취임사를 통해 "스승님들과 선열들의 거룩한 발자취와 성령이 깃든 성지와 사적지를 성역화해 나갈 것입니다. 용담성지, 은적암성지, 검곡성지, 중앙대교당, 봉황각, 우금티 등 동학혁명 사적지, 갑둔리 등 문화 유적지를 세계인들이 찾는 성지로 자리매김해 나갈 것입니다."라고 대내외적으로 약속하였다.

포덕 158(2017)년 3월 1일. 나는 3·1절 기념식 전, 세종문화회관 회의실에서 황교안 대통령 권한 대행에게 우이동 '봉황각의 국가문화재 승격과 의암 손병희 선생 기념관을 건립하여 의암 손병희 선생의 업적을 기리고 국민 정신 교육의 공간으로 조성하는 성역화 사업 추진을 건의한 바 있다. 이어서 3월 22일, 교령사를 방문한 송수근 차관에게 의암 손병희 선생 기념관 건립을 국가적 사업으로 추진할 것을 건의하였다. 4월 11일에는 박해룡 교무관장이 문화재청을 방문하여 봉황각 문화재 지정에 대하여 논의한 후, 6월 5일에는 강북구청에 봉황각 국가문화재 지정 신청을 접수하였다. 6월 7일에는 제8차 기관장회의를 개최하여 '3·1운동 100주년 기념사업의 일환으로 우이동 봉황각 국가문화재 지정 추진', '의암기념관 건립', '우이동 봉황각 일원을 성역화' 하여 국민 정신 교육 도장으로 하는 성역화 추진 필요성과 추진 방향에 대하여 논의하였다.

• 손병희 선생 기념관 건립 추진 발기인대회

포덕 158(2017)년 8월 13일, 시일식 직후 중앙대교당에서 "의암 손병희 선생 기념관” 건립추진위원회 발기인대회와 학술 세미나가 도정, 도훈, 종무위원, 중앙감사, 각종 위원회 위원 등 100여 명의 천도교인이 참석한 가운데 개최되었다. 발기인대회에서 발기인들은 “의암성사의 정신을 기리는 기념사업이 묘비와 동상 건립, 그리고 일생의 전기 발간을 끝으로 기념관 건립의 숙원 사업을 남겨둔 채 중단된 것은 우리 민족 모두의 반성이 촉구되는 바이며, 기념관 건립이 긴급함을 절감하면서 의암 손병희 선생 기념관건립추진위원회 설립을 발기”한다고 밝혔다.

발기인대회의 대회장을 맡은 이범창 종무원장은 대회사에서 “3·1운동 100년을 2년 앞둔 우리 앞에 놓인 두 가지 과제로, ‘3·1운동’의 올바른 이름을 되찾는 것과 3·1운동에서 천도교와 의암성사의 바른 위상을 회복하는 것“이라 밝히고, “의암 손병희 선생과 천도교의 역할을 제대로 조명하고 재평가할 수 있는 단체나 사람은 천도교인들밖에 없다는 자부심”을 가지고, 의암 손병희 선생 기념관이 성사되어 “3·1운동이야말로 우리나라 민주공화제의 출발점이었고, 그 중심에 천도교와 의암 손병희 선생이 계셨다는 것”을 보여 주자고 강조하였다.

나는 격려사를 통해 ‘의암 손병희 선생 기념관’ 건립을 추진하게 된 배경을 “3·1운동의 발상지인 우이동 봉황각은 안타깝게도 우리의 부족한 정성으로 심하게 훼손되어 가고 있다. 현재 서울시문화재로 되어 있는 봉황각을 조속히 국가문화재로 승격하여 의암성사님 묘소와 봉황각 일대를 성역화하는 사업이 시급히 요청된다.”라고 설명하고, “의암 손병희 선생 기념관 건립을 완수하여 대도중흥 포덕 2500의 역사를 이루어 내자”라고 역설하였다. 이어서 한광도 연원회의장은 “각 연원회 책임자들이 앞장서 사표가 되도록 노력하자”라고 축사를 하였고, 송범두 동민회 상임의장의 만세 삼창을 끝으로 발기인대회는 마무리되었다.(《천도교신문》 95호, 2017년 8월 24일)

• 손병희 선생 기념관 건립 추진 발기 취지문

포덕 158(2017)년 8월 13일, 중앙대교당에서 개최한 손병희 선생 기념관 추진 발기 취지문은 다음과 같다.

동서고금을 막론하고 역사를 잊은 민족에게 미래는 없는 것입니다. 이제 3·1독립선언 100주년을 앞두고 만감이 교차합니다. 대한제국을 넘어서 대한민국을 건국하였던 그 위대한 민족적 선언을 누가 영도하였는지, 어떠한 의미가 있는지, 세상 사람들이 정말 제대로 알고나 있는지 심히 염려되는 지경입니다.

3·1독립선언으로 우리는 봉건 왕조의 시대를 마감하였고 공화제의 대한민국 건국을 선언하였으며 임시정부를 수립하게 되어 오늘에 이르게 된 것입니다. 이러한 역사적 거사가 어찌 일 의사, 일 열사의 의거로 되는 것이겠습니까? 이는 그 모든 민족의 역량을 한 소쿠리에 담아낼 수 있는 덕망을 갖춘 민족 지도자요 일생에 걸쳐 장구하고 지난한 노력을 경주하신 의암성사의 성스러운 신고의 산물이며 그러한 성인의 덕화에 온 조선의 모든 민중이 소중하게 따라나선 결과인 것입니다.

이러함에도 그 정신을 기리는 기념사업이 묘비와 동상 건립, 그리고 전기 발간을 끝으로 기념관 건립의 숙원을 남겨둔 채 소잔해진 것은 우리 민족 모두의 반성이 촉구되는 바라 하지 않을 수 없습니다.

만시지탄이기는 하나 이제 3·1독립선언 100주년을 맞이하면서 성사께서 남기신 위대한 삼일정신을 계승하여 민족정기를 선양할 기념관 건립이 긴급함을 절감하면서 이에 의암손병희선생기념관건립추진위원회 설립을 발기하는 바이니 무릇 모든 동덕들이 앞장서서 오천만 동포의 대오각성을 일깨우는 이 거룩한 사업에 성심 성력을 다해 주시기를 바라는 바입니다.

포덕 158년 8월 13일

의암손병희선생기념관건립추진위원회 발기인 일동

• 손병희선생기념관건립추진위원회 격려사

이어서 나는 의암손병희선생기념관건립추진위원회 발기인대회에서 다음과 같은 격려사를 했다.

의암손병희선생기념관건립추진위원회 설립을 위한 오늘의 발기인대회를 진심으로 축하합니다. 의암성사께서는 동학군 북접통령으로 보국안민 광제창생 척왜양창의의 기치 아래 10만의 혁명군을 이끌고 관군 및 왜군과 싸운 혁명가였으며, 갑진개혁운동의 기치 아래 개화운동을 주도하면서 동학의 혼을 지키고 동학을 천도교로 대고천하 하셨습니다.

성사께서는 일제에 나라를 빼앗기자 우이동 봉황각에서 이신환성, 즉 '몸을 성령으로 바꾸라' 는 수련으로 민족 대표들을 연성시키어 국권 회복을 준비하셨습니다. 3·1운동 당시 천도교가 바로 국가였습니다. 천도교가 중심이 되어 2천만 동포 모두가 대한독립만세를 불렀습니다.

지금 3·1운동의 발상지인 우이동 봉황각은 안타깝게도 우리의 부족한 정성으로 심하게 훼손되어 가고 있습니다. 현재 서울시문화재로 되어 있는 봉황각을 조속히 국가문화재로 승격하고 이미 국가문화재로 등록된 의암성사 묘소와 봉황각 일대를 성역화하는 사업이 시급히 요청됩니다. 이러한 사업의 일환으로 우리는 오늘 의암 손병희 선생 기념관 건립을 추진하게 되었습니다.

우리 천도교는 지금 1인 1포덕으로 10년 안에 300만 포덕 시대를 열어 나가기 위해 성지우성하고 있습니다. 포덕 158년은 천도교 역사 속에서 '대도중흥비전 21' 과 함께 중일변을 위한 '대포덕운동' 의 원년으로 기록될 뜻 깊은 해입니다. 대포덕운동 원년 158년의 목표는 '포덕 2500' 으로 설정하였습니다.

의암성사께서 이룩하셨던 300만 포덕 시대를 열어 나가기 위하여 우리 모두 3·1운동 대원칙의 하나인 '대중화' 를 기반으로 한 여세동귀의 자세로 정성을 다한다면, 300만 포덕 시대는 충분히 가능한 일입니다.

'의암 손병희 선생 기념관' 건립을 통해 대도중흥, 300만 포덕 시대를 열어 가는 단초를 마련하여야 할 것입니다. 성사님의 성령과 한울님께서 반드시 감응하실 것으로 믿습니다. 무더운 날씨에도 불구하고 '의암손병희선생기념관건립추진위원회' 발족을 위해 원처 근처에서 모이신 동덕 여러분들의 노고를 치하하면서, 2년 앞으로 다가온 3·1운동 100주년을 기하여 '의암 손병희 선생 기념관' 건립을 완수하여 대도중흥 '포덕 2500' 의 역사를 기어코 이루어 내고, 우리 모두 다 함께 오만년 무궁토록 영원히 멈추지 않을 이 시대 천명인 대도중흥 포덕의 문을 힘차게 열어 나갈 것을 거듭 당부드립니다.

• 손병희 선생 기념관 건립 추진 학술대회

발기인대회에 이어서 대교당에서 '우이동 봉황각과 3·1운동' 이라는 주제의 의암 손병희 선생 기념관 건립 추진과 봉황각 국가문화재 승격을 위한 기념 학술대회가 열렸다. 학술대회는 성보용 성학연구소 소장의 사회로 진행되었다.

오늘 발표된 주제는 제1주제는 3·1운동 민족 대표 손병희와 우이동 봉황각(발표 동의대 성강현, 토론 한성대 조규태) 제2주제는 우이동 봉황각과 3·1운동의 전국화(발표 청암대 성주현, 토론 동국대 조성운) 제3주제는 우이동 봉황각과 문화재적 가치와 활성화 방안(발표 정의연 동천문화원장, 토론 청암대 김인덕) 제4주제는 3·1운동을 통해 본 우이동 봉황각의 역사적 의미(발표 고려대 임형진, 토론 선문대 석영기)의 순으로 발표와 토론이 진행되었다.

나는 학술대회를 마치면서 오늘의 학술대회에 참석하신 교수님들께 감사의 인사말과 함께 손병희 선생 기념관 건립은 천도교 종단의 차원을 넘어서서 범국가적으로 추진되어야 할 국가 사업이 되어야 한다는 점, 그리고 3·1운동 100주년 기념사업의 최우선 사업으로 추진해야 할 것이라고 강조하였다. 마침 이틀 후에 세종문화회관에서 개최되는 8·15 광복절 기념식 차담회에서 문재인 대통령과 국회의장, 대법원장, 정당, 종교, 사회단체장 등 국가 주요 인사들이 모인 가운데서 의암 손병희 선생 기념관 건립에 대해 건의하겠다고 약속했다.

• 종무원 여러분 노고에 감사

나는 손병희선생기념관건립추진위원회 발기인대회를 성공적으로 개최하느라 수고한 종무원에 대하여 포덕 158(2017)년 9월 1일 발표한 월례 조회사를 통하여 격려하고 감사의 뜻을 전했다. “포덕 158년 8월 13일, 시일식 직후 ‘의암손병희선생기념관건립추진위원회’ 발기인대회를 성공적으로 개최할 수 있도록 정성을 다한 종무원 여러분께 감사드립니다. 이날 발기인대회에서는 포덕 100(1959)년에 출범한 ‘손병희선생기념사업회’가 의암성사의 정신을 기리는 묘비와 동상 건립, 그리고 일생의 전기 발간을 끝으로 기념관 건립의 숙원을 남겨둔 채 기념사업을 마감한 것은 우리 민족 모두의 반성이 촉구되는 바이며 기념관 건립의 긴급함을 절감하면서 의암손병희선생기념관건립추진위원회 설립을 발기한다.”라고 밝혔습니다. 아시는 바와 같이 의암성사께서는 동학혁명군 북접통령으로 10만 동학혁명군을 이끌고 관군, 왜군과 싸운 혁명가였습니다. 또한 성사께서는 일제 강점기에 잃어버린 나라를 되찾기 위해 3·1운동을 영도하신 독립운동의 선각자였습니다. 우리는 발기인대회를 계기로 국가적 차원에서 3·1운동 100주년을 맞아 의암 손병희 기념관이 건립될 수 있도록 정성을 모아 나가야 하겠습니다. 이날의 행사는 의암 손병희 기념관 건립 추진과 봉항각의 국가문화재 승격을 위한 기념 학술대회도 함께 열렸습니다. 이들 행사를 성공적으로 치를 수 있도록 기획 집행하느라 수고한 종무원 여러분에게 감사합니다.

4. 손병희 선생 기념관 건립 추진 대정부 건의

• 문재인 대통령에게 국가 차원의 손병희 선생 기념관 건립 건의

나는 포덕 158(2017)년 8월 15일 세종문화회관에서 열린 제72주년 광복절 경축 행사 직전 간담회에서 3·1운동 100주년을 맞아 국가 차원에서 손병희 선생 기념관 건립을 추진할 것을 문재인 대통령에게 건의하였다. 그 내용을 포덕 158(2017)년 9월 1일 월례 조회사에서 다음과 같이 발표하였다.

저는 포덕 158(2017)년 8월 15일, 세종문화회관에서 열린 제72주년 광복절 경축 행사에 참석하여 백범 김구 묘소를 참례하고 왔다는 문재인 대통령을 만난 자리에서 "방금 대통령께서는 이곳에 오시기 전에 백범 김구 선생 묘소를 참례하고 오셨다고 말씀하셨습니다. 그런데 백범 김구 선생은 임정 요원들과 함께 귀국 후 맨 처음 찾아온 곳이 의암성사 묘소였습니다. 그 자리에서 백범 선생은 3·1운동이 없었다면 임시정부가 없었을 것이라며 3·1운동을 영도하신 의암성사님 묘소를 참례하신 바 있습니다.

지금부터 60여 년 전 당시 이승만 전 대통령을 명예위원장으로 하여 범국가적으로 창립된 '손병희선생기념사업회' 에서 묘비 건립, 전기 간행, 동상 건립, 기념관 건립 등 4가지 사업을 기획하였으나 안타깝게도 기념관을 미처 건립하지 못하고 마무리되었습니다. 그런데 그동안 매헌 윤봉길기념관, 백범 김구기념관, 도산 안창호기념관, 도마 안중근기념관 등 많은 기념관들이 건립되었습니다. 이제 3·1운동 100주년을 맞이하여 그동안 미뤄 둔 숙제인 의암 손병희 기념관 건립을 국가적 차원에서 추진해 줄 것" 을 건의한 바 있습니다.

문재인 대통령은 나의 건의에 대해 "천도교가 하면 안 됩니까?" 하고 물었다. 나는 "손병희 선생은 한 종단의 교조인 동시에 일제 강점기에 잃어버린 나라를 되찾기 위해 3·1운동을 영도하신 독립운동의 선각자이셨습니다. 그러므로 3·1운동을 영도하신 손병희 선생의 기념관은 반드시 국가적 차원에서 건립되어야 한다고 생각됩니다."라고 말했습니다. 이날의 대통령 건의는 오전 10시 광복절 경축 행사장에 들어가기에 앞서 삼부 요인과 정관계 및 사회 지도급 인사 30여 명과 함께한 간담회 석상에서 이루어진 것으로 대통령과 각계 지도층에 대한 폭넓은 공감대를 이룰 수 있는 뜻깊은 자리였습니다. 2년 앞으로 다가온 3·1운동 100주년을 기해 의암 손병희 기념관이 건립될 수 있도록 우리 모두 정성을 모아 나가야 하겠습니다.

• 도종환 장관, 교령사 방문시 건의

포덕 158(2017)년 9월 15일, 도종환 장관 교령사 방문, 11시 교령사 접견실, 교단 측에서는 이창번 상주선도사, 정문화 선도사, 정정숙 관장, 문광부에서는 김갑수 종무실장, 박찬석 종무2담당관, 주충남 사무관이 배석하였다. 이 자리에서는 특히 도종환 장관이 포덕 152(2011)년에 쓴 저서『정순철 평전』에 대해 이야기했다. 동학에 대한 애정이 많으신 장관이시다. 나는 도 장관님 방문 후 6일 만에 문체부 김갑수 종무실장, 주충남 사무관의 방문을 받고 함께 우이동 봉황각을 찾아 직접 의암 기념관 건립 방향에 대해 설명하였다.

나는 봉황각에 대한 역사와 봉황각이 처한 현실적인 문제, 의암 기념관에 대한 집중적인 의지를 밝혔다. 유관순 열사까지 기념관이 있는 현실에 비해 의암성사 기념관이 없다는 것은 아직까지 우리 민족에 남겨 놓은 역사의 과제가 마무리되지 않았다는 것을 뜻하며 조속히 정부 차원에서 기념관 건립을 추진해 주기를 건의했다.(《천도교신문》 97호, 2017년 9월 28일)

• 문재인 대통령에게 손병희 선생 기념관 건립 2차 건의

포덕 158(2017)년 12월 6일 12시 7대 종교지도자협의회 청와대 초청 오찬 간담회에서 나는 문재인 대통령에게 3·1운동 100주년을 맞아 국가 차원에서 의암 손병희 선생 기념관을 건립 할 수 있도록 하여 주실 것을 다음과 같이 간곡히 건의하였다. "국정에 바쁘신 중에도, 저희를 초청해 주심에 감사드립니다. 먼저 문재인 대통령님의 취임을 진심으로 축하드리며 역사에 길이 남을 훌륭한 대통령으로서 기억되기를 기원합니다. 대통령께서는 '사람이 먼저다' 라 하시며 사람을 존중하는 사람 중심의 국가 사회를 이룩하겠다고 다짐하셨습니다. 그것은 바로 천도교의 핵심 교리인 인내천 사인여천의 윤리와 상통하는 것이어서 깊은 감명을 받았습니다. 국민이 한울인 나라, 국민을 한울처럼 섬기는 사람 중심의 대한민국을 향하여 저의 천도교도 함께할 것입니다. 저는 오늘 이 자리에서 의암 손병희 선생 기념관 건립 건에 대해 건의하고자 합니다. 지난 8월 15일 광복절 기념식전에서 대통령님께 말씀드린 의암 손병희 선생 기념관 건립 사업을 3·1운동 100주년인 2019년에 완공할 수 있도록 국가 차원에서 정부 사업으로 추진해 주실 것을 간곡히 건의를 드립니다.

1959년, 지금으로부터 60여 년 전, 당시 대통령께서 명예위원장이 되시고 국회의장, 부통령, 대법원장님이 고문으로 하는 손병희선생기념사업회가 구성되었습니다.

동 기념사업회에서는 동상 건립, 묘비 정비, 전기 간행, 기념관 건립 등을 추진하는 것으로 되어 있었습니다. 그런데 동상 건립, 묘비 제막, 전기 간행만을 하고 나머지 기념관 건립은 추진하지 못하고 기념사업회가 마감되어 지금까지 추진되지 못했습니다. 내후년 3월 1일은 3·1운동 100주년이 되는 날입니다. 이 역사적인 3·1운동 100주년을 기해 60년 전 미완의 손병희 선생 기념관 건립 사업을 국가 차원에서 꼭 추진해 주실 것을 거듭 건의드립니다."

이같은 나의 건의에 대해 이 자리에 사회수석, 문체부장관으로부터 의암 손병희 선생 기념관 건립 건에 대해 정부 차원에서 긍정적으로 검토하고 있다는 답변이 있었다. 도종환 문체부장관은 "손병희 의암성사 기념관 건은 천도교와 계속 논의하고 있습니다. 천도교에 빚을 갚아야 한다고 생각합니다."라고 말했다. 이날 청와대 오찬실 의암성사 기념관 건립 추진에 대한 문체부장관으로부터 긍정적인 답변을 듣고 앞으로 국가 차원에서 의암성사 기념관 건립 사업이 순조롭게 잘 추진될 것 같은 느낌이 들었다.

나는 이 자리에서 손병희 선생 기념관 건립 건 외에 천도교의 통일운동과 천도교의 인내천 의식개혁운동에 대한 정부의 적극적인 지원을 건의한 바 있다.

• 도종환 장관에게 2차 건의

포덕 157(2018)년 1월 16일 화요일 12시 경운동 강호 한식집에서 도종환 장관과 오찬을 함께 하였다. 이 자리는 경주의 해월신사 생가 복원 사업 추진 건에 대한 건의를 위하여 김윤근 경주문화원장과 함께 만났다. 도종환 장관은 오늘 오찬 간담회를 위해 청와대 국무회의를 마치자마자 방문하였다. 오늘 이 오찬간담회가 끝나면 곧바로 국회에 가기로 되어 있다고 한다. 정말로 바쁜 일정이다. 오늘의 모임에서의 주제는 두 가지이다.

하나는 경주시 해월신사 생가 복원 사업과 또 하나는 의암 손병희 기념관 건립 추진 건이었다. 도종환 장관은 먼저 해월신사 생가 복원 사업 건에 대하여 사업의 타당성과 추진 방향 및 추진 방안 등에 대하여 문체부 산하에 있는 관광연구소에 용역을 의뢰하겠다고 하였다. 그리고 경주시 지역을 중심으로 한 해월신사 생가 복원을 위한 추진위원회를 구성하여 지역의 의견을 수렴하고 분위기를 조성하는 것이 좋겠다고 말했다. 다음 두 번째 손병희 선생 기념관에 대해서는 국가 차원의 손병희 선생 기념관 건립추진위원회 조직 구성안과 건립 예정지 지적도 등의 자료와 함께 3·1운동 100주년이 되는 금년에 국가 차원의 손병희 기념관 건립을 추진할 수 있도록 거듭 건의하였다. 이에 도종환 장관은 긍정적으로 검토하겠다고 했다.

• 한완상 위원장에게 기념관 건립 건의

포덕 159(2018)년 8월 16일 2시, '3·1운동 및 대한민국 임시정부 수립 100주년 기념사업위원회' 한완상 위원장을 방문하여 의암성사 기념관 건립 추진 필요성에 대하여 설명하면서 의암 손병희 선생 기념관 건립 사업을 3·1운동 100주년 기념 국가 사업에 포함하여 추진해 줄 것을 건의했다. 그러면서 지금이 시기적으로 보아 가장 좋은 기회라고 강조했다. 그러나 한완상 위원장은 위원회 각 분과에서 토론하여 100대 국책사업을 추진하게 된다. 동 위원회에 소속된 천도교 측 위원으로 하여금 100대 사업에 포함할 수 있도록 하는 방안을 추진할 수 있을 것이라고 했다.

• 손병희 선생 기념관 건립 추진, 대통령 청원

포덕 159(2018)년 8월 21일, 3·1운동 100돌을 눈앞에 두고 문재인 정부가 3·1운동을 잇는 임시정부의 정통성을 정확히 인식하고 있다고 보고 의암 손병희 선생 기념관 건립 청원서를 문재인 대통령과 100주년 기념사업추진위원회 한완상 위원장에게 제출하였다. 나는 이 청원서에서 "3·1운동 100주년이 바로 내년으로 다가오는 지금까지도 독립운동을 처음부터 끝까지 준비하고 기획하고 영도하신 손병희 선생의 업적을 기리고 그 숭고한 3·1정신을 계승하여 민족정기를 선양할 의암 손병희 선생 기념관이 없음은 심히 통탄할 일이라 하지 않을 수 없다."며, "의암 손병희 선생 기념관을 3·1운동 100주년의 국책사업으로 추진하여 주실 것을 온 국민의 이름으로 간절히 청원합니다."라고 밝혔다. 청원서 내용은 다음과 같다.(《천도교신문》 116호, 2018년 9월 13일)

〈손병희 선생 기념관 건립 청원서〉

공경하는 문재인 대통령님께

'의암 손병희 선생 기념관' 건립을 청원합니다!

새로운 대한민국, 새 시대 새 희망, 공경하는 문재인 대통령님께 반만년 역사에 길이 빛날 자주 평화 통일의 역사적 위업을 성취하시기를 국민과 함께 진심으로 축원하오며, '의암 손병희 선생 기념관' 건립을 청원합니다.

동서고금을 막론하고 역사를 잊은 민족에게 미래는 없다고 했습니다.

바야흐로 3·1독립선언 100주년을 앞두고, 그 위대한 3·1운동의 영도자이신 의암 손병희 선생을 기리고 그 숭고한 독립정신을 계승하여 민족정기를 선양할 '의암 손병희 선생 기념관' 건립이 절실히 요구되고 있습니다. 이에 '의암 손병희 선생 기념관' 건립을 3·1운동 100주년을 기념하는 국가 정책 사업으로 반드시 추진하여 주실 것을 문재인 대통령님께 간곡히 청원합니다.

99년 전 기미년 3월부터 시작된 한민족의 거족적인 독립운동은 임시정부의 수립으로 이어졌습니다. 이에 이르기까지는 선각자들과 온 민족이 하나가 되어 수십 년 동안 목숨을 건 선열들의 투쟁이 있었고 그 투쟁으로 인하여 이룩된 결과입니다. 이러한 역사적인 3·1독립운동은 이를 뒷받침하는 정신과 사상이, 또 이를 이끄는 위대한 지도자가 있었기에 가능한 일이었습니다.

의암 손병희 선생께서는 일제에 나라를 빼앗기자 "10년 안에 나라를 되찾고 말겠다."는 국권 회복의 결연한 의지로 1912년 6월 19일, 서울 강북구 우이동에 봉황각을 짓고 이곳에서 7차례에 걸쳐 독립운동에 매진할 지도자 483명을 양성하고 독립운동에 필요한 막대한 자금을 마련하는 등 국권 회복을 위해 10년을 준비하시었습니다. 선생께서는 마침내 민족 대표들을 결집하시고, 민족대연합을 통해 세계만방에 대한민국의 자주독립을 선포한 3·1독립운동을 이끄신 영도자요 민족의 스승이자 선각자셨습니다. 3·1독립운동이 있었기에 우리는 봉건 왕조 시대를 마감하고 임시정부를 수립할 수 있었으며 8·15 광복을 맞이할 수 있었습니다. 손병희 선생은 민족 대표 33인의 대표로서 독립선언 직후 서대문 감옥에 투옥되어 모진 옥살이 끝에 얻은 병으로 1922년 순국하셨습니다.

당시 독립운동 단체인 대한민간정부, 대한국민회의 등 3개 단체에서는 국민의 존경받는 3·1운동의 영도자로서 손병희 선생을 대통령으로 추대하였으나 옥살이로 인해 실현되지 못했습니다. 해방 직후 김구 선생은 귀국하자마자 우이동에 있는 의암 손병희 선생 묘소를 참례하신 자리에서 "3·1운동이 아니었으면 임시정부가 없었을 것이며, 손병희 선생이 아니었으면 3·1운동도 일어나지 못했을 것이다."라는 감사와 존경의 말씀을 남기셨습니다.

3·1운동 100주년이 바로 내년으로 다가오는 지금까지도 독립운동을 처음부터 끝까지 준비하고 기획하고 영도하신 손병희 선생의 업적을 기리고 그 숭고한 삼일정신을 계승하여 민족정기를 선양할 '의암 손병희 선생 기념관'이 없음은 심히 통탄할 일이라 하지 않을 수 없습니다.

이제 우리는 3·1독립운동 100주년을 한 해 앞둔 이 시점에서 선생의 위대한 정신과 사상을 후세에 길이 전하고자 '의암 손병희 선생 기념관'을 3·1운동 100주년의 국책사업으로 추진하여 주실 것을 온 국민의 이름으로 간절히 청원합니다.

포덕 159(2018)년 8월 21일
천도교 교령 이정희

• 손병희 선생 기념관 건립 추진, 조회사 발표

포덕 158년(2017) 9월 1일, 손병희 선생 기념관 건립 추진 건 등에 대한 월례 조회사를 다음과 같이 발표하였다.

모시고 안녕하십니까?

조석으로는 서늘한 기운이 느껴지는 가을의 문턱이 성큼 다가왔습니다. 계절의 변화, 정말 눈 깜짝할 사이에 이루어지는 것 같습니다. 환절기 건강에 유의하셔야 하겠습니다. 지난 8월은 수련의 계절이었습니다. 7월에 이어 8월에도 많은 교인들이 수련에 참가하였습니다. 수련에 참가한 교인은 지난해와 비슷한 560여 명에 달 할 것으로 잠정 집계되고 있습니다.

우리 모두가 이 시대의 천명인 대도중흥과 포덕 2500을 달성하기 위한 간절한 염원과 기도를 정성껏 보내 주신 교인 여러분께 감사드리며, 열악한 환경 속에서도 불편 없이 수련을 마칠 수 있도록 온갖 정성을 다해 주신 수도원장님들과 강의와 천덕송을 지도해 주신 강사님 여러분 모두에게 이 시간을 빌어 다시 한 번 감사의 인사를 드립니다.

지난 8월의 조회사에서 언급한 바와 같이 이번 하계 수련에서는 역사적인 포덕결의가 이어졌습니다. 7월 31일, 120여 명이 함께 한 역사적인 '대도중흥 포덕 용담결의' 에 이어 8월 8일, 의창수도원에서 63명이 함께한 '의창결의', 8월 20일, 가리산수도원 창립 35주년 기념식에 참가한 70여 명이 함께한 '가리산결의' 가 있었습니다. 지난 8월 29일에는 50여 명의 중앙총부 임직원이 '중앙총부결의' 에 참여하였습니다.

이번 포덕결의에 참여한 모든 교인들은 1인 1포덕으로 10년 안에 300만 교단시대를 열어 나갈 대도중흥 포덕운동에 앞장서는 역사의 선구자가 되었습니다. 이 선구자적 결의가 포덕 2500을 이루어 내는 동력을 만들어 낼 것이라 믿습니다. 굳건한 신앙심으로 다진 우리들의 결의가 이 가을을 맞아 황금빛으로 물든 풍성한 포덕의 열매를 수확할 수 있을 것으로 확신합니다. 이런 점에서 지난 8월은 포덕 2500의 꿈을 이루는 신앙의 기반을 심어 가꾸는 계절이었다고 말할 수 있을 것입니다. 이와 같은 신앙의 열기 속에서 우리는 매우 뜻깊은 행사를 성공적으로 치렀습니다. 그것은 의암 기념관 건립 추진이었습니다. 8월 13일, 시일식 봉행 후 '의암 손병희 선생 기념관' 건립추진위원회 발기인대회가 중앙대교당에서 개최되었습니다. 이날 발기인들은 "포덕 100년(1959)에 출범한 '손병희 선생기념사업회' 가 의암성사의 정신을 기리는 묘비와 동상 건립, 그리고 일생의 전기 발간을 끝으로 기념관 건립의 숙원을 남겨 둔 채 기념사업을 마감한 것은 우리 민족 모두의 반성이 촉구되는 바이며 기념관 건립이 긴급함을 절감하면서 의암 손병희선생기념관건립추진위원회 설립을 발기한다." 라고 밝혔습니다.

아시는 바와 같이 의암성사께서는 동학혁명군 북접통령으로 10만 동학혁명군을 이끌고 관군, 왜군과 싸운 혁명가였습니다. 또한 성사께서는 동학의 혼을 지키어 동학을 천도교로 대고천하 하신 종교 지도자이셨습니다. 그리고 성사님께서는 일제 강점기에 잃어버린 나라를 되찾기 위해 3·1운동을 영도하신 독립운동의 선각자이셨습니다. 우리는 발기인대회를 계기로 국가적 차원에서 3·1운동 100주년을 맞아 의암 손병희 기념관이 건립될 수 있도록 정성을 모아 나가야 하겠습니다. 이날의 행사는 의암 기념관 건립 추진과 봉황각 국가문화재 승격을 위한 기념 학술대회도 함께 열렸습니다. 이들 행사를 성공적으로 치를 수 있도록 기획 집행하느라 수고한 종무원 여러분에게 감사드립니다. 저는 지난 8월 15일, 세종문화회관에서 열린 제72주년 광복절 경축 행사에 참석하여 "백범 김구 선생 묘소를 참례하고 왔다"는 문재인 대통령을 만난 자리에서 "대통령께서 이곳에 오시기 전에 백범 김구 선생 묘소를 참례하고 오셨다고 말씀하셨습니다. 그런데 백범 김구 선생은 임정 요원들과 함께 귀국 후 맨 처음 찾아온 곳이 의암성사 묘소였습니다. 그 자리에서 백범 김구 선생은 3·1운동이 없었다면 임시정부가 없었을 것이라며 3·1운동을 영도하신 의암성사님 묘소를 참례하신 바 있습니다. 지금부터 50여 년 전 당시 이승만 전 대통령을 명예위원장으로 모시고 범국가적으로 창립된 '손병희선생기념사업회'에서 묘비 건립, 전기 간행, 동상 건립, 기념관 건립 등 4가지 사업을 기획하였으나 안타깝게도 기념관을 미처 건립하지 못하고 마무리되었습니다. 그런데 그동안 매헌 윤봉길기념관, 백범 김구기념관, 도산 안창호기념관, 도마 안중근기념관 등 많은 기념관들이 건립되었습니다. 이제 3·1운동 100주년을 맞이하여 그동안 미뤄 둔 숙제인 의암 손병희 기념관 건립을 국가적 차원에서 추진해 줄 것"을 건의한 바 있습니다.

이날의 대통령 건의는 오전 10시 광복절 경축 행사장에 들어가기에 앞서 삼부요인과 정관계 및 사회 지도급 인사 30여 명과 함께한 간담회 석상에서 이루어진 것으로 대통령과 각계 지도층에 대한 폭넓은 공감대를 이룰 수 있는 뜻깊은 자리였습니다. 2년 앞으로 다가온 3·1운동 100주년을 기해 기념관이 건립될 수 있도록 우리 모두 정성을 모아 나가야 하겠습니다. 이제 수련의 계절 8월을 보내고 새로운 9월을 맞아 대도중흥비전 21과 포덕 2500의 성공적 달성을 위해 우리 모두 정성을 모아 나갈 것을 다짐하면서 오늘의 조회사를 마치고자 합니다. 희망찬 9월 아침, 여러분과 가정에 건강이 함께하기를 기원합니다.

5. 동덕여대 조원영 이사장과의 협의

• 동덕여대 김낙훈 총장 내방

포덕 158(2017)년 8월 13일, 중앙대교당에서 의암손병희선생기념관건립추진위원회 발기인대회가 성공적으로 개최되고 8월 15일, 문재인 대통령에게 국가적 차원의 기념관 건립을 건의하였으므로 이제는 기념관 건립 사업을 실질적으로 추진해 나갈 추진위원회를 범사회적으로 구성해야 할 단계에 도달했다.

기념관건립추진위원회를 어떻게 구성해야 할 것인가? 주변에서는 천도교와 인연이 있는 동덕여대 총장을 추진위원장으로 추대하는 것이 좋겠다는 의견이 많았다. 범국가적으로 추진되어야 할 추진위원회는 포덕 100(1959)년에 설립되었던 손병희선생기념사업회의 조직과 인사를 참조로 하여 추진하는 것이 좋을 것이라는 것이다. 좋은 의견이라 생각되었다. 그래서 동덕여대 총장실로 전화를 하였다. 의암성사 기념관 건립 추진 건으로 방문하고 싶다는 말씀을 드렸더니 긍정적으로 받아들이며 동덕여대 총장께서 직접 내방하겠다고 했다.

이에 포덕 158(2017)년 8월 28일 15시 동덕여대 김낙훈 총장과 하일지 교수가 의암성사 기념관 설립 추진 건을 협의하기 위해 교령사를 방문하였다. 그런데 김낙훈 총장께서는 의암성사 기념관 건립 추진 건에 대해서는 본인보다 1959년 손병희선생기념사업회 회장을 맡으셨던 조동식 전 총장의 손자이신 동덕여대 조원영 재단이사장과 만나 협의하는 것이 좋을 것이라는 의견을 제시하였다. 그래서 추후 우리가 조원영 이사장님을 방문하여 구체적인 협의를 하는 것으로 논의되었다. 당시 기념사업회장을 맡으셨던 조동식 동덕여학교 학장의 손자인 동덕여자대학교 이사장을 기념관 건립추진위원회장으로 추천하는 방안을 추진하기로 하였다. 동덕여자대학교 이사장을 회장으로 추대하는 것은 선친의 유업이기도 하지만 오늘의 동덕여자대학교의 초창기 역사에 비추어 바람직하다고 생각되었다.(《천도교신문》 96호, 2017년 9월 7일)

• 조원영 이사장, 기념관 건립 추진 위원장 내정

포덕 158(2017)년 8월 28일 동덕여대 김낙훈 총장 내방 시에 약속한 바에 따라 9월 21일 오후 2시, 이범창 종무원장과 함께 조원영 동덕여대 이사장실을 방문하였다. 하일지 교수도 함께 배석하였다. 그동안의 추진 경과와 향후 추진 방향에 대하여 설명한 후 춘강 선생의 손자로서 조부의 위업을 이어 받아 추진위원회 위원장을 맡아 주실 것을 제안하였다. 나는 조원영 이사장을 처음으로 뵙자마자 의암성사 기념관 건립의 사명을 이어 받은 준비된 분이라는 느낌을 받았다. 모든 일은 사람이 하는 법인데 조원영 이사장님이 앞장선다면 의암성사 기념관은 순조롭게 건립될 수 있을 것이라는 확신이 들었다.

나는 이러한 역사적인 배경과 춘강 선생님의 뜻을 받아 의암 손병희 선생 기념관 건립 추진 위원장직을 맡아 주실 것을 제안했다. 처음에는 고사하였으나 거듭된 부탁으로 마침내 긍정적인 답변을 받았다.(《천도교신문》 97호, 2017년 9월 28일) 이제는 기념관 건립 추진 사업이 한 걸음 더 나아갈 수 있겠다는 생각을 하였다. 3·1운동 100주년을 맞아 조원영 이사장 중심의 범국민적 추진체계를 구축하게 된다면 국민 모금 운동을 전개하면서 동시에 정부 예산도 동시에 지원받을 수 있을 것으로 생각되었다. 조원영 이사장님을 뵙고 60년 전 조동식 총장께서 추진하셨으나 미완의 과제로 남겨진 손병희 선생 기념관 건립 사업이 성공적으로 추진될 것이라는 희망을 가질 수 있게 되었다.

• 조원영 이사장, 우이동 현지 방문

포덕 158(2017)년 10월 18일, 동덕여학단 조원영 이사장이 우이동 손병희 의암성사님 묘소를 참례하였다. 14시부터 15시 30분까지 머물면서 의암 기념관 설립에 대한 깊은 관심을 표명하였다. 조원영 이사장은 포덕 100년(1959)에 창립된 의암손병희선생기념사업회 조동식 회장의 손자이다. 조 이사장은 이정희 교령과의 대화에서 조부의 뜻을 이어 당시 기념사업회에서 하고자 했던 4가지 사업(묘비와 동상 건립, 전기 발간, 기념관 건립) 중 미결 사업인 손병희 선생 기념관 건립을 위해 노력을 하겠다고 말했다. 이날 종무원장, 의창수도원장, 정정숙 관장이 배석하였으며 동덕여대 하일지 교수도 조원영 이사장과 함께 동행하였다.(《천도교신문》 98호 2017년 10

월 26일)

한편 문체부 종무실장도 현지를 답사하였다. 포덕 158년 9월 21일, 문체부 김갑수 종무실장, 주충남 사무관이 우이동 봉황각을 찾아 의암성사 기념관 건립 계획에 대한 설명을 들었다. 이 교령은 유관순 열사까지 기념관이 있는 현실에 비추어 의암성사 기념관이 없다는 것은 아직까지 우리 민족에 남겨 놓은 역사의 과제가 마무리되지 않았다는 것을 뜻하며 조속히 정부 차원에서 기념관 건립을 추진해 주기를 당부하였다.(《천도교신문》 97호, 2017년 9월 28일)

• 손병희 선생 기념관 건립 추진 언론 인터뷰

포덕 158(2017)년 12월 21일, 우이동 봉황각 앞에서 한겨레의 조현 종교전문기자와 만나 의암 손병희 선생 기념관 건립 추진에 대해 대담한 바 있다. 이와 관련하여 한겨레에 보도된 기사 내용은 다음과 같다.

> "서울 강북구 우이동 북한산 우이분소 앞에 봉황각이 있다. 천도교 중앙총부 건물을 50년 전 옮겨 온 벽돌 건물에 가려 잘 보이지 않는다. 그 건물 뒤로 돌아가니 인수봉에서 날아온 듯한 모습의 봉황처럼 우아한 한옥 기와집이 나타난다. 천도교 3대 교조 의암 손병희(1861~1922)가 3·1운동 7년 전인 1912년부터 비폭력 평화 독립운동의 전사들을 양성한 곳이다. 의암이 수운 최제우—해월 최시형으로 내려오던 천도교의 도통을 이어받은 '인일(人日) 기념일'(24일)을 앞두고 천도교 이정희(72) 교령을 19일 봉황각에서 만났다. "이곳은 의암성사께서 7차례에 걸쳐 모두 483명에게 이신환성(以身換性) 수련을 시켜 3·1운동을 준비한 곳이다."
>
> '이신환성' 이란 "육신의 안락을 위한 삶을 성령의 참된 삶으로 바꾸라"라는 의암의 가르침이다. 이곳에서 49일씩 수련으로 체험한 성령으로 무장한 이들이 전국으로 내려가 시민운동을 전개하며 훗날 3·1운동이 들불처럼 번지게 하는 데 막중한 구실을 했다고 한다. 두 달 뒤 중국의 5·4운동과 인도 간디의 비폭력 독립운동에까지 영향을 미칠 만큼 세계사적으로도 중요한 사건이 이곳에서 싹을 키운 것이다.
>
> "해방 직후 백범 김구 선생도 귀국하자마자 이곳을 찾아 의암 묘를 참배하면

서 '3·1운동이 아니었으면 임시정부가 없었고, 의암이 없었으면 3·1운동도 일어나지 못했을 것' 이라고 했다. 이승만 대통령도 두 번이나 참례했다."

자유당 시절인 포덕 100(1959)년 '손병희선생기념사업회' 가 결성돼 이승만 대통령이 명예위원장을 맡고 조동식 동덕여대 총장이 위원장을 맡아 파고다공원에 동상을 세우고 전기를 쓰고 묘비를 제막했는데 미처 기념관은 짓지 못한 채로 1965년 사업회가 해체됐다고 한다.

그래서 아직도 중국의 국부인 쑨원(손문)이나 인도의 국부인 간디에 비견할 민족 지도자인 의암의 뜻을 기리고 유물을 제대로 전시할 공간이 없다고 했다. 더구나 서울시 유형문화재 2호인 봉황각마저 지어진 지 100년이 넘어 틈이 벌어지고 조금씩 기울어져 보전 관리가 어렵고, 3·1운동 전에 수련하던 소봉황각도 사라져 복원이 필요하다고 한다. "봉황각을 국가문화재로 지정하고, 인근에 기념관을 지어 의암의 묘와 함께 성역화했으면 한다."

그런데 3·1운동 100돌을 앞에 두고, 3·1운동을 잇는 임시정부의 정통성을 정확히 인식하는 문재인 정부의 출범을 의암 기념관 건립의 청신호로 보고 있다. 특히 최근 초대 기념사업회 위원장이던 조동식 선생의 손자인 조원영 동덕여대 이사장이 의암기념사업회를 열성적으로 준비 중이라고 한다. 이 교령은 기념관 건립에 천도교가 앞장서기보다는 조력 구실만 하고 싶어 한다. 의암은 천도교인들의 스승이기도 하지만 세계에서도 유례없이 여러 종교와 화합해 비폭력 평화 독립운동을 이끈 민족 지도자이자 동학 혁명가이자 시민운동, 여성운동, 어린이 운동, 언론·출판·교육운동을 이끈 근세의 선구자이므로 교단 차원이 아니라 범국민적 차원의 운동이 필요하다는 것이다.

이 교령은 동학혁명과 3·1운동에서 외세에 맞서 천도(동학)교인들이 불쏘시개가 되었듯 민족 통일을 위해서도 잘 쓰였으면 하는 바람을 가지고 있다.

"북에서 노동당에 이어 제2정당이 천도교 청우당이다. 남북 이산가족 상봉 단장으로도 온 류미영(지난해 별세)도 천도교 청우당 위원장이었다. 해방 때 북에만 천도교인이 200만 명이었고, 여전히 북에서는 천도교가 큰 역할을 하고 있다. 따라서 천도교를 통해 남북이 화해와 통일의 활로를 찾았으면 좋겠다."

그는 "최근 종교 지도자들의 청와대 오찬에서 대통령께도 이 점을 말씀드렸다. 최덕신·류미영 위원장 부부의 아들인 최인국 씨가 이 정부 최초로 최근 방북 허가를 받아 북에 다녀온 게 교류의 신호탄이 되길 바란다."라고 했다.

봉황각은 이 교령에게도 잊을 수 없는 장소다. 서울 홍릉의 카이스트 전신인 키스트(KIST)에 재직하던 33살 때 봉황각에 와 1주일간 시천주 주문 수련을 하면서 성령(한울님)을 체험한 것을 진짜 인생의 시작으로 본다. 독실한 천도교 집안에서 자랐지만 '내 안에 한울님을 모시고 있음을 깨달은' 그때가 참천도교인으로서 시작이었다는 것이다. 그 뒤로 한번도 '천도'를 의심하거나 좌고우면하지 않고 달려왔다고 한다. 포덕 133(1992)년 카이스트가 대전으로 옮겨가 대전에 살며 계룡산에만 2천 번을 올라 다녔다. 비가 오나 눈이 오나 주말이면 새벽에 손전등을 들고 올랐다. 그는 그런 일심의 집중력을 이제 천도교의 핵심 사상인 '인내천'(곧 한울님) 사상을 펼치는 데 모으고 있다. 지난달 24일 인내천운동연합을 출범한 것도 이 때문이다.

"'사람이 곧 한울'이니 사람을 한울처럼 공경하고 누구나 한울이니 차별 말고 대하라는 '인내천'보다 더한 인간 존중과 평등이 있을까. 김대중 대통령이 '사인여천'(사람을 한울처럼 섬겨라)이란 휘호를 자주 썼던 것도 그 때문이다. 촛불혁명으로 탄생한 문재인 정부가 '사람 중심이다', '사람이 먼저다'라고 하는 것도 같은 말이다."

이 교령은 "나라엔 경제적 지엔피(GNP·국민총생산)만 있는 게 아니다"라며 "한 사람 한 사람을 얼마나 존엄하게 대하는지로 가늠되는 '정신적 지엔피'를 높여 진정으로 잘사는 나라를 만들어 보자"라고 했다.(《한겨레》(2017년 12월 21일 조현 종교전문기자)

• 의암 손병희 선생 기념관 건립 추진 현판식 협의

포덕 159(2018)년 1월 16일 화요일, 경운동 강호에서 도종환 문체부장관과 김윤근 경주문화원장과의 오찬에 이어 다음 날인 17일에도 같은 장소에서 동덕여대 조원영 이사장과 하일지 교수와 함께 의암 선생 기념관 건립을 주제로 한 오찬 간담회를 가졌다. 우리 측에서는 나와 이범창 종무원장이 함께 했다.

이 자리에서는 역사적인 의암기념관건립추진위원회 회장을 맡아 주시기로 한 조원영 이사장께 감사드리며 앞으로 구체적인 추진 방향과 조직안에 관하여 폭넓게 논의하였다. 조직안은 포덕 100(1959)년에 설립되었던 의암손병희선생기념사업회를 참조하여 작성한 조직도표안을 조원영 이사장에게 설명하고 관련 자료를 전했다. 이 조직안은 문재인 대통령을 명예회장으로 하고 조원영 이사장을 회장으로 하는 안으로 되어 있다. 앞으로 기념관 건립 사업과 관련하여 사무간사와 사무실 설치에 대해 논의하였다. 사무간사는 우리 측에서 알아보도록 하고 최종적으로는 이사장께서 결정하도록 하였으며 사무실은 인사동에 있는 동덕여대 소유의 동덕빌딩에 두기로 논의하였다. 그리고 현판식은 3·1절에 앞서서 2월 27일 11시에 갖기로 잠정 합의하였다. 그리고 사업 추진에 따른 현판식 창립총회, 조직, 홍보 등 제반 업무에 대해서 동덕여대 하일지 교수와 천도교 이범창 종무원장이 함께 공동으로 협의하여 추진하도록 하였다.

• 기념관 건립추진위원회 조직 구성안 구상

기념관 건립추진위원회를 어떻게 구성할 것인가? 나는 먼저 포덕 100(1959)년도에 구성된 바 있는 의암손병희선생기념사업추진위원회 조직도를 참고로 하기 위하여 그 당시의 조직을 찾아보았다. 기념관 사업은 당시의 손병희선생기념사업회의 사업으로 추진코자 계획되었으나 기념사업회의 해체로 인하여 실현되지 못한 사업이므로 그 시점으로 돌아가서 재추진하는 성격을 갖는 것이므로 현재의 시점에서 당시의 조직을 그대로 이어받는 것이 좋겠다고 생각하였다. 다만 당시의 기념사업회에서 추진키로 한 의암성사 동상 건립, 의암성사 묘소 정비, 의암성사 전기 간행, 의암성사 기념관 건립 사업 등 4가지 사업 중 하나인 미완의 기념관 건립 사업을 추진하는 것이므로 사업의 성격은 동일하나 사업의 범위를 좁혀 조직을 구상하는 것이 좋을 것 같다는 생각을 했다.

먼저 당시의 조직을 보면 조직의 명칭은 '의암손병희선생기념사업회' 로 조직 구성원은 범국가적으로 대통령을 포함한 삼부 요인이 모두 포함되었으며 관련 부처 장관 및 학계, 종교계(천도교), 기업계가 총망라되었다. 구체적으로 살펴보면, 명예회장에는 이승만 대통령, 고문으로 국회의장, 전 현직 부통령, 대법원장, 내무장관, 문교장관이 맡았다. 그리고 회장은 동덕여대 조동식 총장, 부회장에는 이응준 체신부장관, 고려대 유진오 총장이 맡았다. 천도교인으로는 사무분과 위원장 신숙, 위원에 이단, 재정분과 위원으로 김상근, 황생주, 사업분과 위원으로 공진항, 주옥경 등(존칭 생략) 3개 분과에 각각 2인이 포함되어 있다. 조직 구성 측면에서 볼 때, 기념사업회에서 추진하는 사업이 범국가적 사업이라는 것을 그대로 보여 주고 있다.

1959년도 의암손병희선생기념사업추진위원회 조직도

고문	
국회의장	이기붕
부통령	장 면
대법원장	조용순
33인 유족회장	이갑성
전부통령	함태영
전대법원장	김병로
내무장관	최인규
문교장관	최재유

명예회장
대통령 이승만

회장
동덕여대 총장 조동식

부회장
체신부장관 이응준
고려대총장 유진오

사무분과	
위원장	신 숙
위원	박지영
위원	서영호
위원	조용구
위원	이 단
위원	고희동
위원	문일민
위원	권영창

재정분과	
위원장	이숙종
위원	김상근
위원	황생주
위원	김지림
위원	서원출
위원	윤보선
위원	유호준
위원	이 담

사업분과	
위원장 이세종	
위원 공진항	위원 김법린
위원 맹주천	위원 서병성
위원 윤일선	위원 안용백
위원 변시민	위원 주옥경
위원 유광열	위원 손도심
위원 최두선	위원 김영훈
위원 임흥순	

포덕 100(1959)년도에 구성된 바 있는 의암손병희선생기념사업추진위원회 조직도를 참고로 기념관 건립을 위한 조직의 명칭은 '의암손병희선생기념관건립추진위원회' 로 하되 조직의 구성은 보다 폭넓은 자문을 받을 수 있도록 고문단 외에 자문단을 추가하는 것이 좋겠다고 생각했다. 그 외의 조직 구성은 1959년과 같이 범국가적으로 포진하는 것으로 안을 구상해 보았다.

먼저 명예회장으로는 문재인 대통령, 고문으로 국회의장, 전 현직 국무총리, 대법원장, 헌법재판소장, 중앙선관위위원장, 밀양손씨대종회장, 천도교 교령 등이 맡도록 하고 자문위원으로는 문체부장관, 행자부장관, 보훈처장관, 한국교총회장, 고대총장, 동덕여대 총장이 맡는 것으로 구상해 보았다. 그리고 1959년 당시의 기념사업회 조동식 회장 손자인 조원영 동덕여대 이사장이 회장을 맡아 추진하는 것이 좋겠다고 생각하였다. 이러한 구상은 아이디어 수준의 초기 구상으로 개인적인 수준에서 생각해 본 것으로 보다 많은 의견을 수렴하고 구체화해 나가기로 했다. 건립추진위원회가 공식적으로 구성되고 사무처가 출범하게 되면 위원회 위원을 확정하고 여기에서 의견을 개진하여 공식적인 조직을 완성해 나가는 것이 바람직하다고 생각했다. 이 과정에서 천도교는 앞에 나서지 말고 뒤에서 조력하는 역할을 하도록 하는 것이 좋을 것으로 생각했다. 만약 천도교단이 앞장서서 이 일을 추진한다면 기념관 건립 사업이 천도교만의 일개 종단 사업으로 간주되어 조직이나 예산 등 범국가적인 사업으로 추진하기 어렵게 될 수도 있다. 그래서 우리는 먼저 교단을 중심으로 기념관 건립 추진 발기인대회를 개최하여 조용하게 내부적인 준비를 해나가기로 하고 대외적으로 정부와 학계, 기업 등과 교류하면서 범국가적인 추진체계를 구축하는 방향으로 전략을 세워 보았다.

이러한 기념관 건립 추진 방향과 전략하에 포덕 158년 1월 17일, 동덕여학단(동덕여대) 조원영 이사장, 이범창 종무원장, 하일지 교수와 함께 강호에서 오찬 후 교령사를 들러 손병희선생기념관설립위원회 조직 구성(안)에 대해 논의하였다. 의암손병희선생기념관건립추진위원회 조직도(안)을 도표로 보이면 다음과 같다.

2018년도 의암손병희선생기념관 건립추진위원회 조직도(안)

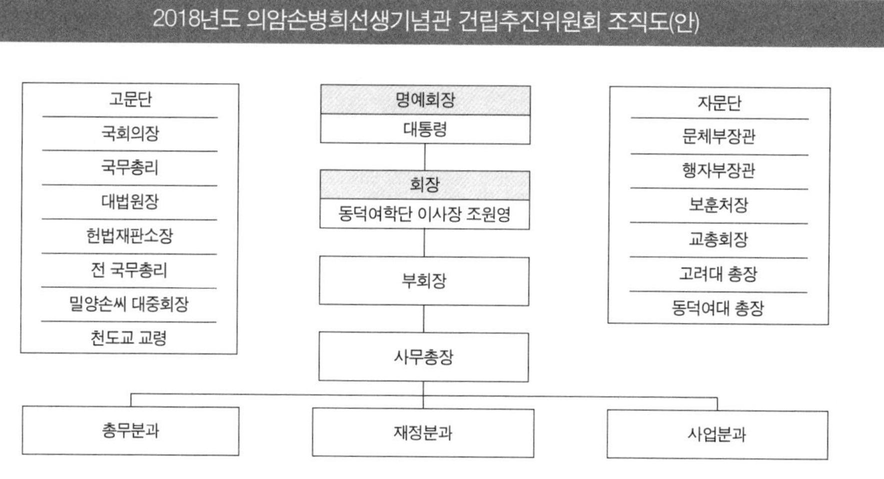

• 사단법인 손병희선생기념사업회에 대한 의구심

기념관 건립 추진을 위한 조직 구성안과 사무공간에 대한 협의가 이루어짐에 따라 추진위원회의 사무를 전담할 직원을 뽑기로 하였다. 그래서 이범창 종무원장이 동덕여대 하일지 교수에게 동덕여대에서 사무실 직원을 선발하도록 요청하였다. 그런데 사무 직원은 천도교 측에서 선발하는 것이 좋겠다고 하여 종무원장이 지인을 통하여 적임자를 소개받았다. 포덕 158년 1월 29일, 월요일 소개받은 권모(여) 씨를 면접하였다. 이분은 70년대 생으로 고려대학교 신문방송학과를 졸업하고 정치, 교육, 출판 등 여러 분야에서 다양한 경험을 쌓은 유능한 인재로서 인상도 좋아 보여 마음에 쏙 들었다. 동덕여대에서만 좋다고 하면 바로 채용해도 좋을 것 같아 종무원장이 동덕여대에 연락을 취했다. 그런데 문제가 생겼다. 동덕여대에서 추진 조직 문제 등 제반 관련 사항에 대하여 검토하는 도중에 법적으로 문제점이 발견되었다는 것이다. 동덕여대 법학교수에 의하면 현재 사단법인 의암손병희선생기념사업회가 존재하고 있음을 발견했다는 것이다. 현존의 사단법인에서 추진하면 될 일이지, 구태여 기념관건립추진위원회를 별도로 만들어 이중으로 추진할 필요가 어디에 있는지 이해할 수 없다는 것이다. 이중적으로 추진하는 것에 대해 의구심이 든다는 것이다.

그래서 알아보니, 포덕 154(2013)년 7월 10일자로 사단법인 의암손병희선생기념사업회가 설립되어 있는 것을 확인하고 사단법인의 설립 경위와 성격 등에 대하여 전 집행부 자료를 살펴보았다. 살펴본 바에 의하면, 천도교 종무원에서는 포덕 154(2013)년 6월 7일, '의암경영연구소 의암손병희선생기념사업회 준비위원장' 으로부터 '의암손병희선생기념사업회 설립 관련 천도교 중앙총부의 확인 요청'을 받은 바 있으며 이에 대해 종무위원회에서는 부결하기로 의결하고 그 결과를 준비위원장에게 회신한 것으로 파악되었다. 심의 중에 나온 부결 이유는 "모든 것을 총부로 넘겨준다는 전제 조건이 있다면 가능하겠지만 그렇지 않다면 확인해 주기 어렵다."는 것이었다. 따라서 이 사단법인은 천도교에서는 부결된 것으로 천도교와는 무관하게 설립된 조직이라는 것을 확인할 수 있었다. 이 법인의 정관에 의하면 제2조(목적)에 "의암 손병희 선생의 위업을 기리고 숭고한 독립정신과 건국이념을 선양함을 목적으로 한다."라고 되어 있으며 제4조(사업) "법인은 제2조의 목적을 달성하기 위하여 다음 각호의 사업을 수행한다. ①손병희 선생의 3·1독립정신 등 사상 연구와 선양 ②손병희 선생의 유적 보존과 유품의 수집 및 보관 ③손병희 선생의 추모 사업 ④손병희 선생에 대한 학술강연회 개최 ⑤기타 법인의 목적 달성에 필요한 사업" 으로 되어 있다.

이 사단법인으로 하여금 기념관 건립 사업 추진에 협조할 것을 요청하기로 하고 2월 5일, 이범창 종무원장과 함께 사단법인 의암손병희선생기념사업회 ○○ 이사장을 만났다. 그동안의 추진 경과를 이야기하고 교단에서 추진하고 있는 기념관 건립

추진 건에 대한 협조를 부탁하였다. 처음에는 당연히 협조하겠다는 입장이어서 별 문제가 없을 것으로 생각하였다. 그래서 동덕여대 측에 기념관 건립 추진에 대해 현존의 사단법인으로부터 협조하기로 하였으며 전혀 문제가 되지 않을 것이니 예정대로 진행해 나가자고 말했다. 그런데도 동덕여대로부터 사단법인에 대한 의구심이 완전히 풀리지 않아 보였다. 그래서 사단법인 의암손병희선생기념사업회에서 협조하기로 하였다는 것을 서면으로 확인하여 동덕여대 측에 보여 줄 필요가 있다고 생각되어 종무원장과 함께 3월 5일 다시 ○○ 의암손병희선생기념사업회 이사장을 만났다. 기념관 건립에 대해 천도교에 협조하겠다는 내용의 확인서를 작성해 줄 것을 요청하였다. 그러나 ○○ 의암손병희선생기념사업회 이사장은 거절하였다. 협조하겠다는 확인서를 써줄 수는 없다는 것이었다. 정말 안타까웠다. 설상가상으로 문체부에서도 부정적인 이야기를 전해 준다. 의암 기념관 설립 건에 대하여 천도교 내부에서 반대 의견이 있다는 것이다. 1월 19일, 문체부 고위간부로부터 의암 기념관 건립 추진에 대한 내부 일부에서 반대하는 의견이 있으니 이를 조율할 필요가 있다는 말을 듣는다. 생각지도 않은 일들이다. 그러나 이러한 어려운 상황이 다가온 것은 의암 기념관 설립을 위하여 더 큰 정성을 드리라는 한울님의 뜻이라 생각하며 최선을 다해 나가기로 굳게 결심을 한다.

• 조원영 이사장, 추진위원장 불가 통지

포덕 159(2018)년 3월 12일, 인사동 한 음식점에서 조원영 이사장과 오찬을 함께 하였다. 동덕여대에서 하일지 교수와 법대 교수가 배석하였으며 우리 측에서는 이범창 종무원장이 함께 하였다. 현행 의암손병희선생기념회와 이중 플레이를 한 것이 아니라는 것과 기념사업회에서 이 사업을 방해할 리는 결코 없을 것이라고 설득에 설득을 거듭하였다. 시간을 두고 좀 더 깊이 생각해 보기로 하였다. 그런데 다음 날 3월 13일, 조원영 이사장으로부터 불가하다는 문자를 보내왔다.

"교령님! 동덕의 조원영입니다. 그간 수차례 주신 배려와 호의에도 불구하고 너무 늦게 이런 결단을 내려야 하는 것이 안타깝고 송구합니다. 역량에 비해 벅찬 자리임에도 동덕의 역사와 춘강의 유지라는 당위성으로 지금에 이르렀습니다만 뒤늦게 인지된 뜻밖의 사실로 근본적인 고민과 결정을 새삼 한다는 것 자체가 솔직히 고통스럽군요. 결론적으로 첫째 역량에 비해 무거운 중압감은 여전히 갖습니다. 둘째 같은 목적을 가진 단체가 양립한다는 것은 근본적으로 갈등의 단초가 될 수 있기에 이를 불식시키려면 높은 명성과 권위를 지닌 분이 맡는 것이 적절하다고 사료됩니다. 셋째 후손으로 춘강의 유지를 받든다면 기념사업회란 명칭의 존속이 중요한데 이미 기존재 하고 있는 기념사업회와 다른 명칭으로 유지를 받드는 것이 적절한 처사일지 의문이 됩니다. 마지막으로 솔직히 맡고 있는 학교의 환경이나 개인적인 상황도 헤쳐 나가기 상당히 어려움을 갖고 있어서 역할 수행에 소홀함이 걱정됩니다. 이상의 일들로 늦었지만 지금이라도 빠른 결정을 드리는 것이 더 이상의 지연과 혼란을 막는 최선의 길이라 판단했습니다. 늦었지만 절대 불가한 사항이 아니라면 저의 순수한 뜻을 살펴주시면 고맙겠습니다. 앞으로 후방에서라도 의암 선생을 위하는 길이라면 미력하지만 최선을 다하여 돕겠습니다. 그간 보여 주신 따듯한 마음과 배려도 의암 선생의 업적을 기리는데 보태도록 하겠습니다."

이에 대해 나는 다음과 같이 답변을 문자로 보내 드렸다. "대단히 죄송하옵니다만 저로서는 이사장님 말고는 어떤 대안도 없습니다. 의암성사님 기념관 건립은 한울님의 뜻이라 생각됩니다. 사람의 뜻이 아니라 한울님의 뜻이라 생각되기에 반드시 건립될 것이라 믿습니다. 조부이신 춘강 선생님의 간절한 뜻이라고 믿습니다. 저는 이사장님께서 한울님의 뜻, 춘강 선생님의 뜻을 이어받으셨다고 생각했습니다. 그 숭고한 뜻을 저희가 함께하며 국가가 함께할 것입니다. 공간도 확보되었다고 하셨습니다. 예정대로 27일에 현판식을 하고 일을 추진해 나갈 수 있기를 원합니다. 기념관 건립의 버팀목이 되시기를 바랍니다. 다시 한번 깊이 해량해 주시기를 바랍니다. 춘강 선생님께서 생전에 이루시지 못한 미완의 꿈을 이어받으시는데 무슨 장애가 있겠습니까? '뜻이 있는 곳에 길이 있다.' 고 하듯이 이미 뜻을 세우신 그 정성을 흔들림 없이 지키시기를 거듭거듭 건의합니다. 서로서로 협의하여 건립위원들을 10여 명 섭외하고 현판식하고 이어서 위원들과 함께하면 반드시 성공하실 것으로 확신합니다. 깊이 해량하여 주시기 바랍니다. 저는 지금 우이동에 있으면서 일이 손에 잡히지 않아 거듭 생각에 잠겨 몇 자 적어 올리게 됨을 양지하시기 바랍니다."

그러나 안타깝게도 의암성사님 기념관 건립 사업은 더 이상 진전을 보지 못했다. 그토록 많은 정성을 기울였지만 여기서 멈춰야만 했다. 3·1운동 100주년, 의암성사님 기념관 건립의 꿈을 이루지 못하다니, 참으로 애석한 일이다. 하지만 우리가 이루고자 했던 의암성사님 기념관 건립의 꿈을 반드시 성취될 것이라 믿는다.

6. 다시 후일을 기다리며

강북구 우이동 188번지 일원, 북한산우이역에서 500여m, 도보로 8분 거리에 있는 산촌식당이 있다. 이 식당은 봉황각에서 불과 5분 거리의 여성회 수련관 입구에 있는 2층 건물로서 우리가 이를 매입한다면 여러 가지로 쓸모가 있는 건물이다. 그런데 포덕 159(2018)년 10월 26일, 여성회장으로부터 이 건물을 3억 원에 구입할 수 있다는 말을 들었다. 그렇다면 기회를 놓치지 말고 조속히 구입하는 것이 좋겠다는 생각이 들었다. 그래서 나는 11월 6일, 종무원장, 재단이사장, 여성회 등 관계 기관 대표로 산촌식당 구입을 위한 TFT를 운영하도록 하였다. 그런데 나중에 이야기 들어보니 이 건물이 경매에 나올 건물이라고 했다. 그렇다면 재단에서 이 물건을 사도록 추진하는 것이 좋겠다고 생각되었다. 이에 11월 14일, 이상선 재단이사장으로부터 금주 중 현금 12억원을 주어야 경매에 넘어가지 않는다는 말을 듣고 즉시 이사회 서면 결의를 받아 구입하는 것이 좋겠다는 의견을 전했다. 이번 기회는 의암성사님께서 이곳 우이동에 3만 평을 마련하실 때와 같은 연장선에서 중요한 기회라고 생각했다. 절차적으로 먼저 종무위원회 의결을 거치는 것이 좋겠다고 해서 그렇게 하도록 하였다. 11월 28일에 개최되는 재단이사회에 산촌식당 구입 안건을 상정하기로 하였다. 급전이 필요할까 보아 현금 11억을 미리 확보해 둔 상태에서 절차를 진행하기로 하였다. 나는 당일 부안에서 개최되는 인내천문화제에 참석하는 것으로 일정이 미리 잡혀 재단이사회에 참석을 할 수 없는 상황이어서 이사로 참석하는 이범창 종무원장님에게 다음과 같은 교령의 의견을 이사회에 전할 것을 부탁하였다.

모시고 안녕하십니까? 제가 지난 10월 31일에 개최된 재단임시이사회에 이어 이번 이사회의에도 일정상 참석지 못하게 된 점 안타깝게 생각합니다.

지난번 이사회에 참석지 못한 이유는 해외 일정이 미리 잡혀 있어서 참석하지 못했으며, 이번 회의 역시 사전에 지방 일정이 예정되어 불가피하게 참석하지 못하게 된 점 널리 양지하여 주시기 바랍니다.

이번 회의에서 다루게 될 안건 중 포덕 160(2019)년도 사업 예산 전입금과 우이동 의창수도원 인근 산촌식당 구입 건 등이 중요하다고 생각됩니다. 먼저 새해 예산안과 관련하여서는 역사적인 3·1운동 100주년 기념행사가 성공적으로 추진될 수 있도록 관련 예산이 꼭 반영될 수 있도록 유념하여 주시기 바랍니다.

그리고 지난번 임시이사회에서도 논의된 바 있는 위 부동산 매입 건은 반드시 추진될 수 있도록 결의하여 주시기 바랍니다. 산촌부동산 구입 건은 성사님께서 우리 교단의 미래를 위하여 우이동에 있는 임야 3만 평을 매입하시기로 결단하신 것과 같은 역사적인 맥락으로 인식되어야 한다고 봅니다. 만약 현재 매물로 나와 있는 위 부동산을 우리 교단에서 구입하지 못한다면 후손들로부터 두고두고 원망을 받을 것이 분명합니다. 그러므로 이번 회의에서 산촌부동산 구입 건을 반드시 추진할 수 있도록 결의하여 주시기를 간곡히 바랍니다.

포덕 159년 11월 27일

교령 이정희

그런데 산촌식당 매입 건은 우리의 뜻대로 이루어지지 못하였다. 이 부동산을 매입했더라면 의암 손병희 선생 기념관 건립 사업을 추진하는데 필요한 대지 확장 등 유리한 기회가 되었을 텐데 너무도 아쉬움이 컸다. 범국가적인 기념관건립추진위원회 구성도 순조롭지 못한데다 기념관 건립에 대한 교단 내부의 일부 이견이 대두되고 있다는 이야기가 관계 부처로부터 들린다.

더군다나 기존의 교단 밖의 의암손병희선생기념사업회라는 조직이 기념관 건립 사업 추진의 방해가 되어 적격자로 거론된 기념관건립추진위원장의 사퇴로 이어지는 아쉬움이 너무도 크다. 교단 자체의 발기인대회와 학술대회도 개최하였으며 대통령과 관계 부처 장관 및 공무원과 국회의원, 학계 등을 접촉하면서 할 수 있는 모든 일을 다 추진코자 노력하였으나 뜻대로 이루어지지 못했다. 그러나 앞으로 의암 손병희 선생 기념관 건립 사업은 국가 사업으로 반드시 성사될 것이라 확신한다. 우리 민족의 미래가 달려 있기 때문이다. 세계 인류의 미래가 달려 있기 때문이다.

●—용담검무

용담검무는 동학 천도교의 창시자인 수운 최제우 대신사가 1862년 남원 교룡산 은적암에서 도는 천도이나 학은 동학이라는 깨달음을 바탕으로 검결을 지어 칼춤을 추면서 무극대도를 실현하고자 했으나 혹세무민과 반역을 꾀했다는 죄목으로 처형 당하고, 그의 칼춤 또한 자취를 감추었으나 장효선 명인이 증조부, 조부, 부친으로 남몰래 이어져 온 칼춤을 전수 받아 용담검무를 복원하였다.

제14장

성역화는 저절로 이루어지지 않는다

구미 산수 좋은 풍경 물형으로 생겼다가
이내 운수 맞혔도다 지지엽엽 좋은 풍경
군자낙지 아닐런가 일천지하 명승지로
만학천봉 기암괴석 산마다 이러하며
억조창생 많은 사람 사람마다 이러할까
좋을시고 좋을시고 이내 신명 좋을시고

—〈용담가〉, 『용담유사』

“

스승님들과 선열들의 거룩한 발자취와
성령이 깃든 성지와 사적지를 성역화해
나갈 것입니다. 이를 위해 성지 및 사적지 등의
성역화위원회를 설치하여
지속적으로 추진해 나가겠습니다.

—〈교령 취임사〉, 포덕 157년 4월 22일

”

1. 성지관리위원회 출범

• 교령 취임사, '성지와 사적지 성역화' 공약

포덕 157(2016)년 2월 29일, 전국 교역자들에게 보낸 나의 두 번째 인사말(공약)에서 교령으로서 일할 기회가 주어진다면, 천도의 진리를 기본으로 신앙심을 더욱 다지며, 숙덕 어른들의 지혜와 젊은 목소리에 귀 기울이며 "계승과 발전을 통해 포덕천하의 기틀을 다지겠습니다. 세상 속으로 한 걸음 더 나아가는 천도교가 될 수 있도록 용담, 은적암, 검곡, 대교당, 봉황각, 우금티, 갑둔리 등 성역화"를 위해 힘쓰겠다는 약속을 한 바 있다. 또 포덕 157년 4월 22일 개최한 교령 취임사에서도 "스승님들과 선열들의 거룩한 발자취와 성령이 깃든 성지와 사적지를 성역화해 나갈 것입니다. 용담성지, 은적암성지, 검곡성지, 중앙대교당, 봉황각, 우금티 등 동학농민혁명 사적지, 갑둔리 등 문화 유적지를 세계인들이 찾는 성지로 자리매김해 나가야 합니다. 이를 위해 성지 및 사적지 등의 성역화위원회를 설치하여 지속적으로 추진해 나가겠습니다."라고 공약한 바 있다.

교령으로 취임한 포덕 157(2016)년 12월 1일, 중앙대교당에서 개최한 '대도중흥 비전 21' 선포식에서도 21개의 비전 중 11번째 비전으로 "성지를 성역화하여 대도중흥합시다!"는 실천 항목을 제시하였다. 이를 실천하기 위한 성역화 추진 제도와 인사를 선임하고 성역화 사업을 체계적으로 추진하기 위한 사업들을 수행하여 왔다. 나는 교령에 선임되기 전이나, 교령으로 선임되어서나, 교령으로서의 임무를 수행하는 동안이나 일이관지로 성지의 성역화에 관심을 가지고 힘써 왔다.

• 성지관리위원회 규정 제정

먼저 성지관리위원회 규정을 제정하였다. 종무원으로 하여금 성지관리위원회 규정안을 마련하도록 한 후 포덕 157(2016)년 9월 30일 개최되는 제2차 종의원총회에 상정하여 통과됨에 따라 포덕 157년 11월 4일자로 공포되었다. 규정의 내용은 다음과 같다.

〈성지관리위원회 규정〉

제1조(목적) 이 규정은 성지관리위원회(이하 '본위원회' 라 한다)의 운영에 필요한 사항을 규정함을 목적으로 한다.

제2조(구성) ①본위원회는 교무관장과 전문 식견을 갖춘 13인 이내의 전문위원으로 구성한다. ②전문위원은 종무원장의 제청으로 교령이 임명한다. ③위원장은 전문위원 중에서 교령이 임명한다.

제3조(임기) 위원의 임기는 중앙총부 주직의 임기에 준한다.

제4조(임원) 본 운영위원회의 운영을 위하여 위원장 1인과 간사 1인을 둔다.

제5조(회의) 본위원회의 회의는 다음과 같이 운영한다. ①본위원회 회의는 위원장이 필요하다고 인정한 때 또는 위원 2/3의 발의로 위원장이 개최한다. ②본위원회 회의는 재적 위원 2/3의 출석과 출석 위원 2/3의 찬성으로 의결한다. ③본위원회 회의는 공개를 원칙으로 한다. ④간사는 회의록을 작성하고 결의사항은 의사록을 작성하여 보존한다.

제6조(활동) 본 위원회는 다음과 같은 사항을 수행한다. ①성지관리의 가지정 심의 ②성지관리원의 선임 의결 ③성지관리에 대한 기본 계획의 수립 ④기타 성지관리에 필요한 조사 활동 ⑤성지관리에 필요한 전산 작업 학술 출간

• 성지관리위원회 위원 위촉

포덕 157(2016)년 11월 22일(화) 오후 2시, 수운회관 907호에서 제1차 성지관리위원회를 개최하고 성지관리위원회 위원을 위촉하였다. 이날 회의에서는 성주현 교수를 위원장으로, 박해룡 교무관장을 간사로 위촉하여 성지의 체계적 관리를 위한 초석을 다졌다. 위원으로는 김춘성, 박도연, 박성묵, 심국보, 이윤영, 정의연, 박해룡(간사) 각각 위촉하였다. 특히 전국에 산재되어 있는 성지를 비롯한 유적(지)과 사

적(지)을 정비하는데 이바지할 것으로 기대된다. 한편 이날 회의에서는 성지관리의 현황과 현안에 관한 간략한 보고가 있었다. 나는 이 자리에서 앞으로 성역화 DB를 구축하여 천도교의 성지와 사적지를 체계적으로 관리하는 방안과 장단기적 성역화 추진 계획(안)을 수립하는 방안에 대해 연구 검토해 줄 것을 당부하였다.(《천도교신문》 78·79호)

• 천도교 성지관리위원회, 토론회 개최

포덕 158(2017)년 7월 4일 오후 2시 수운회관 907호에서 박해룡 교무관장의 집례로 개최되었다. 이날 정의연 위원(동천문화유산연구원장)으로부터 '천도교 문화유산의 현실과 역사적 의미' 라는 주제 발표가 있었다. 정 위원은 주제 발표를 통해 "현재 종교 관련 지정문화재는 2천여 건이지만 천도교와 같은 민족 종단의 지정 문화재는 찾아보기 힘든 실정" 이라며 소실, 훼손, 멸실 방지를 위해서도 동학혁명과 3·1운동의 지역별 발상지 등을 후대에 물려줄 문화유산으로 지정 문화재화하기 위해 교단적 차원에서 노력해야 한다고 강조하였다.

나는 회의에 참석하여 인사말을 통해 우이동 봉황각 국가문화재 지정을 위한 노력, 천도교 게시판 등에 게재된 성지 정보를 최신의 것으로 보강, 《천도교신문》, 《신인간》지 등에도 성지 사적지 관련 고정란 마련 등의 의견을 제시하였다.

이날 회의에서는 경주 용담의 용추각 주변의 무용목(불필요한 나무) 14그루를 잘라내는 것에 대한 논의가 있었다. 심국보 위원은 충남 당진 지역의 동학대도소(의암성사 가옥) 보존과 승전목 전적지 보존을 위한 결과 보고와 함께 향후 당진시, 시민단체, 지역 언론 등을 대상으로 서명운동과 청원서 제출, 학술대회 개최 등 동학 사적지 보존을 위한 대책을 제시하였다.(《천도교신문》 93호, 2017년 7월 13일)

2. 동학 발상지 성역화

• 동학 발상지 성역화, 수도원 부원장 제도 부결

포덕 157년 4월 12일 경주 용담정에서 봉고식 후 김종운 수도원장으로부터 "경주시가 추진하고 있는 동학 발상지 성역화 사업 추진 과정에서 우리 교단과의 소통이 원만하게 이루어지지 않는 등의 문제점이 있다"는 이야기를 들었다. 그 이유는 수도원장으로서 수련 지도와 수도원 관리 업무를 수행하면서 동학 발상지 성역화 사업 추진과 관련된 일을 담당하기가 쉽지 않다는 것이다. 그래서 나는 동학 발상지 성역화 사업 추진과 관련하여 수도원장 전담자가 필요하다는 생각을 했다. 그런데 이 문제는 단지 용담수도원에 국한된 문제가 아니라는 생각이 들었다. 여타 수도원의 경우에도 수련 지도를 전담해야 하는 수도원장과 수도원 관리를 담당하는 조직 구성과 담당 인력이 필요할 것이라는 생각을 하였다. 그래서 나는 수도원 부원장 직제를 도입하여 부원장으로 하여금 원장의 일을 보좌하는 한편 수도원의 관리 및 지역 사회와의 소통 등의 가외적 역할을 수행하도록 하면 좋겠다고 생각했다.

예를 들면, 불교 사찰의 경우 총람의 최고 정신적 지도자 겸 총책임자로 선사들이 받는 직책으로서의 방장과 최고 행정 책임자로서의 주지의 역할로 분화된 제도를 도입하는 것이 좋을 것으로 생각했다. 방장은 설법, 수행 지도 등을 담당하고 주지는 방장의 지도를 받아 사찰의 살림을 맡는 것과 같은 제도를 생각해 본 것이다. 이 생각을 하게 된 것은 용담수도원의 경우 수도원장은 수련 지도를 담당하도록 하고 부원장으로 하여금 원장을 보좌하는 한편, 동학 발상지 성역화 사업을 전담하는 역할을 한다면 효율적일 것으로 판단되었다. 그래서 나는 수도원 규정을 고쳐 부원장 제도를 도입하는 것으로 개정안을 준비하여 종의원 회의에 상정한 바 있으나 받아들여지지 않았다.

• 실시 설계 필수 반영 요망 사항 자문

포덕 157(2016)년 8월 10일, 박해룡 관장이 작성하여 경주시 담당자에게 보낸 것이다. 중점 반영 요망 사항 3건, 교육수련관에 관한 사항 6건, 기념관에 관한 사항 2건, 외부 공간에 관한 사항 3건 등 14건에 대한 사항을 전달하였다.

첫째, 중점 반영 요망 사항으로 단체 급식을 할 수 있는 시설 내지 단체 식당 불비, 좌식 수련 공간 내지 실내 활동 공간 미확보, 수련관 옥상 태양광 발전 설비는 주차장으로 이동 설치 요망 등이다. 둘째, 교육수련관에 관한 사항으로 1층 중앙 계단 지하층 연결 계단, 1층 중앙계단 창 아래 외부 출입구의 바닥 면 높이, 1층 중앙계단 외벽에 창 설치, 현관에 들어서면 사무실이 위치하도록 변경, 2층 객실 현관 신발장, 싱크대, 좌측 화장실 병렬 배치, 실내 붙박이장 설치 요망 등이다. 셋째, 기념관에 관한 사항으로 시청각 영상 전시 공간 불비, 전시실 입구 방풍실 설치 등이며 넷째, 외부 공간에 관한 사항으로 잔디광장 원형 부분의 무대 공간화, 상징 조형물은 대신사의 영부인 궁을장으로 변경, 전체 건물 시설물 배치를 정남향으로 각도 변경 등이다. 이들 자문 의견은 전 집행부에서 포덕 156(2015)년 1월 29일자로 경주시 신라문화 융성과에 제출한 것으로 이번에 거듭 제출한 것이다. 실시 설계 필수 반영 요망 사항 중 가장 중요한 것은 개인 급식 시설 내지 단체 식당 시설이 갖추어져야 한다는 점을 특히 강조하였다. 전국적으로 청소년들이 개별적으로 또는 가족이나 단체별로 많이 이용할 것으로 예측되는데 여기에 식당 시설이 갖추어지지 않은 경우 많은 불편을 초래할 것이기 때문이다.(포덕 156년 1월 29일, 수운기념관 및 교육수련관 건립 실시 설계 자문 의견서)

• 동학 발상지 성역화 특별위원회의 운영

포덕 158(2017)년 7월 11일 오전 11시 수운회관 907호에서 동학 발상지 성역화 운영 특별위원회 제1차 회의가 개최되었다. 이날 회의에서는 특별위원회 위원들에 대한 도첩 수여, 사업 경과 보고, 현 상황 및 계획 수립 등의 순으로 진행되었다. 회의에 앞서 나는 지난 3월 3일 구성된 동학 발상지 성역화 운영 특별위원회 최정표 위원장과 위원들에게 도첩을 수여하였다. 동학 발상지 성역화 운영 특별위원회 위원으로는 최정표 위원장 외에 김호성, 박해룡, 양만근, 이용수, 이원주, 임형진, 장정갑, 정해진 동덕이 위원으로 위촉되었고, 자문위원으로 김병규, 김성환, 박남성, 이국진 동덕을 위촉하였다.

한편 '동학 발상지 성역화 사업'은 경주시에서 지난 포덕 150(2009)년부터 대신사 생가 복원과 경주 용담수도원 아래 현곡면 가정리 315번지 일대에 수운기념관 및 교육수련관을 건립하는 것을 목표로 진행하고 있는 사업으로, 포덕 152(2011)년 경주시가 277억 원의 예산으로 건립하겠다는 계획으로 경상북도의 투융자 심사에서 승인을 받았고, 이후 국비 조달 등의 어려움으로 현재는 133억 원(국비 93, 도비 12, 시비 28)의 예산으로 축소되어 진행 중이다. 최정표 위원장은 수시로 경주시 등을 방문하여 동학 발상지 성역화 사업 진행 상황 및 문제점을 보고하고 대책을 논의하였다. 박남준 교무관장 또한 경주시청 담당부서와 수시로 전화 또는 방문하여 동학 발상지 성역화 사업에 대한 협의를 계속 진행하여 왔다. 한편 이국진 도정(자문위원)은 수운기념관 및 교육수련관을 천도교에서 위탁받아 운영할 것에 대한 사전 연구·검토가 필요하다면서 지역별 청소년수련관 운영 등의 사례를 수집 검토하는 등 남다른 관심을 보였다. 나 역시 이국진 자문위원의 의견에 공감하고 이를 위한 방안의 하나로 외부 전문가 용역을 수행하는 방안, 교단 내 전문가 등 다양한 의견 수렴 등의 방안을 도입할 필요가 있다고 생각하였다.

• 경주시, 동학 발상지 성역화 사업 진행 보고

포덕 159(2018)년 1월 22일, 경주시 왕경조성과 임동주 과장, 이준호 팀장, 박선균 담당 등 경주시에서 세 분이 중앙총부를 방문하여 동학 발상지 성역화 사업 진행 상황에 대한 보고 및 의견을 나누는 시간을 가졌다.

동학 발상지 성역화 사업은 수운 최제우 생가 복원, 수운기념관 및 교육수련관 건립, 태묘 정비 및 주변 탐방로 조성 등으로 포덕 150(2009)년 12월 경주시의 '동학 발상지 성역화 사업 기본 계획' 수립, 포덕 152(2011)년 7월에 경상북도 지방 재정 투융자 심의를 거쳐 확정된 사업이다. 총 사업 기간은 11년간이며 사업비는 국비 93, 도비 12, 시비 70억으로 175억이라는 설명이었다. 포덕 153(2012)년 11월에 착공한 수운 최제우 생가 복원 사업은 포덕 155(2014)년 7월에 완료하였으며 수운기념관 및 교육수련관 건설 사업은 현재 실시 설계를 완료하고 포덕 155(2014)년 5월부터 9필지, 35.401㎡의 건립 부지에 대한 토지 보상, 포덕 158(2017)년 12월에 입찰 완료하고 포덕 159(2018)년 1월 3일 공사를 착공하여 포덕 161(2020)년 1월 3일에 공사를 완료할 계획이라고 설명했다.

설명을 들은 후 이어서 경주시와 총부간에 질의응답의 시간을 가졌다. "식당 시설을 추가로 포함" 하자는 의견에 대해 경주시는 "2015년에 설계와 사업 예산 등이 끝났기 때문에 반영에는 문제가 있다. 그러나 총액의 범위 안에서 가능한지를 검토해 보겠다" 라고 말했다. 그리고 공사 추진에 따른 천도교 측의 의견을 제시함에 있어서는 창구를 일원화해 달라는 요청이 있었다. 이에 앞으로 천도교 측 의견은 교무관으로 공식화하도록 하겠다고 답변하였다. 경주시 참석자들은 앞으로 천도교 측에서 주인의식을 가지고 적극 도와달라는 요청이 있었다.

그리고 앞으로 공사 완공 후의 운영에 대해서는 천도교가 운영하는 것이 좋겠다는데 대해서는 별다른 이견이 없었다. 앞으로 기공식은 건축 협의가 끝나면 3, 4월경에 가능할 것으로 보며 착공식은 천도교에서 진행할 수도 있을 것이다라는 경주시의 의견이 있었다. 그동안 천도교에서 협조가 부진했던 것을 사과하며 앞으로는 적극 협조하도록 하겠다고 약속하였다.

3. 해월신사 생가 복원 추진

• 천도교에서 하면 안 됩니까

포덕 158(2017)년 4월 12일, 경주시를 방문하였다. 동학 발상지 성역화 추진 건, 해월신사 생가 복원 건, 경주동학문화제 개최 건 등 현안 사항을 논의하기 위해서였다. 천도교에서는 박해룡 교무관장, 장구갑 실장, 류우진 전서 등이 참석하였으며 경주시에서는 최양식 경주시장과 이강우 문화관광실장을 비롯한 담당 과장 등이 배석하였다. 먼저 수운기념관 및 교육수련관 건립이 지체되고 있는 점에 대해서는 그동안 천도교유지재단에서 안 도와주어 지체되었으나 이제 땅 문제가 해결되었으니 잘 진행될 것이라고 했다. 그리고 현재 경주동학문화제 개최와 관련된 예산 6천만 원은 크게 부족하므로 1억 원 정도로 상향 조정하도록 경주시에서 노력하기로 하였다.

다음 해월신사 생가 복원 사업에 대해서는 경주시에서 근본적인 문제를 제기했다. 먼저 경주시에서는 "해월신사 생가터에 주차장 시설 설치를 추진하는 것은 주민들의 민원이어서 받아들이지 않을 수 없다."라고 했다. 한 걸음 더 나아가 "해월신사 생가 복원 사업을 천도교에서 하면 안 됩니까?"라는 것이었다. 너무도 갑작스럽게 듣는 말이라 말문이 막힐 지경이었다. 그러나 나는 차분하게 말했다. "해월신사는 한 종단의 교조를 뛰어넘어 우리 민족의 위대한 스승이요 선각자이십니다. 이 문제는 천도교라는 종교 차원으로만 바라보아서는 안 될 것입니다. 우리에게는 두 개의 국가가 있다고 봅니다. 하나는 정치적 측면에서의 대한민국이라는 국가이며, 또 하나는 천도교라는 정신적 국가가 그것입니다. 정신적 국가가 더 근본이라 생각합니다. 그러므로 해월신사 생가 복원 사업은 당연히 국가가 맡아 추진해 주어야 한다고 생각합니다. 그동안 경주는 불교와 유학 중심으로 발전하여 왔습니다. 그러나 앞으로는 동학 천도교 중심의 새로운 경주로 거듭 태어나야 할 것이라고 생각합니다. 경주는 동학 천도교의 1세 교조이신 수운대신사와 2세 교조이신 해월신사께서 태어나신 곳이며, 이곳에서 만고없는 무극대도를 창도하시고 널리 키워 오신 곳입니다. 깊이 생각해 주시기 바랍니다."라고 말했다.

동학 발상지 성역화 사업과 해월신사 생가 복원 사업 등 현안 사항에 대한 원만한 해결을 위해 경주시와 천도교가 소통의 기회를 자주 갖도록 하자는데 합의하고 오늘의 만남을 끝마쳤다. 우리 일행은 귀로에 상주 동학교당을 둘러본 후 문경을 거쳐 밤 11시에 집에 도착하였다.

• 문체부장관 초도 방문시 건의

포덕 158(2017)년 9월 15일, 도종환 장관이 교령사를 방문했다. 교령사를 방문한 도종환 장관에게 나는 해월신사 생가 복원 사업을 국가 예산으로 조속히 추진해 줄 것을 건의하였다. 이날 교령사에는 정순철의 장남 정문화 선도사와 함께 했다. 도종환 장관은 포덕 152(2011)년도에 집필한 해월신사의 외손 정순철(졸업식의 노래 작곡가)의 일대기 『정순철 평전』을 집필하면서 정순철의 장남인 정문화 선도사와 가족처럼 가깝게 지냈다고 한다. 그래서 정문화 선도사도 함께 자리한 것이다.

도종환 장관은 『정순철 평전』 서문에서 다음과 같이 기술하고 있다. "이번 겨울은 정말 추웠습니다. 저는 겨우내 문을 걸어 잠그고 정순철과 함께 지냈습니다. 전화기도 꺼냈습니다. 저를 찾는 사람들의 원성이 들려도 그냥 미안하다고 말하고는 정순철의 생애를 복원하는 일에 매달렸습니다. 지난 일 년 동안 저는 정순철을 찾아다녔습니다. 도서관으로, 고향 청산으로, 일본으로 돌아다니던 정순철의 흔적을 찾았습니다." 이와 같은 열정으로 펴낸 도종환 장관의 명저 『정순철 평전』에는 정순철은 물론 정순철의 장인이신 해월신사에 대해서도 깊이 있게 새겨져 있다. 이처럼 해월신사에 대한 이해가 깊은 도종환 장관은 해월신사 생가 복원 사업에 대한 건의에 대해서 고개를 끄덕이며 긍정적으로 검토하겠다고 말했다. 도 장관은 국회 문체위원도 겸하고 있어 해월신사 생가 복원과 관련된 정부 예산을 확보하는데 별 어려움이 없을 것으로 생각되었다.(《천도교신문》 97호, 2017년 9월 28일)

• 해월신사 생가 복원 문체부에 공문 요청

중앙총부에서는 해월신사 생가 복원 사업을 공식적으로 건의하기 위하여 포덕

158(2017)년 12월 4일, 문체부에 해월 최시형 신사 생가(황오동 227번지) 복원 요청 공문을 보냈다. 이 공문을 통하여 "해월 최시형 신사 생가 복원을 요청"하면서 생가 터인 황오동 227번지 일대가 경주시 공용 주차장으로 조성되어 역사적으로 큰 의미가 있는 자취가 사라지고 있는데 대해 유감을 표하고, '천도교 경주교구 연혁' 포덕 51(1910)년 1월의 관련 기록과 1973년 《주간조선》 2월 11일자 기사 등의 자료를 통하여 경주시 황오동 227번지가 해월신사 생가터라는 사실을 고증하였다.

1. 모시고 안녕하십니까? 대한민국 문화체육관광 발전을 위하여 수고하시는 장관님을 비롯한 직원 여러분의 노고에 감사합니다.

2. 해월 최시형 선생은 동학혁명의 주역이자 인본주의와 만민평등의 사상을 주창하여 우리나라 민주주의와 세계인권운동의 선구가 되신 분입니다. 우리 대한민국 건국의 뿌리는 3·1독립운동으로 수립한 임시정부에 있고 3·1독립운동의 뿌리는 1894년의 동학혁명에 있습니다. 동학은 우리나라 근대사에 큰 변혁을 일으키는 동력이 되었고, 일제 강점기에는 우리 민족을 결속시키는 정신적 사회문화적 기능을 담당하여 왔습니다.

3. 동학의 2세 교조이며 우리 민족의 정신사에 위대한 업적을 남긴 해월 최시형 신사의 생가 복원 사업을 현창함으로써 전 세계에 자랑할 만한 역사를 바로 세워야 함에도 불구하고, 현장인 황오동 227번지 일대가 경주시의 공용 주차장 등으로 조성되어 역사적인 큰 의미가 있는 자취가 사라진다니 안타깝기 그지없습니다. 이곳은 우리 천도교 경주교구 연혁(포덕 51(1910)년 1월)과 1973년 《주간조선》 2월 11일자 기사인 '명가의 현장 13 최제우, 최시형' 에서도 알 수 있듯이 동학 2세 교조인 최시형 선생의 생가터로 명백히 고증되어 있습니다.

4. 해월 최시형 신사의 생가(황오동 227번지) 복원 사업을 추진하여 최시형 선생의 만인평등 사상을 기념함으로써 선생의 업적을 고취할 수 있도록 힘써 주시기를 간곡히 요청합니다.

붙임: 1. 천도교 경주군교구 연혁 포덕 52(1910)년 사본 3부
2. 1973년 《주간조선》 2월 11일자 기사인 〈명가의 현장 13 최제우, 최시형〉 사본 1부〈끝〉

• 경주문화원장, 문체부장관과 함께 오찬

앞장(13장)에서 언급한 바와 같이 포덕 159(2018)년 1월 16일, 경운동 강호 한식집에서 도종환 장관과 김윤근 경주문화원장 등 셋이서 오찬 간담회를 가졌다. 이날 간담회 주제는 해월신사 생가 복원 건과 손병희 선생 기념관 건립 건 등 2가지로 간담회는 내가 직접 주선하였다. 나는 해월신사 생가 복원 건과 손병희 선생 기념관 건립 건에 대해 미리 준비한 자료를 중심으로 도종환 장관에게 설명하고 이 사업들을 정부 사업으로 추진해 줄 것을 거듭 요청하였다.

도종환 장관은 "이 사업을 정부 차원에서 추진하기 위해서는 사업의 타당성과 사업 내용, 추진 전략과 방법 등에 대한 전문적인 조사 연구 계획안이 수립되어 있어야 하는데 이를 위해 문체부 산하 관광연구소에서 관련 용역을 검토해 보겠다. 아울러 해월신사 생가 복원 사업을 위한 경주시 지역 사회 의견 수렴을 위한 해월신사 생가 복원 사업 추진위원회를 구성 운영할 필요가 있다."라고 말했다. 바쁜 일정으로 점심 식사와 간담회를 마치자마자 도종환 장관은 오후 1시가 조금 지나자 자리를 떠났다. 김윤근 원장은 중앙총부 교령사에 잠시 들러 차담의 시간을 가진 후 곧바로 경주로 귀가하였다.

나는 오늘 도종환 장관과 김윤근 원장을 만나 짧은 시간이지만 해월신사 생가 복원 사업 추진과 손병희 선생 기념관 건립 사업 추진을 위해 한 걸음 더 나아갈 수 있는 의미 있는 시간을 갖게 된 것을 한울님께 감사드리며 이들 사업 추진을 위해 혼신의 노력을 기울이겠다고 마음속 깊이 다짐하였다.

도종환 장관과 김윤근 원장을 만난지 보름, 포덕 159(2018)년 1월 31일에는 문체부의 김갑수 종무실장과 주충남 사무관이 경주 해월신사 생가터를 방문하였다. 이번 방문에는 천도교에서 박남준 교무관장, 최정표 성역화사업위원장, 양만근 경주교구장, 경주시 담당자와 김윤근 경주문화원장이 경주교구에서 만나 해월신사 생가 복원 사업에 관하여 협의하였다. 오늘의 모임은 경주시가 공영 주차장 자리에 종합상가 건립을 추진하고 있어, 이 계획이 경주시의회를 통과하기 전에 공영 주차장 자리가 해월신사 유허지라는 사실을 여론화할 필요성이 커지고 있는 시점이어서 시의적절한 자리가 되었다. 문체부 관계자들은 생가를 복원할 경우 시민들이 활용하게 하는 것이 바람직하다고 밝혔고, 경주문화원은 해월신사 생가터 복원은 경주 중심가의 낮은 건물과 어우러지게 하여 경주 시민들과 관광객들이 편안하게 쉴 수 있는 공간으로 조성하고, 소공연장 북카페 등을 겸할 수 있는 공간 마련 방안을 제시했다.

나는 오늘 경주교구에서 개최된 문체부, 경주시, 경주문화원, 천도교 중앙총부, 경주교구장 등 해월신사 생가 복원을 위해 개최된 합동회의와 일정 등에 대한 상세한 내용을 박남준 교무관장으로부터 보고받고 앞으로 차질 없이 잘 추진해 나갈 것을 당부하였다.(《천도교신문》 105호, 2018년 2월 2일)

• 경주교구 방문, 시일 설교

해월신사 생가 복원 사업과 의암성사 기념관 건립 사업을 성공적으로 추진할 수 있도록 3박 4일간에 걸쳐 가리산수도원, 용담수도원에서의 기도와 수련, 경주교구 방문 시일 설교를 하였다.

포덕 159(2018)년 1월 25일(목) 9시 장구갑 실장, 류우진 전서 등과 함께 서울을 출발하여 12시 30분경 가리산수도원 입구에 도착했다. 인근의 가리산 막국수집에서 점심을 먹은 후 가리산수도원을 간다. 14시에 가리산수도원에 도착하였다. 영하 20도의 혹한 속에서 20여 명의 종학대학원생이 함께 모여 동계 수련을 하는 중이다. 나는 오늘 특강을 통해 종학대학원 교육 과정에서의 수련 과목의 중요성을 강조하고 짧은 기간이지만 열심히 수련에 임할 것을 당부하였다. 아울러 오후 7시부터 9시까지 특강을 통해 '대도중흥비전 21' 과 '포덕 2500 운동' 에 대한 동참을 호소하였다. 저녁 수련을 마치고 이곳 가리산 수도원에서 일박하였다. 다음 날 새벽 4시 30분 기상하고 5시부터 6시 30분까지 새벽 수련에 임하였다. 날마다 바쁜 일정을 잠시 접어 두고 종학대학원생들과 함께 하는 1박 2일간의 가리산수도원 수련을 통해 포덕 159년 새해를 맞아 교령으로서의 마음을 새롭게 가다듬는 시간이 되었다.

1월 26일 금요일, 가리산의 새벽이 밝아 왔다. 가리산의 맑은 기운이 온몸을 감싼다. 5시 기도식 후 새벽 수련이다. 우주와 내가 혼원일체가 되는 신비스러운 영적 깨달음을 체험한다. 7시, 아침 식사를 마치고 9시에 우리 일행은 가리산을 떠나 경주 용담수도원으로 향한다. 14시 30분에 용담수도원에 도착하였다. 교화관에서 진행하는 용담수도원 수련에는 김호성 교화관장과 대구대덕교구의 김시환 동덕, 충의포의 최일 박사님, 정정숙 사회문화관장, 장구갑 실장과 류우진 전서 등과 함께 7명이 참석하였다. 그리고 진성관에서는 대학생단 20여 명이 별도로 수련 중이었다. 나는 수련에 참석한 대학생단과 잠시 인사를 나눈 후 저녁 수련에 임하였다. 저녁 수련에는 김종운 수도원장도 함께 참여하여 모두 8명이 수련을 하였는데 수련 장소가 용담수도원이고 또 수련생들 개개인들의 도력과 수련의 깊이를 느낄 수 있었다. 다음 날 1월 27일 토요일 5시 기도식을 마치고 6시 30분까지 새벽 수련 시간이다. 오늘 새벽 수련에서는 한울님 마음과 대신사님의 마음, 그리고 아버님의 마음을 느끼면서 눈물을 흘렸다. 오전 수련을 마치고 오후 2시에는 태묘를 참례하였다. 오후 수련에는 강선녀 차장과 전명운 차장이 함께 수련에 참여하였으며 수련 후에는 김종운 수도원장으로부터 무체법경에 대한 강의와 질의응답의 시간으로 진행되었다. 5시 30분 저녁 식사, 저녁 7시 수련, 9시 기도식을 마치고 9시 30분에 잠자리에 들었다.

다음 날 1월 28일 일요일이다. 용담수도원에서 새벽 수련 후 아침 식사를 하고 9시에 용담수도원을 떠나 대신사 생가 참례 후 9시 50분, 경주교구를 방문하였다. 오늘 시일식에는 25명의 교인들이 참석하였다. 해월신사 생가 복원을 위해 노력하시는 김윤근 경주시문화원장도 오늘의 시일식에 참석하여 무척 반가웠다. 오늘 시일 설교에서 나는 "이제 우리 천도교에 시운이 열리고 있습니다. 저는 오늘 역사적인 땅, 해월신사 탄신지 경주교구를 방문하기 전에 가리산수도원과 용담수도원에서 각각 1박 2일간의 수련 기도를 하고 왔습니다. 지금 우리가 추진하고 있는 해월신사 생가 복원 사업과 의암성사 기념관 건립 추진을 특별히 염원하며 기도했습니다. 저는 2박 3일 동안의 간절한 기도를 통하여 한울님으로부터 응답을 받았습니다. 우리 모두가 힘을 합하여 정성을 다한다면 반드시 성사될 것이라는 확신이었습니다. 오늘 이 자리에는 경주 시민을 대표하여 해월신사 생가 복원을 위해 불철주야 수고하시는 김윤근 경주문화원장님도 참석하셨습니다. 이제 우리에게 새로운 운이 다가오고 있습니다. 중앙정부와 경주시, 경주 시민, 우리 천도교가 함께 힘을 모은다면 해월신사 생가 복원 사업은 반드시 성사될 것입니다. 우리 모두 새롭게 열리는 시운을 놓치지 말고 해월신사 생가 복원 사업 추진을 위해 정성을 다하자"는 당부의 말씀으로 설교를 마쳤다. 시일식 후에는 경주교구에서 준비한 점심을 먹으면서 간담회의 시간을 가졌다.

• 해월신사 생가 복원 학술발표회 개최

중앙총부는 포덕 159년 10월 27일 토요일 오후 2시 동국대학교 경주캠퍼스 백상관에서 해월 최시형 선생 생가 복원을 위한 학술발표회를 개최하였다. 정정숙 사회

문화관장의 사회로 진행된 1부 행사에서 나는 격려사를 통해 "해월신사 탄생지는 오랫동안 경주 지역의 천도교인들을 중심으로 기억과 증언으로만 그 장소와 유래가 전해져 왔다"는 사실에 안타까움을 전하고 앞으로 "해월신사 생가를 복원하는 것은 해월 선생이 지키고 또 길러내어 꽃 피운 동학과 선생의 생애와 사상을 기념하는 기념비적 현장이 되어야 한다."라고 강조하였다.

2부 학술대회는 임형진 천도교 종학대학원장을 좌장으로 하여 김삼웅 전 독립기념관장의 '해월 최시형 선생이 한국 사회에 미친 영향' 이란 주제의 기조 강연에 이어, '해월 최시형 선생의 동학 입도와 전파 과정' (성강현 동의대 교수, 토론: 성주현 청암대 교수), '해월 최시형 선생의 사상' (오문환 연세대, 토론: 송봉구 영산대 교수), '해월신사의 생가 복원과 문화콘텐츠 활용 방안' (장성재 동국대 교수, 토론: 채길순 명지전문대 교수), '해월 최시형 선생과 경주' (김영철 동국대 교수, 토론: 최경춘 동국대 교수) 등 주제의 발표와 토론이 진행되었다.(《천도교신문》 118호, 2018년 11월 8일)

• 해월 최시형 선생 생가터 공원화 준비 모임

경주문화원 강당에서 포덕 159(2018)년 11월 25일 오후 3시에 해월신사 생가 복원 준비 모임이 진행되었다. 김윤근 경주문화원장과 손원조, 김병호, 조철재, 최병섭, 장성제, 현경한, 박연환, 최중환, 임우남, 정미라 등 12인이 참석한 이날 회의에서는 오는 12일 22일(토) 11시 '해월 최시형 생가터 주변 공원화 사업' 발대식을 개최하기로 결의하였다. 김윤근 문화원장은 올해 진행된 해월신사 생가 복원 준비 모임의 활동 상황을 설명하였고, 경주교구가 영남 3·1운동의 발상지로서의 의의가 큰 만큼 이에 대한 대비도 필요하다는 의견도 나왔다.

문체부 실무자들이 11월 18일 경주를 방문하여 답사를 실시하였고, 현 도종환 장관 재직 시에 사업을 착수할 필요가 있다고 보고, 준비 모임은 현재 경주시가 공사 진행중인 용담정 아래 동학기념관 공사와 연계하여 경주교구 인근의 해월신사 생가 복원 사업을 구상하고 있다. 또한 경주시 황오동 227~229번지 3필지와 230~231번지를 포함한 대지 확보 방안 등도 논의되었다.

기록에 의하면 "해월신사 생가터는 포덕 51(1910)년 중앙총부에서 매입하여 천도교 경주교구로 출발했다. 경주시 황오동, 지금의 경주시 내 한복판 땅값 비싼 곳에

천 평 가까운 대지에 자리 잡았다. 포덕 60(1919)년 1월 8일, 천도교 경주교구에서 49일 기도가 시작된다. 3·1운동을 준비하는 49일 기도로, 경남, 경북의 대표자가 모여 기도한 곳이다. 2월 25일 기도가 끝났다. 당시 천도교에서는 전국의 9곳에 대표 기도처를 두고 49일 기도를 하면서 3·1운동을 준비했다." 이런 기록이 발견되어 천도교 경주교구는 영남 지역 3·1운동의 발상지로 인정받고 있다.

현재 천도교 경주교구는 예전 그대로 자리하고 있으나, 해월신사 생가터에 해당하는 부분은 경주시 소유의 공영 주차장 일부가 되었고, 한쪽은 개인 소유로 되어 있다. 세 등분으로 나누어진 것으로, 경주교구를 포함 천여 평을 해월신사 생가 및 3·1운동의 기념관 및 공원으로 하는 방안을 준비하고 있어 앞으로의 좋은 성과가 있을 것으로 기대된다.(《천도교신문》 120호, 2018년 12월 6일)

• 해월신사 생가 주변 동학공원화추진사업회 창립 대회 개최

포덕 159(2018)년 12월 22일, 해월 최시형 선생 생가 주변 동학공원화추진사업회가 발족됐다. 경주문화원에서 열린 창립 대회에서는 해월 선생 생가터 주변을 공원화하자는 취지와 목적을 담은 정관을 확정하고, 회장 김윤근 경주문화원장, 부회장 임우남 방정환한울어린이집원장, 최영기 전 신라문화유산조사단장 등 임원을 선출했다. 천도교계와 향토사학자 등 그동안 추진위원으로 활동하던 20여 명은 사업회 이사로 선출됐다.

사업회는 경북 경주시 황오동 227번지 해월 최시형 선생의 생가터 주변을 인본주의와 만민평등을 주창한 해월 선생의 3경 사상(경천, 경인, 경물)을 기리는 다양한 공간으로 조성, 생명과 평화를 체험하는 동학공원으로 만들어 간다는 계획이다. 해월 선생의 정신, 행적과 업적 발굴, 유허비 및 기념 조형물 조성 등을 추진하겠다는 것이다.

해월 최시형 선생의 생가터는 경북 경주시 황오동 227번지, 현재 천도교 경주교구 뒤편에 위치해 있다. 중앙교회가 이전한 뒤 경주시에서 공영 주차장으로 조성한 곳이다.

이날 생가 주변 동학공원화추진사업회가 발족한 것은 이 같은 기초적인 준비 작업을 거쳐 천도교뿐만 아니라 경주 시민, 나아가 전 국민적인 관심과 지지 속에서 선생을 기리는 사업을 추진하는 출발점으로서 그 의미가 더욱 크다고 볼 수 있다.

천도교계를 대표해 이날 창립 대회에 참석한 이범창 천도교 종무원장은 "2대 교조의 생가터를 보존하지 못하고 저 모양으로 방치한 한없는 아쉬움과 부끄러움, 죄책감을 갖고 이 자리에 섰다." 면서 "천도교 중앙총부가 하지 못한 사업을 경주 시민들이 앞장서준 데 대해 감사드린다." 며 감격해했다.

창립 대회에서 만장일치로 회장으로 추대된 김윤근 경주문화원장은 "민초들이 그릇된 세상을 바꾸자고 외칠 수 있는 힘을 민주주의 최고의 힘이라고 한다면, 해월 선생의 명예를 되찾자는 교조신원운동이 그 뿌리이자, 우리나라 민주주의의 뿌리로 볼 수 있다"라고 했다. 이어 "선생의 값진 삶을 기리지 않으면 그 덕을 본, 오늘을 사는 우리 후세의 사람들이 죄를 짓는 것"이라며 '생가 주변 공원화 사업' 에 대한 시민들의 지지와 관심을 당부했다.

추진사업회는 조만간 비영리사회단체로 등록한 뒤 1월 초부터 회원 모집 등 시민들의 참여를 이끌어 내기 위한 활동을 본격화한다는 계획이다.(이범창 종무원장 제보, 경주포커스 2018년 12월 25일)

4. 남원 은적암 유적 보존 및 성역화

• 교룡산성 일대 성역화를 위한 대통령 청원 2회

포덕 157(2016)년 6월 9일, '동학과 동학농민혁명군의 유적지 전북 남원시 교룡산성 일대 성역화와 국가 사적지의 조속한 지정' 을 청와대(대통령), 문화체육관광부, 남원시에 각각 청원서를 제출하였다. 이 내용에 대해서는 천도교 교인들은 물론 사회적으로 널리 알리기 위해 《천도교신문》 제69호(포덕 157년 7월 5일)에 전면 게시하였다. 왜냐하면 교룡산성이야말로 천도교의 위대한 성지인 동시에 우리나라는 물론 세계적인 성지로서 영구적으로 보존되어야 할 유적지이기 때문이다.

〈동학과 동학농민혁명군의 유적지 남원 교룡산성 일대
성역화 사업 및 국가 사적지 지정 청원서〉(2차, 포덕 157년 6월 9일)

새 시대 새 희망, 새로운 대한민국, 박근혜 대통령님께서 청사에 길이 빛날 새로운 국가 건설의 위업을 성취하시기를 국민과 함께 진심으로 축원합니다. 새 시대 새 희망의 새로운 역사를 이룩하기 위하여 박근혜 대통령님께 올리는 간곡한 소망의 목소리를 꼭 들어주시리라 굳게 믿으며 이 청원을 올립니다.

· 청원 취지

그동안 방치되어 왔던 동학과 동학농민혁명군의 유적지 전북 남원시 교룡산성 일대 성역화와 국가 사적지의 조속한 지정

· 청원 사유

남원 교룡산성은 동학의 창도주 수운 최제우 대신사께서 교룡산성 은적암에 계시면서 시천주의 가르침을 집대성하시고 동학으로 명명한 역사적인 곳으로

서 경주시 소재 용담성지와 함께 천도교 2대 성지입니다.

이곳에서 수운대신사께서 펴신 동학의 가르침과 동학의 정신을 이어 보국안민을 위한 동학혁명과 갑진개화운동, 3·1운동, 멸왜기도운동, 3·1재현운동 등 100만 명에 달하는 동학 선열의 거룩한 희생이 있었기에 이 나라를 지킬 수 있었으며 이로써 오늘의 우리 대한민국 건국의 토대가 된 것은 역사가 이를 증명하고 있습니다. 특히, 이곳 남원은 김개남 장군이 전봉준 장군과 함께 수만 명이 참여하는 남원대회를 개최한 전라좌도 동학농민혁명군의 총 본산지였으며 대접주인 유태홍을 중심으로 동학혁명의 주도적인 역할을 담당하였던 곳입니다.

이 민족의 근대화의 위업을 성취하신 박정희 전 대통령께서는 "대한민국은 동학 천도교에 큰 빚을 졌다" 하시면서 동학의 발상지인 경주시의 용담 성지를 성역화하시고 직접 친필로 포덕문, 성화문, 용담수도원의 편액을 써 주셨으며 동학혁명 전승지인 정읍 황토현에 세워진 동학혁명기념탑 건립 참여 및 동학혁명의 최대 격전지인 공주 우금티에 동학혁명위령탑 휘호를 써 주셨습니다.

현재 지역 주민의 자발적인 참여로 남원 교령산성 국민관광지에는 '동학과 동학농민군의 유적지 교룡산' 이라는 표지석이 세워져 있으며 교룡산성 입구에는 '동학농민군 주둔지' 라는 나무 푯말만이 초라하게 서 있는 현실입니다. 하루속히 이곳에 동학과 동학혁명의 성지인 은적암의 복원과 동학 기념관의 설립, 국민 정신 교육의 도장으로서 국민 정신 교육수련관을 건립하는 등 동학과 동학농민혁명 정신을 기리어 오늘에 현창하여야 할 것입니다. 이렇듯 우리의 민족정신을 표상하는 전북 남원의 교룡산성 일대 성역화 사업은 대한민국의 민족정신을 확립하는 교육의 장이 될 것이며 대한민국 국민으로서의 진정한 역사의식과 민족의식 함양의 도량이 될 것이 분명하므로 조속히 국가 사적지 지정과 아울러 국가적 차원에서의 성역화 사업이 조속히 이루어질 수 있도록 국민의 염원으로 강력히 청원하는 바입니다.

2016(포덕 157)년 6월 29일
천도교 교령 이정희

나는 교령 취임 2년 전인 2014년(포덕155년) 11월 7일에도 다음과 같은 내용으로 남원 교룡산성의 성역화를 국가적 차원에서 추진할 수 있도록 청와대에 청원한 바 있다. 따라서 위의 청원서는 나로서는 2번째로 보내는 청원서였다. 본 청원서의 청원인은 '동학문화진흥회(대전직할시 유성구 대학로 31번지) 회장 이정희' 이며 금번 청원서의 청원인은 '천도교 교령 이정희' 로 되어 있는 점이 다를 뿐이다. 그리고 청원인의 입장에서 청원의 사유와 내용 등의 서술에 차이가 있을 뿐이다. 아래 2014년(포덕 155)의 청원서 내용은 DT 뉴스 24(2014년 11월 29일)에 보도된 바 있다.

〈남원 교룡산성 성역화 사업 추진 청원서〉(1차, 포덕 155년 11월 7일)

희망의 새 시대를 열어 가시는 박근혜 대통령님께 전라북도 남원을 동학농민혁명의 제2의 성지로 거듭날 수 있도록 교룡산성의 성역화를 범국가적 사업으로 조속히 추진하여 주십사하는 청원을 드립니다.

동학농민혁명 120주년을 맞이하여 동학농민혁명의 주도적인 역할을 담당했던 남원에서 남원시가 주최하고 동학농민혁명기념재단과 남원동학농민혁명기념사업회, 동학학회후원회가 후원하는 '동학의 글로컬리제이션: 남원 동학농민혁명의 발자취와 과제' 를 대주제로 저희 동학학회 추계학술대회를 개최한 바 있습니다.

2014년 11월 7일, 남원춘향문화예술회관에서 개최된 학술대회에는 최민자 동학학회회장과 이환주 남원시장, 박남수 천도교 교령, 김대곤 동학농민혁명기념재단 이사장과 학술대회 발표 및 토론자와 전국 각지로부터 동학에 관심 있는 100여 명의 참석자가 모여 120년 전 남원 동학농민혁명의 정신을 새롭게 되새기는 뜻깊은 자리가 되었습니다. 저는 학술대회의 사회를 보면서 오늘의 이 자리가 학술 논문의 발표와 토론으로 그칠 것이 아니라 국가적 차원에서 남원 교룡산성의 성역화 사업을 조속히 추진할 수 있도록 박근혜 대통령님께 청원하자고 제안하였으며 참석자 모두는 이에 우뢰와 같은 박수로 찬동하였습니다.

이번 학술대회는 남원 동학농민혁명의 전개 과정을 종합적으로 분석 연구하고 그 역사적 문화적 의의를 성찰하며 그 결과를 공론화하고 남원 동학의 성역화 사업을 조속히 추진해 주실 것을 대통령님께 간곡히 청원하는 자리가 되었습니다.

이곳 남원은 동학 창도주 수운대신사가 남원 교룡산성 은적암에서 〈논학문〉을 비롯한 여러 동학 경전을 집필하셨던 동학의 성지입니다. 또한 이곳 남원은 김개남 장군이 전봉준 장군과 함께 수만 명이 참여하는 남원대회를 개최한 전라좌도 동학농민군의 총본산지이며 전라좌도의 대도소 설치와 더불어 대접주인 유태홍을 중심으로 한 동학농민혁명의 주도적인 역할을 한 지역입니다. 남원의 동학정신은 이후 갑진개화혁신운동과 기미삼일운동 그리고 그 이후 민족운동으로 이어져 왔습니다. 이처럼 남원은 동학정신이 살아 숨 쉬는 동학의 산실입니다. 남원시에서는 동학과 동학농민혁명사를 재조명하기 위한 노력의 일환으로 동학의 성지에 표지석을 설치하는 등 동학정신을 계승, 발전시키기 위한 지속적인 노력을 기울여 나가고 있습니다. 그러나 남원은 동학과 동학농민혁명사에서 제대로 인정을 받지 못하고 있는 실정입니다. 이 나라에 동학이 살아나야 새 희망의 새 시대가 열릴 것이라고 저희들은 굳게 믿고 있습니다. 동학이야말로 이 땅의 모든 사람을 한울님처럼 섬기는 사인여천의 새로운 세상을 열고, 모든 국민이 행복하게 잘 사는 보국안민의 새 시대를 이끌어 갈 원동력이 될 것이라 굳게 믿습니다.

이 민족 근대화의 위업을 이룩하신 박정희 대통령께서는 동학의 발상지인 경주 구미산을 국립공원으로, 동학혁명 발상지인 정읍을 동학혁명의 기념 공간으로 조성하여 이 민족의 영원한 성지로 기초를 굳건히 세우셨습니다.

지난 11월 7일, 남원에서 개최된 동학학회 주관 동학농민혁명 제120주년 기념 학술대회에 참석한 100여 명의 참석자와 이 자리에는 참석지 못하였으나 뜻을 함께하는 국민과 함께 이 청원서를 올립니다.

2014(포덕 155)년 11월 7일
남원에서 개최된 동학농민혁명 제120주년
기념학술대회 참여한 모든 참석자와 함께
청원인: 동학문화진흥회 회장 이정희

• 백용성기념사업회(불교) 중심 성역화 관련 기존 논의 수용 불가

포덕 157(2016)년 5월 31일, 나는 전 집행부로부터 "남원 교룡산성 은적암 터를 백용성기념사업회에서 남원시로부터 무상으로 임대 받으려 추진 중인데 이에 대한 천도교의 협조가 필요하다. 이 문제는 6월 말 안으로 결정되어야 하는데 시급하다."는 말을 들었다. 그리고 이 문제에 대해서 전 집행부 기관장회의에서 많은 논의가 있었다는 이야기도 들었다.

이 말을 들은 후 지난 집행부 관련 문서를 찾아보았다. 기관장회의에서 많은 논의가 있었음을 확인하였다. 이 사안에 대해서 교무관장에게 자세히 검토한 후 보고하도록 하였다. 이후 나는 교무관장으로부터 다음과 같은 보고를 받았다.

"포덕 156(2015)년 8월 20일, 전 집행부 당시의 교무관장이 작성한 은적암 복원 중창 사업 진행 보고서에 의거 동년 8월 18일 의견 수렴 내용을 보면, 감사원장만 중창에 동의했을 뿐이며 의견 제출자 다수의 의견은 원형이 훼손되는 것을 우려하여 원형 복원에 중점을 두어야 한다고 했다. 그리고 당시 교무관장이 남원 교룡산성에 출장을 다녀온 바 있었고, 많은 실무적인 검토가 있었던 것은 사실이나 기관장회의에서 결정한 기록은 없었다."는 것이다.

이와 같은 내부 자료를 확인 검토 중이던 포덕 157(2016)년 6월 17일, (사)독립운동가백용성조사기념사업회로부터 '남원 덕밀암(은적암) 중창을 위한 토지 무상 사용 허가 및 진출입로 정비 건'에 대한 공식 문서가 접수되었다. 나는 교무관장으로부터 이 문서에 대한 보고를 받고 자세히 검토하도록 지시하는 한편 관련 기관에 공람하도록 하였다. 관련 문서에 대하여 자세히 검토 결과 본 협조 공문의 양해 각서대로라면 기존 논의한 '합의서' 내용조차 지켜질 수 없는 것으로 판단되어 회신하지 않기로 하였다. 교무관장 보고에 의하면 "기념사업회 측의 협조 요청 공문 내용에 덧붙여 천도교 측의 양해만 있으면 남원시에서 중창에 대한 허가를 해주기로 남원시 공무원과 합의가 되었다 하면서 허가해 주기로 한 남원시청 공무원이 6월 말에 퇴직하므로 급히 양해 각서에 대한 날인을 요청해 왔다는 구두 설명이 있었다."라고 한다. 사정이 이와 같으므로 만일 양해 각서를 해주지 않는데도, 기념사업회 측에서 남원시를 움직여 중창 허가를 얻게 된다면, 우리 교단의 성지가 완전히 절간으로 변해 버리게 되므로 남원시를 비롯한 문체부와 청와대에 단독으로도 성역화 의지가 있음을 보이는 것이 시급하다고 판단했다. 이미 전임 집행부에서 파악한 바대로 '중창'은 교단 내부에 용인할 수 없고 원형 복원 의견이 지배적인 기존 의견을 바탕으로 청와대, 문체부, 남원시 등 각 기관에 성역화 추진 요청 공문을 발송하도록 하였다. 이에 대해서는 사후적으로 포덕 157(2016)년 8월 8일에 개최된 기관장회의에 보고하였다. 발송 공문 내용에 대해서는 모두 호의적이었다.

교무관장의 보고에 따르면 남원시에서 은적암이 소재한 교룡산성 전체를 사적지로 지정하는 사업을 이미 추진하고 있으며, 2016년 말에 사적지 지정을 위한 용역 결과 보고 학술대회를 개최한 바 있어 동 학술대회의 자료를 바탕으로 검토한 결과, 기념사업회에서 하고자 한 중창과 같은 사업은 바람직하지 않다는 견해를 밝힌 문화재청 직원의 발표를 확인할 수 있었다. 이에 동학학회에서 기 발간한 남원의 동학 관련 논문집을 사적지 지정 및 사업 계획 수립에 참조하도록 발송한 바 있다. 나는 어떠한 어려움이 있더라도 은적암 성지를 반드시 지켜내야 한다는 확고한 신념을 갖고 있었다. 그래서 교무관장에게 이 문제를 신중하고 바르게 추진하도록 지시하는 한편, 이 업무를 담당해 왔던 전서실장에게 일체 손을 떼고 관련 사무 일체를 교무관장에게 이관하도록 지시하였다.

• 백용성기념사업회(불교) 중심 기념비 건립 불가

포덕 159(2018)년 8월 1일, 장효선 남원교구장으로부터 독립운동가백용성조사기념사업회에서 '동학 개벽 성지 남원 지리산 교룡산성 덕밀암에 대한 비석' 을 교령산성 은적암에 세우려 한다는 내용의 정보를 전달받았다. 표지의 제목은 '동학 개벽 성지 남원 지리산 교룡산성 덕밀암 3·1절 독립운동유적지 기념비 건립 기본 기획안' 으로 되어 있고 날짜는 2018년 11월, 기념비 건립은 (사)독립운동가백용성기념사업회와 천도교에서 하는 것으로 작성되어 있다. 4쪽으로 되어 있는 내용을 보면 다음과 같다.

1) 사업의 목표

- 교룡산성에 위치한 덕밀암은 한국 근현대사의 중요한 정신적 자취를 간직한 곳입니다.
- 덕밀암 조실 혜월화상의 주선으로 동학교조 수운 최제우 대신사께서 이곳에서 머무시어서 동학 개벽의 문호를 열으시고, 백용성 조사께서 덕밀암 조실 혜월화상으로부터 교시를 받은 첫 출가지입니다.
- 혜월화상의 제자인 용성 스님과 최제우 선생님의 제자인 손병희 선생님은 3·1 독립운동의 준비를 함께 하였습니다.
- 동학 개벽 성지이자 3·1절 독립운동 유적지로서 '3·1절 100주년 기념비 건립을 추진하고자 합니다.

2) **사업 내용**

기미년 3·1절 100주년 맞이 독립운동 유적지 기념비 건립

3) **사업 시행 일시**

2019년 2월 22일(금) (미정)

4) **주최 및 주관**

주최: 독립운동가백용성조사기념사업회, 천도교, 남원시

주관: 독립운동가백용성조사기념사업회

5) **기념비 형태**

비석: 높이 2.1m

이수(상부): 9룡 관석

귀부(받침대): 용 거북좌대

6) **남원시에 요청 사항**

기념비 건립 행정적 허가와 지원

7) **기념비 내용**

동학 개벽 성지 남원 지리산 교룡산성 덕밀암에 대한 비명 건립

(요약)

① 남원 교룡산성 덕밀암 은적당에서 덕밀암 조실 혜월화상의 주선으로 동학 교조 수운 최제우 대신사께서 이곳에서 머무시어서 동학 개벽의 문호를 열으시다.

② 동학교조 수운 최제우 대신사께서 순교하셨던 해인 조선왕조 제26대 고종대왕 원년 갑자년(서기 1864년) 음력 5월 8일에 백두대간 중심지 장안산하 죽림촌에서 용성진종조사가 탄생하시고 14세시에 죽림촌에서 꿈 가운데서 부처님을 친견하고 그 지시를 따른 몽중불수기(夢中佛授記)를 받고 남원 교룡산성 덕밀암에 출가하여 3년간 덕밀암 조실 혜월화상의 문하에서 행자

생활을 하다.

③혜월화상의 지도에 따라 용성진종조사께서는 단군 국태조께서 개국한 단군조선으로부터 이씨 조선왕조까지 4천여 년간은 군주제도로 이어 오다가 동학 천지개벽 운도로서 83갑자 기묘년(서기 1999년)에 천룡사에서 민주제도의 대한민국 8백년 대운의 문호를 열고 그 25년 후인 83갑자 갑진년(서기 2024년)도에 용성조사의 탄생 성지 죽림촌에서 대한민국 8백년 대운의 문호를 고정 확정 짓고 그 다음 해인 83갑자 을사년(서기 2025년)도부터 대한민국 8백년 대운을 받는 원년이 된다고 덕밀암 조실 혜월화상께서 그 상좌인 백용성 조사에게 교시하였던 것이다.

④그리하여 대한민국 전국민은 능히 모든 악업을 짓지 아니하고, 능히 모든 선업을 쌓으면서 불도를 수행한 공덕으로써 대한민국 국민 가가호호에 인간 세계와 제일 인연이 깊은 관세음보살 지장보살 25화신보살님이 선남자 선여인으로 태어나 겉모습은 사람이고 마음은 보살이어서 대한민국이 보살국토가 되어 사람 몸 받은 화신 보살님들이 자비, 복덕, 청정, 진실, 지혜로 전 세계만방 각 국가 통치자들을 교화해서 향도하고, 세계만방 통치자들을 다스리려 지도하는 대통치자가 되어 전세계 전인민이 대한민국을 진리의 조국을 섬기는 성불 인연을 지어 이러한 공덕으로써 대한민국 전국민이 사후에는 왕생정토하여 극락수용을 하고 열반락을 증득하리라고 백용성 조사께서 덕밀암 조실 혜월화상으로부터 교시를 받은 이곳 교룡산성 덕밀암 은적당은 동학 개벽 성지임을 밝히는 비명건립이다.

• 천도교, 백용성기념사업회(불교) 중심 기념비 건립 극적 저지

이상과 같이 천도교와 단 한마디 협의도 없이 (사)독립운동가백용성조사기념사업회로부터 '동학 개벽 성지 남원 지리산 교룡산성 덕밀암 3·1절 독립운동유적지' 기념 비석을 제작하고 이를 공수하여 조만간 은적암에 설치하려 한다는 정보를 입수하고 이를 저지하기 위해 남원시에 '독립운동가 기념비 건립은 절대로 불가하다' 는 천도교 측 의견을 이범창 종무원장 이름으로 다음과 같이 보냈다.

문서번호　천총발 제26호

사행일자　포덕 160(2019)년 2월 11일
수신　남원시장
참조　문화예술과장
제목　3·1절 독립운동 유적지 기념비 건립에 관한 건

1. '친절하고 살맛나는 천년 남원' 건설을 위해 불철주야 노심초사 애쓰시는 시장님과 관계 공무원 여러분의 노고에 심심한 위로와 격려의 말씀을 드립니다.
2. 천도교 중앙총부에서는 천도교와 남원시에서 주최하고 독립운동가백용성조사기념사업회에서 주관하에 교룡산성 안의 옛 은적암(일명 덕밀암) 터에 '기묘년 3·1절 100주년을 맞아 독립운동 유적지 기념비' 를 2019년 2월 중으로 건립하겠다는 사업이 추진되고 있는 것으로 파악되고 있습니다.
3. 옛 은적암(일명 덕밀암) 터에 위의 독립운동가 기념비 건립은 절대로 불가하다는 의견을 천도교 중앙총부에서는 남원시에 강력하게 제시합니다. 천도교단에서는 옛 은적암을 동학 천도교의 발상지에 버금가는 성지로 인정하고 있으며 앞으로 적절한 시기에 남원시와 긴밀히 협의하고 전라북도 및 국가의 지원으로 이 일대를 성역화하는 계획을 추진하고 있습니다.
4. 아울러 천도교 중앙총부는 독립운동가백용성조사기념사업회와 본 건으로 협의하거나 동의한 바가 결코 없음을 밝힙니다. 다시 한 번 더 본 사업이 시행되어서는 절대로 아니 된다는 간곡한 청원을 드리니 양지하여 주시기 바랍니다.

이리하여 독립운동가백용성조사기념사업회에서 일방적으로 건립하고자 한 '3·1절 독립운동 유적지 기념비 건립' 은 성사되지 못했다.

• 남원동학문화제, 남원 은적암 동학의 성지 선포

드디어 포덕 160(2019)년 11월 9일 오후 2시 30분, 남원시 '사랑의 광장' 에서 개최된 제1회 남원동학문화제에서 교룡산성이 동학 성지임을 선포하는 역사적인 '교룡산성 동학 성지 선포식' 을 가졌다. 남원동학문화제추진위원회와 남원문화원을 대표하여 남원문화원의 김주완 원장님이 일반 시민들이 대거 참여한 동학문화제에서 당당하게 선포하였다. 오늘의 선포식은 엄밀히 말하면, 남원의 교룡산성이 동학의 성지임을 확인하는 의미를 갖는다. 오늘 동학의 성지임을 선포함으로써 비로소 성지로 되는 것이 아니라 역사적으로 이미 동학의 성지라는 것을 재확인하는 성지 확인식이라 할 수 있을 것이다. 아울러 그동안 방치되어 왔던 교룡산성을 성역화하자는 것이다.

나는 남원동학문화제추진위원회 상임고문 자격으로 오늘 행사에 참여하여 축사를 했다. 오늘의 제1회 남원동학문화제가 개최될 수 있게 된 것은 장효선 남원교구장의 지속적인 노력의 결과이다. 오늘 선포된 남원 은적암 동학의 성지 선포문은 다음과 같다.

〈남원 은적암 동학의 성지 선포문〉

유구한 역사와 전통의 문화유산을 보유하고 지켜온 남원은 우리나라를 대표하는 세계적인 문화의 보고로서, 무엇보다도 남원은 천년고도 전통 문화 도시라는 이미지가 더 강하게 자리매김하고 있습니다. 특히 한 가지 우리가 주목해야 할 사실은 수운 최제우 선생께서 이곳 남원 은적암에서 동학을 완성하시고 동학의 칼춤 검결 용담검무를 추었다는 사실입니다.

수운 최제우 선생은 1860년 4월 5일 경주 구미산 용담에서 사람이 바로 한울이라는 만고에 없는 무극대도를 창명하셨습니다. 수운 최제우 선생께서는 1861년 12월, 이곳 남원 교룡산성 내 덕밀암으로 오시어 다 허물어져 가는 암자를 고쳐 짓고 은적암이라 새롭게 이름한 후 이듬해 1862년 7월까지 머무시면서 동학경전 〈논학문〉을 짓고 "도는 천도요 학은 동학"이라 하시면서 동학으로 처음으로 명명하시고 이후부터 모든 가르침을 동학이라 하셨습니다. 또한 동학을 검으로도 표하셨으니, 이 검무가 보국안민의 민족정신을 담은 동학의 칼춤 용담검무입니다.

수운 최제우 선생은 은적암에서 동학을 기르치면서 보국안민과 민족 자주 정신을 일깨웠고, 또한 민족의 정기가 태동한 곳으로 이곳 남원 은적암은 수운 최제우 선생의 청사에 길이 빛날 역사적인 유적지이며 동학의 성지인 것입니다.

이러하므로 『동경대전』, 〈논학문〉, "도는 천도요 학은 동학이라"라는 천명에 근거하여, 동학을 완성하고 동학의 칼춤 검결 용담검무를 태동시킨 남원 은적암과 교룡산성을 '동학의 성지' 로 선포합니다.

포덕 160(2019)년 기해년 11월 9일
남원동학문화제추진위원회
남원문화원장 김주완

• 시대적 소명, 교룡산성 일대 성역화

그동안 2차례에 걸친 남원 교룡산성의 성역화를 위한 대통령 청원 건의가 있었으며 남원 동학에 대한 학술대회와 공연은 물론 용담검무전수관을 통한 교육도 지속적으로 실시되어 왔다. 장효선 명인의 투철한 사명감과 불굴의 의지로 남원 지역에서의 용담검무가 서서히 그 뿌리를 내리면서 남원 교룡산성 일대의 성역화에 대한 공감대가 널리 형성되어 가고 있다. 마침내 포덕 160(2019)년 10월, 제1회 남원동학문화제에서 역사적인 남원 은적암의 성역화도 선포되었다.

이제는 하루속히 동학과 동학혁명의 성지인 남원 은적암의 복원과 동학기념관의 설립, 국민 정신 교육수련관, 용담검무전수관 건립, 용담검무대학(연구원) 설립 등 동학과 동학농민혁명 정신을 기리는 남원 교룡산성 일대 성역화 사업의 실천 단계로 나아가야 한다. 이를 위해서는 현재 남원시 시유지로 되어 있는 교룡산성 일대에 대한 사적지 지정이 요망된다. 이를 위해서는 전문가의 학술연구 등을 통한 사적지 지정의 필요성에 대한 공감대 형성이 필요하다. 이를 토대로 성역화 추진 방향과 성역화를 위한 기본 계획과 세부적인 실시 계획을 수립해 나가야 할 것이다. 이 과정에서 전문적 세미나 등을 개최하여 전문 교수 및 전문 연구원들의 폭넓은 연구 및 토론과 의견 수렴을 거치도록 해야 할 것이다. 이러한 과정을 거쳐 만들어진 교룡산성 성역화 기본 계획은 국가유산청에서의 문화재위원회 심의와 지정 조사 보고서를 작성하는 절차를 거쳐야 한다.

국가유산기본법에 의하면 "국가 유산이란 인위적이거나 자연적으로 형성된 국가적·민족적 또는 세계적 유산으로서 역사적·예술적·학술적 또는 경관적 가치가 큰 문화유산 무형유산을 말한다."라고 되어 있다. 국가유산기본법에 의한 사적지 지정은 성역화 사업 추진의 1단계로서 교룡산성 성역화 추진을 위한 국가적 공인을 받는 셈이다. 교룡산성 일대가 사적지로 지정이 되면 성역화 추진의 구체적 실천 단계인 2단계로 접어들 수 있게 된다. 사업 추진에 따른 정부 예산을 지원받기가 좀 더 쉬워지기 때문에 성역화 사업을 속도감 있게 추진해 나갈 수 있다. 그러나 사적지가 지정되었다고 해서 저절로 성역화가 이루어지지는 않는다. 사적지 안에 담길 내용물을 어떻게 설계하고 어떻게 실시할 것인가, 어떻게 공감대를 이루고 어떻게 지방정부 및 중앙정부를 설득할 것인지가 관건이다. 사적지 안에 담길 내용으로는 은적암 복원과 동학(혁명)기념관, 국민정신 교육수련관, 용담검무전수관, 용담검무대학(연구원) 설립 계획 등이 포함되어야 할 것이다. 좀더 구체적인 것은 전문가들의 의견을 수렴하고 타 지역의 사례를 참고하여 범국가적 계획으로 확정되고 실천되어야 할 것이다.

교룡산성이 동학(혁명)의 사적지로 지정되고 기념 공간이 조성된다면 교룡산성이 세계적인 동학의 성지로 우뚝 서게 될 것이다. 남원 교룡산성 성역화, 이제는 행동해야 한다. 지금까지와는 다른 실천 행동의 단계로 진입해야 한다. 그렇다면 누가 언제 어떻게 무엇을 하여야 할 것인가? 한 가지 분명한 것은 천도교가 앞장서서는 안 된다는 점이다. 만약 천도교가 앞장선다면, 종교 사업이라는 이유로 국가적 사업으로 추진되기 어렵게 될 수 있다. 따라서 범국가적으로 남원 교룡산성성역화추진위원회가 구성되어 추진될 수 있도록 하는 것이 바람직하다. 천도교는 뒤에서 분위기를 조성하고 범국가적으로 추진될 수 있는 방안을 적극 강구해 나가도록 하는 것이 바람직할 것이다. 이러한 판단을 하는 것은 포덕 160(2019)년 3·1운동 100주년 기념사업의 일환으로 추진했던 손병희 선생 기념관 건립 추진 과정의 경우와 같은 맥락이다.

5. 역사적인 용담검무 복원 및 계승

• 장효선 명인, 역사적인 용담검무 복원 성취

동학 천도교를 창도한 수운대신사는 남원 은적암에서 도는 천도이나 학은 동학이라는 깨달음을 바탕으로 검결을 짓고 칼춤을 추면서 무극대도를 실현하고자 했다. 그러나 수운대신사는 혹세무민과 반역을 꾀했다는 죄목으로 참형을 당하게 되고 용담검무 역시 자취를 감추며 제자들이 남모르게 숨어서 추는 칼춤이 되어야 했다. 하지만 남몰래 전해지던 검무가 다시 햇빛을 보게 되었다. 그 주인공은 바로 장효선 명인이다. 장효선 명인은 일곱 살 무렵부터 아버지의 목마를 타고 배운 게 자신이 검무의 세계를 접한 첫 계기였다고 한다. 고조부는 목검을 깎아 수운대신사께 드리고 수운대신사는 검무를 고조부께 가르쳐 주셨다고 한다. 이 검무가 증조부-조부-부친을 거쳐 4대에 걸쳐 이어져 온 것이다.

장효선 명인에 의하여 복원된 용담검무는 21자 주문으로 표현된 기본 자세와 검결의 춤사위로 구성되어 있다. 주문을 통한 용담검무의 기본 자세는 지기, 금지, 원위, 대강, 시, 천, 주, 조, 화, 정, 영, 세, 불, 망, 만, 사, 지의 17개 동작으로 구성되어 있으며 총 3장으로 나뉘어져 있다. 처음 4개 동작은 강령으로 한울의 기운이 내 몸에 들어와 가득 차는 것을 상징한다. 다음 6개 동작은 내 몸 안의 기운이 체내의 근원적인 기운으로 바뀌어 저장되는 것을 상징한다. 마지막 7개 동작은 저장된 기운이 내 안에서 운용될 수 있도록 생명력으로 변화되어 본격적인 용담검무를 시작할 수 있는 기본 자세를 갖추는 것으로 구성되어 있다. 이는 주문 21자의 뜻이 검무 동작 하나하나에 완전하게 융합되어 주문 검무로 다시 구현된다. 따라서 주문은 검무로, 검무는 다시 주문으로 하나 되어 주문 검무가 된다. 이는 주문의 뜻이 융화된 검무로서 용담검무가 온몸에 체화되어 사람이 한울님을 모시는 주문 행위 수련으로 천착된다.

이어지는 검결의 춤사위는 검결의 가사를 음악과 함께 노래를 부르며 추는 검무이다. 여기서 검은 다시개벽을 상징하는 비결을 담고 있다. 검을 휘두르며 칼의 노래를 부르며 춤을 추는 다시개벽의 검결은 모두 146자로 구성되어 있다. 이 146자의 가사를 41개의 구절로 나누어 각 구절마다 의미를 부여하고 그 의미를 나타내고자 하는 목적으로 춤사위가 이루어져 있다.

전체 10개의 장으로 구성되어 있다. 1장은 "시호시호 이내시호 부재래지 시호로다"로서 고요히 다시 못올 때를 기다리는 무예적 동작으로 표상된다. 2장은 "만세일지장부로서 오만년지 시호로다"로 만세에 한번 나오는 벅찬 희열과 고조된 감정을 무예적 동작으로 표상한다. 3장은 "용천검 드는 칼을 아니 쓰고 무엇하리"로서 정신 개벽을 위한 결단과 의지가 무예적 동작으로 표상된다. 4장은 "무수장삼 떨쳐입고 이 칼 저 칼 넌즛들어"로서 후천개벽을 위한 결단을 표상하는 무예적 동작으로 드러난다. 5장은 "호호망망 넓은 천지 일신으로 비껴서서"로 검을 넌지시 들어 드넓은 천지를 배경 삼아 웅혼한 자세로 비끼듯이 서서 세상을 향하여 깊게 응시하는 예술적 동작으로 표상된다. 6장은 "칼노래 한 곡조를 시호시호 불러내니"로서 결연하고 웅혼한 자세에 서서히 변화를 주며 검무를 큰 동작으로 이어 나가는 무예적 동작으로 표상된다. 7장은 "용천검 날랜 칼은 일월을 희롱하고"로 혁명을 상징하는 용천검 날랜 칼로 일월을 희롱할 수 있는 장부의 크나큰 기개와 높은 기상을 드러내는 동작으로 표상된다. 8장은 "게으른 무수장삼 우주에 덮여 있네"로 일월을 희롱하듯 춤을 추고, 무수장삼은 우주를 덮을 듯이 큰 동작으로 이어진다. 9장은 "만고명장 어디 있나 장부당전 무장사라"로 정신적 고양에 의하여 그 신명이 극에 달하게 되고 만고의 명장을 모두 당해낼 수 있다는 자신감이 넘치는 자세로 표현된다. 10장은 "좋을시고 좋을시고 이내신명 좋을시고"로 모두가 다함께 어울려 검무를 추며 새로운 후천개벽의 세상을 열어 가고자 하는 그 신명이 극에 달하는 무술과 예술이 융합된 동작으로 표상된다.

검결을 통한 용담검무는 후천개벽과 새로운 질서의 삶인 동귀일체의 새 세상을 열어가고자 하는 검결의 체화적 수행이다. 이렇게 장효선 명인의 용담검무가 복원되고 계승되었다.(용담검무 복원을 위한 제1차 발표회, 주최 용담검무보존회·후원 천도교 중앙총부, 2005년 8월 30일, 한국의 집/ 장효선, 『달 품은 용천검 용담검무』, 세상의 모든 책들, 2015년 5월 5일)

• 장효선 명인, 오직 한길 용담검무 계승 50년

장효선 명인은 어린 시절부터 부친(장영철)으로부터 남모르게 검무를 배우기 시작하여 15세부터 본격적으로 검무를 추게 되었다고 한다. 22세에 이르러서는 수운대신사께서 목검으로 추시던 것을 알게 된 이후 검가를 읊으며 독특한 검무의 형식과 틀을 갖추어 가며 마침내 용담검무를 복원하게 되었다.

장효선 명인에 의해 복원된 용담검무는 50여 년간 줄기차게 계승되어 왔다. 그동안의 국내외 공연 횟수가 1천여에 이른다. 포덕 135(1994)년 서울 정도 600주년을 맞이하는 기념사업의 일환으로 서울 정동극장에서 최초로 용담검무를 재현하였으며 1994년 5월, 파고다공원에서 동학혁명 100주년 기념식 축하 공연으로 용담검무를 재현하였다. 포덕 143(2002)년 11월 9일 정동예술극장에서 제1회 용담검무 공연에 이어 포덕 144(2003)년 9월 27일 세종문화회관에서 제2회 공연으로 이어졌다. 2002년 8월 14일, 천도교 중앙총부의 초청으로 천도교에서는 최초로 지일기념 축하 공연을 하게 되면서 천도교 교인들 사이에 널리 알려지게 되었다.

2002년 10월 15일, 뜻있는 몇몇 교인들은 장효선 명인의 용담검무를 체계적으로 육성 복원할 것을 뒷받침하기 위하여 용담검무보존회를 구성 운영할 필요가 있다는데 의견을 모으고 7개월여 동안의 준비 기간을 거쳐 2003년 5월 24일, 천도교 중앙대교당에서 용담검무보존회 창립총회를 개최하였다. 이어 포덕 146(2005)년 12월 20일, 용담검무보존회는 사단법인으로 주무관청의 허가를 받아 공식적 조직으로 출범하게 되었다. 사단법인 출범 당시의 회장은 김광욱, 부회장은 김동환, 전승자는 장효선 외 11명의 이사로 구성되었다. 나는 김광욱 회장의 권유로 포덕 148(2007)년부터 용담검무보존회 이사로 선임되면서 각종 용담검무 사업과 공연 등 관련 활동에 참여할 수 있게 되었다. 그러한 과정에서 장효선 명인의 용담검무에 대한 사상과 열정을 점점 더 가까이서 볼 수 있게 되었다.

장효선 명인은 50여 년간에 걸친 용담검무 계승과 끊임없는 연구 성과로 포덕 153(2012)년에는 〈용담검무의 내재적 가치와 현대적 활용〉을 주제로 석사학위를, 포덕 156(2015)년에는 〈용담검무의 춤사위와 검결의 문화적 가치에 관한 연구〉로 박사학위를 수여 받는 등 용담검무의 이론적 학문 연구에도 온 정성을 기울여 왔다.

2015년 5월, 용담검무를 널리 알릴 목적으로 자비를 들여 『달품은 용천검 용담검무』(장효선, 세상의 모든 책들)이라는 책 5천 부를 발행하여 전국적으로 보급하였다. 나는 포덕 150(2009)년 4월 5일, 경주 용담성지에서 전국의 천도교인과 경주 시민 등 3,500여 명이 참석한 가운데 개최된 '포덕 150년 천일기념 대축제' 에 참여하여 장효선 명인의 역사적인 용담검무 공연 모습을 보며 참으로 벅찬 감동을 받았다. 용담검무 동작 하나하나가 비상하는 신인처럼 정말 신비로웠다. 이 행사에 참여한 분들 모두 천도교에 이런 훌륭한 무형문화가 있다는 것을 보고 경탄의 박수를 아끼지 않았다. 장효선 명인의 초인적인 용담검무 대공연은 가히 신화적이었다. 이후 용담검무가 매년 열리는 경주동학문화제와 남원동학문화제로 이어지고 전국적으로 널리 알려지는 계기가 되었다.

나는 포덕 151(2010)년 천도교 종학대학원장으로 재직하면서 대학원 학생들에게 용담검무를 통한 수련 과정을 도입한 바 있으며 교령 재직 시에는 용담검무를 동하계 수련 시에 도입하여 좋은 반응을 받았다. 특히 천도교 중앙총부 주최로 용담검무 중심의 경주동학문화제(경동제)를 3차례(8~10회)에 걸쳐 개최하였다. 제8회는 포덕 157년 10월 28일부터 2일간 경주황성공원에서, 제9회는 포덕 158년 10월 27일부터 2일간 경주노동고분공원에서, 제10회는 포덕 159년 10월 27일부터 2일간 경주노동고분공원에서 각각 개최되었다. 매회 500여 명의 교인 및 시민이 대거 참석하여 성황을 이루었다. 그리고 포덕 158(2017)년 11월 24일 세종문화회관에서 개최된 인내천운동연합 출범식에서도 용담검무가 공연되어 많은 박수갈채를 받았다. 이제 용담검무는 경주동학문화제와 남원동학문화제 등 양대 문화제 중심으로 자리매김함으로써 용담검무가 경상도 지역과 전라도 지역으로 확산되는 계기가 조성되어 가고 있다. 나아가 용담검무가 세계로 뻗어나가는 계기가 점점 조성되어 나갈 것으로 기대된다. 머지않아 용담검무의 세계화 시대가 다가올 것으로 예견된다. 그동안 용담검무의 획기적인 성장 발전, 앞으로의 무한한 성장 발전의 가능성, 그 중심에는 오직 한길, 50년을 이어 온 장효선 명인의 뜨거운 열정과 투철한 사명감이 있었기에 가능했다고 본다.(출처: 위와 같음)

• 시대적 소명, 용담검무의 전국화·세계화

장효선 명인의 용담검무는 지난 50여 년간 쉬지 않고 달려와 이제 여기저기서 용담검무의 작은 꽃이 피어오르고 있다. 지금 대부분의 천도교인들은 용담검무를 모르는 사람이 거의 없는 것 같다. 종학대학원, 수도원, 동학문화제 공연 등을 통하여 용담검무에 대한 이해와 용담검무를 체험한 교인들이 많아졌다. 그러나 용담검무의 전국적인 보급은 아직 이루어지지 않고 있는 실정이다. 이제는 천도교인은 물론 일반 국민들에게도 용담검무가 널리 보급 확산될 수 있도록 용담검무의 전국화를 향하여 힘차게 나아가야 할 때이다. 이를 위해서는 먼저 용담검무 지도자들을 체계적으로 육성하는 노력이 요구된다. 용담검무 지도자들이 육성되면 이들이 전국적으로 포진하여 용담검무를 보급할 수 있는 용담검무 교육수련관을 시도별, 시군별 지역 단위로 설치 운영할 수 있도록 뒷받침되어야 한다. 우선 전국의 천도교 교구와 수도원을 이용하여 용담검무 교육 훈련관으로 활용할 수 있을 것이다. 지역별로는 폐교된 초중등학교를 용담검무 전수관으로 이용할 수 있는 방안도 검토될 수 있다고 본다.

지금 우리에게 용담검무 세계화를 위한 노력은 전무한 실정이다. 그동안 장효선 명인에 의하여 미국의 샌프란시스코와 뉴욕 등에 용담검무 전수자들이 일부 포진하고 있는 정도이다. 이제 교회가 나서서 용담검무를 전 세계로 확산할 수 있는 방안의 수립 및 구체적인 실천 단계로 나갈 수 있어야 한다. 장효선 명인에 의하여 복원 계승된 용담검무는 천도교인 용담검무에서 전 국민 용담검무로, 나아가 전 세계 용담검무로 힘차게 확산되어 나가야 한다. 천도교 용담검무는 천도교인만의 독점물이 되어서는 안 된다. 세계인 모두의 용담검무로 거듭 태어날 수 있어야 한다. 세계 모든 나라에서 천도교 용담검무의 주문과 검결의 개벽 문화가 풍성하게 펼쳐질 때 보국안민 포덕천하의 새로운 시대가 열리게 될 것이다. 21자 주문과 146자 검결, 시천주 다시개벽의 정신으로 온전히 체화된 용담검무의 세계화는 필연적으로 동학 천도교의 세계화로 이어지게 될 것이기 때문이다. 용담검무는 새로운 시대 동학 천도교의 포덕 활동을 더욱 깊고 더욱 넓혀 나갈 수 있는 위대한 문화 포덕의 선물이다.

보국안민 포덕천하로 나아가기 위한 용담검무의 전국화, 용담검무의 세계화는 우리 모두가 함께 추진해야 할 시대적 소명이라는 것을 깊이 깨달아야 하겠다.

6. 공주 우금티 성역화 추진

• 나의 공주 생활, 우금티의 꿈

나는 군 복무 기간을 합해 7년간에 걸친 대학 생활을 공주에서 보냈다. 그래서 나에게는 공주가 제2의 고향이 되었다. 나에게 있어서 공주 생활은 동학혁명의 최후 전적지인 공주 우금티의 꿈을 마음 깊이 담고 지낸 시간이었다. 포덕 35(1894)년의 동학혁명, 그 혁명이 좌절된 우금티, 30만 동학군의 꿈을 잊어 본 적이 없다. 다시 일으켜야 한다. 동학혁명의 꿈은 죽은 것이 아니라 잠시 멈췄을 뿐, 언젠가는 다시 일어나야 한다. 민족통일의 꿈으로 다시 일어나야 한다. 1894년, 서울을 향한 꿈은 이제는 평양에서 민족통일의 꿈을 펼쳐야 한다.

나는 포덕 113(1972)년 공주사범대학을 졸업하고 서울로 가서 서울대학교 행정대학원 과정을 마치고 KIST에 들어갔다. 그런데 내가 속한 KIST 전산조직이 대덕연구단지로 옮겨 왔다. 나도 함께 대덕연구단지로 이사를 오게 되었다. 제2의 고향인 공주의 인근 지역으로 이사 온 것이다. 우금티의 꿈도 함께 옮겨 오게 된 것이다. 포덕 130년부터다. 나는 포덕 135년에 공주 우금티의 동학혁명군 위령탑을 참례하였다. 미완의 동학혁명을 완수하여 30만 동학군 영령들의 꿈을 내 마음속에 새기었다. 대전교구에 나간 지 10년이 되는 포덕 141(2000)년, 나는 뜻밖에 대전교구의 교구장을 맡게 되었다.

• 1993년, 동학혁명군 위령탑 참례

나는 포덕 134(1993)년 10월 31일, 공주교구에서 설교를 하였다. 시일예식이 끝난 후에 중식을 하면서 교구 발전에 관한 이야기를 나누었다. 이창덕 공주교구장님을 모시고 처음으로 동학농민군 위령탑을 참례하였다. 공주 우금티 고개에 세워진 이 위령탑은 이창덕 선생님의 성금으로 제작 설치된 것이다. 나는 위령탑 앞에 세워진 안내 표지판을 읽는다.

〈동학혁명군 위령탑〉

이곳 우금티 고개는 1894년 동학혁명군 최후의 격전지이다. 1894년 1월 전라도 고부에서 전봉준을 선두로 봉기한 동학군은 그해 4월 전주를 점령하고 호남 일대를 장악하였으며 10월에 다시 봉기하여 북상하였는데 그 첫 목표가 호서 지방의 요충이며 충청도 감영 소재인 공주를 점령하는 것이었다. 이 때문에 공주의 남쪽 관문인 이곳 우금티에서 치열한 전투가 벌어졌다. 당시 동학군은 대외적으로 제국주의 일본의 침략에 대항한다는 기치를 높이 들었기 때문에 일본은 현대식 무기를 가진 강력한 군대를 파견하여 여기에서 동학군을 저지하였다. 이 전투는 1주일을 밤낮으로 계속하였는데 20만을 자랑하던 동학군은 겨우 1천여 명만이 살아남는 참패를 당하고 이곳에서 최후를 맞이하였다. 이러한 점에서 이곳 우금티는 봉건체제의 개혁과 제국주의 침략 세력에 대한 저항이라는 민족사적 운동과 관련된 역사의 현장이므로 그 의의를 기리고자 1973년 11월 천도교 공주교구에서 이곳을 정화하고 혁명군 위령탑을 세우게 되었다.

나는 이 안내문을 읽으면서 몰래 눈시울을 적신다. 아직도 끝나지 않은 동학혁명을 완수하여 30만 희생 동학군 영령들의 위혼을 달래야 한다고 두 손을 불끈 쥐면서….(졸저 『미래는 행동하는 자의 것이다』 1997, 개벽사, 183쪽)

• 2014년, 공주 우금티 성역화 박근혜 대통령에게 청원

나는 포덕 155(2014)년 11월 21일, 동학문화진흥회 회장의 이름으로 '박근혜 대통령님께 올리는 30만 동학농민군 희생을 기리는 공주 우금티 성역화 청원서' 를 제출하였다.

새 시대 새 희망, 새로운 대한민국, 박근혜 대통령님께서 청사에 길이 빛날 새로운 국가 건설의 위업을 성취하시기를 국민과 함께 진심으로 축원합니다. 새 시대 새 희망의 새로운 역사를 이룩하기 위하여 박근혜 대통령님께 올리는 저희들의 간곡한 청원의 목소리를 꼭 들어주시리라 굳게 믿으며 이 청원을 올립니다.

지금부터 120년 전, 1894년 11월, 이 나라 이 민족을 위해 목숨을 바치신 30만 동학혁명군의 영혼을 위로하고 그 숭고한 뜻을 만세에 기리 전하기 위하여 동학농민혁명의 최대 격전지이자 동학농민군 최후의 보루였던 공주 우금티 전적지의 성역화 사업을 범국가적 차원에서 조속히 추진해 주십사 하는 청원을 박근혜 대통령님께 삼가 올립니다.

저희들은 오늘 11월 11일 11시, 공주 우금티 동학혁명군위령탑 앞에서 거행된 120주년 동학혁명군위령식에 참석하여 동학혁명군위령탑이 흉물스럽게 훼손된 것을 보면서 한없는 눈물을 흘리며 비통한 심정을 억제할 수가 없었습니다. 120년 전 수십만 동학군 영령들의 함성이 들리는 듯했습니다. "어째서, 왜, 무엇 때문에 이렇게 동학군들을 추모하기 위해 세운 위령탑이 훼손된 채로 방치되고 있는지", 호통을 치는 것 같았습니다. 저는 그 참을 수 없는 30만 동학군 영령들의 애절한 함성을 들으면서 온몸으로 힘차게 외쳤습니다. 박근혜 대통령님 계시는 청와대까지 들릴 수 있도록 목메어 통곡하였습니다.

"동학혁명군위령탑이 훼손되었습니다. 우리 민족의 위대한 역사, 동학혁명의 숭고한 정신이 침몰하고 있습니다. 큰일 났습니다. 더 이상 방치한다면 대한민국이 침몰할 것 같습니다. 이 땅의 온 국민이 침몰할 것 같습니다. 훼손된 위령탑을 즉시 복원해 주십시오. 새 시대 새 희망은 공주 우금티 동학혁명군위령탑 복원 없이는 이루어질 수 없다고 굳게 믿습니다."

모두가 힘찬 박수로 하나 되어 청원의 깃발을 힘차게 들었습니다.

"피 어린 이 언덕에 잠든 그 임들의 넋을 달래기 위하여 이 탑을 세우노니 오가는 천만대의 후손들이여, 그 위대한 혁명 정신을 영원무궁토록 이어받아 힘차게 선양하라."라고 써진 비문을 되새기며 결의에 찬 박수를 보냈습니다.

대통령님이시어, 관군과 일본군의 총칼에 맞서 싸우다가 쓰러져 간 수십만의 동학군들의 죽음으로 시산혈해를 이루었던 공주 우금티에는 단 한 분을 모실 사당 하나조차 없이 120년 동안 이렇게 방치되고 있습니다. 이 민족 근대화의 위업을 이룩하신 박정희 대통령께서는 공주 우금티 동학혁명위령탑뿐 아니라 동학의 발상지인 경주 구미산을 국립공원으로, 동학혁명 발상지인 정읍의 동학혁명기념탑 건립 참여 등 이 민족의 영원한 동학의 성지로서의 기초를 굳건히 세우셨습니다.

이 시대 새 역사를 이끌어 가시는 박근혜 대통령님께 국민의 이름으로 청원하오니, 이곳 공주 우금티 성화 사업을 반드시 이루어 주실 것을 간절히 기원합니다. 120년이라는 긴 세월 방치해 온 공주 우금티의 성역화 사업으로 새 시대 새 희망을 열어 가는 원동력이 되게 하소서. 대통령님의 결단으로 공주 우금티가 시련과 죽음의 땅이 아니라 남북통일과 세계 평화를 위한 살아 있는 역사적 공간으로 거듭나게 하소서.

매년 11월 11일, 우금티에서 천도교를 비롯한 뜻 있는 인사들이 모여 조촐하게 동학혁명위령식을 거행하고 있습니다. 올해에도 지난 11월 11일, 천도교를 비롯한 100여 명의 인사들이 참석한 가운데 거행된 동학혁명위령식에서 '이제는 더 이상 우금티를 방치할 수 없다' 는 비장한 결의로 오늘 기념식에 참석한 모든 분들과 뜻을 함께하는 국민과 더불어 이 청원서를 올립니다.

2014년(포덕 155년) 11월 21일
청원인: 동학문화진흥회 회장 이정희

• 디티뉴스 24, '우금티 성역화 청원' 뉴스 게재

디티뉴스 24(임연희 기자)는 포덕 155(2014)년 11월 21일, '동학문화진흥회장, 공주 우금티 성역화 청와대 청원하다' 라는 제목의 기사를 대전 지역 인터넷 신문에 게재하였다.

우리 전통사상과 문화를 연구하는 동학문화진흥회 이정희 회장이 최근 김기춘 대통령 비서실장 앞으로 공주 우금티 성역화 청원서를 제출했다.

박근혜 대통령에게 공주 우금티 전적지의 성역화 사업을 범국가적 차원에서 실시해 달라는 것이다. 이 회장은 청원서에서 "120년 전인 1894년 11월 이 나라 이 민족을 위해 목숨을 바치신 30만 동학혁명군의 영혼을 위로하고 그 숭고한 뜻을 만세에 기리 전하기 위해 동학농민혁명의 최대 격전지이자 동학농민군 최후의 보루였던 공주 우금티 전적지의 성역화 사업을 범국가적 차원에서 조속히 추진해 달라"라고 했다.

이 회장은 "지난 11일 오전 11시 공주 우금티 동학혁명군위령탑 앞에서 거행된 120주년 동학혁명군위령식에 참석해 동학혁명군위령탑이 흉물스럽게 훼손된 것을 보면서 한없는 눈물을 흘리며 비통한 심정을 억제할 수가 없었다" 면서 "어째서, 왜, 무엇 때문에 이렇게 동학군들을 추모하기 위해 세운 위령탑이 훼손된 채로 방치되고 있는지 호통을 치는 것 같은 120년 전 수십만 동학군 영령들의 함성이 들리는 듯했다" 라고 말했다. 매년 11월 11일 우금티에서는 천도교를 비롯한 뜻있는 인사들이 모여 동학혁명위령식을 거행하고 있다.

올해에도 지난 11일 천도교를 비롯한 100여명의 인사들이 참석한 가운데 동학혁명위령식이 열렸는데 위령탑을 본 참석자들이 "이제는 더 이상 우금티를 방치할 수 없다" 고 결의함에 따라 이 회장이 청원서를 올리게 된 것이다.

이 회장은 "동학혁명군위령탑이 훼손되면서 우리 민족의 위대한 역사, 동학혁명의 숭고한 정신이 침몰하고 있다." 며 "더 이상 방치한다면 대한민국이 침몰하고 이 땅의 온 국민이 침몰할 것 같다" 라고 했다.

그러면서 이 회장은 박 대통령을 향해 "훼손된 위령탑을 즉시 복원해 달라" 라며 "새 시대 새 희망은 공주 우금티 동학혁명군위령탑 복원 없이는 이뤄질 수 없다" 라고 강조했다.

이 회장은 또 "관군과 일본군의 총칼에 맞서 싸우다가 쓰러져 간 수십만의 동학군들의 죽음으로 시산혈해를 이루었던 공주 우금티에는 단 한 분을 모실 사당 하나조차 없이 120년 동안 이렇게 방치되고 있다" 라고 지적하며 "민족 근대화의 위업을 이룩하신 박정희 전 대통령은 공주 우금티 동학혁명위령탑뿐 아니라 동학의 발상지인 경주 구미산을 국립공원으로, 동학혁명 발상지인 정읍의 동학혁명기념탑 건립 참여 등 동학의 성지로서의 기초를 굳건히 세웠다" 라고 일깨웠다.

이 회장은 이어 "120년이라는 긴 세월 방치해 온 공주 우금티의 성역화 사업으로 새 시대 새 희망을 열어 가는 원동력이 되게 해달라" 면서 "대통령의 결단으로 공주 우금티가 시련과 죽음의 땅이 아니라 남북통일과 세계 평화를 위한 살아 있는 역사적 공간으로 거듭나길 바란다." 라고 했다.

이 회장은 "지난 금요일(21일) 김기춘 비서실장 앞으로 박근혜 대통령께 올리는 30만 동학농민군 희생을 기리는 공주 우금티 성역화와 남원 교룡산성 성역화 등 2건의 청원서를 보냈으며 아직 답변을 듣지는 못했다" 면서 "국가와 사회는 한 사람의 작은 생각이나 행동에서 변화와 발전이 이룩되는데 이번 청원서 제출이 대통령은 물론 우리 국민에게 공감을 불러 일으켜 문제를 해결해 나가는 원동력이 되었으면 좋겠다."라고 말했다. 공주시 금학동에 있는 우금티 전적지는 1894년 동학농민군이 관군과 일본군의 연합군을 상대로 최후의 격전을 벌인 곳으로 사적 387호로 지정돼 있다.

1894년 2월 전라도 고부에서 전봉준 등이 탐관오리의 학정과 부패한 정치를 바로잡기 위해 보국안민(輔國安民)과 제폭구민(除暴救民)의 기치를 내걸고 봉기했다.

우금티는 중부 지역의 거점인 공주 점령의 기선을 잡을 수 있는 중요한 곳이었는데 공주를 중심으로 향후 전쟁을 이끌어 나가려던 동학농민군은 죽검으로 총에 맞서 싸우다 결국 거의 전멸하게 되었다.

동학군의 넋을 달래기 위해 1973년 우금티 고개에 동학혁명위령탑이 세워졌으며, 동학농민운동 100년이 지난 1994년에 이르러 우금티는 사적으로 지정되었다.

• 가슴 떨리는 우금티

동학혁명, 천추의 한이 서린 공주 우금티, 생각만 해도 가슴이 저려 온다. 30만 동학군의 영령들이 희생된 공주 우금티를 바라만 봐도 나의 가슴은 떨린다. 동학혁명 121년이 지난 오늘, 우금티 위령탑이 훼손된 채 흉물로 변해 가는 모습을 보면서 나의 가슴은 찢어질 듯 아프다. 이것은 힘없는 동학 천도교이기에 가능한 일이다. 기독교나 불교와 같은 거대 종단이라면 이런 일은 상상할 수도 없을 것이다. 300만 명의 교세를 자랑하던 이 나라 최대의 종단이었던 동학 천도교가 어쩌다가 이토록 힘없는 종단으로 내려앉았다는 것인가? 대한민국 정부는 어째서 훼손된 위령탑 위에 벽돌 한 장 끼워 넣을 수 없다는 것인가? 이러고서도 국가와 민족을 위해 목숨 바친 30만 영령들을 위로할 자격이나 있다는 것인가? 어떻게 해야 할 것인가? 아픈 가슴을 어루만지며 눈물을 흘리기만 하고 있을 것인가? 때가 되면 언젠가는 제대로 되겠지 하며 그냥 기다리기만 하면 된단 말인가? '아니다.' 분명히 아닐 것이다. 동학혁명은 '아니다' 에서 일어난 혁명이다. 양반 토호들의 가렴주구는 '안 된다' 에서 일어난 혁명이다.

탐관오리들의 수탈은 '안 된다' 에서 일어선 것이다. 외세를 끌어들여 동학군을 탄압해서는 '안 된다' 에서 일어난 혁명이다. 그래서 관군과 일본군의 총칼 앞에서 '아니다' 를 외치며, 그렇게도 많은 동학군들이 죽어 간 것이다. 그렇게도 많은 동학군들의 시체가 쌓여 우금티 동학의 산을 만들고, 무참히 죽어 간 동학군의 피로 우금티 골짜기를 붉게 물들이고, 금강을 넘쳐 흐르게 한 것이다. 121년 전, '아니다' 로 일어난 수십만의 동학군들이 죽어 가면서 꿈꾸었던 세상, 이젠 '이다' 의 세상으로 다시금 부활해야 한다. 수십만 동학군들의 정신이 살아 있는 세상, 우리들 동학군 후손들에 의해 다시금 살아나야 한다. 그리하여 '아니다' 로 죽어 간 우금티에서 동학군들은 다시 '이다' 의 새로운 생명으로 다시 태어나야 한다. 우리는 가슴 떨리는 슬픔의 우금티가 희망의 우금티로 다시 우뚝 설 수 있도록 해야 한다. 그렇게 하기 위해 우리는 훼손되어만 가는 우금티 동학혁명위령탑 앞에서 무엇을 어찌해야 한단 말인가? 오늘, 여기 모인 동학군의 후손들, 천도교인 동덕 모두가 함께 걸아가야 할 '아니다' 의 세계로부터 '이다' 의 세계로 가는 길은 어디에 있는가?

· 우금티 성역화 청원

우금티를 더 이상 방치할 수 없다는 비장한 각오로 대통령 청원을 하기로 하였다. 포덕 144(2003)년, 당시 노무현 대통령과 박관용 국회의장, 심대평 충남도지사에 각각 '동학농민혁명 전적지 공주 우금티 성역화를 위한 청원서' 를 보냈다. 위령식에 참여했던 김철 교령 외 천도교인 및 시민, 학생 등 720명의 서명록을 붙여서 호소하였다. 당시 천도교대전·충청지역연합회(회장 이정희)와 우금티동학농민전쟁기념사업회(회장 진영일)가 공동으로 청원하였다.

청원서에서는 첫째, 국가 사적지 우금티를 더 이상 방치하지 말고, 범정부적 차원에서의 가시적인 성역화 작업에 지체없이 착수하라. 둘째, '동학농민군의 명예 회복에 관한 특별법안(의안번호 제1860호, 2002. 10. 21)' 을 조속히 통과하라. 셋째, '동학혁명기념사업회법안(제572호, 2000. 12)' 를 조속히 통과하라는 것이었다. 관련 법안은 하나로 통합되어 2004년 3월, '동학농민혁명 참여자 등의 명예 회복에 관한 특별법(법률7177호)' 으로 제정되었다. 그러나 우금티의 성역화는 노무현 전 대통령 청원 후 10년이 지난 오늘까지도 실현되지 않고 있다. 어떻게 할 것인가? 결코 포기할 수는 없다, 정권이 바뀌었으니 희망을 가지고 다시 한번 청와대의 문을 두드리기로 한 것이다. 지난해 동학농민혁명 120주년, 포덕 155년 11월 21일, 동학문화진흥회장(이정희)의 이름으로 대통령 청원서를 보냈다. 이번에는 좀 달라지겠지,

하며 대통령의 올바른 결단이 이루어지기를 간곡히 바라면서 보낸 청원이었다.

"지금부터 120년 전, 1894년 11월, 이 나라 이 민족을 위해 목숨 바치신 30만 동학혁명군의 영혼을 위로하고 그 숭고한 뜻을 만세에 기리 전하기 위하여 동학농민혁명의 최대 격전지이자 동학농민군 최후의 보루였던 공주 우금티 전적지의 성역화 사업을 범국가적 차원에서 조속히 추진해 달라"라고 청원하였다. "오늘 11월 11일 11시, 공주 우금티 동학혁명군위령탑 앞에서 거행된 120주년 동학혁명군위령식에 참석하여 동학혁명군위령탑이 흉물스럽게 훼손된 것을 보면서 한없는 눈물을 흘리며 비통한 심정을 억제할 수가 없었다"면서 "120년 전 수십만 동학군 영령들의 함성이 들리는 듯, 어째서, 왜, 무엇 때문에 이렇게 동학군들을 추모하기 위해 세운 위령탑이 훼손된 채로 방치되고 있는지, 호통을 치는 것 같다"라고 토로했다. "동학혁명군위령탑이 훼손되었습니다. 우리 민족의 위대한 역사, 동학혁명의 숭고한 정신이 침몰하고 있습니다. 큰일 났습니다. 더 이상 방치한다면 대한민국이 침몰할 것 같습니다. 이 땅의 온 국민이 침몰할 것 같습니다. 훼손된 위령탑을 즉시 복원해 주십시오. 새 시대 새 희망은 공주 우금티 동학혁명군위령탑 복원 없이는 이루어질 수 없다."면서, "120년이라는 긴 세월 방치해 온 공주 우금티의 성역화 사업으로 새 시대 새 희망을 열어 가는 원동력이 되게 하소서. 대통령님의 결단으로 공주 우금티가 시련과 죽음의 땅이 아니라 남북통일과 세계 평화를 위한 살아 있는 역사적 공간으로 거듭나게 해달라"라고 박근혜 대통령에게 간곡히 청원했다.

그러나 대통령 청원 1년이 지난 포덕 156(2017)년 11월 11일에 거행된 동학혁명 121주년 위령식에서 더욱 더 깊숙하게 훼손되어만 가는 위령탑을 바라보면서 참으로 비통한 심정을 금할 수 없었다. 그렇다면 이제 우금티 성역화의 희망은 거두어들여야 할 것인가? '아니다'. 단연코 '아니다.' 기필코 우리는 공주 우금티가 시련과 죽음의 땅이 '아니라' 남북통일과 세계 평화를 향하여 살아 있는 '이다'의 힘찬 역사적 공간으로 다시 태어나게 해야 한다.

· 동학군 위령탑의 건립과 수난사

공주시 우금티 고개 정상 부근에 자리잡은 우금티 동학혁명위령탑은 갑오년 당시 희생된 동학농민군의 원혼을 달래고 그들의 의로웠던 뜻을 기리기 위해 지난 포덕 114(1973)년 11월에 세워졌다. 정읍 황토현에 세워진 기념탑보다 10년 늦게 건립된 우금티 위령탑은 천도교 공주교구 이창덕 교구장을 중심으로 구성된 동학혁명위령탑 건립위원회의 이름으로 건립되었다. 당시 이창덕 교구장이 개인의 사재로 건립한 것이다. 이창덕 교구장은 독실한 월남 교인으로 당시 섬유산업이 크게 융성하던 시절, 공주읍 봉황동에 종업원 100여 명이 넘는 꽤 큰 규모의 '운남직물' 회사를 경영하면서, 상당한 재력을 쌓을 수 있었다. 이창덕 교구장은 공장 내 부지에 자비로 공주교구 건물을 건립, 시일예식, 수련 등 각종 교구 행사를 진행하였으며, 당시 김명수 도정, 최지호, 김상호 선생님 등과 협의하여 위령탑을 세우기로 뜻을 모음에 따라 위령탑을 건립하게 된 것이다.

『동학농민 100년』(김은정 외, 나남출판)에 의하면 위령탑 자리는 직조공장에 다니며 섬유노조 일을 맡아보던 엄기범이라는 분이 물색해 정했다고 한다. 갑오년 당시 일본군이 진을 쳤던 자리이긴 하지만 풍수적인 배려와 함께 동학농민군이 그토록 밟고자 했던 공주 시내가 훤히 내려다보이는 상징적인 의미를 고려한 자리였다고 한다. 이 자리에 1백여㎡ 부지를 마련하고 정읍 황토현 동학혁명기념탑을 닮은 8m 가량의 위령탑과 잔디 조경수 등으로 단장된 우금티 위령탑이 세워지게 된 것이다. 이 위령탑의 몸에는 당시의 박정희 대통령 글씨로 '동학혁명군위령탑' 이라고 새겨 있고, 대리석 안내판에는 "님들이 가신 지 80년, 5·16혁명 이래의 신생 조국이 새삼 동학혁명군의 순국정신을 오늘에 되살리면서 빛나는 10월 유신의 한돌을 보내게 된 만큼 우리의 피 어린 언덕에 잠든 그 님들의 넋을 달래기 위해 이 탑을 세우노니 오가는 천만대의 후손들이여 그 위대한 혁명정신을 영원무궁토록 이어받아 힘차게 선양하라."는 이선근의 글이 새겨져 있었다. 그런데 지금은 이 비문 중 '5·16'과 '10월 유신' '박정희 대통령' 등의 일부 비문이 누군가에 의해 뭉개져 있어 제대로 알아볼 수 없다. 뿐만 아니라 탑신에 쌓여진 상당수의 벽돌이 심히 훼손되어 어둡게 찢기고 떨어진 채 흉물스럽게 변해 가고 있으며 위령탑 앞에 2줄, 좁은 간격으로 늘어진 측백나무들이 우거진 채 참배객들의 시야를 방해하고 있다. 과연 이 위대한 우금티 동학혁명군위령탑의 주인이 있기라도 한 것인가? 언제까지 이렇게 방치할 것인가? 10년간에 걸쳐 2차례에 걸친 대통령 청원도 아랑곳하지 않는 이곳 우금티 사적지, 도대체 위령탑 훼손의 책임은 누구에게 있는 것인가? 이렇게 훼손하려고 국가 사적지로 지정했다는 말인가? 흉물스럽게 훼손되어 가는 모습 그 자체가 그대로 한 시대의 역사라면서 위령탑의 복원을 한사코 반대하는 사람도 있다고 한다. 이곳 공주는 동학하면 정치인들이 표 떨어진다며 동학을 가급적 드러내지 않으려 한다는 것이다.

한 예로, 포덕 135(1994)년 동학농민혁명 100주년 기념행사를 공주 시내와 우금티 고개 일대에서 했는데 공주시청에서는 동학도는 역적인데 왜 기념사업을 하느냐고 말했다 한다. 이때 공주대 총장이 나서서 동학은 혁명이요, 하나의 항쟁사라고 해명하는 등 설득하기도 했다는 것이다. 공주시에서 만든 관광 공주에서도 우금티는 제대로 대접을 받지 못하고 있다는 것이다. 위령탑 사진이 무령왕능, 공산성, 갑사, 계룡산의 당당한 모습과 달리 마지못해 끼워 놓은 듯한 느낌을 갖게 할 뿐 아니라 아예 공주 관광에서 우금티를 빼버릴 때도 있다고 한다. 이와 같은 공주 지역의 부정적인 동학 정서를 어떻게 바꿀 수 있을 것인가? 공주의 동학에 대한 부정적 정서와 함께 훼손되어 방치된 우금티 동학혁명군위령탑의 수난사를 어떻게 바로잡을 수 있을 것인가?

· 우금티 복원 계획의 실효성

공주 우금티는 포덕 135(1994)년 3월 17일, 국가 사적 제387호로 지정되었다. 우리는 공주 우금티가 국가 사적지로 지정된 것에 대해 참으로 잘된 일이라 생각했다. 문화재 보호법에 따라 공주 우금티가 원형대로 복원되고 위령탑도 훼손되지 않고 제대로 관리될 수 있을 것이라 기대되었기 때문이다. 이렇게 1994년도에 공주 우금티가 국가 사적지로 지정되면서, 공주시는 '공주 우금티 전적지 정비 기본 계획'을 수립하였다. 충남 공주시 금학동 산 78-1번지, 동학혁명군 위령탑을 중심으로 한 51,896㎡(15,726평)과 그 주변 지역에 대한 3개년(1994~1996) 정비 기본 계획을 수립한 것이다. 이 계획은 교육 시설(전시관)을 비롯하여 추모 시설(사당, 혼묘), 상징 시설(위령탑, 조각광장), 조경 시설(휴게소, 경관 식재), 편익 시설(주차장, 매점, 화장실), 관리 시설(관리사무소) 등 총 26억여 원이 투입되는 것으로 되어 있다. 그러나 이러한 1차 기본 계획은 1996년부터 2004년까지 총사업비 485,000,000원을 투입하여 토지 매입(8,224㎡), 기반 조성, 전시관 건립, 편익 시설, 조경 공사 등을 단계별로 추진할 계획이었으나, 거의 추진되지 못한 채 10년 동안이나 책상 설합 속에서 깊은 잠을 자게 되었다.

그러다가 공주시는 포덕 145(2004)년도에 '공주 우금티 전적지 복원 기본 계획'을 다시 수립하였다. 계획 기간은 2006년부터 2015년까지 10년으로 공주시 의뢰로 충청남도 역사문화원에서 수립한 것이다. 계획의 수월성을 위해 단기·중기·장기로 나누어 단계적으로 추진하는 전략으로 수립된 것이다. 1994년, 1차 계획 시와 마찬가지로 공주시 금학동 산 78-1번지 일원(51,895㎡)을 중심으로 한 기본 계획이다. 위령탑 보수 정비, 조형 시설물 설치, 동학농민혁명군혼단 조성, 봉수대 정비, 돌탑 정비 등 추모 공간과 기념관, 전시 계획 등 교육 공간과 수련관 건립, 군막 건립, 망루 건립, 탐방로 조성 등 체험 공간이 포함되었다. 녹지 공간으로 생태공원을 조성하는 외에 주차장, 화장실, 퍼걸러 건립 등도 포함되었다.

총사업비는 용역 및 보상 11,516,000,000원을 비롯하여 토목공사, 건축공사, 편익시설, 조경 및 기타 등 총사업비는 21,055,000,000원이다.

2차 기본 계획 기간 중이었던 포덕 148(2007)년에는 문화재 지정 구역이 698,299㎡(140필지)로 크게 확대되었으며, 포덕 149(2008)년도에는 다시 698,297㎡(140필지)로 일괄 지정된 바 있다. 이와 같이 문화재 지정 구역이 확대된 것은 포덕 145(2004)년 연이은 정비 계획의 성과라 하겠다.

그러나 이 기본 계획 또한 1차 계획과 마찬가지로 그 어느 것 하나 제대로 집행되지 않았다. 그저 한번 백지 위에 그림을 그려 보았을 뿐이라는 말을 들을 수밖에 없는 실정이다. 기본 계획이 집행되려면 예산이 뒷받침되어야 하는데 계획상의 소요예산이 제대로 확보되지 않아서 집행될 수가 없었을 것이라는 것은 불문가지이다. 2차 계획의 목표 연도인 포덕 156(2015)년 현재, 10년의 계획 기간이 종료됨에 따라 다시 종합 정비 계획을 수립 중이다. 2차 계획과 마찬가지로 공주시 의뢰를 받아 충남 역사문화연구원에서 수립하는 공주 우금티 전적 종합계획(안)은 포덕 157(2016)년 2월에 종료될 예정이다. 지난 11월 11일, 제121주년 동학혁명 우금티 위령식 참여자들 앞에서 관련 계획 수립의 내용과 진행 상황 등에 대하여 충남 역사문화연구원으로부터의 개략적인 설명이 있었다. 그러나 이 계획 또한 1, 2차 계획과 마찬가지로 또 하나의 실효성 없는 계획이 되지 않을까 하는 우려가 앞서고 있다.

한가지 분명히 짚고 넘어가야 할 점이 있다. 그것은 계획을 수립하는 과정에서부터 반드시 소요 예산이 확보될 수 있도록 강력한 집행 장치가 마련되어야 한다는 점이다. 과거와 같이 집행되지 않을 계획이라면 그러한 계획에 대해 어떤 의미를 부여할 수 있단 말인가? 훼손되어 가는 위령탑의 벽돌 하나 보수하지 못하는 실효성 없는 정비 계획이라면, 지금까지 계획대로 집행되지 못하고 있는 국가문화재 보호정책은 실패한 정책이라는 오점을 남기게 될 것이다. 지금 수립 중인 공주 우금티 전적 종합 정비 계획이 과거와는 달리 실효성 있게 수립 집행됨으로써 공주 우금티 관련 문화재 보호정책 실패의 오점을 남기지 않기를 간절히 소망한다.

· 우금티 성역화의 꿈, 남북통일과 세계 평화

E.H. 카는 일찍이 역사란 과거와 현재의 대화라고 했다. 이렇게 볼 때, 동학농민혁명에 대한 역사적 사실의 중심은 현재의 역사로 재해석되어야 한다고 생각된다. 이런 점에서 121년 전 동학혁명의 역사가 오늘 현재를 살아가고 있는 우리에게 주는 현재적 의미가 무엇인가를 찾아내고 그 정신을 오늘에 되살려 나아가야 할 것이다. 동학혁명이 오늘 우리에게 주는 역사적 교훈은 지금 우리 앞에 놓여 있는 남북통일의 과업이라고 생각된다. 남북통일은 동학혁명의 보국안민 정신으로 이룩해야 될 시대적 과제라고 보기 때문이다. 일제 강점기에 일어난 3·1운동이 제2의 동학혁명이라면 지금 우리 앞에 놓인 남북통일 과업은 제3의 동학혁명이다. 그 이유는 해월신사님 〈오도지운〉 법설을 보면 금방 알 수 있다.

해월신사는 〈오도지운〉 법설에서 "갑오 일로 말하면 인사로 된 것이 아니요 천명으로 된 일이니, 사람을 원망하고 한울을 원망하나 이후부터는 한울이 귀화하는 것을 보이어 원성이 없어지고 도리어 찬성하리라. 갑오년과 같은 때가 되어 갑오년과 같은 일을 하면, 우리나라 일이 이로 말미암아 빛나게 되어 세계 인민의 정신을 불러일으킬 것이니라."라고 하였다. 우리나라를 둘러싸고 있는 오늘의 형세는 본질적으로는 갑오년과 비슷하다. 이러한 시기에 갑오년과 같은 보국안민의 정신과 그 실천으로 남북통일을 이룩한다면 우리나라는 물론 세계 인류의 정신을 새롭게 불러일으킬 수 있게 될 것이다. 이와 같은 가능성은 곧 남북통일은 우리 민족의 통일을 넘어서서 세계 평화로 이어질 수 있다는 온 세계 인류에 대한 희망의 메시지이다.

그렇다면 어떤 방법으로 동학정신으로서의 통일 과업을 이룩할 수 있는가? 이어지는 〈오도지운〉 법설에서 "전쟁은 다만 병기만 가지고 이기는 것은 없느니라. 병전(兵戰)을 능가하는 것은 책전(策戰)이니, 계책이 지극히 큰 것이니라."라고 했다. 이는 남북통일의 일은 병전이 아닌 책전의 전략을 가지고 해결해 나가야 한다는 뜻이다. 만약 무력을 통하여 너 죽고 나 살기 식으로 통일운동을 전개해 나간다면, 남북이 함께 공멸할지도 모를 일이다. 이는 또한 우리나라를 둘러싸고 있는 오늘의 형국에 비추어 볼 때, 전 세계 대전으로 확전될 가능성이 충분히 점쳐진다. 그러므로 아무리 통일이 중요한 일이라 할지라도 무력 통일이 아닌 책전이 아니고서는 안 된다. 무력 통일은 사람을 죽이는 통일이며, 책전은 사람을 살리는 통일이기 때문이다.

거듭 이어지는 〈오도지운〉 법설에서 "서양의 무기는 세상 사람이 견주어 대적할 자 없다고 하나 무기는 사람 죽이는 기계를 말하는 것이요, 도덕은 사람 살리는 기틀을 말하는 것이니 그대들은 이때를 당하여 수도를 지극한 정성으로 함이 옳으니라."라고 하였다. 남북통일은 병기가 아닌 도덕 싸움 즉 도전(道戰)이 될 것이므로 이 도전에서 이기기 위해서는 "수도를 지극히 하라"는 뜻이다. 수도를 통하여 도덕 강국으로 거듭 태어나야 한다는 뜻이다. 우금티의 성역화는 바로 도덕 강국으로 거듭 태어나는 큰 길이다. 우금티의 성역화를 통하여 보국안민의 수도가 살아나야 한다. 여기에서 남북통일을 위한 도력을 길러내야 한다. 그래서 우금티 성역화의 꿈은 3·1운동을 이끌었던 봉황각과 같은 정신적인 역할을 담당해야 할 것이다. 그리하여 우금티의 성역화는 동학혁명 보국안민 정신을 통한 남북통일과 세계 평화를 이룩하는 견인차가 되도록 해야 한다. 이와 같은 역사적 의의를 지닌 이곳 국가 사적 제387호 공주 우금티, 훼손된 채 방치되고 있는 동학혁명위령탑의 복원이 하루속히 이루어지기를 간절히 기원한다.

현재 공주시 의뢰로 포덕 157(2016)년 2월에 종료될 예정하에 충남 역사문화연구원에서 수립 중에 있는 3차 공주 우금티 전적 종합 계획(안)이 보다 실효성 있게 수립 집행되기를 강력히 요청한다. 전국의 동학농민운동 관련 유적은 354개소(동학농민혁명재단 추산)이며, 이중 지정 문화재 등록 유적은 70개소, 동학농민혁명 직접 관련 유적은 19개소라고 한다. 이 기회에 이들 동학농민혁명 유적들이 제대로 보존되고 있는지도 살펴보아야 할 일이다. 동학혁명 정신의 계승을 위한 우금티 성역화의 꿈이 하루속히 이루어지기를 간절히 기원하며 이 글을 마치려 한다.

※이 글은 〈가슴 떨리는 우금티〉라는 제목으로 동학혁명 정신의 계승을 위한 우금티 성역화의 꿈이 이루어지기를 간절히 기원하는 나의 애절한 마음을 담아 《신인간》(782호, 포덕 156년 12월호)에 게재한 글이다.

※나는 1960년대 공주사범대학 재학생으로 천도교 공주교구의 김명수 도정님, 이창덕 교구장님, 최지오, 김상호 선생님 등 도력이 높은 어른들을 가까이 모시면서 젊은 시절, 천도교인으로서의 자긍심과 신앙심을 키워 왔기에 공주 지역의 동학 천도교에 대한 남다른 관심을 갖게 되었다.

7. 수운대신사 순도비 건립

• 대구에서 동학이 다시 일어나야

나는 대신사께서 순도하신 땅, 대구에서 다시 동학의 빛을 온 세상에 펴는 다시개벽이 시작되어야 한다고 생각해 왔다. 그러나 생각으로 그쳤다. 그런데 박위생 대구교구장이 이 일을 시작한 것이다. 오로지 순도비 건립에 심혈을 기울인 박위생 교구장의 집념으로 수운대신사 순도비가 세워졌다. 종무위원으로서 종무위원회의에 참석할 때마다 교령사를 들러 한 아름의 관련 서류 뭉치를 들고 와 순도비 건립 추진 상황을 자상하게 설명하면서 대내외적으로 발생하고 있는 어려움을 호소하기도 하였다. 이야기를 듣노라면 안타까운 심정에 눈물이 날 지경이었다.

하루는 나에게 회계 장부를 보여 주었다. 깨알 같은 글씨로 상세하게 기입한 입출금 노트를 들치면서 설명하는 박위생 교구장의 순도비 건립을 위한 간절한 마음이 절로 느껴졌다. 부군이신 최영식 선도사의 헌신적인 노력이 없었다면 이 역시 불가능하였을 것이라고 했다. 내외분이 힘을 모아 정성을 기울인 합작품이라 해도 과언이 아니다. 대구시교구에서 또한 한마음으로 힘을 모았고 전국의 많은 교인들의 정성 어린 성금이 모였다.

혼신의 노력을 다하고 있는 박위생 교구장의 모습에서 수운대신사 순도비 건립의 꿈이 성공적으로 이루어질 것이라는 굳건한 믿음을 읽을 수 있었다. 이러한 믿음이 실현될 수 있도록 총부에서도 박위생 교구장님의 하시는 일에 할 수 있는 모든 지원을 다해야 할 것이라고 생각했다.

• 수운 최제우 순도비 제막식 봉행

포덕 158(2017)년 5월 26일 오후 2시 대구 중구 반월당 현대백화점 앞 광장에서

'동학교조 수운 최제우 순도비' 제막식을 봉행하였다. 이날 제막식에는 이범창 종무원장, 주선원 감사원장, 송범두 동민회 의장을 비롯한 천도교인, 류구항 대구시의회 의장 등 지역 기관장들과 유지, 동화사 주지 효광 스님 등 대구 종교계 관계자 등 200여 명이 참석한 가운데 정정숙 사회문화관장의 집례로 봉행되었다.

제막식은 식전 행사로 천도교 부산연합합창단의 동학농민혁명가, 위대한 약속 등의 합창 공연과 용담검무보존회의 용담검무 시연이 있었고, 국민의례와 청수봉전 후 천도교 대표자 및 기관 대표들이 제막 테이프를 끊었다. 이어진 기념식은 내빈 소개 후 송영헌 건립부위원장의 경과 보고, 박차귀 부산KCRP공동회장의 비문 낭독 후 박위생 대신사순도비건립위원회 위원장의 축사로 이어졌다.

박위생 건립위원장은 "수운대신사 순도지에 순도비가 없다는 것을 매우 안타깝게 여겨 순도비를 건립하고자 추진해 왔다"며 "앞으로 순도기념관도 건립돼 더 큰 성지가 이뤄지기를 기원한다."라고 밝혔다.

이범창 종무원장이 대독한 교령(이정희)의 추념사에서 "우리가 해야 할 일은 민족이 평화를 요구하고, 온 세상 사람들이 자유와 평등을 요구하고 있는 이 시대에, 대신사의 남기신 뜻을 가슴 깊이 새기고, 대신사께서 꿈꾸었던 다시개벽의 세상, 인내천의 평등 세상을 지금 여기에 꽃 피우는 일"이라는 것을 강조하였다.

한편 대신사 순도비가 건립된 현대백화점 앞 광장은 153년 전 3월 10일 대신사께서 좌도난정 즉 유교의 가름침에 이긋나는 주장으로 세상을 어지럽혔다는 죄목으로 참형당한 대구 관덕당 뜰의 일부로 여겨지는 곳이다. 대구 지역의 천도교인들은 4년 전 6월 대신사순도비건립추진위원회를 구성하였으나 순도비 명칭 등의 문제로 난항을 겪다가 올해 1월 건립위원회를 재구성하여 이번에 제막식을 거행하게 되었다. 이번에 세워진 수운대신사 순도비문은 다음과 같다.(《천도교신문》 88호·89호, 90호)

〈동학교조 수운 최제우 순도비〉

수운 최제우(水雲 崔濟遇 1824~1864) 선생은 어지러운 세상을 구하고자 1860년 4월 5일 동학을 창명(創明: 새로 밝힘)하여 시천주(侍天主: 내 몸에 한울님을 모심)의 진리를 펴시다가 좌도난정(左道亂正: 유교의 가르침에 어긋나는 주장으로 세상을 어지럽힘)의 죄목으로 1864년 3월 10일 대구 관덕당에서 순도(殉道: 동학의 진리를 위하여 목숨을 바침)하셨기에 (1907년 7월 17일 신원되심)

선생의 높은 뜻을 기리기 위해 여기 이 비를 세웁니다.

포덕 158(2017)년 5월 26일 천도교 수운 최제우 선생 순도비건립위원회

포덕 158년 8월 14일, 대교당에서 개최된 제154주년 지일기념식 후 대구시 교구 도상록 동덕과 영암 최영식 선도사, 박위생 교구장, 영암 최영현 동덕에게 대신사 순도비 건립을 위한 공적으로 공로패를 각각 수여했다. 많은 분들이 성금을 냈는데 나는 개인적으로 50만 원을 성금하였으며 교령 이름으로 화환 1조를 보냈다.(《천도교신문》 93호, 2017년 7월 13일)

• 언론에서 본 수운대신사 순도비 건립의 의의

순도비 건립으로 대구에는 우리나라 역사에서 첫 토종 종교라는 평가를 받은 동학을 기리는 흔적이 세 곳이다. 동상과 나무에 이어 세 곳으로 늘어났다.

처음은 최제우가 도를 버리지 않고 따르고 지키다 죽은 순도 100주년을 맞아 1964년 달성공원 안에 들어선 동상이다. 두 번째는 최제우가 갇힌 경상감옥 부근 즉 오늘날 종로초등학교 안의 수령 400년 넘은 최제우 나무다. 서헌순 감사가 최제우에게 조정의 명령으로 효수형을 내리자 잎사귀에서 수액이 떨어졌다는 사연을 간직한 회화나무에 2012년 대구시가 이름을 붙이면서다. 이번 순도비 건립으로 대구는 잊힌 역사를 기릴 새 발자취를 하나 더 갖게 됐다. 순도비와 회화나무, 동상으로 이어지는 길, 동학 수난사를 증언하는 생생한 흔적이다.

동학은 그동안 세상과 너무 멀어졌다. 유학의 본 고장인 경상(경북)에서, 그것도 유학 출신이 기존 유학과 어긋나는 다른 길을 걸으며 도를 어지럽힌 '좌도'의 죄를 저질렀으니 그랬을 만도 하다. 그가 1860년 깨닫고 인간 평등을 외치며 노비 해방도 모자라 종을 딸과 며느리로 삼는 실천의 삶을 살았기에 부패한 유학 세력으로서는 그냥 둘 수 없었을 터였지만 지금도 제대로 평가받지 못하니 어째서인가. 유독 심한 영남 유림의 탄압과 핍박 속에 1864년 3월 10일 대구 형장에서 사라졌지만 가르침은 살아 특히 식민 시절, 1919년 3·1만세운동 등에서 숱한 빛을 남겼다.(《매일신문》 정인열 논설위원, 2017년 5월 29일)

8. 울산 여시바윗골 성역화 추진

• 울산시, 여시바윗골 논 6두락 매입

포덕 159(2018)년 7월 20일, 울산시는 수운대신사가 울산 유곡동 소재 여시바윗골에 머물셨을 때 농사를 짓고 살았던 6두락(중구 유곡동 623번지, 1812㎡) 논 매입을 완료하였다. 지난해 유허지보존회(회장: 최현만, 대신사 종고손)는 2019년 3·1운동 100주년을 맞이하여 동학의 모태가 되었던 울산 유곡동 수운대신사 유허지(시기념물 제12호) 내에 동학관(가칭)을 건립해 줄 것을 요청했다. 울산시에서는 이 건의를 받아들여 지난해 포덕 158(2017)년 11월 보존회와 시장과의 간담회를 개최한 후 시의회의 예산 심의를 통과하여 사업 1차 연도(2018년)에 부지 매입과 동학관 설계비 3억3천5백만 원을 책정하였다. 땅을 매입하는 과정에서 땅 주인과 시청과의 사이에 팽팽하게 줄다리기가 이어졌으나 땅 주인이 승복하고 시에서도 예산 집행을 승인하여 부지 매입을 완료하였다.(《천도교신문》 113호, 2018년 7월 26일)

• 총부 임직원, 울산시 중구청장 예방

포덕 159(2018)년 9월 4일 총부 이범창 종무원장을 비롯한 임원진(박남준 교무관장, 김산 건설자문위원장, 박도연 부위원장)은 울산 수운 최제우 유허지보존회(회장 최현만)의 안내로 울산광역시 박태완 중구청장을 예방하고 환담을 나누었다. 이 자리에는 보존회 고문 이암 정의필 교수와 이용수 울산시교구장, 보존회 박충구 사무국장이 자리를 함께 했다. 이날 중구청 방문은 포덕 160(2019)년 동학관 건립을 앞두고 실시 설계가 9월 중순경으로 다가옴에 따라 중구청 담당과와 협의회를 가지는 자리였는데, 중구청장이 잠시 시간을 내어 우리 측 관계자와 20여 분간 인사를 나누고 동학관 건립이 순조롭게 진행되기 위한 의견을 교환하였다. 이 자리에서 종무원장은 준비해 온 '건의서'를 제출하고 동학관이 예정대로 건립될 수 있도록 부탁했으며, 중구청장은 최근 지자체 단위의 복지사업과 문화관광 사업이 봇물처럼 쏟아지고 있지만 울산의 자랑스러운 역사 인물로서의 최제우 선생에 대한 자리매김이 중요하기 때문에 시청과 잘 협의하여 원만하게 사업이 잘 이루어지도록 하겠다고 약속했다. 종무원장은 건의서에서 본 유허지가 향후 역사문화공원으로 지정되기를 바라며, 우선 2층 규모 동학관의 지붕은 팔작 기와 지붕 형태를 가지도록 하고, 오랜 세월 논이 많이 침하되어 상당한 수준의 객토 매립이 필요하다고 했다.

또한 동학관 내부의 자료 전시 중 동학 천도교 관련 자료는 중앙총부에서 검증된 것이어야 하며, 필요한 자료는 총부에서 기증하겠다고 했다. 그리고 지금까지도 남아 있는 당시 대신사님이 사용했던 우물도 복원 보존해 달라고 요청했다. 중구청장은 배석한 문화관광실장과 전통문화계장에게 건의서를 잘 검토하고 천도교 측과 잘 협의해서 결정하라고 당부했다. 중구청장 예방 후 방문진은 문화관광실로 자리를 옮겨 실시 설계에 따른 현안을 큰 틀에서 협의하고 약 4개월간의 실시 설계 기간 동안 자주 협의와 협조를 해나가기로 했다.(《천도교신문》 116호, 2018년 9월 13일)

• 울산 대신사 유허지 내 동학관 착공

울산 유곡동 여시바윗골 수운대신사 유허지 내에 동학관(가칭 유허지관리사업소로 허가) 건립 사업이 포덕 160(2019)년 12월 15일 울산시와 중구청의 내년도 예산이 확정 배정됨으로써 공사 시행이 본격화하게 되었다. 그동안 울산시의 당초 예산 12억여 원과 중구청의 5억여 원의 예산으로 2019년 공사를 시행하여 3·1운동 100주년의 해에 완공하기로 되어 있었으나 중구청의 재정난으로 당초 예산이 미확보되고, 이후 추경 예산의 미반영, 중구청에서 행안부로 신청한 특별재정교부금, 시청에 신청한 특별 교부금이 모두 수용되지 않음으로서 자칫 사업 수행이 좌초되지 않을까 우려되었다.

이에 유허지보존회(회장 최현만)에서는 지속적으로 자체 협의회를 거치면서 중구청 담당자, 시청 담당자, 그리고 시의회와 구의회의 관련 의견을 수차례 면담 협의하면서 동학관 건립의 필요성과 당위성을 강조하고 설득한 결과 포덕 161(2020)년 예산에 당초 예산 18억여 원에 추가 사업비 5억여 원, 총 23억여 원이 확보되었다.

본 사업의 시설 부지는 현 유허지 아래쪽에 위치한 논 6두락이며, 규모는 지상 1

층(연면적 428㎡, 약 130평)으로 주요 시설로는 관리사무소, 동학 천도교 자료실(영상실 포함), 회의실, 화장실 등으로 구성된다. 사업 추진 절차는 2019년 12월에 건축 설계 용역을 완료하고 2020년 1월에 건축 허가 신청과 계약 심사 및 공사 입찰을 마치면 3월에 공사 착공에 들어가 9월에 준공하는 것으로 되어 있다.(《천도교신문》 142호, 2020년 1월 9일)

9. 당진 대도소 성역화

• 의암성사, 당진 수청동 띠울골 행적

의암성사는 포덕 39(1898)년 8월부터 이듬해 10월까지 당진 수청동 띠울골 '동학대도소'에 은거하시며, 포덕 40(1899)년 3월 10일에는 박인호 춘암상사에게 춘암도호를 주었고, 〈화개문답가(무하사)〉, 〈각세진경〉, 〈명심장〉, 〈우음〉 등을 지었고, 이후 청양군 정산 말티로 거주를 옮겼다. 『천도교서』 등에서는 당진 띠울골에서의 의암성사의 행적을 다음과 같이 전하고 있다.

"의암성사는 이곳으로 오던 날 천동지정의 이치를 이회하여 초저녁부터 새벽에 이르기까지 잠을 이루지 못하다가 대지자전함을 각득하였다. 그리고 이곳 띠울마을 집앞에 샘이 있었으니 물이 말라 버린 채로 낙엽이 덮여 있어 마땅히 사용할 물이 없었다. 그래서 의암성사는 샘 밑에 쌓여 있는 낙엽을 치우고 바닥을 깊이 파자 물이 솟아나와 청수를 상용할 수 있었을 뿐만 아니라, 물이 부족한 동네의 30여 호가 물을 흡족하게 사용할 수 있게 되었다. 그러다 이듬해 의암성사가 이곳을 떠나자 샘물은 다시 말라 버렸다." 이곳 띠울마을에 의암성사의 은거를 주선한 것은 춘암상사로, 춘암상사는 당시 수청리 출신의 김현구와 김명배에게 의암성사의 거처를 물색하도록 하고 또 서산 도인 최재순으로 하여금 논 3마지기를 팔아 벼 20석을 사서 의암성사의 식량을 마련하도록 하였다.

1년 4개월간 이곳에서 의암성사께서 지내면서 당진 지역에 포덕이 일어나는 계기가 되었고, 포덕 51(1910)년 10월 15일 대덕리 차동로의 집에 천도교 전교실을 설치하게 된다. 그리고 포덕 52(1911)년 1월에는 당진교구가 설립되어 교세가 수백 명으로 늘었고 당진의 천도교인들은 포덕 61(1920)년대 들어 6·10만세운동과 신간회운동에도 참여하게 된다.

당진시에는 수청동 띠울골 의암성사 은거지 외에 천도교와 관련된 유적이 몇 군데 더 있다. 가장 중요한 곳은 동학군이 일본군에 대승을 거둔 승전목이 있고, 당진 동학혁명의 전사에 해당하는 '합덕민란' 이 일어난 합덕성당, 이창구 대전부의 세력권이었던 송악산 등이다.(《천도교신문》 95호, 2017년 8월 24일)

• 의암성사 고택 보존 노력

손병희 의암성사께서 해월신사 순도 이후 은신하였던 당진시 소재 옛집이 헐릴 위기에 처해 천도교단 차원에서의 마련이 시급히 요청된다.

의암성사는 포덕 39(1898)년 8월부터 이듬해 10월까지 1년 넘게 당진시 수청동 띠울마을에서 은신한 것으로 교단 기록에 전해져 왔다. 이곳은 지금의 당진시 수청2지구 개발 구역에 포함되어 있으며 의암성사의 은신처였던 옛집은 현재 충남개발공사 소유로 되어 있고, 주소는 당진시 남부로 307-57번지이다. 이곳은 띠울마을이라 불리며 본래 마을 앞 냇가에 맑은 물이 흐른다 하여 수청골이라 했고, 2012년 당진군이 당진시로 승격되면서 당진시청사가 수통동에 자리하였고, 띠울마을의 의암성사 고택과는 직선거리로 1km도 채 되지 않는다. 현재 의암성사 고택은 문화재청에서 지표 조사를 진행하고 있으며, 문화재적 가치가 있다고 판단되면 보존하게 되고 없다고 판단될 때에는 수청2지구 개발 구역에 포함돼 철거하게 된다.(《천도교신문》 86·87호, 2017년 4월 4일)

포덕 158년 6월 15일, 박해룡 교무관장 등 천도교 성지관리위원회 일행과 최인경 동덕 등 당진 동학사 사적지 보존을 위한 천교대책위원회 일행은 당진역사문화연구소로 김학로 소장 등과 함께, 당진시 문화관광과와 도시재생과를 방문하여 당진시 도시계획 도면을 확인하는 등 의암성사 고택 보존 마련을 위한 대책을 논의하였다. 의암성사 고택은 충남개발공사 소유로 당진시 도시 개발 계획에 따르면 수청개발지구에 포함되어 학교 부지로 편입되어 있다.

김학로 당진역사문화연구소장은 승전목 전승지 보존을 청원하는 청원서와 당진 시민들의 서명지를 당진시에 제출하였고, 11월 중순에는 당진 동학농민혁명 관련 학술대회를 개최하고 제2회 승전목 전승기념식을 거행할 계획이라고 밝혔다.(《천도교신문》 92호, 2017년 6월 22일)

• 당진 동학대도소 유허지 보존 탄원 및 합의

동학혁명 과정에서 당진 지역에서 발생한 '합덕민란'과 승전목 전투 등이 재조명되면서 '당진 동학대도소(의암성사 가옥)의 보존에 관심이 쏠리고 있다. 의암성사가 1년 이상 은신 잠행했던 당진시 수청동 '당진 동학대도소'가 도시 개발로 인해 헐릴 위기에 몰리자 성지관리위원회(위원장 성주현), 전국의 동학 관련 단체들이 당진시를 찾아 유허지의 보존을 탄원했다.

포덕 158(2017)년 7월 12일, 당진시청에서는 당진시 관계자, 충남개발공사 관계자와 천도교 성지관리위원회 위원 등 동학 관련 단체 관계자들이 간담회를 가졌다. 간담회에는 당진시 자치행정국장, 충남개발공사 박종국 국장, 박해룡 교무관장을 비롯한 천도교 성지관리위원, 김학광 동학학회 후원 회장, 최명림, 황문식 경기삼일운동기념사업 관계자, 김학로 당진역사문화소장, 이지훈 내포문화숲길회장, 고은광순 동학실천시민연대 상임대표 등이 참석했고 당진 인근의 천도교인들도 다수 참석했다. 당진시 측은 이날 간담회에서 제기된 문제를 당진시장과 충남도에 보고해 회신하기로 하였고, 천도교와 동학 관련 참석자들은 박해룡, 김학광, 황문식, 최인경, 이지훈 5명을 대표로 하여 당진시 등과 협의를 지속하기로 하였다.(《천도교신문》 94호, 2017년 7월 27일)

당진 동학 사적지 보존대책위는 당진시, 충남개발공사와 포덕 158년 8월 9일, 당진 동학대도소를 이전 복원하기로 합의하였다. 보존대책위와 당진시, 충남개발공사는 이전 복원을 전제로 동학대도소 본래 자리에는 표지석을 설치하고 공원 부지 자리에 100여 평 정도의 부지를 제공하겠다는 의사를 밝혔고, 당진시 문화재팀장은 공원 녹지 부지에 동학대도소를 이전 복원할 것을 약속했다.(《천도교신문》(95호, 2017년 8월 24일)

10. 인제 갑둔리 성역화

• 전 집행부 인제군과 양해 각서 체결

교단 숙원 사업의 하나인 『동경대전』 간행지(인제군 남면 갑둔리 김현수 가) 성역화 사업이 새로운 전기를 맞고 있다. 중앙총부는 박남수 교령이 취임 직후부터 적극 추진해 온 이 사업을 위해 인제군과 사업 추진 양해 각서를 체결하기로 합의했다.

갑둔리는 포덕 21(1880)년 해월신사께서 사상 처음으로 『동경대전』을 목판 간행한 곳으로 인근의 단양 천동(1881년 『용담유사』 간행지)과 더불어 천도교의 경전 간행 성지로 자리매김되어 왔다. 그러나 갑둔리 일대는 군부대 관할 지역으로서 표지석조차 세우지 못함으로써 그 역사적 의의와 문화적 가치를 현창하는 데 어려움을 겪어 왔다. 올해 4월에는 교내 전문가들의 현장 기초 조사 작업을 마친 바 있으며, 계속해서 지역 유지 및 지자체, 지역 시민단체 등과 긴밀한 협의를 거치면서 성사되었다.(《천도교신문》 29호, 2014년 11월 15일)

중앙총부와 강원도 인제군이 업무 협약 양해 각서를 교환하고, 『동경대전』 간행터인 인제군 갑둔리 일대의 성역화 사업을 본격적으로 추진하는데 긴밀히 협력하기로 하였다. 중앙총부는 포덕 155(2014)년 12월 2일 수운회관 강의실에서 인제군과 '갑둔리 동학 유적지 성역화 사업 실현' 을 위한 천도교 중앙총부·인제군 간의 업무 협약을 체결하였다. 이날 업무 협약서는 박남수 교령과 이순선 인제군수가 양 단체 대표자로 서명했으며, 한광도 연원회 의장, 김인환 종무원장, 박성기 유지재단 이사장 등 교역자와 인제군에서는 남덕우 인제문화원장, 이학봉 종합민원실장, 최은희 인제군 여성단체협의회장, 정기우 문화관광과장 등이 참석하였다.(《천도교신문》 31호, 2014년 12월 15일)

• 『동경대전』 간행터, 강원도기념물 제89호 지정

인제군은 남면 갑둔리 351·375번지 『동경대전』 간행터(문화재 지정 면적 926㎡)가 포덕 157(2016)년 12월 2일자로 강원도기념물 제89호로 지정됐다고 포덕 158(2017)년 2월 6일 밝혔다.

'각판소터'와 '공방터'로 구성된 『동경대전』 간행터는 동학의 2대 교조인 해월신사(최시형)가 포덕 21(1880)년 최초의 동학 경전인 『동경대전』을 간행한 곳이다. 『동경대전』이 간행된 시기는 동학이 정부의 탄압으로 큰 어려움을 겪었다.

이 시기 동학의 주요 인물들이 인제 지역으로 피신해 포교 활동을 펼치며 동학을 재기시키는 기반을 마련했다. 이 때문에 『동경대전』 간행터는 동학 중흥의 근거지로서 역사적 가치가 크다. 특히 간행터 주변에는 고려 시대 축조된 강원도문화재 자료 제117호인 갑둔리 오층석탑과 삼층석탑 등의 문화재가 있어 역사적 중요성과 의미를 더한다. 인제군 관계자는 "『동경대전』 간행터를 배경으로 향후 역사 기념 시설을 조성하고 역사 교육 탐방 프로그램을 운영하는 등 지역의 역사적 가치를 제고하고자 여러 노력을 기울이겠다."라고 밝혔다. 인제군은 국가 지정 문화재 14건, 도 지정 문화재 기념물 3건, 문화재 자료 3건 등 모두 20개의 문화재를 보유하고 있다.(연합뉴스, 2016년 12월 6일)

• 인제군, 총부 방문 문화재 지정 설명회

포덕 158(2017)년 3월 14일 11시 수운회관 907호에서 이정희 교령과 총부 실무진이 참석한 가운데 인제군 윤용주 학예사로부터 '인제 갑둔리 『동경대전』 간행터' 문화재 지정 설명회를 가졌다. 지난해 1월 강원도기념물 문화재로 지정된 인제 갑둔리 『동경대전』 간행터는 해월신사가 포덕 21(1889)년 '경진판 『동경대전』'을 간행한 곳이며 동학 재건의 핵심 지역이다. 그동안 인제군은 포덕 154(2013)년 11월 학술대회 개최(인제의 동학과 『동경대전』 재조명), 포덕 155(2014)년 12월 천도교 중앙총부와 갑둔리 동학 유적지 성역화 사업 실현 업무 협력 협약, 포덕 156(2015)년 문화재 지정 심의 자료 구축 용역과 도지정 문화재 지정에 따른 자문회의 및 현장 조사 등을 마친 후 지난해 12월 1일 인제군 갑둔리 『동경대전』 간행터를 도지정 문화재 기념물 89호로 지정 고시하였다.

인제군은 추후 부가 사업으로 동학 유전지 역사 문화 탐방 프로그램을 실시하여 지역을 활성화하는 계획을 밝혔고, 중앙총부는 인제군의 계획을 뒷받침할 학술 자문위원단을 구성하기로 했다.(《천도교신문》 86·87호, 2017년 4월 4일)

•『동경대전』 각판소와 공판소 견학

포덕 158(2017)년 10월 29일, 춘천교구 창립 107주년 기념식에 참석하였으며 기념식 후 석영기 교구장과 차덕만 교무부장의 안내로 차상찬 기념관을 방문하였다. 차상찬 기념관은 정말 걸작이었다. 이러한 기념관이 수운회관에 있다면 얼마나 좋을까, 청소년 어린이와 일반 시민들이 얼마나 많이 찾아올까 하며 깊이 생각해 보았다.

이어서 인제군 갑둔리 『동경대전』 간행터 공방터로 출발하였다. 미리 나와 기다리던 인제군 전만호 과장과 윤형준 학예사가 친절하게 안내해 주었다. 『동경대전』 각판소와 공판소를 각각 견학하였다. 해월신사의 모습이 떠오른다. 잠시 눈을 감고 포덕 21년 해월신사의 마음과 숨결을 느꼈다.(《천도교신문》 99호, 2017년 11월 9일)

포덕 159(2018)년 12월 26일, 27일 중앙총부 직원들과 함께 강원도 인제, 정선, 충북 단양 일대를 성지 순례 하였다. 해월신사는 포덕 21(1880)년 5월 갑둔리 김현수 집에서 『동경대전』 100여 부를 간행하였다. 출판 비용은 인제접, 상주접, 정선접, 청송접 도인들이 부담하였다. 김현수의 집터는 2000년까지 남아 있었다. 군부대에서 이 일대를 사격 연습장으로 만들면서 민가는 모두 철거시켜 지금은 흔적도 없다.

인제군 남면 갑둔리 351번지(공방터)와 375번지(각판소터)의 『동경대전』 간행터는 포덕 157(2016)년 12월 2일, 강원도기념물 제89호로 고시됐다. 면적은 926㎡(문화재 지정 구역)이다. 지정 사유를 보면, "강원도 인제 지역은 최제우가 창도한 동학이 정부의 탄압으로 가장 큰 어려움을 겪던 시기 동학의 제2대 교조 최시형을 비롯한 동학의 주요 인물들이 피신하여 포교 활동을 지속하며 동학을 재기시킨 곳이다. 특히 인제군 갑둔리는 동학 창도 이후 동학을 보다 체계화된 종교로 만들기 위해 동학의 주요 가르침을 정리한 경전인 『동경대전』을 최초로 간행한 곳이다. 『동경대전』은 동학이 재기하면서 만들어진 가장 중요한 결과물이다. 한국 근대사에서 동학이 차지하는 비중을 감안하여 볼 때 동학이 재기하는 과정에서 만들어진 『동경대전』의 간행은 큰 역사적 의미를 가지며 경전이 간행된 장소 역시 역사적인 장소로서의 큰 의미를 갖는다는 점에서 문화재로 지정·보존 가치가 있다."라고 되어 있다.(《천도교신문》 103호, 2018년 1월 4일)

11. 서소문역사공원 바로 세우기

• 서소문공원의 역사

서소문은 신유박해, 기해박해, 병인박해 당시 평신도로서 그리스도교 신앙을 증언한 44명의 성인이 순교한 장소인 동시에 한국 역사의 관점에서는 전봉준, 홍경래 등 동학 및 천도교 인물들과 허균 등 조선 시대 개혁주의자들이 희생당한 곳이다. 특히 동학혁명 지도자 김개남 장군을 비롯한 성재식, 안교선, 최재호 접주 등의 수급이 효시되었던 곳이며, 해월신사의 순국 순교 직전 인근의 서소문 감옥에 갇혀 온갖 고문과 고통 속에 재판 받던 곳이다.

포덕 159(2018)년 9월 교황청 인류화복음성 장관이 한국을 찾아 서소문 성지의 교황청 공식 선포 미사를 봉헌할 당시에도 천주교 신자들이 이곳에서 희생되었다는 이유만으로 한국의 역사적 장소를 단독으로 점유해서는 안 된다는 시위와 의견이 줄을 이었다. 역사공원이라면 천주교, 동학이 다 같이 있어야 할 것임에도 한국천주교회가 역사적 상징성을 단독으로 점유하고 있다는 비판을 받고 있다.(〈서소문 성지 선포 1년, 진정한 성역화는 무엇일까〉, 가톨릭프레스, 2019년 11월 14일)

• 서소문역사공원 사업 개요

서소문역사공원 사업은 포덕 152(2011)년 7월 11일, 천주교 서울대교구가 문화체육관광부, 서울시, 서울 중구청에 제안함으로써 시작되었다. 포덕 154(2013)년 7월, 서소문역사공원 기념 공간 사업 계획을 수립하고 포덕 155(2014)년 3월, 국유지 사용 승인·관리사무 위임(기획재정부→문화체육관광부→중구), 2014년 2월, 중구청에서 6월 27일까지 서소문 밖 역사 유적지 설계를 공모하였다.

포덕 157(2016)년 2월, 서소문역사공원 공사를 착공하였으며 포덕 159(2018)년 9

월 14일, 교황청 승인을 받아 세계 공식 순례지로 등재, 선포하였다. 포덕 160(2019)년 5월 25일, 추기경, 국회의장, 문체부장관, 서울시장 등 300여 명이 참석한 가운데 개관식을 개최하였다. 2019년 5월 29일, 가톨릭은 염 추기경의 주례로 1천여 명이 참가한 가운데 축성 봉헌 미사를 했고, 이어서 2019년 6월 1일, 서소문 성지 역사박물관이 정식 개관하기에 이르렀다. 2011년 천주교 서울대교구가 문체부, 서울시, 서울중구청 등에 서소문역사공원 사업을 제안한 지 8년 만이다. 서소문역사공원은 지상 1층, 지하 4층 연면적 4만 6천여㎡에 정부 예산 596억 원이 투입됐다. 시설은 1층 지하 4층으로 되어 있다.

지상은 포덕 125(1984)년에 세워진 순교자 현양탑은 그대로 보존한 채 광장을 공원 중심부에 놓고 복지와 휴식 공간으로 조성하였으며, 소나무, 대왕참나무, 장미 등 수목 45종 7,100주와 창포, 핑크뮬리, 억새 등 초화류 33종 10만 본을 심어 힐링 공원으로 조성되어 있다. 지하에는 기념전당, 역사기념관, 편의시설, 교육 및 운영 공간, 주차장 등 복합 문화 공간이 들어섰다. 서소문역사공원은 '서소문 밖 역사 유적지 관광 자원화 사업' 이란 이름으로 2011년 재조성을 시작했고, 앞으로 지상 공원 부분은 중구청에서 직접 관리하며 그 외 시설은 재단법인 천주교 서울대교구 유지재단에서 맡는다.(https://www.seosomun.org/main.do 서소문 성지 역사박물관 자료 등)

• 서소문 범대위 출범, 천막 농성, 시위 등 전개

서소문역사공원 바로 세우기 범국민대책위원회(서소문범대위)는 포덕 155(2014)년 11월부터 4년 동안 민족의 역사가 담긴 서소문역사공원을 천주교 성지로 조성하려는 사업을 강하게 비판하며 학술토론회, 천막 농성, 시위 등을 진행한 바 있다.

포덕 155(2014)년 11월 4일, 천도교인과 동학농민혁명유족회 회원 등 30여 명으로 서소문공원 바로세우기비상대책위원회가 출범(《천도교신문》 29호)되었으며, 2014년 11월 29일, 중앙총부, 서소문공원 입구 농성장에서 릴레이 농성에 돌입하였다.(《천도교신문》 31호)

포덕 156(2015)년 10월 서소문역사공원사료발굴위원회가 구성되어 1차 회의를 개최하였으며 포덕 157(2016)년 1월 28일, 수운회관 907호에서 제2차 서소문역사공원사료발굴위원회가 개최되었다.(《천도교신문》 59호)

포덕 157(2016)년 3월 17일, 서울시청 서소문별관에서 서소문범대위, 천도교와 서울시청 담당과장이 참석한 가운데 서소문역사공원 관광자원화 사업에 대한 논의에 따라 4월 6일 14시, 중구청에서 천도교, 범대위, 서울시, 중구청 관계자 등이 참석하여 서소문 사업의 향후 사업 방향에 대해 심도 있게 논의하였다.(《천도교신문》 65호, 2016년 5월 4일)

• 서소문공원 역사 바로 세우기 학술회의

포덕 157(2016)년 1월 14일, 천도교 중앙총부, 동학학회, 서소문 역사공원바로세우기사료발굴위원회, 서소문역사공원바로세우기 범국민대책위원회 공동 주최로 국회 헌정기념관에서 '조선 시대 서소문 지역 역사 바로 세우기 학술회의'를 개최한 바 있다.

이날 학술대회에서 이이화 교수는 "우리 헌법에는 국교를 인정하지 않았으며 국가에서 특정 종교 신앙을 강요하지 못하게 하였다."라고 전제하고, 정부에서 추진하는 '서소문 역사 유적지 관광 자원화'는 "잘못된 역사의식에서 출발한 것이요 자치단체와 중앙정부의 국가 예산 지원은 국가 예산으로 특정 종교 사업을 벌이는 반헌법적 행위"임을 지적하고 범대위를 비롯한 관련 단체들이 서소문역사공원 조성을 위해 정부와 지자체를 대상으로 투쟁할 것을 요구하였다. 이번 학술대회는 "조선 시대 서소문 지역 역사 바로보기"라는 주제하에 명지전문대 채길순 교수 등 6명의 교수의 발표 및 토론이 있었다. 발표자 및 발표 논문은 다음과 같다.(《천도교신문》 제58호, 2016년 1월 25일)

채길순: 스토리텔링으로 고찰한 조선 시대 서소문 민중사 전개 과정
윤석산: 해월 최시형의 서소문 옥중 생활과 처형 과정
임형진: 홍재학 외 만인소 활동과 서소문 처형 과정
성주현: 수원 농민혁명 활동과 지도자의 처형 과정 연구
성강현: 1907년 군대 해산과 의병 활동
정의연: 국가와 민족을 위해 희생된 역사 인물 추모 사업 방향

• 김경자 서울시의원, 천주교 성지 조성 불가 주장

포덕 158(2017)년 6월 12일, 서소문범대위 정갑선 실행위원장, 김학광 동학학회 후원회장 등은 김경자 서울시의원, 문치웅 서울시 정무비서관, 서울 중구청 등을 차례로 방문하고 서소문역사공원이 천주교 성지가 아닌, 민족의 역사공원을 조성하는 방안에 대해 논의하였다.(《천도교신문》 92호, 2017년 6월 22일)

포덕 158(2017)년 8월 28일, 김경자 서울시의원은 오후 박원순 서울시장을 상대로 박근혜 정부·서울중구청과 천주교에 의해 역사적 의미가 폄훼, 왜곡되어 조성 진행 중인 '서소문 역사공원 사업' 에 대한 시정 질의를 통해, '서소문 밖 역사 유적지 관광 자원화 사업' 이 천주교 성지 조성을 위한 사업이 아닌 민족의 역사공원으로 만들어야 된다고 주장하였다. 순교성당 지금 보시는 것과 같이 이렇게 그대로 지어진다면 본 의원은 이 자리에서 천명합니다. 목숨을 바쳐서 막겠습니다." (《천도교신문》 96호, 2017년 9월 7일)

• 범대위 시위 및 성명서 발표

포덕 159(2018)년 9월 14일, 서소문범대위는 서소문공원에서 '천주교 서울 순례길 교황청 승인 국제 순례식 선포식' 을 반대하는 시위를 전개하고 성명서를 발표하였다. 한편 중앙총부는 10월 5일 서울 중구청에서 개최된 '서소문역사공원 문화집회시설' 전시 콘텐츠 관련 자문위원회의 자료를 검토하고 "종교 편향적으로 자료 전시가 추진되고 있으며 내용 또한 천주교 위주로 종교 편향적으로 전개되고 있음" 에 유감을 표하고 "특히, 동학 관련 내용에 있어서는 자료가 너무나 빈약할 뿐 아니라 많은 보완이 절실하며 또한 본 교단의 감수를 거치지 않았으므로 내용과 문구에 있어서도 왜곡된 점이 발견" 되고 있는 점을 지적하고, "수탁체의 전시 콘텐츠(안)를 수용할 수 없다" 며 시정 보완을 촉구하였다.(《천도교신문》 117호, 2018년 10월 18일)

• 서소문역사공원 개관, 전면 개방

서울시 중구에 위치한 서소문역사공원이 포덕 160(2019)년 5월 25일, 8년 만에 전면 개방되었다. 지상 1층 지하 4층 4만 6천여㎡에 정부 예산 596억 원이 투입됐다. 5월 29일 가톨릭은 1천여 명이 참가한 가운데 축성 봉헌 미사를 했고, 6월 1일 일반 시민들에게도 공식 개관되었다. 서소문역사공원은 '서소문 밖 역사 유적지 관광 자원화 사업' 이란 이름으로 포덕 152(2011)년 재조성을 시작했고, 앞으로 지상 공원 부분은 중구청에서 직접 관리하며 그 외 시설은 재단법인 천주교 서울대교구 유지 재단에서 맡는다. 포덕 155(2014)년 11월 서소문범대위를 결성하고 1년간의 천막 농성 등 정부의 일방적인 천주교 특혜에 항의해 왔다. 동학과 근현대사 관련 일부 자료가 지하 공간에 전시되었을 뿐 서소문역사공원은 천주교 순교 성지 일색의 공원이 되고 말았다.

서소문범대위는 포덕 160(2019)년 5월 25일, 개관식에 참가하였고, 5월 28일 동학농민단체협의회와 함께 성명서를 발표하여 '천주교 추모 시설 미사 시설 철폐', 프랑스 군대의 조선 침략을 요구한 '황사영' 관련 유물 철거 등 서소문범대위의 요구사항이 반영될 때까지 투쟁할 것을 선언하였다.(《천도교신문》 129호, 2019년 6월 13일)

제15장

천도교, 비로소 대한민국의 국교가 되다

갑오 일로 말하면 인사로 된 것이 아니요
천명으로 된 일이니, 사람을 원망하고 한울을
원망하나 이후부터는 한울이 귀화하는 것을
보이어 원성이 없어지고 도리어 찬성하리라.
갑오년과 같은 때가 되어 갑오년과 같은 일을 하면,
우리나라 일이 이로 말미암아 빛나게 되어
세계 인민의 정신을 불러일으킬 것이니라.

論擧甲午之事則不爲人事 天命之爲事 怨人怨天自後
天示歸和無爲怨聲 反於贊成 如甲午之時到來而
爲甲午之事則 吾國之事 緣由於此而光輝喚起
世界人民之精神也

—〈오도지운〉, 『해월신사법설』

동학농민혁명은 완료형이 아니라
현재 진행형입니다.
천도교가 다시금 동학혁명 정신을
오늘에 되살리는 민족통일운동에
앞장서야 할 때라고 봅니다.

—《조선일보》 인터뷰, 포덕 157년 9월 21일

1. 전 집행부, 천도교 동학혁명기념식 보류

• 천도교단의 동학혁명기념식 봉행 60년

중앙총부는 포덕 101(1960)년, 그동안 동학혁명기념일을 1월 1일로 제정하여 기념식을 거행해 오던 것을 국사편찬위원회의 각종 자료에 근거하여 포덕 102(1961)년부터 매년 3월 21일로 바꾸어 기념식을 거행하기로 하였다. 이에 따라 첫 기념식은 포덕 102(1961)년 3월 21일, 천도교 중앙대교당에서 천도교인과 서울 시민 등 1천여 명이 참석한 가운데 진행되었다. 이날 기념식에는 천도교단을 대표하여 좌담회에 참석하였던 장기운, 신숙, 오익제 등이 주도하였으며 외부 인사로는 민의원 의장 곽상훈, 정계를 대표한 정한상, 학계를 대표한 장도빈 등이 축사를 하였다. 그리고 기념식 후에는 최인욱, 이항녕, 신일철 등 제씨가 기념 강연을 하였다. 첫 기념식은 사회적 주목을 받기에 충분하였다. 그렇기 때문에 정계, 학계, 문학계 등에서 대표들이 참석했던 것이다. 기념일 제정 후 2번째 기념식은 포덕 103년 3월 21일 중앙대교당에서 거행되었는데 중앙방송국에서는 기념식 광경을 녹음 취재하여 방송한 데 이어 고려대 법대 이항녕 학장, 신일철 교수, 중앙총부 장기운 교무관장이 '동학혁명의 현대적 의의' 라는 주제로 좌담 방송을 하였다. 이와 같이 천도교는 60년 동안에 걸쳐 지속적으로 매년 3월 21일에 동학혁명기념식을 거행해 왔다.

• 전 집행부, 국가기념일 제정 시까지 기념식 조건부 보류

포덕 155(2014)년 7월 3일 개최된 제37차 전국임시대의원대회에서 지난 60년 동안 매년 3월 21일에 봉행해 오던 천도교단의 동학혁명기념식을 조건부 보류 의결하였다. 이에 따라 천도교 의절 중 동학혁명 기념에 대하여 다음과 같이 개정하였다. "포덕 35(1894)년 3월 21일에 동학군이 제폭구민 척왜척양의 기치를 들고 기포하여 혁명을 일으킨 날이다. 이날을 기념하여 매년 3월 21일에 기념식을 봉행한다. 단, 국가기념일이 제정될 경우에는 그날을 기하여 기념식을 봉행한다."로 수정되었다. 이에 따라 천도교단 동학혁명기념식 행사는 포덕 154(2013)년 3월 21일, 임운길 교령 당시 119주년 기념식을 거행한 이후 보류되었다. 그해 5월 11일에는 박남수 교령 당시, 황토현전승기념식이 동학민족통일회 주관으로 황토현에서 거행되었으며 6월 2일에는 제119주년 동학혁명군전주입성기념기념식을 전주 동학혁명기념관에서 동학혁명기념관 주최 천도교 중앙총부, 전라북도 후원으로 개최되었다. 이때 교령 기념사를 김인환 종무원장이 대독하였다. 또 10월 18일에는 동학농민혁명 제119주년 기념대회추진위원회 주관으로 119주년 동학농민혁명기념재단기념식이 보은 문화예술회관에서 개최되었다.

그 이후로 120주년 동학혁명기념식부터 124주년 기념식까지 5년 동안은 천도교와 동학농민혁명기념재단, 동학농민혁명유족회 등 3개 기관이 공동으로 기념식을 개최하였다. 먼저 공동으로 개최한 120주년 기념식은 포덕 155(2014)년 10월 11일, 서울 시청 다목적홀에서 개최되었으며 121주년 기념식은 포덕 156(2015)년 6월 11일, 국립중앙박물관에서, 122주년 기념식은 포덕 157(2016)년 10월 11일 백범김구기념관에서, 123주년 기념식은 포덕 158(2017)년 9월 18일, 정읍시 황토현 전적지에서, 124주년 기념식은 포덕 159(2018)년 10월 10일, 강원 홍천 서석면 자작 고개에서 각각 개최되었다.

125주년 동학혁명기념식은 포덕 160(2019)년 5월 11일 광화문에서 이낙연 국무총리가 참석한 가운데 국가 기념식으로 성대하게 개최되었다.

• 3개 단체 합동기념식 봉행

천도교단 주최로 매년 3월 21일에 중앙대교당을 비롯한 전국 교구에서 거행된 동학혁명기념식은 임운길 교령님 당시인 포덕 154(2013)년 3월 21일, 제119주년 기념식을 끝으로 보류되었다. 이날의 천도교 중앙대교당에서의 기념식은 임운길 교령 기념사를 이범창 종무원장이 대독하였다.(《천지일보》)

동학혁명 120주년 기념식은 3개 단체 첫 합동으로 포덕 155(2014)년 10월 11일, 서울 시청 다목적홀에서 개최되었다. 10월 11일은 해월신사께서 총동원령을 내린 9

월 18일의 양력이다. 오늘의 기념식에는 천도교인과 유족회, 각 지역 동학농민혁명 기념사업회 등 관련 단체의 구성원 1,500여 명이 참여하여 범종교적 범사회문화단체적 행사로 진행되었다. 전국동학농민혁명유족회 김석태 회장의 개회 선언으로 시작된 기념식은 '사람, 다시 하늘이 되자!' 라는 슬로건 하에 동학농민혁명 두 갑자를 맞아 준비해 온 기념대회의 정점을 찍는 행사로서, 박남수 교령의 대회사, 김대곤 이사장의 기념사가 있었다. 정홍원 국무총리는 김종덕 문체부장관이 치사를 대독하였으며 박원순 서울시장, 송하진 전라북도지사, 한양원 민족종교협의회 회장이 축사를 하였고, 정관계 인사들의 축하 동영상이 상영되었다.(《천도교신문》 27·28호, 2014년 10월 15일)

나는 당시에 기념식장에는 직접 들어가지 못하고 종로구 신문로의 옛 서울고등학교 터 광장에 앉아 100여 명의 교인 및 일반인들과 함께 영상으로 진행되는 기념식에 참석 후 귀가하였다. 3개 단체 합동으로 두 번째로 개최된 동학혁명 제121주년 기념식은 포덕 156(2015)년 10월 12일 국립중앙박물관 대강당에서 개최되었다. 121주년 기념대회의 슬로건은 '다함께 힘을 모아 동학농민혁명 국가기념일 제정' 이다. 동학농민혁명 기념사업과 정신 선양을 위해 무엇보다도 선결되어야 할 과제가 바로 동학농민혁명 국가기념일 제정이기 때문에 이와 같은 슬로건을 내건 것이다. 이는 전 국민이 함께 노력해 동학농민혁명 국가기념일을 제정하자는 외침이었다. 기념대회는 천도교인 및 동학농민혁명 참여자 유족, 관련 단체, 학자, 학생 등 600여 명이 참석했다. 내빈으로는 종교계에서 종교지도자협의회 대표의장 조계종의 자승 스님, 한국기독교교회협의회 김영주 총무, 민족종교협의회 한양원 회장, 원불교 박청수 교무, 대한성공회 박경조 주교 등과 한광옥 국민통합위원회 위원장, 김생기 정읍시장, 문체부 박위진 국장 등 중앙정부와 지자체 내빈이 참석하였다. 이날 행사는 임성민 전 아나운서가 사회를 맡았으며 극단 모시는 사람들의 '들풀' 갈라쇼가 식전 행사로 진행되었다. 나도 이날 기념행사에 참석하여 역사적인 동학혁명의 위대한 정신을 가슴 깊이 새기며 하루속히 동학혁명 국가기념일이 제정되기를 심고하였다.

3개 단체 합동으로 세 번째로 개최된 동학혁명 제122주년 기념식은 포덕 157(2016)년 10월 11일 백범기념관에서 개최되었다. 기념대회에는 천도교인 및 동학농민혁명 참여자 유족, 관련 단체, 학자, 학생 등 400여 명이 참석했다. 전국 각 지역 교구에서 참석한 천도교인들은 3대의 버스로 나뉘어 새벽 5시에 출발하여 참석했으며, 서울 인근 및 경기도 교인들은 대중교통 및 자가 교통수단을 이용해 참석했다. 예상보다 참석 인원이 많아 지정된 좌석 이외에 빈 공간에 서 있는 참석자들도 많았다. 내빈으로 종교계에서 한국종교인평화회의 김영주 대표회장, 민족종교협의회 한양원 회장 등이 참석하였으며 한광옥 국민대통합위원회 위원장, 문화체육관광부 정관주 차관, 김생기 정읍시장 등 중앙정부와 지자체 내빈이 참석했다. 나는 천도교 교령으로서 대회사를 통해 "우리는 동학의 정신과 동학농민혁명의 역사와 동학농민군이 흘린 피와 그 숭고한 뜻을 마음 깊이 새기면서 122년 전의 위업을 계승하여 자유와 민주와 평등 그리고 평화의 후천개벽 세상을 만드는 길에 함께 합시다"라고 강조했다.

3개 단체 합동으로 네 번째로 개최된 동학혁명 제123주년 기념식은 포덕 158년 9월 19일 정읍 황토현에서 개최되었다. 오늘의 기념대회는 정읍시립농악단과 단풍미인농악단의 길놀이로 시작되었다. 천도교의 '청수봉전' 의식을 시작으로 천도교 교령(이정희)의 대회사. 이승우 이사장의 기념사, 이기곤 이사장의 환영사 및 내빈 축사에 이어 최효섭 동학농민혁명유족회 사무총장의 폐정개혁안 낭독이 있었다. 이 날 기념식에는 천도교 교령을 비롯한 전국 각지의 천도교인, 종교계에서 김영주 한국종교평화회의 대표회장, 이이화 전봉준장군동상건립위원회 이사장, 송하진 전북도지사, 김생기 정읍시장, 문화체육관광부 김정배 문화정책관, 김춘진 의원을 비롯한 내빈들과 지역별 유족회장 및 회원, 시민 등 500여 명이 참석해 혁명 정신의 계승과 발전을 다짐했다.

3개 단체 합동으로 다섯 번째로 개최된 포덕 159(2018)년 10월 10일, 124주년 기념식이 강원도 홍천군 서석면 자작고개에 세워져 있는 동학혁명군위령탑 광장에서 '동학농민혁명, 평화의 꽃으로 활짝 피어라' 라는 주제로 펼쳐졌다. 자작고개 전적지는 124년 전 1894년 11월 20일(양력)과 21일 동학농민군이 민보군을 맞아 치열하게 전투를 벌여 농민군 800여 명이 전사한 곳으로, 이곳에는 희생된 동학 농민군의 넋을 기리기 위해 1977년 동학혁명군위령탑이 건립되었다. 아침 일찍 전국에서 전세버스로 이동한 500여 명의 관계자와 인근 주민들은 추운 날씨에도 불구하고 기념식 내내 뜨거운 관심과 성원을 보였다. 기념식은 식전 식후 행사를 함께 했다. 식전 행사에는 피리골마을 풍물단의 공연과 윤정식의 구릿대 피리 연주가 있었고 인성당 지정해 동덕의 청수봉전과 서석면장 남궁명의 초혼시 낭송으로 기념식 행사의 막을 열었다. 이어서 천도교 교령(이정희)의 대회사, 이승우 동학농민기념재단 이사장의 기념사, 이기곤 동학농민혁명유족회 이사장의 환영사, 도종환 문체부장관 격려사(대독: 이경훈 문화정책관), 허필홍 홍천군수의 축사 등과 함께 공로패 수여가 있었다. 천도교 공로패와 부상에 김창묵, 동학농민기념재단 공로패와 부상 박승우, 동학농민혁명유족회 공로패와 부상은 김창식이 수상했으며 동학 UCC공모전 시상도 함께 했다.(《천도교신문》 117호, 2018년 10월 18일)

포덕 160(2019)년 동학혁명 국가기념일이 5월 11일로 제정되어 정부 차원에서 동학혁명기념식이 거행될 것이므로 천도교와 동학농민혁명기념재단, 동학농민혁명유족회 등 3개 단체가 합동으로 개최하는 기념식은 더 이상 진행되지 않았다. 따라서 동학혁명기념식도 삼일절 기념식과 같이 매년 5월 11일, 국가 차원에서의 기념식과 천도교 종단 차원에서의 기념식이 동시에 거행되게 되었다.

2. 동학혁명 국가기념일 선정위원회, 심사·결정

• 특별법 제정 후 15년 동안 국가기념일 표류

2004년 동학농민혁명 참여자 등의 명예 회복에 관한 특별법은 제정되었으나 그후 학계 및 지역간 이해관계 갈등 등으로 15년 동안 국가기념일은 결정되지 못했다. 그 동안의 동학농민혁명기념일 제정 추진 경과(2001~2019)를 보면 다음과 같다.

2004. 3. 5	동학농민혁명 참여자 등의 명예 회복에 관한 특별법 제정 —동학농민혁명 전국유족회 등 관련 단체들이 동학농민혁명 참여자와 유족의 명예를 회복, 그 정신을 계승하기 위해 동학농민혁명 기념일 제정 요구
2004. 6~11	동학농민단체협의회는 기념일 제정을 위한 토론회 주최(3회)
2005. 1~2007. 1	동학농민혁명 연구자 20명 대상 설문조사 실시 —결과: '무장기포일' 을 동학농민혁명기념일로 결정하기로 자체 의결
2007. 5~2008. 12	정읍 단체에서 무장기포일을 기념일로 지정하는 것에 대한 문제 제기 —정읍동학농민계승사업회장 등 '문광부장관 면담' 및 '황토현 전승일' 기념일 제정 건의
2009. 12. 31	동학농민혁명참여자명예회복심의위원회 활동 종료
2010. 2. 24	문체부 특수법인 동학농민혁명기념재단 설립
2011. 1. 21	동학농민혁명기념재단 및 유족회 임원진이 '동학농민혁명 국가기념일 제정' 추진 협의
2011. 5. 21	동학농민기념일제정추진위원회 구성, 위원장 신순철 원광대

	부총장, 위원회 23명(기념사업단체 및 재단 추천)
2011. 7	기념일 제정과 관련한 기념일제정위원들의 공정성 객관성 시비 논란 —위원 배정 숫자 및 지역 편향 형평성 등
2011. 12. 31	동학농민혁명기념일제정추진위원회 활동 종료
2012. 5. 11	기념재단 운영위원회에서 기념일 제정 재추진, 국민 여론 조사를 통해 국가기념일을 확정하기로 함
2012. 5. 16	문체부, 국가기념일 제정 추진 계획 안내에 관한 공문 송부 —추진 계획 및 향후 일정에 관한 안내(유족회 및 전국 기념사업회 등 40여 개 기관)
2012. 5. 17~5. 22	유족회 및 전국 기념사업회 의견 수렴 실시
2012. 6. 12	기념일 제정과 관련한 유족회 대의원 투표 결과 발표, 국가기념일로 투표에 부의된 4개의 날짜 중에서 3월 5일 특별법 공포일이 최다득표 획득, 10월 12일까지 문체부로 3월 5일 특별법 공포일을 국가기념일로 제정해 주도록 건의 추진—절차 미흡으로 문체부 반려
2012. 7. 11	재단 운영위원회 '기념일 제정 여론조사 추진 잠정 중단' 협의 —국가기념일 제정에 관해 지역기념사업회 간의 합의가 이루어지지 않았으며, 일부 단체가 국민 여론 조사 방식에 의한 국가기념일 제정 반대
2013. 3. 21	천도교단 차원의 제119주년 동학혁명기념식 봉행(마지막)
2013. 6. 2	천도교단 후원, 제119주년 동학혁명군 전주 입성 기념식 봉행
2014. 3. 21	천도교단 차원의 동학혁명기념식 보류 공지 —1월 23일 종무위원회 의결, 2월 28일 종의원 결의, 3월 12일 연원회 결의
2014. 7. 3	천도교 제37차 임시전국대의원대회에서 개정된 의절에 "국가기념일이 제정될 경우 동학혁명기념일은 그에 따른다"고 명시(천도교 의절)
2014. 10. 11	제120주년 기념식, 서울시청 다목적홀, 3개 단체(천도교와 동학 농민혁명기념재단, 동학농민혁명유족회) 공동 봉행(1차)

2014. 11. 27	기념재단, 기념일추진위원회를 민간협의체로 구성 –동학기념재단 이사장, 천도교 교령, 유족회장, 학계대표(충북대 신영우 교수)
2015. 3. 3	추진위원회, 4차례 회의로 기념사업 단체(20개) 표결 '전주화약일' 을 선정
2015. 3. 10	2015년 3월 21일, 천도교단 차원의 동학혁명기념식 보류 공지
2015. 6. 11	121주년 국립중앙박물관, 3개 단체 공동 봉행(2차)
2015. 7~8	일부 지역 유관 단체. '전주화약일' 반대 입장 –정읍 지역 49개 시민단체, '전주화약일' 불가 항의 기자회견(2015년 7월 9일) –정읍시의회, (사)동학농민혁명계승사업회, (사)고부동학농민혁명 유전보존회 등
2015. 8. 28	기념재단, 전주화약일, 문체부 건의
2016. 1. 8	국가기념일제정추진위원회 11차 회의 –참석: 김대곤 재단이사장, 이기곤 전국유족회장, 박남수 천도교 교령, 신영우 학계대표, (간사) 윤석모 재단사무처장 –문체부 기념일 제정 관련 광역자치단체 의견 수렴 결과 보고 –문체부 향후 추진 계획(안) 보고 –추진위, 국가기념일 제정 추진 관련 대책 논의
2016. 3. 24	국가기념일제정추진위원회 12차 회의, 천도교 교령실 –김대곤 재단이사장, 이기곤 전국유족회장, 박남수 천도교 교령, (간사) 윤석모 재단사무처장 –주무부처 학계자문단 추천 현황 보고 –122주년 기념대회 공동 개최 논의
2016. 8. 18	정읍 지역 국회 청원(이갑상 외 15인)
2016. 10. 11	122주년, 백범기념관, 3개 단체 공동 봉행(3차)
2016. 11. 11	고창 지역 국회 청원(박우정 외1인)
2017. 10	문체부 '전주화약일' 유예 및 '지역색 없는 날' 지자체 협의 –위원회, 전주, 정읍, 고창, 부안의 동의서 서명
2017. 9. 18	123주년 황토현, 3개 단체 공동 봉행(4차)

2018. 2. 26　동학농민혁명기념일 선정위원회 1차 선정위원회
—참석: 이승우 동학기념재단 이사장, 이기곤 동학농민유족회 이사장, 조광 국사편찬위원회 위원장, 이우성 문체부 문화예술 정책실장
—안건 보고
· 동학농민혁명기념일 추진 경과 보고
· 동학농민혁명기념일 선정 계획(제안)
· '전문가 자문단' 구성 검토(제안)

2018. 3. 26　선정위원회 제2차 회의(컨퍼런스하우스 달개비)
—참석: 조광 국사편찬위원회 위원장, 안병욱 한국학중앙연구원 원장, 이승우 동학기념재단 이사장, 이정희 천도교 교령, 이기곤 동학농민유족회 이사장
—안건: 위원장 선출, 국내외 기념일 현황, 학계 자문 방안(안병욱 원장, 위원장으로 선출)

2018. 8. 10　문체부, 지자체—동학농민혁명 법정기념일 추천안 제출 요청
—동학농민혁명의 애국애족 정신을 기리고 동학농민혁명 참여자와 그 유족의 명예 회복을 위하여 법정기념일 제정 추진
—동학 지역기념일 중 법정기념일로서 가장 적합한 날을 지자체로부터 추천받아 선정위원회 심의 거쳐 최종 선정

2018. 9. 10　문체부 요청에 따라 고창군, 부안군, 정읍시, 전주시 등 4개 지자체 동학농민혁명 법정기념일 추천

2018. 10. 10　124주년 강원 홍천, 3개 단체 공동 봉행(5차)

2018. 10. 17　문체부, 동학농민혁명 법정기념일 선정 위한 공청회 개최
—국립중앙박물관, 지자체로부터 추천받은 기념일 고창군, 부안군, 정읍시, 전주시 등 설명 및 의견 수렴

2018. 10. 24　선정위원회 3차 회의
조광 국사편찬위원회 위원장, 안병욱 한국학중앙연구원 원장, 이승우 동학기념재단 이사장, 이정희 천도교 교령, 이기곤 동학농민유족회 이사장
—기념일 평가 방침: 동학 지역 기념일 중 법정기념일로서 가

장 적합한 날을 지자체로부터 추천받아 선정위원회 심의 거쳐 최종 선정

2018. 11. 9	선정위원회 법정기념일 선정회의(컨퍼런스하우스 달개비) —참석: 한국학중앙연구원 원장, 국사편찬위원장, 동학재단이사장, 천도교 교령, 동학농민혁명유족회 이사장 —선정: 역사성, 상징성, 지역 참여도 등의 선정 기준별 토의 거쳐 황토현 전승일인 5월 11일을 '국가법정기념일'로 만장일치 합의 결정
2019. 2. 19	국무회의 의결
2019. 2. 27	정부 5월 11일을 법정동학농민혁명기념일로 공포
2019. 5. 11	정부, 최초로 대한민국 정부 주관 제125주년 동학농민혁명기념식 거행, 광화문, 이낙연 국무총리 참석, 전국에서 1,000여 명 참석 ※천도교단 차원의 기념식, 봉행 안함(이는 제37차 전국임시대의원대회 결의 및 천도교 의절 위배)

• 동학혁명 국가기념일선정위원회 구성

동학농민혁명기념재단 1~2기 때 각각 기념일제정추진위원회를 구성 운영하였으나 기념일 제정에 합의하지 못해 추진위 구성에 대한 피로감 누적, 회의적 의견도 있으나 기념일 합의안 도출을 위한 추진위원회 구성 운영의 필요성에 대해서는 모두 인정하고 있었다. 다만, 역사학계 인사는 과거 추진위 구성 시 연구자의 학문적 입장에 따라 지역별 이견이 강하여 지역 갈등 재현의 우려성이 높기 때문에 중립적이면서도 상징적이고 권위 있는 역사학계 인사를 참여시킬 필요성이 있다는 데 의견의 일치가 이루어졌다. 이에 '동학농민혁명기념일제정추진위원회'는 상위 의결기구로 지역색 없는 관계 기관장(기념재단, 유족회, 천도교 대표자), 중립적이고 권위 있는 역사학계 대표 2인 등 총 5인으로 구성하기로 하였다. 이에 따라 국가기념일제정추진위원회는 동학농민혁명기념재단 이사장, 동학농민혁명유족회 이사장, 천도교 교령, 국사편찬위원장, 한국학중앙연구원장 등 5인으로 하고 간사는 문체부 담당사무관 및 동학혁명기념재단 기념사업부장이 맡는 것으로 하였다. 여기서 심의

의결한 최종안을 문체부에 건의하는 것으로 하였다.

• 국가기념일 선정을 위한 공청회 개최

문화체육관광부 주최로 포덕 159(2018)년 10월 17일, 국립중앙박물관에서 동학혁명기념일 제정을 위한 공청회가 개최되었다. 정부가 2004년 '동학혁명 참여자 명예회복에 관한 특별법'을 제정하였으나, 그동안 법정기념일은 아직 정하지 못하고 있다. 공청회에서는 지자체가 신청한 기념일 4개를 설명하고, 방청객으로 참여한 국민들의 의견을 수렴하였다. 우선 고창군은 무장기포일인 4월 25일을 내세우고 있으며, 부안군은 백산대회일인 5월 1일을 내놓았다. 정읍시는 황토현 전승일인 5월 11일을, 전주시는 전주화약일인 6월 11일을 주장한다. 4개 지역을 대표하는 연사들의 발표 요지는 다음과 같다.

고창군을 대표해 첫 발표자로 나선 유바다 고려대학교 한국사학과 교수는 "동학혁명은 고창 무장기포(4월 25일)를 시작으로 전국적인 혁명으로 전개해 나간 공식적인 첫 사건이었다."며 무장기포일의 역사적 의미를 부여했다.

부안군의 입장을 발표한 박대길 국가편찬위 지역사료조사위원은 "백산대회(5월 1일)는 동학혁명의 의미를 잘 드러내는 '격문'을 반포하고 혁명을 전국화시키는데 기여한 사건이다며 혁명의 상징성, 혁명성, 전국성을 확보하고 있는 백산대회가 동학농민혁명을 기념일로 제정되어야 한다."라고 주장했다.

정읍시를 대표해 발표자로 나선 조광환 동학역사문화연구소장은 "황토현 전투(5월 11일)는 사발통문거사계획과 고부봉기로 시작된 동학농민혁명의 전국화를 이루어낸 첫 전투이자 최대 전승일로, 국내의 유사한 국가기념일 모두 최초의 투쟁일을 기념일로 정했다."며 황토현 전승일의 당위성을 주장했다.

전주를 대표해 발표자로 나선 이상식 전남대 명예교수는 "전주화약일(6월 11일)은 동학농민군이 조선 정부와 협의를 통한 혁명 과업 수용 결과를 도출하고 민으로부터 시작해 혁명의 결실을 이끌어 낸 근대 민주주의 효시다."며 전주화약일의 중요성에 대해 설명했다. 문화체육관광부는 앞으로 전문가로 구성된 심의위원회를 통해 기념일 신청안과 공청회 결과 등을 종합적으로 검토하고 올해 안에 기념일을 최종 선정할 예정이다.(《천도교신문》 제118호, 포덕 159년 11월 8일)

• 달개비에서 선정위원회 심사·결정

포덕 159(2018)년 11월 9일(금) 7시 30분 컨퍼런스 하우스 달개비에서 선정회의가 개최되었다. 이날 회의는 한국학중앙연구원장, 국사편찬위원장, 동학혁명기념재단 이사장, 천도교 교령(이정희), 동학농민혁명유족회 이사장 등 동학농민혁명 법정기념일 선정위원 전원이 참석하였다. 이날 선정위원회에서는 무장기포일과 백산대회, 황토현 전승일, 전주화약일 등에 대하여 '역사성, 상징성, 지역 참여도'의 선정기준별로 토의를 거쳐 위원 모두 만장일치 합의로 황토현 전승일(5월 11일)을 동학농민혁명 법정기념일로 최종 선정키로 합의하였다. 황토현 전승일을 동학농민혁명 법정기념일로 선정하기로 한 합의문은 다음과 같다.

〈동학농민혁명 법정기념일 선정 결과—선정일: 5월 11일(황토현 전승일)〉

동학농민혁명은 조선 시대 봉건사회의 부정·부패를 척결하고, 일제의 침략으로부터 우리나라의 국권을 수호하기 위하여 농민들이 전국적으로 봉기했던 대규모 항쟁입니다. 황토현 전승일인 1894년 5월 11일은 동학농민군과 관군이 황토현 일대에서 최초로 전투를 벌여 동학농민군이 대승을 거둔 날입니다. 이에 본 선정위원회는 다음과 같은 사유로 황토현 전승일을 동학농민혁명기념일로 선정합니다.

①황토현 전승일의 역사적 사실

황토현 전승일은 동학농민군이 관군을 크게 물리친 첫 번째 승전일로 동학농민혁명사에서 의미가 매우 높습니다. 이날의 승리는 황룡강 전투와 전주성 함락 등 동학농민혁명의 전개에 있어 중요한 전환점이 되었습니다.

②황토현 전승일의 국가기념일로서의 상징성

황토현 전승일은 전봉준, 손화중, 김개남 등 동학농민군 지도부가 조직적으로 관군에 대항하여 최초로 대승한 날입니다. 이 승리를 계기로 농민군의 혁명 열기는 크게 고양되었습니다. 이후 황토현 전승을 통해 동학농민혁명은 전국적으로 전개될 수 있는 중요한 동력을 갖게 되었습니다. 이처럼 황토현 전승일은 혁명의 전략과 세력이 결집되어 이룩된 동학농민혁명의 전환점으로서 상징적 가치가 매우 높습니다.

③국가기념일로서 황토현 전승일의 의의

황토현 전승은 고부봉기, 무장기포에 이어 백산대회를 거쳐 전주성 입성 및 2차 봉기 등 동학농민혁명의 성공을 견인하여 우리 근대사를 획기적으로 발전시킨 의의가 대단히 높습니다.

선정위원회는 공청회와 여러 차례의 심의를 통해 역사성과 상징성 및 지역 참여 등의 기준을 토대로 심도 있는 토론 과정을 거쳐 황토현 전승일인 5월 11일을 동학농민혁명 법정기념일로 최종 선정키로 합의합니다.

2018년 11월 9일

동학농민혁명법정기념일선정위원회

위원장 안병욱, 위원 조광 위원 이승우 위원 이정희 위원 이기곤

• 행자부, 정부 결정 집행 과정 막판 위기 돌파

포덕 160(2019)년 1월 9일, 11시 30분 프레스센터에서 포덕 160년 신년맞이 기자간담회를 개최하였다. 오늘의 간담회 주제는 3·1운동 100주년을 앞두고 우리 모두 '3·1운동의 뿌리는 동학, 100주년을 맞아 의암성사를 기리자' 로 하고 이에 맞추어 기자간담회를 진행하였다. 나는 이 자리에서 "올해가 3·1운동 100주년의 해로 100년 전 3·1운동을 주도한 천도교단은 기념행사 준비를 철저히 하고 있다."라고 밝히고 3·1운동 100주년 기념대회와 시민선언문 발표, 학술대회 및 전시회, 3·1정신 체험 및 확산 사업과 국제 사업, 홍보 사업 등에 대해 소개하였다.

기자회견을 마치고 교령사에 돌아와 문체부 담당 사무관에게 전화로 동학혁명 국가기념일 결정에 관한 정부의 추진 상황을 알아보았다. 다음 주에 입법 예고하고 마지막 절차를 진행하고자 하는데, 문제가 생겼다는 것이다. 고창군 의회에서 문제를 제기하여 행자부에서 난감해한다는 것이었다. 나는 즉시 유성엽 국회 문체위원장에게 전화한 데 이어 김부겸 행자부 장관실로 전화하였다. 오후에 이 문제로 행자부 장관을 찾아가 면담하겠다고 했다. 그랬더니 곧바로 김부겸 장관으로부터 전화가 왔다. 오히려 자신이 교령사를 오겠다고 했다. 그래서 전화로 이야기를 하기로 하였다.

나는 김부겸 행자부장관에게 "이번 기회에 동학혁명 국가기념일을 제정하지 못하면 영원히 못할 겁니다. 이제까지 오랫동안 수없이 많은 의견 수렴과 학술대회 및 토론 등을 거쳐 정해진 것인데, 더군다나 관련 지자체로부터 결정에 승복하겠다는 서약도 다 받아 놓은 상황인데, 지금에 와서 반대한다면 말이 되지 않는다. 일부의 이견이 있다 하더라도 이번 결정을 반드시 관철시켜야 한다. 이번이 마지막 기회다."라고 말했다. 행자부장관은 "그렇다면 지자체에서 승복하기로 한 서류가 있느냐?"라고 물었다. "물론 있습니다."라고 했더니 "그 서류를 보내달라"라고 했다. 나는 이 전화가 끝나자마자 곧바로 문체부 담당 사무관에게 전화하여 행자부장관과의 전화 내용을 이야기하면서 행자부에 관련 서류를 보내도록 요청하였다. 그후 1월 12일 이낙연 국무총리가 우이동 의암성사 묘소를 참배하고 봉황각 일대를 돌아본 후 오찬 자리에서 이 문제에 대해 다시 한번 건의하였다. 마침내 2월 14일, 차관회의에서 승인되었다. 드디어 2월 19일 국무회의에서 의결, 2월 27일 공포되었다.

이리하여 포덕 145(2004)년 노무현 정부하에서 관련 법이 제정된 이후 우여곡절 끝에 15년 만에 동학혁명 국가기념일이 확정되었다. 나는 동학혁명 국가기념일의 제정은 동학 천도교가 대한민국의 실질적인 국교라는 것을 선언한 것이라는 의미를 부여했다.

국가기념일의 제정은 끝이 아니라 새로운 시작이다. 나는 가슴에 손을 얹고 동학혁명 국가기념일 제정을 기하여 우리 천도교가 대한민국의 정신적 국가로서의 천도교로 새롭게 거듭나야 한다는 굳은 결의와 실천을 다짐했다.

3. 대한민국의 국교가 된 천도교

• 5월 11일, 동학농민혁명 국가기념일 공포

문화체육관광부(장관 도종환, 이하 문체부)는 포덕 159(2018)년 2월 19일(화) 국무회의에서 '각종 기념일 등에 관한 규정' 개정안이 심의·의결됨에 따라 동학농민혁명 기념일(5월 11일)이 국가기념일로 제정되었다고 밝혔다. 문체부는 동학농민혁명 기념일을 선정하기 위해 선정 기준과 절차를 수립한 후 전국 지방자치단체를 대상으로 기념일을 공모하고, 공청회 및 기념일 선정위원회의 심의 과정을 거쳐 1894년 5월 11일 황토현 전승일을 동학농민혁명 기념일로 최종 선정한 바 있다.

문체부는 동학농민혁명 기념일이 국가기념일로 제정됨에 따라 오는 5월 11일(토)에 동학농민혁명 기념식을 개최한다. 아울러 동학농민혁명의 역사적 가치와 의미를 재조명하고 애국·애족 정신을 선양하기 위한 중·장기 계획을 수립해 다양한 사업을 추진할 계획이다. 5월 11일, 동학농민혁명 국가기념일은 포덕 160(2019)년 2월 27일 공포되었다.

동학농민혁명 법정 기념일 선정 경과는 다음과 같다.

〈동학농민혁명 법정 기념일 선정 경과〉

· 지자체 추천

동학농민혁명 관련 지역기념일 중 추천(시·군·구→시·도→문체부) 2018년 8~9월

—문체부 추천서 접수 4건

고창군: 무장기포일　4월 25일(음력 3월 20일)
부안군: 백산대회일　5월 1일(음력 3월 26일)
정읍시: 황토현 전승일　5월 11일(음력 4월 7일)

전주시: 전주화약일 6월 11일(음력 5월 8일)

· **공청회 개최**

일시, 장소: 2018년 10월 17일(수) 국립중앙박물관 소강당

참석: 고창군, 부안군, 정읍시, 전주시 및 지역 동학 단체 관계자 등

내용: 기념일 추천안에 대한 지자체 설명 및 의견 수렴

· **선정위원회 심사**

지역 기념일 추천안에 대한 심사: 2018년 10월~11월

선정위원회 구성: 5명

안병욱 한국학중앙연구원장(위원장), 조광 국사편찬위원장, 이승우 동학기념재단 이사장, 이정희 천도교 교령, 이기곤 (사)동학농민혁명유족회 이사장

· **2018년 11월 9일 선정위원회 최종 심사 확정**

황토현 전승일인 5월 11일을 국가법정기념일로 합의

· **2019년 2월 19일 국무회의 의결**

· **2019년 2월 27일 국가법정기념일 공포**

• 제39차 대의원대회, 동학혁명 국가기념일 제정 보고

포덕 159(2018)년 3월 15일 중앙대교당에서 개최된 제39차 정기대의원대회 보고사항으로 '5월 11일(황토현 전승일)을 동학혁명 국가기념일로 제정되었음' 을 다음과 같이 보고하였다.

1) 선정일: 5월 11일(황토현 전승일)

①포덕 160년 2월 19일 국무회의 의결

②포덕 160년 2월 27일 공포

2) 황토현 전승일인 '5월 11일' 이 동학농민혁명(1894년)을 기리기 위한 국가기념

일로 정식 지정되면서 동학농민혁명기념일의 위상이 한층 높아지게 되었음

3) 먼저 올해부터 동학농민기념식이 정부 주관으로 개최되며, 정부 차원에서 동학농민혁명에 대한 역사적 가치와 의미가 재조명될 전망임
4) 문화체육관광부는 동학농민혁명 기념일 제정에 따라 오는 5월 11일 공식 기념행사를 개최할 예정이며, 동학농민혁명 기념행사 및 기념·선양사업 등도 지자체별 규모에서 벗어나 국가 주관의 대규모 사업으로 치를 계획임
5) 이에 따라 그동안 각 시·군에서 주관했던 각종 기념·선양 사업의 위상도 높아질 것으로 보임
6) 더불어 정부는 공식 기념행사 외에도 동학농민혁명의 가치와 의미를 고취시키기 위한 다양한 행사를 추진할 예정임

※우리 교단에서는 교령(이정희)이 기념일 선정위원으로 참여

• 정부, 광화문에서 첫 국가 기념식 거행

동학농민혁명의 정신을 기리는 첫 국가기념일 행사가 광화문을 배경으로 성대하게 치러졌다. 이낙연 국무총리는 "민주주의의 길을 가겠다고 동학농민혁명의 선조들 앞에서 함께 다짐하자"라고 독려해 의미를 더했다.

문화체육관광부와 동학농민혁명기념재단은 포덕 160(2019)년 5월 11일, 서울 광화문 북측 광장에서 시민 1,000여 명과 함께 제125주년 동학농민혁명기념식 '다시 피는 녹두꽃, 희망의 새 역사'를 진행했다. 지난 2월 19일, 국무회의에서 황토현 전투 승전일(5월 11일)이 정부 기념일로 지정된 이후 열린 첫 국가기념식이다.

이번 기념식은 서막 '천지가 울리다', 1막 '백성이 하늘이다', 2막 '국민이 주인되어', 3막 '다시 피는 녹두꽃', 폐막 '대동의 세상으로' 순서로 장막극의 형식을 빌렸다. 실질적인 기념식이 진행된 2막을 제외하면 대부분의 시간은 동학농민혁명의 메시지를 전달하기 위한 공연에 할애됐다. 특히 제폭구민(除暴救民)과 보국안민(輔國安民)의 정신을 담은 '무장포고문'이 배우 양준모의 목소리로 광화문에서 낭독돼 의미를 더했다.

이낙연 국무총리의 기념사에선 동학농민혁명을 바라보는 정부의 인식 변화가 명확히 드러났다. 이 총리는 "사람을 하늘처럼 받드는 세상을 만들고자 했던 의로운 혁명이 125년 만에 비로소 합당한 인정을 받게 됐다"라며 "동학농민혁명은 대한제

국 시절과 일제 강점기에 의해 비적이나 폭도의 반란이었던 것처럼 매도됐다. 해방 조국에서도 한동안 '동학란' 으로 불렸다"라고 되돌아봤다.

이어 "동학농민혁명은 우리의 반만년 역사에서 가장 오랫동안 가장 넓은 지역에서 가장 많은 피를 흘린 민중항쟁이었고, 그것은 내용에서도 규모에서도 서유럽의 근대 혁명에 결코 뒤지지 않았다"라며 "우리나라 최초의 반봉건 민주주의 운동이었고, 우리나라 최초의 근대적 개혁운동이었으며, 또한 최초의 반외세 민족주의 운동이었다"라고 그 의미를 강하게 못 박았다.

이 총리는 또한 이번 행사를 통해 문재인 정부를 탄생시킨 지난 2016년의 촛불항쟁과 동학농민혁명 사이의 연결을 분명히 했다. "동학농민혁명군 인사들이 주도한 3·1독립만세운동뿐만 아니라 해방 이후 4·19혁명도, 5·18민주화운동도, 6월 항쟁도 동학정신에 뿌리를 두었다고 저는 믿는다"라며 "2016년 겨울부터 이듬해 봄까지 계속된 촛불혁명도 잘못된 권력을 백성이 바로잡는다는 동학정신의 표출이었다"라고 말했다.

이 총리는 "우리는 동학농민혁명 이후 계속된 국민의 투쟁과 희생으로 이룬 민주주의의 완성을 향해 흔들림 없이 나아가야 한다"라며 "그렇게 하겠노라고 동학농민혁명의 선조들 앞에 함께 다짐하자"라고 시민들을 독려했다.

이 총리의 기념사 이후 기념식은 다시 공연의 향연으로 되돌아갔다. 동학농민혁명을 주제로 현재 방영 중인 드라마 '녹두꽃' 의 주연배우 한예리가 시 〈금강〉을 낭송하고, 민중가수 안치환은 '부활하는 산하' 를 불렀다. 폐막 공연에선 부안 꿈의 오케스트라가 반주를 담당하는 가운데 전주 기접놀이, 정읍 음악극, 고창 농악판굿이 펼쳐져 기념일 지정에 참여한 지역들 사이의 화합을 도모하려는 의도가 엿보였다. 다음은 이낙연 국무총리의 '제1회 동학혁명기념사' 전문이다.

〈제1회 동학농민혁명 기념사—국무총리 이낙연〉

존경하는 국민 여러분, 해외 동포 여러분! 오늘은 동학농민혁명 125주년입니다. 먼저 세상의 잘못을 바로잡고자 목숨을 걸고 일어나셨던 전봉준 장군을 비롯한 동학농민 선열들의 명복을 빕니다. 동학농민혁명의 진실 규명과 명예 회복과 유적 복원에 애써 오신 동학농민혁명유족회 최효선 이사장님, 천도교 송범두 교령님, 동학농민혁명기념재단 이형규 이사장님, 역사학자 이이화 님 및 유관 단체의 지도자와 관계자 여러분께 감사드립니다. 뜻을 같이 해주신 문화체육관광부 박양우 장관님과 송하진 전북지사님, 정동영 대표님, 유성엽, 김두관, 박주현 의원님을 비롯한 내빈 여러분, 고맙습니다.

우리는 오늘 처음으로 동학농민혁명을 국가기념일로서 기념하고 있습니다. 사람을 하늘처럼 받드는 세상을 만들고자 했던 의로운 혁명이 125년 만에 비로소 합당한 인정을 받게 되었습니다. 동학농민혁명은 대한제국 시절과 일제 강점기에 비적이나 폭도의 반란이었던 것처럼 매도됐습니다. 해방 정국에서도 한동안 '동학란' 으로 불렸습니다. 4·19혁명 이후에도 '동학혁명', '동학농민운동', '갑오농민혁명' 등으로 평가가 뒤섞였습니다. 그러다가 2004년 국회의 특별법 제정으로 비로소 '동학농민혁명' 이라는 정명을 찾았습니다. 그리고 올해 2월 유족과 관련 단체와 유관 지역들의 합의를 얻어 황토현 승전일인 오늘 5월 11일을 국가기념일로 지정했습니다. 오늘에 이르기까지 수고해 주신 모든 분께 감사를 드립니다.

존경하는 국민 여러분, 해외 동포 여러분! 동학농민혁명은 우리의 반만년 역사에서 가장 오랫동안, 가장 넓은 지역에서, 가장 많은 피를 흘린 민중항쟁이었습니다. 그것은 내용에서도, 규모에서도 서유럽의 근대 혁명에 결코 뒤지지 않습니다.

첫째, 동학농민혁명은 우리나라 최초의 반봉건 민주주의 운동이었습니다. 동학농민들은 부패한 지배 세력과 탐관오리들의 가렴주구를 없애고 양반과 상민, 상전과 노비, 남자와 여자의 차별이 없는 사회를 만들고자 했습니다.

둘째, 동학농민혁명은 우리나라 최초의 근대적 개혁운동이었습니다. 동학농민군은 노비 문서를 불태우고, 청상과부의 재혼을 인정하며, 토지를 균등하게 분작하도록 했습니다.

셋째, 동학농민혁명은 우리나라 최초의 반외세 민족주의 운동이었습니다. 동학농민군은 경복궁을 무단 점거한 채 국정을 농단하고 이권을 차지한 일본을 몰아내려 했습니다. 한양으로 진격하던 동학농민군이 공주 우금티에서 관군 일본군 연합군에게 패배했지만, 그때 불붙은 민족의식은 일제 강점기로 이어졌습니다.

동학민초들의 염원과 분노는 25년 동안 응축됐다가 1919년 3·1독립만세운동으로 폭발했습니다. 그때 발표된 기미독립선언의 민족 대표 33인 가운데 동학을 이은 천도교 대표가 15명이었고, 그중 9명은 동학농민군 출신이었습니다. 전봉준 장군과 함께 우금티 전투 등에 참여하셨던 천도교 지도자 손병희 선생은

33인의 맨 앞에 이름을 올리셨습니다.

그렇게 동학농민혁명은 3·1운동으로 이어졌고, 3·1운동은 10년 후 광주학생독립운동 등으로 계승됐습니다. 해방 이후의 4·19혁명도, 5·18민주화운동도, 6월 항쟁도 동학정신에 뿌리를 두었다고 저는 믿습니다. 2016년 겨울부터 이듬해 봄까지 계속된 촛불혁명도 잘못된 권력을 백성이 바로잡는다는 동학정신의 표출이었습니다.

우리의 민주 민족의식과 역량을 일깨우고 길러 준 동학농민혁명은 정당하게 평가되고 영구히 기억돼야 합니다. 민간과 지자체와 정부는 동학혁명의 진상규명과 명예 회복과 유적 복원에 더욱 노력해야겠습니다. 정부는 이미 3천6백여 명의 동학농민혁명 참여자를 찾았고, 1만여 명의 유족을 등록했습니다. 지난해 4월에는 뜻있는 분들과 지자체가 국민 성금을 모아 동학지도자 녹두장군 전봉준의 처형 장소인 종로 전옥서 터에 장군의 동상을 세웠습니다. 동학농민군 전승지 정읍 황토현 일대에 기념공원을 조성하는 사업도 진행되고 있습니다. '사람이 곧 하늘' 이라는 인내천(人乃天)의 동학사상은 민주주의의 근본 철학입니다. 문재인 정부도 '사람이 먼저' 라는 믿음으로 모든 국정을 운영하고 있습니다. 모든 국민이 평화를 누리고 번영을 추구하는 '평화와 번영의 한반도' 를 실현하고자 노력하고 있습니다. 모든 국민이 더불어 잘사는 '포용 국가' 를 지향하고 있습니다. 모든 국민이 법 앞에 평등한 '정의 국가' 를 구현하려 하고 있습니다. 우리는 동학농민혁명 이후 계속된 국민의 투쟁과 희생으로 이룬 민주주의의 완성을 향해 흔들림 없이 나아가야 합니다. 민주주의는 단번에 완성되지 않습니다. 민주주의는 정치적, 경제적, 사회적으로 끊임없이 도전받고, 새로운 과제에 직면합니다. 민주주의는 그러한 도전을 이겨내고 과제를 해결해 나가는 기나긴 과정입니다.

정부가 앞장서겠습니다. 그러나 정부 혼자서 해결할 수는 없습니다. 각계각층의 국민께서 동참해 주셔야 민주주의가 진전할 수 있습니다. 그 길로 우리 모두 함께 가십시다. 그렇게 하겠노라고 동학농민혁명의 선조들 앞에 다짐하십시다. 감사합니다.(《천도교신문》 128호)

4. 천도교, 대한민국의 국교로서의 비전과 실천

• 동학혁명 국가기념일 제정의 의의

포덕 160(2019)년 2월 27일, 대한민국 역사상 최초로 동학혁명전승기념일인 5월 11일을 동학혁명 국가기념일로 제정한 것은 국가적 차원에서 동학혁명 정신이 곧 대한민국의 정신임을 선언하고 이를 국가 운영의 기본 정신으로 삼고자 하는 국가적 의지를 표명한 것으로 이해된다. 따라서 정부는 동학혁명의 정신인 인내천을 국가의 기본 정신으로 삼아 동학혁명의 가치와 중요성을 높이고 이를 국민과 함께 공감대를 형성하면서 새로운 인내천 국가로 발전시켜 나갈 것으로 기대된다. 정부는 또한 국가적 차원의 의식과 행사를 통해 국민들에게 동학혁명 인내천의 가치와 정신을 전달하고 동학혁명의 역사적 기억과 문화적 유산을 계승하여 정치, 경제, 사회, 교육, 군사, 문화 등 모든 국면에서 인내천의 정신이 바르게 구현될 수 있는 제도를 형성하고 이를 지속적으로 실천해 나가게 될 것이다. 정부는 또한 국민을 한울처럼 섬기는 인간 존엄의 인내천 정치, 정신적 GNP를 높이는 인내천 경제를 지향하고 모든 사람을 한울처럼 섬기는 인내천 사인여천 사회를 건설하는 데 힘써 나가게 될 것이다. 정부는 앞으로 동학혁명 국가기념일 제정을 계기로 전 국민을 대상으로 한 인내천 정신과 역사 교육, 인내천 정신문화 확산으로 인내천 공화국, 인내천 선진국으로 국가 발전을 도모함으로써 동학혁명 보국안민의 이상 국가를 건설해 나갈 것으로 기대된다. 이것이 바로 동학혁명의 가치와 정신을 계승하기 위한 동학혁명 국가기념일 제정의 근본 뜻이기 때문이다.

동학혁명 국가기념일 제정은 또한 천도교가 인내천 정신을 올바로 세워 국가 정신으로서의 사명과 역할을 제대로 수행할 수 있는 능력을 갖추어야 한다는 뜻을 갖는다. 천도교로 하여금 인내천의 정신을 굳건히 확립하고 그것을 바탕으로 대한민국을 동학혁명 인내천의 국가로 선도해 나갈 수 있도록 해야 한다는 의미다. 이와 같은 천도교의 선도적 역할을 제대로 수행하기 위해서는 오늘의 쇠운에 처한 천도교를 중흥시켜 새로운 천도교로 거듭 태어나야 한다는 실천 지향적 의미를 내포하고 있다. 천도교가 인내천 정신의 국가적 역할을 제대로 수행함으로써 육체에 해당하는 국가 또한 동학혁명 인내천 정신의 국가로 바르게 세울 수 있을 것이기 때문이다. 이런 점에서 국가와 천도교의 관계는 수레와 바퀴처럼 밀접한 관계라 할 수 있다. 따라서 동학혁명 국가기념일 제정은 동학혁명국가기념식 행사에 그쳐서는 안 될 것이며 정부로 하여금 국민과 함께 동학혁명 인내천의 이상인 보국안민의 국가사회를 실현하도록 하는 한편, 천도교로 하여금 인내천 공화국의 정신적 역할과 사명을 다할 수 있도록 교단을 바로 세우고 발전시켜 나가야 한다는 실천 지향적 의미를 동시에 내포하고 있다 할 것이다.

• 동학혁명 국가·세계 비전 수립 실천

정부는 동학혁명 국가기념일 제정을 계기로 동학혁명 인내천 정신을 기반으로 한 새로운 국가, 새로운 세계 건설의 비전을 창출함으로써 국민과 세계 인류에게 새로운 희망을 주어야 한다. 새로운 인내천 국가와 새로운 인내천 세계의 건설을 위한 비전은 동학혁명 정신을 국가 운영의 기본 정신으로 정립하는 일과 보국안민 통일국가의 건설, 그리고 포덕천하 광제창생의 새로운 이상 사회를 건설하고 이를 실천하는데 그 중점을 두어야 할 것이다.

첫째, 동학혁명 정신을 국가 운영의 기본 철학으로 정립하는 일이다. 이를 위해 정부는 먼저 동학혁명의 인내천 정신과 가치를 국정의 최상위 목표로 설정하고 비전을 제시해야 한다. 인내천을 기반으로 한 정부의 역할을 획기적으로 전환하고 국민 한 사람 한 사람이 한울로서의 존엄성과 한울로서의 고귀한 삶을 영위할 수 있는 인내천 국가를 지향해야 한다. 국가의 정신과 이념으로서의 인내천의 참된 의미를 밝히고 장단기 비전을 수립해야 한다. 동학을 바탕으로 한 국민의 정신적 지주로서 해야 할 역할과 국가의 목표를 달성하는 데 필요한 능력을 함양할 수 있도록 하고 동학의 가르침을 바탕으로 국가의 정치 경제 사회 문화 등 모든 부문의 발전을 도모할 수 있는 토대를 확립해야 할 것이다. 동학혁명 인내천 정신이 국정의 각 분야에 스며들어 국가의 주요 판단을 이끌어 나가는 선행 역할을 할 수 있도록 해야 할 것이다. 그러기 위해서는 먼저 동학혁명의 정신을 삼일 혁명의 정신과 함께 대한민국 헌법 전문에 포함해야 한다. 이렇게 볼 때 국가와 천도교는 수레와 바퀴 관계와 같이 서로 밀접한 관계로 설정되어야 한다. 바퀴는 수레의 주요 구성 요소로서, 수레의 움직임을 가능하게 하고 짐을 싣고 이동할 수 있도록 해 준다. 즉 바퀴는 수레의 움직임을 담당하며, 수레는 바퀴를 통해 기능을 수행하는 것을 말한다. 이처럼 천도교가 바퀴라면 국가는 수레와 같다고 보아야 한다. 이는 곧 동학 천도교의 교정쌍전 교의와 같다. 교화의 이념(교 신앙의 측면)과 동시에 통치의 이념(정)을 동시에 내포하는 개념이다.

둘째, 보국안민 민족통일 국가의 비전이다. 제2의 동학혁명이 3·1운동이라면 민족통일은 제3의 동학혁명이다. 동학혁명의 정신은 지난 20세기에 이 땅에서 3·1운동으로 분출되었으며 앞으로 21세기 이 땅에서 또한 민족통일운동으로 전개되어야 할 것이다. 동학혁명 인내천은 사람과 한울이 하나 되는 통일의 원리이다. 남북한이 정치적으로는 분단되었지만, 우리 민족의 정신은 결코 분단될 수 없다. 인내천의 정신도 이와 같다. 남한의 인내천이 따로 있고 북한의 인내천이 따로 있는 것이 아니다. 인내천 통일의 원리는 남북으로 나뉠 수 없다. 대한민국이라는 국가는 정치적으로는 남북으로 분단되어 있지마는 인내천 정신은 결코 분단될 수 없다. 그러므로 민족통일의 기본 원리는 남한에서 인내천을 내세우고 북한에서 또한 인내천을 내세우면 인내천 통일국가로 자연스럽게 하나 된다. 남한과 북한에서 인내천 정신이 충만할 때 무위이화로 민족통일은 완성될 수 있다. 남한과 북한에서 나뉠 수 없는 인내천이 하나로 통합되는 것이 통일이다. 그런 점에서 인내천의 본원은 통일이라 할 수 있다.

정치적으로, 경제적으로 통일을 선언한다고 해서 진정한 의미의 통일이 되는 것이 아니다. 이 나라의 통일은 오로지 인내천 정신과 인내천 이념으로 통일이 진행되어야 한다. 그러므로 정부는 천도교와 함께 인내천 통일 한국의 비전을 만들고 이를 실천해 나가야 한다.

셋째, 포덕천하 광제창생 이상 사회의 실현이다. 인내천의 입장에서 보면 이 세상 사람 모두가 하나의 동포이다. 포덕천하 광제창생 이상 사회의 실현은 전 세계 인류가 이러한 인내천 진리를 온전히 깨닫고 하나의 동포로서의 삶을 살아갈 때 가능한 것이다. 동학 인내천의 새로운 사회는 각자위심적 경쟁에서 동귀일체적 협동과 사회 정의로, 각자위심적 무한 확장에서 동귀일체적 무한 수렴으로, 물질의 외형적 획득에서 내면적 질적 변화가 수반되어야 한다. 이러한 변화를 통하여 새로운 세상의 완전한 사랑과 평화, 더불어 삶의 동귀일체적 문화를 자연스럽게 만들어 나갈 수 있을 것이다. 인간이 스스로 각자위심의 경지를 무너뜨리고 동귀일체의 문명을 만드는 것이야말로 인류 역사상 가장 위대한 인내천 세계 평화의 기틀이 아니고 무엇이겠는가? 이러한 관점에서 천지와 만물을 관통하여 각자위심적 소아를 버리고 동귀일체의 대아로 전환하는 정신이 바로 인내천의 동학 정신이다.

이러한 인내천의 동학 정신을 지닌 세계 시민의 일원으로서 우리는 어느 특정 국가의 시민임과 동시에 인류의 구성원이고 세계의 시민이라는 확장된 정체성을 지닐 수 있을 것이다. 동학혁명 인내천 정신은 궁극적으로 자연과 인간, 인간과 인간 그리고 인간과 한울을 조화롭게 연결하는 동귀일체의 세상을 지향한다. 우리는 이제 인내천 정신으로 서로 돕고 협력하는 동귀일체의 근원적인 평화 정신을 체현하면서 동시에 전 세계 인류에게 널리 보급해야 한다. 우리나라는 세계 평화와 번영을 선도하는 책임 있는 모습과 행동을 통해 인내천 종주국으로서 담당해야 할 역할에 대한 국제 사회의 기대에 부응해야 한다. 우리는 또한 전쟁, 테러, 지속 가능한 발전, 기후 위기, 환경, 난민 문제 등 지구적 과제에 대처하는 국제 사회의 공동 노력에도 앞장서야 한다. 정부와 천도교와의 협력을 통해 평화적 남북 관계를 조성하고 인내천 평화문화 확산을 통해 인내천 평화의 중요성을 전 세계에 알려야 한다. 우리는 이제 동학의 인내천으로 인류 전체의 지속 가능한 미래 발전을 위한 세계 평화에 이바지해 나가야 한다. 우리는 또한 동학혁명 국가기념일 제정을 계기로 전 인류의 마음을 인내천 정신으로 관통할 수 있는 세계 인내천의 새로운 비전을 제시해야 한다.

• 동학혁명 국가 천도교의 실천 과제

160년 동학의 역사는 기성 종교에 비해 극히 짧은 기간의 초기 역사라 할 수 있다. 그럼에도 불구하고 동학의 160년 역사는 오히려 수천 년의 역사를 지닌 기성 종교들의 선봉에 서서 국가적 사회적 통합의 중심적 역할과 사명을 다하여 온 역사로 이어져 왔다. 그런데 현대사에서 동학의 역할은 뚜렷이 드러나지 않고 있다. 민족은 분단되었으며 포덕천하 광제창생의 가시적 영토는 점점 줄어들고 미래 비전과 실천이 보이지 않고 있다. 그러나 이제 우리는 동학혁명 국가기념일 제정을 계기로 다시 일어나야 한다. 이제는 더 이상 인내천의 역사가 우리 시대에 단절되어서는 안 된다는 다짐을 굳건히 하면서 몇 가지 천도교단의 실천 과제를 제시하고자 한다.

첫째, 우리는 먼저 쇠운에 처한 오늘의 천도교단을 다시 일으켜 성운 전환의 미래 비전을 창출하고 이를 지속적으로 실천해 나가야 한다. 국가의 정신으로서, 세계의 정신으로서 국가와 인류를 이끌어 나가야 할 천도교가 순수한 지적 영역이나 정신 속에서만 머물러 있다면 그것은 한마디로 직무 유기이다. 우리는 동학혁명 국가기념일 제정을 계기로 동학혁명의 정신을 실현할 수 있는 역량 곧 현실에 투입되어 실제적인 힘으로 전환할 수 있는 능력을 갖춰 나가야 한다. 동학혁명의 정신이 곧 국가의 정신임을 잘 알면서도 이를 실현할 힘을 갖지 못한다면 우리는 이 땅에서 동학혁명 인내천 정신을 구현할 수 없다. 우리가 동학혁명 인내천의 정신을 실현할 힘을 갖지 못한다면 국가의 인내천 정신의 역할과 사명을 담당해낼 수 없다. 그러므로 동학혁명 국가기념일을 계기로 쇠운에 처한 동학 천도교의 힘을 다시 일으켜 세울 수 있어야 한다. 힘을 키우는 방법은 두 가지이다. 하나는 지극정성으로 대기도 수련 운동을 지속적으로 추진하는 일과 또 하나는 대포덕 운동을 끊임없이 전개해 나가는 일이다. 대수련 없이 대포덕은 기대할 수 없을 것이며 대포덕 없이 천도교의 목적을 달성할 수 없다. 우리는 동학혁명 국가기념일 제정을 계기로 한 시대적 요청에 부응하기 위하여 동학혁명으로 희생된 선열들의 순도 순국의 혁명 정신을 이어받아 대수련·대포덕의 미래 비전을 창출하고 이를 과감하게 실천함으로써 힘 있는 천도교로 발전시켜 나가야 한다는 것을 깊이 깨달아야 할 시점에 처하여 있다.

둘째, 교단 차원에서의 동학혁명기념식을 정성껏 봉행해야 한다. 만약 국가에서 거행하니까 우리 교단은 생략해도 된다거나 국가에서 하는 행사가 천도교 의례에 따르지 않는다고 해서 국가기념일 행사에 소홀히 한다면 이는 위대한 동학혁명 정신과 역사를 우리 스스로 훼손하는 것이 되고 말 것이다. 이렇듯 우리 스스로가 그러한 잘못을 범해서는 결코 안 된다. 동학혁명 국가기념일 제정은 2004년 동학혁명 명예 회복에 관련된 법령이 제정된 이래 지난 15년 동안 동학혁명 국가기념일 제정과 관련하여 수없이 많은 토론과 여론 수렴 과정을 거쳐 참으로 어렵게 성취된 역사적 산물이다. 기념일 날짜를 가지고 이토록 많은 논란을 거친 사례는 역사상 전무후무한 일이 될 것이다. 지금, 이 시간은 국가기념일 제정과 관련하여 대두되었던 그동안의 갈등을 넘어서서 우리의 소중한 동학혁명의 정신과 역사를 계승 발전시켜 나가는 데 온 정성을 다 기울여 나가야 할 때이다. 천도교 안팎에서 이제 천도교가 동학혁명 정신으로 다시 일어서고 있다는 모습을 분명하게 보여 주어야 할 때다. 국가와 천도교가 함께 일어서면 천도교 교인은 물론 국민 또한 천도교를 바라보는 시선이 크게 변화하게 될 것이다. 60년 동안 시행해 왔던 천도교단 차원의 동학혁명기념식은 제37차 전국임시대의원대회(포덕 155년 7월 3일)에서 "교단 차원의 기념식은 포덕 156년부터 국가기념일 제정 시까지 보류하고 국가기념일이 제정될 경우 그 날을 기하여 기념식을 봉행"하는 것으로 결의되었다. 이 결의에 따라 천도교 의절에도 결의 내용 그대로 명시되어 있다(동학혁명기념, 천도교 의절, 43쪽). 그런데 포덕 160년 2월 27일, 동학혁명 국가기념일이 5월 11일로 공포 시행되었음에도 교단 차원의 동학혁명기념식은 봉행되지 않았다. 이는 우리 스스로 동학혁명의 정신적 가치와 역사적 유산을 깎아내리는 우를 범하는 것이라 하지 않을 수 없다. 이는 또한 동학혁명기념식 봉행에 관한 제37차 대의원대회의 결의와 의절에 반한 것이며 의암성사법설인 "신앙 통일과 규모 일치"의 가르침에도 명백하게 어긋난다. 이러한 동학혁명 정신과 가치에 대하여 우리 스스로 깎아내리는 어리석은 일이 반복되어서는 안 될 것이며, 앞으로 교단 차원의 동학혁명기념식은 반드시 봉행되어야 한다. 동학혁명기념식 전후로 일정 기간을 동학혁명 기념 주간으로 설정하여 동학혁명기념식 전야제, 동학혁명기념식, 동학혁명 특별기도수련, 동학혁명 문화제, 동학혁명 거리 행진, 동학혁명 뮤지컬, 동학혁명 전시회, 동학혁명 학술대회, 동학혁명 교육 홍보, 동학혁명 유적지 순례 등 관련 행사를 집중적으로 추진해 나가야 한다고 본다. 동학혁명 기념 국가 행사와 천도교단의 행사가 동학혁명 기념 주간에 집중적으로 개최된다면 국가적으로, 교회적으로 더 큰 상승효과를 기대할 수 있게 될 것이다.

셋째, 제2의 동학혁명의 정신을 되살려 남북 분단 상황을 극복하고 한반도를 평화롭게 통일하기 위한 인내천 통일 방안을 수립하고 실천해 나가야 한다. 인내천 민족 공동체로서의 통일 방안은 점진적 단계적 접근 방식으로 남북 간 화해 협력과 평화 정착을 목표로 추구해 나가야 할 것이다. 인내천 민족통일은 또한 외세의 개입 없이 자립적으로 평화를 유지하면서 민족 대단합을 이룰 수 있도록 해야 한다. 이를 위한 인내천 통일 정책 수립 및 추진, 인내천 통일 교육 및 홍보, 남북 간 대화 및 교류, 국제 사회와의 협력 등을 국가와 함께 지속적으로 추진해 나가야 할 것이다.

넷째, 천도교 세계화 전략과 실천이다. 먼저 천도교의 핵심 가치인 '인내천'과 '후천개벽' 사상을 전 세계에 널리 알리고 이를 세계 평화와 공동 번영에 이바지하는 방안을 마련해야 한다. 그리고 다양한 문화권에 맞는 천도교의 가르침을 제공하여 각 지역의 특성에 맞는 천도교 공동체를 구축하는 방안을 마련해 나가야 한다. 천도교의 세계화를 위하여 세계 평화와 환경 보호에 이바지하는 사회적 활동을 통해 천도교의 이미지를 높이고, 세계적인 종교의 역할을 강화해 나가야 한다. 해월신사는 "갑오 일로 말하면 인사로 된 것이 아니요. 천명으로 된 것이니…, 갑오년과 같은 때가 되어 갑오년과 같은 일을 하면, 우리나라의 일로 말미암아 빛나게 되어 세계 인류의 정신을 불러일으킬 것이니라"라고 하셨다. 이로써 동학혁명 국가기념일이 제정 시행되고 있는 이 시점은 전 세계 인류의 정신을 동학혁명 인내천 정신으로 불러일으킬 천도교의 세계화를 향하여 나아가야 할 때임을 깨닫게 된다. 그렇다면 우리는 과연 갑오년과 같은 일이 무엇을 의미하며 그러한 일을 하기 위해 우리는 무엇을 어떻게 준비하고 실천해야 할 것인가! 우리 스스로 묻고, 우리 스스로 답하고, 우리 스스로 실천해야 할 우리의 일이다. 동학혁명 인내천의 세계화, 그것이 동학혁명 국가기념일 제정의 근본 의미라는 것을 깊이 깨달아야 할 것이다.

5. 동학혁명은 현재 진행형, 통일로 완성

나는 포덕 157(2016)년 9월 21일, 《조선일보》 김한수 기자로부터의 동학정신 선양 사업을 위한 인터뷰 요청을 받고 다음과 같이 말하였다.

"현대는 밀운불우(密雲不雨) 시대입니다. 먹구름 가득하나 비는 내리지 않고 있죠. 하늘 위 상서로운 구름이 세상 살리는 비가 되어 내리도록 시천주(侍天主)·인내천(人乃天) 정신으로 더욱 열심히 기도하고 있습니다."

동학농민혁명 122주년 기념일(10월 11일)을 앞두고 만난 천도교 최고 지도자 이정희 교령은 수운회관이 자리한 서울 종로구 경운동(慶雲洞)의 뜻을 이렇게 천도교와 연관 지어 설명했다. 그는 "천도교는 157년 전 수운대신사님이 경주 용담정에서 득도한 이래 시천주·인내천 보국안민(輔國安民) 정신을 현실 세계에서 구현하기 위해 노력하여 왔다"며 "구체적으로 실현된 것 중 하나가 바로 동학농민혁명"이라고 말했다.

천도교 최고 지도자 이정희 교령은 "동학혁명은 시천주·인내천 사상을 이 세상에 실현하려는 운동이었기 때문에 완료형이 아닌 현재 진행형"이라며 "통일운동은 그 정신을 오늘에 되살리는 것"이라고 말했다.

—올해가 동학농민혁명 122주년인데요, 감회가 어떠신지요.

"동학농민혁명은 완료형이 아니라 현재 진행형입니다. 동학농민혁명은 '시천주·인내천' 세상을 구현하기 위하여 일어난 보국안민 혁명이기 때문입니다. 동학농민혁명 122주년 행사는 일회성으로 끝날 것이 아니라 그 혁명 정신을 오늘에 되살리기 위한 다짐과 실천으로 계속 이어져 나가야 할 것입니다. 일제 강점기 천도교가 중심이 되어 일어난 3·1운동은 제2의 동학혁명이었으며, 지금 천도교가 전 교회적으로 추진하고 있는 민족통일운동은 제3의 동학혁명인 것입니다. 천도교가 다시금 동학혁명 정신을 오늘에 되살리는 민족통일운동에 앞장서야 할 때라고 봅니다."

—천도교는 왜 태어났습니까.

"대신사님은 당시 사회가 어지럽고 혼란한 것은 모든 사람이 각자위심의 자기중심적 삶을 살아가기 때문임을 알게 됐습니다. 반상(班常), 적서(嫡庶), 빈부(貧富) 등 온갖 이유로 갈등이 넘쳤죠. 대신사님은 '이런 가운데는 요순(堯舜)과 공맹(孔孟)이 다시 와도 안 된다. 기존 도덕으로는 안 된다' 는 신념으로 천도교를 창도하셨습니다. 모든 사람이 자기 안에 한울님을 모시고 있다는 시천주 사상은 당시로서는 혁명적인 평등사상이었습니다. 흔히 길을 잃어버리면 원점으로 돌아가 다시 출발해야 한다고 합니다. 원점에 답이 있다는 말이죠. 그런 점에서 항상 대신사님의 마음, 한울님의 마음으로 돌아가기 위해 기도합니다."

—천도교는 동학혁명 이후에도 교세가 대단했다고 알고 있습니다.

"19세기 말에서 20세기 중반에 걸쳐 천도교의 교세는 300만 명이었습니다. 그러나 동학농민혁명과 갑진개화운동, 3·1운동을 거치면서 일제의 탄압으로 100만 명에 가까운 동학농민군이 희생되었습니다. 이러한 과정에서 교세가 많이 약해졌고, 교인들의 신앙심마저 크게 위축되었습니다. 그래서 저는 침체된 교단을 다시 일으키고자 '대도중흥비전 21' 을 제시하고 신앙 중심 교회로 거듭나기 위한 '대도중흥 중일변 민족통일' 특별 기도 운동을 대대적으로 전개하고 있습니다. 특히 지난 6월부터 매월 초 7일간 전국 교당에서 '대도중흥 특별기도' 를 봉행하도록 하는 한편 동·하절기 2차례에 걸쳐 수도원에서 특별 집중 수련회를 갖고 있습니다. 이와 같은 정성을 통하여 다시 300만 교인 시대를 열어 나가게 될 것입니다."

—천도교 창도 당시의 문제가 개인주의였다면 지금은 더욱 심각하지 않습니까.

"그렇습니다. 물질문명은 극도로 발달했지만 정신문명은 쇠퇴해 있습니다. 지금은 유형의 GNP뿐 아니라 무형의 GNP가 절실합니다. 그런 점에서 시천주·인내천 혁명은 지금도 절실합니다. 7000만 동포와 70억 인류, 천지 만물과 온 우주가 하나임을 깨닫고 공경한다면 평화로운 세상, 나아가 통일된 세상이 될 것입니다. 이를 위한 '인내천 국민의식개혁운동' 을 범국가적으로 추진해 나갈 계획입니다."

—동학혁명 기념일을 맞아 다양한 행사를 준비하고 계시지요?

"동학혁명 정신 선양을 위해서 올해에도 다양한 사업을 준비하고 있습니다. 천도교 중앙총부는 120주년부터 전국동학농민혁명유족회, 동학농민혁명기념재단과 동학혁명기념대회를 공동으로 개최하고 있습니다. 또한 일반 시민들을 대상으로 동학 상설 강좌 및 동학 기행, 동학혁명과 생명을 주제로 한 학술대회 등 전국화, 세계화, 미래화를 위한 사업을 진행하고 있습니다." (《조선일보》 2016년 10월 6일 김한수 종교 전문 기자)

민족통일은 천도교의 사명이다

군자의 덕은 바람 같고 소인의 덕은 풀 같으니,
도가 있는 곳과 덕의 행하는 곳에 바람을 좇아
쓰러지지않는 것이 없느니라.
큰 덕화는 초목에까지 미치고, 힘이 만방에 미치느니라.
지금 세상은 천운이 크게 통하고 풍기가 크게 열리어,
멀고 가까운 것이 한몸과 같고 온
천하가 한 가지로 돌아가나니 이 어떤 연고인가.

君子之德風也 小人之德草也 道之所存
德之所行 望風而不偃者 未之有也
夫大德 化被草木 賴及萬方也
現今天運泰通 風氣大闢
遐邇一體 率濱同歸 玆曷故焉

—〈삼전론〉,『의암성사법설』

“

북녘의 동덕 여러분,
남북 사이의 분열과 갈등은
선천의 마지막 잔재입니다.
우리 천도교 교인들의 힘으로
남북통일의 문을 활짝 열어 나갑시다.

—〈교령 취임사〉, 포덕 157년 4월 22일

”

1. 인내천 본의는 통일

• 휴전선에 통일의 전당 건설 제안

포덕 157(2016)년 4월 5일, 천일기념사에서 나는 휴전선에 통일의 전당을 건설할 것을 북측에 제안한 바 있다.

"북녘의 천도교인 여러분! 지금 깊은 수렁에 빠져든 남북 정세는 마치 새벽이 오기 전의 어둠과도 같은 것입니다. 그리고 이 땅과 이 세상에 새날, 새 세상의 광명을 앞서서 비추어 낼 사명을 가진 것이 우리 천도교인들입니다. 남북의 화해와 상생은 이 세상에 봄소식을 전하는 마중물이 될 것입니다. 남과 북의 천도교인들이 신명을 바쳐 이 얼어붙은 남북 관계를 풀어 나가기 위한 소중한 만남을 시작할 것을 제의합니다. 이미 남과 북이 천도교 사이에 굳건히 합의한 사업들을 하나씩 이행하는 것으로부터 더 크고, 더 멀고, 더 높은 차원의 과제들도 함께 풀어 나갈 기운을 일으켜 나갑시다. 남북이 공유하고 공감하는 동학의 사상과 역사, 3·1운동의 이념과 이상의 최전선에 선 천도교인으로서 순도의 각오로 나서서 남북의 화해, 동북아의 평화, 세계의 새 시대를 열어 나갑시다! 남과 북의 정치인들에게 호소합니다.

오늘, 보국안민의 무극대도, 천도교 창도기념일에 즈음하여 남북 사이의 대결 갈등을 종식하고 민족 상생과 평화의 시대가 열릴 수 있도록 대화합의 길로 나아갈 것을 간절히 염원합니다. 3년 앞으로 다가오는 3·1운동 100주년이 남북 모두의 축제일이 될 수 있도록 올해부터 남북 대치의 최전선에 통일의 전당을 건설하는 대역사를 시작합니다. 남북한의 군사적, 경제적 장애와 국제 사회의 우려를 제거할 주춧돌로서 3·1운동 100주년을 기념하는 통일의 전당을 휴전선 위에 우뚝 세웁시다. 이로써 3·1독립선언서에 천명된 세계 공존의 시대, 인류 상생의 시대, 생명 평화의 시대가 한반도에서부터 시작되는 기적을 보여 줍시다!"

이와 같은 천도교의 통일의 전당 건설 제안에 대해 일부 언론에서 관심을 보였을 뿐 북한은 물론 우리 정부에서조차 공식적인 반응을 보이지 않았다. 그러나 민족통일을 위한 우리의 노력은 한순간도 멈출 수 없다. 그래서 민족통일 사업을 새 집행부의 '대도중흥비전 21' 에 포함하였다.

• 청와대 방문, '천도교는 준비된 최대 통일 자원' 강조

포덕 158(2017)년 12월 6일 수요일 12시, 문재인 대통령 취임 후 처음으로 7대 종단 수장 청와대 초청 오찬이 있었다. 오늘 나는 청와대 오찬에 참석하여 문재인 대통령에게 3가지 건의를 하였다. 건의 내용은 첫째 손병희 선생 기념관 건립 추진, 둘째 천도교의 민족통일 통일운동 지원, 셋째 인내천 국민운동 예산 지원 요청 등이다. 나는 둘째의 천도교의 민족통일운동에 대한 지원 건에 대하여 문재인 대통령에게 다음과 같이 건의하였다.

"천도교는 민족통일의 중요 자원입니다. 해방 후 북한에는 100여 개의 교구에 200만 명의 천도교인이 포진하고 있었습니다. 당시 북한 인구의 20%에 해당하는 최대의 종교로 자리하고 있었습니다. 그 후 교인 수가 점점 줄어들어 현재는 수십만 명에 이르고 있는 것으로 알려지고 있습니다. 그러나 지금도 천도교 청우당은 북한의 제2당으로 영향력을 행사하고 있습니다. 천도교는 우리 민족의 숙원인 민족통일을 위하여 준비된 최대의 통일 자원이라 할 수 있을 것입니다. 그런데 지난해 11월 23일, 류미영 천도교 청우당 중앙위원장 환원 시 정부로부터의 허가를 받지 못해 천도교 교령으로서 조문조차도 하지 못했습니다. 다행히도 최근에 최인국 동덕이 통일부의 방북 승인을 받아 모친인 고 류미영 북한 천도교 청우당 중앙위원장 1주기 행사에 참석하고 왔습니다. 앞으로 천도교는 제2의 동학혁명, 제2의 3·1운동 차원에서 민족통일을 위해 최선의 노력을 다해 나갈 것을 다짐하고 있습니다. 민족통일을 위해 준비된 통일 자원으로서의 천도교의 통일운동에 대한 정부의 관심과 정책, 예산적 지원을 요망합니다."라고 건의하였다.

《천도교신문》(100호, 포덕 158년 11월 23일)은 〈고(故) 류미영 북한 천도교 청우당 중앙위원장 1주기 행사에 차남 최인국 동덕 참석〉이라는 제목으로 다음과 같은 기사를 실었다.

통일부가 문재인 정부 출범 후 첫 개인 자격 방북을 승인해 고 류미영 북한 청우당 중앙위원장 1주기 행사에 한국에 거주하는 차남 최인국(71) 동덕이 참석한다.

통일부 당국자는 11월 19일 "최근 최인국 씨의 평양 방문을 승인했으며 최씨는 류 위원장 사망 1주기 행사에 참석할 예정이라며 방북 승인은 인도주의적 차원에서 결정한 것이라고 밝혔다. 최씨는 중국을 경유해 22~27일 평양을 방문해 류 위원장 1주기(23일) 행사 등에 참석한 뒤 귀환할 예정이다. 최씨의 평양 방문은 개인 자격으로는 올해 첫 승인이 이뤄진 사례다. 통일부는 류 위원장이 지난해 11월 23일, 95세 일기로 숨졌을 당시에도 인도주의적 차원에서 최씨가 모친 임종을 할 수 있도록 조화를 보냈고 최고인민회의 상임위원회 양형섭 부위원장이 참석한 가운데 사회장으로 영결식이 치러졌다.

류 위원장은 대한민국 임시정부 국무위원 겸 참모총장을 지낸 천도교 독립운동가 류동렬 선생의 외동딸이자 한국의 외무부장관 서독 대사를 지낸 최덕신(1914~1989)전 천도교 교령의 내수도다. 1986년 남편과 함께 월북해 조선천도교회중앙지도위원회 고문, 천도교 청우당 중앙위원장, 단군민족통일협의회장, 최고인민회의 상임위원으로 활동했다. 류 위원장의 2남 3녀 중 장남은 숨졌고, 세 딸은 해외에 거주하고 있어 한국에 사는 차남 최씨가 사실상 장자인 셈이다. 류 위원장의 유해는 평양 신미리 애국열사능에 있는 남편 최덕신 묘에 합장돼 있다.(기사 출처: 《세계일보》 등)

• '인내천 본의는 통일' 설교

나는 포덕 159(2018)년 10월 14일, 대교당에서의 취임 후 10번째로 '인내천 본의는 통일' 이라는 주제로 다음과 같은 요지로 설교하였다.

저는 지난 10월 4일부터 10월 6일까지 2박 3일 동안 평양에 다녀왔습니다. 이번에 10·4공동선언 11주기를 기념하는 민족통일 대회에 참석하기 위해서 160명의 대표단과 함께 다녀왔습니다.

저는 행사장에서 김영남 상임위원장과 간단한 인사를 할 기회가 있었습니다. 김영남 상임위원장에게 저는 "이 민족의 분단은 바로 천도교의 분단이다" 면서 남북한 천도교가 통일을 위해 최선을 다해 나가야 하겠다고 얘기했습니다. 그런데 그 옆에 있던 이선권 조평통위원장이 제 말을 듣고 "좋은 말씀 감사합니다."라고 화답하는 것을 들었습니다. 그리고 그 자리에서 조선 천도교의 중앙지도위원회 청우당 부위원장인 윤종호 부위원장과 여정선 사무장도 만났습니다. "정말 천도교가 할 일이 많다. 하루라도 빨리 만나 손을 맞잡고 민족통일을 위해 함께 노력해 나가자."는 간곡한 인사말을 나누었습니다. 남한과 북한이 정치적으로는 나뉘어져 있지만 우리 민족의 정신은 결코 분단될 수 없습니다. 우리 민족은 그 누구도 분단시킬 수 없습니다. 그래서 저는 민주주의와 공산주의를 넘어서는 인내천주의로 민족통일을 성취해야 한다고 생각합니다. 시천주 인내천은 그것이 바로 통일의 정신이면서 통일의 원리이기 때문입니다.

의암성사법설 〈아지정신〉을 보시겠습니다. 경전의 말씀을 보면 "사람이 사람될 때 한울이 한울의 정신을 주었으니, 이것은 내가 나 된 한 큰 기관이니라. 그리고 "한울이 준 정신은 큰 것이 천하요, 중 것이 한 나라요, 작은 것이 개인이니. 이 세 가지는 그 개인이 살찌어 나라와 천하에 이르는 것이니라. 이와 같이 보면 넓고 큰 천도교에 나는 사유물인 내가 아니니라. 원컨대 청년 교우는 내 정신을 내가 지키고, 내 나라의 정신을 내 나라로 지키고, 내 한울의 정신을 내 한울로 지키어, 가히 오만년 천도교의 한울이 정한 것을 지키라"라고 말씀하셨습니다. 민족통일은 인내천으로 통일해야 하는데 인내천은 개인의 인내천과 국가의 인내천이라는 통일의 원리가 내포되어 있다는 것을 〈아지정신〉의 교훈을 통해 해석해 보았습니다.

첫째 개인에 있어서 인내천입니다. 인내천(人乃天)은 사람과 한울의 관계를 말하는 것입니다. 사람과 한울의 관계를 이에 내(乃)자로 연결하고 있습니다. "사람이 이에 한울이다." 인내천이라는 말은 문자로 보면, 사람 따로 한울 따로 둘로 나누어져 있습니다. 거기서 내(乃)자를 떼어내 하나가 되어야 합니다. 이에 내(乃)자를 떼어내는 것이 통일인데 이것이 바로 수련이에요. 수련을 통하여 사람이 무한히 한울에 접근해서 틈이 없어지면 결국은 사람과 한울이 하나가 되는 것입니다. 그리하여 사람이 한울이요 한울이 사람이 되는 것입니다. 그래서 인내천은 바로 사람과 한울이 하나 되는 통일의 원리인 것입니다. 이것이 인내천 본래의 뜻이라고 생각합니다.

두 번째 인내천의 뜻은 국가에 관한 것입니다. "한울이 준 정신은 하나인데 그것을 쓰는 데 따라서 세 가지가 있다."라고 하셨습니다. 첫째는 나 개인, 둘째는 국가에 대한 것입니다. 우리나라는 정치적으로는 남과 북으로 분단되어 있습니다. 그러나 민족은 나눌 수가 없어요. 인내천의 진리도 나눌 수가 없습니다. 남한의 인내천이 따로 있고 북한의 인내천이 따로 있는 거 아니에요. 인내천 통일의 원리는 남북으로 나뉠 수 없는 것입니다. 인내천은 분리될 수 없는 거예요. 대한민국이라는 국가는 정치적으로는 남북으로 분리되어 있습니다. 그렇지만 인내천 진리는 분리될 수가 없는 겁니다. 남한에서 인내천을 내세우고 북한에서 인내천을 내세우면 인내천으로 하나 되는 통일국가가 되는 것입니다. 남한과 북한에서 인내천이 충만할 때 이 나라는 저절로 무위이화로 인내천 통일이 되는 것입니다. 영조 때 지었다고 하는 대동총도(大東摠道)가 있습니다. 이 대동총도에서는 "백두산이 머리고 백두대간이 허리고 대마도와 제주도가 다리"로 표현되어 있다고 합니다. "서북방을 등지고 동남방을 향해서 앉아 있는 사람의 모습"이라고 되어 있습니다. 저는 "서북방을 등지고 동남방을 향해서 앉아 있는 사람의 모습"이 바로 사람이 한울님을 모시고 있는 형상이라고 생각해 보았습니다. 우리나라는 한울님이 만든 나라입니다. 한울님이 이 땅에 강림하셔서 대한민국을 건국하신 거예요. 그래서 대한민국의 건국 시조는 한울님입니다. 사람이 한울님을 모시듯이 우리나라도 한울님 모시고 있는 형상을 갖추고 있다고 생각해 본 것입니다. 우리나라가 사람 모습과 똑같습니다. 한울님 모시고 있는 모습이 우리나라의 모습입니다. 우리나라에서 인내천 진리가 완전히 실현되면 그것이 진정한 민족통일이 될 것입니다. 남한에서, 북한에서 인내천의 진리가 드러나는 것이 현도이며 통일입니다. 반드시 그때가 다가오게 될 것입니다. 반드시 이 나라에서 세계를 환히 비추는 통일의 인내천 태양이 떠오르게 될 것입니다. 이렇게 되면 세 번째 한울이 준 정신이 천하에 이르게 될 것입니다. 마침내 포덕천하, 광제창생, 지상천국을 건설할 수 있게 될 것입니다.

지금 우리에게 세 가지 중요한 기회가 있습니다. 그 하나는 3·1운동 100주년입니다. 몇 개월 남지 않았습니다. 3·1운동은 천도교가 중심이 돼서 천도교가 일으킨 인내천 독립 운동입니다. 인류사에 찬연히 빛날 인내천운동, 우리는 어떻게 준비하고 이 시기를 어떻게 보내느냐? 굉장히 중요합니다.

또 하나의 기회는 통일입니다. 우리에게 지금 대운이 열렸습니다. 민족통일의 대기운이 열렸습니다. 이 대운을 우리가 타지 못하면 우리는 추락할 것입니다. 민족통일을 위해서 불철주야 고민하고 준비하고 실천해 나가야 하겠습니다. 동학혁명이 일어났던 그때, 3·1운동을 일으켰던 그때, 그때로 돌아가서 우리 모든 역량을 집중해 가지고, 기도하고 혁신하고 실천하는 그런 통일의 인내천 천도교가 되어야 합니다. 그걸 위해서 천도교가 지금 이 시간에 존재하는 것입니다.

세 번째는 동학혁명 국가기념일 문제입니다. 제 생각으로는 금년 중으로는 동학혁명 국가기념일이 제정되리라고 믿습니다. 국가기념일이 제정되면 대통령이 참여하는 국가 중심의 동학혁명 기념행사를 거행하게 될 것입니다. 그렇게 되면 천도교가 우리나라 국교가 되는 거예요. 이런 기회가 우리 앞에 와 있는데 우리는 무엇을 할 것인가. 새로운 운수, 그 운수의 주인이 되어야 합니다. 우리에게 지금 어려운 일들이 좀 있습니다.

그러나 그런 어려운 일은 지금 우리 앞에 도도히 흐르고 있는 거대한 운수 앞에 반드시 해결되게 될 것입니다. 우리에게 주어진 3·1운동 100주년이라고 하는 그 기회. 민족통일이라고 하는 그 기회, 동학이 비로소 국교가 되는 기회, 이러한 대운수가 지금 우리 앞에 다가오고 있습니다. 이 운수에 주인이 되는 일. 이것이 인내천의 본뜻이라고 생각합니다. 우리 다 함께 교인 수가 많고 적고를 떠나서 이 시대의 중요성에 대한 인식을 공유하면서 다 함께 손잡고 앞으로 나아간다면 우리는 3·1운동 정신으로 새로운 역사를 다시 만들 것이고, 동학혁명의 새로운 역사를 만들 것이고, 민족통일의 새로운 역사를 만드는 주인이 될 것이라고 믿습니다. 우리 모두 다 함께 새로운 인내천 운수의 주인이 되자는 말씀을 드리면서 이만 마치겠습니다.

2. 정읍시, 민족통일대학 부지 수락

• 취임사, 민족통일대학 설립 공약

포덕 157(2016)년 4월 22일 취임사에서 나는 "북녘의 동덕 여러분께 고합니다. 남북 사이의 분열과 갈등은 선천의 마지막 잔재입니다. 남북 정치권 모두가 통일의 광장에 나서도록 우리가 앞장서야 할 것입니다. 남북의 천도교 수장이 먼저 대도중흥과 통일 조국을 위한 회담을 개최할 것을 제안합니다. 우리 천도교 교인들의 힘으로 남북통일의 문을 활짝 열어 나갑시다." 이어서 나는 민족통일대학 설립 비전을 제시하였다. "민족통일대학을 개설할 것입니다. 북측의 천도교와 연대하고 소통하면서 통일 시대 지도자를 대대적으로 양성할 것입니다. 인내천 진리에 입각한 통일 연수교육을 통하여 한반도 통일의 꿈을 수렴하고, 동아시아와 세계 평화로 이를 확산하며, 동귀일체의 미래 세계를 여는 전당으로 만들 것입니다."라고 공약한 바 있다.

3·1운동 지도자 양성을 위해 봉황각을 설립 운영한 것처럼 이제 통일운동을 지도할 통일 지도자 양성을 위해 민족통일대학을 설립 운영해야 한다고 생각하였다. 그래서 나는 교령 취임사를 통해 민족통일대학 설립을 공약하고 최선의 노력을 다하기로 한 것이다.

• 정읍시, 민족통일대학 부지 3만 평 약속

포덕 157(2016)년 5월 11일(수) 오전 11시 전북 정읍시 덕천면 황토현 '갑오동학혁명기념탑' 앞에서 제122주년 황토현 전승기념식을 개최하였다. 이날 기념식은 천도교 주관 행사로 정정숙 교화관장의 개식 선언에 이어 동학혁명 12개조 폐정개혁안을 천도교 연원회 송범두 부의장이 낭독하였다. 이어 교령(이정희) 기념사에서 "이곳 황토현에 높이 솟았던 혁명의 정신과 함성을 계승한 통일운동을 전개하기 위하여 민족통일대학을 운영할 것을 구상하고 전문가와 협의하여 계획을 수립하고 있으며 이러한 민족통일운동을 계기로 서로 상승의 기운을 탈 때, 동학농민혁명의 국가기념일 제정 문제나 동학농민혁명의 전국화, 세계화, 미래화라고 하는 공통의 화두도 밝은 빛을 발휘하게 될 것입니다."라며 "운수는 다가오고 있으며, 이제 우리에게 필요한 것은 각자의 몸과 마음을 닦고 단련하여 지혜의 동학군, 생명의 동학군, 통일 개벽의 동학군으로 거듭나고, 서로 연대하여 함께 발맞춰 나아가자."라고 강조하였다. 이에 대한 화답으로 기념식에 참석했던 정읍동학농민혁명계승사업회 이갑상 이사장은 "민족통일대학을 이곳 정읍에 지으면 좋겠다."라고 말하고 이에 필요한 2~3만평을 제공해 줄 것을 김생기 정읍시장에게 요청하자 김생기 시장은 즉석에서 흔쾌히 수락하여 많은 박수갈채를 받았다. 이 자리에는 김생기 정읍시장과 정읍시의회 우천규 의장, (사)동학농인계승사업회 이갑상 이사장, 동학농민혁명기념재단 이승우 이사장 등이 참석하여 축사를 하였고 교단에서는 한광도 연원회의장, 강훈 연원회 부의장, 송범두 연원회 부의장, 이범창 종무원장 등이 참석하였다.

기념식 후 사석에서 동학농민혁명기념재단 이승우 이사장은 급하면 민족통일대학이 설립되기 전이라도 동학농민혁명기념재단 강의실에서라도 먼저 대학 과정을 시작할 수도 있을 것이라는 언질도 받았다. 이 말을 들으면서 나는 의암성사께서 3·1운동을 이끌어 갈 인재 양성 교육을 위한 봉황각이 완성되기 전 도선사를 빌려 교육을 실시하였던 역사를 떠올리면서 민족통일 지도자 양성 교육 또한 그렇게라도 해야 할 시급한 일이라는 생각을 해보았다.(《천도교신문》 66호, 2016년 5월 24일)

• 민족통일대학 설치 규정(안) 입안, 종의원에 제안

"천도교의 민족통일운동은 동학혁명과 3·1운동과 보국안민 운동의 역사적 사명을 오늘 우리가 이어 가는 것이라 생각됩니다. 민족통일 교육 및 연수제도를 만들어 통일 지도자를 체계적으로 양성하는 한편 통일 토크 콘서트 프로그램을 만들어 전국 각 지방자치단체, 초중고·대학 등 각급 학교, 청소년, 기업체, 사회단체 등을 대상으로 인내천 통일 교육을 대대적으로 전개해 나갈 예정입니다. 정읍시에서도 이미 대학 부지로 3만 평을 기증하는 것으로 되어 있어 큰 기대가 되고 있습니다. 이시대 3대 포덕 방안의 하나로 통일마당포덕 시대를 열어 나가기 위한 기반 구축으로 민족통일대학 규정을 제안합니다."라고 취임 초 종의원회의에서 간곡하게 제안한 바 있다.

• 종의원, 민족통일대학 설치 규정(안) 부결 대학 추진 불가

민족통일대학 설치 규정(안)은 포덕 157(2016)년 9월 30일 제2회 종의원 임시회의에서 부결되었다. 천도교 부설 기관으로 민족통일대학을 설립한다는 것은 불가능하다는 판단에서였다고 한다. 가장 중요한 이유는 막대한 예산이 들기 때문에 우리 형편으로는 감당하기 어렵다는 것이다. 문교부 등에 알아보니 새로운 대학을 세우려면 적어도 300억 원 정도가 소요될 것인데 어떻게 그 많은 재원을 확보할 것인지, 현실적으로 불가능하다고 판단했다는 것이다. 둘째는 정읍시에서 대학 설립에 필요한 부지를 제공한다고 했다는데 믿을 수 없다고 판단했다는 것이다. 누군가가 정읍시의 부지 제공에 대하여 확인하고자 정읍시를 방문했다는 것이다. 정읍시에 가서 확인해 보니 정읍시에서는 통일대학 설립 부지를 제공한다는 것에 대해 전혀 알지 못하고 있더라는 것이다. 민족통일대학 설립 재원 확보도 어렵고 부지도 확보하기 어렵기 때문에 민족통일대학 설립은 불가능하다는 판단하에 종의원 임시총회에서 부결했다고 전해 들었다.

그런데 이러한 결정은 민족통일대학 설립에 대한 오해에서 비롯된 것이다. 이번에 제안한 민족통일대학은 현재 천도교 부설로 설치되어 있는 종학대학원과 같은 임의의 종립 교육기관 위상으로 제안된 것인데도 마치 법적 절차를 거쳐 정부로부터 정식으로 승인을 받아 학교법인으로 설립하는 것으로 오해하여 부결시킨 것이다. 물론 여건이 갖추어지면 법적인 절차를 갖추어 학교법인으로 발전시키는 것은 당연한 일이겠지만 지금으로서는 불가능한 일이기 때문에 이번과 같은 민족통일대학 설치 규정안을 제안한 것이라는 것을 종의원들은 왜 이해를 하지 못할까? 참으로 안타까운 마음을 달랠 길 없었다.

3. 천도교를 외면하는 정부

• 남북정상회담 방북 명단에 천도교 제외 뉴스

포덕 159(2018)년 9월 16일 일요일 오후 4시 39분, "평양에서 개최되는 남북정상회담의 방북명단에 천주교, 기독교, 불교, 원불교 등 4개 종단만을 포함하기로 했다"는 뉴스를 듣는다. 이 뉴스를 듣는 순간 내 귀를 의심할 정도로 믿기지 않았다. 나는 즉시 종무원장에게 이 내용을 알리고 대처 방안을 협의, 내일 바로 긴급 기관 연석회의를 소집하기로 하였다. 오후 8시 9분엔 청와대 이용선 수석에게 정부의 종교 편향적인 행태에 분노하며 왜 천도교가 빠졌는지 항의 문자를 보냈다.

9월 16일, 정말 우리 천도교 역사상 가장 수치스러운 날, 교치일(教恥日), 목놓아 울고 싶은 심정이었다. '시일야 방성대곡', 포덕 46(1905)년 11월 20일, 을사늑약의 부당함을 알리고 이토 히로부미와 을사오적 친일파를 규탄했던 《황성신문》의 주필 장지연의 심정이 떠올랐다.

과연 누가 천도교를 치욕스럽게 만든다는 말인가? 우리 역사 속에서 천도교 없는 대한민국을 생각할 수 있단 말인가? 남북통일을 이야기하면서 천도교를 방북 명단에서 빼놓는 이유가 무엇인가? 도대체 이런 일이 누구의 머릿속에서 나왔단 말인가? 천도교가 이 나라에서 이렇게 무시당해도 된단 말인가? 너무도 어이가 없는 일이다. 2018년 9월 16일 밤, 나는 온밤을 뜬눈으로 설치며 지새웠다.

• 긴급 기관 연석회의 개최

포덕 159(2018)년 9월 17일 오후 3시, 긴급 기관 연석회의가 진행되었다. '2018년 평양 남북정상회담 방북 명단 중 천도교 제외에 대한 논의'를 하기 위해서다. 20여 명의 기관, 단체장들이 한자리에 모였다. 모두가 상기된 얼굴이었다. "어떻게 이런 일이 다 벌어질 수 있단 말인가?" "할 말이 없다", "교인들의 상처가 얼마나 클까", "이런 사태에 대한 책임을 지고 관장급 이상 전 직원이 총사퇴해야 한다", "나부터 사표를 내겠다", "지금부터라도 원인을 분석하고 차분하게 향후 대책을 강구해야 한다"는 등등 2시간여 동안에 걸쳐 수없이 많은 이야기를 나누었다. 오늘의 긴급회의를 진행하면서 모두가 한마음이라는 것을 느낄 수 있었다.

많은 이야기 끝에 내려진 결론, "첫째, 정부의 종교 편향 정책에 강력히 항의함과 더불어 둘째, 이후 이 같은 일이 다시는 일어나지 않도록 타종단과 긴밀히 연계"하기로 하였다. 또한 "KCRP(한국종교인평화회의) 회장단에게도 천도교단의 방북이 제외된 것에 대해 책임을 추궁"하기로 하였다.

• 천도교·유교·민족종교협의회, 종교 차별화에 대한 해명 요구

포덕 159(2018)년 9월 27일, 종교 차별화 문제에 대한 대책을 논의하기 위한 천도교 이정희 교령·유교 김영근 성균관장·민족종교협의회 박우균 회장 등 3개 종단 수장 회의가 종로구 명륜동 소재 성균관 인근 식당에서 개최되었다.

회의에서는 평양 남북정상회담 방북 명단에 7대 종단 중 기독교, 천주교, 불교, 원불교 등 4개 종단만 참석시키고 천도교와 유교, 민족종교협의회 등 3개 종단을 배제시킨 이유가 무엇인지 설명해 줄 것을 정부에 대하여 요구하기로 하였다.

방북 전, 9월 14일 정부에서는 청와대 시민사회수석을 보내 7대 종단 수장과 오찬 자리를 마련해 종교계의 의견을 수렴한 바 있음에도 3개 종단을 제외한 것은 종단 간의 화합은 필요 없이 신도수가 많은 종단, 정권과 친분이 있는 종단만을 관리하겠다는 것인지를 묻기로 하였다. 특히, 내년 3·1운동 100주년 기념행사와 개천절 민족 공동 행사에 더 주도적 입장의 종교이자 대표적 한국 종교인 천도교 유교 민족종교를 배제하는 것은 그 저의가 심히 의심스럽다는 뜻을 문서로 작성하여 청와대와 문체부, KCRP의장단에 전달하기로 하였다. 이 문서는 《천도교신문》에도 게재하여 전 교인들과 일반 사회에 알렸다.

〈종단 차별화에 대한 해명 요구〉

수신: 청와대 비서실장

참조: 시민사회수석

제목: 종단 차별화에 대한 해명 요구

1. 대한민국 발전과 올바른 정책 수행을 위해 정성을 다하시는 귀부에 감사합니다.
2. 지난 평양에서의 세 번째로 진행된 남북정상회담의 성공적인 결과는 한반도의 종전 선언과 평화 협정이 다가왔다는 것을 실감할 수 있었습니다. 그러나 천도교 유교 민족종교협의회 3개 종단은 금번 방북과 관련하여 정부가 보여 준 종단 차별화 행위에 대하여 실망감과 의아심을 뿌리칠 수 없습니다.
3. 지난 9월 18일~20일 평양에서 진행된 남북 행사의 정부 수행단으로 초청한 종교계에는 엄연히 정부에서 인정받고 있는 7대 종단이 있음에도 불구하고 천주교, 기독교, 불교, 원불교 등 4개 종단만 참석시킨 배경을 정부에서는 설명해야 할 것입니다. 방북 전 9월 14일 정부에서는 청와대 시민사회수석을 보내 7대 종단 수장과 오찬 자리를 마련해 종교계의 의견을 수렴하였습니다. 그 자리에서 종교계에서는 7대 종단이 다 함께 수행단으로 참석했으면 한다는 의견을 제안했음에도 과정과 절차가 없이 4개 종단과 긴밀히 연락해 방북 명단을 확정, 언론에 보도한 것은 나머지 3개 종단을 무시하는 처사가 아닐 수 없습니다. 특히, 내년 3·1절 100주년 기념행사와 개천절 민족 공동 행사에 더 주도적 입장의 종교이자 대표적 한국 종교인 천도교, 유교, 민족종교를 배제하는 것은 그 저의가 심히 의심스럽습니다.
4. 그동안 대한민국 대표 종단인 7대 종단은 KCRP(한국종교평화회의), 종교지도자협의회 2개 종교협의체 기구를 통해 종단 간 화합과 평화를 도모해 왔으며, 정부의 시책에 맞춰 자살 예방, 난민 문제 등 종교계에서 협조할 수 있는 모든 사항을 발벗고 협조하여 왔으나 정작 정부는 편향적 시각으로 일부 종단만을 편향하는 정책을 쓰고 있지는 않는지 의구심만 가득합니다. 금번 방북과 관련해 3개 종단을 배제한 것은 그동안 종교 간 평화와 화합에 앞장선 3개 종단의 노력을 무시하는 처사이자 앞으로 관리하겠다는 것으로 밖에 이해할 수 없습니다.
5. 이에 청와대의 공식적인 사과와 해명을 요구하는 바이며 앞으로 이러한 종교 편향적인 사태가 벌어지지 않기를 촉구하는 바입니다.

천도교 이정희 교령
유교 김영근 성균관장
한국민족종교협의회 박우균 회장

• 월례 조회사, '국가 사회는 천도교의 거울'

포덕 159(2018)년 10월 1일, "국가 사회는 천도교의 거울이다"는 주제로 포덕 159년 10월 월례 조회사를 발표하였다. 정부의 종교 편향 정책에 대한 그동안의 경과를 설명하고 우리 앞에 다가온 3·1운동 100주년 기념사업과 민족통일운동, 동학혁명 국가기념일 제정에 관한 기회 등 천도교에 대한 국가 사회의 거울이 바르게 보일 수 있도록 정성을 다하자고 강조하였다. 월례 조회사는 다음과 같다.

모시고 안녕하십니까?

추석 명절 다들 잘 보내셨는지요? 이번 추석은 모처럼 연휴가 토요일부터 수요일까지 5일간에 걸친 추석 연휴를 만끽했으리라 믿습니다. 저도 이번 추석을 맞아 모처럼 온 가족이 함께 모여 차례를 모시고 성묘를 하며 서로의 안부를 주고받으며 뜻있는 시간을 보냈습니다.

그런데 저는 추석 직전에 있었던 뜻밖의 일로 몹시 무거운 마음으로 연휴를 보냈습니다. 지난 9월 16일 일요일, 오후 4시 39분, 평양에서 개최되는 남북정상회담의 방북 명단에 정부에서 인정받고 있는 7대 종단 중 천주교, 기독교, 불교, 원불교 등 4개 종단만을 포함하기로 했다는 뉴스를 접하면서 몹시 당황했습니다. 대한민국 정부의 종교 편향적 실정에 대해 실망했습니다. 저는 정부의 종교 편향 정책에 대하여 강력한 항의를 하는 한편, 9월 17일 월요일 오후 3시, 긴급 기관 연석회의를 개최하여 이 문제에 대한 교단 차원의 대처 방안을 강구한 바 있습니다.

아울러 이번에 방북 명단에서 제외된 3개 종단과도 공동으로 대처해 나가기로 하였습니다. 이에 따라 지난 9월 27일, 월요일 3개 종단이 회합을 갖고 관계 당국에 항의 문서를 공동으로 작성하여 전달한 바 있습니다. 주지하는 바와 같이 우리 민족의 지상 과제인 남북통일은 정치적, 경제적 노력만으로는 결코 성공할 수 없습니다. 전 민족이 함께 할 수 있는 민족 동질성 회복을 통한 자주 평화 통일의 길로 나아갈 때 진정한 민족통일의 문이 열리게 될 것입니다.

자주 평화 통일의 길, 그 길의 중심에 천도교가 있다는 것은 그 누구도 부정할 수 없을 것입니다. 우리 민족의 분단은 천도교의 분단이라는 또 하나의 아픈 역사를 우리에게 안겨 주었습니다. 그래서 천도교는 이 나라 안에 있는 어느 종단이나 어느 단체보다도 더 남북 천도교 통일이라는 간절함을 가지고 있는 유일한 종단입니다. 역사적으로 보나, 사상적으로 보나, 현실적 차원으로 보나, 천도교는 분단된 이 민족의 통일을 위하여 한울님이 주신 위대한 보물입니다.

이런 점에서 우리는 남북이 함께 하는 '인내천 통일 선언'과 이를 기반으로 하는 새로운 시대 새로운 민족 통일 정책을 준비하면서 민족통일대학 설립과 '통일 성금' 모금 운동 등 장단기 통일 정책을 수립 전개하기 위해 노력하여 왔습니다. 바야흐로 3·1운동 100주년이 코앞에 다가옴에 따라 남북한 천도교가 머리를 맞대고 3·1운동 100주년 공동 행사를 함께 기획 추진하기 위한 논의가 절실한 시점입니다.

우리는 이러한 절실함으로 지속적으로 북한 천도교에 메시지를 보내는 한편 전국적으로 대도중흥 중일변 민족통일을 위한 특별기도와 이를 위한 모든 사업들이 성공적으로 이루어질 수 있도록 합동수련 기도를 봉행하고 하고 있습니다. 그런데도 지난 남북정상회담 시 종교 대표 참여단에서 천도교가 제외된 것은 정말 어처구니없는 일이었습니다. 우리와 함께 하고 있는 이 사회는 우리 교회의 모습을 비추는 사회 거울입니다. 이 사회는 우리의 모습 그대로를 비춰 주는 거울인 것입니다.

이 나라에는 수많은 사회 거울이 존재한다고 보아야 할 것입니다. 대통령 거울, 국회의원 거울, 여성 거울, 청소년 거울, 어린이 거울, 농민 거울, 종교 거울 등 무수한 거울이 존재하는 거울 사회인 것입니다. 이 사회는 또한 거울이 거울을 비추어 거울 안의 거울 사회가 겹겹이 존재하는 무궁한 거울 사회인 것입니다. 그런데 그 수많은 거울은 대부분 사물의 본질을 비추지 못하고 현상만을 비추는 불완전한 거울이라 할 수 있습니다. 드러난 현상이 본질을 덮고 있어서 본질은 가려진 채 현상만이 비춰지는 거울이라 할 것입니다.

오늘날 우리 천도교를 비추는 사회 거울은 천도교 교인수와 천도교 건물과 천도교 행사 등 드러나 있는 천도교의 외면만을 비추는 반쪽 거울에 불과하다고 할 수 있을 것입니다. 천도교의 외면만을 비추는 거울은 천도교 진리와 천도교

정신과 천도교 역사를 바르게 비추지 못하는 굴절된 거울에 불과할 것입니다. 그러한 거울로 천도교를 바라보는 사람들은 오늘 우리 천도교를 나약하고 보잘 것 없는 종단으로 여길 수밖에 없을 것입니다. 아무리 천도교 진리를 바르게 말하고, 천도교 역사를 바르게 말할지라도 그들의 거울에는 천도교의 참모습이 보이지 않는 것입니다.

오늘날 우리 사회는 그러한 외면의 천도교 사회 거울이 정치, 경제, 문화, 사회 등 모든 영역에서 천도교 존재가치를 인정받지 못한 채 잊혀져 가고 있습니다. 금번 방북 명단에서 우리 천도교가 제외된 것도 그러한 맥락으로 보아야 할 것입니다. 그렇다면, 오늘 우리 교회의 나약한 모습만을 바라보고 있는 사회 거울을 어떻게 해야 할까요? 우리 천도교의 진리를 바로 보지 못하고 있는 사회 거울, 천도교의 역사를 바로 보지 못하고 있는 사회 거울을 어떻게 바로잡을 수 있을까요?

우리 내면의 진리를 바로 보지 못하는 고장 난 사회의 거울에 대해 잘못을 지적하고 비판만 한다고 해서 바른 사회 거울이 될까요? 이 사회 거울은 우리 천도교인들이 깨달은 만큼 보여진다고 생각됩니다. 깨달음이 없는 우리 천도교의 모습은 겉모습만 보여 주게 될 것입니다. 우리가 깨닫지 못하니 우리가 모시고 있는 한울님의 참된 모습이 드러나지 못하고 겉모습만이 보이게 되는 것입니다. 그러므로 이 사회 거울이 우리 천도교를 잘못 본다는 것은 이 사회로 하여금 잘못 보도록 하게 된 그 책임이 깨달음이 부족한 우리들에게 근본적인 책임이 있다고 보아야 할 것입니다.

이제 우리 앞에 3개의 중요한 깨달음의 기회가 다가오고 있습니다. 3·1운동 100주년과 민족통일과 동학혁명 국가기념일 제정에 관한 기회입니다. 이들 기회는 우리 천도교에 대한 사회의 거울을 외면적 시각으로부터 내면적 시각으로 바르게 바꿀 수 있는 천재일우의 아주 중요한 기회입니다. 이 3개의 중요한 기회를 제대로 활용하지 못한다면, 우리는 천추의 한을 남기게 될 것이며, 훗날 우리의 후손들로부터 무능한 조상들이었다는 비난을 면치 못하게 될 것입니다. 앞으로 5개월 후에 맞이하게 될 3·1운동 100주년을 어떻게 기념하고 어떻게 기억하게 할 것인가에 따라 천도교를 비추어 주는 사회의 거울도 크게 달라질 것입니다.

이 사회가 지금처럼 천도교의 겉모습만을 보게 될 것인지, 아니면 천도교의 본질적인 참모습을 보게 될 것인지, 우리들이 하기에 달려 있을 것입니다. 지난 9·19 평양 공동선언에서는 남북한 양정상이 3·1운동 100주년을 남북이 공동으로 기념하기로 한 바 있습니다. 그런데 진정으로 남북한 모든 국민이 함께하는 3·1운동이 되기 위해서는 천도교가 중심이 되는 기념이 되어야 할 것입니다. 3·1운동 100주년을 계기로 천도교와 3·1운동의 정신과 3·1운동의 바른 역사가 꽃피울 수 있도록 정성을 모아 나가야 할 것입니다.

3·1운동 100년의 기회가 우리의 기회가 되어 사람이 한울인 인내천의 진리와 보국안민 사상의 진정한 모습이 사회 거울에 비추어지도록 정성을 다해야 하겠습니다. 100년 만에 한번 맞이하는 3·1운동 100주년, 온 국민과 함께 하는 3·1운동의 참된 모습을 만들어 나가야 하겠습니다. 그리하여 이 사회가 3·1운동의 겉모습이 아니라 3·1운동의 정신과 천도교의 올바른 역사 거울을 비출 수 있도록 정성을 모아 나가야 하겠습니다.

우리에게 민족의 통일 또한 절호의 기회입니다. 분단된 이 민족의 역사를 마감하고 평화 통일의 새로운 역사를 만들어 가기 위해 우리의 전 역량을 집중해 나가야 하겠습니다. 우리에게 다가온 통일의 기회를 어떻게 살리느냐에 따라 천도교를 바라보는 국가 사회의 거울이 달라질 것입니다. 우리가 정성을 기울인 만큼 국가 사회의 거울은 천도교의 겉모습이 아니라 내면의 본질을 바라볼 수 있는 거울로 바뀌어 가게 될 것입니다.

남북한으로 갈라진 천도교가 하나의 천도교로 일체가 되고, 남북한으로 갈라진 우리 민족이 하나로 통일이 되는 새로운 나라를 건설함으로써 한반도의 평화통일과 나아가 동아시아와 세계 평화를 이룰 수 있도록 우리의 모든 정성을 다해야 할 것입니다. 우리에게 또 하나의 기회가 다가오고 있습니다. 그것은 바로 동학혁명 국가기념일의 제정입니다. 그동안 많은 논의가 있었지만 동학혁명 국가기념일은 관련 법률 제정 이후 15년 동안이나 미결의 상태로 남아 있습니다. 다행히 현 정부가 동학혁명 국가기념일을 조속히 제정해야겠다는 강력한 의지를 가지고 절차를 진행하고 있습니다.

저의 판단으로는 이번 정부에서는 가까운 시일 내에 국가기념일이 제정될 수 있을 것으로 기대하고 있습니다. 동학혁명 국가기념일이 제정되면 대통령이 참여하고 온 국민이 함께하는 범국민적 행사로 발전될 것이며 그렇게 될 때, 우리 사회의 거울이 우리 천도교의 본래의 모습을 바르게 비추는 거울로 바뀌게 될 것입니다. 그렇게 되면 우리나라는 동학 천도교의 나라가 될 것이며 세계만방에 동학 천도교의 인내천 진리를 수출하는 기회를 만들어 나갈 수 있게 될 것입니다.

우리에게 다가온 천재일우의 3대 운수를 제대로 깨닫고 활용한다면, 오늘 우리 천도교의 겉모습만을 비추고 있는 국가 사회 거울은 천도교의 본래의 모습을 비추는 참된 거울로 바뀌게 될 것이라는 말씀으로 조회사를 마칩니다. 감사합니다.

포덕 159년 10월 1일
교령 이정희 심고

• 문재인 정부의 종교 정책에 문제 있다

2018년 10월 20일자, 《법보신문》에 게재된 2018년 평양 남북정상회담과 천도교의 역할에 대한 이병두 종교평화연구원장의 논평으로 〈문재인 정부의 종교 정책에 문제 있다〉는 제목의 기사이다. 이 기사는 문재인 정부의 종교 편향 정책에 대한 문제점을 지적한 것으로 《천도교신문》 제118호(2018년 11월 8일)에도 게재된 바 있다.

〈문재인 정부의 종교 정책에 문제 있다－이병두 종교평화연구원장〉

문재인 정부는 스스로 '촛불혁명으로 세워졌다' 라고 평가하면서 국민들에게 고마운 마음을 전하고 있다. 나도 2016년 연말 거의 매주마다 광화문 촛불 시위 현장에 동참했고, 심지어는 말기 암으로 고생하던 아내도 여러 차례 그 자리에 함께 하며 '하루빨리 대한민국이 바로 서게 되기를!' 기원하였으므로 정권이 성공하고 우리 국민들을 행복하게 해주기를 고대한다. 이제 대통령 취임 후 1년 반이 가까워 오는 시점에서 좋은 점수를 주고 싶은 분야가 많이 있지만, 솔직히 '좀 더 잘해 주었으면 좋겠다' 는 바람과 함께 평가를 유보하는 분야도 있다.

문 대통령이 취임한 뒤 곧바로 미국·중국·러시아·일본·유럽연합과 독일 등 주요 국가에 특사를 보내는 것은 필요한 조치였다. 그러나 로마교황(왕)청에까지 현직 가톨릭 신부를 대통령 특사로 보낸 데 대해서는 고개를 갸우뚱하였다. 모두 잘 알듯이 중남미 국가들과 스페인·포르투갈처럼 전 국민의 대다수가 가톨릭 신자인 경우에는 그럴 수도 있으리라고 보지만 대한민국은 가톨릭 국가가 아니기 때문이다. 물론 정부와 가톨릭 측에서는 현 프란치스코 교황이 남북한 사이 평화 분위기 조성에 큰 역할을 해줄 것이라면서 이 특사 파견의 당위성을 설명했지만, 이러한 해명이 이성적으로 다가오지 않았다.

그 다음 청와대로 신부와 수녀들이 들어가서 축복 기도를 해준 사실이 연합뉴스 등 언론에 공개된 것도 적절해 보이지 않았다. 대통령 내외가 청와대 관사로 입주하기 전에 사저 인근 성당에 가서 기도를 드린 것으로 아는데, 실은 그 정도에서 마쳐야 옳았다. 물론 대통령에게도 일반 국민과 똑같이 개인 사생활이 있고 특히 종교와 신앙의 자유는 철저하게 보장되어야 마땅하다. 그렇지만 대통령은 개인 문재인보다 대한민국 헌법에 따라 막강한 권한을 부여받는 동시에 책임도 그에 비례하여 아니 그보다 훨씬 더 무거워지는 '헌법 기관' 이기 때문이다.

취임 초기 인기가 치솟았던 김영삼 대통령이 국군중앙교회 예배 참석 등으로 앞장서 종교 갈등을 일으키는 모양새가 되었고, 이명박 대통령 내외는 목사들 앞에서 무릎을 꿇는 일까지 일어나면서 심각한 문제를 일으켰던 '교훈' 을 잘 살펴야 할 것이다. 청와대 참모진이 보기에 현재 문 대통령 인기가 높아서 아무런 문제가 없을 것이라 여기는지 모르지만, 언제 어디에서든 대통령의 종교 문제가 정치·사회적 이슈가 될 수도 있다는 사실을 놓치지 말아야 한다. 그리고 다른 이슈와 달리 종교 문제는 국민들이 감성적으로 대하는 경우가 대부분이기 때문에 이성적으로 해결되기 매우 어렵고 그 후유증이 오래 간다는 사실도 대통령을 보좌하는 참모진이 잘 살펴야 할 것이다.

이번 대통령의 바티칸 방문에서 프란치스코 교황의 방북을 주선하는 일은 많은 국민들이 동의하고 박수를 칠 수 있다고 본다. 그러나 대통령 내외가 참석한 바티칸 미사 장면을 국내에 TV로, 그것도 공중파 방송사까지 나서서 생중계를 한 것은 "과불여불급(過不如不及－지나침은 모자람만 못하다)" 이라는 말에 정확하게 해당한다. 게다가 언론 보도에 따르면 청와대 고위 관계자가 "교황 알현을 마치고 나왔던 문 대통령이 '밝은 표정' 이었다" 라고 전하였다고 하니, 이 대목에서 아연실색하지 않을 수 없다.

국어사전에서 알현(謁見)은 "지체가 높고 귀한 사람을 찾아가 뵘" 이라는 뜻으로 풀이하는데, 이 말을 듣는 순간 '대한민국 대통령은 조선 시대 왕이고 프란치스코 교황은 중국의 명·청(明淸) 황제로 높이 본다는 것인가?' 라는 생각을 하게 되었기 때문이다. 대통령이 임기를 마친 뒤 교황을 만나게 된다면 그때에는 알현보다도 더한 존경의 표현을 써도 관계가 없겠지만 임기 중에는 결코 그럴 수 없다. '교황 예방(禮訪)' 정도로 했어야 맞았을 것인데, 청와대 고위 관계자가 '알현' 이라는 표현을 쓴 것 자체에 이미 청와대가 종교 갈등을 유발할 가능성이 담겨 있다.

문 대통령 내외가 가톨릭 신자가 아니라면 이 문제가 확대될 가능성이 낮지만 그들이 독실한 가톨릭 교도이기 때문에 오해의 소지가 높고 괜한 정치 이슈가 될 수 있다는 점을 놓치면 안 된다. '왜 가톨릭 편향적이냐?' 는 볼멘 목소리들이 안 나올 것 같은가. 게다가 지난 9월 방북 특별수행단에 꼭 들어갔어야 마땅한 천도교 대표를 포함시키지 않아서 청와대 참모진과 정부 해당 부처의 '판단능력' 에 의구심을 갖게 하였다.

그리고 평양에서 "3·1운동 100주년 기념사업을 남북한 공동으로 하자" 고 제안하면서도 3·1운동에서 가장 중요한 역할을 했던 천도교를 배제한 채 당시 그 거사를 철저하게 외면했던 종교계 대표가 상황을 주도하는 모양새를 만들어 주고 있다는 느낌을 지울 수 없다. 그리고 참모진들이 저지른 이런 실수들(?)이 대통령의 종교 문제로 비화되면 걷잡을 수 없는 갈등 상황으로 이어질 수도 있음을 놓치지 말기 바란다.

4. 평양 10·4 기념행사 및 남북 교류 행사 참석

• 평양 10·4 기념행사 참석

나는 포덕 159(2018)년 10월 4일부터 6일까지 평양에서 열린 10·4 남북정상선언 11주년 기념행사에 참석하였다. 남북이 10·4선언 채택 후 공동 기념행사를 진행하는 것은 이번이 처음이다. 남측에서는 이번 행사에 조명균 통일부장관, 권덕철 보건복지부 차관, 정재숙 문화재청장 등 정부 고위 당국자를 비롯해 국회 정당과 지방자치단체, 그리고 시민단체 인사 등 총 160명을 파견했다. 취재진과 지원 인력을 제외한 순수 행사 인원은 122명이다. 방북단은 정부 수송기편으로 서해 직항로를 이용해 방북했으며, 오는 6일에도 정부 수송기를 타고 서해 직항로로 귀환했다.

이번 방북 첫날은 8시 20분 서울공항에서 정부 수송기를 타고 10시에 평양국제공항에 도착하였다. 간단한 입국 수속을 마치고 기념 촬영을 한 후 11시경에 숙소인 고려호텔에 도착했다. 여장을 푼 후 과학기술 전당을 참관한 후 평양대극장으로 옮겨 환영 공연을 관람한데 이어 인민문화궁전에서 베풀어진 환영 만찬에 참석하였다.

10월 5일, 개최된 10·4선언 11주년 기념 민족통일대회 공동 행사에서 남북 및 해외 참석자들은 판문점선언과 평양공동선언을 철저히 이행해 나가자는 내용의 공동 호소문을 채택했다. 호소문은 "역사적인 판문점선언과 9월 평양공동선언은 6·15 공동선언과 10·4선언의 빛나는 계승이며 온 겨레의 통일 지향과 새로운 시대의 요구에 맞게 획기적인 남북 관계 발전과 평화 통일의 미래를 앞당겨 나가기 위한 민족 공동의 새로운 통일 이정표"라고 평가했다.

이어 "지난날 6·15공동선언과 10·4선언이 제대로 이행되지 못했던 역사가 되풀이되어서는 안 될 것"이라며 "모두가 역사적인 판문점선언과 9월 평양공동선언을 철저히 이행하여 세계가 보란 듯이 평화와 번영, 통일의 새 역사를 써나가야 한다."라고 강조했다. 호소문은 또 "우리 민족의 운명은 우리 스스로 결정하는 새로운 평화와 번영의 시대를 계속 전진시키고 새로운 역사를 펼쳐 나가야 한다"면서 "이 땅에서 전쟁 위험을 완전히 종식시키고 우리의 강토를 핵무기와 핵 위협이 없는 평화의 터전으로 만들어 나가야 한다."라고 역설했다. 이 행사를 마치고 우리 일행은 옥류관에서 오찬(냉면)을 마치고 만수대 창작사와 만경대학생소년궁전을 참관한 후 대집단체조와 예술 공연을 관람하였다. 대집단체조와 예술 공연은 5능라도에 있는 1경기장에서 '빛나는 조국'을 주제로 진행되었다. 대집단체조와 예술 공연은 카드섹션인 배경대미술과 집단체조, 예술 공연이 하나의 주제로 이루어지는 종합 퍼포먼스이다. 수만 명이 참가하는 대규모 매스 게임에 예술 공연이 결합되면서 집단적 위력을 보여 주는 대규모 공연이다. 오후 7시부터 1시간 30분 동안 진행되는 이 공연을 보면서 나는 우리 민족의 통일과 천도교가 나아갈 길에 대하여 많은 것들을 생각했다.

중앙식물원은 평양시 대성구역 대성동에 위치해 있다. 조선중앙식물원 또는 중앙식물원은 북한에서 가장 큰 식물원이다. 1959년 4월 30일, 평양시 대성산에서 평양식물원이라는 이름으로 설립되었다고 한다. 2007년 10월 4일, 노무현 전 대통령이 남북정상회담을 기념하는 뜻을 담아 심은 소나무도 둘러보았다. 우리 일행은 이어서 중앙동물원을 들렀다. 중앙동물원은 북한 최대의 동물원으로 약 2.7㎢의 면적에 400여 종의 자연동물원과 120여 종의 관상어를 기르는 수족관 등이 조성되어 있다고 한다.

우리 일행은 평양에서 개최된 민족통일대회 일정을 모두 마치고 정부 수송기 편으로 서해 직항로를 이용 10월 6일 11시에 평양국제공항을 출발하여 12시 20분, 서울공항에 도착하였다.

• 평양, 조선천도교중앙지도위원회 윤정호 부위원장 회동

나는 포덕 159(2018)년 10월 5일, 오후 고려호텔에서 북측의 조선천도교중앙지도위원회 윤정호 부위원장, 여정선 사무장과 회동하였다. 호텔 로비의 열린 공간에서 만나기는 하였으나 조금 상기된 모습이었으며 일방적으로 이야기를 들을 뿐이었고 별다른 의견은 말하지 않았다. 나는 준비된 자료를 통하여 천도교 중앙총부의 소식을 간단히 전하고 공동 협의할 사항에 대하여 논의하였다. 먼저 김광욱, 김동환, 김재중, 김철, 임운길 전 교령님들의 환원 소식을 전하고 포덕 158(2017)년에 남북 교류 사업을 전담할 사회문화관을 신설하였으며 정정숙 교화관장이 초대 사회문화관장으로 임명되었다고 전했다. 이어서 남북 천도교 교류 사업 공동 협의 사항에 대하여 정리한 자료를 중심으로 제안하였다. 먼저 남북한 인내천 통일 선언, 중국 화성의숙 공동 답사 및 표지석 건립, 동학농민혁명 해주성 답사 및 학술발표회, 평양교당 복원, 북한 천도교 구교당 현황 파악, 천일기념식과 3·1운동 100주년 기념식 공동 주최, 평양, 진남포, 안주, 의주, 선천, 원산 등 3·1운동 유적지를 공동으로 조사할 것을 제안했다.

이어서 개최된 남북 종교인 방문단 모임에서 조선종교인협의회(KCRP) 강지영 회장에게 "지난 8월 평양 개최 예정이었다가 미루어졌던 7대 종단 남북 종교인 회담을 조속히 성사시킬 것과 3·1운동 100주년 기념 공동 사업 추진 등에 대해 긴밀히 협의하자"라고 제안하여 적극 노력하겠다는 답변을 받았다.

이번 종교계 방문단은 천도교 교령(이정희), 김영근 성균관장, 이영훈 한국종교인지도자협의회 운영위원장, 윤승길 민족종교협의회 사무총장, 이정희 단군민족통일협의회 사무국장 등이 참석하였다. 시간이 없어 별다른 대화는 없었으며 상견례하는 정도로 간담회를 마쳤다.(《천도교신문》 117호, 2018년 10월 18일)

• 금강산, 조선천도교중앙지도위원회 리명철 부위원장 회동

포덕 160(2019)년 새해를 맞아 남북 민간 교류 행사인 '남북공동선언 이행을 위한 2019 새해맞이 연대 모임' 행사가 2월 12~13일 북한 금강산 지역에서 열렸다.

이번 행사에는 7대 종단과 시민사회단체, 양대 노총, 여성 청년 농민 등 각계각층을 대표하는 인사로 꾸려진 대표단 213명과 취재진 10명을 포함 251명의 남쪽 인원이 참여했다. 천도교에서는 교령인 나와 한광도 연원회 의장, 이범창 종무원장, 정정숙 사회문화관장이 함께 참가하였다. 민족화해협력범국민협의회 송범두 공동의장과 이재선 청년회장도 함께 참석해 모두 천도교인 6인이 참석하였다.

이번 행사는 새해맞이 연대 모임 대표자회의, 분야별 모임, 만찬, 해금강 해맞이, 금강산 신계사 방문 일정으로 짜였다.

포덕 160(2019)년 2월 12일, 화창한 봄 날씨다. 5시에 집을 나서 경복궁 동편 주차장에 도착한다. 260여 명이 7대의 관광버스에 나누어 탔다. 우리는 2호 차에 탑승하였다. 9시 30분에 국도 7호선 종점이다. 10시에 국방부 출입국 사무소에서 검열을 받고 동해선 도로 남북 출입 사무소에 도착한다. 10시 49분에 동해선 도로 남북 출입 사무소를 출발하여 11시에 군사분계선을 지난다. 북한군이 보인다. 신기한 바위산, 자연의 신비로움에 저절로 감탄사가 나온다. 11시에 북측 검문소를 지나 12시 40분에 금강산 호텔에 도착하였다. 여장을 풀고 1시 30분에 호텔에서 점심 식사를 하고 3시 30분 호텔을 나선다. 출발에 앞서 잠시 조선천도교중앙위원회 리명철 부위원장(윤정호 부위원장 후임)과 여정선 사무장을 만나 반갑게 인사를 나누었다.

• 금강산문화회관, 8천만 겨레에게 보내는 호소문

우리 일행은 포덕 160(2019)년 2월 12일 아침, 새해맞이 연대 모임 대표자 회의에 참석하기 위해 금강산문화회관에 도착하였다. 남한의 260명, 북한의 150명 등 460여 명이 자리를 가득 채웠다. 각계 대표 20여 명이 주석단에 앉았다.

본 행사에서 한충목 한국진보연대 상임대표, 김용희 해외대표, 김한솔 6·15북측위원회 부위원장이 다음과 같은 공동 호소문을 낭독하자 우레 같은 박수가 터져 나왔다. 가슴이 뭉클하였다.

〈8천만 겨레에게 보내는 호소문〉

남과 북, 해외의 8천만 겨레여!

오늘 우리는 천하제일 명산 금강산에서 민족의 내일을 축복해 주는 새해의 태양을 바라보면서 격동과 환희로 가득했던 지난해의 가슴 벅찬 나날들을 긍지 높이 돌이켜보고 올해 평화 번영과 자주통일 실현에서 또 하나의 획기적인 전환을 가져올 드높은 열의를 안고 한자리에 모였다.

평화의 봄기운으로 얼어붙었던 대지를 삽시에 녹여내면서 화창한 판문점의 4월과 풍요한 평양의 9월을 연륜에 새겨 온 2018년!

한 해 동안에 세 차례의 남북 정상의 상봉과 회담이 진행되고 민족의 화해와 단합, 평화 번영의 새 역사를 열어 준 판문점선언과 9월 평양공동선언이 채택된 것은 민족사에 일찍이 보지 못한 큰 변화다. 판문점선언을 통해 남북 정상은 이 땅에 "더 이상 전쟁은 없을 것이며 새로운 평화의 시대가 열리었음을 전 세계에 천명"했다. 남북 정상은 또한 9월 평양공동선언에서 한반도를 "핵무기와 핵 위협이 없는 평화의 터전"으로 만들겠다고 천명했다. 또한 남북 군사 분야 합의서가 발효되어, 지상과 해상, 공중에서의 적대 행위가 전면 중지됨으로써, 이 땅은 정전 이래 가장 평화로운 시대를 맞게 되었다.

남북 관계가 신뢰와 화해의 관계로 확고히 전환되고 과거에는 상상조차 할 수 없었던 경이적인 성과들이 이룩된 것은 남북 선언들의 정당성과 거대한 생활력의 표현이다.

지난 한 해 동안 남북 관계에서 일어난 놀라운 변화들은 우리 민족끼리 서로 마음과 힘을 합쳐 나간다면 얼마든지 이 땅 위에 가장 평화롭고 길이 번영하는 민족의 참다운 보금자리를 만들 수 있다는 것을 굳게 확신하게 하였다.

우리는 희망찬 새해 2019년에 역사적인 남북 선언들의 기치를 높이 들고 남북 관계 발전과 평화 번영의 새 시대를 힘차게 전진시켜 나가려는 드높은 결의와 의지를 안고 내외 8천만 겨레에게 다음과 같이 호소한다.

1) 온 겨레의 염원을 담아 남북 정상이 열어 가는 새로운 남북 관계 발전을 적극 지지하고 새로운 평화 번영의 시대를 다 함께 힘껏 열어 나가자!

불신과 대결의 최극단에 놓여 있던 남북 관계가 오늘처럼 신뢰와 화해의 관계로 확고히 전환되게 된 것은 전적으로 온 겨레와 남북 정상들의 강렬한 평화 번영 의지와 노력에 의한 것이다. 우리 겨레가 선택한 새로운 평화의 궤도, 통일의 궤도를 따라 멈춤 없이 곧바로 달려 나가자! 평화 번영의 새 시대를 향한 통 큰 결단과 의지로 이룩된 오늘의 남북 관계를 소중히 여기고 적극 지지하자! 남북 정상 선언들의 정신을 이어 남북 사이의 화해와 신뢰의 관계를 되돌릴 수 없는 관계로 확고히 전환시키자!

2) 역사적인 판문점선언과 9월 평양공동선언을 이행하기 위한 운동을 남과 북, 해외에서 적극 벌여 나가자! 판문점선언과 그 실천 강령인 9월 평양공동선언은 북과 남이 뜻과 힘을 합쳐 겨레의 운명을 우리 자신의 힘으로 개척해 나갈 것을 확약한 민족 자주, 민족 단합의 선언이며 평화와 통일의 선언이다. 여기에는 아름다운 삼천리 조국 강토를 평화와 번영의 보금자리로 만들어 나가기 위한 실질적인 대책과 방도들이 명시되어 있으며 통일을 향한 우리 겨레의 소원과 꿈이 담겨져 있다.

역사적인 판문점선언과 9월 평양공동선언을 철저히 이행하여 이 땅 위에 평화와 번영, 통일의 전성기를 열어 나가자! 남북 관계 발전과 평화를 바라는 민족

성원이라면 그가 누구이건 사상과 이념, 정견과 제도의 차이를 뛰어넘어 남북 선언들을 지지하며 이행하는 길에 다같이 떨쳐 나서자! 우리 겨레가 사는 모든 곳에서 남북 선언들을 지지 옹호하는 기운을 고조시키고 선언 이행을 요구하는 다양한 형식의 활동들을 활발히 전개해 나가자! 4월 27일부터 9월 19일까지를 '판문점선언과 9월 평양공동선언 이행을 위한 활동 기간'으로 정하고 전 민족적인 선언 이행 운동을 적극 벌여 나가자!

3) 남북 사이의 협력과 교류를 전면적으로 활성화하여 민족의 공동 번영을 이룩하자!

남북 사이의 다방면적인 협력과 교류는 민족의 화해와 단합을 공고히 하고 우리 겨레 각계각층이 실제로 덕을 볼 수 있게 하는 융성 번영을 위한 의로운 사업이다.

호혜와 공리공영의 원칙에서 남북 사이의 협력과 교류를 증대시키고 무궁무진한 잠재력과 능력을 남김없이 발휘하여 민족 경제의 균형적 발전을 힘 있게 추동해 나가자!

중단된 개성공업 지구와 금강산 관광을 재개하고 민족 경제의 대동맥을 이어 평화의 꿈, 통일의 꿈이 현실로 다가오도록 하자! 민족의 번영과 발전을 위한 사업에 너도 나도 떨쳐나서자! 우리 민족의 화해와 단합으로 평화·번영·통일의 길 앞에 가로놓인 난관과 장애물을 극복하자!

4) 온 겨레의 슬기와 지혜를 합쳐 평화와 통일의 바람직한 방향을 모색하며 이를 실현하기 위해 진지하게 노력해 나가자! 남북 관계 개선과 평화와 번영의 새로운 역사적 흐름은 통일의 지향과 연결되어야 마땅하다. 오늘의 좋은 분위기를 놓치지 말고 서로 마주 앉아 평화 통일의 지름길을 허심탄회하게 논의해 나가자! 상대방에 존재하는 서로의 사상과 제도를 인정하고 용납하는 기초 위에서 온 겨레의 지향과 요구에 맞게 바람직한 통일의 설계도를 마련해 나가자! 남과 북, 해외가 접촉과 대화, 민족 공동 행사들을 적극 추진하는 것은 남북 관계 개선과 평화 번영에 대한 온 겨레의 관심과 열기를 더욱 고조시키고 통일 의지를 하나로 모아나가는 의의 있는 계기가 된다.

남북 사이의 왕래와 접촉을 활성화하고 폭넓은 대화와 협상, 다채로운 통일 회합을 적극 장려해 나가자! 판문점선언과 9월 평양공동선언 발표 1돌, 개천절 등을 비롯하여 남과 북에 다 같이 의의 있는 날들에 민족 공동 행사, 부문별, 계층별 공동 회합들을 성대히 개최하여 민족적 화해와 통일의 큰 물줄기가 남북 삼천리에 도도히 흐르게 하자!

내외 온 겨레여!

어둠을 밀어내고 삼천리 강토에 찬연한 빛발을 뿌려 주는 장엄한 해돋이마냥 평화, 번영, 통일로의 이정표인 역사적인 남북 선언들이 있고 이를 실천해 나갈 열의에 불타는 우리 겨레가 있어 민족의 앞날은 창창하다.

우리 모두 함께 담대하게 떨쳐 일어나 남북 선언들을 관철하기 위한 거족적 행진에 나서자. 올해를 우리 민족사에 빛날 또 하나의 역사적 전환의 해로 만들자!

남북 선언 이행을 위한 2019년 새해맞이 연대 모임
2019년 2월 12일 금강산

17시 10분에 행사를 마치고 금강산 호텔에서 17시 50분부터 분야별 모임으로 이어졌다. 종교계 7대 종단 대표들이 북한 측 종단 대표들과 함께 모였다. 북한 측 천도교 대표로서는 조선천도교중앙위원회 리명철 부위원장이 참석하였다. 나는 이 자리에서 남북 관계에서의 종교인의 역할이 중요하다고 말하고 리명철 부위원장에게는 남북 천도교가 한마음 한뜻으로 3·1운동 100주년을 함께 봉행하도록 하자고 제안했다. 이를 위해 실무적인 모임을 갖도록 하는 것이 좋겠다고 말했다. 모임을 마친 후 금강산 호텔에서 방문단 모두가 함께하는 만찬이 있었으며, 만찬 후에 남북 천도교인들은 따로 만나기로 약속했다. 약속된 장소에 리명철 부위원장과 여정선 사무장이 좀 늦은 시간에 도착하였다. 모처럼 행사에 참석한 남북 천도교가 다시 만나 1시간여 동안 따뜻한 대화를 나누었다. 앞으로 자주자주 만나는 시간을 만들자고 다짐하며 아쉬운 작별 후 취침을 하였다.

2월 13일, 새벽 6시 10분 호텔을 출발하여 6시 40분에 해금강에 도착하였다. 주차장에서 10분을 걸어 7시에 해금강에 도착하니 바다 위로 아름답게 떠오르는 태양, 찬란한 일출의 멋진 장관이 눈부시다. 천하에 이렇게 아름다운 절경이 어디에 또 있단 말인가? 신비의 절경을 바라보며 우리는 하나다는 영감이 떠오른다.

아침 식사를 마치고 9시 40분에 신계사에 도착하였다. 신계사는 불교의 원행 총무원장님이 소개하였다. 장안사, 유점사, 표훈사와 더불어 금강산 4대 명찰로 꼽히는 신계사는 한국전쟁 때 소실돼 주춧돌만 남은 폐허 상태에서 2000년 6·15공동선언을 계기로 남북 불교계가 공동으로 복원 불사를 추진했다. 이후 2004년 4월 본격 착공한 지 3년만에 대웅보전, 만세루, 극락전, 칠성각, 요사채 등 14개 전각을 복원했다. 복원 공사는 남한이 자재 등 약 70억 원의 공사비를 지원하고, 북측은 주로 공사 인력을 제공하는 방식으로 추진되었다. 이로써 신계사는 남북 불교 교류와 민족 화해의 상징물로 이름을 남기게 되었다고 한다.

남북 종교인들은 함께 신계사 법당에서 예불을 드리고 주위 경관을 관람한 후 11시에 신계사를 떠나 금강산 숙소로 돌아왔다. 11시 50분에 금강산 호텔 숙소를 빠져나와 12시 20분 수정봉식당에서 중식을 하고 2시 10분 귀국의 길에 올랐다. 오면서 사진기 검사 후 출발, 4시에 세관을 통과하여 8시에 경복궁에 도착, 8시 35분에 귀가하였다. 이로써 1박 2일간의 '남북공동선언 이행을 위한 2019 새해맞이 연대 모임' 행사는 모두 마무리되었다.

이번 금강산에 모인 남, 북, 해외 400여 명의 참가자들은 새로운 남북 관계 발전을 지지하고 판문점선언과 평양공동선언 이행을 위해 함께 노력하자는 의지를 모았던 뜻깊은 행사였다고 생각된다. 앞으로 더 많이, 더 다양하게 만나야 할 것이다. 이러한 남북 민간 교류가 남북 관계 발전과 한반도 평화의 촉매제가 될 것이라 믿는다.

5. 민족통일 성금 10억 원 모금 운동 전개

• 통일 성금 모금 운동 배경

나는 포덕 159(2018)년 8월로 예상되는 북한 방문을 앞두고 7월 18일《신인간》과의 인터뷰를 통해, 급변하는 최근 한반도 정세는 '우리 도의 운수로 인한 것'으로 좋은 운수를 실천하기 위해 천도교의 모든 역량을 민족통일운동에 집중하여 대도중흥 중일변 민족통일의 기적을 이루어야 한다고 강조하였다.

이와 관련하여 포덕 159년 6월 조회사에서 "지난 4월 27일 남북정상회담의 성공적 개최, 6월 12일 싱가포르 북미정상회담 개최로 지난 65년간 지속되어 온 정전체제의 청산, 한반도 평화 통일의 시대가 성큼 다가오고 있습니다. 북미정상회담은 4월 27일, 남북 정상의 판문점선언을 재확인하였고 북한의 비핵화 약속은 한반도를 일약 새로운 역사의 단계로 진전시키는 쾌거였습니다. 우리 천도교인들은 남북정상회담, 북미정상회담으로 한반도의 평화와 안정을 통해 갈등과 분쟁의 구시대적 잔재를 청산하고, 평화의 새 시대를 열기를 기대합니다. 또한 우리 천도교 교인들은 평화체제하의 한반도를 기반으로, 후천개벽의 새 세상을 건설하는 데 정성과 공경을 다할 것입니다. 우리 민족의 통일은 우리나라는 물론 동아시아의 평화와 세계 평화와도 직결되어 있는 세계사적인 대사건으로 기록될 것입니다. 해월신사께서는 "우리 도의 운수는 세상과 더불어 함께 돌아가는 것이니 나라의 정치가 변하는 것도 우리 도의 운수로 인한 것이니라."라고 하셨습니다. '우리 도의 운수로 인한 것'이라는 해월신사의 말씀은 민족통일과 세계 평화를 향한 역사적인 대행진에 대한 예언의 말씀이라고 생각됩니다. 지금은 단순히 정치적으로 드러난 민족통일과 세계 평화 운동의 모습만을 바라보지만, 머지않아 이 운수가 우리 천도교의 운수 때문이라는 것을 세계인들이 깨닫게 될 때가 다가올 것이라고 생각합니다. 지난 6월 러시아월드컵에서 세계 58위인 대한민국 축구 선수들이 세계 1위의 독일을 2:0으로 승리한 기적을 보았습니다. 세계를 깜짝 놀라게 했습니다. 저는 그 기적의 순간을 바라보면서 이 시대의 천명인 대도중흥 중일변 민족통일의 꿈을 떠올렸습니다. 우리도 이 시대의 천명인 대도중흥을 위하여 한마음 한뜻으로 동귀일체한다면 쇠운을 성운으로 전환하는 대도중흥의 기적은 반드시 이루어질 것입니다. 이제 우리 앞에 다가온 민족통일운동은 동학혁명과 갑진개혁, 3·1운동의 3대 운동을 이은 21세기, 우리 천도교가 주인공이 되는 4대 운동이 될 것입니다. 우리 천도교의 모든 역량을 민족통일운동에 집중해 나가야 할 때입니다. 천도교단 차원에서 무엇을 어떻게 해야 할 것인지를 깊이 있게 논의해야 할 시점이라고 생각합니다. 지금까지의 천도교의 통일론을 새로운 시각으로 재정립해야 할 것이며 이에 따른 통일 관련 실행 메뉴얼(제도) 창안과 남북 천도교가 함께하는 천도교 통일 선언, 남북 천도교 수뇌 회담, 북한 지역 교구 현황 조사, 천도교인 이산가족 찾기, 통일기금 모금, 인재 양성과 통일 교육, 통일 관련 조사 연구 등 바람직한 장단기 통일 추진 종합 계획을 시급히 마련하여 체계적으로 추진해 나가야 하겠습니다."라고 강조했다.

포덕 159년도 현재 천도교 통일 사업을 위하여 편성된 예산은 실무 회담, 합동시일 봉행 등으로 500만 원에 불과하다. 나는 타 종단의 대표들과 만나 이야기를 들어보면, 그들이 속한 종단의 통일 재원은 수백억 원에 달한다고 한다. 북한에서의 가능한 각종 통일 사업을 제안하고 기회만 되면 언제라도 착수할 준비가 되어 있다는 이야기를 들은 적이 있다. 통일을 위한 사업 예산은 물론 통일 추진 인력 양성에도 박차를 가하고 있다는 말을 듣고 정작 가장 앞장서야 할 우리 천도교는 무엇을 하고 있는지, 늦었지만 지금부터라도 정신을 바짝 차리지 않으면 안 되겠다고 생각했다. 통일에 대한 준비가 없으면 통일 이후에도 타 종단에게 주도권을 내어 주게 될 것이며 가장 앞장서야 할 천도교는 후발 종단이 될 수밖에 없을 것이다. 그래서 우선 통일 재원 마련부터 시작해 보기로 한 것이다. 이에 포덕 159년 7월 6일부터 3년간에 걸쳐 통일 성금 10억 원 모금 운동을 전개하기로 하였다. 통일 성금 모금 운동은 천도교 게시판과 《천도교신문》에 여러 차례 공지하였다.

• 통일 성금 모금 취지와 내용

지난 포덕 159(2018)년 4월 27일 판문점 남북정상회담과 6월 12일 북미정상회담으로 그동안 얼어붙었던 남북의 교류가 활성화될 것이며 이를 대비한 각 종교 단체와 시민사회 단체는 물론 정부 지자체 등 여러 기관들이 적극적으로 교류를 위해 자금과 인력의 확보에 총력을 다하고 있는 것은 주지의 사실입니다.

특히 국내 여러 종단들은 오래전부터 통일을 대비하여 북한 지역 선교를 위해 막대한 자금을 비축하여 왔습니다. 그러나 우리 천도교단은 어느 종단, 단체보다도 좋은 여건이 갖추어져 있음에도 불구하고 사전 준비를 하지 못하여 본격적인 남북 교류 및 통일 사업을 제대로 추진할 수 없는 실정에 처해 있습니다. 스승님 말씀에 "현도는 만국병마가 우리나라 땅에 왔다가 후퇴하는 때이니라" 하셨으니, 그에 대한 대책과 준비를 이제부터라도 적극 추진할 때입니다. 우리가 이 천금 같은 귀중한 시기에 대처를 잘못하면 천추의 한을 남기게 될 수도 있을 것입니다. 이에 전국의 천도교인, 부문 단체, 모든 기관 등을 대상으로 남북 교류 통일 성금을 다음과 같이 모금하고자 합니다. 전국의 모든 동덕님들과 모든 기관, 부문 단체들의 적극적인 후원과 정성을 다해 주시기를 간곡히 당부합니다.

· 목　　적: 교단 차원에서 민족통일운동과 제반 활동(실무 회담 등 각종 교류), 천도교의 통일론을 새로운 시각으로 재조명, 통일 관련 학술회의 및 토론, 남북 천도교가 함께하는 천도교 통일 선언, 남북 천도교 지도자 회담, 북한 지역 교구 현황 조사, 천도교 이산가족 찾기 운동, 인재 양성과 통일 교육, 남북 합동시일식 봉행, 해주성 공동답사, 길림 화성의숙 공동 조사, 개천절 민족 공동 행사 참석, 통일 기행, 통일 관련 전략 수립 및 조사 연구 등
· 모금 목표: 일차적으로 10억 원을 3년 동안 모금
· 모금 방법: 소속 교구별 모금 및 신입금 신청 접수, 소속 단체별 모금, 총부 지정 계좌 직접 입금
· 모금 기간: 포덕 159년 7월부터 포덕 162년까지(3년)
· 입금 계좌: 우리은행 1005－802－578044 천도교 중앙총부
· 사용 절차 : 매달 모금액, 사용액 《천도교신문》과 게시판 공지, 목적성금 사용 규정에 따라 집행

(천도교 게시판 포덕 159년 7월 6일, 《천도교신문》 113호, 2018년 7월 26일)

• 연원회, 통일 성금 모금 운동 동참 결의

포덕 159(2018)년 7월 12일, 용담수도원에서 개최되는 연원회 하계수련에 참가하였다. 오후 5시 개강식에서 나는 "해월신사께서 예언하신 대로 우리 도의 운수로 인해 지금 세상이 변하고 있습니다. 우리 앞에 지금 산개변혹, 노개포금, 만국교역, 만국병마후퇴의 새로운 변화가 진행되고 있습니다. 전 세계의 이목이 우리나라에 집중되고 있습니다. 이러한 변화의 시기에 우리는 지극한 수도연성과 동귀일체로 대도중흥 민족통일을 성취할 수 있도록 정성을 모아야 하겠습니다."라고 말했다. 이번 연원회에서는 한광도 연원회 의장님의 제안으로 연원회가 앞장서서 민족통일 기금 모금 운동에 동참할 것을 결의하였다. 이 결의에 따라 연원회에서는 159년 7월 20일, 도정 200만 원, 직접도훈 100만 원의 통일 성금을 목표로 다음과 같은 공문을 시행한 바 있다. "아시다시피 남북·북미정상회담 이후 앞으로 남북 교류가 활성화되리라는 전망에 따라 종교 단체를 비롯한 각 사회단체에서 이에 대비한 준비를 서두르고 있습니다. 이에 중앙총부는 과거 천도교가 활성화되었던 북한과의 남북 교류를 본격화하고 장차 통일 사업에 일익을 담당할 수 있도록 1차적으로 앞으로 3년 동안(포덕 159년 7월~162년 7월) 10억 원의 통일 성금을 모금하기로 하였습니다. 이런 취지에 따라 지난 연원회 하계수련회(7월 12일~14일)에서 도정·도훈들의 뜻을 모아 다음과 같이 각 연원별로 통일 성금을 모금하기로 하였사오니 원직자 여러분께서 소기의 목적이 이루어질 수 있도록 정성을 모아 주시면 감사하겠습니다.

· 모금 액수: 도정 관내 각 200만 원, 직접도훈 관내 각 100만 원
· 모금 기한: 포덕 159년 12월 15일까지
· 입금 계좌: 우리은행 1005-802-578044 천도교 중앙총부

나는 연원회에서 이와 같은 통일 성금 모금 운동에 적극 참여하기로 결의하였다는 소식을 듣고 천도교의 통일운동을 전개는데 큰 힘이 될 것이라 생각되었다. 이에 연원회에 대하여 깊은 감사의 마음과 아울러 연원회의 기대에 어긋나지 않도록 더 열심히 해야겠다는 다짐을 거듭하였다.

●—1920년대 천도교가 발행한 주요 잡지

3·1운동 이후 일제가 무단통치에서 이른바 문화통치로 방향을 전환하자 동학 천도교는 《개벽》, 《별건곤》, 《혜성》, 《어린이》, 《학생》, 《조선농민》 등 다양한 잡지를 출판하여 부문별 신문화 운동과 민족 계몽운동에 적극 나섬으로써 1920년대 잡지 왕국을 이루었다는 평가를 받는다.

제17장

언론은 천도교 거울이다

말이란 것은 속에 있는 생각을 드러내는 표신이요,
사실 있는 그대로를 알게 하는 기본이라.
속에 있는 생각을 발하여 사물에 베푸는 것이라,
그 나오는 것이 형상은 없으나 소리가 있고,
그 쓰는 것이 그렇지 않은 때가 없으니,
경위에는 호리를 분석하고 조리에는 지극히 정미로워
생존하는 것과 전쟁을 일으키는 것이
모두 이에 관계하니 믿지 않을 수 있겠는가.

言也者 發蘊之標信 敍事之基本也
發乎中情 施乎事物 其爲發也
無形而有聲 其爲用也 無時而不然
經緯也 毫分厘析 條理也 至精且微
生存興戎 總係乎此 可不信也哉

—〈삼전론〉, 『의암성사법설』

언론에 비친 천도교 거울, 뜻이 되살아나 깊은 감동을 준다. 천도교의 마음을 헤아리게 하는 거울 속의 글, 그 글을 보면 그 언론인과 천도교가 함께 있는 듯하다.

—본문 중에서

1. 언론은 거울에 비추어진 천도교

• 천도교는 대한민국의 정신적 국가

언론은 거울이라는 생각으로 임기 중 천도교를 언론 거울에 바르게 비추고자 힘써 왔다. 서울 중구 세종로에 위치한 프레스센터에서 세 번의 기자회견을 개최하였다. 포덕 157(2016)년 4월 22일, 첫 번째 취임 기자회견을 열었다. 나는 기자회견에 참석한 언론인들에게 "이 나라에 정신적 국가인 천도교 국민 여러분에게 보고할 의무가 있다고 생각합니다. 대한민국 대통령의 취임 기자회견이 대통령에 취임하면서 국가 경영의 비전을 국민들에게 제시하는 것처럼 천도교 교령 또한 천도교 경영의 비전을 국민들에게 제시해야 한다는 생각으로 이 자리에 임하였습니다. 저는 교령에 취임하면서 "천도교의 대도중홍 100년 기틀을 닦아 나갈 것입니다. 앞으로 주어진 임기 동안 교인 여러분과 천도교 국민들의 뜻이 무엇인지를 깊이 생각하면서 대도중홍의 새로운 천도교 시대를 열기 위해 저의 신명을 바쳐 나가겠다는 굳은 결의를 천명하였습니다. 오늘의 기자회견 내용이 천도교 국민 여러분들에게 잘 전달되었으면 좋겠습니다."라고 말했다. 기자회견에 임한 언론인들의 진지한 모습을 보면서 천도교와 국민들을 이어 주는 언론인의 역할에 대한 많은 기대를 할 수 있었다. 두 번째 기자회견은 포덕 158(2017)년 11월 15일, 역시 프레스센터에서 대도중홍비전 21과 인내천운동연합 출범식에 앞서서 개최하였다. 대도중홍과 인내천운동연합의 출범은 천도교 중홍과 새로운 대한민국 프로젝트임을 강조하며 국민들에게 널리 알려 달라고 부탁했다. "기자회견에 임하는 마음 자세는 특별합니다. 인내천 사상을 중심으로 천도교를 중홍해야 한다. 나라엔 경제적 GNP(국민총생산)만 있는 게 아니다. 한 사람 한 사람을 존엄하게 대하는지로 가늠되는 '정신적 GNP'를 높여 진정으로 잘사는 나라, 행복이 충만한 국민, 세계인에게 이상적 삶의 전형을 보여 주어야 한다."라고 역설했다. 세 번째 기자회견은 3·1운동 100주년 기념 관련이었다.

나는 이 자리에서 “천도교가 주도한 3·1운동 100돌을 맞았으나 정작 3·1정신의 뿌리는 왜곡되고 있습니다. 3·1운동하면 유관순 누나만 기억하는 세태가 정말 안타깝습니다. 저는 천도교 교령으로서 3·1운동 100주년 기념일에 문재인 대통령께서 3·1운동의 발상지인 우이동 봉황각과 손병희 선생 묘소 참례를 건의한 바 있습니다. 그리고 3·1운동 100주년을 맞아 정부에서 의암 손병희 선생 기념관을 건립할 것을 건의한 바 있습니다. 언론인 여러분께서도 이에 대해 깊은 관심을 가지고 도와주시기를 간절히 바랍니다.”라고 말했다.

이상의 세 차례에 걸친 기자회견 내용에 대해서는 중앙지를 비롯한 각종 매스컴에 많이 보도되었다. 프레스센터에서의 기자회견을 포함하여 각종 언론에 보도된 천도교 관련 기사는 수백 건에 달한다. 임기 동안 언론 거울에 비추어진 천도교는 최종 수요자인 국민들에게 어떻게 비추어졌을까? 언론인들은 천도교를 어떻게 비추고자 했을까? 무엇을 어떻게 비추고자 했을까?

천도교 거울로서 언론인들은, 천도교의 과거 역사에 대해서는 잘 알고 있다. 언론인들이 알고 싶어하는 천도교의 현재도 잘 알고 있다. 그런데 천도교의 과거와 현재를 넘어서는 미래 비전의 천도교에 대해서는 별다른 관심을 보이지 않는 것 같다. 어떻게 해야 할 것인가? ‘대도중흥비전 21’ 의 꿈을 실현하고 10년 안에 300만 교단시대를 달성하기 위해서는 언론으로 하여금 천도교의 미래 비전을 비칠 수 있도록 해야 할 것이다.

2. 천도교 거울을 환하게 밝혀 준 언론인

• 천도교의 마음을 헤아리게 하는 글

천도교 관련 언론 기사들, 읽을수록 맛이 난다. 그래서 나는 임기가 끝난 지금에도 임기 중 쓰여진 천도교 기사들을 계속 읽는다. 문장의 내용과 짜임새가 정말 멋있다. 멋있으니 자꾸 보고 싶어진다. 글 속에 천도교 마음이 깊은 감동을 준다. 글 속의 문장들이 살아 움직이는 듯하다. 천도교의 마음을 헤아리게 한다. 모든 기사가 다 마음에 와닿지만, 특히 나의 가슴속 깊이 자리하고 있는 몇 개의 글이 있다. 그 글을 쓴 언론인의 모습과 함께 그 언론 기사가 역력히 떠오른다. 그 언론 기사를 보면 그 언론인을 보는 듯하다. 그 언론 기사를 보면 기사를 쓴 그 언론인과 함께 있는 듯하다. 그래서 기사를 보는 것은 기사를 쓴 그 언론인과 마주하는 것과 같다. 언론은 나를 보고 나는 언론을 본다. 서로가 서로에게 따뜻한 정을 준다. 그렇게 따뜻한 정을 느꼈던 수많은 기사 중 깊은 감명을 주었던 몇몇 기사들을 그 언론인과 함께 떠올린다. 천도교 마음을 헤아리게 하는 글, 언론인 한 분 한 분에게 진심을 담아 깊이 감사드린다. "언론인 여러분 감사합니다!"

• 《신인간》 이경일 편집장, 심국보 편집주간

먼저 포덕 157(2016)년도 5월 4일자 《천도교신문》 제65호에 실린 글을 본다. 이 글은 신인간사의 이경일 편집장, 심국보 편집주간이 게재한 〈각 언론사 천도교 신임 교령에 '관심과 기대감' 높아〉 제목의 기사이다. 포덕 157년 4월 28일, 프레스센터 19층 목련관에서 취임 후 첫 기자 간담회 내용을 소개한 것이다. 6개 언론사에서 쓴 글을 잘 요약, 정리 소개했다.

이어서 발행된 《천도교신문》 제66호의 기사를 떠올린다. 포덕 157년 4월 27일, 신임 교령의 교단 경영에 대한 포부와 앞으로 나아갈 방향에 관하여 3시간 동안 진행된 대담 내용이다. 〈총부 개혁 없이 천도교 미래는 없습니다〉라는 제목하에 총부 개혁, 대도중흥, 교헌 개정, 성지 사적지 성역화, 홍보 포덕, 인재 양성, 3·1운동 100주년 기념사업, 전국 교구 순회 계획 등에 관한 대담 내용을 알기 쉽게 정리하여 게재하였다. 이날 사회는 이경일 편집장, 인터뷰는 지광철 대표이사, 심국보 편집주간, 사진 최인경 기자가 각각 맡아 진행했다. 역사와 전통을 자랑하는 신인간사인지라, 시종일관 진지하면서도 화기애애한 분위기 속에서 부드럽게 대화를 이끌어 나가는 이경일 편집장의 사회 솜씨가 대단하다는 것을 느꼈다. 이경일 편집장은 중앙총부에서 전국 100여 개 교구와 수도원 등을 방문할 때마다 빠짐없이 동행하는 정성을 보여 주었다. 언제나 일에 임하여 열정적으로 최선을 다한다. 매월 중순, 새로운《신인간》이 발행되면 제일 먼저 교령사에 들어와 "김이 모락모락한《신인간》을 가지고 왔습니다."라며 새로 발행한 신인간을 웃으며 전하는 이경일 편집장의 모습이 지금도 생생하다. 정말 인간적이고 정이 넘친다. 천도교의 중흥을 위한 간절한 마음의 깊이를 그에게서 느끼곤 했다. 그래서 나는 늘 그에게서 희망과 용기를 얻을 수 있었다.《신인간》은 나의 동반자였다.

•《국제신문》 조봉권 기자,《내외신문》 송희숙 기자

포덕 157(2016)년 5월 27일, 28일 1박 2일 동안 부산 아르피나 유스호스텔에서 종의원의 심화 기화 및 역량 강화를 위하여 '대도중흥의 미래를 준비하는 사람들'이라는 주제로 종의원 24명, 교인 10명 등 총 34명이 참석하여 종의원 연수회의가 열렸다. 이날 연수회가 진행되는 동안 나는 부산의《국제신문》 조봉권 기자와《내외신문》의 송희숙 기자 등과 간담회를 별도로 개최했다. 나를 보며 천도교의 희망을 읽고 싶어하는 두 언론인의 간절한 마음을 느낄 수 있었다. 그래서 두 분과의 간담회가 오랫동안 생생하게 기억되고 있다.

《국제신문》의 조봉권 기자는 〈천도교가 쇠락한 것은 신앙심 부족 때문, 심장부부터 개혁에 나설 것〉이라는 제목하에 "천도교가 말하는 대도중흥의 기운이 무르익었다. 앞으로 3년 정도 기간에 향후 100년 번영의 기틀을 닦아야 한다"라고 썼다. 또 "이 교령이 말하는 '대도중흥' 은 천도교단에는 적극적이고 체계적인 혁신을 뜻하며, 한 민족에는 '사람이 곧 하늘(인내천)' 이라는 천도교 정신에 바탕을 둔 인본·평화·생명·정신 회복과 민족통일 완성을 의미한다", "교헌 개정, 신앙 중심 교회, 부산과 전주에 종학대학원 분원 설치, TV 방송국, 민족통일" 등에 대한 기자 간담회 내용을 언급하였다.

다음으로《내외신문》의 송희숙 기자는〈이정희 교령, 신앙심 회복이 혁신의 키워드이다〉라는 제목의 기사를 썼다. "이정희 교령이 인터뷰 자리에서 강조한 말은 한마디로 개혁과 혁신이었다. 천도교 개혁은 신앙심을 회복하고 한울님을 마음에 모셔야 한다. 오늘의 천도교가 어려운 상황에 처해진 이유를 신앙심 부재에 있다고 분석하고 천도교의 뿌리인 마음공부 수행을 통해 신앙심을 회복해야 한다고 진단했다.", "이정희 교령은 4월에 열린 취임식에서 12가지 핵심 과제를 발표했다."면서 그 내용을 소개했다. 그 후에도 몇 차례 송희숙 기자를 만났는데 만날 때마다 그의 집념이 대단하다는 것을 느꼈다. 따뜻한 마음으로 핵심을 짚어 좋은 글을 써준 조봉권 기자와 송희숙 기자에게 감사한 마음을 전하고 싶다.

•《조선일보》 김한수 기자

《조선일보》 김한수 기자는 동학 천도교 관련 글을 많이 썼다. 그의 글에서 김한수 기자의 모습을 떠올리며 그만의 따뜻한 마음과 고매한 인격을 느낀다. 그의 글에서 인내천의 통찰과 철학이 담긴 말소리가 현실처럼 생생하게 들린다. 겹겹이 쌓인 깊은 의미가 되새겨진다. 그의 글은 살아 움직인다. 그래서 나는 김한수 기자의 글을 보면 힘이 솟아난다. 늘 감사한 마음이 떠나지 않았다.

김한수 기자의 글 중 특히 2개의 글이 맛있고 멋있고 향기롭다. 먼저 포덕 157(2016)년 10월 6일,《조선일보》에 쓴〈인내천 혁명은 현재 진행형 민족통일로 완성해야〉라는 제목의 글에서 그렇게 느꼈다. "현대는 밀운불우의 시대입니다. 먹구름 가득하나 비는 내리지 않고 있죠. 하늘 위로 상서로운 구름이 세상 살리는 비가 되어 내리도록 시천주 인내천 정신으로 더욱 열심히 기도하고 있습니다. 동학농민혁명 122주년 기념일을 앞두고 만난 천도교 최고 지도자 이정희 교령은 수운회관이 자리한 종로구 경운동(慶雲洞)의 뜻을 이렇게 천도교와 연관 지어 설명했다." 천도교 최고지도자 이정희 교령은 "동학혁명은 시천주·인내천 사상을 이 세상에 실현하려는 운동이었기 때문에 완료형이 아닌 현재 진행형"이라며 통일운동은 그 정신을 오늘에 되살리는 것"이라고 표현했다. 김한수 기자는 또 포덕 158(2019)년 2

월 28일, 천도교 관련 3·1운동 100주년 기념 특집도 펴냈다. 〈3개 종교 앞장서자 2000만이 대한독립만세!, 나라 잃은 일제 강점기… 천도교는 사실상 정부였다〉는 제목하에 특집 기사를 실었다. 천도교 이정희 교령은 "이제 동학혁명과 3·1운동을 넘어 '제3의 보국안민운동' 인 평화 통일을 향해 갈 때"라고 말했다. "천도교는 당시 3·1운동의 주축이었다. 독립선언서에 서명한 민족 대표 33인 중 '대표' 역시 의암 손병희 선생이다." 3·1운동 100주년을 맞은 올해 천도교 최고 지도자인 이정희 교령은 기회 닿을 때마다 "왜 유관순 열사만 기억하고, 손병희 선생을 잊고 있느냐?" 고 묻는다. 대통령을 향해서는 "3·1운동 100주년인 올해는 꼭 서울 우이동 손병희 선생 묘소를 참배해야 한다." 고 강조한다. "3·1운동 100주년을 맞아 이 교령을 만나 감회와 계획을 들었다." 며 우리 민족의 위대한 3·1정신을 담아 인터뷰 기사를 실었다.

• 《한겨레》 조현 기자

《한겨레》의 조현 기자는 내가 정말 좋아하는 언론인이다. 그동안 동학 천도교 관련으로 많은 글을 폈다. 그의 글 속엔 한마디 한마디가 인격으로 다가온다. 그의 문장에서 인내천의 정신이 솟아난다. 글을 보면 그와 만난 듯, 인내천으로 하나가 된 인간의 깊은 정을 느끼게 한다. 다정한 인간미와 아름다운 향기가 모락모락 피어난다. 기사를 볼 때마다 나는 항상 옷깃을 마주하며 따뜻하고 진솔한 삶의 이야기를 하고픈 충동을 느낀다. 지금도 그렇다. 2건의 기사가 더욱 그렇다.

먼저 포덕 158(2017)년 11월 24일, 《한겨레》에 게재된 〈인내천 사상을 중심으로 천도교 중흥해야〉라는 기사 제목이 가슴에 와닿았다. 제목에 이어 열은 첫 문장 "한 명 한 명이 바로 한울님입니다. 그런데 그 한울님을 함부로 죽이는 세상입니다. 자기 자식까지 죽이니 말입니다. 그건 단지 살인이 아니라 한울님을 죽이는 것입니다. 천도교 최고 지도자인 이정희 교령은 15일 서울 세종대로 프레스센터에서 기자 간담회를 열어 " '죽임에서 살림으로 전환' 을 위해 '인내천(人乃天·사람이 곧 한울님)' 사상이 다시 절실해졌다." 라고 했다. 지난 4월 교령에 취임한 그는 "사람 대하기를 한울님 대하듯 해야 하는 섬김과 모심의 정신은 천도교인만 필요한 것이 아니라 인간이라면 모두 필요한 것" 이라고 썼다. 이어서 "종교가 다르고 생각이 달라도 인간이라면 '인간 존중' 을 위해서는 모두가 한마음 한뜻으로 함께 할 수 있다." 는 것이다. 이 시대 독자들에게 인내천 사상을 전하고자 하는 그의 간절함을 읽을 수 있다. 또 인일기념일을 앞둔 2017년 12월 20일, 우이동 봉황각 앞에서 진행한 인터뷰가 가슴에 와닿는다. 〈정신적 GNP 높이는 나라 돼야〉 제목에 눈이 번쩍인다. 이어진 문장, "서울 강북구 우이동 북한산 우이분소 앞에 봉황각이 있다. 천도교 중앙총부 건물을 50년 전 옮겨 온 벽돌 건물에 가려 잘 보이지 않는다. 그 건물 뒤로 돌아가니 인수봉에서 날아온 듯한 모습의 봉황처럼 우아한 한옥 기와집이 나타난다. 천도교 3세 교조 의암 손병희(1861~1922)가 3·1운동 7년 전인 포덕 53(1912)년부터 비폭력 평화 독립운동의 도통사들을 양성한 곳이다. 의암이 수운 최제우·해월 최시형으로 내려오던 천도교 도통을 이어받은 '인일(人日)기념일'(24일)을 앞두고 천도교 이정희 교령을 19일 봉황각에서 만났다. "이곳은 의암성사께서 7차례에 걸쳐 483명에게 이신환성(以身換性) 수련을 시켜 3·1운동을 준비한 곳이다. '이신환성'이란 "육신의 안락을 위한 삶을 성령의 참된 삶으로 바꾸라"라는 의암의 가르침이다. 이곳에서 49일씩 수련으로 체험한 성령으로 무장한 이들이 전국으로 내려가 시민운동을 전개하며 훗날 3·1운동이 들불처럼 번지게 하는데 막중한 구실을 했다"고 한다. 이 교령은 "나라엔 경제적 지엔피(GNP·국민총생산)만 있는 게 아니다"라며 "한 사람 한 사람을 얼마나 존엄하게 대하는지로 가늠되는 '정신적 지엔피'를 높여 진정으로 잘사는 나라를 만들어 보자."라고 한 대담 내용을 썼다.

•《일간투데이》 황종택 주필

《일간투데이》의 황종택 주필은 포덕 159(2018)년 12월 14일, 교령사를 방문하여 인터뷰를 진행하였다. 처음 만나 인사를 나누면서 황종택 주필의 해박한 경륜과 식견, 따뜻한 인간미, 향기로운 말솜씨가 나를 끌리게 한다. 3시간 동안 진행된 인터뷰는 청산유수처럼 거침없이 흘러갔다. 멋있는 헤어스타일, 따뜻한 마음, 다정다감, 시종일관 친화감으로 다가와 내 속에 잠긴 생각을 읽어 냈다. 마치 언어의 마술사와 같은 느낌이었다. 역동적으로 균형감 있게 진행된 인터뷰 내용은 2018년 1월 2일, 《일간투데이》에 전면 게재되었다. 〈제대로 잘사는 나라 되려면 정신적 GNP 높여야〉 제목하에 "모든 사람이 하늘처럼 존엄한 존재라는 천도교의 인내천 사상이야말로 우리 사회가 공동 가치로 발전 승화시켜야 할 고귀한 자산일 것입니다. 갈등을 해소하고 행복한 세상을 만들 수 있는 대안이 담겨 있기 때문이지요." 이정희 교령은 인간 존중의 사회 건설이야말로 국민 행복지수를 높이는 길임을 환기시키면서 "나라엔 경제적 GNP(국민총생산)만 있는 게 아닙니다. 한 사람 한 사람을 얼마나 존엄하게 대하는지로 가늠되는 '정신적 GNP' 를 높여 진정으로 잘사는 나라, 행복이 충만한 국민, 세계인에게 이상적 삶의 전형을 보여 줘야 합니다.", "앞서 걸어간 교조와 교령들이 남긴 빛나는 발자취를 오늘에 맞게 계승 발전시켜야 한다는 사명감이 충일한 종교 지도자이자 이 시대의 선각이다. 호암 교령은 '쇠운이 지극하면 성운이 온다는 경전의 가르침을 소개하고, 천도교는 특정 종교를 초월해 민족과 세계 인류의 평화를 지향하고 있다는 미래지향적 언급을 한 데서 보듯 그가 사유하는 세계는 보다 넓고 크며 높다", "물질문명에 가려 점차 쇠퇴해 가는 정신문명을 다시 세워야 합니다. 천도교가 앞장서겠습니다." 문장 하나하나가 주는 의미가 깊이 다가온다.

• 종교평화연구원 이병두 원장

이병두 종교평화연구원장, 이 시대 언론계의 보배 같은 존재다. 포덕 159(2018)년 10월 20일, 이병두 종교평화원장은《법보신문》에 〈문재인 정부 종교 정책 문제 있다〉는 보배와 같은 글을 폈다. "지난 9월 방북 특별 수행단에 꼭 들어갔어야 마땅한 천도교 대표를 포함시키지 않아서 청와대 참모진과 정부 해당 부처의 '판단 능력' 에 의구심을 갖게 하였다." 며 "그리고 평양에서 3·1운동 100주년 기념사업을 남북한 공동으로 하자고 제안하면서 3·1운동에서 가장 주요한 역할을 했던 천도교를 배제한 채 당시 그 거사를 철저하게 외면하였던 종교계 대표가 상황을 주도하는 모양새를 만들어 주고 있다는 느낌을 지울 수 없다. 그리고 참모진들이 저지른 이런 실수들(?)이 대통령의 종교 문제로 비화되면 걷잡을 수 없는 갈등 상황으로 이어질 수도 있음을 놓치지 말기 바란다." 며 문재인 정부의 종교 편향 정책을 비판하였다. 그리고 문재인 정부의 종교 정책에 대하여 점잖게 조언하였다. 단 한 번 전화조차도 나누지 않았는데, 정말 내가 하고 싶은 말 그대로다. 이심전심으로 통한 것 같았다.

• 《동아일보》 김갑식 논설위원

《동아일보》 김갑식 논설위원 역시 이 시대 언론계의 보배 같은 존재다. 김갑식 논설위원은 포덕 158(2019)년 2월 21일,《동아일보》 '김갑식의 뫎길' 에서 주옥같은 사상을 폈다. “불교와 개신교, 가톨릭, 원불교, 천도교, 유교, 한국민족종교협의회 등 7대 종단이 참여하는 한국종교인평화회의(KCRP)가 있다. 이 모임에서 가장 목소리가 크고 곧잘 웅변조로 얘기하는 이가 천도교 최고 지도자인 이정희 교령이다. 3·1운동 100주년을 맞는 올해에는 종교계 행사가 잇달아 열려 그의 목소리를 자주 들을 수 있었다. 그의 차례가 되면 어김없이 나오는 이야기가 있다. 천도교와 의암 손병희(1861~1922)가 없었다면 3·1운동이 있을 수 없었다는 것이다. 백범 김구 주석은 해방 뒤 환국하자마자 우이동 의암 묘소를 찾았고, 이승만 대통령도 두 차례나 방문했다. 정부에서 100주년을 맞는 3·1운동의 의미를 제대로 이해하고 있다면 문재인 대통령도 반드시 찾아야 한다.” “오늘의 대한민국은 동학 천도교에 적지 않은 역사의 빚을 지고 있다. 문 대통령의 의암 묘소 참배는 어색한 일이 아니다. 대통령은 종교를 떠나 우리 역사의 짐을 가장 먼저, 그리고 가장 무겁게 져야 할 자리이기 때문이다. 나아가 민족을 위해 희생한 대표적 독립운동가를 찾는 것은 논란이 될 일이 아니다.”라고 썼다.

이 얼마나 통쾌한 글인가? “3·1운동의 의미를 제대로 이해하고 있다면, 문재인 대통령도 반드시 의암 손병희 선생의 묘를 찾아야 한다.” “대통령은 종교를 떠나 우리 역사의 짐을 가장 먼저, 그리고 가장 무겁게 져야 할 자리이기 때문이다.” 이 말은 대통령을 향하여 천도교가 하고 싶은 말, 국민들이 하고 싶은 말 그대로가 아닌가? “오늘의 대한민국은 동학 천도교에 적지 않은 빚을 지고 있다.”는 이 말이야말로 대통령은 물론 온 국민이 반드시 기억해야 할 명언이 아니고 무엇이란 말인가? 나는 직접적으로 전화 한번 나누지 않았는데, 어쩌면 이렇게 내가 하고 싶은 말 그대로를 뽑아내어 표현했는지, 아무래도 한울님이 감응하시지 않았을까!

•《문학사계》 황송문 주간

《문학사계》 황송문 주간은 포덕 159(2018)년 3월 8일, 교령사를 방문하여 3시간 동안 대담의 시간을 진행하였다. 황송문 주간은 해박한 지식, 따뜻하면서 겸손한 태도, 열정적인 마음으로 거침없이 능숙하게 대담을 이끌었다. 질문 뒤에 답변이 저절로 나오도록 거침없이 질문과 답변을 자연스럽게 이어 갔다. “요즘 돌아가는 형편을 보면 한울님이 우리나라를 떠나실까 걱정이 되는데 그 점에 대해서 말씀해 주시기 바랍니다. 한울님이 우리나라를 계속해서 보우하신다는 신념 체계가 무너진 게 문제가 아니겠습니까?" 이에 대해 나는 "국가의 구성 요소가 국토와 국민과 주권이라는 삼대 요소를 말하는데, 그 삼대 요소만 가지고 국가가 성립된다고 보지 않습니다. 국가가 성립되는 삼대 요소 외에 더 하나 필요한 요소는 국가의 정신입니다. 대한민국의 개국과 경영하는 정신은 천도교의 인내천 정신이라고 생각합니다. 정치 경제 문화 사회 모든 부문에 인내천 사상, 사람이 한울이라는 사람이 중심이 되는 인간의 존엄성이 중요시되는 그러한 국가가 되어야 하겠습니다. 이런 도덕 국가의 정신이 세계에 확산되어 세계를 이끌어 나가는 도덕 선진국이 되어야 하겠습니다."

《일간투데이》 황종택 주간의 소개로 교령사를 방문한 황송문 주간에게서 동학 분위기가 물씬 배어 있음을 느꼈다. 어린 시절, 할머니에게서 동학 주문인 '시천주조화정영세불망만사지(侍天主造化定永世不忘萬事知)' 주문을 열심히 외우며 일하신 것을 기억한다고 했다. 그래서 나를 보면서 어릴 때 할머니와 동학을 한꺼번에 떠올린 듯했다. 황송문 주간과 함께 얘기를 나누면서 나 역시 어린 시절, 천도교 동학마을에서 주문을 외우며 베를 짜던 어머니의 기억이 떠올랐다. 어린 시절에 함께 듣던 동학 주문 소리의 감동을 공유하는 듯했다. 나는 대담이 끝난 후에도 그러한 기억의 마디들을 연상하며 한참 동안 명상에 잠겼다.

3. 총부 개혁 없이 천도교의 미래는 없습니다

지난 포덕 157(2016)년 4월 27일 수운회관 9층 교령사에서 나는 신인간사와의 특별대담을 가졌다. 대담은 이경일 편집장의 사회로 진행되었고, 지광철 신인간사 대표이사, 심국보 편집주간, 최인경 기자가 함께하여 교단의 현안 문제를 중심으로 질의하였고, 나는 교단 경영에 대한 포부와 방향을 허심탄회하게 답변했다. 신인간사에서는 3시간 가까운 오랜 시간 대담 내용에 대하여 녹취록을 바탕으로 《천도교신문》 제66호(포덕 157년 4월 24일)에 실었다.

Q: (신인간) 지난 3월 제38차 전국대의원대회를 통해 교령 선출에서 당선되신 것을 축하드립니다. 교령님께서는 당선 이후 여러 가지로 바쁘신 나날을 보내셨을 텐데, 교단 내외의 많은 분들을 접견하시면서 느끼신 소감을 말씀해 주십시오.

A: (이정희 교령) 만나는 모든 분들로부터 한울님의 뜻으로 당선되었다는 말을 많이 들었습니다. 지역적인 배경, 연원적인 배경 등으로 보아서는 도저히 당선될 수 없을 것이라고 생각했는데, 이번에 교령으로 선출되었다는 것은 분명 한울님의 뜻이 작용했을 것이라고 하더군요. 그러면서 이 시대 오늘의 우리 천도교를 향한 한울님의 뜻이 무엇인지를 깊이 생각하면서 교단 중흥을 위해 흔들림 없이 굳세고 바르게 잘해 나가야 할 것이라는 당부의 말을 많이 들었습니다. 저 자신 또한 그렇게 생각하고 있습니다. 앞으로 주어진 임기 동안 한울님의 뜻이 무엇인지를 깊이 생각하면서 대도중흥의 새로운 천도교 시대를 열기 위해 저의 신명을 다 바쳐 나가겠다는 굳은 결의를 다지고 있습니다.

'대도중흥은 가장 핵심적인 것, 근본을 세우는 것'

대도중흥이란 한마디로 근본을 다시 세우는 것을 뜻하는 것입니다. 대도와 중흥의 합성어인데 먼저 대도란 대신사께서 한울님으로부터 받은 무극대도를 말하는 것이며, 중홍이란 무극대도의 근본 중심을 일으키는 것을 말합니다. 그래서 대도중홍이란 대신사께서 한울님으로부터 받은 그 근본 원점으로 돌아가 오늘의 천도교를 다시 세워 일으키자는 뜻입니다. 거듭 일으킨다는 뜻으로서의 중홍이 아니라 최초로 동학이 이 세상에 창건되게 된 그 근본 한울님의 뜻을 다시 일으키자는 뜻입니다. 그래서 대도란 천도를 이야기하는 것이고, 중은 가장 핵심, 가장 근본 원래 그 자리로서 대신사께서 득도했던 그 시점을 뜻하는 것입니다. 157년 전 대신사께서 한울님으로부터 받은 무극대도를 일으키자는 것이 대도중홍입니다. 오늘날 우리 도의 현실은 한울님과 대신사님의 뜻으로부터 많이 벗어나 있습니다. 다시금 동학 천도교의 창도정신으로 돌아가 도성덕립 보국안민 포덕천하의 큰 꿈을 이뤄 나가자, 이것이 대도중홍인데, 대도중홍에 대한 교인들의 기대가 크다는 것을 많이 느꼈습니다.

"사람을 교체하기보다는 그 사람의 마음을 바꿔야"

Q: 교령님께서는 당선 직후 또 천일기념사 그리고 취임사를 통해 제38차 전국대의원대회에서 대의원들이 보여 준 선거 혁명의 열기로 '대도중홍의 길' 을 열겠다고 하시면서, 그 첫 번째 과제로 '총부 개혁' 을 강조하셨습니다. 취임사에서 "총부 개혁 없이 천도교의 미래는 없다." 고 단언하시며, "교헌개정특별위원회를 구성하고 중장기 발전 계획을 마련하겠다." 고 하셨습니다. 교헌 개정의 구체적인 일정과 주요 과제에 대해 말씀해 주셨으면 합니다.

A: 교헌 개정은 대도중홍을 위한 필수적인 사안입니다. 교헌 개정이 이루어지지 않은 채 대도중홍을 이루어 나간다는 것은 매우 제한적일 수밖에 없다고 보기 때문입니다. 이 시대 준엄한 천명으로서의 대도중홍을 위한 교회 개혁은 스승님의 가르침에 따라 여세동귀하는 교회, 용시용활하는 교회, 신문명 포덕의 교회 기반이 새롭게 갖추어져야 한다고 봅니다.

그런데 현재의 교헌은 61년 전, 포덕 96년 1월 17일에 제정된 것으로서 그동안 필요에 따라 부분적인 수정은 있어 왔으나 교헌의 내용이나 구조와 형식, 용어 등에서 전반적으로 시대에 뒤떨어진 비효율적인 모습을 보여 주고 있습니다. 이와 같은 문제의 소지를 안고 있는 교헌은 이제 세계화, 미래화, 지방화, 정보화라는 새로운 시대 새로운 문명에 앞서갈 수 있는 교헌으로 새롭게 바뀌어야 한다고 봅니다. 특히 우리 교회는 오늘의 동학혁명, 3·1운동 차원에서의 남북통일을 효과적으로 추진할 수 있도록 미래지향적 교헌으로 전면 개정되어야 한다고 생각됩니다. 그런데 아무리 시급하고 중요하다 할지라도 충분한 시간을 두고 단계별로 접근해 나가야 한다고 봅니다. 한두 달 동안 짧은 기간에 부분적인 개정안을 만들어 대회를 소집하는 식의 단편적 방식은 지양해야 할 것입니다. 그래서 이번 교헌 개정은 충분한 시간을 두고 전문적 연구 및 광범위한 의견 수렴과 합리적인 결정 과정 등 3단계로 나누어 접근해 나갈 예정입니다. 그리고 총부 직원들의 마음을 바꾸는 의식 개혁을 강화해 나갈 것입니다. 총부 직원의 의식이 바뀌면 사람을 바꾸지 않고도 총부를 개혁해 나갈 수 있습니다. 이러한 의식 개혁과 함께 교헌과 제도를 바꾸어 구조적인 개혁을 단계별로 병행해 나갈 것입니다.

"일년 동안 의견 수렴하고, 2년 내에 교령 추대제로 교헌 바꾸겠다."

1단계에서는 교령 산하에 교헌개정특별위원회를 설치하여 위원회 중심으로 천주교, 원불교 등 타 종단의 사례와 장단점 등에 대하여 충분한 연구와 광범위한 의견 수렴을 거쳐 연구보고서 형태로 초안을 만들어 내도록 하고자 합니다. 1단계는 대략 1년 정도 소요될 것으로 봅니다. 많은 분들이 현행 교령 선거 제도는 교단 발전을 저해한다며 교령 추대제로 바꾸어야 한다는 의견이 지배적입니다. 따라서 의견 수렴을 거쳐야 하겠지만 새로운 교헌에서는 교단 발전에 결정적으로 장애가 되고 있는 현행 교령 선거제를 교령 추대제로 바꾸는 교헌 개정안을 만들도록 하겠습니다. 다음 2단계에서는 1단계에서 만들어진 초안을 중심으로 전문적 검토와 광범위한 의견 수렴으로 보다 완벽한 개정안을 만들 것입니다. 이 기간은 대개 6개월 정도 걸릴 것으로 봅니다. 이렇게 만들어진 교헌 개정안에 대하여 현행 교헌과 규정에 따른 내부 결정 절차를 거쳐 확정하는 단계가 3단계 작업이 될 것입니다. 3단계 과정은 대략 3개월 정도 소요될 것으로 봅니다. 이렇게 단계별로 접근할 경우 교헌 개정은 2년 정도가 소요될 것입니다. 계획대로 이루어질 경우 2년 후에는 60년 만에 전면적으로 개편된 제정 수준의 새로운 교헌을 갖추게 될 것입니다. 이렇게 될 때 새로운 집행부가 중점적으로 추진하게 될 대도중흥을 위한 교회 혁신 과제 중의 하나인 교헌 개정이 완성될 것이며 이를 통해 한울님의 뜻인 대도중흥의 혁신 정책이 순조롭게 잘 이루어져 나갈 것입니다.

Q: 경주시의 용담성지 성역화는 우리 교단으로서는 매우 고무적인 사실입니다만, 우리도 많은 투자가 필요하다고 봅니다. 취임식 이전에 경주시를 방문하여 경주 시장님과도 만난 것으로 알고 있습니다. 용담성지 성역화의 현황, 그리고 우리 교단에서 경주시의 사업 완료 후, 위탁은 당연히 천도교 중앙총부에서 받아야 된다고 보는데, 수운기념관, 교육관을 위탁 경영할 구상을 말씀해 주십시오.

"천도교 힘 있다! 성지·사적지 위원회 만들겠다."

A: 지난 4월 12일, 용담정 봉고식을 마치고 용담성지 성역화 사업에 대한 현황과 문제점 및 개선 방안 등에 대하여 알아보고자 하였으나 자료가 준비되지 않아 제대로 파악하지 못했습니다. 다만, 당초의 성역화 추진 사업 규모가 10분의 1 정도로 축소되었으며, 계획대로 추진되지 못하고 있다는 말을 들었을 뿐입니다. 그래서 저는 용담성지에 대한 총부 차원의 대응이 체계적으로 이루어져야 한다는 생각을 하게 되었습니다. 이에 따라 취임사에서 앞으로 스승님들과 선열들의 거룩한 발자취와 성령이 깃든 성지와 사적지를 성역화해 나갈 것이며, 이를 위해 성지 및 사적지 성역화위원회를 설치하여 지속적으로 성역화 사업을 추진하고 체계적으로 관리해 나가겠다고 강조한 바 있습니다. 앞으로 동 위원회가 설치되면 여기서 용담성지 성역화 사업에 대한 논의와 대안도 마련될 것이며 이를 통해 효과적으로 용담성지에 대한 관리가 체계적으로 이루어지게 될 것입니다.

Q: 수운 교육관과 비슷한 사례가 있었는데, 서울노인복지관을 우리가 수용할 수 없어 반납했고, 현재 수유어린이집 위탁 받았지만 우리가 운영 능력이 안 돼서 다시 재수탁을 해 버렸습니다. 경주시가 과연 천도교를 믿을 수 있겠습니까? 수운기념관이나 교육관은 용담성지에서 진행되는 것 아니겠습니까?

저희가 지난해 경주시와 몇 차례, 면장까지 만나면서 경주동학문화제 때문에 만나서 생생하게 이야기를 들었습니다. "천도교가 움직이지 않는다, 관심을 갖지 않는다, 우리는 중앙정부에 예산을 요구해서 어렵게 받아왔는데 정작 주인인 천도교는 돈 한 푼 안 내놓더라" 이런 이야기를 아주 적나라하게 들려주었습니다.

특히 용담성지에서 이루어지는 이런 사업은 만반의 준비가 갖춰져야 하고, 교령님 말씀하셨던 것처럼 조직이 잘 짜이고 빠른 시간 내에 가동이 되어야 합니다. 교육관만 문제가 아니고 기념관도 문제예요. 무엇을 기념관에 전시할 것인지, 전시로 끝나는 것이 아니라 입체적인 영상, 이런 것들을 만들어야 하는데 돈이 많이 들어갑니다. 경주시 그 사람들이 하겠습니까? 관람객이 와서 생생하게 느낄 수 있도록 기념관, 교육관을 만들어야 하지 않겠습니까.

A: 좋은 지적입니다. 지금 발등에 떨어진 바쁜 일들이 끝나면 이에 대한 현황과 문제점 등을 집중적으로 점검하고 대안을 마련하여 준비하도록 하겠습니다. 그런데 앞에서도 말했듯이 경주뿐만 아니라 전국적으로 수백 개가 넘는 성지 및 사적지가 방치되고 있다는 점이 큰 문제입니다. 이거 큰일입니다. 빠른 시간 내에 '성지 및 사적지성역화위원회' 를 만들어 전부 데이터베이스화해서 체계적으로 관리해 나가도록 하겠습니다. 성지별로 고유번호를 부여하고 성지별 관리 방안도 개별적으로 마련해 나가도록 해야 할 것입니다. 지난번 방문객 중 한 분이 그래요. 공주 우금티에 국립묘지를 설치해야 한다고요. 몇백 명이 희생된 5·18이나 4·19는 공동묘지가 조성되고 추모 공간이 마련되어 있는데, 20~30만 명이 희생된 공주 우금티에는 덜렁 탑 하나 세워져 있을 뿐이며, 그나마 기념탑 하나마저도 제대로 관리되지 못해 훼손되어 있으니 말이 되느냐고 하더라고요. 그러면서 그곳에 동학혁명 국립묘지가 조성되어 전 국민 추모의 장이 되어야 한다고 하더라고요. 그러면서 천도교는 정부에 대해 성지를 조성해 달라고 주장할 만한 역사적 힘을 가지고 있는 것 아니냐고 했습니다. 저 역시 동감이라면서 지난해 12월호에 게재된 '우금티' 에 대한 글을 보여 준 바 있습니다만, 성지 및 사적지에 대하여 방치 상태에 있는 우리 교회에 대해 밖에 있는 사람들이 더 걱정하고 있으니 도대체 말이 안 된다는 생각을 강하게 하고 있습니다. 정부에 대하여 힘 있게 제안하고 당당하게 설득하고 관련 예산을 확보할 수 있도록 성지 및 사적지 성역화 사업 계획서를 만들어야 하겠습니다.

Q: 동학농민혁명재단 이사장 바뀐 것 아시죠.

A: 예 들었어요.

Q: 이번에 천도교인은 이사에 한 명도 포함이 안 됐다고 합니다. 이런 일들이 경주에서 안 일어난다는 보장이 없잖습니까.

A: 예, 다시금 시행착오를 범하지 않도록 경주시와 적극적으로 협의하면서 대책을 강구해 나가도록 해야겠다고 생각합니다.

Q: 은적암 성역화에 대해 말씀해 주셨으면 합니다.

A: 은적암 성역화 사업도 매우 중요하고 시급하다고 생각합니다. 나는 포덕 154년에 동학문화진흥회(회장 이정희)의 이름으로 공주 우금티와 함께 은적암도 국가적 차원에서 성역화해 나갈 것을 대통령에게 청원한 바 있었습니다만 아직까지도 아무런 조치를 취하지 않고 있는 실정입니다. 정부의 조치가 없다고 해서 포기해서는 안 된다고 생각합니다. 성지 및 사적지성역화위원회가 구성되면 은적암도 단계적으로 성역화를 추진해 나갈 수 있을 것으로 생각됩니다.

Q: 남원은 한병옥 씨라는 분이 은적암에서 시작하는 동학 벨트를 조성하려고 지역민들과 힘을 합치고 있습니다. 기념비를 자비를 들여서 11년간 매년 하나씩 세웠습니다. 은적암 터 집주인과 잘 이야기만 하면 별로 어렵지 않게 대신사님이 계셨던 암자 정도는 만들 수도 있을 것 같습니다. 그동안 그 집 주인 빼놓고 불교 쪽과 이야기하다 보니까 오히려 답보 상태로 있는 것 같은데, 저희 종단에서 직접 만나서 대화를 하면 일이 훨씬 빨리 될 것입니다.

A: 한병옥 씨가 (동학기념비 세우는) 어떤 분인가요? 그분이 개인적으로 은적암에서 시작하는 동학 벨트를 조성하게 된 동기가 궁금하네요?

Q: 한병옥 씨는 학교 선생님이셨는데, 남원동학농민혁명기념사업회 하시던 분들이 원불교에 관련된 분들로, 연로해지시면서 한병옥 씨 한테 (젊은) 당신이 나머지 동학유적지를 책임져라 해서 회장을 맡으면서 남원 지역 동학유적지를 찾아다녔답니다. 지금 남원 지역 30여 분이 활동하고 계십니다. 사실 한병옥 씨 이런 분께 공로상을 줘야 합니다.

A: 검토해 보겠습니다. 공로가 인정된다면 당연히 공로상도 드리고 격려를 해 드려야지요. 그분이 믿고 있는 종교는 뭔지요?

Q: 무종교입니다.

A: 그런데 원불교 사람들은 어떻게 동학유적지 사업을 하게 되었는지도 궁금합니다. 그리고 한병옥 씨가 맡고 있는 조직의 직함은 무엇인가요?

Q: 지금은 회장을 물러나 있지만, 남원동학 안내를 맡은 향토사학자입니다. 임형진 교수가 잘 알고 있습니다. 교령님께서는 '여세동귀하는 천도교'를 언급하시면서, 천도교 교육·홍보관을 설립, 기관지의 온라인화, 인터넷 TV 방송국 설립 등을 말씀하셨습니다. 저희 신인간사 입장에서는 매우 고무적인 말씀입니다. '기관지의 온라인화−인터넷 방송국 설립'은 당장 시급한 문제라고 저희들도 판단하고 있습니다. 이에 대해 말씀해 주셨으면 합니다.

"텔레비전 방송을 가져야 세계에 홍보, 포덕할 수 있다."

A: 오프라인으로 인쇄 형태로 하면서 필요에 따라서 온라인으로 갈 수도 있고 종이 인쇄 이것도 없애진 않을 겁니다. 같이 병행해야 하고, 또 TV 방송국은 우리 천도교가 다른 쪽 힘이 약하니까, 텔레비전 방송국을 설립 운영함으로써 천도교를 전세계에 홍보할 수 있는 세계화 시대에 부응할 수 있을 것입니다. 임기 중 천도교 텔레비전 방송국을 설립 운영할 수 있도록 최대한 노력해 나갈 예정입니다.

Q: 수운회관에 "동학문화센터를 설치 운영하겠다. 구체적으로 천도교 도서관, 자료실과 박물관, 전시장 등을 언급하셨는데 말씀 부탁드립니다.

A: 동학문화센터, 이건 반드시 해야 합니다. 자료실 가봤더니, 시설은 물론 장소도 협소해서 크게 늘려야겠다는 생각을 했습니다. 도서관에서 차도 마시면서 대화도 하고, 간단한 다과와 커피도 마실 수 있는 공간을 확보할 필요가 있다고 생각하고 있습니다. 동학문화센터를 설립하여 자료실과 박물관, 전시장을 아우르며 평생

공부 시대에 부응할 것입니다.

Q: 저희가 시도를 해봤습니다만 실패했습니다. 수운회관 지하 예전에 다방이 있었잖습니까, 거기 저희가 했다가 실패했습니다.

A: 우선 기존에 확보된 예산으로 소규모로라도 시작을 하도록 하고 제대로 예산을 확보하면 점진적으로 키워서 대규모의 동학문화센터를 설치하여 운영할 생각입니다. 내년도 예산 확보를 위해 사업 계획서를 만들어 요구할 예정으로 있습니다.

Q: 문체부에 구체적으로 제안이 된 사업입니까?

A: 가까운 시일 내에 문체부에 제안을 할 예정으로 사업 계획서를 작성하고 있습니다.

Q: 실무 담당은 교화관인가요?

A: 예, 그렇습니다.

"종학대학원, 서울·영남·호남 3원 체제로 확대하겠다."

Q: 종학대학원 지역별 분원에 대해, 구상하고 계시는 것을 말씀해 주십시오.

A: 종학대학원은 앞으로 지역별 3원 체제로 운영하여 원하는 교인 모두가 종학대학원을 다닐 수 있도록 근접 지원을 할 예정입니다. 그래서 서울·경기·강원 쪽은 서울 본원에서, 영남 쪽 대구 부산 마산 지역은 영남 분원에서, 호남 쪽 전주 광주 지역은 전주에 호남 분원을 만들어 전국을 커버할 수 있도록 하려고 합니다. 분원 설립을 위해 별도로 독립된 건물을 확보하려면 많은 예산이 소요될 겁니다. 그러나 교육 장소는 기존의 교회 건물을 활용하도록 하고 교수진에 대해서는 해당 지역 내 대학이나 교인 중 자격이 있는 분을 모시도록 한다면 적은 비용으로 전국을 망라하는 종학대학원 교육을 분산해 실시할 수 있을 겁니다. 그리고 전문 교역자 양성 교

육은 의창수도원을 활용하여 소수 정예 교육 과정을 운영하는 방향으로 일반 교육과 차별화된 전문 교육 과정을 개발하여 운영할 예정입니다.

Q: 선도사 아닙니까? 순회 교사도 있고요….

A: 젊고 유능하고 사명감이 있는, 그런 전문 교역자를 길러 내려면, 우이동에 있는 의창수도원에서 숙식하면서 전적으로 교역자의 길을 걸어갈 수 있는 유능한 인재를 길러 내야 한다고 생각합니다.

Q: 과거에 그렇게 1년간 합숙하고 그렇게 했었는데….

"천도교가 발전하려면 전문 교역자가 필요, 내년부터 시행해야"

A: 과거에 그렇게 했기에 그나마 조금 남아 있어요. 지금은 인재 양성이란 말만 하고 있어요. 계속 연구하겠지만 우리도 전문 교육자 제도가 있어야 해요.

그러니까 프로 시대인데 아마추어들이 하려니 됩니까. 프로도 쉽지 않은데, 무슨 얘기냐면, 우리가 원불교를 벤치마킹을 하는데, 그 사람들이 결혼도 안 하고 젊은 여성분들이 월급도 얼마 받지도 않으면서, 하나부터 열까지 돈독한 모범적인 신앙인 모습을 보여 줘요. 정남들은 가정이 있긴 있는데 대개 살림은 부인이 하고, 그 사람들은 사명감을 가지고, 의상이나 언동이 평교인과 완전히 다릅니다. 우리 천도교가 발전하려면 전문 교역자가 반드시 필요하다고 봅니다. 다들 필요하다고 그래요. 올해는 예산이 없지만 내년부터는 점진적으로 도입하는 방향으로 노력해 나갈 생각입니다.

Q: 조금 전에 종학대학원 분원 말씀하셨는데, 영남 지역은?

A: 아직 구체적인 이야기는 안 했습니다만 부산시교구가 좋을 것 같습니다.

Q: 전주 동학혁명기념관 같은 경우는 2층에 시일식 보는 공간밖에 없어요. 별도로 사무 공간이라든가 독립 공간이 필요하잖습니까?

A: 시일식과 겹치지 않도록 해야 되겠지요.

Q: 전임 집행부 사업으로 3·1운동 100주년과 동학농민혁명 기념사업, 시천주복지재단과 어린이가 행복한 나라 사업 등을 열거하시면서 계승할 것을 천명하셨습니다. 교단 일부에서는 특히 3·1운동 100주년 사업의 중요성은 모두들 공감하지만, 3·1운동 100주년 사업추진위원회의 업무가 중앙총부의 사업과 중복되면서, 중앙총부가 백주년추진위 사업을 뒤따라가는데 급급하지 않을까 하는 우려의 시각도 있습니다. 교령님의 의견을 듣고 싶습니다.

A: 그러한 우려를 갖는 분들이 많을 줄 압니다만 크게 걱정 안 해도 될 겁니다. 3·1운동 100주년 사업은 각 종단이 공통적으로 참여하는 범종교적인 성격을 갖고 있으므로 그러한 성격에 맞게 운영해 나가야 한다고 봅니다. 따라서 천도교가 3·1운동 때 보여 주었던 거국적이고 통합적인 지도력을 잘 발휘해 나가야만 성공적으로 추진해 나갈 수 있을 것으로 생각됩니다. 그런 점에서 3·1운동 100주년 사업추진위와 앞서거나 뒤서는 일은 없을 것이며 뒤따라가는 그런 일도 없을 것이라고 생각됩니다. 사업이나 예산 집행에 있어서 합리적, 합규정적으로 잘 운영될 수 있도록 노력해 나갈 것입니다.

Q: 오히려 교단 돈을 더 가져가는 모양새로 되어 있잖습니까?

A: 그렇게 되지 않을 것입니다. 긴밀한 협조하에 초기 운영의 묘를 잘 살려나가야 된다고 봅니다. 현재는 예산상 총부에서 관할하는 특별사업의 일환으로 편성되어 운영되지만 앞으로 별도의 법인으로 위상을 갖추어 운영할 경우, 독자적인 조직과 독자적인 사업 추진 체계를 갖추어 독립적으로 사업을 추진하게 될 것으로 봅니다.

Q: 신인간사는 올해 창간 90주년을 맞이했습니다. 나름대로 사업을 구상하고 있지만, 제대로 실행하지 못하고 있습니다. 교령님께서도 예전에 신인간사 이사도 역임하셨고, 주식회사로서의 신인간사의 어려움을 잘 알고 계실 것입니다. 신인간사 발전 방향이나 신인간사에 대한 질책이나 충고의 말씀도 부탁드립니다. 그리고 《신인간》 독자 여러분께도 인사 말씀 부탁드립니다.

“6월부터 전국 교구 순회 방문”

A: 1926년《신인간》창간 때의 초심을 잃지 말고 그 정신을 지속적으로 살려 나가야 한다고 봅니다. ‘신인간’을 지향하는 신인간사, 미래 지향적인 ‘신인간상’을 만들어 달라는 부탁을 하고 싶습니다. 또 주식회사를 왜 만들었는가를 생각해 봐야 합니다. 가능한 한 수익을 내고 재투자를 할 수 있도록 운영해야 할 것입니다. 그리고 신인간사 본업, 즉《신인간》지와《천도교신문》을 잘 만들어 내는 일에 충실해야 한다고 생각합니다. 인력이나 예산상의 여유가 있을 때 새로운 사업을 벌여 나가야 한다고 봅니다. 그리고 독자들이《신인간》의 질을 결정하고, 그러한 독자들이《신인간》을 만들어 간다는 생각을 하도록 해야 할 것입니다. 한마디로 고객 중심의 경영을 해나가야 한다는 말입니다.《신인간》과 더불어서 신인간사를 발전시킬 수 있는 많은 독자를 확보하도록 해야 할 것입니다. 종신 회원(평생 독자)를 많이 확보하는 것이 좋을 것입니다.《신인간》독자 여러분께서는《신인간》을 계속 사랑해 주시고 좋은《신인간》이 될 수 있도록 깊은 관심과 지원을 해줄 것을 이 기회에 부탁하고 싶습니다. 그리고 한 가지 덧붙입니다. 6월부터는 전국 주요 교구를 순회합니다. 혼자 가는 것이 아니라 총부의 간부들과 다 같이 가서, 총부의 중요 사업을 설명하고, 각 교구의 현황과 문제점, 발전 방향 등을 논의하려 합니다. 그리고 전국의 9개 수도원도 순방하려고 합니다. 현재 문 닫아 놓고 있는 복호동 수도원까지도 차례로 순방할 예정입니다. 동학의 큰 스승이신 해월신사께서 머문 곳이라 지자체에서 관광상품화할 수도 있다고 들었습니다. 지자체와 연결하여 지자체 예산으로 우리가 해야 일을 함께 할 수도 있다고 봅니다. 그렇게 하려면 우리가 그곳을 계속 방문하고 관심을 가져야 합니다. 그곳에 기념비만 세워 놓고, 수련생도 없고 현재와 같이 문 닫아 놓고, 천도교가 있는지 없는지 모르게 해서는 안 됩니다. 앞으로 교구와 수도원 방문 시 신인간사에서도 관심을 가지고 함께 방문하여 대도중흥을 위한 뜻 있는 방문길이 될 수 있도록 해주기를 바랍니다.

Q: 교령님 오늘 말씀 잘 들었습니다. 오랜 시간 좋은 말씀 감사합니다.

4. 정신적 GNP 높은 나라, 《일간투데이》

포덕 158(2017)년 12월 14일 교령사에서 《일간투데이》 황종택 주필과 대담한 내용을 포덕 159(2018)년 1월 2일자, 《일간투데이》에 〈제대로 잘사는 나라 되려면 '정신적 GNP' 높여야〉라는 제목으로 게재된 내용이다.

《일간투데이》 황종택 주필 "모든 사람이 하늘처럼 존엄한 존재라는 천도교의 인내천(人乃天) 사상이야말로 우리 사회가 공동 가치로 발전·승화시켜야 할 고귀한 자산일 것입니다. 갈등을 해소하고 행복한 세상을 만들 수 있는 대안이 담겨 있기 때문이지요."

호암 이정희(湖菴 李正熙) 천도교 교령은 포덕 157(2016)년 봄, 교령에 취임한 이후 하루 24시간이 모자랄 정도로 분주한 삶을 살고 있다.

중일변의 꿈, 대도중흥비전 21을 구현하기 위함이다. 최근에는 포덕광제를 위한 범국민 의식개혁운동의 일환으로 인내천 의식개혁운동을 전개하면서, 이를 기반 삼아 안으로는 포덕 역량을 확충해 교단을 중흥하고 밖으로는 민족 정기 발양과 남북 평화 통일·세계 평화에 이바지하기 위함이다.

지난해 11월 24일 '인내천운동연합'을 출범시킨 배경이다. 서울에 인내천운동연합 사무처를 구성하고 전국 각지에 지부를 결성하며, 미국과 일본 등 해외에도 지부를 설치해 교민들을 대상으로 특별 강연을 열기도 했다.

이정희 교령은 "오늘날 우리 인류는 4차 산업혁명으로 대표되는 고도화된 과학문명과 물질적 풍요를 누릴 정도로 발전했지만 정신문명은 극도로 쇠퇴해 인간 존엄성이 갈수록 흐려지고 있다"며 "따라서 인내천 의식개혁 운동을 통해 행복한 사회 구현의 메시지를 사회에 전달하고 건전하고 밝은 기운을 조성하는 일이 시급하다."라고 강조했다. 인간 존엄, 곧 생명 가치에 대한 호암 교령의 신념은 굳다. 그리고 이를 설파하는 그의 표정엔 소명감이 진하게 배어 있음을 공명케 한다.

"'사람이 곧 한울' 이니 사람을 한울처럼 공경하고 누구나 한울이니 차별 말고 대하라는 '인내천' 보다 더한 인간 존중과 평등이 있겠습니까. 촛불혁명으로 탄생한 문재인 대통령과 정부가 '사람 중심이다', '사람이 먼저다' 라고 하는 것도 궤를 같이한다고 할 것입니다."

호암 교령은 인간 존중의 사회 건설이야말로 국민 행복지수를 높이는 길임을 환기시키면서 "나라엔 경제적 GNP(국민총생산)만 있는 게 아닙니다. 한 사람 한 사람을 얼마나 존엄하게 대하는지로 가늠되는 '정신적 GNP' 를 높여 진정으로 잘사는 나라, 행복이 충만한 국민, 세계인에게 이상적 삶의 전형을 보여 줘야 합니다."라고 말했다.

사람을 존중하는 호암 교령의 실천적 외침은 공감적 울림이 크다. 살아온 삶이 뒷받침하고 있기에 가능한 일이다. 대덕연구단지에서 40여 년 동안 근무했고, 공주대와 한남대 객원교수 및 미국 시라큐스대 교환교수를 역임한 데서 보듯 첨단 과학 기술로 무장한 전문 테크노크라트들과 오랜 기간 교유하면서도 행정학자 · 철학자로서 현실과 이상, 과학과 종교, 실무와 이론적 대안을 고뇌하고 연구한 족적이 잘 보여 주고 있음이다. 호암 교령은 최첨단 과학 기술 문명인 4차 산업혁명 시대를 맞아 인간 존엄성이 위협받고 있다며 "인내천 및 사인여천 정신에 기반해 윤리를 새롭게 해석하고 널리 선양하도록 해나가야 한다."라고 힘주어 말했다. 호암 교령이 우리 사회, 나아가 지구촌 사람들과 함께 친밀하게 더 넓고 더 높게 호흡하고 있는 원동력이 바로 무엇인지를 알도록 하게 한다.

호암 교령의 이 같은 공적 활동은 사상적 토대인 천도교의 '대도중흥 무극대도(大道中興 無極大道)의 길' 을 닦기 위해서다. 한울님의 뜻을 이어 시천주 인내천 진리로써 근본을 다시 세워 정신문명을 새롭게 밝힌다는 목표에 맞춰져 있다.

이를 통해 행복한 사회 구현을 위한 새로운 메시지를 온 세계에 전달하고 희망의 밝은 기운을 조성하겠다는 다짐인 것이다. 호암 교령은 천도교단을 이끄는 수장으로서의 꿈을 성운 전환의 '대도중흥비전 21' 로 압축했다. 대도중흥을 실천적으로 한국 사회에 전파하기 위해 '인내천운동연합' 도 출범한 것이다.

이를 위해 대도중흥 중일변 민족통일을 위한 특별기도, 인재 양성, 포덕 2500, 3·1운동 100주년 기념사업, 인내천 통일운동, 성역화 사업, 동학문화센터 개관,

천도교 중앙도서관 설립, 세계화 사업 등 다양한 사업을 벌인다. 무엇보다 3·1운동 100주년 기념사업으로 의암 손병희 기념관 건립을 중점 사안으로 추진 중이다.

의암은 3·1운동 7년 전인 1912년부터 7차례에 걸쳐 모두 483명에게 이신환성(以身換性) 수련을 시켜 3·1운동을 준비했다. 서울 우이동에 봉황각을 짓고 이곳에서 비폭력 평화 독립운동의 전사들을 양성한 것이다.

'이신환성' 이란 "육신의 안락을 위한 삶을 성령의 참된 삶으로 바꾸라"라는 의암의 가르침이다. 이곳에서 49일씩 수련을 통해 체험한 성령으로 무장한 이들이 전국으로 내려가 시민운동을 전개하며 훗날 3·1운동이 들불처럼 번지게 하는 데 막중한 역할을 했다. 현재 천도교의 주요 종교 행사와 더불어 시일식이 이뤄지고 있는 서울 종로 경운동에 있는 중앙대교당은 1920년대 붉은 벽돌로 건축된 것으로 당시 명동성당, 조선총독부청사와 함께 3대 건축물 중 하나였다.

천도교는 일제 강점기의 독립운동사와 깊은 연관이 있다. 세계사에 길이 빛날 3·1독립운동은 천도교가 중심이 돼 일어난 것이다. 당시 천도교인들의 수가 2천만 인구 중 300만 명이 넘는다고 박은식의 『한국독립운동지혈사』에 기록돼 있다.

천도교는 일제 강점기 우리나라의 정치 경제 사회 문화 등 전 분야에서 국가경영의 중심적인 역할을 담당했다. 3·1독립운동선언에 참여한 민족 대표 33인 가운데 의암 손병희를 필두로 천도교인 15명이 포함돼 있다.

이 같은 공헌이 있기에 해방 직후 백범 김구 선생은 귀국하자마자 의암 묘를 참배하면서 "3·1운동이 아니었으면 임시정부가 없었고, 의암이 없었으면 3·1운동도 일어나지 못했을 것" 이라고 말할 정도로 의암을 높이 평가했다. 이승만 대통령도 두 번이나 참례했다. 자유당 시절인 1959년 '손병희선생기념사업회'가 결성돼 이승만 대통령이 명예위원장을 맡고 조동식 동덕여대 총장이 위원장을 맡아 파고다공원에 동상을 세우고 전기를 쓰고 묘비를 제막했는데 미처 기념관은 짓지 못한 채로 1965년 사업회가 해체됐다. 그래서 아직도 중국의 국부인 쑨원(孫文)이나 인도의 국부인 간디에 비견할 민족 지도자인 의암의 뜻을 기리고 유물을 제대로 전시할 공간이 없다고 했다. 의암은 특정 교단의 지도자를 넘어 민족의 스승인 것이다.

"세계에서도 유례없이 여러 종교와 화합해 비폭력 평화 독립운동인 3·1운동을 이끈 민족 지도자이자 시민운동, 여성운동, 어린이 운동, 언론·출판·교육운동을 이끈 근세의 선구자이므로 교단 차원이 아니라 범국민적 차원의 운동이 필요하고, 평화 통일을 위해서도 의암 정신을 계승 발전하길 바란다."는 게 호암 교령의 기대다.

호암 교령은 지난 8월 문재인 대통령을 만난 자리에서 지난 50여 년간 성사되지 못하고 있는 의암 손병희 선생 기념관을 정부 차원에서 추진할 것을 건의했다고 전하며 기념관 건립에 대한 기대감이 높아지고 있다고 소개했다. 특히 최근 초대 기념사업회 위원장이었던 조동식 선생의 손자인 조원영 동덕여대 이사장이 의암기념관건립위원회를 열심히 준비 중이며 곧 가시화될 것으로 기대된다고 밝혔다.

국내 민족종교의 '맏형' 으로서 자리매김해 온 천도교. 시천주·인내천(侍天主·人乃天) 사상을 중심으로 전제 봉건주의, 외세에 항거했던 동학운동의 사상적 밑거름이 된 한국 최초의 신종교를 말한다. 그렇다. 천도교는 한국 근·현대사의 전환기마다 민족운동과 더불어 사회 문화운동에 등장함으로써 큰 역할을 해 온 신앙 공동체였기에 종교적 시각으로만 제한해 간단히 풀이하기엔 쉽지 않다.

천도교는 제1세 교조 수운 최제우 대신사가 1860년, 천도교를 창건한 후 158년의 역사 속에서 1894년의 동학혁명, 1904년 갑진개화운동, 1919년 3·1독립운동을 이끌어 왔다. 이러한 과정에서 천도교는 백만에 가까운 교도들이 희생 속에서 이 나라를 위기에서 구하고 민족의 생명력을 키워 온 것이다.

이 같은 빛나는 역사와 전통이 있기에 이정희 교령은 지난 취임사를 통해 "다시 한 번 대도중흥의 길을 닦아 교도 300만 명이 넘는 대교단 시대를 열겠다."라고 강조하기도 했다. 물론 타 종교와도 적극 교류하고 있다. 현재 한국종교인평화회의(KCRP) 가입 종단인 천도교는 '한국종교연합' 을 결성해 이웃 종교 간 교류와 대화에도 적극 참여하고 있다.

현대 지식 정보 산업사회는 다종교 다원화 시대가 분명하고, 종교 간 대화는 필수적임을 전제, 고대 역사 시대부터 종교인들이 왕사 역할을 해왔듯 현 시대에도 국가 최고 지도자의 스승으로서 특정 종교의 지도자 역할만이 아닌, 이 시대의 스승의 역할에 충실해야 한다는 게 호암 교령의 생각이다.

Q: (황종택) 천도교는 동학농민혁명과 3·1독립운동 등을 주도한 민족정기의 상징어로 받아들여지고 있습니다. 오늘 우리 대한민국은 동학정신에 뿌리를 두고 있다고 해도 과언이 아닐 것입니다. 교령님으로서 어떠한 심정 기준으로서 천도교를 이끄시는지요.

A: (이정희 교령) 대한민국은 한울님이 한울님의 뜻으로 세운 나라입니다. 이 땅에 천도교가 창도된 것 또한 한울님의 뜻입니다. 한울님께서는 지금부터 158년 전 이 땅에서 수운 최제우 대신사에게 "개벽 후 오만년에 노이무공(勞而無功·온갖 애를 썼으나 아무런 보람이 없다는 뜻) 하다가 너를 만나 성공하니 나도 성공 너도 득의"라고 말씀하신 것입니다. 수운대신사를 만나 한울님께서 오만년 동안 원해 왔던 나라를 이 땅에 세우라는 뜻입니다. 그런 점에서 천도교는 한울님이 세운 종교이며 대한민국은 한울님이 세운 한울님의 나라가 되는 것이지요.

흔히 국가의 3대 구성 요소로 국민·주권·영토를 들고 있습니다. 그러나 이것만으로 온전한 국가가 될 수 없다고 봅니다. 이 세 가지를 갖췄다고 할지라도 국가를 이끌어 가는 국가 정신이 없다면 얼빠진 국가가 되고 말 것입니다.

얼빠진 국가는 외형적인 모습의 국가가 있을 뿐이며 온전한 국가 기능을 수행할 수 없습니다. 한울님이 세운 대한민국의 정신은 인내천(人乃天)입니다. 사람이 곧 하늘이라는 의미이지요. 따라서 인내천은 대한민국의 정신입니다. 대한민국 정신은 인내천이며 인내천은 천도교의 중심 사상이지요. 이런 점에서 천도교 교인들의 책임은 막중하다고 볼 수 있습니다.

바야흐로 오늘날 우리를 둘러싸고 있는 국내외 정세는 한 치 앞을 내다볼 수 없을 정도로 정말 혼란스럽습니다. 그 어느 때보다도 중요한 이 시기에 인내천 의식 개혁이 요청됩니다. 그래서 지난해부터 인내천 범국민 의식개혁운동을 대대적으로 전개하고 있습니다.

이 운동은 인내천을 중심으로 한 신인간(新人間)·신한국(新韓國)·신세계(新世界)의 삼신개벽운동(三新開闢運動)이 중심입니다. 이 운동의 최종 목적은 인내천 도덕국가의 완성이며 나아가 전 세계 모든 국가가 인내천 도덕국가가 되는 데 있습니다. 따라서 천도교는 모든 사람들의 희망이고 대한민국의 희망이며 세계의 희망입니다. 인내천은 인류의 마지막 진리인 것입니다. 사람이 한울과 같은 존엄성을 지니고 모든 사람은 한울로서 근원적으로 평등하다는 진리 이상의 진리는 나올 수 없다고 봅니다. 천도교는 인류 역사 속에서 대한민국, 나아가 온 세계의 위대한 정신적 유산인 것입니다.

Q: 천도교 발전을 위해 먼저 내부 개혁의 필요성을 역설하셨습니다. 이른바 총부 개혁 없이 천도교의 미래는 없다고 하셨는데 현재의 성과는 어떠하신지요.

A: 천도교의 종지인 인내천을 이 세상에 펴려면 끊임없이 변화하고 혁신해야 합니다. 어떠한 조직을 막론하고 조직이 살아남기 위해선 변화하고 혁신하지 않으면 안 되는 것입니다. 변화와 혁신은 조직의 생존 조건인 것이지요.

하물며 이 나라와 세상의 중심에 선 천도교가 스스로 변화하고 혁신하지 않으면 천도교에 주어진 한 시대의 역할을 감당해낼 수 없을 것입니다. 그러므로 천도교가 천도교로서의 역할을 수행하려면, 천도교에 주어진 막중한 시대적 책임을 다하기 위해선 세상과 더불어 끊임없이 변화하고 혁신해야 하는 것입니다.

우리는 지난해 이러한 변화와 혁신을 성공적으로 이룩하기 위해 '대도중흥비전 21' 이라는 꿈을 만들었습니다. 대도중흥비전 21은 21가지 변화와 혁신 과제로서 향후 100년 미래의 꿈을 담아낸 프로젝트이지요. 21이라는 수는 주문의 21자와 같고, 21세기라는 100년을 지향하며, 21일이라는 생명 탄생(21일은 병아리가 달걀 껍질을 깨고 새로운 세상으로 태어나는 기간)의 수입니다.

이는 다시 21자 주문의 핵심 사상인 시천주(侍天主)의 내유신령으로서의 포덕 역량 구축, 외유기화로서의 포덕 환경 확충, 각지불이로서의 포덕광제 실천으로 구성됩니다. 이러한 점에서 대도중흥비전 21은 인위적인 것이라기보다 한울님의 간섭과 가르침으로 이뤄진 천서라는 생각을 해보게 됩니다.

대도중흥비전 21의 첫 번째 과제가 총부 개혁입니다. 중앙총부는 인내천의 총본산입니다. 사람으로 비유하면 사람의 마음에 해당됩니다. 사람의 마음이 바뀌지 않으면 새로운 사람이 될 수 없는 것처럼 천도교의 마음에 해당하는 중앙총부가 바뀌지 않으면 천도교의 미래가 없다고 보고 중앙총부 개혁을 첫 번째 과제로 제시한 것입니다.

먼저 중앙총부에서 근무하는 직원들의 마음가짐을 성직자로서의 위상과 자긍심을 갖도록 했습니다. 불필요한 회의를 없애고 매일 아침 모든 직원들이 한자리에 모여 아침 인사 나눔의 시간을 갖도록 하고 있습니다. 인사 나눔의 시간은 전체 직원들이 돌아가면서 집례, 경전 봉독과 5분 스피치, 4계명 합독, 공지 사항 등으로 진행합니다.

일용 행사를 경전의 가르침과 함께 실천하기 위해 직원들의 책상 위에 경전 받침대를 비치하고 있습니다. 지방 교구에 군림하는 권위적인 중앙총부가 아니라 지방 교구와 함께 하는 지방 교구의 도우미로서의 역할을 수행하도록 하고 있습니다.

또 매월 1일에는 전 직원 월례 조회를 실시하고 직원 간, 기관 간 따뜻한 화합 분위기를 만들어 가고 있습니다. 자체적으로 10대 혁신 과제를 도출해 매일 아침 이를 합독하며 과제별 추진 실적과 문제점 및 발전 방향을 평가하는 자체 회의를 진행하고 있습니다.

Q: 총부 개혁과 함께 전체 교인들의 신앙심을 더욱 두텁고 깊게 할 수 있도록 수련의 새 기운을 일으킨다고 하셨습니다.

A: 종교는 신앙을 먹고 사는 집단 조직입니다. 오늘날 천도교인의 수가 많이 줄어들었습니다. 외부적인 요인도 있지만 내부적인 요인이 더 크다고 봅니다. 그것은 교인들의 신앙심이 크게 위축돼 있다는 점입니다. 100여 년 전 3·1운동을 전후로 한 20세기 초, 천도교인의 숫자는 300만 명에 달했습니다. 당시 우리나라 인구가 2천여만 명이었으니 천도교의 위세는 대단했다고 볼 수 있지 않겠습니까.

당시 정치, 경제, 문화, 사회 등 모든 분야에서 천도교인들이 중요한 지도자 역할을 수행했던 것입니다. 이와 같은 역할을 수행했던 배경엔 천도교인들의 신앙심이 뒷받침됐지요. 3·1운동을 영도하신 의암 손병희 선생은 1910년 우리나라가 일본에 넘어가자 10년 내에 잃어버린 나라를 되찾겠다며 그 준비를 위해 서울 우이동에 봉황각을 짓고 7차례에 걸쳐 49일씩 강도 높은 연성 수련을 실시해 483명의 지도자들을 길러 냈습니다. 이들이 훗날 3·1운동을 이끄는 지도자가 된 것입니다. 저는 포태교인으로 어린 시절 전북 부안에서 자랐습니다. 마을에 60여 가구 중 50호 이상이 천도교인이었습니다. 그야말로 천도교 마을이었지요. 집집마다 궁을기, 집집마다 주문 외우는 소리가 진동했습니다. 유무상자의 정이 넘치는 마을이었습니다. 그렇게 된 것은 신앙심이 돈독했기 때문이었다고 봅니다.

Q: 3·1독립운동의 성지인 중앙대교당을 일반 시민들과 함께하는 마당으로 적극 활용, 시대에 부응하는 각종 문화 행사를 유치해 전통문화의 거리인 인사동의 수많은 발걸음을 수운회관과 대교당으로 인도함으로써 나라 사랑의 표본인 삼일정신을 되새기며 선양하는 프로그램도 시행하고 있는데 성과는 어떠하신지요.

A: 천도교 대교당은 동학을 천도교로 대고천하한 날인 현도(顯道)기념일(1905년 12월 1일)을 기해 포덕 59(1918)년 착공했습니다. 중앙교당의 건축을 위해 전국의 천도교 교인들은 성금을 모금해 총부로 보냈습니다.

천도교 지도자들은 당초에 목적한 대로 그 성금의 대부분을 3·1운동 거사 자금으로 사용하고 그 일부로 지금의 중앙대교당을 건축한 것이지요. 대교당은 원래 포덕 60(1919)년에 완공할 예정이었으나 3·1운동 거사로 1차 지연됐고 일제의 방해 책동 때문에 더욱 늦어져 포덕 62(1921)년에서야 완공됐습니다.

천도교 중앙대교당은 1920년대 3대 건물 중 하나이자 민족의 힘으로 지은 가장 큰 건물이었습니다. 또한 이 대교당은 민족정신의 보루이자 민족 문화의 산실로 우리나라 문화 발전에 크게 이바지했습니다,

일제 강점기의 주요 민족적 집회와 해방 이후 귀국한 해외 독립지사들의 귀국 인사와 강연 및 집회를 대부분 이곳에서 할 만큼 권위가 있었지요. 소파 방정환 선생이 이곳에서 어린이 운동을 시작했고, 경내에는 독립선언서 배부터 표지비, 개벽사터, 세계어린이운동의 발상지 비가 있어 우리나라 근현대사를 함께해 온 중앙대교당의 역사를 말해 주고 있습니다.

서울 시민은 물론 전 국민을 위한 역사 교육의 공간으로 거듭 태어나도록 하고자 하며 전통 문화 거리인 인사동의 발걸음을 이곳으로 인도해 삼일정신을 되새기고 민족정신을 선양하고자 합니다.

서울시에서 추진하고 있는 삼일대로 삼일운동 대표가로 조성 사업과 연계하게 되면 시너지 효과가 클 것으로 기대됩니다. 현재 전문 TF팀을 만들어 새로운 기획을 시도 중이며 아울러 수익 중심으로 운영하고 있는 수운회관도 중앙대교당의 연장선에서 새롭게 운영하기 위해 구상 중에 있습니다.

Q: 성지 및 사적지 성역화는 어느 정도 진척되고 있는지요. 특히 3·1독립운동을 주도하신 의암성사 기념관 건립 필요성이 제기된 지 오래이지 않습니까.

A: 현재 성지위원회를 구성해 전국에 산재한 200~300여 개에 달하는 성지와 사적지를 체계적으로 관리하기 위해 데이터베이스를 구축하고자 구상 중에 있습니다. 동학의 발상지인 경북 경주 용담 성역화 사업도 곧 착수될 것입니다. 제2세 교조인 해월 최시형 신사 생가 복원 사업을 추진하기 위해 문화체육관광부와 경주시에 건의했습니다.

3·1운동 100주년을 앞두고 추진하는 의암 손병희 기념관 건립 사업도 곧 가시화될 것입니다. 천도교 제2대 성지인 전북 남원 교룡산성을 동학의 성지로 조성하기 위한 노력도 결실을 보리라고 확신합니다. 동학혁명의 최대 전적지인 충남 공주 우금티의 성역화도 점진적으로 추진될 것이며 강원도 인제군 갑둔리 『동경대전』 간행지도 내년에 복원될 것으로 기대되고 있고요.

Q: 천도교 청우당은 북한에서 위상이 높습니다. 남북 평화 통일에 천도교의 역할이 기대됩니다.

A: 천도교의 통일운동은 동학혁명과 3·1운동에 이어 이 시대의 보국안민 운동입니다. 남북통일은 동북아의 통일이며 세계의 통일이라고 할 수 있습니다. 그러므로 남북통일은 천도교의 포덕천하 운동의 맥락으로 이해됩니다.

해방 후 북한에는 천도교 교인이 200여만 명에 이를 정도였습니다. 해방 후 70년이 지난 지금도 천도교 청우당이 노동당에 이어 제2당으로서의 역할을 부여받고 있지요. 아무리 통일이 우리 민족의 지상 과제라 할지라도 무력 통일을 할 수 없지 않습니까? 분단 이전 민족의 동질성을 회복하는 것이 통일의 지름길입니다. 그러기 위해선 천도교의 역할이 중요합니다.

국가적 차원에서 천도교가 통일의 중요 자원인 이유이지요. 천도교에서는 북한에 대한 포덕과 인내천운동 차원에서 남북한 천도교가 공동으로 인내천 통일 선언을 제안하고자 하며 이를 통한 남북 교류를 확대해 민족통일에 기폭제가 되도록 노력할 것입니다.

정부에서도 천도교를 통일의 중요 자원으로 인식하고 천도교의 통일 노력을 적극 지원해 주어야 할 것입니다. 지난 11월에는 지난해 환원한 천도교 청우당 류미영 위원장 1주기를 맞아 차남 최인국 씨가 북한을 다녀왔습니다. 이를 기폭제 삼아 남북 교류의 물꼬가 트이길 기대합니다.

Q: 인공지능과 인터넷으로 상징되는 4차 산업혁명 시대입니다. 인간의 삶이 편리해지는 반면 인간 복제 등 인간 존엄성이 위협받고 있습니다. 인내천 및 사인여천의 정신이 더욱 요청되는 시대라고 사료됩니다.

A: 인류 역사가 시작된 이래 문명의 틀을 근본적으로 바꾼 사건이 두 번 있었습니다. 첫째는 약 1만 년 전의 농업혁명이고, 둘째는 200여 년 전의 산업혁명이지 않습니까. 그런데 지금 우리는 일상생활은 물론 산업사회에서 길들여 온 삶의 틀을 근본적으로 바꾸는 디지털 혁명에 이어 4차 산업혁명이라는 새로운 시대를 맞고 있습니다. 4차 산업혁명의 키워드는 사물인터넷, 빅데이터, 모바일, 클라우드, 3D프린팅, 인공지능 등이지요. 4차 산업혁명 시대 인간 중심의 인내천이 위협받고 있다고 봅니다.

농업 시대에 창도된 천도교는 그동안 새로운 시대의 변화에 적응하지 못한 실패의 경험이 있습니다. 오늘날 천도교의 교세가 취약한 원인 중 하나입니다. 지금도 우리는 농업 시대의 제도와 사고가 중심을 이루고 있습니다. "우리 교의 본소는 가득히 차서 반 푼의 더할 것을 요구치 아니하나 이것을 발표하기는 사상문명으로 현대 문명의 선구를 지어야 한다."라고 3세 교조 의암 손병희 선생께서 말씀하셨습니다.

따라서 천도교의 목적인 보국안민 포덕천하를 이루기 위해선 인내천의 교리를 이 시대에 맞게 적용해야 합니다. 이를 위해 천도교에서는 국내외적으로 인내천운동을 전개하고 있습니다. 인내천운동은 신인간, 신한국, 신세계를 만들어 가는 삼신개벽운동(三新開闢運動)입니다. 이 운동을 통해 인내천 사인여천의 새로운 윤리를 새롭게 해석하고 널리 선양하도록 해 나가고 있습니다.

Q: 우리 사회의 갈등을 최소화하기 위해선 종교 화합 등 역할이 많이 기대됩니다.

A: 과학 기술 문명의 발전으로 이 사회가 경제적으로는 풍요롭고 편리한 생활을 영위하고 있지만, 정신적으로는 극도로 피폐해 있습니다. 저는 국가엔 2개의 GNP(국민총생산)가 있다고 생각합니다. 하나는 경제적인 GNP이며 다른 하나는 정신적 GNP입니다.

경제적 GNP와 정신적 GNP가 균형을 이룰 때 보국안민의 이상을 구현할 수 있다고 봅니다. 경제적 GNP는 정치적, 경제적 활동을 통해 이룩되지만 정신적 GNP는 종교 화합을 통해 이룩될 수 있다고 보지요. 천도교 교리는 인내천입니다. 사람 중심의 인내천운동을 통해 우리 사회의 갈등을 최소화하고 모든 사람들이 사람답게 살 수 있는 사회를 만들어 갈 수 있도록 인내천운동을 적극 전개해 나갈 것입니다.

호암 이정희 천도교 교령, 앞서 걸어간 교조와 교령들이 남긴 빛나는 발자취를 오늘에 맞게 계승 발전시켜야 한다는 사명감이 충일한 종교 지도자이자 이 시대의 선각이다. 호암 교령은 “쇠운(衰運)이 지극하면 성운(盛運)이 온다”는 경전의 가르침을 소개하고, “천도교는 특정 종교를 초월해 민족과 세계 인류의 평화를 지향하고 있다”는 미래지향적 언급을 한 데서 보듯 그가 사유하는 세계는 보다 넓고 크며 높다.

호암 교령은 지금이야말로 세상의 모든 운수와 새로운 기운이 한자리로 돌아와 천리 운세가 이 한반도에 자리 잡을 때임을 환기, 오늘 같은 난세에 민족통일이라는 성업에 천도교가 적극 앞장설 것임을 다짐했다. “한국은 10년 간 경제협력개발기구(OECD) 회원국 중 자살률 최고 국가의 불명예를 털어 내지 못하고 있습니다. 물질문명에 가려 점차 쇠퇴해 가는 정신문명을 다시 세워야 합니다. 천도교가 앞장서겠습니다.”

민초의 살아 있음을 보여 준 동학혁명군의 횃불과 대의 구현을 천명하고 나선 3·1독립운동 정신이 호암 교령의 말 한마디, 표정 하나하나에 그대로 녹아 있음을 느끼게 하는 진정성이 묻어나고 있다. 공의로운 외침이기에 울림이 크다. “사람이 곧 하늘이다!” 행복한 대한민국, 민족통일과 세계 평화를 위한 위대한 가르침으로 느껴진다.

호암 이정희 교령은 포덕 157년(2016년) 3월 17일, 서울 종로구 경운동 천도교 중앙대교당에서 열린 제38차 전국정기대의원대회에서 “대도중흥의 시대, 즉 무극대도를 펼쳐 300만 교인 시대를 개창하겠다."라고 제시한 미래 비전 등이 대의원들의 큰 공감을 받아 새 교령으로 선출됐다. 임기는 3년이다.

5. 이정희 교령의 사문즉답,《문학사계》

포덕 159(2018)년 3월 8일, 교령사를 방문하여 3시간 동안《문학사계》황송문 주간과 대담한 내용이다. 황송문 주간은 해박한 지식, 따뜻하면서 겸손한 태도, 열정적인 마음으로 거침없이 대담을 이끌었다. 다음 내용은〈천도교 이정희 교령의 사문즉답(査問卽答), 시천주조화정영세불망만사지(侍天主造化定永世不忘萬事知)〉라는 제목으로《문학사계》66호(2018 여름)에 실렸다.

Q: (황송문) 천도교는 159년의 역사 속에서 1894년 동학혁명, 1904년의 갑진개화운동 1919년 3·1독립운동을 이끌어 왔습니다. 이러한 과정에서 천도교는 이 나라를 위기에서 민족의 생명력을 키워 온 것은 사실입니다. 천도교에서 이끈 3·1독립운동은 일제의 침탈에서 죽었던 민족혼을 일깨워서 살려낸 운동이었습니다. 1947년 대한민국의 개국은 3·1독립운동에서 살려낸 운동이었습니다. 1948년 대한민국의 개국은 3·1독립운동에서 살려낸 그 혼에 몸을 씌운 겁니다. 그래서 국토와 국민과 주권이 성립이 되어 비로소 대한민국이라는 국가가 수립된 거지요. 요즘 세상 돌아가는 형편을 보면 하느님이 우리나라를 떠나실까 걱정이 되는데 그 점에 대해서 말씀해 주시기 바랍니다. 하느님이 계속해서 우리를 보우하신다는 신념 체계가 무너진 게 문제가 아니겠습니까?

A: (이정희 교령) 국가의 구성 요소가 국토와 국민과 주권이라는 삼대 요소를 말하는데, 그 삼대 요소만 가지고 국가가 성립된다고 보지 않습니다. 그것은 외형적인 국가가 된다 할지라도 국가가 건국이 되고 운영이 되는데는 국가의 정신이 필요하다고 봅니다. 국가가 성립되는 삼대 요소 외에 더 하나 필요한 요소는 국가의 정신입니다. 대한민국의 개국과 경영하는 정신은 천도교 정신이라고 생각하고 있습니다. 아까 3·1운동 임시정부 이야기도 하였습니다만 인내천 정신

이 개국과 동시에 국가를 이끌어 나가는 정신이라 하겠습니다. 정치 경제 문화 사회 모든 부문에 인내천 사상, 사람이 한울이라는 사람이 중심이 되는 인간의 존엄성이 중요시되는 그러한 국가가 되어야 되겠고, 이런 도덕 국가의 정신이 세계에 확산되어서 세계를 이끌어 나가는 도덕 선진국이 되어야 하겠습니다.

Q: 임진왜란이나 병자호란까지 거슬러 올라갈 것도 없이 일제나 6·25, 그 이후 1960년대까지만 해도 시골에서는 전기 없이 호롱불에 살랐고, 하루 종일 노동일을 해도 품삯이 없던 시절이었습니다. 지금의 편리한 생활 환경은 지상천국을 방불케 합니다. 물론 취업이 안 되는 청년들은 이해합니다. 그런데 자살자가 세계 1위라는 데에 문제가 있겠습니다. 젊은이들은 '헬조선' 이라고 합니다. 편리해진 환경은 천국인데, 만족도는 지옥입니다. 여기에 대한 분석과 대책이 시급하다고 보는데, 이정희 교령님은 어떻게 보시는지 고견을 듣고자 합니다.

A: 지금까지 이야기한 내용에도 들어 있겠습니다마는 대한민국은 한울님이 세운 나라입니다. 대한민국의 건국 정신과 경영 정신은 바로 인내천 사상에 기반을 두고 있습니다. 그런 인내천 정신을 국가 사회에 널리 확산시켜 가지고 새로운 나라, 삼신개벽(三新開闢)이라고 합니다만 새로운 인간(新人間), 새로운 국가(新國家), 새로운 세계(新世界), 이것을 만들어 나가는 게 바로 인내천운동연합의 설립 취지입니다. 그러한 정신을 가지고 이 나라를 새로운 나라, 새로운 국민을 만들고, 새로운 세계를 만드는 게 바로 인내천 정신이라 하겠습니다. 아까 자살 얘기도 나왔습니다. 사람이 한울인데, 내가 한울인데 자살이란 있을 수 없는 일입니다. 자살은 사람이 한울을 죽이는 결과가 되거든요. 내 몸에 한울님이 모셔져 있는데, 한울님이 떠나면 자연히 죽습니다. 자살은 있을 수 없는 일로서 한울에 역행하는 것입니다. 그런 사람과 그런 사회와 그런 국가는 멸망하기 쉽습니다. 자기 생명의 근거인 한울님을 죽이는 개인과 국가는 생존할 수 없는 헬조선, 지옥이지요. 기독교에서 말하는 사랑이랄지, 불교에서 말하는 자비랄지, 유교의 인이랄지 다 좋지요. 사랑 자비 인의예지야말로 얼마나 좋은 덕목입니까? 그런데 천도가 세상에 그런 것이 실천이 안 된다는 겁니다. 실천이 되려면 어떻게 해야 하느냐, 마음이 고쳐져야 합니다. 외형적인 돈이나 물질을 말하면서 사랑을 얘기해서는 안 되는 겁니다.

가장 중요한 것은 인간의 마음입니다. 마음을 개벽시켜야 합니다. 사람의 마음을 한울님 마음으로 개벽시켜 사람의 마음과 한울님 마음이 하나가 되어야 하겠습니다. 그것을 실천해야 합니다. 실천하지 않으면 천도교는 없다고 봅니다. 실천하지 않고 행동하지 않는 천도교는 존재할 수 없습니다. 실천하지 않고 행동하지 않는다면 기성 종교와 다를 바가 없지요. 사랑이다, 자비다, 인이다, 이 얼마나 좋은 덕목입니까? 이러한 덕목들을 실천하도록 하는 종교가 천도교입니다.

기성 종교가 궁극적인 목표로 하고 있는 그러한 진리가 실천이 되는 진리가 천도교라 하겠습니다. 가장 중요한 천도교의 특징은 인내천 진리를 실천해서 행동하는 개벽의 선구가 되는 데 있다 하겠습니다.

Q: 성숙하지 못한 개인주의는 이기주의가 되기 쉽고, 성숙하지 못한 자유주의는 방종에 흐르기 쉬운 것 같습니다. 제가 학교에 다닐 때는 반드시 "북한 김일성에 의한 6·25 불법 남침"이라 했습니다. 그런데 요즈음 정부가 2020년부터 쓸 중·고교 역사 교과서를 위해 마련한 집필 기준 시안에 '북한의 6·25남침' 과 '세습체제' '북한 주민 인권' 이란 표현이 사라진 것으로 드러났습니다.

대한민국이 가야 할 방향이 '자유민주주의' 에서 '자유' 를 삭제하고 '민주주의' 로만 규정한 사안이 문제 되었는데, 또 추가로 드러났습니다. 고등학교를 졸업하고 대학에 들어온 신입생들을 보면 6·25가 김일성의 불법 남침인 줄도 모르고, 그 전쟁이 1950년에 일어난 것도 모르는 학생이 수두룩합니다. 역사 교육은 정치인들이 당파 싸움하느라 망쳐 놓은 것 같습니다. 좌나 보수나 진보나 마찬가지로 보입니다.

마지막 질문이 되겠는데요, 이정희 교령님께서는 오래 3·1운동 100주년 기념사업으로 '의암 손병희 기념관' 건립을 중점 사업을 추진 중인 것으로 알고 있는데, 위난에 처한 나라도 걱정하실 것으로 압니다. 3·1운동과 관련해서 나침판이라 할까, 풍향계라 할까 민족종교의 '맏형' 격인 어른으로서 우리가 어떻게 정도를 걸어야 할지 마무리 말씀을 해주시기 바랍니다.

A: 잘 아시는 바와 같이 3·1운동은 그 역사가 왜곡되었거나 잘 알려지지 않은 부분이 있는 게 사실입니다. 아까도 의암 손병희 선생 기념관 건립에 대해서 말씀드렸습니다만, 저도 이번 3·1절 기념행사에 참석을 해서 대통령의 기념사를

들었는데, 그 기념사 안에는 유관순 열사에 대한 이야기는 나오지만 손병희 선생 이야기는 나오지 않습니다. 그리고 천도교에 대한 얘기도 나오지 않고 봉황각 얘기도 나오지 않습니다. 무슨 얘기냐 하면, 3·1운동은 의암 손병희 성사의 영도하에 천도교가 중심이 되어서 일으킨 민족 독립 운동이거든요.

Q: 손병희 선생이 빠져 있다니 말이 되지 않습니다. 3·1운동의 도화선을 빼고는 말이 되지 않습니다.

A: 그렇습니다. 그런데 그 운동이 일어나기 전 1910년에 일본에 강제로 통합이 되었습니다마는, 그 일본에 강제로 합방이 된 그 이듬해에 의암 손병희 선생께서 말씀하시기를 10년 안에 잃어버린 나라를 되찾겠다고 하셔서 그 이듬해부터 봉황각을 지어 거기에서 독립운동을 지도할 수 있는 인재를 양성했습니다. 거기에서 일곱 차례에 걸쳐서 483명의 인재를 양성했어요. 침식을 함께 하면서 교육을 받았습니다. 거기서 교육을 하시면서 이신환성, 즉 몸으로써 성령을 바꾼다는 뜻입니다. 육체의 생명이라고 하는 것은 옳은 것을 위해서 쓸 수 있어야 한다는 가르침을 주셨습니다. 이런 가르침을 통해서 인재를 양성해서 그 사람들이 각 지역에 돌아가서 임실에도 박준승 33인 대표도 그중의 한 분입니다. 봉황각에서 배출된 인재들이 지역으로 돌아가서 독립운동을 이끌었습니다. 그 당시에는 천도교인이 300만이었고, 기독교와 불교는 20만 명, 30만 명이었습니다. 재정이나 모든 면에서 앞섰습니다. 개벽지를 가장 오래도록 발행할 정도로 출판 문화의 왕국이었습니다. 어린이랄지, 여성운동과 농민운동, 모든 부문에서 중심적일 역할을 했습니다. 정치 경제 문화 사회 모든 부문에 수가 많은 게 문제가 아니라 중심적인 역할을 했습니다.

우리 천도교가 국가 역할을 한 겁니다. 국가 역할을 하는 과정에서 독립운동을 전개한 겁니다. 백범 김구 선생도 임시정부 수반으로 있다가 돌아오셔서 제일 먼저 의암 손병희 선생 묘소를 참배했습니다. 3·1운동이 아니었으면 임시정부가 제대로 설 수가 없었고, 3·1운동은 손병희 선생이 아니면 제대로 설 수가 없었을 것이라는 말씀을 남기셨습니다.

그러니까 천도교와 의암 손병희 선생과 봉황각을 빼고서는 3·1운동의 역사를 제대로 얘기할 수 없습니다. 33인 대표 가운데 천도교인이 15명이지요. 그러니까 천도교를 빼어 놓고 3·1운동의 역사를 말할 수는 없지요. 그런데 아직도 손병희 선생 기념관이 없습니다. 내년이 삼일운동 100주년이니까 국가적 차원에서 기념관을 세워야 한다고 대통령에게 말했습니다. 천도교의 교조이면서 국가의 스승이니까 기념관을 세워야 한다고 말했습니다.

우리 민족에 절실히 요구되는 것은 3·1운동의 정신입니다. 3·1운동은 다 아시는 바와 같이 대중화와 일원화, 비폭력, 이런 3대 강령을 가지고 우리나라가 세계에 빛나는 정신을 현창한 것이지요. 종교까지도 하나가 되고, 전 국민이 하나 되어 이룩한 정신이기 때문에 우리가 다시 하나로 똘똘 뭉쳐 통일의 에너지로, 그리고 더 나아가서는 3·1운동 정신은 평화 정신이니까 이 평화 정신을 세계로 확산시켜 세계 평화로 이끌어 가는 정신으로 함양해야 하겠습니다. 이를 위해서는 천도교가 앞장서서 해야겠다고 생각하고 있습니다.

Q: 장시간 고견을 들려주셔서 감사합니다.

제18장

대전교구의 오해와 진실을 말하다

대저 이 도는 마음으로 믿는 것이 정성이 되느니라.
믿을 신(信)자를 풀어 보면 사람의 말이라는 뜻이니
사람의 말 가운데는 옳고 그름이 있는 것을,
그중에서 옳은 말은 취하고 그른 말은 버리어
거듭 생각하여 마음을 정하라.
한번 작정한 뒤에는 다른 말을 믿지 않는 것이 믿음이니
이와 같이 닦아야 마침내 그 정성을 이루느니라.
정성과 믿음이여, 그 법칙이 멀지 아니하니라.
사람의 말로 이루었으니 먼저 믿고 뒤에 정성하라.

大抵此道 心信爲誠 以信爲幻 人而言之
言之其中 曰可曰否 取可退否 再思心定
定之後言 不信曰信 如斯修之 乃成其誠
誠與信兮 其則不遠 人言以成 先信後誠

—〈수덕문〉, 『동경대전』

"

나는 교령 재직 시 대두되었던
시천주복지재단 관련 문제로
많은 어려움을 겪었다.
이러한 과정에서 진실은 묻히고
많은 오해를 받기도 하였다.

—본문 중에서

1. 대전은 제2의 고향

• 새로운 삶의 터전, 대전

포덕 134(1993)년 3월, 나는 직장을 따라 20년 정든 서울 생활을 정리하고 대전으로 이사하였다. 연탄가스 온돌방에서 추위에 떨며 몸을 움츠리곤 했던 동토의 생활을 끝내고 대전으로 왔다. 서울, 전셋집 주인은 이젠 내 살던 방을 연탄가스 대신 기름 가스로 바꾼다고 했다. 전세금도 더 올려 받는다고 했다. 집안에 화장실이 하나밖에 없어 아침이면 화장실 번호 타기가 힘든 시대를 지나 이제는 두 개의 화장실이 있는 곳에 왔다. 따뜻한 물이 나오지 않던 곳에서, 이제는 따뜻한 물이 줄줄줄 쏟아진다. 목욕 시설이 없어 순간 온수기를 30만 원에 구입하여 쓰다가 이제는 2개의 욕조가 있는 집으로 왔다.

지난 2년 2개월 동안 주말 부부(서울과 대전)였던 우리 가족이 함께 살게 되었다. 퇴근하면 이제 아늑한 나의 보금자리가 기다린다. 지난 2년 동안 주말이면 서울 집을 오가던 분주한 생활은 이제 안 해도 된다. 이젠 집세로 월 35만 원은 주지 않아도 되는 곳, 그 이름 유성구 신성동 '한울아파트' 110동 302호다. 이제는 조금은 여유를 가지고 조금은 허리를 펼 수 있게 되었다. 우리 가족 모두에게는 초라한 시골 흙담집, 도시 변두리의 달동네 같은 곳에서 궁궐로 이사 온 것 같은 느낌이다. 그리고 무엇보다도 자녀 교육 차원에서 각종 유혹의 그늘을 벗어날 수 있을 것 같다. 이제 나는 고향 가까운 백제 옛땅으로 왔다. 언제라도 금방 부모님 찾아뵐 수 있는 곳, 내 고향 부안이 2시간 거리다. 부모님께 효도하고 형제간에 우애를 더 두터이 할 수 있게 되었다.

그리고 또 가장 소중한 것 중의 하나, 내가 걸어가야 할 나의 '도(道)', 나의 도가 익어 갈 수 있는, 그래서 '한울아파트' 인가? 계룡산, 신도안엔 새로운 도읍지가 된다고 해서 뭇 사람들이 찾아들었던 곳, 천하의 명승지 산태극 수태극 기운이 만나는 곳이다. 우주의 기운이 모인 단전의 고을임이 분명하다. 계룡산과 금강의 기운이 나를 감싸고 있다. 나의 도, 우주의 도, 계룡산과 금강의 도가 함께 흐르고 있다. 나는 이곳에서 천도를 깨우치리라. 한울의 집에서 살며 한울의 도를 깨우치리라. 기필코 깨달으리라.(『미래는 행동하는 자의 것이다』 161쪽, 1993.)

• 대전교구 첫 방문

나는 대전에 이사 오기 2년 전부터 대전교구의 문을 넘나들었다. 포덕 132(1991)년 3월 3일, 처음으로 천도교 대전교구를 방문하였다. 중앙총부로부터 대전시 신흥동 신흥제분주식회사 근처에 있다는 안내를 받아 혼자 찾아갔다. 변두리 주택가에 위치한 교구를 어렵게 찾아갔다. 들어가는 입구도 제대로 표시되어 있지 않았다. 건물은 2층 슬래브 건물로서 교당은 2층에 자리하고 있었다. 김인선 교구장께서 반갑게 맞아 주신다. 지난해 천도교 전위단체 준비위원으로 중앙총부 회의에서 만나 뵈어 구면이시다. 광제포 유재균 도정님과 야구 선수로 이름난 한대화 선수의 아버님이신 한상준 법사님과 한상건 도훈님도 만나 뵈었다. 과거에는 해월회관을 건립하고 교회 묘지 임야를 2곳에 확보하는 등 꽤 활성화되었다고 한다. 그런데 그동안 교인 간의 갈등이 심화되어 해월회관은 빚에 넘어가고 이제는 이 작은 교회 하나에 교인 수도 많이 줄어들었다고 한다. 교인 수는 150여 명으로 시일식에 참여하는 동덕은 평균적으로 60여 명에 이른다고 한다. 100만 명이 사는 대전시에 불과 150여 명뿐이라 하니 정말 안타까운 일이 아닐 수 없다.

나는 인사말을 통해 내가 대전으로 오게 된 것을 한울님의 뜻으로 여기며 많은 지도 편달을 바라며 기대에 어긋나지 않게 열심히 하겠다고 말했다.

시일식 후 허방순(광제포 김명수 도정님 내수도) 여사님을 뵈었다. 현재는 상주에 혼자 계신다고 하는데 대전에 사는 아드님(제중한의원 원장) 집에 가끔 오신다고 한다. 내가 공주사범대학 재학 시절에 공주교구에서 뵌 후 오랫만에 뵈었다. 허 방순 여사는 당시 부군이신 광제포 김명수 도정님과 함께 공주교구 이창덕 교구장님 댁에서 생활을 하셨는데 그때 이후로 처음 뵈었다. 무척 반가웠다. 오늘 시일식이 끝난 후에는 계모임이 있다 하며 동참할 것을 요청받았으나 바쁜 관계로 참석하지 못하였다.

• 대전교구 동덕님들을 모시고

포덕 134(1993)년 10월 17일, 오전에 엑스포 업무를 지원한 후 11시경 집으로 왔다. 점심때 대전교구 동덕님들이 우리 집에 '집들이' 오시기로 되었기 때문이다. 어제부터 교구 여성회 두 분이 오셔서 부엌일을 도와주신다. 나는 술과 담배만 사면 된다. 집에 오면서 잠시 이발을 하고 소주 5병과 담배 3갑과 엑스포 북한물산관에서 개성 인삼주를 1만 5천 원 주고 사서 가지고 왔다.

오후 1시경이 되어 30여 동덕님들이 도착하셨다. 서울에서 순회 설교차 오신 김근오 선생님도 함께 오셨다. 방문 기도를 드린 후 함께 점심 식사를 한다. 열두어 가지 정도의 반찬이 준비된 것 같다. 쇠고기 잡채, 더덕, 빈대떡(녹두), 김치, 떡, 국, 조기 등등 그런대로 갖춘 것 같다. 김인선 교구장께서 인사의 말씀과 함께 손수 만드신 '광제창생' 이라고 새긴 족자를 선물해 주셨고, 여성회에서는 예쁜 벽걸이 시계를 가져오셨다. 오후 3시경 마치고 가셨다. 교회에서 이렇게 찾아주시니 정말 기뻤다. 대전교구의 발전을 위해서 나의 작은 정성을 다 바쳐야겠다는 다짐을 한다.

2. 대전교구장 취임

• 뜻밖의 교구장으로 추대

포덕 141(2000)년 8월 14일, 김용환 교구장의 갑작스런 사퇴 소식이 들린다. 무슨 까닭인지 알 수가 없다. 몇 개월 후면 임기가 끝나는데 무슨 이유로 갑자기 사표를 던지는지, 피치 못할 사정이 있었을 것이다. 김용환 교구장의 사퇴는 연원과의 갈등에서 비롯된 것이라고 추측하는 교인들이 많았다.

9월 17일(일) 청여당과 함께 대전교구 시일식에 참석했다. 교회 앞 다리를 건너, 시장 입구에서 원로이신 정승호 선도사님과 이지수 선도사님을 만나 뵈었다. 사표를 낸 김용환 교구장 후임으로 새로운 교구장을 다음 주에 선출하기로 했다며 나에게 교구장을 맡아 달라고 하신다. 현재 교구장으로 거론되고 있는 사람이 하나 있는데 그 사람은 안 된다면서 꼭 좀 맡아달라는 것이었다. 나는 "부족한 저를 추천하시니 감사합니다만 직장 일로 바빠서 교구장을 맡기 어렵습니다."라고 정중히 말씀드렸다.

• 부재중 교구장 선출

포덕 141(2000)년 9월 24일 일요일 새벽, 계룡산 등산을 마치고 서둘러 청여당과 함께 대전교구를 갔다. 오늘은 대전교구장을 선임하는 날이다. 시일식이 끝나고 임시회의를 진행했다. 평소보다는 많은 교인들이 모였다. 지난 8월 14일 김용환 교구장이 전격 사표를 내는 바람에 그 후임을 뽑는다. 나는 시일 예식만 마치고 집으로 돌아왔다. 청여당은 여성회장으로서 임시회의에 참석해야 한다고 해서 나 혼자 귀가한 것이다. 내가 회의에 참석하지 않은 이유는 지난주에 정승호, 이지수 두 분 원로께서 나에게 교구장을 맡아 주어야 하겠다고 말씀하셨기 때문이다. 직장 일로 바빠서 교구장을 맡을 수 없다고 말씀드렸으나 그럼에도 혹시 나를 교구장으로 선출하여 밀어붙이게 될지도 모른다는 생각에서였다. 그래서 아예 내가 회의에 불참하게 되면 그런 일은 없을 것으로 생각했기 때문이었다. 그런데 결국은 나의 착오였다. 회의에 참석한 교인들은 내가 부재중임에도 불구하고 나를 교구장으로 선출한 것이다. 9월 25일 월요일, 유영수 교무부장으로부터 교구장 승낙을 요청하는 전화를 받았다. 김정국 대전교구 감사장께서도 교구장직을 수락할 것을 바란다는 전화를 해주셨다.

서울에 사시는 옥인혜 여사님이 대전 민 사모님 댁에 오셨다. 내가 교구장에 선임되어 기쁘다는 전화를 주셨다. 이영복 전 교령님과 김승복 도정님께서도 장차 교령을 해야 할 사람이라는 칭찬을 많이 하신다며 축하의 말씀을 주신다. 10월 3일, 중앙총부 주선원 교화관장으로부터 전화다. 교구와 연원 간의 갈등으로 교구장을 사임한 것 같다면서 내가 교구장에 선임된 것은 잘된 일이라고 말해 주었다. 10월 8일, 아침에 이영복 전 교령님으로부터 대전교구장에 선임된 것을 축하한다는 전화를 받았다. 10월 20일, 중앙총부로부터 대전교구장을 인준하는 인장(10월 17일부)을 공문으로 받았다. 포덕 141(2000)년 10월 8일, 나는 대전교구에서 '살아 있는 신앙' 이라는 제목으로 시일 설교를 했다. 시일식 후에 나는 교인 여러분 앞에서 다음과 같은 교구장 수락 인사말을 했다.

저는 1960년대에 공주사범대학을 다니면서 천도교의 눈을 조금 뜨게 되었습니다. 그때 공주에는 공주교구(공주읍)와 사곡교구(사곡면) 등 2개 교구가 있었습니다. 공주교구는 이창덕 선생께서 경영하시는 운남직물회사 대지에 사비로 교구를 세웠습니다. 이창덕 선생께서는 먼저 100여 명이 넘는 직원들에게 천도교 진리를 알려 인성 교육의 기회를 만들고 이를 토대로 공주 지역 사회에 새로운 포덕을 하시기 위해 용기를 내시었습니다. 그 당시 공주 지역 교화를 위해 광제포 도정이시었던 인암 김명수 선생님이 이창덕 선생님 댁에 와 계셨습니다. 저에 대한 가르침과 사랑을 베풀어 주셔서 저에겐 집안의 어른처럼 느꼈습니다. 사곡교구의 최지오 교구장님께서도 나를 많이 사랑하셔서 댁에도 여러 번 갔었습니다. 금학동에 사시는 김상호 선생님 댁에도 자주 방문했습니다. 공주에 계시는 선생님들께서는 훌륭한 가르침도 주셨지만, 저에 대한 무한한 사랑과 믿음, 그리고 희망과 용기를 주셔서 저는 신바람이 났습니다. 특히 최지오 교구장님께서는 공주시장에서 포목상을 하셨는데 저를 그곳으로 불러 가끔 빈대떡에 막걸리도 사 주시면서 사랑의 정을 듬뿍 주시곤 하셨습니다. 그래서 저는 정말 신이 났습니다. 그 바람에 저의 신앙심도 무럭무럭 자라날 수 있었던 것 같습니다. 그 당시 저는 배우는 학생의 신분이었지만 시일식 설교를 하면서 앞으로 큰일을 해야 할 것이라는 기대와 칭찬도 많이 받았습니다. 1960년대 중반에 저는 재학 중 육군에 지원하여 철원에 있는 6사단에서 근무하게 되었습니다. 제가 근무하던 곳에서 휴전선 쪽으로 가는 동송면 화지리에 철원교구가 있었습니다. 차를 타고 가다가 교당 위에 펄럭이던 궁을기를 발견하고 기쁜 마음에 곧바로 교구를 찾아갔습니다. 당시 일등병이었던 저를 반가워하시며 맛있는 것도 사 주시고 많은 사랑을 베풀어 주셨습니다. 1974년도에는 서울에서 대학원을 졸업하자마자 과학 기술의 요람, 한국과학기술연구소(KIST)에 첫 직장으로 발을 들였습니다. 그 후 저는 KIST가 KAIST로 통합되어 KAIST에서 근무하면서 대덕연구단지로 옮겨 오게 되었습니다. 서울에 있는 동안 서울교구에 소속되어 중앙총부 시일식에 참석하였습니다. 연구소 생활 4년이 지나는 1977년 여름엔, 우이동 의창수도원에 입소하여 일주일간의 깊은 수련의 맛을 보았습니다. 그 당시 이영복 교령님, 김승복 도정님, 임운길 교화관장님으로부터 훌륭한 가르침과 뜨거운 사랑을 받았습니다. 그러한 덕분으로 저는 대강령을 모실 수 있었으며 그 때부터 새로운 신앙의 싹이 트기 시작하였습니다.

그 후 저는 30대의 젊은 나이로 10여 년 동안 중앙총부 대교당 설교를 하였습니다. 그 당시 설교 시간이 되면 설교하시는 원로님들의 목소리가 가늘고 음향시설이 낙후되어 교인들 대다수는 설교 내용이 제대로 들리지 않아 깊은 잠에 취하곤 했습니다. 그런데 저의 힘찬 목소리로 마이크를 울리며 설교하는 동안 잠을 자는 교인들은 없었습니다. 시일식이 끝나면 설교 잘 들었다며 많은 격려로 설교에 대한 자신감을 가질 수 있게 해주었습니다. 그러다가 1990년, 제가 몸담고 있던 연구소가 대덕연구단지로 옮기면서 직장을 따라 대덕연구단지로 이사하게 되었습니다. 이사 온 이후 대전교구에 나오게 된 지도 어느덧 11년이 되었습니다. 저에게 충청도는 고향처럼 포근한 곳이었습니다.

1960년대에 신앙의 싹을 틔웠던 고향 충청도에 다시 온 것은 한울님의 뜻이라 생각했습니다. 제가 충청도에 온 것은 일찍이 충청도에서 심은 신앙의 싹을 다시 잘 가꾸어 충청도에서 열매를 맺도록 하라는 한울님의 뜻이 있다고 생각했습니다. 다시금 충청도 고향 땅에 와서 대전교구를 다니게 된 것이야말로 저에게는 참으로 크나큰 행운으로 생각하며 늘 감사했습니다. 그런데 시간이 지나면서 대전교구 교인 수가 점점 줄어드는 것을 보며 안타까운 마음이 떠나질 않았습니다. 특히 젊은 청소년 교인들이 많이 줄어들었습니다. 여러 가지 이유로 교인들 간의 동귀일체도 제대로 이루어지지 않는 것 같았습니다. 여러 가지로 어려운 시기에 부족한 제가 교구장이라는 중책을 맡을 자신이 없었습니다. 더구나 연구소를 다니면서 교구장 역할을 감당하기 어려울 것이라는 생각에, 절대로 고사해야 한다는 생각이었습니다. 그러나 원로 선생님들의 깊은 뜻을 결코 외면할 수는 없다는 결론에 이르렀습니다. 생각에 생각을 거듭한 끝에 희생 봉사의 정신으로 대전교구장을 맡기로 하였습니다. 제가 대전에 온 것도 천명이요 교구장을 맡게 된 것도 천명이라는 생각이었습니다. 대전교구는 중부권 최대의 교구입니다. 대전교구가 발전해야만 천도교가 발전할 것이라는 생각이었습니다. 우리 대전교구의 발전을 위하여 저의 작은 힘을 바쳐 최선의 노력을 다하겠습니다. 즐거운 가족처럼 다 함께 신명 나고 화목한 대전교구를 이뤄 나가도록 노력하겠습니다. 신뢰 받는 교구가 되도록 노력하겠습니다. 무엇보다도 저는 앞으로 투명한 교구를 만들어 나가도록 노력하겠습니다. 한 점 의혹 없이 거울처럼 맑고 투명한 교회가 되도록 최선을 다하겠습니다. 교인 여러분이 내신 성금이 헛되지 않도록 바르게 쓰도록 하겠습니다. 재정 문제뿐 아니라 교회의 모든 일을 투명하게 처리해 나가도록 하겠습니다. 서로 믿고 서로 존중하는 교회 분위기를 만들어 나가도록 노력하겠습니다. 교회의 모든 일은 시간이 걸리더라도 교인 여러분들의 의견을 충분히 수렴해 나가는 풍토를 조성해 나가겠습니다. 그리하여 모든 일을 물 흐르듯 순리대로 수행해 나가겠습니다.

존경하는 원로님과 동덕 여러분, 교구장이라는 자리는 권력을 행사하는 자리가 아닙니다. 오직 교인 여러분의 심부름꾼이어야 한다고 생각합니다. 교회의 주인은 바로 교인 여러분이라는 것을 항상 잊지 않겠습니다. 교인 여러분의 많은 지도 편달을 바랍니다. 끝으로 교인 여러분과 가정에 항상 한울님의 감응으로 건강하시고 행복한 삶을 이루시기를 진심으로 기원합니다. 감사합니다.

포덕 141(2000)년 10월 8일

호암 이정희 심고

• 포덕 142년 2월 25일, 대전교구장 재임

나는 포덕 142(2001)년 2월 25일 개최된 대전교구 정기회의에서 또다시 대전교구장으로 선임되었다. 바쁜 직장일 때문에 교구장직을 더이상 수행하기 어렵다는 것을 여러 차례 호소하였으나, 막무가내였다. 포덕 142년 3월 4일 시일식을 마친 후 다음과 같은 교구장 재임을 수락하는 인사말을 하였다.

만물이 소생하는 희망찬 새봄을 맞아 교인 여러분과 가정에 항상 건강과 보람이 함께 하시기를 진심으로 기원합니다. 지난 2월 25일 개최된 정기교구회의에서 또다시 저에게 대전교구장이라는 중책을 맡겨 주신 데 대해서 감사의 말씀과 아울러 막중한 책임감을 통감하고 있습니다. 김용환 전임 교구장의 뒤를 이어 잔여 기간 동안 교구장직을 맡아 수행하여 왔습니다만 바쁜 직장일과 함께 병행해 나가기가 퍽 어렵다고 판단되어 이번에는 다른 적임자로 바꿔 주실 것을 간곡히 호소한 바 있습니다. 그러나 저의 어려운 사정을 이해하시면서도 부족한 저를 다시 교구장으로 선임하여 주신 교인 여러분의 깊은 뜻이 무엇인가를 밤을 새우며 거듭거듭 생각해 보았습니다. 제가 다니는 직장을 따라 이곳으로 이사하여 대전교구의 문을 두드린 지 어언 12년, 그동안 저를 아껴 주시고 사랑해 주신 교인 여러분에 대한 보답의 뜻이 무엇일까를 깊이 헤아려 보았습니다. 그러면서 저는 우리 대전교구의 어제와 오늘, 그리고 내일을 생각하면서 우리 대전교구가 나아가야 할 앞으로의 방향과 꿈을 그려 보게 되었습니다.

아시는 바와 같이 우리 대전교구는 오랜 역사와 전통이 살아 숨 쉬는 뿌리 깊은 교구로서 많은 발전 가능성을 지니고 있습니다. 계룡산의 정기를 안고 중원의 중심에 선 우리 대전교구, 대전교구의 정신 속에는 이 민족과 세계를 향한 천도교 중흥의 큰 씨앗이 담겨 있습니다. 지난날, 이곳에는 지금의 교세보다 다섯 배나 큰 500호 이상의 교호 수가 있었고 교인의 성금으로 대전 시내에 해월회관을 건립하여 운영하는 등 타 교구의 발전을 선도하여 왔다고 들었습니다. 그런데 오늘 우리는 선배들이 이룩한 교세를 더 키우지는 못할망정 그대로 지키지도 못하고 지금은 100호도 못 되는 작은 교회로 전락하고 말았으며 해월회관은 남의 손에 넘어갔다고 들었습니다. 이제 우리는 가슴에 손을 얹고 깊이 반성해 보아야 하겠습니다. 우리 선배들이 이곳에 대전교구를 창립할 때의 바로 그 마음,

해월회관을 시작할 때의 한마음으로 다시금 새롭게 태어나야 하겠습니다. 그렇게 함으로써 지난날 500호를 기록했던 대전교구 중흥의 역사는 500호를 뛰어넘어 1,000호, 2,000호로 성장하는 대교구로 발전할 것이며 나아가 대전 지역 곳곳에 주문 소리가 그치지 않는 후천개벽의 대역사가 열리게 될 것입니다.

저는 먼저 '대전교구의 중흥과 중원 포덕의 깃발'을 높이는데 앞장설 것을 다짐해 봅니다. 이러한 다짐을 실천하기 위해서 포덕 142년도 대전교구의 나아갈 방향과 목표를 교회 중흥과 신앙 부흥 및 동귀일체로 정하고 목표 달성을 위한 핵심 전략으로 다음의 일곱 가지를 생각해 보았습니다.

첫째, 포덕 교화 활동 강화입니다. 금년 중으로 교인 배가운동을 펼쳐 나가고자 합니다. 중앙총부와 협의하여 전국 규모의 강연회와 세미나를 개최하도록 하고 특히 대학생 등에 대한 포덕 활동을 강화해 나가야 하겠습니다. 그리고 지금까지 시일식에 참여하지 않는 교인들에 대해서 교회에 나올 수 있도록 독려하고 신입 교인에 대해서는 정성을 다해 별도로 교화해 나가도록 하고자 합니다.

둘째, 독공 수련의 생활화를 도모하도록 하고자 합니다. 지난해 11월부터 시행하고 있는 '독공 수련의 날' 참여를 점점 확대해 나가도록 해야 하겠습니다. 시일식이 끝나면 적어도 30분 이상 주문 공부를 하도록 하고 개별 주문 공부의 목표를 매일 만독(연간 360만독)으로 정하는 것이 좋겠다고 생각합니다. 그리고 수시로 자체 수련 활동을 강화해 나가도록 하고자 합니다.

셋째, 온 가족 시일 보기 운동을 전개해 나가고자 합니다. 이를 위해서 도가 방문 및 인근 교구 합동기도식을 거행하도록 해야 하겠습니다. 작은 것이라도 함께 축하하고 함께 위로하도록 해야겠습니다. 모범 가족, 모범 교인을 발굴하여 올해의 모범 교인상 제도를 제정 시행해 나가고자 합니다.

넷째, 청소년, 여성회, 동민회 등 산하 단체를 적극적으로 육성해 나가고자 합니다. 이미 조직된 청년회 활동을 강화하고 환경 운동 등 여성들의 사회 참여 기회를 확대해 나가는 방안도 추진해 나가고자 합니다. 중앙총부와 협의하여 전국 규모의 청년대회와 여성대회를 대전에서 개최하는 방안도 추진해 나가고자 합니다.

다섯째, 사회봉사 활동의 강화입니다. 불우 이웃 돕기, 고아원 방문 등 매월 1회 이상 사회봉사 활동을 전개해 나가고자 합니다. 이를 위해서 가칭 한울사랑 나눔회를 구성하여 자체 기금을 마련하여 지속적으로 운영해 나갈 수 있도록 하고자 합니다.

여섯째, 동귀일체 대화합의 한마당 운동을 지속적으로 전개하고자 합니다. 지난해 인일기념일에 닻을 올린 제1회 동귀일체 한마당은 천일기념일과 지일기념일에도 그 특성에 맞게 추진해 나가고자 합니다.

일곱째, 정보화, 홍보 활동 강화입니다. 대전교구의 정보화를 위해 홈페이지를 구축 운영하고자 하며 대전 지역의 각종 매스컴(신문, 방송 등)을 통한 홍보 활동을 강화해 나가고자 합니다. 예를 들면 천일기념일에 대전 지역 방송국이나 신문사 등에서 우리 교회에 와서 취재할 수 있도록 하거나 기자회견 등을 갖는 것도 생각해 볼 수 있습니다. 그 외에 중앙총부와 타 교구 및 타 종단과의 교류 확대를 강화하고 거리 포덕의 일환으로 도로변에 플래카드를 부착하여 일반 시민 홍보도 꾸준히 전개해 나가고자 합니다. 이외에도 교육 사업, 복지 사업, 수도원 설립, 제2의 해월회관 건립 등 장기적으로 여러 가지 구상을 해 볼 수 있겠습니다만 이러한 사안에 대해서는 교인 여러분과 함께 지속적으로 연구 검토해 나가고자 합니다.

이상 주요 역점 사업에 대해서 몇 가지를 생각해 보았습니다만, 이 모두는 교인 여러분 한 분, 한 분의 정성이 모아질 때 가능한 것이라는 것을 거듭 강조하고자 합니다.

교인 여러분과 가정의 건강과 한울님의 감응이 항상 함께 하시기를 진심으로 기원하면서 이만 마치고자 합니다. 감사합니다.

포덕 142년 3월 4일

호암 이정희 심고

3. 사명과 열정의 시간

• 투명한 교회, 반기별 가결산 공지

나는 포덕 141(2000)년 10월 8일, 대전교구장에 취임하면서 인사말을 통해 "신뢰받는 교구", "투명한 교구"가 되도록 힘쓰겠다고 약속한 바 있다. 이와 같은 약속은 그동안 교구의 회계 및 재정과 관련하여 총부 연월성 납부 등에 대한 일부 교인들의 불신이 그치지 않았기 때문이다. 교구 운영의 투명성을 확보함으로써 교인들의 신뢰를 회복하는 것이 매우 중요하다고 생각했다. 이에 나는 연 2회에 걸쳐 중간 가결산 제도를 도입하기로 하였다. 이에 따라 대전교구 최초로 포덕 142(2001)년 8월 5일, 상반기 가결산 내역을 교인들에게 공지하였다. 나는 '포덕 142년도 상반기 가결산' 내역과 관련하여 다음과 같이 교인들에게 보고하였다.

동덕 여러분, 모시고 안녕하십니까? 지난번에 말씀드린 대로 이번에 포덕 142년도 상반기 가결산 내역을 정리해 보았습니다. 첨부된 가결산 자료를 보시면 금년도 상반기 총수입은 17,577,457원이며 총지출은 9,581,560원으로 잔액은 8,995,897원으로 집계되었습니다. 대전교구 이름으로 3,400만 원의 정기 적금과 별도의 차세대 성금 통장을 관리하고 있습니다. 보시는 바와 같이 수입의 대부분은 동덕 여러분의 성미와 성금으로 이루어져 있습니다. 그동안 한울사업을 위하여 정성 어린 성금을 내주신 동덕 여러분께 이 기회를 빌어 깊이 감사드립니다. 이번에 정리하면서 느낀 것은 지출 절차나 지출 결의서, 보조 장부, 금전출납부 작성 등에 있어서 다소의 부족한 부분이 있다는 것을 발견하였으며 이 점에 대해서는 깊이 반성하고 개선하여 나가도록 하겠습니다.

동덕 여러분께서 내주시는 소중한 성금이 단 한 푼이라도 헛되이 쓰이는 일이 없도록 회계 절차를 확립하고 원칙에 따라 집행해야 한다는 것이 저의 확고한 신념입니다. 특히 연·월성에 대해서는 성미 기록이나 중앙총부 송금 시에 누락되는 일이 없도록 반드시 영수증을 첨부하고자 합니다. 교구에 들어오는 모든 수입금에 대한 합계 과정에서의 누락이 없어야 하고 수입금은 입금과 동시에 통장이나 금고에 보관하고 있습니다.

동덕 여러분, 우리 교회의 재산 관리와 관련하여 좋은 의견에 대해서는 수시로 말씀하여 주시기 바랍니다. 금산 임야 진입로 및 묘지 관리, 교구 상주 관리인, 1층 및 2층 관리실의 효과적 활용, 교구진입로 정비, 하상주차장 설치, 교회 안내 간판 설치, 장단기 교구 발전 계획 등의 과제들이 해결을 기다리고 있습니다. 항상 교구의 문은 열려 있습니다. 주저하지 마시고 언제든지 좋은 의견을 주시기 바랍니다.

특히 한평생을 신앙생활을 해오신 원로님들의 경험과 지혜가 필요합니다. 아시는 바와 같이 금년도 6월부터는 매월 지급되던 총부의 지원금 50만 원이 중단되었습니다. 따라서 하반기의 수입이 그만큼 감소될 것이므로 긴축 재정이 불가피한 상황이어서 하반기 재정을 알뜰하게 운영해 나가고자 합니다. 교회 재정에 대해서 의문 사항이나 개선할 사항이 있으시면 언제든지 주저하지 마시고 말씀해 주시기 바랍니다.

이듬해 포덕 143(2002)년 7월 21일에도 포덕 143년도의 상반기 가결산 내역을 교인들에게 공지한 바 있으며 교인들에게 다음과 같이 보고하였다.

포덕 143년도 상반기(1~6월), 우리 대전교구 수입, 지출 현황을 별첨과 같이 보고드립니다. 기간 중 수입 총액은 지난해 이월금을 포함하여 23,534,417원이며, 지출 총액은 17,112,390원으로 6월 30일 현재 잔액은 6,422,027원입니다. 기간 중 수입 지출 현황과 함께 연·월성 수납대장, 기념 성금 내역과 예금 통장 사본을 별첨하였으니 참고 바라며, 혹 누락되거나 잘못 기재된 부분이 있으면 지적해 주시기 바랍니다. 그동안 교인 여러분께서 납부해 주신 성미와 성금은 교인 여러분의 뜻을 새기며 아껴 쓰도록 하겠으며 항상 투명하게 운영해 나가도록 하겠습니다. 감사합니다.

• 신앙 중심 교회, 매월 '독공 수련의 날' 제정 시행

대전교구를 중흥시키기 위해서는 무엇보다도 신앙심이 바탕이 되어야 한다고 생각했다. 그래서 매 시일식에 앞서서 1시간 동안에 걸친 수련의 시간을 운영하는 한편 매월 셋째 시일에는 '독공 수련의 날'을 제정 시행하도록 하였다. 독공 수련의 날은 외부 초청 설교, 주문 1만독(연간 360만독), 신앙 간담회 등을 실시하기로 하였다. 독공 수련의 날에는 출입구에 "독공 수련중입니다. 조용히 하시기 바랍니다"라는 글씨를 써 붙이고 교당 안에는 '독공 수련의 날'이라는 현수막을 걸고 신앙심을 한층 고취해 나가기로 하였다. 이에 따라 포덕 141(2000)년 11월 19일부터 포덕 145(2004)년 4월 18일까지 재임 기간 중 연 41회에 걸친 '독공 수련의 날'을 실시하였다.

첫 번째 제1회는 복호동 수도원 김경렬 원장을 초청하여 설교를 들은 후, 김경렬 원장의 지도하에 13시 30분부터 15시 30분까지 2시간 수련, 15시 30분부터 16시 30분까지 1시간 동안 신앙 간담회를 진행하였다. 20여 명의 교인들이 열정적으로 참석해 주었다. 이날 전초련 전 여성회장도 모처럼 독공 수련에 참석하여 "독공 수련의 날의 시행은 참 잘한 것 같다. 앞으로 빠지지 않고 꼭 참여하겠다."라고 말했다.

2004년 4월 18일, 교구장의 임기를 마치기 직전 마지막으로 실시한 제41회 '독공 수련의 날'에는 외부 초청 설교로 양윤석 교화관장이 맡아 주었다. 처음 시작할 때와 마찬가지로 이날도 주문 공부 1만독을 목표로 교구 합동으로 5천독, 가정에서 각각 5천독을 시행하도록 하였다. 오늘 설교 제목은 '〈탄도유심급〉의 비도심지 유재정심'이다. 헛된 데 정성 들이지 말고 바른 마음을 갖도록 해야 한다는 요지이다.

그동안 대전교구의 독공 수련의 날 설교 및 수련 지도와 신앙 간담회를 맡아 주신 초청 강사는 연 41명에 달한다. 이영복 종법사, 조동원 원장, 임운길 전 교령, 김근오 용담수도원장, 한태원 선도사, 이창번 선도사, 장정숙 선도사, 김경렬 수도원장, 박충남 교무관장, 주선원 교화관장 등이 독공 수련 지도를 위해 대전교구를 방문하였다.

• 103주년 인일기념일, 동귀일체 대화합 한마당

나는 포덕 141(2000)년 10월 23일 토요일 오후, 내수도 청여당과 함께 대전교구에 나갔다. 하루 앞으로 다가온 인일기념일 행사 준비에 만전을 기하기 위해서다. 유영수 부장, 박세환 부장, 김용환 전 교구장 내외, 여성회 허영희 총무 등과 함께 마친 후 밤 12시가 넘어서야 귀가했다. 다음 날 12월 24일, 103주년 인일기념식에는 100여 명의 교인들이 참석하여 교당을 가득 메웠다. 식순에 따라 인일기념식을 거행한 후 맛있는 뷔페 점심 식사를 먹고 오후 1시부터 드디어 '제1회 동귀일체 대화합의 한마당' 행사가 시작되었다. 오늘의 사회는 김용환 전 교구장이 맡았다. 본격적인 행사에 앞서 간단한 개회식이 진행되었다. 오늘 개회식은 김인선 직접도훈의 축사와 교구장의 인사가 있었다. 나는 교구장으로서 개회사를 통하여 "오늘의 '동귀일체 대화합 한마당' 은 어린이와 청년 학생, 그리고 여성회와 원로 여러분이 함께 하는 대화합의 시간이며 나아가 대전 충청 지역민이 함께 하는 큰 마당이기도 한 것입니다. 오늘의 이 행사를 시작으로 새해에는 가족 모두가 함께 신앙하는 교회가 되고 대전 충청 지역 주민이 함께 하는 교회로 나아갈 수 있도록 정성을 모아 나가야 하겠습니다."라며 오늘 행사의 의의와 참여하신 교인 여러분과 출연진 모든 분들께 감사의 마음을 표했다. 나의 인사말의 내용은 다음과 같다.

모시고 안녕하십니까? 오늘 제103주년 인일기념일을 맞아 광제포 연원회 및 여성회와 청년회(추진 중)의 후원 및 안금분 무용학원 협찬으로 '제1회 동귀일체 대화합의 한마당' 을 마련하게 된 것을 매우 기쁘게 생각합니다.

바쁜 일정에도 불구하고 오늘의 이 행사를 위하여 기꺼이 참여해 주신 안금분 원장님과 경기민요 팀, 남사당놀이 팀 여러분들에게 진심으로 감사의 말씀을 드립니다. 아시는 바와 같이 우리 교구의 발전은 교인 모두가 독공 수련을 통한 신앙심을 돈독히 하고 동귀일체의 대화합을 통한 한마음으로 정성을 모을 때 이룩될 수 있다고 생각합니다. 우리는 지난 19일부터 '독공 수련의 날' 을 정하여 시행하여 오고 있으며 오늘은 우리 모두가 동귀일체를 위한 한마당을 마련하여 새로운 대화합의 축제를 올리고 있습니다. '동귀일체 대화합의 한마당' 은 어린이와 청년 학생, 그리고 여성회와 원로 여러분이 함께 하는 대화합의 시간이며 나아가 대전 충청 지역민이 함께하는 포덕의 큰 마당이기도 한 것입니다. 오늘의 이 행사를 시작으로 새해에는 교인 여러분의 '가족 모두가 함께 참여하는 교회' 로 발전해 나갈 수 있도록 지극한 정성을 모아 나가야 하겠습니다. 그리하여 우리 대전교구가 천도교의 중흥을 위한 새로운 역사적 사명과 선도적 역할을 다할 수 있도록 다짐합시다.

존경하는 동덕 여러분, 오늘 개최되는 본 행사가 일회성의 행사로 끝나지 않고 대전교구와 충청권 모든 교구가 진정한 동귀일체를 지속적으로 이룩하여 나가는 계기가 될 수 있도록 다 함께 다짐합시다.

끝으로 오늘 이 행사를 성공적으로 개최할 수 있도록 애써 주신 교회 주직, 여성회, 청년회 여러분과 국악인 안금분 무용학원 원장님을 비롯한 출연진 모두에게 심심한 감사를 드리며 동덕 여러분과 가정에 항상 건강과 행운이 함께하시기를 기원합니다.

오늘 행사의 첫째 마당은 교인들의 시간으로 엮었으며 둘째 마당은 외부 초청 공연으로 편성하였다.

첫째 마당은 어린이 시간, 청소년의 시간, 여성회의 시간, 원로의 시간 등으로 엮었다. 먼저 '어린이 시간' 에는 박성철, 이경구, 유한울, 유기운 등 4명의 귀염둥이 어린이들이 몽중노소문답가를 합창해 주었다. 어린이들의 밝은 미소와 힘찬 합창의 무대는 미래의 대전교구를 보여 주는 듯했다. '청소년의 시간' 에는 김성주, 이명주 등 2명의 청소년이 함께 불렀고, 이지현의 '꽃노래' , '라쿰파르시타' 등 2곡의 멋진 피아노 연주로 박수갈채를 받았다. '여성회 시간' 에는 여성회 이명휘 여성회장과 허영희 총무가 '성주풀이' 와 '찰랑찰랑' 2곡을 멋있게 불렀고, '원로의 시간에는 김형일 동민회 지부장이 '눈물 젖은 두만강' 을 불러 박수를 받았다.

둘째 마당은 무용과 민요, 사물놀이, 설장구, 뒷풀이로 엮었다. 먼저 무용 입춤은 중요무형문화재 97호 김숙자류로 양길순 선생의 사사를 받은 안금분 무용학원장으로 올여름 입교하신 김형철 선생의 내수도가 추었다. 다음 경기민요는 중요무형문화재 57호 이은주 선생의 사사를 받은 최정분, 여진숙 두 분이 불렀다. 사물놀이는 중요문화재 제3호 남사당놀이 보존회 회원인 장정혜 외 4인이 연주했다. 설장구 무용은 장정혜, 끝으로 뒷풀이로 다함께 아리랑을 부르면서 둘째 마당을 마무리했다. 참석자들은 아름다운 노래와 멋진 춤을 선사한 출연진 모두에게 아낌없는 박수를 보냈다.

오늘의 '동귀일체 대화합의 한마당' 은 100여 명의 동덕들이 대거 참석하여 한마음 한뜻으로 혼연일체가 된 즐겁고 뜻있는 시간이었다.

• 대전 시민과 함께하는 142주년 천일기념 행사

포덕 142(2001)년 4월 4일, 직장일로 서울 출장을 갔다가 밤 8시에 귀가하였다. 귀가 즉시 나는 신흥동 대전교구에 갔다. 유영수 부장, 박세환 부장, 임창곤 부장, 김용환 전 교구장 등이 일찍부터 교구에 나와 내일의 천일기념일 행사 준비에 비지땀을 흘리고 있었다. 행사 준비를 마치고 난 다음에는 미리 준비한 현수막을 대전시내 주요 도로에 설치하러 나갔다. "당신이 바로 한울님입니다." "천도교는 한울님을 믿습니다", "사람을 한울님 같이 섬깁시다." 등의 현수막을 중리동, 삼성동, 용전동, 서대전, 부사동, 신흥동, 신탄진, 보문산 입구, 한남대, 오정동, 충무체육관 앞 사거리, 시내 차 없는 거리 등 23곳에 매달았다. 현수막 설치는 새벽 1시가 되어서야 끝낼 수 있었다.

오늘의 천일기념식 행사의 표어는 "온 가족과 함께, 이웃과 함께, 대전 시민과 함께"로 정하고 다음과 같은 7가지의 행사를 준비하였다.

1) 온 가족이 함께 '천일기념식'을 봉행하겠습니다.
   −100명의 동덕이 교회에 모이겠습니다.
2) 신흥동 주민을 방문하여 '한울떡'을 전하겠습니다.
   −105명의 이웃에게 '한울떡'(인근 주민 3말, 양로원 1말)을 전달하겠습니다.
3) 양로원을 방문하여 불우한 이웃과 함께 하겠습니다.
   −최보부 사모님이 계시는 임마누엘 양로원에 한울떡 1말을 전달하겠습니다.
4) 대전교구 중흥을 위한 토론회를 진행하겠습니다.
   −학생회, 청년회, 여성회, 신입 교인, 원로님의 충정 어린 말씀 청취하겠습니다.
5) 대전 시민을 위해 한울님 말씀을 전하겠습니다.
   −주요 도로에 현수막 23장 설치, 신앙 안내 책자 1,500부 배포
   −문구: "천도교는 한울님을 믿습니다.", "당신이 바로 한울입니다.", "사람을 한울님 같이 섬깁시다"
   −장소: 중리동, 삼성동, 용전동, 서대전, 부사동, 신흥동, 신탄진, 보문산 입구, 한남대, 오정동, 충무체육관, 시내 차 없는 거리, 까르프, 이마트, 롯데백화점, 타임월드, 유성톨게이트 등
6) 대전 시민과 함께 하기 위해 거리 포덕 행사를 진행하겠습니다.

—어깨띠 20, 피켓 10, 참여자: 어린이 8명, 학생 4명, 청년 12명, 장년 7명,

—장소: 중리동, 삼성동, 용전동, 서대전, 부사동, 신흥동, 신탄진, 보문산 입구, 한남대, 오정동, 충무체육관, 시내 차 없는 거리, 까르프, 이마트, 롯데백화점, 타임월드, 유성톨게이트 등

—신앙 안내 책자 350부. 광고 전단지 1,000장

7) 교당 안 방석을 새롭게 깔겠습니다.

—천일기념일 축하 꽃방석 150개

4월 5일 천일기념일이다. 9시에 김인선 도훈, 여성회 허영희, 김영희, 최명숙 동덕이 최보부 사모님이 계시는 임마누엘 양로원을 방문하여 한울떡 1말을 전달하였으며 인근 주민 150여 명의 이웃에게 한울떡 3말을 전달하였다. 10시부터는 청년회원들이 신흥동 주민 105명에게 한울떡을 전달하였다. 100여 명의 교인들이 교당을 가득 채운 가운데 11시 천일기념식을 봉행하였다. 기념식 후 11시 30분부터 12시 30분까지 1시간에 걸쳐 대전교구 중흥을 위한 토론회가 진행되었다. 길암 김용환 전 교구장 사회로 학생 대표 김성중, 청년 대표 이인구, 여성회, 원로 대표 이지수, 신입 교인 김형철 동덕 등으로부터 5~10분 정도 대전교구 중흥을 위한 방안에 대한 열띤 발표가 있었다.

12시 30분부터 여성회에서 준비한 식사를 마치고 13시 30분 대전 시민과 함께 하기 위한 거리 포덕 행사가 진행되었다. 거리 포덕 출범에 앞서 유영수 교무부장 집례로 출범 심고 후 6개 조로 나누어 거리 포덕 행사를 진행하였다. 어깨띠 20개, 피켓 10개를 들고 대전역, 시내 차 없는 거리, 고속버스 터미널, 서부터미널, 보문산 공원, 계룡산 공원 등에서 3시간 동안 진행되었다.

오늘 행사는 16시 30분에 마치고 17시 30분 대전교구에 집결 후 해산하였다. 행사를 위해 수고한 학생, 청년회, 여성회, 원로님 여러분에게 진심으로 감사의 마음을 전했다.

이번 행사 예산은 현수막 200,000원, 어깨띠 50,000원, 한울떡 300,000원, 상품 100,000원, 양면 피켓 150,000원 등 800,000원으로 책정하였으며 광제포 연원회에서 500,000원, 여성회에서 175,000원을 협찬하였다.

• 동민회 대전지부 결성, 교양 강좌 열어

대전교구 교인을 중심으로 '동학민족통일회 대전지부'를 결성하고 현판을 내걸었다. 동학민족통일회 대전지부는 정의감과 의협심이 강한 김형일 지부장님이 계속 이끌어 주셨다. 김형일 지부장님은 대전시와 충청남도는 물론 관련 사회단체 등과의 밀접한 유대 관계와 대외 활동에 열성이셨다.

포덕 142(2001)년 5월 20일, 동학민족통일회 주최 교양 강좌를 열었다. 100여 명의 내외 귀빈이 참석한 가운데 교구장인 나의 사회로 진행된 이날의 교양 강좌는 김형일 동민회 대전지부장의 개회사 및 대전광역시 임영호 동구청장의 축사와 신덕순 동민회장의 격려사에 이어 연세대 오문환 교수의 '현대정신문명과 동학사상'을 주제로 한 열띤 강연이 있었다. 오 교수는 이날 강연에서 세계 문명은 바야흐로 물질 중심으로부터 마음 중심으로 이동하고 있다고 진단하고 마음 중심에 천주가 있다고 가르친 무극대도야말로 세계 문명의 대전환을 위해 준비된 사상이라고 강조하였다. 오 교수는 특히 동학은 모든 종교의 중심으로 인류 문명사의 진로를 바꾸는 태풍과 같은 위력을 지니고 있다면서 모든 인류가 머지않아 동학 천도교의 시대가 다가왔음을 깨닫게 될 것이라고 전망했다.

한편 이날 신흥동사무소 김기호 동장과 함께 구청장으로서는 최초로 대전교구를 방문한 임영호 구청장은 동학의 보국안민 사상으로 남북통일의 대업이 하루속히 이루어지기를 기원한다는 요지의 축사를 하였으며, 금일봉과 음료수 1상자를 대전교구에 기탁하였다. 오늘의 강연회는 김인관 원로님의 만세 삼창을 끝으로 폐회하였다. 강연회가 끝난 후 참석자 전원은 여성회(회장 이명휘)에서 준비한 중식을 함께하며 정담을 나누었다. 한편 이날의 '독공 수련의 날' 행사에서는 이창번 선도사를 초청, 교사를 중심으로 한 특별 설교 및 오후 4시까지 독공 수련의 시간을 진행하였다. 오늘 한울사랑회 성금 75,000원을 임창곤 경리부장에게 전달하고 '한울사랑회' 통장 개설을 부탁하였다.

• 대전 충청 지역 포덕 전진 기지 구축, 우금티 결의문

포덕 142(2003)년 10월 17일, 주선원 교화관장과 우금티 행사 계획에 대해 협의하였다. 포덕 142년 10월 27일, 총부의 이선영 교화차장, 길일기 한밭전교실장 등과

107주년 우금티 동학혁명위령식 행사의 방향에 대하여 의논하였다.

포덕 142년 11월 2일, 대전교구에서 길일기 한밭전교실장을 만나 11월 11일, 107주년 우금티 동학혁명군 위령식을 대전·충청 지역 천도교 주관으로 개최하는 방안을 의논하였다. 그리고 이번 위령식을 1, 2부로 나누어 1부에서는 의절에 따른 기념식을 봉행하도록 하고, 2부는 '대전 충청 지역 포덕 전진 기지 구축을 위한 결의대회' 성격의 행사가 되도록 하는 방안을 추진하기로 하였다. 이와 같은 구상을 둔산전교실의 노앙래 실장, 공주교구의 박돈서 교구장, 신도교구의 박명옥 교구장 등과 긴밀히 협의하여 역할 분담 등 행사 계획을 구체화하였다. 11월 4일, 대전교구 시일식에서 107주년 우금티 동학혁명기념식을 작년 수준으로 준비하도록 하되 식후 행사로 대전·충청 지역 교구 공동 결의 대회, 추도 무용, 기념시 낭독 등의 프로그램에 대해 공지하였다.

드디어 포덕 142년 11월 11일, 107주년 공주 우금티 동학혁명군 위령식의 날이 다가왔다. 중앙총부에서 김철 교령, 임운길 선도사, 정원백 재단 이사장, 신덕순 동민회장, 천도교 합창단이 참석하였다. 그리고 원처 근처에서 200여 명의 교인들이 대거 참석하였다. 심대평 충남지사는 일정 관계로 참석하지 못하고 향로만 보내왔다.

주선원 교화관장의 집례로 천도교의 의절에 따라 진행된 1부 위령식은 시종 엄숙하고 비장한 가운데 진행되었다. 식순에 따라 천도교의 전위조직인 동학민족통일회 신덕순 대표의장께서 동학혁명군 12개조 폐정개혁안을 낭독하였다. 이어서 김철 교령의 추념사가 있었다. "…10만 동학군을 위로하고 동학정신을 선양하려는 우리들도 그 어려운 역경을 50년 내지 60년 헤쳐 온 노병들입니다. 이제 5년, 10년 후면 유명을 달리할 70대들이 많습니다. 그러나 우리는 낙담하지 않습니다. 왜냐하면 당신처럼 우리도 죽어서 죽지 않고, 호국신이 되고자 기개를 지키고 살아왔기 때문입니다." 김철 교령께서 준비한 추념사의 한 구절 한 구절이 가슴에 와닿았다. 김철 교령의 추념사를 들으며 눈물을 삼키는 분들이 많았다.

2부 행사는 오도지운, 세상과 함께 돌아가리라(공주교구 박돈서), 추도시 낭송 〈가자 한양성으로〉(한밭전교실장 길일기), 추도 무용 '도살풀이' (안금분 고전무용학원장 외), 대전 충청 지역 포덕 전진 기지 구축을 위한 결의문 낭독(제2의 동학혁명에 불을 지피리라, 대전교구장 이정희), 천덕송 합창 '우리의 길' (천도교연합합창단), 탑돌이 '영령이여 우리와 함께 하소서'(신도교구 선도, 참석자 전원), 만세 삼창(동민회 대전지부장 김형일)로 진행되었다. 2부 행사는 노앙래 둔산전교실장이 말끔하게 진행을 하였다. 둔산전교실장은 교육계에 조사하는 중견 공무원으로 겸손하면서도 얼굴에 항상 온화한 기운이 돌고 누구나 친근감을 느낄 만큼 호인이다. 또 한 달에 두 번은 대전에서 시일을 보고 두 번은 고향인 서천에 가서 어른들과 함께 시일을 모시는 효성이 지극한 분이다.

박돈서 교구장은 초등학교 교사로 다른 지역에 전근을 갔기 때문에 온 가족이 이사를 갔는데도 매 시일 공주에 찾아와서 고향 분들과 함께 시일을 모시고 있는 아주 단단한 천도교인이다. 그리고 길일기 실장은 자작 추도시 〈가자 한양성으로〉를 낭독하였다.

그리고 이번 위령식에 추도 무용을 하신 분이 우리 동덕이라는 것에 놀라움과 자부심을 느낄 수 있었다. 안금분 동덕은 무형문화재 제97호인 김숙자류로서 문화재이신 양길순 선생님에게서 사사를 받았으며 서울 전국 가무악 경연대회에서 무용부 대상(문화관광부장관상)을 수상하였으며, 대한민국 국악제 및 서울 국악제 등 국내에서 많은 공연 활동을 하였고, 해외 공연으로는 미국 카네기홀 공연 및 유럽 순회공연 등 많은 활동을 한 무용인이다. 이번 행사에는 제자인 임영희, 심경례, 조순덕 선생님과 함께 선열들의 영혼을 위로하는 훌륭한 무용을 보여 주었다.

위령탑 잔디 마당에서 늦가을 햇살 속에 하얀 수건을 늘이며 춤을 추는 모습은 너무나 애처로워서 원로 어른들께서는 눈시울을 적시며 바라보는 분들도 있었고, 맺혔던 동학군의 한을 풀어 주는 것 같았다.

끝으로 대전 충청 지역의 천도교를 대표하여 내가 다음과 같은 '대전 충청 지역 포덕의 전진 기지 구축을 위한 결의문' 을 낭독하였다.

어느덧 107년이라는 긴 세월이 흘러갔습니다. 그때 그 혁명의 역사적 현장을 목격하였던 사람들도 이미 가신 지 오래이며, 그 이야기를 직접 전해 들은 사람들도 이젠 우리 곁을 떠났습니다. 지금은 많은 사람들의 기억 속에서 희미하게 사라져 가고 있으며, 동학의 후예인 우리들마저 혁명군들의 한을 풀어 주지 못한 채, 여기까지 왔습니다. 여기 이곳은 지금부터 107년 전, 극악무도한 일본군의 총칼 앞에서 무참히도 쓰러져 간 10만 동학군들의 시체가 산처럼 쌓이고 그 핏물이 강물을 이루었던 곳입니다. 그러나 동학군들의 영혼은 죽어도 죽지 아니하고 그 언젠가 가게 될 한양성을 꿈꾸며 아직도 이곳에 남아 우리를 지켜보고 있습니다.

107년이 지난 오늘, 우리는 삼가 무릎을 꿇고 부끄럽고 죄송한 마음으로 선열들 앞에 섰습니다. 우리는 오늘 이 자리에 설 만한 자격이 없는 사람들이 아닌지 모릅니다. 조상님들의 원한을 풀어 주지 못하는 후손이 어떻게 감히 이 자리에 서서 동학이 어떻고 동학혁명이 어떻다는 이야기를 할 수 있겠습니까?

우리는 지금 너무나 힘이 미약합니다. 조상님들의 원한을 풀어 줄 힘이 부족할 뿐 아니라 한양성의 꿈을 이루고 남북통일을 주도할 수 있는 힘도, 세계 평화를 이룩할 힘도 참으로 부족합니다.

그러나 대신사님 순도하신 후 해월신사께서 태백산 골짜기로 피신하면서 산골마을에 뿌린 포덕의 씨앗이 동학혁명이라는 거대한 산맥을 이루었듯이 이제 우리가 합심하여 조그마한 일부터 지속적으로 실천하여 나간다면 이곳은 분명이 나라와 세계 포덕을 위한 전진 기지가 되고 제2의 동학혁명의 불을 지피는 진원지가 될 수 있다고 굳게 믿고 있습니다.

지금 동학혁명의 본 고장인 이곳 대전·충청 지역은 동학의 불씨가 점점 꺼져가고 있습니다. 어쩌면, 그 마지막 남은 작은 불씨마저 영원히 사라질지도 모를 일입니다. 오늘 이 자리에 선 우리는 이 절박한 마음에서 삼가 두렵고 경건한 마음으로 그 작은 불씨를 살려내어 이 나라와 온 세계에 퍼져 나갈 수 있도록 우리 모두 함께 힘을 합하여 실천해 나가야 할 일들을 한울님과 스승님과 동학혁명군 영령들 앞에 엄숙히 고하고 다짐하는 바입니다.

첫째, 대전 충청 지역의 천도교구는 포덕의 전진 기지를 구축하기 위하여 지역교구협의회를 구성하고 정기적인 모임을 통하여 교구 간 상부상조와 수련 및 포덕사업을 연대하여 나가겠습니다.

둘째, 대전 충청 지역의 천도교구는 동학의 성지와 지역 내 전적지에 대하여 면밀히 조사하고 보존하여 교회는 물론 국민 교육장이 될 수 있도록 작은 정성을 모아 나가겠습니다.

셋째, 대전 충청 지역의 천도교구는 소외 받는 이웃과 함께 하기 위한 작은 정성을 함께 모아 불우한 이웃을 돕는 운동을 지속적으로 전개해 나가겠습니다.

넷째, 대전 충청 지역의 천도교구는 한울님의 가슴과 같은 자연을 소중히 아끼고 보존하는 환경 보호에 정성을 모아 나가겠습니다.

한울님 스승님이시어, 동학군의 영령이시어!

오늘 우리는 107년 전 동학혁명군의 정신을 오늘에 되살려 제2동학혁명의 불꽃을 피워 내고야 말겠다는 결사항전의 결의를 거듭거듭 다지면서 손에 잡히는 작은 일부터 하나하나 실천하여 포덕의 전진 기지를 기필코 구축해 나갈 것을 맹서하는 바입니다.

그리고 우리가 1년 동안 추진한 실적은 매년 동학혁명군 위령식 때마다 이곳 공주 우금티에 찾아와서 꼭 선열님들께 보고드리도록 하겠습니다.

한울님과 스승님과 선열이시여! 오늘 이 시간 대전 충청 지역 포덕의 전진 기지 구축을 위한 우리들의 결의와 뜻이 이루어지게 하소서!

결의문 낭독에 이어 위령식에 참가한 모든 분들은 주문을 외우며 위령탑을 돌았다. 신도교구에서 탑돌이를 선도하였다. 개벽된 세상을 위하여 주문을 외우면서 죽어 갔던 선열들과 일체감을 느끼기 위해서였다. 그분들의 영령은 이미 우리와 하나가 되었다. 이제 그분들은 우리를 통하여 다시 살아온 것이다.

탑돌이를 마치고 김형일 동학민족통일회 대전지부장의 선창으로 만세 삼창을 하고 행사를 마무리 지었다. 뒤이어 대전교구에서 마련한 음식을 공주교구에 가서 함께 나누었다.

다소 늦은 감이 있기는 하지만 107주년 행사부터는 위령식의 품격이 향상되었다는 것이 참으로 뜻깊은 일이 아닐 수 없다. 오늘 행사에 참석한 교인들로부터 행사의 내용과 진행이 잘되었다는 많은 칭찬을 받았다. 행사를 마치고 대전교구장(이정희)은 이번 일은 천명으로 이루어진 것 같다고 하였다.

그동안 대전 충청 지역 각 교구가 서로 소원한 관계였고 서로 커뮤니케이션이 이루어지지 않았는데, 행사를 앞두고 전격적인 합의가 어려움 없이 이루어진 일이라든지, 짧은 기간 안에 행사를 준비할 수 있었던 것은 한울님이 감응을 하지 않으면 할 수 없는 일이라고 하였다.

그러나 우리는 이 행사를 어찌 천도교인만의 행사로 국한시킬 수 있겠는가. 동학혁명이 세계 인민의 정신을 깨우치는 하나의 문화사적인 분수령이었던 만큼 남북한이 참여하고 전 국민이 참여하는 행사를 이끌어 내야 한다. 우리는 먼저 몇 년이 걸리더라도 선열들의 뜻을 받들어 한양성 곳곳에 궁을기를 걸도록 해야 한다. 그것이 바로 우리에게 주어진 책무가 아닌가 생각한다.

> 107년 전 우리가 가지 못한 한양성/ 우리가 주문 소리 드높이며/ 승전고를 울리면서 가고 싶어했던 한양성/ 그리고 우리가 후손을 위하여 개벽된 세상을 만들기 위해/ 궁을 깃발을 꽂고 싶었던 한양성/ 아! 107년의 세월이 흘렀건만/ 우리의 후손들은 우리 대신에 한양성에 궁을기를 꽂지 못한 채/ 아직까지 우리는 한양성에 궁을깃발을 꽂지 못한 채/ 우리들의 소망과 꿈은 이곳 우금티에 버려져 있구나/ 우리의 시신은 이 낯설은 골짜기에 버려져 있는 아주 처절한 혼령 혼백이 되어서 떠돌아다니고 있구나.
>
> —길일기, 추모시 〈가자 한양성으로〉

대전 충청 지역 포덕 전진 기지 구축을 위한 간절한 마음을 담아 감동적인 행사 내용을 《신인간》에 생생하세 기록한 길일기 실장에게 깊은 감사의 뜻을 전하고자 한다.(길일기 한밭전교실장, 《신인간》 통권 616호, 2001년 12월에서 발췌)

• 대전·충청 지역 새로운 포덕의 시대 선언

포덕 142(2001)년 12월 24일, 104회 인일기념일이다. 오늘의 기념식과 식후 행사는 지난해의 '동귀일체 대화합의 한마당' 의 뜻을 살리면서 우금티의 결의를 재확인하고 가시화하기 위한 행사의 일환으로 기획되었다. 이에 따라 이번 행사의 주제는 '대전·충청 지역의 새로운 포덕의 시대를 연다' 로 정하고 대전교구, 한밭전교실, 공주교구, 둔산전교실, 신도교구 등 5개 교구에서 함께 준비하고 진행하였다.

제1부 기념식은 경전 봉독에 한밭전교실 한경노 선도사, 청수봉전은 신도교구 박명옥 도훈, 그리고 기념사는 내가 읽었다. 기념식을 마치고 대전교구 내부 행사로 올해의 모범 학생, 올해의 모범 가정에게 각각 표창패를 수여하였다. 먼저 모범 학생으로 김성중 학생, 모범 가정으로는 유영수 가족에게 표창패와 부상으로 문화상품권 10만 원이 각각 전달되었다. 이어서 '대전 충청 지역의 새로운 포덕의 시대를 연다' 는 주제하에 대전교구 임창곤 부장의 사회로 제2부 행사의 막을 열었다. 피아노는 이미영 동덕이 담당하였다. 제2부 행사는 첫째 마당으로 '가족 천덕송 경연대

회', 둘째 마당으로 '충청 지역 새로운 포덕의 시대를 연다', 셋째 마당으로 '한울 사랑 나눔의 자리' 순으로 진행되었다. 먼저 김인선 직접도훈의 격려사, 김기호 신홍동장의 축사, 단군봉안회 홍문련 총무 등의 축사를 들은 뒤 본격적인 마당 프로그램이 진행되었다. 첫째 마당으로 가족 천덕송 경연대회다. 대전교구에서 유영수 동덕 가족과 이인구 동덕 가족, 신도교구에서 박명옥 도훈 가족, 한밭전교실의 안춘우 동덕 가족이 각각 참여하여 화기애애한 분위기 속에서 열띤 경연을 벌였다. 천덕송 경연대회에서는 안춘우 동덕 가족이 대상, 박명옥 도훈은 우수상, 참가상은 유영수 동덕 가족과 이인구 동덕 가족이 각각 받았다.

둘째 마당은 '대전 충청 지역 새로운 포덕의 시대를 연다' 이다. 노앙래 둔산전교실장이 대전 충청 지역의 교구 연대에 관한 구상, 길일기 한밭전교실장이 대전 충청 지역 유적지의 현황과 성역화 사업, 대전교구장(이정희)이 광제창생의 첫걸음, 한울 사랑 나눔에 관하여, 그리고 박돈서 공주교구장이 동학과 천도교의 입장에서 본 새로운 환경운동, 김형일 동민회 대전지부장이 동학민족통일에 관하여 각각 5분간 발표하였다. 비록 짧은 시간이지만 진실하고 성실한 자세로 발표에 임하는 모습에 교인들의 박수갈채를 받았다. 셋째 마당은 한울 사랑 나눔의 자리다. 한울사랑회에서 신흥초등학교 김보라 학생에게 30만 원의 장학금과 천도교 경전을 각각 전달(소녀가장)하고 위로하였다. 김보라 학생은 부모 없이 87세의 할머니와 단둘이 살아가는 소녀 가장으로 어렵게 학교에 다니고 있다. 그동안 한울사랑회에서 신흥동사무소로부터 추천받아 지속적으로 보살펴 오고 있다. 이어서 김선화 사모님께 5만원, 이인구 가족이 원로님 서른네 분에게 사랑의 안경 맞춤(7천원 상당) 전달, 그리고 노환으로 고생하시는 한상준 법사 사모님, 김정국 선도사 사모님, 이인구 동덕 아버님께 한밭전교실 길일기 실장이 한사회에 기증한 것을 한울사랑회에서 전달하였다. 그동안 한울사랑회에 대해 부정적이었던 이희관 동덕은 "이제 교구장님의 뜻을 조금 알 것 같습니다. 수고 많으셨습니다."라는 인사말을 들려주었다. 오늘 행사 하나하나 뜻이 깊고 멋있게 진행되었다. 길일기 전교실장이《신인간》에 기사를 쓰기로 하였다. 이번 행사는 지난 11월 11일 우금티 행사에 이어 훌륭한 의미 있는 행사로 대전교구사에 기록될 것이다. 최명숙 동덕은 한울사랑회가 작은 정성이나마 할 일을 했고 여러 교인들이 모인 가운데 공인받은 셈이 되어 기쁘다고 이야기해 준다. 이번 한울사랑회는 공주교구에서 10만 원을, 한밭전교실에서 길일기 전교실장이 인삼 3통을 기증했다.

《신인간》사 명예기자인 대전교구 이미영 동덕이 오늘의 행사에 대해 〈스승님의 큰 덕을 세상 속에 꽃피우자〉라는 제목으로 《신인간》에 다음과 같은 글을 게재했다. 앞과 중복된 부분이 많지만 실감성 있게 잘 묘사한 내용 그대로를 소개하고자 한다.

포덕 142(2001)년 12월 24일, 오늘은 104주년 인일기념일입니다. 왁자지껄 뛰어 들어오는 아이들 뒤로 나란히 들어서는 낯설지 않은 부부의 모습이 하나둘 보이기 시작하더니, 어느새 대전교구 성화실은 원처근처에서 모여든 교인들로 가득합니다. '대전 충청 지역의 새로운 포덕 시대를 연다'는 다짐 말을 내걸고 대전교구를 비롯하여 인근에 있는 한밭전교실과 둔산전교실, 신도교구, 공주교구 교인과 그 가족들이 한자리에 모여 앉았습니다. 잔칫날 큰 집 방 안에 빼곡히 모여 앉은 한집안 식구들처럼 서로 부비고 앉은 모습들이 너무도 다정스럽고 아름다워 보였습니다.

대전교구 박세환 교화부장의 집례와 신도교구 박명옥 도훈의 청수봉전, 한밭전교실 경암 한경노 동덕의 경전 봉독, 이정희 대전교구장의 기념사에 이어 다 함께 부른 인일기념가는 그 어느 때보다도 힘 있고 우렁차게 울려 퍼져 나갔습니다.

기념식을 마치고 이정희 교구장이 대전교구 교인들이 뽑은 포덕 142년 '올해의 모범 학생'(충남고 2. 김성중)과 '모범 가정'(덕암 유영수 가족)에게 표창패와 부상을 함께 전해 주었습니다.

또 식후 행사에 들어가기에 앞서 김인선 직접도훈의 축사와 대전교구가 자리 잡은 대전 동구 신흥동 김기호 동장과 국조단군봉안회 김호응 총무, 홍익문화운동연합회 서양원 회장의 축사가 이어졌습니다. 대전 충청 지역 5개 교구가 함께 주최하는 식후 행사는 대전교구 임창곤 경리부장의 사회로 인일기념 한마당 행사가 본격적으로 진행되었습니다.

첫째 마당으로 '가족 천덕송 경연대회'가 열렸습니다. 대전교구 유영수 동덕, 이인구 동덕, 한밭전교실의 안춘우 동덕(이상 가족 단위)과 신도교구의 박명옥 도훈이 출연하였습니다,

첫 번째로 출연한 유영수 동덕 가족, 엄마(필자)가 피아노 반주를 하느라고 한울(초등3)이와 기운(초등1), 아빠 셋이서만 노래 불러서 약간 서운하기도 했지

만 그래도 서로 마이크 쟁탈전(?)까지 벌여 가며 힘차게 '개벽행진곡' 을 불렀습니다. "다음에 부를 땐 오늘 못 했던 멋진 화음을 넣어 더 잘 부르도록 하겠습니다. 그게 맘처럼 잘 안되더라구요." 유영수 동덕이 웃으며 아쉬움 섞인 소감을 남겼습니다.

두 번째로 출연한 진우(초등4) 소리(초등6) 네 가족. 수줍음이 너무 많은 소리와 축구를 굉장히 좋아하고 보기에도 씩씩한 개구쟁이 진우, 오늘 노래는 아이들이 정한 '우리의 길' 입니다. 수준급인 소리의 피아노 반주에 맞춰 합창하려고 했지만 사람이 너무 많아 쑥스러워 다음 기회로 미루고, 가족 합창을 마친 진우의 소감 한마디, "식구들끼리 이렇게 많은 사람 앞에서 합창한 건 처음인데요, 너무 떨렸어요, 아무 생각도 안 나구요, 다음엔 더 잘할 자신 있어요."

기념식 날이면 항상 고운 한복을 차려입고 오셔서 분위기를 더해 주는 신도교구 박명옥 도훈님, 오늘도 역시 크고 씩씩한 목소리로 '공락가' 를 불러 우수상에 당첨(?) 되셨습니다. 이어 세 아이를 가운데 나란히 세우고 한쪽 옆에 기타를 둘러메고 서 있는 안춘우 한발전교실 교화부장과 현순자 내수도, 오늘 부를 노래의 제목은 안춘우 동덕이 직접 지었다는 '참 이상해요' 입니다. 안춘우 동덕은 "지난해 8월 송가 작곡 발표회 때 대교당에서 부르고 지금 이 자리에서 다시 이 노래를 부르게 된 감회가 새롭습니다" 라고 말했습니다. 아빠의 기타 반주에 맞춰 노래 부르는 보란(초등5), 현호(초등3), 지호(6살)에게 보내는 교인들의 환호와 갈채는 오늘 대상을 차지하기에 충분했습니다. 푸짐한 상품을 주체하지 못하는 입상자들을 보고 "트럭 불러야 되는 거 아니냐" "대전교구 거덜 나는 거 아니냐" 는 어느 방청객(?)의 말에 성화실엔 한바탕 웃음꽃이 피었습니다. 교인들이 모두 즐거워하고 선뜻 참가하지 못한 젊은 부부들이 내년에는 아이들과 함께 참여하고 싶어하는 것으로 미루어 볼 때, 내년에는 천덕송 대회 출연 가족이 올해보다 더 많아지리라 기대를 해봅니다. 다함께 송가 '우리의 길' 을 부르고 '대전 충청 지역, 새로운 포덕의 시대를 연다' 라는 주제의 둘째 마당으로 이어졌습니다.

둘째 마당에서 노앙래 둔산전교실장과 길일기 한발전교실장은 지난해 11월 11일 공주 우금티 동학혁명군위령식 식후 행사에서 결의한 '대전 충청 지역의 포덕 전진 기지 구축을 위한 지역교구협의회' 를 조속히 구성, 구체적인 계획을 수립하여 실천하고, '동학의 성지와 지역 내 전적지 순례 및 보존' 에 대한 실천 방안을 마련하여 지속적으로 추진해 나가자고 호소했습니다.

박돈서 공주교구장과 김형일 동학민족통일회 대전지부장은 '동학 천도교의 환경관과 환경운동' '민족통일을 위한 천도교의 역할의 중요성' 등을 역설하였습니다. 또 이정희 대전교구장은 "주위의 소외된 이웃과 함께 함으로써, 각자위심으로 끊어진 영의 다리를 놓아 이 사회 모두가 더불어 잘사는 한울 사랑을 실천하고, 새로운 포덕 시대를 열자는 공주 우금티 결의를 실행해 나가자" 고 강조했습니다.

셋째 마당은 '한울사랑 나눔의 자리' 입니다. 87세 할머니와 둘이 살고 있는 소녀 가장 김보라(신홍초3) 양에게 '한사회' 에서 장학금과 경전을, 원로 사모님에게 각각 성금을 전달하였습니다.

한편 한기호 동덕(대전교구)은 넉넉지 않은 형편 속에서도 지난 1년 동안 다달이 모아 온 성금을 교구 노인복지에 써달라고 보내와, 교구에서 65세 이상 되시는 원로님들께 '사랑의 휴대용 돋보기안경' 을 선물하는데 도움을 주기도 하였습니다. 한기호 동덕은 교구에는 자주 못 나오지만 포덕 141년부터 매월 1만원을 모아 연말이면 교구에 성금(12만원)을 내주셨습니다. 성금의 많고 적음에 비할 것이 아니라 그 정성과 그 마음씀이 어찌나 고마운지 모르겠습니다. 이날 돋보기안경을 선물로 받은 원로님들은 그 자리에서 안경을 쓰고 경전을 펼쳐 보며 매우 흡족해하였습니다.

또한 노환으로 고생하고 계시는 원로분들에게는 길일기 한밭전교실장의 협찬으로 인삼 엑기스 세 상자를 전달하고 위로하기도 하였습니다.

경축 행사를 모두 마치고 교인들은 서로의 안부를 묻고 밀린 이야기꽃을 피우며 공주교구와 대전교구 여성회에서 푸짐하게 준비한 만찬을 함께 나누었습니다.

올해 인일기념일은 근년에 볼 수 없었던 뜻깊은 자리였습니다. 지난해 11월 11일 공주 우금티 행사에 이어 5개 교구가 하나의 바람과 한마음으로 이어져 있음을 다시 확인하였습니다. 이번 행사를 통해 하나로 뭉친 대전 충청 지역 동덕들이 스승님의 큰 덕을 세상 속에 꽃 피우는 데 있어 작은 종자 씨앗의 역할을 다할 것으로 믿습니다.(이미영, 《신인간》 통권 618호, 포덕 143년 2월호)

"나는 대전충청 지역의 새로운 포덕 시대"를 여는 마음으로 좋은 글을 써준 이미영 동덕에게 마음속으로 감사의 뜻을 전했다.

• 108주년 우금티, 동학혁명군 추모대제

포덕 143(2002)년 11월 11일, 공주 우금티에서 천도교 중앙총부에서 주최하고 천도교대전충청지역연합회가 주관하는 108주년 동학혁명군추모대제가 열렸다. 200여 명이 참석한 오늘의 행사는 제1부 위령식에 이어 제2부 기념행사로 나뉘어 개최되었다. 제1부 위령식은 천도교 주선원 교화관장의 집례로 개식, 국민의례, 청수봉전, 심고, 주문 3회 병송, 경전 봉독(박돈서 공주교구장), 동학혁명군 폐정개혁안 낭독(신덕순 동민회장), 천도교 김철 교령의 추념사, 분향, 동학혁명군 추모가(천도교 합창단) 등의 순서로 진행되었다.

제2부 기념행사는 노앙래 둔산전교실장이 진행하였다. "순도의 땅 위에서 제2의 동학혁명의 불씨가 되리라"라는 슬로건 하에 대고천하, 새로운 천도교 시대를 열어가는 우리의 각오(이정희 천도교대전충청지역연합회장), 기념 강연('공주 우금티 동학혁명군 전투가 갖는 의미', 조재훈 전 공주대학교 사범대학 학장), 추도시(〈우리는 아직 잠을 잘 수가 없다〉, 길일기), 추모 공연, 만세 삼창 순으로 진행되었다.

먼저 천도교대전충청지역연합회 이정희 회장의 인사에 이어 '천도교대전충청지역연합회 대고천하, 우리는 제2의 동학혁명의 불씨가 된다.'는 천도교대전충청지역연합회(18개 교구 및 전교실)의 굳건한 결의를 다음과 같이 다짐하였다.

1) 지난해 우리는 동학혁명 108주년 공주 우금티 동학혁명군위령제에서 천도교 대전충청지역연합회를 구성하였으며 처음으로 대전 충청 지역의 천도교인들이 함께 위령식을 거행했다.
2) 우리는 위령식에서 천도교의 지상 목표인 포덕천하의 대원을 달성하기 위하여 앞으로 대전 충청 지역 천도교인의 힘과 지혜를 모아야 한다는 데 뜻을 함께 하였다.
3) 우리는 먼저 조직의 기반을 강화하기 위하여 각 교구의 현황 파악 및 동덕간의 결속을 다지기 위하여 대전 충청 지역의 천도교 교구를 순회하면서 포덕운동을 전개하여 나가도록 한다.
4) 대전 충청 지역의 동학 천도교 유적지를 발굴하고 성역화하여 나감으로써 자라나는 세대들에게 민족혼을 심어 주고 성지를 국민 정신 교육의 도장으로 가꾸어 나갈 것이다.

5) 대전 충청 지역 동학혁명의 역사적 의의를 재조명하고 동학혁명의 정신을 선양하기 위하여 학술 세미나 및 강연회를 지속적으로 개최해 나가도록 하겠다.
6) 위와 같은 사업들을 적극 추진하기 위하여 특별 기금을 조성하여 나갈 것이며, 방치 되어 있는 민족의 성지가 개발될 수 있도록 공주시 충청남도 등 지방자치단체 및 중앙정부와 국회에도 계속 청원하여 반드시 관철될 수 있도록 노력해 나갈 것이다.

포덕 143년 11월 11일

천도교대전충청지역연합회(18개 교구 및 전교실)

천도교대전교구	천도교예산교구
천도교서천교구	천도교당진교구
천도교청주교구	천도교청원교구
천도교진천교구	천도교음성교구
천도교청양유구교구	천도교한밭전교실
천도교태안·방강리교구	천도교 부여교구
천도교 공주교구	천도교논산황화전교실
천도교신도교구	천도교둔산전교실
천도교아산교구	천도교원당교구

이어서 나는 천도교대전충청지역연합회장으로서 제2의 동학혁명의 불씨가 되기 위한 우리들의 결의와 뜻이 반드시 이루어지도록 하겠다는 '새로운 천도교의 시대를 열어 가는 우리의 각오' 를 다음과 같이 호소하였다.

여기 이곳은 지금부터 108년 전 천인공노할 일본군의 총칼 앞에서 무참히도 쓰러져 간 10만 동학군들의 시체가 산처럼 쌓이고 그 핏물이 강물을 이루었던 곳입니다. 그때 희생당한 동학군들의 영혼은 죽어도 죽지 아니하고 그 언젠가 이루어질 한양성을 꿈꾸며 아직도 이곳에 남아 우리를 지켜보고 있습니다.

그러나 동학혁명의 꿈을 다시금 피어내야 할 이곳 대전 충청 지역은 바야흐로 동학의 불씨가 점점 꺼져만 가고 있습니다. 어쩌면 그 마지막 남은 불씨마저 영원히 사라질지도 모를 것만 같은 위기감이 우리를 억누르고 있습니다.

지난해 역사적인 출범을 고한 천도교대전충청지역연합회는 꺼져 가는 동학혁명의 작은 불씨를 살려내어 미완의 동학혁명의 큰 불길로 다시 키워내기 위한 결의를 한울님과 스승님과 동학혁명군 영령들 앞에 엄숙히 고하고 다짐하였습니다. 그 다짐을 실천하기 위해 지난 1년 동안 우리는 합동시일식, 합동기념식 등을 통한 교구 간의 연대를 강화한 바 있으며, 우금티 동학혁명 기념관 건립의 필요성과 그 방법에 대해서도 진지하게 논의한 바 있습니다.

또한 교회 발전을 위해 몸과 마음을 평생 바쳐 오신 원로님들에게 장수 인삼과 사랑의 안경 맞춤, 그리고 소년 소녀 가장 돕기와 수재 의연금 등 불우한 이웃을 돕는 일에도 작은 정성을 모은 바 있으며, 환경 보호에 대한 구체적인 실천 방안에 대해서도 토론한 바 있습니다.

이제 우리는 지난해에 역사적인 우금티의 결의를 지속적으로 실천해 나갈 것을 재삼 다짐하면서 앞으로의 행동 방향을 다음과 같이 고하는 바입니다.

첫째, 우리는 먼저 포덕의 기반을 강화하고 교구의 현황 파악 및 동덕 간의 결속을 위하여 대전 충청 지역의 교구를 순회하면서 포덕운동을 전개하여 나가도록 하겠습니다.

둘째, 대전 충청 지역의 각종 기념행사는 천도교대전충청지역엽합회가 주관하여 나가도록 하겠습니다.

셋째, 대전 충청 지역의 동학 천도교 유적지를 발굴하고 성역화하여 나감으로써 자라나는 세대들에게 민족혼을 심어 주고 성역지를 국민 정신 교육의 도장으로 가꾸어 나가겠습니다.

넷째, 대전 충청 지역의 동학혁명의 역사적 의의를 재조명하고 동학혁명 정신을 선양하기 위하여 학술 세미나 및 강연회 등을 개최해 나가도록 하겠습니다.

이와같은 사업들을 적극 추진하기 위하여 지속적으로 기념관 건립 등 특별 기금을 조성하여 나갈 것이며 방치되어 있는 민족의 성지가 개발 보존될 수 있도록 공주시 충청남도 등 지방자치단체 및 중앙정부와 국회에 계속 청원하여 관철될 수 있도록 노력하겠습니다. 한울님과 스승님, 동학군 선열들이시어! 오늘 이 시간 제2의 동학혁명의 불씨가 되기 위한 우리들의 결의와 뜻이 반드시 이루어지게 하소서.

포덕 143년 11월 11일
공주 우금티에서
천도교대전충청지역엽합회장 이정희 심고

이어서 기념 강연으로 '공주 우금티 동학혁명군 전투가 갖는 의미' 에 대해서 조재훈 공주대학교 사범대학장님의 열띤 강연이 있었다. 길일기 천도교대전충청지역연합회 추진위원장은 〈우리는 아직 잠을 잘 수가 없다〉는 시를 낭송하여 참석자 모두의 가슴을 울렸다. 이어서 공주대학교 휘모리 풍물패의 애절한 추모 공연이 있었다. 끝으로 김형일 동민회 대전지부장의 우렁찬 만세 삼창으로 108주년 우금티 동학혁명군 추모대제의 막을 내렸다.

• 대전 충청 지역 포덕전진대회 개최

오늘은 포덕 143(2002)년 12월 22일(일), 천도교 대전교구에서 '대전 충청 지역 포덕전진대회' 가 개최되는 날이다. 오늘 행사는 "순도의 땅에서 제2의 동학혁명의 횃불을 들자"는 슬로건을 내걸고 천도교대전충청지역연합회 정기총회 및 교구장 회의도 함께 열었다. 오늘 포덕전진대회에서는 먼저 노앙래 부회장으로부터 '천도교대전충청지역연합회에 대한 경과 보고' 에 이어 회장(이정희)의 다음과 같은 개회사가 있었다.

모시고 안녕하십니까? 천도교대전충청지역연합회장 이정희입니다.

오늘 이 자리를 빛내 주시기 위해 참석해 주신 천도교 중앙총부 주선원 교화관장님, 그리고 김인선 직접도훈님, 원로님 여러분, 대전 충청 지역의 교구장님, 그리고 연합회 임원 및 회원 여러분을 모시고 대전 충청 지역 포덕전진대회를 개최하게 된 것을 진심으로 기쁘게 생각합니다.

오늘 대전 충청 지역 교구 및 전교실이 공동으로 개최한 포덕전진대회는 그 의의가 참으로 크다 하겠습니다.

아시는 바와 같이 대전충청지역연합회는 지금부터 2년 전, 대전교구, 공주교구, 신도교구, 둔산전교실, 한밭전교실 등 5개 교구가 함께 모여 우금티 동학혁명군 위령식 행사를 준비하면서 태동된 것입니다.

동학혁명의 본 고장인 이곳 대전 충청 지역에서 동학의 불씨가 점점 사라져 가고 있음을 더 이상 좌시하고 있을 수만은 없다는 것을 통감한 데서 출발한 것입니다. 그 마지막 남은 작은 불씨마저 영원히 사라질지도 모를 절박한 마음으로 꺼져 가는 불씨를 기어코 살려 내야겠다고 굳게 다짐하였던 것입니다.

그 꺼져 가는 불씨를 다시 살려 내어 이 나라와 온 세계를 향하여 널리 널리 퍼져 나갈 수 있도록 우리 모두 함께 힘을 합하여 실천해 나가야 한다는 것을 한울님과 스승님과 동학혁명군 영령들 앞에 엄숙히 고한 바 있습니다.

우리가 합심하여 조그마한 일부터 정성을 모아 실천하여 나간다면 이곳은 분명 이 나라와 세계 포덕을 위한 전진 기지가 되고 제2의 동학혁명의 불을 피우는 진원지가 될 수 있다고 굳게 믿습니다.

우리는 지금 그 마지막 남은 불씨, 그 불씨를 기필코 살려 내어 이 나라와 세계만방을 향해 활활 타오르게 하기 위해 이 자리에 모였습니다.

개벽 후 오만년, 경신 사월 초오일, 후천개벽의 새 역사가 시작된 구미산하 용담정에서 피워 낸 동학 천도의 불씨, 그 생명의 불씨가 전라도 땅을 거쳐 이 나라의 중심인 한양성을 향하여 전진하던 중 이곳 대전 충청 지역에서 좌절되었습니다.

후천개벽의 새 역사가 멈춘 이곳, 수십만의 동학군이 순도한 이 땅 위에서 제2의 동학혁명의 문을 다시 여는 일부터 시작해야 하겠습니다.

동학혁명의 문은 바로 보국안민 지상천국을 건설하는 후천개벽의 문입니다. 바로 이곳 충청 지역에서 후천개벽의 문을 다시 열어 나가야 합니다. 굳게 닫힌 녹슨 문을 힘차게 열어 나가야 합니다. 한국의 중원인 이곳 대전 충청 지역에서 다시 일어나 서울을 넘어 남북통일을 이룩하고 평양을 거쳐 중국의 중원까지 뻗어 나아갈 때 세계 평화는 이룩될 수 있을 것입니다. 그러므로 이 땅의 중원인 대전 충청 지역은 동학 천도의 봄소식을 온 세계에 전해 줄 세계의 중원이며 사명의 땅, 천명의 땅인 것입니다.

바야흐로 대한민국과 세계의 큰 기운이 이곳 대전 충청 지역으로 몰려오고 있습니다. 이 땅에 만연하던 선천의 기운이 물러가고 후천 문명의 새로운 운수가 다시 시작되고 있습니다. 이제 우리는 이곳에서 먼저 한반도 포덕의 기운과 중원 포덕의 기운, 그리고 온 세계를 포덕할 새로운 기운을 함께 이끌어 나갈 역사적 대시운이 도래하고 있음을 믿습니다.

바야흐로 새로운 21세기 동학 천도가 대일변의 새로운 역사를 펼쳐 나갈 사명의 이 땅 위에 천하의 대기운이 모여들고 있습니다.

그러나 동덕 여러분, 제아무리 좋은 운수가 다가온다 할지라도 행하지 않으면 그 운수를 놓치고 말 것입니다.

해월신사께서는 정성이 있고 믿음이 지극하면 돌을 굴리어 산에 올리기도 쉬우려니와 정성이 없고 믿음이 없으면 돌을 굴리어 산에서 내리기도 어렵다고 하셨습니다. 우리 모두 정성과 믿음을 다하여 천명으로 다가온 이 운수를 함께 닦아 나갑시다. 그리하여 오만년 이어 나갈 영원히 꺼지지 않을 천도 동학의 새로운 생명의 불씨를 기필코 살려냅시다. 지금 이 시간, 여기서부터 후천개벽의 새 역사를 이루어 나갑시다.

우리 모두 다 함께 꺼져 가는 동학의 불씨를 살려 내는 새 역사의 주인이 됩시다. 감사합니다.

포덕 143년 12월 22일

천도교대전충청지역연합회장 이정희 심고

이어서 중앙총부 주선원 교화관장과 김인선 직접도훈의 격려사를 들은 후, 신홍초등학교 김보라 학생에게 한울사랑 장학금을 전달하였다. 식순에 따라 포덕 144년도 주요 사업 추진 방향으로 길일기 부회장으로부터 우금티 동학혁명 기념관 설립 추진 방향과 박명옥 이사로부터 청년회, 여성회 등의 부문단체 육성 방향에 대한 보고가 있었다. 뒤이어 박돈서 부회장으로부터 대전 충청 지역 포덕을 위한 다음과 같은 결의문 낭독이 있었다.

지금 동학혁명의 본 고장인 이곳 대전 충청 지역은 동학의 불씨가 점점 꺼져가고 있습니다. 어쩌면, 그 마지막 남은 작은 불씨마저 영원히 사라질지도 모를 일입니다. 오늘 이 자리에 선 우리는 이 절박한 마음에서 삼가 두렵고 경건한 마음으로 그 작은 불씨를 살려 내기 위하여 천사님께 엄숙히 고하고 이래와 같이 다짐하는 바입니다.

첫째, 포덕 교화 사업의 지속적 전개

우리는 대전 충청 지역의 각 교구를 순회하며 합동시일식과 합동수련 및 순회 강사반 운영을 통하여 포덕 교화 사업을 지속적으로 전개하여 교회 중흥을 이룩해 나가겠습니다.

둘째, 독공 수련 및 교리 공부

우리는 합동시일식과 각종 기념식을 전후하여 철야 기도회와 강습, 강연회 등을 개최하여 독공 수련 및 교리 교사에 투철한 교인 자격을 갖추어 나가겠습니다.

셋째, 유적지 발굴 육성

우리는 대전 충청 지역의 동학 천도교 유적지를 적극 발굴하여 후천문명의 살아 있는 새로운 정신 교육의 도장이 될 수 있도록 가꾸어 나가겠습니다.

넷째, 지역 사회봉사 및 환경 보호

우리는 대전 충청 지역의 교육 종교 사회단체 시민과 함께 각종 사회사업과 자연환경 보호운동을 적극 선도하여 나가겠습니다.

한울님 스승님이시어! 오늘 우리는 순도의 땅 위에서 제2의 동학혁명의 불꽃을 피워 내고야 말겠다는 결사항전의 결의를 거듭거듭 다지면서 손에 잡히는 작은 일부터 하나하나 실천하여 이 땅 위에 포덕의 전진 기지를 기필코 구축해 나갈 것을 맹세하오니 감응하옵소서!

포덕 143년 12월 22일

천도교대전충청지역연합회 부회장 박돈서

끝으로 천덕송으로 '낙도가'를 다 같이 합창하고 오늘의 행사를 마무리하였다.

• 제143·144주년 천일기념식, 인근 교구 합동 개최

포덕 143(2002)년 제143주년 천일기념식은 대전교구에서 대전교구, 공주교구, 한밭전교실, 둔산전교실, 신도교구 등 5개 교구 합동으로 성황리에 봉행하였다. 참석한 교인은 모두 80명에 달한다. 기념식 집례는 한밭전교실의 안철수 동덕, 경전 봉독은 공주교구의 박돈서 교구장, 청수봉전은 박명옥 신도교구장, 기념사는 대전교구장인 내가 낭독하였다. 이날 공주교구에서 떡 2말을 해왔다. 임영호 구청장이 천일기념을 축하한다는 축전을 보내왔다.

포덕 144(2003)년 4월 5일, 제144주년 천일기념식은 대전교구에서 공주교구 박돈서 교구장, 한밭전교실 길일기 전교실장과 교인들이 함께 참석하였다. 60여 명의 교인들이 자리를 꽉 채웠다. 임영호 구청장은 신흥동장과 함께 기념식에 참석하여 축하와 축의금(21만원)을 내주셨다. 대전시 염홍철 시장은 천일기념을 축하하는 축전을 보내왔으며 평송수련원장은 축하 화분을 보내왔다. 대전교구에서 준비된 점심식사를 함께 먹은 후 오후에는 대전 시내 홍보에 나섰다. 대전교구의 각 부장단 및 김영희 여성회장, 박옥규 사모님과 10여 명의 어린이들이 함께 어깨띠를 두르고 가두 홍보에 나섰다. 대전 시내 번화가인 홍명상가 앞에 나가 행인을 상대로 천도교 홍보 책자 2천 매를 각각 배포하였다.

• 대전충청지역연합회, 제109주년 동학혁명위령식 봉행

포덕 144(2003)년 10월 31일(금), 중앙총부의 주선원 교화관장으로부터 전화를 받았다. 11월 11일, 109주년 우금티 동학혁명위령식 행사는 중앙총부에서 일체의 행사 비용을 부담할 예정이니 참가 인력 동원만을 부탁한다는 내용이다. 특히 식후 인내천 강연회와 부대행사로서 용담검무 공연(소요 비용, 100만 원)을 하게 되는데 이들 행사를 원활하게 진행할 수 있는 장소를 물색해 달라고 했다. 이에 포덕 144년 11월 5일(수), 우금티 동학혁명위령식 행사장에서 가까운 공주교육대학교의 음악관 중강단을 사용하기로 확정하였다. 오훈동 동민회 사무국장으로부터 인내천 강연 기념 선물로 수건 200매를 배부하기로 하였다.

오늘 행사는 대전충청지역연합회에서 주관으로 우금티 동학혁명위령탑 앞에서 준비된 기념식을 마친 후 공주 우금티 성역화를 위한 성명서 및 노무현 대통령에 보내는 청원서를 채택하기 위한 행사를 진행하기로 하였다. 공주 우금티 성역화를 위한 성명서 원고는 공주사대 조재훈 교수님께서 작성하였으며 공주 우금티 성역화를 위한 청원서는 내가 직접 작성하였다. 11월 10일 밤 10시, 공주읍 조재훈 교수님 댁을 방문하여 교수님께서 작성하신 성명서를 받아 와 사무실에서 500부를 프린트하여 집에 오니 새벽 2시 30분이었다. 나는 오늘 11월 11일, 우금티 행사에 참가하기 위하여 연구소에서 하루 휴가를 얻었다. 아침에 동학군의 눈물처럼 가랑비가 조금 내린다. 행사를 위해 서울에서 버스 1대, 서천에서 버스 2대, 대전에서 버스 2대 등 모두 4대의 버스가 동원되어 200여 명이 행사에 참가하였다. 오늘의 위령식은 주선원 교화관장의 집례로 김철 교령님의 기념사가 있었다. 위령식을 마친 후 공주 우금티 성역화를 위한 성명서는 내가 직접 낭독하였으며 노무현 대통령에게 보내는 청원서는 청원하게 된 취지를 설명하고 참가한 교인 및 시민 등 100여 명으로부터 서명을 받았다. 행사를 마친 후 행사장 아래에 있는 우금티 식당으로 자리를 옮겨 점심으로 갈비탕을 먹은 후 10분 거리에 있는 공주교육대학으로 이동하였다.

오늘 행사에는 공주사범대학의 조재훈 교수, 지수걸 교수, 공주교대의 진영일 교수 등이 참석하였으며 서천에서는 서천문화원장의 인솔하에 비교인으로 버스 1대 40여 명이 참석하여 성황을 이루었다. 이날 대국민 인내천 강연은 김철 교령께서 오후 1시 30분에 시작하여 40분 동안 해 주셨다. 강연 시작에 앞서 조재훈 교수와 우금티 동학농민전쟁기념사업회 진영일 회장으로부터 각각 축사가 있었다. 강연회가 끝난 후, 2시 30분부터 장효선 외 4인이 출연하여 용담검무 공연이 30분 동안 이어졌다. 오늘 행사는 용담검무 공연을 끝으로 오후 4시경 종료되었다.

• 대전충청지역연합회, 우금티 성역화 성명서 발표

포덕 144(2003)년 11월 11일, 대전충청지역연합회 주관으로 개최된 우금티 동학혁명 제109돌 위령식을 봉행한 후 다음과 같은 공주 우금티 성역화를 촉구하는 성명서를 발표하였다.

올해는 '우금티전투'에서 수십만의 동학농민군이 장엄하게 산화한 지 109돌이 되는 해입니다. 우리는 지금 이곳 '우금티'에 모여, 가신 영령들의 넋을 위로하면서 한없이 애통한 마음과 착잡한 심정을 억누를 수 없습니다. 동학혁명은 이민족 고난의 역사 한복판에 우뚝 솟은 보국안민의 위대한 역사적 혼이 담긴 생명 운동입니다. 권력의 부패와 외세의 침탈로 이 나라가 바람 앞의 등불처럼 위태로웠던 시대에 '보국안민 척왜척양'의 기치를 내걸고 분연히 일어나 맞섰습니다.

전국 방방곡곡에서 들불처럼 일어난 동학농민군은 '우금티'를 향해 진격에 진격을 거듭하였으나 마침내 현대식 병기로 무장한 왜군과 관군에게 무참히 짓밟히고 말았던 것입니다. 그리하여 '우금티' 이곳에는 동학농민군의 주검으로 시산혈해를 이루었습니다. 그러나 그 주검은 종말이 아닌 새로운 출발이라는 것을 오늘의 역사는 우리에게 힘차게 말해 주고 있습니다. '우금티'는 시련과 죽음의 땅이 아니라 우리 민족의 정기를 바로잡는 민족적 상징의 역사적 공간입니다. 우리가 결연한 의지로 인내천 동학정신을 계승하고, 그것을 위해 목숨 바쳐 우금티를 성역화할 이유가 바로 여기에 있습니다. 이에, 우리는 정부와 국회, 그리고 관계 당국에 온 국민의 이름으로 다음과 같이 엄숙히 촉구하는 바입니다.

—다음—

하나, 민족정기의 국가 사적지 '우금티'를 더 이상 방치하지 말고, 범정부적 차원에서의 가시적인 성역화 작업에 지체없이 착수하라.

하나, 동학농민군의 애국애족 정신을 기리고, 동학농민군과 그 유족들의 명예를 회복시키기 위한 '동학농민군의 명예회복에 관한 특별법안(의안번호 제1860호 2002. 10. 21.)'을 조속한 시일 내에 통과시켜라.

하나, 동학혁명운동 관련 자료를 수집·보존·전시·연구하게 함으로써 동학혁명의 숭고한 정신을 계승하여 민족정신의 고양에 이바지하기 위한 '동학혁명기념사업회법안(제572호, 2000. 12.)'을 조속히 통과 처리하라.

2003(포덕 144)년 11월 11일
우금티 동학농민혁명 제109돌
천도교대전충청지역연합회(회장 이정희)
우금티동학농민전쟁기념사업회(회장 진영일)

• 대전충청지역연합회, 우금티 성역화 대통령 청원서 채택

이어서 공주 우금티 성역화 노무현 대통령 청원서를 채택하였다. 이 청원서는 내가 직접 작성하여 우금티동학농민전쟁기념사업회(회장 진영일)와 함께 공동으로 제출하는 것으로 하였다. 이 청원서는 또한 대통령과 함께 입법부의 수장인 박관용 국회의장, 지방정부 수장인 심대평 충남지사에게도 각각 보내는 것으로 하였다. 오늘 채택된 청원서는 미리 준비한 서명부에 김철 교령을 비롯한 참석자들로부터 받았으며 포덕 144(2003)년 11월 중으로 공주교구 박돈서 교구장과 한밭전교실 길일기 실장과 함께 더 많은 교인 및 주민들로부터 받은 후 서명부를 첨부하여 청와대, 국회, 충청남도에 각각 보내기로 하였다. 오늘 채택된 공주 우금티 성역화를 위한 청원서 내용은 다음과 같다.

〈노무현 대통령님께 드리는 청원서〉

어느덧 다사다난했던 계미년, 한 해의 마지막 남은 한 달, 십이월이 성큼 다가왔습니다. 오늘도 참여정부의 역사적인 과업을 살피시느라 노심초사하시는 노무현 대통령님께 부디 보국안민의 큰 꿈을 이루시어 청사에 길이 빛날 위업을 성취하시기를 진심으로 축원합니다.

저는 현재 과학기술의 메카인 대덕연구단지에 근무(책임연구원)하고 있는 '천도교대전충청지역연합회장' 이정희입니다.

오늘 제가 '우금티동학농민전쟁기념사업회'(회장 진영일, 공주교육대학교 교수)와 함께 대통령님께 청원드리고자 하는 것은 지금부터 109년 전, '공주 우금티'에서 장엄하게 산화한 수십만 동학혁명군의 넋을 위로하고 그 숭고한 뜻을 만세에 기리 전하기 위한 공주 우금티 성역화 사업을 범국가적 차원에서 조속히 추진하여 주실 것을 청원하기 위해서입니다.

저희들은 지금부터 109년 전, 수십만 동학군이 국가와 민족을 위하여 목숨 바친 우금티의 동학혁명을 생각할 때마다 비통한 마음과 착잡한 심정을 억누를 수가 없습니다. 한 집안의 돌아가신 어른 한 분을 모시기 위해서 가족 묘지를 조성하고 비석을 세우는 등 자손들이 정성을 모으는데, 하물며 수십만의 동학군들이 주검으로 시산혈해를 이루었던 '공주 우금티'에는 단 한 분을 모실 사당 하나조차 없습니다.

권력의 부패와 외세의 침탈로 나라와 겨레가 바람 앞의 등불처럼 위태로웠던 시대에 반봉건 반외세의 기치를 높이 들고 분연히 떨쳐 일어나 '보국안민 척왜양창의'를 외치며 목숨 바쳐 싸웠던 동학혁명 '공주 우금티', 이제 더 이상 '공주 우금티'의 역사를 방치한다면 그것은 대한민국의 국민으로서의 자격을 포기하는 것이 될 것입니다.

이 민족 근대화의 위업을 달성하신 박정희 대통령께서는 동학의 발상지인 '경주 구미산'을 국립공원으로, 동학혁명의 발상지인 '정읍'을 동학혁명의 기념 공간으로 조성하여 이 민족의 영원한 성지로서의 기초를 굳건히 해 주셨습니다.

이제 새 시대 새 역사의 참여정부를 여신 노무현 대통령님께 국민의 이름으로 청원하오니, 이곳 '공주 우금티 성역화' 의 사업을 기필코 이루어 주실 것을 간절히 기원합니다. 109년이라는 긴 세월을 기다려 온, '공주 우금티의 성역화' 사업이야말로 온 국민과 함께 참여정부가 풀어야 할 시대적 사명이며 역사적 과업이라는 것을 천명하는 바입니다.

그리하여 '공주 우금티' 는 시련과 죽음의 땅이 아니라 남북통일과 세계 평화를 위한 역사적인 승리의 공간으로 거듭나게 해야 할 것입니다.

매년 11월 11일, 우금티에서 뜻 있는 인사들이 모여 동학혁명위령식을 조촐하게 거행하고 있습니다.

올해에도 지난 11월 11일, 거행된 동학농민혁명군위령식에서 '이제는 더 이상 우금티를 방치할 수 없다' 는 비장한 각오로 '천도교대전충청지역연합회' 와 '우금티동학농민혁명전쟁기념사업회' 가 공동으로 성명서를 발표한 바 있습니다. 동 성명서를 적극 지지하는 각계 각층의 721인 국민 대표(1차)와 함께 노무현 대통령님께 진정으로 청하오니, 역사적인 '공주 우금티 성역화' 를 위한 노무현 대통령님의 대용단이 있으시기를 거듭거듭 기원드립니다.(성명서 및 서명록 첨부). 감사합니다.

2003(포덕 144)년 12월 1일
우금티 동학혁명 제109돌
천도교대전충청지역연합회(회장 이정희)
우금티동학농민전쟁기념사업회(회장 진영일)

• 우금티 성역화 청원서 721명 서명 발송

포덕 144(2003)년 12월 1일, '동학농민혁명 전적지 공주 우금티 성역화를 위한 청원서' 를 노무현 대통령과 박관용 국회의장, 심대평 충남지사 등 3곳에 보냈다. 서명서에는 천도교인을 포함한 지역 주민 721인의 서명을 받아 첨부하였다. 이 청원서는 천도교대전충청지역연합회(회장 이정희)와 우금티동학농민전쟁기념사업회(회장 진영일) 공동 명의로 작성되었다.

청원서는 11월 11일부터 받기 시작하여 12월 1일 108주년 현도기념일까지 모두

721명이 서명록에 이름을 올렸다. 이번 서명록 서명을 받는 데는 공주교구의 박돈서 교구장과 노앙래 실장의 수고가 많았다. 2003년 11월 30일(일) 노앙래 실장 169명, 박돈서 공주교구장 136명으로부터 각각 서명을 받았으며 416명은 내가 받았다. 2003년 12월 1일(월) 현도기념일에 청원서와 서명자 721인의 명단을 첨부하여 50부 인쇄하여 2003년 12월 2일(화) 청여당이 우체국에 가서 등기속달 우편으로 발송하였다. 청원서는 노무현 대통령을 비롯하여 박관용 국회의장, 심대평 충남지사 등 3곳에 부쳤다.

• 금산 명곡리 임야관리위원회 구성 운영

대전교구에서는 금산군 제원면 명곡리에 18,000평, 대덕군 탄동면 신봉리에 3,300평의 임야를 소유하고 있다. 금산군 임야는 포덕 125(1984)년 8월 25일에 매입한 것으로 묘지로 이용되어 왔으며, 포덕 126(1985)년 5월 22일에 유지재단에 편입되었다. 탄동면 임야는 포덕 111(1970)년 6월 1일 매입된 것으로 교인 묘지로 활용되어 왔으며 포덕 121(1980)년 군 보호구역으로 지정되어 있다.

이중 금산군 제원면 명곡리 산12번지 임야(18,000평)에 대해서는 교회 묘지(현재 안장된 교인 38기) 사용 관련 제반 사항을 교구 차원에서 합리적으로 운영하기 위하여 포덕 143(2002)년 2월 24일, 개최된 정기교구회의에서 임야 관리 규정(전 18조 부칙)을 의결하였다.

동 규정에 따라 포덕 143년 5월, 김형일 동민회 지부장 등 13인으로 대전교구 임야관리운영위원회를 구성하였다.

동 위원회는 위원장에 이정희 교구장, 부위원장에 김용환 전 교구장, 김형철, 총무간사에 박세환, 유영수, 임창곤 부장, 감사에 김정국, 정승호 선도사 등이다. 그리고 고문으로 한상준, 양덕제, 이용규, 이병덕, 김형일 등(존칭 생략)으로 총 13인으로 구성되었다. 김인선 직접도훈과 배대식 선도사는 고문으로 추대하고자 하였으나 고사하여 제외되었다.

• 발군산 진입로 완공, 대전교구 20년 숙원 사업 해결

임야관리운영위원회가 정기교구회의에서 구성되고 규정에 따른 운영위원이 확정됨에 따라 준비 기간을 거쳐 포덕 143(2002)년 11월부터 본격적으로 활동을 시작하였다. 11월 24일(일), 다음 주 시일식 후에 교회 차를 이용하여 위원님들을 모시고 금산 발군산 진입로 문제를 조사하고 해결 방안을 모색하기 위하여 현장을 방문한다는 내용을 공지하였다. 이에 따라 포덕 143년 12월 1일 시일식 후, 교구장인 나와 위원 김준석, 이지수, 김형일, 이병덕, 한상준, 정승호, 최경희, 임창곤 등 9명이 교구 승용차를 이용하여 발군산 현지를 방문하여 인근 마을에 살고 있는 김창덕 원로동덕님으로부터 현장에 대한 설명을 듣고 그동안의 경과와 문제점을 청취하였다. 참석 위원들은 진입로 문제를 더 이상 방치해서는 안 된다며 기왕의 자연 하천을 중심으로 진입로 공사를 진행하도록 결의하였다.

드디어 20년 숙원 사업에 대한 해결의 실마리가 풀리는 순간이었다. 이 내용은 12월 8일 대전교구 시일식 후 교인들에게 공지하고 논의한 바 이에 모두 동의했다. 진입로 공사는 김형일 고문이 금산군청 및 이해 관계인과 협의, 12월 28일 1차 공사를 시행하였다. 1차 공사는 흄관 13개(개당 172,000원)를 매립하는 공사로 장비 및 인건비 등 300여만 원이 소요되었다. 12월 29일, 시일식 후 김형일 위원이 전일 금산 임야 진입로 공사 집행 결과를 보고하였으며 이에 참석 교인 모두 수고하신 김형일 위원에게 고마움의 박수를 보냈다.

포덕 144(2003)년 2월 25일, 2차 공사(흄관 2개 추가 등 진입로 보완 및 확장)를 추진 중 인근 마을의 황동하 씨가 자신의 전답과 산림을 훼손하였다는 이유로 금산경찰서에 고소하는 사건 등이 벌어져 어려움에 봉착하기도 했으나 김형일 위원의 노력으로 고소인과 화해하기에 이르렀다. 4월 27일, 시일식 후 금산 발군산 진입로 공사에 대한 그동안의 경과와 비용 등에 대하여 교인들에게 상세히 보고하였다. 포덕 144년 5월, 인근 주민 황동하 씨로부터 연 사용료로 50만 원을 달라는 제안을 받고 내부 협의를 거쳐 6월 9일, 유영수 교무부장, 한경노 선도사, 황동하 씨 동생인 황성하 씨 등 3인이 대전시 동방마트에서 황동하 씨와 대전교구 간 임대차 계약을 체결하였다. 연 사용료 50만 원을 황동하 씨에게 지불하는 조건으로 계약 당사자는 대전교구장(이정희)과 황동하 씨로 하였다. 그리고 당초 약속대로 6월 12일, 황동하 씨가 금산군청에 고소 취하 문서(빠른 등기우편)를 발송 접수시켰다. 이에 따라 포덕 143년 12월 7일, 착공 1년여 만에 드디어 공사가 마무리되었다.

새 진입로는 길이 30여 미터, 폭 3미터로 연 600여만 원의 공사비가 투입되었다. 이 공사가 완료됨에 따라 대전교구 20년 숙원 사업이었던 발군산 18,000평의 길을 열게 되었다. 교인 묘지가 조성된 곳까지 승용차 접근도 가능하게 되었다. 20여 년 동안 대전교구의 숙원 사업이었던 발군산 진입로 문제는 임야관리위원회 위원들이 함께 정성을 다했기에 성공적으로 마무리될 수 있었다. 특히 발군산에 조상을 모신 후손들은 물론 교인들의 지대한 관심과 전폭적인 지원이 있었기에 잘 마무리될 수 있었다.

나는 교구장으로서 교인들과 함께 "한울님과 스승님의 감응으로 공사를 마무리하게 되어 기쁘다."라고 말하고 "헌신적으로 공사를 집행하신 김형일 고문님과 한경로 선도사님의 공로가 지대했다." 면서 고마운 마음을 전했다.

이상의 주요 내용은 천도교 월보 제282호(포덕 144년 1월 15일)에 〈대전교구, 금산군 임야 진입로 완공: 대전교구 20년 숙원 사업 해결〉이라는 제목으로 게재된 바 있다.

그런데 이게 웬일인가? 포덕 160(2019)년, 교령의 임기를 마치고 대전교구에 나오기 시작한 어느 날 교구의 게시판 위에 놓여 있는 20여 년 전의 발군산 진입로 공사 문제를 제기하는 유인물(프린트물)이 보였다. 당시 진입로 공사에 교회 돈이 너무 많이 들어갔다는 등의 문제점을 적시하여 교인들에게 알리고자 한 것이다. 정말로 일고의 가치도 없는 어이없는 것이었다. 20여 년 전, 그 당시엔 한마디 말도 안 하다가 이제 와서 왜 공사비 문제를 꺼내는 것일까? 발군산 진입로 문제는 20여 년 동안 대전교구의 오랜 숙원 사업이었으며 그 숙원 사업을 해결하기 위하여 교인들의 의견을 충분히 수렴하면서 관련 규정까지 만들어 그 규정에 따라 합법적으로 투명하게 추진된 사업이었다. 그 누구도 돈이 많이 들었다는 등 사업 추진에 따른 문제 제기가 없었으며 교인 모두로부터 잘했다는 칭찬만 있었던 일이었다. 20년이 지난 이 시점에서 뒤늦게 문제가 발견되었다면 확실한 근거를 가지고 잘못을 따져야지 아무 근거도 없이 발설한다면 이것은 당시의 대전교구 교인 모두를 무시하는 처사가 아니고 무엇이란 말인가? 그 당시에는 최선의 지혜를 모아 교인 모두의 동의하에 절차에 따라 합법적으로 추진한 사업인데 20년 전의 일을 지금에 와서 왈가왈부하는 이유가 도대체 무엇인가? 만일 문제가 뒤늦게 발견되었다면, 당시의 교구장이었던 나에게 직접적으로 알아볼 수도 있지 않은가? 20년 전, 당시의 교구장으로서 교구의 발전만을 염원하며 희생 봉사의 정신으로 혼신의 노력을 기울였던 일인데 지금에 와서 지나간 오래전의 일을 꺼내어 문제를 제기하는 이유는 무엇일까? 교령의 임기를 마치고 난 지금에 와서 20년 전의 일을 가지고 문제를 거론하는 문서를 보면서 참으로 개탄스러웠다. 그 문서에 동조하여 "당시의 이정희 교구장이 터무니 없이 돈을 많이 썼다."며 나를 비난하는 일부 몰지각한 교인들이 있다는 얘기도 들린다. 정말 한심스러웠다. 그러나 참았다. 그리고 아무런 말도 하지 않고 침묵했다. 한울님께서 심판하실 것으로 믿었기 때문이다.

• '한울사랑회' 봉사 활동

포덕 142(2001)년 1월 7일(일) 첫 주직회의에서 나는 대전교구 포덕 활동의 일환으로 매월 1회 이상 불우한 이웃 돕기와 사회봉사 활동을 시작하는 것이 좋겠다는 의견을 제시하고 앞으로 구체적인 방법을 구상해 보기로 하였다. 2월 25일, 대전교구장으로 다시 선출되어 3월 4일, 교구장에 취임하면서 인사말을 통하여 앞으로의 대전교구 발전을 위한 7가지 방향을 발표하였다. 그중에 포덕 활동의 하나로 사회봉사 활동을 전개하도록 하겠다고 말했다. "불우한 이웃 돕기, 양로원, 고아원 방문 등 매월 1회 이상 사회봉사 활동을 전개해 나가고자 합니다. 이를 위해서 가칭 한울사랑나눔회를 구성하여 자체 기금을 마련하여 지속적으로 운영해 나갈 수 있도록 하고자 합니다" 담배 한 갑, 술 한잔, 택시 교통비 절약 등으로 뜻있는 교인들이 십시일반으로 재원을 모아 어려운 이웃들을 돕는다면 포덕 활동에 도움이 될 것이라는 취지에서 구상된 것이다. 봉사활동을 하되 천도교라는 종교 단체 이름보다는 좀 더 친화감이 들 수 있을 것 같아 '한울사랑회'라는 이름을 생각해 본 것이다. 그동안 김영희, 최명숙, 정수성 동덕 등 몇몇 뜻있는 교인들이 드러나지 않게 조용히 활동해 오고 있는 선행을 보면서 참 좋은 일 한다고 생각되어 좀 더 많은 사람들이 참여할 수 있다면 더욱 좋겠다는 소박한 생각을 하고 있었다.

4월 29일, 한울사랑회(가칭) 봉사 활동에 대하여 교인 여러분들이 자발적으로 참여한다면 좋겠다는 취지로 시일마당에 다음과 같이 공지하였다.

> 대전교구 봉사 활동, 약 3여년 간 몇몇 대전교구 교인들이 꾸준히 해 오던 봉사활동을 교구 차원에서 적극 추진해 나가고자 합니다. 가칭 한울사랑회(약칭 '한사회') 이름으로 활동하고 있는 이 모임에 교인 여러분의 적극적인 참여와 활동을 기대합니다.

그동안 대전교구에는 기화회(원로 교인들의 모임), 자부회(며느리들의 모임), 동덕계(유족들의 모임) 등의 소규모 모임이 자발적으로 조직되어 큰 마찰 없이 잘 운영되어 왔다. 교인 상호 간 유대를 강화하면서 교구 발전에 활력소가 되고 자연스럽게 교구 운영의 윤활유와 같은 기능을 수행하고 있다. 한울사랑회도 이와 같은 성격의 모임이다.

5월 5일 시일식 후, 23명의 교인들이 한울사랑회(한사회) 취지에 공감하고 뜻을 같이 하기로 하였다. 취지문과 참여의 뜻을 밝힌 교인은 다음과 같다.

> 우리 주변에 어렵고 힘들게 살아가는 불우한 이웃과 함께 하기 위하여 우리들의 작은 정성과 사랑의 결실로 천도교 대전교구 한울사랑회(한사회)가 태어났습니다. 시냇물이 모여 강을 이루고 강물이 흘러 큰 바다를 이루듯이 한 사람 한 사람의 작은 정성을 모아 한울 사랑의 뜻을 함께 하고자 합니다. 의암성사께서는 "사람이 서로 사랑하면 큰 도를 반드시 얻으리니 생각하고 생각하라"라고 말씀하시었습니다. 우리들 한사회 회원들은 스승님의 사랑의 교훈을 깊이 깨닫고 실천하여 대도의 길을 걸어가는 동덕이 되고자 합니다. 우리들 한사회 회원들은 절약하고 아낀 1천 원 이상의 성금을 매월 모아 어둡고 힘들게 살아가는 주위 사람들에게 조금이나마 꿈과 희망을 함께 나누는 작은 포덕의 등불을 밝히고자 합니다. 한울님 스승님 감응하옵소서!
>
> 한울사랑회에 참여하기로 약속한 교인: 이정희, 김영희, 임창곤, 최명숙, 정수성, 오동옥, 민병화, 배대식, 유은호, 박세환, 김정국, 허영희, 양덕제, 이병덕, 류덕삼, 이지수, 김준석, 한상준, 한일영, 김하익, 노윤자, 최경희, 김형일(존칭 생략, 무순).

생각보다 많은 교인들이 참여하여 앞으로 한사회가 잘될 것으로 생각되었다.

• '한울사랑회' 에 대한 사조직 시비

포덕 142(2001)년 6월 3일, 대전교구 시일식 후에 큰 소동이 일어났다. 시일식이 끝나자마자 이ㅇㅇ 동덕이 갑자기 한울사랑회(약칭 한사회) 문제를 제기하면서 교회는 별안간 험악한 분위기로 변했다. "한사회는 사조직이다. 한사회는 옥상옥이다. 내가 있는 한 절대로 한사회는 못 만든다."며 큰소리로 외친다. 왜 사조직이고 왜 옥상옥인지, 그 어떤 설명도 없이 무조건 한사회를 비난하는 저의가 무엇인지 의아스럽기 짝이 없었다.

한사회의 최명숙 동덕이 "그게 도대체 무슨 소리냐? 뜻있는 교인들이 자발적으로 모여 이웃 돕기 봉사 활동을 하려고 하는데 그것이 무슨 사적 단체냐? 무슨 옥상옥이란 말인가? 말도 안 되는 소리하지 말라."라고 맞받았다. 옥신각신, 교회가 아수라장이 되었다. 폭력 직전까지 달아올랐다. 조용히 자신의 의사표시를 하는 것을 누가 막겠는가? 얼마든지 의견을 개진할 수는 있다. 그러나 무슨 중대한 잘못이 있는 양, 일방적으로 교당 안에서 큰소리를 치며 폭력적 언행을 구사한단 말인가? 한참 동안 소란을 피우다가 조금 소강 상태다. 나는 아무 말 하지 않고 침묵하다가 입을 열었다. "교인들이 자발적으로 모여 좋은 일을 하자는데, 무엇이 문제인가? 봉사 활동을 하기 위한 교인들의 모임이 왜 사조직인가? 왜 옥상옥이라는 것인가? 우리 교구에 이미 자생적으로 만들어져 잘 운영되고 있는 '기화회'나 '자부회'와 '동덕계' 등의 활동과 도대체 무엇이 다르다는 것인가? 교구장으로서 자발적인 봉사 활동을 막을 수는 없다. 교구장이 그런 봉사 활동을 막을 권한이 없다. 천도교 신앙의 목적이 포덕인데, 교인들이 모여 포덕을 위해 좋은 일을 하자는데 왜 이것을 막아야 한다는 것인가? 십시일반으로 작은 정성을 모아 사회 포덕으로 이어지도록 하자는 것이 한사회의 목적이다. 사조직, 옥상옥이라는 것은 어불성설이다."라고 했다. 나는 이○○ 동덕의 언행에 대해 전혀 이해가 가지 않았다. 왜 이런 일이 다 벌어지는지, 알 수가 없었다. 시비를 걸기 위한 시비라는 생각이었다. 그러면서 이러한 불미스러운 일로 교구장으로서의 해야 할 역할을 소홀히 해서는 안 된다고 다짐했다. 초심을 잃지 말고 교인들에게 공약한 사안에 대해 정성을 다하기로 하였다.

그런데 이 문제가 좀처럼 사그라들지 않고 이제는 한수 더 떠 천도교 게시판에 대전교구 한사회에 문제가 있다며 전국의 교인들에게 공개하는 어처구니 없는 일이 벌어졌다.

8월 23일(목) 2시 45분, 한밭전교실 길○○ 동덕에게서 전화가 왔다. "천도교 게시판 보았느냐? 이○○ 동덕이 한사회에 대해 한마디 썼다. 정말로 한심한 일이다."며 그 내용을 알려 주었다. 천도교 게시판을 찾아 확인해 보았다. 포덕 142년 8월 22일 14시 48분에 이○○ 동덕이 쓴 글이다. 〈내가 하면 공적 사업이다?〉라는 제목으로 쓴 글이다.

내용인즉, "이정희 교구장은 자신의 부인이 그동안 최모 여성 동덕과 함께 꾸준히 실천해 오던 '봉사 활동'에 전 교인의 동참을 요구하고 나선 것. 이와 관련 이정희 교구장은 '교인 하나하나 끌어다 놓는 것만이 포덕은 아니다. 우리 천도교도 이제 기존의 틀에 안주하지 말고 과감히 사회봉사 활동에 나서자'며 '한울사랑회'라는 조직을 만들어 교인들을 대상으로 지지 서명을 요구 이미 상당수의 서명을 받은 것으로 알려져 파문이 일고 있다."는 것이다. 그러면서 직접도훈, 청년회, 여성회장, 감사장 등의 부정적 입장을 일일이 소개하면서 "문제가 확산되자 주직회의에서 수차례 토론을 거쳤으며 교구장이 추진하면 무슨 일이든 공적 사업이라고 주장했던 이정희 교구장은 '반대하는 사람은 빼고 지지하는 사람들만 봉사 활동을 하면 되는 것이지 강제하지 않겠다'고 한발 물러섰다"는 내용이다. 참으로 어처구니없는 글이다.

어떤 교인으로부터 "이러한 글에 대해 대응할 가치가 없으니 똥물 같은 대전교구에 미련을 두지 말라"라는 전화가 왔다. 나는 말 같지도 않은 게시판의 내용에 대하여 일절 대응을 하지 않기로 했다. 교구 내부의 일을 교회 밖으로 끌고 나가 어떻게 하자는 것인지 이해할 수 없었다. 내가 만약 이러한 게시판의 글에 대해 일일이 대응하면 할수록 오히려 글을 쓴 사람의 꾀에 걸려 들어가는 꼴이 될 것이라는 생각이었다. 이러한 곳에 교구장으로서의 에너지를 낭비할 가치가 없다고 생각했다. 8월 23일, 대전에 내려오신 옥인혜 사모님께서 무슨 말씀을 들으셨는지, 나에게 "교구장으로서 어려움이 있다면 그것은 한울님께서 더 큰 어려움을 이겨내어 큰일을 하기 위한 시련으로 보아야 합니다. 어려움을 통해 한울님의 뜻이 무엇인가를 깊이 깨닫는 것이 중요하다."라고 말씀해 주셨다.

또 8월 25일 〈빛〉이라는 제목으로 천도교 게시판에 다음과 같은 글을 올려 나를 위로(?)해 주었다. "존경하는 이정희 교구장님! 대전교구 교인들을 분열시키려는 무도한 자에게 손을 내밀지 마세요. 초지일관으로… 그곳에는 음모, 모사로 분열이 일어나고, 좋은 일에 시기하는 사람들이 춤을 추고 있어요… 교구장님, 용서해 주세요. 차라리 침묵을 지키시기를… 호사다마라 하든가요… 교구장님 뒤에는 바른 사람들이 침묵으로 바라보고 있어요."

8월 26일 시일식 후, 나는 이○○ 동덕이 쓴 8월 22일자 게시판 글을 복사하여 교인들에게 나누면서 다음과 같이 말했다. "나의 57년 생애, 신앙생활을 하면서 가장 충격적이고 경악을 금치 못할 일을 경험하게 되었습니다. 교인 여러분들이 보시는 것이 바로 그것입니다." 교인 여러분들은 전혀 이해가 가지 않는다며 말문을 미처 열지 못하시는 것 같았다. 이○○ 동덕은 왜 이러는지, 그 저의가 무엇인지, 참으로 알 수 없는 일이다. 그러나 나는 이에 직접 대응하지 않았다. 〈대인접물〉에 "악한 사람은 선하게 대하는 것만 같지 못하느니라. 나의 도가 바르면 저 사람이 반드시 스스로 바르게 되리니, 어느 겨를에 그 곡직을 가리고 장단을 비교하겠는가."라는 말씀을 떠올리며 침묵으로 일관했다. 8월 26일 오후에는 또 다음과 같은 〈미래를 위한 침묵〉이라는 제목의 글이 올라오기도 했다. 게시판에 소제목으로 〈과거로의 회귀와 편협〉, 〈우물 안 개구리〉에 이어 〈진정 가치 있는 일은 무엇인가?〉에 대하여 다음과 같은 글이 올라왔다.

"신앙심에 바탕을 둔 현실 인식이 아니라면 어떤 일도 거부합니다. 대전교구의 총의를 모아 선출한 이정희 교구장은 분명 우리 대전교구의 중흥과 대도의 성취를 위하여 너무도 필요한 큰 일꾼입니다. 지금 우리에게 필요한 것은 교구장이 힘차게 교구 사업을 추진할 수 있도록 돕는 일입니다. 신앙에 바탕을 둔 다양한 의견과 상호를 배려하는 따뜻하고 건강한 마인드가 결여된 의견은 어느 누구에게도 도움이 되지 않으며 교구 내부의 순화가 선행되어야 합니다….

종지에 부합하지만 적용 시기와 약간의 방법상의 문제를 가지고 큰일이 벌어지는 양 비이성적으로 확대 재생산하는 에너지를 쏟아부을 곳이 어디인지 먼저 생각하고 행동하여야 합니다. 서로 화합하여 대전교구의 도약과 대도중흥을 위하여 자신의 신앙심을 내어 놉시다. 진정으로 가치 있는 일은 분란과 가름이 아니고 내가 닦고 있는 신앙의 성취를 위하여 죽을 때까지 수련에 정진하는 일이며 그 수련의 결과물을 과신하지 않는 상태에서 자기 자신과 가족, 사회, 민족, 세계, 인류, 우주를 향하여 실천 봉사하는 일이라 생각합니다. 대전 동덕들, 우리 모두 자중하고 무엇이 중요한가에 대하여 진지한 접근이 필요한 시기입니다. 미래를 위한 침묵과 자성이 필요한 대전교구 동덕님들 부끄러운 우리의 속살을 노출시켜 수련 정진하는 많은 분들에게 더 이상 폐를 끼쳐서는 안 되겠습니다. 내부의 문제를 더 이상 인터넷 상에 오르게 하는 것은 의미가 없다고 생각됩니다. 제 개인적인 생각으로는 아무것도 아닌 일을 모두 너무 과민하게 대응하고 있습니다."

8월 27일(월), 이○○ 동덕은 〈그는 역시 그릇이 아니었다〉는 나를 비난하는 글을 또 올렸다. 이와 같은 일련의 천도교 전체 교인을 상대로 한 이○○ 동덕의 게시판 글에 대하여 8월 28일(화), 중앙총부에서는 다음과 같은 내용의 글을 올렸다.

이○○ 동덕님 보세요.

모시고 안녕하십니까?

동덕님의 글은 모두 삭제하오니 양해 바랍니다. 그리고 교구 내의 문제는 되도록 인터넷 상에 올리지 마시고 교구 발전을 위하여 서로 양보하고 이해하는 일이 중요하다고 봅니다. 그리고 혹 교구 자체 내에서 해결하지 못할 시에는 정식으로 총부에 공문을 발송해 주시기 바랍니다.

—교화관장 심고

포덕 142(2001)년 8일 28일(화), 이○○ 동덕은 총부의 경고성 글에 대하여 〈글을 삭제한다고 진실이 감춰지나〉라는 제목으로 끝까지 자신의 입장을 옹호하는 글을 또 남겼다. 9월 12일(수), 아침에 임운길 현기사 상주선도사님께서 전화를 주셨다. "최근의 대전교구 운영의 어려움을 들었습니다. 대전교구가 상당히 까다로운 곳입니다. 거기에 필시 지도자가 없기에 그러한 어려움이 있는 줄 압니다. 꿋꿋이 나가야 합니다."라고 격려의 말씀을 주셨다. 중앙총부의 삭제 이후로는 더 이상 한사회에 대한 글은 올라오지 않았다. 이제 한사회에 대해 시비를 거는 사람은 없었다. 언제 그런 시비가 있었는지 아랑곳하지 않고 작지만 뜻있는 한사회의 자발적인 활동은 계속되었다.

• '한울사랑회' 연구단지 연구원 동참

그동안 한울사랑회가 성공적으로 정착하게 된 것은 연구단지 표준연구원의 연구원들의 도움이 참으로 컸다. 처음 봉사 활동을 시작하게 된 것도, 한울사랑회 활동을 지속적으로 할 수 있었던 것도 이분들의 공이 컸다. 특히 최명숙 동덕과 정수성 동덕이 한울사랑회와 연구원들 사이의 가교 역할을 해왔다.

최명숙 동덕은 이분들과 한번 만나는 시간을 갖는 것이 좋겠지만 그러기에 앞서 고맙다는 편지라도 한번 보내는 것이 좋을 것 같다고 말해 주었다. 그래서 나는 최명숙 동덕의 권유에 따라 포덕 143(2002)년 2월 2일, 연구단지의 박철웅, 유용심, 한재원, 박승남, 전병역, 유성규, 이은성, 정세체, 김봉학 님 등 연구원 한 분 한 분에게 감사의 편지를 보냈다.

• '한울사랑회' 봉사 활동, 대전 충청권으로

포덕 142(2001)년 5월 5일에 교인들이 자발적으로 시작한 한울사랑회에서는 일부 교인들의 방해 활동에도 불구하고 이에 개의치 않고 본연의 봉사 활동을 꾸준히 전개해 왔다. 교단 내 독거노인 김선화 할머님과 서춘식 할머님께 매월 생활비를 지원하였으며, 최보부 사모님이 계시는 요양원을 수시 방문하여 위로하였다. 그리고 신홍동사무소에서 추천한 소녀 가장 신홍초등학교 김보라 학생을 수시로 방문하여 위로와 생활비 등을 지원하였다. 대외적으로는 한울사랑회 이름으로 KBS 방송국에 수재 의연금을 기탁한 바도 있다.

포덕 142년 12월 24일, "대전 충청 지역의 새로운 포덕의 시대를 연다"는 슬로건을 내걸고 대전교구와 한밭전교실, 공주교구, 둔산전교실, 신도교구 등 5개 교구 합동으로 인일기념식 식후, 다양한 한울사랑 나눔의 행사가 진행되었다. 100여 명이 참석한 이날 행사에서 나는 '광제창생의 첫걸음, 한울사랑 나눔' 에 대하여 소개하고 이와 같은 봉사 활동이 대전교구를 시작으로 대전·충청권 전역으로 활동 범위를 넓혀 나가기를 바란다는 인사말을 하였다.

이번 한울사랑 나눔 행사에는 합동시일에 참여한 5개 교구 교인 가족들은 물론 신홍동장, 단군봉안회 등 외부 인사들도 함께 하는 자리여서 한울사랑회의 봉사 활동이 천도교 대전 충청권 교구 및 지역 사회에 자연스럽게 알려지는 계기가 되었다. 앞으로 한울사랑회의 봉사 정신과 봉사 활동이 점점 확대되어 대전 충청 지역 포덕에 기여할 수 있을 것으로 기대된다.

• 우금티 기념일 변경 결정 철회 건의

포덕 134(2003)년 12월 19일, 천도교 월보 제281호에 게재된 대전교구 관련 기사 2건이 눈에 띈다. 하나는 〈우금티 성역화 사업 청원서 등 제출〉 제목의 기사이다. 내용을 보면, 천도교대전충청지역연합회(회장 이정희)는 12월 2일, 우금티동학농민전쟁기념사업회(회장 진영일)와 공동으로 공주 우금티 성역화 사업의 추진, 현재 국회에 계류 중인 동학농민혁명군 명예 회복에 관한 특별법안(의안번호 제1860호, 2002년 10월 21일) 및 동학혁명기념사업회 법안(의안번호 제572호, 2000년 12월)의 조속한 통과를 위한 청원서를 노무현 대통령과 박관용 국회의장, 심대평 충남도지사에게 각각 제출하였다. 본 청원서는 성명서와 함께 이에 동의하는 각계각층의 인사 721인(1차)의 서명을 받아 작성한 것이다. 나는 "앞으로도 계속해서 뜻있는 분들의 서명을 받아 이해와 공감대를 확산시켜 나갈 예정임을 밝혔다."라고 쓰여 있다.

또 하나의 기사는 〈기관장회의, 교단 현안 협의〉라는 제목의 기사로서 우금티 동학혁명기념일 변경과 관련된 내용이다. 내용을 보면, "총부는 11월 13일 오전 11시 교령사에서 김철 교령, 김승복 연원회의장, 홍장화 종무원장, 강훈 종의원의장, 한광도 감사원장, 정원백 재단이사장, 장정숙 상주선도사가 참석한 가운데 제11차 기관장회의를 개최하였다. 이날 회의에서 공주 우금티 동학혁명기념일을 포덕 145년부터 양력인 12월 7일로 변경하고, 이에 따라 위령식도 이날 거행하기로 하였다. 그동안 공주 우금티 동학혁명위령식 행사는 1894년 음력 11월 11일에 맞춰 거행하였다. 그러나 고성산 위령식도 양력 날짜에 맞춰 거행하듯이, 우금티 위령식도 양력 날짜에 맞춰 위령식을 거행하기로 한 것이다. 이 안건은 종무위원회와 내년 대회 시 다시 보고하기로 하였다."라고 되어 있다. 나는 이 기사를 보고 박돈서 공주교구장에게 전화해 알아보니 이에 대해 아는 바 없다고 했다. 물론 나와도 사전에 아무런 협의도 없었다. 그래서 나는 공주 우금티 위령식 기념일에 대한 기관장회의에서의 일방적인 결정은 분명 문제가 있다고 판단하였다. 그래서 기관장회의의 관련 결정에 대한 실체적, 절차적 문제가 있다는 판단하에 동 결정을 철회하도록 하는 건의문을 포덕 145(2004)년 2월 13일자로 작성하여 인근 교구장 등 연서로 총부에 제출하였다. 동 건의문 내용은 다음과 같다.

〈공주 우금티 동학혁명군위령기념일(11월 11일), 변경 결정 철회 건의문〉

1894년에 발발한 동학혁명은 어느 특정 지역에 국한되지 않고 전국에 걸쳐 광범위하게 일어난 전국 규모의 혁명이지만, 특히 공주 우금티는 동학혁명의 최대 격전지로서, 어느 타 지역보다도 그 희생자의 규모(약 20만 명)로 보나 역사적 의의(미완의 혁명지)가 가장 컸던 곳으로 30년 이상 오랜 기간 동안 매년 11월 11일을 '우금티 동학혁명군위령의 날'로 정하여 시행해 옴으로써 '11월 11일은 공주 우금티 기념일이다'는 것으로 이 지역 천도교인은 물론 학계, 문화계, 지역 방송 언론 매체와 지역 주민들의 머릿속에 정착되기에 이르렀습니다. 더구나 '공주시'와 '공주우금티기념사업회'에서 주관하는 각종 기념행사가 천도교의 우금티기념일인 11월 11일과 연계되어 오랫동안 진행되어 오고 있습니다.

그런데 어느 날 갑자기 일방적으로 우금티 기념일에 대한 변경 결정을 하였다는 사실을 천도교 월보(제281호, 포덕 144(2003)년 12월 14일) 기사를 통해 알게 되었습니다. 본 사안은 이 지역의 기관, 단체, 학계, 문화계, 지역 주민, 천도교인 등 광범위하게 연계되어 있다는 점을 고려함이 없이 더구나 지역 교구의 의견 수렴은 물론 충분한 역사적 사실에 대한 고증 절차도 없이, 총부에서 일방적으로 기념식 일자를 변경, 결정한 이유에 대해 납득하기 어렵습니다. 만약, 공주 우금티 동학혁명 기념 일자에 대한 문제 제기가 경상도 고성당 기념일과 같은 날짜라는 데서 출발된 것이라면, 더더욱 잘못된 것이라고 봅니다. 왜냐하면 문제 제기의 시점이 후발 주자인 고성당 기념일을 정하는 시기에 이미 대두되었어야 하는데도 왜 이제야 문제를 제기하는 것인지 이해하기 어렵습니다. 동학혁명은 어느 특정한 날에만 일어난 것이 아니라 지속적으로 일어난 것이기 때문에 어느 특정한 날을 정하여 기념하면 되는 것이지 절대적인 기념일의 기준이 있는 것은 아니기 때문에 고성당의 경우 30년 동안 시행해 오고 있는 공주 우금티 기념일과 겹치지 않도록 정하여 시행하는 것이 순리라고 봅니다. 또 그 당시 그 시점에서 이 문제를 제기하지 않고 지금에 와서야 뒤늦게 이 문제를 제기하는 것은 고성당 기념일에 대한 결정 절차상의 하자가 있는 것으로 이는 도저히 납득하기 어렵습니다. 주지하는 바와 같이 천도교의 각종 기념일은 음력과 양력이 혼용되고 있습니다. 그럼에도 왜 하필이면 이 시점에서 공주 우금티만 음력이냐, 양력이냐의 문제를 새삼 제기하는 것인지 이해할 수 없습니다. 만약 중앙총부에서 금번의 우금티 기념일 변경 결정을 강행한다면 관내 교인들의 참여는 물론 관련 기관 및 단체와 지역 주민들과 호흡을 같이 하기 어려울 것으로 사료됩니다. 고성당 기념일과 겹치는 것이 문제가 된다면 오히려 30년 이상 시행해 온 공주 우금티 기념일을 변경할 것이 아니라 뒤늦게 시행하고 있는 고성당 기념일을 변경 시행하는 것이 더 합리적이라고 생각합니다.

이에 저희들은 30년 이상 시행해 정착된 공주 우금티 기념일인 11월 11일을 중앙총부가 일방적으로 변경한 잘못된 결정을 철회하고 당초의 공주 우금티 기념식 날짜인 11월 11일로 환원할 것을 건의하는 바입니다.

포덕 145(2004)년 2월 13일

천도교 대전충청지역연합회

대전교구장 이정희·공주교구장 박돈서·신도교구장 박명옥
한밭전교실장 안춘우·둔산전교실장 노앙래·동민회대전지부장 김형일

이상과 같은 천도교대전충정지역연합회의 '공주 우금티 동학혁명군위령기념일(11월 11일) 변경 결정 철회 건의문' 을 접수한 중앙총부는 이 건의문을 받아들여 30년 이상 시행, 정착되어 온 공주 우금티 동학혁명기념일인 11월 11일을 그대로 지켜왔다. 천도교대전충청지역연합회의 건의에 따라 총부의 잘못된 결정을 철회하고 공주 우금티 동학혁명기념일인 11월 11일을 그대로 유지한 것은 정말 잘된 일이라 생각된다.

• 대전교구 설교 100여 회

나는 대전교구에서 100여 회에 걸쳐 설교를 하였다. 설교의 주제는 주로 수련과 포덕에 초점을 맞추었으며 교리의 해의보다는 실천을 강조하고자 하였다. 그동안 설교의 주제와 내용은 원고 또는 개조식으로 정리하였으며, 나의 일기장에 대부분의 내용을 남겼다. 설교를 마친 후에는 설교의 내용을 다시 음미하면서 설교한 그대로의 일치된 수행과 실천을 거듭거듭 다짐하곤 하였다. 그래서 설교는 언행일치의 수행이라고 생각했다. 설교를 듣는 교인들은 설교의 내용을 들으면서 설교자의 인격을 함께 떠올리기 마련이다. 설교의 무게는 말의 무게가 아닌 인격의 무게라고 생각했다. 그래서 설교를 거듭할수록 어렵다는 생각이 들었다. 인격을 갖추지 않고 설교한다면 그것은 자기 자신을 속이는 설교에 지나지 않을 것이다. 말로 그치는 것이 아닌 행동으로 증명하는 살아 있는 설교, 행동으로 설교하는 행교자가 되어야 한다고 생각한다. 그동안 설교하면서 느낀 결론이다.

서울에서 대전으로 이사 온 1993년부터 중앙총부 교령사로 입성한 2016년 이전까지 22년간에 걸쳐 대전교구에서 한 설교 중 몇 가지 설교 제목을 보면 다음과 같다.

· '시천주와 다시개벽' (1993. 1. 31.)
· '시천주와 개벽정신' (1993. 5. 2.)
· '지기도이 수기지' (1993. 6. 20.)
· '무위이화' (1993. 8. 15.)
· '한울님 세상' (1993. 9. 19.)
· '나의 존재' (1993. 11. 21.)
· '동학혁명과 우리의 자세' (1994. 3. 20.)
· '개벽운수와 포덕' (1994. 5. 15.)

· ‘독유인이 최령자야라’ (1994. 7. 3.)
· ‘성인과 범인’ (1994. 10. 16.)
· ‘후천개벽’ (1994. 11. 20.)
· ‘일용행사 막비도야라’ (1995. 3. 12.)
· ‘네 몸에 모셨으니’ (1995. 4. 2.)
· ‘성공하는 천도교인’ (1995. 6. 18.)
· ‘입도한 그날’ (1997. 7. 20.)
· ‘함께 합시다’ (1998. 6. 28.)
· ‘하루공사’ (1999. 2. 28.)
· ‘이신환행’ (1999. 7. 4.)
· ‘이같이 쉬운 도’ (2000. 1. 31.)
· ‘송구영신’ (2000. 2. 27.)
· ‘경천명 순천리’ (2000. 7. 10.)
· ‘살아 있는 신앙’ (2000. 10. 8.)
· ‘반성과 거듭 태어남’ (2000. 12. 3.)
· ‘천명의 깨달음과 수행’ (2001. 2. 25.)
· ‘만세명인’ (2001. 4. 22.)
· ‘포덕 제1호’ (2001. 4. 28.)
· ‘행천 10도’ (2001. 6. 3.)
· ‘유형 공부와 무형 공부’ (2001. 8. 5.)
· ‘천지만물의 법칙’ (2001. 12. 30.)
· ‘마음의 근본’ (2002. 1. 6.)
· ‘천도교’ (2002. 8. 5.)
· ‘각천주’ (2002. 9. 1.)
· ‘진심불염’ (2001. 10. 13.)
· ‘생명의 근원과 작용 원리’ (2002. 11. 10.)
· ‘생각하고 생각하여’ (2003. 1. 5.)
· ‘나부터 개벽하자’ (2003. 4. 6.)
· ‘열 석자 지극하면’ (2003. 5. 4.)
· ‘만법이 내게 있으니’ (2003. 6. 22.)
· ‘삼난’ (2003. 7. 6.)
· ‘한울님이시여, 나의 천명을’ (2003. 8. 3.)
· ‘성경신’ (2003. 9. 7.)
· ‘명심’ (2004. 9. 13.)
· ‘이것이 천도다’ (2004. 10. 10.)
· ‘천지부모’ (2003. 12. 28.)
· ‘이신환성’ (2005. 1. 9.)
· ‘나부터 개벽하자’ (2005. 4. 6.)
· ‘태어나고 돌아가는 이치’ (2005. 4. 17.)
· ‘불망기본 염념불망’ (2005. 7. 24.)
· ‘정심수도’ (2005. 10. 2.)
· ‘현도 100주년, 시대적 사명’ (2005. 12. 3.)
· ‘영부와 주문’ (2006. 4. 30.)
· ‘밥 한 그릇의 이치’ (2006. 7. 9.)
· ‘독공’ (2006. 9. 10.)
· ‘개벽운수’ (2006. 10. 8.)
· ‘이천식천’ (2006. 12. 10.)
· ‘깨달음과 수행’ (2007. 2. 11.)
· ‘삼심관’ (2007. 4. 8.)
· ‘최대의 유산’ (2007. 6. 10.)
· ‘천도태원경(천인합덕)’ (2007. 7. 8.)
· ‘제인질병’ (2008. 3. 9.)
· ‘깨달음의 길’ (2008. 12. 14.)
· ‘나의 신앙세계’ (2009. 1. 24.)
· ‘포덕 150년, 새해의 소망’ (2009. 2. 1.)
· ‘수심정기’ (2009. 6. 7.)
· ‘만남과 모심’ (2009. 9. 27.)
· ‘가정천국이 지상천국이다.’ (2010. 5. 9.)
· ‘천지만물의 교훈과 감응’ (2010. 9. 26.)
· ‘육신의 삶과 성령의 삶’ (2010. 1. 7.)

- ‘천도교 비전’ (2011. 7. 3.)
- ‘수도법’ (2011. 10. 2.)
- ‘무왕불복지리’ (2012. 5. 6.)
- ‘나의 기점과 나의 종점’ (2012. 8. 5.)
- ‘내 안에서 나를 찾는 공부’ (2012. 11. 4.)
- ‘차제도법’ (2012. 2. 5.)
- ‘조상의 음덕과 한울님 감응’ (2013. 2. 3.)
- ‘마음공부와 주문수행’ (2013. 3. 17.)
- ‘삼경포덕’ (2013. 4. 7.)
- ‘이천식천’ (2013. 6. 2.)
- ‘우주와 나의 만남’ (2013. 10. 6.)
- ‘근본’ (2013. 12. 8.)
- ‘본래아’ (2014. 2. 2.)
- ‘천지부모’ (2014. 5. 4.)
- ‘선천포덕과 후천포덕’ (2014. 8. 3.)
- ‘수도와 포덕’ (2015. 7. 5.)

4. 대전교구장 퇴임

• 이정희 교구장이 연임을 수락 안 하면, 교회 안 나오겠다

나는 포덕 145(2004)년 2월 22일(일) 대전교구 정기회의 전부터 여러 차례에 걸쳐 절대로 나의 교구장 유임은 안 된다고 말했다. 3년 전 교구장을 맡을 때에도 많은 고민을 한 바 있었으나 너무도 완강하게 교구장 취임을 원하는 교인들의 여망을 거절할 수 없었다. 그 당시 교구장 직임을 수락할 때에도 이번 3년 임기를 마친 후에는 반드시 유임은 하지 않겠다는 것을 마음속에 다짐한 바 있었다. 그 이유는 단 한 가지이다. 바쁜 직장 일을 병행하여 교구장의 직임을 맡는다는 것은 무리라는 판단에서다. 그래서 아무리 교인들의 여망이 강할지라도 나는 끝까지 고사하겠다는 확고한 결심이 서 있었다. 그런데 3년 전과 같은 상황이 그대로 전개되는 양상이다.

드디어 포덕 145년 2월 22일 정기교구회의의 날이 다가왔다. 교구장 선임 안건을 상정하였다. 여러 차례 나는 안 된다고 말씀을 드렸기 때문에 다른 분을 추천할 것으로 기대하였으나 나 이외에는 대안이 없다는 분위기이다. 김인선 직접도훈은 "선거를 하지 말고 추대 형식으로 하자면서 그동안에는 협조를 못하였으나 이제부터는 잘할 것이니 교구장직을 맡아 달라, 바빠서 교구에 안 나와도 좋으니 꼭 맡아 달라, 매일이라도 나와서 도와주겠다."라고 한다. 다른 모든 교인들도 고개를 끄덕인다. 절대로 나는 안 된다고 거듭 말해도 무가내다. 별수 없이 오늘 교구장 선임은 못하고 뒤로 미룰 수밖에 없었다.

3월 1일(월), 3·1절 행사 후 "제가 교구장을 더 이상 할 수 없다는 분명한 저의 입장을 3번째로 말씀드립니다. 아무리 좋은 노래라도 2, 3번 들으면 싫증이 나게 되어 있습니다. 오늘로써 최종 말씀드립니다. 조속히 차기 교구장이 선임되어 교구장 인수인계를 하도록 하여 주십시오. 저의 교구장 유임이 어렵다는 것을 다시 한번 천명합니다." 이렇게 완강하게 나의 입장을 말씀드리는데도 교인들은 들은 척 만 척하는 분위기이다. 어쩔 수 없다는 뜻이다. 3월 14일(일) 나는 다시 한번 강조하였다. "저는 지난 2월 22일 정기교구회의에서 말씀드렸고 그 후에도 몇 차례 저의 입장을 말씀드렸습니다. 더 이상 교구장을 맡기 어렵다는 것을 분명히 말씀드린다" 면서 새로운 교구장 선임을 교인들에게 거듭 요청하였다. 그런데도 여기저기서 이구동성으로 "교구장은 이정희 교구장으로 해야 한다. 더 이상 거론하지 말자" 는 발언들이 쏟아진다. 이런 가운데 어느 사모님께서는 연단 앞에 나와 나를 향하여 큰절하면서 다시 한번 꼭 교구장을 맡아 달라고 간청하였다. 아무리 사양해도 무가내라 할 길 없는 상황이 계속된다. 그러나 도저히 바쁜 직장 생활과 병행하기가 어렵다는 것을 거듭거듭 다짐한다. 4월 18일(일) 시일식 후, 임시 교구회의를 다음 주 일요일에 개최하겠다고 공지했다. 회의 안건은 교구장 선출의 건이라고 말했다. 그런데 다시 한번 유임해야 할 수밖에 없다는 분위기는 여전하다. "이 중요한 시기인데 이정희 교구장이 그만두어서는 절대로 안 된다." 한 원로님께서는 "이정희 교구장이 유임하지 않으면 교회 나오지 않겠다!" 까지 말씀하신다.

교구장을 그만두는 것이 이렇게도 어려운지, 하지만 나는 이미 교구장을 마치는 결심을 하고 한울님께 심고도 드렸다. 드디어 4월 25일(일), 이용규 선도사가 임시회의 의장을 맡아 유영수 동덕으로 새로운 교구장을 선임하는 결정을 이끌어 내었다. 유영수 교화부장이 오늘부로 대전교구장을 맡게 되었다. 이렇게 하여 포덕 141년 10월부터 오늘에 이르기까지 3년 반 동안에 걸친 나의 대전교구장 재임 기간은 끝을 맺게 되었다. 그런데 유영수 교구장은 임기 중 교구장직을 사퇴하고 원로이신 승암 정승호 선도사님이 교구장을 맡았다.

• 대전교구장 이임사

나는 포덕 145(2004)년 2월 22일, 대전교구 정기총회에서 나의 교구장 이임사를 발표한 바 있다. 후임 교구장이 결정되지 않았지만, 나의 대전교구장 유임 불가 의지를 분명하게 밝히기 위해서 좀 빠르게 다음과 같은 이임 인사를 드렸다.

> 존경하는 원로님 그리고 교인 여러분!
>
> 만물이 약동하는 희망찬 새봄을 맞아 건강과 행복이 함께 하시기를 진심으로 기원합니다. 여러 가지로 부족한 제가 대전교구장이라는 책임을 맡아 수행해온

지 어느덧 3년 5개월이 지났습니다. 길다면 길고 짧다면 짧은 지난 3년 5개월, 너무도 많은 아쉬움들이 저의 온몸을 가득 채우고 있는 것 같습니다.

새 천년이 시작되던 포덕 141(2000)년 9월, 전임 교구장의 갑작스런 사표로 공석이 된 대전교구장의 중책을 저에게 맡겨 주셨다는 통보를 받고 나서, 참으로 많은 고민을 했던 것을 기억하고 있습니다. 저의 부족한 역량과 직장일 때문에 교구장이라는 중책을 맡아 수행하기가 어려울 것이라는 생각에서였습니다.

그러나 당시 대전교구가 안고 있었던 크고 작은 현안 사항을 슬기롭게 해결하기 위해서 제가 꼭 맡아 주어야 하겠다는 원로 선생님들의 간곡한 뜻을 깊이 생각해 보았습니다. 그리하여 저의 부족한 것이 있으면 교인 여러분과 한울님께서 도와주실 것이라는 믿음을 가지고 전임 교구장의 잔여 임기만이라도 교구장직을 맡기로 했던 것입니다. 그러나 전임 교구장의 잔여 임기가 끝난 포덕 142년 2월, 정기교구회의에서 저를 다시 3년 임기의 교구장으로 재선임하여 주심에 또다시 거듭된 고민 끝에 두 번째로 교구장직을 맡아 오늘에 이르렀습니다.

제가 그동안 교구장직을 수행하는 과정에서 가장 중요하게 여겼던 것 중의 하나는 어떤 일이 있어도 임기 중에 교구장직을 그만두는 일은 없어야 한다는 것이었습니다. 그동안 몇 차례에 걸쳐 전임 교구장님들의 중도 사임이 계속되어 왔는데 저조차 도중에 그만둔다면 어떻게 될 것인가? 그래서 저는 때때로 어려운 시기를 당하면서도 교구장 사임이라는 악순환의 고리를 끊고자 많은 인내를 해왔습니다. 저는 어떤 어려움이 있더라도 처음 교구장 부임 시의 그 마음을 지켜야 한다고 거듭거듭 다짐하였습니다. 그동안 이렇다 할 만한 성과없이 교구장 임기를 마치려 하니 너무도 아쉬움이 많습니다.

이제 교구장 임기를 마감하면서 그동안 교인 여러분과 함께 생각하고 추진했던 일은 무엇인지를 잠시 회고해 보려고 합니다.

첫째, 투명한 교회 운영을 위해 노력하여 왔습니다. 신뢰 받는 교회가 되도록 노력하여 왔습니다. 이 기회에 저는 바쁜 중에도 교회 살림을 꼼꼼히 챙겨 준 임창곤 경리부장님께 진심으로 감사드립니다.

둘째, 독공 수련 등 신앙심을 돈독히 하는 데 역점을 두었습니다. 개인의 신앙생활과 교회의 발전은 무엇보다도 수련이 바탕이 되어야 합니다. 제가 교구장직을 수행하기 시작한 때부터 지금까지 매월 1회씩 갖는 독공 수련의 날은 한 번도 거르지 않고 시행해 그동안 40회의 실적을 기록하게 되었습니다.

셋째, 저는 교회의 기강 확립을 위해 노력해 왔습니다. 소위 정통 연원회라는 이름 아래 교회를 분열시키거나 춘암상사에게 다시 입도식을 해야 한다든가, 심고의 내용 중 '스승님' 이라는 용어를 고쳐야 한다는 등의 의절에 반하는 잘못된 주장에 대해 기강을 바로잡기 위한 노력을 해왔습니다. 대전교구는 중앙총부 산하의 지방 교구로서 기관에서 정한 의절에 반하는 것을 받아들일 수 없다는 것을 분명히 천명하고 이를 실천하고자 하였습니다.

넷째, 금산 임야 진입로 공사의 완공입니다. 여러 가지 우여곡절 끝에 추진한 금산군 명곡리 소재 18,000평 임야의 진입로 공사 완공은 참으로 의의가 크다고 하겠습니다. 대전교구 20년 숙원 사업 해결이라는 소중한 경험으로 기록될 것입니다. 이 기회에 다시 한번 감사드려야 할 분이 있습니다. 희생 봉사의 정신으로 이 어려운 일을 이끌어 주신 형암장(김형일) 님과 경암장(한경노) 님께 진심으로 감사드립니다.

다섯째, 중원 포덕의 전진 기지 기반 구축입니다. 날로 쇠약해 가는 대전 충청지역의 교세를 발전시켜 나가기 위해서는 어느 한 교구의 힘만으로는 불가능하다는 생각에서 저는 취임 초부터 중원 포덕을 위한 기반 구축을 위해 노력해 왔습니다. 그 결과 이 지역 18개 교구를 중심으로 하는 '대전충청지역연합회' 를 조직하여 우금티 기념행사, 포덕전진대회, 합동시일식 등을 거행하게 된 것은 큰 보람이라 하겠습니다. 특히 한발전교실과의 합동시일식 거행은 참으로 의의가 큰 것이라 하겠습니다. 지난 2월 15일에는 대전교구에서 '대전충청지역연합회' 현판식 거행 등 중원 포덕의 탄탄한 기반을 점진적으로 갖추어 나가기 위해 노력해 왔습니다.

여섯째, 우금티 성역화 사업의 시동입니다. 매년 우금티 기념식을 정성껏 봉행하여 지자체에서의 관심은 물론 이 지역 매스컴에서도 관심을 갖게 된 것은 참 잘된 일이라 생각됩니다. 우금티 성역화를 위한 성명서 발표 및 대통령, 국회의장, 충남도지사 등에 청원하고 긍정적인 답변과 관심을 불러일으킨 것 또한 바람직한 성과였다고 봅니다. 공주시와 충남발전연구원에서 용역 사업을 시작하였으며 제가 자문위원으로 위촉되어 활동하고 있습니다. 이 사업은 금년 7월에 기본 계획 설계가 완성될 것입니다. 특히 지난 2월 9일에 '동학농민혁명군명예 회복에 관한 특별법' 이 통과되어 이 사업은 더욱 힘을 얻어 나갈 것으로 확신합니다.

일곱째, 대외 활동의 강화를 위해 노력했습니다. 교구가 발전하려면 두 가지 방향에서의 활동이 요망됩니다. 하나는 내실을 기하는 것이고 또 하나는 대외적인 관계를 돈독히 해야 하는 것입니다. 이 두 가지가 균형을 이루어야 한다고 봅니다. 사회봉사의 일환으로 한울사랑회를 통하여 불우한 교인 및 소년 소녀 가장 돕기, 수재 의연금 등 작지만 지속적으로 봉사해 오고 있습니다. 우리의 이러한 노력으로 충남도지사, 공주시의 우금티 행사에 대한 관심, 우금티기념사업회의 관심, 동구청장, 신흥동장 등의 우리 교구 방문 등 관심을 갖게 된 것은 고무적인 것이라 생각됩니다.

끝으로 그동안 하고자 하였으나 이루지 못한 부족한 일들을 한번 생각해 보겠습니다. 우리 교회의 홈페이지 구축 등 정보화 업무를 추진하지 못한 점, 청년회, 여성회, 학생회 등의 활동이 부진했던 점, 교구 도서 관리 미흡(일부 정리에 그침), 교구 건물 관리 장치, 상조회 구성, 대전교구사 정리 문제 등이 계획은 하였으나 여러 가지 이유로 진척되지 못한 점이 참으로 아쉽습니다. 방치 상태에 있는 교회 자동차 관리도 문제입니다. 언제부턴가 피아노 소리도 멈추고 매달 한 차례 식사 준비조차 힘이 버겁습니다. 신인간사 명예기자들의 활동도 중단되었습니다. 시일식에 참여하는 어린이와 청년들의 모습을 보기 어렵고, 여성동덕들의 수도 자꾸 줄어들고 있습니다. 공주 우금티 기념일 변경 결정 철회 문제도 현안 사안 중의 하나가 되겠습니다. 이 모든 것이 저의 정성과 능력이 부족한 데 기인한 것이라 생각합니다. 이제 저는 평교인으로 돌아가야 할 시간입니다. 저보다 더 유능한 교구장이 우리 대전교구를 잘 이끌어 나갈 것으로 믿습니다. 대전교구는 발전 가능성이 많은 교구입니다. 저는 대전교구야말로 천도교 발전의 전략적 거점으로서의 중요성을 지니고 있다는 것을 확신합니다. 우리에게 지금 어려운 문제가 많다 할지라도 우리 모두 합심하여 정성을 모아 나간다면 반드시 해결될 것입니다. 지금 대전교구에 세상 사람들의 이목이 집중되고 있습니다. 다시 한번 힘차게 나아갑시다.

포덕 145년 2월 22일

호암 이정희

5. 대전교구 오해와 진실

• 대전교구 교인으로 교령 취임

나의 20대는 공주, 30대, 40대 전반은 서울, 그리고 40대 후반부터 30년, 오늘에 이르기까지 대전에서 살고 있다. 60년대 중반부터 70년대 초반까지는 공주였으니 충청권에서 50년을 살아온 셈이다. 그래서 충청도는 나의 제2의 고향이 되었다. 공주사범대학에서 교육철학과 교육 과정을 배웠으며, 충남대학교에서 동양철학의 눈을 뜰 수 있었다. 대덕연구단지에서 과학기술과 정보화에 대한 안목을 넓힐 수 있었다. 후천개벽의 기운이 서리어 있는 계룡산을 내 집에 있는 정원을 걷듯이 20년에 거쳐 2000번을 올랐다. 계룡산을 오르내리며 많은 것을 느끼고 배웠다. 충청에서 살아온 유무형의 자원이 나로 하여금 천도교 교령으로 봉사할 수 있는 기회를 얻게 된 것이라 생각된다.

나는 포덕 156(2015)년 10월 교령 출마를 결심하면서 먼저 대전교구에 알렸다. 그것이 도리라 생각했기 때문이다. 교령에 출마한다고 하니 누군가가 대전교구에서 찬장을 새로 구입해야 하는데 돈이 좀 필요한 것 같다고 말해 주었다. 그 말을 듣고 나는 찬장 구입에 보태 쓰라며 100만 원을 내놓았다. 맨 처음 나를 알리기 위한 전국 교구 방문 길에 대전교구 강봉기 동덕이 정말 큰 도움을 주었다. 강봉기 동덕은 전국 도로망에 대해 도가 텄다. 전국을 10여 년 동안 돌아다녔다고 한다. 특히 경상도 지역에 대해서는 환하다. 함께 다니면서 교리에 대한 이야기도, 세상 돌아가는 이야기도 많이 나누었다. 강 동덕은 자진해서 나를 도왔다. 마산, 부산, 울산 등 3박 4일 동안 헌신적으로 도왔다. 정말 고마웠다. 내가 종학대학원장으로 있을 때, 강봉기 동덕은 대학원 학생으로 정말 열심이었다. 나와 교리에 대한 이야기도 많이 나누었다. 그런데 지금 생각하니 내가 교령에 당선된 이후 마음으로만 고마움을 가졌을 뿐 고마웠다는 인사 한마디 못해 미안함이 늘 마음에 남아 있다. 나를 도와준 또 한 분은 장영균 선도사다. 장영균 선도사 내외분 또한 내가 종학대학원장으로 있을 때 종학대학원 학생이었다. 종학대학원을 학생들의 입장에서 학습 분위기를 잘 이끌어 주었던 분들이다. 그렇게 친분이 있는 분으로 대전교구에 손위의 동서들이 있어 가끔 대전교구를 방문하였다. 장영균 선도사 내외분 또한 나를 헌신적으로 도왔다. 남해 지역과 경기도 지역을 함께 다녔다. 2박 3일, 함께 남해 지역 천도교 교구를 순회하였다. 남해 지역 방문을 마친 후 다시 서울을 거쳐, 경기도 법원수도원까지 함께 했다. 수도원에서 1박 2일, 이영노 원장님의 좋은 말씀도 듣고 마침 그곳에서 수련 중이던 한상우 동덕, 조한창 선도사님 등을 만나 좋은 이야기를 나누었다. 오다가 김철 전 교령님을 찾아뵈려 하였으나 사정이 원활하지 못해 들리지 못하고 서울로 왔다. 경상도 남해 지역과 경기도 법원수도원까지 먼길 함께 나를 도와준 장영균 선도사에 대한 감사한 마음을 잊을 수 없다. 그러나 고맙다는 인사 한마디도 제대로 하지 못한 채 호주로 이민을 갔다. 그런데 지금 생각하니 강봉기 동덕과 같이 마음으로만 고마움을 가졌을 뿐 고마웠다는 인사 한마디 제대로 하지 못해 미안함이 늘 마음에 남아 있다.

내수도인 청여당 김영희 선도사는 여성회 대전교구 지부장을 맡아 봉사하였으며, 여성회 중앙회 상임위원으로 20여 년간 봉사하였다. 여성회 활동을 하면서 알게 된 여성회 회원들의 도움을 받을 수 있게 된 것도 대전교구에 다닌 덕분이었다.

특히 나는 대전교구 교구장과 천도교대전충청지역연합회 회장으로서의 경험과 자긍심이 천도교 교령으로 나아가는데 큰 힘이 되었다고 생각된다. 그래서 나는 대전교구에 대한 고마움을 항상 마음속 깊이 간직하고 있다. 대전교구에 발을 디딘 지 어언 30여 년, 포덕 157(2016)년 4월 1일, 나의 활동 무대를 대전에서 서울로 옮겨 천도교 교령으로서 업무를 시작하였다.

• 대전교구, 자산환수위원회의 중심

대전교구가 시천주복지재단 관련 자산환수위원회의 중심에 섬으로써 나는 주위로부터 많은 오해를 받았다. 그런 오해를 받는다는 것은 당연하다고 생각했다. 자산환수위원회 발기인을 보면 나에 대해 오해할 수밖에 없다는 생각이었다. 발기인을 보면 김용환 대전교구장, 박돈서 공주교구장, 김갑진 신도교구장, 최병헌 부여교구장, 노양래 서천교구장, 구수웅 당산교구장, 최수천 시흥교구장, 최동일 부안교구장 등 여덟 분이다. 대전교구, 공주교구, 신도교구, 서천교구, 부안교구 등 대부분 나와 직간접적으로 관련된 교구들이다. 그러니 나를 자산환수위원회의 배후자로 지목하는 것은 이상한 일이 아니다. 그래서 그렇게 오해하는 사람들에 대하여 이해해야 한다는 생각이었다. 나는 자산환수위원회가 만들어지는 과정에 대해 사전에 전혀 알지 못했다. 그럼에도 내가 대전교구 소속이기 때문에 그런 오해를 받을 수밖에 없었다. 그렇다고 내가 그것을 해명할 필요성을 느끼지 못했다. 그런 오해를 겉으로 표출하지 못하고 내부적으로만 알고 있는 상황에서 그것을 해명한다고 하면 본질을 벗어나 사태를 더욱 어렵게 할 것이라는 생각이었다. 오로지 이 일을 바르게 처리해야 하는 일에만 몰두하기로 한 것이다. 이 문제가 원활하게 잘 해결될 수 있도록 하기 위해 여성회를 포함한 감사원 등 관련 기관과 단체 간 대화와 소통이 필요하다는 생각으로 3차례에 걸쳐 합동회의를 진행하였다. 그리고 합동회의 내용은 천도교 게시판에 공지하였다. 이 사안에 대한 원만한 해결을 위한 교령의 교서도 발행한 바 있다. 그럼에도 불구하고 관련 기관 간 갈등은 그치지 않아 내부적으로는 감사원 징벌이 계속되었고 외부적으로는 법정 고발 사태로까지 번지게 되었다. 최악의 상황으로 전개되는 양상이다. 급기야는 사상 초유의 대교당 앞 시위로까지 번지게 되면서 문제의 심각성은 더 깊어만 갔다. 그 시위의 중심에 대전교구가 있었기 때문이다. 시위가 있는 날, 대전교구 소속으로 대전교구 교인들을 반기고 격려하는 것이 당연할 터인데도 교령으로서는 시위 대열에 있는 대전교구 교인들을 모르는 척할 수밖에 없었다. 시위 정보를 사전에 보고하던 총부 직원은 입장이 곤란하실 터이니 아예 출근하지 않는 것이 좋을 것이라는 의견도 말해 주었다. 대전교구의 교인들이 시위의 중심에 서는 것을 보고 대전교구 소속인 나에 대한 의심의 눈초리는 더욱 심각하게 쏠리는 분위기였다. 이러다 보니 대전교구와 관련된 사안에 대해서는 교령에게 아예 보고조차 하지 않고 진행되는 경우도 없지 않았던 것 같다.

• 대전교구, 중앙대교당 앞 시위의 중심

포덕 159(2018)년 7월 8일 일요일, 천도교 평신도회가 중심이 되어 인사동 일원과 대교당 앞에서 천도교 역사상 최초의 시위가 벌어졌다. 대부분 대전교구 교인들로 30여 명의 회원들이 목감동 부지 매매 결정 등에 문제를 제기하며 시위를 벌였다는 보고를 받았다.

시위대는 천도교 적폐 세력 즉각 물러날 것과 공청회 개최, 교헌 개정 등을 요구하는 기자회견도 열었다. 1차 시위에 이어 포덕 159년 7월 15일, 2차 시위가 또 열렸다. 이번에는 좀 더 많은 인원이 모였다. 7월 19일, 종무원 관장 회의에서 거듭되는 시위에 대한 대응 방안으로 긴급 기관 연석회의를 개최하기로 하였다. 이에 따라 7월 20일 15시, 긴급 기관 연석회의를 소집하였다. 16명의 기관장들이 참석하여 '평신도회 시위 등에 대한 의견 개진 및 대응 방안' 에 대하여 논의하였다. 기관 연석회의 개최 배경을 설명하고, 참석자 전원으로부터 의견을 들었다. 3시간여 동안 진행된 회의에서 합의를 도출하였다. "오늘 나온 의견들을 참조로 하여 중앙총부에서 법으로 할 것은 법으로 하고 최선의 대처 방안을 강구하기로 한다."는 것으로 합의되었다.

이날 기관 연석회의가 종료된 후 감사원장, 종무원장과 평신도회 대표 간에 쟁점 사안에 대한 합의가 이루어짐에 따라 더 이상의 시위는 열리지 않았다.

• 대전교구 교인, 중징계에 대한 오해와 진실

참으로 안타깝게도 대전교구 교인 2인이 시천주복지재단 건으로 중징계를 받았다. 나는 대전교구 교인이 중징계를 받을 때마다 당사자는 물론 대전교구 교인들의 모습이 떠올랐다. 징계와 관련된 교헌과 규정을 잘 모르는 대부분의 교인들은 교인에 대한 징계는 통리권자인 교령이 최종적으로 결정하는 것이라고 오해하기 쉽다. 나도 처음에는 그렇게 생각할 때가 있었다. 그러나 교령은 감사원의 징계에 관하여 이의가 있을 경우 재심을 요구할 뿐이며 감사원에서 재심을 받아들이냐 받아들이지 않느냐의 2심(고등법원에 해당) 또한 감사원에서 정하게 되어 있다. 이때 감사원의 2심 결과에 대해 이의가 있을 경우 3심에 해당하는 기관장회의(대법원에 해당)에 상정하여 최종 결정을 하게 된다. 3심에 해당되는 기관장회의는 교령 자신도 단 한 표를 행사할 뿐이다. 이러한 감사 제도를 자세히 이해하지 못하는 교인들은 교령이 최종 징계권을 가지고 있는 것으로 오해할 수밖에 없을 것이다.

나는 대전교구 교인 2인에 대한 징계 과정에서 모두 이의를 제기하고 재의를 요구했다. 그러나 나의 이의 제기는 모두 받아들여지지 않고 감사원의 원안대로 최종 징계 결의가 이루어졌다. 만약 교령의 이의 제기 재심 요청이 받아들여졌다면 대전교구 교인 2인은 무죄 또는 가벼운 징계만이 있었을 것이다. 이것이 진실이다.

• 대전교구장 교체 과정에 대한 오해와 진실

포덕 159(2018)년 6월 25일, 종교지도자협의회에서 주관하는 북유럽 이웃 종교 순례를 마친 후 첫 출근, 종무원장으로부터 대전교구장 임명 건에 대하여 보고를 받았다. 나는 "교구장 임명 건은 대전교구에서 선거하여 총부에 올리면 종무원장이 인준하면 되는 것 아닙니까?"라고 말했다. 그러면서 대전교구 교구회의에서 선거를 통하여 선출된 ○○○ 교화부장을 대전교구장으로 인준할 것으로 기대했다. 그런데 종무원장에 의하면 ○○○ 교화부장은 감사원에서 안 된다고 했다는 것이다. 교구장으로 인준하기 전에 "감사원에 연·월성 조사를 의뢰한 바, 대전교구 교화부장의 교구장 인준은 부적격하다는 부전지를 붙여 왔다."는 것이다. 부적격 이유는 대전교구 교화부장이 평신도회 리더이기 때문이라는 것이다. 나는 이에 대하여 감사원의 부적격 판단은 문제가 있다고 보았다. 그러나 교구장 인준권자인 종무원장으로서 감사원의 의견을 무시하고 대전교구 교화부장을 교구장으로 인준하기에는 부담스러울 수밖에 없는 일이다.

종무원장은 감사원의 의견에 따라 현 상황에서 대전교구장을 인준한다는 것은 어렵다고 보고 ○○○ 교구장 선임자에 대하여 평신도회 탈퇴를 권유하였으나 받아들여지지 않았다. 이 문제는 단순한 대전교구장 인준 문제를 넘어서서 시천주복지재단 문제와 가칭 평신도회라는 조직에 대한 문제 등이 복합적으로 얽히고설킨 문제여서 풀어내기가 쉽지 않았다. 이와 같은 미묘한 상황을 이해할 수 없었던 대전교구 교인들로서는 교령이 대전교구 교인들의 뜻에 반하여 대전교구장을 일방적으로 교체했을 것이라 생각했을 것이다. 이 문제는 전적으로 교령의 책임이라고 오해했을 것이다. 뒤늦게 곰곰이 생각해 보니 관련 실정을 잘 모르는 대전교구 교인들로서는 그렇게 생각하는 것은 당연하다고 보았다. 이 글을 통해 대전교구장 교체 과정에서의 오해와 진실, 이제는 그 실상을 바르게 이해할 수 있을 것으로 생각된다.

• 퇴임 후 대전교구 첫 방문, 꽃다발 대신에

포덕 160(2019)년 4월 14일, 교령의 임기를 마치고 3년 만에 대전교구 첫 시일식에 참석하기로 했다. 강세민 교구장과 배대식 선도사에게 미리 시일식 참석에 앞서 전화를 걸었다. "저는 이제 교령의 임기를 마치고 다시 대전으로 왔습니다. 앞으로 대전교구 시일식에 나갈 수 있게 되었습니다. 오늘 시일식에서 뵙겠습니다." 한참 후에 배대식 선도사로부터 전화를 받는다. 나를 환영하는 꽃다발을 준비하기로 했다고 알려 주었다. 그런데 잠시 후에 배대식 선도사로부터 다시 전화를 받는다. 꽃다발 증정은 취소되었다고 했다. 왜 취소되었는지는 말하지 않았다. 아마 몇몇 교인들과 협의하는 과정에서 꽃다발 증정을 취소하기로 결정한 것 같다. 나는 애당초 꽃다발을 받으리라고는 전혀 생각해 본 일이 없다. 오로지 보고 싶은 대전교구 교인들을 만나고 싶었을 뿐이다.

청여당과 같이 대전교구에 도착하였다. 시일식에 앞서서 호주로 이민을 간 장영균 선도사가 내수도와 함께 대전교구를 방문하여 설교도 하고 성금도 했다고 소개한다. 시일식이 끝난 후 나에게 인사하는 시간이 주어졌다. 그런데 갑자기 상상도 하지 못할 일이 벌어졌다. 인사를 시작하자마자 대전교구의 김○○ 부장이 갑자기 "밥 먹으러 갑시다."라며 큰소리로 나의 말문을 막는다. 하도 어이가 없어서 멍하니 서 있는데 또다시 큰소리로 "밥 먹으러 갑시다."라고 외친다. 나의 인사말을 듣고 싶지 않으니 더 이상 얘기하지 말고 내려오라는 의미다. 참 기가 막힐 지경이다. 몹시 당황하였다. 갑자기 당한 일이라 마치 꿈속을 헤매는 것 같았다.

교령의 임기를 마치고 소속 교구를 처음으로 찾아온 나에게 이렇게 무례하게 해도 되는 건가? 세상에 이런 일을 어디서 볼 수 있다는 말인가? 갑자기 닥친 일이라 어안이 벙벙하였다. 모멸감이 치솟는다. 나는 화가 머리끝까지 치밀어 올라왔지만 억지로 참으면서 침묵하는 교인들을 향하여 물었다. "이 자리에 계신 여러분들도 김○○ 부장과 같은 생각입니까, 어떻게 생각하십니까? 계속 인사말을 할까요, 인사말을 중단할까요?" 하고 물었다. 어느 한 사람도 대답하는 사람이 없었다. 그냥 침묵할 뿐이었다. 한 번도 경험해 보지 못한 참으로 기가 막힐 일이다. 과연 이러한 상황을 어떻게 대처해야 할까? 여기가 대전교구인지 의심이 들 정도였다. 처음에는 김○○ 부장 혼자만의 돌발적인 행동이라 생각되었는데, 나의 질문에 대해 교인들 역시 침묵으로 일관하는 것을 보니 김○○ 부장의 생각이 바로 대전교구 교인들의 생각을 대변하는 것이었구나 하는 생각에 이르고 보니 도저히 참을 수가 없었다. 그렇지만 어떻게 할 것인가? 너무도 어이가 없어 전율이 일어날 지경이다.

그런데 여기서 그치지 않았다. 느닷없이 또 어이없는 질문이 나를 당황하게 만든다. 오랜만에 온 여성 동덕 한 분이 나를 향하여 큰소리로 질문을 던진다. "교령 재직 시에 무슨 돈을 먹었다는 소문이 나도는데 그게 사실인가?" 하고 따졌다. 아니면 그만이고 하는 식이다. 오늘 이 자리가 어떤 자리인데, 오랜만에 고향을 찾아온 나에게 아무런 근거도 없이, 아니면 그만이고 하는 식으로, 사실 확인을 해 보지도 않은 채 느닷없이 돈을 먹었다는 소문을 해명하라니 엎친 데 덮치기다. 밑도 끝도 없이 어이없는 질문을 던지는 의도가 무엇이란 말인가? 갑자기 험악한 분위기로 돌변하였다. 정말 몸 둘 바를 몰랐다. 나를 이렇게 모함에 빠뜨리다니, 도대체 왜 이런 일이 벌어지는 것일까? 30년 다니던 대전교구에서 이런 식으로 나를 궁지에 몰아넣어도 된단 말인가? 무슨 청문회에 온 듯한 느낌이었다. 도대체 말이 안 되는 허무맹랑한 소리를 어떻게 감당해야 할 것인지, 화가 치밀었다. 하지만 어찌할 것인가? 맞서서 싸우고 싶지 않았다. 처음엔 꽃다발을 준다고 하더니 꽃다발은 고사하고 인사말조차도 못하게 막는가 하면, 교령 재직 시에 돈을 먹었다는 소문을 나에게 확인하라 하니 도대체 이 순간을 어떻게 넘겨야 할지, 서글퍼졌다. 30년간 몸 담아온 나의 고향, 어머니와 같은 포근함으로 나를 안아 주고 반겨 주리라는 소박한 기대를 저버리고 왜 이렇게 나를 죄인처럼 대한단 말인가? 점심을 먹은 후 참으로 견디기 어려운 시간을 뒤로하고 청여당과 함께 집으로 돌아왔다.

집에 돌아와 곰곰이 생각해 본다. 왜 오늘 이러한 일이 벌어진 것일까? "가련하다 경주향중 무인지경 분명하다 어진 사람 있게 되면 이런 말이 왜 있으며 향중풍속 다 던지고 이내 문운 가련하다"는 〈교훈가〉를 떠올려 보았다. 그러다가 드디어 그 이유를 알 수 있을 것 같았다. 세 가지이다.

하나는 대전교구 교인들의 징계와 또 하나는 대전교구장 교체에 따른 오해, 그리고 시천주복지재단과 관련된 오해에서 비롯된 것이 아닐까! 교령 재직 시, 교령인 내가 대전교구 교인들을 징계했을 것이라는 오해와 대전교구장을 교체하는 과정에서 교령으로서의 내가 대전교구에서 원하는 대로 받아 주지 않았을 것이라는 오해에서 비롯된 것이 아닐까. 시천주복지재단 문제에 대해서도 대전교구 교인들의 뜻대로 이루어지지 않은 데서 오는 오해에서 비롯된 것이 아닐까? 아마 틀림없이 그랬을 것이다. 아직은 오해의 시간이 계속되고 있다. 그러나 머지않아 그 오해가 벗겨지고 진실이 드러나게 될 것이라 확신한다.

제19장

떠난다는 것은 새로운 시작이다

아홉 길 조산(造山)할 때 그 마음 오작할까.
당초(當初)에 먹은 생각 과불급(過不及) 될까 해서
먹고 먹고 다시 먹고 오인육인(五仞六仞) 모을 때는
보고 나니 자미 되고 하고 나니 성공이라
어서 하자 바삐 하자 그러그러 다해 갈 때
이번이나 저번이나 차차차차 풀린 마음
조조해서 자주 보고 지질해서 그쳤더니
다른 날 다시 보니 한 소쿠리 더했으면
여한 없이 이룰 공을 어찌 이리 불급(不及)한고
이런 일을 본다 해도 운수는 길어지고
조가튼 잠시로다 생각고 생각하소.

—〈흥비가〉, 『용담유사』

떠난다는 것은 새로운 시작이다.
'교령의 시간' 을 떠나면서 다시 또 22년 전
'행천주' 사상의 가능성을 온몸으로 안았다.
나의 새로운 시작은 "행동하라 행동하라
그리고 또 행동하라" 이다.
다시 또 "미래는 행동하는 자의 것이다."

—본문 중에서

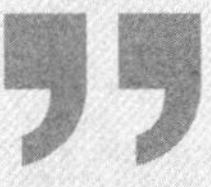

1. 차기 집행부 구성

• 第39차 정기전국대의원대회 개회, 대의원 186명

교헌 제27조, 제29조에 의거 제39차 정기전국대의원대회 대의원 확정 및 대회 소집 안내 공문(천총발 제41호, 포덕 160(2019)년 2월 26일)을 발송하였으며 확정된 대의원은 총 186명이다. 대의원 명단(가나다순)은 아래와 같다.

도정(14명): 강훈, 김산, 김상길, 김영욱, 김희수, 박만해, 서은용, 송범두, 이국진, 이정희, 이종칠, 정의필, 최봉수, 최재신
직접도훈(8명): 김혁태, 노태구, 박병용, 박부섭, 성강현, 이범창, 장정숙, 최정대
도훈(32명): 강승원, 강윤채, 김경규, 김경임, 김명국, 김종원, 김환용, 류형기, 명은숙, 박성자, 박용재, 박장웅, 박정연, 박창수, 박충구, 손윤자, 이승민, 장원일, 정의필, 정태수, 주선원, 지광철, 채수엽, 최상락, 최성림, 최소열, 최창식, 최헌정, 최홍룡, 하정구, 허숙, 허태영
종의원(28명): 김명환, 김성환, 김영란, 김재수, 김춘성, 박범천, 박언주, 박차귀, 서수만, 선우철수, 성주현, 염상철, 오은임, 윤태원, 이순종, 이윤영, 이홍자, 장인갑, 정갑선, 정기수, 정성택, 정해진, 주영준, 차정근, 최명림, 최은석, 최재원, 홍장화
교구장(43명): 김평수(강서), 신상옥(고성), 신정엽(고현), 계한경(공항), 고태영(관의), 박금식(남해), 구수웅(당산), 김정수(대구대덕), 유재원(대남), 강세민(대전), 정기명(도경), 한규상(도봉수유), 임성호(동대문), 원경식(동두천), 백용흠(위임, 동부산), 김대부(동서울), 강병로(동천), 주용덕(마산), 김진순(마포), 권고섭(문화예술), 최동일(부안), 유충렬(북부산), 장효선(삼선), 최외수(삼천포), 손우승(서산), 김윤옥(선구), 이애준(성동), 라명재(송탄), 오성덕(수원), 최수천(시흥),

김동성(신호), 이창우(안중), 이평우(양주), 서종환(영등포), 고기순(옥구), 이원주(용담), 이용수(울산시), 방임현(의정부), 최창호(익산), 김유천(인천), 권태명(위임, 종로), 정의적(진주), 석영기(춘천)

비례대표(29명): 김약한(관의), 마동근(관의), 안웅(광주), 여성훈(남해), 임송수(동대문), 정덕재(동부산), 박정성(마산), 박기섭(부산시), 양주애(부산시), 정효종(부산시), 하명출(부산시), 김대균(삼천포), 문제월(서산), 김명세(서울), 김학립(서울), 박도연(서울), 손윤(서울), 이수남(서울), 박철(선구), 장영애(선구), 김병순(영등포), 김순애(영등포), 김종운(영등포), 박성오(영등포), 이상선(영등포), 최중환(용담), 이순옥(인천), 양영자(춘천), 고윤심(한강)

선도사(32명): 고문휘, 김근오, 김금용, 김덕칠, 김도균, 김영묵, 김옥희, 노통래, 류점순, 박노진, 박순석, 염일선, 이상현, 이성운, 이영복, 이창번, 이철기, 이태진, 이홍창, 장춘원, 전영혜, 정문화, 정상규, 정한돈, 조한창, 최몽연, 최수덕, 최해발, 최호성, 한광도, 한광석, 현병정

· **제39차 정기전국대의원대회 대의원 구성 및 자격 기준**

1) 대의원 구성

가. 포덕 159년도 정기연원 수보에 대한 교령의 재가를 득한 도정·도훈

나. 제38차 정기전국대의원대회에서 선출된 종의원 의원

다. 포덕 136년 대회 이전에 선출된 선도사

라. 대회 대의원 선출 규정 제3조 제3항에 의거 50인 이상 교구의 교구장과 교인 50인을 초과하는 교구로서 초과하는 교인 50인마다 추가하는 비례대표 의원

2) 대의원의 자격 기준

가. 연월성미 납부에 따른 자격 기준

월성미: 포덕 158년 10월분부터 159년 9월분까지를 납부한 사람
(월성미 10,000원 납부자)

연성미: 포덕 158년 하반기부터 159년 상반기까지를 납부한 사람

나. 정기전국대의원대회일 현재 교인의 자격을 상실하지 아니한 사람

다. 정기전국대의원대회일 현재 선거권을 상실하지 아니한 사람

라. 교구장 및 교구비례 대의원 선출에 따른 교인 수 산정 기준은 연성미 납부 여부를 불문하고 포덕 159년도 9월까지 1년 이상 월성미를 완납한 교인 수를 기준으로 한다.

※대의원 명단은 천도교 홈페이지(http://www.chondogyo.or.kr) 공지 사항을 참조하시기 바랍니다.

※교구장 대리 참석: 교구장이 대회에 불참 경우는 대회 규정 제7조에 의하여 교구 임원 중 붙임 양식의 위임장을 지참하여 대리 참석할 수 있다.(끝)

• 이정희 교령, 전국대의원대회 개회사

포덕 160(2019)년 3월 15일, 대교당에서 제39차 정기전국대의원대회가 개최되었다. 오전 10시 회의 시작에 앞서서 이범창 종무원장으로부터 대의원 186명 중 168명이 참석하여 성원이 되었음을 보고하였다. 이에 따라 종무원장의 집례로 청수봉전, 심고, 주문 3회 병송 후 다음과 같은 이정희 교령의 개회사가 있었다.

모시고 안녕하십니까? 3년 전, 우리 집행부 출범은 혁명적이었습니다. 교단을 혁신하여 대도중흥을 이룩하라는 준엄한 명령을 안고 탄생한 집행부였습니다. 이제 3년간의 항해를 마치며 오늘, 새로운 집행부를 출범시키기 위한 제39차 정기전국대의원대회를 개최하게 되었습니다.

대도의 중흥과 교단의 발전을 위하여 이 자리에 함께 해주신 전국대의원 여러분께 진심으로 감사드립니다. 지난 3년, 여러 가지 열악한 환경하에서도 오직 대도중흥을 위해 저와 함께 매일 같이 땀 흘려 일한 중앙총부의 임직원 여러분께 이 자리를 빌려 깊이 감사드립니다. 또한 천도교 발전의 여망을 위해 정성과 공경을 다하시며 수시로 가르침을 베풀어 주신 전국의 모든 교인들께 진심으로 감사드립니다.

임기 첫해인 포덕 157(2016)년은 100년을 향한 '대도중홍비전 21' 이라는 큰 꿈을 만드는 시간이었습니다. '비전 21' 이라는 말 속에는 주문 21자의 의미와 21세기라는 시대 상황에 용시용활하는 자세와 그 과제를 내유신령, 외유기화,

각지불이의 3원 구조와 21가지 세부 항목으로 정리해낸 비전이 담겨 있습니다. 이 비전은 100년 중일변을 위하여, 한울님과 스승님의 뜻과 가르침을 따라 교단을 바로 세우고 변화와 혁신을 통한 미래 발전을 기약하는 꿈이었습니다. 그 꿈을 가지고 수천 리 길, 전국 100여 개에 달하는 수도원과 지방 교구를 찾아 나섰습니다.

허심탄회하게 대화하며 소통하느라고, 밤 12시가 넘어 다음 날 새벽에야 귀가한 때도 있었습니다. 동계, 하계에는 용담수도원과 의창수도원, 전국 수도원에서 많은 동덕들이 땀 흘리며 정성을 다해 수련에 정진하였습니다. 특히, 21번에 걸친 대도중흥을 위한 합동기도 수련을 통하여 신앙심을 굳건히 하고자 노력했습니다.

포덕 158(2017)년에는 '포덕 2500' 이라는 목표를 세우고 정성을 기울였습니다. 100년 전의 300만 교단 시대를 다시 열기 위하여 포덕운동에 매진하여 왔습니다. 아울러 인내천운동연합을 출범시켜 국내는 물론 미주와 유럽에도 인내천의 씨앗을 심었습니다. 현 집행부 출범 첫날부터 하루도 빠짐없이 '아침 인사 나눔 시간' 을 운영하며 교역자의 자질 향상을 도모하였습니다.

천도교 종학대학원 부산 분원과 전주 분원을 설립하였습니다. 천도교 중앙도서관과 동학전시관을 설치하였습니다. 용담정 성역화가 지속적으로 추진되고 있으며, 은적암 성역화 구상과 해월신사 생가 복원을 위한 움직임도 가시화되었습니다.

포덕 159(2018)년과 포덕 160(2019)년에는 대도중흥비전 21을 더욱 심화 발전시키기 위하여 심혈을 기울여 왔습니다. 동학혁명 국가기념일 제정, 민족통일, 세계포덕, 3·1운동 100주년 기념사업, 의암 기념관 건립 추진, 성지 및 유적지 성역화 사업 등에 정성을 다했습니다. 특히, 동학혁명 국가기념일 제정과 민족통일의 기운 조성, 3·1운동 100주년 기념사업 등은 우리 교단의 노력과 국가사회의 기운이 하나로 조화를 이루어 성취된 위업이라고 할 것입니다.

지난 3년은 정말 기적 같은 시간이었습니다. 새로운 변화와 도전의 역사를 만들고자 했습니다. 한울님의 뜻과 스승님의 가르침을 실천하기 위하여 열정을 다해 힘차게 나아갔습니다. 3년 임기 동안 정말, 정말 바르게 하려고 힘썼습니다. 그 속에서 성운 전환을 위한 변화와 혁신의 동력을 마련하기 위해 노력해 왔습니다.

그러나 지난 3년간의 모든 성과는 '대도중흥비전 21' 이라는 큰 틀에서 볼 때 이제 겨우 한 발자국을 디딘 것에 불과합니다. 더욱이 미진한 것들도 없지 않습니다. '대도중흥비전 21' 의 구체적인 실행 계획과 교헌 개정 문제는 차기 집행부의 최우선 과제로 삼아 주실 것을 당부드립니다. 특히 포덕 2500과 전문 교역자 양성, 지방 교구 활성화, 그 밖에 천도교연구원 설치, 인터넷 방송국의 설립도 시급한 일이라고 생각합니다.

이제 우리는 새로운 집행부 구성에 즈음하여 모든 기관의 지도자와 모든 동덕들이 한마음 한뜻으로 동귀일체의 새로운 역사를 만들어 나가야 하겠습니다. 끝으로 그동안 저에게 기대와 성원을 보내주신 숙덕 원로와 전국의 모든 교인 여러분께 다시 한 번 충심으로 감사드립니다. 감사합니다.

• 임시 의장단 선출

이어서 임시 의장단을 선출하였다. 이범창 종무원장으로부터 '제39차 정기전국대의원대회' 를 진행해 주실 임시 의장단 선출 방법에 대해 물었다. 이에 대해 먼저 박창수 대의원으로부터 임시 의장으로는 이정희 도정, 부의장으로는 염상철 대의원, 윤태원 대의원으로 구성하고 사찰 및 서기 등을 의장단에서 선출할 것을 제의하였으나 윤태원 대의원으로부터 교령님이 임시 의장을 맡는 것은 그동안의 관례나 관습법에 어긋나고 규정에도 맞지 않는다고 판단하여 교령님을 임시 의장에 추천한 동의안의 기각을 요청하였고 이에 대부분 동의함으로써 동의안이 기각되었다. 기각안이 받아들여지고 여러 의견이 나왔으나 최종적으로는 임시 의장단으로 한광도 임시 의장, 염상철 임시 부의장, 박차귀 임시 부의장으로 가결되었다. 임시 의장단에서 사찰 8인, 기록 3인을 지명하였다. 사찰에는 김환용, 김윤옥, 최은석, 박도연, 정의필, 정해진, 손우승, 안웅. 서기에는 계한경, 기록에는 박남준, 전창근, 김동수로 지명되었다.

오늘 전국대의원대회에 상정된 안건은 1호 안건으로 교령, 감사원장, 중앙감사, 종의원 의원, 유지재단 이사, 복지법인 이사의 선거, 2호 안건으로 교헌 개정 임시대회 개최 결의(안), 3호 기타의 순으로 되어 있었으나 주영준 대의원으로부터 2호 안건을 먼저 다룬 후에 1호 안건을 다루자는 일정 변경 발의에 따라 별다른 이견이 없으므로 먼저 교헌 개정 임시 대회 개최 결의안을 상정하게 되었다. 상정된 교헌 개정 임시 대회 개최 건에 대해서는 '교헌 개정을 위한 임시 대회를 2년 이내에 소집' 하는 것으로 통과되었다.

• 임원 선출

2호 안건으로 임원 선출 건이 상정되었다. 교령 선거, 종무원장 인준, 감사원장 선거, 유지재단 이사 4명, 복지재단 이사 5명, 중앙감사 8명, 종의원 49명 이내를 선출하게 되어 있다. 제일 먼저 교령 선거부터 진행되었다. 선거 방법은 무기명 비밀투표에 의거 진행되었다. 먼저 교령 선출은 1차 투표 송범두 82표, 박상종 55표, 최재신 18표, 노태구 7표, 라명제 1표, 박창수 1표, 무효 4표였다. 선거 결과는 의결 정족수인 출석 대의원 수의 3분의 2에 해당하는 112표를 미달하므로 2차 투표가 진행되었다. 그런데 2차 투표 진행 중 박상종 후보의 교령 후보 사퇴로 송범두 대의원이 교령으로 선출되었다. 송범두 교령 당선자는 김춘성 선도사를 종무원장으로 지명하여 인준을 받았다.

이어서 감사원장 선출에는 3차 투표 결과 박창수 74표, 김명세 70표로 박창수 도훈을 감사원장으로 선출하였다. 감사원장 1, 2차 투표 결과는 1차 총투표 158명으로 김명세 60표, 박창수 41표, 최명림 35표, 이우원 16표, 이범창 2표, 무효 4표였다. 다시 2차 투표를 실시하여 총투표 149명으로 김명세 68표, 박창수 66표, 이우원 13표, 김산 1표, 무효 1표로 되어 다시 3차 결선(김명세, 박창수) 투표를 실시하여 박창수 도훈이 선출되었다. 중앙감사, 종의원, 유지재단 이사, 시천주복지법인 이사 등의 선거는 전형위원회에 위임하였다.(《천도교신문》 125호, 포덕 160년 3월 21일)

• 기타 안건

오늘 기타 안건 시간에는 정갑선 대의원, 이수남 대의원, 박노진 대의원, 정덕재 대의원, 최명림 대의원, 오성덕 대의원, 이윤영 대의원 등이 발언하였다. 먼저 정갑선 대의원은 "교헌개정추진위원회를 여는 데 대해서 교령 당선자의 답변을 요구한다"라고 한데 대해 송범두 교령 당선자는 다음 기회에 답변하겠다고 하였다. 이에 대해서는 이미 송범두 교령의 당선 소감으로 "교령 선거를 혁파하여 교단 내의 분열과 갈등을 없애기 위해 2년 내에 교헌 개정을 추진하겠다."라고 밝힌 바 있다. 다음 이수남 대의원은 "종의원 선임 시 교구 현실을 잘 아는 교구장을 선임해 달라"라는 제안을 했다. 이어서 박노진 대의원은 "시흥 목감동 땅 매각 관련하여 비상대책위원회를 만들자, 천도교 재산을 처리하려면 재단 이사장이 아닌 대의원대회에서 합의하자, 시천주복지재단 문제로 징계받은 교인들 징계를 대회에서 풀어 달라"라고 제안했다. 이에 대해 한광도 임시 의장은 "대회에서 5분의 1 이상의 연서 요구로 징벌 해제 결의안이 상정되어야 하지만 현재 안 된 상태입니다. 그 건은 앞으로 새 집행부에서 논의가 있을 겁니다."라고 답했다. 정덕재 대의원은 "북부산 교구처럼 재개발 들어갈 때에는 그럴 때마다 임시 대의원 대회를 열 수는 없다. 예외 조항을 두자"라고 했으며 최명림 대의원은 "연원수보를 3년에 하지 말고 매년 하자."라고 했으며, 오성덕 대의원은 "제암리 고주리 사건 현장에 기념비석이라도 세우게 교단에서 도와달라"라고 했으며 이윤영 대의원은 "동학혁명기념일이 전국대의원 결의에서 3월 21일로 결의를 했는데, 국가에서 5월 11일로 결정했다. 이 문제를 이 회의에서 해결해 달라"라고 제안했다.(《천도교신문》 125호 2019년 3월 21일)

2. 중앙총부를 떠나며

• 마지막 월례 조회사

나는 포덕 160(2019)년 3월 4일, 개최된 마지막 월례회의에서 다음과 같은 요지의 조회사를 발표하였다.

모시고 안녕하십니까? 3년 전 우리 집행부 출범은 혁명적이었습니다. 교단을 혁신하여 대도중흥을 이룩하라는 시대적 명령을 안고 탄생한 집행부였습니다. 그렇게 출범한 집행부의 임기가 이제 얼마 남지 않았습니다.

앞으로 남은 시간, 교단을 혁신하여 달성하고자 했던 꿈, '대도중흥비전 21'을 위해 무엇을 어떻게 수행해 왔는지, 지난 3년을 겸손한 마음으로 뒤돌아보면서 마지막 순간까지 정성을 다해 주시기 바랍니다.

지난 3년 여러분, 모두 정말 고생 많이 했습니다. 여러 가지 열악한 환경하에서도 산더미처럼 쌓인 수많은 일들을 처리하느라 정말 바쁜 시간을 보냈습니다.

저 자신도 여러분과 함께 매일 같이 수없이 많은 크고 작은 일들이 온몸을 짓누르고 있었음을 기억하고 있습니다. 날이면 날마다 밀린 서류를 여행 가방에 가득히 담아들고 어깨가 휠 정도로 시간 가는 줄 모르고 총부의 문턱을 분주히 오갔습니다.

요사이 임기 3년이 금방 갔다느니, 3년 임기는 너무 짧다는 말을 많이 듣고 있습니다. 그런데 사실 시간이 빠르다는 것조차 느낄 틈 없이, 계절의 흐름조차 잊어버린 3년이었던 것 같습니다. 그래서 저는 그동안 1년을 3년처럼, 3년의 임기를 3번 연임하여 9년의 임기를 마치게 되는 것 같다는 말을 하곤 했습니다.

지난 3년은 정말 기적 같은 시간이었습니다. 매 순간순간이 기적이었습니다. 과거에는 해보지 못했던 새로운 변화와 도전의 역사를 만들고자 했습니다. 한울님의 뜻과 스승님의 가르침을 따라 힘차게 일어섰습니다. 그렇게 걸었던 길, 새로운 길을 생각해 봅니다. 이어서 나는 '대도중흥비전 21, 포덕 2500, 아침 인사 나눔, 특별기도 전국 실시, 천도교 중앙도서관, 동학전시관 설치, 인내천운동연합 출범, 의암성사 기념관 건립 추진, 성역화 10억원 모금운동, 민족통일의 길' 등에 대하여 회고하며 마지막 월례 조회사를 마무리하였다.

• 종무원 이임식

포덕 160(2019)년 3월 28일, 종무원에서 조촐한 이임식을 가졌다. 모두 30여 명의 임직원이 수운회관 907호에 모였다. 이번에 임기를 마치게 되는 직원은 이범창 종무원장, 김호성 교화관장, 박남준 교무관장, 계한경 경리과장, 정정숙 사회문화관장이 자리를 함께 하였다. 나는 오늘 이임식에서 다음과 같은 요지의 이임사를 하였다.

모시고 안녕하십니까? 오늘 저를 위해 이 자리를 함께 해주신 여러분께 깊이 감사드립니다. 이 자리에 서니 3년 전 대의원대회에서 말한 것이 생생하게 떠오릅니다.

'천도교 역사상 선거 혁명을 이룬 그 순간', 대의원 여러분 앞에 서서, 새로운 혁명의 에너지를 선택해 주신 대의원 여러분들에 대한 감사의 뜻을 전하며 새롭게 출범한 지가 엊그제 같은데, 어느덧 3년이라는 시간이 흘렀습니다. "만난 자는 언젠가 헤어지게 되어 있다"는 회자정리의 말처럼 저는 이제 총부를 떠나야 할 시간을 맞고 있습니다.

지난 3년 여러 가지 열악한 환경하에서도 저와 함께 매일 같이 혁명의 에너지를 가지고 100년 중일변의 길을 만드느라 땀 흘려 일한 중앙총부의 임직원 여러분께 깊이 감사드립니다.

오늘 저와 함께 총부를 떠나는 이범창 종무원장님, 계한경 경리관장님, 정정숙 사회문화관장님과 종학대학원 임형진 원장님, 한 말씀씩 듣도록 하겠습니다. 여러분 모두 행복한 생활이 되기를 빌면서 이만 퇴임사에 갈음합니다. 감사합니다.

포덕 160년 3월 28일
이정희 심고

3. 새로운 시작

• 대전으로 돌아오다

교령의 시간 임기 만료 하루 전, 포덕 160(2019)년 3월 30일, 내가 기거했던 북한산 아래의 수유리에서 청여당과 함께 이삿짐을 쌌다. 그 짐을 싣고 대전의 삶터로 옮겨 왔다. 서울의 시간이 대전의 시간으로 이어지는 순간이었다. 교령의 시간을 끝내고 다시 대전의 삶을 시작하는 지점이다. 교령의 시간을 위해 대전에서 서울로 가기 전까지 25년을 살았던 유성 신성동의 한울아파트에서 내수도 청여당의 뜻에 따라 옮긴 새집이다. 이 집은 대전의 갑천 물가에 자리 잡고 있다. 동서쪽으로 길게 뻗친 갑천물이 넘실거린다. 갑천 너머에는 닭 다리 모양의 계족산이 보인다. 신탄진과 대전을 잇는 도로엔 차량의 행렬이 그치지 않는다. KTX가 분주하게 경부선 철로 위를 오간다. 갑천의 물은 멈추듯 조용한데 경부선을 오가는 KTX와 차량의 행렬은 뛰는 듯 활기차다. 멈춤과 움직임, 산과 물이 한데 어울려 조화롭다. 서쪽엔 KAIST 문지동 캠퍼스가 자리하고 있다. 그 너머에는 나지막한 화암산이 자리하고 있다. 화암산 넘어 연구단지의 풍광은 그림처럼 아름답다. 40년을 몸담았던 연구단지다. 조금만 더 가면 지척에 계룡산이다. 후천개벽 동학의 산, 2천 번을 올랐던 계룡산의 정기가 예전처럼 변함없이 나를 반긴다. 내가 계룡산이 되고 계룡산이 내가 되었다. 2천 번을 오갔던 계룡산의 영기가 내 몸에 스며든다. 어느새 계룡산과 내가 한몸이 되었다.

• 새로운 시작, 화악산수도원에서 독공 14일

나는 교령의 임기를 마치고 포덕 160(2019)년 12월 22일(일)부터 포덕 161(2020)년 1월 4일(토)까지 송구영신의 시간을 화악산수도원에서 보냈다. 천도교와 세상을 위하여 있는 힘을 다 쏟았던 교령의 시간, 그 교령의 시간을 끝내고 새롭게 시작하는 출발점에 서서 "나는 누구인가", "어떻게 살아갈 것인가"에 대한 화두를 가슴에 안고 12월 22일, 6시 30분, 대전 유성의 집을 나선다. 12시 20분, 가평 시외버스터미널에 도착하여 김밥으로 점심을 때우고 오후 1시 10분, 화악리행 버스를 탔다. 2시, 화악리 종점에서 하차, 왕소나무 건너 계곡을 넘어 4시 33분, 화악산수도원에 도착하였다. 도착 인사 후 자리 펴고 수련에 임한다. 5시에 저녁 식사다. 수련생은 나 혼자다. 그동안 바쁜 일정으로 정신없이 지내온 시간을 뒤돌아보며 텅 비운 마음으로 수련에 몰입할 수 있었다. 벽을 향하여 바른 자세로 일관하였다. 더이상 갈 데 없다는 비장한 마음이었다. 마음속 깊은 곳에서 한울님이 주신 37자 주문이 빛을 발하며 나의 눈을 환히 밝힌다. 온몸이 황홀하다. 이 세상에 태어나기 전 태초의 세상 문이 열리는 듯하다. 마음에 희열이 느껴진다. 그 순간 참회의 눈물로 온 얼굴을 적신다.

지난 임기 동안 "교령으로서의 주어진 책임을 다하였는가", "어머님께 효도를 다하고 있는가", "형제간에 우애를 다하고 있는가", "남편으로서, 그리고 부모로서 자녀들에게 책임을 다하고 있는가", "교회와 세상을 위하여 주어진 사명을 다하고 있는가" 지나간 시간들을 되돌아보면서 또다시 참회의 눈물로 온 얼굴을 적신다. 적셔진 참회의 눈물이 화악산의 계곡을 만드는 듯했다. 나는 이 시간, 왜 홀로 화악산 수도원에 있는가를 스스로 묻는다.

2019년 12월 30일이다. 화악산에 비가 내린다. 한겨울에 비가 내린다. 무슨 의미일까, 어제 흘린 참회의 눈물이 비 된 것일까? 이 엄동설한에 비가 내리다니, 만물을 살리는 생명의 빗방울이 화악산을 흠뻑 적신다. 천지를 살리는 생명의 기운으로 가득 찬다. 12월 31일, 한해의 끝자락, 화악산, 어제는 비가 내리더니 오늘은 봄날처럼 온화하다. 신비한 해넘이를 보며 무아지경에 잠긴다. 기해년 한 해의 마지막 시간, 영원히 역사 속으로 넘어가는 순간이다. 새로운 한 해를 시작하는 새벽 0시, 기도의 시간, 태초의 태양이 떠오른다. 그 태양이 나를 환하게 밝힌다. 2019년의 마지막 12월 31일 밤, 자정 12시를 지나 2020년 1월 1일 새해 첫날 1시, 자아완성, 가정천국, 보국안민, 포덕천하를 기원한다. 포덕 161년 경자년 새해 첫날 새 아침, 밖에는 온통 하얀 눈이다. 눈이 부시다. 한울님 선물이라 느꼈다. 그러다가 잠시 후 동녘 하늘, 붉은 태양 덩어리가 떠오른다. 태초의 신비처럼 떠오른다. 그 태양은 나에게 말한다. "행동하라, 행동하라. 그리고 또 행동하라"라고 말한다. 신비한 구름 떼를 거느리며 힘차게 솟아오르는 태양, 나에게 '오직 행동하라'는 강렬한 메시지를 전한다. '떠난다는 것은 새로운 시작', 그 시작은 바로 '행동하라' 는 명령이었다. 마음 속 깊은 곳에서 희열이 솟는다. 깨달음이 행동이라니! 눈을 감고 조용히 깊은 명상에 젖는다. '나의 새로운 시작은 행동이다' 화악산 수도원 독공 14일, '나는 누구인가, 어떻게 살아야 할 것인가' 에 대하여 깊이 깨닫는 시간이었다. '나는 행동이며 나의 삶도 행동이다' 는 깨달음이었다. '나는 행동한다. 그러므로 존재한다' 는 깨달음이었다. 그 깨달음을 가슴에 안고 포덕 161년 1월 4일 토요일 귀가한다. 9시 10분에 떠남의 인사를 드리고 수도원을 내려온다. 오후 3시, 유성에 도착, 5시 30분에 집에 도착했다. 포덕 160년과 161년의 연말연시, 화악산수도원에서 송구영신의 독공 수련 14일, '나는 행동이며 나의 삶도 행동이다' 는 깨달음의 시간이었다.

• 다시 또 '미래는 행동하는 자의 것이다'

포덕 160(2019)년과 포덕 161(2020)년, 송구영신의 14일, 화악산수도원에서 얻은 깨달음은 바로 '행동하라' 였다. 그 깨달음은 25년 전, 포덕 136(1995)년 5월 14일, 새벽 기도의 시간, 계룡산의 교훈, '미래는 행동하는 자의 것이다' 와 한가지임을 알아차렸다. 25년 전의 깨달음과 오늘의 깨달음이 그대로 하나가 된 것이다. 그 깨달음을 안고 집에 돌아와 25년 전, 포덕 138(1997)년 12월 24일에 쓴 나의 책, 『미래는 행동하는 자의 것이다』(개벽사)를 꺼낸다. 다시 또 '미래는 행동하는 자의 것이다' 는 의미를 되새긴다. "우리는 어제를 살았고 오늘을 살고 있으며 내일을 살아갈 것이다. 어제는 지난 과거이며 내일은 다가오는 희망이다. 어제와 내일의 한가운데 오늘이 있다. 오늘의 이 시점에 서서 미래를 바라본다. 생각으로 그친 미래와 행동하는 미래가 보인다. 생각으로 그친 미래는 과거 속에 머무는 미래다. 생각으로 그친 미래는 낡은 선천 시대의 닫혀진 미래다. 그러므로 생각으로 그친 미래는 항상 시간에 쫓기며 불안과 절망으로 다친 미래가 된다.

그러나 행동하는 미래는 과거를 뛰어넘는다. 행동하는 미래는 후천개벽의 새로운 미래, 열린 미래다. 행동하는 미래는 무궁한 시간, 무궁한 자원을 공급받는다. 원하는 것은 무엇이든지 다 이룰 수 있는 자유의 세계가 열린다. 그러므로 행동하는 미래는 "무궁한 이울 속에 무궁한 내"가 된다. 무궁한 그 이치를 깨닫고 그 깨달은 바를 행동으로 실천하는 미래가 된다. 도성덕립, 도가완성, 보국안민, 지상천국을 이룩하는 미래가 된다. 그리하여 선천이 온전히 가고 후천이 거듭나는 새 세상이 이룩된다. 그러므로 "미래는 행동하는 자의 것이다."(223쪽) "한울님께서 대신사님을 만나 성공하신 '시천주(侍天主)', 해월신사님의 '양천주(養天主)', 의암성사님의 '각천주(覺天主)' 진리가 창명되었지만, 아직도 이 사회는 물론이고 우리 교회 내에서조차도 선천 시대의 병폐가 더욱 더 기승을 부리는 것 같다. 왜 그런가? 왜 선천 시대의 잘못된 잔재가 더욱 활개 치는가? 순간 나에게 이런 생각이 들었다. 스승님들의 교훈을 펴나갈 새로운 사상이 필요하다는 생각이었다. '시천주' '양천주' '각천주'의 가르침이 하나의 실천으로 이어지는 작은 깨달음으로서 '행천주(行天主)' 사상의 가능성을 떠올린다."(『미래는 행동하는 자의 것이다』 개벽사, 1997, 224쪽)

떠난다는 것은 새로운 시작이다. 교령의 시간을 떠나 새로운 삶을 시작하면서 다시 또 25년 전의 '행천주' 사상의 가능성을 온몸으로 안았다. 우리가 행동하지 않고 생각으로만 머무른다면, 시천주는 구현되지 않는다. 시천주는 하나의 가설에 불과할 뿐이다. 행동하지 않으면 그 가설은 실현되지 않는다. 시천주의 새로운 개벽의 시대는 결코 실현되지 않는다. 왜냐하면, 시천주는 한울님을 모시는 인간 존재의 행동에 의해 구현되기 때문이다. 행동하지 않는 시천주는 사이비 시천주가 된다. 시천주는 오직 인간 존재의 행동으로서만 증명되기 때문이다. 그러므로 "나는 행동한다. 고로 나는 존재한다." 나의 새로운 존재는 다시 또 "미래는 행동하는 자의 것이다"로부터 계속된다. 그리하여 "나는 누구인가, 나는 어떻게 살 것인가?" 나의 간절한 화두 계룡산과 화악산의 깨달음, 나의 새로운 시작은 "행동하라, 행동하라, 그리고 또 행동하라"이다.

【후기】

끝남은 또 하나의 시작이다

교령의 시간은 사유물이 아니라 공유물이기에 교령의 시간을 정리하는 것은 임기를 마친 교령의 책임이라 여겼다. 그래서 교령의 임기를 마치는 그 시간부터 교령의 시간을 정리하기 위해 심혈을 기울여 왔다. 교령의 시간을 정리하는 시간, 마치 광활한 바다를 홀로 항해하는 듯했다. 넓은 바다를 항해하면서 수많은 교령의 시간들을 일일이 기억해 내기란 쉬운 일이 아니었다. 그렇다고 교령의 시간을 경험하지 않은 그 누구에게 부탁할 수도 없었다.

주제별로 나누어 머리로 기억을 더듬고, 손으로 자료를 찾아 확인하고, 확인된 것들을 또 질서 있게 컴퓨터로 정리하고 담아 두었다가 다시 꺼내어 작업을 이어 갔다. 하나의 주제를 정리하고 나서 또 다른 주제를 찾아 같은 방법으로 작업을 반복했다. 그렇게 하기를 수없이 많이 쏟아낸 시간들, 그러다가 다른 일이 생기면 그 일을 처리하고, 그러고 나서 한참 만에 다시 교령의 시간들을 꺼내는데 몰입했다. 얼마나 많은 교령의 시간 이야기들인가? 19개의 큰 물줄기에 500여 개의 작은 물줄기, 그 물줄기마다 또 수없이 출렁이는 사연들이 문어발처럼 엉켜 있었다. 수없이 많은 생각, 수없이 많은 말, 수없이 많은 일들을 머금고 있는 교령의 시간을 연속적으로 써 나가기 어려웠던 이유다. 모아 두었던 것을 한참 만에 다시 찾고 또 찾아 수많은 바닷길을 향해 헤엄치고 또 헤엄쳤다. 이 일을 언제까지 끝을 내야 한다고 수백 번 다짐하고 또 다짐하기도 하였다. 손에 익숙하다는 이유로 10년도 넘은 낡은 노트북을 쓰다 보니 자주 고장이 나서 공을 들여 쓴 자료가 순식간에 사라지기도 하였다. 사라진 파일을 복구하기란 쉬운 일이 아니었다.

교령의 생각 하나도 공적 자산이며, 교령의 말 한마디도 공적 자산이다. 교령이 한 일 모두가 공적 자산이다. 그러나 이 모든 공적 자산을 빠짐없이 기록한다는 것은 불가능하다. 어떤 것은 포함하고 어떤 것은 포함하지 않아야 한다는 기존의 참고자료나 표준도 없다. 그래서 나는 교령의 시간에 포함되어야 할 내용을 선택하는데 많이 고민했다. 그중에서 고민에 고민을 거듭한 것은 시천주복지재단 관련 내용이었다. 썼다가 지우고 썼다가 지우기를 수십 번도 더하였다. 자칫 오해를 불러일으켜 예상치 못한 갈등을 일으킬 수도 있다는 우려 때문이었다. 특히 관련된 교인의 이름을 표기하지는 않았지만, 예민한 사안이라 소소한 내용에 대해서 또 시비가 일어날지도 모른다는 걱정이 많았다. 그래서 시천주복지재단 내용은 교령의 시간에서 아예 빼버릴까 생각하기도 하였다. 그러나 교령의 수많은 시간들이 엄청나게 많이 투입된 중요한 사안인데도 불구하고 이를 빼버린다는 것은 언어도단이라 생각되었다. 그래서 시천주복지재단 관련 내용을 포함은 하되 시빗거리가 될지도 모를 내용은 아예 빼고 천도교 게시판 등 공개된 자료를 중심으로 작성하도록 하되 징계 등과 관련된 사안에 대해서는 그 결과만을 짧게 정리하였다. 최대한으로 거듭하여 압축한 것이다. 사실을 은폐하려는 의도는 추호도 없었으며 사후 갈등의 여지가 우려되어 스스로 그렇게 한 것이다.

역사적인 3·1운동 100주년 기념사업에 대해서는 어디에서 어디까지 써야 할 것인가에 대해서 많이 주저하였다. 정부 예산 사업으로 지난 집행부에서 시작한 사업인데다 또 3·1운동 100주년 기념사업회가 주관이 되어 행해진 일들이어서 따로 출판된 백서 등의 자료가 일목요연하게 잘 정리되어 발간되었다. 그래서 그 부분들은 중복적이어서 포함되지 않았다는 점을 밝히고자 한다.

2000년대 초 3년 반 동안 재임한 대전교구장의 시간과 천도교대전충청연합회장의 시간은 나의 신앙 항로에 지대한 영향을 미쳤다. 경험적 차원에서 교령의 시간에도 영향을 미쳤다. 교령 재직 시 대두되었던 시천주복지재단 문제는 대전교구 교인들의 아픔으로 이어져 참으로 많은 어려움을 겪었다. 이런 과정에서 진실은 묻히고 많은 오해를 받기도 하였다. 『교령의 시간』에서 대전교구 교인들의 오해와 진실을 밝히고자 하는 이유다. 그런데 또 다른 긴장의 순간이 다가왔다. 이 세상에 내놓는 두려움의 무게가 나를 엄습한다. 그러나 나에게 언제나 그러하였듯이 그 두려움의 무게는 또 다른 하나를 시작하는 에너지가 되리라 확신한다. 종즉유시, 끝남의 그 시간은 시작의 의미를 담고 있다. 그래서 끝남은 또 하나의 시작으로 이어질 것이다.

혁명의 불길을 붙잡고 참으로 힘든 시간을 함께한 천도교 중앙총부 이범창 종무원장님을 비롯한 임직원 여러분에게 진심으로 감사드리며 전국의 천도교인 여러분에게 감사드린다. 교령의 시간과 함께 불철주야 애써 준 교령사 장구갑 실장, 박길수 전서, 류우진 전서에게 깊은 감사의 마음을 전하다.

교령의 시간을 위해 간절한 마음으로 끊임없이 기도하고 온 정성을 다 바쳐 함께 걸어온 내수도 청여당에게 필설로 다할 수 없는 무궁한 감사의 마음을 표한다. 성령으로 출세하시어 나의 삶을 이끌어 주시고 앞길을 환히 밝혀 주시는 아버님, 날이면 날마다 지극 정성으로 아들을 위해 기도해 주시고 용기를 주시는 어머님께 깊이 감사드리며, 한울이 낳은 효자로 어머님을 극진히 모시며 형을 위해 항상 기도하고 진심을 다해 응원해 주는 원암 동생에게 더없이 깊은 감사의 마음을 전한다. 바쁘신 중에도 나를 위해 물심양면으로 도와주신 김삼철 형님에게 존경과 깊은 감사의 마음을 드린다.

언제나 깊은 사랑과 따뜻한 격려로 교령의 시간을 힘차게 걸어갈 수 있도록 힘을 북돋아 주신 이순종 여성회 고문님께 마음속 깊이 감사드린다. 거칠기 짝이 없는 미완성의 초고 자료에 대하여 전반적인 내용을 세밀하게 검토하여 고견을 보내 주신 김학광 선생님, 이범창 종무원장님, 임형진 교수님께 진심으로 감사의 말씀을 올린다. 좋은 책을 만들기 위해 온 정성을 다하여 주신 한강출판사 편집진 여러분에게 깊이 감사드린다.

교령의 임기를 마치고, 한울님과 스승님의 뜻이라 생각하며 한 줄 한 줄 쉬지 않고 써온 『교령의 시간』이 드디어 제128주년 인일기념일에 출간하게 되어 더없이 영광스럽다. '새로운 태양, 새로운 혁명의 불길, 새로운 천도교의 역사를 새롭게 만들어 가는 이 발걸음' 이 멈추지 않고 5만년 무극대도 지상천국 그날이 올 때까지 계속 이어 가기를 마음 깊이 심고한다.

포덕 166(2025)년 12월 24일
제128주년 인일기념일을 맞으며
호암 이정희 심고

교령의 시간

발행 I 2025년 12월 24일
지은이 I 이정희
펴낸이 I 김명덕
펴낸곳 I 한강출판사
홈페이지 I www.mhspace.co.kr
등록 I 1988년 1월 15일(제8-39호)
주소 I 서울특별시 종로구 삼일대로 457, 501호
전화 02-735-4257, 734-4283 팩스 02-739-4285

값 45,000원

ISBN 978-89-5794-600-8 03250